HUNANXIANGZHENJIANZHI

湖南乡镇简志

湘潭市卷

湖南省地方志编纂委员会
湘潭市地方志编纂委员会 编纂

方志出版社
Publishing House of Local Records

图书在版编目(CIP)数据

湖南乡镇简志·湘潭市卷 / 湖南省地方志编纂委员会,湘潭市地方志编纂委员会编.
——北京:方志出版社,2019.5

ISBN 978-7-5144-3755-3

Ⅰ. ①湖… Ⅱ. ①湖… ②湘… Ⅲ. ①乡镇-地方志-湘潭 Ⅳ. ①K296.45

中国版本图书馆 CIP 数据核字(2019)第 101984 号

湖南乡镇简志·湘潭市卷

编　　者: 湖南省地方志编纂委员会　湘潭市地方志编纂委员会

责任编辑: 齐　笑

出 版 人: 冀祥德

出 版 者: 方志出版社

地址　北京市朝阳区潘家园东里 9 号(国家方志馆 4 层)

邮编　100021

网址　http://www.fzph.org

发　　行: 方志出版社图书经销中心

电话(010)67110500

经　　销: 各地新华书店

印　　刷: 湘潭市霞城社会福利印刷有限公司

开　　本: 889 × 1194　　1/16

印　　张: 47.75

字　　数: 1178 千字

版　　次: 2019 年 5 月第 1 版　　2019 年 5 月第 1 次印刷

印　　数: 0001 ~ 3000 册

ISBN 978-7-5144-3755-3　　定价:268.00 元

《湖南乡镇简志》编纂委员会

主　　任　邓建平

副 主 任　黄俊军　　杨盛让

委　　员　（按姓氏笔画排序）

王习加	石卫东	刘克兴	刘运华	刘李波
杨　帆	杨伟东	陈劲松	陈念军	张国纲
李俊江	李章进	易小兰	周正宇	周冠军
段谭云	唐中明	隆清华		

《湖南乡镇简志》总纂人员

总　　纂　邓建平

副 总 纂　黄俊军　　杨盛让

总 编 室

主　　任　隆清华

副 主 任　杨　帆　　李章进

编　　辑　阳雍悦　　谭文美　　田　丰

《湖南乡镇简志·湘潭市卷》编纂委员会

《湖南乡镇简志·湘潭市卷》编 辑 部

湖南省行政区划略图

本图数据由湖南地图出版社提供，其审图号为湘S（2014）039号

凡　例

一、以马克思列宁主义、毛泽东思想、邓小平理论、“三个代表”重要思想、科学发展观、习近平新时代中国特色社会主义思想为指导，运用辩证唯物主义和历史唯物主义的观点和方法，全面、客观、系统、简要地记述湖南省各乡镇（街道）的历史与现状，突出地方特色、时代特色和历史文化特色，力求为全省乡镇（街道）立简志，为后世留存湖南乡镇信史。

二、全志分 14 卷，分别以湖南省 14 个市州为卷名，分卷出版。各分卷名称为《湖南乡镇简志·××市卷》。

三、上限追溯自建置之始或事物发端，下限总体截至 2014 年年底。为完整记述和反映 2015 年开展的湖南省乡镇区划调整工作及调整后的乡镇（街道）设置，个别相关内容记述下延至 2015 年年底，部分分卷下限整体截至 2015 年年底。

四、全志采用纲目体，横分门类，纵述史实，述而不论。各乡镇（街道）记述内容设区域概况、经济发展、基础设施、社会事业、特色地情五大板块；各板块之下结合地情合理设置分类栏目，篇首可设“地域名片”。

五、综合运用述、志、图、表、录等各种体裁。各分卷均设总述、市州综述、县市区概述、各乡镇（街道）简志及图照、表格、附录，以志为主；不专设人物传略、人物简介、人物名录及大事记。

六、使用规范的语体文记述，文字力求严谨、朴实、简洁、流畅。数字、标点符号使用遵循 GB/T15834–2011《出版物上数字用法》和 GB/T15835–2011《标点符号用法》国家标准出版规定。计量单位采用国务院 1984 年 2 月发布的中华人民共和国法定计量单位。鉴于社会使用习惯，个别传统计量单位不作换算。历史纪年以朝代年号、民国纪年并括注公元纪年表述，其他采用公元纪年。地名、机构、官职等均以当时称谓记述，必要时括注说明。

七、所用资料来源广泛，经核实载入，除个别情况外均不注明出处。数据一般采用国家统计部门法定数据，适当采用主管部门正式提供的数据。

八、各分卷分别收录湖南省行政区划略图、市州行政区划图；适当收录地方风景名胜、人文地情、风物特产等图片，随文插图，图文并茂。

九、各分卷需要单独说明的事项，均分别在各分卷后记中另行说明。

目录

总述

一、湖南省情概览

湖南省位于中国中南部、长江中游。省域绝大部分在洞庭湖以南，故名湖南；因湘江纵贯南北而简称“湘”；又因自古盛植木芙蓉，而有“芙蓉国”之雅称。湖南省地处北纬 24° 38′ ~30° 08′ ，东经 108° 47′ ~114° 15′ 。东以幕阜、武功诸山系与江西交界，南枕南岭与广东、广西相邻，西以云贵高原东缘连贵州，西北以武陵山脉毗邻重庆，北以滨湖平原与湖北接壤。东西宽 667 公里，南北长 774 公里，土地面积 21.18 万平方公里，约占全国土地总面积的 2.2%。其中，山地占 51.2%，丘岗地占 29.3%，平原占 13.1%，水面占 6.4%。境内属亚热带季风性湿润气候，全年无霜期 260 ~ 310 天，年平均气温 16℃~18.5℃；年平均降雨量 1200~1700 毫米，是全国雨水较多的省份；5 公里以上河流 5341 条，河川径流量 2079 亿立方米。北部洞庭湖为中国第二大淡水湖，湘江、资江、沅水、澧水四大河流分别从西南向东北流入洞庭湖，连接长江。省会驻长沙市，全省辖 13 个市、1 个自治州，下辖 122 个县（市、区），其中，市辖区 35 个、县级市 16 个、县 71 个。2014 年，全省常住人口 6737.24 万人，其中城镇人口 3320.11 万人。

湖南历史悠久，远在旧石器时代境内就有古人类生活栖息。夏、商和西周时期，属《禹贡》九州的荆州之域；春秋战国时期属楚国，置郡县；秦袭楚制，“去楚名，以楚地为三郡”（据《史记集解》载）；两汉时期绝大部分属荆州境；三国时，湖南地区为蜀汉和东吴的角逐之地；两晋时属荆州之域；南朝初年设有以“湘”命名的“湘州”；唐朝设湖南观察使，“湖南”之名由此始；宋朝初隶于江南道，后分属荆湖南路和荆湖北路；元朝大部分地区属湖广行省，小部分隶于四川行省；明朝设湖广承宣布政使司（仍称省，治武昌）；清康熙三年（1664），分湖广右布政使驻长沙，同年移偏沅巡抚驻长沙，此为湖南建省之始，省名沿用至今。

湖南矿藏丰富，矿种齐全，是著名的“有色金属之乡”和“非金属矿之乡”，钨、锡、铋、锑等储量居全国之首。境内植被丰富，2014 年，森林覆盖率 59.57%，活立木总蓄积量 4.84 亿立方米，湿地保护率 69.3%。湖南生物资源丰富多样，堪称生物基因库。全省有水杉、绒毛皂荚等国家保护的珍稀野生植物55种，占全国保护珍稀植物种类的26%；有华南虎、云豹、白鹤等18种国家一级保护动物，以及28种国家二级保护动物、49种国家三级保护动物。湖南名胜古迹众多，古有“潇湘八景”美誉，现有武陵源风景区、崀山丹霞地貌2处世界自然遗产，有国家级自然保护区22个，国家级森林公园54个，AAAAA级景区7个。南岳衡山是中华五岳之一，岳阳楼是江南三大名楼之一，还有伟人故里韶山、千年学府岳麓书院、凤凰古城等名闻遐迩的景区景点。

湖南农业发达，自古就有“鱼米之乡”的美誉，历来是全国产粮大省，粮食、棉花、油料、茶叶、烤烟等主要农副产品产量均位居全国前列。湘莲具有3000多年历史，安化黑茶是中国世博会十大名茶之一，君山银针是中国黄茶珍品；生猪出栏数居全国之首，洞庭湖鱼虾、贝类产量居全国第五位；“鞭炮之乡”浏阳市是全球最大和最具盛名的烟花生产基地；醴陵陶瓷已有1700多年历史，釉下五彩瓷、毛瓷、国宴专用瓷驰名中外。湖南工业门类齐全，已形成工程机械、电子信息及新材料等10个优势产业集群，有三一重工、中联重科、华菱钢铁、湘潭电机等一批全国知名企业。第三产业蓬勃发展，广播影视、动漫卡通、文化创意、出版、旅游等产业迅速崛起，广电湘军、出版湘军、动漫湘军全国驰名。

境内交通发达，形成了铁路、公路、航空、水运于一体的综合交通运输网。2014年，全省铁路营运里程4281公里，其中高速铁路里程1110公里，居中部省份第一，在全国路网中担负着承东启西、沟通南北的功能。全省公路通车总里程236250公里，其中高速公路通车总里程5493公里。全省长沙、张家界等6个机场共运营航线160多条，通航国际国内城市100多个。全省有通航河流373条，通航总里程1.2万公里，位列全国第三。

湖南是华夏文明的重要发祥地之一。相传神农氏在境内种植五谷、织麻为布、制作陶器，坐落于炎陵县的炎帝陵是中华民族始祖炎帝神农氏的安寝圣地；舜帝明德天下，足历洞庭，宁远县九嶷山为其陵寝之地。湖南境内历史遗存众多，全省有城头山遗址、长沙铜官窑遗址、秋收起义文家市会师旧址、洪江古建筑群等全国重点文物保护单位182处，长沙马王堆汉墓的发掘震惊世界，湘西龙山出土的里耶秦简是继秦始皇兵马俑之后秦代考古的又一重大发现。湖南自古有“古道圣土”“屈贾之乡”和“潇湘洙泗”的美誉，以“心忧天下、敢为人先、经世致用、兼收并蓄”为精神特质的湖湘文化薪火相传。全省有长沙、岳阳、凤凰、永州4座中国历史文化名城；有龙山县里耶镇、长沙市望城区靖港镇、永顺县芙蓉镇、绥宁县寨市镇、泸溪县浦市镇、洞口县高沙镇、花垣县边城镇7个中国历史文化名镇；有岳阳县张谷英镇张谷英村、江永县夏层铺镇上甘棠村、会同县高椅乡高椅村、永州市零陵区富家桥镇干岩头村、双牌县理家坪乡坦田村、祁阳县潘市镇龙溪村、永兴县高亭乡板梁村、辰溪县上蒲溪瑶族乡五宝田村、永顺县灵溪镇老司城村、通道侗族自治县双江镇芋头村、通道侗族自治县坪坦乡坪坦村、绥宁县黄桑坪苗族乡上堡村、绥宁县关峡苗族乡大园村、江永县兰溪瑶族乡兰溪村、龙山县苗儿滩镇捞车村15个中国历史文化名村。湖南民俗多姿多彩，土家族梯玛歌、辰河高腔、湘绣、滩头木版年画、皮影戏、江永女书等118项民俗艺术被列入国家非物质文化遗产代表性项目，花鼓戏、昆剧、湘剧、祁剧和常德丝弦等民间歌舞享誉中外，湘西苗族的巫傩文化和土家族的茅古斯、摆手舞等民俗别具一格。

湖南人文荟萃，英才辈出。从流寓湖湘的先秦爱国诗人屈原，西汉著名政论家贾谊，东汉造纸术发明者蔡伦，唐代著名书法家欧阳询和怀素，北宋理学鼻祖周敦颐，在湖南讲学传道的南宋著名理学家朱熹和张栻，明代茶陵诗派领袖李东阳，有“东方黑格尔”之称的思想家王夫之，到清代经世派代表人物两江总督陶澍，近代“睁眼看世界第一人”魏源，以及清代中兴名臣曾国藩、左宗棠，维新志士谭嗣同、唐才常，辛亥元勋黄兴、蔡锷、宋教仁，民国第一位民选总理熊希龄；从为创建中国共产党、缔造中华人民共和国做出卓越贡献的毛泽东、刘少奇、任弼时、彭德怀等无产阶级革命家，到改革开放以后的党和国家领导人胡耀邦、朱镕基；从田汉、齐白石等著名艺术家，沈从文、周立波等著名文学家，到“世界杂交水稻之父”袁隆平、“试管婴儿之母”卢光琇等著名科学家，以及全心全意为人民服务的共产主义战士雷锋等杰出人物，都以其卓越的才情、智慧和品德，在中国乃至世界的历史舞台上写下了浓墨重彩的精彩篇章，彪炳史册。

二、湖南乡镇建置沿革综述

（一）先秦至明代基层组织

先秦时期基层组织

夏、商、西周，湖南属《禹贡》九州的荆州之域，大体仍处于“蛮夷”所居的“荒服”之列。虽中原王朝不断进入，但三代都没有在湖南建立起自己的统治秩序，在这1500多年里，从湖南先民的主体部分看，始终处于原始氏族制度的缓慢解体阶段。[①]据《汉书·食货志》记载：在殷周曾把辖区内居民“以五家为邻、五邻为里、四里为族、五族为党、五党为州、五州为乡”的乡制进行控制。西周在划分“国”“野”的基础上，在王室和诸侯管辖的区域内设乡、遂地方行政机关。[②]西周至春秋之际，兴起于汉水流域的楚国把触角伸入湖南，但在整个春秋时期，楚人未能建立有效的行政管理机构，而主要是依靠军队在交通要道上设置军事据点进行统治。如在沅陵建黔中古城等。同时楚人在湖湘地区建立由移民组织的附庸国加强对居民的统治。当时著名的有今汨罗一带的罗子国和今岳阳市东的麇子国。战国时期，楚国对湖南的征服已完成，为加强统治，在湖南设黔中郡以辖之，郡治在今常德市，首次把湖南纳入封建国家行政管理体系。这一时期，县以下设乡、里、什、伍四级组织。此外，设有与乡同级的亭（管理城市居民的组织）。其职能：维护社会治安；监督户口，防止隐匿逃亡；征收租税和摊派徭役；组织农民从事生产。据考古发现，春秋战国时期湖南地区出现了规模不大的城市，如长沙城、罗子城、麇子城、索县古城、张若城、鸡叫城、城头山城、申鸣城、宋玉城等等。这些虽为城，实际为楚国军事据地、手工业和商业贸易中心。[③]

秦汉至南北朝时期基层组织

秦汉一县之内分成若干乡，乡设三老掌教化，啬夫掌司法和税收，游徼掌管治安；乡以下有里，里设里正；里以下有什伍组织（这种乡里制度基本因循至南朝）；另外县以下还有亭一级组织，亭有亭长，协助地方治安，同时监管百事。[④]西汉时

① 湖南省地方志编纂委员会编：《湖南省志·卷首》，北京：五洲传播出版社，2005年8月，第423页。
② 罗昭义主编：《当代中国乡镇政权建设研究》,北京：光明日报出版社,2003年7月,第13页。
③ 李建毛等著：《知我湖南丛书—湖南史话》，长沙：湖南教育出版社，1998年，第38页。
④《中国政治制度辞典》，北京：中国社会出版社，1990年3月，第144页。

每个县辖20个左右乡和亭，亭设在农村市镇称乡亭（又名野亭或下亭），每个乡和亭之下都设十里左右，里内居民按什伍编制。其乡里基层组织职能：维护社会治安，实行重赏重罚的“什伍连坐法”；编制“傅籍”，征收赋税；实行思想教化，秦时推行法家学说，禁止儒家思想，严禁民间私学，到汉朝自汉武帝时又“罢黜百家，独尊儒术”，大兴教育；在官吏选举中也起一定的作用。[①]北魏地方基层组织实行“三长制”，规定：五家立一邻长，五邻立一里长，五里立一党长，由本乡“强谨”之人充当。主要职责是检查和审定户口，征发赋役。三长享受一定的免税优待。[②]

秦汉至南北朝时期湖南地区部分县以下的基层组织：

西汉，县下设有乡里。马王堆汉墓出土的《地形图》所绘即是长沙国的地域范围，据该图可知，主区大致分为县和乡里二级，县级8个，主区内共绘有80多处居民点，可辨认的乡里级居民地70多个，所标圆圈符号大小不同，应该与地域大小、人口多少有关。[③]

东汉，在溇中（今慈利县）等地设“里”“亭”等基层行政机构。[④]

新莽（9—23），耒阳改名南平亭。王莽假复古改制之名，行篡汉夺位之实，郡县之名多次改变，耒阳亦改名。[⑤]

东安县紫溪市镇“西汉武帝元鼎六年（前111），朝廷在镇东侧一华里的马塘铺，设置了东安驿……”。[⑥]

桃源县茶庵镇“自东汉建武二十六年（50）设为临乡之所属临沅（今常德市）沅南县（今桃源县）以来，此地作为乡镇治所已有1957年”。[⑦]

攸县，唐、虞时属荆州。《禹贡》荆及衡阳惟荆州。攸为衡山之阳一奥区。[⑧]户口保甲附论：保甲之设，由来远矣。汉之里魁，晋之里吏……。[⑨]

隋唐时期的地方基层组织

隋初颁布政令规定，县以下基层建制为保、闾、族三级制，但畿内、畿外略有不同。畿内以五家为保，设保长一人，五保为闾，设闾正一人，四闾为族，设族正一人。畿外，以五保为一里，设里正一人，相当于闾正；四里为一党，设党长一人，相当于族正。保长、里长、党长之间要相互监察。唐朝县以下的基层组织是乡、里、保、邻四级。乡设乡长一人，乡佑二人。贞观十五年（641）后，乡只设耆老（又称文老）一人，乡下辖五里，管500家。里设里正一人，里下辖五保，管100家。保设保正一人，保下辖五邻，管20家。邻设邻长一人，邻下辖4家。[⑩]在两亭和州县城内设坊；在郊外设村。乡里、村坊设正长，多选用六品以下没有实际官职的在乡人员或富户充任。保长、邻长则由一些有影响的人物担任。乡里、

① 罗昭义编：《当代中国乡镇政权建设研究》，北京：光明日报出版社，2003年7月，第14页。
② 《中国政治制度辞典》，北京：中国社会出版社，1990年3月，第145页。
③ 周秋光等著：《湖南社会史》，长沙：湖南人民出版社，2013年3月，第481~482页。
④ 《湖南省志·民族志》，长沙：湖南人民出版社，1998年，第30页。
⑤ 《湖南地名志》，长沙：湖南地图出版社，2009年5月，第464页。
⑥ 《湖南地名志》，长沙：湖南地图出版社，2009年5月，第1540页。
⑦ 《湖南地名志》，长沙：湖南地图出版社，2009年5月，第1128页
⑧ 〔同治〕《攸县志》，1984年12月，第92、116页。
⑨ 〔同治〕《攸县志》，1984年12月，第92、116页。
⑩ 罗昭义主编：《当代中国乡镇政权建设研究》，北京：光明日出版社，2003年7月，第15页。

村坊正长负责稽查户口，课植农桑，检察非违，催驱赋税，监督人民。①

隋唐时期湖南地区部分县以下的基层组织：

江永县，隋开皇九年（589）并谢沐、营甫为永阳县，属永州府总管府。大业三年（607）改零陵郡。汉至隋县以下设乡、亭里。唐宋设乡、都里、坊村……。②

永兴县“唐开元十三年（725），析郴县北四乡置安陵县，县治设今高亭乡政府东侧的古城村……”。③

宋元时期基层组织

宋初县之下有乡、乡之下有坊（城厢）、里（乡村），里之下即户。各户要轮流到各级政府去服差役（职役）。户各置长一人，称户长，以第二等户充之；里置里正，以第一等户充之；于乡则有乡书手，各负督课赋税之责。此外则有耆长、弓手、壮丁，以捕盗贼，还有承符、人力、手力、散从以供奔走，即供县衙门随时驱使。④北宋王安石变法：“十家为一保，选主户有干力者一人为保长，五十家为一大保，选一人为大保长；十大保为一都保，选为众所服者为都保正，又以一人为之副。”（《宋史·兵志六》）。保的任务是联合民户，以寄兵政。另外还有甲的组织，以三十家为一甲，负责放贷和收税。⑤元代县以下设里制和社制。里制：四家为邻、五邻为保，百家为里。里设里长，里长职权为“催促差税，禁止违犯”（《大元通制》），办理国家委派的各项事宜。社制：五十家立一社，择高龄晓农事者一人为之长。增至百家者，另设长一员。不及五十家者，与近村合并为一社。地远人稀，不能相合，各自为社（《元史·食货志一》）。⑥另外，二十家变为一甲，甲有主。⑦社长负责办理本社居民自治实务。如组织垦荒耕种，修治河渠，经营副业、恤贫救危等。⑧

宋代湖南地区部分县以下的基层组织：

醴陵县分 16 乡、16 里。⑨

长沙县，北宋元符元年（1098）析长沙县东南五乡、湘潭县两乡置善化县。⑩

茶陵县，南宋嘉定四年（1211）析康乐、霞阳、常平三乡置酃县，属茶陵军管辖。⑪

元代湖南地区部分县以下的基层组织：

湖南各地“苗蛮”积极参加反元斗争，元朝“以夷制夷”，即保留各少数民族内部原有的政治、经济和文化生活不变，利用本民族内部的贵族管理和控制这些少数民族地区，设立土司，形成了土司制度。⑫

会同县编为 38 里（苗 1 里）。通道县编

---

① 湖南省民政厅编：《我国基层群众性自治组织常识》，1988 年 1 月，第 13 页。
②《湖南地名志》，长沙：湖南地图出版社，2009 年 5 月，第 1574 页。
③《湖南地名志》，长沙：湖南地图出版社，2009 年 5 月，第 1345 页。
④ 孟昭华等著：《中国民政史稿》，哈尔滨：黑龙江人民出版社，1986 年 2 月，第 65 页。
⑤《中国政治制度辞典》，北京：中国社会出版社，1990 年 3 月，第 145 页。
⑥ 崔乃夫主编：《中国民政词典》，上海：上海辞书出版社，1990 年 11 月，第 50 页。
⑦《中国政治制度辞典》，北京：中国社会出版社，1990 年 3 月，第 145 页。
⑧ 崔乃夫主编：《中国民政词典》，上海：上海辞书出版社，1990 年 11 月，第 50 页。
⑨ 醴陵市民政局编：《醴陵民政志》，1990 年 10 月，第 25 页。
⑩ 长沙县志编纂委员会编：《长沙县志》，生活·读书·新知三联书店，1995 年 10 月，第 1 页。
⑪ 茶陵县地方志编纂委员会编：《茶陵县志》，北京：中国文史出版社，1993 年 10 月，第 7 页。
⑫ 周秋光等著：《湖南社会史》，长沙：湖南人民出版社，2013 年 3 月，第 536 页。

为6里。[①]攸县5个乡、72里。[②]

明代基层组织

明代县以下实行都里甲制。城中称坊，近城称乡，乡村称里或图（100户为1里），里以下称甲（10户为1甲）。里长对县、乡负责，实现对里甲管理，其行政职责为对里内人户进行管理；检查督促本里农业生产。[③]据《明史·地理志》统计，湖广为里3480有奇。[④]

明代湖南地区部分县以下的基层组织：

沅陵县分12都，编户58里。辰溪县明初编为58里，明洪武二十五年（1392）并为24里，永乐元年（1403）再并为8里，景泰元年（1450）改为6都、1坊、7乡。芷江县明初编为27里，明弘治十五年（1502）并为16里，正德七年（1512）划为4坊、10乡、26里。麻阳县明洪武十四年（1381）编为9里，后因苗民起义被镇压，人烟稀少，永乐元年（1403），以绝户田土割付平、清、偏、镇、辰、沅六卫屯田，麻阳仅存7里。黔阳县明洪武初年，编为2都58里，永乐元年（1403）并为21里。会同县明景泰三年（1452）并为24里，成化八年（1472）并为24里，万历二十五年（1597）分9乡、22里。通道县明初改设5乡。[⑤]

宁远县明初设乡12个，辖60里，明崇祯十二年（1639）划宁远南乡9里，北乡4里，置新田县。宁远县减为10乡（东、西、中和、大阳、永乐、太平、仙政、广济、仁泽、丹桂）30里。[⑥]

湘潭县明洪武十四年（1381）编为21都8乡，县城分为2坊，附郭分为2乡，皆统于乡。[⑦]

攸县明洪武年间，编为52里，永乐二年（1404）并为44里，景泰三年（1452）并为29里，坊厢一区。[⑧]

此外，在今湖南境内有3宣慰使司，1安抚使司，下分3土州、10长官司和1土舍，总计大小18土司。[⑨]

（二）清朝时期基层政权[⑩]

清初湖南基层政权组织城中称坊，近城称厢，乡村称里或都。乾隆、道光年间（1736—1850），推行保甲，并办团练。光绪三十四年至宣统三年(1908—1911)，筹办城镇乡自治。

里甲 清康熙年间（1662—1722），湖南几次审编丁户，造报赋役黄册，编排里甲。初定3年一编审，后改5年。以110户编为一里，推人丁多的10户为长，其余100户编为10甲，每甲10户，60岁以上者役册除名，免征赋役。16岁以上者，选报役册，计征赋役。鳏寡孤独不服役者称畸零，在100户之外，附于里甲册之后。里长10年轮换一次，管摄一里的征赋派差，征缴各户钱粮差役。清初据湘潭等50州、县汇总，共编1019里、

① 怀化市民政志编纂委员会编：《怀化市民政志》，2002年4月，第68~72页。
② ［同治］《攸县志》，1984年12月，第117页。
③ 罗昭义主编：《当代中国乡镇政权建设研究》，北京：光明日报出版社，2003年7月，第16~17页。
④ 周秋光等著：《湖南社会史》，长沙：湖南人民出版社，2013年3月，第534页。
⑤ 怀化市民政志编纂委员会编：《怀化市民政志》，2002年4月，第68~72页。
⑥ 宁远县民政局编：《宁远县民政志》，1992年12月，第28页。
⑦ 湘潭县地方志编纂委员会编：《湘潭县志》，长沙：湖南出版社，1995年12月第10页。
⑧ ［同治］《攸县志》，攸县志编委会翻印，1984年12月，第117页。
⑨ 周秋光等著：《湖南社会史》，长沙：湖南人民出版社2013年3月，第536~537页。
⑩ 湖南省地方志编纂委员会编：《湖南省志·民政志》，北京：中国文史出版社，1994年7月，第72~74页、第116~120页。

26都、8厢。康熙三十五年(1696)，在43州县内增编98里、6厢、11坊。清雍正、乾隆年间(1723—1795)，里甲又经多次编审。嘉庆二十一年（1816）据辰溪、善化（今望城区）等68州县汇总，共编1386里、32都、18保、14坊。

保甲 清乾隆三十七年(1772)，湖南废除编户与审定新生人口，全面推行保甲制。以10户为牌设牌头；10牌为甲设甲长；10甲为保设保正。牌头甲长三年一换，保正一年一换。甲内如有盗窃、邪教、赌博赌具、窝逃奸拐、私铸私销私盐、贩卖硝典、私立名色、敛财聚会，或有面生可疑，形迹诡秘的人，皆令查报。各府、州、厅、县所辖城厢、市镇、村屯居民，从缙绅至商贾、农工、吏役、兵丁皆挨户编审。湖南全省审编保甲的总况，已无从考查，部分州县确已按例编定，里甲逐渐改名都甲、都团。醴陵县于清嘉庆十八年（1813）编查烟户人丁，门牌邑令，共编24都、103境；有保正103名，甲长456名，牌头4188名。黔阳县清光绪年间（1875—1908）废都里，设局、团，全县划4局，下辖58团。[①]

城镇乡自治 清光绪年间(1875—1908)，湖南部分州、县的基层政权组织已有乡、村（团）的划分。桃源县划为6乡、2坊、下辖34村。光绪三十四年（1908）十二月，清政府先后公布《城镇乡地方自治章程》《城镇乡地方自治选举章程》。清宣统元年(1909)，湖南成立省地方自治筹办处，各厅、州、县成立地方自治筹办所。详定《全省地方自治研究所章程》《各厅、州、县筹办地方自治公所章程》《各厅州、县筹办地方自治公所附设宣讲所章程》《各厅、州、县筹办地方自治公所办理白话报章程》并确定城的区域，指定长沙、善化及湘潭、洪江等地，先行筹设议事会、董事会。镇乡区域均以人口数为标准，但因人口不实而无从划分。当时四地乡镇沿旧制，名称很不统一，称都、团、区、里的都有，实际上还是保甲制。省地方自治筹办处当时通饬各州、县地方官会同地方绅董，认真清理旧有保甲团体，巩固原有组织，以立自治初基。

（三）民国时期基层政权[②]

民国初期湖南基层政权仍袭清末都、团、区、里旧制。民国12年（1923）编立挨户团。民国17年（1928）实行区、乡、镇、闾、邻自治。民国24年（1935）实施乡、镇、保甲制。

挨户团 民国12年3月，湖南省内务司公布《各县挨户团编组条例》，规定：凡县属原有市区乡团保甲，应由知事切实整理，依照本《条例》改编挨户团。其编制：各县挨户团须照地方习惯划分区团，各区挨户团，除编入号册者外，须按户派定1人编入团丁名册，依团属户数编列：10户1排，置排长1人；5排为1甲，置甲长1人；5甲为1保，置保董1人。县挨户团以知事为总监督，遴委地方绅商办理；区挨户团置团总1人，由总监督遴委，其他应置之保董、甲长、排长，按各区团户数支配名额，由各排互推，报请团总核定，呈总监督委充之。在清查户口中，被各县挨户团编入另册的有暴徒、窃盗、土娼、烟犯、赌博等，据57县统计，编入另册共有46263人。

乡镇保甲 民国18年（1929），湖南省政府为“围剿”共产党创建的革命根据地，在平江、浏阳及湘东南等边区县内推行保甲制。以5牌为

① 怀化市民政志编纂委员会编：《怀化市民政志》，2002年4月，第71页。

② 湖南省地方志编纂委员会编：《湖南省志·民政志》，北京：中国文史出版社，1994年7月，第75~82页、第120~120页。

甲，100户以上为保，保以上为团，据此清查户口，办理联保切结。民国21年（1932），省政府制定《湖南省清查户口编组保甲规程》《湖南省各县清查户口编组保甲须知》等，民国24年（1935）1月1日在全省施行。规定县以下设区，区以下设乡镇，乡镇以下设保，保以下设甲（10户为甲、10甲为保）。至民国25年（1936），全省划乡镇3012个，坊15个，保38750个，甲424515个。民国27年（1938），全省实行扩并乡镇区域，其乡所辖户数1000～5000户。镇不受面积限制，所辖户数2000～5000户，至次年底，全省设立乡镇1608个。民国29年（1940），湖南省政府公布《湖南省各县乡镇自治实施方案》《湖南省各县乡镇区域调整办法》。至民国30年（1941）底，全省设立乡镇1609个，保20136个，甲289367个；其等级划分：甲等乡镇550个，乙等乡镇768个，丙等乡镇271个。甲等保7649个，乙等保9341个，丙等保2506个，未列等保640个。民国29—34年（1940—1945），日本侵略者侵犯湖南期间，保甲组织混乱。民国34年（1945）10月，省政府饬令抗日作战区域的乡镇，归复原有建制。12月7日，湖南省政府委员会第十四次常务会通过《湖南省各县调整乡镇组织法》《湖南省各县市整编保甲实施办法》和《湖南省各县市推行保甲规约办法》。次年，省政府迭令各县调整乡镇区划。调整后全省乡镇由1617个减为1173个，保由20515个减为14830个；甲由264540个减为198732个。

区乡镇自治 民国12年（1923）12月，永顺、保靖、龙山、桑植、凤凰、乾城、永绥（今花垣）、古丈、大庸（今张家界市永定区）、麻阳10县推行乡自治，公布《湘西永保龙桑凤乾绥古庸麻十县制》，规定牌长、甲长、保长、乡长的委任方式、选举乡议员条件和被选为乡议员任期年限。民国13—14年（1924—1925），湖南倡议联省自治，公布《湖南省宪法》，省以下实行县与市乡自治，规定市、乡划分标准。民国16年（1927）2月，省政府公布《区乡自治条例》。民国17年（1928）6月，省成立地方自治筹备处，各县成立自治分处，协助县政府筹备区乡自治。民国18—19年（1929—1930），国民政府公布《县组织法》《县组织法施行法》《县自治法》和《修正县组织法》等自治法规。民国22年（1933），省政府决定，长沙、岳阳、邵阳、湘阴、湘潭、湘乡、醴陵、宁乡、益阳、浏阳、平江、衡阳、衡山、常德14县，提前举办地方自治。民国23年（1934）12月，国民政府行政院下令举办保甲而停编。

县辖区 民国21—25年（1932—1936），设立区公所（或名区署）。民国21年（1932），全省共划区489个，民国25年（1936）调整为449个，并划有相应区的直属乡镇43个（其中直属镇19个）。民国26年（1937），湖南省实行撤区并乡，由县政督导员流动巡视、指导、监督乡镇保甲工作。民国28—30年（1939—1941），区公所或区署全部撤销。

（四）中共湖南区委领导下农民协会和苏维埃辖区的基层政权

第一次国内革命战争时期（1922—1927年）。在中共湖南区委领导下，湖南地区开展了农民运动。1923年4月建立岳北工农会，1925年成立湘潭八叠分农民协会，1926年4月成立长沙县农民协会，1926年12月成立省农民协会。至1927年1月，全省农民协会会员达200多万人，能直接领导的群众1000多万人。农民协会在政治上和经济上打击地主、推翻土豪劣绅的封建统治，建立农民武装，开展文化和合作社等运动。毛泽东撰写的《湖南农民运动考察报告》中说：农会是“新的乡村自治机关—农民政权的乡村自治机关”（《毛泽东选集第一卷》第 29 页）。[①]

第二次国内革命战争时期（1927—1937 年）。中国共产党领导的工农红军建立湘鄂赣、湘赣、湘鄂西和湘鄂川黔边区革命根据地。在湖南 25 个县属革命根据地或游击区建立区苏维埃政府 170 余个，乡苏维埃政府或革命委员会 910 余个，成为湖南最早的基层工农政权。[②]

茶陵县　1927 年 11 月 28 日，茶陵县工农兵政府建立；1928 年先后建立第一个区苏维埃政府和茶陵县革命委员会。1930 年 3—4 月成立太湖乡、山边一区苏维埃政府，区政府设主席、秘书、青年部长、经济委员、少先队队长、赤卫队队长、肃反委员、妇女主任等。

酃县　1928 年 3 月，成立中共酃县县委会、中村区委、区工农兵政府。召开全区群众大会，选举区苏维埃主席、副主席和执委。下设宣传、军事、粮食、肃反、财政、文化、工作检查、土地、妇女、青年、儿童 11 部。并组织区赤卫队。

浏阳县　1928 年 11 月 20 日，中共浏阳县委在仁和洞赖世安家召开第一区（新划区）第一次区工农兵代表大会，选举区苏维埃主席等，下设粮食、土地、财政、文化、裁判、赤卫等部。区政府领导人民查田、分土地；清理地方公产积谷，焚毁地主契据、借约、借券，取缔一切苛捐杂税。

醴陵县　1927—1928 年 3 月，醴陵县建立区乡苏维埃政府。区乡苏维埃政府设执行委员会，分设农委、财委、妇委、武装、民食、耕作等委员，下辖自卫团、儿童团等组织。

石门县　1928—1929 年，石门县成立区乡苏维埃政府，区、乡苏维埃政府主要工作：联合农民，推翻国民党统治，实行分土田，打倒土豪劣绅，没收地主粮食，分浮财，支援红军；加强地方武装，加强县游击队建设，儿童团站岗放哨，维护治安；加强经济建设，取消一切政府、军阀土地捐税、退租、减押实行统一的累计税；开展政治宣传，各区、乡小学，农民夜校，组织青年演文明戏，唱革命歌曲，开办中西结合医院。[③]

（五）中华人民共和国成立后基层政权[④]

1949 年 8 月湖南和平解放后，湖南基层政权建设先后经历区人民政府（简称区政府）、乡镇人民政府（人民委员会）、人民公社、乡镇人民政府（简称乡镇政府）。

农村基层政权

区政府　湖南和平解放后，湖南各县在县以下划区，建立区政府。1951 年 6 月，全省建区镇政府 659 个。1952 年，全省建立区政府 920 个。区级机构设置：党群方面设中共区委书记和组织、宣传等委员及农会、青年、妇女等干部；政府方面设正、副区长、秘书和民政、公安、司务、财粮、文教、工商等干部及会计员、事务员等。1953 年，湖南省人民政府按照中央军政委员会关于划小区、乡的决定，调整县以下行政区、实行小区小乡，至 1955 年 6 月，全省共设置区 933 个。1956 年 5 月，湖南省人民委员会下发《关于扩大乡行政区域和撤销县属区建制的决定》，是年

① 李永芳著：《近代中国农会研究》，社会科学文献出版社，2008 年 10 月，第 181~189 页、第 204~214 页。

② 湖南省地方志编纂委员会编：《湖南省志·民政志》，北京：中国文史出版社，1994 年 7 月，第 131~137 页。

③ 石门县民政志编纂委员会编：《石门县民政志》，2015 年 1 月，第 70~72 页。

④ 湖南省地方志编纂委员会编：《湖南省志·民政志》，北京：中国文史出版社，1994 年 7 月，第 75~87 页；湖南省地方志编纂委员会编：《湖南省志·民政志（1978~2002）》，珠海：珠海出版社，2009 年 1 月，第 260~265 页。

撤销区921个，保留常德地区和湘西自治州县以下办事处12个。1961年各地在调整人民公社区划规模时设置县与公社之间区510个（包括片工委）。嗣后几经调整，至1990年，全省共设置区411个，2003年共设置区8个，至2004年年底，全部撤销。

乡镇政府（人民委员会）　湖南和平解放后，各地以旧保区域为基础，划定乡的行政区域，至1951年上半年，全省划乡8402个，互助合作组1000余个。1950年12月，中央人民政府政务院颁布《乡（行政村）人民代表会议组织通则》和《乡（行政村）政府组织通则》。1951年6月27日，湖南省人民政府下发《关于划小区乡工作的指示》，至1953年，全省设置乡政府15217个，互助合作组247697个；镇政府340个。1953年2月，湖南省人民政府下发《关于健全乡政权组织的指示》。至1954年4月，全省完成基层选举15232个乡（除邵阳专区2乡、黔阳专区10乡外），设置乡政府。乡政府由9～15人组成，各乡酌情设置生产合作、文教卫生、治安保卫、人民武装、民政、财政、调解等委员会。乡政府职责是直接联系群众，领导生产建设，组织人民行使当家作主权力；贯彻执行县人民代表大会的决议与县政府的指示，讨论决定本乡人民提出的重大革新事宜；加强对人民的社会主义教育，交流传播互助合作社的经验与推广先进生产技术；根据人民意见，对乡政府工作人员进行批评和表扬。是年，全省调整镇设置，镇从340个减为259个。至1955年6月，全省设置乡15269个，互助组570311个。1955年，湖南各县按照《宪法》的规定，改乡政府为乡人民委员会（简称乡人委会）。1956年5月18日，省人委会决定撤销县人委会的派出机关—区公所后，实行县对乡的直接领导，全省调整设置乡人委会2950个，高级农业合作社46305个。

人民公社　1958年8—9月，湖南省将2964个乡及5.3万多个高级合作社合并组建人民公社1130个，年底调整设置公社1198个，生产大队11592个，生产队105000个。1961年，对社镇行政区划进行调整，是年年底，全省设置公社3545个，生产大队49479个，生产队458200个，建制镇154个。1966年，设置公社3362个，生产大队45704个，生产队416700个；1971年设置公社3328个，生产大队45412个，生产队458200个，至1978年5月全省设置公社3295个，镇165个，办事处98个；生产大队45276个，居委会1403个；生产队394435个，居民小组13565个。[①]人民公社实行政社合一体制，乡党委改为社党委，乡人民委员会改为社务委员会。人民公社是我国社会结构中工农兵学商相结合的基层单位，同时又是社会主义政权的基层单位。人民公社实行统一领导，分级管理制度。公社管理机构为公社管理委员会、生产大队、生产队。生产大队为经济核算单位，生产队为组织劳动的基本单位。[②]“文化大革命”中，公社管理委员会改为公社革委会，中共公社委员会与公社管理委员会（或革委会），实行“两块牌子，一套人马”，形成党政分工不明、基层政权职能不能正常履行的状态。

乡镇政府　1982年9—11月，中共湖南省委决定实行政社分开，建立乡镇政府，派出工作组，在浏阳县的镇头、跃龙、金江、普迹、官桥、北

① 湖南省革命委员会民政局编：《湖南行政区划资料》（内部参考），1978年5月，第3页。
② 罗昭义主编：《当代中国乡镇政权建设研究》，北京：光明日报出版社，2003年7月，第28~29页。

星、柏加、大塘山等9个公社进行试点。12月4日，全国人民代表大会公告公布施行《中华人民共和国宪法》，规定农村基层政权组织为乡、民族乡和镇人民政府。1983年4—7月，全省在164个公社实行政社分开试点。1984年1月，中共湖南省委、省人民政府下发《关于政社分开建立乡政府工作的通知》。至9月，全省共设置乡3090个（其中民族乡74个），生产大队改村委会47394个，生产队改村民小组496463个；设置镇513个，街道办事处144个，设居委会2721个，居民小组28337个。11月，国务院颁布新的建镇标准，湖南省统一规划了镇的建制，采取撤乡并镇或以乡改镇的办法，实行镇管村的体制，1986年冬和1987年春，县、乡两级人大换届选举中，省人大常委会党组向省委提出在乡镇人大主席团设立常务主席的建议，得到省委赞同。通过换届选举，全省3594个乡镇人民代表大会有2682个乡镇设立主席团专职主席，确定乡镇人大主席团常务主席的职责主要是受主席团的委托，做好召开下一次本级人民代表大会会议的具体准备工作；宣传法律和政策，宣传本级人民代表大会和上级人民代表大会及其常务委员会的决议、决定，向本级人民政府反映有关法律、政策和决议、决定在本行政区贯彻和执行的情况并提出建议；联系本级人民代表大会代表，组织代表联系选民、开展代表小组活动，向本级人大和本级政府反映代表、选民的意见和要求；依照法律的规定，协助和指导选区做好撤换和补选代表的有关工作；协助本级人民政府办理代表的建议、批评、意见；办理主席团交付的其他有关事项。[①]1995年2月，全国人大常委会第十次会议修订并颁布的《中华人民共和国地方各级人民代表大会和地方各级人民政府组织法》中规定，乡镇人大设主席1人、副主席1~2人。1987年1月28日，省委、省政府下发《关于加强农村基层政权建设有关问题的通知》。是年，在16个县（市）进行简政放权的试点，至1988年底，全省已下放给乡镇政府管理机构有教育、卫生、财政等。1990年，全省设置乡2804个，镇628个；2000年，全省设乡1310个，镇1055个；2010年，全省设置乡1052个，镇1109个。嗣后几经区划调整，至2013年，全省设置乡828个、镇1138个。2015年9月，中共湖南省委、省人民政府下发《关于开展乡镇区划调整改革的意见》（湘发〔2015〕15号文件）。9月22日，召开全省乡镇区划改革动员会。当年12月2日前，全省共申报撤并乡镇524个。至此，全省共设置乡334个，民族乡83个，镇1119个。至2016年6月30日，全省完成乡镇区划调整，全省共设置乡325个、民族乡83个、镇1128个。[②]

乡镇政府职权职能　乡镇人民政府是乡镇的基层行政领导机关，又是乡镇人民代表大会决议的执行机关，对乡镇人民代表大会和县（市）人民政府负责并报告工作。乡长或镇长，副乡长、副镇长每届任期3年。2004年新修订《地方组织法》规定为每届5年。2007—2016年，乡镇政府与县政府换届同步（2006年为县乡政府换届提前1年）。根据1986年12月第六届全国人民代表大会第18次会议修改后的《中华人民共和国地方各级人民代表大会和地方各级人民政府组织法》规定，乡镇人民政府行使以下职权：执行本级人民代表大会的决议和上级国家行政机关的决定和命

① 湖南年鉴社编辑出版：《湖南年鉴(1987年)》，第191页。

② 摘自《湖南省乡镇区划调整情况汇报》和“2016年湖南省乡镇统计表”等资料中数据。

令，发布决定和命令；执行本行政区域内的经济和社会发展计划、预算，管理本行政区域内的经济、教育、科学、文化、卫生、体育事业和财政、民政、公安、司法行政、计划生育等行政工作；保护社会主义全民所有的财产和劳动群众集体所有的财产，保护公民私人所有的合法财产，维护社会秩序，保障公民的人身权利、民主权利和其他权利。保障农村集体经济组织应有的自主权；保障少数民族的权利和尊重少数民族的风俗习惯；保障宪法和法律赋予妇女的男女平等、同工同酬和婚姻自由等各项权利；办理上级人民政府交办的其他事项。[①]乡镇机构设置为：中共乡镇党委会、乡镇人民政府、乡镇人大主席团、政协联络组（20世纪90年代设置）。在乡镇党委、政府之下，设党政办、纪检会、组织、宣传、武装部、综合治理办、派出所、司法办、法律服务所、民政办、国土站、财政所、统计站、税务所、工商所、计划生育办、计划生育服务所、卫生院、乡学区、乡中学、乡（村）小学、文化站、广播站、企业办、经营管理站、农业办、农机站、林业站、畜牧站、水管站、农电站、供销社、信用社、农行营业所、食品站、粮管站、邮电支局（所）和共青团、妇联等单位。

城市基层政权

中华人民共和国成立初期，湖南省仅长沙、衡阳两市在市以下设16个区公所，为市政府派出机关。1950年，湖南省设立8个市，在市以下设区、街人民政府；区、街之下建立居民委员会和居民小组（废除旧保甲组织）。1952年，城市街道开展民主建政。长沙、株洲、益阳等市在市以下设区政府，区以下设立街道各界人民代表会议办事处（简称街道办事处）。邵阳、湘潭、常德等市设街道人民政府或区公所。1954年5月，株洲市人民政府制定《街道办事处组织简则（草）》，在市区设市政府的派出机关，领导和检查居民委员会的工作，同时撤销原街道办事处。1954年12月31日，全国人大常委会颁布《城市街道办事处组织条例》后，湖南城市基层政权为市辖区和不设区的市人民政府；在不设区的市和市辖区政府之下所设街道办事处系政府的派出机关。其任务：办理市、市辖区人民委员会交办的有关居民工作的事项；指导居民委员会工作，反映居民的意见和要求。街道办事处主任、副主任、干事都由市辖区、不设区的市人民政府委派，编制3~7名。[②]1955—1956年，长沙、株洲、邵阳、益阳、常德、洪江等市先后建立街道办事处57个，衡阳、湘潭等市以区辖居民委员会。

1958年10月，全省城镇兴办人民公社。长沙、衡阳、湘潭、株洲、邵阳、益阳、常德、洪江等市，搭起架子的街道公社33个，工厂公社8个，学校公社7个。至1960年，省辖9个市中的长沙、常德、津市等市保存街道办事处39个。1962年后撤销城市街道人民公社，恢复城市街道办事处。

1985年全省设置城市街道办事处144个。1990年全省设置城市街道办事处171个，1995年全省设置城市街道办事处196个，2003年全省设置城市街道办事处225个，2010年全省设置城市街道办事处258个，2013年全省设置街道办事处344个，2015年全省设置城市街道办事处375个。至2016年6月30日，全省设置城市街道办事处393个。

---

① 罗昭义主编：《当代中国乡镇政权建设研究》，北京：光明日报出版社，2003年7月，第52~53页。
② 湖南省地方志编纂委员会编：《湖南省志·民政志》，北京：中国文史出版社，1994年7月，第150页。

湘潭市行政区划略图

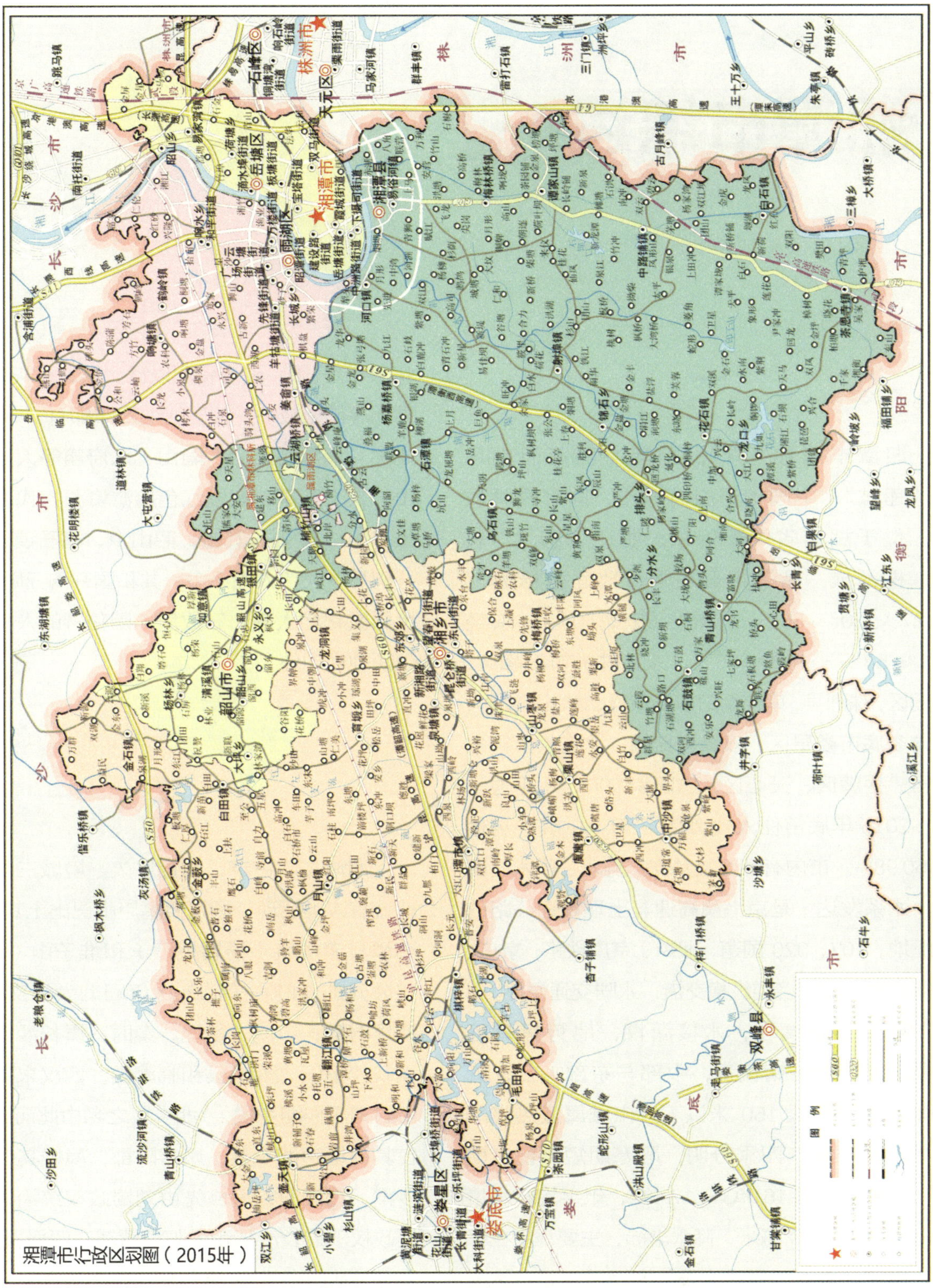

本地图由湖南地图出版社提供，其审图号为：湘S（2018）71号。

湘潭市综述

一

湘潭市简称“潭”，因盛产湘莲而别称为“莲城”，中国优秀旅游城市，国家园林城市。位于湖南省中部偏东，湘江下游，与长沙、株洲成“品”字形布局。地理坐标为北纬27° 20′ 55″ ~ 28° 05′ 40″，东经111° 58′ ~ 113° 05′，东接株洲市石峰区、天元区、株洲县，南与衡阳市衡东县、衡山县交界，西与娄底市娄星区、双峰县接壤，北连长沙市宁乡县、岳麓区、天心区，总面积5006.46平方千米。2015年底常住人口282.37万人，其中男性占50.98%。市内有湘江及其支流涟水、涓水、靳江，水系发达；是京港澳高速与上瑞高速公路的交汇地，107、320国道，湘黔、京广铁路，京广、沪昆高铁，在市境内纵横交错，水陆交通便捷。

湘潭山连衡岳，水接潇湘，地势呈马蹄形状，北、西、南偏高，中部与东部偏低，近80%面积在海拔150米以下。市域属亚热带季风性湿润气候，四季分明，严寒期短，暑热期长，年平均气温16.9℃ ~ 17.4℃，年平均降水量1389.4 ~ 1437.8毫米，降水丰沛，主要集中在春夏，旱灾、水灾、强对流天气为境域主要自然灾害。土壤以红壤和水稻土为主，2015年耕地面积15.19万公顷。矿产资源以锰、煤、石灰石、耐火黏土等储量较多，民国时期湘潭即有“中国锰都”之称。湘潭有昭山、隐山、水府庙等大量秀水奇山，人文荟萃，有以红色旅游资源为代表的旅游景点100多处。其中，韶山乡、乌石镇、白石镇分别是一代伟人毛泽东、共和国开国元勋彭德怀、世界文化名人齐白石故里，因独特的人文历史底蕴而驰名中外。

二

湘潭文明古老，建置悠久。境域三四十万年前就有人类活动，杨嘉桥墓庐山已出土其时石器。湘潭县老虎坑（杨嘉桥镇）和堆子山（锦石乡）有公元前4400—前3300年间的大溪文化遗址。商周时期，市境为楚地。秦时，属长沙郡。西汉属长沙王国之湘南县和临湘县。西汉末年，汉哀帝封刘昌作湘乡侯，“湘乡”之名由此而始，东汉在其领地建湘乡县，属零陵郡，境域其他地属长沙郡。三国时，境域先由刘蜀政权统治，后由孙吴政权下的长沙郡和衡阳郡管辖。西晋属衡阳郡，东晋属湘州。梁天监年间（502—519），分阴山地（今攸县东地）置湘潭县（地域今多属衡东县），遂有湘潭县名。隋，属长沙郡。唐初，境域属潭州。唐天宝八年（749），湘潭县与衡山县地域大调整，县治移洛口（今易俗河），属衡州总管府，元和元年（806）改属潭州总管府；湘乡县治今市域（自此至民国，2县包含现市域）。五代十国，境域属楚之长沙府。宋时，属潭州长沙郡，湘潭县移治于今雨湖区城正街一带。宋熙宁六年（1073），湘乡有乡（坊）、里的划分。元代，湘潭、湘乡两县升为州，属湖广行省岭北湖南道潭州路〔天历二年（1329）改为天临路〕。明初，湘潭州、湘乡州降为县，属长沙府（由潭州府改，此建制清代一直沿袭）。两县均有都、乡、里的区划，湘潭县城分坊和厢并由乡、里统辖。清代，湘潭县农村分为18都，县城则分为19总。湘乡在清康熙三十五年（1696）设12乡，乡以下分44都、3坊。清咸丰年间（1851—1861），湘乡分上里、中里、首里。

民国3年（1914），废府州建制为“道”，两县属湘江道，湘乡有50都、坊（民国19年划为10个自治区）；湘潭县分为城区及4乡（东乡湘江流域、西乡涟水流域、南乡涓水流域、北乡靳江流域），乡下设17个自治区。民国11年（1922）撤道，两县直属湖南省辖。民国24年（1935），两县共设20个区、3个直属乡，区下辖146个乡（镇）。民国26年（1937），湘乡县属湖南第六行政督察区（专员公署设邵阳），湘潭县属第一行政督察区（专员公署设长沙）。是年起，湖南严密实行保甲制，废区并乡。至民国28年（1939），两县共划82个乡（镇）、1191保、12881甲。民国29年（1940），湘乡改属第五行政督察区（公署设益阳）。至中华人民共和国成立前夕，两县总面积10112平方千米。

中华人民共和国成立后，湘潭县属长沙专区（1952年改称湘潭专区①），湘乡县属益阳专区（1953年改属邵阳专区，1965年改属湘潭专区）。1950年1月，湘潭县城关区改为湘潭市，由湘潭县所辖，由此有湘潭市之名。7月，湘潭市建为县级市，由长沙专区所辖（1953年4月定为省辖市，6月由湘潭专署代管，1958年9月改由省、湘潭专区双重领导，1959年12月又改归湘潭专区领导）。是年，湘潭首次划乡建政，境域有湘潭市、湘潭县、湘乡县3个县级行政区划；乡下废除保甲，设村和居民委员会。两县一市辖5个办事处、24个区、1个区级镇、550多个乡镇和4个街道。1951年，两县析县。湘乡划出180个乡（镇）给新建的双峰县和涟源县后，面积由5526平方千米减为2007.1平方千米；湘潭县亦析出株洲镇等地建县级株洲市。1952年第二次划乡建政后，乡数目增加规模减小。两县一市辖41个区、3个办事处，1140多个乡、11个乡级镇。1956年，撤区（市区保留有区，1961年恢复区建制）并乡，两县一市辖6个区、116个乡、9个镇。

1958年9月，实行政社合一体制，两县一市共设人民公社46个。1959年4月，湘潭县划归湘潭市（1961年5月划出）。屡经调整后，1962年7月的湘潭市辖雨湖、湘江、岳塘3区及东平、板塘、易家湾、江南、锰矿5镇和郊区办事处；湘潭、湘乡两县辖20个区、5个区级镇，144个公社。1968年12月，湘潭县所辖韶山区与湘乡县部分地域合并设为省直辖地级韶山区②。1980

① 1952年年底，湘潭专区辖长沙、望城、湘潭、平江、岳阳、临湘、浏阳、湘阴、醴陵、攸县、茶陵、宁乡12县及湘潭、株洲2市。1956年停管株洲；1958年划出长沙县、望城县；1959年划入酃县，并入茶陵。1962年划出宁乡，1964年划出平江、湘阴、临湘、岳阳，1965年划进湘乡，1983年划出浏阳、醴陵、攸县、茶陵。

② 1981年改由湘潭县辖，1984年升为县级区，由湘潭市辖，1990年设县级市，属省直辖，1991年改由湘潭市代管。

年1月,湘潭市由湘潭地区划出,改为省直接管辖。

1983年6月，湘潭地、市机构合并，湘潭市辖湘潭、湘乡2县和雨湖、湘江、岳塘、板塘、郊区5区，由湖南省直接管辖。1984年，政社合一的公社恢复为乡，韶山升为县级区。1985年，湘潭市辖雨湖、湘江、岳塘、板塘、郊区5个城市区和湘潭县、湘乡县、韶山区。其中，城市5区辖21个街道办事处、9个乡、3个农场（红旗、先锋、仰天湖）；湘潭县辖9个区（响塘、姜畲、石潭、青山桥、花石、射埠、河口、易俗河、中路铺）、3个区级镇（谭家山、易俗河、石潭），下设66乡（镇）；湘乡县辖8个区（东郊、东山、虞唐、白田、谷水、壶天、月山、泉塘）、3个区级镇（城关、潭市、棋梓），下设46个乡（镇）；韶山辖韶山、杨林、如意、永义、银田、大坪6个乡及银田镇。1987年3月，湘乡县撤销，建立湘乡市。

1992年6月，湘潭城区调整，以湘江为界，河东合并为岳塘区，河西合并为雨湖区。湘潭市辖雨湖、岳塘2区，湘乡、韶山2县级市和湘潭县。1993年,部分乡撤乡建镇,湘潭市辖2市（湘乡、韶山）1县（湘潭县）2区（雨湖、岳塘）、101个乡、29个镇、23个街道办事处。1995年，湘潭县治移址易俗河。是年撤区并乡，区公所和区级办事处撤销，湘潭市辖1县2市2区，28乡、31镇、22个街道办事处。2005年，湘潭市辖1县2市2区，24乡、35镇、22个街道办事处。2014年，对行政村进行大幅度调整，全市行政村由1618个并减为1319个。

2015年，乡镇合并，合并前（此简志下限情况），全市辖19个乡（分水、龙口、排头、锦石、东郊、金薮、育塅、韶山、大坪、杨林、永义、长城、先锋、昭潭、护潭、响塘、荷塘、响水、昭山）、37个镇（石潭、乌石、石鼓、花石、河口、白石、射埠、梅林桥、谭家山、中路铺、茶恩寺、云湖桥、杨嘉桥、易俗河、青山桥、龙洞、梅桥、中沙、虞唐、栗山、山枣、毛田、棋梓、潭市、泉塘、壶天、翻江、月山、金石、白田、清溪、如意、银田、鹤岭、楠竹山、姜畲、易家湾)、27个街道（新湘路、望春门、昆仑桥、东山、城正街、平政路、云塘、雨湖、中山路、窑湾、广场、羊牯塘、霞城、滴水、社建村、五里堆、红旗、建设路、岳塘、东坪、宝塔、书院路、中洲路、下摄司、板塘、双马、和平）。其中，湘潭县4乡15镇；湘乡市3乡15镇4街道；韶山市4乡3镇；雨湖区5乡3镇8街道；岳塘区1乡12街道。此外，湘潭国家高新区（托管）2街道,九华经开区（托管）1乡1街道，昭山示范区（托管）1乡1镇。合并调整后,全市辖10个乡、35个镇、30个街道。

三

湘潭乡镇经济社会发展源远流长。战国时期即成粮食产地。秦时在湘江和漓江之间开凿灵渠，湘潭日后得以成为南北重要水运商埠。两汉境域农业发达，人烟阜盛。今湘乡市城、易俗河、云湖桥、石潭、下摄司等地发现大量东汉墓和出土文物。两晋六朝，易俗河成为重要港口，今湘乡市城、石潭港口亦已开辟。唐代，湘潭成为沟通中原、两广的转口贸易中枢。湘江上百舸争流，洛口（易俗河）商贾汇集而成县治。五代十国，境域进一步成为商贸辐射中心，桑麻、茶叶广泛种植。宋代北方动荡，中原人口大量涌入，经济文化发展。湘潭县城宋家桥直至大埠桥形成蜿蜒15里的繁荣街市。一批市镇崛起，花石成为世人瞻仰南岳交通要道，石桥流水，酒肆茶楼，他乡之客流连忘返；昭港市（今易家湾）依山傍水，扼湖广驿道湘潭段咽喉，水陆商贾络绎不绝。自宋起，两县均在县城设儒学，立文庙。大中祥符二年（1009）位于湘乡县城的学宫创建。绍兴元年（1131）胡安国父子来湘潭县，在今锦石乡创办碧泉书院，开创湖湘学派，后葬“天下隐山”（今排头乡黄荆坪）。元中期重商轻税，境域棉纺织、陶瓷、造船业发达。明代湘潭经济步入辉煌，农桑、货殖甲于全省，超过长沙成为湖南商贸中心。湘江岸自杨梅洲至宋家桥，“千里帆樯依市立，万家灯火彻夜明”。至万历年间（1573—1620），湘潭县城熙春、观湘等6门俱备，城内3街9巷齐全，享有“小南京”之誉；湘乡县城建成望春等4门。石潭、易俗、姜畬、中路（铺）、昭港（易家湾）为著名市镇，潭市、谷水、虞唐、山枣等集镇亦相继形成。易俗谷米、花石茶油、杨塘莲子、谷水茶叶均负盛名，谭家山采煤业兴旺，湘潭是全国最大的蓝靛市场。清初，湘潭经济因战争和屠杀一度凋零。经康熙、乾隆上百年恢复，至咸丰、同治年间，湘潭县经济趋于鼎盛。湘江上帆船绵延10余千米，沿江码头40座，转口贸易名重天下；各类店铺5400多家，为全国著名“药都”和“米市”，票号、钱庄遍布，号称“金湘潭”。铁锅、纸伞、禾镰、香粉、湘乡烘糕为最著名地方特产。湘乡县城大街小巷增至20多条，涟水边镇湘楼（处今市城大正街）一带贸易尤其兴盛。文化、教育随之发展。诗人、戏剧家辈出；以书院为标志的教育日兴。清末，湘乡、湘潭县有涟滨、东皋、东山、连璧、双峰、昭潭、龙潭、霞城等多所著名书院；西医传入境域；以工矿、棉纺织、轮船航运、邮电、机电为代表的近代企业亦艰难起步。民国初年，谭延闿三度主湘，鼓励发展近代工矿企业，惟一石膏矿业公司、裕甡矿业公司、富有煤矿公司、大明电灯公司等近代企业分别在滴水埠、鹤岭、谭家山、十八总由义巷先后创办。20世纪20年代，长潭、潭宝、潭衡等公路及窑湾汽车站陆续建成，陆路交通形成网络。民国19年（1930），湘潭、湘乡均被列为全省一等县。民国25年（1936），国民政府资源委员会确定下摄司为新型工业基地并开始建厂。民国35年（1946），湘江发电厂（解放后称下摄司发电厂）、中央电工器材厂（解放后发展为湘潭电机厂）得以在抗战后重建。1949年，全市（按现域）地区生产总值9124万元，一、二、三产业分别占70.6%、8.0%、21.4%。湘潭工业尤其是重工业在中华人民共和国成立后迅速发展。“一五”计划时期（1953—1957），湘潭市被列为全国23个重点建设城市之一，国家安排在湖南的13个重点建设项目，5个在湘潭，使湘潭初步形成以机械工业为主体的工业布局，1956年二产业在GDP中的比重占到44.2%。境域农业科技人员长期致力于水稻种植的技术改进和品种改良研究，20世纪50年代开始种双季稻，60年代推广矮秆品种，70年代研制杂交稻，育种队奔赴广西、广东等地育种。1975年，湘乡县杂交水稻示范田亩产542千克。到1978年，全市稻谷总产量87.31万吨，是1949年的2.63倍。因国家对湘潭工业投资的持续支持，是年，湘潭市国营工业企业209家，全市工业总产值5.13亿元，拥有湘潭钢铁厂、湘潭电机厂、江南机器厂、江麓机械厂、湘潭锰矿、湘潭纺织印染厂、湘潭电缆厂、江滨机械厂、湘乡铝厂、湘乡水泥厂等一批大中型国有企业。其中，电机厂、钢铁厂和纺织印染厂为主体的工业小区分别被称为“十里电工城”“十里钢城”和“十里纺城”。此后实行农业联产承包责任制，调整地方工业，发展个体经济，其他各项社会事业改革亦全面展开。经济总量迅速增长。1985年，全市地区生产总值22.55亿元，一、二、三产业所占GDP比重分别为27.5%、47.9%、24.6%，形成机电、冶金、纺织、化工、建材几大工业支柱。1990年，湘潭县泉塘子农技站试种两系杂交稻首获成功，该站被定为国家杂交水稻工程技术研究中式示范基地。乡镇企业在政策引导下步入发展黄金年代，1995 年达到 7400 多家，总产值超过 140 亿元。对国有工商企业和乡镇企业的改革逐渐深化，相继推行放权让利、承包经营责任制、转换企业经营机制和产权改革，国企多陆续改制为股份制企业，乡镇企业改成民营企业。农业调整产业结构，推动农业产业化，突出优势特色，湘潭县被命名为“中国湘莲之乡”。是年，湘潭市第一家超市“天隆平价商城”在火车站附近开业，引领商贸服务业发展新方向。1996 年，湘潭市实现双季稻亩产成建制过吨粮。同时，高新产业和园区经济逐渐成为湘潭经济亮点和重点。1992 年，湘潭高新技术产业开发区（2009 年升级为国家级高新区）和昭山商贸旅游开发区（2009 年改称湘潭昭山示范区）先后成立。2003 年，九华经济区成立（2011 年升级为国家级湘潭经济技术开发区）。2005 年，全市免征农业税，结束农民种田缴纳“皇粮国税”历史，是年稻谷总产量 151.89 万吨，是 1949 年的 4.6 倍，1980 年的 1.6 倍。2007 年，长株潭城市群获批全国“两型社会”（资源节约型、环境友好型）建设综合配套改革试验区，为湘潭加快推进新型工业化、新型城市化提供有力战略支持。到 2015 年，全市地区生产总值 1703.10 亿元[①]，其中，一、二、三产业分别占 8.3%、54.8%、36.9%。以红色旅游为代表的旅游业经济社会效益提升，是年，全市接待游客 3786.7 万人，旅游综合收入 245.92 亿元。全年社会消费品零售总额 520.6 亿元；财政总收入 173.92 亿元，城乡居民人均可支配收入 23311.8 元。市内有湘潭大学、湖南科技大学、湖南工程学院等 10 所高校，中小学 582 所，中小学在校学生 33.13 万人；有幼儿园 527 所。公共图书馆 6 个，总藏书 140 万册，博物馆 5 个；体育馆 15 个；卫生事业机构 2547 个（含村卫生室）。在经济社会发展过程中，各乡镇街道利用历史传承、自身优势，把握时代契机，凸显特色，在各级党委和政府领导下，正努力奋进，共同抒写湘潭经济社会文化各领域新的篇章。

（撰稿：张跃安）

① 此处 2015 年各项数据均出自湘潭市统计局、湘潭市统计学会编《湘潭统计年鉴（2016）》。其中 2015 年的地区生产总值构成为：市区 974.19 亿元，湘潭县 329.8 亿元，湘乡市 329.8 亿元，韶山市 70.5 亿元。

湘潭县

概述

湘潭县位于湖南省中部偏东，湘江下游西岸。东与株洲市天元区和株洲县相连，东南隔湘江与衡东县相望；南与衡山县接壤，西南与双峰县相邻；西与湘乡市接界，西北与韶山市毗连；北与宁乡县相接、与湘潭市雨湖区、岳塘区隔涟水、湘江相望。

境域属亚热带季风湿润气候，四季分明，年平均气温 17.2℃，无霜期 314 天，多年平均降水量 1300 毫米。资源丰富，全县有耕地 56344 公顷，林地 106385 公顷，森林覆盖率 47.8%，地表水总量 553 亿立方米。已探明的矿藏资源有煤、锰、石膏、矽砂、海泡石、石灰石等 30 多种。有木本植物 1200 多种、野生动物 180 余种。全县交通发达，107 国道、京珠高速铁路、潭衡西线高速公路纵贯南北，湘黔铁路、沪昆高速公路横穿东西，县乡公路密布。

湘潭县名始于南朝梁天监年间（502—519），县境大多在今衡东县。县名由来有二：明嘉靖县志载："地濒湘水，境内有昭潭……唐改为湘潭，因以潭名也。"清光绪县志主张："时更于阴山西立县，反又近湘，故曰湘潭。潭，覃也，非以澄渊名潭也。"。唐天宝八年（749），将湘潭县境大部分划归衡山县，衡山县北部划归湘潭县，县治移至洛口（今易俗河镇城塘）。其时，湘潭、易俗河等港口繁荣，城市形成，商贾骚人，多会于此。宋代，县治迁今湘潭市城正街。胡安国移居县内，筑碧泉书院讲学，创湖湘学派。

元代以前县内乡镇设置无考。明洪武十四年（1381），划 8 乡 19 里。清初，清军两次大肆屠杀县人，全县 14 万余公顷土地荒芜。农村划 18 都，其中四、五、十七都各分上下都，总计 21 都。每都下设 10 甲。甲下分设 607 境（后改为牌）。至嘉庆年间（1796—1821），人口增加，农业生产发展。生猪养殖量排全省前列，湘莲列为贡品。造船业兴起。湘潭街市三重，工商十万。清光绪十二年（1886），都下设保，保下设甲。县城分为 19 总。民国初，县属湘江道，设城区及 4 乡 17 个自治区。民国 11 年（1922），撤道隶湖南省。民国 21 年（1932），县改设 10 个区 1 个直辖乡。民国 23 年（1934），区以下划 10 镇 40 乡。民国 24 年（1935），划为 10 个区 1 个直属乡、50 个乡镇、289 保、2004 甲。民国 27 年（1938），县属湖南省第一行政督察区。是年，废区，撤直辖乡，

扩并乡、镇区域。至民国28（1939）年，全县划32个乡、镇，422保，4718甲。民国30年（1941），划为35个乡、镇，512保，8835甲。民国33年（1944），湘潭沦陷，为适应战时指挥，全县划为3镇4个行署。县政府转移到石安、留田等地。民国34年（1945），行署撤销。民国36年（1947），全县划16乡1镇，359保，6133甲。时物价飞涨，民不聊生，全县粮食总产量仅2.05亿千克，平均亩产仅170千克。县人平均寿命35岁。

1949年9月，县属长沙专区。是年，废乡，全县划6个区，辖359保，6133甲。县域东起源头坳（今株洲县白关乡），南抵双石门（今株洲县龙潭乡），西迄湘潭坳（今韶山市韶山乡），北达大目寺（今雨湖区鹤岭镇）。今湘潭市雨湖区、岳塘区、韶山市和株洲市市区全境及株洲县大部均属湘潭县。总面积4586平方千米，总人口67.35万人。年末，全县国民生产总值7964万元，三次产业结构比83.06 : 2.45 : 14.49；社会消费总额2811万元。

1950年1月，废保、甲为村、组。7月，析出城关区建湘潭市，全县划13个区、1个区级镇、230个乡、7个乡级镇和4个街道委员会。1951年5月，析出株洲镇等建株洲市，全县划24个区，3个区级镇，216个乡，4个乡级镇。城关区和株洲镇划出后，城镇工业随之划出，县内仅留1家全民所有制企业和分散在各乡镇的2000余户个体手工业。1952年，长沙专区改湘潭专区，县隶湘潭专区。是年起，划入湘乡县1个乡、宁乡县1个组、衡山县1个乡，析出14个乡和1个镇分别入株洲市和湘潭市。是年，全县工业总产值仅有528万元。粮食平均亩产215千克。1956年，撤区扩乡，全县划为69个乡，7个乡级镇。1957年，增设2个办事处和4个乡级镇。至此，全县辖69个乡、11个乡级镇、2个办事处。至1957年的8年中，县委、县政府（县人委）在全面改造私营工业和个体手工业的同时，兴办地方工业，县属全民、集体工业迅速发展。

1958年，撤销乡、镇，设18个人民公社，下辖226个大队和3215个生产队。1959年，湘潭县划归湘潭市管辖。1961年1月，析出五星、卫星、星星、上游4个人民公社和红旗人民公社部分地域入株洲市；同时，划入湘潭市郊区人民公社。划入析出相抵，减少面积1190平方千米，全县总面积2688平方千米。是年，县复隶湘潭地区。同时恢复区的建制。1965年，全县有10个区、4个区级镇、71个人民公社、833个大队和9759个生产队。是年，全县工农业总产值比1957年增长3.5%。1966—1976年，县析出5个人民公社建省辖韶山区，划入衡东和湘乡部分地域，全县总面积2512.23平方千米。1980年，实行改革开放。是年，全县粮食产量大增，种植水稻60080公顷，产粮食53.24万吨，亩产创历史最高水平。完成工业总产值8276万元。全县地区生产总值26950万元，产业结构比62.46∶19.9∶17.64。全县财政收入2531万元；农民人均纯收入107元；社会商品零售总额15357万元，恩格尔系数（食品支出占个人消费总额的比重）68.1%。

1981年，省辖韶山区复归县辖。全县有10个区，72个人民公社。1984年，韶山区再次析出，人民公社、大队、生产队分别改为乡、村、村民小组。1985年，调整区划，全县设9个区，3个区级镇，66个乡镇，752个村，10676个村民小组。1986年，合并1个乡。次年，增设1个办事处（谭家山镇由区级镇改为乡级镇）。1988年，县设9个区，1个办事处及2个区级镇，下辖59个乡，7个乡级镇，757个村。总人口107.90万人。是年，工业总产值28236万元，全县地区生产总值76937万元，产业结构比56.4∶21.6∶22；地方财政收入4600万元。人口平均寿命70.2岁。

1989年，全县巩固农业，大力发展乡镇企业。1995年，县治由湘潭市雨湖区迁易俗河镇。同年，撤区并乡，全县设响塘、响水、分水、龙口、排头、锦石、乌石、白石8个乡和姜畬、云湖桥、杨嘉桥、石潭、石鼓、青山桥、花石、射埠、河口、易俗河、梅林桥、谭家山、中路铺、茶恩寺14个镇，总人口112.27万人。是年，县政府实施“科技兴农”举措，调整农业产业结构，启动吨粮田开发工程，发展经济作物，大力扶植畜牧水产养殖。全县粮食播种面积11.02公顷，粮食总产量80.89万吨。完成工业总产值23.96亿元。年末，全县地区生产总值295487万元，产业结构比45.2∶25.8∶29；地方财政收入12217万元；农民人均纯收入1722元；社会消费品零售总额7.38亿元。

1996—1997年，全县农业重点发展优质杂交水稻、瘦肉型良种猪，加强基础设施建设，推广新型农业机械；工业重点发展乡镇企业，实行国有、集体企业改革，开展招商引资，鼓励发展民营企业；全县流通领域进行全面改革，民营商业成为主渠道。茶恩寺镇依据107国道的优势，兴建竹木市场，带动镇内竹木制品加工业发展壮大。1998年，撤乌石乡建乌石镇，建彭德怀纪念馆、彭德怀铜像广场等红色纪念工程。年接待游客85万人次。彭德怀故居被列为全国重点文物保护单位。2001年起，贯彻县委“主攻工业，提升农业，大力发展第三产业”的发展思路。先后建成天易生态工业园、湘潭九华经济区，引进振云塑胶、一笑堂制药、五洲通药业、胖哥槟榔厂等一批骨干企业，加快乡镇企业改革；推广优质稻，提高粮食质量；推广良种生猪，改良生猪品种；完成流通体制改革，扩建商业市场建设，拓展县城和小城镇商业贸易网点建设；教育、科技、文化、卫生、交通等快速发展。

2005年，全县种植粮食作物12.31万公顷，实现粮食总产量88.59万吨。湘潭县被国家农业部授予“全国粮食生产先进县标兵”称号。全县完成工业总产值58.22亿元，其中规模工业产值29.93亿元。全县有规模工业企业125

湘潭天易示范区

家。全县地区生产总值751608万元，产业结构比37.15 ∶ 25.61 ∶ 37.24；地方财政收入35168万元；农民人均纯收入4045元。2006年，县委、县政府实施“产业立县、工业强县、科教兴县、开放活县”发展战略，加速推进新型工业化、新型城镇化和新农村建设。2007年，县被纳入长株潭城市群“资源节约型、环境友好型”社会综合配套改革试验区。2009年，湘潭天易示范区成立,为全省“两型社会”建设重点区域之一。是年，析出响水乡至湘潭市雨湖区。花石镇建成全国最大的莲子集散中心。莲子年成交额2.52亿元。青山桥镇创办皮鞋工业园。全镇有皮鞋生产企业65家。2010年,析出响塘乡、姜畲镇入雨湖区。至此，县域总面积2134平方千米。县境东起梅林桥镇石梅村杨梅坳，南至茶恩寺镇东山冲斗茅坳，西抵石鼓镇双河村洴塘，北达云湖桥镇狮山村许家桥。2014年，全县合并行政村，减至549个村。

2015年，龙口乡、花石镇合并为花石镇，梅林桥镇、易俗河镇合并为易俗河镇。至此，全县有易俗河、谭家山、中路铺、白石、茶恩寺、河口、射埠、花石、青山桥、石鼓、云湖桥、乌石、石潭、杨嘉桥14个镇和分水、锦石、排头3个乡，辖549个行政村、9177个村民小组、22个社区和12个居委会，总人口97.96万人，其中城镇人口33.22人。人口自然增长率6.2‰，城镇化率38.75%。全县总面积2134平方千米。是年，县委、县政府实施“创一流县，进百强县”“强工壮县，惠农富民”等发展举措，推动全县经济的发展。全县播种粮食10.75万公顷，粮食总产量75.15万吨，实现农业总产值100.1亿元。全县规模企业206家，完成规模工业总产值483.99亿元。全县完成地区生产总值329.8亿元；产业结构比17.8 ∶ 51.7 ∶ 30.5；地方财政收入24.4亿元；农民人均纯收入14539元；城市居民人均可支配收入27709元；人均消费支出11023元，恩格尔系数32.8%。人口平均寿命73.8岁。社会消费品零售总额74.8亿元。是年，湘潭县第12次被国家农业部评为全国粮食生产先进县。湘潭县还先后被评为全国科技进步先进县、全国民政系统先进单位、全国计划生育先进县。

（撰稿：黄剑业）

云湖桥镇 >>

一代“儒宗”王闿运故里，2013年被中华诗词协会授予“中华诗词之乡”称号。

区域概况

地理位置

云湖桥镇位于湘潭县西北，东与雨湖区姜畲镇、响塘镇接壤，南与石潭、杨嘉桥镇相连，西与湘乡市新研乡、韶山市银田镇毗邻，北与宁乡县道林镇、大屯营乡交界。云湖原本有湖，明代尚存。康熙十九年（1680）《湘潭县志》说此湖“云气迷蒙，故称云湖”。明晚期湖突然干涸，存云湖河。云湖河上有云湖桥，镇因桥而名。镇党政机关驻七里铺村。

建置沿革

明代，境域属湘潭县三十九都。清属七都。民国初属西二区。民国27年（1938）属银田乡。1949年8月，湖南和平解放后，镇境属清田乡。1950年7月，设云湖乡。1956年，属七里乡。1958年9月，属金星人民公社。1961年，调整人民公社规模，境域成立楠竹山、烟山、良湖、云湖桥人民公社。1984年，撤社恢复乡镇，复建楠竹山乡、烟山乡、良湖乡、云湖桥乡。1985年1月，撤销云湖桥乡，建立云湖桥镇。1995年，撤区并乡，云湖桥镇、楠竹山乡、良湖乡、烟山乡合并为云湖桥镇，至2015年建置无变化。

区划面积

1995年，云湖桥镇辖云湖、七里铺、史家坳、立新、良湖、建新、税湖、石井铺、楠竹、建东、栗山、移山、高湖、塘湾、清风、杨林、北岸、安仁、烈马、天鹅、龙山、咸江、荷芙、望梅、侯家、马栏桥、集中、王家湾、石马咀、楚家、铁炉塘、飞轮、云峰庵、新南、石牛、寒婆、黄金、天星、大安、古湖、石家、东塘、熊家、狮形、托山、烟山共46个村和云湖、七里2个居民委员会，617个村民小组，8个居民小组。全镇总面积135.2平方千米。有耕地3568.2公顷，其中水田3149.1公顷，旱土419.1公顷；山地12290公顷；水域1320公顷。2007年，云湖、七里两个居委会合并为云湖社区，共20个居民小组。2014年，芦塘村和杨林村合并为芦塘村，天鹅村和安仁村合并为安仁村，烈马村和龙山村合并为烈马村，望梅村和荷芙村合并为望梅村，楠竹村和立新村合并为楠竹村，寒婆村和石牛村合并为响石村，狮形村和托山村合并为狮山村，石井铺村和云峰庵村合并为石井铺村。2015年，镇辖38个村、1个社区，617个村民小组，20个居民小组。总面积及其他用地面积未变。

自然环境

境域大部为低山丘陵，地势呈西高东低，最高点托山海拔 90 米，最低杨林海拔 48 米。全境属湘江支流涟水水系，大小溪流共 48 千米。大部分溪流由北向南，由西向东流经云湖河、群英河汇于涟水。另有少数从烟山流经宁乡道林、大屯营入靳江。境域属亚热带季风性湿润气候区，四季分明。年平均气温 18℃，平均降水量 1300 毫米左右。夏季高温多雨。最高 38℃。春季天气变化无常，多低温阴雨，常有倒春寒灾害性天气。秋季气候干燥，雨量偏少，常有“寒露风”。冬季气温偏低。境域土壤多属含铁铝成份较多的红壤，偏酸性。主要植物有马尾松、杉木、油茶、南竹、樟树、泡桐等，多呈插花式分布。野生动物有蛙、蛇、兔、野鸡、黄鼠狼、麻雀、八哥等。矿产主要有烟煤、石灰石、海泡石等。烟煤集中分布在史家坳、盛家山一带。石灰石集中分布在石牛坝、天鹅嘴、下子冲一带。

人口民族

1988 年年末，境域（含云湖桥、良湖、楠竹山、烟山）有 14503 户 58498 人。其中，男性 29951 人，占总人口的 51.2%。人口自然增长率 10.4‰。1995 年末，全镇 17545 户 62470 人。其中，男性 32120 人，占 51.4%；农业人口 58667 人，占 93.9%；少数民族共 50 人，占总人口 0.08%。人口自然增长率 1.15‰。2005 年，全镇有 18881 户 61283 人。2015 年，全镇总人口 19340 户 61836 人。其中，男性 31868 人，占 51.5%；农业人口 57786 人，占 93.4%；少数民族共 99 人，占总人口 0.16%。人口自然增长率 2.72‰。

经济发展

经济综述

1958 年，公社大办社队企业，兴办良湖煤矿等企业。1980 年，涌现 12 户以建材、加工为主的个体联户企业。至此，境域逐步形成以集体及联户企业为支柱的集体经济体系。1988 年，镇（含云湖桥、良湖、楠竹山、烟山）工业总产值（1980 年不变价，下同）1922 万元，农业总产值 2621 万元。1995 年，全镇完成工农业总产值 39158 万元。其中，农业总产值 14482 万元。2002 年，镇党委、政府贯彻“围绕财源抓经济，突出重点抓发展”工作思路，重点发展煤炭、采掘业，全镇工农业总产值 106820 万元。其中，农业总产值 43404 万元。2004 年，全面完成乡镇企业产权体制改革。2010 年，镇党委确立“稳固镇村企业，引进外资企业”的发展思路。全镇完成工农业总产值 179312 万元。其中，农业总产值 31040 万元。2015 年，镇党委、政府实施“工业农业兼顾，扶植重点骨干企业增产增效”的方略，引进落户项目 5 个，完成投资 5560 万元。全镇完成工农业总产值 293411 万元。其中，农业总产值 47000 万元。

种植业

境域种植业以种植水稻为主，红薯、蔬菜等作物为辅，部分地方种植大辣椒、西瓜、花生、芝麻、油菜等。1950—1957 年，由于生产资料、作物品种及耕作技术等原因，水稻亩产一般在 250~300 千克，农业效益较低。1958 年以后，逐步推广双季稻，使用化肥农药，产量增加，亩产一般在 350 千克左右。1984 年，实行家庭联产承包责任制后，耕作制度和农业科技不断创新，粮食亩产提高到400千克左右。1995年，全镇种植双季稻2678公顷，经济作物834公顷，粮食总产量42546吨。2000年起，推广种植优质稻，经济效益明显提高。2005年，种植双季稻3202公顷，粮食总产量44000吨。种植经济作物683公顷，其中玉米133公顷，豆类66公顷，薯类233公顷，油料作物223公顷，瓜果类26公顷。2015年，全镇机械化耕种面积大幅提高，全年投入耕、种、收机械1850台套，机械化耕种面积5867公顷。全年种植水稻6257公顷，其中优质稻3702公顷，粮食总产45417吨。种植油菜413公顷，玉米161公顷。

养殖业

境域养殖以生猪、牛、家禽、鲜鱼为主。1962年，云湖桥、烟山、良湖、楠竹山4个人民公社共养猪6332头，年末存栏4530头。1984年，实行农村家庭联产承包责任制后，农村养殖业得到发展。政府要求“户户养猪”“一人一猪”“一亩一猪”，除少数没有饲养能力的农户外，养殖农户95%。出栏生猪6.14万头。20世纪90年代，粮食连年丰收，养猪数量猛增。1995年，全镇养殖生猪10.53万头，出栏8.77万头，养牛827头，养禽16万羽，出水鲜鱼848吨。21世纪初，镇政府鼓励引导发展养殖大户，兴建种猪生猪养殖场，改良生猪品种，加强禽畜防疫服务。2002年，全镇有猪牛羊鱼等各类养殖大户150多户。其中科星、高湖生猪养殖场为养殖过万头的大型养殖企业。2005年，全镇有年养殖生猪100头以上的农户50户。全镇养殖生猪19.62万头，出栏12.24万头，水产养殖面积435公顷，水产总量21030吨，菜牛2207头，家禽64.46万羽，羊4556只。2015年，贯彻国务院《畜禽规模养殖污染防治条例》，境域规模养殖业被控制发展。家庭饲养户减少，100头以上的生猪养殖户减少至38户。全镇饲养生猪18.26万头，出栏12.21万头，水产养殖面积431.07公顷，水产总量2488吨，菜牛2500头，家禽20.45万羽，羊130只，肉鸽400只。

林业

民国时期，境域山地以薪炭林为主，有的还是光头岭，只有房前屋后留有以杂木为主的林地。1950年，林地以自然生长的马尾松为主。由于被砍伐作燃柴，山地大部分光秃。1958年，开展“大跃进”、大炼钢铁，少量林木被砍光，林地破坏严重。1970年，境域4个公社均兴办林场，兴起开荒造林热潮，树种以国外松和杉木为主，房前屋后种植果树，办小橘园。1984年起，实行“封山育林”，植被逐步恢复。1990年，境域有林地5421公顷，镇域无宜林荒山。2004年，新造林199公顷，补植155公顷，幼苗抚育459公顷，新垦油茶林53公顷。全镇森林覆盖率50%。2005—2014年，坚持对林地的保护政策，封山育林，有计划地采伐林木。2015年，全镇有林面积5878公顷。其中，用材林1667公顷，南竹667公顷，油茶林267公顷，柑橘133公顷，疏林地3144公顷。林业总产值510万元。全镇森林覆盖率61%。

工业

清代，云湖桥、灵官庙等地制作香烛的手工业兴盛。民国时期，开采小煤窑，以史家坳、盛家山、烟山等地为盛。1972年起，兴办烟山、良湖煤矿，社队企业自此起步，陆续发展7家煤矿。组建4支社队工程队，就近承揽江南机器厂基建任务。1975年后，又相继发展小型水泥厂5家，产销旺盛。1995年，有镇办企业31家，村办企业98家，个体联户企业3036家，全年工业总产值24676万元。2002年，镇党委、政府对烟山、良湖、楚家、建新、塘湾5家水泥厂及烟山、良湖、联营、盛家山煤矿等实行责任管理，全镇完成工业总产值63416万元，利润1560万元。2010年，对镇内所属企业进行改革，引进外资企业，相继引进湖南鑫通恒发有限公司轻烧白云石生产线等8个重点工程项目。全镇有合营企业1087家，个体企业1065家。完成工业总产值95441万元。2015年，镇内企业主要行业有铸造加工、采石场、玻璃制品、化工、肥料、农资、包装、槟榔等，全镇企业从业人数9365人，规模企业有湖南鑫通恒发炉料有限公司、湘潭大雷特种玻璃有限公司、湘潭县铁合金有限公司等12家。完成工业总产值24.6亿元，其中规模工业总产值17.13亿元。

商贸服务

民国期间，境域商业市场有云湖桥、楠竹山、灵官庙、七里铺4处，经营商品有百货布匹、杂货肉食、粮油食品、手工业品、家具、农具等。20世纪50年代，在云湖桥、楠竹山等地建有供销社、肉食站、粮油店等。各村（大队）均开设集体商业零售店或代销点。云湖桥、七里铺等地又辟为墟场。“文化大革命”期间，墟场被取缔。中共十一届三中全会后，个体商贸服务业发展，农村市场日益活跃。1995年，境域有天鹅桥、爱国桥、向红、分路口、木鱼山、李家屋场、熊家、桐子坪、烟山冲、七里铺、云湖桥、天河12个商业市场，云湖桥等9个墟场。个体商铺发展到600多家，社会商品零售额6800多万元。2015年，全镇有各类商铺900余家，个体工商从业者2020人。全镇全年社会商品零售额23130万元，其中集市商品成交额10350万元。

财政金融

清代至民国，境域有典当行、票号、钱庄经营。1949年8月，湘潭和平解放，境域仍有钱庄经营。1952年，设立第5区信用社。1971年，始设云湖桥、楠竹山、良湖、烟山4个信用社。1995年，镇财源主要是农业税和企业税收，财政总收入933万元。其中，农业税678万元，企业纳税255万元。是年，镇内有农村信用合作社1家，营业所4家，年末各项存款余额8074.7万元，各项贷款余额2100万元。1996年，成立云湖桥镇农村合作基金会。1997年，成立互助储金会云湖桥联会。1998年，云湖桥、楠竹山两个邮局设邮政储蓄点，开办储蓄业务。1999年，撤销农村合作基金会，其业务并入信用社。撤销互助储金会云湖桥联会，债务债权由镇财政所接管。2005年，免征农业税，财政收入减少。是年，完成财政收入818万元。其中，国税收入541万元，地税收入272万元。从是年起，镇党委、政府加大招商引资力度，引进多个规模企业，原有企业投入巨资进行技术改造和升级，经济效益提高。2006年，财政收入突破1000万元。2009年，新增2家规模企业。当年财政收入增至2417万元。2010—2014年，相继引进8个重点工程项目，镇村个体联营企业迅速发展，财政税收逐年增加。2015年，财政总收入2732万元。云湖桥信用分社、云湖桥邮政银行等两家金融单位年末存款余额68361万元，贷款余额31986万元。

基础设施

交通运输

民国13年（1924），潭宝公路（湘潭至邵阳）建成，从境域横穿而过。1951年，湘宁公路（湘潭至宁乡）境域七里铺至良湖段建成。1956年，毛九公路（姜畬毛家铺至烟山桐子坪）建成。1958年，云回公路（云湖桥至排头回龙桥）建成通车。1959年，湘黔铁路湘潭至湘乡段修复通车，横穿境域。1972年后，相继修通七里铺至三仙坳、爱国桥至烈马、桐子坪至楠竹山、东塘至楠竹山等多条公路。1990 年，境域县、乡公路总长 85 千米。通村简易公路 46 条，总长 138 千米。每日有桐子坪至湘潭、楠竹山至湘潭、韶山至湘潭的 50 个班次的客车从境域经过，客运量上千人次。1995 年后，国家对公路建设投入加大，320 国道、潭韶公路、姜畲至桐子坪的公路相继硬化。七里铺至三仙坳等 7 条主要乡道硬化。2002 年，沪昆高速公路建成，途经镇内 10 个村。2008 年 12 月，韶山高速公路建成，途经镇内 3 个村。2014 年 12 月，沪昆高铁建成通车，途经镇内 2 个村。2015 年，硬化村道 46 条 340 千米，硬化率 55%。境域每日有湘潭市通往楠竹山、石潭、韶山、易俗河、湘乡、宁乡县大屯营乡、道林镇等地近 200 班次的公交及个体营运客车停靠，客流量 2000 余人。

邮电通信

1950 年，设立姜畲邮电所。1958 年，设立楠竹山邮电所。1972 年，设立云湖桥邮电所。1995 年，境域有云湖桥、楠竹山邮电所两所，云湖桥邮电所负责办理原云湖桥镇业务，楠竹山邮电所负责原楠竹山、良湖乡业务，烟山乡的各项业务则由姜畲邮电所负责。1996 年 5 月，镇内开通程控电话。至年底，开通程控电话 360 部，移动电话 350 部。1998 年，成立云湖桥移动电话通讯站，境域固定电话、移动电话得到发展。是年，全镇有固定电话 3870 部，移动电话 2450 部。2015 年，境域邮政所 2 家，邮政代办所 1 家，移动通信站 46 家。有固定电话 5580 部，移动电话 22480 部，宽带用户 3800 户。邮政电信业务收入 420 万元。

供电供水

20 世纪 70 年代初，境域居民由饮用塘水、坝水改为饮用地下水，农村出现“打井热”，汲取井水。湘潭茶厂打一深井，灌溉茶园。1975 年，境域机关单位开始用电取代煤油灯照明。1978 年，楠竹、南北塘变电站开始向周边乡村架设高压输电线，居民家庭逐步用电照明。1992 年，烟山中学筹资打深井一口，建深井泵、筑水塔，解决本校及周边数百户、上千乡民的饮用水。2009 年，县电业部门在马栏山新建一个变电站，周边 15 个村用电改善。镇财政投资扩建自来水厂，延伸供水管道，解决云湖桥一带居民的饮用水。2014 年，县电业部门在财神庙新建一个 35 千伏变电站，有 5 台变压器增容。东塘筹资打深井一口，解决邻近村组上千户共 5000 余人的饮用水。2015 年，完成 8 个村的农村电网改造。至此，全镇农村电网改造全部完成。

水利建设

境域解放前主要靠云湖河、涟水、韶河之水灌溉。1957 年，有山塘 6046 口，计水面 337 公顷。1958 年起，陆续修建飞轮、芦塘小型水库和渣茨坝、群英河等水利工程。1966 年建成的韶山灌渠左右干渠，分别流经镇域内的 17 个村，长 23.9 千米，自流灌溉 999.3 公顷，一级提升灌溉 660 公顷，二级提升 129 公顷。其中，韶山灌渠北干渠一段长 446 米渡槽被命名为“云湖天河”。上面 4 个大字系华国锋于 1965 年 10 月题写。1966—1970 年，建有良湖、托塘、黄湖塘等 3 个深井泵，能灌溉良田 100 公顷。1971—1980 年，境域各生产大队大搞水利建设，改造水塘 2500 口，兴修引水圳 3200 千米，改坝 150 座。1995 年，国家加大对农业水利建设资金的投入，至 2004 年的 10 年中，全镇共投入资金 1990 万元，用于水库除险保安、塘坝建设和提灌设施建设。2005—2015 年，全镇共投入水利建设资金 5071 万元，完成水利工程 5140 处次，年均完成水利工程 467 处次。2015 年，境域 90% 的农田能旱涝保收。

村镇建设

1985 年 1 月，云湖桥撤乡建镇。编制镇区建设初步规划。1998 年 8 月，镇政府从云湖桥迁入七里铺原湘潭县委党校内。镇政府重新编制镇区建设规划，将七里铺列为全镇政治、经济的中心。2001 年起，在湘潭市通往韶山与湘乡的分路口（七里铺）交通要道处，征地 2.8 公顷，建设市场门面 120 个，有医院、银行等单位入驻，与原县拘留所、看守所、派出所相连。2015 年，投资 310 万元，建成镇区 500 米排污工程、340 米排水工程、250 公顷绿化面积。镇区建设向西延伸，与原县氮肥厂相接，连接成一片，形成初具规模的经济文化中心。城镇化率 25%。全镇有 130 户村民建沼气池，15500 户改灶、改厕、改水（改用地下水），国省道、县村道沿线建有中心垃圾池 150 个，组织专人清扫居民点和主要道路。至 2015 年的 10 年中，全镇投入 1780 万元，完成各村村部建设和居民集中点基础建设；整治马路市场，拆除违章建筑 128 处；建成农家乐 4 处，农家书屋 24 家；在北岸村等 4 村建成健身场；完成响石等 5 个村“村村响”工程。清风等 5 个村建成“宜居环境”村。

社会事业

教育

民国时期，境域办有保国民学校 6 所，私塾 15 所。1950 年，境域有 32 所小学，但规模很小。1955 年前后，李家湾、北岸、栗山塘相继兴办完小。1958 年，开办北岸初中班。1963 年前后，相继兴建良湖、烟山、楠竹山、云湖桥 4 所农业中学，后分别改名为良湖中学、烟山中学、楠竹山中学、云湖桥中学。20 世纪 70 年代，办学规模扩大，境域45个村，村村办小学，办学前班。烟山、良湖中学一度办高中班。有的完小办成七年制学校（小学加初中）。1995年，镇内有初中4所，小学38所，学前班38个。适龄儿童入学率100%，初中生毕业率99.7%。2005年，保留4所中学，小学因生源减少，保留18所。投入50万元，改造烟山中学校舍。2015年，镇内有初中4所，小学因调整布局保留13所，教师243人，学生3027人，学前班9个，幼儿园21个，适龄儿童入学率100%，初中生毕业率100%。

文化体育

民国时期，境域有皮影戏、地花鼓、舞龙、舞狮10多支演出队，共90多人，常在当地及周围城乡演出。每到端午节前后，灵官庙、云湖桥、渣茨坝等处举行龙舟赛。有民间艺人自办拳社，收徒授艺。20世纪50年代，文化艺术活动频繁，部分乡村成立业余花鼓戏剧团，走村入户演出。各项体育运动兴起，各中小学校率先设篮球架、乒乓球台、单杠双杠，开设体育课，从而带动乡村体育发展。1964年，云湖桥、楠竹山、良湖、烟山公社建立文化站。1975年，境域4个公社分别成立农村电影放映队。1995年，镇属文化体育站组织农民开展篮球、乒乓球、拔河、龙舟等赛事。2003年，创办《烟山老年》双月刊（2005年更名为《云湖》），持续办刊13年，共出刊76期。2007年，成立全县首家乡镇文联，有会员70多人。2009年，成立湘绮楼诗社。2010年，新建云湖社区、塘湾村、高湖村3个农家书屋，全镇农家书屋增至5个，各类藏书10580册、光碟720张、杂志92种。镇文联广泛开展诗词普及活动，组织会员进农家、进工厂、进学校、进机关、进幼儿园讲诗词知识的“五进”活动。云湖桥镇被省诗词协会授予“诗词之乡”称号。2013年，又被中华诗词协会授予“中华诗词之乡”称号。2014年，全省农村诗词经验交流会在云湖桥镇召开。2015年，镇内有文化站1个，有线电视管理站1个，群众业余剧团1个，西乐队4支，中乐队38支，老年诗词协会1个，文学创作协会1个，书画协会1个，文艺表演协会1个。有舞龙队22支，腰鼓队18支。电视入户17500户，其中有线电视入户4500户，农家书屋46个，藏书5万多册。有各类体育运动场32个，乒乓球台265台，有老年人体育活动中心12个，各种健身设施齐全。

医疗卫生

民国时期，境域医疗为个体开业，著名中医有汤炳光、许申甫等。1951年，建立区卫生所，开展防疫治病。1958年，组建超美人民公社卫生院，下设大队卫生所。1961年，境域分别成立云湖桥、楠竹山、良湖、烟山4所卫生院。1969年，各大队兴办农村合作医疗，由社员筹集资金，享受医疗优惠，1980年停办。1995年，设云湖桥中心卫生院和楠竹山、良湖、烟山卫生分院，有医疗点（门诊部）12个，医务人员45个；有农村卫生室医生和妇幼保健员96人，个体开业医师16人，药店16个。2015年，镇内有卫生院4所，医疗点（门诊部）10个，村级卫生室34个，病床41张，专业医护人员30人，年门诊人次15927人，住院病人696人。

社会保障

1956年起，镇内对无子女年满60周岁以上的老人实行“五保”（保吃、保穿、保住、保医、保葬，下同）。1984年，全镇有“五保户”184人，由生产队供给口粮，并负责解决衣食住医葬等问题。1985年，云湖桥、楠竹山、烟山、良湖4所敬老院建成，接纳45名五保老人。1995年，全镇供养五保老人306人，其中52人入住敬老院。1997年，将楠竹山、良湖两个敬老院合并，搬迁至原良湖卫生院（改建成敬老院）。2005年，推行新型农村合作医疗制度，全镇参加合作医疗人数16887人，参合率29%。当年，有400人得到医疗补偿206088元。同时，启动贫困居民最低生活保障制度，有289人享受农村最低生活保障待遇，150人享受城镇最低生活保障待遇。2009年，全镇被纳入社会养老保险体系的老年人（年满60周岁以上）有9600人，年发放养老金633.6万元。2011年，将原烟山乡机关大院改成镇中心敬老院，接纳五保户40人。2015年，全镇421名“五保户”全部落实供养政策，每人每月供给280元，有118人集中居住在3个敬老院。全镇54000人参加农村合作医疗，参合率95.8%；有2.8万人次门诊、住院，获医疗补助金1470万元。有城镇低保对象197户348人，月保障金额71661元；有农村低保对象1015户2106人，月保障金额211290元。1.1万余人享受社会养老保险待遇，每月发养老保险金60.8万元。

人民生活

民国时期，云湖桥一带农民生活贫困，主粮不足，多以红薯、蔬菜、蚕豆等充饥。1950年，境域年人均口粮不足250千克。农民住房大多为茅草房，极少数为瓦房。1953年，开始间作双季稻，粮食产量增加，人民生活有所改善。1959年，楠竹山公社由于受“强迫命令风”“瞎指挥风”等影响，群众生产情绪低落，劳动力外流，农业生产收入锐减，人民生活水平大幅下降。1962年，农民生活水平稍有提高，但全年人均纯收入仅29元。中共十一届三中全会以后，农村经济得到发展。1983年，人均纯收入373元。农民基本解决温饱问题。20世纪80年代后期，部分家庭富裕起来，兴建楼房，购置电风扇、电视机、电冰箱、洗衣机等家用电器。1995年，镇内农民人均纯收入1130.6元，年末人均储蓄1300元，80%的农户建新房。进入21世纪以后，农村因本土经济和外出务工经商，农民收入逐年增加。2005年，农民人均纯收入2708元。2015年，农民人均纯收入12965元，95%的农户入住新楼房，每百户农户有摩托车150辆，汽车16辆。

特色地情

历史人物

王闿运（1833—1916）　字壬秋，生于善化（今长沙），世居云湖桥石井铺村山塘湾。清咸丰七年（1857）中举人。咸丰九年（1859）入京会试不中，受户部尚书肃顺赏识，聘其为家庭教读。光绪三十四年（1909），清廷赐翰林院检讨虚衔。宣统三年（1911），加翰林院侍讲衔。民国3年（1914），应袁世凯之邀，任国史馆馆长。他精通诗文，精研经史方志，著述有《湘绮楼文集》《湘绮楼诗集》《湘绮楼诗钞》《礼经笺》《礼记笺》《尚书义》《周易说》《老子注》等20多部，主纂《湘军志》《桂阳州志》《东安县志》《衡阳县志》《湘潭县志》。被时人誉为“儒宗”。曾讲学于成都尊经书院，主持衡阳船山书院，执教长沙思贤讲舍、湘潭昭潭书院、江西大学堂。知名弟子有杨度、刘光第、齐白石、杨锐、杨庄等。

卢冬生（1908—1945）　云湖桥石家坳村人，7岁到湘乡柳树铺陈赓家放牛，17岁投湘军。随陈赓参加北伐和南昌起义，成为红军重要将领。民国20年（1931），任湘鄂西红军第七师师长兼政委，建立洪湖根据地，参加长征。抗战初任八路军一二〇师三五八旅旅长（未到职），赴苏联学习。民国34年（1945）9月随苏军回哈尔滨，12月任中共东北松江军区副司令员。上任前去哈尔滨火车站取行李，因制止苏联红军士兵抢劫，被枪杀。

民俗风情

灵官庙庙会 位于塘湾村的灵官庙，每年有两次庙会。第一次是耍龙灯，灵官庙有一龙灯代表龙神爷，每年从正月初一到十五日，在庙管辖范围内，逐户上门耍龙灯，以示保吉祥，保平安。第二次是每年农历四月初八，传说是龙神爷的生日。是日，前去灵官庙给龙神爷拜寿的人山人海，信男信女跪拜在龙神爷佛像前，抽签问卦，求保平安。

（撰稿：吴东林）

石潭镇>>

全国重点镇，镇内古城村系古湘南县县治所在地。

区域概况

地理位置

石潭镇地处湘潭县西部，北接云湖桥镇，南临乌石镇，东与杨嘉桥镇接壤，东南与射埠镇为邻，西与湘乡市东郊乡交界。湘江支流涟水由西而东贯穿全境。河中有一深潭，据传潭底有石户龙床，潭上游横卧仙人石，故曰石潭。明礼部尚书李腾芳回乡经此地，题写“古潭仁里”4字，故又名“古潭”。镇因潭而名。镇人民政府驻新合村石府路。

建置沿革

汉所置湘南县，县治即镇西古城村。明代，境域属县八十四都易俗乡。清属十一都、上十七都。民国初，属西乡西三区。民国24年（1935），属第八区。1949年，湘潭和平解放后，石潭为第五区。1951年，改为第八区。1953年，称石潭区。1956年，石潭区拆划为马坨（现古城）、白坨、景泉、乌石、叠福、列家桥6个乡和石潭镇。1958年9月，撤销叠福（雁坪）、马坨（古城）、列家桥3乡及石潭镇，成立跃进人民公社，1959年3月改称石潭人民公社。1961年5月，调整人民公社规模，境域为白坨、古城、列家桥3个人民公社和石潭镇（区级镇）。1961年9月，境域分属石潭区和石潭镇管辖。1989年3月，石潭镇改为乡级镇，由石潭区代管。1995年，撤区并乡，撤销白坨乡、古城乡、列家桥乡和石潭镇，建石潭镇。至2015年无变化。

区划面积

1995年，石潭镇辖古城、古云、莳竹、联盟、坨下、兆坨、九龙、通湖、莲花、白龙、分水、向韶、芙蓉、八角亭、双马、马桥、尧田、草塘、文佳、光荣、白坨、紫云、杨梓、坑山、中塘、涟滨、青山、龙屈塘、枫树亭、合德、普庆、上月、列马、龙泉、甘露塘、新桅、屯下、中坝、毛塘、洪望、新庄、新合等42个村，595个村民小组及正街、横街、杉木桥、窑上4个居民委员会，35个居民小组。总面积124.87平方千米。耕地面积4303.66公顷，其中水田3950.73公顷、旱地352.93公顷；林地4160公顷。2013年，成立列煤居委会。2014年，实行行政村合并，紫云村与涟滨村合并为紫涟村，青山村与龙屈塘村合并为青和村，列马村与上月村合并为列家桥村，中坝村与新桅村合并为中新村，新合村与合德村合并为新合村。2015年，镇辖37个行政村、5个居委会，630个村

（居）民小组。全镇总面积124.87平方千米。有耕地4304.33公顷，其中水田4083.13公顷、旱土221.2公顷。

自然环境

境域以丘陵为主，小部分为河滨平原。南、西南及北部多为岗地丘陵，东部为冲积平原。最高点双马村马岭，海拔135米。最低点古城村六亩潭，海拔36.1米。境域属亚热带季风湿润气候区，四季分明。年均气温16℃，年均降雨量1500毫米，蒸发量1150毫米，无霜期280天左右。湘江支流涟水从文佳村挂牌山入境，自西向东流经镇内13个村、3个居委会，镇内流长18.8千米。韶河镇内流长7千米，流经莲花坝等4村于古城村湖盆口注入涟水。主要矿藏为煤，集中分布在列家桥一带。民国十五年（1926），境域遭受特大洪灾，全境被淹青苗680公顷，倒塌房屋300多栋5500多间，伤亡200多人。

人口民族

1995年年末，辖区人口18312户68824人，其中：男性35237人，占51.2%；农业人口65050人，占94.5%。全年人口自然增长率3.1‰。有苗族、土家族等12个少数民族人口196人，占总人口的0.28%。2005年，全镇有18424户69819人。其中，男性35817人，占51.3%；农业人口62842人，占90%；人口自然增长率3.6‰。2015年年末，全镇有18610户71423人。其中，男性36621人，占51.3%；农业人口65332人，占91.4%。人口自然增长率5.3‰。有苗族、土家族等12个少数民族人口207人，占总人口的0.29%。

经济发展

经济综述 石潭自古为湘潭西部重镇，有“鱼米猪之乡”美誉，是县内粮猪主产区和重要工商贸易集镇。民国时期，因战祸连年，加之自然灾害频繁，地方经济困顿。1950年，老街有各类工商户368户。1953年，成立公私合营合作社和农业互助合作（组）社，国民经济有所恢复发展。由于“大跃进”和自然灾害，国民经济下滑。20世纪70年代，兴办镇村企业70家。1984年，实行农村家庭联产承包责任制，经济开始好转。80年代后期，政策放开，境域出现一批养殖专业户和个体工商户。1988年，境域（含石潭、白托、古城、列家桥）工农业总产值7604万元。1996年，境域有乡镇企业27个，联户个体企业1934个，从业人员8582人，完成工农业总产值57780万元。2000年后，开展工商业产权制度改革和招商引资。2005年，完成工农业总产值10.04亿元。2015年，全镇有规模企业3家，规模企业产值62130万元。完成工农业总产值14.74亿元。固定资产投资3.15亿元。

种植业

境域以种植水稻为主，红薯、大豆、玉米和油料等为辅。民国时期，水稻种植一季稻，亩产一般在210千克左右。20世纪50年代，改良耕作制度，推广种植双季稻，使用化肥农药等农业生产资料，水稻亩产保持在300千克左右。因持续不断的品种改良和种植技术的改进，到70年代，水稻亩产达到500千克左右。1984年，全面实行家庭联产承包责任制，推广种植杂交稻，效益提高。1986年，古城乡、白托乡粮食亩产分别

古云村农业部水稻高产万亩示范田

达805千克、790千克。1990年，古城、白托等主产粮区实现“吨粮田”。1995年，全镇种植双季稻7400公顷，杂交稻普及率超过80%，粮食总产量5.4万吨，平均亩产1.02吨。1999年，普及软盘抛秧技术。2001年，八角村引进种植香菇20公顷，带动临近村种植35公顷。2005年，成立全县首家香菇专业合作社，注册“走四方”香菇商标，香菇总产值900万元。2006年，推广高档优质稻。2015年，镇内有农业部水稻高产万亩示范田项目。全镇种植早晚稻8266.67公顷，粮食总产量6.03万吨，种植玉米159.33公顷、油菜466.67公顷、其他经济作物186.67公顷。有种粮大户60户，石潭镇连续8次荣获“湘潭市粮食生产先进乡镇”称号。

养殖业

境域养殖业以生猪养殖为主，牛羊、家禽、水产养殖为辅。民国时期，境域殷实人家多散养生猪等家畜家禽，多为自给自足。涟水河沿岸有乡民散养牛、羊、湖鸭等。20世纪50年代末，除农民自繁自养猪、鸡、鸭等家畜家禽外，人民公社创办古城万头养猪场、马桥养鸡场等养殖场。1984年，实行农村家庭联产承包责任制后，部分农民发挥本地养殖业传统优势，养猪业得到快速发展，先后涌现出李富强、潘立仁等养殖大户。1995年，全镇饲养生猪17.59万头，其中出栏11.3万头；养家禽84.93万羽，产蛋品2435.2吨；养殖水面448公顷，水产总量2028.7吨。1998年，古云村赵炳炎等10多名养殖大户引进“杜长大”三元瘦肉型猪。2002年，推广“瘦肉型”猪养殖，举办大型养殖技术培训班3期，培训3000多人次。2005年，县人民政府投资313万元，支持镇内富强食业生猪养殖基地和古云村兆云组生猪生产基地发展生猪生产。年内，兆云组生猪养殖专业户出栏生猪17500头。全镇养猪47.2万头，出栏生猪34.4万头。有200头以上规模养殖户58户，500头以上规模养猪大户1户。2015年，贯彻国务院《畜禽规模养殖防治条例》，规模养殖业受到控制发展。全镇养猪44.1万头，出栏生猪30.5万头。饲养家禽40万羽，出笼22.4万羽。养殖山羊5100头，出栏2215头。出栏牛938头，出水水产品4064吨。

林业

1950年，石潭镇响应县政府植树造林号召，采集松、杉、樟、柏等种子17.5千克，育种0.22公顷。1956年，成立古城、白托、列家桥公社林场（苗圃），种植品种有油茶、杉木等。此后，各大队、生产队先后建立社队林场24个。1958年，大炼钢铁、大办食堂，乱砍滥伐，石潭、列家桥一线出现大量荒山。1978年开始，全境实行“植树造林、封山育林”政策。除留有少量的薪柴山地外，大部分山林被封山。1984年，实行农村家庭联产承包责任制后，山林权属同时承包给农民经营，年限多为30~70年。1995年，开展植树造林、残林改造和退耕还林，全镇有林地3032.9公顷，占山地面积的73.6%，退耕还林17.5公顷，森林覆盖率25%。2003年，全镇新造经济林54公顷，利用世界银行贷款造林120公顷。有各类花卉苗木基地155公顷，油茶基地400多公顷。镇林场有7个分场，有林地面积395.7公顷。2006年，镇林场全部实现对外承包经营，承包期限46年。2015年，全镇有林地3850.8公顷，森林覆盖率31%。

工业

明代，石潭即为县内四大集镇之一，作坊颇多。清代，老街有屠宰及肉类、蛋类加工等食品作坊多家。民国30年（1941），长沙人唐农阶在炭棚河（今文佳村内）兴办新电纺纱厂，日产纱300千克。有食品小作坊多处，生产的月饼、发酵饼、小花片等副食品在县内外负有盛名。1950年，老街有私人工商户368户。到1953年年底，共成立工商合作组织14家，从业人员787人。1970年，县政府在合德村兴建县水泥厂，到1988年，实现产能4.41万吨。1995年，对县水泥厂进行技术改造，产能提高到8.83万吨。石潭供销社副食品加工厂“仙女”牌生油月饼被评为“省优”产品。同年，镇建筑工程公司成立，当年产值3200万元，被评为湘潭市明星企业。是年，全镇有镇办企业31家、村办企业47家、个体和联产企业2138家，企业总产值25565万元（1990年不变价）。2002年，橡胶厂完成总产值3129万元，上缴税金91万元；人民煤矿承包人周铁球筹资90万元对煤矿进行技术改造，当年产量增至6200吨。2004年，兴办白托饲料厂，年加工玉米等谷类3000余吨。2015年，镇内有各类企业29家，其中制造类企业23家，规模企业3家。全镇工业总产值62450万元。

商贸服务

清、民国时期，石潭即为县西南部物资集散地，洞庭湖沿岸及湖北江汉平原所产油类枯饼、黄豆、草籽和衡山白果的土纸多在此集散。年销售枯饼6万担，黄豆万余担，草籽千余担，石灰数万担，百页、香干等豆制品加工业常年不衰。老街街面上南杂、粮油、百货、国药、木材及牙行等各式作坊林立。1951年，成立镇供销合作社、生资站、肉食站、国药店等集体商贸企业，对主要生产生活资料实行统购统销。1979年后，国家逐步放开市场，私营商贸业蓬勃发展。1988年，境域共有国营集体、个体工商户137户，有石潭、古城、白托、中塘坳、列家桥煤矿等墟场。1995年末，全镇有集体商业企业6家、个体商铺500多家，社会商品零售总额4500多万元。2002年，镇政府筹资实施集镇基础设施建设，鼓励农民进镇经商，引进“好当家”“万客源”“心连心”3家超市落户经营。2015年年末，全镇有大型超市6家，商业网点800家，社会商品零售总额38450万元。有宾馆、酒店、餐馆等42家，从业人员4200多人。

有农村集市 6 个，年成交额 13500 万元。

财政金融

民国时期，镇上即有刘振泰等私人钱庄票号。1949 年 9 月，钱庄票号被禁止。1951 年，县农村信用联社设石潭信用社。1971 年，县农业银行设石潭营业所。1996 年，镇财政收入 1161 万元，其中税收收入 528 万元。是年，成立镇农村合作基金会。镇内有农行石潭支行及农村信用社 5 家、农村合作基金会分会 4 家，另有邮政储蓄所 1 家。11 家金融单位年末存款余额 14330 万元，贷款余额 8640 万元。1999 年，撤销农村合作基金会，业务并入农村信用合作社。2003 年，国家实行税收调减，2005 年，免征农业各税，财政收入锐减。2012 年，中央实行财政转移支付，全镇转移支付 2790 万元。镇财政收入 770.62 万元，其中，国税 262.51 万元，地税 493.14 万元，财政（“两会”清收）15 万元。2015 年，镇财政总收入 3248 万元。其中，国税完成 142 万元，地税完成 1419 万元，其他收入 1687 万元。有农行、信用社、邮政储蓄等金融机构 3 家，年末各项存款余额 15.16 亿元，贷款余额 2.73 亿元。

基础设施

交通运输

明、清时，境域有涟水贯穿东西，老街码头口有船埠，常年有木帆往来，东达湘潭长沙，西

石潭大桥

去湘乡达涟源。1959年，修建云（云湖桥）回（回龙桥）公路，境域全长15千米。1965年，蔡（蔡家嘴）石（石潭）干线修通。1968年8月，石潭大桥建成通车，为单孔跨径在110米以上的双曲拱桥。1971年，修建县道石（石潭）中（中路铺）线，过列家桥通射埠、中路铺，境域长15千米。1975年，修建乡级公路八五线8千米；修通石潭至乌石槐塘境域5千米、石潭至雁坪境域4.5千米乡道。2009年，修建湘（湘乡）湘（湘潭）干线，与蔡石线对接，境域长17千米。年末，镇内有县乡公路8条，境域总长66.2千米。2014年，开展新农村建设，共硬化乡级公路和村道共280千米。2015年，镇内主要公路有国道320，途经通湖、白龙、分水3个村共4千米。县道韶荼线、湘湘线、石中线3条，镇内穿越22个村，总长40千米。湘黔铁路经过古云、通湖、九龙、芙蓉，在向韶村马托铺设有客运站。日有客运班车29台132班次，过路客车37台148班次，往来湘潭市、易俗河、湘乡、韶山、株洲和长沙市区，日客运量3100多人次。

邮电通信

民国33年（1944），湘潭县邮政局开设石潭支线邮路，步邮投递邮件。民国36年（1947），石潭乡开通电话，并设立分总机，有10门线路，线路质量差。1953年，县人民政府恢复县邮电局至石潭电话。1955年，境域各乡均通电话。1958年，跃进人民公社设电话总机，所辖各大队装有电话单机。1987年，石潭邮电支局在全县率先开通载波机，境域开始使用载波电话。1995年，镇内设石潭邮政支局和白托、列家桥邮政代办站。1996年，易俗河万门程控电话交换平台开通，镇内共安装开通程控电话机130部。1997年，县模拟数字电话交换平台开通营运，镇内有用户21户。1998年，县移动数字电话交换平台（MTX）开通，镇内有用户78户。1999年7月，邮电体制改革后，镇内设有邮政、电信分局和移动分公司和古城电信代办点。2015年，镇内有邮政支局、电信支局、移动营业厅及其指定专营店11家。有固定电话用户2490户，移动电话用户6.38万户，宽带用户1679户。

供电供水

民国36年（1947），谢保初、徐文达等创办石潭建国电灯公司，为县内第一家乡镇发电厂。自此，石潭老街居民照明即改煤油灯为电灯，但绝大部分农村居民仍使用煤油灯照明。1957年，国家电网正式向石潭镇供电。1970年，县供电公司搬迁至石潭镇，镇区居民普及生活用电。农村居民部分开始使用电灯。1971年起，古城、白托、列家桥机台站相继建成，农村开始使用电动抽水机抗旱、排渍。1975年，烈雁金河建成后，建列家桥水电站并入国家电网。20世纪80年代初，居民开始钻井取水，改饮地下水。80年代中期，境域农村普及电灯照明。1998年，深井饮用水入户率100%。2006年，成立安泰自来水公司，收购原供销社、县水泥厂、粮站、3个居委会共6家自来水供应点，供应镇区居民用水。2013年，增铺输水管道12千米，扩大供水范围，解决县二中、列家桥煤矿用水。2015年，安泰自来水公司有供水设施2处，供水主管总长35千米，总投资4500万元，日供水7000吨，保障镇内4万人用水。

水利建设

民国时期，境域主要利用山塘蓄水，涟水、韶河两岸使用桐车、水车提灌灌溉农作物。20世纪50年代，开始出现用柴油机抽水灌溉，人力抽水仍然为主要灌溉手段。1965—1966年，修建韶山灌区北、南干渠，境域农田2950公顷受益。1969年冬，修建古城、白托、石潭防洪堤，总长25.1千米，配套排渍泵站5处6台，总功率540

千瓦。1972 年起，先后修建向韶至联盟闸、老君坝至杨泗庙红旗闸中型撇洪渠，总长 9.63 千米。整修大小山塘 2556 口、抗旱机埠 123 处，总功率 2338 千瓦。1975 年夏至 1976 年春，修建列雁金河，境域流长 4 千米，灌溉农田 420 公顷。1996 年，投入 200 万元对古城、联盟等 9 个村实施标准农田改造。1998—1999 年，先后投资 140 万元，实施通湖、九龙、兆圫 3 村标准粮田节水工程建设。2004 年，投资 300 余万元，对古城堤冷水塘至井塘段加高培厚 2 千米。2008 年，投资 60 万元，对联盟村 20 公顷农田实施"小型农田水利工程"建设。2010 年，投资 350 万余元，对白圫堤红旗闸至文佳滩段 3 千米实施除险治理。2015 年，14 个村实施"五小"（指小水窖、小水池、小泵站、小塘坝、小水渠，下同）项目建设，投入资金 168 万元。全镇农田基本呈现旱涝保收，自流灌溉率 97.6 %。

村镇建设

石潭为古老集镇，明代是湘潭县名镇之一。民国时期，境域有石潭、杨泗庙、马托铺、嘛蝈都 4 个小集镇。1950 年石潭人民委员会组织群众扩建老街码头，整修街道。1999 年，镇政府编制《1999 年至 2020 年石潭镇城镇建设远景规划》，镇区建设依规划实施。2001 年，石潭镇作为湘潭市小城镇建设重点示范镇，率先采用"政府引导、市场运作、公司运行、业主经营"的开发模式和"统一规划、统一征收、统一土地出让、统一开发建设、统一管理"的办法，由湘潭三维房产公司启动小城镇建设。共征地 11.7 公顷，修建石潭大道 1.5 千米，商业门面 230 个，建筑面积 2.85 万平方米。当年投入 2912 万元，吸引 200 余户 3200 余人进驻。2005 年，石潭镇被列为湖南省农村改革试点镇。2006 年，石潭镇被列为湖南省小城镇建设示范镇。2008 年 12 月，完成镇第二轮总体规划修编《2008—2030 年石潭镇总体规划》。2014 年，完成石潭镇《2014—2030 年石潭镇核心区控制性详细规划》，规划镇城区面积 3000 平方米，当年建成区 1600 平方米，人口 2.1 万人。2014 年，居佳、顺德、鑫源名邸三家房产公司共注入资金 66360 万元，开发土地约 7.9 万平方米，建筑面积 47.4 万平方米。2015 年，镇区基础设施建设基本完善，6.5 千米镇区道路全部铺上沥青，安装上路灯，建成 3 个绿化休闲广场，37 个村、5 个居委会建成村级活动中心，城镇化率 29.7%。同年，石潭镇被确定为全国重点镇。

社会事业

教育

清末，境域有私塾、族校 4 家，吸纳同族及殷实人家子弟受教。光绪十九年（1903），周氏族人周若崇创办私立养正初等小学堂。宣统二年（1910），改西路高小（今石潭中心小学），为县内最早的公立小学。民国 34 年（1945），湖南私立华中高级艺术职业学校在飞机屋场（今县二中）办学，培养出全国著名书画家周令钊、金石篆刻家李立等艺术人才。1956 年，创办石潭初中班（县二中前身），有教学班 4 个，学生 187 人。1985 年，境域有学校 49 所，其中高级中学 1 所，初级中学 5 所，小学 43 所。有中学生 2405 人，小学生 7591 人，教职工 460 人。1988 年，白圫、古城、列家桥、石潭镇 4 所中心小学验收为市级合格中心小学。1989 年，境域古城乡被评为全省"百星整体教育合格乡"。1995 年，镇内有高中 1 所（县二中）、初中 5 所、小学 40 所、农校 2 所。有中小学生 11946 人，其中，高中 2500 人、初中 3096 人、小学 6350 人；教职工 651 人。投入

800多万元，先后改造石潭、古城、列家桥、白坨4所中心小学，新建古城中学宿舍楼、列家桥中学礼堂、白坨中学教学楼，并扩建此3所中学运动场。改造洪望、中坝等13所小学。1997年9月，经省“两基”（基本普及九年义务教育，基本扫除青壮年文盲，下同）验收为合格乡镇。2010年末，镇内有幼儿园16所，小学撤并至12所。2014年，县教育局继续调整学校布局，撤销小学2所。2015年末，镇内有小学10所，学生3313人；初中4所（石潭、古城、列家桥、白坨中学），学生2323人；高中1所（县二中），学生2600余人。中小学教师492名。有幼儿园8所，学前教育1587人，入园率96%，适龄儿童入学率100%。镇内15所中小学校，有12所验收为省合格学校。

文化体育

1958年，跃进（石潭）人民公社成立电影放影队，在农村、学校流动放映。1964年，石潭、古城、白坨、列家桥成立文化站。1981年，县广播站至境域各乡镇的广播专线建成。古城乡成为全县首批全面实现“五有”（有喇叭箱、有避雷针、有电阻、有开关、有地线）的乡镇。1982年，石潭电影院建立，不定期放映电影。1995年，原各乡镇文化站合并为石潭镇文化站，建成镇有线电视站，开通有线电视，电视入户9760多家，其中彩色电视用户4032户。2009年，八角村建立第一家农家书屋，有图书2000多册；光荣村和草塘村首建农民体育健身场所，有乒乓球、篮球等设施。2010年，马桥等5村建有农民体育健身场所。2012年，全镇42个行政村全部建成农家书屋。2015年，镇有村级文化活动中心48处，各类文化专业户41户，图书室38个，共藏书9.12万册。有音乐、美术、文学等艺术业余创作人员235人，中西乐队30支，龙狮队4支，腰鼓队18支。有线电视覆盖32个村5个居委会，用户8300多户。

医疗卫生

民国16年（1927），名医曾鹤庭、张丙卿联合20余人成立湘潭县石潭国医联合会。1951年，楚人何、周大馥等组织180余人成立石潭区医务工作者协会。1955年，成立石潭联合诊所。20世纪60年代，境域石潭、古城、白坨、列家桥公社均组建有卫生院，42个大队设有卫生室。1965年，成立石潭区医院，有医护人员40多人。1969年，实行农村合作医疗制度，古城、白坨、列家桥3个公社，41个大队医务室配设有“赤脚医生”1~2人，1976年撤销。1982年，成立县第五人民医院。2004年，镇卫生所与县第五人民医院合并建立石潭中心卫生院，辖本院和古城分院、白坨分院、列家桥分院、石潭分院等，有医务人员113名，病床45张。各村卫生室共有医生、妇保员84名。另有个体医生12名，个体药店5家。2012年，全镇公共卫生工作代表全省接受中国农村卫生协会专家组考评，获全国第四名。2015年，镇辖区内有中心卫生院1所，分院4所，医务室（门诊部）10个，村（居）委会卫生室32个，病床111张，医护人员173人。全年，接纳住院病人4500人次，门诊5万多人次，镇中心卫生院总收入2100多万元。

社会保障

1956年，实行“五保”制度，境域分散供养鳏寡孤独人员86名。1985年，古城、列家桥、白坨敬老院建成，共有57人入住集中供养。1995年，全镇供养“五保”老人480人，其中集中供养68人。是年，古城敬老院被评为全国模范敬老院。2005年，启动新型农村合作医疗制度（简称“新农合”，下同），参合10191户35815人，当年补偿1458人次65万元。2006年，启动农村居民最低生活保障制度和城镇居民最低生活保障制度，有96户196人享受农村低保，201户

336人享受城镇低保，年领取城乡低保金36.4万元。是年，建成石潭镇中心敬老院，集中供养“五保”老人50人。2009年，启动社会养老保险制度，11238人享受养老保险，当年10—12月（每人每月50元），共发放养老金168.57万元。2015年，全镇有五保人员683人，年供给229.48万元，其中集中供养90人。有16349户57245人参加“新农合”，参合率96%。合作医疗门诊、住院6.5万人次，补偿2174.4万元。农村低保对象2332人，年发放低保金294万元；有城镇低保对象685人，年发放低保金167万元；参加“新农保”4.6万人，享受“新农保”12141人，每人每月55元，年发放养老金801.3万元。

人民生活

民国时期，石潭一带广传有“古城洲、牛屎洲、十年九不收。天晴三日田开坼，落雨三天变白牛”的民谣。民国23年（1934）和民国34年（1945），境域两逢大旱，农作物颗粒无收。1951年，开展土地改革，实行耕者有其田政策。境域年人均口粮260千克。1984年，农村家庭联产承包责任制后，农业效益明显提高，农民“温饱问题”基本解决。1985年，境域居民发挥养殖业传统优势，农民普遍增收，年人均纯收入增至480元。1988年，大部分农民新建砖瓦房。1989年，镇域涌现唐少钧等“万元户”，部分农民家庭开始使用电视机、摩托车、电风扇等。1995年，全镇农民人均纯收入1245元，主要来源于种植业、养殖业、工商业及务工收入。2005年，农民人均纯收入2070元。2010年，农民人均纯收入5428元。2015年，农民人均纯收入12776元，绝大多数农民建有楼房和花园，彩电、电冰箱、洗衣机等基本普及，部分家庭使用空调，购买家用汽车。

特色地情

历史人物

周诒柯（1875—1932） 石潭镇西塘（今普庆村）人。早年留学日本，攻读法律专业。回国后，先后任长沙府中学堂教务长、湖北高等审判厅厅长、江苏高等检察厅检察长、黑龙江高等审判厅厅长、安徽高等法院院长。在江苏任职时，他以上海为试点，改造旧监，建立新监，在监狱内设单人监房、食堂、浴室、图书馆、医务室，并附设工厂、农场，开创中国改善关押人犯条件和劳动改造的先例。民国十六年（1927），任国民政府司法部参事厅主任参事。次年，任国民政府最高法院首席检察官。

风景名胜

古湘南县城遗址 明《一统志》载：“湘南故城在湘潭县西六十里，属长沙国。”故城即古城，镇西北古城村有遗址。据考古论证，古城遗址处云湖河与涟水之间，呈长方形，南北长约300米，东西长约200米。20世纪80年代初，在古城发现有长1000米、高约2米、底宽约5.5米的夯土城墙，城有四角，现存三角，尚存护城河遗址。护城河绕城而流，宽10余米。今护城河半数仍存原貌，南部保存最好。

石潭老街 石潭镇自古享涟水之便利，历来商贾云集，为县西部重镇。老街迄今1600余年历史，分正街与横街，成“丁”字形分布，有青石板铺路。正街宽10米，长300余米，始于油榨口，北至涟水码头。横街长200米，从正街开始往西延伸。明、清时，老街市面繁华，作坊店铺鳞次栉比。老街之内，建有水府、灵官、天符三庙，香火历来不断，尤以天符庙最盛。有红庙（北五省）与万寿宫（江西）两大会馆，有天主堂、福音堂两大教堂，有感化慈善堂。中华人民共和国成立后，老街几次改造，桥南建有“农民街”。尔后，蔡石公路拉通，街区沿公路扩大。

民俗风情

六月六日划龙船 民国年间，建杨泗庙于镇西北白坨村。传说，杨泗将军体恤民间疾苦，常救民于水火。乡民怀念其德，每逢六月六日将军生日，信众募集祭品，冒炎炎烈日，抬将军神像，游垅看禾。一路旌旗招展，队伍浩荡，前有长号大鼓开路，后有龙灯随行。乡民头盘乌纱，腿缠黄带，手携板凳，竞走其后。每逢路口，插香即拜。涟河渡口，龙船涌动，铳炮喧天，鼓乐齐鸣。1966 年，在“文化大革命”开始后，此习俗终止。

名优特产

“走四方”香菇 2001 年，八角村从浙江引进香菇种植技术。采取立体多层栽培、地能温控、以莲壳为料的栽培技术，亩产香菇 17.5 吨，亩平产值 5.3 万元。“走四方”香菇质地鲜嫩，味道鲜美，享有“山珍之王”的美誉。2014 年，通过国家标准化认证，产品畅销本地及周边市县，并远销日本、韩国等国家。2015 年，香菇产值 2000 万元。八角香菇专业合作社被湖南省两型办确定为“第七批全国农业标准化示范区项目”。

（撰稿：张伏秋）

乌石镇>>

中华人民共和国开国元勋彭德怀故里，湖南省著名旅游乡镇。

区域概况

地理位置

乌石镇位于湘潭县西部偏中，东与锦石、射埠相邻，南与排头接壤，西与湘乡市梅桥乡接界，北与石潭相连。境域有山名乌石峰，镇因峰得名。镇机关原驻天明村中塘组，2008年10月，搬迁至乌石村幸福组。

建置沿革

明代，境域属湘潭县八十四都上民乡。清，属县上十七都易俗乡。民国24年（1935）属县第八区。1950年，属县第六区。1958年，由白托、乌石、景泉乡合建卫国人民公社。1961年5月，调整人民公社规模，成立乌石人民公社、景泉人民公社。1984年，撤社建立乌石乡、景泉乡，属石潭区。1995年，撤区并乡，乌石乡、景泉乡合并为新的乌石乡。1998年，撤乡建乌石镇。至2015年，建置无变化。

区划面积

1988年，乌石乡、景泉乡辖30个行政村，382个村民小组。总面积96.12平方千米，耕地面积2284公顷，水田2067公顷，旱土217公顷。1995年，乌石乡辖景泉、天明、坝湾、双庙、龙塘、联塘、铁山、乌石、寺冲、旗头、明德、龚泉、坪山、公平、狮龙、安平、槐塘、岳冲、云峰、四美、双石、双乐、双峰、斑竹、珍珠、大塘、九节龙、洪家山、奇才、羊塘30个行政村、385个村民小组。全乡总面积96.12平方千米，耕地面积2284公顷（其中水田2067公顷，旱土217公顷），山地5513公顷，水域625公顷。1998年建镇时，设瓦子坪居委会。2014年，行政村撤并，双石村、双乐村合并为石峰村，坝弯村、双庙村合并为双庙村，坪山村、公平村合并为平山村，云峰村、双峰村合并为云峰村。2015年，乌石镇辖26个村、1个居委会、390个村民小组。总面积96.12平方千米，耕地2142公顷（其中水田1971公顷，旱土171公顷），林地4983公顷，水面849公顷。

自然环境

境域大部分为丘陵，西南为山区，地势呈西高东低、南高北低特征，最高点云盘寨，海拔510米，最低点双庙村，海拔58米。土壤多为红壤、黄壤和紫色土，偏酸性，肥力较低，蓄水保湿能力弱。属亚热带温润气候区，四季分明，日照雨量充足，年均气温18℃，年均降雨1350毫米。植被以灌木为主，有马尾松、杉、油茶、油桐、樟等300多种树种，野生动物有獾、兔、蛇类等百余种。矿产主要有石灰石、铁矿石、锰矿石。其余耐火泥、矽砂等亦有少量分布。

人口民族

1988年，境域（含乌石、景泉乡）有9477户36368人。1995年末，辖区有10101户37451人。其中，男性19144人，占总人口的51.1%；农业人口36860人，占总人口的98.4%。人口自然增长率4.23‰。苗族、土家族等11个少数民族人口109人，占总人口的0.29%。2005年，全镇有10230户37693人。其中，男性19449人，非农人口758人，少数民族人口70人。2015年年末，全镇有10634户38937人。其中，男性19333人，占51.2%；农业人口37940人，占97.4%。9个少数民族人口共90人，占总人口的0.23%。人口自然增长率3.00‰。

经济发展

经济综述

境域经济历来依靠农业支撑，总体效益不高，为县内较为落后地区。1979年，境域两乡农民人均纯收入87元，20世纪80年代，个体、联户企业和集体企业开始出现并逐步发展。1988年，乌石、景泉乡工农业总产值1675.6万元。1995年，政府强化农业基础设施建设，促进农业生产；对乡镇企业进行所有制改革，促进地方经济发展。当年完成工农生产总值9589万元。其中，农业总产值4683万元。2000年，全年实现工农业总产值13287.8万元。其中，农业产值7260.8万元。2004年，全面完成乡镇企业体制改革。2010年，镇党委、镇政府提出“建基地，强龙头，壮产业，创品牌”经济工作思路。2015年，乡党委、政府完成招商引资2800万元，完成技术改造投入和固定资产投入6100万元。根据乡域特点，突出农业产业化建设。引导农户扩大生猪、山羊规模养殖，建成苗木、水果基地。全年，完成工农业总产值5.62亿元。其中，农业生产总值2.66亿元。

种植业

境域种植业历来以种植水稻为主，红薯、豆类、玉米等作物为辅。民国时期，生产力水平低下，农作物产量普遍不高。20世纪50年代，境域水稻亩产一般在250~300千克之间，种植业效益普遍较低。1963年，境域乌石乡、景泉乡农民人均纯收入仅18.5元。稻谷亩产203千克，其中晚稻基本绝收，亩产仅3千克。1984年，实行家庭联产承包责任制后，耕作制度和农业科技不断创新，粮食亩产提高到400千克，种植业效益明显提高。1995年，调整产业结构，先后引进T优207、湘晚籼11号等一系列优质高产杂交品种，普及推广杂交稻种植，逐步推广旱土育秧、软盘抛秧等耕作技术，扩大水稻种植面积，全镇粮食总产量2.9万吨，亩产1005千克。2000年起，政府引导农民向优质高效农业转型，推广种植优质稻，探索两粮分流途径，发展种植春玉米及高产饲料稻，种植业效益大幅提高。2005年，全镇种植优质水稻2420公顷、玉米100公顷，产粮食39697吨。双庙、坝湾两村连片种植优质稻“衡晚香3号”33公顷。2010年，发展香椿、香米、黄花菜等特色产品。2015年，镇粮食作物播种总面积4159公顷，产粮食5.4万吨。

养殖业

1958年，卫国（乌石）人民公社响应县人民委员会关于“大力巩固和发展集体养猪事业”的号召，生产大队、生产队共办起养猪场31个，养殖生猪780头，1959年，因粮食紧张而停办。

1980 年，境域上石坝水库获县畜牧水产局投资 4500 元，试行网箱养鱼，因技术不过关，两年后停养。1995 年，全镇出栏生猪 6.59 万头，产值 4281 万元；饲养家禽 32 万羽，产值 726 万元。1999 年，景泉村引进黑山羊 100 只，开始养殖黑山羊。21 世纪初，镇政府引导养殖户改良生猪品种，共引进新品种母猪 718 头，鼓励规模养殖，出现一批养殖大户。由于饲养技术和疫病防治技术的不断革新，养殖业得到快速发展，养殖业效益显著提高。2005 年，全镇出栏生猪 8.12 万头，存栏 2.5 万头。出笼家禽 25.73 万羽，存栏牛 1052 头，存栏羊 5136 只。有存栏 100 头以上养猪大户 289 户。2014 年，国务院《畜禽规模养殖污染防治条例》颁布实施后，规模养殖受到一定约束，保留有龙坝乌鸡专业合作社、四美养牛专业合作社等特色养殖合作社 9 家。2015 年，全镇出栏生猪 8.45 万头，出笼家禽 26.5 万羽，出水鲜鱼 2010 吨。存栏生猪 31258 头、牛 1200 头；存圈羊 4200 只；存笼禽类 14 万羽。有特色养殖合作社 12 家。

林业

境域多丘陵低岗地，林业资源丰富。1956 年，成立乌石、景泉专业林场。此后，先后建立大队、生产队林场 30 个。1958 年，大炼钢铁、大办食堂，砍伐大量林木，乌石、景泉一带出现大量荒山。中共十一届三中全会后，全境实行封山育林。1984 年，山林承包给农民自主开发经营，年限一般为 30~70 年。1995 年，有山林 4856 公顷，占山地面积的 80%，其中杉木林、国外松 3673 公顷，森林覆盖率 50%。当年开发丘岗地，新造水果林 206 公顷。1996 年，营造水果林 567 公顷，被评为全省“湘绿化”先进乡。2002—2014 年，共退耕还林、坡耕地造林 161 公顷，荒山造林 200 公顷。2015 年，境域有林地 4983 公顷，森林覆盖率 54%。

工业

民国及以前，因境地偏僻，交通闭塞，几无工业。1958 年，建乌石、景泉农机厂。此后，乌石、景泉公社相继兴办社队企业 2 家。1975 年，成立乌石建筑公司。1988 年，境域共有县办企业 3 家，乡镇企业 12 家，村办企业 5 家，个体联户企业 2 家，工业总产值 275.1 万元。1995 年，撤区并乡后，乡政府加快企业改革，大力招商引资。是年，全乡有乡办企业 12 家，村办企业 68 家，个体联户企业 1021 家，主要有采矿、建材、农机、木材加工、食品、基建等行业，工业总产值 4906 万元，利润 80 万元。2001 年，先后兴办县云峰锰业、县鸿运松木家具厂、县松鑫家具厂等私营股份制企业 15 家。2015 年，境域有各类企业 11 家，工业总产值 2.96 亿元。

商贸服务

民国时期，境域商贸业欠发达，仅瓦子坪、中塘坳等处有集市交易。1956 年，成立乡供销合作社、生资站、肉食站、国药店等集体商贸企业，对主要生产生活资料实行统购统销。中共十一届三中全会后，国家逐步放开市场，允许私营商贸服务。至 1988 年，乌石、景泉乡共有国有集体、个体工商户 1500 户。1995 年年末，全乡有集体商业企业 5 家。有景泉、双庙、中塘坳、瓦子坪、坪山岭等 5 个集贸市场，社会商品零售总额 4000 多万元（含个体商铺）。1996 年，增设洪家山集贸市场。1998 年，商贸服务主要集中在瓦子坪、沿云回公路两侧，成线型分布，有商业网点 29 个。个体商贸服务业主要有粮油、饮食、美容美发、音像等行业。2015 年，全镇有各类商铺 600 多家，从业人员 1650 人，墟场赶集日近 4000 人，社会商品零售总额 20514 万元，其中集市商品成交额 6000 多万元。

财政金融

1995年，乡财政收入420万元，主要来源于农业税收、工商税收和企业收入。县农村信用合作联社、县农业银行设有分社、营业所各2家，另有乡农村合作基金会，邮政所兼办储蓄业务，年末存款余额4316万元，贷款余额1854万元。1997年，人保湘潭县支公司乌石乡保险站成立。1999年，撤销镇农村合作基金会，其业务并入镇农村信用合作社。2002年，镇财政收入307万元。2003—2005年，因调减、免征农业税，停征屠宰税，财政收入逐年减少。2015年，镇财政收入2160万元，其中地方性可支配收入551万元。乌石信用社分社、邮政储蓄所两家金融单位年末存款余额54626万元，各项贷款余额21967万元。

基础设施

交通运输

民国时期，境域交通闭塞，仅有简易公路连接石潭。20世纪50年代，修成双庙至联塘等主要通村公路。1959年，修建瓦子坪至乌石寨公路（瓦乌线）1.25千米。1965年，修建云湖桥至回龙桥公路，与瓦乌线、景泉大路（现长巨线）对接。1968年，县内实行路网连接建设，修建景泉任家围子至方上桥巨鱼村公路。1995年，全乡县乡公路总长30.5千米，57条通村简易公路总长278千米，日有15班次客车从黄荆坪、景泉经乌石往来湘潭、易俗河、湘乡等地，客运量800余人。1996年，湘潭至彭德怀故居专线公路扩宽并铺装沥青。2000年，整修、拓宽、硬化、延伸联村、通村公路。2013年，修建龚泉桥、大托桥。2015年，镇内县乡公路总长30.5千米，57条联村、通村公路总长340千米，已硬化215千米。日有35个客车班次往返于湘潭、易俗河、长沙，客流量2000多人次。

邮电通信

民国年间，湘潭邮政局设石潭支线邮路，有步邮投递邮件至乌石、景泉。1958年，卫国人民公社开通至乌石、景泉等10个大队的手摇式人工电话机。1995，乡内设有邮电所及景泉、中塘坳等邮电代办站。1996年，易俗河万门程控电话交换平台开通，乡内共开通程控电话机75部。1997年，县模拟数字电话交换平台（TASS）开通营运，乡内有用户300户。1998年，县移动数字电话交换平台（MTX）开通，镇内有用户350户。2004年，开通宽带平台，有用户50户。2015年，乡内有邮政所1家，邮政代办所1家，移动通信站2家，移动电话29650部，固定电话1760部，宽带用户2400户。邮政、电信营业收入435万元。

供电供水

民国及以前，境域居民使用油灯（植物油、煤油）照明，饮用塘、坝、河、井水。1970年，县电力公司迁移至石潭后，架设至瓦子坪农村供电线路，境域沿线用户开始使用电灯。1971年起，开始使用电动抽水机抗旱、排渍。20世纪70年代中期，居民开始钻井取水，改饮地下水。1980年，建成中塘坳（天明村）35千伏变电站，农村普及电灯照明。1998年起，启动农网建设与改造工程，撤销中塘坳变电站，新建乌石35千伏变电站，架设石潭至乌石35千伏线路12.64千米，新增主变压器1台4000千伏安。2005年，全镇共有变压器54台，高压线路54.6千米，低压线路556.1千米，全年用电235.4万千瓦时。2007—2012年，投资604.34万元，建成安全饮用水集中供水工程，日供水1200吨，解决7个村、瓦子坪镇区及彭德怀纪念馆1.29万人安全饮水问题。2015年，乌石变电站输入电压35千伏，总容量为 1.4 万千伏安，居民通电率 100%。镇内居民安全饮水率 100%。

水利建设

境域有涟水支流乌石河，起源于乌石峰西麓两头塘，流经斑竹、联塘等村，经石潭镇注入涟水，为境域主要灌溉水源。1957 年，兴建大塘小㈠型水库，库容量 220 万立方米。1958 年，兴建联塘、丰美两个小㈠型水库，库容量分别为 144 万立方米、100 万立方米。1966 年，兴建石子头小㈠型水库，库容量 100 万立方米。1973 年，县属中型水库上石坝水库在云峰村建成，库容量 1332 万立方米，灌溉面积 2499 公顷。其间，境域还兴建小型水库 6 座。至 1995 年，境域共有中型水库 1 座，小㈠型水库 4 座，小㈡型水库 6 座，有骨干山塘 1576 口、河坝 10 座、上石坝水库干渠 2 条、支渠 4 条，全境自留灌溉率 80.6%。1997 年，投资 60 万元，完成大小水利工程 300 处。其中，将乌石河上游弯道截弯裁直，使河水畅通。2010 年起，先后投入 1770 万元，完成联塘、丰美、大塘、红卫、景泉、寺冲、花庙等 10 座水库除险保安工程。2015 年，全境有大小水库 11 座，有骨干山塘 1623 口、河坝 110 座、上石坝水库干渠 2 条、支渠 4 条，自留灌溉率 91.3%。

村镇建设

1996 年，依托彭德怀元帅故里优势，将彭德怀故居乌石村瓦子坪开发建设成小城镇，打造旅游明星镇。是年，拉通德怀大道，开发建设瓦子坪沿潭黄线商业一条街。1998 年，省政府批准乌石撤乡建镇，镇机关设瓦子坪。是年，乡政府编制小城镇建设规划。瓦子坪周边一线逐步形成商贸工业小区。1999 年，镇农电站、财政所、水管站、国土所、农技站、乌石医院、通信模块局等相继搬迁瓦子坪新址办公，瓦子坪成为镇政治、经济、文化中心。2000 年，实施镇区水、电、排污等配套设施建设，对商贸工业小区进行硬化、绿化。2001 年，修订城镇规划。实行招商引资。至 2005 年的 5 年间，先后投入 430 余万元，完善镇区道路、排水、绿化等基础设施建设。2006 年，完善城镇整体规划，突出彭德怀故居旅游专道、公路、客运站以及农贸市场建设等重点内容。同年起，以建设新农村为目标，镇村联动，实施水、电、路、通讯四大重点工程的基础设施建设。2008 年，镇行政中心整体搬迁瓦子坪。2009—2014 年，镇政府将小城镇建设与旅游开发结合，抓好亮化、绿化、美化、净化工程，着力增强城镇功能和提升城市品位。同时，狠抓农村改水、改电、改路、改厕、改厨，大力整治环境卫生，村容村貌大幅改变。2015 年，投入 425 万元，对瓦子坪镇区进行提质改造，小城镇功能完善，城镇化率 32%。26 个村和 1 个居委会建有村级活动中心。

社会事业

教育

清代，境域有私塾、族校 5 所，接纳同族或其他殷实人家子弟入学。民国 30 年（1941），县政府设乌石乡中心学校，15 个保均兴办国民小学。20 世纪 50 年代初，政府开办扫盲班，兴办初级教育。1955 年，兴办坝湾、四美等完全小学。1963 年，兴办乌石公社农业中学、景泉公社农业中学（后改为初级中学）。1995 年，境域有初中 3 所，小学 25 所，学前班 9 个，小学入学率 100%，初中入学率 94.8%。1997 年，投入 450 万元新建、扩建、修缮中小学校舍 10 余所，全乡农村教育“两基”建设通过省级验收，学龄儿童入学率和中小学生巩固率 100%。2000 年，撤并小学 5 所，年末有中学 3 所，小学 20 所。在岗教师 291 人，中小学生6011人。2002至2014年，由于生源减少，根据小学布局，先后三次撤并小学14所。2015年，全镇有初中3所，小学6所，幼儿园8所，农校1所。在岗教师129人，中小学生1799人。适龄儿童入学率100%，初中毕业率100%。

文化体育

1964年，设乌石、景泉公社文化站。1975年，成立乌石、景泉公社电影放映队。1995年，全乡有文化站、电视差转台和3个图书室。2001年，县电视台建乌石有线电视站，有机房数字接收机22套，架设光缆23千米，电缆50千米，有线电视网22套节目覆盖21个村。2004—2005年，每村设立农村远程教育站点，配有电脑、29寸高清彩电、卫星网络数字接收系统。2009年，组建瓦子坪广场舞协会，有18个村参加。建成农家书屋31个。2012—2014年，先后举办首届乌石镇农民快乐运动会、将军颂文艺会演、首届广场舞比赛、第二届乌石镇农民快乐运动会，1200余人参与。2015年，镇内有文化站和有线电视站各1个，建有各类体育场所24处，有群众业余剧团14个，中西乐队10支。有文学艺术爱好者320人，电视入户率100%。

医疗卫生

1949年秋，境域私人医师自愿集资成立乌石、景泉联合诊所。1950年，成立石潭区卫生所，管理境域医疗事务。1956年，各农业合作社培训配备不脱产卫生员1名、接生员1名。1958年，建立卫国人民公社卫生院，负责乌石、景泉等地医疗卫生。1961年，成立乌石公社、景泉公社卫生院。1969年，乌石、景泉公社各大队兴办合作医疗，有“赤脚医生”30人。1982年，大队合作医疗解体后，由卫生院医生、个体医生设医疗点30个。1995年，成立乌石乡卫生所和乌石乡中心卫生院，设医疗点28个。1997年，投资150万元，在瓦子坪兴建乌石医院。2006年，乌石医院总建筑面积4520平方米。全镇有医护人员85人，病床45张。2015年，全镇有卫生院1所，医疗点（门诊部）4个，村级卫生室28个，病床60张，专业医务、护理人员30人，年诊疗1.42万人次。

社会保障

1956年，乌石乡、景泉乡共供养“五保”老人45人，年供养稻谷200千克，生活费30元。1984年，建乌石、景泉敬老院，集中供养21人，分散供养165人。1988年，改革“五保户”分配供养办法，由队供养改为乡供养，共供养170人。供养各乡镇标准不一。分散供养的稻谷225~250千克，生活费10~15元。集中供养的略高于此标准。1995年，全乡有“五保”老人195人，其中集中供养29人。1997年，投资30万元，在瓦子坪兴建一所敬老院。是年，全乡有“五保”对象246人，其中幼保20人。2005年，全镇有“五保”对象317名，其中42人入住敬老院。是年，启动农村新型合作医疗制度，至2006年年底，参合3.21万人，参合率87.8%。2006年，启动农村贫困居民最低生活保障制度和城镇居民最低生活保障制度，享受农村低保354人，城镇低保39人。2009年，启动农村养老保险，当年入保3.58万人，入保率95%。2015年，全镇共有“五保”人员489人，其中集中供养52人，集中供养和分散供养的标准均为280元/月。1.32万人参加农村居民基本养老保险，6037名老人享受农村养老金，全年领取543万元；参加“新农合”医疗3.28万人，参合率95%，“新农合”补偿2.39万人次1503.48万元；门诊医疗1.8万次，住院医疗补偿1463.42万元；1612人享受城乡低保，年领取低保资金200万元。

人民生活

1950年，农民年人均口粮约200~250千克。大多数住房为茅草房，仅少数砖瓦房。1965年，间作双季稻，推广新品种，粮食产量增加，人民生活有所改善，人均口粮增至300千克。1984年，实行农村家庭联产承包责任制，当年粮食产量过“双纲”（800+800斤），农民基本解决温饱问题。20世纪80年代后期，部分家庭逐渐富裕，开始兴建楼房和购置使用电扇、电视等家用电器。1995年，全乡农民人均纯收入1231元，年末人均储蓄1142元，有62%的农户新建楼房，每百户有摩托车18.3辆、汽车3.84辆。21世纪后，随着农村剩余劳动力转移，务工经商人员增多，农民收入逐年增加。2005年，农民人均纯收入2352元。2015年，镇内农民人均纯收入12688元，彩电、空调、冰箱、洗衣机等电器基本普及，95.4%的农户入住新楼房，每百户有摩托车85.6辆、汽车11.8辆。

特色地情

历史人物

彭德怀（1898—1974） 原名彭清宗，号德华，是中国共产党、中华人民共和国、中国人民解放军杰出的领导人之一。乌石村人。出身赤贫，民国5年（1916）投湘军。民国11年（1922），考入湖南陆军讲武堂。毕业后，历任湘军连长、营长。参加北伐，升任团长。民国17年（1928）7月，率部举行平江起义，任军长，率红军上井冈山，参与指挥红军粉碎四次“围剿”。长征中攻坚开路。民国26年（1937），任八路军副总指挥。发动“百团大战”，广辟抗日根据地。在解放战争中，任解放军副总司令，率部解放西北陕西、甘肃、青海、宁夏、新疆5省。1950年，任中国人民志愿军司令员兼政委，赴朝指挥抗美援朝。1954年，任国务院副总理兼国防部部长。1955年，被授予元帅军衔和一级八一勋章、一级独立自由勋章、一级解放勋章。1959年，在庐山会议上勇于直言，对“大跃进”和人民公社化运动中的错误提出批评，受到错误批判，并停止一切领导工作。“文化大革命”期间，再遭诬陷迫害，由于长期的摧残和折磨，1974年11月29日含冤辞世。1978年，中共中央为其平反昭雪，恢复名誉。

刘先胜（1901—1977） 湘潭县上十七都三甲（今乌石镇）人，幼年家贫，给人放牛砍柴。15岁去安源，16岁当矿工，参加安源罢工。民国13年（1924）加入中国共产党。民国16年（1927）参加秋收起义，任连长。随后在湘东南、江西永

彭德怀故居

彭德怀铜像

新、湖南茶陵等地坚持游击战争。参加反“围剿”战斗和长征。抗战期间，任新四军团政委、旅长、师参谋长等职。解放战争中任华中军区参谋长、苏南军区副司令员、司令员等职。1952年12月，任江苏军区司令员。1955年，被授予中将军衔；获二级八一勋章、一级独立自由勋章、一级解放勋章。1960—1969年，任南京军区副司令员。

风景名胜

彭德怀故居 位于乌石峰下彭家围子，总面积350平方米。原为几间茅屋。民国16年(1927)，彭德怀出资，由胞弟金华、荣华重建瓦屋一栋，有正房12间，名“三华堂”。1980年，县政府对故居进行维修，并加砌围墙；1982年，邓小平题字“彭德怀同志故居”。1983年8月正式对外开放。同年10月，被省政府纳入省级重点文物保护单位；1995年，被列入湖南省首批爱国主义教育示范基地。1998年，对故居进行全面维修，复原彭德怀1961年回乡时原貌。2001年6月，被国务院公布为第五批全国重点文物保护单位。

彭德怀墓 位于乌石峰山下，当地人称为“虎口”。占地约1000平方米，墓体高5米，宽7.4米，呈菱形，墓体与墓基成76度夹角（取享年76岁之意）。墓体与墓基相交底边长1.898米（1898年生）。墓碑为黑色花岗岩菱形造型，墓墙是花岗岩长城造型，暗寓彭德怀有棱有角的独特人格和对中国革命的巨大贡献。墓地苍松翠柏，庄严肃穆。1999年，经中组部批准，彭德怀骨灰从北京八宝山公墓迁安至此。

彭德怀纪念馆 1996年始建。1998年，建成并对外开放。位于彭德怀故居对面卧虎山上，依山而建，占地8万平方米，建筑面积3100平方米。馆舍序厅为一个宽敞的八边形，正墙由三组暗红色高浮雕组成，分别表现血战罗霄、百团大战、抗美援朝主题。正中是一座半身圆雕，塑造解放战争时期的彭德怀。两侧壁画主题分别为“致力于军队革命化、现代化、正规化建设”“与人民群众心连心”。

乌石峰 位于彭德怀故居西侧，海拔377.5米。山势连绵，巍峨耸峙，清代翰林学士赵启霖撰联云“乌飞将近月，石破欲撑天”。元末，陈友谅农民起义军将领易华率部建乌石寨抵抗元军，后与朱元璋军队对抗，峰顶建有纪念他的乌石庙。峰顶还有老虎岩、水池、流泉等景观；峰腰有楠木冲水库，湖水清澈，翠峰环映。峰西有景泉，东北有留君庵、双庙等庙宇。

（撰稿：丁　洁）

杨嘉桥镇

海泡石之乡，蕴藏量占全国总量的70%。

区域概况

地理位置

杨嘉桥镇位于湘潭县西部偏北，涟水下游南岸，东、南与河口镇相邻，西与石潭镇为伴，北与湘潭市姜畲镇隔涟水河相望。民国初年，有杨姓大户在镇旁清湖上建桥以便百姓，官府褒奖，铭“杨嘉桥”。日久成为地名。镇行政中心驻邓家坝村（原湘江煤矿电厂）。

建置沿革

明代，境域属湘潭县八十四都。清代属县六都、十一都。民国初，属西乡西三区。民国24年（1935），属县第八区涟南乡。1952年5月，始建杨嘉桥镇。1956年6月，杨嘉桥镇并入杨嘉桥乡。1958年9月，境域属钢铁人民公社。1961年5月，调整人民公社规模，建杨嘉桥人民公社，属河口区；建雁坪、荆洲人民公社，属石潭区。同年9月，河口区增设峡山口人民公社。1984年2月，境域杨嘉桥、峡山口、雁坪、荆洲4个人民公社改为乡。1985年1月，撤杨嘉桥乡建杨嘉桥镇。1995年，杨嘉桥镇、峡山口乡、雁坪乡、荆洲乡合并为杨嘉桥镇。至2015年无变化。

区划面积

1995年，撤区并乡后，杨嘉桥镇辖邓家坝、枫树桥、新河、金龙、花围、张弓塘、九江、梅林、铺子岭、石旗、白云、西花、雁坪、柳湖、羊鹿、银湖、荆洲、金马、燕山、叠福、福星、渡口、震福、新福、八托、旷家、洪托、洪坪、鹞子、金凤、金棋、新湘、三合、龙华、东皋、金星、洞合、碧源、乌石、金桥、蛟托41个村、858个村民小组、2个居委会。全镇总面积115.92平方千米。耕地面积4018公顷，其中水田3622公顷，旱土396公顷；山地面积3633公顷；水面400公顷。2006年，建王家山社区。2014年，梅林村与九江村合并为九江村；张弓塘村与花围村合并为花围村；金棋村与鹞子村合并为同福村。合并行政村的同时，不足百人的村民小组，多数合并到其他组。2015年，全镇辖38个行政村、585个村民小组、2个居委会和1个社区。总面积未变，耕地面积4007公顷，其中水田3616公顷，旱地391公顷；山地面积3607公顷；水面400公顷。

自然环境

境域大部属丘陵低岗地貌，地势南高北低。北部涟水河沿岸为冲积平原，南部为丘陵岗地。

南部偏东有黑山峰，海拔 110 米，为境域最高峰。北部最低处荆洲金凤村托湾组，海拔 36.1 米。境域属亚热带季风湿润气候区，四季分明，年均气温 17℃左右，日照充足，年均无霜期 300 天以上，春夏季常有强雷电发生。境域土壤多为红壤，矿藏有煤、石灰石和海泡石（稀土）等，探明海泡石储量 3000 万吨，占全国蕴藏总量的 70% 以上。境域属湘江涟水水系，涟水境域流长 24.8 千米，经河口汇入湘江。大型综合水利工程列雁金河，呈南北走向，从石潭镇列家桥入境，境域流长 6 千米，于荆洲黄草港注入涟水。境域亚热带森林、灌木丛、草地、农田遍布，野生动、植物资源原本十分丰富，由于长期以来，植被一度遭到破坏，加之狩猎严重，至 20 世纪 70 年代末，境域豺、狼、虎、豹、獐、鹿、狐狸、豹狸全部绝迹，麂、穿山甲、“金钱”龟、鳖等濒临灭绝。近年，随着植被恢复，野猪、野兔数量增多，喜鹊、灰喜鹊飞回镇境栖息。野生林木以松、柏、樟、枫、毛竹居多，产山苍子、乌药、山栀、隔山香、青木香、夏枯草、鱼腥草、薄荷等药材。因地质结构不稳定和煤矿开采引发地质灾害。1988 年，雁坪一带发生大面积地陷，损坏房屋 200 多栋，导致 40 公顷耕地不能耕种。此外，水、旱、虫灾、风灾和冰冻等灾害，不同年份均有不同程度发生。

人口民族

1995 年，全镇总人口 14374 户 59488 人。其中,男性 30938 人,占 52%；农业人口 58642 人，占 98.6%。人口自然增长率 7.9‰。2010 年，第六次全国人口普查，镇总人口 6.42 万人，除去外来常住人口，实际总人口为 62264 人。其中，男性 32377 人,占总人口 52%；农业人口 60707 人，占总人口的 97.5%。土家族、苗族、布依族等 14 个少数民族 100 人,占总人口的 0.16%。2015 年，全镇有 17629 户 63140 人。其中,男性 33464 人，占 53%。土家族、苗族、布依族等 14 个少数民族人口 103 人，占 0.16%。人口自然增长率 3‰。

经济发展

经济综述

清末，境域水陆交通便利，商贸兴起，北从

海泡石

黄草港至旷家山，南从银湖塘至白鹿冲为繁华集市。民国时期，境域有煤矿、石灰窑等10余家。1953年，开展农业合作化运动。对私营手工业、商业实行社会主义改造，成立公私合营企业3家。20世纪70年代，境域先后兴办峡山口水泥厂等社队企业。1988年，境域（含原杨嘉桥镇、峡山口、雁坪、荆洲乡）工业总产值809.3万元，农业总产值2575.4万元。20世纪90年代起，主要开展耕作技术创新、品种改良的农业改革和以承包为主要形式的乡镇企业改革，境域工农业生产得到长足发展。1995年，工农业总产值为23860万元。1999年，镇党委、政府一手抓乡镇企业体制改革，一手抓招商引资。集体企业改革完成90%。2000年，全镇有股份制企业17家，私营个体企业41家；工业总产值28750万元，农业总产值8468.5万元。从2002年开始，启动国有、集体企业产权制度改革。2005年，镇党委、政府充分利用资源、地理、人文等优势，引进项目8个；通过引导农民组建养殖合作社、扩种经济作物、推广新农具、组织劳务输出等形式，使农业增效，农民增收。是年，全镇完成工农业总产值62276万元。2015年，全镇完成工农业总产值128143万元。其中，农业总产值59613万元。

种植业

境域以种植水稻为主，蔬菜、油菜、红薯等为辅，部分地方种植大辣椒、西瓜、花生、芝麻、油菜等。民国时期，水稻耕作制度为一熟制，单产约250千克。1962年，开始推广双季稻，由于生产资料、作物品种及耕作技术等原因，水稻亩产一般在250~300千克之间。1965年，双季稻普及率90%，亩产单产300千克左右。1977年，开始引种杂交稻。1984年，实行家庭联产承包责任制后，耕作制度和农业科技不断创新，粮食产量提高到亩产400千克左右。1993年，全面普及杂交稻。到1995年，全镇种植双季稻8266.6公顷，粮食亩产700千克。2000年起，试种优质稻，共种植447.8公顷，亩产425千克；种植其他作物219.3公顷。2015年，全镇种植水稻7560公顷，其中优质稻5666公顷，种植油料作物100公顷。粮食总产量9.85万吨。种植蔬菜107公顷、莲藕20公顷。

养殖业

境域有猪、牛、羊、鸡、鸭、鱼等畜禽水产养殖传统。民国时期，殷实人家一般养有生猪、耕牛、鱼等；贫苦人家也养有鸡鸭。1953年，农业合作化后，开始发展社队集体养猪场，允许农民私人少量饲养牲畜家禽。叠福乡泉塘村养猪场，全年存栏猪300头，是全国最早的集体养猪场之一。1956年，25岁的饲养员贺庆莲在操纵青饲料切割机时不慎割掉右手。伤愈后，仍坚持到猪场养猪，被评为省劳动模范和全国养猪模范，受到毛泽东等党和国家领导人接见，并被选为全国妇联第三届执委委员。“文化大革命”开始后，公社、大队及部分生产队办有集体生猪养殖场、鸡鸭养殖场10个。20世纪80年代初，集体养殖场停办。80年代中后期起，因农业机械的推广，养牛数量逐渐减少。90年代，政府鼓励规模养殖业，扶植一批养猪、鸡鸭和养鱼专业户。1995年，境域有100头以上的养猪大户2户。全镇出栏生猪3.1万头，存栏1.4万头；存笼家禽5.9万羽，出笼3.6万羽；水产养殖224公顷，出水鲜鱼259吨。2000年，全镇有100头以上养猪大户26户，其中1000头以上大户3户。全年出栏生猪11.67万头，存栏4.89万头。存笼家禽29.2万羽，出笼家禽16.9万羽。水产养殖324.9公顷，出水鲜鱼1522.9吨。2015年，全镇饲养生猪26.8万头（存栏13万头），养山羊3550头，养肉用牛1100头，养家禽18.5万羽，出产水产品4200吨，畜牧水产总产值52130万元。

林业

境域南部为丘陵低岗地，有较多林业资源，树种有松、杉、樟、枫等。1950年，森林覆盖率46.5%。1951年，开展土地改革，山林权属收归集体所有，允许农民保留自留山、风景林。1958年“大跃进”后，由于大炼钢铁，大办食堂，境域90%的森林资源遭到破坏，森林覆盖率降至20%。20世纪70年代起，区、社党委号召干部群众大力造林，境域4个公社、各大队都办有林场、茶场，有的社队办有橘园。境域规模较大的场园有羊鹿茶场、钟家山“七一”林场和铺子岭“三八”橘园等。通过造林和封山育林，至1975年，境域林地面积1530公顷。2000年，人工造林22.6公顷。2004年，实行“退耕还林”政策，全镇共退耕还林71.3公顷。2015年，全镇共有林地3356公顷，森林覆盖率34.2%。200~500年树龄的银杏、香樟、罗汉松等古树有10株。

工业

晚清，境域有私人手工作坊多家，主要生产铁器、竹木制品、木屐、油鞋、淀粉、酒、油脂等。民国26年（1937），陈福生、陈功升等人兴办湘南裕煤矿。民国28年（1939），湘南裕煤矿由国民政府中央资源委员会接管，改名为湘江煤矿公司，有工人700余人，年产烟煤17万吨。此后，相继有7家窑主开采白鹿冲石灰石矿，年产石灰5000吨，畅销县内及岳阳、益阳等地。1956年，境域有公私合营生产合作社20多家，从业人员300人。1958年，国营湘潭钢铁厂在境域建成湘钢耐火材料分厂，有职工120人。1962年，湘江煤矿交由县政府管理，改名湘潭县煤矿（两年后停办）。1966年，市属王家山煤矿成立，市地质勘探队进驻。20世纪70年代末至80年代初，兴办群力煤矿、第一机砖厂、第二机砖厂、白鹿冲石灰窑和峡山口水泥厂等社队企业。1995年，镇内有工业企业49家，从业人员1218人，主要工业门类包括建材、采矿、加工业等，主要工业产品有红砖、煤、矽沙、海泡石、冻肉等，工业总产值8216万元。是年，除保留红砖厂、群力煤矿和矽沙矿等集体企业外，其余都改制成民营企业。2000年开始，成立杨嘉桥海泡石有限公司等3家企业。2005年，引进湘潭天成材料、金冠建材、海泡石精加工等企业。是年，镇内共有工业企业35家，其中规模企业3家。全镇完成工业总产值25181万元。2015年，全镇共有工业企业68家，其中规模企业12家，初步形成以鸿雁海泡石科技、玉桥化工、华南机车、熙源建材等为主的工业布局。全年完成工业总产值68530万元，规模工业企业纳税1260万元。

商贸服务

清末民初，境域黄草港、旷家山和湘江煤矿电厂街有集市交易，有经营铁器、陶瓷制品、竹木制品、农产品、中药材等店铺作坊50余家，从业人员200人。1953年，对私营工商业进行社会主义改造，成立峡山口供销社等公私合营的工商合作社8家。1954—1956年，县商业局（供销社合作联社）在杨嘉桥等地设有肉食站、供销社、生资站等商业机构20多个，生产生活资料实行计划供应，年社会商品零售总额120万元。20世纪80年代末90年代初，国家逐步放开商品市场，境域开始出现个体工商户。2000年起，个体商贸业快速发展。杨嘉桥新建商业门店20余个，逐步形成以电厂街区为中心的区域商贸网络，覆盖零售、餐饮服务、金融、装饰、建材、服装、数码电子、摩托销售等行业。2015年，镇内有各类商贸企业200余家，从业人员5000余人。另有杨嘉桥、蔡家嘴等农村集贸市场10个，社会商品零售总额24420万元，其中农村集市贸易总额8160

万元。

财政金融

1952年，湘潭县第七区建立信用合作社，管辖镇内金融业务。1971年，杨嘉桥、峡山口、雁坪、荆洲4个人民公社分别成立农村信用合作社。1995年，镇办企业正处于转型阶段，群力煤矿停产，地方财政收入基本靠征收农业税为主。当年，财政收入仅368万元。是年，全镇有农村信用合作分社、农村合作基金会、邮政储蓄所3个金融机构，金融服务网点5个，年末各项存款余额4553万元，各项贷款余额2381万元。1999年，撤销镇农村合作基金会，其业务并入县农村信用合作社。2003—2005年，国家调减、免征农业税，停征屠宰税，镇财政收入逐年减少。镇内完成国有集体企业体制改革后，招商引资，规模企业增多，财政收入倍增。2015年，全镇有规模企业12家。镇财政收入3141万元，镇信用社和邮政储蓄所年末存款余额13586万元，各项贷款余额6025万元。

基础设施

交通运输

境域交通运输以陆路为主。北部涟水河连接湘江航道，自明清时起，沿河建有南北塘、叠福巷、黄草港、梅花渡、落笔渡等码头，四季通航。20世纪40年代，湘江煤矿鼎盛时期，修建湘江煤矿至河口码头的简易铁路，全长15千米，以煤炭运输为主。1959年，修通蔡石公路（蔡家嘴至石潭），境域全长18千米，以运输农用物资、工业原料、工农业产品为主。20世纪70年代中期，境域修成列雁金河，自马家桥至黄草港沿河大堤一侧公路长9千米，成为县、乡两级公路运输配套工程，是境域农资运输的重要通道。1995年，境域有县道1条，长18千米；乡道3条，长20千米；通村公路10条，长70千米。1996—2009年，增修村级公路3条，长20千米。2010—2013年，国家投资修建潭衡西线高速公路，境域内全长19千米，途经33个村，在铺子岭村设互通口1个。2015年，硬化列雁金河沿河大堤路面7.5千米。是年，境域有县、乡、村级公路13条，总长128千米，村级公路硬化率86%。一个覆盖全镇的公路交通运输网初步建成。

邮电通信

明清时期，境域有县驿道——西南路通湘乡。沿途设银湖塘、白鹿冲、九公桥、梅林巷、峡山口等驿站。20世纪50年代，境域设邮政所4处，有乡邮员6名。1996年，境域开通程控电话，装机910部。1997年，县模拟数字电话交换平台开始营运，境域有用户23户。1998年，移动数字电话交换平台开始在境域营运。此后，程控电话和移动电话逐步普及。2015年，境域有邮政支局、电信支局各1家，邮政营业厅及指定营业店4家，固定电话用户2038家，移动电话用户13450家，宽带用户237户。

供电供水

民国28年（1939），国民政府资源委员会建湘江煤矿的同时，建成邓家坝发电厂。附近部分居民开始使用电灯照明，但大多数农民仍然使用煤油灯，饮用塘、坝、河、井水。1970年，境域机关、部分企业单位开始用电灯照明。1971年，石潭26千伏变电站建成后，农村开始用电带动抽水机抗旱、排渍及加工农副产品。1975年，烈雁金河建成后，建列家桥水电站，并入国家电网。其时，居民开始打井取水，改饮地下水。1978年，修建烈雁金河雁坪26千瓦发电站，为附近村民提供照明、加工用电。20世纪80年代后，境域普及用电。1995年，农电部门开始实行农网改造，设有杨嘉桥、石潭两个变电站，共有变压器 256 台，总负荷 31 千伏安。1999 年，镇政府与王家山煤矿合作投资 35 万元兴建自来水厂，日供水量 600 吨，解决电厂街街区和王家山煤矿 1700 户 5000 多人的饮用水问题。2000 年，投资 400 万元，搬迁扩建杨嘉桥变电站。2003 年，全面实施“五改”工程（即改水井、改厕所、改炉灶、改畜圈、改革环境卫生），农村 90% 的村民饮上清洁卫生水。2009 年，启动村民集中供水工程，先后完成县二职业中学、柳湖村和峡山口三处集中供水工程，保障 42200 多人饮用安全卫生水。2014 年，新架设杨河产业新区 10 千伏线路，年用电 3600 万千瓦时。2015 年，全镇居民井水、自来水饮用实现全覆盖，年用电量 4000 万千瓦时。

水利建设

民国时期，水利设施匮乏，旱涝灾害频发。1951 年，农业合作化后，兴修小型水库、堤坝。1963 年，修建涟水河右岸防洪大堤 22.8 千米。20 世纪 70 年代，先后修建金桥、泉塘、龙华、高叶塘小㈡型水库 4 座，修建韶山灌区北干渠栗山支渠、飞虹支渠、大型排洪灌溉综合工程——列雁金河，总长 48 千米。2000 年，投入 37 万元，修复正福支渠、西花、塘湾、马家塘等水利工程 472 处。2008—2014 年，先后完成水塘建设 420 处，完成渠道清淤扫障工程 170 千米，堤垸加固 11 处，修建排渍机台 15 处。2015 年，全镇完成各项水利工程 3510 处，移填土石方 352.1 万立方米，投入劳动工日 328.6 万个，总投入 5006 万元。年末，全镇有水库 4 座，山塘 2800 口，大型排洪灌溉工程 1 处，中小型排洪工程 4 处。全境农田基本实现旱涝保收。

村镇建设

1966 年，响应中央“上山下乡”号召，电厂街（邓家坝发电厂周边一带）居民 100 余户全部下放农村，电厂街成为单一的农村集市。20 世纪 70 年代初，下放居民陆续返回，恢复电厂街居民委员会建制，电厂街逐步发展成为农村小镇。1985 年，镇投资 17 万元，在电厂街老街中心建农贸市场 1 个。2010 年，由于湘湘干线（湘潭县至湘乡）拓宽硬化，潭衡西线高速公路设有互通线连接铺子岭村，与电厂老街对接，镇逐步成为地区交通商贸重镇。2012 年，镇制定《杨嘉桥镇发展建设规划（2012—2020）》，镇区由 1.2 平方千米扩大至 3.3 平方千米。同年，编制《湘潭县杨河组团小城镇核心区控制性详细规划》《杨嘉桥镇镇区供水工程专项规划》。镇区增加学校、中心卫生院、农贸市场、邮政、电信、商铺等配套设施，按电厂街、湘湘干线公路两侧沿线分布，完善道路、供电、供水、排污、通信、绿化等基础设施建设。2015 年，全镇城镇化率 35%。

社会事业

教育

清末，境域有私塾多所，教授《三字经》《弟子规》《幼学》和四书五经等。光绪三年（1877），湘潭教育家谭澍清在杨嘉桥白鹿冲招收学童 26 名，创办觉藏冲学堂（私塾）。民国初，杨嘉桥吴家涧（今新福村）文化名人吴昭疄在钟家山创办盖屋寺学堂（私塾）；民国 4 年（1915），西花村周氏族人创办周氏竟成小学，开办国文、数学等课程，始兴新学。民国 28 年（1939），湘江煤矿创办职工子弟小学。1956 年，境域有梅林巷、铺子岭、燕山桥 3 所完全小学。是年，梅林巷完全小学附设初中班。1958 年，中共湘潭县委在湘江煤矿子弟学校原址创办湘潭大学，由毛泽东亲自题写校名（1959 年停办）。1959 年，梅林巷初中班升格为湘潭县第十中学。1962 年，湘潭县三中高中部搬迁至杨嘉桥镇湘煤子弟学校原址。1963 年 6 月，县三中撤销，原有学生转入县一中就读。学校改为湘潭县孤儿耕读学校（1966 年停办）。1969 年，创办杨嘉桥公社农业中学，实行“半工半读，勤工俭学”教育体制。1996 年，开始实施“两基达标”工程。镇联校“两基”工程于 1997 年 10 月达标验收合格。1998 年，境域有高、初中学校 5 所，小学 41 所，教师 238 人。2001 年，全镇调整学校布局，将小学撤并成 12 所。2015 年，全镇有高中 1 所（县十中），初级中学 4 所，小学 12 所，幼儿园 25 所（公办 1 所），公办教职工 287 人，学生 3962 人，在园幼儿 1350 人，学龄儿童入学率 100%。

文化体育

境域墓庐山发现有三四十万年前旧石器时代石器。金棋村老虎坑，有大溪文化时期聚落遗址。白鹿冲山麓建有南岳圣帝庙、灵霄宝殿、观音庙等。晚清国学大师王闿运墓葬于此。民国时期，民俗文化活动相对活跃，多为山歌、地花鼓、皮影戏、舞狮、龙灯、划船等。民间有拳师教习武术，强身健体。每逢四时八节，庙会、大户人家寿庆，多聘请皮影戏班演出助兴，以柳湖村张氏戏班最为有名。20 世纪 60 年代后，皮影戏有所创新和发展。1966 年“文化大革命”开始后，皮影戏被列为“四旧”禁演。1995 年，境域有自发组织的中西乐队、腰鼓队数支，广场舞队开始出现。2000 年，国家投资 260 万元，修建有线电视塔和电信差转台、有线电视接收站，彩色数字电视日渐普及。2010 年，借全市创建“全国诗词之市”契机，镇成立读山诗社。2011 年，镇文化综合大楼建成。2015 年，全镇有中西乐队、腰鼓队、广场舞队等 20 多支，体育场所 11 处。有农家书屋 41 家，每家藏书在 2000 册以上。

医疗卫生

清末民国时期，境域有中医药铺多家，由郎中坐诊，比较著名的郎中有胡卓凡、王剑云、肖曙辉等。民国 28 年（1939），镇设卫生所，接受孕妇产前检查和新法接生。1952 年，成立镇卫生所，另有私人联合诊所 8 家。杨嘉桥联合诊所彭良煦擅治痔疮。1969 年，实行农村合作医疗制度，各大队配设“赤脚医生”1~2 名，实行土法上马，中西结合，防疫治病。1995 年，设杨嘉桥镇中心卫生院和峡山口、荆洲、雁坪卫生分院，有医疗点（门诊部）10 个，医务人员 48 人，农村卫生室医生和妇幼保健员 95 人，个体医师 19 人，药店 16 家。1996 年，农村“赤脚医生”经由卫生主管部门统一考试，合格者发给“乡村医生证”。全镇有 43 人获得该证。2005 年，镇中心卫生院通过省级验收，成为湘潭市唯一“中医兴院”示范单位。2015 年，全镇有医疗机构 4 个，门诊住院面积 2180 平方米，医务人员 42 名，病床 27 张；村卫生室 44 个，从业人员 51 名。另有个体诊所 4 个，个体药店 6 家。

社会保障

1956 年，境域（含杨嘉桥、峡山口、雁坪、荆洲）有 78 人享受“五保”供养待遇。1984 年，修建峡山口、荆洲敬老院，集中供养 43 人，分散供养 79 人。1988 年，“五保户”由队供养改为乡供养，共供养 127 人。1995 年，撤区并乡后，全镇有五保老人 135 人，其中集中供养 56 人。1998 年，改善敬老院住宿条件，镇敬老院搬迁至原荆洲乡政府驻地，新增设健身运动场地和娱乐场所。全镇有五保对象 246 人，其中幼保 20 人。2005 年，启动新型农村合作医疗制度和城镇居民最低生活保障制度。全镇首批享受城镇低保对象 65 户 104 人，年领取低保金 11.8 万元。“新农合”参合 6403 户 20429 人，参合率 38.49%，当年兑付

1429人次43.13万元。2006年，启动农村贫困居民最低生活保障制度。当年有农村低保户841户2188人，领取低保金110.15万元。2015年，全镇有农村“低保”1147户2322人，年领低保金274.26万元；城镇“低保”户335户572人，年领低保金100.43万元。供养农村“五保”658人，年供给221.08万元，其中集中供养56人。大病救助92人9.88万元，危房改造补助56户42万元，入新农合55594人，参合率100%。全镇有义务兵、烈属、复员军人、伤残军人等优抚对象708人，年发放补助费440万元。

人民生活

清末民国时期，境域水害连年不断，90%的居民得不到温饱。20世纪50年代，经过土地改革，生产得到发展，居民生活逐渐改善，农民人均口粮240千克。1962年，农民人均纯收入仅24元。此后的15年，境域经济发展缓慢，1977年，农民人均纯收入68.2元。1978年以后，政府充分利用镇域优质烟煤、海泡石、石灰石等资源优势，发展乡镇企业，加之农业生产性提高，村民衣、食、住、行发生根本变化。1985年，境域人均纯收入419元，粮食自给有余。部分农户两层楼房代替平房和土砖屋。1995年，农民人均纯收入920元。2010年以后，部分居民拥有私家车和一至两层小洋楼或别墅。2015年，全镇人均纯收入12788元。每100户中，彩电、冰箱、洗衣机、空调等拥有量300件以上，汽车11辆，摩托车76辆。

特色地情

历史人物

释敬安（1851—1912） 俗名黄读山，字寄禅，银湖村人。18岁于湘阴法华寺出家。27岁在浙江宁波四明山阿育王寺油灯内剜臂肉燃二指供佛，因号“八指头陀”。先后任衡阳大罗汉寺、南岳上封寺、长沙上林寺、浙江天童寺主持，他学佛不忘世，苦读诗书，广结名流，爱国忧民，人称爱国诗僧。民国元年（1912），在上海成立中华佛教总会，任首任会长。著有诗集《嚼梅吟》1卷、《文集》2卷、语录4卷，杨度为其刻《八指头陀诗集》10卷及《续集》8卷。

汤季楠（1902—1992） 金龙村人。民国14年（1925），入黄埔军校一期。参加北伐战争，累升至团长。抗日战争爆发后，历任少将旅长、军政部副部长、天水行营少将高参兼侍从主任、副师长。抗战胜利后退役回乡。民国37年（1948），应程潜之邀出任长沙绥靖公署总务处长，后任63师少将师长。1949年5月，任国民革命军1兵团14军副军长。8月，率部追随程潜、陈明仁将军起义。历任中国人民解放军第53军副军长，湖南省政府参事等职。

赵甄陶（1921—2000） 荆洲村人，湖南师范大学教授，中诗英译专家，享受“国务院特殊津贴”，有译著《毛泽东诗集》英文版、《孟子》英文版等。

名优特产

“羊鹿毛尖”茶 20世纪80年代末，雁坪乡羊鹿茶场开始研发优质名茶。1995年，研制的“羊鹿毛尖”茶在中国第二届农业博览会上荣获金奖，在湖南省第13届名茶评比会上被定为“湖南省名茶”。该茶含有丰富的蛋白质、氨基酸、生物碱及多种维生素，具有生津止渴、清心明目等作用。2005年，在湖南省第七届“湘茶杯”名优茶评比中，荣获金奖。2006年，该茶取得中国绿色食品认证中心的绿色食品认证。2007年，通过QS质量体系认证。

（撰稿：张笃庆）

河口镇 >>

区域概况

地理位置

河口镇位于湘潭县中部偏东，东与易俗河镇、梅林桥镇隔涓水毗邻，南与射埠镇相连，西与石潭镇接壤，西北与杨嘉桥镇相依，东北隔涟水和湘江与湘潭市雨湖区长城乡、岳塘区下摄司相望。因涟水河入湘江处名湘河口，简称河口，镇依此而得名。镇人民政府驻月形村双槽门组纱帽山上（原河口区公所内）。

建置沿革

明朝时，境域属湘潭县上七十七都怀德乡。清朝，属县十都。民国初，属县南乡南二区。民国24年（1935），属县第五区晓霞乡，后变更名为晓忠乡、忠信乡。1951年，属县第七区。1952年，县第七区始设湘河乡。1953年5月，湘河乡更名河口乡。1956年6月，撤区并乡，河口乡并入双板桥乡。1958年9月，并入钢铁人民公社。1962年12月，从钢铁人民公社析出成立河口人民公社、古塘桥人民公社、双板桥人民公社。1984年2月，撤社建乡，河口人民公社、古塘桥人民公社、双板桥人民公社分别改为河口乡、古塘桥乡、双板桥乡，隶河口区公所。1993年12月，撤销河口乡，建立河口镇。1995年5月，撤区并乡，古塘桥乡、双板桥乡、河口镇合并建立河口镇，至2015年12月无变化。

区划面积

1995年，河口镇设古塘桥、双板桥、河口3个管区，辖河口、月形、齐力、先进、金丰、中湾、板桥、白米、山湖、太和、三联、芦花、双江、友余、天白、高司、杨基、沙泉、紫塘、莲托、陶仑、红旗、易佳坝、上星桥、桐家坝、林泉、京竹山、西林、新星、青石、古塘、董泉、枫树、石湾、大坝35个村民委员会和1个居民委员会，434个村民小组。总面积93.8平方千米，耕地面积3464.2公顷，其中水田3234.7公顷、旱土229.5公顷；山地面积4899.4公顷；水域面积985.1公顷。2014年，板桥村与金丰村合并为双丰村，红旗村与陶仑村合并为红陶村，古塘桥村与新星村合并为古新村，西林村与京竹山村合并为西京村，青石村与董泉村合并为石泉村，石湾村与枫树村合并为石枫村。2015年，内设3个管区不变，辖29个行政村和1个居委会，434个村民小组。是年，总面积93.8平方千米，耕地面积3495.3公顷，其中水田3224.4公顷、旱地270.9公顷；山地4899.4公顷；水域985.1公顷。

自然环境

境域属平原、岗地地区，地势略呈西高东低、北高南低状，西北部为丘陵、高岗地，湘江、涟水、涓水沿岸多为小型平原。最高点上星桥山，海拔186米，最低点河口村虎形组，海拔34米。境域属亚热带季风湿润气候，冬冷夏热、四季分明、严寒期短、暑热期长，年平均气温18.3℃，极端最高气温39.8℃，极端最低气温-2℃，年平均降水量1300毫米左右。土壤主要有第四纪红色黏土、砂岩风化物、河流冲积物3种。树木有杉、马尾松、樟、油茶、栗、橘、柚、桃、李等30多种。野生动物有野鸡、野兔、黄鼠狼等120多种。已探明的矿藏主要是页岩，储量大，分布广。湘江流经3千米，涓水流经24千米，涟水流经1千米。

人口民族

1995年年末，全镇12213户，人口43391人。其中，男性22361人，占51.5%；农业人口41754人，占96.2%。人口自然增长率2.9‰。苗族、侗族、土家族、瑶族4个少数民族60人，占总人口的0.13%。2005年，全镇11659户43031人。2015年年末，全镇14126户45745人。其中，男性22974人，占50.2%；农业人口43520人，占95.1%。人口自然增长率5.5‰。苗族、土家族、壮族、瑶族、侗族5个少数民族64人，占总人口的0.14%。

经济发展

经济综述

民国时期，境域工业无基础，经济萧条。农业以种植水稻、蔬菜为主。20世纪50年代，境域有手工业作坊30余家。60—70年代，建成红砖厂等一批社队集体企业。1983年，开始推行家庭联产承包责任制，至1985年逐步完善，温饱问题得到解决。1995年，县治迁移易俗河镇，河口与县城仅一河之隔，区位优势逐步凸显。是年，完成农业总产值11473万元，工业总产值12569万元。21世纪初，河口镇按照“农业稳镇、工业强镇、项目活镇”的发展战略，充分发挥区位优势，大力发展工业经济，着力提升农业产业，调优经济结构。2005年,完成工业产值15500万元，完成农业产值17100万元。2007年，调整农业产业结构，发展休闲旅游特色农业。次年，河口镇被确定为湘潭市现代农业示范点，市首家“旅游示范村”授牌暨“农业生态休闲一日游”推介仪式在三联村举行。机械制造业逐步走上主导地位。2008年，潭衡西线高速公路杨嘉桥互通口连接线途经境域，镇政府以此为契机，将潭衡西线以东，老107国道以南，潭花线以西，潭衡西线连接线以北的地区，布局新型建材、塑钢型材、农产品深精加工、机电制造四个产业，安排资金完善园区基础设施。2014年天易示范区杨河工业园设立，将河口、杨嘉桥两个乡镇的工业片区合并统一。2015年，全镇实现工业总产值171200万元，完成农业总产值20230万元。

种植业

境域历来以种植水稻、红薯、玉米、湘莲为主。1951年，推广间作双季稻，粮食亩产270千克。1975年，县革命委员会划定双板桥公社为县内九个湘莲生产基地之一，湘莲种植面积150公顷。1978年后，调整农业内部结构，河口近郊农民积极发展商品蔬菜。1988年，河口近郊种植白薯、凉薯、马铃薯，种植户人均增收300元。1996年，河口镇被县湘莲研究所确定为湘莲研究、种植基地。1998年，河口镇建立优质稻种植基地，面积1000公顷。1999年，调整农业产业结构，以古塘桥为主种植优质稻667公顷，以双板桥为主种

2007年中国·湘潭首届湘莲文化艺术节，游客在河口镇三联村湘莲示范基地赏荷

植油茶333公顷，建立饲料玉米和甜玉米连片示范点，建成百亩草莓培植基地，以上基地除油茶基地外，其他基地当年获得丰收。2005年，引进宏兴隆湘莲食品有限公司连片种植湘莲66.6公顷，并在三联村建成“太空莲36号”连片示范4.6公顷。是年，粮食播种面积5915公顷，粮食总产量4.23万吨。农民专业合作组织出现，土地流转逐步增加。2011年，生产粮食44517.23万吨；种植水果410公顷，其中草莓基地6.6公顷。2013年，推广测土培肥、病虫害综合防治、集中育秧新技术。2015年，完成白米、中湾等17个村的耕地修复治理工作。同时，引导农民流转土地承包经营权，发展土地适度规模经营，流转土地1355公顷。全镇水稻种植5624公顷，粮食总产量4.16万吨。经济作物种植484.6公顷，其中，西瓜种植66.6公顷、花卉木种植83.3公顷、湘莲120公顷。

养殖业

民国时期，境域养殖有生猪、牛羊、家禽和鱼类。多自繁自养，产量低。20世纪50年代初，政府鼓励农民养猪、养鸡鸭，村民基本实现家家养猪、养鸡鸭。1957年，县卓江鱼种场在河口建成，有水面7公顷。鱼种场繁育的鱼苗，供应全县。1959—1963年，鱼种场每年集散河鱼苗2500万尾。20世纪80年代中期，在县人民政府相关政策的扶持下，河口建有商品鱼养殖基地，但经济效益不高。1988年，沿湘江一带农民利用堤坡和山地养羊，主要品种有马头山羊、浏阳黑山羊。1993年，河口镇推广新法养鱼，采取在养鱼塘内安放增氧机、定点投饲料等方法。1995年，全镇生猪存栏7.92万头（其中能繁母猪2689头），牛存栏602头，山羊存栏0.26万只，家禽存笼8.85万羽。水产养殖面积210.2公顷，水产总产量1465吨。1997年，河口渔场优质鱼养殖亩产超过600千克。成立河口镇生猪养殖协会和双板桥生猪合作社，协会会员和合作社社员分别达到410户和230户。2006年，全镇出栏生猪11.4万头，出笼家禽18.41万羽，出水鲜鱼2435万吨。2009年，建成全县唯一的发酵床式养猪法试验基地。镇政府引导养殖户改良生猪品种，对畜禽注射疫苗，扶植猪、鸡科技养殖户。2015年，全镇生猪存栏11.35万头（其中能繁母猪4024头），牛存栏925头，山羊存栏0.39万只，家禽存笼21.35万羽，水产养殖面积达303.6公顷，水产产量1997吨。

林业

1972年，成立河口、双板桥、古塘桥等社队林场3个，总面积627公顷，种植杉、樟、国外松等。至1988年，经过发动群众开展封山育林、植树造林和残林改造，全境宜林荒山基本绿化。1995年，镇内有林地2001.3公顷，森林覆盖率31.8%。2002年起，逐年实施退耕还林。2009年，集体林场制度改革以后，3个林场全部下放到村、组、农户经营管理。至2015年，全镇有退耕还林农户26户，退耕还林面积13.73公顷；有林业用地3359.1公顷。其中，有林地2613.5公顷，无立木林地59.4公顷，灌木林686.2公顷，未成林造林地134.1公顷。森林覆盖率35.12%，森林散生木蓄积2710立方米。有生态公益林2886.5公顷。其中，国家级公益林2518.2公顷，省级公益林368.3公顷。

工业

民国时期，镇域有冶炼、制酱、纺织、铁作等手工业。1957年，河口湘绣厂在太和村下码头成立，成为湘潭县第一家湘绣厂。1958年，改名为湘潭县湘绣厂。1993年，湘潭月亮情食品有限公司在镇内成立。开发湘莲汁、湘莲糊系列产品。1997年，河口镇对月亮情食品有限公司、三七建材有限公司两家企业进行股份制改造。是年，全镇完成工业总产值13825万元，其中镇办工业完成总产值4452万元。1998年，全镇25家集体企业中，拍卖2家，租赁12家，完善股份制改造6家，复活企业3家。2000年，对新南机电厂、环保设备厂、昌河机砖厂等7家企业进行体制改革。是年，完成工业总产值1.65亿元。2001年，建筑建材、鞋材鞋模发展成为全镇的支柱产业。镇党委、政府引导9个鞋材鞋模企业联合组成鞋材工业园，至年底，工业园拥有固定资产800多万元，从业人员300多人。2007年，引进投资1.3亿元的东方管桩公司、投资500万元的福新砖厂等项目。年末，镇内有企业20家。全年完成工业总产值2.25亿元。2008—2010年，利用潭衡西线高速公路连接线优势，发展有新型建材、塑钢型材、农产品深精加工、机电制造四个产业，引进华森板业等26家企业，陆续有华森板业、粒粒珍、君宜生态、东升机电、东凌彩印等10家建成投产。2011年，实现工业生产总值8.11亿元，工业增加值2.41亿元。2015年，全镇共有工业企业35家，实现工业总产值17.1亿，其中规模工业总产值15.62亿元。

商贸服务

清代、民国时期，河口镇水陆交通便利，是湘潭县重要货运码头，往来商贾云集，潭花大道河口段两旁饭店旅社林立，路上肩挑车运来往人员络绎不绝，市场繁荣。20世纪50年代初至60年代中期，境域有河口、双板桥、古塘桥、上星桥等墟场。“文化大革命”时期，以上墟场被取缔。70年代末，上述墟场恢复。80年代后期，双板桥建成覆盖式墟场，并建固定摊位。1992年，河口、双板桥、古塘桥建成非建制集镇，共有经商户80多户。1999年，河口镇广泛招商引资，“以地生财”，掀起小城镇、小集市建设高潮。河口镇融资400

多万元，建设古塘桥商品一条街，建筑面积6000平方米，新建商业门面37个；扩建双板桥集贸市场，引资120万元将原双板桥供销社门市部改造成商业门面14个。2000年，河口农贸市场建设总体竣工，有摊位214个，建筑面积2500平方米。2011年年末，全镇共有商业网点300个，从业1400人，社会商品零售总额1.84亿元。有河口、双板桥、古塘桥3个商贸市场（又兼墟场）和上星桥墟场，年成交额6500万元。2015年，镇内有各类商贸企业1230家，从业人员3650人，社会商品零售总额2.46亿元。

财政金融

1954年，境域成立卓江、河口、板桥、莲圫、陶仑、高司6个农村信用合作社。1955年，成立县农行卓江营业所，管辖境域储蓄和信贷业务。1956年，因行政区变更，境域只设立双板桥信用社和古塘桥信用社两处。1961年，境域设立河口公社、古塘桥公社、双板桥公社信用社。1963年，成立县农行河口营业所。1989年，成立河口邮政储蓄所。1995年，撤区并乡，建立河口镇，镇设财政所，专人管理。镇政府财源主要靠其管辖的企业和农业税收以及上级的有限拨付。是年，河口镇财政收入217.73万元。其中，农业税收入116.39万元，其他税收收入100.78万元。2002—2005年，实行税费改革，取消乡镇统筹费、屠宰税、农业税和教育税附加，调整农业政策，实行良种补贴和粮食直补。2006年，招商引资，广辟财源，地方财政税收收入超过500万元。2008年，地方财政税收1173.16万元。2015年，完成财政收入3081万元。其中，国税1480万元，地税1758万元。河口、古塘桥、双板桥3个信用社，1家邮政储蓄所，1家农业银行等金融机构共计存款余额85110万元，贷款余额25350万元。

基础设施

交通运输

清末，境域有河口港。河口港上通株洲、衡阳，下达长沙、汉口，往来船舶频繁。民国35年（1946），国民政府资源委员会湘江煤矿公司为开发杨嘉桥煤炭，投资建成杨嘉桥至河口的专用铁路，开通客运、货运。1951年，县航运公司在旧港口的基础上改建河口港，承担客、货运业务。1956年，潭花公路建成通车，河口码头为连接潭花线，跨越涟水河必经的交通枢纽，轮渡路线为河口村经涟水河至长城乡犁头嘴。1965年，涟水、涓水两座公路大桥建成，107国道建成通车。1985年，古塘桥涓水大桥开工建设，1987年正式通车运营。1995年，罗召平等出资4万元架起涓水第一座民营收费索桥——石湾索桥。1998—1999年，对河岭公路进行水泥路面改造。2006年，硬化村级道20.1千米。2007年，硬化村道24.2千米。2011年，潭衡西线高速公路在镇内先进村设一出入口并与潭花线相接，交叉口至潭衡高速互通4.8千米。到2011年年底，全镇公路总里程180.37千米，硬化92.69千米。其中有县道15.94千米，水泥硬化14.36千米；有乡道46.71千米，水泥硬化17.1千米；有村道117.7千米，硬化61.22千米。2013—2014年，整修村道31千米，硬化村道35.3千米。2014年12月，涓水二桥和大鹏西路建成通车。2015年，镇内有1条高速公路过境，有县道1条，县、乡、村道总里程180.37千米，其中硬化112.69千米。

邮电通信

1989年，设立河口邮政支局，进局线由明线改为电缆线。1991年，新建河口邮政支局微波楼，并安装微波发射塔。2000年，程控电话进入35个村，全镇有程控电话3500部。2010年年末，有邮电代办机构2处，邮政业务总量320万元，其中纯收入190万元。报纸、杂志累计期发行23万份。电信企业1家，服务网点3个，固定电话用户0.3万户，电话普及率57%；移动电话用户1.8万户，互联网用户300户，全年电信业务收入1620万元。2015年，有邮政网点2处，投递点62个，投递路线单程125千米；电信营业网点4个，电话交换机总容量5000门，固定电话用户2150户，宽带用户2657户，手机用户31780户。

供电供水

清代、民国时期，境域居民照明多为煤油灯，饮水多为饮用河水、池塘水、井水。1968年，境域开始通电，主要用于大型排渍抗旱机埠运转。1977年，吟江坝建成小型水力发电站，装机4台，总容量500千瓦。20世纪80年代初，境域居民大多建深井泵，用手摇泵取水。电业公司开始向境域居民供电。80年代中期，吟江坝水电站并入湖南电网。1992年，建成河口自来水厂，年供水1.7万立方米。1998年，农网改造全面铺开，按照“国家出一点、农户挤一点、集体给一点”的政策进行建设，紫塘、河口等4个村进行电网升级。2002年，新建河口35千伏变电站，安装主变压器2台，容量8000千伏安，于次年通电运行。2007年，完成红旗、先进、太和、三联、金丰5个村的户表改造，完成枫术、易家坝、芦花、山湖等村的农网改造扫尾工作。2008年6月，农村电网改造全面推行国家筹资制度，农村居民生活用电量以平均每年20%的速度递增。2010年，新建友余集中供水工程，有深水井1眼及成套净化设备，年供水1.4万立方米。2011年，扩建友余供水工程，扩建后解决3560人饮水安全问题。是年，对变电站进行扩容，容量增至16000千伏安，满足镇区、尤其是河口工业园区用电需求。2013—2014年，完成17个村和镇区的电网改造，全镇供电量2082万千瓦时。2015年，河口自来水厂扩建项目完工，日供水量2500吨，解决11个村9758人饮水安全问题。

水利建设

河口镇三面夹水，地理位置特殊，民国时期，常遭洪涝灾害。1949年冬至1950年春，县人民政府动员群众修建卓江大堤，为县内修建最早的堤。1958—1976年，先后建成中湾堤、莲托堤、陶仑水库、先进水库、金丰水库、青石水库、吟江坝等水利工程。1996年，河口镇在太和村新建抗旱机埠1处，改造抗旱机埠1处，修建5000米高标准渠道，在月形村新建95千瓦排渍机台。1997年，投资6105万元，重点治理卓江堤白米段；在板桥村竹根组新开渠道500米，新建机台1座。至1998年的30年中，白沙洲小堤共溃堤5次。其中1998年6月溃堤，出现长60米的缺口。是年修复缺口，并完成对潭湾闸的全面治理。2000年，投入近300万元，对卓江大堤加高培厚3千米，实施涟水河开发配套工程，维修先进水库。2005年，完成卓江堤解放港155千瓦排渍机埠更新样板工程。2007年，投入3100万元进行水利建设，对枫树、西林、古塘桥等村138公顷农田进行水利灌溉等农业综合开发。2011—2014年，治理堤防2.1千米，硬化骨干山塘40口、渠道15千米，机埠更新改造8处，及时恢复杨柳洲等4处水毁工程，完成陶仑水库、青石水库和卓江堤飞跃闸的除险保安和子塘、高司等村的千亿斤粮食产能工程项目建设，全面硬化莲托堤面。2015年，完成各类水利工程建设300余处，硬化骨干山塘30余口。对先进、金丰两座水库进行除险加固工程建设。

村镇建设

20 世纪 80 年代，河口新街陆续建立餐饮服务场所、医疗卫生、商店、农贸市场等。1993 年，建立河口镇，编制河口镇建设规划，沿 107 国道和河（河口）岭（岭坡）公路两侧建成商住楼 400 米。2006 年起，启动社会主义新农村建设，对三联、太和等村重点进行农村水利、太阳能路灯、电力等基础设施建设。是年，村级组织活动场所建设纳入省市县补助项目，双江、三联两个村建成村部。2008 年，修建逾 4000 米镇区排水渠，相继开展镇区坪面硬化，镇区道路、供水、供电、通讯排污等基础设施进一步完善。2011 年，三联村被评为“湖南省新农村建设示范点”。2012 年起，以太和、三联等 4 个村为试点，逐步在全镇铺开农村环境卫生综合整治工作。2013 年，投入 120 余万元，对镇区三角坪地段进行提质改造，拓宽路面近 10 米，拆除各类违章建筑 2350 平方米，划设交通标线 2000 余米。2014 年，编制《湘潭县杨河组团小城镇核心区控制性详细规划》。2015 年，镇区基础设施建设基本完善，城镇面积 0.8 平方千米，城镇人口 16089 人，城镇化率 35.17%。全镇有 28 个村建成村部。

社会事业

教育

1962 年，创办古塘桥初中班，招收初中学生。1970 年，建成河口初级中学。1975 年，建成双板桥初级中学。1990 年，境域有 30 多所小学，基本每村一所。2000 年，开始撤点并校，相继撤销白米、先进等 19 所小学及双板桥中学。2004 年，新建河口农科教中心，即中心学校办公楼。2006 年，河口、古塘桥 2 所中学，初中升高中升学率 40%。2014 年，河口中学、古塘桥中学、桐家坝小学、沙泉小学、古塘桥中心小学、河口中心小学 6 所学校相继建成合格学校。各中学都配有电脑室、图书室、理化生实验室、仪器室等功能室。小学都配有电脑室、图书室、科学实验室。2015 年，全镇有幼儿园 9 所，其中公办园 1 所，民办园 8 所。在园幼儿 731 人，教职员工 77 人，适龄幼儿入学率 100%。有河口、古塘桥 2 所中学，月形、中湾等 9 所小学，教师 201 人，学生 2276 人。小学升初中升学率 100%，初中升高中升学率 89.5%。

文化体育

1974 年冬，古塘桥石湾黄狗岭出土春秋时铜鼎 5 件，铜箭 40 件，铜钱、铜戈（残片）等各 1 件。1985—1987 年，县文物管理所对境域文物进行普查，在河口乡板桥村麻园岭发现商代遗址，采集物有夹砂红陶、泥质红陶残片，饰纹有篮纹、水波纹、绳纹、弦纹，器形有釜、罐、缸等。1988 年 8 月，河口乡学生奉国亮代表湖南省参加在山东泰州举行的全国青少年举重比赛，获男子 48 千克级挺举第三名。1997 年，河口有线电视站建立，有线电视用户 1500 户，入户率 12.7%。2000 年，中湾村集资放映电影情况被中央电视台 7 频道采访，并在《农村文化巡访》栏目报道。2003 年，成立河口镇文学艺术联合会，有会员 60 人。2004 年 12 月，实施“户户通”工程建设，河口实现县乡光缆联网。2011 年末，有镇文化站 1 处，村级文化活动中心 5 处，各类文化专业户 6 户，各类图书室 27 个，共藏书 8 万余册，音乐、美术、书法、摄影及文学业余创作队伍 62 人，有省、市级文物保护单位 3 处，有线电视入户率 90%。2015 年，村级“农家书屋”实现全覆盖，新建 5 个农民健身广场，有军鼓队、腰鼓队 7 支。

医疗卫生

清代、民国时期，境域郎中自采自制中草药行医。1951 年，境域开始进行爱国卫生运动，普种牛痘苗。次年，推广新法接生和儿童健康检查，免费治疗患子宫脱垂和尿瘘病的妇女。1958 年，对所有儿童接种卡介苗。1968 年，在河口老街建立河口区医院。1970 年，村建立卫生室，设有“赤脚医生”和接生员。1978 年，对妇科病实行普查普治。1980 年，撤销河口区医院，改为县妇幼保健医院（1988 年撤销）。1983 年，河口区所辖的河口、双板桥、古塘桥 3 个乡分别设立卫生院，共有病床 60 张，卫技人员 80 人。另有医疗点 15 个。1985 年起，境域婴幼儿全面进行计划免疫。1992 年，医疗机构（含村卫生室）增至 60 个，床位数增至 150 张，卫生技术人员 120 人。1995 年，撤区并乡后，在河口街上设立镇中心卫生院，古塘桥、双板桥两个管区各设一分院，设 28 个村卫生室。2005 年，将原古塘桥乡政府驻地改建成河口镇中心卫生院。2011 年年末，有各级医疗卫生机构 35 个，门诊部（所）2 个；有床位 120 张，每万人拥有病床 27 张；固定资产总值 200 万元。全年诊疗 38737 人次。2013 年，投资 120 万元，扩建中心卫生院。2015 年，镇内有河口镇中心卫生院 1 所，下设河口、双板桥分院，职工 242 人，村卫生室 29 家。共有执业医师 12 人，执业助理医师 15 人，注册护士 3 人，中级专业技术职称 3 人，高级技工 3 人。另有同康精神病专科民营股份制医院 1 家。

社会保障

20 世纪 80 年代中期，河口乡、双板桥乡、古塘桥乡分别建成敬老院，集中供养五保老人 58 人。1997 年，推行城镇居民最低生活保障制度，镇内县属企业 11 户 35 人享受低保待遇。2005 年，新型农村合作医疗全面铺开，全镇参合率 62.11%，全年受益人数 615 人，补助金额 28.68 万元。2006 年，全面推行农村居民最低生活保障制度，128 人享受农村居民最低生活保障，月发低保金 3540 元。2008 年，河口镇投入 180 万元，建成河口中心敬老院，主体建筑面积 1438 平方米。2009 年，新型农村养老保险全面推行，当年全镇参保 2.9 万人，参保率 73%，国家抚恤、补助各类优抚对象 359 人。同年，有 847 户 1803 人享受农村最低生活保障，月人均领取 71 元。2013—2014 年，全镇建成中湾、天白等 13 所村级农村幸福院，每所村级幸福院配备体育健身器材、棋牌室等。2015 年，全镇有 1613 人城乡居民享受最低生活保障，月享受低保金 22.96 万元。有 390 名“五保”对象享受“五保”待遇，月享受“五保”生活费 10.9 万元，其中 45 名入住镇敬老院集中供养。是年，完成特困户建房 4 户、危房改造 50 户，“新农合”“新农保”参保率分别达 95%、80%，共有 5320 人次获得新农合补偿，补偿金额 410 万余元；有 7360 人享受农村养老保障金，月领取养老金 55.2 万元。

人民生活

民国时期，境域大部分民众居住条件差，入不敷出，生活十分贫困。1955 年，人均口粮 280 千克。1979 年，人均口粮 350 千克，农民人均纯收入 103 元。1983 年，实行家庭联产承包责任制后，粮食增产，家家有余粮，农民人均纯收入 375 元。1996 年，全镇人均纯收入 1650 元，居民拥有彩电 1250 台，冰箱 365 台，摩托车 950 台，人均储蓄 630 元。进入 21 世纪，镇内农民农民收入逐年增加。2005 年，农民人均纯收入 3250 元。彩电、冰箱、程控电话、热水器、摩托车使用普遍，全镇人均储蓄 2284 元。2015 年，镇内农村家庭大都建有两至三层小楼，手机、彩电、电脑、洗衣机、冰箱等现代电子产品全面普及，小轿车进入寻常百姓家。农民人均纯收入 14189 元。人均储蓄 12270 元。

特色地情

历史人物

郭省吾（1883—1960） 原名应龙。河口桑树湾（今河口镇三联村人）。清末留学日本，入东亚蚕桑学院学蚕桑，获博士学位。民国初年归国，任职蚕业研究所，主持蚕业专科学校，致力培养蚕业人才，并引进外地良种桑苗，植于家乡湘江河洲上。民国 6 年（1917），成立家庭蚕场，全家养蚕缫丝。后蚕场因常遭水患和缺乏资金而停办。在郭省吾植桑养蚕带动下，乡人也在空坪隙地植桑树养蚕。该地原名倪家粉场，自此改称桑树湾。

杨第甫（1911—2002） 河口镇人，上海大厦大学肄业。民国 27 年（1938），加入中国共产党。曾任中共湖南省委军委秘书，咸来中心县委书记。民国 30 年（1941）赴延安入中央党校学习。人民解放军解放东北后，先后任吉林省安图县、敦化县县长。湖南和平解放后，历任湘潭县县长、中共湘潭县委书记、湖南省委秘书长、省政协副主席、省政协党组书记。1986 年离休后寄情书法诗词，创立岳麓诗社，有诗集《世纪回眸》、长篇回忆录《吹尽狂沙》存世。

（撰稿：王星辉）

射埠镇 >>

著名油茶之乡。

区域概况

地理位置

射埠镇位于湘潭县中部腹地，地跨涓水中游两岸。东与谭家山镇接壤，东北与梅林桥镇连接，东南与中路铺镇毗邻，南与花石镇相连，西南与锦石乡相依，西与乌石镇相接，西北与石潭镇交界，北抵河口镇。相传宋朝开国名将高怀德在此屯军，操练射箭，人称射圃，后形成一个有水运码头的中心小集市，衍化为射埠，镇依地名。镇人民政府机关驻鹤霞村鹤霞圃（原射埠区公所驻地）。

建置沿革

明朝初年，境域属湘潭县六十七都、七十四都。明洪武十四年（1381），分属上民乡布政里、怀德乡龙盖里。清朝，分属县十都、十一都和十五都。民国初年，分属县南二区、南三区和西四区。民国 21 年（1932），分属县六区和八区。民国 27 年（1938），分属石门、锦石、碧泉乡。民国 33 年（1944），隶涟南行署。民国 36 年（1947），分属晓忠、涟南、花石乡。1949 年 9 月，分属石潭区和易俗区。1950 年 8 月，分属县五区桂花、杉荫乡和县七区射埠、筱里、见龙、方上桥乡。1951 年 5 月，改属县十区。1953 年，县十区更名为射埠区。1956 年 6 月，分属射埠、土桥、继述桥和碧泉乡。1958 年 9 月，属东风人民公社。1959 年 3 月，东风人民公社更名为锦石人民公社。1961 年 5 月，分属射埠、土桥、继述桥人民公社，隶古塘桥区。同年 8 月，古塘桥区分为射埠、河口两区，境域隶射埠区。同年 9 月，从射埠公社析出 8 个大队设旺冲公社；从碧泉公社析出 10 个大队设方上桥公社。境域分属射埠、方上桥、旺冲、土桥、继述桥公社。1984 年 2 月，人民公社改称乡。1994 年 5 月，撤销射埠乡、旺冲乡，组建射埠镇。1995 年 4 月，射埠镇、方上桥乡、土桥乡、继述桥乡合并为射埠镇，至 2015 年年末无变化。

区划面积

1995 年，射埠镇辖射埠、湾塘、新塘、坝塘、大烟塘、张公、众星、上春、金岭、蕊花、鹤霞、高丰、园湖、筱里、荷花、白水、旺冲、余佳、高泉、方上桥、大栗塘、霞塘、方仑、长延、池子、巨鱼、见龙、铁江、碧水、星燎、杉山、群台、仙凤、桥梁、泉江、船形、板桥、杉仙、团山、泉井、谷塘、月塘冲、洪湖、新桥、柴塘、峡山、来仪、桂花、合力、鹿鸣 50 个行政村和韶井、潭花 2 个居民委员会，633 个村（居）民小组。全镇总面积 170.96 平方千米。有耕地面积 4642.5 公顷，其中水田 4320.9 公顷，旱土 321.6 公顷；山地面积 8640 公顷；水域面积 1380 公顷。2012 年，韶井、潭花居民委员会合并为潭花社区。2014 年，来仪村和峡山村合并为来仪村，桂花村和柴塘村合并为桂塘村，桥梁村和泉江村合并为高桥新村，高丰村和园湖村合并为高丰村，杉山村和星燎村合并为知青村，船形村和板桥村合并为船形村，新塘村和坝塘村合并为新建村，上春村和众星村合并为上春村，巨鱼村和见龙村合并为巨鱼村，方上桥村和大栗塘村合并为大方上桥村，方仑村和霞塘村合并为方霞村。2015 年，全镇有 39 个村和 1 个社区，630 个村民小组。全镇总面积 170.96 平方千米。有耕地 4425.5 公顷，其中水田 4140 公顷，旱土 285.5 公顷；山地面积 8638 公顷；水域面积 1365 公顷。

自然环境

境域属湘中丘陵区，岗地、丘陵、平原三种地貌兼有，以丘陵、岗地为主。地势为东、西部略高，南、北部略低。涓江从镇中腹部穿过，有射埠水、铁江坝水、碧水湾水、继述桥水和吟江坝水 5 条山溪汇入涓江。西部有发源于景泉观音山的方上桥水经列雁金河汇入涟水，沿岸形成多个小平原。东部多岗地，为县内油茶、杉木主产地。土壤系紫色页岩风化物、板页岩风化物和河流冲积物。境域属亚热带季风湿润气候区，四季分明，夏热冬寒，年平均气温 17.6℃，无霜期 314 天左右。年平均降雨日 150 天，降雨量 1286 毫米，多年平均日照总数 1670 小时。山林以灌木、油茶为主，还有杉、松、樟、枫、檫、梓等 36 种主要树木。野生动物主要有野兔、野鸡、蛇、蛙、麻雀、黄鼬等 130 多种。见龙村有碳酸岩盐（石灰石）小型矿床，泉井村有矿点；继述桥、方上桥、旺冲有陶瓷黏土矿点；泉江一带有玻璃砂（矽砂）矿点；列山桥一带有赤铁矿小型矿床；高泉村有煤炭矿点；继述桥一带还有不具备开采价值的金矿点。境域涓水两岸常发生洪涝灾害。从 1950 年至 2015 年，共发生各类自然灾害 16 次，其中比较严重的洪灾 5 次、旱灾 3 次。

人口民族

1995 年，境域有 16254 户 57647 人。其中，男性 29169 人，占 50.6%；有农业人口 55660 人，占 96.6%。人口以汉族为主，散居蒙、藏、壮、苗等 9 个少数民族 85 人，占总人口的 0.15%。全年人口自然增长率 3.25‰。2005 年，总户数增加到 16829 户，总人口 63784 人。2010 年，总户数 16917 户，总人口 64768 人。2015 年年末，全镇有 22386 户 63310 人。其中，男性 33010 人，占 52.14%；农业人口 60730 人，占 95.92%。有散居的壮、回、苗、土家族等 15 个少数民族 196 人，占总人口的 0.31%。全年人口自然增长率 3.07‰。

经济发展

经济综述

民国时期，境域经济以农业为主，无大型企业，仅有 300 多个散居的手工业者。20 世纪 50 年代，成立 7 个农业企业。70 年代，成立 14 个社队企业，工业经济占“半壁江山”。1980 年，境域射埠乡、旺冲乡、方上桥乡、继述桥乡、土桥乡 5 个乡工农业总产值 1850 万元。其中，工业总产值 215.9 万元，农业总产值 1634.1 万元。1995 年，镇党委、政府提出“夯实农业基础，发展粮、猪、油、茶；利用资源优势，振兴镇村企业；利用区位优势，建设射埠新镇”的目标。是年，全镇实现成建制法定面积亩产过吨粮的目标，完成工农业总产值 5.68 亿元。其中，农业总产值 1.36 亿元。1999 年，镇村集体企业完成产权制度改革工作任务，民营经济快速发展。2005年，全镇完成工农业总产值8.04亿元。其中，农业总产值2.26亿元。2006年，镇党委、政府抓住潭衡西线高速公路在境域余佳村设置互通口的契机，确立“农业稳镇、产业兴镇、城建旺镇、文化靓镇”的战略。2010年，全镇完成工农业总产值16.42亿元。其中，农业总产值4.31亿元。2012年，镇党委、政府确立“科学引领发展，工业推动经济，统筹带动城乡，全面促进和谐”的发展思路，经济发展驶入“快车道”。2015年，全镇完成工农业总产值17.67亿元。其中，农业总产值6.97亿元。

种植业

民国时期，境域种植业以种植水稻为主，旱土栽种蔬菜、花生、凉薯、土烟等，产量和产值较低，水稻平均亩产不到190千克。20世纪50年代，改革水田耕作制度，引进和推广水稻新品种、新技术，改单季稻为双季稻，改高秆品种为低秆品种，改稀植为密植，粮食产量逐年提高。1962年，境域水稻亩产227千克。1980年，境域粮食亩产591千克。1984年起，推广杂交水稻，产量大幅度提高。1995年，大面积推广杂交稻，全镇种植双季稻面积7919公顷（其中杂交稻5330公顷），产稻谷59986吨，双季稻平均每亩1010千克，实现成建制法定面积亩产过吨粮。1996年，实施农业综合开发粮食高产项目建设，建成鹤霞、蕊花等4个村1000公顷的水稻高产示范片。2000年，种植双季稻7267公顷，产稻谷61326吨，其中优质稻3048公顷。栽培多种经济作物1280公顷。进入21世纪后，调整农业产业结构，实施土地整治项目，开展土地流转经营，先后成立德诚油莎豆种植专业合作社等3个种植业合作社，建成高档优质稻、双季超级稻、湘莲、油莎豆、金银花、西瓜、甜玉米、富硒特种稻8个种植基地，有15个村基本形成“一村一品”“一村多品”和“联村一品”的种植业格局。同时，发展免耕直播油菜800多公顷。2014年，投资6000万元，建设园湖1013公顷高标准农田示范工程。德诚油莎豆种植专业合作社会员160人，种植面积47公顷。同年11月，由湘潭顺天特色稻米种植合作社种植的富硒彩米荣获第十五届中国绿色食品博览会金奖。2015年，镇政府开展重金属污染耕地修复治理工作，为1094公顷耕地撒施石灰，为813公顷耕地施用1236吨有机肥，喷撒24566瓶叶面阻镉剂，完成高泉、射埠、洪湖三个村233公顷深耕改土任务。全镇落实粮食播种面积8933公顷，其中优质稻5933公顷，超级稻1867公顷，稻谷总产量6.5万吨。水稻生产全程机械化率75%。建成特色经济作物种植基地5个，总面积350公顷。

养殖业

清代、民国时期，境域以养猪、鸡、鱼为主，牛、羊为次。20世纪50年代，政府鼓励家庭养猪。60年代，先后办起14个公社、大队集体猪场。1988年，境域饲养生猪8.67万头、养鸡10.4万羽、养牛8560头、养兔2.83万只。1995年，全镇养猪12.92万头，其中出栏9.54万头；养牛1654头；养禽18.46万羽，其中出笼11.98万羽；出水鲜鱼1825吨。镇畜牧兽医水产部门引进畜、禽、鱼新品种、新技术，推动养殖业发展。2001年，金岭村利用山地优势，引进浏阳黑山羊260只，当年发展到537只，成为县内有名的养羊专业村。2005年，湾塘村和平组发生一起因候鸟迁徙带病毒引发的H5N1亚型高致病性禽流感疫情。市、县、镇政府及畜牧部门迅速封锁疫区，紧急扑杀、焚烧和深埋病禽及疫区家禽45378羽，并对受威胁区内的20.01万羽存笼家禽进行疫苗注射和严格消毒处置，有效控制禽流感蔓延。2006年，全镇饲养生猪16.78万头，其中出栏12.18万头；饲养家禽11.87万羽；出水鲜鱼2146吨。2015年，养殖业向规模化、集约化方向发展。镇内成立11个养殖合作社，采用“合作社＋农户＋企业”的模式，为养殖户提供良品种、饲料、销售和防疫等服务。全镇养猪11.68万头，其中出栏8.1万头；养牛100头；养山羊3100只；养家禽15.22万羽；出水鲜鱼2700吨，有放养水域面积在0.67公顷以上的水产养殖户41户。

林业

清代、民国时期，境域林业以薪炭林、经济林为主。土桥、继述桥有油茶林1600多公顷。中华人民共和国成立后，区、乡政府组织群众开荒植树造林、更新改造低效（油茶）林。1964年，建成船形茶场、板桥茶场。1965年，土桥、继述桥公社被县政府定为油茶林、杉木基地。土桥公社开垦荒山闲地造杉木1000多公顷。鹿鸣大队将境域166公顷低效油茶林全部垦复，次年亩均增产茶油7.51千克。1985年，方上桥乡被县林业局定为国外松基地，营造国外松260公顷。1995年，全镇有林地6432.5公顷，油茶林发展到4300公顷，森林覆盖率41.5%，宜林荒山全部绿化。2001年，月塘冲村李运其承包本村及邻村山地营造油茶林74.7公顷。镇林业站站长斛建宁被林业部评为林业工作先进个人。同年，船形茶场研制出优质名茶“船形毛尖”。至2006年，全镇累计营造长江防护林130公顷，完成退耕还林面积114.36公顷，完成林业生态示范项目177公顷。2007年，李运其组建湖南农其科技开发有限公司，承包山地造林735公顷，建成油茶、花卉苗木等7个基地，被中共中央宣传部、林业部授予“全国绿色小康户”称号。2014年，镇政府投资1600多万元，实施油茶林造林改造项目，在桂塘村、来仪村建设万亩油茶基地。2015年，全镇有林地8349.5公顷，其中油茶林5400公顷，建成7个油茶生产基地。以茶油为主的林产品收入2.5亿元，成为镇内一大产业。森林覆盖率44.99%。

工业

民国时期，境域仅有射埠烧制砂罐炊壶窑1座，射埠瓷窑1座，吟江老街和国玉岭油榨坊3家，方上桥见龙采石场1处，散居的个体手工业者200余人。1953年，境域手工业者组建射埠染

射埠船形茶场

业合作社、铁业合作社。1958年大炼钢铁时，兴办（县属）射埠炼铁厂、方上桥（高泉）小煤矿、继述桥（泉江）矽砂矿。1969年，成立5个公社农机站，部分农机站内设铸造和机械维修车间（班组）。20世纪70年代初，兴办方上桥公社水泥厂，组建5个公社建筑工程队和土桥公社及新桥大队等4个皮鞋厂。中共十一届三中全会后，先后兴办继述桥球墨铸造厂、土桥汽缸盖厂、土桥带锯机床厂、射埠水泵厂、长潭酱油厂、射埠瓷厂等一批集体企业。1995年，有镇办工业企业13家，村办工业企业16家，从业人员350余人；个体、联户企业73家。全年完成工业总产值4.32亿元，实现税利938万元。1999年，镇、村集体企业完成产权制度改革。改制后的湘浙特种铸造有限公司、射埠汽缸盖厂、湘潭县水泥有限公司成为镇内规模企业。2010年，完成企业总产值12.11亿元，其中规模工业企业实现工业总产值3.68亿元，上缴税金522万元，实现利润1208万元。2015年，全镇有工业企业23家，从业人员365人。全年实现工业总产值10.7亿元，其中9家规模企业完成工业总产值8.57亿元，缴纳税金716万元，实现利润2257万元。

商贸服务

民国时期，境域有射埠、方上桥、吟江坝等3处墟场。射埠商贸市场为境域中心市场，沿涓水西岸的民居、商铺长400米，商铺40多家。20世纪50年代，射埠和土桥、继述桥、方上桥等地设立供销社、肉食站、粮油供应站（点），供应居民生产、生活物资和收购农副产品，逐渐成为当地中心市场。各村（大队）设代购代销店（点），供应简单的日用品。“文化大革命”中，墟场被取缔。中共十一届三中全会后，开放集市贸易，沿公路和人口聚居地又建成新的墟场。1995年，境域有射埠、方上桥商贸市场和国玉岭、吟江坝、新桥墟场。社会商品零售额7800多万元，其中集市成交额5720万元。2000年，引进湘潭县冠华工贸有限公司开发建设射埠新街，投资850万元，在河（河口）岭（岭坡）公路与韶（韶山）茶（茶恩寺）公路交汇处（霞湾村境域）征用土地2.57公顷，建成“T”字形新街道500米，有门面240个，吸引126户300多人进镇区经商和居住。2002年，投资1433万元，建成射埠新街商贸市场，有经营摊位300多个。引进海口市华昌集团有限公司湖南进出口公司建设射埠新街湘中茶油大市场，有经商门面120个，因对市场需求预测不准，入场经营者甚少。2010年，重新启动湘中茶油大市场建设，投融资3000万元，占地1.05公顷，建筑面积1.5万平方米，能容纳经商户300多个。同时新建新农综合大市场，融资1.9亿元，占地3.72万平方米，建筑面积9.5万平方米，有经商门面、摊位600个。2011年，实施国家“万村千乡市场”工程项目，新建或改造标准化农家（资）店22家。2015年，全镇有射埠、方上桥、国玉岭、吟江坝商贸市场和墟场，有各类经商店铺625家，其中射埠新街有商铺317家。社会商品零售额1.15亿元，其中集市商品成交额8400万元，射埠新街占62%。

财政金融

1951年，县人民银行设县十区营业厅。1953年，成立射埠区农村信用合作社。1955年5月，中国农业银行湘潭县支行设立射埠营业所。1956年，分设射埠、土桥、继述桥乡农村信用合作社。1984年，县保险支公司设立射埠区和射埠、旺冲、方上桥、土桥、继述桥乡保险站。1988年，县邮政局设射埠邮政储蓄点。1994年，设立射埠区和方上桥、旺冲、射埠、土桥、继述桥农村合作基金会；撤销土桥、继述桥、方上桥保险站。1995年，镇级财政总收入952万元。其中农业税费427万元，企业各税525万元。镇内有中国农业银行湘潭县支行射埠营业所，射埠农村信用合作中心社和方上桥、土桥、继述桥3个农村信用合作社，射埠邮政储蓄所，中国人寿保险公司湘潭县支公司射埠代办站，射埠镇农村合作基金会及方上桥、土桥、继述桥业务室。年末各项存款余额1740.2万元，各项贷款余款987.4万元。1999年，撤销射埠镇农村合作基金会及3个业务室，其业务并入射埠信用合作中心社。2000年，税费体制改革，镇级财政收入645.77万元。从2003年起，调减、免征农业税及农林特产税等，停征生猪屠宰税，财政收入逐年减少，但上级下拨的项目建设资金、"三农"补贴资金和社会保障经费等不断增加。2005年，全年实现财政收入525万元。2006年，增设中国太平洋人寿保险股份有限公司湘潭县支公司射埠营销服务部。2015年，完成镇级财政总收入2271万元，其中地方可支配收入1324万元，财政总支出2271万元。年末，境域金融机构各项存款余额9.56亿元，各项贷款余额1.89亿元。保险机构收取保费200.6万元，赔付25.2万元，赔付率12.5%。

基础设施

交通运输

清代、民国时期，境域主要交通设施有湘潭至衡山白果的南二路驿道和射埠、叠江坝、碧水湾、吟江坝、谷塘5处涓水渡口码头。货物一般从涓水航运，射埠为重要码头。1957年，湘潭至花石殷家洲公路（称潭花公路）建成通车，在射埠设售票点。1958年，修筑石潭至射埠公路（称石射公路）和景泉任家围子至方上桥巨鱼塘公路（连接湘乡县称湘方公路）。1971年，拓宽改造石射公路并延伸至中路铺勒塘公路（改称石勒公路）；修筑长岭铺新街口至继述桥横冲公路（称新横公路）与107国道连接。1972年，涓水射埠公路大桥建成，修筑荷塘公社拗柴岭至射埠公路，成为沟通镇东西向的重要通道。1974年，延伸土桥古塘桥公路至继述桥月塘冲（知青点）公路，与石勒公路连接。1995年，镇内有4条县道和3条跨乡镇公路通过，在境域长62.5千米；有通村简易公路38条，总长84.6千米。省、县交通部门投资223万元，将新横公路进行升级提质改造。当地农民投（集）资先后架通涓江石湾至谷塘、射埠上街至蕊花两座收费性索桥。在射埠老街、老码头、鹤霞圃（铁江坝）架设3座跨（涓）江索桥。从2006年起，境域县道、跨乡镇公路陆续改为水泥路面，通村、联村公路进行整修、拓宽和延伸，并分期分段进行硬化。2009年，潭衡西线高速公路在余佳村设互通口1处。2015年，镇内有高速公路1条、县道3条、跨乡镇公路2条，镇级公路5条，通村联村公路50条，总长289千米，其中硬化239.6千米。潭衡西线高速公路在射埠设出口。每日有200多个班次中巴车过境，从继述桥、土桥、继述桥知青点、方上桥有始发湘潭、易俗河等地的中巴车，每日客流量800多人次；有货车58辆，年货运量108万吨。

邮电通信

1951年，境域始设射埠邮政营业处，经营信函、汇兑等邮政业务。1955年，改为射埠邮政所，1957年，升格为射埠邮电支局，下辖土桥、继述桥邮政所。1961年，增设旺冲、方上桥邮政代办所。1996年，开通镇机关传真业务，实现镇机关与县级机关之间的文件和信息快速传递。设立射埠移动通信直放站，开通程控电话60门，实现长途电话、城市电话、农村电话联网直拨。1998年，分设射埠邮政支局、射埠电信支局，开展无线寻呼机（又名BP机，扩机）、移动电话（俗称“大哥大”）通信业务。2015年，境域有邮政支局、电信支局、移动通信营业部各1个，邮政营业所3个。全镇有固定电话2100部，移动电话3.2万部，普及率50%，宽带用户1200户。邮政、电信业务总收入520万元。

供电供水

1967年，射埠（东边山）35千伏变电站建成投入营运，境域机关、单位和大队、农户陆续架线接电用于照明和生产。20世纪70年代，村（居）民改变长期以来饮用塘水、坝水和江水的习惯，掘井提取地下水饮用。县属吟江坝水电站建成发电后，邻近的谷塘、泉井、合力大队接电用于照明和农副产品加工。1992年，境域实现“户户通”用电目标，年用电量1100万千瓦时。1999年，启动农村电网改造工程建设，当年完成鹤霞、湾塘两村的电网改造。2000年11月，引进海口市华昌集团有限公司湖南进出口公司投资40万元建成镇自来水厂，日供水800吨，解决镇机关单位、高峰村、鹤霞村部分农户和县八中师生饮用水问题。2004年，引进湘潭巨龙水业有限公司投资250万元建设镇第二自来水厂，铺设输水管道8千米，日供水2400吨，解决射埠老街、射埠新街和湾塘村共2000多人的安全饮水问题。2009年，实施国家人畜饮水安全项目建设，投资5.75万元，组织霞塘村87户村民分户改造水井、安装水塔，取用地下水，360多人受益。2010年，投资20余万元，解决大栗塘村500多人分户供水问题。2015年，全镇有2.16万人集中或分散性饮用安全水，其中由2个自来水厂直供800户1.8万人的饮用水。至是年底，累计投资2800多万元，完成34个村农电改造工作任务。全镇年用电总量2800万千瓦时。是年，在荷花村、高丰村、白水村交界处由国家电网投资兴建的酒泉至湖南±800千伏特高压直流输电项目射埠换流站工程启动，预计全线将于2017年6月投入运营，工程建成后，每年可从甘肃向湖南输送电量400亿千瓦时。

水利建设

民国时期，境域内无大、中型蓄水工程设施，农田灌溉主要靠水塘水坝，涓水沿岸则用筒车进行提灌。20世纪50年代，修筑蕊花、园湖、碧水湾防洪堤，整修水塘水坝。1967年，韶山灌区南干渠建成通水，并修建吟江跨（涓）江渡槽，解决方上桥、旺冲、土桥一带近2000公顷的自流灌溉问题。1995年，镇内有韶山灌区南干渠途经12个村，总长21千米；小型水库13座；平山塘6125口；排灌机埠105处。自流灌溉面积72%。2000—2005年，先后投入3000多万元，整修加固沿江防洪堤，实施5座小型水库的除险保安工程，浆砌南干渠及继述桥、方上桥、旺冲支渠。2015年，投资29.56万元，维修栗塘水库，硬化防渗面板，实现水库除险加固。5个“五小水利项目”村工程全部竣工验收。年末，镇内有21千米长的韶山灌渠南干渠、13座小型水库、105处排灌机埠、6125口水塘。各类水利工程安全运转，自流灌溉面积80%，基本实现旱涝保收。

村镇建设

1994年，始设射埠镇，城镇建设开始起步。1995年，镇政府编制《射埠镇区建设发展规划》，远景规划3.5平方千米，近期开发2平方千米，在沿河岭公路与韶茶公路交会地带建设射埠新街。2000年，以打造“湘中强镇”为目标，修编《射埠镇区2000—2020年总体发展规划》，远景发展规划3.8平方千米，近期开发2.2平方千米。到2005年，射埠新街初具雏形，形成“T”字形格局，排污供水、路灯、临街电话亭、垃圾箱（桶）和道路等基础设施基本完善，常住人口1.5万人。

2006年起，结合新农村建设项目的实施，示范村编制村级发展规划，兴建村部，并逐渐形成新的活动中心。巨鱼村引进四龙通讯电器有限公司投资340万元，建成村部、建材市场、野猪和良种鸡养殖场、农家乐休闲中心及“五保之家”，被评为湘潭市“百村示范工程”村。2013年，推进城乡环境卫生整治工作，投入专项资金216万元，新建和购置垃圾池（桶）1201个，配备保洁员175名，清扫主要街道，收集农户垃圾。池子村被评为市级垃圾分类示范村。2014年，编制《射埠镇城镇发展总体规划（2015—2030年）》，射埠中心镇区面积发展到3.5平方千米，各项基础设施基本完善。2015年，进镇区经商、办厂和居住的村（居）民6800户2.9万人。累计总投资1420万元，建成39个村级活动中心（村部），城镇化率27.8%。镇政府投资110万元，新建1个日处理50吨的垃圾中转站，做到生活垃圾“户分类、村收集、镇处理”。有468户村民建成沼气池，结合进行改厨、改水、改厕活动。

社会事业

教育科技

清代，境域有私塾5所。民国时期，发展公办教育，有公立小学堂3所，私塾4所。1950—1952年，兴办初级小学11所，完全小学3所。1956年，在射埠乡黄氏祠堂创办射埠初中班。1958年，射埠初中班改为县第八初级中学。1972年，创办公社中学5所，大队小学32所，农业中学3所。同期，成立区、乡（公社）农业技术推广站等机构，推广新品种、新农具、新技术，使农业经济效益不断提升。1984年，方上桥乡中学在全县率先开办无线电职业技术培训班。1995年，镇内有县属高级中学1所（县八中），镇属初级中学4所，农校1所，小学50所，学前班8个。有中小学教师332人，在校中小学生1.21万人，适龄儿童入学率100%，初中生毕业率99.6%。有镇农业技术推广站等5个农业科技推广服务机构，重点推广普及杂交稻和科学治虫方法。1996年，全镇基本普及九年制义务教育和基本扫除青壮年文盲工作达标。1997年，投资800万元，在鹤霞村征地3.27公顷，新建射埠镇中学。1998年，镇政府扶植102户科技示范户，推动种植加工业的发展。2001年，随着生源减少，撤并4所小学。引进嘉诚电脑培训学校。船形茶场在县科技委员会支持下，研制的“船形毛尖”茶叶获省第七届“湘茶杯”和省科技博览会金奖。2014年，顺天农业合作社生产的“硒园”牌富硒彩米在第十五届中国绿色食品博览会上获金奖。2015年，镇内有县属高中1所，镇属初中3所，小学12所，幼儿园13所。有中小学教师345人，在校中小学生2830人，适龄儿童入学率和初中生毕业率均100%。有镇农业农机畜牧水产站等科技推广服务机构3个，科技推广、服务人员21人。

文化体育

民国时期，境域有业余剧团2个，皮影戏班3个，民间吹打乐队4支，季节性的狮灯队4支、龙舟队3支。1959年，成立东风人民公社广播站，每日播音2次。1964年，成立5个公社文化站、广播站和射埠区电影放映队，文艺演出、广播、电影放映增多。射埠老街建成射埠影剧院，定期放映电影和接待县内外文艺团体演出。射埠公社成立2支文艺演出队，每年演出上百场。1995年，全镇有文化站1个，文艺宣传队（业余剧团）8个，狮灯队6支，龙舟队4支，民间吹打乐队7支。电视机入户10260户。有以中小学为基础的体育运动场所16处。1996年，建成镇有线广播电视台，发展有线电视用户278户。2004年，全镇有田径、体操、球类运动队21支，活动频繁。镇人民政府被评为全省体育工作先进单位。2005年，建成镇万册图书室。2007年，涓江文艺社成立，有会员20人。2010年，编辑出版《射埠纵横〈第一辑〉》文史资料专集。2011年，建成农家书屋12个，藏书1.35万册。兴建群众健身场所8处。成立12支广场舞蹈队、7支腰（军）鼓队。2013年，镇文学艺术工作者联合会成立，有文学、表演、书法、美术、摄影会员35人。2015年，投资300万元，在射埠茶油大市场内建成集健身、休闲、文化活动为一体的多功能的文化广场。年末，镇内有文化体育广播电视站、文联、有线电视台各1个，业余剧团3个，广场舞蹈队39支，腰（军）鼓2支，狮灯队1支，龙舟队2支。有文学艺术爱好者300余人；电视机入户实现全覆盖；网吧4个，卡拉OK歌厅3个；农家书屋39个，藏书30余万册。各类体育、健身场所25处。

医疗卫生

清代，境域由民间医生个体行医。方上桥郎中周世篇（人称周二杓）精通医术和气功，专治怪病，颇有名气。民国时期，境域有中医医生13人，药店8家。方上桥医生刘笃生擅长诊治疑难杂症。1950年，由个体医生组建联合诊所。1968年，设立射埠区医院和5个公社卫生院。1969年，各大队兴办合作医疗室。至1982年，合作医疗制度解体，公社卫生院设医疗点11个。1995年，撤区并乡后，射埠区医院改为县属第六人民医院，成立镇中心卫生院和方上桥、土桥、继述桥、旺冲卫生分院，有医务人员52名，病床50张；有村卫生室23个，农村医生和妇幼保健员39人；有国有药店1个、个体药店2个。2005年，投资55.5万元，改造镇中心卫生院（原县第六人民医院）住院综合楼。2011年，斥资400多万元，新建镇中心卫生院门诊大楼，建筑面积2834.6平方米。2015年，镇内有中心卫生院1所、卫生分院5所，医务人员79名，病床90张；有村卫生室36个，农村医生和妇幼保健员51人；有个体注册执业医生2人；个体药店4个，年诊治患者3.12万人次。

社会保障

清末、民国时期，民间的叠江坝不忍堂、义仓（积谷仓）、族祠在灾荒之年出谷施衣，赈济灾民。1950年，党和政府对老、弱、病、残者和特殊困难家庭给予经济救助，并落实对32名伤残退伍军人、烈属的优抚政策。1956年，全面推行“五保”（保吃、保穿、保住、保医、保葬或保教）供养制度，对境域127名“五保”对象年供给200千克稻谷。1969年，42个大队建成合作医疗室。1984年，建成5所乡敬老院，集中供养“五保”老人65人。1995年，全镇385个“五保”对象全部落实供养政策，其中有75人入住敬老院集中供养。为46名伤残退伍军人和烈士家属落实优抚政策。2005年，启动新型农村合作医疗制度，有27940人参加，参合率44.2%。2006年，启动农村居民最低生活保障制度，年内确定85户187人，领取低保金56112元。2010年，全镇592位“五保”对象全部落实供养政策，其中集中供养68人；有52798人参加合作医疗保险，39615人领取住院补偿金878万元；有24303人参加社会养老保险，领取养老金173万元；1010户2066人享受农村居民最低生活保障，131户247人享受城镇居民最低生活保障，共领取低保金188万元。2012年，斥资540万元，新建镇中心敬老院，占地5.15公顷，建筑面积2708平方米，为县内乡镇规模最大、设备最齐的五保对象集中供养场所。2015年，落实镇内29名伤残退伍军人和烈士家属的优抚政策，年发放抚恤金52.5万元；对669名“五保”对象全部落实供养政策，每月生活费280元，其中在3个敬老院集中供养147人；82户114名城镇低保对象年领生活保障金29.5万元，1150户1944名农村低保对象年领生活保障金285.18万元；有21702人参加社会养老保险，11420人年领养老金1028万元；有55092人参加新型农村合作医疗，参合率99.15%，其中39870人领取医疗补偿金2291万元。为特困群众发放临时救助金32.89万元。筹建合力村“养老服务示范点”，新建杉仙、知青、新建村3所村级幸福院。

人民生活

清代、民国时期，由于洪涝干旱频发，粮食收成无保障，大部分人吃、住困难。1950年，粮食有所增产，农民人均口粮240千克。1962年，境域人均纯收入31元。人均口粮280千克。20世纪80年代，落实农业生产责任制，基本解决农民的温饱问题。1995年，全镇农民人均纯收入1452元，56%的农家新建住房（楼房），每百户有汽车3.4辆，摩托车18.6辆，电视机、电风扇、洗衣机和电话等电器进入大多数农家。进入21世纪后，农民经济收入逐年提高。2005年，大力发展商贸业和组织劳务输出，全镇农民人均纯收入3158元。2012年，农民人均纯收入1.08万元。2015年，全镇农民人均纯收入1.2万元。90%的农民住上新楼房，人均住房面积46.5平方米。每百户有汽车12.5辆，摩托车65台。

特色地情

历史人物

马福益（1866—1905）原名福一，又名乾，湘潭县继述桥碧水湾（今射埠镇碧水村）人。青年时期参加反清复明组织哥老会，被推为首领，开山立堂，收徒一万余人。清光绪二十六年（1900），联络会党响应唐才常组织的自力军起义，并接替王四任大龙头，成为长江中下游地区富有影响的会党首领。光绪三十年（1904），与华兴会首领黄兴、刘揆一在湘潭县茶园铺一个煤矿山洞中密议反清大计，商定当年十月十日（即慈禧太后七十岁生辰日）在长沙起事。哥老会众入黄兴同仇会者不下十万，因谋事不慎和叛徒告密，起义失败，史称“甲辰起义”。马福益避逃广西。光绪三十一年（1905），马福益以洪江为据地重新部署起义。但运送枪械船被清兵截获。马福益去湘东联络旧部时在萍乡车站被捕，就义于长沙浏阳门外。

罗华生（1910—1991）又名罗大庆，土桥乡谷皮塘（今射埠镇合力村）人。1929年在安源煤矿加入中国共产党。1930年参加工农红军。1932—1936年，由副排长累升至团长。1937年9月，入抗日军政大学学习。1940—1948年，先后担任旅政委、军分区司令员、师长、独立师师长，率部参加辽沈、平津战役。1949年挥师南下，兼任广西省南宁军分区司令员、政委和南宁地委书记。后任解放军铁道公安部队司令员、调任海军旅顺基地司令员等职。1955年，被授予少将军衔，获一级独立自由勋章、一级解放勋章。1960年8月，升任中国人民解放军铁道兵副司令员，指挥修建贵昆、成昆、京原、襄渝铁路。1988年被中央军委授予中国人民解放军一级红星勋章。为第四届全国人大代表中共九大全国代表。

名优特产

“船形毛尖”茶　1964年，继述桥公社船形大队开垦荒山建成集体茶场，面积12.27公顷。1998年，茶场由胡健军承包。2001年，船形茶场开发研制出精品茶“船形毛尖”。2002年，“船形毛尖”注册“船形峰”牌商标。2004年，“船形毛尖”被农业部认定为无公害农产品。2005年，该茶获湖南省第七届“湘茶杯”名优茶质量评比金奖，2006年，在湖南省第二届科技博览会上获金奖。

“天子山”茶油　2007年，射埠镇月塘冲村李运其创建湖南农其科技开发有限公司，生产精炼茶籽油。2012年，该公司创立的“天子山”茶油品牌被湖南省林业产业协会授予“湖南省十大茶油推荐品牌”。2014年，天子山商标被湖南省工商行政管理局认定为“湖南省著名商标”。2015年，“天子山”茶油品牌被评为“湖南省质量服务百强品牌”。

（撰稿：马　兰　宾国安）

锦石乡 >>

乡内有碧泉潭，潭畔曾建有湖湘学派讲学场所——碧泉书院。

区域概况

地理位置

锦石乡位于湘潭县中部偏西，涓水中游西岸。东及东北与射埠镇隔涓水相望并有局部地域接壤，南与花石镇隔涓水相邻并有局部地域相连，西及西南与排头乡相依，西北与乌石镇交界。因境域涓水中有一块彩色花纹的巨石，人称锦石，乡依物名。乡人民政府驻唐家湖村东风街（1958年由何家牌楼更名）。

建置沿革

明代初年，境域属湘潭县八十四都。明洪武十四年（1381），属上民乡布政里。清代，分属县十一都和十五都。民国初年，分属县南乡南三区和西乡西四区。民国24年（1935），属县六区碧泉乡。民国30年（1941），分属锦石乡和碧泉乡。民国36年(1947)，分属涟碧乡和花石乡。1949年，属石潭区。1950年，属县第七区。1951年，分属县十区和十一区。1953年，改属射埠区和排头岭区。1956年6月，分属锦石乡和碧泉乡。1958年，属东风人民公社。1959年3月，东风人民公社改称锦石人民公社。1961年5月，分属锦石、碧泉人民公社，隶古塘桥区。同年8月，改隶射埠区。1984年，锦石、碧泉人民公社改称乡。1995年4月，锦石乡和碧泉乡合并为锦石乡。至2015年末无变化。

区划面积

1995年，锦石乡辖纯塘、大荷塘、金盘、金湖、唐家湖、锦石、东风、东边山、苍场、文佳、大桥、太阳、洄水、胜利、剑峰、新安、桂花亭、枫树坝、碧泉、柏塘、清塘、泉佳、莲花塘23个村327个村民小组。全乡面积56.7平方千米，耕地1989公顷，其中水田1885公顷、旱土104公顷；山地面积3005公顷；水域面积680公顷。2014年，金湖村与金盘村合并为金湖村，胜利村与莲花塘村合并为胜利村，碧泉村与枫树坝村合并为碧泉村，剑峰村与新安村合并为剑峰村，泉佳村与柏塘村合并为佳塘村。2015年，乡辖18个行政村318个村民小组。总面积56.7平方千米，耕地面积1988公顷，其中水田1882公顷、旱土106公顷；山地面积3003公顷；水域面积678公顷。

自然环境

境域属湘中丘陵区，丘陵岗地、平原地貌兼

县。地势西北偏高、东南偏低。涓水从东南境穿越而过，沿岸形成多个小平原。有发源于景泉潭口的流阳桥水和发源于碧泉潭的碧泉水，为涓水的两条支流。境域属亚热带季风湿润气候区，四季分明，年平均气温 17.8℃，年平均降水量 1288 毫米，无霜期 315 天左右，多年平均日照 1670 小时。土壤为砂岩分化物和河流冲积物。山林以灌木为主，主要树木有马尾松、杉、樟、枫、檫、油桐、油茶等 32 种。野生动物主要有野猪、野兔、野鸡、黄鼬等 126 种。境域已知矿藏仅碧泉一带有赤铁矿点（贫矿）。旱灾、山洪兼有。从 1950 年至 2015 年，境域共发生自然灾害 23 次，其中比较严重的旱灾 4 次、洪灾 6 次。

人口民族

1995 年年末，辖区内有 7942 户，总人口 29676 人。其中，男性 15075 人，占 50.8%；农业人口 29328 人，全年人口自然增长率 2.93‰。人口以汉族为主，散居的壮、回、苗、土家族等 8 个少数民族计 48 人，占总人口的 0.2%。2005 年，总户数和总人口数分别增加到 8297 户和 30210 人，人口自然增长率 3.12‰。2015 年年末，全乡有 8223 户 29901 人。其中，男性 15073 人，占 50.2%；农业人口 28996 人，占总人口的 96.6%。散居的壮、苗、侗、土家族等 10 个少数民族有 55 人，占总人口的 0.18%。全年人口自然增长率 3.9‰。

经济发展

经济综述

民国时期，境域以农业生产为主，只有 160 个分散的手工业者，经济发展缓慢。20 世纪 50 至 60 年代，建立 6 个工农业企业。1974 年，发展社队企业 12 个，经济有所发展。1980 年，境域锦石、碧泉 2 个公社工农业总产值 731 万元。其中，工业总产值 31 万元，农业总产值 700 万元。1995 年，乡党委、政府确立“夯实农业基础，实现亩产过吨粮；发展乡村企业，力争产值过亿元；促进社会发展，打造锦石新乡”的工作思路。全乡完成工农业总产值 1.26 亿元。其中，农业总产值 5157 万元。1996 年，全乡成建制亩产过吨粮。1999 年，乡、村集体企业实行改制，民营经济有所发展。进入 21 世纪后，在稳定发展水稻生产的基础上，引导村民因地制宜发展多种经营，形成“一村一品”“联村一品”和“一村多品”的现代农业生产格局，实现农业增效、农民增收。2005 年，全乡完成工农业总产值 5.54 亿元。其中，工业总产值 3.5 亿元，农业总产值 2.04 亿元。2006 年，乡党委、政府提出“四个利用”的发展框架，即利用乡机关所在地的区位优势，重点建设东风街商贸集市，使之成为全乡政治、经济、文化中心；利用碧泉潭湖湘文化渊源和地下水资源优势，提升碧泉潭现代农业产业；利用东风水库资源优势，发展生态休闲产业；利用纯塘村地域优势，建设纯塘—金盘工业小区。年内，乡政府编制《东风街商贸中心发展规划》，全面开展招商引资活动。到 2015 年，东风街政治、经济、文化中心基本形成；碧泉潭现代农业产业化组团初具规模；纯塘工业区和东风水库生态休闲中心已经起步。全乡完成工农业总产值 3.42 亿元。其中，农业总产值 2.48 亿元。

种植业

清代、民国时期，境域种植业以种植水稻为主，锦石一带种植少量的湘莲，旱地一般种植红薯、蔬菜和少量的小麦、花生、豌豆等经济作物，洄水湾的小蔸白菜小有名气。因品种单一，经济效益不高，亩产不足 250 千克。20 世纪 50 年代，改革水田耕作制度，改单季稻为双季稻，推广科学种田技术，粮食产量逐步提高。1962年，锦石、碧泉公社水稻平均亩产355千克。1974年，平均亩产445千克，实现跨《纲要》（亩均400千克）。1984年，推广杂交水稻，亩产量突破600千克，最高的亩产762千克。1995年，全乡种植双季水稻2980公顷，产粮食2.07万吨；种植湘莲55公顷；种植经济作物84.5公顷。1996年，在涧水、苍场等4个村实施农业综合开发项目，改善生产条件，引进水稻新品种、新技术。全乡产粮食2.3万吨，平均亩产1025千克，实现成建制亩产过吨粮的目标。2004年，引导村民发展多种经营，先后建成纯塘榨菜生产基地、大荷和金盘湘莲生产基地、金湖荸荠生产基地和碧泉贡米（优质米）生产基地，发展冬季油菜200多公顷，形成"稻—稻—油"生产模式。2005年，全乡粮食播种面积3186公顷，产粮食3.18万吨；种植湘莲86公顷；种植冬季油菜242公顷。2011年，成立苍场绿之缘蔬菜种植合作社。2013年，引进外资建成新安66.7公顷有机蔬菜基地。2015年，全乡种植双季稻3867公顷，其中优质稻3160公顷；旱粮190公顷。总产粮食2.93万吨。建成各类特色作物种植基地3个，总面积214公顷。

养殖业

清代、民国时期，境域养殖业历来以养猪、家禽和鲜鱼为主。1962年，境域2个公社养猪2168头，年末存栏1732头。1983年，碧泉公社冯炳安在池塘人工养殖甲鱼，获得成功。1984年，碧泉潭水产良种繁殖场建成，被省、县水产部门列为罗非鱼、革胡子鲶、淡水白鲳和罗氏沼虾等新品种越冬繁殖基地。20世纪后期，东风水库为县内首批网箱养鱼基地；碧泉村连片莲田、稻田养鱼10公顷，亩产鲜鱼42千克。地傍涓水的金盘、大荷塘等地涌现一批养鱼、孵化鱼苗能手。1995年，全乡养猪7.64万头，其中出栏4.77万头；养牛1868头；养羊3560只；养禽9.25万羽，其中出笼6.14万羽；出水鲜鱼884吨。1996年，引进福建省莆田鳗鱼养殖公司，投资700万元，利用碧泉潭地下水建成湘潭市境域首家鳗鱼养殖场，购进欧洲鳗鱼苗140万尾，成鳗空运远销日本、新加坡。同时，引进外地资金和技术，在大荷塘水库养蚌育珍珠。2000年，全乡养猪9.27万头，其中出栏6.32万头，瘦肉型猪占70%；养禽17.2万羽，其中出笼14.8万羽；出水鲜鱼1075吨。2004年，引进湖南润孚生物工程有限公司，在碧泉潭口下方建成人工养殖大鲵（俗称娃娃鱼）基地，投资800万元，投放野生亲本360尾，幼苗3600尾。同年，纯塘村建成番鸭养殖基地，有养殖户30多户，养番鸭1万多羽。2010年，引进湘潭润田水产养殖公司，在金盘村租赁水田、坝港3.3公顷养殖泥鳅。2015年，全乡饲养生猪6.86万头，其中出栏6.15万头；养牛600头；养羊1500只；养禽16.4万羽，其中出笼14.2万羽；出水鲜鱼1622吨。

林业

清代、民国时期，境域林业以薪炭林为主，只有少量用材林和经济林。20世纪50至60年代，动员群众植树造林、改造低效林和封山育林。70年代，先后建成碧泉公社林场、锦石公社林场和锦石、涧水等8个大队林场、副业场。80年代，发展庭院经济，房前屋后栽植果木树、竹和青茶168公顷。1995年，全乡有林地2034.7公顷，占山地面积的67.8%，基本改造宜林荒山，森林覆盖率28.5%。21世纪初，先后营造经济林186公顷，长江防护林50公顷、生态公益林1272.33公顷。锦石村建成板栗基地，苍场村和桂花村建立花卉苗木基地。2009年，开展集体林权制度改革，确权发证 3884 户，涉林面积 1667 公顷。2015 年，全乡有林地 1733.3 公顷，其中果木林、用材林占 57.8%，森林覆盖率 37.9%。林产品收入 1200 万元。

工业

民国时期，境域只有 1 座烧制砂罐、炊壶的民窑和 180 名手工业者。1958 年，配合“大炼钢铁”运动，组织开采碧泉铁矿石，因品位不高、交通不便，两年后停止。1969 年，建成锦石公社和碧泉公社建筑工程队。建筑工程队有 300 多名员工，承建县内外建筑工程。中共十一届三中全会后，乡村集体企业和个体企业得到发展。1985 年，锦石、碧泉两公社工业总产值 56 万元。1995 年，有乡办集体企业 5 家、村办企业 11 家，从业人员 210 人。另有联户、个体企业 142 家。全乡完成企业总产值 1.23 亿元，其中工业总产值 7448 万元，实现利税 187.6 万元。乡规模企业湘潭县微型水泵厂（由锦石乡农机厂转产更名）完成年总产值 800 万元，实现利税 70 万元。1999 年，14 个乡村集体企业全部改制。进入 21 世纪后，乡党委、政府开展招商引资活动，新建和引进纯塘机砖厂、湘特酒厂等企业。2010 年，乡党委、政府改变招商策略，先后引进湘潭县长湘建材有限公司、涓江金盘水力发电站、湘潭市三湘泉饮品有限公司、湘潭飞跃湘莲食品有限公司等企业。是年，完成工业总产值 8500 万元。2014 年，湘潭飞跃湘莲食品有限公司加工的莲产品注册“美芙麟·飞跃湘莲”商标，其扩建工程第一期投入 2200 万元，新建一条生产线，获县重点工程建设优胜项目奖。2015 年，全乡有工业企业 6 家，从业人员 220 人，工业总产值 9200 万元。

商贸服务

民国时期，境域有锦石、洄水湾、郑家坳 3 处墟场，主要经营日用百货、生产和生活资料及农副产品。20 世纪 50 年代，境域商贸业有所发展。乡政府驻地东风街、石嘴子建立供销社、肉食站、粮油供应点，成立当地中心市场。各大队开办代购代销点，经营生产、生活物资。“文化大革命”期间，境域内 3 个墟场被取缔，直到 1983 年才恢复。1995 年，乡内有东风街、石嘴子（原碧泉乡政府驻地）和长潭（原洄水湾集市）3 个集市，个体商店 224 家。社会商品零售额 3500 万元。2010 年，扩建东风街集市中心市场，增建碧泉潭墟场。2015 年，乡内有东风街中心商贸市场和碧泉潭（碧泉村）、石嘴子、长潭等 3 个墟场，有各类商贸店铺 318 家，从业人员 650 人。社会商品零售额 1.11 亿元，其中集市商品成交额 6800 万元。

财政金融

1956 年，设立锦石乡、碧泉乡农村信用合作社。1984 年，县人民保险支公司设立锦石乡、碧泉乡保险站。1994 年，成立锦石乡、碧泉乡农村合作基金会；县邮政局设立锦石、碧泉邮政储蓄所；撤销乡保险站。1995 年，乡级财政收入 360.5 万元，其中税收 169.9 万元。乡内有农村信用中心社 1 家和信用社 1 家及 27 个代办站，乡农村合作基金会 1 家，邮政储蓄所 1 家。年末金融单位各项存款余额 3675 万元，各项贷款余额 2640 万元。1997 年，中国人寿保险公司湘潭县支公司锦石保险站成立，开办人身、财产各类保险业务。1999 年，撤销锦石乡农村合作基金会，其业务并入锦石农村信用合作社。2003 年，乡财政收入 282.46 万元。从 2003 年起，调减、免征农业税，取消农村特产税，停征生猪屠宰税，乡级税收逐年减少，但上级支农、惠农资金逐年增收，乡级财政收入不降反增。2007 年，启动农业生产保险工作。到 2010 年，全乡 23 个村全部参加农业生产保险。2015 年，乡级财政总收入 1926.9 万元，其中地方可支配收入 382.9 万元。金融单位年末存款余额 1.24 亿元，各项贷款余额 0.78 亿元。保险公司收取保费 128.4 万元，赔付 56.8 万元，赔付率 44.2%。

基础设施

交通运输

民国时期，境域有从县城至衡山白果的南二路驿道，设锦石驿站。有 3 个涓江渡口码头，货物一般从涓水航运。1957 年 5 月，县道湘潭至花石公路建成通车，途经境域 6 个村，长 6.7 千米。1972 年，修通高山湾（文佳村）至郑家坳（桂花亭村）乡道，与潭花线连接，沟通 5 个村，全长 15 千米。1974—1975 年，修通长 8.5 千米的渠道简易公路。1995 年，左顺德、胡新梁等 5 人集资，在涓水上架通金盘至盐埠的过江索桥。1997 年，锦石村在县政府和市公路总段的支持下，投资 70 多万元，建成涓水锦石公路大桥，为县内第一座民办公助跨（涓）江公路大桥。2000 年，开通东风水库、碧泉潭至县城易俗河中巴车线路。同时，群英渠公路、向东渠公路、宣支公路陆续分期分批进行硬化，并整修、拓宽、延伸部分联村、通村公路。2009 年，湘潭至衡阳西线高速公路建成通车，途经乡内 5 个村 22 个组，境域长 3.5 千米。2015 年年末，县道河岭公路锦石段和 4 条乡道全部硬化；59 条联村、通村公路延伸至部分村民小组或农户家，总长度 74.3 千米，其中 70 千米已硬化。每日除 100 多个班次中巴车过境外，有 8 个班次的客运中巴车分别从东风水库（延伸至排头乡辰山村）、碧泉潭、碧泉中学往返于湘潭、易俗河等地，日客流量 400 多人。

邮电通信

1968 年，县邮电局首次在锦石公社东风街和碧泉公社石嘴子设立邮政代办站。1995 年，乡内有锦石东风街、碧泉石嘴子两个邮政代办站。1996 年，锦石邮政代办站开通程控电话 100 门。乡机关开通传真业务。1999 年，锦石乡移动通信站成立。年内有固定电话 242 部、移动电话 135 部。锦石邮政代办站改为锦石邮政所。2015 年，乡内有邮政所 1 家、邮政代办站 1 家，移动通信站 1 家。有固定电话 1892 部，移动电话 9864 部，宽带用户 645 户。邮政、电信业务收入 302.5 万元。

供电供水

清代、民国时期，乡民饮用塘水、坝水和江水。1958 年冬，胜利坝水电站建成，为县内首批建成的水力发电工程，电能供应东风水库管理所和附近村民照明、碾米。1967 年，锦石公社机关单位架接国家供电线，取代煤油灯照明。随后，碧泉公社机关和各大队也陆续架线通电。1970 年，部分村民打井饮用地下水。1987 年，实现“村村通”电，92% 的组通电。1992 年，实现“户户通”电的目标。2001 年，开始分期、分村对供电网进行改造。2006 年，建成涓水金盘水电站，装机 6 台，总容量 600 千瓦，年发电量 260 千瓦时。到 2015 年，累计总投资 1400 多万元，完成 11 个村的供电网改造任务。涓江金盘水力发电站年发电量 270 万千瓦时，并入国家电网。全乡年用电量 486 万千瓦时；100% 的农户饮用地下井水，其中 80% 的农户自建水塔，提供自来水。

水利建设

清代、民国时期，境域仅有流阳桥水、碧泉潭水及 2400 余口水塘可供灌溉，干旱时有发生，大旱年农作物歉收、失收严重。1953 年，截断流阳桥水修筑胜利坝，为乡内第一座中型水坝。1958 年，修建东风水库，库容量 850 万立方米，为乡内第一座也是唯一的小㈠型水库，并修建东、西、中3条干渠，可灌溉农田1400公顷；同时，修建金盘、锦石、唐家湖等处排灌机埠，使锦石一带农田基本实现自流灌溉。1974年和1975年，整治改造胜利坝以下河段和碧泉潭以下至潭花公路杨家湾段小溪，实现渠化，分别取名群英渠和向东渠。1995年，乡内有小㈠型水库1座，小㈡型水库5座，自流地下泉水1处，抗旱机埠10座，水塘2980口，自流灌溉面积72%。2000—2006年，乡政府组织村民大规模整修水塘，相继投入800多万元，实施东风水库及东西干渠、碧泉潭及向东渠和大荷塘水库、鹅公塘水库的除险加固工程建设。2015年，乡内水利工程有小㈠型水库1座、小㈡型水库5座、地下涌泉1处，电动排灌机埠16座，水塘2480口。各类水利设施安全运转，自流灌溉面积81.6%。

村镇建设

20世纪80年代，锦石公社启动东风街集市建设，因缺乏规划和资金投入，建设进展缓慢。2006年，乡党委、政府作出重点建设东风街集市的决定，编制《东风街商贸集市2006—2016年发展规划》，启动首期建设工程，改造农贸市场，规范管理商铺，开发北向位于文佳村段的30个店铺门面，至2010年完工。随后，实施第二期建设工程，开发南向唐家湖村段的100个店铺门面，于2012年完成。兴建文佳、大桥、胜利、碧泉等村村部并新建环境卫生设施。乡政府投资1200万元，在胜利村新建1座垃圾处理厂，占地7.3公顷，日处理垃圾5吨多。到2015年，东风街中心商贸集市初具规模，吸纳155人在此经商、办厂。是年，820户村民建沼气池，并结合进行改水、改灶、改厕所。有8个村建成中型垃圾池，配备65人进行垃圾清扫、搬运和处理。累计总投资1100多万元，18个村完成村部建设，形成新的村级商贸中心。碧泉村开展“美丽乡村”建设，年内通过湖南省“美丽乡村示范村”考核验收。

社会事业

教育

宋绍兴二年（1132），理学家胡安国携子胡宏及弟子从湖北荆门移居湘潭县碧泉潭，建碧泉书堂讲学，开创湖湘学派。清代，境域有私塾（含族校）10多家。20世纪50年代，开办联村小学3所、初小6所。20世纪80年代，随着人口的增长，办初中2所、各大队（村）均办1所小学。1995年，乡内有初中2所、农校1所、小学22所，有中小学教师298人，在校学生3998人。适龄儿童入学率100%，初中生毕业率99.7%。2005年，随着生源减少，陆续撤并9所小学，在校学生减少至2550人。2007年，锦石中学“全国流动人口、农村留守儿童示范性家长学校”挂牌，设立阳光驿站，开通青少年维权热线，筹措留守儿童救助基金，受到全国妇联肯定。2011年，争取上级资金180万元，在文佳村建成全县第一所公办幼儿园，招收120名幼儿入园。2015年，乡内有初级中学2所，小学9所，幼儿园10个，有中小学教师117人，在校学生1840人。适龄儿童入学率和初中生毕业率100%。

文化体育

民国时期，境域有花鼓戏业余剧团2个，皮影戏班3个，狮龙队6支，龙舟队3支。20世纪50年代，境域文体活动频繁。每年春节，狮龙队闹新春；端午节举行龙舟比赛；婚丧喜庆时唱花鼓戏；七夕期间演皮影戏，称之为唱“祖戏”。1964年，锦石公社、碧泉公社均成立文化站，组织群众开展文化娱乐活动。锦石公社文化站在各大队巡映电影时，放映自制的幻灯片，开展科普宣传。1970年，锦石公社、碧泉公社广播站成立，每日3次播出县广播站节目和自编节目。1995年，乡内有乡文化站1个、广播站1个，业余剧团1个，皮影戏班2个，狮灯队4个，龙舟队2支，文学艺术爱好者100多人。各类体育场所12处。2000年，乡有线电视管理站成立。进入21世纪后，乡内文化活动更加频繁，新建村级文化活动中心，先后成立西乐队、腰鼓队、军鼓队、文艺宣传队。2011年，投资30万元，在乡中学内建成全县第一所乡级青少年文化宫。2013年，乡文学艺术工作者联合会成立，吸收会员50人。2015年，全乡有文化体育广播电视站1个，有线电视管理站1个，村级文化活动中心8个，文艺宣传队（业余剧团）9支，中西乐队、狮灯队、腰鼓队、军鼓队、龙舟队15支。电视入户8102户，其中有线电视用户3540户。有农家书屋18个，藏书8000余册。有球类、田径运动队7支，各类体育健身场所18处。

医疗卫生

民国时期，境域内有20多名民间医生行医，有私人药铺4家。1952年，民间医生刘邦直、周祖乃、冯紫成等组建锦石联合诊所。1958年，东风人民公社卫生院成立。1961年，分设锦石公社卫生院和碧泉公社卫生院。1969年，各大队兴办合作医疗室和药店，实行合作医疗制度。1982年停办，部分医疗室及药店由农村医生（又称“赤脚医生”）个人承包经营。1995年，乡内有锦石乡中心卫生院和碧泉卫生分院，有医疗点（门诊部）3个，医务人员15名，病床5张；农村卫生医疗室16个，有医生和妇幼保健员38人；个体持业医生8个；个体药店5家。2011年，投资640万元，在唐家湖村新建乡中心卫生院，建筑面积2488平方米，设门诊部、住院部，并添置一批先进的医疗器械。2015年，乡内有中心卫生院1所，碧泉卫生分院1所，医疗点（门诊部）1个，病床40张，专业医务、护理人员20名。村级卫生室23个，个体注册持业医生23人，私人药店25家，年诊治患者1.2万人次。

社会保障

1956年，境域实行“五保”对象供养制度，对13名“五保”对象实行分散供养，年供稻谷180~200千克。同时，对74名伤残、转业军人和烈士家属进行优待优抚。1985年，锦石公社敬老院建成，集中供养“五保”老人12人。1986年，碧泉公社敬老院建成，集中供养“五保”老人8人。1995年，全乡787名五保对象全部落实供养政策，其中集中供养77人。供给标准为村、组供给“五保户”每人每年稻谷350千克，由乡镇供给每人每年180元。2004年，乡政府投资50万元，利用原碧泉乡政府办公场所，建成乡中心敬老院，集中供养五保对象54人。2005年，启动新型农村合作医疗制度，当年参加合作医疗人员1.82万人，参合率42.8%，有1153人次享受住院、门诊医疗费补偿，补偿金额89.5万元。2006年，启动农村居民最低生活保障制度，当年有45户89人领取生活保障金2.67万元。2008年，对城乡居民低保对象进行核查后，保留农村低保对象312户628人；保留城镇居民低保对象22户42人。2009年，启动社会养老保险制度，有4768人领取养老保险金，每人每月领取50元。2015年，落实全乡1012个伤残、复员退伍军人、义务兵和烈士家属的优待优抚政策，全年领取补助金、抚恤金338万元。411名“五保”对象全部进行供养，每人每月供给280元，其中80人在乡中心敬老院进行集中供养。新型农村合作医疗保险参保率100%，有8500人次享受住院补偿金1817万元，16302人次享受门诊医疗费补偿金49.95万元。有507户984人享受农村低保待遇，年领取保障金121.6万元；有16户18人享受城镇低保待遇，年领取保障金 5.85 万元；有 6102 人享受社会养老保险待遇，领取养老金 366.12 万元。

人民生活

清代、民国时期，境域旱灾、洪涝灾害多发，农业种植品种单一，产量低，农民主粮不足，常以蔬菜、红薯、芋头充饥，民间有“红薯芋头半年粮”之说。1950 年，人均口粮 265 千克，农民大多住茅草房。1953 年，口粮略有增加。1962 年，人均纯收入仅 34 元。实行家庭联产承包责任制后，粮食连年丰收，家家有余粮。1995 年，农民人均纯收入 1211 元，人均储蓄 1246 元，有 68% 的农户住上楼房，每百户家庭有摩托车 14.8 辆、汽车 1.47 辆。乡党委、政府引导乡民增收。2000 年，农民人均纯收入 1770 元。2006 年起，乡政府引导农民发展规模养猪，同时输出 1 万多名剩余劳动力外出打工、经商，农民收入大幅度增加。2010 年，农民人均纯收入增至 5495 元，人均储蓄 5672 元。2015 年，全乡人均纯收入 1.28 万元，年末人均储蓄 1.35 万元，有 88.4% 的农户住上新式楼房，人均住房面积 36.14 平方米，电器设备齐全，每百户农家有摩托车 78.5 辆，汽车 9.8 辆。

特色地情

历史人物

宾玉瓒（1873—1940） 回水湾堆子山（今锦石乡太阳村堆子山）人，清末湖南乡试解元。曾在日本早稻田大学学习法律，编著出版《现代世界史》。留日期间加入共产党，任湖南支部书记。回国后，在湖南省法政专科学校任教，后任广西法政大学校长、国史馆纂修。后因时局动专事钻研佛学。民国 22 年（1933），回湘潭广行扶贫济困善举。

严北溟（1907—1990） 锦石乡胜利村洄水湾人。民国 16 年（1927），加入中国共产党。民国 27 年（1938）春，创办《浙江潮》周刊，任主编。不久出任长兴县县长。任期内，整顿抗日武装，建立妇救会，举办青训班，创办长兴战时补习中学和《天北日报》，并掩护中共长兴县委开展工作。民国 35 年（1946），兼任大厦大学、光华大学等多所大学教授。中华人民共和国成立后，任复旦大学教授。长期致力于中国哲学史、佛教研究，参与《辞海》修订，主编《中国近代哲学简史》，著有《论第二次世界大战》《中国古代哲学寓言故事选》《中国佛教哲学简史》等。

风景名胜

碧泉潭 位于碧泉村内，潭口 3 米见方，深 1.5 米。水温四季保持在 20℃左右。潭流成溪，灌溉农田，旧时“上灌八百（亩），下荫三千（亩）”。所灌溉稻谷曾作为贡米。民间传潭中有孽龙，“头在江西铁树观，尾在湖南碧泉潭”。因宋胡安国父子隐居于此创建碧泉书院而闻名。宋绍兴十一年（1141），胡宏有感于“人希探本”而创立性本论儒学观，在潭边建“有本亭”。明正统十三年（1449），僧正琴克铭在侧建碧泉寺。明嘉靖年间（1522—1566），湘潭知县高应祯在潭旁建去思碑亭和竹泉书院。现今这些建筑已全毁。

碧泉书院 宋建炎四年（1130），太学博士胡安国（福建崇安人）为避战乱，举家迁居湘潭县碧泉潭。宋绍兴二年（1132），建碧泉书堂，授徒讲学，并潜心撰写《春秋传》。宋绍兴八年（1138），胡安国去世后，其子胡宏将书堂修缮扩建，更名为“碧泉书院”，继承父业，继续讲学 30 余年，完成著述《知言》。胡宏去世后，弟子张栻、彪居正传其学于岳麓书院，一起创立以经世致用为主要特征的湖湘学派，对后世影响深远。元、明、清朝时碧泉书院几度重修。民国 29 年（1940），

由胡氏后裔重修，并改名为胡文定公祠，成为胡氏家族祭祖场所。1958 年书院全毁，旧址成为民宅基地。

民俗风情

六月六划龙船 清代，境域涓水两岸的金盘与盐埠一带有农历六月六日划龙船的习俗，有“五月五划不足，又划六月六”之说。锦石金盘一带每年五月初五日要进行龙船竞赛，与对岸盐埠的龙船争抢第一。为避免争抢第一发生械斗，定于六月六日进行复赛。此日，金盘、盐埠、回龙桥、花石、金塘、锦石、射埠的龙船队都来参赛。铳炮连天，十几条龙船奋力夺冠，两岸观者人山人海。五月初五和六月初六连胜之船尊为“船王”，各龙船队要“进贡”钱粮，设宴款待。此习俗一直延续至民国年间。

（撰稿：俞　海　宾国安）

排头乡

乡内隐山为湘潭四大名山之一，有湖湘学派创始人胡安国父子墓。

区域概况

地理位置

排头乡位于湘潭县西南部，涓水中游西岸。东与花石镇相连，东北与锦石乡相依，南隔涓水与原龙口乡相望，西南与青山桥镇接壤，西与湘潭县分水乡和湘乡市梅桥镇交界，北抵乌石镇。因境中心地带山岭多系南北走向，独一山呈东西走向横亘于前，人称排头岭，乡依地名。2007年，乡人民政府驻地从大扶冲村石家大屋迁至同心村同心组涵牛山。

建置沿革

明朝初期，境域属湘潭县九十九都。明洪武十四年（1381），分属上民乡布政里和易俗乡锦泉里。清代，分属县十一都、十五都。民国初年，分属县南乡南四区和西乡西四区。民国24年（1935），属县六区隐山乡、太平乡。民国30年（1941），分属碧泉乡和花石乡。1949年，属县石潭区。1950年，分属县七区和九区。1951年，属县十一区。1953年，属排头岭区。1956年6月，分属排头岭、留田、黄荆坪乡。1958年9月，属曙光人民公社。1959年3月，曙光人民公社改称排头岭人民公社。1961年5月，排头岭人民公社析为排头、黄荆坪、留田3个人民公社，隶花石区。同年9月，从排头、黄荆坪人民公社析出9个大队设立严冲人民公社。1984年，排头、留田、黄荆坪、严冲人民公社改称乡。1995年4月，排头乡、严冲乡、留田乡和黄荆坪镇（1995年2月经省民政厅批复同意建镇未挂牌）合并成排头乡，至2015年末无变化。

区划面积

1995年，排头乡辖东山、紫山居、辰山、黄荆坪、指南、霞山、星星、长山、安全、双泉、龙潭、严塘、严冲、仁陂、松梓、船形山、鳌洲、仓冲、雪佳、石岗、高陂塘、四印桥、藕塘、回龙桥、排头、同心、月塘、杨家岭、大扶冲、湘南、上南、南桥、留田、兴阳、合云、楼冲、合兴、毫光、红卫、中加、桐梓、延化42个村685个村民小组。全乡总面积130.4平方千米，有耕地面积4356公顷，其中水田3623.2公顷，旱土732.8公顷；山地面积5946公顷；水域面积1110公顷。2014年，杨家岭村与高陂塘村合并为红祺村，楼冲村与合云村合并为合荣村，石岗村与四印桥村合并为先劲村。2015年12月，成建制划出红卫、中加、桐梓3个村属花石镇管辖。至年末，全乡有36个行政村638个村民小组。总面积124.7平方千米，有耕地面积4319.5公顷，其中水田3339.57公顷，旱土979.93公顷；山地面积5896公顷；水域面积974公顷。

自然环境

境域属湘中丘陵区，以丘陵为主，平原、岗地、山地四种地貌齐全。地势为西北偏高，东南偏低，中部稍凸。西北部隐山海拔437米，系境域最高点，为县内四大名山之一。涓水从东南依境而过，有发源于较场人形山的延化港水、发源于严冲狮形山的回龙桥水和发源于景泉潭口的流阳桥水（入锦石胜利坝），为涓水三条支流，沿岸形成留田、延化等多个冲积小平原，为县内水稻、湘莲主产区。境域属亚热带季风湿润气候区，一年四季分明，年平均气温17.8℃，无霜期约316天，年平均降水量1180毫米，为县内降雨最少的地区。多年平均日照总时数1734小时。土壤主要是砂岩风化物和河流冲积物，黄荆坪、严冲一带土壤含磷元素较高，适应农作物生长。山林以灌木为主，林木主要有杉、樟、枫、檫、棕、苦槠、栗、重阳木和油茶等38种。野生动物主要有蛇、蛙、野鸡、野兔、野猪、黄鼬等100余种。境域矿藏有磷矿石、煤炭、锰矿石、铁矿石、铅锌矿石、石膏、石灰石、红岩石等。已探明黄荆坪九潭冲煤炭矿点、严冲鳌洲锰矿石矿点、松梓冲石灰石中型矿床、严冲银珠坳磷矿石小型矿床和紫山居铁矿石矿点（贫矿）。留田猫形山一带的红岩石储藏量大，是著名的磨刀石和架桥、建房的优质材料。境域旱灾、洪涝兼有，以干旱为主。从1950年至2015年，境域共发生各类自然灾害16次，其中较为严重的干旱7次，洪涝3次。

人口民族

1995年年末，辖区内有17061户62921人。其中，男性31649人，占50.3%；农业人口61297人，占97.42%。人口自然增长率为3.18‰。人口以汉族为主，散居的苗族、侗族、傣族、土家族等7个少数民族计154人，占总人口的0.16%。2015年年末，划出1368户5237人至湘潭县花石镇。全乡有15699户60143人。其中，男性31009人，占51.6%；农业人口58579人，占总人口的97.4%。散居苗族、侗族、傣族、土家族等10个少数民族175人，占总人口的0.3%。人口自然增长率2.6‰。

经济发展

经济综述

民国时期，境域经济以农业为主，有打制农具的红炉30多座。因境域南北两端低、中部略高，易涝易旱，农民作“望天田”，收成不稳定。20世纪50年代，兴修水利，灌溉条件改善。1962年，境域排头、留田、严冲、黄荆坪4个公社完成工农业总产值561万元。其中，工业总产值71万元，农业总产值490万元。1974年后，公社、大队兴办12个工业企业和60多个商贸企业，乡域经济发展步伐加快。1995年，乡党委、政府确立“夯实农业基础，主攻粮食生产，开发山丘岗地，开展多种经营，发展乡村企业，实现脱贫致富”的目标。全年完成工农业总产值1.79亿元，其中农业总产值7725万元。2006年，乡党委、政府抓住潭衡西线高速公路在回龙桥设置互通口的契机，制定打造“三个中心，建设一条走廊”的发展规划，即精心打造回龙桥政治经济文化中心、留田湘莲生产及加工中心、黄荆坪（隐山）文化旅游中心和回龙桥至黄荆坪的生态农业走廊。2011年，乡党委、政府确立“农业稳乡、工业强乡、旅游兴乡、文化强乡”的工作发展思路。2015 年，全乡完成工农业总产值 8.34 亿元，其中工业总产值 6.12 亿元，农业总产值 2.22 亿元。

种植业

清末、民国时期，境域种植业以种植水稻为主，亩产稻谷不足 200 千克。留田一带有少量湘莲种植，黄荆坪一带生产白芍、百合、苎麻、土烟，小有名气。但产量和产值都比较低。20 世纪 50 年代，改革水田耕作制度，粮食产量增加。1957 年，亩产稻谷 235 千克。实行家庭联产承包责任制后，粮食和经济作物产量逐年增加，品质提升。安全大队颜昌美带领全家上山垦荒，种植百合 60 多公顷。1995 年，全乡种植双季稻 5886 公顷，产粮 5.93 万吨；种植湘莲 666.6 公顷；栽植白芍、百合、土烟等经济作物 1200 公顷。1996 年，全乡产稻谷 5.03 万吨，平均亩产 1020 千克，被评为全县粮食成建制亩产过吨粮先进乡。进入 21 世纪后，在稳定发展水稻、湘莲生产的基础上，发展优质稻，与加工企业签订收购合同，确保增产增效。2005 年，全乡种植水稻 6013 公顷，产粮 5.44 万吨；种植经济作物 586 公顷。2010 年，调整产业结构，开发丘岗地，发展特色农业，陆续建成红卫村冬瓜生产基地，延化村高粱种植基地，严冲村花生种植基地，黄荆坪村药材基地，松梓村和杨家岭村蚕桑基地，排头村洋姜基地，严冲、辰山和毫光村油菜生产示范基地，延化村和藕塘村的“太空莲一号”绿色食品基地，中加村和雪佳村的花卉苗木基地，石岗村牧草种植基地，严冲村和毫光村生菜生产基地，仓冲和雪佳村百合生产基地，同心村湘莲和西瓜种植基地等。2015 年，全乡种植水稻 6867 公顷，产粮 5.34 万吨；种植湘莲 600 公顷；发展其他经济作物 520 公顷。是年，春静水稻种植专业合作社承包流转土地 586 公顷，产粮 9000 吨，被评为“全国‘五十佳’创新示范社”，社长彭水平被全国妇联、科技部评为“巾帼创业女青年”。

养殖业

清末、民国时期，境域农户以养殖生猪、家禽和鲜鱼为主。20 世纪 50 年代，政府鼓励家庭养猪、养鸡，每户农家养殖 2~8 头猪或 1 头母猪，养 10 羽左右鸡鸭。60 年代，提倡集体养猪，先后办起 6 个公社、大队猪场。80 年代，私人养猪有很大发展，全乡实现人均养 1 头猪。1995 年，乡政府通过扶植科技养殖示范户，引进畜、禽、鱼新品种、新技术，建立畜禽疾病防疫体系。全乡养猪 12.68 万头，其中出栏 9.42 万头；养牛 1316 头；养禽 22.94 万羽，其中出笼 16.92 万羽；出水鲜鱼 1175 吨。1998 年，县磷矿下岗工人谭建光回乡后创办建光实业公司，拥有运猪车 12 辆，雇请 190 人，从事活猪长途贩运，年外销广州、深圳、东莞和郴州的活猪 10 万多头。21 世纪初，引导集约经营，培养年存栏 100 头以上的专业户 48 户。2005 年，成立藕塘村、同心村、霞山村、黄荆坪村养殖协会和良君生猪合作社，提供产、供、销服务。养猪专业户有 110 户，成为县内养猪最多的乡镇。2015 年，全乡养猪 19.6 万头，出栏 11.5 万头，常年存栏生猪 50 头以上的规模养猪户 197 户；养禽 23.13 万羽，其中出笼 17.7 万羽；养牛 2513 头；养羊 4954 头；出水鲜鱼 1578 吨。

林业

清末、民国时期，境域林业以薪炭林为主，用材林为辅，零星分布着少量的油茶、油桐和小水果等经济林。20 世纪 60 至 70 年代，党和政府动员群众植树造林、封山育林，办林场、建基地，先后建成黄荆坪杉木基地、严冲和黄荆坪油茶基地、留田、合兴和黄荆坪国外松基地、黄荆坪桑园、东山橘园。1995 年，全乡有林地 4294.4

公顷，占山地面积的72.2%，森林覆盖率37.6%，宜林荒山全部种植。随后乡党委、政府鼓励农民垦复荒山造林，开发丘岗地，争创“千元土”，涌现一批承包开发荒山致富典型。全乡完成退耕还林195公顷，改造低效林36公顷，营造长江防护林42公顷和生态公益林2443.8公顷。2009年，全面开展集体林权制度改革，农民增加投入，新植经济林150公顷，改造低效林312公顷。2015年，完成造林45公顷和14.6千米韶茶干线回龙桥至长山村段的“三边”绿化，组织义务植树11万株。至年末，全乡有林地5432公顷，森林覆盖率44.9%，林业收入780万元。

工业

清末、民国时期，境域有私营九潭冲煤矿、谭家亭子石灰窑、蔸子塘石灰窑、仁陂甘塘子片石场、殷家洲陶器窑等企业，还有散居的手工业者200多人。1957年，组建排头岭禾镰生产合作社，有铁匠80多人，制作禾镰的红炉40多座，年锻造禾镰40多万把。1964年，该禾镰生产合作社并入县易俗河禾镰厂。1969年，县磷矿在鳌洲大队建成，年产磷矿石4万吨。进入20世纪70年代后，社队企业兴起，先后建成排头、留田、严冲、黄荆坪公社农机站（厂）、建筑工程队和严冲铸造厂等企业。中共十一届三中全会后，联户、个体企业兴起。黄荆坪公社磷矿和双泉村磷矿先后建成投产。1995年，乡内有县属国营企业1家，乡办集体企业12家、村办集体企业17家，联户和个体企业345家，企业从业人员1820人。全乡完成工业总产值1.02亿元，实现利税428万元。2000年，集体企业完成改制。是年，乡政府采取“以人缘招商、以亲情招商、以资源招商”的策略，引进和新建湘潭县齐心莲食品有限公司、楠木冲锰矿、鑫源锰业公司、湘潭潇湘制泵有限公司、湘潭湘泵多级泵有限公司、毫光石膏矿等一批企业。2010年，全乡完成工业总产值1.98亿元，齐心莲食品有限公司等3家规模工业企业完成工业总产值8620万元。2015年，乡内机械、化工、建筑材料、采矿和食品5个行业，从业者1248人，工业总产值6.12亿元。

商贸服务

清代、民国时期，境域有殷家洲（现新嘉洲）、回龙桥、排头岭、弄子山、仓冲、黄荆坪等6处墟场，主要经营日用百货、农业生产资料和农副产品。20世纪50年代中后期，黄荆坪、排头岭设立供销社、肉食站、粮油供应站（点）和饭店、照相馆等，成为当地的中心市场。各村（大队）开办代购代销店（点），经营少量的生产、生活物资。“文化大革命”期间，所有墟场被取缔。中共十一届三中全会后，恢复各地墟场，商贸业得到较快发展。1993年，严冲乡集资兴建严冲农贸市场。1995年，乡内有新嘉洲、回龙桥、严冲、黄荆坪等4个商贸市场和排头岭、弄子山、干塘子3个墟场。个体商铺400多家。社会商品年零售额5200万元。2007年，融资3000多万元，扩建回龙桥商贸市场，建成商居楼2栋，建筑面积2.8万平方米，拥有商业店铺80个，从事商贸服务人员350人。2012年，投资78万元，改造严冲农贸市场，新建两个交易大棚1200平方米，经商摊位150个，实现日用百货和农副产品分类经营。2015年，乡内有3个商贸市场、7个墟场，各类商贸店铺760家，从业人员1600余人。社会商品零售额1.64亿元，其中集市商品成交额1.12亿元。

财政金融

1953年，成立排头岭合作区农村信用合作社。1956年，分设排头岭、留田、黄荆坪乡农村信用合作社。1984年，县保险支公司设立排头、留田、严冲、黄荆坪乡保险站。1994年，成立排头、留田、严冲、黄荆坪乡农村合作基金会；县邮政局设立排头邮政储蓄所；撤销各乡保险站。1995年，全乡财政总收入781.2万元，其中农业税92.9万元，企业纳税53.1万元，工商税等635.2万元。乡内有农村信用合作社4家，农村合作基金会1家，邮政储蓄所1家。年末各项存款余额4782万元，各项贷款余额2896万元。1998年，排头信用合作社中心社改为排头信用合作社。1999年，撤销排头乡农村合作基金会，其业务并入排头信用合作社。2003年，实行税费改革，乡财政收入（主要是税收）减少至470.3万元。2004年起，调减、免征农业税，停征生猪屠宰税，财政收入逐年减少。但随着财政体制改革的深入，上级转移支付的项目、“三农”补贴经费大幅度增加，保证乡财政的正常运转。2015年，完成预算总收入2519万元，其中税金571万元。金融单位年末各项存款余额1.88亿元，各项贷款余额9240万元。保险机构收取保险费96.8万元，赔付37.6万元，赔付率38.8%。

基础设施

交通运输

清代、民国时期，有从县城至衡山县白果的南二路驿道过境。还有涓江渡口码头3个，货物一般从涓水航运。1957年，县道潭（湘潭）花（花石）公路通车，途经排头、留田两乡，境域长7.5千米。1958年，采用沿线群众投劳的方式，修通云（云湖桥）回（回龙桥）公路黄荆坪至回龙桥路段，途经黄荆坪、严冲、排头公社，长26千米。1965年和1969年，先后修通排（排头岭）较（较场坪）公路和黄（黄荆坪）歇（歇马）公路。1995年，有4条县道经过乡域内，在乡内共长82千米；通村公路45条，总长168千米。涓江渡口码头3个。每日往返湘潭、花石、青山桥等地的客车90余辆次。有货车124辆，担负当地居民和县、乡磷矿生产、生活物资运输。从21世纪初开始，乡内县道分期分段硬化。整修、拓宽、延伸联村、通村公路，采用国家补贴、沿线村民自筹的办法筹集资金，分期进行硬化。2009年，潭（湘潭）衡（衡阳）西线高速公路建成通车，途经乡内13个村73个组，长12.28千米，其中连接线2.23千米，在回龙桥设1处互通口。2011年，云回公路升级改造成为县内的干线公路，从韶山延伸至茶恩寺，称韶茶公路，在回龙桥新建涓水大桥，回龙桥成为县内新的交通枢纽。2015年，乡内有1条高速公路和4条县道经过；通村、联村公路48条，总长520千米，其中硬化348千米，占67%；渡口码头2个。每日过境客车100余辆次，有黄荆坪、雪佳坝、弄子山、莼子塘、鳌洲、上南等地的专线车12个班次往返于湘潭、易俗河、长沙等地。拥有货车202辆，年货运量68万吨。

邮电通信

1968年，县邮电局在回龙桥、黄荆坪设立邮政代办站，主要邮寄信件、包裹。1972年，增设新嘉洲、严冲邮政代办站。1995年，乡内有新嘉洲、回龙桥、严冲、黄荆坪4个邮政代办站。1996年，黄荆坪邮政代办站开通程控电话500门，当年安装固定电话316部。乡机关开通传真业务。1998年，严冲、黄荆坪邮政代办站改为邮电所。1999年，成立排头乡移动电话通信站，乡内固定电话、移动电话得到较大的发展。固定电话增加到6310部，移动电话增至825部。同年，回龙桥邮政代办站改为邮政所。2015年，乡内有邮政所1家、邮政代办站3家、移动电话通信站1家。固定电话2846部，移动电话47825部，宽带用户869户，邮政、电信业务收入518万元。

供电供水

清代、民国时期，境域居民饮用塘水、坝水和江水，个别家庭饮用井水。1967年4月，公社机关和部分厂矿、社员家庭开始用电照明和加工农副产品。1972年，各大队陆续架线通电。多数农户自家掘井，饮用地下水。到1988年，实现村村通电，入户率87%。2000年，开始分村对电网进行改造。2002年，县电力局帮助双泉村良家组散居山冲的8户农户架通国家供电线，实现全县组组通电。2006年，引资250万元，建成涓江（延化）水电站，装机4台，总容量450千瓦，年发电60万~70万千瓦时。2007年，首次在黄荆坪村实施国家农村安全饮水项目，投资15.8万元，修建两座水塔，解决该村1000多人的安全饮水问题。2012年，实施国家人畜安全饮水建设项目，总投资1860万元，分别解决延化、双泉、霞山3村和县第四中学共3000多人的人畜安全饮水问题。2015年，启动回龙桥自来水厂建设。工程总投资826.45万元，日供水1500吨，主要解决回龙桥集镇、排头岭集镇和同心等6个村1.65万人的饮水问题。对鳌洲、回龙桥村的电网进行改造。至此，累计投资2720万元，完成32个村的电网改造任务。全乡年用电量742万千瓦时。

水利建设

境域地势特殊，无大型蓄水工程，历为县内易旱地域（俗称“干鱼脑壳”）。民国23年（1934）遭遇特大干旱，沿涓江一带的农民用48条河车进行梯级提灌，仍然歉收、失收严重。1958年，修建南田水库，库容量475万立方米，为境域第一座小㈠型水库。接着修建月塘水库、严冲水库、下石坝水库3座小㈠型水库，库容量分别为100万、216万、139万立方米，以及隐山、白云、毫光水库等小型水利工程。1975年，从黄荆坪公社北部修建上石坝水库南干渠至排头公社杨家岭，全长17.4千米。1976年，修建花石水库跨涓水的西干渠至合云，全长15.18千米。1995年，乡内有小㈠型水库4座、小㈡型水库8座、电动排灌机埠7处、渠道28条共长54千米，水塘5008口，自流灌溉面积为53.2%。2006年，投资560万元，完成水利工程建设420处，其中小型水库除险保安工程2处，河坝整修14处，排灌机埠改造5处，整修骨干塘88口，浆砌高标准渠道29.2千米。2013年，全省水利建设流动观摩会在乡内召开。年内，全乡投入1180万元，完成大小水利工程845处。2014年，投入资金2370万元，其中省、县重点项目1500万元，乡内面上小水利工程建设870万元，完成15.7千米干渠硬化、11.6千米渠道清淤、25处水毁工程恢复、4座机埠更新改造、4处坝台建设、小塘小坝建设258处，重点解决4个村的干旱问题，获全省“水利建设示范乡镇”称号。2015年，筹资1500余万元，完成毫光水库和白云水库的加固、200口骨干塘清淤扩容、上石坝水库南干渠长山支渠和南田水库北干渠留田支渠10千米高标准渠道硬化，12千米渠道清淤扫障，1处抗旱机埠更新改造，400处小塘小坝建设和8个“五小”项目建设。年末，乡内有小㈠型水库4座；小㈡型水库8座；有排灌机埠7处，渠道25条，长48.9千米；水塘4940口。各类水利工程安全运转，自流灌溉面积67.2%。

村镇建设

1993年，黄荆坪乡编制黄荆坪街区的发展规划，拆除一些临时建筑和棚户摊位，并整修街道路面和水沟。1994年2月，省民政厅批复同意黄荆坪撤乡建镇，因县内随即进行撤区并乡（镇）工作而未能挂牌。2006年，排头乡党委、政府在回龙桥新建和完善基础设施，引导村民进驻经商办厂。2007年，斥资700余万元，在回龙桥新建乡政务中心，占地0.7公顷，建筑面积2160平方米。

2012年，乡政府编制《回龙桥小集镇建设发展规划》，将同心、回龙桥、仓冲、延化、桐梓等5村列入集镇化管理范围。2013年，完成编制、测绘土地面积19.2平方千米的《回龙桥片控制性规划》初步方案，启动建设回龙桥商居楼开发项目工程。2015年，筹集社会资金800万元开发回龙桥小城镇二期项目，建筑面积6000平方米，其中投资300万元开发湘莲市场商住楼1栋，建筑面积2028平方米。至年末，回龙桥中心集镇初具规模，累计投资4285万元，竣工房屋面积42841平方米。39个村累计总投资2300多万元，建成39个村部，并配套建设环境卫生设施。

社会事业

教育

清末、民国时期，境域有私塾8所，以留田王氏族校（湘潭县储英高等小学堂）和龙山周氏族校规模较大。1954年，当地人士刘爱农、向愚等人在延化寺内创办湖南省私立和平初级中学，后发展成为县立第四完全中学。1958年，县属黄荆坪完全小学（前身为周氏族校、实践完小）附设初中班。20世纪80年代，随着人口的不断增加，各公社办1~2所初中，大队办1所小学。1988年，有乡中学4所，村小学45所。1995年，乡内有县属中学1所，初中4所，农校2所，小学42所，中小学教师357人，在校中小学生6356人。适龄儿童入学率100%，初中生毕业率99.72%。1996年，全乡基本普及九年制义务教育和基本扫除青壮年文盲工作达标。2005年，投入360万元，改造中、小学危房1428平方米，校舍危房全部危房。随着生源逐年减少，陆续撤并27所村小学。2015年，乡农校培训各类农业技术人员5000人次。是年，乡内有县属高级中学1所，农校1所，初级中学4所，小学11所，注册幼儿园7所。中小学教师220人，在校中小学生4120人。适龄儿童入学率100%，初中生毕业率100%。

文化体育

境域文化底蕴深厚。宋代理学家胡安国和季子胡宏定居碧泉潭后，经常到黄荆坪隐山讲学论道。明代，湘潭石潭（今排头乡辰山村）出现了被称为“莘莘六子”的周氏六兄弟人才群（周之屏、周之翰、周之光、周之基、周之命、周之龙），为官作宦，诗文著述，声名显达。其堂兄弟周之礼子周圣楷写成史地巨著《楚宝》，是迄今最为完备的楚志全书。清道光、咸丰年间（1821—1861），紫山居桂在堂先后有王慈云、周诒端（夫婿即为湘阴人左宗棠，官至东阁大学士、军机大臣）等13位女诗人，各有诗集面世，形成周氏诗人群。同时，涌现出排头岭郭家大屋郭步韫、郭友兰、郭润玉等一批女诗人。民国时期，境域有皮影戏、花鼓戏班13个，演出活动频繁，黄荆坪的皮影戏班，每年演出200多场。1956年，境域有21个花鼓戏剧团、皮影戏演出队和狮灯队、龙舟队。1964年，排头、黄荆坪、严冲、留田公社均成立文化站。1970年，4个公社均成立广播站。1985年3月，黄荆坪乡成立隐山文学社，有文学爱好者40多人参加，为县内第一个农民文学社，不定期编辑出版《隐山文学》刊物，被《湖南日报》专文报道。1995年，乡内有文化站1个，有线广播站2个，文艺演出队14个，有文学艺术爱好者300多人。有各类体育场所16处。2000年，乡有线电视管理站成立，建成两个有线电视网。延化村花鼓戏业余剧团演出100多场，被省文化厅评为农村“百佳”剧团。2006年，在县内各乡镇中率先开通政府门户网站“湖湘源”。建成村级图书室6个。2010年，乡政府组织编纂《天下隐山》（排头文史第一辑），计22.6万字，由中国文史出版社出版。2011年，建成3个村农民体育健身活动中心。2013年，乡文化艺术工作者联合会成立，有文艺社团4个，文学艺术爱好者320人。有8个村建设村民体育运动场所。2015年，乡内有文化站1个、有线电视管理站1个、文联1个、皮影演出队4个、业余剧团12个、军鼓队28支、广场舞蹈队62支、文学社1个，有文学艺术爱好者1100人。电视入户1.81万户。农家书屋39个，共藏书4.8万册。有篮球队、狮龙队、龙舟队共13支。体育健身场所24处。

医疗卫生

清末、民国时期，境域有20多名民间医生行医。严冲宾午村擅长内科，行医50余载，课徒14人，省长赵恒惕、县长廖佩之都曾请他诊治。1952年，成立排头岭区卫生所，并由民间医生组建联合诊所。1958年，成立曙光人民公社卫生院。1961年，分设排头、严冲、黄荆坪、留田4个公社卫生院，下设28个大队卫生室。1969年，各大队举办合作医疗室，1982年停办。1995年，乡内有排头中心卫生院（驻留田）和排头岭、严冲、黄荆坪3个卫生分院，有医疗点（门诊部）22个，共有医务人员74名，病床26张；34个村级卫生室，有医生和妇幼保健员86人；个体开业医生35人；个体药店17个。2013年，斥资3000多万元，新建乡中心卫生院综合大楼，并添置一批高档医疗器械。2015年，乡内有中心卫生院1所，卫生分院2所，有专业医护人员46人，其中执业医生12人，助理医生27人，注册护士7人。有病床30张。村级医疗保健室39个。年诊治患者13204人次。

社会保障

1956年，对境域182名鳏、寡、残人员和孤儿实行"五保"供养制度，同时落实68个伤残退役军人、烈士家属的优抚政策。1982年，黄荆坪公社敬老院建成，为县内首个敬老院，集中供养17名"五保"老人。1983—1986年，排头、留田、严冲乡敬老院先后建成，集中供养"五保"对象43人。1995年，全乡有"五保"供养对象198人，其中72人入住4个敬老院。2005年，启动新型农村合作医疗制度，当年参加合作医疗的有3.75万人，参合率60.4%。2006年，启动农村居民最低生活保障制度，有614名低保对象领取生活保障金148万元。实行大病救助8人，救助金6.25万元。扶助14户特殊困难户新建（改）住房。2009年，启动社会养老保险制度。当年有2.1万人参加社会养老保险，9516人享受社会养老保险金。2013年，成立春蕾·夕阳爱心基金会，募集善款28万余元，资助第一批困难学生、老人30余人。2015年，扩建留田敬老院，将排头、仁陂村定为农村幸福院项目建设村。对乡内1010名伤残、退伍军人和烈属落实优抚政策。供养621名"五保"对象，供给每人每月生活费280元，其中97人入乡敬老院进行集中供养。6.53万人（含年底划出的3个村村民）参加新型农村医疗保险，参保率100%。10329人参合农民享受住院补偿金2587万元；门诊补偿27748人次，补偿金额60.6万元。1320户2440人享受农村居民最低生活保障待遇，月领取低保金24.05万元；60户80人享受城镇低保待遇，月领取低保金1.28万元。对贫困家庭发放临时救助28.5万元；救治贫困精神病患者16人；资助农村特困户建房6户；帮扶60岁以上失独老人11户；为贫困残疾人家庭进行无障碍改造7户。

人民生活

清末、民国时期，排头岭一带因地势较高，地表储水量少，一遇干旱就发生粮食歉收、主粮不足。农家一年中有一半时间以红薯、芋头充饥。1950年，年人均口粮215千克。农民住的一般是茅草房。20 世纪 80 年代，实行家庭联产承包责任制，农民基本解决吃饭问题。1985 年，境域人均纯收入 355 元。1995 年，乡党委、政府动员群众开发丘岗地，发展豆类、麦类、薯类作物和青茶、柑橘等经济作物，农民的经济收入大幅度提高。全乡农民人均纯收入 1200 元，年末人均储蓄 1002 元。64% 的农户新建砖瓦房。每百户农家有摩托车 17.6 辆、汽车 2.68 辆。2000 年，引导农民劳务输出，农民收入成倍增长，年末人均储蓄 2475 元。2010 年，农民人均纯收入 5312 元。2015 年，全乡农民人均纯收入 12510 元，年末人均储蓄额 11533 元。81% 的农户住上楼房，人均住房面积 42.3 平方米。每百户农户有摩托车 61 辆、汽车 8.6 辆。

特色地情

历史人物

周小舟（1912—1966） 原名周怀求，字元诚，出生于湘潭县黄荆坪乡狮龙桥（今排头乡狮龙村）。民国 18 年（1929），考入北京师范大学文学院。“九一八”事变发生后，参加抗日救亡。民国 24 年（1935），加入中国共产党。民国 25 年（1936），奉派以中共代表身份同国民党南京政府进行联合抗日谈判。同年 9 月，调中共中央军委工作，担任毛泽东秘书。先后代表八路军或毛泽东与山西阎锡山、新疆盛世才谈判，不辱使命。抗日战争胜利后，任中共北平市委常委、宣传部部长、华北局宣传部副部长等职。1949 年南下，任中共湖南省委宣传部部长。1951—1953 年，先后任中共湘西区区委书记，中共湖南省委副书记，湖南省委书记（后改称第一书记）并兼任中南军政委员会常委。1958 年 5 月，当选中共第八届候补委员。1959 年，在庐山会议上与彭德怀向中央如实反映地方情况和群众呼声而受到错误批判，被撤销中共湖南省委第一书记等职务，下放到浏阳县大瑶公社当副书记。1962 年，调广州任中国科学院中南分院副院长。1966 年 12 月 25 日，因不堪忍受连续批斗凌辱自杀。1979 年 2 月，获得平反。

历史事件

彭德怀黄荆坪调查 1958 年 12 月 16 日，中共中央政治局委员、国务院副总理兼国防部部长、国防委员会副主席彭德怀到家乡湘潭县调查民情。17 日下午，彭德怀一行从乌石到黄荆坪炼铁厂察看炼铁人员的操作和黄荆坪食堂伙食状况。当有人欲砍伐一株重阳木当炼钢铁用柴时，彭德怀立即予以制止，古树幸存。1961 年 11 月 23 日，彭德怀重回家乡作调查研究。当了解到黄荆坪完小操场被占用作集市贸易场地而严重影响教学秩序的情况后，嘱咐陪同领导抓紧予以解决。1962 年 11 月，担任湖南省委书记处书记兼湘潭地委书记的团中央第一书记胡耀邦按照彭德怀意见，到黄荆坪现场办公解决此问题。

风景名胜

隐山 又名龙山、龙王山、龙穴山，位于排头乡黄荆坪西部，海拔 437 米，山东、南、北三面陡峭，西面山坡延缓，与湘乡市境相连。为县内四大名山之一，风景优美，古迹较多。有建于五代（907—979）的湘潭名寺龙王寺（又名慈云禅寺，已毁）。寺前有树龄 800 多年的垂丝香柏和树龄 200 多年连理银杏各一株。南麓有南宋理学家胡安国（谥号文定）夫妇及子胡宏合葬墓，四周以石栅栏环围，墓道排列石人、石马各 4 个。明景泰五年（1455）和清康熙十二年（1674）两度修缮。现石栅栏和石人、石马已毁，主墓犹存。1986 年，被县人民政府定为县级文物保护单位。

2001年，被省人民政府定为省级文物保护单位。附近曾有纪念北宋理学家周敦颐的濂溪祠和纪念胡安国、胡寅、胡宏的三贤祠（均已毁）。周敦颐曾在此作《爱莲说》。山上有莲花、雷公、洗笔、化龙四池。还有沿隐水溪上的隐水、流叶、通箭、珂里、狮龙、栗林、神仙、龙王等八桥。流叶桥头有受彭德怀保护幸存的中华名树“元帅树”重阳木。东麓狮龙桥东向有周小舟故居。

周小舟故居　位于排头乡星星村隐山东麓狮龙桥东侧，始建于1805年，土砖瓦房，座西北朝东南，依山面塘。共有大小房间32间，建筑面积800余平方米（维修后635平方米）。2000年8月，定为市级文物保护单位。2011年，被定为省级文物保护单位。故居内存文物12件套，文献资料298份，照片103帧，实物40件。

民俗风情

雷祖殿庙会　清嘉庆年间（1796—1820），位于排头乡仁陂村与分水乡石江村交界的狮形山雷祖殿庙会上雷祖殿每年要组织十二次庙会。第一次是农历正月十五日元宵“赛火”会，白天玩狮舞灯，鼓乐大作，人们祈神拜佛；入夜数十条龙灯燃烛狂舞。第二次是二月初二日祭拜土地会。第三次是二月十九日祭拜观音会。第四次是三月十五日祭拜财神会。第五次是四月初一送子会，未孕未育的年轻夫妇成双结队前往叩拜。第六次是四月初八祭拜佛祖会。第七次是五月十三日结盟会，凡是结盟（拜）兄弟或在这天生日的人可在殿内参加结盟会活动和吃斋宴，会员遍及全国。第八次是六月初六祭拜雨母会，以祈求雨露。第九次是祭拜雷祖会，此次最为隆重，殿内大做法事，赈灾放粮。第十次为七月初七日祭拜包公会。第十一次是七月十五日盂兰会。第十二次是九月二十八日祭拜药王会。此习俗维持到民国时期。

（撰稿：刘　颖　宾国安）

龙口乡

区域概况

地理位置

龙口乡位于湘潭县南部。东、东北与花石镇相连，东南与茶恩寺镇接壤，南、西南与衡山县岭坡乡、福田铺镇交界，西与青山桥镇隔涓水相望，北与排头乡隔湘江相邻。因境域琵琶山山脉形似一条巨龙，其山溪水汇入涓江出口处酷似龙嘴，人称“龙口”，乡依地名。至2015年11月止，乡人民政府机关驻见楼村龙塘组。

建置沿革

明朝初期，境域属湘潭县九十九都。明洪武十四年（1381），属崇岳乡富阳里。清代，属县十五都八、九、十甲。民国初年，属县南乡南三区。民国24年（1935），属县六区日华乡。民国30年（1941），改属花石乡。民国33年（1944），属涟南行署。民国36年（1947），属花石乡。1949年9月，属石潭区。1950年，改属县九区龙口乡、泥湾乡、琵琶乡和罗汉乡。1951年，属县十四区。1953年，属花石区。1956年，分属河头乡、龙口乡。1958年9月，属建设人民公社。1959年3月，建设人民公社更名为花石人民公社。1961年5月，属龙口人民公社，隶属花石区。同年9月，从龙口、石坝公社析出10个大队，增设日华人民公社，境域属龙口、日华两个人民公社。1984年，属龙口乡和日华乡，隶属花石区。1995年4月，龙口乡与日华乡合并为龙口乡。2015年12月，撤销龙口乡、花石镇，新成立花石镇。

区划面积

1995年，龙口乡辖兴荣、董家坪、龙口、见楼、九如、弄子、潭溪、大江、长寿、泥湾、红岭、溮江、琵琶、金宝、天龙、石牌、团建、日华、紫桥、金子20个村、315个村民小组。全乡总面积60.23平方千米，有耕地面积1680.8公顷，其中水田1575.5公顷，旱土105.3公顷；山地面积6000.1公顷；水域面积282.47公顷。2014年，弄子村与红岭村合并为百和村，天龙村与石牌村合并为天石村。截至2015年11月，全乡共有18个行政村，331个村民小组。总面积60.23平方千米，有耕地面积1680公顷，其中水田1575公顷，旱土105公顷；山地面积6000公顷；水域面积282公顷。

自然环境

境域属湘中丘陵区，山地、丘陵、岗地、平原四种地貌俱备，以丘陵为主。地势为东南高、西北低。东南端的琵琶山，峰峦起伏。主峰日华峰，海拔 326.6 米，系南岳七十二峰之一，为县境最南端山峰。乡西北傍涓水，形成冲积型平原。发源于琵琶山的龙口水汇入涓江，全长 17 千米，为境域唯一的涓江支流。境域属亚热带季风湿润气候区，四季分明，年平均气温 18.5℃，无霜期 316 天左右，年平均降雨 1260 毫米。多年平均日照总数 1881 小时。植物以灌木为主，林木有马尾松、杉、樟、枫、檀等 29 种。野生动物有蛇、蛙、野猪、野兔、黄鼬、山鸡、斑鸠等 120 多种，以蛇、蛙、野猪、野兔甚多。境域矿藏比较丰富，铁笛峰下蕴藏铅锌、铜矿；从董家坪至泥湾一带蕴藏着石膏石；天石村、琵琶村与团建村一带有露天瓷土。经省地质勘探部门勘测，乡内石膏储量约 8000 万吨，制陶瓷土在 1 亿吨以上。境域土壤结构复杂多样，中部和西北部为酸性黏土，“天晴一把刀，下雨一团糟”，保水保肥能力差。东南一片属碱性沙质土壤，含磷、钾高，缺氮。西南一带是红壤黏土。境域洪涝、干旱兼有，从 1840 年至 2015 年，共发生自然灾害 18 次，特别严重的洪灾 3 次、旱灾 4 次。

人口民族

1995 年年末，辖区有 8127 户 28998 人。其中，男性 15659 人，占总人口的 54%；农业人口 24997 人，占总人口的 86.2%。全年人口自然增长率 2.33‰。人口以汉族为主，散居回、彝、壮、侗族等 13 个少数民族共 128 人，占总人口的 0.44%。2005 年，辖区有 7614 户 28679 人。2015 年，全乡 8190 户 30201 人。其中，男性 16006 人，占 53%；农业人口 26201 人，占 86.8%。散居回、壮、苗、侗族等 11 个少数民族共 75 人，占总人口的 0.25%。人口自然增长率 3.82‰。

经济发展

经济综述

清末、民国时期，境域经济以农业为主，只有 100 多名手工业者。20 世纪 50 至 60 年代，建成 6 个农业企业。70 年代，发展铅锌矿、片石场等 11 个社队企业。1978 年后，利用矿产资源优势，经济形势有所好转。1980 年，境域龙口乡、日华乡工农业总产值 717 万元。其中，工业总产值 19 万元，农业总产值 698 万元。1995 年，乡党委、政府确定“夯实农业基础，实现亩产过吨粮；提高企业效益，实现总产值 2 亿元；发展各项社会事业，实现两年内脱贫致富”的目标。全乡完成工农业总产值 1.53 亿元。其中，农业总产值 4300 万元。2000 年，乡村集体企业进行改制，民营经济开始发展。全年实现工农业总产值 2.81 亿元。其中，工业总产值 2.16 亿元，农业总产值 0.65 亿元。2012 年，乡党委、政府确立“农业稳乡、工业兴乡、贸易旺乡”的战略。2015 年，全乡完成工农业总产值 4.8 亿元。其中，农业总产值 1.3 亿元（2015 年的数据，仍按龙口乡建置统计，下同）。

种植业

清代、民国时期，境域以种植水稻为主，种植湘莲、苎麻为辅。境域池塘、水坝遍植湘莲。日华盛产苎麻，为县内苎麻主产区，除农民自织夏布、麻线外，主要销往外地。民国 23 年（1934），产苎麻 6.4 万千克，产值 1.92 万银元。20 世纪 50 年代，在种植双季水稻的同时，大力推广种植红薯、小麦、油菜，产量，产值很低。1964 年，在湘潭县蹲点的农业部副部长杨显东组织日华公社紫桥大队社员栽植桑树 4 公顷。1965 年，桑园

发展到 30 多公顷。1980 年，县科学技术委员会以兴荣大队为基地，选育出优良品种“寸三莲 65 号”。1995 年，全乡种植双季稻 2757 公顷，粮食总产量 2.28 万吨，实现成建制法定面积亩产过吨粮目标；种植湘莲 156 公顷，产莲 1170 吨；种植红薯 46.7 公顷，产红薯 257.5 吨；种植油菜 142 公顷，产油菜籽 18.1 吨。2002 年，推广优质稻、超级稻等高产杂交品种，有 6 个村加入湘潭县粮食专业生产合作社，实现机械化生产。2006 年，乡内建成湘莲、红薯、油茶生产基地 8 个。2015 年，全乡粮食种植面积 2936 公顷，产粮食 3.12 万吨；种油茶 30.13 公顷，产茶油 14.57 吨；种湘莲 83.33 公顷，产莲子 125 吨；种特色红薯 8.53 公顷，产红薯 190 吨。

养殖业

清代、民国时期，境域以饲养生猪、家禽、鲜鱼为主。1964 年，日华公社紫桥大队养蚕成功，产茧 1100 千克。1973 年，紫桥大队大面积种桑养蚕，植桑 4000 株，亩产蚕茧 50 千克。1976 年，兴荣大队从大通湖农场引进三角帆河蚌 2600 千克，分 14 口池塘播片育珍珠，产珍珠 180 千克。1995 年，全乡养猪 12.5 万头，其中出栏 9.85 万头；养牛 1984 头；养家禽 7.5 万羽；养黑山羊 325 只；产蚕茧 1200 千克；出水鲜鱼 4.7 万千克。2005 年，成立兴荣、九如村养殖协会，引进优良品种丹麦长白猪和美国杜洛克。是年，全乡养猪 13.2 万头，出栏 9.2 万头，有年养猪 100 头以上的 75 户；饲养家禽 12.8 万羽；出水鲜鱼 2.8 万千克、鳖 187.5 千克；产蚕茧 950 千克。团建村成立黑山羊饲养协会，养羊 728 只。2015 年，全乡饲养生猪 19.8 万头，出栏 15.4 万头，存栏 11.3 万头，有 100 头以上规模养猪场 28 处；养禽 12 万羽，其中出笼 4.2 万羽；养牛 108 头；养羊 1728 只；出水鲜鱼 3.1 万千克。有 12 家鱼苗孵化专业户，年内孵化鱼苗 2000 亿尾。紫桥村成立养蚕协会，发展养蚕户 46 家，年产蚕茧 1500 千克。

林业

清代、民国时期，境域山林以灌木、南竹为

主，少数山头垦荒植杉和油茶；琵琶山为县内南竹主要产地。20 世纪 50 年代末，烧木炭炼钢铁，锄草皮积肥，大部分山地成为光山秃岭。1963 年，县内第一个公社林场龙口公社琵琶林场和琵琶山南竹基地建成。1965 年，日华公社琵琶山被县政府定为南竹生产基地，新植南竹 95 公顷。1995 年，乡内有林地 2708.69 公顷，森林覆盖率 35. 1%。随后，乡党委、政府发动群众封山育林、植树造林和改造残林，绿化面积不断扩大。2004 年，省林业厅副厅长唐苗生担任指挥长，在琵琶山创办 66.1 公顷高产南竹生产基地。2005 年，全乡退耕还林 83.57 公顷，建成油茶基地 30.42 公顷，开荒造林 58.34 公顷，扩建新的南竹基地 80.04 公顷，森林覆盖率 38.4%。2012 年，冬春季造林 85.58 公顷，进行南竹低产林改造 30.35 公顷，庭院绿化 11.23 公顷。乡内有 5 个花卉苗木圃 0.6 公顷。2015 年，全乡有林地面积 3678 公顷，森林覆盖率 41.3%。有 6 个杉木、南竹、油茶、蚕桑基地，林产品年收入 182 万元。

工业

清末、民国时期，境域仅 7 家私营小企业和 100 多名个体手工业者。1955 年，6 家私营企业被改造为公私合营、集体企业。1971 年，日华公社在琵琶山开采露天铅矿石。第二年改为县、公社合办，因涌水量大，开采困难，于 1974 年停产，三年中仅产铅锌矿石 3 吨多。1976 年，日华公社继续组织开采，因矿石品味过低，经济效益差，1980 年停止开采。1985 年，龙口乡政府集资 30 万元在泥湾村创办乡石膏矿。1989 年，龙口织布厂建成投产，生产毛巾。1991 和 1993 年，泥湾村、长寿村分别创办泥湾石膏矿和长寿石膏矿。1995 年，全乡有工业企业 64 家，其中乡办工业企业 7 家，村办工业企业 12 家，私营工业企业 45 家，创工业总产值 1.1 亿元。2000 年，通过招商引资，创办团建铅锌矿、新隆铅锌矿等企业。是年，乡村集体企业全部改制。全年工业总产值 2.16 亿元。2009 年，引进湖南省金隆食品有限公司，建成湘莲食品、冬瓜食品和蛋卷三条生产线。由于国家政策的调整，境域 4 个石膏采矿企业相继关闭。2015 年，全乡有工业企业 26 家，从业人员 380 人。全年创工业总产值 3.5 亿元。

商贸服务

清代，境域的龙口老街、欧家町、杨家桥、丫口铺建有商铺，经营百货布匹、南货日杂、粮油食品、肉食、手工制品、农具、家具、药材等。龙口老街商铺最多，货物比较齐备。民国时期，龙口老街和欧家町两处形成小集镇，杨家桥、朱子桥、金子桥、丫口铺等有墟场。20 世纪 60 年代，在龙口、日华公社机关附近建立供销合作社、肉食站，又在部分村民集居地设代购代销点。中共十一届三中全会后，个体商贸发展。1989—1992 年，政府投资 3266 万元，在龙口新街、日华新街各建成 1 处农贸市场，共有店铺 365 家。1995 年，全乡有龙口、日华两个中心商贸市场和 3 个墟场，商铺发展到 425 家。社会商品零售额 3800 万元，其中集贸市场成交额 2900 万元。2015 年，全乡有商贸市场 2 处，墟场 4 处，其中龙口商贸市场占地 2.17 公顷，有 530 个门面；日华商贸市场占地 1.87 公顷，有门面 341 个。全乡有各类商铺 725 家，商贸从业人员 1675 人。社会商品零售总额 1.25 亿元，其中集市商品成交额 7240 万元。

财政金融

1956 年，设立龙口乡农村信用合作社。1962 年，增设日华乡信用合作社。1984 年，县人民保险支公司设立龙口乡、日华乡保险站。1994 年，成立龙口、日华乡农村合作基金会；县邮政局设立龙口邮政储蓄所；撤销龙口、日华乡保险站。1995 年，乡财政财源主要是农业税和企业税收，财政总收入 120 万元，其中农业税收 75 万元，企业纳税 45 万元。乡内有农村信用合作中心社 1 家，农村信用合作社 1 个，农村合作基金会 1 家，邮政储蓄所 1 家。年末各项存款余额 1673 万元，贷款余额 584.7 万元。1997 年，成立中国人寿保险公司湘潭支公司龙口保险站。1999 年，乡农村合作基金会被撤销，存贷业务划归龙口乡信用社。2003 年起，调减、免征农业税，停征农林特产税和屠宰税，财政税收减少。乡村企业发展，财源建设加强。2008 年，完成财政税收 205.5 万元。从 2010 年起，转移支付资金大幅度增加。2015 年，全乡财政总收入 1787.8 万元，其中地方性可支配收入 584.8 万元。年末各项存款余额 3.8 亿元，年末贷款余额 1.7 亿元。保险部门收取保费 125 万元，赔付 28.5 万元，赔付率 23%。

基础设施

交通运输

清代、民国时期，境域仅有由花石入境经龙口、鸦口铺进入衡山县白果的南二路驿道，龙口老街临涓江建有 4 个码头，所有进出货物一般从涓江水运。1969 年，延伸花石至日华界牌简易公路（简称花日公路），境域长 13 千米。1976 年，花石大桥建成，接通花日公路。1984 年，延伸花日公路日华至衡山县岭坡公路（简称花岭公路），境域长 2 千米。随后，以花岭公路为主干线，陆续修通、拓宽改造 13 条村级公路。1995 年，乡内有 1 条县道经过，境域长 15 千米；乡道 3 条，共长 18 千米；通村公路 18 条，总长 65 千米。每日有从龙口、石膏矿、日华开往易俗河、衡山等地客班车 8 个班次，日客运量 300 多人。有货车 24 辆，年货运量 36.5 万吨。进入 21 世纪后，国家、集体和个人对道路交通的投入加大，乡内公路陆续延长，且被分批提质改造和硬化。2015 年，乡内有县道 1 条，长 15 千米；乡道 3 条，长 18 千米；村级公路 21 条总长 95.5 千米；到组连户公路总长 276.4 千米，硬化 256.5 千米，硬化率 92.8%。每日龙口、日华、石膏矿、瓦铺子开往湘潭市和县城易俗河的班车 24 个班次。有货车 45 辆，年货运量 28 万吨。

邮电通信

1951 年，龙口邮政代办所设立，有工作人员 3 人，开办信件、包裹投递和现金汇、兑等业务。1957 年，增设日华邮政代办所，有工作人员 1 人。1988 年，龙口邮政代办所升格为邮电所。1994 年 5 月，境域开通程控电话，当年开通 150 部。1995 年，乡内有龙口邮电所和日华邮电代办所，有工作人员 6 名。1996 年，开通传真业务。1999 年，成立龙口乡移动电话通信站，陆续建成移动通信传输塔 8 个。2015 年，全乡有龙口邮电所和日华邮电代办所，移动通信站 2 家，有工作人员 9 人。有固定电话 2825 部，移动电话 1.33 万部，宽带用户 1043 户。邮政电信业务收入 284 万元。

供电供水

1963 年，湖南省 236 勘探队在日华公社团建大队铁笛峰下开采铅锌矿，从花石供电站架设一条高压线直通矿区，主供铅锌矿生产和附近社员照明。20 世纪 70 年代初，群众由饮用塘坝水改为饮用地下井水。公社机关单位和沿线的学校陆续架设低压照明线路。1979 年，花石水库水电站建成发电，库区 3 个大队部分村民受益。1980 年，村组开始用电照明和农副产品加工。1992 年，实现户户通电，年用电量 2180 万千瓦时。1995 年开始，由乡农电站组织进行电网改造，每村配置 1 名农电员，重新规划供电线路，增设变压器。至 2005 年完成，总投入 525 万元，改造农村电网 395 千米，新增和更换变压器 96 台。全乡村民用电户 100%，年用电量 512 万千瓦时。2014 年年底，花石水库自来水厂建成投产，解决乡机关单位和兴荣、董家坪、见楼等 3 个村 1263 户村民及龙口中学师生安全饮水问题。同年，县投资 100 万元，企业主杨概群捐资 20 万元，在天龙村内建设管道式自然泉水饮水工程，使天龙村和琵琶村的 463 家农户和日华中学师生喝上清洁水。2015 年，全乡年用电量 876 万千瓦时。所有村民都饮用自来水或井水。

水利建设

清代、民国时期，境域靠山塘、山溪、河坝引水灌溉，经常发生干旱。1954 年，修建涓水大堤 2.7 千米，建成排渍抗旱机埠 2 处，解决沿涓水一带水患问题。1959 年，团建小㈠型水库建成，为境域第一座人工蓄水工程。1960 年，县属花石水库建成后，境域 7 个大队（村）458.3 公顷农田受益。同年，兴建潭溪村黄泥湾小㈡型水库和紫桥村霞岭小㈡型水库。1995 年，全乡有小型水库 4 座，水坝 98 处，水塘 628 口，电动排灌机埠 4 处，自流灌溉面积约 78%。2000 年，乡政府争取上级投资 648 万元，将乡内 4 座水库进行除浸堵漏，加固排险；高标准硬化水渠 3850 米；整修山塘 430 口；改造 3 个电排机埠。投资 284 万元，整修加固涓江防洪堤 6.8 千米。2015 年，乡内有小型水库 4 座，水坝 98 处，平山塘 628 口，电动排灌机埠 4 处，各类水利工程设施安全有效运转，自流灌溉面积 84.5%。

村镇建设

1980 年，龙口公社投资 120 万元，在见楼村建成机关四合院，占地 1.2 公顷。2000 年，龙口乡政府投资 280 万元，建成占地 1000 平方米的乡财政综合办公楼。2013 年，投资 400 万元，在乡政府后院，建成占地 2280 平方米的政务服务综合大厅。同时，结合新农村建设，建成 6 个村部，形成新的农村商贸中心。2014 年，投资 170 万元，在百和村七步组和团建村新建 2 座大型垃圾填埋场和 3 个垃圾分类回收站及 1 座垃圾焚烧炉。乡政府投资 456 万元，在龙口、日华集市修建标准排水沟 2700 米，安装路灯 230 盏。全乡安排 132 人清扫垃圾，整治环境卫生。有 2894 户农户进行改灶、改水、改厕所，人居环境有较大的改善。历年累计投资 258 万元，18 个村都建成村部和村民活动中心。

社会事业

教育

民国时期，境域有张宇亭、王伏贤等人为首创办的私塾 13 处，有欧氏余山小学、王氏明达小学等族校 5 所。1951 年，创办境域第一所公办小学——群力完小。1964 年，在琵琶山林场创办县内第一所孤儿学校——琵琶林校，收养孤儿 16 人。1966 年，创办龙口公社、日华公社初级中学。1972—1977 年，兴办小学 20 所，适龄儿童入学率 96%，初中生毕业率 87%。1990 年，台胞王小林投资 13.2 万元，建成县内第一所希望小学——金子村小林学校。1995 年，乡内有初中 2 所，农校 2 所，小学 19 所，学前班 16 个，有中小学教师 114 人，在校学生 1686 人。适龄儿童入学率 100%，初中生毕业率为 93%。1997 年，全乡投入 800 万元，新建和改造校舍 11 处，建筑面积 1.008 万平方米。2008 年，保留小学 13 所，有民办幼儿园 5 个。2015 年，乡内有初级中学 2 所，小学 8 所，教学点 2 处，民办幼儿园 9 所。有中小学教师 110 人，在校学生 1150 人。学龄儿童入学率和初中生毕业率均为 100%。2 所中学的教学仪器、体育设施、学生人均图书拥有量均达省级标准。

文化体育

民国时期，境域有民间鼓乐队2支，龙舟队2支，狮灯队3支。20世纪50年代，有2支秧歌队，2个业余剧团，2支龙舟队，4支狮灯队。20世纪60年代，成立龙口、日华公社广播站，每日播音2次。1970年，成立龙口、日华公社文化站，组建4支文艺宣传队。金塘文艺宣传队排演大型花鼓戏《沙家浜》和一批现代小型花鼓戏。同时组织电影队到各大队、生产队放映电影。1984年，成立龙口乡武术社。1992年，成立龙口乡老年诗社。1995年，乡内有文化站1个，广播电视站1个，业余剧团1个，民间乐队2支。有各类体育运动场所15处，有狮灯队、龙舟队、篮球队、乒乓球队共13支。2006年，成立乡有线电视管理站，年内发展有线电视用户102户。乡老年人科学协会编写《俗谚荟萃》，乡老年人诗社编写《奇葩异卉》等书。2013年，乡党委、政府组织编写《龙之骄子》专辑，介绍乡内道德模范、星级农户、文明村等先进典型事迹。2014年，龙口乡文化艺术工作者联合会成立，吸收文学艺术爱好者300人入会。2015年，乡内有中西乐器队8支、广场舞蹈队8支、军鼓队4支；有农家书屋18个，藏书3.45万册。有龙舟队2支、狮灯队3支、球类和田径运动队4支。电视入户7820户，农村广播“村村响”工程全面竣工。

医疗卫生

民国时期，境域有个体郎中9人。1951年，医生段文彬、王安仁等人在龙口、日华两地组建联合诊所。1961年，在两所联合诊所基础上，组建龙口公社卫生院和日华公社卫生院。1969年，20个大队成立合作医疗卫生室，配备“赤脚医生”，农民看病吃药享受优惠待遇，1980年停办。1984年，龙口、日华公社卫生院更名为乡卫生院。1995年，乡内有龙口乡中心卫生院和日华卫生院，医务人员15个，病床10张；个体药店8家。2008年，新增10个村卫生室。2011年，日华卫生院因业务量不足而停办。2012年，投资300万元，征地500多平方米，新建龙口乡中心卫生院，有医务人员24人，病床40张。2015年，乡内有中心卫生院1所，医疗点（门诊部）2个，村级卫生院18个，专业医护人员48人；村医生和妇幼保健员34人。有病床50张，个体注册执业医生16人。个体药店2家。年诊治患者7100人次。

社会保障

20世纪50年代，境域有58名“五保”老人实行定量经济补助。同时，落实18个伤残复员军人和烈士家属的优待优抚待遇。1985年，创办长寿敬老院和琵琶林场敬老院，将63名“五保”老人集中供养。1995年，全乡供养“五保”对象285人，其中45人入住敬老院。2005年，将原日华乡政府大院改建成龙口乡中心敬老院，集中供养50名“五保”对象，月供生活费200元。2006年，推行新型农村合作医疗制度，全乡有26188人参加，参合率85%。年内，有1449人领取住院治疗医疗补偿金137.5万元。是年，启动农村居民最低生活保障制度，全乡有924人享受低保待遇。2009年，启动农村社会养老保险制度，乡内享受对象4407人，当年领取养老金（1个半月）24.45万元；享受低保924人，全年领取低保金73.92万元。大病医疗救助45人，临时救助48人，救助资金4.65万元。2015年，乡内131名退伍军人和烈士家属享受补助和抚恤，月领取18.4万元。305名“五保”对象全部落实供养政策，月供280元，其中敬老院集中供养65人。有531户1305人享受低保待遇，月领取22.8万元。全乡参加合作医疗27360人，参合率98%。

住院治疗 5536 人次，获补偿金 1156 万元。享受农村养老保险 4385 人，年领取养老金 289.41 万元。资助 3 户特困户建成新房，资助 40 户困难户完成危房改造。

人民生活

民国时期，境域农民主粮不足，年人均口粮不足 200 千克，绝大多数农民住茅草房。1953 年，粮食产量增加，人民生活有所改善。1983 年，实行家庭联产承包责任制，人均口粮突破 350 千克，农民吃饭问题基本解决。1995 年，乡内农民人均纯收入 1200 元，年末人均储蓄 491.2 元，70% 的农户新建红砖瓦房。每百家农户有摩托车 21.4 辆、小汽车 1.32 辆。进入 21 世纪，随着农业机械化的提高和高产良种与新技术的推广，农村劳务输出增多，农民收入逐年增加。2008 年，乡内农民人均纯收入升至 4742 元，85% 农户住进新楼房，年末人均储蓄 4915 元。2015 年，农民人均纯收入 12298 元，人均储蓄 6840 元。98% 的农民入住新楼房，人均住房面积 41.2 平方米。每百户有摩托车 82 辆、汽车 15 辆。

特色地情

风景名胜

琵琶山　位于龙口乡与衡山县岭坡乡交界处。其山形酷似琵琶，故而得名。主峰琵琶峰，亦名日华峰，海拔 326.6 米，系南岳七十二峰之一。层峦叠嶂、云雾蒸腾。上有云岩风洞。峰南马颈坳，昔有红梅树一株，高 9 米，围 1 米多，年年花开竞艳。峰北有一条羊肠小道，从团建村碧烟冲迂曲通顶。峰上昔建有雷祖殿、仙女祠、开福庵。山腰建有天龙庵、宝龙庵、新龙庵。雷祖殿系石墙铁瓦建筑，面积 25 平方米，内供雷公、电母、雨神三尊神像。干旱年岁，当地民众前往祭祀求雨。1958 年，山上庙宇皆毁。1963 年，日华公社建成县内首个林场琵琶山林场。2004 年，省、县林业部门在此建设高产南竹生产基地，成为省内南竹主要产区。

民俗风情

正月祭庙　清朝时期，龙口即有正月祭庙习俗。每年从正月十五元宵节开始，分 3 个神王庙举行庙会，组织舞灯舞狮队表演，祈求平安和丰收。舞灯舞狮队分别从各地神王庙出发，敲锣打鼓，鸣炮放铳。前面引导人手举写着“风调雨顺”“五谷丰登”“吉祥如意”“和气生财”牌灯和彩旗、灯笼，挨家挨户表演。灯狮队相互斗技，以搏个好彩头。这样一直到观音菩萨生日（农历二月十九日）。此习俗一直延续到民国末年。

五月耍火龙　清朝时期，龙口即有耍火龙的习俗。每年农历五月正值禾苗生长最旺盛的季节，村民用稻草扎成长龙，傍晚将细香插在草龙上点燃，俗称“火龙”，由青壮年举着在田垅间来回奔跑舞动。村民在后面敲锣打鼓，鸣炮放铳。火龙吸引虫蛾扑火，可杀蛾灭虫。此习俗一直延续到中华人民共和国成立之初，有农药灭虫以后才停止。

（撰稿：唐国清　欧深坤）

花石镇

"湖南省美丽乡镇"，全国最大莲子集散地。

区域概况

地理位置

花石镇位于湘潭县中南部，涓水中游东岸，地跨涓江两岸。东与中路铺镇接壤，东北与射埠镇交界，东南与茶恩寺镇相接，西南与龙口乡相依，西与排头乡相连，北与锦石乡隔涓江相望并有局部地域连接。因境域罗汉山溪水入涓江口观政桥下有一花纹巨石，人称花石，镇依物名。镇机关驻马垅村马家岭（原花石区公所驻地）。

建置沿革

明朝初年，境域属湘潭县九十九都。明洪武十四年（1381），分属上民乡布政里和崇岳乡富阳里。清代，属县十五都。民国初年，属县南乡南三区。民国24年（1935），属县六区。民国27年（1938），分属花石乡和锦石乡。民国33年（1944），隶涟南行署。民国36年（1947），属花石乡。1949年9月，属石潭区。1950年1月，改属县六区。同年8月，改属九区，并增设花石镇（乡级）。1951年5月，改属县十四区。1953年5月，区以地命名，县十四区更名为花石区。1956年6月，属花石镇和河头乡、盐埠乡、石坝乡。1957年2月，设立花石办事处，同年6月撤销。1958年9月，属建设人民公社。1959年，建设人民公社更名为花石人民公社。1961年5月，花石人民公社析为花石、石坝、盐埠和龙口4个人民公社，并恢复花石区建制。同年8月，花石人民公社升为花石镇（区级）。1963年5月，花石镇改为社级镇。1968年，花石镇改属花石人民公社管辖。境域分属花石、石坝、盐埠人民公社。1984年2月，花石、石坝、盐埠人民公社改称乡。1985年1月，撤销花石乡，建立花石镇（乡级）。1995年4月，撤销花石区，花石镇、盐埠乡、石坝乡合并为花石镇。2015年12月，撤销花石镇、龙口乡，新设立花石镇。

区划面积

1995年，花石镇辖前进、河头湾、极星、马垅、超上、罗汉、长岭、双溪、金莲、棋岭、芙蓉、铜锣、新华、水南、紫荆、中心、北斗、天马、兴合、石坝、赵家营、涓江、盐埠、金塘、金丰、盐浮、永仁、永丰、园艺、润塘、东晓31个村和中立街、汉城桥2个居委会，563个村（居）民小组。全镇总面积为133.44平方千米。耕地面积2928.9公顷，其中水田2824公顷、旱土104.9公顷；山地面积9375公顷；水域面积119公顷。2007

年12月，将中立街、汉城桥居委会合并成花石社区。2014年，铜锣村和新华村合并为铜锣村，永仁村和永丰村合并为永仁村，园艺村和润塘村合并为润塘村。截至2015年11月，全镇有28个行政村和1个社区，96个村（居）民小组。总面积133.44平方千米，耕地面积为2820公顷，其中水田2750公顷、旱土70公顷；山地面积9358公顷；水域面积116公顷。同年12月，将龙口乡18个村和排头乡红卫、中加、桐梓3个村并入新设立的花石镇。

自然环境

境域属湘中丘陵区，平原、丘陵、岗地、山地四种地貌兼备，以丘陵为主。地势东南偏高、西北偏低。东南部有天马山、紫荆山、芙蓉寨、九峰寨等众多山脉，蜿蜒20多千米。天马山海拔421.5米，系南岳七十二峰之一，为境域最高点。紫荆山海拔383米，为县内杉、松和南竹主产区。中部丘陵、岗地连绵起伏。涓水从西北过境，源于紫荆山西麓毛山坝和天马山西麓的花石水、源于芙蓉寨西麓的尹家港水、源于九峰寨北麓的盐埠水，为涓水的3条支流，沿岸形成多个冲积小平原。境域属亚热带季风湿润气候区，四季分明。年平均气温17.5℃，无霜期314天左右，年平均降雨量1350毫米。多年平均日照总时数1685小时。山林以灌木为主，林木有杉、松、樟、枫、檫、橘、梨、油桐和南竹等34种，其中杉、松、南竹占林地面积的48%。野生动物有山鸡、野兔、蛇、黄鼬、麻雀等130多种。境域土壤系砂岩、板页岩风化物和河流冲积物，以砂岩风化物为主。探明的矿藏只有天马山花岗岩中型矿床和花石石膏小型矿床（未开采）。境域旱灾、洪涝灾害兼有，从1950年到2015年，共发生自然灾害22次，其中比较严重的洪涝灾害5次，旱灾6次。

人口民族

1995年年末，辖区有15589户54436人。其中，男性27381人，占50.3%；农业人口51258人，占94.16%。全年人口自然增长率4.09‰。人口以汉族为主，散居的壮、苗、回、傣族等8个少数民族98人，占0.18%。2006年，全镇总人口增加到55895人，其中非农业人口达3619人。2015年年末，全镇有16952户56130人。其中，男性28936人，占51.5%；农业人口50163人，占89.4%。散居壮、回、苗、彝族等7个少数民族105人，占0.19%。全年人口自然增长率4.8‰。

经济发展

经济综述

清代、民国时期，境域经济以农业为主，以少量的企业、手工业和商贸业为辅。20世纪50至60年代，仍然以农业为基础。70年代，创办花石农业机械修配厂等9个社队企业。80年代，工业、农业和商贸服务业全面发展，经济结构发生很大变化。1992年，花石镇跨入湘潭市首批“小康镇”行列。1995年，镇党委、政府增加投入，新建和整修水利工程，抓好粮、莲、猪、鱼、林五大生产；培育和壮大机械制造和湘莲加工及销售两大支柱产业；广辟资金渠道，重点建设花石小城镇。全年完成工农业总产值2.21亿元。其中，农业总产值9846万元。2000年，全镇完成工农业总产值2.94亿元。其中，农业总产值1.03亿元。年内，镇村集体企业全部改制成民营企业。2008年，镇党委、政府引进高产优质的农作物品种，新建和引进一批湘莲加工企业，打造全国最大的湘莲集散中心。2015年，全镇完成工农业总产值

36.6 亿元（不含龙口乡，下同）。其中，农业总产值 3.51 亿元。

种植业

清代、民国时期，境域以种植水稻为主，池塘水坝和部分农田种植湘莲、荸荠，旱土栽种红薯、烟叶、豆类和蔬菜等作物。刘家围子（今润塘村）所产烟叶以叶厚、味浓芬香著名，每年出产上千千克。但产量低，经济效益不佳。1957 年，开始间作双季稻，亩均产量 330 千克。同年，境域被县政府定为湘莲种植区，年内植莲 150 公顷。1979 年，花石公社、盐埠公社被县定为湘莲出口基地，年内植莲 270 公顷。此后，湘莲种植面积不断扩大。至 1984 年，发展到 780 公顷。1995 年，全镇种植双季稻 3868 公顷，产粮食 30454 吨；种莲 720 公顷；栽种荸荠、蔬菜等作物 635 公顷。1996 年，产粮食 34476 吨，全镇平均亩产过吨粮；种莲 800 公顷，产莲 1320 吨。因湘莲市场价格波动大和湘莲腐败病，种植面积多年徘徊在 200~300 公顷之间。2000 年，随着湘莲加工企业的发展壮大，镇内种莲面积增加。全镇种双季稻 3947 公顷，产粮食 31457 吨；种莲 535 公顷，产莲 1340 吨。2015 年，全镇种粮 5460 公顷，其中优质稻 3392 公顷，产粮食 32460 吨；种莲 1100 公顷，形成马垅、极星、涓江、赵家营、罗汉、长岭等村近万亩的湘莲种植示范带，总产量 1800 吨，同时结合国土整治项目进行升级提质，总投资 520 万元。建成西瓜、荸荠、油菜、蔬菜基地 6 个，总面积 250 公顷。

养殖业

清代、民国时期，境域以养殖生猪、家禽和鲜鱼为主。1965 年，前进大队毛屋生产队利用 0.25 公顷莲田养鱼，当年产鱼 120 千克，平均亩产 32.4 千克，为县内莲田养鱼之始。20 世纪 70 年代，利用莲田、莲塘养鱼，养殖面积 120 公顷。1974 年，县商业部门建立花石麻鸭孵化场，年供鸭苗 3 万多羽。1995 年，全镇养猪 5.36 万头，其中出栏 4.45 万头；养牛 2860 头；养羊 2420 只；养禽 17.2 万羽，其中出笼 13.8 万羽；出水鲜鱼 707.5 吨。21 世纪初，镇政府扶植 108 户科技养殖户，引导农民发展养殖业，改良生猪品种，发展瘦肉型猪，并建立畜禽疫病防治体系，成立镇、村养猪协会，发展规模养殖。2010 年，全镇养猪 6.87 万头；养家禽 19.42 万羽，养禽专业户 96 户。2015 年，全镇养猪 14.33 万头，其中出栏 8.09 万头；养家禽 17.5 万羽，其中出笼 12.1 万羽；养牛 738 头；养羊 3645 只；出水鲜鱼 2115 吨。

林业

清代、民国时期，境域山林以灌木和南竹为主，紫荆山、天马山是县内南竹主产区。1973 年，花石公社林场建成，栽植杉树 73.3 公顷。1974—1976 年，石坝公社、盐埠公社和 9 个大队建成集体林场，营造出一批杉树、国外松、油茶和果木林。1995 年，全镇有林地 7357 公顷，占山地总面积的 78.5%，森林覆盖率 37.5%。1996—2000 年，镇党委、政府发动群众植树造林、抚育中幼林、改造低效油茶林和竹林，共完成退耕还林 150 公顷、长江防护林 50 公顷的任务，建成油茶生产基地 753 公顷，小水果生产基地 210 公顷。2009 年，成立信达种桑养蚕产业合作社，在盐埠园艺村建成 28 公顷蚕桑生产基地。2015 年，完成韶茶干线花石镇区路段 12 千米示范片的绿化造林任务。年内造林 137 公顷，通过省级造林成果验收。是年末，全镇有林地 7534 公顷，森林总蓄积量 35 万立方米，森林覆盖率 48.4%。

工业

早在元代，花石集镇就有人开炉铸造铁锅。明崇祯年间（1627—1643），铁匠谭文美、谭文秀兄弟发明凿齿镰刀，工效比弯刀割禾提高一倍多，众铁匠争相仿效，湘镰锻造业自此兴起。花石铁锅不断改进铸造工艺，成为地方名产。清代，老日盛锅坊日产铁锅300口，远销省内外，久负盛名。何长发木器坊加工的风车以制作精巧，风力强，也小有名气。民国29年（1940），老日盛锅坊与耆盛锅坊合并成两合锅厂。1952年，县人民政府财经委员会赎买两合锅厂，组建公营湘潭县大花石造锅厂。1968年，花石公社、盐埠公社、石坝公社成立农机站、建筑工程队等企业。进入20世纪80年代，镇村集体企业和私营、个体企业快速发展，花石水泵厂成为年产值上千万元的规模企业。1995年，镇内有镇办工业企业8家，村办工业企业21家，个体和联户工业企业104家。全年完成工业总产值1.23亿元，实现税利1908.7万元。1997年，镇村集体企业进行改制。花石水泵厂完成工业总产值1980万元，纳税120万元，被县委、县人民政府评为“明星企业”。2000年，引进堂皇湘莲食品有限公司、莲珍湘莲食品有限公司、先湾碎石场。2005年，湖南宏兴隆食品有限公司、粒粒珍湘莲食品有限公司等一批湘莲加工企业发展壮大。宏兴隆湘莲食品有限公司开发蛋黄莲蓉月饼，年产值突破亿元，翌年产品被中国食品工业协会评为“中国名饼”。全镇完成工业总产值5.02亿元。2007年，宏兴隆湘莲系列食品和粒粒珍开发的香酥莲均获评湖南名牌产品；花石水泵厂生产的多级矿用离心泵获评湘潭名牌产品。2015年，花石陶瓷机械厂生产的P50全自动拉坯机、切泥机试制成功，投入市场。全镇有规模工业企业15家，从业人员1280人，全年完成工业总产值33.09亿元，其中湘莲加工企业创总产值24.32亿元，占80.9%。

商贸服务

清代、民国时期，境域有花石商贸市场和盐埠、石坝两处墟场。花石街的药材、铁锅、土烟、布匹、南杂、果蔬等百货俱全，湘莲、豆腐和荸荠、石坝米酒和铁锅为著名土特产。20世纪50

花石湘莲市场

年代，花石、盐埠、石坝有供销社、肉食站、药店、粮食供应站（点），供应生产、生活资料和收购农副产品，逐渐成中心市场。村（大队）一般设代购代销点，供应简单的日用品。“文化大革命”中，墟场被取消。中共十一届三中全会后，恢复盐埠、石坝墟场。1995 年，镇内有花石商贸市场和盐埠、石坝墟场。花石商贸市场有 526 家商铺，从业人员 1420 人。社会商品零售额 13295 万元，其中集市成交额 7658 万元。镇党委、政府重点对花石商业街进行提质改造。1998 年，兴建湘莲大市场，占地 1.74 万平方米，有商业门面 200 个。2000 年，湘莲大市场新增门面 54 个。2001 年，投资 700 多万元，完成湘莲大市场二期工程建设，新建经商门面 80 个。2009 年，投资 2280 万元，建设湘莲大市场三期工程，新建农贸市场，建筑面积 6000 平方米，有经商门面 78 个、摊位 120 个。2010 年,花石集镇商品成交额 3.23 亿元，其中湘莲成交额 2.52 亿元，成为全国最大的莲子集散中心。2015 年，推进湘莲大市场四期工程建设，其中兴宏运湘莲综合贸易市场 10625 平方米的商居楼已封顶。是年末，全镇有各类商铺 1200 家,个体工商从业者 1.3 万人。社会商品零售额 8.52 亿元，其中集市商品成交额 6.84 亿元，花石集市占 80.28%。

财政金融

1951 年，县人民银行设县六区营业所。1953 年，成立花石区农村信用合作社。1955 年 5 月，中国农业银行湘潭县支行设立花石营业所。1956 年，分设花石、盐埠、石坝信用社。1984 年，县保险支公司设立花石区和花石镇、盐埠乡、石坝乡保险站。1986 年，县工商银行设立花石储蓄所。1988 年，县邮政局设立花石邮政储蓄点。1994 年，设立花石区和花石镇、盐埠乡、石坝乡农村合作基金会。1995 年，镇级财政收入 1088 万元，其中农业税、企业税 978 万元。镇内有中国农业银行湘潭县支行花石营业所，中国工商银行湘潭县支行花石储蓄所，花石农村信用合作中心社和盐埠、石坝农村信用合作社，花石邮政储蓄所，中国人民保险公司湘潭县支公司花石保险站，中国人寿保险湘潭县支公司花石代办站和花石镇农村合作基金会等金融单位。年末各项存款余额 1.85 亿元，各项贷款余额 1.32 亿元。是年，花石镇财政所被国家财政部授予“文明财政所”称号。1996 年，花石邮电支局年末邮政储蓄额 1000 多万元，跻身全省农村邮政储蓄单位“十强”之列。1999 年，撤销花石镇农村合作基金会，其业务并入花石农村信用合作中心社。2000 年，镇财政收入 1433 万元，其中税金 1310 万元。2003 年，撤销花石保险站，改设县财产保险支公司花石出单点。从该年起,调减、免征农业税及农林特产税，停征屠宰税，财政收入有所减少，但上级下拨的项目经费、“三农”补贴经费等大幅度增加，镇内湘莲加工企业快速发展，税收逐年增加。2006 年，中国农业银行花石营业所升格为花石支行；新设中国太平洋人寿保险公司花石营销服务部。2010 年，镇财政收入 1236 万元，其中国税 741.8 万元，地税 466 万元，契税 28.2 万元。2015 年，完成镇级财政总收入 2108 万元，财政总支出 2036 万元。4 家金融单位年末存款余额 12.64 亿元，各项贷款余额 16.42 亿元；3 家保险单位共收保险费 188.6 万元，赔付 121.4 万元，赔付率 64.4%。

基础设施

交通运输

清代、民国时期，境域交通主要有湘潭至衡山白果的南二路驿道，设有盐埠、花石两个驿站。

涓江水运有殷家洲（1982年更名新嘉洲）、延化寺、盐埠、回龙桥、金塘5个渡口码头，货物从涓水航运。1957年，湘潭至花石殷家洲公路（称潭花公路）建成通车，湘运殷家洲汽车站成为境域主要客运、货运集散地。1959年，潭花公路从殷家洲延伸至青山桥、歇马（称潭歇公路）。1967年，修筑花石至日华界牌山公路（称花日公路）。1969年，修筑花石至石坝简易公路。1970年，修筑花石至盐埠简易公路（称花盐公路）。1971年5月，涓水花石公路大桥建成通车，潭花公路与花日公路连接。1986年，在涓水新嘉洲渡口码头新建花石人行桥，连接河岭、山花公路。1990年，河岭公路由砂石路面改为柏油路面。同年，县运输公司花石客运站建成。1995年，境域有2条县道和2条跨乡镇公路通过，在境域总长29.4千米；有通村简易公路43条，总长178.5千米。每日有100多个班次大巴车、中巴车从花石、石坝、盐埠往返于湘潭、易俗河和湘乡、长沙等地。同年，村民筹资38万元，架通盐埠至锦石乡金盘索桥。2003年，村民肖伏云出资架通金塘至锦石乡唐家湖索桥。2005年，发动经营业主筹资105万元，对花石汽车站进行扩建。从2006年起，河岭公路、山花公路和跨区乡（镇）公路陆续改为水泥路面，通村、联村公路进行整修、拓宽和延伸和硬化。2012年，韶（山）茶（恩寺）干线公路建成通车，途经镇内10个村62个村民小组，境域长19.2千米。2015年，启动花石湘莲大市场至韶茶干线的拓宽改造工程。是年末，镇内有1条县级干线公路、2条县道、2条跨乡镇公路经过，49条村组公路，总长540千米，其中硬化320千米。每日除过境车辆外，有150个班次的中巴车从花石、石坝、盐埠往返于湘潭、长沙、衡山、湘乡等地，日客流量2000多人次；有渡口码头1个；货车52辆，年货运量1083万吨。

邮电通信

1951年，湘潭邮政局在花石设立邮政营业处，经营邮政电信业务。1957年，该处升格为花石邮电支局，并增设盐埠、石坝邮电代办站。1995年，镇内有花石邮电支局和石坝、盐埠邮电代办所。邮政收入289万元。1996年，开通程控电话600门，移动电话放号500部。同年开通镇机关传真信息业务网，逐步实现无纸化办公。1998年，改设花石邮政支局、电信支局。1999年，增设花石移动通信营业厅。2013年，增设中国电信中心支局（农村区域维护中心）。2015年，镇内有电信中心支局（农村区域维护中心）1个、邮政支局1个、邮政代办所2个、电信支局1个、移动通信营业部1个。全镇有固定电话10171部、移动电话33678部，宽带用户1700户。邮政、电信业总收入720万元。

供电供水

1959年，留田公社前进大队利用涓水拦河坝建成1座水利发电站，装机容量14千瓦，所发电用于村民照明和农产品加工。1964年，该站利用水轮泵发电，利用“一机带五机”（抽水机、轧花机、辗米机、榨油机、造纸机）技术被推广到其他小型水电站，并被越南政府代表团观摩后所称道。20世纪70年代初，村（居）民改变饮用塘水、坝水和江水习惯，开始掘井饮用地下水。1972年，花石（留田）露天变电站建成，社队、农户开始使用国家电能照明和加工农副产品。1979年，花石水库在出水闸口建成1座水力发电站，装机2台，总容量180千瓦，年发电量30万千瓦时。1980年，境域实现“户户通”电目标，年用电量1084万千瓦时。1996年，投资140万元，建成花石镇自来水厂，日供水500吨。1999年，启动城镇电网和农村电网改造工程。2001年，投资348万元，完成花石镇自来水厂一期扩建工程，日供水量1000

吨。2008 年，实施国家级饮水安全项目，投入 750 万元，对镇自来水厂进行扩网改造，日供水 3600 吨，解决花石镇区及邻近马垅、极星、前进等村近 1.1 万人的安全饮水问题。2015 年，再次对花石自来水厂进行扩面改造，日供水量 5000 吨。历年累计投资 2000 多万元，基本完成村级农网改造任务，年用电总量 2600 万千瓦时。全镇安全饮水率达到 99%。

水利建设

中华人民共和国成立前，境域水利条件较差，依靠水塘、水坝灌溉，沿涓江两岸用筒车提水灌田。1955 年，修建境域第一座小型水库罗汉水库。1960 年，建成花石水库，库容 3650 万立方米，并配套修建总干渠、南干渠、西干渠和北干渠，解决花石、盐埠、石坝和邻近的龙口、日华、留田、排头、晓南 7 个公社 1 个镇共 3833 公顷农田的灌溉问题。1976 年和 1981 年，先后投资 697 万元，修建花石水库保安配套工程。1995 年，全镇有县属中型水库 1 座，镇属小㈡型水库 3 座，涓水拦河坝 3 座，水塘 2918 口，电动排灌机埠 10 处，自流灌溉面积占农田总面积的75.2%。2010 年，整修涓江堤、花石水库渠道和水塘、水坝，新建电动排灌机埠 16 处。2015 年，总投资 400 余万元，完成东晓支渠和花石水库干渠配套、涓江抗旱机埠改造、毛家水库等 3 座水库除险、前进村拦河坝加固等水利建设工程 1180 处。是年末，全镇有中型水库 1 座，小㈠型水库 3 座、涓水拦河坝 3 座、水塘 2900 口，电动排灌机埠 10 处。自流灌溉面积 86.8%。

村镇建设

1950 年 8 月，始设花石镇，镇区街道长 500 米，分正街、中立街、墙背头 3 条街巷，有居民 500 多人。因建制多次变更，此后 20 年发展缓慢。1976 年，涓水花石公路大桥（称花石一大桥）建成后，将河东、河西连接一起，城镇建设开始起步。当年编制《花石镇镇区发展规划》，镇区规划面积 2.8 平方千米，开发 1.62 平方千米。1989 年，投资 100 多万元，修建涓水花石公路二大桥，镇区自此形成环形的“两街九路”格局。1995 年，花石镇区发展到 1.62 平方千米，常住人口 6990 人，城镇化率 11.2%。1996 年，花石小城镇被定为湖南省重点镇。1997—1998 年，投资 1840 万元，进行基础设施建设。1999 年，花石镇被列为全省十个“重点示范镇”之一。2004 年，编制《花石镇区 1999~2015 年总体规划》。是年，被建设部等六部委定为国家重点镇。2009 年，结合新农村建设，有 6 个村新建村部，并形成村活动中心。2013 年，开工建设花石湘莲文化旅游示范街。镇政府推进花石镇区湘莲文化旅游示范街项目建设，总长 800 米；投入 170 万元，改装 LED 高亮度路灯 170 盏；建设 1 座大型的垃圾中转站和污水处理厂及配套管网，实现雨污分流。投入 100 万元，建设休闲旅游片区罗汉山游道、停车场、公共厕所等基础设施。2015 年，花石镇区拓展到 3.6 平方千米，各项基础设施基本完善，镇区经商办厂和居住的居（村）民增加到 3791 户 19454 人。盐埠、石坝等小集市初具规模，各有商户 30 多家。累计投资 1480 万元，28 个村全部建成村活动中心。800 户村民建成沼气池，其中 500 户结合进行改水、改厨、改灶、改厕所。农村环境卫生条件得到改善，城镇化率 28%。是年，花石镇获“湖南省美丽乡镇”“湘潭市十大魅力乡镇”称号。

社会事业

教育科技

清代，境域有私塾 4 所。清光绪三十一年

（1905），王佐臣、宾晋陔等人创办上湘五都学堂，择优招收邻近五个都的学子，校誉颇高。民国时期，境域有公立学校1所，私塾5所。民国11年（1922），胡书煌为首创办南三区崇实女子职业学校，招收女生30多人，开设文科和裁缝、刺绣实科。民国30年（1941），胡笃前出资创办荫亭学校。20世纪50年代，先后兴办16所小学、3所初级中学和2所农业中学。1975年，国务院计划生育领导小组率人民教育出版社、西安电影制片厂及北京市教育局相关人员在盐埠中学现场观摩中学生青春期生理卫生和晚婚晚育课，给予高度评价，拍成专题片全国放映。全县各学校仿效开设此课程。同期，成立区和公社农业技术推广站等科技推广服务机构，推广水稻、湘莲、林木栽培和生猪、鱼类养殖新品种、新技术。花石农业机械厂与长沙水泵厂联营，引进其新技术，生产IS型清水泵。1995年，镇内有初级中学3所，农校1所，小学31所，学前班6个。有中小学教师764人，在校中小学生4687人。适龄儿童入学率100%，初中生毕业率99.6%。有镇农业技术推广站、畜牧兽医站、水利站、农机站、林业站各1个，向农民推广相关农业科技知识。1996年，全镇基本普及九年制义务教育和基本扫除青壮年文盲工作达标。2001年，花石水泵厂成为县内首批民营科技企业。2006年，湖南宏兴隆食品有限公司获26项专利，被列为市级制造业示范企业，其莲制品在湖南第二届科技博览会上获金奖。2008年，粒粒珍湘莲食品有限公司开发的香酥莲在湖南第三届科技博览会上获科技创新金奖。2009年，湖南宏兴隆食品有限公司和湖南粒粒珍湘莲食品有限公司被国家科技部评为高新技术企业。2013年，湖南宏兴隆食品有限公司联合长沙理工学院、湖南农业大学组建湖南省湘莲工程技术研究中心，为省内首个湘莲种植、加工、病虫防治的科研机构。2015年，镇内有初级中学4所，小学18所，学前班5个，幼儿园10所。有中小学教师264人，在校中小学生4957人。适龄儿童入学率和初中生毕业率100%。有镇农技农机畜牧水产推广服务中心1个，国家级高新技术企业2个，市级科技企业1个，湘莲食品科技合作社14个。高新技术产值6.65亿元，增加值4.16亿元。年内建设的中国寸三莲原种场，培育出新品种“寸三莲一号”。

文化体育

清末、民国时期，境域有业余剧团2个，中乐队3支，狮灯队4支，龙舟队2支。1949年，境域有2个皮影戏剧团、14支民间吹打乐队、3支龙舟队、4支狮灯队。1959年，成立花石人民公社广播站，所辖大队全部通广播。3个民间业余花鼓戏剧团（文艺宣传队）、4个皮影戏剧团、12个民间吹打乐队和1个电影放映队活动频繁。1964年，花石镇和盐埠、石坝公社建立文化站。1995年，境域有文化站1个，广播站1个，文艺宣传队5支，狮龙队4支，龙舟队5支。有文学艺术爱好者300多人。电视机入户12420户。有农家书屋3个，藏书3560册。有各类体育运动场所11处。1996年，成立花石有线电视台，有线电视覆盖面积2平方千米。2003年，投资60多万元，兴建镇有线电视转播站。2010年，成立镇文学艺术工作者联合会。编纂并由中国文史出版社出版《花石文史》。2011年，建成农家书屋14个，兴建群众体育健身场所3处，成立广场舞蹈队5支。2013年，启动建设花石湘莲文化旅游示范街一期工程，建设汉城·玉景园。2014年，举办首届“花石赏荷之旅”特色旅游活动，吸引上万名游客游览罗汉山、观莲海景观。2015年6月，举办“莲动潇湘”花石马拉松越野赛和“第二届花石赏荷之旅”特色旅游活动，吸引游客10万余人次。2015年，镇内有镇文化体育广播电视站1个，镇文联1个，有线电视转播站1个，歌舞娱乐厅8个，文艺宣传队（业余剧团）5支，广场舞蹈队8支，狮灯队6支，龙舟队4支，有文学艺术爱好者250余人。电视入户1.4万户；网吧12个。农家书屋29个，共藏书2万多册。有球类、田径体育运动队12支，运动健身场所23处。

医疗卫生

民国时期，境域有10多个郎中行医，赵慎斋、欧阳桂生、胡菊初、赵明海等中医生比较有名。有私营药店7家。1950年，成立花石中医学会，开设宣丰、龙潭、盐埠3家诊所。1953年，刘述明、周福谦等民间医生组建花石联合诊所。1956年，花石联合诊所改为花石联合医院，有医生12人，设病床10张。1966年，花石联合医院与县巡回医疗队合并，组建花石区医院，为县内第一个农村正规医疗机构，有医务人员24人，设病床20张。1969年，28个大队兴办合作医疗室，对筹资社员实行减免优惠。1995年，镇内有县属医院1个，镇属卫生院3个，医疗点（门诊部）14个，共有医务人员89人，病床48张；有农村卫生室医生和妇幼保健员45人；有个体执业医生26人；个体药店17家。2006年，花石医院（县第二人民医院）与花石镇卫生院合并，更名为花石中心卫生院，新建1栋综合大楼，建筑面积4600平方米，成为集医疗、科研、预防、妇幼保健于一体的一级甲等医院。2015年，镇内有中心卫生院1家，卫生分院2家，医疗点（门诊部）4个，村级卫生室32个，有专业医护人员62人，病床115张，村卫生室32个。年诊治患者3000余人次。

社会保障

1950年，九区（花石）区政府对21名老弱病残和孤儿及遭受天灾人祸的困难群众给予救助救济。对48名伤残人士和烈士家属进行优待优抚。1956年，对116名“五保”对象给予定量经济补助。1985年，花石、盐埠、石坝公社均建成敬老院，将25名“五保”老人集中供养。1995年，全镇362名“五保”对象全部落实供养政策，其中在3个敬老院集中供养32人。2001年，启动城镇居民最低生活保障制度，当年有45人领取最低生活保障金4.42万元。实施大病救助11人，救助金额2.38万元。2005年，启动农村新型合作医疗制度。年内参加合作医疗对象18675人，参合率33.7%，住院医疗费补偿147.2万元。2006年，实行农村居民最低生活保障制度，有654户980人享受农村最低生活保障，月发补助8.82万元。2008年，有460名城镇居民领取生活保障金68.7万元。2009年，启动社会养老保险制度，有5432人领取养老金186.4万元。2011年，对“五保”对象在县、乡级农村合作医疗保险定点医疗机构住院的基本医疗费用实行全免。2012年，补助19.5万元，给76户困难户、危房户建住房。2015年，全镇493名“五保”人员全部落实供养政策，月供生活费280元，其中71人入住镇中心敬老院进行集中供养。有2100人享受城镇、农村居民最低生活保障待遇，全年领取生活保障金280万元。有9209人享受社会养老保险待遇，年领取养老金966万元。有48826人参加合作医疗，参合率95%，有1.47万人次领取住院、门诊医疗费补贴8580万元。下拨救济款4.65万元，救助特殊困难户13户22人。有910名优抚对象，年享受政府优待抚恤金318万元。

人民生活

民国时期，境域农民靠种田为生。因水旱灾害，收成很不稳定，“禾镰上壁，就没得饭呷（吃）”，多以红薯、瓜菜充饥。80%的农家住茅屋草舍，穿土布衣衫。1953年，人均主粮增至250千克。中共十一届三中全会后，农村经济发展，一部分植莲、经商能手富裕起来。1995年，全镇农民

十八罗汉山（周铁冬 摄）

人均纯收入 1567 元，年末人均储蓄 1691.5 元。65% 的农户新建住房，每百户农户有摩托车 21.6 辆，汽车 4.8 辆。进入 21 世纪后，随着镇区商贸业的发展和湘莲加工企业崛起，镇内有 1.2 万多人从事湘莲加工和贩运，农民的经济收入大幅度增加。2006 年，农民人均纯收入 3529 元。年末人均储蓄 3082.4 元。87% 的农户新建住房，每百户有摩托车 54.5 辆，汽车 8.56 辆。此后，因湘莲加工业和贸易发展，镇内有固定资产超过 500 万元的大户有 30 家，其中过 2000 万元的 3 家、过 1000 万元的 5 家。2015 年，农民人均纯收入 1.24 万元；年末人均储蓄 1.29 万元。95% 的农户新建楼房，人均住房面积 38.6 平方米。每百户有摩托车 67 辆，汽车 15.6 辆。

特色地情

风景名胜

罗汉山 属丹霞地貌，位于花石镇罗汉村与马垅村交界处，有从南到北一字形排列的棕红色石岗十七座，因形似罗汉菩萨像，人称“十八罗汉”山（最小的一座已被毁）。山高一般 200 米左右，最高峰 210 余米，前山陡峭，红砂石山体夹杂着白砂石粒，上部光秃，半山腰以下遍生鲜苔，后山下部生长少许小松树和茅草。降龙罗汉山上曾有建于清康熙年间的雷祖殿。红口罗汉山下有汉城桥，为潭衡要道。山南有中庸观（已毁）和县属中型水库花石水库。山之西有罗汉观莲海的新景观，种植湘莲 100 多公顷。

汉城桥　位于花石镇罗汉村与长岭村交界处。因桥北据传为西汉湘南县治所在地，故名。此桥横跨源于紫荆山西麓毛山坝的花石水，昔为湘潭至衡山要道，建年不详。清雍正三年（1725）重修，为一跨式红石拱桥，高7米，长12米，面宽5米，跨度10.7米。桥面两端为八九级石阶，桥面两侧有石栏杆。桥体古朴大方，拱如弯月。民国24年（1935），村民另建一座3米宽的石墩两孔平板桥，与之平行，可供土车、板车通行。1959年，汉城桥被损坏，石阶、桥面平台及栏杆均不存在，仅残存半月形弧拱。1979年，村民修筑简易村道（机耕道）时，又在平板桥侧加建一座两孔石墩拱桥，长13米，宽5米，可供汽车通行，形成三桥并列的景观。1986年9月，汉城桥被湘潭县人民政府公布为文物保护单位。

民俗风情

老龙庙庙会　明末清初，花石河头湾老龙庙正堂供奉一尊从涓水洪峰漂来的木雕彩色龙头。自此每年该庙要举行两次神会，第一次为农历正月舞龙灯。正月初四，老龙庙内点燃巨烛和佛香，四方善男信女齐聚，向龙头三跪九叩。殿外彩旗飘扬，鼓乐，铳炮连天。礼毕，由四个健汉抬着披着红绸带的龙头在前引路，后面几条彩龙（龙灯）紧随翻舞，名曰“祭龙”。中午盛宴后，龙灯、神狮进村挨户闹新春，农家燃放鞭炮，迎进送出。到正月十五日元宵之夜，龙灯烛光闪耀翻腾飞舞，鼓乐队、彩龙船、蚌壳精、大头面具人、踩高跷者和观看者组成一条长龙，从下洋洲直至花石老街乐家船厂，足足有两千米长，名曰“游龙”，直至午夜。第二次是农历五月划龙舟。初一在老龙

花石湘莲基地（方阳 摄）

庙举行隆重肃穆的祭龙仪式，杀猪宰羊，将猪血、羊血、鸡血涂抹在龙嘴上，众人祭拜。其时铳炮齐响，鼓乐大作。接着龙船下水，礼生高诵赞词。十几名壮汉、后生跃上船舱挥桨勇进。初五日闹端午。数条龙舟进行竞赛。两岸观众呐喊助威。赛毕，恭请龙头归位，给获胜者颁奖。此风俗一直维持到民国时期。20 世纪 80 年代，花石划龙舟传统恢复，而庙会未再举行。

名优特产

湘　莲　花石是湘莲的原产地，在清道光年间即为贡品，常年种植 70~100 公顷。20 世纪 50 年代，花石镇被县人民委员会定为湘莲种植基地，常年种植 150 公顷以上。90 年代，选育的“寸三莲”，以形、色、质、味四绝成为莲中之皇，为筵席珍品，经国家检验局测定，“寸三莲”含粗蛋白质 21.15%，粗脂肪 1.91%，总糖 55.8%，还原糖 6.43%，营养丰富，清香味美。花石莲中皇食品公司生产的莲蓉食品在国内外食品博览会上分获金奖、银奖，并成为第十二届亚运会中国运动员专用饮料。进入 21 世纪后，花石镇常年植莲 500 多公顷，一批种莲能手赴洞庭湖区、鄱阳湖区租赁湖田水面植莲，将壳莲运回乡，花石成为全国最大的莲子集散地，从事生产、加工和贩运湘莲人员 2 万人。2015 年，全镇湘莲一项年收入 24 亿元。

花石豆腐　明、清时期，花石人选用罗汉山红砂石做成石磨，用上等的黄豆，提取罗汉山岩浸出的泉水，制成的豆腐色洁白，质细嫩，味鲜美，隔夜不馊而远近闻名，其品种有包（白）干子、腊干子、油炸干子、豆腐脑（俗称热豆腐）、豆浆、腐乳、豆渣等。1949 年，镇内有 15 家豆作坊，年加工豆腐 10 多吨。20 世纪七八十年代，花石区供销社设豆制品厂，最高产量 20 多吨，远销湘潭、长沙、衡阳等地。2015 年，镇区内有私营豆作坊 20 多家，年产豆腐 360 吨。又因花石石坝盛产米酒，故有“花石豆腐石坝酒”之称。

（撰稿：陈　波　宾国安）

分水乡

区域概况

地理位置

分水乡位于湘潭县西南部，东与排头乡毗邻，南与青山桥镇相连，西与石鼓镇接壤，北与湘乡市梅桥镇交界。境域分水坳为涟水与涓水的分水岭，分水坳上涟水与涓水的分流点处于湘潭县和湘乡市交界处的一丘田，名“分界丘”，乡依此而得名。乡人民政府驻虎形村新龙组谭固场。

建置沿革

明朝，境域属湘潭县九十二都易俗乡善政里。清顺治十一年（1654），境域属县十四都八、九、十甲。民国时期，境域属永安乡第十三保。1949年11月，撤乡设区，属石潭区。1950年年初，行政区域划小，境域隶属第六区。同年8月，开始民主建政，境域分属环山、汾水、龙凤、白石、较场、湾头6个小乡。1956年，扩大乡镇，成立环山、较场乡。1958年8月，成立人民公社，环山乡属光明（石鼓）人民公社，较场乡属幸福（青山）人民公社。1961年5月，青山桥设区，境域分属较场和环山两个人民公社。同年9月，境域又增划汾水人民公社。1984年2月，汾水人民公社改为汾水乡。1990年11月地名普查时，汾水更名为分水。1995年5月，撤区并乡，原分水乡、环山乡、较场乡合并为分水乡，至2015年无变化。

区划面积

1995年，分水乡设分水、环山和较场三个管区，辖分水坳、沙州、双凤冲、虎形山、豪头、石桥、长丰、白石庙、北林、彭何、槐树、广林、栗红、石桐、杨恩、珍鸽、白沙井、新坝、环山、晓冲、天垅、合家、较场、旗山、大垅、广阳、湾头、石江、同合、瓦叶、曲江、石垅32个行政村，409个村民小组。2014年，撤销分水、较场、环山三个管区，实行行政村合并，虎形山村和豪头村合并为虎形村，曲江村和较场村合并为较场村，旗山村和广阳村合并为旗山村，新坝村和环山村合并为新山村，瓦叶村和石垅村合并为大冲垅村，杨恩村和栗红村合并为永红村，槐树村和北林村合并为槐北村，珍鸽村和石桐村合并为珍鸽村，白石庙村和石桥村合并为石桥村。2015年，全乡辖23个行政村，409个村民小组，总面积85.33平方千米，耕地面积2420公顷（水田2225公顷，旱土195公顷），山地面积4700公顷。

自然环境

境域地貌以丘陵为主，表层地质结构为沙性土层和风化岩，土壤以红壤为主。山脉源于南岳七十二峰之一的昌山，蜿蜒入境，止于雷祖峰。曲江河为主要河流，发源于彭何村，依次经长丰、虎形、较场、大垅、湾头、同合等村，接纳沿途溪水，于青山桥镇松柏桥村观园桥流入涓江。曲江河干流全长22.5千米，流域面积49.45平方千米。境域属亚热带季风气候，无霜期长，四季分明，年平均气温17.1℃，最高气温39℃，最低气温–3℃，年平均降雨量1100毫米。境域主要林木为松、杉、樟、南竹、山茶等。深溪沟400余公顷林地列入县级自然保护区，有国家保护的红豆杉、兰草、紫荆树、银杏等树种。野生动物有野兔、蛇、野鸡、野猪、麻雀等190余种。境域矿产资源丰富，晓冲、永红两村境域遍布花岗岩；双凤、瓦叶、旗山一带磷土储量丰富。白沙井的泉水源于地下深处，日流量约250吨，富含锂、锶、溴、碘、锌、硒、铜、锰、钴、镍、钡、铬、硼、银、钼等26种对人体有益的微量元素和化学成分。

人口民族

1995年末，全乡辖10954户38636人。其中，男性20823人，占53.89%；农业人口38075人，占97.55%。人口自然增长率5.6‰。以汉族为主，瑶族、苗族、回族、壮族、白族、土家族、朝鲜族、侗族、藏族、满族、佤族11个少数民族115人，占总人口的0.3%。2005年年末，全乡有10815户38982人。其中，男性20547人，占53.96%；农业人口37902人，占97.23%。少数民族人口114人，占总人口的0.3%。人口自然增长率5.4‰。2015年年末，全乡有11002户39375人。其中，男性20817人，占52.87%；农业人口38272人，占97.20 %。人口自然增长率5.3‰。瑶族、苗族、回族、壮族、白族、土家族、布依族、朝鲜族、达斡尔族、东乡族、侗族、藏族、满族、佤族、仡佬族15个少数民族109人，占总人口的0.28%。

经济发展

经济综述

20世纪50年代，境域农业主要种植粮食，少有经济作物；工业仅有毛笔、纸伞作坊50余家。70年代，社队企业出现，皮鞋制作业兴起。经过10年发展，至1980年，环山、分水、较场3个公社工农业总产值1057万元。其中，农业总产值795万元，工业总产值262万元。1995年，全乡完成工农业总产值10632万元，其中农业总产值3525.7万元。2000年，乡村集体企业实行改制，民营经济发展。全年实现工农业总产值25082万元。其中，农业总产值16116万元。2001年起，乡党委、政府坚持“引‘水’养‘鱼’，富民活乡”的战略，招商引资，新建各类企业17个。同时，平整良田，使农业增效。2010年，全乡完成工农业总产值17130万元。2011—2014年，乡党委、政府坚持“保农业增收，保工业增效，保财政增长”的经济战略，全乡工农业总值逐步提高。2015年，全乡完成工农业总产值3.87亿元。其中农业总产值2.61亿元。

种植业

清代及民国期间，境域主要种植单季水稻、薯类、豆类等，以一年一熟为主。稻谷亩产不足200千克。20世纪50年代，推广间作双季稻，产量有所增加。1957年，境域稻谷亩产230千克。70年代，不断推广新品种，产量提升。1975年，稻谷亩产增至440千克。1995年，乡政府全面推广杂交水稻，扩大水稻种植面积，种植双季稻2000公顷，产粮食2.77万吨，第一次实现亩产过吨粮。2006年，乡政府推广优质稻，种植优质稻1150公顷。全乡粮食总产量3.24万吨。是年，还推广种植高效油菜280公顷。2008年，推广收割机和插秧机。2014年，播种水稻4100公顷，其中优质稻3000公顷。在分水、大垅、彭何等村全面铺开农业生产全程社会化服务项目试点，覆盖面积390公顷；推广集中育秧1300公顷、机插秧320公顷，创建135公顷机插秧高产示范片。成立专业合作社8家，注册资金共计1088万元，全乡合作社总数23个。2015年，全乡有收割机240台，插秧机29台，小型耕田机8156台，推广集中育秧1400公顷、机插秧1230公顷，农作物播种面积5722公顷，播种水稻4130公顷，其中优质稻3070公顷，粮食总产量3.72万吨。

养殖业

1962年，境域经济有所好转，农户养猪增加。全年3个公社共养猪3797头。1983年，境域实行农业生产责任制以后，粮食产量大增，家家有余粮，调动农户的养猪积极性。境域3个公社共养猪30495头，年末存栏15404头。1995年，全乡养殖生猪8.22万头，其中出栏5.75万头；出笼家禽4.49万羽；水产放养面积87公顷，水产品产量92.29吨。2004年，乡政府推行生猪品改，引进优良种猪30头，发展养猪协会2个。2008年，全乡出栏生猪8.42万头，发展家禽8.2万羽；养牛348头；养羊5670只；扶持常年存栏生猪100头以上养殖户122户。2015年，乡政府扶持生态养牛、黑山羊养殖等特色基地；全乡养殖专业大户发展至139户，常年存栏生猪100头以上养殖户68户。有存栏黑山羊50头以上的专业大户16户。全乡养猪6.15万头，年末存栏4.78万头；养殖家禽9.54万羽，年末存笼7.34万羽；养牛1260头、养羊6410只。

林业

境域山地以生长灌木为主，有少量的杉、松、南竹林及油茶林。1981年，开始对山林实行责任承包。1995年，乡内有林地4016公顷，森林覆盖率47.06%。2011年，乡党委、政府发动群众开展封山育林、植树造林和残林改造，退耕还林

黄牛养殖基地

207公顷。新垦长丰、白沙20公顷油茶高产基地，湾头14公顷南竹生产基地，栗红（现永红）、广阳（现旗山）35公顷国外松丰产基地，完成人工造林48公顷。2014年，引进分水苗木种植合作社，流转林地16公顷，扩大经济林种植面积。2015年，退耕还林209公顷。年末，全乡有林地4700公顷，其中国家生态公益林3900公顷。森林覆盖率55%。

工业

清代，境域制作毛笔的手工作坊兴盛。环山含英堂制作的毛笔，久负盛名。民国时期，境域内毛笔、雨伞作坊仍然产销两旺。其中，环山制毛笔工匠110人，产品畅销省内外。20世纪50年代中期，制伞业逐渐发展为半机械化产业。80年代初，境域环山乡皮鞋业发达。其中，环山民政皮鞋厂职工发展到110多人，所产男中跟线缝三节头皮鞋等产品，被评为湖南省优秀产品。1995年，全乡有乡办集体企业50个，村办集体企业45个，个体和联户企业985个，完成工业总产值7106.3万元。2000年，环山建筑公司并入湘潭县第一建筑工程公司，由省叁级建筑企业晋升为省贰级建筑企业，年产值2500万元。全年引进3个工业企业（石膏装饰材料厂、林富木材加工厂、机制红砖厂）。年内，乡内有乡办企业10个，私营企业546个。全年完成工业总产值8966万元。2004年，乡办集体企业全部改制为民营企业。2008年，引进湘潭市新科冶金设备有限公司，总投资1000万元。是年，全乡完成工业总产值18163万元。2012年，招商引资4150万元；投资1350万元，新建湘潭县香之道食品有限公司和新彩瓦厂。2015年，全乡有工业企业21家（无规模企业），工业总产值1.26亿元。

商贸服务

清代，境域较场坪、分水坳为商业繁荣集镇，经营商品有杂货肉食、百货布匹、粮油食品、手工业品、农具、农资、家具、文具书籍等。20世纪50年代，在槐树湾、较场坪建供销社、肉食站、粮油店等，成为农村中心市场。各村（大队）均开设有集体商业供销社或代销店。“文化大革命”期间，各墟场被取缔。中共十一届三中全会后，个体商贸服务发展，境域较场坪、分水坳恢复赶集。1995年，乡政府拓宽农副产品交流渠道，在乡政府驻地谭固场新建集贸市场。2000年，建设彭何中心综合市场。2015年，全乡有较场、谭固场、彭何、分水坳4个集贸市场，各类商铺260多家，从业人员540余人。墟场赶集日有近3000人。社会商品零售额1.33亿元，其中集市商品成交额6800多万元。

财政金融

1951年，分水乡、较场乡、环山乡、湾头乡各成立信用社1家，由中国人民银行管理。1961年，境域设立分水、较场、环山农村信用合作社。1986年，3个信用社改由中国农业银行代管。1995年，成立分水邮政储蓄所，开办储蓄业务。是年，乡政府财源主要是农业税和企业税收，全年完成财政收入98.95万元。其中，国税43.3万元，地税44.8万元，农业特产税10.85万元。1996年，成立青山桥地区信用中心社分水分社。2002年，完成财政收入225万元。其中，国税46万元，地税49万元，农业税130万元。年末，金融单位各项存款余额7130万元，各项贷款余额3200万元。从2003开始，调减、免征农业税，停征屠宰税，涉农税收逐年下降。2007年，完成各项税收107.3万元。2010年，分水乡创建全市首个乡镇财政服务中心，实行财务集中报账和预算管理制度。2011年，设立分水乡信用社，辖分水、较场、环山3个分社，有工作人员25人。2015年，乡财政主要税种为营业税和增值税，完成国税入库46万元，地税入库153万元。全年完成财政总收入2593万元（含各项转移支付），财政总支出2593万元。全乡各项存款余额突破3.89亿元，贷款余额2.42亿元。

基础设施

交通

清代、民国时期，境域只有西南路一条驿道，经黄荆坪入境，再经石鼓入湘乡。1969年10月，动工修建分环（分水至环山）公路，接潭歇公路，全长15.03千米，次年2月通车。1971年，全长14.8千米的湘青线（湘乡梅桥镇至青山桥镇）建成，境域长8千米。2002年，投入170万元，完成湘青线古木岭至青山桥段路面砂改油提质改造。投资47万元，维修乡村道路29.5千米，新修北林、环山联村公路5千米。2005年，投资70万元，硬化虎形至石桥、虎形至双凤4千米的道路，新修乡村砂石路11千米。2006年，硬化村级主干道17.5千米。2008年，建成1500平方米农村客运站。启动石（石江）较（较场）线、狗（排头乡狗嘴湾）钟（石鼓镇钟家大屋）线古木岭至栗红段、青（青山桥镇）彭（彭何）线珍鸽至彭何段的县乡道路通畅工程，硬化县乡道路7千米。大垅、石桥、虎形、彭何等村完成水泥路村道硬化26千米，新修村道13千米。2012年，建成狗钟线古木岭至磷矿公路，全程4千米。是年至2015年，全乡共硬化县乡道30.5千米，村道82千米。2015年末，县道、乡道形成“两纵两横”格局（“两纵”指湘青线，青彭线；“两横”指石较线和狗钟线），村道已基本形成联村联户交通网络格局。每日有8个班次的客车往返于湘潭、易俗河、长沙、衡阳、湘乡等地。

邮电通信

1958年，境域内信函由当年新设的青山桥邮电所投递。是年，光明（石鼓）人民公社架通石鼓至环山电话线路；幸福（青山桥）人民公社架通青山桥至较场的电话线路。1961年，架通青山桥至分水电话线路。1965年，环山、较场、分水3个人民公社安装电话总机，架通通往所辖大队的电话线路。1995年，32个村全部开通程控电话，全乡拥有移动电话200多部，程控电话700门。2000年，全乡拥有移动电话900多部，程控电话1900门。2012年，韵达快递较场分站成立运营。2015年，全乡有固定电话2800部，移动电话19860部，宽带用户390户。

供电供水

20世纪60年代后期，分水公社农机厂购进一台20马力柴油机，1台15千瓦发电机发电。接着环山、较场公社相继购机发电，并逐渐输送给政府机关照明。1976年起，少数乡民开始采购柴油机或汽油机，配备2~3千瓦发电机，用于婚丧喜庆发电照明。1982年6月，青山桥变电站开始架设10千伏高压线路，途径青山公社凤坪、何家送电到较场、分水、环山3个公社。因电力不足，当时只限机关用电和农机厂生产用电。1984年11月，分水村接通低压线路，村内农户率先用电。1992年，境域实现村村通电。1998年，晓冲、广林、分水、长丰、大垅、石江等11个村和较场坪集镇完成电力扩容，整改低压线路100千米，改造配电间8个。2000年，架设高压线路0.7千米，新架低压线路15千米，改造低压线路45千米，新增变压器2台，电力扩容180千伏。2013年，分水鸿翔自来水厂投入使用，工程总投入603.7万元，铺设管道7千米，解决1.8万人安全饮水问题。2014年，国家投资3800万元的35

千伏变电站项目主体工程建设完工。2015年7月，35千伏变电站建成通电，全乡年供电总量849.89万千瓦时。

水利建设

1956年，境域建成全县第一座小㈠型水库——瓦叶水库，库容194万立方米。1958—1959年，先后修建新坝、彭何、洞口3座小㈠型水库，库容分别为106万、68万、186万立方米。1995年，乡内有县属小㈠型水库4座，乡属小㈡型水库5座，骨干山塘4325口，拦河坝127座。全乡自流灌溉面积1200公顷，占水田总面积的57.27%。2007年，投入110万元，对彭何、瓦叶、洞口水库和普安塘、石江、旗山水库进行除险保安建设。2011年，投资300万元，对彭何水库进行除险保安提质改造。2013年，投入460万元，对乡属262处骨干山塘进行扩容加固；投入516万元，对5个村的水利设施进行提质改造。全乡水库自流灌溉面积82.74%。2015年，渠道清淤130千米，建设高标准渠道5.5千米，建设骨干山塘50口，修整河坝4座，更新改造机埠2处，建设“五小”工程项目村8个，移民项目村12个。年底，乡内3座小㈡型水库的除险保安工程和曲江河流域治理工程开工。

村镇建设

1964年，湘潭县防疫站在分水乡办点，启动“两管（管水、管粪）一改（改厕）”工作，治理“脏乱差”。全乡40%的家庭改造厕所，50%的农户饮用上井水。1995年，3个乡合并的分水乡城镇化率1.1%。2006年，全乡完成小城镇投入112万元，城镇化率为1.5%。2007年，投资105万元，兴建较场集镇排水工程、分水集镇排水工程和垃圾处理场。2010年，投入8万元，在乡内3个集镇区安装路灯64盏；投入50万元完成较场居民点街道路面提质改造1.5千米。2015年，完成较场曲江河示范区6000平方米商住楼的主体建设，城镇化率2.5%。全乡有280户村民建沼气池、改灶、改厕、改水（改为饮用地下水）。征地0.2公顷，易地兴建彭何农贸市场，市场摊位200个。年末，23个村均建垃圾焚烧池，各村均聘有保洁员，均建有村级组织活动中心和老年人活动场所。

社会事业

教育

清代，境域有私塾蒙馆（低级）和经馆（高级）多家。民国元年（1912），李氏家族在汾水村的三联公屋创办李氏储才小学（现分水中心小学校址）。左氏家族在长丰（现长丰村）左氏宗祠内创办左氏启善小学；张氏家族在石桥（现石桥村）文昌祠创办张氏文昌小学。民国27年（1938），湘潭忏心小学迁至原分水桂树屋场，改称短期国民学校。1949年，境域内有保国民学校3所。1956年，创办较场农业中学，有中小学各两个班，学生100余人。20世纪70年代后期，各大队都办有小学，分水、环山、较场公社都办有初中、高中班。1995年，并乡后的分水乡有初中3所、小学20所、学前班20个，在校学生7521人，在职教师275人，适龄儿童入学率100%。小学毕业率99%。1998—2002年，全乡共投入40多万元，新建、扩建中小学校舍1200平方米，改造中小学危房1423平方米，全面普及九年义务教育，中小学生入学率100%。2015年，乡内有初中3所，小学10所，学前班3个，幼儿园5所，在校学生2164人，在职教师134人，适龄儿童入学率100%，初中生毕业率100%。投资300万元的乡公立幼儿园完成主体建设。

文化体育

民国时期，境域有花鼓戏剧团、唢呐吹奏队。20 世纪 50 年代，境域秧歌队、腰鼓队、文艺宣传队等文艺队伍 10 多个。60 年代，3 个公社成立文化站和广播站。70 年代，3 个公社成立电影放映队。80 年代，随着人民生活水平逐步提高，文化艺术活动发展较快，主要有业余花鼓戏曲团，民间唢呐吹打乐队、舞龙队、舞狮队等。2000 年，在谭固场建立农民运动场，建设高标准篮球场 1 个；成立农民体育运动协会。2007 年，成立乡有线电视管理站，部分乡民接收有线电视。2008 年 9 月，先后成立青翠峰诗词联谊会、分水乡农民夜校、分水乡文史委。2011 年，新建综合文化站 1 个，面积 600 平方米。年末，全乡有农家书屋 32 家，藏书近 10 万余册，有以学校为基础的体育运动场所 13 个，8 个村建成农民体育健身工程。2013 年，成立分水乡文联，有文学、书法、美术、摄影等会员 35 人。组织编辑出版《分水乡文史》1~3 辑。2015 年，23 个村全部建成广播“村村响”工程。乡文体广场建成投入使用。年末，全乡有舞龙舞狮队、腰鼓队、军鼓队、唢呐队、皮影放映队、广场舞队等共 35 支，有民间传统艺人 200 多人。

医疗卫生

民国时期，境域医疗为个体营业，著名中医有李若儒、左宗明等。1951 年，建立分水乡卫生所。同年，老中医徐子明等人联合组织会诊所。1955 年 9 月，会诊所正式改为联合诊所，医生由上级统一调配。各联合诊所均增设公私合营国药店，提供治疗、医药配套服务。1961 年，境域 3 个公社分别设卫生院，有医务人员 15 人，病床 8 张。1970 年，32 个大队兴办农村合作医疗，培训“赤脚医生”，设立医疗点。1988—1990 年，连续大面积为村民接种疫苗，并普及新法接生。1995 年，成立分水乡卫生所和环山、分水、较场卫生分院。2001 年，建立分水乡中心卫生院，下设分水、环山两个分院，撤销乡卫生所改设乡防保组。全乡有医师 11 人，药师 13 人，卫技人员 24 人，个体开业医生 10 人，个体药店 6 个。2003 年，在较场卫生院原址新建乡中心卫生院。2009 年，成立分水乡公共卫生办公室，承担全乡公共卫生服务、医疗保健工作。2015 年，乡内有卫生院 2 所，医疗点（门诊部）22 个，村级卫生室 20 个，病床 28 张，专业医务、护理人员 29 人，年诊治患者 2.11 万人次。

社会保障

1956 年，境域评定“五保”对象 156 名，每人年供稻谷 200 千克，生活费 38 元。1985 年，环山乡、较场乡、分水乡先后办起敬老院，集中供养五保对象 28 人。1995 年，境域有敬老院 3 处，入住人数 23 人。1999 年，投资 9 万元，建成乡中心敬老院，入住 24 位“五保”老人。2005 年，推行新型农村合作医疗制度，乡民每人缴纳 10 元。当年，参与合作医疗率 52%。在较场建成分水乡中心敬老院，入住 53 名孤寡老人。2006 年，参加合作医疗人数 3.79 万人，参合率 98%；启动贫困居民最低生活保障金制度，有 216 户 435 人享受农村最低生活保障待遇。2010 年，有 672 人享受城乡低保，年领取低保金 120 万元；69 人获得大病医疗救助，救助金额 8.4 万元；有 356 人享受优待抚恤，全年发放抚恤金和补助金 110 万元。2012 年，有 1454 人享受城乡低保，年领取低保金 189.14 万元。发放“五保”户供养资金 58.4 万元。农村新型养老保险参保人数 16500 人，占总人口的 41.9%；投资 114 万元，建成分水敬老院环山分院，建筑面积 1300 平方米。2014 年，投入资金 80 多万元，改造危房 65 户；新建 3 家农村幸福院。2015 年，成立乡社会救助受理中心，下发各类困难群体的救济金 45.4 万元。危房改造 125 户、特困户建房 4 户，精准扶贫减贫 683 人。农村合作医疗住院报销 6200 人次，补偿 1300 多万元，门诊报销 2 万人次，补偿 58 万元。年内，有 428 户 1498 人享受城乡低保，年领取低保金 194 万元。有 380 人享受优待抚恤，全年发放抚恤金和补助金共 158 万元。全乡有“五保”对象 267 人，年供“五保”经费 89.7 万元，84 人入住 2 所敬老院集中供养。有 5906 人享受农村养老保险，年领取养老金 531.56 万元。

人民生活

1950 年，境域年人均口粮不足 230 千克，农民住房普遍为平房，其中多数为茅草房，少数为瓦房。1953 年，粮食产量增加，人民生活得到改善。1983 年，人均产粮 605 千克，人均纯收入 269 元，农民温饱问题基本解决。20 世纪 80 年代后期，45% 的农户建成楼房，购置电风扇、电视机、电冰箱、洗衣机等家用电器。1995 年，乡内农民人均居住面积 42.85 平方米，人均纯收入 3680 元，年末户均储蓄 1015 元。60% 的农户住进楼房，每百户农户有摩托车 15 辆、汽车 1.7 辆。乡党委、政府组织劳务输出，农民收入逐年增加。2005 年，农民人均纯收入 6546 元，76% 的农户入住楼房，每百户农户有摩托车 38 辆、汽车 6.2 辆。2015 年，农民人均纯收入 11500 元。95% 的农户入住楼房，每百户农户有摩托车 78 辆、汽车 11 辆。

特色地情

历史人物

陈鹏年（1663—1723）新山村人。康熙三十年（1691）中进士，历任浙江西安（今衢县）知县。江苏山阳县知县、海州知府、江宁知府、苏州知府。后入武英殿修书，参修《四朝全诗》《方典全书》《月令辑要》等。雍正元年（1723）任河道总督，同年因积劳成疾卒于武陟黄河工地。他为官勤于政事，颇有政绩，被康熙赞为“天下第一能臣”。死后，雍正皇帝下令厚葬，谥恪勤。有《道荣堂文集》《喝月词》《历仕政略》《河工条约》等著作存世。

民俗风情

皮影戏　又称“影子戏”或“灯影戏”，是一种以兽皮或纸板做成的人物剪影，将蜡烛、油灯等光源照射出的影子投放在幕布上演戏，是分水乡民间广为流传的艺术活动之一。表演时，艺人们在白色幕布后面，一边用手操纵戏曲人物，一边运用其特有的曲调唱述故事，同时配以打击乐和弦乐，富有浓厚的乡土气息。现分水乡尚存皮影戏表演队 3 支，分布在大冲垅村，民间艺人 20 多人，保存的剧目有《收姜维》《水漫金山》《打铜锣》等。

（撰稿：胡小波）

石鼓镇

石鼓唢呐艺术久负盛名，2008 年，“石鼓·青山唢呐”入选国家非物质文化遗产保护名录。

区域概况

地理位置

石鼓镇位于湘潭县西南。东北与分水乡接壤，东南与青山桥镇相连，西南与双峰县井字镇毗邻，西北与湘乡市栗山镇交界。双河村溢塘为县境最西端。因境域青山河（由昌溪改造而成）畔田中有一鼓状巨石，人称石鼓，镇名由此而来。镇人民政府机关驻石鼓湾。

建置沿革

明朝初年，境域属湘潭县九十二都。明洪武十四年（1381），属易俗乡永丰里、善政里。清顺治十一年（1654），属县十四都五、六、七甲。民国初年，属县南乡南四区。民国 21 年（1932），属县七区。民国 23 年（1934），属石鼓乡、大安乡。民国 27 年（1938），石鼓乡与大安乡合并，属石安乡。民国 36 年（1947），属永安乡。1949 年，属石潭区。1950—1953 年，先后改属县六区、县八区、县十二区和石鼓区。1956 年 6 月，分属石鼓、歇马、环山 3 乡。1958 年 9 月，属光明人

石鼓

民公社（以下简称公社）。1959 年 3 月，光明公社改称石鼓公社。1961 年 5 月，石鼓公社分为石鼓、歇马、环山 3 个公社，隶青山桥区。同年 9 月，从青山桥公社和石鼓公社析出 10 个大队设明道公社。1968 年 9 月，歇马公社更名为上游公社。1980 年，上游公社复名歇马公社。1984 年 2 月，撤石鼓、歇马、环山公社恢复乡。1994 年 3 月，撤石鼓乡，建石鼓镇。1995 年 4 月，石鼓镇、歇马乡、明道乡合并为石鼓镇。至 2015 年末，建置无变化。

区划面积

1995 年，石鼓镇辖铜梁、花楼、西冲、高家坪、福霄冲、石湖塘、竹塘、云霞、路口、沿红、歇马、大坪台、山田冲、群星、双河、顶峰、安乐、将军、兴旺、珠山、欧冲、石鼓、海荣、万家、栗山嘴、森梅、垅塅、道贯、珠联、向阳、七家坪、太平山、五家嘴、四路 34 个村和大桥居委会、496 个村民小组和 2 个居民小组。全镇总面积 96.05 平方千米，耕地面积 2541.73 公顷，其中水田 2352.2 公顷、旱土 189.53 公顷；山地面积 5421 公顷；水域面积 540 公顷。1998 年 3 月，大桥居委会增设居民小组 1 个。2014 年，铜梁村和顶峰村合并为铜梁峰村，歇马村和群星村合并为歇马村，太平山村和七家坪村合并为七家坪村。2015 年，镇辖 31 个行政村和 1 个居委会、496 个村民小组和 3 个居民小组。全镇总面积 96.05 平方千米。有耕地面积 2583.5 公顷，其中水田 2342.8 公顷、旱土 240.7 公顷；山地面积 5421 公顷；水域面积 540 公顷。

自然环境

境域地形属低山丘陵区，自西南、西北至东北，山脉连绵起伏，东南向青山桥倾斜开阔。昌山锦鳌峰，海拔 755.1 米，为县境域最高山峰。青山河（昌溪）发源于铜梁山，自西向东从镇中部穿过流入青山桥镇，全长 15 千米。境域属亚热带季风湿润气候区，四季分明。年平均气温 17.7℃，年平均降雨 1300 毫米。树木以灌木为主，主要树种有马尾松、杉、油茶和南竹等 30 多种。野生动物主要有蛙、鼬、豺、蛇、獾等 180 多种。境域矿藏稀少，仅歇马周家大岭一带和石鼓湾、明道等处分布着丰富的岩浆岩（花岗岩），系良好的建筑材料。境域土壤多为含铁铝成分较多的红壤，偏酸性，肥力较低，黏力不强，蓄水保湿能力弱，一遇天旱或暴雨，易发灾情。1850—2015 年，境域共发生自然灾害 8 次，特别严重的有山洪灾 2 次、旱灾 3 次。

人口民族

1995 年年末，辖区内有 13411 户 47933 人。其中，男性 24158 人，占 50.4%；农业人口 46675 人，占 97.38%。人口以汉族为主，散居回、壮、彝、侗、苗等 11 个少数民族 115 人，占 0.24%。全年人口自然增长率 3.1‰。2005 年，辖区有 13720 户 49820 人。2015 年年末，全镇有 15421 户 50271 人。其中，男性 25865 人，占 51.5%；农业人口 49637 人，占 96.2%。散居壮、回、彝、侗族等 11 个少数民族，共有 109 人，占总人口的 0.22%。人口自然增长率 3.5‰。

经济发展

经济综述

石鼓镇因地域偏僻、人多山多田少，资源贫乏，交通不便，一直以农耕为主，经济较为落后，被戏称为“湘潭县的西藏”。20 世纪 50 年代，仍然以农业为基础，仅 3 个生产纸伞企业。20 世纪 70 年代，成立 12 个社队集体企业。1978 年后，随着改革的不断深入，农业、工业和商贸服务业同时发展。1995年，镇党委、政府确定“夯实农业基础，实现亩产过吨粮；提高企业经济效益，实现总产值1.5亿元；发展各项社会事业，实现三年脱贫”目标。全镇完成工农业总产值1.82亿元。其中，农业总产值8154万元。2000年，镇村集体企业实行改制，民营经济得以较快发展。全年实现工农业总产值4.42亿元。其中，农业总产值1.05亿元，工业总产值3.37亿元。2010年，镇党委、政府围绕“产业兴镇、城建旺镇、民生稳镇”的战略，全力开展招商引资，引进资金3200万元；扩大地方特色产业，形成以皮鞋、花岗岩系列产品、旅游伞等支柱产业。全年完成工农业总产值9.04亿元。其中，工业总产值6.03亿元，农业总产值3.01亿元。2012年，镇党委、政府确定“产业富镇、文化靓镇、边贸活镇、民生稳镇”的发展战略。2015年，完成工农业总产值9.12亿元。其中，农业总产值3.1亿元。

种植业

清代、民国时期，境域种植业以种植水稻为主，红薯、蔬菜等作物为辅。1950—1971年，改革耕作制度，引进水稻新品种，水稻亩产从225千克逐步提高到400多千克（跨“纲要”）。实行家庭联产承包责任制后，粮食作物产量提高，品质提升。1995年，扩大水稻种植面积，种植双季稻3678公顷，产粮食2.84万吨。利用旱土和高峭田栽种红薯120公顷、蔬菜380公顷。1996年，粮食总产量3.20万吨，全镇成建制法定面积亩产过吨粮。2000年起，推广种植优质稻，栽种“湘辐一号”优质红薯，产量提高。2005年，全镇种植水稻3176公顷，产粮食2.23万吨；栽种红薯74公顷；发展冬季油菜20公顷。2015年，种植水稻3828公顷，产粮食3.73万吨；建特色红薯、油菜等生产基地6个，种红薯92公顷、油菜446公顷。

养殖业

清代，境域以养殖生猪、牛、家禽和鲜鱼为主。民国时期，歇马鱼池300多口，年孵化鱼苗上千万尾，销湘乡、双峰、衡山等地。1985年，境域户均养猪5头。1995年，全镇饲养生猪11.85万头，其中出栏7.68万头；养牛1120头；养禽23.84万羽；出水鲜鱼301吨。21世纪初，成立镇和3个村养猪协会，引导养殖户改良生猪品种，对畜禽注射疫苗，扶植100户科技养殖户，带动农民养菜牛、肉兔、山羊和养鱼。成立湘凤农牧有限公司，与6个村120户养猪、养鸡大户签订合作协议。2005年，镇内年养殖100头以上生猪的农户123户。全镇养猪12.71万头。2015年，全镇养生猪12.97万头，其中出栏10.52万头；养家禽29.57万羽，其中出笼9.54万羽；养牛2982头；养肉兔3052只；养山羊3821只；出水鲜鱼480吨。

林业

清代、民国时期，境域山林以灌木为主，有少量的杉、南竹林及油茶林。20世纪50年代中期，发动群众栽植油茶、油桐、国外松、马尾松、杉树200公顷。1968年，石鼓、歇马、明道公社被县政府定为南竹生产基地，成立4个社队林场。1969年，石鼓林场全垦整地造杉木样板林2.67公顷。建成明道公社橘园、珠联大队水蜜桃园、安乐大队绿茶场和栗山、万家大队杉木林基地。1995年，镇内有林地4248.6公顷，占山地面积的78.2%，森林覆盖率38.9%。开展封山育林、植树造林和残林改造，完成退耕还林163.5公顷、世界银行贷款造林30公顷的任务，建小水果生产基地100公顷、油茶生产基地200多公顷。2005年，植树造林20公顷。2015年，全镇林地4526.48公顷，森林覆盖率41.2%，林产品收入200多万元。

工业

清代，境域歇马制作油纸伞的手工作坊兴盛，年制伞10万余把。民国时期，石鼓制（毛）笔业发达，产品畅销省内外。20世纪50年代，制伞业逐渐发展为半机械化产业。制笔业由县手工业联社接管，组建县毛笔厂。1972年，兴办歇马造纸厂和石鼓电热合金丝厂，社队企业起步。1995年，镇内有镇办集体工业企业11家，村办集体企业16家，完成工业总产值1.06亿元，实现利税143.36万元。2002年，市电线电缆厂（湘桂电缆厂更名）完成总产值3200万元，上缴税金90万元，被县委、县人民政府评为明星企业。2004年，益康食品有限公司成立，生产薯类食品；弘达米业公司成立，年加工稻谷3000余吨。2005年，石鼓工艺品厂建成，生产旅游伞。全镇旅游伞制作企业发展到80家，年产值6000万元。2008年，湘潭巨石新型建材有限公司成立，生产花岗岩建材。2015年，全镇有工业企业89家，完成工业总产值6.02亿元。

商贸服务

清代，境域石鼓、歇马、道贯嘴3处设有店铺，其中歇马、石鼓规模较大，经营百货布匹、杂货肉食、粮油食品、手工业品、农具、家具等。民国期间，有石鼓、歇马、安乐坪、四路港、道贯嘴墟场，商品贸易有所发展。20世纪50年代，先后在石鼓湾、歇马街、胡家湾新建供销社、肉食站、粮油店等，成为农村中心市场。各村（大队）均开设集体商业零售店或代销店。“文化大革命”期间，墟场被取缔。中共十一届三中全会后，个体商贸服务业发展，农村市场日益活跃。1995年，镇内有石鼓、歇马2个商贸市场和道贯嘴、安乐坪、四路港3个墟场，个体商铺发展到500多家，社会商品零售额为4500多万元。镇党委、政府筹资进行集镇基础设施建设，鼓励农民进镇经商，商贸服务快速发展。2010年，石鼓商贸市场成为域内中心市场，有经营户160家，年商品成交额逾2000万元。2015年，全镇有各类商铺800多家，个体工商从业者1854人。社会商品零售额1.52亿元，其中集市商品成交额8000多万元，石鼓集市占64%。

财政金融

1955年，湘潭县农业银行设立石鼓区营业所。1956年，分设石鼓、歇马公社农村信用社。1958年，农业银行石鼓营业所与信用社合并为石鼓人民公社信用部。1995年，镇财政总收入114.86万元。镇内有农村信用合作社中心社1家、信用社3家，农村合作基金会1家，邮政储蓄所1家。年末，金融单位各项存款余额4553万元，各项贷款余额2387万元。1997年，成立中国人寿保险公司湘潭县支公司石鼓镇保险站。1999年，撤销镇农村合作基金会，其业务并入农村信用合作社。2002年，镇财政收入增加到372.6万元。2003年起，调减、免征农业税，停征屠宰税，财政收入逐年减少，但上级项目资金、扶助资金大幅度增加。2015年，镇财政总收入2020.6万元，其中地方可支配收入227万元。石鼓信用社中心社、邮政储蓄所等2家金融单位年末存款余额1.36亿元；各项贷款余额6025万元。石鼓人寿保险站收取保费金额1045.8万元，赔付568.5万元，赔付率49.4%。

基础设施

交通运输

清代、民国时期，境域只有西南路一条驿道，从县城经石鼓湾、歇马入湘乡。货物则从涓水支流昌溪水运。昌溪淤塞断航后，货物需人挑土车运，交通极为不便。1959年，境域建成县道山（湘乡山枣）花（花石）公路青山桥至歇马段。1968年，山花公路延伸至湘乡山枣。1972年，修通县道黄（黄荆坪）歇（歇马）线和乡道道（道贯嘴）四（四路港）线、石（石嘴头）歇（歇马）线。1995年，全镇县、乡公路总长20.94千米。通村简易公路62条，总长185千米。每天有15个班次的客车往返于石鼓、歇马、明道与湘潭、株洲、湘乡之间，日客运量800多人。1998年，湘潭市扶贫工作队筹资60多万元修通顶峰村长2.5千米的简易公路，实现村村通公路。2000年，镇内山花公路、黄歇公路、道四公路开始分期分段硬化。同时，整修、拓宽、延伸联村、通村公路，并分期硬化。2015年，2条县道的石鼓段和镇内2条乡道全部硬化；62条联村、通村公路延伸至部分村民小组或农户家，总长度267.8千米，其中硬化167千米。每日有20个班次的客车往返于湘潭、易俗河、长沙、湘乡等地。

邮电通信

1958年，始设石鼓、歇马邮电所（代办所），并架通长途电话线路。1995年，镇内有石鼓邮电所1个，歇马、道贯嘴、竹叶塘等邮政代办站3个。1996年5月，镇内开通程控电话。至年底，安装程控电话110部，BP机发号150户，移动电话发号50部。1999年，成立石鼓镇移动电话通信站，固定电话、移动电话发展。2015年，镇内有邮政支局1家，邮政代办所3家，移动通信站3家。有固定电话2852部，移动电话15732部，宽带用户953户。邮政、电信业务收入382.4万元。

供电供水

1960年，石鼓公社在昌溪歇马街地段建设一座小水电站。因水源不足，两年后废弃。1968年，歇马、石鼓公社农机站开始用柴油发电机发电。20世纪70年代初，由于水塘水坝被污染，人们普遍饮用井水。1978年，石鼓公社在青山河的麻雀洞地段筑坝蓄水，安装1台26千瓦的水轮发电机发电，主供海云大队和石湖塘大队部分农户照明和碾米。1982年，铜梁水库管理所在库堤出水闸口安装1台75千瓦水轮机发电，供应库区附近村（大队）居民照明和加工竹木。同年12月，石鼓、歇马、明道公社机关单位接通大电网线路电源。1983年，青山桥35千伏变电站建成，大部分村（大队）架通高压电，麻雀洞和铜梁水库小发电站受水力限制停止发电。1985年，歇马乡在顶峰山腰建成三湾水电站，安装1台10千瓦的水轮机发电，解决铜梁、顶峰村群众生活用电。1993年，县电力局扶持欧冲村良家组散居深山8户农户架通高压输电线，境域实现户户通电。2011—2013年，镇政府争取上级投资964.68万元，在镇区建成安全饮水集中供水工程，日供水2400吨，解决镇区机关单位和13个村、15所中小学共2.4万人的安全饮水问题。2015年，全镇年用电量534万千瓦时；有2.4万人饮用自来水，其余居民均饮用井水。

水利建设

民国时期，境域只有昌溪一条小溪，农民在溪内筑坝挡水灌溉农田；山区则靠山塘蓄水。因水利设施少，蓄水量严重不足，农民作“望天田”，经常因旱歉收、失收，加上土壤结构力不强，经常暴发山洪灾害。1957年，境域修建第一座小型水库——响水潭水库。1958年，修建小㈠型水库——上游水库，库容630万立方米。1977年，治理因特大山洪暴发造成淤塞严重的昌溪，并新建挡水坝3座，使之成为能排能灌的“青山河”。1995年，全镇有县属小㈠型水库1座，镇属小㈡型水库4座、等外水库3座，小型水电站1处，水塘1243口，青山河拦河坝3座。全镇自流灌溉面积占74.6%。2007年和2012年，投入280万元，先后实施响水潭水库和垅塅坝的除险工程建设。2015年，全镇有小㈠型水库1座，小㈡型水库4座、等外水库3座，平山塘2230口，拦水坝3座。自流灌溉面积85.2%。

村镇建设

1994年，石鼓乡改为建制镇，开始制定镇区发展规划。1995年，镇党委、政府征地2.8公顷，将海鸥路建为商贸街，迎宾路建为工业街，建筑面积4.77万平方米，临街门面245个。城镇化率13.8%。1999年，石鼓镇区开发土地2公顷，新建经商门面20个。2004年，筹资150万元，建成2800平方米的镇政府办公楼。2006年，建成石鼓农贸大市场，建筑面积1.2万平方米。启动歇马、海云等村级集市建设。2009年，制定《石鼓镇区2010—2025年总体发展规划》，规划镇区面积为0.6平方千米。2015年，镇区基础设施建设基本完善，进镇经商办厂的增加到1536户5892人。31个村和1个居委会均建成活动中心，城镇化率28.4%。同时，改善农村卫生条件，有430户村民建沼气池，并进行改灶、改厕。有13个村建成中型垃圾池，组织专人清扫村民聚居点和主要道路。

社会事业

教育

清代，境域有私塾蒙馆（低级）和经馆（高级）8家。光绪三十一年（1905），赵启霖、方鹤卿等首办振铎高等小学堂。抗战时期，湖南私立广雅中学迁入，坚持敌后办学10年，培养中学生1000余人。1956年，创办石鼓初中班，后成为县立第六中学。1995年，镇内有县属高级中学（第六中学）1所、初中3所、小学33所、学前班9个。有中小学教师（不含县办中学，下同）205人，在校学生1723人。适龄儿童入学率100%，初中生毕业率99.5%。1997年，明道中学改为镇农校，设3个班，培养农业、建筑设计等方面技术人员。2015年，镇内有县属高级中学1所，初中2所，镇农校1所，小学因调整布局保留11所，学前班7个，幼儿园21个。有中小学教师117人，在校中小学生2415人。适龄儿童入学率100%，初中生毕业率100%。

文化体育

石鼓唢呐源远流长，清末后传承发展日盛。民国时期，境域有6个木偶戏演出队，40多人从业。有以唢呐闻名的民间乐队8支，狮灯队4支。中华人民共和国成立之初，有10多个业余花鼓戏剧团、木偶戏剧团、民间吹打乐队在乡间演出，涌现出陈邵陶、陈庆丰等一批著名民间艺人。1953年，木偶戏艺人陈邵陶为首组建湘潭县木偶戏代表队参加湖南省第二届民间木偶戏会演，演出《双下山》，获一等奖。1964年，石鼓、歇马、明道公社建立文化站。1995年，镇内有镇文化站1个，中西乐队6个，木偶戏剧团1个，文艺演出队2个。电视机入户9760多家。有农家书屋4个，共藏书1650册。有狮灯队3个、武术队1个，有球类、田径体育场所8处。1996年，大坪台村龙灯队参加湖南省首届农民运动会比赛，获第八名。2000年，镇政府组织编写出版《石鼓镇志》，为全市首部乡镇志。2006年，成立镇有线电视管理站，年内发展有线电视用户102户。2012年8月，镇政府建成建筑面积2488.7平方米的5层文化综合楼。2015年，有镇文化站1个，有线电视管理站1个，业余花鼓戏剧团1个，木偶戏剧团1个，中西乐队14支，老年诗词协会1个，狮灯队3支，武术队1个。有文学、音乐、诗词、音乐、美术、书画、唢呐等文学艺术爱好者280人，以唢呐最为有名。电视入户1.47万户，其中有线电视用户4100户。农家书屋18个，藏书2.14万册。各类体育运动场所13处。

医疗卫生

民国时期，境域医疗为个体执业，著名中医有朱天泽、朱卓夫等。1951年，组建12区卫生所，开展防疫治病工作。老中医赵志壮为首组建石鼓诊所，后扩大为石鼓中心联合诊所。1958年，石鼓中心联合诊所与区卫生所合并组建光明人民公社卫生院，有医务人员22人，病床11张。下设15个大队卫生室。1969年，28个大队兴办农村合作医疗，1980年停办。1984年，石鼓、歇马、明道公社卫生院改称乡卫生院。1995年，设石鼓中心卫生院和歇马、明道卫生分院，有医疗点（门诊部）15个，医务人员58名，病床28张；有农村卫生室医生和妇幼保健员52人；有个体执业医生29人，个体药店12家。2007年，扩建石鼓镇卫生院综合大楼，配置一批医疗器械。2009年，扩建歇马卫生分院综合大楼，改善医疗设备和条件，村民“小病不出镇”。2015年，镇内有卫生院3所，医疗点（门诊部）25个，专业医护人员38人，病床45张。有村级卫生室28个，个体执业医生21人，个体药店12个。年诊治患者3.87万人次。

社会保障

20世纪60至70年代，境域每年有140~150名“五保”老人享受定量经济补助。同时落实187名残疾军人、复员军人和烈士家属优抚优待待遇。1985年，石鼓、歇马、明道3所敬老院建成，供养55名“五保”老人。生产队年供稻谷350千克，县、乡年供生活费120元。1995年，全镇供养“五保”老人170人，其中50人由3个敬老院集中供养。2005年，推行新型农村合作医疗制度，年内有8900人参加。2006年，参加合作医疗人数3.98万人，参合率80%。同时，启动贫困居民最低生活保障制度，有261人享受农村最低生活保障待遇，月享受低保金6825元；57人享受城镇最低生活保障待遇，月享受低保金6840元。2007年，将原明道乡机关大院改建成镇敬老院，将3个敬老院合为1个，集中供养“五保”老人80人。2009年，全镇被纳入社会养老保险体系的老年人（年满60周岁以上）7287人，月发放养老金36.43万元。为40人补助大病救助资金5.2万元。2015年，落实1417名残疾复员军人、义务兵和烈士家属的优抚优待政策，全年发放补助和抚恤金821.4万元。镇395名“五保”人员全部落实供养政策，年供生活费132.72万元。4.76万人参加农村合作医疗，参合率93.2%，有3.7万人次门诊、住院医疗领取补偿金1511.1万元。1998人享受农村和城镇最低生活保障待遇，全年领取低保资金279万元。8667人享受社会养老保险待遇，全年领取养老金520万元。

人民生活

中华人民共和国成立前，石鼓一带农民生活艰难困窘，主粮不足，多以红薯充饥。民间俗称“早餐整猪全羊（蒸红薯），中餐芝麻裹糖（红薯粘饭粒），晚餐吹吹打打进房（煨红薯）”。1950年，境域年人均口粮不足250千克。农民住房多数为茅草房。1953年，开始间作双季稻，粮食产量增加，人民生活有所改善。中共十一届三中全会后，农村经济得到发展。1983年，粮食产量大增，人均产粮605千克，人均纯收入228元，农民基本解决温饱问题。20世纪80年代后期，部分家庭兴建楼房，购置电风扇、电视机、电冰箱、洗衣机等家用电器。1995年，镇内农民人均纯收入830.9元，年末人均储蓄1115元。60%的农户建新房。每百户农户有摩托车17辆、汽车2.6辆。进入21世纪以后，农村剩余劳动力多门路发展本土经济和外出务工经商，农民收入逐年增加。2005年，农民人均纯收入1992元。2006年以后，个体经济迅速发展，劳务输出收入大幅度增长，农民收入成倍增加。2015年，农民人均纯收入 13227 元，年末人均储蓄 3868 元。92% 的农户入住新楼房，人均住房面积 32.6 平方米。每百户农户有摩托车 53 辆、汽车 9.1 辆。

特色地情

历史人物

朱五典（1833—1890） 将军村人。少时家贫投军，入左宗棠部。因作战英勇，屡立军功，从兵勇步步擢升至参将。清同治五年（1866），随左宗棠征战陕甘。清光绪十六年（1890）十一月，病逝于甘肃兰州任上。嗣后，被朝廷诰封为振威将军，赏正一品封典。

赵成美（1828—1897） 万家村人。幼时家贫无法入学，靠祖父教授读文习字。清咸丰六年（1856）投军，参与镇压太平军。同治二年（1863），奉命入台督办海防诸事。后调福建，任职水师，以军功升至提督，封振威将军。清光绪二十三年（1897），病逝于福建。死后家财无几，遗嘱云："吾侪自炮雨中来，与其积财致子孙不孝，被人唾骂，何若遗以清白，使奋发自立。"军民建"去思碑"，以示怀念。

赵启霖（1859—1935） 字芷荪，号瀞园，道贯村人。清光绪十八年（1892）中进士，授翰林院编修。光绪三十二年（1906），先后出任河南道监察御史、江苏道兼山西道监察御史。多次上疏朝廷，呼吁澄清吏治、禁绝鸦片、改革教育、赈济灾民。次年，因揭发段芝贵和奕劻父子贪污受贿，反遭诬陷革职。后复职。光绪三十五年（1909），任四川提学使，整顿学风，革除陋规。次年辞职回乡。居乡时倡办学堂。张勋复辟后，应召出任北京政府国史馆馆长，不久归乡。民国 21 年（1932）被公推为湖南船山学社社长。著有《瀞园集》《瀞园自述》存世。

朱先墀（1906—1966） 福霄冲村人。黄埔军校第四期毕业，参加过北伐和广州起义。抗战初期，受胡宗南提携，任预备第 3 师第 8 团上校团长。民国 33 年（1944），晋升为 109 师少将师长。民国 34 年（1945），率部赴华北受降。民国 35 年（1946），任整编 36 师副师长、36 军副军长。所属部队在与中国人民解放军多次战役中遭重创，败退四川。1949 年 11 月，出任 36 军军长，率部败退西昌，次年春赴台湾。

风景名胜

铜梁山 位于石鼓镇铜梁村、顶峰村和青山桥镇龙舞村、与双峰县井字镇之间，海拔 613 米，属昌山西走分支。元末明初，陈友谅参政易华在此建寨。山中多南竹、杉树、油茶、药材。北麓一条石磴道从石龙口福星亭经顶峰村至南麓双峰县荷叶镇，全长 7.5 千米，系曾国藩回乡时出资修凿。山腰有顶峰村，有村民 300 多人。1985 年，修建顶峰水库和三湾水电站。2008 年，打造顶峰度假村，来观山景、尝腊味的游客不绝。

名优特产

油纸伞 石鼓民间有制作纸伞的传统手艺，至清代发展兴盛。清乾隆年间（1736—1795），歇马一带方圆百里家家户户都以本地竹木、皮纸、桐油为原料制作竹骨油纸雨伞。民国时期，制伞作坊鼎盛时 600 多家，从业人员 1400 多人，产品有黑油、红油、印花等 10 余个品种，畅销全国各地，并出口日本和东南亚国家。中华人民共和国成立初期，制伞业曾有短期发展。1960 年后，由于轻便的布伞兴起，手工纸伞逐渐停产。直至 21 世纪初，随着旅游业的兴起，旅游工艺伞成为装饰、馈赠、收藏佳品，内销北京、杭州、福州、泉州、桂林等地，出口美国、日本、马来西亚、新加坡等国。2015 年，全镇有旅游伞制作企

石鼓工艺伞

唢呐表演

业23家，从业者1200人，销售收入5000多万元，其中石鼓工艺品公司年生产旅游工艺伞150万把，创产值1500多万元。

民俗风情

石鼓湾神会 起源于明清时期，每年举行三次。第一次是元宵节耍春灯。群众敲锣打鼓，玩龙舞狮，从神王土地庙起灯，东家进，西家出。晚上，每户制作灯笼，抬着游垅，形成一条火龙。经石鼓湾沿河堤而上，至渚头桥方散。第二次是天符会。五月十三日开始，庆祝天符大帝诞辰。彩旗、锣鼓、铳炮相随，10个化妆小孩站在五方横杠上，由4个壮汉抬着游垅，随后有刘海砍樵、天仙配等故事表演，此活动名叫“摆会”。天符庙连演7日木偶戏。第三次是观音会，为庆祝观音菩萨九月十九日生日，从九月十八至二十日，在天符庙上演木偶戏。每日清晨，由神会会首和木偶戏班主捧着观音像，挨户洒水净室，鼓乐随从。各户焚香秉烛、鸣放鞭炮，迎送观音，以祈求驱除疫病，安乐太平。此习俗一直维持到民国时期。

民间艺术

石鼓唢呐 石鼓、青山唢呐相传起源于周朝，清末至民国，两地著名艺人有高玉来、陈咏生、朱达湘等。1957年，陈庆丰、朱梅江、左元和赴北京参加全国第二届民间音乐舞蹈会演，演奏的《哭懵懂》乐曲获优秀节目奖，并被选送至中南海怀仁堂向周恩来、朱德、董必武、宋庆龄等党和国家领导人作汇报演出。20世纪70年代以后，传承人左金宇、莫柏槐分别两次晋京演出，并受到宋任穷、屈武等领导人的接见。2006年7月，在第七届中国民间文艺山花奖、民间艺术表演奖暨全国首届民间吹歌展演活动中，中国南派唢呐第三代传人莫柏槐带领石鼓民间唢呐艺人代表队，作为湖南省唯一代表队参加演出，以集体合奏《哭懵懂》和个人独奏《双点鼓》，获全国民间艺术表演“优秀表演奖”。中青年吹奏员左天露用鼻孔演奏唢呐曲目获得民间吹歌个人表演三等奖。2006年6月，融合石鼓、青山两地唢呐艺术精华的石鼓·青山唢呐入选湖南省第一批非物质文化遗产名录。2007年，石鼓镇唢呐艺术协会成立，有会员50多人。2008年6月，石鼓·青山唢呐入选第一批国家非物质文化遗产保护名录。

（撰稿：莫　美　宾国安）

青山桥镇 >>

皮鞋之乡，“中国民间艺术（唢呐）之乡”。2008年，“石鼓·青山唢呐”入选国家非物质文化遗产保护名录。

区域概况

地理位置

青山桥镇地处湘潭县西南，南与衡山县长青乡接壤、西南与双峰县荷叶镇、井字镇交界，西邻石鼓镇，北靠分水乡，东连排头乡、花石镇。境域中心为一盆地，历来有“金盆”之称。青山河自西向东穿盆地而过，村民在此建有一座石桥，此为元赵康读书处。赵康，号青山，中元。村民纪其荣耀，将该桥命名“青山桥”。镇依此而得名。镇政府机关驻青山桥社区金盆路88号。

建置沿革

明朝初年，境域属九十二都。明洪武十四年（1391），湘潭县划为八乡十九里，境域属易俗乡永丰里、善政里。清顺治十一年（1654），境域属县十四都五、六、七甲。民国初年，境域属南乡南四区。民国36年（1947），境域属永安乡。1949年，废乡建区，境域属石潭区。1950—1953年，先后改属第八区、第十三区。1956年6月，撤区建乡，境域分属青山、晓南、霞岭三乡。1958年9月，撤青山、晓南、霞岭、较场乡，成立幸福人民公社（以下简称公社）。1959年3月，幸福公社改称青山桥公社。1961年5月，青山桥公社分为青山桥、晓南、霞岭、较场4个公社，隶属青山桥区。1984年2月，公社改称为乡。1985年1月，撤销青山桥乡，建立青山桥镇。1995年，撤区并乡，青山桥镇、霞岭乡和晓南乡合并为青山桥镇。至2015年无变化。

区划面积

1995年，青山桥镇辖青山、新阳、马栏、高屯、龙安、龙书、三富、富晓、富石、和家、凤坪、观山、昌塘、龙舞、联兴、石板塘、大仓、石塘、鳌鱼、霞岭、石门、光复、桥头、天堂、金狮、爱国、群强、高青、心田、新铺、高山寺、晓南、上方、四境、沙林、大河、草衣、松柏、燕岩、扶冲40个村，1个居委会（青山桥居委会），479个村民小组。全镇总面积109.36平方千米。有耕地面积2242公顷，其中水田2111公顷，旱土131公顷；有山地5666公顷。2014年，和家村与凤坪村合并为和坪村，昌塘村与龙安村合并为观元村，沙林村与大河村合并为沙河村，松柏村与草衣村合并为松柏村，扶冲村与燕岩村合并为扶冲村，高青村与群强村合并为高强村，龙舞村与联兴村合并为龙舞村，桥头村与心田村合并为桥头铺村，大仓村、石板村、石塘村合并为大兴塘村，鳌鱼村与霞岭村合并为幸福村，光福村与石门村合并为福门村，天塘村、金狮村、爱国村合并为天塘村，其余14个村保留不变，青山桥居委会改为青山桥社区。2015年，镇辖26个村、1个社区，479个村（居）民小组。全镇总面积109.36平方千米。耕地面积2230公顷（其中水田2110公顷、旱土120公顷），山地5756公顷，水域650公顷。

自然环境

境域属典型的湘中丘陵区。地势西南面最高，东北面较高，西北向较低而平坦。西南面大多处在海拔300~500米的山地，昌山是镇与石鼓镇和双峰县井字镇的交界线，其主峰锦鳌峰位于龙舞村，海拔755.1米，为县境最高峰。青山河两岸平均海拔在70米以下。全镇基本属于红色氧化铁地质，大部分土质呈红色，土地肥沃，土质略偏酸性，适合发展农林业。境域属亚热带季风气候，四季分明，雨水和日照充沛。四季气温一般在2℃~38℃，极端最低气温5℃，年均降雨量1300毫米，适合农作物种植。涓水河自西而东穿境而过，俗称青山河，流域面积78平方千米。常见自然灾害有旱涝。近60年中，最大旱灾发生在1963年，最大洪灾在1976年。2008年发生罕见冰灾。地下矿藏有石膏矿、石灰石矿、锰矿、陶瓷黏土等。三富村和富晓村境域有天然矿泉水，经国家水质专家鉴定，富含锌、硒、锶等多种稀有微量元素。境域森林资源丰富，森林基本上为亚热带混交林。松木、杉木、枫树、樟树、槐树、栗子树、泡桐、杨树、柳树、榨树、石楮、桎木、苦楮、杜鹃、黄栀子、黄荆子、牛角勒、金樱子、野蔷薇等。野生动物有野猪、黄鼠狼、灵猫、田猪、犁獾、野兔、狐狸、穿山甲及白鹭、喜鹊、绿画眉、长尾雉（野鸡）、斑鸠、杜鹃、啄木鸟、翠鸟、乌鸦、苍鹰、鸮、猫头鹰、猴面鹰、八哥、麻雀、禾鸡、白头翁等。

人口民族

1995年年末，全镇总人口7527户45165人。其中，男性22751人，占50.4%；农业人口41711人，占92.4%。有苗族、土家族、回族等8个少数民族人口98人，占总人口的0.22%。人口自然增长率4.6‰。2005年年末，全镇总人口10012户46928人，人口自然增长率4.7‰。2015年年末，辖10915户49121人。其中农业人口45717人，占93.07%。总人口中，男性25149人，占51.2%。人口自然增长率4.8‰。人口以汉族为主，苗族、土家族、布依族、哈尼族、水族、回族 、侗族、瑶族、彝族、黎族、壮族等11个少数民族103人，占总人口的0.21%。另有流动人口5985人。

经济发展

经济综述

民国期间，境域以农业为主，因属山区，粮食产量平均亩产不足200千克。其时，有制伞、织布、印染等家庭作坊80余家。20世纪50年代初，境域有8个纺织生产联营社、4个雨伞生产合作社。60年代，组建青山农机修造厂、皮鞋厂等社队企业，始有集体企。中共十一届三中全会以后，经济发展加快。1995年，镇党委、政府确定“强化农业基础，优化产业结构，推动城镇建设”的工作目标。全镇实现工农业总产值1.89亿元，其中农业总产值8739万元。1999年，对县农业机械厂、镇橡胶厂集体企业进行改制，发展皮鞋产业。机械制造业成为支柱产业。2005年，全镇完成工农业生产总值4.83亿元，其中农业总产值1.81亿元。2006年，青山桥镇提出“项目兴园、园区兴工、工业兴镇”发展思路，成立青山桥镇皮鞋工业园。2014年，青山桥镇成立湘潭县天易示范区青山皮鞋工业园管委会。2015年，全镇实现工农业总产值17.14亿元，其中农业总产值4.25亿元。

种植业

清代及民国时期，境域主要种植水稻、薯类、豆类、麻类、蔬菜等，以一年一熟为主，生产技术落后。1949年，境域水稻亩产仅170千克。1953年，部分农田种植间作双季稻，平均亩产210千克。20世纪60年代，随着新产品、新技术、化肥等的推广，种植业逐步发展。1970年，平均亩产稻谷370千克。1988年，农业技术推广服务普及，粮食作物产量提高，品质提升。青山桥镇、霞岭乡、晓南乡共种植水稻4052公顷，稻谷总产量2.38万吨，亩产392千克。1995年，调整产业结构，种植双季稻3234公顷，总产粮食2.46万吨。利用旱土和高峭田栽种红薯792公顷，蔬菜33公顷。2000年起，推广种植优质稻，栽种“湘辐一号”优质红薯，农业效益提高。2005年，全镇种植优质稻3696公顷，产粮食2.27万吨，栽种红薯528公顷，发展冬季油菜132公顷。2007年，建立4个百亩示范片，即高档优质稻订单生产、早稻双超“种三产四”丰产工程、早稻旱育无盘抛秧、高屯村连片种植免耕直播湘衡杂油5号油菜。2008年，成立青农种植专业合作社。2009年，在青山、晓南两个管区种植19.8公顷免耕直播油菜。2010年，在龙书村和联兴村新建2个百亩西瓜和辣椒基地，亩产值均5000元。2013年，推广百亩双高优片和双季超级稻丰产示范片，完成5个村粮食增产工程项目。落实经济作物448.8公顷，蔬菜508.2公顷。2015年，全镇水稻播种面积4092公顷，亩产（单季）480千克，总产量2.95万吨；建特色经济作物种植基地8个。

养殖业

境域养殖业以饲养生猪、牛、羊、家禽和鱼为主。1988年，青山桥镇、霞岭乡、晓南乡饲养生猪5.25万头。其中出栏2.87万头。1995年，全镇饲养生猪11.98万头（其中出栏7.8万头），养牛1088头，养羊2180头，养禽26.8万羽，出水鲜鱼400吨。2001年，镇政府引导养殖户改良生猪品种，对畜禽注射疫苗，扶植38户猪、鸡科技养殖户，并引导农民养牛、兔、羊和鱼。2007年，完成全镇40个村3010头能繁母猪的15.05万元的补助和入保。2009年，新建百头以上生猪规模养殖户12户，成立敏祥生猪专业合作社，成立生态养殖示范户1户。2015年，出栏生猪11.8万头，年末存栏生猪3.65万头，其中能繁母猪3120头。存栏家禽13.22万羽，存栏牛1620头，存栏羊3450只。全镇水域面积650公顷，水产品总量1668吨。

林业

境域山地以生长灌木为主，有少量的杉、松和南竹林及油茶林。1969年，成立社队争光林场和贡献林场。1995年，镇内有林地5359公顷，森林覆盖率52.7%。2001年冬至2005年，镇党委、政府发动群众开展封山育林、植树造林和残林改造，退耕还林136公顷，建立南竹基地792公顷。2008年，植树造林79.2公顷，完成联兴村6.6公顷南竹基地改造。2009年，完成退耕还林33.2公顷，长江防护林工程建设49.5公顷。2010年，完成新造毛竹林6.6公顷，南竹低改6.6公顷，退耕还林13.2公顷，油茶低改19.8公顷，完成抚育面积70.3公顷。完成集体林权制度改革工作，林权发证率95.7%。2011年，完成退耕还林13.2公顷，人工植苗6.6公顷，封山育林13.2公顷。2012年，完成退耕还林11公顷，人工植苗5.5公顷，封山育林13公顷。2013年，完成南竹低改33公顷，油茶低改19.8公顷。2014年，完成防护林封山育林、荒山造林、中育林抚育、南竹低改共62公顷。2015年，全年完成南竹低改85.8公顷、新造南竹26.4公顷、封山育林6.6公顷、裸露山地造林6.6公顷、坡耕地造林9公顷、中幼林抚育间伐9公顷；建成市级种苗基地1个，市级封山育林示范基地1处。年末，全镇有林地5591公顷，森林覆盖率56.68%。

工业

民国时期，境域手工业比较发达，以小型手工作坊为主，主要有制伞、造纸作坊；铸造铁锅、鼎锅、犁头犁铧的翻砂行；织布、染布作坊；制作油鞋、木屐的皮革业；打造农具和日用品的铁铺、竹木加工业等。1964年，湘潭县农业机械厂成立，生产机滚船、柴油机、碾米机、粉碎机。随后，青山机械厂、青山橡胶厂、霞岭化工厂等社队企业相继成立。20世纪70年代，青山桥开始生产皮鞋，至1995年，大小鞋厂发展到100余家。是年，全镇镇办集体企业11家，村办集体企业32家，个体和联户企业986家，完成工业总产值1.02亿元。1996年以后，全镇工业进入快速发展时期。到2005年，皮鞋、农机械制造、采矿、木材加工、食品加工等形成比较成熟产业。皮鞋年产400万双；一批骨干企业完成改制；新增青山木业、三富肉联厂、龙泉矿泉水厂等一批龙头企业。是年，全镇完成工业总产值3.02亿元。2007年，6家企业进驻园区，兴建厂房、生产流水线和配套设施。至2010年，规模企业完成工业总产值4.31亿元。2014年年底，全镇有各类皮鞋生产企业65家，其中年产值过千万的皮鞋企业17家。配套企业有鞋底厂5家、鞋饰品厂6家、鞋盒包装厂3家，基本形成产、供、销“一条龙”格局。2015年7月，镇人民政府成功组织“行走天下、耀眼青山”全国皮鞋产品订货会，实现各类皮鞋销售订单240万双。湘潭昌峰机械制造有限公司（前身为湘潭县农业机械厂）生产的昌峰农机具主要产品有9FF系列锤片式饲料粉碎机、CF-120型自走式农副产品加工机组、IZS-20新型双辊耕整机和IJG系列机滚船等。其中，9FF-40型锤片式饲料粉碎机获得两项国家专利和全国新产品新技术博览会金牌；IZS-20新型双辊耕整机荣列全国农业机械重点推广产品目录，并列入湖南省农机购置补贴重点产品。IJG系列机滚船为湘潭市名牌产品。是年，全镇工业总产值12.89亿元，有规模企业15家，各类小型企业89家，从业人员8200人。

商贸服务

民国期间，境域有青山桥、桥头铺、晓南港、六合港墟场，其中青山桥墟场规模较大。20世纪50年代，在青山桥、马颈坳、国恩公建供销社、肉食站、粮油店等，成为农村中心市场。各村（大队）均开设集体商业零售店或代销店。1995年，镇内有青山桥、桥头铺、晓南港、松柏桥4个商贸市场，有六合港、鳌鱼、联兴、晓南、国恩公5个墟场，个体商铺发展到800多家，社会商品零售额8500多万元。1999年，按照“政府引导、市场运作、突出重点、产业兴镇”的总体要求，融资1200万元，建成青山桥农贸市场，有门面200个、固定摊位300个，建设总面积1.1万平方米。2004年，青山桥镇融资1.2亿元，建成青山桥镇皮鞋商贸城，总建设面积4.1万平方米，有专业门面280个，门面使用率100%。2008年，建成桥头铺集贸市场。2015年末，镇内有农贸市场1个、皮鞋商贸城1个，商贸市场4个，墟场5个，商业门面2000多个，从业人员4500人。社会商品零售总额3.93亿元，城乡集市贸易成交额1.53亿元。

财政金融

民国时期，财政收入以田赋为主。民国

三十五年（1946），县政府在青山桥设信用社，3年后停办。1950年，县人民银行在青山桥设农村信用合作社，扶持农民开展农业生产。1955年，中国农业银行湘潭县支行在境域设青山桥区营业所，办理农村储蓄、信贷业务。1956年，撤区建乡后，境域设青山、晓南、霞岭农村信用合作社。1958年，青山桥区营业所与信用社合并为青山桥人民公社信用部，后改为公社信用社。1989年，县邮电局设青山桥邮政储蓄所。1994年，青山桥镇成立农村合作基金会，办理吸收股金、代管资金和融通资本业务。1995年，镇政府财源主要是农业税和企业税收，财政总收入142.99万元。其中，农业税100.29万元，企业纳税42.7万元。是年，镇内有农村信用合作社分社3家，农村合作基金会1家，邮政储蓄所1家，年末各项存款余额5868万元，各项贷款余额2408万元。1999年，撤销农村合作基金会，其业务并入农村信用合作社。2005年，全镇财政总收入650万元。镇本级财政收入145万元。2015年，完成财政总收入3098万元。镇本级财政收入530万元。其中，国税290万元，地税240万元。是年年末，镇内金融机构各类存款余额10.83亿元，各项贷款余额2.15亿元。

基础设施

交通运输

清代、民国时期，境域仅有西南路一条驿道，由黄荆坪入境，经歇马至湘乡。因远离县城，交通极为不便。货物通过涓江水运。青山河淤塞后，货物需人挑和手推车运输。1959年，境域建成县道山（山枣）花（花石）线花石至青山桥段。1971年，建成青井线（青山桥镇陈氏祠堂至霞岭乡龙虎坳）、湘青线（青山桥镇至分水乡朱家坳）。1995年，县、乡公路在境域总长39.8千米。另有通村简易公路68条，总长218千米。每天有48个班次客车从青山开往湘潭、株洲、长沙，客运量750多人次。2005年，贯彻实施“通畅工程”，通过国家补贴、农民自筹等方式，多渠道筹措资金200万元，硬化镇村公路24.5千米。2006—2007年，筹措资金，硬化镇村公路50千米。2009年，完成村级通畅工程13.12千米，镇农村客运站主体工程（754平方米）竣工。2015年年末，全镇联村公路、村组公路总长368余千米，其中硬化298余千米。中心客运站日发客运汽车86班次，年客运量28万人次。

邮电通信

中华人民共和国成立初期，境域信件主要靠邮递员投递。1958年，始设青山桥邮电所（代办所），并架通幸福人民公社驻地（青山桥）至县人民政府的长途电话线路。1994年，电话普及到每个村委会及各机关、事业单位。1995年，镇内有青山桥邮电所1个，晓南、青山桥、霞岭等邮政代办站3个。1996年，镇内开通程控电话，当年安装固定电话1300部。1999年，成立青山桥镇移动电话通信站，移动电话放号40部。2015年，镇内有邮政支局1个，下设代办点41处，从业人员51人，邮政业务总量123万元。报纸、杂志累计发行1.8万份。有电信服务网点4个、固定电话用户4122户、移动电话16883部，26个村实现电话全覆盖。有互联网用户689户，全年电信业务收入345万元。

供电供水

清代、民国时期，境域居民生活照明以煤油灯为主，生活用水多为井水、河水、池塘水。20世纪70年代初，由于水塘水坝被污染，居民开始挖掘深井，改饮用地下水（井水）。1978年，青山桥公社在高屯建设高屯水电站，仅供高屯村的新村组等附近4个组的农户用电。1982年12月，青山桥10千伏高压路线架通，由花石变电站送电。1983年，青山桥镇建立变电站，花青高压线10千伏改成35千伏，新装一台800千伏安的主变压器。1990年，青山桥实现村村通电。2002年，镇区建自来水厂，年供水2.8万立方米。2005年，投入380万元对镇区城网进行改造升级。2006年，完成25个村的农网改造升级。2011—2014年，完成龙舞、晓南人饮饮水安全工程，解决2.1万人饮水安全问题。同时完成农网改造升级。2015年，完成镇区集中供水9800人的扩建续建配套工程，日产量3000吨，年供水量5.5万立方米。镇区主要道路两侧铺设水管12千米，居民自来水普及率90%。是年，镇内有35千伏变电站1座，主变压器2台，总容量11.3兆伏安，高压输电线路4条，总长度86.9千米，用电负荷11040千瓦。供应照明用户12286户，年供电量1435万千瓦时。

水利建设

民国时期，境域灌溉主要依靠青山河，农民沿河筑坝挡水灌溉农田。山区则靠山塘蓄水。1959年，建成小㈠型新阳水库，库容224万立方米，灌溉农田267公顷。20世纪60年代，建成石门、小响水潭、桥头、五斗塘、松柏、司马6座小㈡型水库。1970年，投入1.5万名劳力，搬移土石方160万立方米，将青山河裁直，开出一条长20千米的新河，使沿岸2560公顷水稻旱涝保收。20世纪70年代，建成小㈠型大兴水库（库容234万立方米）和高屯、和家、凤坪、观山4座小㈡型水库。90年代建成四境和联兴2座小㈡型水库。2002年，镇政府争取国家投资615万元，在高山、晓南、大河进行节水农业综合开发。2006年，投资410万元，兴修水利工程490处。2009年，投资440万元，投劳40万个，对5座水库除险保安，整修骨干塘71口，修建高标准渠道10730米，修复水毁工程123处。2010年，投入500万元，修复新阳、马栏东西干渠水毁工程，完成8座水库除险保安。2011年，投入水利建设资金340万元，完成3座水库除险保安工程、86口骨干塘清淤防渗、20千米标准渠道建设。2012年，共投资1920万元，治理青山河7.6千米、修复60处水毁工程、建设20千米标准渠道等。2013年，投资1730万元，治理青山河，完成河道疏浚、整坡、水泥块护坡、河堤基础砌石等主体工程建设。2014年，投资465万元，完成215余口骨干塘清淤防渗建设、400处水毁工程恢复、11千米的标准渠道建设、8座小型河坝改造、9座机埠改造和137千米渠道清淤扫障。2015年，投资574.5万元，完成6个村的“五小水利项目”建设、31口高标准骨干塘建设、125处水毁工程恢复；完成标准渠道建设14.53千米、小型河坝改造7座、渠道清淤扫障123千米；完成合心坝的改造重建及完善工程、小响水潭水库的除险加固工程等重点水利项目建设。年末，镇内自流灌溉面积88%。

村镇建设

1985年，青山桥撤乡建镇。镇政府开始镇区建设，从青山中学到橡胶厂，建成商汇路商业街。1990年，从青山中学至鸡桃岭，建成车站路商业街。1995年，青山桥镇制定镇区发展规划，建有商业门面328个。1996年，从汽车站下坡至镇人民政府，建成金盆路商业街，同时建成从青山中学至煤站的桃花路。2003年，从青山中学至青山管区，建成仙娥路商业街。2007年，镇区新建一个垃圾填埋场。2009年，政府投资65万元，完成镇区长365米、宽8米的金盆路路面硬化及下水道排污改造工程；对青山桥至衡山线松柏桥集市段240米街道提质改造。2010年，制定《青山桥镇2010—2015年总体发展规划》，规划镇区面积2.9平方千米。2013年，完成投资140万元的商汇路下水道建设工程。2014年，镇制定《青山桥镇2015—2030年总体发展规划》，规划镇区面积3.2平方千米。2015年年末，镇区共有5条街道（商汇路、车站路、金盆路、仙娥路、桃花路），城区道路总长12千米。镇区各类交通、排水排污、电网等基础设施基本完善，有路灯80盏，绿化覆盖率45%。26个村和1个社区均建有村级活动中心。在13个村建成中型垃圾池，各村组织专人清扫村民聚居点和主要道路。

社会事业

教育

清代，境域有私塾蒙馆（低级）和经馆（高级）多家。民国时期，为躲避战乱，长沙明德中学一度迁到六合港（今幸福村）办学。1956年，创办青山桥初中班。20世纪70年代后期，各大队都办有小学，每个公社都办有初中、高中班。1995年，镇内有初中5所、小学21所、学前班21个，共有教师465人，学生9850人。1996年，为普及九年义务教育，扩建中小学校，青山中学和晓南中学各征旱地1公顷，建成运动场；青山中学、晓南中学和红旗中学建教学楼，总投资143.97万元，建筑面积3056平方米；投资68.5万元，为镇中心小学和龙舞、鳌鱼、天塘、松柏、高屯、四境、三富、扶冲等11所村小学建教学用房4272平方米。2003年，改善办学条件，对霞岭中学和新铺小学近3000平方米的危房进行改造。2004年，时代阳光药业公司投资40万元，将石门小学建成石门时代阳光希望小学。2010年，晓南中学、青山小学，新阳学校先后投资对学校进行建设和改造。2013年，投资210万元，对松柏小学、晓南中心小学、新阳小学、鳌鱼小学进行建设和改造。2015年，全镇有幼儿园（所）10所，在园幼儿900人，教师40人；小学13所，在校学生2400人，教师95人，小学适龄儿童入学率100%；初中4所，在校学生1340人，教师92人，初中适龄人口入学率100%，小升初升学率100%，九年义务教育覆盖率100%。

文化体育

民国时期，境域有花鼓戏剧团、唢呐吹奏队，其中唢呐艺术尤以源远流长，传承人辈出而著名。中华人民共和国成立初期，为宣传政策，秧歌队、腰鼓队、文艺宣传队活跃在田间地头。20世纪60年代，成立文化站和广播站。70年代，公社成立电影放映队，轮流为各大队、生产队放映。80年代，境域有业余花鼓戏剧团、民间唢呐吹打乐队、龙舟队、舞龙队、舞狮队12支。公社建成电影院，定期放映电影和安排花鼓剧团演出。1991年9月，青山桥电视转播台成立，信号覆盖半径约12千米。青山桥电视转播台设《青山新闻》《农技服务》《点歌台》等栏目。1995年，青山桥镇被文化部命名为“中国民间艺术——唢呐之乡”。1997年12月，镇建立有线电视站，入户率34%。2007—2009年，在曾国藩故居荷叶镇举办的“三县四镇”（双峰县井字和荷叶镇、湘潭县青山桥镇、衡山县白果镇）“国藩杯”篮球邀请赛中，青山桥镇代表队连续三年夺得冠军。2011年，投资140万元，新建的青山桥镇文化综合大楼投入使用。同年，青山桥电视转播台停办。2013年，实现电视100%覆盖率。2014年，在全县“天易杯”篮球赛中，青山桥镇代表队获得乡镇类冠军。2015年年末，镇有文化站、有线电视台各1个，有村级文化活动中心27处，群众大型活动中心1处，有专业唢呐队伍8支，传统舞狮队、舞龙队各3支，龙舟队1支，篮球队 3 支，26 个村建成农家书屋。

医疗卫生

民国时期，境域医疗多为个体医师从业。1952 年，建立青山桥区卫生所。1958 年，青山桥区卫生所改为青山公社卫生院。1968 年，建立青山桥区医院。1995 年，镇区设青山桥镇医院和防疫站，有医疗点（门诊部）38 个，医务人员 71 名，病床 36 张；有农村卫生室医生和妇幼保健员 41 人；另有个体医生 36 人，个体药店 18 家。2002 年，青山桥镇医院改为县第七人民医院，2005 年新建一栋住院楼，2006 年更新医疗器械、设备，2009 年改为青山桥镇中心卫生院，有职工 100 余人，其中中级职称人员 10 多人，医师近 40 人。设有 12 个临床医技科室和 4 个住院病区，编制病床 98 张。2010 年，青山桥镇卫生工作实现初级卫生保健，被评为全省文明卫生单位。2015 年末，镇有各级各类医疗卫生机构 37 个。其中，中心卫生院 1 所，防疫站 1 个，公共卫生办公室 1 个，村级卫生室 34 个，从业人员 360 余人。

社会保障

中华人民共和国成立初期，境域各乡对老弱病残等困难乡民给予救助安置。20 世纪 60 年代开始，对鳏寡独老人、丧失劳动能力的残疾人及孤儿实行“五保”供养制度。1982 年，青山桥公社建立观山敬老院，供养 11 名老人。1986 年，建成青山桥敬老院，供养 18 名老人。1988 年，建成晓南敬老院和霞岭敬老院，分别供养 14 名和 16 名老人。1995 年，全镇供养“五保”老人 243 人，年供稻谷 300 千克，生活费 240 元。其中 112 人入住 3 个敬老院集中供养。2006 年，将晓南管区办公楼改扩建成晓南中心敬老院。2005 年，启动新型农村合作医疗制度，当年参合率 42%。2006 年，参加合作医疗人数 3.92 万人，参合率 80%。是年，启动贫困居民最低生活保障金制度，有 986 人享受农村最低生活保障待遇，88 人享受城镇最低生活保障待遇，月领取农村和城镇低保金 24400 元。2007 年，农村合作医疗参合率 100%。将霞岭管区办公楼改建成霞岭敬老院。是年，实施新型农村养老保险，当年参保率 80%，2015 年，新型农村合作医疗参合率和新型农村养老保险参保率均 100%，农村医疗住院补偿 1467 万元。有 7859 人享受农村养老保险，月发农村养老保险金 58.95 万元。有农村低保 1098 户 1983 人，月发保障金 23.1 万元；有城镇低保对象 71 户 104 人，月发保障金 2.4 万元；供养“五保”户 365 人，年发放供养资金 122.6 万元。国家抚恤、补助各类优抚对象 513 人，年享受抚恤补助金 307.8 万元。投入 86.4 万元，改造农村危房 78 户，为特困户建房 3 户。

人民生活

1950 年，境域年人均口粮不足 230 千克。农民住房多数为茅草房，少数为瓦房。1953 年，开始间作双季稻，粮食产量增加，人民生活有所改善。中共十一届三中全会以后，农村经济得到发展。1983 年，人均口粮 605 千克，农民基本解决温饱问题。20 世纪 80 年代后期，部分家庭富裕起来，兴建楼房，购置电风扇、电视机、电冰箱、洗衣机等家用电器。1995 年，镇内农民人均纯收入 950 元，60% 的农户建新房，每百户农户有摩托车 21 辆、汽车 3 辆。进入 21 世纪，随着农业效益提高、皮鞋产业发展，劳务输出和多种经营，农民收入增加。2005 年，农民人均纯收入 6212 元，75% 的农户入住新楼房，每百户农户有摩托车 20 辆、汽车 5 辆。2015 年，农民人均纯收入 13996 元，99% 的农户入住新楼房，每百户农户有摩托车 80 辆、汽车 18 辆。

特色地情

风景名胜

草衣寺　地处松柏村大罗山侧草衣岩，初建于五代十国时期。传说五代后周巴蜀高僧奉初来此修炼，因寒冬腊月，所穿破旧袈裟难于抵御严寒，于是结草为衣蔽体，修禅跏趺30年而终，称草衣和尚。为表示纪念，乡人便紧靠岩洞修建草衣寺，并立奉初塑像于寺内供奉。自此，香火传承至今。草衣寺原有前、中、后三进，及佛像77尊，1958年被毁。

民间艺术

青山唢呐　青山桥、石鼓两镇地域毗连，唢呐艺术传承亦源远流长，难以分割（演奏队伍中石鼓镇人员占多数）。民国25年（1936），陈庆丰、赵竹钦等发起成立湘潭县青山桥鼓乐工会。1956年，朱梅江、陈庆丰、左元和、赵竹钦、张其云、方章祥等代表湘潭地区参加全省农村群众艺术会演吹《哭懵懂》，获得一等乐师奖，并被选拔出席1957年全国第二届民间音乐、舞蹈会演，受到周恩来、朱德、董必武、宋庆龄等党和国家领导人的接见。青山唢呐吹奏有着浓郁的乡土气息，音色清脆柔和，刚柔相济，有着鲜明的地方特色。青山桥镇也因此被文化部命名为“中国民间艺术（唢呐）之乡”。2008年，青山桥镇、石鼓镇的唢呐合并称为“石鼓·青山唢呐”，入选第一批国家非物质文化遗产保护名录。

名优特产

青山皮鞋　青山皮鞋生产起源于20世纪70年代，当时以手工作坊为主，生产劳保皮鞋。经过几十年发展，工艺改进，规模扩大，实现流水线生产。青山皮鞋包括劳保皮鞋、民用皮鞋、休闲运动鞋、时尚鞋靴等多个品种。“百舌鸟”“花之王”“着意乐”“红玫瑰”等品牌产品已获得省、市级“名优产品”称号。因其质优价廉、时尚大气，得到广大消费者的认可，产品畅销省内和周边省市。

（撰稿：肖湘满）

草衣寺

易俗河镇

明清著名“米市”；中国共产党早期重要领导人罗亦农故里；建设部等7部委批准为“全国重点镇”，被中央文明委授予“全国文明村镇”称号。

区域概况

地理位置

易俗河镇地处县域东北部、湘江南岸，北与湘潭市岳塘区隔江相望，有湘潭二大桥连接；东与株洲市天元区毗邻，东南与梅林桥镇接壤，西隔涓水与河口镇为邻。据传，明正德皇帝巡游江南时在此地歇息一宿，故称“一宿河”，日久演化为“易俗河”，镇因地而名。1995年9月，湘潭县县治移址镇区内。2009年，镇区被纳入“长株潭两型社会综合配套改革试验区”核心区，属湘潭天易示范区规划范围。镇人民政府驻雪松南路435号。

建置沿革

唐天宝八年（749），湘潭县治驻洛口（今易俗河镇城塘社区）。清代，易俗河属湘潭县第十二都。民国24年（1935），始置易俗镇，属第三区。民国36年（1947），易俗河镇、东坪镇（今属岳塘区）、白云乡合并为易俗河乡。1949年9月，全县划为6个区，境域属易俗河区。1950年7月，县设13区1镇，境域属第五区，为乡级镇。1951年5月，县划为24区3镇，易俗镇为区级镇。1956年，撤区并乡，易俗镇复为乡级镇。1958年，成立人民公社，境域属红旗人民公社。1961年，调整行政体制，全县设10区两镇，易俗河区与易俗河镇并存。境域上马公社、易俗河公社隶属易俗河区。易俗河镇为区级镇单列。1971年，易俗河公社烟塘大队、上马公社百花大队划属易俗河镇管辖。1992—1993年，上马乡、易俗河乡先后并入易俗河镇。2015年12月，撤销易俗河镇、梅林桥镇，新建立易俗河镇。

区划面积

1993年年底，易俗河镇辖百花、赵家洲、烟塘、京竹、山塘、青狮、樟树、河洲、金霞、赤湖、八角、青光、上马、云龙、水竹湾、赋江、杉荫、杨溪埠、银塘19个村、412个村（居）民小组和正泰坪、湘江、砚井、城塘、牛头岭、花果山、挂嘴洲（肖家湖）、水上8个居委会。境域总面积74.01平方千米，其中镇区13.2平方千米。有耕地面积2134公顷，其中水田2015公顷，旱土119公顷。1995年，镇设3个管区。撤销百花村、赵家洲村；将县城新开发区划分为吴家巷、南塘、富豪阁、百花、凤形山、赵家洲6个居委会；撤销正泰坪、挂嘴洲居委会，并入湘江居委会。共辖17个村、12个居委会。同年，县治移址镇区内，县城区面积17.3平方千米。2004年，撤销12个居委会组建城塘、牛头岭、砚井、百花、富豪阁、赵家洲、凤形山、吴家巷8个社区。2012年，撤销云龙村，建立云龙社区。2015年11月，镇辖16个村，431个村（居）民小组，9个社区。耕地面积2452.13公顷，其中水田1800.93公顷，旱土651.2公顷。林地面积1886.67公顷，水域面积960公顷。

自然环境

境域属平原、岗地地区。西北部低，东部、南部偏高。湘江、涓水沿岸多为小型平原，西、南部为丘陵高岗地。东北部有金霞山，海拔151.2米，为湘潭名山之一。境域处亚热带季风湿润气候区，四季分明。年均气温17.4℃。年降水量约1300毫米。常年主导风为北风，夏季为东南风。常年有强雷电气象。境域土壤分为水稻土、红壤土、紫色土和潮土四大类。树木主要有杉、松、樟、桐、南竹、油茶、茶叶、桃、李、板栗等。野生动物主要有野兔、喜鹊、麻雀、翠鸟、鱼、蛙、鼬、蛇等。矿藏主要有石灰石、石膏。境域属湘江水系。湘江自赤湖村白沙洲入境，至金沙亭纳向东渠之水后，于挂嘴洲纳涓水而入河口镇境。向东渠自梅林桥镇联营村入境，经水竹湾、金霞等村于金沙亭入湘江，境域长10千米。涓水自石头牌入境至挂嘴洲汇入湘江，境域长11千米。

人口民族

1993年，上马乡、易俗河乡并入后，易俗河镇辖18135户48620人。其中，农业人口28187人，占57.97%；男性25213人，占51.86%。苗族、回族、土家族等11个少数民族人口81人，占0.17%。人口自然增长率6.78‰。1995年，县治迁入后，人口增加。1996年末，总人口52614人。其中，农业人口28318人，占53.82%；男性27096人，占51.5%。苗族、回族、土家族、壮族等12个少数民族人口92人，占0.17%。人口自然增长率6.89‰。此后，随着经济发展，城镇化率提高，人口逐年增多。2010年，第六次全国人口普查统计，镇总人口68008人，人口自然增长率5.6‰。2015年年末（按统计部门要求，各项数据仍按合镇之前区划统计，下同），镇常住人口115443人。其中，农业人口28012人，占24.3%；男性58623人，占50.8%。少数民族人口112人，占总人口的0.09%。人口自然增长率5.1‰。

经济发展

经济综述

明清时期，易俗河码头和集市繁荣，商贾云集，为“江南四大米市”之一。民国时期，受战乱影响，境域工商凋零，但“米市”商贸仍然繁荣。民国二年（1913），易俗河出口大米占全县五分之四。20世纪50年代，境域有工业企业20余家，有商贸服务业330多家。农业以种植水稻为主，1958年粮食亩产增至250千克。60—70年代，镇社企业增多，农、牧、渔业也逐步发展。1980年，境域易俗河镇和上马公社、易俗河公社工农业总产值1205万元。其中，农业总产值929万元，工业总产值276万元。1988年，工商企业实行以“承包经营”为主的企业改革，境域市、县、区属企业32家、镇及村办企业17家先后实行各种形式的承包责任制，实现工业总产值460万元。由于扩种经济作物，推广水稻良种，农业总产值增加至1834万元。1995年，全镇完成农业总产值8030万元，工业总产值4.53亿元。20世纪后期，镇党委、政府借县城人口大幅增加机遇，大力发展第三产业。同时，发展化工、建材、灯饰产品和建筑业。全镇企业302家，被评为全省发展乡镇企业“十强”镇。2002年，易俗河镇被评为全国百强乡镇。2006年，全镇完成工农业总产值100250万元。其中，农业总产值9930万元，工业总产值9032万元。2015年，镇党委、政府“以服务示范区发展为第一要务，以服务县城稳定为第一要责，以服务全镇人民为第一要职”。当年农业总产值14130万元，规模工业企业总产值16.21亿元。

种植业

境域主要种植水稻、蔬菜、红薯等作物。1954年，试种双季稻，粮食亩产221千克。旱地种植蔬菜、红薯、棉花及麻类等经济作物。1965年，改进耕作技术，加强病虫害防治，粮食亩产提高到261千克。1967年，扩大双季稻种植面积，采用温室育秧技术，粮食亩产400千克。1977年，镇内试种杂交水稻，至1980年单产提高到450千克。1984年，粮食亩产提高到742千克。1986年，易俗河镇被确定为国家商品粮生产基地、吨粮田开发基地和优质稻生产基地。1993年，大面积推广杂交稻，全镇种植水稻4227公顷，粮食总产量5.07万吨，种植湘莲、油菜、柑橘等经济作物113公顷。1997年，推广抛秧技术。2006年，开始推广撒播技术，全年种植水稻4180公顷，粮食总产量5.15万吨。2015年，全镇粮食播种面积4141.26公顷，其中优质稻2430公顷；粮食总产量5.44万吨。种植蔬菜、油菜、湘莲等经济作物365公顷，产值1095万元。

养殖业

民国时期，境域农户圈养生猪。鸡鸭多自繁自养。金霞沿河一带有农户散养马头山羊、成都麻羊。养鱼则主要靠自然孵化鱼苗，自生自长，产量低。1949年，平均亩产鲜鱼10千克。1951年，开始发展池塘养鱼。1957年，烟塘大队养殖水面0.7公顷，亩产鲜鱼13千克。20世纪70年代，由生产队集体经营池塘，派专人喂养，鲜鱼亩产提高到22千克。1976年，境域1镇2公社存笼鸡73494羽，鸭2240羽。1982年，鸡鸭饲养向商品化、规模化发展。境域养鸡83414羽，养鸭1300羽，鲜鱼亩产58千克左右。1984年，耕牛作价分归农户所有，因饲养成本高和农机的普遍使用，耕牛的役用价值逐渐丧失而被宰杀。1989年，境域出现养羊专业户。1995年，京竹村李海其办孵化场，繁育鸡仔对外出售。1997年，上马种猪场建成，品种有大约克、丹麦长白、美系杜洛克等。2000—2002年，亿丰、新五丰原种猪场先后建成投产，饲养大约克公猪、长X杂二元杂交母猪和瘦肉型仔猪。2015年，贯彻国务院《畜禽规模养殖污染防治条例》，镇规模养殖业被控制发展，规模养殖户减少。全镇共免疫猪瘟、猪蓝耳病、猪口蹄疫6万头，免疫禽流感7.5万羽。存栏生猪13.3万头，出栏10.2万头。有300头以上生猪养殖户23户。羊存栏550只，出栏448只；养鸡12.61万羽，出笼7.54万羽；养鸭41棚4080羽，出棚3270羽；有养殖水面4公顷，出水鲜鱼25.8吨。

林业

境域属平原低岗地，有少量林地。民国时，林地归私人所有，多自生自繁，树种有松、杉、樟、枫等。民国26年（1937），县政府设林务专员办事处指导全县林务，鼓励开荒育种造林。易俗河乡建有乡金霞山林场及各保林场。民国29年（1940），境域公私荒山及旷野余坪由地主开垦种植，收益归种植者。1950年，实行“土地改革”，地主土地山林分归农户管理。1958年，林地收归公社所有，由于“大办钢铁”，树木被砍伐殆尽。1972 年，境域（含上马乡、易俗河乡）办金霞、杉荫等社队林场 10 个，种植杉、樟、国外松等。1981 年，确定山林权属，云龙村李伏云等造林大户种植橘、油茶 3.6 公顷，国外松 3.5 公顷。2004 年，换发全国统一的林权证，承包期至 2052 年。2015 年，全镇植树 8.2 万株、中林间伐 28.7 公顷、幼林抚育 6.7 公顷，省级以上公益林管护面积 789.8 公顷。全镇共有林地面积 1896.69 公顷，森林覆盖率 40.5%。

工业

明、清时期，境域有生产铁器、木器、纸伞、油鞋、木屐等手工作坊多家。因“米市”繁荣，大米加工业兴旺。民国时，有铁器、木器、纸伞、酱油等作坊 20 余家。中华人民共和国成立初期，镇相继创办竹器厂、印染厂、大米厂等一批企业。1953—1956 年，通过对私营工商业实行社会主义改造，境域有公私合营的生产合作社 30 余家，从业人员 500 余人，主要制造铁器、木器、篾器等。20 世纪 60 年代至 80 年代末，先后有地区国营粮机厂、市属国营一机厂、二机厂、化工厂和县属国营纸厂、瓷厂、酒厂和一批集体企业在镇内兴办。一批镇、社、队办企业相继建成投产，共有各类工业企业 500 余家（含上马、易俗河 2 乡），涉及机械、化工、建材、食品、造纸、造船和建筑等行业，从业人员 7000 多人。1993 年，有镇办工业企业 26 家，职工 2525 人，年总产值 15340 万元。此后，开展国营、集体企业体制改革，企业全部改制成民营企业。2005 年，全镇有工业企业 66 家，完成工业总产值 143223 万元，从业人员 3200 人。化工、建材、印刷、包装、食品等工业行业成为支柱产业。其中，红燕化工有限公司产值过亿元。2015 年，完成规模工业企业总产值 162100 万元，规模工业增加值 45615 万元，规模工业企业产品销售收入 161640 万元。

商贸服务

清代，易俗河有粮行 48 家，成为省内第一大米市。民国时期，米市贸易带动航运、钱庄、旅馆、南杂等其他商贸业发展，涓江河边老街一带逐渐成为湘潭第一大商埠。其时，石头碑（银塘村）兴办墟场。民国 11 年（1922），易俗河出口货物以生猪、大米为主，烟草、高粱、鱼仔次之。进口货物以药材、百货、布匹为主，杂粮、洋油、槟榔次之。1951 年，在易俗河老街设有肉食站、供销合作社、药店，供应生产、生活资料和收购农副产品。1955 年，镇有私营商贸户 268 户，从业人员 357 人。20 世纪 70 年代，集镇市场逐渐向牛头岭潭衡公路两侧搬迁。1988 年，境域市、县、镇办工商企业有 80 余家，商业服务网点 100 多个，客货码头年吞吐货物 20 万吨以上。1989 年起，国家逐步放开市场，个体商贸业得到发展。1993 年，镇内有公有制商业企业 51 家，其中县属以上 44 家、镇属 7 家，从业人员 507 人；个体经商户 1042 户，从业人员 1991 人。1995 年后，新县城建设热潮促进境域商品零售业、餐饮服务业等行业快速发展。商品市场建设加强，建成富豪阁农贸市场、易俗河农贸市场、裕隆大厦、金牛大厦、金湘大市场等批发零售市场以及金鹏路口湘莲大市场。1998—2002 年，镇内商业、供销系统实行体制改革，置换公有制商贸企业 34 家，置换职工身份 877 人。2003 年，步步高超市易俗河店开业，年营业额 1600 万元。2005 年，金鹏农贸市场建成开业。此后，私营个体商业成为商贸领域主体。至 2008 年的 9 年中，先后兴办湾东港、立新（八角村）、吴家巷、红燕山、赤湖新屋墟场。吴家巷墟场规模最大，赶集者 2000 余人。2015 年，镇内有各类商贸企业 5438 家，从业人员 12460 余人。餐饮、酒店、金融、保险、数码电子、房产、职介、美容、美发、休闲、娱乐、保健、汽车等百业兴旺。

财政

1949 年 9 月至 1978 年年底，镇财政收支由秘书和粮油委员兼管。1978 年，镇财政总收入 192.9 万元，其中税收收入 189.85 万元，主要为工商和农业税收。财政总支出 192.9 万元，主要为支援农业、行政管理费和上解县财政。1979 年，镇设财政室，专人管理财经。1981 年，镇固化剂厂等企业投产，财政总收入 290.7 万元，总支出 289.3 万元。1992—1993 年，上马乡、易俗河乡并入后，新增红燕化工厂等骨干企业。1993 年，镇财政总收入 1242.4 万元，总支出 872.4 万元。2002 年，农村税费改革，取消农林特产税和镇村统筹，调低农业税税率。2005 年，取消农业税，新增 3 个规模企业，镇财政收入 1566 万元。2013 年，县政府调整天易区财政体制，易俗河镇税收征缴任务全部划归天易示范区，财政支出实行报账制。是年，镇财政支出 2413 万元。2015 年，镇财政体制未变，财政支出 4757 万元。

金融

清代至民国，镇上即有典当行、票号、钱庄经营。1949 年 8 月，湘潭和平解放后，县成立国家银行，但仍允许镇内钱庄经营。军管会禁止银元流通，统一使用人民币。1952 年，易俗河区设信用合作社，兼管镇内金融业务。1971 年，始设镇信用社。1982 年，县农业银行易俗河镇营业部成立并营业。1983 年，县工商银行易俗河镇营业部成立并营业。1984 年 10 月，中国人民保险公司湘潭县支公司恢复机构，在镇设保险站。1993 年 3 月，中国银行湘潭市易俗河支行成立。1994 年 3 月，中国人寿保险湘潭县支公司镇内成立。1995 年，镇内有各类金融机构 5 家。年末，存款余额 663100 万元，贷款余额 453400 万元。1996 年 12 月，中国太平洋人寿保险公司湘潭县支公司镇内成立。1998 年，县邮电局设邮政储蓄点，开始办理储蓄业务。2001 年，上马、易俗河信用社并入镇信用社，设一级分社 6 个，有职工 47 人。2002 年，湘潭商业银行、建设银行相继在镇内成立支行。2007 年 3 月，县邮政储蓄银行成立。2011 年，上海农商银行落户镇内营业。2015 年，镇内有工商银行、农业银行等金融机构 9 个、保险机构 5 个，其他非银行金融机构 10 个，营业网点 102 处。年末存款余额 2356300 万元，贷款余额 1363100 万元。

基础设施

交通运输

清末，易俗河陆路交通以南一路驿道（从湘潭渡湘江南行经易俗河、中路铺、护湘关入衡山县）为主，境域长 6 千米，设有飞羊铺驿站。易俗河港水运发达，货运繁忙。民国时期，陆路运输以人力为主，非机动船舶、轿子、独轮车、马车为主要载运工具。水路运输有帆船、排筏、轮船，易俗河港沿岸有正泰等码头 20 处，繁盛时常年容纳运货大船 30 余艘、小船 1500 余艘。民国 19 年（1930），湖南省第一汽车路局修成潭衡公路（湘潭至衡阳，今为 107 国道），境域长 5 千米，为连接长潭公路设有汽车轮渡。1950 年，湘潭至株洲的客班轮停靠易俗河港，经营客运。1957 年，易俗河至谭家山、花石、河口始通客班车。1959 年，建成牛下线（牛头岭至下摄司湘江边），境域长 1.2 千米。1965 年，修湘潭砂子岭至牛头岭公路，建涓水桥，接潭衡公路，境域里程 6.5 千米。1969 年，建成湘运易俗河汽车站，承办易俗河至衡阳等 24 条线路的客运业务，并承运谭家山煤矿的煤炭。修通李古简易公路（白云乡李树铺至郭家桥乡新堤），全长 12 千米。1970—1971 年，修吴群公路（吴家巷至株洲县群丰），境域长 7 千米。1972 年，修建易俗河涓水桥至万担仓公路，总长 2.6 千米。1975 年，改建吴家巷至麦子石公路，通客班车。1983 年，易俗河车站开行至衡阳、衡山、南岳、株洲、长沙等地往返直达客班车。1985 年，建成涓柞公路（涓水桥至梅林桥柞树坪），全长 8.9 千米。1992 起，兴建新县城。1993 年，缩短 107 国道的湘潭湘江二桥建成通车，将易俗河和湘潭市区紧紧连成一体。至 1995 年，银杏路、金桂路、雪松路、凤凰路、大鹏路、云龙路 6 条城区主干道先后修通。1996 年，县运输公司与湘潭莲城运输公司联合开通易俗河至老县城观湘门客运专线（后编组为 108 路）。同年，县公共汽车公司开通县一中至县九中的环城车（后编组为 503 路）。1997 年，易俗河至锰矿、响塘、良山、九华和乌石等地的班车开通，县城开通 6 条环城线。1998 年，修天易高等级公路与株洲连接，境域全长 7 千米。硬化村、组道路 52 千米。开通易俗河至赤湖村、大坟山、郭家桥、石狮村 4 条班车线路。1999 年，市城市公共汽车运输公司开通从湘潭火车站至易俗河的 23 路公交车。2000 年，湘耒高速公路天易连接线（天易大道）通车，全长 6.92 千米。湘运县分公司投入 19 辆客车运营易俗河经天易公路至株洲江南站客运线。镇内出租车开始运营。2005 年，开通江声中学至县一中环城公交 501 路。2008 年，易俗河汽车站开往响塘乡客运线变更为 116 路公交车。2011 年，总投资 2600 万元的天易汽车站建成投入使用。2012 年，重新调整县城区公共汽车线路和编组，开通 601 路（江声中学至县一中）、602 路（滨江堤至碧桂园）、603 路（湘江国际至吴家巷）、605 路（牛头岭至县九中）4 条公交线路。2014 年，湘潭义乌商品城至天易宏信创业园的 123 路公交车开通，湘潭市内公交 10 路、101 路延伸至县城。2015 年，镇内有国道 107 纵贯全境、有连接线与京广澳、长潭西线、潭衡西线等高速公路贯通，易石线、吴群线等 6 条县级公路及乡村公路，内外交通成网。有千吨级码头 1 处、500 吨级码头 3 处。

邮电通信

民国 37 年（1948），县政府架设乡村电话，通易俗河乡、保公所。1950 年，设易俗河邮政所，有 2 条邮路。1956 年，镇邮电所设电话总机室，办理邮政、报刊发行、电报电话业务，镇政府安装手摇电话机 1 台，通过邮电所总机接转电话。1980 年，设易俗河邮电支局。1989 年，县邮电局在镇内开通 400 门自动电话交换机，结束人工电话历史。1992—1994 年，新建万门程控电话大楼，开通 5000 门程控电话，实现市、县电话联网。1996 年，邮政与电信分家，镇邮政支局设有中心所及 3 个分所，邮路 9 条。镇电信分局开通全球通移动通信系统，发放数字移动电话 210 台、数字寻呼机 800 台，安装程控数字电话 2800 门。1999 年，湘潭移动易俗河营业处和中国联合通信湘潭县分公司成立，在镇金桂路设营业厅，办理县内业务。2004 年，开办邮政特快专递业务。2005 年，中国铁通湘潭县分公司成立。2015 年，镇内有邮政电信企业 4 家。镇移动电话 83740 部，固定电话 11000 门、宽带用户 13650 户。

供电供水

清代、民国时期，境域居民饮用河水、池塘水、井水，照明用煤油灯。1950—1957 年，大明油脂厂用柴油发电供境域主要单位照明。1958 年，在皂壳坪建 35 千伏变电站。1967 年，在烟塘咀建电站，设 2 条 6 千伏供电线，供易俗河、河口地区用电。1978—1980 年，投资 80 万元，在山塘大队建成县内首个 110 千伏变电站（易俗河变电站），供电覆盖易俗河、中路铺、河口地区。1984 年，境域架高压线 12.83 千米，设变压器 13 台。

1985年开始，易俗河镇由湘潭市自来水公司第二水厂供水。二水厂通过在湘江江底铺设直径400毫米的管道739米，引自来水过江。供水服务面积2平方千米，用水人口1.8万人，用水量3000吨/日。1988年，境域实现村村通电。1991年，由县电力局集资100万元，增容扩建易俗河110千伏变电站，主变压器由1台容量1.6万千伏安增加到2台共4.75万千伏安。1995年5月，县自来水厂完成一期工程，向县城用户供水，日供水3万吨。1999—2003年，实施农村低压电网改造和县城配网改造。其间，新架易俗河至长岭铺110千伏线路18.5千米，完成10千伏主干线路改造、新架湘潭新园变电站至易俗河变电站双回路供电线路，使县城实现双回路供电。2004年，增容改造易俗河变电站，供电覆盖易俗河、梅林桥两地。2007年，县自来水公司二期工程竣工投产，县城日供水达到6万吨。2012年起，对城网、农网进行改造升级。2014年，新建110千伏天易变电站及配套工程竣工投入使用。同年，由中国城投（湘潭）制水有限公司在金霞山麓投资兴建的天易示范区水厂一期工程完成投产，日供水5万吨。2015年，全镇电网改造率完成98%，农户安全饮水率100%。

水利建设

湘江及其支流涓水、紫金河流经境域。1950年，易俗河区杨溪乡建成全县首座小㈡型水库——银塘水库，库容54.6万立方米，灌溉农田146公顷。1957—1959年，重点整修河道堤坝，年均整修320处。1970年，境域内先后建成金霞堤、烟塘堤、杨溪堤、百花堤、湾东港堤、京竹堤等6条防洪堤垸，总长16.28千米，垸内农田受益面积1456公顷。1972年，易俗河人民公社组织修建杨溪水库，库容32.6万立方米，灌溉农田66.7公顷。1972—1979年，境域先后建成向东渠、上托渠、湘江渠、龙江渠等撇洪渠道，总长24.11千米。1980年起，实施“五塘工程”（浅塘挖深，漏塘补漏，小塘扩大，废塘恢复，无塘新建）。每人年投劳20个工日以上，开展高标准山塘和渠系建设，堤防、水库保安配套、标准渠道建设。2004年，筹资232万元，完成银塘水库、杨溪堤等水利设施整修工程。2006年，完成邯郸港排渍扩容工程。2014年，全镇投入资金792.26万元、劳动工日53.28万个，完成水利工程622处、土石方60.27万立方米。2015年，有湘江、紫金河、涓水和向东渠、樟树渠等20条人工水渠以及银塘、义皮塘、杨溪、山塘4座小型水库、520口水塘形成的排洪灌溉体系，共灌溉农田2266公顷，基本达到旱涝保收。

村镇建设

1980年，镇政府在107国道两旁建立商贸区。在人民路（涓水桥至牛头岭）、前进路（湘江河边至吴家巷）相继建百货大楼、芙蓉大厦、易俗河大市场、牛头岭农贸市场及饭店等100余家。1992年，县城建设指挥部在镇区内启动新县城建设，总计投入资金5亿元，至1995年初具规模，完成建筑面积60多万平方米。拉通金桂路、凤凰路、大鹏路等6条主干道20千米长的工商小区道路，供电、供水、通信、排污等基础设施基本完善。1996—2005年，投入城镇建设资金23.35亿元，对基础设施进行扩容、改造、提质，实施城市绿化、亮化工程，城镇功能不断增强，城镇品位逐渐提升。2005年，易俗河镇被建设部等7部委批准为“全国重点镇”。2006年起，镇启动社会主义新农村建设，以河洲村、京竹村等为试点，重点改造农村水利、电力、道路等基础设施，大力整治村容环境。2008年，京竹村在村主干道旁安装太阳能路灯30盏，为内省规模利用太阳能第一村。2009年，河洲村安装太阳能路灯53盏。

各村基本完成“五改一整治”（即改水、改电、改路、改厕、改厨，整治环境卫生），五改率78%，其中河洲村97%。是年，易俗河镇被中央精神文明建设指导委员授予“全国文明村镇”称号。镇党委、政府定期开展城郊环境卫生检查评比，全年清理垃圾450吨。至2015年，镇形成八纵（玉兰路、银杏路、金桂路、雪松路、海棠路、荷花路、杨柳路、贵竹路）五横（飞羊路、凤凰路、大鹏/天易路、云龙路、天马路）路网框架和“一园两区”（即天易示范区、金霞文化旅游区和商贸区）的发展格局，城区面积18平方千米，城镇化率55%。农村道路硬化率80%。辖区各行政村、社区都有办公用房。

社会事业

教育

清光绪二十九年（1903），境域大教育家胡元倓在长沙创办湖南省第一所私立中学明德学堂，推行新学。光绪三十三年（1907），镇人何衢创办何氏银塘学堂。民国17年（1928），郭氏金霞学堂创办。民国32年（1943），创办上马泽山国民小学。此后，八角等10余所国民小学、族校先后兴办。民国35年（1946），凿山人王文吉创办石浦中学，次年迁入八斗坵，改名湖南私立江声中学，为境域第一所初级中学。1949年，人民政权接管镇中心国民小学及各保国民小学，改江声中学为县立第二初级中学。1952年，境域私立学校全部转为公办，共有小学16所。1956年，县立二中增设高中部，更名为县第一完全中学。1977年，在上马公社原县一中农场旧址新建县九中，为高级中学。1984年10月，创办湘潭县第一职业中学，招收建筑专业学员45人，学校先后借居县九中、县三中校舍。1986年，县一职校舍建成后，开办有建筑、化工、电子等专业。1993年，上马乡、易俗河乡并入后，镇中学改名镇一中，上马中学改名镇二中，易俗河乡中学改名镇三中。1996年，镇内14所小学撤并为7所。2015年，镇内有县一中、县九中、云龙中学、凤凰中学4所高中，1所职业中学，教师657人，学生10567人；初中5所，小学6所，教师512人，学生9166人。其中百花学校，烟塘小学等5所学校为省级合格学校。

文化体育

1950年春，民间艺人朱太和率戏班赴长沙表演花鼓戏，为县内在省城演出的第一批艺人。此后，先后赴省内各地巡回演出。1951年，杉荫乡（今杉荫村）张洪深组织业余剧团，在乡内外演出。节目有花鼓戏、秧歌舞、龙狮舞等。1954年，易俗河镇老街文具店设图书专柜，经营图书。1961年，易俗河公社、上马公社成立广播站。1963年4月，镇举行第一届运动会，机关、学校、厂矿组织运动员参赛。1965年，易俗河镇成立广播站。1971年，易俗河镇政府购回黑白电视机1台，境域始有电视机。境域农村广播入户率90%。1988年，各学校开始按《国家体育锻炼标准》教学，学生体育达标率40%。1994年，县电视台筹建有线电线，在易俗河镇区发展用户，当年入户210户。京竹村唐友根（笔名铁马）创作的长篇小说《暴风雨》出版发行。1997年，镇被评为全县“亿万农民健身活动先进乡镇”。1998年，镇籍、县一中学生杨炼入选国家举重队。2000年，各居委会纷纷成立篮球队、腰鼓队、龙狮队等民间文艺体育团体，有成员500余人。2002年，城塘社区获“省城市社区体育先进单位”称号。2004年，镇籍、县一中学生李星入选国家田径队。2006年，镇代表湘潭县参加第十届湖南省运动会，获男子乙组团体第六名、女子乙组团体第七名。杨炼代表国家队参加在多米尼加举行的世界举重竞标赛，获3枚金牌；县瓷厂罗凌芳创作的国画《山水》《乡情图》参加第八次全国美术作品展。2010年11月，王星参加在广州举行的第16届亚运会，获女子400米栏亚军。2015年年末，全镇共有花鼓戏、现代舞、龙狮、广场舞等各类文艺体育团体92个，成员738人。有线电视入户率100%。

医疗卫生

1950年春，中医唐霞虚等6人在老街洋屋里办联合诊所，有医师15人。同年，成立镇卫生院，推广新法接生、儿童健康检查和医药市场监管，对妇女“两病”（子宫下垂和尿瘘）实行免费治疗。1958年，县中医院在镇内曹家巷建成投入使用，以骨伤科、疳积科闻名。20世纪60年代，镇卫生院在洪塘、茶园等地设医疗点。70年代初，实行农村合作医疗制度，镇卫生院搬迁至市化工厂侧，在烟塘、百花设卫生室。80年代初，镇卫生院搬迁至玉兰中路84号，有门诊大楼1000平方米，住院楼400平方米。1993年，境域有县中医院、新城医院等医疗机构4家，下设医疗点24个。有病床1022张，医护人员850人。1995年6月，镇卫生院对婴幼儿接种卡介苗等4种疫苗。1996年，实行农村卫生一体化管理，改镇卫生院为中心卫生院，另设上马、红燕山两个分院，增加乙肝疫苗，实行“五苗”免疫计划。2002年，县人民医院在花果山新建院区；县妇幼保健医院由雨湖区搬迁至镇区云龙路。2015年，镇内有各类医疗机构81家，病床1693张。其中县级医院3家，在编医护人员1761人，病床1661张。

社会保障

20世纪60年代起，由生产队对孤寡鳏独的老人和无劳动能力的残疾人实行“五保”。1978年，县内“上山下乡”知识青年陆续回城，至1980年，全镇安置回城知识青年和城镇待业人员1124人。1986年，镇敬老院建成投入使用。20世纪90年代初，企业体制改革，大批职工下岗，加上县城建设征地拆迁，待业人员剧增。至1993年4年中，全镇共安置2651人就业。1994年，镇民政所成立，负责社会保障工作。是年，有310名优抚对象享受抚恤金、补助金31万元。1998年11月，镇启动城市居民最低生活保障制度，首批210人纳入最低生活保障。2004年起，镇城区“五保”户一律享受低保待遇；启动新型农村合作医疗制度，年内“新农合”覆盖率60%。2005年，启动居民大病救助制度。救助农村大病对象4人4800元，城镇大病对象补助2人3500元；落实低保对象1839户4305人，全年发放低保金291万元；全年供给330个“五保”对象生活费71.3万元，其中集中供养100人。2006年，启动城镇居民医疗保险制度。启动农村居民最低生活保障制度。募集助残款4.5万元，资助特困残疾人家庭73户。2008年，全镇有387名“五保”对象，城区“五保”对象生活费每人每月提高到243元。是年，遭遇冰灾，共倒塌房屋386户523间，全部倒塌15户75间。镇发放救灾款85万元、救灾物资折款20余万元，帮助重建住房15户，援助严重受灾户31户。至2008年14年中，全镇新增就业8118人。2009年，扩建镇中心敬老院，有45名对象入住。同年底，镇中心敬老院被省民政厅评为“省级示范敬老院”。2011年，全镇有优抚对象350人，发放抚恤金、补助金270万元。2015年，全镇优抚对象795人年发放抚恤金、补助金538万元；有“五保”老人378人，全年供给五保生活费127万元，有敬老院3个，入住118人；有城乡低保户2419户4609人，年享受低保金1182万元；有重度残疾人306人，年享受重残补助20.88万元；4428人年享受养老保险金399.8

万元；参加合作医疗 68120 人，参合率占 98%。9734 人次享受住院、门诊医疗费补贴 489.36 万元。

人民生活

1950 年，境域人均口粮 240 千克。1966 年，人均口粮 450 千克，日工值 0.76 元。农村实行家庭联产承包责任制后，经济发展，人民生活改善。1983 年，镇居民人均纯收入 399 元，个人储蓄总余额 23 万元。农村居民人均住房面积 22 平方米。1986 年，开展千户调查，1000 户中，有电视机 501 台、收音机 116 台、洗衣机 74 台、电冰箱 4 台，人均纯收入 587 元，个人储蓄总余额 137 万元。1988 年，人们结婚购置的“三大件”变为彩电、冰箱、洗衣机。2000—2012 年，农村家庭多建有 2~3 层小楼房，城市家庭多有 3~4 居室套房或私房，液晶电视、摩托车、移动电话、空调、电脑、全自动洗衣机、汽车进入百姓家庭。2015 年，农民人均纯收入 14465.6 元，镇居民人均可支配收入 25725 元，农村居民人均住房面积 41 平方米，镇区居民人均住房面积 30.4 平方米。

特色地情

历史人物

郭松林（1833—1880） 字子美，易俗河镇杨柏山（今烟塘村）人，后移居脉湾（今属株洲县）。湘军、淮军重要将领，清福建陆路提督、湖北提督、直隶提督，从一品。因在镇压太平军、捻军中为清廷立下赫赫战功，被清廷赏黄马褂，授予轻车都尉世职。其子郭人漳（葆生）为清末新军将领。

袁树勋（1847—1915） 字海观，易俗河镇山塘（今山塘社区）人。家贫失学，投湘军从征捻军。光绪二十年（1894），随刘坤一在山海关办理军需。次年，以知府分发江西。《辛丑条约》签订后升道员驻上海，在维护国家主权、发展地方经济文化教育上做出贡献。光绪三十四年(1908)，任山东巡抚，捐银 1.6 万两开办湘潭师范学堂。宣统元年（1909）年调任两广总督。

胡元倓（1872—1940） 字子清，号耐庵，湘潭县易俗河人，中国近代史上与张伯苓齐名的著名教育家。光绪二十八年（1902）留学日本，次年回国在长沙创办明德学堂，推行新学，明德学堂与随后于天津开办的南开学堂开中国近代教育史新的一页。他倡导“磨血办学”，以毕生精力投身教育。奔走海内外，遍请大师如黄兴、苏曼殊等来明德执教。为筹措师资和经费不惜下跪，任弼时、周小舟、周谷诚、欧阳予倩、陈果夫等皆出其门下。民国 6 年（1917），与杨树达等倡议筹办湖南大学，民国 18 年（1929）任校长。他一生清苦，不治私产，积劳成疾而逝于重庆，后迁葬长沙岳麓山。

罗亦农（1902—1928） 字慎斋，易俗河镇青狮村人，中国共产党早期重要领导人，杰出的无产阶级革命家和工人运动领袖。1920 年加入共青团。1921 年，转为中共党员，任中共旅莫斯科支部书记。1925 年回国，任中共江浙区委书记，参与领导三次上海工人武装起义，后任中共广东区委宣传部长、中央长江局书记等职。1927 年 6 月，当选为中共中央委员。同年 8 月，当选为临时中央政治局委员，11 月当选为中央政治局常委，任中央组织局主任。1928 年 4 月 15 日，因叛徒出卖被捕。4 月 21 日，在上海龙华英勇就义。2009 年 9 月，被评选为 100 位“为新中国成立作出突出贡献的英雄模范”之一。

杨昭植（1902—1927） 湘潭县易俗河泉塘冲柏树屋场（今易俗河镇上马村人）。1924 年，杨昭植受中共湘区委员会派遣受聘于城区十一总北五省会馆（关圣殿）所办的湖湘小学任教，秘

密开展革命活动。1925 年 8 月，任中共湘潭特别支部书记。1926 年，担任湖南工农义勇军总司令部宣传部部长。是年 5 月底，杨昭植往长沙、浏阳联络农军。夜宿和尚岭长春伙铺时，被河东“铲共义勇队”队长、劣绅戴万富带领 10 多名武装人员捕获，被残忍地用尖刀将双肩锁骨刺穿，并遭受严刑拷问。敌人想从杨昭植的口里了解中共组织的名单和秘密，一无所获。6 月 6 日，杨昭植壮烈牺牲于学坪。

风景名胜

金霞山　位于镇东北，湘江南岸，海拔 151 米，清代即为湘潭四大名山之一。民间相传，山上有男女二童，男曰金哥，女曰霞姑，受仙人指点，采草为药，治病救人。两童仙逝后，乡民纪念其功德，称该山为金霞山。东晋咸康元年（335）敕建金霞山安禅院。唐天宝元年（742），御赐“佛源领地”金匾。唐开元二十六年（778），诏令建龙兴寺，故改名龙兴寺。宋开宝六年（973），御赐《藏经》一部。民国 33 年（1944），日寇犯湘，寺毁。1992 年，法亮法师筹资重建龙兴寺。2015 年，为市级重点寺院之一，市、县佛教信徒重要活动场所，有常住僧人 17 人。

（撰稿：董　旦　刘放明）

梅林桥镇>>

区域概况

地理位置

梅林桥镇位于湘潭县中东部，东界株州市天元区群丰镇和谭家山镇的茅亭村，南至谭家山镇，西南与射埠镇毗邻，西北邻河口镇，东北与易俗河镇相连。因境域紫荆河流经处曾有一座人行桥叫梅林桥，桥名成为地域名，镇依地名。镇人民政府驻易俗河镇烟塘村三尺岭（原易俗河区公所驻地）。

建置沿革

清代，境域属湘潭县八都、九都。民国初年，境域属县东乡东三区。1949 年，境域属易俗区。1950 年，境域属第五区。1956 年 6 月，撤区建乡，境域分属易俗河镇、白云乡、郭家桥乡。1958 年 9 月，境域属红旗人民公社（1959 年 3 月改称易俗河公社）。1961 年 5 月，公社划小，境域分属易俗河、上马、郭家桥公社，隶属易俗河区。1961 年 9 月，易俗河区增划白云、麦子石、梅林桥 3 个公社。1984 年 2 月，撤销公社恢复乡，境域分属郭家桥乡、白云乡、麦子石乡、梅林桥乡。1987 年，设立谭家山办事处，梅林桥乡隶属谭家山办事处。1989 年 4 月，撤销谭家山办事处，梅林桥乡隶属易俗河区。1995 年 4 月，梅林桥乡、麦子石乡、郭家桥乡、白云乡合并为梅林桥镇。2015 年 12 月，撤销易俗河镇、梅林桥镇，新设立易俗河镇。

区划面积

1995 年，梅林桥镇辖荷佳、万利、联云、安云、千江、竹山、金盆洲、石壁、梅市、石梅、洪塘、谷丰、谷塘、高桥、梅林、京广、黄竹、大坟、宝塔、月形、石羊、尖岗、白云、飞龙桥、划香、新虎、新湖、新堤、新长、黄龙桥、仁和、合龙、城塘、王家冲、杨柳、凫塘、鹧鸪、郭家桥 38 个村，545 个村民小组。全镇总面积 138.4 平方千米，耕地面积 4061 公顷，其中水田 3782 公顷、旱土 279 公顷；山地面积 6600 公顷；水域面积 1179 公顷。2014 年，白云村和尖岗村合并为白云村，宝塔村和大坟村合并为宝塔村，月形村和石羊村合并为友谊村，黄龙桥村和仁和村合并为踏龙村。2015 年 11 月，全镇共有 34 个行政村，545 个村民小组。总面积 138.4 平方千米，其中 28 平方千米划入天易示范区管控。耕地面积 4037.6 公顷，其中水田 3928.9 公顷、旱土 108.7 公顷；山地面积 6133 公顷；水域面积 1179 公顷。

自然环境

境域地形略为东高西低，南高北低，最高点

石壁村大石岭，海拔 147.9 米，最低点凫塘村凫塘垄，海拔 35.6 米。境域的河流有紫荆河和涓水。紫荆河经境域由南向北流入湘江。涓水从新长至杨柳经郭家桥并向北，经易俗河镇挂嘴洲流入湘江，全长 13.7 千米。境域属亚热带季风湿润气候区，四季分明。年平均气温 17.4℃，年平均日照总时数 1850 小时，无霜期 310 天，年平均降雨 1400 毫米。境域植物种类繁多，以灌木为主，乔木有马尾松等 30 多种。野生动物有野兔、蛇、青蛙等 140 多种。境域富藏石灰石、黏土和瓷泥等矿产资源。土壤多为板页岩风化物、紫色砂页岩风化物及河流冲积物黄红壤。自然灾害主要是水灾、旱灾、风灾、冰雹和虫灾。1950—2015 年，共发生自然灾害 25 次，特别严重的洪灾 8 次、旱灾 3 次。

人口民族

1995 年年末，辖区内有 16135 户人口 49533 人。其中，男性 26358 人，占 53.2%；农业人口 47675 人，占 96.24%。全年人口自然增长率 2.7‰。人口以汉族为主，9 个少数民族 115 人，占 0.24%。2005 年，辖区内有 15920 户 49820 人。2015 年 11 月，全镇有 16145 户 50544 人。其中，男性 29865 人，占 59%；农业人口 49023 人，占 96.99%。全年人口出生率 11.24‰，人口自然增长率 3.1‰。11 个少数民族 165 人，占 0.22%。

经济发展

经济综述

境域以农业为主。20 世纪 50 至 70 年代，麦子石、白云、郭家桥、梅林桥 4 个公社旱涝保收面积 80%。70 年代，境域社办企业起步，以化工产品为主。1980 年，境域 4 个公社完成工农总产值 1739 万元。其中，农业总产值 343 万元，工业总产值 1396 万元。1995 年，镇党委、政府坚持“农业稳镇、工业富镇、科教兴镇、依法治镇”的发展思路，以城郊型经济为模式，充分发挥城郊、交通、资源优势，大力招商引资，深化企业改制。全镇完成工农业总产值 16404.2 万元。其中，农业总产值 5120 万元。1997 年，全镇成建制亩产过吨粮。1999—2002 年，镇村集体企业全面实行改制，民营经济迅速发展。2002—2011 年，引进的湖南金陵建材有限公司、湖南新五丰股份有限公司动物技术湘潭分公司、潭建佳程混泥土有限公司、莲湘河食品有限公司等一批规模企业成为镇骨干企业。2012—2014 年，先后引进梅林现代农业产业园、龙畅金谷农业投资公司、梅林山庄等一批农业企业，形成湘莲、葡萄、花卉苗木、草皮产业基地，全镇实现工农产业齐头并进。2015 年，实施“统筹城乡、基础先行、工农并举、开放搞活”的发展方略，打造生态宜居、富裕文明、和谐安定的新型城郊魅力乡镇。全镇实现工农业产值 260840 万元（按统计部门要求，2015 年各项统计数据仍按原梅林桥镇统计，下同）。其中，农业总产值 32500 万元。

种植业

境域历来以种植水稻为主，辅以红薯豆类等。经济作物有油料（花生、油茶、油菜）、蔬菜、湘莲，果用瓜（西瓜、香瓜、甜瓜）及绿肥饲料等。由于生产力低下，农作物产值较低。1953 年，推广耕作制度改革，试种两季稻，亩产稻谷 230 千克。1962 年，粮食亩产 200 千克。1964—1966 年，中央农业部副部长杨显东在梅林公社蹲点，推行“五改”，即改种一季中稻为双季稻，改单一经营为多种经营，改低产品种为优良高产品种，改粗放耕作为精耕细作，改只种不管望天收为科学管理夺高产。当年种植双季稻试验田，早晚两季亩产600多千克，比一季中稻增产一倍多。1965年开始，引进桑叶、棉花等经济作物。1967年，梅林桥乡粮食亩产467千克（双季）。20世纪70年代起，大力推广杂交稻，后又推广优质稻。粮食作物产量提高，品质提升。1995年，粮食种植面积6667公顷。1997年，全镇种植水稻6700公顷，产粮食46900吨，实现成建制亩产过吨粮。种植蔬菜341公顷，湘莲143公顷，水果、茶叶等47公顷。2003年起，大力调整农业产业结构，提高农业经济效益。是年，引进草皮种植场、食用仙人掌种植场、乌龙茶科技园。2011年，全镇空心菜、马铃薯等种植面积933公顷，油料作物种植面积400公顷。2012年，梅林现代农业产业园、龙畅金谷农业投资公司在境域建立湘莲、花卉苗木、草皮基地。2015年，粮食双季种植面积7674公顷，其中优质稻3172公顷，产粮55729吨。种植湘莲133.3公顷、蔬菜966.6公顷、茶叶100公顷、草皮40公顷。

养殖业

境域养殖业以养殖生猪、牛、家禽、鲜鱼为主。1962年，境域4个公社养猪4209头，年末存栏3375头。1995年，全镇养殖生猪13.3万头，其中出栏7.5万头；养牛1.2万头；养禽12万羽；出水鲜鱼400吨。1997年11月，中国农业大学北京动物科技有限公司投资1000万元，在梅林桥镇柞树坪建立万头原种猪场。21世纪初，镇政府引导养殖户改良生猪品种，对畜禽注射疫苗，扶植120户猪、鸡科技养殖户，并引导农民养菜牛、山羊和养鱼。引进天心牧业、伟鸿食品有限公司、飞龙牧业等一批规模养殖企业，形成生猪年出栏量2.2万头的规模，推动全镇养猪产业向规模化、集约化发展。2005年，养殖100头以上生猪的农户200户。全镇养殖生猪14.1万头，出栏生猪8万头。2011年，新建生物发酵床养猪栏舍3万平方米及配套工程，形成年出栏商品猪8万头规模。2015年，全镇养殖生猪15.6万头，其中出栏9万头；养家禽19万羽；养牛200头；养山羊3800只；出水鲜鱼1700吨。

林业

1949年以前，林地归私人所有，多自生自繁，树种有松、杉、樟、枫等。1958年，林地收归公社所有。1965年，县林业局在梅林、白云等公社建立油茶林基地。1998年，县林业局将麦子石、白云、梅林列入国外松基地，境域建立公社、大队集体林场21个。1995年，全镇有林地6330公顷，森林覆盖率41.2%。镇党委、政府实施“美丽梅林、绿色梅林”计划，推进天然林资源保护、退耕还林、水土保持等项目。全镇完成封山育林200公顷，退耕还林118.4公顷，荒山造林333公顷，新造油茶基地133.3公顷，“三边绿化”（即路边、水边、屋边）40公顷。2015年，镇内有林业用地6133公顷，森林覆盖率42.8%。

工业

20世纪70年代，麦子石乡建成水泥厂和保温材料厂，分别生产硅酸盐普通水泥和膨胀珍珠岩。郭家桥乡办起化工厂，生产立德粉。1982年2月，麦子石公社化工厂建成投产，生产高锰酸钾，是全国13家生产高锰酸钾厂家中的唯一乡镇企业，当年生产高锰酸钾142吨。经多次扩建，1986年产量1500吨。1987年，麦子石化工厂生产的高锰酸钾获农牧渔业部优质产品证书和全国乡镇企业出口创汇优质产品金龙奖，厂长龙立山被评为省优秀农民企业家。1995年，全镇有各类企业998家，职工3000余人。完成工业总产值11284.2万元，实现利税176.5万元。1999—2009年，先后引进湖南金陵建材有限公司、湖南诚骏混凝土有限公司等6家规模企业。其中，湖南新五丰股份有限公司动物营养技术湘潭分公司，年生产配合饲料、浓缩饲料18万吨，年产值8000万元。2010年，湘潭县潭建佳程混凝土有限公司投资2800万元，建成投产，生产混凝土，成为规模企业。2011年，全镇有企业54家，其中规模工业企业8家。全年实现工业总产值82140万元。2012年，新建湘潭县宏广石料有限公司、湘潭县李家采石场有限公司。2015年，全镇各类企业1024家，从业人员5600人，完成工业总值228340万元。其中规模工业企业9家，完成总产值190284万元。

商贸服务

20世纪50年代，梅林、麦子石、郭家桥建立农村墟场，成为乡民购物中心，经营商品有百货、南杂、肉食、粮油、食品、家具、农具等。"文化大革命"期间，墟场被取缔，不许私人经商，乡民购物品只能到公社驻地的供销社、肉食站、粮油店和各大队的代购代销店购物。一些紧俏商品实行限量供应，凭票购买。中共十一届三中全会后，墟场恢复开放，允许个体经商，商贸服务业快速发展。1995年，全镇有各类商铺320家，有商贸从业人员810人，社会商品零售总额8153万元。2006年，开发麦子石街区，新建门面90个，吸引大批农民进街区经商开店。2011年，落实"万村千乡市场"精神，引进万福隆、万客隆在境域开设联销分店40家，家电下乡销售点8家，农资销售点5家。全镇销售汽车4辆，摩托车1020台，家电5000台，销售额1212万元。2015年，投资3180万元，建设梅林农贸市场，总建筑面积7000平方米。是年，全镇有各类商铺511家，个体工商从业者1022人，社会商品零售总额20380万元。

财政金融

1995年，镇政府财政来源主要是农业税，企业税收和上缴。财政总收入325万元，其中农业税收177万元，企业纳税114万元，其他税费34万元。有农村信用合作社4家，邮电储蓄所1家，农村合作基金会4家。1999年，农村合作基金会关闭。2003—2005年调减、免征农业税、农林特产税和屠宰税，财政税收相应减少。镇党委、政府采取措施，发展企业，扶持培植税收大户，增加财税来源。2015年，财政总收入2763万元，其中企业纳税1721万元；镇内共有金融机构4家，存贷款余额分别为74543.27万元、46374万元。

基础设施

交通

清末民初，南驿道途经境域，并在境域设有冷水铺和谷塘铺驿站。民国18年（1929），始修潭衡公路（今107国道），纵贯境域南北。水路有紫荆河，民国时期每逢丰水季节，谭家山地区所产烟煤，大部运至紫荆河畔的二拱桥装船，经湘江外销各地。1969年，修通李（白云李树铺）古（郭家桥新堤）线。1970年，修通吴（吴家巷）群（麦子石大坡）线。1995年，有县道6条，在境域总长51千米；镇道路总长72千米。全镇38个村，实现村村通公路，组组通机耕道。2004年，投资250万元，硬化省重点工程吴家巷至梅林桥7千米。2006年，建设社会主义新农村示范村的3个村14千米村道全部硬化。2015年，李古公路、红（红燕山）郭（郭家桥）线、郭（郭家桥）柴（柴塘）线、吴（吴家巷）大（大坡）公路、高（高桥）包（包爷殿）线、柞（柞树坪）万（万古桥）线等全部硬化。同时，各村村道延伸至村民小组和农户家，40%水泥硬化。除107国道有通往各地的客运车辆外，还有县城往返郭家桥的6路车，县城往返经梅林桥至茅亭的9路车，县城往返荷叶坝的10路车及县城往返郭家桥新堤、县城至黄龙桥、县城至石梅等多路中巴车。

邮电通信

民国33年（1944），架通县城至易俗河白云乡电话线路。20世纪60年代，境域郭家桥、白云、麦子石、梅林桥公社装有电话总机，各大队接通有线电话。1995年，镇内有梅林桥邮电所1个。1996年，开通程控电话和移动电话。至年底，开通程控电话120部，移动电话50部。2015年，镇内有电信专营店4家，移动营业厅4家，联通营业厅3家，邮政代办所2家，从业人员86人。全镇有通信基站85个，移动电话13285部，固定电话2380部，宽带用户1455户，邮政、通信业务收入合计1120万元。

供电供水

20世纪60年代，部分机关和居民开始用电照明，用电启动排灌机埠。1995年，全镇38个村，545个村民小组均通电，用电农户13707户。2001年，争取国家投资522万元，农民自筹110万元，组织21个村进行农网改造，实现城乡同网同价。2010—2012年，投资359万元，建成农村安全饮水梅林集中供水工程，日供水800吨，解决梅林中学、梅林集镇和梅林、谷塘、京广等村8000余人安全饮水问题。2014年年底，投资457万元，在梅市村兴建麦子石集中供水工程。2015年，麦子石供水工程完成，日供水1200吨，解决麦子石中学、小学及附近居民的安全饮水问题，全镇饮水合格率55%。

水利建设

境域主要靠塘坝蓄水、提河水灌溉，抗旱能力低。1957年冬，麦子石公社修建石壁水库，灌田290公顷，淹没农田260公顷，后废库还田。1958年，红旗人民公社在郭家桥建成仁和水库，库容75.1万立方米，为境域唯一的小㈠型水库。1966年，修建韶山灌区南干渠，经射埠镇直达城塘。20世纪60—70年代，先后建成石羊、蔡家冲、李家、大皮塘、瓦窑塘、泉塘、白石塘等小㈡型水库7座，有效蓄水178万立方米，灌溉面积300公顷。易俗河区组织投入劳力3万多人，投工422万个，将紫荆河改造成向东渠，使湾东港内500多公顷农田免受洪涝干旱灾害。全渠总长26.25千米。总干渠南起梅林当家坝，沿途东纳泉塘、竹山、万利支渠，西汇回龙、上马支渠，止于金霞村湾东港入湘江。2000年，投资60余万元，投工400多个，拉通全长7千米的谷洪支渠，使梅林、谷塘、洪塘3村增加有效灌溉面积330公顷。动员群众对山塘、河坝进行全面挖深清淤，除险保安。2015年，全镇有小㈠水库1座，小㈡水库7座，山塘2689口，河坝50座，旱涝保收面积3101公顷，自流灌溉面积88%。

村镇建设

1995年，梅林桥镇政府驻易俗河镇原易俗河区公所。当时，初步规划在李树铺新建镇政府。因经费困难、未设施。2006年，改造麦子石老街，硬化街区路面，完善基础设施建设，新辟街区，建成200米的商业街。2012年，镇党委、政府制定《梅林桥镇发展建设规划（2012—2020）》，规划镇区面积7.6平方千米。投入1358万元，实施梅林桥自来水管道铺设和郭家桥路灯建设。以梅林村为核心建设城乡统筹发展示范片。建设曙光居民点，新建居民住房57栋。全镇有1378户村民建沼气池，改灶、改厕、改水。每个村都配有环卫工人清扫主干道垃圾。梅林、郭家桥、麦子石3个集市聘请专职环卫工人打扫卫生，清理垃圾。2013年，谷塘、高桥、梅林、洪塘、京广5个村被确定为省长杜家毫联系的美丽乡村示范片，截至2014年年底，示范片内开通乡村道路5千米，新建、整修蓄水塘坝60余座，新装太阳能路灯60余盏。2015年，投资3180万元，新建梅

林农贸市场；投资 35 万元，新建梅林桥文体广场。人居环境不断改善。全镇 34 个村均建有村级活动中心。

社会事业

教育

清代，境域有私塾 9 家。民国 33 年（1944）十月，县内进步青年楚仲山等人在白云办起巡回小学，以流动方式进行教育。1964 年，成立县属梅林农业技术学校，招收初技班学员 50 名，专科班学生 35 名，中技班学生 100 名。至 1968 年停办。20 世纪 70 年代，建成梅林、郭家桥、白云、麦子石 4 所初级中学。1995 年，成立梅林桥镇中小学联校，全镇有 4 所初级中学，28 所小学，8 个学前班。适龄儿童入学率 100%，初中毕业生毕业率 99%。1995—2007 年，全镇投入大量资金、劳力改善教育条件，使镇内小学全部实现"两基"达标。2011 年，投入 30 万元，完善郭家桥中学基础设施建设。投入 80 万元，建设芝华小学学生公寓。2015 年，境域有 4 所初级中学，5 所小学，2 个教学点，7 所幼儿园，在校初中生 731 人，小学生 1295 人，在编教职工 259 人。适龄儿童入学率 100%，初中毕业率 100%。白云阳光幼儿园创建为湘潭市骨干幼儿园。

文化体育

境域武术、龙舟、舞狮、绘画等群众文化体育活动历来十分繁荣活跃。1984 年，郭家桥乡创建武术社，100 余人学习武术。1986 年，郭家桥乡被命名为湖南"武术之乡"。1988 年，郭家桥乡拳师张建农被评为"全国群众体育积极分子"。1999 年 10 月，白云中学学生楚希望参加在湖北宜昌举行的全国举重比赛，夺得少年组冠军。郭家桥各村龙舟队多次参加市县组织的龙舟赛。2013 年，成立镇篮球队，有队员 12 名。成立镇文学艺术联合会，设书法美术摄影协会、诗词楹联协会、音乐舞蹈协会等 3 个协会，有会员 50 人。是年，县文体广新局评定郭家桥、联云、月形、白云、飞龙桥、高桥 6 个村为文体示范村，评定荷佳和石壁 2 村为文体标准村。2014 年，在高桥、飞龙桥等 5 个村安装农民体育健身设备。公共文化设施面积 33407.6 平方米。2015 年年末，全镇有文化站 1 个，文学艺术界联合会 1 家，有线电视管理站点3个,有广场舞队38支,腰鼓队12支,农家书屋38个，藏书6万余册。

医疗卫生

民国时期，境域有多家中药铺，医务人员多为个体开业。1952年，成立区卫生所，有医务人员6人。1961年，境域有4家卫生院，有医务人员26人。1970年，白云公社兴办合作医疗。1973年，建成易俗河区医院。1995年，设梅林桥镇中心卫生院和梅林分院、郭家桥分院、白云分院和麦子石分院。有医疗点13个，医务人员55名，农村卫生室医生和妇幼保健员38人，个体从业医生3人。2005年，投入10万元，改造镇中心卫生院，配置医疗器械。2014年，在中央国债项目支持下，扩建镇中心卫生院，医疗设备更加完善，设有特色中医骨伤科、颈肩腰腿痛专科、烧烫伤专科。2015年末,镇有中心卫生院1家、分院1家、医务室5家、村卫生室21家。有医护人员55人,其中副主任医师1名、中级职称4人,病床30张。

社会保障

20世纪60年代开始，对境域230名“五保”老人实行定量经济补助和口粮发放，年人均发放口粮350千克，生活费188元。1985年，麦子石、梅林桥、白云、郭家桥4所敬老院建成，接纳56名“五保”老人集中供养，每月生活费30元，年供稻谷350千克。1995年，全镇供养“五保”老人266人。其中4所敬老院集中供养62人；分散供养204人。2005年，投入80万元，建成梅林中心敬老院，可容纳“五保”老人50人。推行新型农村合作医疗制度，全镇共有23095人参加。2006年，启动城镇居民最低生活保障制度。当年，全镇有5户共5人享受低保待遇，领取保障金1800元。是年，全镇新农合参合人数33390人，参合率72.12%，同年4月，中共中央纪委书记吴官正到梅林桥镇谷塘村视察，对镇合作医疗工作给予充分肯定。同年7月，全市农村最低生活保障金首发式在梅林桥镇举行，全镇218人享受农村最低生活保障待遇。2015年,全镇供养“五保”老人665人，其中集中供养107人、分散供养558人，年供给“五保”老人生活费223.4万元。全镇有1117户2104人享受农村最低生活保障待遇，年享受低保金378.7万元。有41户64人享受城镇最低生活保障待遇，年享受低保金16.8万元。44676人参加农村合作医疗，参合率100%。有3.28万人门诊、住院医疗，获补偿金额1898.33万元。全镇纳入城乡居民社会养老保险保体系的城乡居民27960人，享受社会养老保险待遇的9244人，年领取养老金832万元。1368名义务兵、复退军人、军烈属享受补助金、抚恤金，年领取优抚金361.2万元。

人民生活

民国时期，梅林桥一带农民生活艰难，主粮不足，多以红薯、野菜充饥，多数住茅草屋、少数为瓦房；穿的是粗布衣。1950年，境域人均口粮210千克，仍以红薯、芋头补充主粮的不足。1965—1975年，粮食产量提升，人民生活水平有所提高。1978年，人均口粮348千克，人均纯收入106元。1983年，推行家庭联产承包责任制。农民生产积极性空前高涨。1987年，全镇人均纯收入455元。20世纪80年代后期，部分农户富裕起来，境域20%的农户兴建红砖楼房，有70%的家庭购买电视机、电冰箱、洗衣机、电风扇和摩托车。2006年以后，外出务工和多种经营使农民收入成倍增长。全镇人均纯收入3354元。2015年，全镇人均纯收入13464元。人均存款13266元。95%的农户入住楼房，人均住房45平方米。每百户有摩托车105辆、汽车5辆。

（撰稿：董　旦　周祝秋）

谭家山镇

以产煤而著称，明嘉靖年间即开始开采。

区域概况

地理位置

谭家山镇位于湘潭县中东部。东与株洲县伞铺、三门、古岳峰3镇交界，南接中路铺镇，西与射埠镇毗邻，北接梅林桥镇。因清代境域有湘军名将谭碧理，故人们称一小山为谭家山，镇依地名。1995年，撤区并镇时，镇人民政府驻长岭村石灰组。2001年9月，镇政府迁至棠霞村石峰组。

建置沿革

明代，境域属湘潭县下五十八都光泽乡。清代境域属县九都。民国24年（1935），境域属5区天马乡。1950年，属县17区、18区。1956年6月，成立茶园、长岭乡。1981年12月，设谭家山镇。1986年11月，茶园乡并入谭家山镇。1987年9月，设谭家山办事处（区级），辖长岭乡、梅林乡和谭家山镇，境域属长岭乡和谭家山镇。1989年4月，撤销谭家山办事处，境域属易俗河区。1995年4月，撤区并乡，谭家山镇、长岭乡合并为谭家山镇。至2015年，建置无变化。

区划面积

1995年，谭家山镇辖高山、茶园、泉丰、金泉、肖冲、响垅、茅亭、榜塘、紫竹、长塘、坪塘、铁炉、竹霞、长岭、棠霞、南泉、高塘、石洪、月塘、仙娥、花门、新龙潭、钢铁、铜牌、朝联、新泉、陈家垅、荷叶坝28个村和土地庙、紫竹、杉坡、佐塘、青山岭5个居委会，375个村民小组，25个居民小组。全镇总面积100.45平方千米，耕地面积2651.03公顷，其中水田2383.47公顷，旱土267.33公顷；山地面积4800公顷，水域面积600公顷。2007年，土地庙、紫竹、杉坡3个居委会合并为土地庙社区，佐塘、青山岭2个居委会合并为佐塘社区。2014年，茶园村与金泉村合并为茶金村，新龙潭村与钢铁村合并为石坝口村，铜牌村与朝联村合并为石龙村。2015年，全镇共有25个行政村和2个社区，375个村民小组，25个居民小组。总面积与1995年相同。耕地面积2556公顷，其中水田面积2395公顷，旱土面积161公顷；山地面积5306公顷；水域面积598公顷。

自然环境

谭家山镇地处湘江中游，地形呈西南偏高，东北偏低。多为低矮丘岗地。最高点霞峰蛤蟆寨，海拔197米，最低点茶园铺，海拔52米。境域属亚热带季风湿润气候区，四季分明，年平均气温

16.8℃，年平均日照1725小时，无霜期310天左右，年平均降雨1300毫米。植物种类繁多，以灌木为主，乔木有杉、马尾松、樟、梓、国外松、油茶、油桐、棕、栗、桔、柚、梅、桃、李等和楠竹30多种。野生动物有蛇、青蛙、野兔、野鸡、黄鼠狼等共120多种。境域矿藏丰富，主要有煤炭。矿区面积49平方千米，探明储量2亿吨。其他矿藏有石灰石、耐火泥、滑石粉、瓷土。境域土壤多为砂岩风化物和紫色砂页岩风化物红壤土，酸碱度较强，含钾素低。主要自然灾害为旱灾、风灾、冰雹、虫灾和山洪。1965年5月8日晚，茶园铺、长岭铺一带，遭暴风和冰雹袭击，倒塌房屋130余间，死7人，伤65人。至2015年的65年中，共发生严重自然灾害有15次。

人口民族

1995年年末，辖区内有17871户41283人。其中，男性21331人，占51.67%；农业人口32252人，占78.12%。全年人口自然增长率4.23‰。人口以汉族为主，10个少数民族计56人，占总人口的0.14%。2005年，辖区内有17890户45627人。2015年年末，全镇有17911户50360人。其中，男性26116人，占52.04%；农业人口39614人，占78.97%。全年人口自然增长率1.65‰。苗、侗、土家、回、壮等11个少数民族共89人，占总人口的0.18%。

经济发展

经济综述

1980年，境域（含长岭铺乡、茶园乡）工农业总产值2450万元。其中，工业总产值511万元，农业总产值1939万元。1995年，镇党委、政府确定“提升农业，主攻工业，大力发展第三产业”的工作思路。是年，全镇完成工农业总产值75793万元。其中，农业总产值9348万元，工业总产值66445万元。1996年，全镇实现成建制亩产过吨粮。1999年起，采煤业成为全镇的支柱产业，镇村和私营煤矿最多时达60家。镇党委、政府探索引导建立与外地煤炭资源和用煤企业合作共享市场机制，形成洗煤产业集群。2000年开始，对长岭瓷厂、长岭玛钢件厂、镇建筑工程公司等企业进行全面改制。2004年，完成工业总产值134210万元，完成农业总产值21053万元。2010年开始，加大落后小煤矿关闭退出力度，以建设“工业经济强镇、特色农业大镇、循环产业新镇、和谐宜居乡镇”为目标，加快产业转型。2014年，小煤矿基本关闭。是年，镇以“稳定经济增长，调优经济结构”为核心，完成新型工业投入8亿元。2015年，镇内所有煤矿全部关闭（包括潭煤集团），工业经济处于转型阶段。全年完成工农业总产值10.27亿元。其中，农业总产值3.83亿元。投入技改项目17个，投入资金80500万元，招商引资到位资金2420万元。

种植业

境域历来以种植水稻为主，红薯、豆类、蔬菜为辅。由于生产力低下，农作物普遍产量较低。1962年，境域（长岭乡、茶园乡）种植水稻69626公顷，粮食总产量14191吨。20世纪70年代后期，不断改革耕作制度，推广优良品种和科学种田，产量不断提高。1980年，粮食亩产546千克。实行家庭联产承包责任制后，充分调动农民生产积极性，粮食作物产量提高，品质提升。1985年，亩产760千克。1995年，全镇粮食种植面积4748.67公顷，总产量29125吨；2000年起，全镇全面推广优质稻。对高山、茶园、棠霞、荷叶坝等8个村进行农业综合开发，改造中低产田1000公顷。在石洪村建立140多公顷蔬菜基地，在仙娥、新龙潭、钢铁、长塘、竹霞、榜塘等村建立乌梅、蚕桑、苗木等基地，农业效益提高。2005 年，全镇粮食种植面积 4657 公顷，粮食总产量 3.97 万吨；2015 年，全镇粮食种植面积 4325.6 公顷，粮食总产量 3.85 万吨。种植经济作物 710 公顷，经济作物总收入 2120 万元。

养殖业

境域养殖业以养殖生猪、牛、羊、家禽、鲜鱼为主。1962 年，境域饲养生猪 6142 头，年底存栏 4981 头。1995 年，全镇养殖生猪 13.3 万头，其中出栏 10.8 万头，养羊 2000 余头，养家禽 15 万羽，出水鲜鱼 925 吨。2001 年，镇政府为帮助农民致富，扶持荷叶坝村建立肉兔繁育基地，全村养肉兔户 40 多户。2005 年，荷叶坝村养兔 3200 只，成为养兔专业村。2007 年，引进雁芙种鸡场在荷叶坝村建立种鸡养殖基地，常年种鸡存笼 4 万羽以上。镇村成立养猪、养鸡、养鱼等协会，引导养殖户改良生猪品种，开展疫苗注射，推广科学养殖，帮助解决产品销路问题。至 2014 年年底，全镇组建农民专业合作社 17 个。其中，畜禽养殖 14 个，水产养殖类 3 个。镇政府还重点扶持生猪常年存栏 100 头以上的养猪大户 48 户，鸡常年存笼 5000 羽以上的养鸡大户 12 户。2015 年，全镇养殖生猪 13.2 万头（其中出栏 9.8 万头），养家禽 15.8 万羽，养牛 400 余头，养羊 2500 余头，出水鲜鱼虾蟹 1654 吨。其中特色养殖有荷叶坝村中文养兔合作社，养殖规模 3000 只；茶园铺养蟹基地，养殖规模 7 公顷。

林业

1965 年，长岭铺、茶园铺公社被县政府确定为全县油茶林基地，长岭铺、茶园铺公社被县林业局定为国外松生产基地。1974 年，长岭公社建设长岭橘园，面积 23.3 公顷。1994 年，长岭橘园由镇林业站接收经营管理。1995 年，镇内有林地面积 4800 公顷，森林覆盖率 47.4%；有长岭、肖冲、高山 3 个镇属集体林场，面积 160 公顷。1995—1997 年，引进世行贷款在坪塘村造水果林 20 公顷,在荷叶坝村造水果林 53.3 公顷。1999 年，3 个镇属集体林场合并为谭家山镇林场。2000—2002 年，在原长岭橘园基地上，扩建改造成乌梅基地，面积 24 公顷。2002—2005 年，全镇完成退耕还林 225.6 公顷。2006 年，因林业改制，林场承包给私人经营。2009—2011 年，湖南宏信农业发展有限公司在荷叶坝、铜牌等村建立油茶基地，新造油茶林 133.3 公顷，带动周围群众大造油茶林，形成“公司 + 基地 + 农户”的经营模式。同时，公司引进国内最先进的油茶籽加工设备，进行油茶深加工，提高油茶经济效益。先后有桃园苗木有限公司、湖南宏信花卉苗木专业合作社、谭家山宏发苗木基地等落户境域，开发花卉苗木，共占地 133.3 公顷，育苗 20 万株。2013 年，湘潭县林泉山农林科技有限公司在境域建立基地 266.6 公顷，培育油茶、罗汉松、樟树、红豆杉等苗木 500 万株。2015 年年末，镇内有林面积 5360.5 公顷，森林覆盖率 53.3%。

工业

境域煤炭资源丰富,早在明嘉靖年间（1522—1566）就开始开采。民国四年（1915），富有公司开始在谭家山一带采煤，雇工 600 多人，年产原煤 7.2 万吨。20 世纪 50 年代，创办省属谭家山煤矿和县属长岭煤矿。同时兴办一批社队煤矿。境域形成以采煤洗煤为主导产业，以机械制造、化工、玻璃灯饰等为辅助产业的工业体系。1995 年，全镇有镇办企业 31 家，村办集体企业 82 家，个体户联企业 1627 家。1998 年开始，先后成立谭兴福利选煤焦化厂、湘潭县鑫兴矿业有限公司、金泉煤业有限公司、湘潭县坪塘选煤有限公司、湘潭县大同选煤有限公司等一批规模企业，每家年产值3亿元以上。2006年，成立湘潭通用离心机有限公司，产品畅销全国各地，年产值达5000万元；成立湖南瑞鑫锌业有限公司，年产值达20310万元。全年完成工业总产值7.47亿元。2008年，成立湘潭谭畅煤业有限公司，年生产能力25万吨，年创产值31000万元。2010年，全镇工业以采煤、洗煤为主导产业，全年完成工业总产值58.5亿元。其中，规模工业完成产值18.5亿元。2014年，境域小煤矿基本关闭后，工业以建材、机械制造、食品为主，工业总产值大幅度下降至20.8亿元。2015年，有工业企业32家，完成工业总产值6.44亿元，其中规模工业产值6.1亿元。实现税收5500万元，利润4300万元。

商贸服务

清代，境域商业市场有长岭铺、茶园铺、土地庙3处。民国期间，有长岭铺、茶园铺、土地庙3处墟场，主要经营百货布匹、南杂肉食、粮油食品、手工业品、农具、家具和农副产品等。20世纪50年代，在长岭铺、茶园铺、土地庙建立供销社、肉食站、粮站。“文化大革命”期间，以上3处墟场关闭。中共十一届三中全会后，允许个体经商，恢复土地庙、长岭铺墟场，另辟茅亭墟场。1995年，镇内有土地庙1个商贸市场，长岭铺、茅亭2个墟场。个体商铺发展到1600多家，社会商品零售额为7500多万元。镇党委、政府把小城镇建设和商贸服务业发展融为一体，对土地庙老集市全面进行更新改造，完善基础设施建设。在分路口新建商住楼5栋，建筑面积3万多平方米，新辟商贸集市，新建商业门面58个。2015年，全镇有各类商铺1700多家，个体工商从业者3686人，墟场赶集日有近1000人，社会商品零售额22650万元，其中集市商品成交额9000多万元。

财政金融

1951年，境域成立长岭、茶园铺农村信用合作社。1984年11月，设立农业银行谭家山支行。1986年，设立工商银行谭家山支行。1995年，镇设立农村合作基金会1家、邮政储蓄所1家。1998年，茶园铺信用社与谭家山镇信用社合并为谭家山镇信用社。1999年，关闭镇农村合作基金会，其业务并入镇农村信用合作社。2003—2005年，调减免征农业税、农林特产税、屠宰税等，镇财政收入逐年减少。2005年，镇财政收入1688.1万元。2006年，太平洋保险公司谭家山营业部成立。2008年，镇党委、政府制定安全生产目标，镇政府和企业层层落实安全生产责任，全年未发生重大安全事故，企业经济效益大幅提升，全年完成财政税收11015万元，成为全市首家财政税收过亿元的乡镇。2015年，由于镇内煤矿全部关闭,税收锐减。完成财政税收4377万元。有谭家山镇信用分社、邮政储蓄所、农业银行谭家山支行、工商银行支行4家金融单位。年末存款余额28140万元，各项贷款余额9000万元。

基础设施

交通运输

清末民初，南驿道（湘潭至衡阳）途经境域，设长岭铺、茶园铺驿站。民国18年（1929），始修建潭衡公路（今107国道）贯通境域南北。1953年，始修建分（分路口）雷（雷打石）公路（今313省道，谭家山镇境域全长5.631千米）。1968年，修通新街口至继述桥横冲公路，连接国道，贯穿东西。同年起，各大队（村）全面开展公路建设，实现村村通公路。2012年，谭家山镇政府担当S313道路拓宽改造项目业主，2013年底建成通车。至2014年的11年中，共投入资金2250万元，对2条县乡公路计12千米、25条通村公路计50千米进行整修、拓宽和延伸，并分期实施水泥硬化。同时，组织和发动群众延伸通村公路至各村民小组和农户家，形成完整的交通网络。2015年年末，全镇有2条镇道，25条村道，全部水泥硬化，村组公路硬化率90%。镇内有客运汽车站1处，日发客运汽车和过往班车90班次，日均客运量2500余人次。

邮电通信

20世纪60年代，茶园铺、长岭铺公社和谭家山煤矿均有电话总机，各大队接通有线电话。1994年，境域开通程控电话。年末，开通程控电话640部。1995年，镇内有谭家山邮电支局1个，邮政代办站1个。1997年，建成谭家山程控电话模块局，进行设备扩容，增加客户用量。固定电话增至2700部。2004年，在谭家山设立移动通讯特许经营店。2015年，镇内有邮政支局1个，邮政网点30个，电信网点13个，固定电话用户1.3万户，移动电话3.8万部，互联网客户15800户。

供电供水

1958年，谭家山煤矿架通易俗河至矿区的高压电线，并建立谭家山变电站。随后，部分单位和居民开始用电代替油灯照明，并逐步延伸到大队和农户家庭。1999年，兴建长岭110千伏变电站。新架易俗河至长岭110千伏线18.5千米，新装主变压器1台，容量3.15万伏安，总投资2000万元。2000年3月，长岭变电站建成投入运营。是年启动农村电网改造。投入120万元，对荷叶坝、坪塘、长岭、月塘等4个村进行农网改造。镇内由于地处采煤沉陷区，地下水枯竭，地表水受各种矿物质的污染，饮水不安全人数达3万多人。2006年，建立1座自来水厂。2006年11月，启动谭家山镇集中供水工程第一期，到2012年，完成第三期工程，3期工程总投资1100多万元，供水规模3000吨/日，解决2.88万人的饮水安全问题。2014年，完成陈家垅、竹霞、石洪、南泉、新泉、高塘、长岭、荷叶坝、石龙、石坝口、仙娥、肖冲等12处单村集中供水工程，铺设管网3万多米，解决2000多村民和1所学校300多名师生的饮水安全问题。2015年，投入170万元，完成肖冲、茶金、高山、铁炉等4个村的农电改造升级。至此，全镇农村电网改造基本完成。

水利建设

1958年，组织修建钢铁水库（今石坝口水库），

石坝口水库

库容1270万立方米，灌溉面积1113公顷，惠及中路铺镇、梅林桥镇部分地方。1975年，建成石洪、白泉、大坝塘3座小㈡型水库。1995年，境域有县属中型水库1座、小㈡型水库3座、山塘1981口。2007年，投入资金600多万元，对石坝口水库大坝进行除险和加固。2011—2012年，先后投资300多万元，对石洪、白泉、大坝塘3座小㈡型水库实施除险保安。2014年，投入资金620万元，完成各类水利工程516处。陈家垅等6个村完成省市“五小”水利工程建设重点村建设任务。2015年，全镇有县属中型水库1座、小㈡型水库3座、山塘1981口，全镇自流灌溉面积91.67%。

村镇建设

1990年，镇政府制定首轮《谭家山镇区发展规划》。1996年6月，对镇区总体规划进行修编。2001年，镇政府机关由长岭铺村搬迁至分路口后，镇党委、政府把分路口作为镇区建设的重点。2002年，融资1000多万元，在分路口地段新辟商贸集市，新增门面58个。2006年，采煤沉陷区治理项目申请获批准，争取国家重点工程项目投资计划10580万元，在分路口建立安置小区。2009年，制定《湘潭县循环经济产业基地与谭家山镇城镇总体规划》。2012年，建成安置房12栋，建筑面积6万多平方米，建商务用房5栋，建筑面积3万多平方米。2014年，投资160万元，建成建筑面积1800平方米的人口和计划生育、文体广电办公大楼。在分路口新建卫生院综合门诊大楼，建筑面积2996平方米。在土地庙、分路口安装太阳能路灯60盏，完成镇区亮化建设。投入100万元，改造农贸市场至老镇政府道路，水泥硬化，实现与省道313对接。2015年，建成分路口、土地庙2个集镇区，镇区基础设施基本完善，有临街门面518个，进镇经商开店人数1100余人。城镇化率34%。25个村和2个社区建有村级活动中心。

社会事业

教育

1956年，在茶园铺办起独立初中班，属县教育科管辖。1958年，茶园铺初中班改为湘潭县第九中学。1969年初，县九中下放给所在公社，改为长岭铺公社中学。1976年，谭家山煤矿创办子弟小学，为县厂矿办子弟学校之始。1995年，镇内有初中4所，小学28所，学前班15个，适龄儿童入学率100%，初中生毕业率99.8%。1995—2013年，全镇投入资金2600多万元建设学校，改善教学条件，普及九年义务教育。2014年，投入1000万元，完成对长岭小学等6所学校的建设工程。2015年年末，镇内有初中2所，小学因调整布局保留10所，有教师222人，在校初中生1091人，小学生1753人。适龄儿童入学率100%，初中毕业率100%。有幼儿园12所，入学幼儿1112人。

文化体育

20世纪80年代，境域长岭铺和土地庙各建有1座影剧院，经常放映电影和演出文艺节目。1991年，县电影公司在长岭设售票点，组织电影放映队在点上巡回放映新影片。1995年，镇内有镇文化站1个，文学艺术爱好者200多人，电影放映单位1个，年放电影360场。1996年，建立有线电视站，有用户2700户。2012年，投资160万元，建成计生、文体广电办公大楼。2013年，成立镇文学艺术界联合会，下设诗词楹联协会、书法美术摄影协会、音乐舞蹈表演协会和作家协会，共有会员305人。2015年，镇内有镇文化站1个，有线电视管理站1个，文联1个，文化馆1个，中西乐队1支，舞蹈队15支。有村级文化室28个，藏书3.5万册，有各类体育运动场所13处。

医疗卫生

民国时期，境域医疗为个体行医，著名中医有何碧基、文利川、唐泽光等。1951年，袁汉钦、刘庆吾、刘子年等在茶园铺老街创办联合诊所。1961年，茶园公社成立，联合诊所更名为茶园公社卫生院。1969年，实行农村合作医疗制度，14个大队设立卫生室。1978年，卫生院扩建，拥有房屋28间，设病床10张，并分别在土地庙老街和黑泥塘组设门诊部。1990—1993年，卫生院与湘潭市第一人民医院合作，更名为湘潭市第一人民医院谭家山分院。医疗器械增加，增开牙科、骨伤科等医疗科目。1994年，投资40万元，扩大医院规模，增配X光机一台，设病床30张。1995年，茶园卫生院与长岭卫生院合并，改称谭家山镇卫生院。1998年，镇卫生院与湘潭县人民医院合作，由县人民医院委派院长和医生。2006年，镇卫生院承包给私人经营，由县卫生局派人负责管理。2011年，卫生院业务收回。2013年，总投资1000万元，征地0.66公顷，在分路口安置小区内新建一所镇卫生院，建筑面积4000平方米，并新添置全自动生化仪、牙科诊疗仪等设备。2015年，镇内有卫生院1所，村级卫生室25个，社区卫生室2个，注册个体诊所3个，有病床30张，有专业医护人员70人。

社会保障

1985—1987年，谭家山办事处、长岭乡2所敬老院建成，并成功创办合格敬老院，接纳60名“五保”老人入院集中供养。农村分散居住的“五保”老人按年人均口粮350千克、生活费188元的标准发放。2001年8月，镇属3户12名城镇居民纳入最低生活保障。2005年，推行新型农村合作医疗制度，全镇参合人数2.99万人，参合率80%。2009年，启动农村养老保险工作，全镇参保人数16597人，参缴标准100~500元/人，5501人享受农村养老保险待遇，每人每月领取养老金55元。2014年，参加农村养老保险14807人，参缴标准100~3000元/人，每人每月领取养老金75元。2015年，全镇有社区服务中心2个，敬老院1家，380名“五保”对象全部落实供养政策，年供“五保”生活费127.68万元，其中50人入住敬老院集中供养。35600人参加农村合作医疗，参合率96%。有659户1258人享受农村最低生活保障待遇，年领取低保资金159.14万元；有270户430人享受城镇最低生活保障待遇，年领取低保资金116.54万元。全年为91名优抚对象发放优待抚恤金107万元。

人民生活

民国时期，境域居民生活十分贫困，吃的主粮不足，多以红薯、杂粮充饥；住的多为土砖屋、茅草房，少数为瓦房。1952年，粮食产量增加，年人均口粮305千克。1959—1961年，粮食连年减产，居民口粮严重不足。1962年，境域茶园乡、长岭乡农民人均纯收入20.6元，年人均口粮210千克。1979年，全镇人均口粮347千克，人均纯收入98.5元，解决温饱问题。推行家庭联产承包责任制后，农民生产积极性空前高涨。20世纪80年代后期，部分家庭开始富裕起来，兴建红砖楼房，购置电视机、电冰箱、洗衣机等家用电器，一些家庭开展多种经营并增加收入。1995年，全镇人均纯收入2100元，家家粮食有余。2006年后，农村经济迅速发展，农民收入成倍增加，部分家庭朝小康迈进，出现房屋翻新，搞装饰，有的建别墅，家电更新换高档。2015年，全镇人均纯收入12470元，年末人均储蓄6600元。人均住房面积45平方米。每百户农户有摩托车82辆，汽车10.5辆。

特色地情

历史人物

黎培敬（1826—1882） 茶园铺皋山黎家湾人。同治年间，积极筹办贵阳府岁试，并补行前任科试，为贵州文化教育作出积极贡献。光绪年间，先后任贵州巡抚、苏州巡抚。遗著有《竹间道人自述年谱》1卷，《奏议》16卷，《公牍》10卷，《书礼》30卷，《求补拙斋诗略》2卷，《外集》4卷等，世人辑为《黎文肃公全书》。

刘　平（1908—1962） 茶园铺长塘老屋人。黄埔军校第四期毕业。国民革命军第十四兵团第十五军中将军长。历任排长、连长、营长、团长。抗日战争中，参加鲁南会战和长沙会战，身负重伤仍临阵指挥。后升任旅长、师长。1949年，任第十四兵团副司令兼十五军军长。同年12月，率部在四川起义。1950年，任中国人民解放军第五十军高参。

历史事件

茶园铺矿洞秘会 光绪十年（1884）初春某夜，黄兴、刘揆一、马福益秘会于茶园铺矿洞，商量当年十月初十长沙甲辰起义事宜，议定黄兴为主帅，刘揆、马福益分别为正副指挥。

陈家垅村新屋倒塌 1991年3月10日，长岭铺乡陈家垅村郭家组齐新家新屋落成，晚上放电影庆贺，新屋倒塌，当场死亡16人，重伤35人。

立胜煤矿矿难 2010年1月5日，立胜煤矿井下发生瓦斯爆炸事故，造成34人死亡。

名优特产

“百里醇”茶油 2009年，民营企业湖南百里醇油茶科技发展有限公司成立，专业从事油脂加工销售。2010年起，公司在谭家山镇、中路铺镇、射埠镇等地建成1415公顷标准化油茶种植基地，先后研发出“百里醇野生纯茶油”“百里醇茶籽醇香调和油”“百里醇养生纯茶油”等绿色生态油品。2012年，“百里醇”品牌被认定为湖南省消费者信得过品牌。2013年，“百里醇”被认定为湖南省著名商标。2015年，“百里醇”山茶油实现销售收入2000多万元。

（撰稿：刘美英）

中路铺镇

湘潭古镇，以产药糖著称；"黎氏八骏"故里。

区域概况

地理位置

中路铺镇地处湘潭县东部偏南，东邻株洲县古岳峰乡，西靠射埠、花石等镇，南连白石镇，北接谭家山镇。中路铺明代为湘潭县七大镇之一。因旧时有南驿道，中路铺位于长沙至衡阳之中点铺，镇依铺名。镇人民政府驻凤形山村。

建置沿革

明代，境域属湘潭县下五十八都怀德乡。清代，境域属湘潭县九都。民国24年（1935），属县第五区。1950年1月，属县第七区。1950年7月，属县十一区。1951年5月，属县十九区。1956年，设立中路铺乡、荷塘乡、石潭坝乡。1958年9月，属火箭人民公社。1959年3月，以地域命名，火箭人民公社改名为中路铺人民公社。1961年5月，中路铺公社划分为中路铺、石潭坝、荷塘、马家堰、茶恩寺、花桥6个公社，隶属中路铺区。1961年9月，新设柱塘人民公社。1984年2月，恢复乡镇建置，境域中路铺、柱塘铺、荷塘、石潭坝4个人民公社改为乡。1985年1月，撤销中路铺乡设立中路铺镇。1995年5月，撤区并乡，中路铺镇、柱塘乡、荷塘乡、石潭坝乡合并为中路铺镇。至2015年，建置无变化。

区划面积

1995年，中路铺镇辖竹冲、白泉、贺塘、火口岭、南冲、柳桥、凤形山、双江坝、碧云、茅塘、金银、双云、中路铺、傩塘、柱塘、杨家湾、潭湖、中云、荷塘、天螺、石狮、佛祖、拗柴、水口桥、上田冲、响鼓、太坪、田垄、银泉、金石、卫星、蛇形、菱角、群力、永红、大湾桥、枧桥、中南、桃树共39个村和凤形居民委员会，605个村民小组。总面积183.6平方千米。耕地面积3920公顷，其中水田3570公顷，旱土350公顷；山地10733公顷；水面1125公顷。2014年，柳桥村、傩塘村合并为柳桥村，竹冲村、白泉村、火口岭村合并为竹冲村，中路铺、中云村合并为中路铺村，金银村、田垄村合并为金银村。2015年年末，全镇共有34个行政村和1个社区，605个村民小组、10个居民小组。总面积183.6平方千米。耕地面积3695公顷，其中水田面积3383公顷，旱土面积312公顷；山地总面积10733公顷；水面1125公顷。

自然环境

境域地形呈西北高、东南低走势，逐渐向南倾斜，形成丘岗山地，主要山峰有晓霞山、芙蓉寨，地面高程一般在海拔120~140米，最高点晓霞山海拔452米，最低点双江坝海拔54.6米。境域属亚热带季风湿润性气候，四季分明。年平均气温16.8℃，年平均日照总时数1650小时，年平均降雨量1400毫米，年无霜期310天左右。境域树木种类多，用材林有杉、樟、梓、马尾松、国外松和南竹等；经济林有油茶、油桐、棕、乌桕、桑、柑橘、板栗、茶叶、桃、李、梅等。野生动物有野猪、野兔、刺猬、黄鼠狼、蛇等30余种。境域矿产资源丰富，有矽砂、煤、赤铁矿、高硅土、石灰石等。其中石灰石储量3.5亿吨，矽砂储量1.2亿吨，主要分布在石狮、太坪、竹冲、贺塘等一带。石狮雷子排的矽砂品位高。1977年，此矿矽砂被中国建材工业部指定为建造毛泽东纪念堂制作微晶石用砂。境域土壤多为第四纪红色黏土，酸度较强，含钾量低。镇域因半山区半丘岗，易发生干旱、山洪、冰雹、风灾、虫灾等自然灾害。民国三十四年（1945），晓霞山一带发生竹青虫灾害，南竹叶被吃光，受灾面积75公顷。1965年5月8日晚，境域及日华、长岭公社遭暴风和冰雹袭击，倒塌房屋1300余间，死27人，伤385人。同年6月8日，27个生产队遭龙卷风袭击，倒房111间，死1人，伤12人。至2015年的65年中，共发生重大自然灾害15次。

人口民族

1995年年末，全镇有14368户60853人。其中，男性31587人，占51.8%；农业人口57788人，占95.0%。人口自然增长率2.64‰。人口以汉族为主，苗族、土家族等6个少数民族人口213人，占总人口的0.35%。2005年末，全镇有15435户，61062人。其中，男性31705人，占51.9%；农业人口56762人，占93.0%。人口自然增长率3.5‰。6个少数民族人口219人，占总人口的0.36%。2015年年末，全镇有17014户63182人。其中，男性32728人，占51.8%；农业人口58353人，占92.3%。人口自然增长率5.7‰。苗族、土家族、壮族等8个少数民族236人，占总人口的0.4%。

经济发展

经济综述

民国时期，镇域经济以农业为主，工业无基础，商贸服务滞后。1958年，境域人均生产粮食344千克。20世纪60—70年代，境域工业发展，先后创办区机械厂、区建筑等企业，经济状况好转。1980年，境域4个乡实现工农业总产值1624万元。其中，农业总产值1407万元，工业总产值217万元。1995年，镇党委、政府确定“农业稳镇、工业强镇、城镇活镇、旅游富镇”的工作思路，发展经济，调整农业产业结构，大力引进推广优质高产水稻品种和科学技术，加大招商引资力度，建成投产一批新企业。全镇完成工农业总产值30735万元。其中，农业总产值12904万元。1998年，镇政府对镇属20家集体企业进行改制，拍卖6家，租赁12家，破产2家。2000年，镇党委、政府突出农业、企业、计划生育、城镇、财税、“两会”清收六个重点，促进发展。全镇完成工农业总产值44388万元。其中，工业总产值14153万元，农业总产值30235万元。2001—2006年，新发展规模企业12家。2006年，全镇实现工农业总产值53870万元。其中，工业总产值31870万元，农业总产值22000万元。2010年，镇党委、政府把加快中心镇发展作为推进工业化、城镇化、产业化的重大举措抓。优化环境，提高管理水平，加大招商引资力度，引进资金6000万元。是年，实现工农业总产值87930

万元。2011—2013年，受国际金融危机影响，海丰鞋业公司迁往越南，玻璃灯饰、化工建材行业受到较大冲击，致使经济增长速度放慢。2015年，镇党委、政府全面落实“强农稳镇，兴工富镇，城建旺镇，旅游活镇”的发展思路。全年完成工农业总产值172061万元。其中，农业总产值74409万元。实现固定资产投入39563万元，技改投入29910万元，招商引资到位资金10025万元。

种植业

境域历来以种植水稻为主，红薯、豆类、蔬菜为辅。由于生产力低下，旱灾频发，农作物产量较低。1962年，境域4个公社种植粮食（含杂粮）4410公顷，产粮食11065吨。其中水稻亩产单季118千克。1979年，大面积推广杂交水稻，粮食产量提高，全镇粮食亩产559千克。20世纪80年代，镇党委、政府立足实际，调整农业结构，发展“一村一品”经济，境域形成湘莲、油菜、蔬菜、优质稻等农副产品生产基地和药材、油茶等8个种植基地。1995年，种植粮食6174公顷，粮食总产量46347吨。1996年，全镇粮食亩产1004千克，实现成建制亩产过吨粮。湘莲、花生、西瓜、烟叶等经济作物种植面积1361公顷。2005年，粮食种植面积7940公顷，粮食总产量49372吨。2006年，全镇落实水稻种植面积7093公顷，其中优质稻400公顷。镇政府与聚宝米业和湘能公司签订优质稻收购合同，价格比常规稻高出20%，使农民增收610万元。2015年，全镇推广机械插秧面积565公顷。种植粮食6533公顷，双季稻种植面积3385公顷，其中优质稻4560公顷，产粮食67375吨。建油菜生产基地145公顷，全镇冬种面积172公顷。

养殖业

境域养殖以生猪、牛、家禽、鲜鱼为主。1962年，境域4个公社养猪4827头，年末存栏3748头。20世纪90年代，粮食增多，养猪数量猛增。1995年，全镇养殖生猪16.98万头，其中出栏生猪12.36万头；养牛982头；养禽48.7万羽；水产放养面积318公顷，出水鲜鱼608.5吨。2007年，以村民彭进文为首，建立雁芙生态农牧专业合作社，采取“合作社+基地+农户”的产业化经营模式，实行种苗、饲料供应、病疫防治、产品销售一条龙服务，促进家禽业的发展。当年发展养禽大户70多户，提供种苗160万羽，收购商品鸡鸭69万羽，帮助群众增收1920万元。2009年，以当地村民陈正军为首成立草食动物养殖技术协会，发展黄牛养殖基地8处，共有养牛户138户，养牛712头。同时，镇政府引导养殖户积极改良生猪品种，全面推行畜禽疫苗注射和科学养殖。2015年，全镇养殖生猪16.3万头，其中出栏10.8万头；养家禽65.07万羽；养牛399头；养山羊4283头；出水鲜鱼945吨。共有农民专业合作社20家。

林业

1963年10月下旬，共青团中央第一书记胡耀邦同中路铺完全小学师生一道在中路铺公社凤形大队开垦荒坡1.9公顷，种植油茶1727株。自是年起，境域4个公社先后各办1个集体林场，38个大队兴办队林场，社队林场总面积1500多公顷，有护林员120多名。20世纪70年代后期，由于部分集体林场林木砍伐后，无力继续投入经营，划出部分山地给私人造林，集体林场经营面积逐步减少。实行林业改制后，林场全部由个人或联户承包经营，仅剩石潭坝1个集体林场经营山林200公顷。1983年起，全面落实林业“三定”政策（稳定山林权，划定自留山，确定林业生产责任制），办理定权发证手续。1988年开始，境域被列入世界银行贷款国家造林项目、油茶低产林改造项目、杉木速生丰产基地建设、南竹低产林改造工程和退耕还林等项目造林，国家给予资金补助。1995年，全镇营造各种林木123公顷（其中小水果95公顷），南竹低改102公顷，垦复油茶147公顷，抚育中幼林633公顷。境域有林地10067公顷，森林覆盖率50.5%。2000年，造林138公顷，零星植树30万株，中幼林抚育218公顷。2005年，完成退耕还林240公顷。2010年，引进宏信集团在太坪村建立油茶基地123公顷，武广铁路两侧新造林16.6公顷，提质改造80公顷。2015年完成退耕还林20公顷，封山育林7公顷，新造油茶47公顷。全镇有林地10733公顷，森林覆盖率60.5%。

工业

1954年，县矽砂矿成立，在境域荷塘雷子排开采矽砂。1958年，湘潭地区公安处亦在荷塘建立新生矽砂矿。1968年，境域双云大队东冲、荷塘佛祖岭开始采煤。1970年，两煤窑因土层深、煤质差而停采。1979年，荷塘乡与株洲市无线电十厂联营建成株潭水玻璃厂，生产硅酸钠和硅酸钾钠。1988年，该厂所产硅酸钠被农业部评为优质产品。1992年，建立荷塘工业园区，园区有皓月玻璃、新鑫钛业、荷塘水泥等规模企业。1995年，全镇有镇办集体企业15家，村办集体企业33家，个体和联户企业28家，其中荷塘水泥厂进入全省“百强”企业行列。全镇完成工业总产值17831万元。2002年，皓月灯饰厂扩大生产规模，产值3000万元。2005年，全镇工业总产值22130万元，完成规模工业总产值5550万元，新增工业投入3040万元。引进广东海丰鞋业投资15250万元，办起县内规模企业海丰鞋业湘潭分公司，解决当地1260人的就业问题。2010年，引进台资企业——湘潭佳盛珠宝有限公司，投资2500多万元，加工珠宝首饰。年底，全镇有9家规模企业。2015年，全镇共有各类企业23家，其中规模企业3家。完成工业总产值97652万元，其中规模企业完成工业总产值34099万元。完成固定资产投资34130万元，技改投入完成29946万元。

商贸服务

境域中路铺集市历史悠久，市场繁荣。20世纪60年代初，每逢农历五、十日赶集，每场人数在4000人以上，年交易额达5000万元，成为全省四大集市之一，有“湘中大市场”之称。“文化大革命”中，市场被取缔，群众购买物资只能到公社驻地供销社、肉食站、粮油点和各大队代销点购买，一些紧俏商品实行限量供应，凭票购买。中共十一届三中全会后，恢复集市赶集，个体商贸服务迅速发展。1984年，为解决中路铺赶集与交通的矛盾，将107国道改道，集市拉长800米。1993年，投资290万元，征地4.76公顷，兴建建筑面积3800平方米的综合农贸市场和农民街，新增门面140个。1995年，镇内有中路铺商业市场（兼墟场），有石狮、拗柴岭、群力、蛇形4个墟场。有商业网点250个，从业人员1850人，社会商品零售总额12500万元。2002年，枧桥村引资12万多元，开发中月商业街。扩建拗柴集市，新建商业门面48个，建筑面积3000多平方米。2009年，投入68万元，重建中路铺镇农贸市场。新建成的农贸市场分南、北、中三区，建筑面积约2000平方米，内设摊位120个。2011年，贯彻落实“万村千乡市场”精神，引进步步高、万客源、粤客隆等大中型超市落户镇内，其中粤客隆为中路铺最大购物中心。设家电下乡销售点8处。2015年，全镇有各类商铺1180家，中型超市5家，小型超市7家，连锁药店6家。有综合性农贸市场1个，墟场5个。菜食品专业市场1个，拥有全县最大的农村五星级乡旅酒店——龙凤山庄和准三级酒店——和天下大酒店。个体工商从业者3540人，社会商品零售总额28300万元，集市商品交易额14500万元。中路铺集市每逢农历三、八日赶集，每场赶集规模在4500人以上。

财政金融

1958年，在中路铺成立火箭公社信用部。1961年，公社信用部改名为公社信用社。1963年，成立农业银行中路铺营业所。1986年，成立中国人寿保险公司湘潭县支公司中路铺镇保险站。1989年，建立中路铺邮政储蓄所。1994年，成立中路铺镇农村合作基金会。1995年，镇财政来源主要是农业税、农林特产税和企业税收，全年完成财政税收完成639万元。镇内有中国农业银行营业所1家，农村信用合作社1家，邮政储蓄所1家，农村合作基金会1家。1997年，成立中路铺镇互助储金会。1999年，关闭镇农村合作基金会和互助储金会。2003—2005年，调减、免征农业税、农林特产税、屠宰税等，停收镇提留，财政收入减少。2006年，镇财政收入544.68万元。2011年，企业生产能力增强，规模企业增至9家。全年财政总收入完成1100万元。镇内信用社、农行、邮政储蓄银行等金融机构各类存款余额18500万元，各项贷款余额8610万元。2014年，中国人民保险公司中路铺镇服务部成立，承保全镇种植险267.6万元，养殖险30万元。同年，中路铺镇人寿保险站承保金额78.8万元。2015年，全镇财政总收入1365.8万元。其中，国税780万元，地税550.8万元。中路铺镇信用社、邮政储蓄所、中国农业银行等3家金融单位年末存款余额68300万元，各项贷款余额23500万元。

基础设施

交通运输

清末民初，县内南驿道（湘潭出护湘关至衡山柘塘铺）途经境域，并设立柱塘铺和中路铺2个驿站。民国18年（1929），始修潭衡公路（今107国道）贯穿全境南北。1958年，修建石勒公路（石潭至中路铺勒塘）。1965年，修建中路铺至荷塘公路。1968—1978年，修通拗柴至射埠公路，修通拗柴至印子山水库公路，与107国道相接。1984年，扩建中路铺至龙凤的公路。1997年，湘潭市政府投资50万元、县政府筹措20万元，帮助印子山水库库区内金石村修建便民桥4座，修建公路4.5千米连接107国道，解决库区群众行路难、运输难问题。2001年，中楷线（中路铺至楷树嘴）升格为县道。2005年4月，为接待回乡祭祖的台湾亲民党主席宋楚瑜一行，完成石（石潭）中（中路铺）线7.75千米铺沙改造任务。修通晓霞山白石文化旅游区景区公路15千米，路面宽5~6米。其中新修1条从石中线荷塘粮点到菱角村6千米公路，比原来经过拗柴岭路段到菱角村缩短距离4.9千米。2015年，107国道、韶（韶山）井（井冈山））公路、石中公路、3条国省县道贯穿全镇南北，横跨东西，总长28千米。4条乡道和村道总长136.3千米，通向各个村组及农户家，85%的路面硬化。境域有客车停靠点4处，日均过往长短途客车110班次，日均客运量3000人次。

邮电通信

1953年，设立中路铺区邮政营业处。1958年，火箭人民公社安装电话总机，所辖各大队装有单机。1966年，境域中路铺、荷塘、石潭坝、柱塘4个人民公社都安装电话总机，所辖各生产大队均安装分机。1994年，开通中路铺邮电支局的程控电话。1995年，镇内有中路铺邮电分局1个，邮政代办站1个。1998年，成立中路铺镇移动电话通信站。2011年，投入64万元，完成中路铺镇石潭坝邮政所建设工程。2015年，有邮政分局1处，代办所2处，投递点160个。有移动通信站3家，服务网点28个。固定电话用户5062户，互联网用户2285户，移动电话38672部，全年电信业务收入506万元。镇内共有62个电信基站，覆盖率82.5%。

供电供水

1960年，修建中路铺小水电站，由于技术原因，仅两年多时间就废弃。1964年，从易俗河架设高压电线至中路铺，成立中路铺变电站。1989年，投资61万元，在马家坝取地下水，建成中路铺镇自来水厂，日供水1500吨。1995年，在镇区花园路与金凤路交叉路口建成35千伏中路铺供电站，装机容量10000千伏安。1998年，在中路铺水库建立新自来水厂，日供水6000吨。1999年，国家启动农村电网改造工程，当年完成3个村农网改造任务。2006年，镇内上田冲村最后一家农户通电。2012年，长岭至留田110千伏高压走廊经过镇域西北部。2014年，建成35千伏石潭坝变电站。2015年，全镇10千伏供电线路有158千米，0.4千伏及0.22千伏供电线路有1870千米。有输电变压器180个，变量4500万伏安。是年，完成镇区周边村5200多人的人饮水安全工程。

水利建设

境域主要靠山塘、溪坝蓄水灌溉，为县内水利条件最差地区之一。1957年，修建小㈠型荷塘水库，库容110万立方米，灌溉面积286.7公顷。1958年，建成中型水库——超美水库（1978年更名为中路铺水库），库容1430.8万立方米，灌溉面积1365.2公顷。建成中型卫星水库（1986年更名为印子山水库），库容1138.8万立方米，灌溉面积1373.3公顷。1962年，废库还田，降低溢洪道3.5米，超美水库降为小㈠型水库。1965—1966年，湖南省委第一书记张平化到中路铺公社蹲点，组织干部群众在金银山、云盘山、贺塘村修建3座提灌机埠，安装4台各75千瓦的大型电动提灌机械，2台各56千瓦的电动提灌机械，10台114马力的内燃抽水机，提高灌溉能力670公顷。1970年，修建小㈠型碧云水库，库容77万立方米，灌溉面积173.3公顷。1972—1974年，修建“群英洞”，将卫星水库的水源，穿过晓霞山，引至荷塘、中路铺、白石铺一带，增加灌溉面积1467公顷，也解决部分工矿企业的用水问题。其间，扩建卫星水库、超美水库，恢复为中型水库，库容分别为1240万立方米、1317万立方米，并成立水库管理所。在柱塘、南冲、拗柴、傩塘、桃树和中南村修建小㈡型水库6座。1980年，全镇开展“五塘”建设（浅塘挖深，小塘挖大，漏塘整修，废塘恢复，无塘新建）。至1995年，全镇共有山塘3380口。2000年，全镇对防洪工程和重点塘坝进行治理，完成水利工程628处，完成土石方52.5万立方米。2010年，投入水利资金665万元，清淤扩容147处骨干塘，修复450多米水毁工程。2015年，全镇有印子山、中路铺中型水库2座，荷塘、碧云县属小㈠型水库2座，镇属小㈡型水库6座，山塘3353口，拦河坝68座。旱涝保收面积88%。

村镇建设

1985年，中路铺乡改为建制镇，开始制订镇区发展规划。1996年起，中路铺镇连续三届被列为“湖南省农村小城镇综合改革试点镇”，在长株潭城市群规划中，被列为优先发展的省级重点镇。镇党委、政府以此为契机，加快镇区建设，提高城镇品位。2002 年，总投资 120 万元重建政府办公楼、食堂，总建筑面积 2611 平方米。2003 年，投资 230 万元，对镇区岩棉厂至分离机厂一段进行开发改造。同时，对旧城镇区进行更新改造。2006 年，小城镇建设快速发展，形成基础设施完备、“两纵五横”街道的城镇格局。2010 年，在凤形山村油榨湾组建湘潭县移民创业基地，一期规划 53.3 公顷面积。2012 年，制订《湘潭县中路铺镇总体规划（2012—2030 年）》。2015 年，城镇面积 2.55 平方千米，7 条街道总长 9900 米，城镇人口 2.2 万人，城镇化率 37.8%。34 个村和 1 个社区建有村级活动中心（村部）。是年，中路铺镇成功创建省级卫生乡镇，柳桥村通过省级卫生村验收，大湾桥村被评为省级“秀美村庄建设示范村”，金银、响鼓、竹冲村创建市级卫生村。

社会事业

教育

清末，秀才黎松安在境域设立家庭学校——长塘杉溪学校，聘请秀才教授黎家子弟中西合璧课程，开设《四书》、《五经》、算学、音乐、美术等课目。黎氏兄弟皆成大器。民国 32 年（1943）6 月，马文义创办私立霞峰中学。1956 年，湘潭县第一初级中学新办中路铺独立初中班。在荷塘乡创办湘潭县第五中学。1966 年，创办中路铺农校，1968 年停办。1969 年，创建中路铺中学。1991 年，湘潭县第五中学举校搬迁至中路铺镇凤形山村，占地 8.7 公顷，建筑面积 4 万多平方米，有 31 个高中班，教师 90 名，学生 1800 余人。2015 年，全镇有 1 所高级中学（湘潭县第五中学），4 所初级中学（中路铺中学、普通初级中学柱塘中学，荷塘中学、九年一贯制学校石潭坝中学），6 所完全小学，13 所幼儿园，1 所中心农校。有教师 318 名，中学生 2700 名，小学生 1350 名。适龄儿童入学率 100%，初中生毕业率 100%。

文化体育

清咸丰年间，中路铺就有皮影戏演出。光绪二十年（1894），齐白石、王仲言等在五龙山成立龙山诗社。齐白石和黎松安等人成立罗山诗社，著《罗山诗集》。民国时期，中路铺镇菱角村出现著名的“黎氏八骏”（见“特色地情”），成为中国现代文化史上奇迹。1978 年，建立中路铺影剧院，拥有 800 个座位，经常演出花鼓戏、杂技和放映电影。1988 年，成立中路铺杂技团，为湘潭县 3 个杂技团之一。1994 年 10 月，建立中路铺有线电视站，能接收节目 22 套。1995 年，镇文化站被湖南省文化厅授予“百强集镇文化站”称号。1996 年，晓霞山电视差转台建成并投入使用。2003 年末，全镇有线电视用户 865 户。农民群众文化生活活跃，多村成立龙灯、狮子、腰鼓队。是年，镇被省文化厅授予“百优群众文化艺术之乡”称号。2004 年，菱角村被省文联定为“全省文艺家深入生活联系村”，为湖南省文联首家挂牌联系村。2015 年，境域有镇文化站 1 个，有线电视管理站 1 个，文联 1 个，群众文艺宣传队 6 支。有线电视能接收节目 117 套，有线电视入户率 45%。全镇有农家书屋 39 个，藏书 78000 多册。有武术队 1 支，各类体育运动场所 20 处。

医疗卫生

清末、民国初期，境域有著名喉科中医马连生、马方武等。民国 31 年（1942），设立中路铺卫生所。抗日战争胜利后，卫生所被裁撤，组成医疗队下农村巡回医疗。1952 年，成立中路铺区卫生所。1958 年，撤销区卫生所，改立公社卫生院。1966 年，设立中路铺区医院，有床位 45 张，职工 40 人。1969 年，试办合作医疗，1974 年停办。1979 年，中路铺区医院改为中路铺人民医院。1988 年，中路铺人民医院改为湘潭县第三人民医院。2006 年，县三医院与中路铺镇卫生院合并，更名为中路铺镇中心卫生院。2015 年，镇内有中路铺镇中心卫生院和 3 所卫生分院，共有 163 名医护人员，150 张床位。另有 39 个村医务室、7 家私人诊所。

社会保障

1984 年，建成荷塘、中路铺、柱塘 3 个敬老院，供养五保对象 78 人。1995 年，全镇 378 名"五保"对象全部落实供养政策，其中 3 个敬老院集中供养 80 人。2001 年 8 月，启动城镇居民最低生活保障制度。全镇有 147 户 287 人纳入低保，当年发放保障金 32.12 万元。2005 年，推行新型农村合作医疗制度，全镇参加合作医疗 26487 人，参合率 51.5%。同年，镇政府投资 58 万元将原石潭坝乡政府办公楼改建成镇中心敬老院，占地 1 公顷，建筑面积 2200 平方米，入住"五保"老人 55 人。2006 年，建立城乡社会救助体系，将农村低保救助列入主要救助项目，全镇农村低保对象 777 户 2172 人，全年领取保障金 170.3 万元。2008 年，扩建中路铺敬老院，接收 50 名"五保"老人。2009 年，启动农村养老保险，全镇有 7550 人参加养老保险，当年 9719 名 60 周岁以上老人月领取养老金 48.59 万元。2011 年，投资 200 多万元，扩建柱塘敬老院，能容纳 100 位老人居住。2015 年，全镇有社区服务中心 1 个、敬老院 4 家。全镇 728 名"五保"人员全部落实供养政策，年供"五保"经费 244.6 万元，其中 168 人入住敬老院集中供养。农村合作医疗参合率 100%；44259 人次门诊、住院患者获医疗补偿金 2253.1 万元。有 871 户 1891 人享受农村最低生活保障待遇，年领取低保资金 231.9 万元；有 114 户 179 人享受城镇居民低保待遇，年领取低保资金 58.2 万元。有 22538 人参加养老保险，享受养老保险对象 10600 人，年领取养老金 706 万元。向全镇 393 户困难户和 401 户受灾户，发放救助慰问金 40.47 万元。

人民生活

1950 年，境域人均口粮 220 千克（稻谷），多以红薯补充主粮不足。1956 年，人均口粮提高到 300 千克。1958—1961 年，由于大炼钢铁、瞎指挥和自然灾害影响，粮食连年减产，农民口粮严重缺乏。1962 年，粮食产量有所增加，但人均口粮仍只有 270 千克，4 个公社人均纯收入仅 23.3 元。"文化大革命"期间，农民生产积极性被挫伤，农业生产徘徊不前。1976 年，全镇年人均口粮 331 千克，农民人均纯收入 75 元，生活未能摆脱贫困。推行家庭联产承包责任制后，农民收入逐年增长。1988 年，粮食产量增加，农民不再缺口粮。农民人均纯收入 674 元。1995 年，镇内农民人均纯收入 1224 元，生活水平位居全县中等水平。电视机、电冰箱、洗衣机等家用电器进入平常百姓家。68% 的农户建有红砖楼房，并配套自来水、卫生间等生活设施。2006 年，农民人均纯收入 3380 元。2015 年，外出务工 23783 人，劳务收入成为主要经济来源。居民人均纯收入 12626 元；年末人均储蓄 4560 元；96% 农民入住红砖楼房，人均住房面积 45.4 平方米；电视机入户率 90.3%；每百户有摩托 59 辆，汽车 10.3 辆。

特色地情

历史人物

"黎氏八骏" 晚清、民国时期出生于中路铺镇菱角村的杰出人才群黎氏八兄弟，人称“黎氏八骏”。依次为：黎锦熙（1890—1978），语言学家。先后任北京高等师范学校、北京大学、西北联合大学等校教授。出版《新著国语文法》，为中国第一部白话语法著作。拟定国语标准音和注音符号。黎锦晖（1891—1967），音乐家、文学家。先后创作《小小画家》等儿童歌舞剧12部，是中国歌剧的创始人。黎锦曜（1895—1954），地质矿冶专家。黎锦纾（1898—1954），平民教育家。黎锦炯（1901—1981），铁路桥梁专家。黎锦明（1906—1999），作家。黎锦光（1909—1993），1926年考入黄埔军校，参加北伐。大革命失败后，改从事音乐工作。创作电影《西厢记》插曲《拷红》，《红楼梦》插曲《葬花》，以及《采槟榔》等著名歌曲。黎锦扬，1915年生，美籍华裔作家。

风景名胜

晓霞山 最高峰海拔452米，为中路铺最高点。山脉起伏，南至天马山，北抵天子坟山，气势磅礴。晓霞山有三峰，凹凸匀称排列，形如笔架。晓霞山有山势奇，沟深水奇，云雾奇“三奇”。山中物产丰富，饶笋、荆芥、玉米、油茶为“晓霞四宝”。2005年，当地政府引进资金1亿元，修筑环山公路并水泥硬化8.7千米，开发建设晓霞山旅游风景区。景区林木茂盛，百鸟和鸣，有野猪、野兔、山鸡等出没。距主峰顶100多米的地方建有中林寺。

大杰寺 位于柱塘村五龙山上，距县城20多千米。山多幽谷澧泉，林深壑秀，风景旖旎。大杰寺始建于明崇祯五年（1623），传为武当山慧庵大师所建，是县内佛教活动场所四大名刹之一。内有高达4米的观音坐像。清光绪二十年（1894），齐白石偕王仲言、罗真吾等七人在此创“龙山诗社”，后寺庙荒毁。1994年重建，现有大雄宝殿、天王殿、钟鼓楼、念佛堂等建筑，被列为湖南省

晓霞山烈士纪念碑

五龙山大杰寺

级重点开放寺院和白石旅游开发区景点之一。

“黎氏八骏”故居 位于晓霞山西的石潭坝乡菱角村长塘，始建于晚清，是黎锦熙等八兄弟（人称“黎氏八骏”）出生地。故居为一栋占地约 1.4 公顷，坐东朝西的土墙瓦屋建筑，第一道槽门和正堂大门朝西，正屋 13 间，除厅堂外，都是卧室。前“进”正厅曾悬有一块“美意延年”巨匾，系中华民国总统徐世昌在黎松安（八兄弟之父）五十寿诞时书赠。黎松安曾在此与友人成立罗山诗社和创办杉溪学校。2011 年，故居被列为省级文物保护单位。

名优特产

中路铺药糖 又名“火片子芝麻糖”，是中路铺镇的传统小吃，至今有 300 多年历史。以优质大米、小麦、芝麻为主要原料，辅之以冰碱、熟石膏、茶油，经 19 道工艺精制而成，具有润肺、滋阴、健胃、化食、化痰等药效。每逢中秋节，除了月饼，药糖也是湘潭人必不可少的传统食品。药糖属节日性产品，每年中秋节前，境域 30 家作坊，生产药糖 15 万千克，销往湘潭、长沙等地。

（撰稿：李健民）

白石镇

著名画家、世界文化名人齐白石故里。

区域概况

地理位置

白石镇位于县境东南，东临株洲县王十万乡，东南依湘江，与衡东县油麻田隔江相望，南与茶恩寺镇接壤，西处紫荆山麓与花石镇毗邻，北接中路铺镇。旧时有南驿道，在此地设有驿铺名白石铺（潭衡驿站之一，铺后小山上下山处均有白石砌成的石级，故称白石铺），镇依地名。1995 年，乡人民政府驻堰湖村，2005 年 5 月搬迁至新荷村车站组。

建置沿革

清光绪十二年（1886），境域属湘潭县九都。民国初期，境域属东乡东三区。民国 24 年（1935），境域属县第五区。民国 30 年（1941），境域属白石乡。民国 36 年（1947），境域属天衢乡。1949 年，废乡建区，境域属易俗区。1950—1953 年，境域属县七区、十一区、二十区。1953 年 5 月，区按地命名改为白石铺区，辖 18 个乡，并设立马家堰为乡级镇。1956 年，撤区并乡时，境域属马家堰乡。1958 年 9 月，境域属火箭人民公社。1959 年 3 月，火箭公社改为中路铺公社。1961 年 5 月，境域属马家堰公社，隶属中路铺区。1961 年 9 月，从马家堰公社析出 12 个大队设白石铺公社，隶属中路铺区。1984 年 2 月，恢复乡镇，两公社分别改为白石铺乡和马家堰乡，隶属中路铺区。1995 年，撤区并乡，白石铺乡、马家堰乡合并成为白石乡。2007 年 5 月，撤销白石乡设立白石镇。至 2015 年，建置无变化。

区划面积

1995 年，白石乡辖金虎、昭公、龙凤、湘河、红石、潭口、永安、黄毛、烟墩、堰湖、湖田、深溪、团山、尹家冲、广桥、莲花、天平、象形、白石、谭家垅、田桥、新荷、杏花、新桥、水口、友爱 26 个村，331 个村民小组：全乡总面积 100.4 平方千米。有耕地 2370.13 公顷，其中水田 2168.13 公顷，旱地 202 公顷；林地 5497.33 公顷；水域 2092.54 公顷。2007 年，成立望江楼居民委员会。2014 年，行政村合并，龙凤村和红石村合并为双龙村，新荷村和新桥村合并为双新村，象形村和天平村合并为象天村。2015 年末，辖 23 个行政村，1 个居委会，331 个村民小组。全镇总面积 100.4 平方千米。有耕地 2617.8 公顷，其中水田 2351.1 公顷，旱地 266.7 公顷；林地 5680 公顷；水域 1742.2 公顷。

自然环境

境域地形呈西南高、东北低，西南部山多且高，东北部丘陵连绵起伏，形成半山地半丘陵。山峰有紫荆山，海拔383米。湘江从境域经过，长6.72千米。境域属亚热带季风湿润性气候，四季分明，年平均气温17.13℃，极端最高气温40.4℃，极端最低气温-8.5℃。年均降雨量1296毫米，平均年日照总时数为1850小时，全年无霜期为300天左右。境域树木以灌木为主，乔木有杉、马尾松、国外松、樟、梓、枫、棕、楮、栗、油茶、油桐、橘、李、梅、桃等30多种。野生动物有蛇、青蛙、野兔、黄鼠狼、野猪等120多种。境域已探明的矿藏主要是石灰石，储量大，分布广。境域多为板页岩风化物和紫色砂页岩风化物红色土壤，酸碱度较强，含钾量低。境域因依湘江，属半山区半丘陵，易发生洪涝、干旱、冰灾风灾、虫灾等自然灾害。甲子年（1924）农历六月一日，马家堰发生水灾，湘江水位高达52.27米。民国34年（1945），紫荆山、晓霞山一带发生竹青虫灾害。1997年10月14日，境域湘河、龙凤、团山3个村遭遇龙卷风、暴雨灾害。至2015年的66年中，境域共发生重大自然灾害20多次。

人口民族

1995年年末，辖区内有9745户37420人。其中，农业人口37008人，占98.9%；男性19346人，占51.7%。人口以汉族为主，壮族、苗族等少数民族71人，占总人口的0.2%。全年人口自然增长率8.52‰。2005年，辖区内有9857户37902人。其中农业人口37220人，占98.2%；男性20051人，占52.9%；有少数民族227人，占总人口的0.6%。全年人口自然增长率7.16‰。2011年年末，辖区内有9889户40499人。其中，农业人口数39649人，占97.9%；男性21046人，占52%。人口自然增长率6.46‰。2015年末，辖区内有10720户40617人。其中，农业39439人，占97.1%；男性21297人，占52.4%。有壮族、苗族等少数民族244人，占总人口的0.55%。人口自然增长率9.62‰。

经济发展

经济综述

1995年，乡党委、政府突出加快城镇化、工业化、农业现代化进程，调整农业产业结构，建立“一村一品”商品生产基地，优化企业环境，大力招商引资，发展齐白石文化旅游产业，吸引游客观光。是年，全乡完成工农业总产值27333万元。其中，农业总产值8000万元。1998年开始，对乡镇集体企业进行全面改制，使一批老企业注入活力。2005年，全镇完成工农业总产值30901.7万元。其中，农业总产值19529.7万元，工业总产值11372万元。2015年，镇党委、政府全面落实“农业稳镇、工业强镇、商贸旺镇、城建活镇、旅游兴镇”的经济工作思路，引进外来投资项目3个，原有3个企业再次投入资金，扩大生产规模。是年，全镇完成工农业总产值71789.95万元。其中，农业总产值36416.95万元。

种植业

境域历来以种植水稻为主，湘莲、红薯、蔬菜为辅。20世纪50年代，政府鼓励农民“以粮为纲，全面发展”，积极进行“五改”，即“改一季中稻为双季稻，改单一经营为多种经营，改低产品种为优良高产品种，改粗放耕作为精耕细作，改只种不管为科学管理夺高产”。60年代初，种植双季稻1200公顷，红薯旱粮种植面积达350公顷。70年代中期，推广种植杂交稻，大量引种第一代杂交莲—芙蓉莲，至80年代，湘莲种植面积

1000公顷。1995年，境域种植双季稻1960公顷，产粮食25675吨；种植湘莲680公顷，产空心白莲408吨，壳莲102吨；栽种红薯95公顷，蔬菜360公顷。1996年，粮食总产量32481吨，平均亩产1021千克，全镇成建制亩产过吨粮。2002年，以马光泉为首，在红石村建立20公顷矮柚种植基地。2007年，推广优质稻和杂交稻制种，种植双季稻2150公顷，产粮食32250吨。其中，两季稻面积1950公顷，杂交稻制种面积173公顷。2015年，种植两季水稻3146.67公顷，其中有优质稻面积2238公顷，旱粮328公顷，产粮食26855吨；发展2公顷以上种粮大户145户。

养殖业

境域历来以养殖生猪、牛、家禽、鲜鱼为主。1988年，白石铺乡、马家堰乡共饲养生猪27472头，出栏肉猪14878头；饲养耕牛510头；养羊230只；养家禽24.13万羽。1995年，全乡养殖生猪31712头，其中出栏20168头；养牛563头；养羊183只；养殖家禽22.2万羽，出笼9.45万羽；出水鲜鱼286吨。21世纪初，乡政府引导养殖户改良生猪品种，对畜禽注射疫苗，举办培训班，扶持专业户，帮助解决产品销路问题，推动全乡养殖业的快速发展。2005年，全乡出栏生猪32520头。2008年，金虎村村民自发组织成立龙云黄鳝养殖合作社，先后发展会员20人，养殖黄鳝面积6公顷，年产鳝鱼18吨，年产值400万元，产品远销韩国等地。2015年，全镇养殖生猪32725头，其中宁乡花猪308头；养殖家禽14.5万羽，出笼5.6万羽；养牛170头，出栏50头；养羊1995只，出圈850只；养殖山鸡2500羽，上市870羽；养殖梅花鹿35头。有各类养殖协会10个，科技示范户130户。

林业

1958年大跃进时，境域林木过量砍伐，出现大量荒山。1960—1962年，马家堰公社和白石铺公社先后办起4个社办集体林场、38个队办林场，开展大规模植树造林。1964年，白石铺公社被县定为杉木林基地。1965年，县林业局在白石铺公社建立南竹基地，在马家堰公社建立油茶基地。1974年开始，在安定林场建立国外松基地。1983年起，大部分集体林场山地划给私人造林，或由个人和联户承包经营。对个人造林实行谁造林，谁所有，并颁发定权证书。白石铺乡、马家堰乡共发放山林权证书4730份。1987年，县政府确定白石铺乡为速生丰产用材林基地，政府从资金上给予扶持，从粮食上给予补助。1995年4月，马家堰乡深溪村荣获“1994年度全国造林绿化千佳村”称号。1999年3月，全国绿化委员会授予白石乡“林业百强乡”称号。2012年，湘潭市林科所在镇内尹家冲村进行南竹低改覆盖实验，经过覆盖实验的竹林出笋时间可提早一个月，并能提高出笋率，每亩南竹除正常留笋成竹外，还可出售150只食用竹笋，提早占据市场，提高竹林经济效益。白石镇被湘潭市林业局确定为万亩南竹示范基地，向全市推广这一技术。2015年，全镇造林86.67公顷，义务植树12.5万株，杏花村被设为湘潭县义务植树基地。全镇有林地5680公顷，森林覆盖率61.7%。

工业

境域工业早有发展，鸦片战争后，马家堰寺门前农兴造锅坊与老日盛锅坊联营生产的铁锅，远销广东等地。清末，马家堰、白石铺以嫩竹为原料办起造纸厂，产品畅销。造纸厂一直生产到1953年。20世纪70年代发展社队企业时，境域先后办起锅炉配件厂、油毡厂、阀门厂、保温材料厂等多家工业企业。1986年，马家堰保温材料厂生产的膨胀珍珠岩被评为省优质产品。马家堰素有“中国保温防腐之乡”的称誉。保温防腐队伍遍布全国各地，1995年，有4000多名保温防腐人员在外地施工，年创收入20000多万元。乡内有乡办集体企业23家，主要生产玛钢件、油毡、阀门、珍珠岩等产品；有村办集体企业125家，个体联户企业863家。全乡完成工业总产值19333万元，实现利税80.58万元。2004年，引进项目9个，招商到位资金2630万元，其中引进湘潭鑫宇玻璃灯饰有限公司投资800万元，办起玻璃灯饰厂，可生产85个灯饰品种，年产值1000万元，实现白石乡产值1000万元以上规模工业企业零的突破。2005年，引进兴华粮油食品有限公司等多家企业，成为乡骨干企业。2006年，引进湖南三鑫电源科技有限责任公司和高档卫生筷厂。2011年，全镇有企业20家，其中规模企业5家。湘潭同信煤业有限公司和湘潭赛虎电池有限公司，年销售收入5000万元以上。2015年，全镇共有工业企业14家，其中规模工业企业3家，主要生产保温防腐、电子配件、灶具、食品等产品，全年实现工业企业总产值35373万元，实现利润4100万元，固定资产投入31000万元，技改投入20500万元，招商引资到位资金2080万元。

商贸服务

清代，白石铺驿铺（旧称白石铺老街，今白石镇白石村）有墟场。清末民初，马家堰墟场形成全县较大规模墟场。每逢集日，衡山及湘潭县上千商贾、群众云集市场繁荣。“文化大革命”中，墟场被取缔，群众购物只能到公社驻地的供销社、肉食站、粮油点和各大队开设的代销点购买，一些紧俏商品实行限量供应，凭票购买。中共十一届三中全会后，恢复马家堰、白石铺墟场赶集，个体商贸服务也蓬勃发展。20世纪80年代，马家堰墟场全面更新改造。店铺、商居房由过去的木架屋改建成红砖楼房，街道整齐划一，并进行水泥硬化，吸引近百户农民摆摊开店做生意，白石铺墟场迁至107国道边（今白石镇区）。在车站组征用商业用地3.96公顷，建立农贸菜市场1个，新建门市80多个。大批农民进镇经商开店，推动商贸服务快速发展。2015年末，全镇有各类商铺454家，个体工商从业者1080人。有马家堰、白石两个墟场，墟场赶集日人数5000人以上。社会商品零售额24000万元，其中集市商品成交额13600万元。是年，在湘潭县与阿里巴巴农村淘宝活动中，境域湘潭县飞马灶具厂生产的节能灶、方园情食品厂生产的药糖两种特色产品进入展厅。

财政金融

1995年，乡财政来源主要是农业税、农林特产税、企业税收和上缴及镇提留。全年财政税收完成138万元。乡内有农村信用合作社1家，农村合作基金会1家。1999年，关闭农村合作基金会。2003—2005年，调减、免征农业税、农林特产税、屠宰税等，停收乡提留，镇财政税收大幅度减少，主要税源为工商营业税。2005年，镇财政收入751.54万元。为增加财政收入，保障政府工作正常运转，镇党委、政府采取大力发展企业，培植财源，勤俭节约，减少开支等措施，使镇财政年年收支平衡，略有节余。2011年，财政税收1088万元。2015年，镇内同信煤业、湘南砂石两家规模企业关停，税收收入下降，全镇财税总收入853万元。其中，国税238万元，地税615万元。白石镇信用分社、邮政储蓄所2家金融单位年末存款余额52230万元，各项贷款余额13100万元。

基础设施

交通运输

清末，有南驿路经过境域，设有白石、黄茅

等驿站；湘江在境域蜿蜒而过，带来水运便利。民国十八年（1929），修建潭衡公路（今107国道）贯通境域南北。西部山高冲岔多，交通闭塞，信息不便。1968年开始，各大队发动群众修建机耕道，方便农机下田作业和拖拉机运输。2004年，投资50余万元，完成昭公、金虎、龙凤3个村通村公路建设。2006年，全乡筹集资金424.9万元，对19个村通村公路进行全面扩建整修，平整路基43.5千米，硬化路面18.4千米。同时，硬化乡道白马（白石铺至马家堰）公路，全长6.5千米。引资35万元，兴建白石客运汽车站。2015年年末，镇内有107国道纵贯全镇南北，白马公路连接东西。另有马家堰水闸至王十万、龙凤学校至中路铺、107国道至尹家冲、107国道至旦斗冲等4条乡道。共有县乡公路20千米，通村公路240千米，通向各个村组及农户家，形成完整的交通网络，68%的路面硬化。镇内有汽车站1个，日均过往长、短途客车90班次，有从马家堰往返株洲、易俗河的客车，日客流量近2000人次。武广高铁过境，无站点。已形成由107国道、湘江河道水运构成的交通运输网络。

邮电通信

民国36年（1947），天衢乡安装电话总机，开始电话通话。1951年，马家堰设邮政代办所，负责信件、包裹收寄投送业务。1965年，马家堰、白石公社装有电话总机，各大队装有电话。1997年，建成白石程控电话模块局。2006年，投资180多万元，建立尹家冲村移动通信塔。2015年，镇内有邮政网点1个，营业面积206平方米，投递路线单程36千米，投递点27个，乡村通邮率100%。电信服务网点5个，电话交换机总容量9000门，固定电话用户4100户，宽带用户4675户，手机用户38905户。

供电供水

1964年，从中路铺架设高压线到涟家港，供排灌机用电。1965年开始，马家堰公社、白石公社管理委员会用电代替煤油灯照明。随后，逐步向各村组农户送电，供农户照明和社队企业用电。1991年，在白石铺新建35千伏变电站，安装3200千伏安主变压器1台，并从中路铺新架一条长10.61千米的35千伏线路到白石铺，1992年10月竣工送电。1999年，全乡启动农网改造工程，有效地提高供电质量。2006年，对白石变电站进行增容。2008年开始，全镇共投入资金600万元，开展安全饮水集中供水工程建设。是年，建成白石自来水厂。2009年，建成马家堰自来水厂。两座水厂日供水1160吨。2014年，对白石自来水厂实施提质扩网工程。2015年年末，全镇18个村全部完成农网改造任务，18个村、9所中小学及镇机关单位共2.6万人的安全饮水问题得到解决。双龙自来水厂也在筹建中。

水利建设

1958年，境域修建小㈠型水库紫荆山水库，库容量408万立方米，灌溉面积780公顷，惠及白石、茶恩两公社；修建小㈡型水库白石水库，灌溉面积达213公顷。1959年，建成湘江深溪堤，全长70米。1960年，修建小㈡型水库泉塘水库，灌溉面积73公顷。1964年，沿湘江修建寺门前堤，全长120米。同年，修建涟家港电力排灌站，灌溉面积800公顷，惠及白石铺、马家堰两公社12个村。1968年，修建潭湘堤，全长4180米。至此，3条湘江堤垸全部建成，保护垸内水田面积1533公顷。1972年，因白石旱情严重，水利建设进程加快，修建小㈡型水库3座，分别为友余水库、梓树水库、三眼水库。另修建等外水库15座；同年，修建朝阳撇洪渠，渠

道全长27130米，由1条干渠，4条支渠组成。2008年，投入220万元，对紫荆山水库实施除险保安工程。2011年，投入150万元，对白石水库实施除险保安工程。2013年，投入120万元，对泉塘水库实施除险保安工程，投入1200万元，治理朝阳河渠道。2015年，镇内有小㈠型水库1座，有小㈡型水库5座，水塘4320口，河坝55座，撇洪渠29千米，全部水利设施均能安全运转，自流灌溉面积82%。

村镇建设

1965年，在“社教”工作队的支持下，全面整修马家堰街市。1995年，白石乡和马家堰乡合并为白石乡后，乡政府驻马家堰。乡政府硬化马家堰街市，建成农贸市场。2002年，成立白石乡小城镇开发公司，启动白石小城镇开发建设。开发公司融资800万元，在107国道白石车站地段新辟商贸集市。是年，引进湘潭市一能旅行社责任有限公司，投资1800万元，开发白石文化生态旅游区。2005年，制定《白石镇城镇总体规划》，以镇政府为核心，建设全镇政治、经济、文化中心；以107国道为依托，建设商贸流通服务区；以齐白石故居为重点，建设白石文化生态旅游区。投资300万元，新建商业门面39个。投资26万元完善城镇区排水排污设施。2006年，引资80万元，完成第三期农贸市场商住门市建设。投入10万元，进行市场道路硬化。2008年，投资500万元，在白石铺西边后山上新建镇政府办公楼，总建筑面积3400平方米。2014年，编制《白石镇城镇总体规划（2014—2030年）》和核心区控制性详细规划。2015年，镇区基础设施建设基本完善，城镇建成区面积1平方千米，城镇人口7800人，城镇化率19%，23个行政村、1个居委会均建有村级活动中心（村部）。环境卫生综合整治投入168.8万元，新建垃圾分类场所1处，无公害垃圾中转站2座，垃圾焚烧池110座，添置垃圾桶480个，实现人居环境大改观。

社会事业

教育

民国33年（1944），湖南人民抗敌义勇军司令部在白石乡办起临时小学。青年楚仲山等在白石办起循环小学1所。1964年，建立白石中学。1979年，建立马家堰中学。1995年，乡内有初中2所，小学28所，有教师286名，中小学生4886人，适龄儿童入学率99%，初中毕业率96%。2004年，为纪念世界文化名人齐白石，将白石中学改名为齐白石中学。是年，争取资金70万元，新建齐白石中学尚志教学楼。争取香港轩辕教育基金会的支持，新建齐白石中学陈汉士教学楼。2007年，镇内有初中2所，小学8所，有教师224名，中小学生3128人。2014年，投入80多万元，对白石小学、龙凤小学进行修缮亮化。投入70万元，对中心幼儿园进行改造。投入80多万元，用于运动场、围墙建设。2015年，镇内有初中2所，中心小学2所，完全小学2所，村小1所，教学点2个，有教师185名，中小学生2485人，适龄儿童入学率100%，初中毕业生合格率99.3%。共有校园面积110820平方米，校舍面积40656平方米，学校基础设施、设备、国有资产总值1782万元。有幼儿园7所，入园幼儿580名。

文化体育

清代起，潭口寺门前一带有端午划龙舟比赛活动。清光绪二十年（1894）齐白石等人成立龙山诗社，齐白石任社长。民国32年（1943），齐白石等人的18件书画作品，参加湖南省文化展览，受通报嘉奖。1972年，马家堰公社成立花鼓戏剧团，白石铺公社成立文艺宣传队。2001年，成立白石乡有线电视管理站。齐白石故居对外开放。2002年，农村妇女胡秀英剪纸作品《农家乐》在中国博物馆举行的剪纸展中获银奖。2004年，胡秀英剪纸作品《刘海砍樵》获全国剪纸大赛十大金剪特等奖，胡秀英也因此被评为全国“十把金剪刀”第一名。2007年3月，尹家冲村被列为国家体育总局农民体育健身工程试点村。2009年，胡秀英《吻》系列剪纸作品参加上海世博会公益书画展活动中获银奖，获得共和国杰出剪纸艺术家最高荣誉奖。2011年4月至2012年8月，镇政府建成面积600平方米的综合文化站，为群众提供棋牌、阅览、健身等多种形式娱乐活动。

胡秀英正在剪纸

胡秀英剪纸作品

2013年，成立白石镇文学艺术界联合会，有会员39人。2015年，镇内有文化站1个，有线电视管理站1个，群众业余剧团1个，龙舟协会1个，传统狮龙队5支，有文学、音乐、诗词、美术、书画、摄影等文学艺术爱好者200余人；有线电视入户3800余户；农家书屋26个,藏书5万多册；有各类体育、健身场所18处。

医疗卫生

民国时期，境域有10余名郎中行医治病。1951年，建立白石铺区卫生所，开展防疫治病，共有医务人员16人，病床10张。1961年，建立马家堰、白石铺公社卫生院。1969年，白石铺公社兴办社办医疗，马家堰公社14个大队兴办农村合作医疗，1980年停办。1984年，两家公社卫生院改称乡卫生院。1995年，白石乡卫生院改为乡中心卫生院，马家堰乡卫生院为分院，有医疗点（门诊部）2个，医务人员22名，病床24张；有村卫生室医生和妇幼保健人员52名；个体开业医生12人；有个体药店8个。2006年，县中医院联合医院落户境域。2009年，在白石镇新荷村107国道边新建白石镇中心卫生院综合楼。2015年，镇内有县联合医院1所、中心卫生院1所、分院1所，村卫生室26个，病床42张，专业医务、护理人员36人，年诊治患者1.42万人次，实现村民可“小病不出镇”。

社会保障

1986年，马家堰乡、白石乡设立敬老院，集中供养“五保”老人57人。1995年，有“五保”老人210人,其中53名“五保”老人入住马家堰、白石两家敬老院集中供养。2005年起，推行新型农村合作医疗制度。2007年，全镇有29766人参加新农合，参合率85%，有1667人次住院得到补偿金136.3万元。是年，为21人发放大病救助款31000元；有城镇18人、农村203人享受最低生活保障待遇，每月领取低保资金18.14万元；两家敬老院合并，迁至原马家堰乡政府；全镇有351人享受“五保”供养政策，月供“五保”生活费6.67万元，其中44人入住敬老院集中供养。2009年，开展新型农村养老保险信息录入。2010年，共有13767人参加“新农保”，参保率60.2%。2015年，有城镇23人、农村644人享受最低生活保障待遇，全年领取低保资金174.9万元；全镇238名“五保”人员全部落实供养政策，月供生活费6.66万元，其中59人入住镇敬老院集中供养；发放4户危房户建房款8万元；全镇共有36105人参加农村合作医疗，参合率98%，有7470人次门诊、住院，得医疗补偿金1193.04万元，为117人发放大病医疗救助款10.37万元。6618名年满60岁的老人享受社会养老保险待遇，全年领取养老保险金630万元。对全镇义务兵家庭、复退军人、军烈属给予补助，年发放优抚金共290万元。

人民生活

1962年，白石铺公社人均纯收入22元；马家堰公社农民人均纯收入17元。1978年，境域年人均口粮339千克，人均纯收入102.3元。20世纪80年代末，部分家庭富裕起来，境域有40%的家庭建起红砖楼房，电冰箱、洗衣机、电视机等家用电器进入平常百姓家。1995年，全乡人均纯收入1200元。2006年，全乡人均纯收入3985元，部分家庭开始向小康迈进。2015年，全镇人均纯收入12810元，年末储蓄总额52200万元，人均13017元。95%的农户入住红砖房，并配套安装自来水、卫生间等生活设施。人均住房面积52平方米，彩电入户率98%，通信设备普及率97%；每百户拥有摩托车68辆，汽车17辆。

特色地情

历史人物

齐白石（1864—1957） 名纯芝，字渭清，后改名璜，字濒生，号白石，杏花村人。15岁学雕花，后师从多位名师学习诗、画、古典文学、篆刻。光绪二十八年（1902），开始远游。宣统二年（1910）移居茶恩寺茹家冲。民国6年（1917）北上，定居北京。民国16年（1927），执教于北京艺术专科学校，任教授。1950年，任中央美术学院名誉教授，当选为中国文联主席团委员。1953年，当选为中国美术家协会第一任主席。文化部授予其“中国人民杰出艺术家”称号。1954年，当选为首届全国人民代表大会代表。1956年，被世界和平理事会授予国际和平奖。1957年，任中国画院荣誉院长。1963年，世界和平理事会追认他为世界十大文化名人之一。

刘揆一（1878—1950） 广桥村人。清光绪二十八年（1902）春自费留学日本，在东京与黄兴一同加入拒俄义勇队。光绪三十年（1904），在长沙与黄兴等人创立华兴会，任副会长。光绪三十三年（1907），加入同盟会；宣统元年（1909）任同盟会干事，代行同盟会总理职务。袁世凯当政后，登报脱离同盟会。担任内阁工商总长。日军侵入东北后，主张恢复联俄、联共、扶助工农三大政策，呼吁停止内战，共同抗日，挽救民族危亡。病逝后葬湘潭，墓冢在今雨湖区城正街道内。

刘道一（1884—1906） 广桥村人，刘揆一之弟。清光绪三十年（1904）官费留学日本。在东京与秋瑾、黄人漳等10人成立反清“十人会”。次年，他在东京加入中国同盟会，任书记、干事等职。清光绪三十二年（1906）秋，被派回湘“运动新军”，酝酿武装起义。到萍乡、长沙等地秘密联络会党首领和革命人士。在由衡山返长沙途中被捕。遭刑讯逼供，他坚决拒绝供出同党。同年十一月，被杀害。今湘潭市雨湖区有刘烈士祠，内有刘道一生平事迹陈列。

马少凡（1930—1995） 深溪村人。1961年，加入中国共产党。1967年，所在大队创办深溪林场，马少凡自荐任场长，带领8个农民开荒造林。1974年冬，公社创办安定林场，马少凡任场长，至1981年，7年时间共造林165公顷。至1991年，

齐白石故居

尹氏宗祠

深溪林场和安定林场活材蓄积2万立方米。同时，马少凡和场员们为当地村民提供技术、资金和种子帮助植树造林。至1994年，深溪村的光头山全部绿化，用材林蓄积量2.5万立方米。1989年，他被国务院授予“全国劳动模范”称号，应邀参加国庆40周年观礼活动。1990年3月，被全国绿化委员会授予“全国绿化奖章”。

风景名胜

齐白石故居 位于白石镇杏花村杏子坞星斗塘。故居始建于清咸丰年间，为一土墙茅舍，坐西朝东，背依紫荆峰，右有星斗塘，左有稻田，门前为芬芳馥郁的荷花池。清同治三年（1864）一月，齐白石诞生于此，并在此生活36年。1993年，被列为湖南省重点文物保护单位。2000年，县人民政府征收齐白石旧居（房屋由齐白石后人居住），拆除旧屋，在原址按原样新建，并开辟齐白石故居陈列室。2006年，被列为全国重点文物保护单位。

尹氏宗祠 尹氏宗祠是一栋湘潭传统式祠堂建筑。光绪三十二年（1906）兴建，宣统元年（1909）落成，座落于白石镇尹家冲村。祠堂是一座四合大院，祠门上首有“尹氏宗祠”4字，两旁联曰：“金天帝胄；洛水儒宗。”祠分二进，前进2层，楼中为戏楼。戏楼天花有八角藻井，周围有雕刻精品；前后进之间为甬坪，是群众观看演出或聚餐的地方。两侧有廊相连，也是两层。后进为香堂，堂前4根圆柱，左右两柱分别有枋木连接，上雕山水、人物、怪兽等。上进正厅木坊上雕刻的“太白题诗”“顽童问路”“凤栖高梧”“松鹤延年”等都栩栩如生，是齐白石早年所作。2002年5月，被湖南省人民政府列为全省重点文物保护单位。

（撰稿：赵　维）

茶恩寺镇 >>

南竹盛产地，竹木制品享誉大江南北。

区域概况

地理位置

茶恩寺镇地处湘潭县南端，湘江下游西岸；东与衡东县三樟乡隔江相望，南与衡山县长江镇交界，西与县内龙口乡、花石镇接壤，西北与中路铺毗邻，北与白石镇相连。境域湘衡驿道（即现今的 107 国道）旁的凤凰山下，曾于明朝中期建有一寺名为茶恩寺。镇因寺名，镇政府驻茶恩村狮形组。

建置沿革

明洪武十四年（1381），境域为光泽乡望霞里。清代，境域属上八都。民国元年（1912），境域属东乡东三区。民国 24 年（1935），境域属第五区。民国 30 年（1941），境域属天马乡，乡镇公所驻茶恩寺。民国 33 年（1944），全县为 4 个行署，境域属涟南行署。民国 36 年（1947），境域属天衢乡。1949 年 9 月，废乡建区，全县 6 个区，境域属易俗区。1951 年 5 月，全县划为 24 区 3 镇，境域属第 20 区。1953 年 5 月，境域属白石铺区。1956 年 6 月，撤区，扩大乡镇范围，境域分属花桥乡和茶恩寺乡。1958 年 9 月，撤乡成立人民公社，境域属火箭人民公社。1961 年，境域分属花桥公社和茶恩寺公社。1984 年 2 月，花桥公社、茶恩寺公社分别改为花桥乡、茶恩寺乡。1994 年，茶恩寺撤乡建镇。1995 年 4 月，撤区并乡，花桥乡、茶恩寺镇合并成立茶恩寺镇。至 2015 年，建置无变化。

区划面积

1995 年，茶恩寺镇内设花桥、茶恩两个管区，辖茶恩、上丰、吴家、樊田、护湘、熊市、青坪、扶桥、荷月、双江、龙井、双阳、金宝冲、茶花、花房、樟树湾、弄子口、金坪、泉坪、柏塘、双凤、星月、回龙、棠花、花桥、湘衡、复兴、千家、晓花、杨溪、东山 31 个村和富茶居委会，369 个村民小组，2 个居民小组。总面积 136.77 平方千米。其中水域 2.6 平方千米。耕地面积 2310.1 公顷。其中，水田 2124.3 公顷，旱土 185.8 公顷。有山地 9416 公顷。2008 年，全镇分为第一、第二、第三 3 个管区，其他区划无变化。2014 年，护湘村与茶恩村合并为茶恩村，茶花村、金宝村、龙井村合并为茶花村，花房村与双江村合并为双花村。2015 年，全镇分 3 个管区，辖 27 个村、1 个居委会，374 个村民小组，2 个居民小组。总面积 136.77 平方千米。其中水域 2.6 平方千米。耕地 2058.97

公顷。其中，水田1923.78公顷，旱土135.19公顷。山地9416公顷。

自然环境

境域地形呈西南高、东北低的走势，属湘中低山丘陵区。山脉由衡山山脉北出入境，自南向西北有天马山、紫荆山山脉，将境域三面环绕。最高点天马山海拔421.5米，最低点位于东北部樊田水入湘江处，海拔35.8米。境域属湘江水系。南岳后山溪水流入花桥河，与天马山下溪水汇合于洪舒公处，经向阳渠入湘江；紫荆山下溪水由大岩经双江注向阳渠入湘江。湘江过境长度10.1千米。境域河道全长28千米，径流总量0.7亿立方米，年排涝量0.16亿立方米。境域地质属冷家溪群和板溪群地层，地层较厚，气候属亚热带季风湿润区，有较好的山地气候，温度偏低，日照偏少，春季降雨量多，年平均气温17.9℃，年平均降雨量1330毫米。土壤松疏肥沃，含矿质（磷）养分丰富，适合林木农作物生长。林木乔灌俱丰，乔木有油茶、油桐、松、杨梅、樟、枫、梨、栗、槠、梓、槐等30多种，境域盛产南竹。野生动物有豺、虎、野猪、狸、猫、兔、獐、麂等130多种。天马山有大量青石资源，材质坚实美观，无放射性，国内罕见，被誉为“湘翠绿”，是民间碑墓桥梁、城市园林建设良好的建筑装饰材料。历史上多次发生洪、涝、旱、松毛虫、竹蝗虫、竹青虫等自然灾害。20世纪70年代，人民公社管委会组织群众修堤治水，此后水患减少。1994年6月，发生特大洪水灾害，淹没稻田400公顷。20世纪中后期至21世纪初，境域多次发生山体滑坡灾害。

人口民族

1988年，茶恩寺、花桥2乡9865户42128人。其中，男性21611人，占51.3%；农业人口41706人，占97.9%。人口自然增长率12.9‰。人口以汉族为主，有苗族、土家族等8个少数民族人口110人，占总人口的0.26%。1995年，辖区内10640户43810人。其中，男性22649人，占51.7%；农业人口42780人，占98%。人口自然增长率为2.6‰。有土家族、苗族、壮族等9个少数民族人口189人，占总人口0.47%。2010年末，全镇共有11232户46447人。其中，男性24171人，占52%；人口自然增长率3.7‰。其时，竹木工业园兴起，流动人口达3933人（未计在总人口中）。2015年年末，全镇共有11653户47585人。其中，男性24696人，占51.9%；农业人口46633人，占98%。有土家族、苗族、壮族、侗族、彝族等11个少数民族共计202人，占总人口的0.4%。全年人口自然增长率5.21‰。另有流动人口3140人。

经济发展

经济综述

民国时期，境域经济以农业为主，家族作坊式的手工业较多，尤以制造禾镰的红炉居多。20世纪50年代，打制禾镰的红炉集中到茶恩寺，成为县属集体企业。70年代初，境域开始创办社队企业。中共十一届三中全会以后，乡镇企业得到发展。境域共有社队企业34家，其中，工业企业15家，农业企业19家。1980年，茶恩寺、花桥两乡工农业总产值1049.8万元。其中，工业总产值990万元，农业总产值59.8万元。20世纪90年代初，私营企业迅速发展，竹木加工企业在107国道护湘村地段形成一个长达1千米的竹木制品棚户市场。1995年，企业总数849个，其中镇办16个。工农业总产值1.63亿元。其中农业总产值8249万元。进入21世纪，镇党委、政府在“提升农业”的方针指导下，调整水稻品种，培养养殖大户；加大招商引资力度，建立多种规

茶恩寺竹木制品市场

模工业企业，大力发展竹木制品精加工。全镇逐步形成以护湘村为中心辐射周围10多个村的产销网络。2006年，全镇工农业总产值4.17亿元。其中,农业总产值1.56亿元,工业总产值2.61亿元。2012年,镇党委、政府坚持“农业稳镇、工业强镇、商贸兴镇、环境立镇”的发展策略，搭建银企平台,为企业融资铺路。是年,招商引资4106.3万元,其中新增3个外来投资企业投入955万元。完成规模工业企业总产值2.89亿元。农业生产坚持扩面增产与优质增产相结合，养殖业向专业型发展。2014年，全镇有各类工商企业1412家。其中，工业企业71家，农业企业31家，商贸企业1310家。2015年，全镇完成工农业总产值13.22亿元。其中，工业总产值9.51亿元，农业总产值3.71亿元。完成商贸服务业产值2.33亿元。全社会固定资产投资完成4.1亿元。湘莲、生姜、板栗、凉席为境域名产。

种植业

境域种植业以种植水稻、薯类、蔬菜为主。1952年，境域水稻亩产仅有205千克。1957年，部分水田试行间作两季，境域每亩平均产量260千克。1959—1961年间,粮食亩产不足130千克。1964年，茶恩寺、花桥公社部分大队开始成片种植湘莲。县政府有计划地帮助茶恩寺公社建成有一定规模的湘莲生产基地，20世纪90年代，引导农民建立经济作物种植基地。1996年，种植水稻1920公顷，粮食产量28869吨，亩产1005.4千克。种植湘莲、西瓜、生姜、白薯等经济作物133公顷。1998年，金坪、复兴成为白薯、生姜种植示范村，被市人民政府确立为全市蔬菜种植基地。21世纪初，建成杨溪村13公顷生姜和蘑菇栽培基地，金坪和茶花村13公顷白薯基地及晓花、柏塘、金坪、上丰等10个村150公顷湘莲种植基地。2005年，大力开发绿色产品，推广优质水稻生产，培训技术人才，扶持农民专业合作社与种粮大户，相继与聚宝米业、新皇粮米业等公司签订260公顷粮食收购合同，实行订单生产。全年两季种植粮食3940公顷。种植优质稻1333

公顷，推广高档优质稻400公顷。是年，粮食总产量21300吨。2015年，种植早稻1748公顷、晚稻2013公顷，粮食总产量23170吨。种植湘莲、白薯、生姜、辣椒、西瓜等经济作物352公顷，产值2350万元。全年种植业总产值3.57亿元。

养殖业

境域养殖业以养殖猪、牛、羊、家禽、鱼为主。1965年，茶恩寺公社党委、管委会号召全公社社员大养生猪，“实现一人一头猪”。是年，饲养生猪1007头。1986年，茶恩寺、花桥公社共饲养生猪34069头，其中出栏17967头；饲养牛941头，全部为役用牛；饲养家禽91430羽，出笼49320羽。1990年，境域养鱼户在县畜牧水产局的指导下，在湘江进行网箱养鱼试验，获得成功。其经验在全县推广。1995年，合镇后，镇政府鼓励村民发展养殖业，为养殖户提供防疫技术指导。全年出栏生猪26778头，出笼家禽58210羽，水产品总量680吨。1996年春，镇成立养殖协会，协会为会员统一开展防疫，协调销售。是年5月，长沙卷烟厂注资的天马良种菜牛发展公司正式挂牌营业，主要经营牛羊养殖，全年共养牛775头、羊1440只，完成产值20万元（后因购进的牛种不适应此地环境，3年后停养）。21世纪开始，镇政府相继开展“规模养殖户奖励”“小区建设项目扶持”“能繁母猪养殖保险”等项目。2009年，全镇养猪300头以上的有4户，养鸡1000羽以上专业大户6户，养羊100头以上大户3户。全年共出栏生猪3.68万头，出笼家禽13.8万羽；水产品740吨。2015年，全镇有家畜饲养户623户、家禽饲养户9540户，饲养生猪300头以上的有10户，100~299头20户。年内，对家畜、家禽实行春秋两次集中防疫，防疫率100%。生猪出栏1.83万头，产值4968万元；家禽出笼12.62万羽，产值882万元；水产品870吨。

林业

20世纪60年代初，花桥、茶恩寺公社分别被县政府确定为南竹基地。1964年，境域建立社、队林场16个，安排专业护林员护林，林场以培育南竹、杉木为主。1975年冬，茶恩寺、花桥两个公社开展大规模林业建设，并进行封山育林。1995年，镇党委、政府率领群众，持续开展封山育林、低产林改造、垦荒新造。是年，全镇林地8832.8公顷，森林覆盖率55%。1998年，吴家村被湖南省林业厅评为省林业开发示范基地。2000年，护湘村成为“全国造林绿化千佳村”。2003年，茶恩寺镇列入全省“速生丰产竹”建设基地。到2014年，全镇完成丘岗山地开发植林467.3公顷，封山育林1969.5公顷，竹林新造46.7公顷，退耕还林168.73公顷，中幼林抚育2286.7公顷，更新造林209.3公顷，荒山造林220.5公顷，果林建造62公顷。义务植树30.26万株，长江防护林工程造林36.6公顷。苗育国外松10万株，育优质湿地松16万株。2015年，全镇有林地8832.8公顷，森林覆盖率56.7%。

工业

清乾隆末年，花桥禾镰业兴起。民国29年（1940），花桥成立振兴禾镰公司，年产禾镰80万把，远销全国各地。1950年，境域有裁缝、木匠、篾匠、漆匠、石匠、砌匠、盖（瓦）匠等手工业者300余人，另有染坊、榨油坊、织布坊、打铁铺等作坊98家，共有手工业者1100余人。1954年，在禾镰合作社的基础上，建立湘潭县茶恩寺禾镰合作工厂，共有红炉30多座，职工80余人。花桥、茶恩的禾镰刀成为享誉全国的名牌。1963年，茶恩寺禾镰合作工厂迁易俗河镇（称湘潭县禾镰厂）。20世纪70年代初，茶恩寺公社成立建筑工程队，业务拓展到湘潭、长沙及广西；成立公社机械厂，承接机械加工及生产阀门；成立食品厂，生产酱油。进入90年代，镇乡镇企业发展。1995年，乡镇企业共完成工业产值8065万元，镇办重点企业有碳酸钾厂、机械厂、冶炼厂。1999年，镇竹木加工户1020户，形成“一村一品”加工格局；竹木制品市场集加工和销售于一体。进入21世纪，镇党委、政府对镇食品厂、阀门厂、水泥制品厂实施股份制改造；先后引进3家石材加工厂和扶桥机矿厂、彩达印务有限公司、爱立特有限公司、花桥页岩砖厂、东山采石场、湘衡竹筷厂、蚊香原料厂、美履鞋厂等。竹木制品行业则向精加工发展，新办福星竹艺厂，引进新阜竹制品厂、新华竹制品厂。2000年，全镇完成工业总产值1.21亿元。2004年，形成以护湘村为中心的竹制品生产地。竹制品加工成为镇内工业的主要产业，产值1.66亿元。2010年，兴建竹木工业园区，将竹木产业及竹木制品市场整合为湘潭市“一园一市”竹木产业园。2014年5月，“湘潭县天易示范区茶恩竹木工业园”挂牌。2015年，全镇共有工业企业75家。其中竹木企业70家，入产业园40家，从业人员7500人，规模以上企业6家。华钢竹业、祥盛竹业、润竹竹业、福鑫木业为湘潭市农业产业龙头企业。全镇工业总产值9.51亿元，其中园区竹木工业总产值8.82亿元。

商贸服务

清时，境域墟场有熊家桥、大花桥2处。墟场内各有店铺20余家，经营布匹、日杂、肉类、粮油副食、医药等商品。民国年间，增添荷月塘、双凤桥两个墟场，市场出现糖酒、油榨作坊、缝纫店铺。20世纪50年代中期，分别在茶恩寺、金坪岭建供销社、粮油店、生资站、肉食站等，成为农村中心市场。各村（大队）都开设集体商业零售店或代销点。“文化大革命”期间，熊家桥等4处集市被取缔。中共十一届三中全会以后，个体商贸服务业发展，农村集市日益兴旺。熊家桥集市移至茶恩寺，双凤桥集市移金坪岭。其时，随着107国道车流猛增，境域南冲铺至西冲铺5千米路段的民房开办饭店旅馆，生意兴隆。1995年，镇内有茶恩寺、大花桥、金坪岭、荷月塘4个集市，茶恩寺新辟农贸市场1个。个体商铺发展到150多家。社会商品零售额4210多万元。镇党委、政府依托自身资源、地域、产业优势，发动群众，把茶恩寺镇建设成为商贸流通型城镇，商业网点相对集中于107国道沿线。1997年，在湘潭市政府、湘潭县政府的支持下，建成护湘关竹制品市场，销售竹床、竹椅、竹凉席等制品。21世纪初，京珠高速建成通车后，107国道过境长途车锐减，镇内国道旁的饭店、旅馆基本关闭歇业。其时，南大门、情深深、万凯源、诚信等一批大、中型超市进驻镇区。2015年，镇内有大中型超市5家，小型超市8家。镇原农贸市场旁新增一个农贸市场。是年，全镇有各类商铺1210家，个体工商从业者3630人，茶恩寺集市赶集日有3000余人。全年全镇社会商品零售额12.15亿元。其中集市商品成交额5.65亿元。

基础设施

交通

明清时代，境域交通有湘江水路，桅杆岭建有码头，货物多集散于此。陆路交通有驿路（南一路）从西冲铺经青石铺、南冲铺入衡山县境。民国11年（1922），国民政府顺县南驿道路线修筑潭衡公路过境，即今107国道。1958年，发动群众大修公路，茶（茶恩寺）花（花桥的双凤和螺头庵）公路通车。1968—1971年，境域各村纷纷兴修公路。1972年，实现村村通公路。1978年，茶恩寺至花桥公路经天马山延伸至花石，亦称茶花公路，属县道。1995年，国、县、乡公路在境域总长22.7千米。另有通村简易公路31条，总长65千米。每天有13个班次的客车从花桥、茶恩寺通往湘潭、长沙、株洲、衡山。1998年开始，逐年投资维修乡村道路。2002年，茶花公路茶恩寺至花桥段拓宽至8米。2012年，建成县道韶（韶山）茶（茶恩寺）干线，镇内9千米全部硬化。2015年，31条联村、通村公路延伸至部分村民小组或农户家，总长度298千米，硬化283千米，占94.9%。每日有客车54台130多个班次往返易俗河、株洲、湘潭、长沙、衡山。

邮电通信

20世纪50年代，境域设熊家桥邮电代办所，办理信函收送和电报收发业务。70年代，境域有茶恩邮电所1个和大花桥、金坪邮政代办站各1个。1995年并乡后，有茶恩寺邮电所1个，金坪邮政代办站1个。1996年5月，镇内开通程控电话，至年底，开通程控电话50部。1998年，成立茶恩寺镇移动电话通信站。境域有移动电话65部。进入21世纪，镇内固定电话、移动电话发展较快。2001年，镇内有程控电话3600部，移动电话210部。2015年，镇内有邮政所1家，邮政代办所1家，移动通信站3家。有固定电话420部，移动电话26000余部，宽带用户发展到800户，邮政、电信业务收入300万元。

供电供水

1966年，花桥公社引回龙水库水在双凤牛神庙安一台26千瓦水轮机发电，供公社机关和金坪一带居民照明。20世纪70年代中期，花桥公社相继在千家、东山、星月、花桥各建起1座10千瓦水轮机发电站，为社员碾米、榨油和部分居户照明。1978年，双江大队引大岩水库水建1座120千瓦水力发电站，供大队居民照明、碾米。1979年，花桥的湘衡、东山、星月3个大队接通衡山高压线，回龙、双凤大队接通花石高压线，双江、双阳、樊田大队接通白石、马家堰高压线，分别由衡山、花石、中路铺供电站供电。90年代初，随着塘坝的污染，70%农家打深井，用抽水机抽取地下水。1999年起，镇内分村开始进行农电改造。2001年，在镇区兴建自来水厂，日供水80吨。同时，政府在镇内部分村实施“人畜饮水工程”，鼓励村民分散凿井取水，政府给予补贴。2003年，全镇31个村全部完成农电改造。其间，湘衡、东山、星月村改由湘潭县供电。2006年，电力部门在茶恩寺村新建35千瓦变电站。2008—2009年，国家投资190万元，完善自来水厂，保障镇区9000多人饮水。2010—2013年，国家投资294万元，分三期完善金坪岭集中供水工程，解决周边9000人饮水问题。2014年，国家投资25万元，奖励双凤、杨溪、东山、吴家、双阳5个村分散凿井供水。2015年，镇内有98%的居民饮用地下水或自来水。全境供电有保障，用户用电正常。

水利建设

境域水利建设形式因地形而异。镇南、西、北三方，地势较高。1958年，建成千家小㈠型水库，库容140万立方米，灌溉面积88公顷。1959年，修筑湘衡、黄垅、桥边、柳树4堤垸的湘江堤及湘衡水闸，并同时建起沿堤排渍机埠，基本消除湘江水涨倒灌造成的洪涝灾害。1963年，建成回龙小㈠型水库，库容154万立方米，灌溉面积267公顷。1964年，在桅杆岭修建一中型电力提灌站，抽湘江水提灌樊田187公顷特殊高地农田。1971年，修筑自洪舒公至湘衡闸10千米的引水撇洪工程向阳渠。起到防洪、防渍和灌溉作用。至1972年的15年中，境域还建成卫国、磨刀、增光、金宝、棠花、银河、石门等7座小㈡型水库。境域的干旱威胁基本排除。到1993年，境域无重大灾情出现。1994年，湘江出现有记录以来的最高洪峰，柳树堤缺口，湘衡堤、向阳渠多处出现险情。1995年以后，镇党委、政府发动群众进行堤防加固、水库整修、山塘扩容、水系排障、农田水利新修等工作。1999—2000年，先后整修和改造回龙、千家、卫国、棠花4座水库和湘衡排渍机埠。2004年，为配合修建株洲航电枢纽工程，投资225万元，改建湘衡闸。2015年，全镇有水库9座、骨干山塘1567口、拦河坝80座。农田自流灌溉面积达90.3%。

村镇建设

1993年，茶恩寺乡党委、政府向县政府申请撤乡建镇。同时，制定镇区建设规划，拆除违章建筑和乱搭的棚户，街区基本做到整齐划一。1994年，镇党委、政府以城镇工业、竹木产品为依托，以商贸流通型城镇为目标，全镇区规划为“五区”“二场”，即行政区、商贸区、文教区、工业区、旅店服务区和竹木市场、农贸市场。是年，在黄栀子坳西侧兴建一大型农贸市场，占地2公顷，建筑面积14560平方米，有200个摊位。2001年，兴建集商贸、娱乐、服务于一体的综合大市场。2003年，完善综合大市场的停车场、给水排水、道路硬化、路灯照明等配套工程建设。2004年，竹木制品市场扩建为全省最大的竹木制品专业市场，建筑面积4.6万平方米，531个商业门面。2005年，茶恩寺村投资2万元，建成抗日英雄纪念碑。2009年，总投资214万元，改造政府大院。建成文化计生、农技综合大楼，改造职工住宿楼和机关内院，兴建政府大门；投资3400万元，在茶恩寺街上，另外兴建一个农贸市场。2015年，全镇改造31条联村、通村公路延伸至部分村民小组或农户，道路硬化达94%。村村建有农家书屋和文化活动中心。镇中心区建成面积1平方千米，城镇化率21%。镇区设垃圾桶和垃圾池，建垃圾转运站。各村实施垃圾分类处理。镇区有环卫工人清扫保洁。

财政金融

1956年，由乡民入股，茶恩寺乡、花桥乡分别成立农村信用合作社。1995年，茶恩寺镇成立农村合作基金会。茶恩寺邮政所开展邮政储蓄业务。是年，财政总收入207万元。其中，农业税171万元，工商税36万元。镇内有农村信用合作社、邮政储蓄所、农村合作基金会3家金融机构。年末各项存款余额5200万元，各项贷款余额1120万元。1999年，撤销镇农村合作基金会，其原有业务并入镇农村信用合作社。2001年，镇财政总收入560万元。2003—2005年，由调减到免征农业税，停征畜牧屠宰税，财政总收入逐年减少。2006年后，镇党委、政府加大招商引资力度，工商企业增多，企业税收增多。当年，全镇财政总收入684万元。2015年，财政总收入2737万元，金融单位有农村信用合作社、邮政储蓄所各1家，年末存款余额4.63亿元，各项贷款余额2.26亿元。

社会事业

教育

清代，境域有黄氏族校和私塾多家。民国时期，境域仅有几所国立初级小学和私立族校。1950年，乡政府接管天马国民学校开办“二八完小”。1951年上学期，相继成立茶恩、花桥2所小学。1956年，增开花桥棠花完全小学。1962年，茶恩完小开办初中班，花桥、茶恩分别开办1所农业中学。1975年，花桥中学、茶恩中学各开办一高中班。中共十一届三中全会后，两公社高中班停办，教育教学恢复正常秩序。1995年，全镇有初级中学3所，小学31所，学前班10个，共有中小学学生8850名，教师328名。适龄儿童入学率

100%，初中生毕业率 99.6%。2015 年，镇内有茶恩寺中学、花桥中学、大花桥中学 3 所初级中学。小学调整布局，保留茶恩中心小学等 9 所小学。共有学生 2850 名，教师 246 名。另有民办学前班 9 个，幼儿园 12 个，入园幼儿 1756 名。适龄儿童入学率 100%，初中学生毕业率 100%。

文化体育

民国时期，境域有皮影戏班、业余文艺剧团、民间吹打乐队等文艺团体。花桥乡的王开富、刘南生和茶恩寺乡的文兴萼为境域著名的皮影艺人。20 世纪 50 年代，境域有 3 个民间戏班经常演出《五梵放鹅》《麻蝈金打铁》等古装戏。20 世纪 60 年代，茶恩寺公社成立文艺宣传队，排演《红灯记》等现代剧。另有 20 多个大队成立文艺宣传队，排演文艺节目。1973 年，花桥、茶恩寺两公社分别建立文化站，成立电影队。1979 年，境域花桥有 17 个皮影戏团队，茶恩寺有 8 个皮影团队，占全县 52 个团队的 48%，茶恩寺、花桥被称为“皮影之乡”。1995 年，成立镇文化站。1998 年，成立镇有线电视管理站，各村先后建有书屋和活动中心。2009 年，投资 170 万元，在镇政府大院建起文化计生大楼，设有文化管理室、多功能厅、培训室、阅览室、电脑室，室外活动场地 1000 余平方米。2012 年，成立茶恩寺镇文学艺术联合会，有会员 27 人。2015 年，镇有文体广电站、镇文联、皮影戏团队、业余剧团、吹打乐队、电影队等文艺团体；有 31 个农村活动中心；31 家农家书室，共藏书 115000 册；有 31 支村文艺队伍，每支文艺队有 6~12 名队员；7 个村拥有健身场地，并配有 4~5 件健身器材；12 个村配有乒乓球台、篮球场架。

医疗卫生

20 世纪 40 年代，茶恩、花桥境域有 10 多名个体医生行医，著名的有王春生、胡质斌。1951 年，由王春生牵头，在花桥大旺田成立第一个会诊所。1955—1957 年，采取投资入股方式，相继在金坪、熊市成立中心联合诊所，花桥乡下设 4 个点，茶恩寺乡下设 3 个点。60 年代初，农村出现水肿病，诊所医务人员实行设点（花桥 3 个、茶恩 3 个）治疗。用中草药，采取蒸气疗法，有效治愈病人，无一病例死亡。1965 年，茶恩寺公社成立卫生院，有医师 14 人，10 张病床。1969 年，村设卫生室，建立“赤脚医生”队伍，每村培养“赤脚医生”1 人、妇幼保健员 1 人。1971 年，花桥公社成立卫生院，有医护人员 22 人，20 张病床。1980 年，在全县地方病普查中，发现茶恩寺公社为甲状腺肿高发区，发病率达 16.9%。后经普遍用碘盐和药物治疗，5 年后下降至 0.5%。1995 年，成立镇中心卫生院、镇卫生所和花桥卫生院。2002 年，撤销镇卫生所，成立茶恩寺镇卫生院、卫生院花桥分院。2008 年，村卫生室进行整顿，有 35 名医护人员通过考试考核上岗；扩建镇卫生院，开设中西药、中医科、内儿科、中医骨伤科、妇产科、预防保健科、医技科等科室，保障村民“小病不出镇”。2015 年，镇内有卫生院 1 个，分院 1 个，病床 32 张，有专业医师、护理人员 29 人。另有村卫生室 29 个，村医 35 名。

社会保障

1956 年，境域开始实施“五保”供养制度，由社队提供稻谷和生活费。20 世纪 70 年代，在樊田新庵子建成公社敬老院，供养“五保”老人 40 多人。由所在生产队年供稻谷 300 千克，公社管委会年供伙食费 95 元。90 年代初，茶恩寺乡在护湘、花桥乡在金坪分别建有敬老院，集中供养“五保”老人 43 人。1995 年，全镇供养“五保”老人 146 人，由所在村、组年供稻谷 350 千克，乡政府年供生活费 150 元，其中两个敬老院集中供养 42 人。有“三属”（烈属、因公牺牲军人家属、病故军人家属）、退伍军人定期定量补助对象等优抚对象250人，年发补助金13.2万元。2004年，撤销护湘、金坪两院，将原花桥乡政府办公楼改建成敬老院，集中供养“五保”对象50人。2005年，推行新型农村合作医疗制度，参保人数25650人，参合率51%。8675人次住院、门诊，获补偿32.41万元。是年，全镇210名“五保”对象供养全部改由政府转移支付现金，村组不再供给粮食，上级转移支付年供“五保”生活费50.4万元。2006年，启动贫困居民最低生活保障制度。当年有城镇低保5人、农村低保165户342人，共享受低保金4.08万元。2009年，全面启动新型农村养老保险制度，有21178人入保。全镇60周岁以上老人6008人全部领到养老保险金，月发养老金30.1万元。同时，全面落实2008年特大冰灾后的安居工程，发放专项房屋资金74.5万元，发放大病救助、固定优抚金共60万元。2015年，全镇305名“五保”人员全部按年人均3360元标准落实供养，其中42人入住敬老院；42739人参加新型农村合作医疗，参合率98.9%，住院、门诊16190人次，补偿金额1473.89万元。有32户42人享受城镇低保，月领补助金9710元；833户1822人享受农村低保，月领补助金18.1万元；有各类抚恤对象410人，年领补助金340万元；有7823人享受社会养老保险待遇，年领养老金516万元。

人民生活

20世纪50年代，因茶恩、花桥地处山区，粮食产量不高，人均主粮不足200千克，红薯、芋头充当半年粮。1959—1962年，境域口粮严重不足。推行家庭联产承包责任制后，村民基本解决温饱问题。80年代后期，部分家庭富裕起来，单车、手表、缝纫机、黑白电视机、录音机、沙发等家用“六件”开始进入农户。50%的村民兴建红砖楼房。1995年，全镇家家有余粮，农民人均纯收入1364元。农村住房中楼房占有率为80%。农民家用“六件”升级为摩托、冰箱、彩电、洗衣机、电话、VCD。年末人均储蓄1120元。进入21世纪，农民收入不断提高。2006年，农民人均纯收入为4050元，年末人均储蓄5120元。全镇有家用汽车710辆，家用电器更新为空调、电脑、手机、热水器。2015年，农民人均纯收入13776元，年末人均储蓄10171元。全镇有摩托车12000多辆，平均4.1人有1辆；有家用汽车5100余辆，平均9.7人有1辆。人均住房面积42.5平方米。

特色地情

历史人物

刘荣辉（1908—1999）　茶恩寺熊市村人。民国16年（1927）参加秋收起义。经历二万五千里长征，身经百战，五次负伤，身体致残。致残后，长期从事后勤工作。全国解放后，历任华北军政大学卫生部部长、军委卫生部秘书室副主任、总后勤部卫生部办公室副主任、总后勤部医学科学院院务部副部长。1955年被授予大校军衔。

马　璧（1912—1985）　茶恩寺双阳村人。年轻时曾拜齐白石为师学画。后任国防部新闻局专员、长沙绥靖公署主任秘书。1949年去香港。1951年去台湾。任辅仁大学等校教授、台湾“总政部”特约研究员、《政治评论》杂志社社长等职。1981年11月，只身从台湾经泰国回到大陆，受到邓小平、邓颖超等党和国家领导人的接见。后当选为全国政协常委委员、全国人大常务委员会委员，致力于台湾回归祖国的统一战线工作。

（撰稿：周斌连）

湘乡市

概述

一

湘乡市位于湘中偏东，距湘潭市41千米，距省会长沙西南90千米。东临韶山市和湘潭县，南接双峰县，西界娄底市，北靠宁乡县。地理坐标为：北纬27° 29 ' 2 " ~28° 3 ' 45 " ；东经111° 59 ' 40 " ~112° 38 ' 55 " 。东西宽65.4千米，南北长64.8千米，面积1967.4平方千米。境域属亚热带季风气候区域，冬冷夏热，四季分明，无霜期长，光热充足。年平均气温17.3℃，年平均降雨量1312.1毫米。

境域建制久远。春秋战国时期属楚国。秦朝属长沙郡湘南县。西汉高祖五年（前202）置长沙国,境域属长沙国湘南县。哀帝建平四年(前3)，皇帝刘欣封长沙王子刘昌为湘乡侯(汉侯有县、乡、亭三级)，始有“湘乡”之名。

东汉建武初年，在原湘乡侯领地置湘乡县，属零陵郡。吴主孙亮太平二年（257），分长沙南部为衡阳郡。湘乡县属衡阳郡。南朝宋永初三年（422），并连道入湘乡县，仍属衡阳郡。隋开皇九年（589），撤衡阳郡，将湘乡、湘西、衡山三县合并成衡山县，属潭州总管府。大业三年（607），改潭州总管府为长沙郡，湘乡地属长沙郡。唐武德四年（621），析衡山县复置湘乡县，属潭州。元朝元贞元年（1295），因县民已达万户而升为湘乡州。明洪武二年（1369）湘乡州复降为县。清代，湘乡县属长沙府。民国3年（1914），改府州建制为道，湘乡县属湘江道。民国11年（1922），废道制，湘乡县直属省辖。民国26年（1937）属湖南省第六行政督察区专员公署（设邵阳），民国29年（1940）4月改属湖南省第五行政督察专员公署（设益阳）。中华人民共和国成立后，湘乡县属益阳专区。1952年1月按照省人民政府的决定，湘乡县划出第三、六、七区及二区的一部分共计114个乡（镇），新建双峰县；划出第九、十两区共66个乡镇给新设立的涟源县，余下的6个区仍为湘乡县。次年11月，湘乡改属邵阳专区。1965年7月改属湘潭专区。1983年2月，国务院决定撤销湘潭地区，湘乡县改由湘潭市管辖。1986年9月12日，国务院批准湘乡撤县建市。1987年3月6日，湘乡市正式成立，仍属湘潭市管辖。

境域物产资源丰富，是全国粮食年产量和生猪年产量百强县（市）之一，列入全省“十强”，成为国内重要的商品粮生产基地和瘦肉型生猪生产基地。境域已发现矿藏品种 32 种，有石灰石、白云石、花岗岩、石膏、粉土、煤、锰、铁、油页岩等，其中石灰石分布面积达 130 平方千米，可供开采的总储量达 50 多亿吨，现已大量开发，烧制水泥，故湘乡有“水泥之乡”的美誉。水资源丰富。涟水干流纵贯全境，大小河流密布，总长 721 千米。水资源总量 15 亿多立方米。植物、动物资源丰富，旅游资源密集，有大东山旅游区、水府旅游区等 5 大人文景观和自然景观。

境域历史悠久，文化底蕴深厚。东郊乡出土的石砍砸器证明，早在 20 万年前，境域便有原始人类繁衍生息。在龙潭岱子坪、石柱状元洲、团鱼山新石器时代文化遗址出土的石器、陶器等文物证明，先民在 4000 多年前已凭借简易工具从事原始农耕、狩猎等生产活动。2014—2015 年，在南正街三眼井出土一批简牍，经专家鉴定为“楚简”，则把设县时间提前约 250 年。境域有国家重点文物保护单位 1 处，省级 6 处，湘乡市级 20 多处，是全国文化工作先进县（市）。

境域人杰地灵，英才辈出。古有三国蜀相蒋琬，宋代状元王容，元代文豪冯子振，清代湘军名将曾国藩、刘锦棠；现代红军著名将领黄公略，开国大将陈赓、谭政，著名党的理论工作者李卓然，在教育、科技、文化等战线的名人有萧三、张天翼、曾昭抡、唐槐秋、黄国璋、李家文、傅任敢、沈祖显、成舍我、罗健夫、钱宗仁、陈子道，战斗英雄谭长桥、成国钧等。

二

境域隋唐以前，县以下行政区划资料无考。五代十国时期至清代，所存资料寥寥，无从详述。清康熙三十五年（1696），知县将湘乡县划为宣化、常乐、万全、雍睦、状元、常安、兴乐、沐导、庆善、清乐、神童、集祥 12 个乡。

民国 38 年（1949），全县设 10 个区、3 个镇、47 个乡。第一区（湘涟镇、东凤乡、首善乡、湘西乡、大育乡、悦来乡），第二区（兴让乡、莲虞乡、同风乡、景庆乡），第三区（永丰镇、永新乡、荷塘乡、铜梁乡、梓门乡、评事乡），第四区（凤音乡、弦歌乡、归鹤乡、鹤后乡、南薰乡），第五区（归德乡、兴仁乡、白龙乡、潭台乡），第六区（东郊乡、安上乡、德田乡、望春乡、宣风乡），第七区（常丰乡、新安乡、沐导乡、义安乡、仁和乡、龙山乡），第八区（谷水镇、碧溪乡、珍琏乡、壶天乡、胜岩乡），第九区（丰乐乡、云下乡、延福乡、乐善乡），第十区（纯化乡、崇信乡、清溪乡、锦石乡、敦形乡），境域总面积 5226 平方千米，人口 137 万人。

中华人民共和国成立后，1951 年 8 月，湘乡县境域划分为第一至十五 15 个区（含城关区），下设 3 镇 132 个乡。境域总面积 2007.1 平方千米，全县有 136050 户，总人口 592002 人。1958 年，撤销乡镇，建城郊、东风、东山、红旗、山枣、虞唐、潭市、上游、钢铁、超美、卫星、红星、白田、月山 14 个人民公社，全县总人口 616979 人。1961 年，全县区划调整，设东郊区、泉塘区、东山区、虞唐区、潭市区、棋梓区、壶天区、仁厚区、白田区、月山区 10 个区 1 个镇（城关镇）73 个公社。1977 年，将 73 个公社撤并为 46 个公社，城关镇不变。

1984 年，公社改为乡，全县设城关镇（区级），潭市、棋梓、白田 3 公社改为乡级镇，其余 43 个公社更名为乡，全县总人口 801431 人。1986 年，潭市、棋梓升为区级镇，白田、虞唐、山枣 3 乡改为镇。其他乡不变。境域总面积 2011.03 平方千米，全县有216857户，总人口817273人。地区生产总值3.47亿元，其中一产业2.35亿元，二产业7169万元，三产业4005万元，产业结构为76.6 ∶ 17.8 ∶ 5.6。固定资产投资6358万元，农民人均纯收入482元，城镇居民人均可支配收入766元，县财政总收入4584.8万元，社会商品零售总额20.4亿元。

1987年3月，湘乡撤县建市，原8个区公所改为市政府派出机构——区办事处，撤销城关镇，设立新湘路、昆仑桥、望春门3个街道。全县设4镇、42个乡、3个街道，总计712个村，23个居民委员会，1032个村民(居民)小组。全市有216857户，总人口828580人。1990年，泉塘、壶天撤乡建镇。

1995年，撤区并乡建镇。龙洞乡与大田乡合并为龙洞乡，东郊、新研、横洲乡合并为东郊乡，梅桥、横铺、酒铺乡合并为梅桥镇，中沙、桂花乡合并为中沙镇，虞唐镇和苏坡乡合并为虞唐镇，洪塘乡、莲花乡和山枣镇合并为山枣镇，栗山、巴江乡合并为栗山镇，毛田、崇山、坪花乡合并为毛田乡，谷水乡、棋梓镇合并为棋梓镇，新铺乡和潭市镇合并为潭市镇，双江、湖山乡和泉塘镇合并为泉塘镇，涧山乡和壶天镇合并为壶天镇，大乐、岐山、桃林乡合并为翻江镇，月山、石柱、太平乡合并为月山镇，金薮、河山乡合并为金薮乡，金石、龙潭乡合并为金石镇，沙田、仁厚乡和白田镇合并为白田镇，育塅、花坪、轧桥乡合并为育塅乡。此时，境域设梅桥、中沙、虞唐、栗山、山枣、棋梓、潭市、泉塘、壶天、翻江、月山、金石、白田13个镇，龙洞、东郊、毛田、育塅、金薮、东山6个乡，新湘路、昆仑桥、望春门3个街道，总计710个村，42个居委会，8254个村（居）民小组，有272204户，总人口885552人。当年加快村级经济发展，开展优质稻和瘦肉型猪基地建设，湘乡市委、市政府实施“强工富市、工业带动”战略，地区生产总值22.71亿元，其中一产业10.5亿元，二产业4.9亿元，三产业7.31亿元，产业机构比为46.3 ∶ 21.7 ∶ 32，固定资产投资7.23亿元，农民人均纯收入1410元，城镇居民人均可支配收入5773元，全市财政总收入9257万元，社会消费品零售总额7.84亿元。

1996年，东山乡改为街道。市委、市政府加大农田水利基本建设，调整农业产业结构，扩大优质稻种植面积，提高农业生产机械化程度，工商企业进行体制改革，大力发展民营经济。2005年，市委、市政府实施“工业带头，开放兴湘”战略，是年，地区生产总值67.14亿元，其中一产业20.98亿元，二产业20.34亿元，三产业25.82亿元，产业结构比为31.2 ∶ 20.3 ∶ 38.5，固定资产投资20.29亿元，农民人均纯收入3807元，城镇居民人均可支配收入9753.29元，财政总收入3.45亿元，社会消费品零售总额20.29亿元。

2007年，毛田撤乡建镇。2008年，龙洞撤乡建镇。2010年，市委、市政府实施“工业强市，开放兴市，产业兴市”发展战略，推进“实力湘乡，美丽湘乡，文化湘乡，幸福湘乡”建设。2012年，湘潭市委、市政府决定，将龙洞镇7个村和金石镇2个村成建制划入韶山市。2014年，部分行政村和村民小组合并，全市减少行政村193个。

2015年，境域设龙洞、梅桥、中沙、虞唐、山枣、栗山、毛田、棋梓、潭市、泉塘、壶天、翻江、月山、金石、白田15个镇，东郊、育塅、金薮3个乡，新湘路、昆仑桥、望春门、东山4个街道，共503个村，48个社区（居委会），7471个村民小组，境域总面积1967.4平方千米，有294590户，总人口924137人。市委、市政府以全面建成小康社会为总目标，国民经济和社会事业进步。全市地区生产总值328.58亿元，其中一产业55.0亿元，

湘乡市城区鸟瞰图

二产业 169.58 亿元，三产业 104.0 亿元，产业结构比为 16.7 ：51.6 ：31.7。固定资产投资 191.5 亿元，农村居民人均纯收入 14340 元，城镇居民人均可支配收入 27790 元。财政总收入 18.64 亿元，社会消费品零售总额 90.48 亿元。

（撰稿：刘秋林）

龙洞镇

“湖南省文学艺术之乡”，“湖南省诗词之乡”；开国大将陈赓、谭政故里。

区域概况

地理位置

龙洞镇位于湘乡市北部，东与湘潭县接壤，南与湘乡市经济开发区及东郊乡为邻，西与育塅乡交界，北与韶山市毗邻。境域庵子山有一条长达4千米的古老石灰岩溶洞，相传为龙所居，龙洞镇以此冠名。

建置沿革

清康熙三十五年（1696），境域属湘乡县常乐乡湘西2都。民国23年（1934）属湘乡县第一区湘西乡和首善乡部分区域。1950年，属湘乡县第一区的七星乡、花桥乡、城前乡、石头乡、石江乡、西亭乡、上花乡、大田乡。1956年，属湘乡县龙洞乡、新田乡。1958年建人民公社，境域属东风公社。1962年从东风公社析出，建陈赓（泉湖）、龙洞、城前、大田公社。1984年分属龙洞乡、大田乡。1995年，龙洞乡与大田乡合并为龙洞乡。2008年改为龙洞镇。至2015年建置无变化。

区划面积

1995年，境域设龙洞、中朝、和睦、箭塘、界牌、建时、泉冲、石头、瑶湖、长太、泉湖、乐昌、雅苗、楠香、七星、大田、湘江、印子、小田、集义、上义、康加、石塘、花桥、谷阳、韶东、韶西、新湖、城前29个村，306个村民小组。总面积104.8平方千米，耕地面积3278公顷，林地5500公顷，可养水域280公顷。2008年，乡改镇，新增罗塘湾和垦殖场2个居委会，8个居民小组。2012年，石塘、花桥、谷阳、韶东、韶西、新湖、城前7个村（面积28平方千米，人口9627人）划归韶山，境域设22个村，2个居委会。2014年，泉冲村、建时村并为建时村；上义村、康加村并为康加村，其他村不变。2015年，境域设20个村，2个居委会。全镇总面积76.8平方千米。耕地1736公顷（其中水田1406公顷，旱土330公顷），林地3773.3公顷，可养水域147公顷。

自然环境

境域地形为低山丘陵区，西北高，东南低。其山脉北有仙女峰（韶峰），东有狮头牌、将军寨，南有寨子岗。仙女山海拔518.5米。从山南发源的菜石江河流经境域长10.6千米，注入涟水。境域属亚热带季风湿润气候区，冬冷夏热，四季分明。年平均气温17℃，年平均降水量1300毫米，光、热、水分布不均。土壤为酸性二级。林木有马尾松、杉、油茶、樟、梓、枫、栗、南竹等。野生动物主要有野猪、野鸡、青蛙、水鸭、蛇等。矿藏有石灰岩、铁矿石和海泡石。

人口民族

1995 年，境域有 11065 户 38115 人，其中男性 19417 人，占 50.94%；农业人口 37005 人，占 97.08%。人口自然增长率 3.56‰。2000 年，第五次全国人口普查统计，境域有 10029 户 34186 人，其中男性 17521 人，占 51.2%；农业人口 33078 人，占 96.76%。人口自然增长率 3.4‰。人口以汉族为主，少数民族 54 人。2012 年，因行政区划调整，境域人口减少到 27472 人。2015 年年末，境域有 8706 户 28174 人，其中男性 14214 人，占 50.58%。少数民族 41 人，人口自然增长率 6.66‰。

经济发展

经济综述

民国时期，境域经济主要是农业。中华人民共和国成立后，贯彻“以粮为纲，多种经营”的方针，境域农业以种植水稻为主，其他经济作物得到发展。20 世纪 70 年代，境域工业开始兴起。1970 年，境域工业总产值 35 万元。农村实行家庭联产承包责任制后，农业连年增产，农民的温饱问题得到解决。1995 年，工农业总产值 5134.62 万元，其中农业总产值 2236.5 万元。 2012 年，开展招商引资，引进资金 1.02 亿元，项目建设投入资金 2.6 亿元。2015 年，工农业总产值 29.5 亿元，其中农业总产值 4.5 亿元。

种植业

境域种植业以种植水稻为主，红薯、豆类为辅。耕田用牛，施肥用家肥和土杂肥。20 世纪 50 年代初，种植单季稻，亩产 200 千克左右。1956 年，推广双季稻，亩产 300 千克。1957 年，开始使用化肥。1958 年，推广均匀密植技术。1974 年，推广温室育秧，部分村组推行“稻稻麦”“稻稻油”三熟制。1976 年，推广杂交水稻。1995 年，种植水稻 2093.2 公顷，种植红薯 266.7 公顷，花生 133.3 公顷，蔬菜 133.3 公顷，粮食总产 2.2 万吨。1999 年起，推广种植优质稻。2004 年起，国家实施“农机补贴”政策，农民购买农业机械的积极性提高。2010 年，农业机械化水平提高，境域农民拥有中型拖拉机 2 台，小型拖拉机 8 台，耕种机 2464 台，机耕船 246 台，插秧机 3 台，联合收割机 119 台，机耕面积 6600 公顷。是年，开展粮食高产示范片建设和标准农田建设，种植水稻 2080 公顷，粮食总产 2.8 万吨。2015 年，推广优质超级稻，提倡机耕以及免耕新技术，实施稻草还田。境域农民拥有中型拖拉机 16 台，小型拖拉机 824 台，耕种机 2540 台，机耕船 113 台，旋耕机 12 台，插秧机 32 台，联合收割机 159 台，机耕面积 7020 公顷，实现农业机械化。全镇种植水稻 1748 公顷，种植油菜 305 公顷，粮食总产 2.9 万吨。

养殖业

境域养殖业以养猪为主，兼养牛、羊、家禽。中华人民共和国成立初期，每家养 1~2 头猪，种田户养 1 头耕牛，养鸡养鸭数量不一。1957 年，境域龙洞、新田 2 乡，出栏生猪 1.52 万头，年末存栏 1.27 万头。1958 年，建立人民公社，实施集体养猪，不许私人养猪，养殖业大挫。1961 年，境域出栏生猪仅 468 头，年末存栏生猪 2082 头。1962 年，县委提出“公私并举，私养为主”方针，养猪事业发展。1965 年，境域出栏生猪 1.02 万头，年末存栏生猪 9454 头。1973 年后，贯彻国务院“积极发展集体养猪，继续鼓励社员养猪”的指导方针，养猪业持续发展。1977 年，境域出栏生猪 1.42 万头，年末存栏生猪 1.84 万头。中共十一届三中全会以后，农村实行家庭联产承包责任制，养殖业得到发展。1995 年，境域出栏生猪 21 万头，存栏生猪 10 万头。1998 年，乡成立养猪协会，政府扶持科技养殖户，引导农民扩大养殖业。2007 年，境域有养殖大户 108 户，其中，年出栏生猪 100 头以上的 87 户。是年，出栏生猪 22.1 万头，存栏生猪 10.1 万头。2011 年，政府鼓励发展母猪，解决猪源。全镇饲养母猪 5066 头，出栏生猪 6.5 万头，存栏生猪 14.5 万头。2015 年，出栏生猪 10.95 万头，存栏生猪 5.4 万头，养牛 860 头，养羊 1696 头，家禽 16 万羽，出水鲜鱼 5430 吨。

林业

民国时期，境域林地大部分归地主所有。1951 年土改时，地主所有的林地分给农民。1962 年，山林所有权固定到生产队。1978 年，境域有公社林场 2 个，大队林场 29 个。1981 年，进行稳定山权林权，划定自留山，稳定林业生产责任制的“三定”工作，70% 的山地划给农民作自留山长期经营。1995 年，境域有林地 5500 公顷，森林覆盖率 52.48%。2002 年，启动退耕还林，至 2005 年的 4 年间，共退耕还林 153.8 公顷。2008 年，建立小水果生产基地，植砂糖柑树 27 公顷、葡萄 14 公顷，种金银花药材 20 公顷。2009 年，启动集体林权制度改革，纳入林改范围林地 5412.4 公顷。发放林权证 8861 个，发证率 90.7%。2010 年，完成 29 个村勘界勾图和 5460 公顷林地录入工作，有镇林场 2 个，村林场 23 个，林场面积 1058.32 公顷。2012 年，发展油茶生产，建千亩基地 2 个，油茶专业合作社 5 个。期间开展封山育林、植树造林和残林改造 70 公顷。2012 年，划转给韶山市林地面积 1660 公顷。2015 年，全镇有林地面积 3773.3 公顷，森林覆盖率 49.78%。

工业

中华人民共和国成立初期，境域只有 1 个石灰厂。1975 年，建成龙洞玻璃厂。同时，在原公社农机站的基础上建成龙洞电器厂。1976 年，建成龙洞水泥厂。1979 年，龙洞玻璃厂总产值 22.42 万元，龙洞电器厂总产值 21 万元，龙洞水泥厂总产值 54.36 万元。1983 年，境域共有工业企业 92 家，其中，建材业 3 家，电器业 4 家，食品加工业 5 家，其他加工业 80 家，从业人员 4500 人，乡工业总产值 215.1 万元。2006 年，引进大豪商贸有限公司、七星强塑 PVC 管厂、龙洞碎石场、永健榨油厂 4 家企业。2007—2010 年，引进花桥碎石厂、湘乡市茶叶公司、金宏泰制衣厂、大豪灯饰厂，新建谷阳造纸厂、龙泉葡萄酒生产公司。2010 年，全镇工业总产值 8.5 亿元，2012 年，开展招商引资，工业企业 40 家，其中规模以上企业 10 家，工业总产值 21.8 亿元。2015 年，工业企业 30 家，其中，建材业 5 家，电器业 4 家，食品及其他加工业 21 家，从业人员 3850 人，工业总产值 25 亿元。

商贸服务

民国时期，境域城前铺、柳树铺有小街，商贸繁荣。中华人民共和国成立后，境域按地域设立供销合作社，供应生产、生活资料，收购农副产品。中共十一届三中全会后，私营商业得到发展。1984 年，全乡有个体经商户 203 户，从业人员 268 人；从事纺织、理发、修补等手工服务业人员 2428 人。2006 年，有超市 18 家。2012 年，征地 0.7 公顷，新建集南杂、肉食、水产、果蔬为一体、设 120 多个门面的综合大市场。2015 年，境域有农贸市场 4 处，各类商铺 400 多家，个体工商从业者 1200 人。境域定点定期开展圩场赶集。

全镇社会消费品零售总额 7815 万元。

财政金融

1952 年，中国人民银行湘乡支行在境域樟树井设营业所。1954 年，境域有柳树、瑶湖、花桥、谷阳、和睦、平里、城前、湖坝、石头、长泰、东朝、七星、小田、大田、上义 15 个乡办信用社，65% 的农户入社。1956 年，有龙洞、新田 2 个乡信用社，在 52 个农业社设业务站。1962 年，有龙洞、陈赓、城前、大田 4 个公社信用社，在 43 个大队设信用分社。20 世纪 60 年代，乡财政收入来自农业税。20 世纪 70 年代增加企业税。1978 年，4 个公社信用社合并为龙洞、大田 2 个公社信用社。境域财政总收入 14.84 万元。1983 年，财政总收入 19.08 万元。1995 年起，财政收入增至 450 万元。1996 年，成立农村合作基金会。1998 年，龙洞、大田 2 信用社合并为龙洞乡信用社，原大田乡信用社降格为分社。次年，农村合作基金会撤销，其业务并入信用社。2003 年，调减农业税，停征屠宰税。是年，在境域增设邮政储蓄所。2005 年，免征农业税，财政收入减少至 397 万元。2010 年起，民营工业蓬勃发展，税收逐年增加。2012 年，财政收入增至 722 万元。2015 年，财政收入 1716.88 万元。境域有信用合作社 1 家，邮政储蓄所 1 家。金融单位年末存款余额 4.2 亿元，各项贷款余额 1 亿元。

基础设施

交通运输

民国时期，有从湘乡至宁乡、益阳的大道过境。1958 年冬，境域修建垦（殖场）大（田）公路、垦（殖场）东（郊坪）公路和七（星桥）龙（洞）公路，共长 14.62 千米。1959 年，修建从湘乡至韶山的红韶公路，纵贯境域 13.5 千米。1969—1970 年，红韶公路扩修加固，建成路面为 8 米宽的三级公路。1973 年，修建乐昌至白竹塘公路 5.3 千米；花桥村至谷阳村油麻塘公路 3.8 千米。1978 年，红韶公路通班车，始为每日 2 班，后增至 8 班。1984 年起，红韶公路班车改为每日对开 10 班。2006 年，和睦、韶西等 10 个村完成村组道路硬化。2013 年，配合韶山市修建途经建时、和睦、箭塘村的韶山外环线公路 4 千米。2014 年，投资 320 万元大修七（星）龙（洞）线，农村公路硬化 22.8 千米。2015 年，完成叉公桥（和睦村）至箭塘村路段的安保工程。境域有公路 7 条，总长 41.22 千米，村道总长 174.05 千米，10 个村通公共交通。

邮电通信

中华人民共和国成立初期，境域邮件由县邮递员步行投递。1949 年，在东郊坪设邮政信柜。1952 年，在境域设邮电所。1956 年，龙洞乡、新田乡相继开通电话。1957 年，开通县城至龙洞的汽车邮路。1965 年，邮递员投递由步行改为骑自行车。1990 年，开通程控电话。1995 年，开通移动电话。自后，固定电话、移动电话逐年增加。2001 年，实现村村通电话，程控电话 1500 门，移动电话 500 门。2003 年，开通互联网。2015 年，有邮政所 1 家，移动通信站 2 家，固定电话 1300 多部，移动电话 13000 多部，20 个村通宽带，宽带用户 1600 多户。

供水供电

境域村民历来饮用塘水，部分村民饮用井水。1959 年冬，在泉湖村柳树坝截河修筑“泉坝电站”，1961 年发电，发电装机量为 26 千瓦，供应部分村民用电。1978 年，境域有变压器 22 台，840 户用电，用电总量 14 万千瓦时。1979 年，泉坝电站并入干网运行。1984 年，有变压器 42

台，用电户增至3124户，用电总量21.7万千瓦时。1999年，投入300万元进行农网改造，用电户6000户。2006年起，农村推行以改水、改灶、改厕为内容的“三改”，村民饮水由塘水改为井水。2006年，建设22万伏高压电项目，增加变压器4台，用户7800户，占总用户的99.9%。2015年，建成龙洞水厂，镇区10000多人饮用安全水。长太村建成分散式供水工程，300多人的饮水安全问题得到解决。

水利建设

清康熙年间（1662—1722），境域柳树铺泉坝是全县16处较大水利工程之一。同治年间（1861—1875），境域差公桥坝、尧桐坝均为全县较大河坝之一。民国时期，境域农作物靠自然降水、山塘蓄水及小溪河水灌溉。中华人民共和国成立后，政府组织群众兴修水利。1953年，建瑶湖、龙洞2个水库，可蓄水81.5万立方米，可灌田528公顷。是年冬，对境域大田乡洪坝进行加固，拆除田坝，改建为多级滚水坝。1954年，建大冲坑水库，可蓄水74万立方米，可灌田25.3公顷。1956年，建大田、晏家洞2个水库，共可蓄水121万立方米，可灌田213.33公顷。1958年，境域灌溉30公顷以上河坝有泉坝、差公桥坝和大叶坝。1959年，建康家水库，可蓄水61万立方米，可灌田76公顷。1966年，建韶山灌区新龙、胜前、大田3条支渠，长32.76千米，15个村受益，受益面积699.8公顷。1969年，建淀冲水库，可蓄水15.2万立方米，可灌田33.3公顷。1970年，建韶西水库，可蓄水17.3万立方米，可灌田51公顷。1971年，建白鹤、泉冲、石头3个水库，共可蓄水47.6万立方米，可灌田176.7公顷。1972年，建古木塘、和睦、旱禾塘3个水库，共可蓄水96万立方米，可灌田253.1公顷。境域有柴油抽水机站38处，装机38台，受益面积234.5公顷。1973年，建过路塘、金星2个水库，共可蓄水174.6万立方米，可灌田138.7公顷。1974年，建箭塘水库，可蓄水21.2万立方米，可灌田37.3公顷。1977年，建上义水库，可蓄水9.2万立方米，可灌田9公顷。1988年，境域有电力提灌站30处，装机30台，动力932.5千瓦，可灌田1323.93公顷。自后，陆续修建水库配套渠道。1995—2009年，分期分批对箭塘、泉冲、上义等水库及30口水塘进行防渗加固除险，对渠道进行清淤提质改造。2013年，对87口水塘、5千米渠道进行防渗清淤。2015年，境域有水库16座（韶西、古木塘水库划入韶山市），水塘1050口，河坝127座，总蓄水量1500万立方米，渠道长58千米，全镇有效灌溉面积1652公顷。

村镇建设

1995年，镇政府制定镇区发展规划，确定镇区面积1.2平方千米。1996—1999年，投入城镇建设资金9亿多元，对基础设施进行扩容、改造、提质。2000年，投入资金800万元，新建有80多个门面店铺的朝阳街。镇区开展“四区一走廊”建设，即湘韶公路、朝阳街为中心的商贸区，陈赓故居至城前党支部旧址景点的旅游休闲区，湘翼加油站至乐昌桥住宅区，韶峰机砖厂工业小区，湘韶公路龙洞镇绿色走廊。2006年，启动社会主义新农村建设，改造水利、电力、道路等基础设施，整治村容环境。楠香村、中朝村成为湘乡市级新农村建设示范点。2013年，投入资金100多万元，新建一条50米长的标志性街道。2014—2015年，投入资金120万元，启动镇区污水处理设施建设，并将湘韶公路龙洞镇段打造成绿色生态走廊。2015年年末，城镇化率15%。

社会事业

教育

民国时期，境域有湘西乡中心国民学校和私立养元小学。1958年，有初级中学1所(花桥附中)，完全小学4所(雅苗、城前、花桥、大田)，初级小学16所。1991年，征地1.7公顷，新建龙洞中学。1992年，有小学27所，学生4223人，教师282人；有初中4所，学生1570人，教师88人。1995年，有初级中学4所(龙洞、花桥、城前、大田)，农科教中心1所，小学25所，中小学生6327人，教职工304人。1997年，适龄儿童入学率100%，小学升初中升学率99%，基本普及九年义务教育。当年征地0.7公顷，新建可容12个班的中心小学。2008年，调整学校布局，境域有初中4所，学生745人，小学9所，学生1955人，中小学教师285人。2015年，有中学1所，九年制学校1所，小学5所，中小学生1375人，教职工153人。九年制义务教育普及率100%。

文化体育

明清期间，境域流行耍龙灯，演花鼓戏。中华人民共和国成立后，曾成立业余花鼓戏剧团。1958年，公社建立广播站。1965年，境域有龙洞、城前、大田3个公社文化站，每站配兼职辅导员1人。1983年，建成龙洞文化中心，有904座的影剧院1个，有藏书2000册的图书室，有6个文艺演出队，7个电影放映队。1985年，成立仙女山文学社，创办《仙女山》报。1989年，龙洞镇被评为“湖南省文学艺术之乡”。2009年，镇成立文联，下设戏曲、书画、文学、民间工艺、少年科普5个协会，有会员820名。同年，建立镇综合文化站。2011年，镇文化站被评为全省先进文化站。2012年，镇文联被评为全省先进文联。2013年，镇区建立农村文化广场，配备健身体育器材，开展球类、广场舞等活动。2014年，《龙洞诗联集——古韵新声》出版，集结500多年来境域227位作者的1600多首诗联作品。2015年，龙洞镇被湖南诗词协会授予“湖南省诗词之乡”称号。

医疗卫生

清代和民国时期，境域村民看病请个体郎中，到私人药店买药。中华人民共和国成立后，个体医生组成联合诊所。1959年，联合诊所并入公社卫生院。1969年，推行合作医疗，每个大队配备“赤脚医生”1~2名。1972年秋，新建泉湖卫生院。1983年，有卫生院(点)4处，医务人员28名，设病床15张。当年合作医疗解体。多数“赤脚医生”成为乡村医生。1986年，有大田、龙洞2所卫生院，共设病床12张，医卫人员38人。1995年，大田卫生院与龙洞卫生院合并为龙洞卫生院，下设2个医疗点。2011年，全镇共有26个村级卫生室，有乡村医生26人。2014年，开展重大传染病防控工作和农村妇女妇科病普查普治。中心卫生院和村卫生室实施基本药物制度改革。卫生院新建1920.21平方米的三层综合楼，设内科、外科、中医科、妇产科、理疗科等科室，引进X光机、B超、心电图机、呼吸机、生化分析仪等设备。2015年，境域有卫生所1所，设病床50张，医务人员28人。村级卫生院22个，有乡村医生22人。

社会保障

民国时期，境域鳏寡孤独及残疾人，政府很少扶助，多靠乞讨为生。1958年，境域城前、龙洞、大田、泉湖4公社办敬老院4个，入住老人21人。1961年，对完全丧失劳动能力，无依无靠的老弱病残、鳏寡人员和未满16岁的孤儿实行“五保”(保吃、保穿、保住、保医、保死后安葬、孤儿保教，下同）。1984 年，境域有龙洞、大田 2 所敬老院，入住 14 人。1991 年，新建龙洞乡敬老院，13 名“五保”老人入院养老。1995 年，供养“五保”老人 212 人,其中 23 人入住敬老院。1999 年，190 名复员退伍军人、13 名伤残军人、11 名三属（烈属、因公牺牲和病故军人家属）人员享受优抚待遇,发放优抚金 7.63 万元。2005 年，推行农村合作医疗制度。2006 年，31167 人参加合作医疗，参合率 82%。是年，启动农村居民最低生活保障制度。2011 年，启动新型农村社会养老保险制度。2012 年，42 人享受城镇居民最低生活保障待遇，2013 人享受农村最低生活保障待遇。2014 年，24312 人参加合作医疗，参合率 95%,门诊补偿 37357 人次,补偿金额 95.72 万元，住院补偿 4646 人次，补偿金额 1018 万元。2015 年，有 5616 人享受社会养老保险待遇，发放养老金 555.25 万元。1007 户 1343 人享受农村低保待遇，发放低保金 85.7 万元，66 户 76 人享受城市低保待遇,发放低保金 23.7 万元,407 户 725 位“五保”老人，发放生活费 123.72 万元。有重点优抚对象 174 人，发放优抚金 13.92 万元。

人民生活

清末及民国时期，社会生产力落后，多数农民食不饱腹，衣不遮体。中华人民共和国成立后，人民生活得到改善。1951 年，人均口粮约 200 千克。1956 年，人均口粮 280 多千克。1962 年，人民生活在“三年困难”后开始好转。中共十一届三中全会以后，农村经济发展，人民生活水平提高。1978 年，人均纯收入 186 元。1983 年，人均纯收入 476 元，温饱问题基本解决。部分农民开始改善居住条件，人均居住面积 20 平方米。1995 年，人均纯收入 1610 元，全乡 30% 的家庭新建红砖楼房,人均居住面积 30 平方米。2013 年，人均纯收入 11000 元，10% 的家庭购有小汽车。2015 年，人均纯收入 12480 元，90% 的家庭建起 2~3 层楼房，人均居住面积 35 平方米。

特色地情

历史人物

陈赓（1903—1961） 原名庶康，湘乡市龙洞镇人。1922 年加入中国共产党。1924 年进入黄埔军校，誉为“黄埔三杰”之一。1925 年，参加国民革命军东征，在蒋介石总指挥部任连长。1927 年参加南昌起义。1928—1933 年，战斗在上海中央特科，任情报科科长。土地革命时期，任红军师长、红军干部团团长等职,率部参加反“围剿”战斗，屡建奇功。在长征中，被誉为“开路先锋”。抗日战争时期，任八路军一二九师三八六旅旅长、太岳军区司令员等职，在太行山一带给日军以沉重打击。解放战争期间，任晋冀鲁豫野战军太岳纵队司令员等职，率部驰骋十三省，纵横 1.5 万千米，歼敌 70 余万人，解放 306 座城镇。中华人民共和国成立后,受命援越抗法,抗美援朝，任志愿军副司令员。回国后，建设解放军军事工程学院,任院长兼政委。1955 年,被授予大将军衔。1959 年，任国防部副部长。1961 年 3 月病逝于上海。

谭政（1906—1988） 原名世铭，号举安，湘乡龙洞镇人。1927 年参加秋收起义并加入中国共产党。土地革命战争时期，先后在红四军、红十二军、红二十二军、红一军团任职。参加长征。抗日战争时期，任军委总政治部副主任，陕甘宁晋绥联防军副政委兼政治部主任，留守兵团政治部主任。解放战争时期，任东北民主联军、东北野战军、四野政治部主任，中共中央华中局常委，四野兼中南军区副政委。中华人民共和国成立后，

陈赓故居

任中南军区第三政委，华南军区政委，总政第一副主任，国防部副部长，总政治部主任，中央军委常委等职。他以毕生精力奉献给军队政治工作。1955 年被授予大将军衔。1960 年 10 月在中央军委扩大会议上受批判被撤职，后任福建省副省长。1980 年平反。是国防委员会第一至三届委员，全国人大第一、五届常委，第八届中央委员。1988 年于北京逝世。

风景名胜

陈赓故居　位于湘乡市龙洞镇泉湖村。由故居主体、墓园和生平业绩陈列室三部分组成。故居为典型的湘中民居建筑风貌，系陈赓祖父清末湘军名将、武显将军陈翼琼所建，建筑面积 1342 平方米，房屋近 40 间。在故居内设陈赓大将生平业绩陈列室。故居后山为陈赓夫妇墓园。2011 年 3 月，陈赓夫妇骨灰（遗骨）迁回故里，安息在苍松翠柏之中。

剪刀桥　位于龙洞镇雅苗村，建于清乾隆年间，是清代宁乡、韶山通往湘乡的必经之处。桥为单拱石桥，花岗岩材质，桥长 6.4 米，宽 5.14 米，离水面高度 5.3 米。桥面由七列条石砌成，并有护栏，两头石阶梯斜长均为 7 米，中间石板有车辙印。桥造型美观，坚固耐用，是研究湘中地区单拱古桥建筑的重要实物资料。

（撰稿：谭　浪）

东郊乡

区域概况

地理位置

东郊乡位于湘乡市东部。东临湘潭县云湖桥镇，南与湘潭县乌石镇交界，北与龙洞镇接壤，西与望春门街道毗邻。境域地处湘乡市城区东郊，乡以地理位置取名。

建置沿革

清康熙三十五年（1696），境域属湘乡县常乐乡东凤一都。民国23年（1934）属湘乡县第一区。1950年，属第一区的长丰、滨山、西北、田心、新研、永丰、横洲7乡。1956年，属东郊乡和东山乡一部分。1958年，属东风人民公社。1962年，属东郊、新研、长丰、横洲4个公社。1984年，属东郊乡、新研乡、横洲乡。1995年，东郊、新研、横洲3乡合并为东郊乡。至2015年建置无变化。

区划面积

1995年，境域辖西北、柘塘、田园、王塘、碧星、石江、新村、横洲、金星、浒洲、罗公桥、杨树、新江、新研、定托、大桥、石竹、上花、向韶、向红、三湘、花亭、枫泉、新塘、横新、狮冲、永丰、旺兴、长丰、碳棚、新园、虎涧、战鼓33个村，440个村民小组。总面积89.7平方千米。耕地2940公顷，其中水田2804.5公顷，旱地135.5公顷，林地2300公顷，可养水域300公顷。2014年，杨树村、新江村合并为杨树村。2015年，境域设32个村，440个村民小组，总面积不变，耕地面积由于修建公路、铁路以及工业园征地减少到2471公顷。其中水田2404.53公顷，旱地66.47公顷，林地2476公顷，可养水域250公顷。

自然环境

境域属平原丘陵地带，地势西高东低，最高海拔60米，最低海拔41米，地质结构稳定。境域属涟水水系，涟水从西南入境再往东北流经湘潭入湘江，河道在境域长24.5千米。境域有多条支流，最长支流为菜石江，发源于韶峰山下，流经龙洞镇至境域汇入涟水，全长50多千米。境域属亚热带季风性气候，年平均气温在17℃左右，年平均降水量1300毫米。土壤为酸性二级。山地林木以乔木为主，有松、杉、油茶等品种。野生动物以野兔、画眉、野鸡居多。矿藏有石膏等。自然灾害洪涝较多。

人口民族

1995年，境域有15734户54224人，其中男性27355人，占50.45%；农业人口50919人，占93.9%。人口自然增长率3.52‰。2000年，第五次全国人口普查，境域有13491户48824人，其中男性24262人，占49.69%；农业人口46173人，占94.57%。人口以汉族为主，少数民族48人；人口自然增长率4.58‰。2010年，第六次全国人口普查，境域有12897户42300人，其中男性21114人，占49.91%；农业人口40192人，占95%；少数民族66人。人口自然增长率7.12‰。2015年年末，境域有14356户56861人，其中男性11363人，占50%。少数民族58人。人口自然增长率5.41‰。

经济发展

经济综述

中华人民共和国成立初期，境域经济主要靠农业。20世纪80年代，乡政府发展乡镇企业，铸造企业100多家。1995年，工农业总产值5.079亿元，其中农业总产值9392.6万元。1995年后，增加工业投入，调整农业产业结构，发展私营企业。2008年，工农业总产值14亿元。其中农业总产值3亿多元。2008年以后，进一步调整工业、农业产业结构，工业形成皮革、电器、陶瓷、铸管、建材5大支柱产业，农业形成黄花菜、商品菜、国外松采脂、超级稻、良种猪、渔业及特种水产、养禽、大棚水果、南竹生产9大农业基地。2015年工农业总产值68.13亿元，其中农业总产值5.34亿元。

种植业

境域种植业以水稻为主，辅以油菜、蔬菜等其他作物。20世纪50年代初，种植一季稻，收割后，部分水田种绿肥，部分水田犁翻泡冬或生板田过冬。1954年，试种双季稻，实行“稻—稻—绿（肥）”耕作方式。1956年起，全面推广种植双季稻，开始使用化肥。1974年，开始温室育秧。1977年，试种杂交稻。1995年，种植早稻2316.9公顷，总产1.73万吨，种植晚稻2615.2公顷，总产1.92万吨。1998年始，推广“五双”栽培（即双季优质稻、双季抛秧、双季两系杂交、双季亩产过千斤，亩产值过双千元）。2002年，调整农业产业结构，促进种植结构多样化、水稻品种优质化。2004年，政府实施“农机补贴”政策，农民购买农业机械积极性提高。2005年，粮食产量连续8年亩产过吨粮，成为湘乡农业优质高效示范点。2007年，境域有小型拖拉机85台，耕作机2940台，机滚船180台，联合收割机152台，机耕面积6050公顷。2008年，建设新园、田园村为中心的“水稻万亩高产示范区”工程，实施横洲、横新、战古等村的标准粮田建设，率先推广插秧机插秧。国家农业部、各省农业厅专家领导到新园村进行粮食高产现场观摩。2009年，推广“稻+稻+菜”“西瓜+油菜”的种植模式，建立黄花、小水果、油菜、蔬菜等种植基地，全乡种植冬季油菜480公顷，绿肥340公顷，白菜苔、韭菜160公顷。2013年，实施“农民增收、农业增效、农村发展”战略，粮食生产、特色农产品种植、养殖、休闲农业得到发展。2015年，境域有大中型拖拉机31台，小型拖拉机19台，耕种机2970台，机耕船215台，插秧机23台，联合收割机195台，机耕面积6900公顷，基本实现农业机械化。当年，粮食种植面积4250公顷，粮食总产4.03万吨。另种植油菜485公顷，绿肥320公顷，高品菜180公顷。

养殖业

境域养殖业以养猪为主，兼养鱼及家禽。20世纪40年代，境域41%的农户养猪，每户1~2头。中华人民共和国成立后，政府实施“公养私助”方针，扶助农民发展养猪。1957年，境域出栏生猪4700头，年末存栏生猪4800头。1958年，人民公社化时期，开展集体养猪，把社员私养的生猪平调公社所有，境域出栏、存栏生猪大幅减少。1961年，出栏生猪1086头，年末存栏生猪2182头。1962年，县委提出“公私并举，私养为主”方针，鼓励农户养猪，解散集体猪场，养猪事业得到发展。1965年，境域出栏生猪6542头，年末存栏生猪6128头。1973年后，养猪事业在徘徊中得到发展。1977年，境域出栏生猪1.25万头，年末存栏生猪1.96万头。实行家庭联产承包责任制后，养猪事业得到持续发展。1995年，境域出栏生猪11.5万头，年末存栏生猪5.2万头。2002年，调整养殖业结构，以养猪、养鱼为主，逐步增加养鸡、鸭、鹅及甲鱼、蛙等特种养殖比重，引进良种种猪，提高生猪品质，良种猪比率由38%上升到70%。2009年，养猪规模扩大，境域年末存栏生猪500头以上的养殖户有9户。2014年，境域出栏生猪500头以上的养殖户11户，养禽1000只以上的养禽场5家。杨树生猪养殖小区存栏生猪1000多头，饲养鸡鸭鹅20万羽。西北村“万鸡场”日产蛋500千克。浒洲村7.33公顷无土网箱养黄鳝和水蚯蚓基地，年产值达500余万元。2015年，境域养殖大户20户，养殖业总产值4200万元，占农业总产值的10%。出栏生猪14.5万头，年末存栏生猪5.8万头。

林业

境域属平原低岗地，林地较少。1951年土地改革时，部分农民分到林地，林权属私人所有。1958年，林权收归公社集体所有。1970年，建集体林场，境域有3个公社林场，33个大队林场。1981年，实行林业“三定”政策（稳定山林权、划定自留山、确定林业生产责任制），颁发社员自留山使用证。1987年，自留山、责任山合并为自留山。1995年，境域有林地2300公顷。1999年，封山育林1600公顷，幼林抚育95公顷，成林抚育205公顷。2000年，低产林改造800公顷，封山育林1333公顷。2002年起，启动退耕还林，至2005年的4年间，退耕还林132.9公顷。2009年4月，启动集体林权制度改革，纳入林改范围的集体林地2309.2公顷。至2010年11月，发证林地2116.7公顷，发证6245户，发证率91.7%。2014年，造林16公顷，建水果、花卉苗木等基地15处，种植水果苗木200公顷。2015年，境域有林地2476公顷，森林覆盖率25.29%。

工业

民国时期，境域工业主要是铸造犁头、犁耳等农具。1971年，有东郊联社磷肥厂。20世纪80年代，铸造企业100多家，生产下水道排污水管、井盖等，产品销往全国各地，出口东南亚国家。1986年，境域有工业企业130多家，工业总产值1605.7万元。1995年，有铸造、化工、建材、农副产品加工等企业150多家，职工11000多人。工业总产值4.1亿元。2003年，私营企业较快发展，形成皮革、电器、陶瓷、铸管、建材5大支柱产业，工业企业169家，从业人数13422人，工业总产值13.28亿元，年创外汇180万美元。2009年，新增鞋业、服饰、新型墙体材料企业9家，停产或淘汰企业70余家，境域工业企业102家，从业人员4500多人。工业总产值12.4亿元。2015年，工业企业113家，从业人员4272人。工业总产值62.79亿元。

商贸服务

境域毗邻城区，农民历来有进城买卖的习惯。中华人民共和国成立以后，境域建立供销社、肉食站、药品店等国营集体企业30多家。1995年，有集贸市场7个，圩场1个，个体工商户280户，其中中小型超市15个，从业人员550人。2005年，筹资300多万元建白水塘农产品加工市场。次年投入使用，常年从事农副产品加工者100余人。2012年，有“农家乐”餐饮20多家，供应生活、生产资料连锁店12家。2013年，建立日用品供销社7家，农资供销社5家。2015年，境域有面积50平方米以上的超市68个，城乡集市贸易成交额1.02亿元，社会消费品零售总额6.87亿元。

财政金融

民国时期，境域有信用社。1951年冬，中国人民银行湘乡支行，在境域长丰乡试办信用组。1952年，境域有铜钿湾、石江、双江、长丰、上花、西北、上托、炭棚、新研、新桥、横洲、战鼓、永丰、滨山、白沙、花亭、睦家17个乡信用社，65.7%的农户入社。1962年，有东郊、新研、长丰、横洲4个公社信用社，在生产大队设44个信用分社。1964年，中国农业银行湘乡支行在境域设营业所。20世纪60年代，乡财政收入主要源于农业税，20世纪70年代增加企业税。1981年，中国人民保险公司湘乡分公司在境域设代理站。1986年，长丰乡并入新研乡，境域信用社保留3个。1995年，境域有农村信用社1家，营业点2处，全年财政收入387.75万元，其中农业税184.05万元，年末各项存款余额2792万元，各项贷款余额1895万元。1996年，成立农村合作基金会。1996—1998年，加大财税征管力度，3年财税总收入1999.6万元，年均财税收入666.5万元。1999年，农村合作基金会撤销，其业务并入信用社。2003年，调减农业税，停征屠宰税，增设邮政储蓄所2个。2005年，免征农业税。2008年，财政收入减至167万元。此后，发展民营经济，财政收入增加。2015年，财政总收入2127.22万元，财政总支出2121.37万元，有信用社1个，信用分社1个，邮政储蓄所2个。金融单位年末各项存款余额为6.8亿元，各项贷款余额1.7亿元。

基础设施

交通运输

清代，有驿道从湘乡县城去湘潭县，过境10千米。民国13年（1924），潭宝公路湘潭至湘乡段竣工，过境11千米。涟水河边铜钿湾至文佳滩为境域水运航道，行船上至潭市、谷水，下至湘潭、长沙。民国27年（1938），湘黔铁路通车至娄底，过境10千米。抗日战争期间，湘黔铁路因抗日需要被毁。1958年，建成县道白银公路（东郊白水塘至银田寺），过境11.8千米。1960年，湘黔铁路修复运行，仍过境域。1964年，建乡道新（研）大（田）路，全长7.1千米。1967年12月，向韶铁路建成过境。涟水水运停航。1972年，建乡道炭（棚）柘（塘）路，全长5.3千米。1976年，建乡道长（丰）浒（洲）路，全长4千米。1985年，建乡道战（鼓）东（东山电站）路，全长3.8千米。1995—1998年，拓宽改直长（丰）方（湘潭上方桥）线等公路2条，计10.8千米，硬化公路50千米。2011年，乡村主干道基本硬化。2015年，境域有乡道以上公路7条，总长52.88千米，村道203.88千米。从湘乡城区开出的3路、5路、9路、15路公交车通达境域14个村。另有湘黔、向韶2条铁路过境。

邮电通信

清代，邮驿线路过境，在境域望仙、新研、马托铺3处设铺司。1949年，湘乡邮政局在文佳滩设邮政代办所。在大桥埠、新研铺、铜钿湾设邮政信柜。1956年，新研铺设邮电所。1958年，设东郊公社邮政局。1962年，邮政局改邮电所。1986年，新研铺邮电所有委办机构16处，东郊邮电所有委办机构8处。1989年，开通新研28门无人值守交换电话机。1990年，开通程控电话。1995年，有邮政网点2处，电信企业1家，移动电话服务网点5个。2011年，农户安装程控电话9000多门，入户率80%，全乡有移动电话4500多户，宽带用户200多户。2015年，境域邮政网点2个，代办所33个，邮政业务收入220万元。固定电话用户4200户，移动电话用户13000多户，互联网用户1800多户。

供水供电

20世纪60年代，境域居民依然使用煤油灯照明，饮用塘水、河水。1970年，境域机关单位开始使用电灯照明。1973年，农村出现打井热，饮用水改用地下水。15个村架通10千伏输电线路25千米，部分居民开始使用电灯照明。1985年，安装配电变压器33台，33个村全部通高压电，8500多户用上电。1995年，全乡90%的农户用上电灯，年用电量为27万千万时。2000—2004年，投资800多万元，对33个村的农网进行改造。安装变压器68台，输电线路总长120.5千米。2014年，长丰集镇投资300多万元建设供水设施，集镇3000多人饮用安全水。2015年，境域405户用上自来水；党政机关、企事业单位及32个村、440个村民小组全部用电。

水利建设

民国时期，境域农田靠水塘蓄水和从涟水河提水灌溉，有水塘2485口。1954年，建新塘冲水库，蓄水量6万立方米，可灌田13公顷。1955年，在涟水河边建煤气机提水站24处。1956年，建柘塘、狮冲2个水库，可蓄水68.2万立方米，灌田353公顷。1958年，建石江水库，可蓄水150万立方米，可灌田23公顷。1959年，建芦塘水库，可蓄水133万立方米，可灌田496公顷。1960年，建蛇形水库，可蓄水36.5万立方米，可灌田83公顷。1961年，涟水河边有提水筒车37架。1966年，韶山灌区北干渠通水后，境域建支渠（斗渠）20条，总长37.69千米。1967年，南干渠通水后，境域建支渠8条，总长22.1千米。韶山灌区使境域21个村受益，受益面积1801.33公顷。1976年，建涟水防洪堤24.7千米。1988年，境域有电力提灌站69处，装机71台。修建撇洪渠84千米。1995年，灌溉渠道增加到42条，总长126.5千米。2009—2012年，投资500余万元，对横洲撇洪渠全线清淤，硬化撇洪渠1.5千米，整修涟水河机埠5台，整修加固大山塘50口。2014年，改造大山塘15口，加固石江、狮冲、柘塘水库。2015年，境域拥有水库6座，水塘2480口，蓄水总量971.8万立方米，渠道长126千米，电力提灌69处，有效灌溉面积2056公顷。

村镇建设

1995年，乡政府制定乡镇发展规划，城镇规划区面积1.2平方千米，确定在长丰村建立区域性小集镇。1998年，启动集镇建设，在长丰征地6000平方米，建临街门面132个，整修街道4.5千米。2002年，集镇区扩大到1平方千米。2008年开始，乡政府组织资金，引导各村建设村级活动场所，重点建设横州、花亭、长丰、大桥、向红等10个村级集市。2010年，建垃圾池240个，焚烧池500个，配备158名保洁员，对集市场所和主要道路进行清扫保洁。2015年，境域32个村都建有村部办公室、会议室，部分村还建有文化娱乐活动室。城镇建成区面积0.2平方千米。

社会事业

教育

清代，境域教育以私塾教育为主。民国时期，有设在铜钿湾珞咖堂的私立紫峰初级中学，设在小堂寺的首善乡中心国民学校和设在新研铺的东凤乡中心国民学校，设在炭棚的私立龙泉小学。1956 年，境域有小学 18 所，学生 2100 人，教师 58 人。1992 年，有小学 30 所，学生 5521 人，教师 233 人。有初级中学 5 所，学生 2387 人，教师 177 人。1997 年，小学适龄儿童入学率 100%，小学生 100% 升初中，基本普及九年义务教育。1998 年，投资 638 万元，新建教学楼 3800 平方米，整修危房 2100 平方米，改造运动场 9000 平方米。长丰中学、西北小学建成合格中学和中心小学。2008 年，生源减少，调整学校布局，是年境域有初中 4 所，学生 648 人，小学 15 所，学生 2655 人，教师 407 人。2012 年，初中 4 所合并为 1 所。2015 年，境域有初中 1 所，学生 195 人（部分学生去外地学校就读，后面乡镇的同此原因）；小学 13 所，学生 2852 人，教师共计 311 人，适龄儿童入学率 100%。幼儿园 6 所，入园幼儿 200 多人。

文化体育

1957 年，东郊办起湘乡县第一个民办文化站——寺塘文化站。1965 年，境域建成东郊、横州、长丰、新研 4 个公社文化站，每站配兼职文化辅导员 1 名。1986 年，建东郊文化活动中心，有 300 个座位的简易影剧院，有藏书 1500 册的图书室，以及篮球场、羽毛球场、乒乓球室等活动场地。有 16 个电影放映队，5 个中西乐队。1994 年，乡建成万册图书馆，在境域 320 国道沿线建歌厅、舞厅、桌球室、电游室 30 多家。1996 年，举办文化艺术节，放映爱国题材电影 150 部。2011 年，全乡 20 个村通有线电视。2015 年，境域有综合文化中心 1 处，村级文化活动中心 15 处，农家书屋 30 家，藏书 4 万册，文体活动队伍 15 支，业余文艺创作人员 100 多人。

医疗卫生

民国时期，个体行医。中华人民共和国成立后，先后建立 3 个联合诊所和 1 个卫生所。1965 年，卫生所与联合诊所合并，建立卫生院。1979 年，改名区医院。1983 年，撤销区医院，建立东郊、横洲、新研 3 个卫生院，共设病床 10 张，医卫人员 44 人。1995 年，境域有医疗点 17 个，村卫生室医生、妇幼保健员和个体开业医生共 138 人，个体药店 8 个。2009 年，3 个卫生院合并，添置先进医疗设备。2015 年，境域有各类医疗卫生机构 29 个，门诊部（所）35 个；设病床 28 张，医卫人员 46 人，其中执业医师 20 人，执业助理医师 30 人，注册护士 1 人；村卫生室 32 个，个体医生 33 人。

社会保障

民国时期，政府对鳏寡孤、老弱病残很少扶助。1958 年，境域有敬老院 1 所，入院老人 5 人。1961 年，政府对完全丧失劳动能力，生活无依无靠的老弱病残、鳏寡人员及未满 16 岁的孤儿实行保吃、保穿、保住、保医、死后保安葬（孤儿保教）。1984 年，境域有新研、横洲、东郊 3 个乡敬老院，入住“五保”老人 16 人。1995 年，境域有“五保”老人 324 人，每人每月补贴生活费 35 元。1999 年，有复员、退伍军人 183 人，年发放优抚金 5.07 万元，在乡伤残军人 20 人，年发放优抚金 1.58 万元，三属人员 11 人，年发放优抚金 1.28 万元。2005 年，推行新型农村合作医疗制度。2006 年，实行城乡居民最低生活保障制度。2009 年，43494 人参加农村合作医疗，参合率94%。2010年，有重点优抚对象295人，年发放优抚金7.37万元。2011年，启动城乡居民社会养老保险，参保率84%。是年，有205户218人享受城镇低保待遇，1517户2046人享受农村低保待遇，年发放低保金53.5万元。2015年，有2667户2892人享受农村低保待遇，有202户222人享受城镇低保待遇，共发放低保金371.28万元；9900人享受社会养老保险待遇，发放养老金990.56万元；616人享受"五保"供养，其中集中供养70人，共发放生活补贴500.5万元；有重点优抚对象327人，年发放优抚金26.16万元。

人民生活

中华人民共和国成立后，人民生活逐渐改善。1953年，人均口粮约200千克。1956年，人均口粮增加到300千克。1959—1961年，由于人为原因和自然灾害，农民生活困苦。1962年后，经济形势好转，生活逐步改善。1995年，人均口粮超500千克，人均纯收入1150元，人均居住面积20平方米。1995年后，村民新建楼房，添置彩电、冰箱等高档家电。1998年，人均收入1408元，70%以上的农户住上楼房，人均居住面积40平方米。2002年，人均纯收入1590元，10%的家庭购入小汽车。2015年，人均纯收入10210元。99%的农户建有楼房，有家庭小汽车3358辆。

特色地情

历史人物

陈湜（1832—1896） 字舫仙，出生于东郊乡横洲虎涧。1855年他投身于湘勇"吉字营"，随曾国荃在江西与太平军作战。1864年6月，阻击李秀成突围有功，被清廷授记名按察使，封典正三品。1865年，授陕西臬司，调山西督办河防，防范捻军。1895年，中日甲午战争爆发，奉诏率领湘军旧部6个营5000人驻防山海关、鞍山。翌年正月，进驻大高岭左路要塞甜水站。在老君堂、八会寨、九沟峪、柳林子屡挫日军，完固"岭防"。授江西布政史，后仍驻山海关，专办湘军操防。1896年，病死于军营。

风景名胜

三湘分流 三湘分流泛指韶山灌区"三湘分流"渡槽（三湘指湘乡、湘潭、宁乡）及附近景观，位于东郊乡芦塘寺水库旁，渡槽长384米，可通过流量24立方米/秒，行驶20吨木船。渡槽上悬挂王首道亲笔题写的"三湘分流"四个大字。这里环境清幽，水明如镜，空气清新，是人们观光游览、避暑休闲的好场所。

（撰稿：李 博）

梅桥镇

区域概况

地理位置

梅桥镇位于湘乡市东南边陲，北与东山街道相连，南与湘潭县青山桥镇交界，东与湘潭县乌石镇毗邻，西与山枣镇相接，西南与湘潭县石鼓镇接壤。境域有一座名石桥称梅桥，镇以此命名。

建置沿革

清康熙三十五年（1696）境域属湘乡县万全乡及景庆乡一部分。民国23年（1934），属同风一、二、三乡和景庆乡。1950年，属湘土桥、花桥、梅桥、水口、茶佩、坳头、横铺、保合、鹿牯9乡。1956年，属梅桥、东塘、横铺、酒铺4乡。1958年，属红旗人民公社。1962年，属土桥、梅桥、东塘、横铺、酒铺5公社。1984年，属梅桥、横铺、酒铺3乡。1995年，梅桥、横铺、酒铺3乡合并为梅桥镇。至2015年建置无变化。

区划面积

1995年，境域辖土桥、井峰、泥滩、泉井、先锋、杨柳、胡薮、回龙、双河、桐木、保合、喜鹊、硖石、上凝、酒铺、农科、龙泉、衡山、丰城、芭蕉、梅桥、龙湖、丰收、丰隆、炉盆、鹿牯、东塘、同风、新仓、万全、星明、上峰、茶园、坳头、金吉、高枧、立新、泉福、江夏、茶佩、永福、高长、其林、横铺、象形、水潭、黄龙、福海48个村和1个居委会，531个村民组、2个居民小组。总面积137.6平方千米，耕地面积2873.33公顷，林地7832.33公顷，可养水域372公顷。2014年，桐木村、保合村合并为桐木村，上凝村、酒铺村合并为酒铺村，喜鹊村、硖石村合并为喜鹊村，农科村、龙泉村合并为龙泉村，丰收村、茶园村合并为丰收村，坳头村、金吉村合并为合兴村，江夏村、茶佩村合并为白洋村，栗新村、高枧村合并为高新村，麒麟村、横铺村合并为横铺村，星明村、象形村合并为富民村，回龙村、双河村合并为龙江村，同风村、鹿牯村合并为汇丰村，黄龙村、福海村合并为龙福村，芭蕉村、丰城村、衡山村合并为芭蕉村，丰隆村、炉盆村合并为大丰村，土桥村、井峰村合并为土桥村。原有泥滩、泉井、先锋、杨柳、胡薮、梅桥、龙湖、东塘、新仓、万全、上峰、泉福、永福、高长、水潭村不变。2015年，全镇共31个村、1个居委会，491个村民组，2个居民小组，总面积137.6平方千米。耕地面积2640公顷，其中水田2410公顷，旱土230公顷；林地面积8264.3公顷，可养水域350公顷。

自然环境

境域属中低山丘岗区，云盘寨山脉南北起伏环拱，形成3个自然冲垅。最大河流萧家河发源于湘潭县石鼓镇北冲，汇境域8条小溪，自南向北流入涟水，全长38千米。境域属亚热带季风湿润气候区，四季分明，年平均气温17.3℃，年降雨量1100~1400毫米。树木以灌木为主，竹类有南竹、丛竹、斑竹、水竹等，乔木有松、杉、油茶、油桐、樟、枫、梓、栗、槐、榆、冬青、乌柏、柏等30多种。野生动物有野猪、野兔、蛇类、蛙类等30多种。飞禽有鹰、鹞、鸦、雀、山鸡等40多种。矿藏有锰、磷、搪瓷石、高岭土、白云石、石灰岩、花岗岩等10多种。境域多为板页岩、花岗岩分化壤土，偏酸性，肥力中等。自然灾害以洪灾较多。

人口民族

1995年，境域有13768户，总人口51376人，其中男性26921人，占52.4%；农业人口50135人，占97.58%；人口自然增长率-0.3‰。2000年，境域有13234户，总人口48259人，其中男性24842人，占51.48%；农业人口47708人，占98.86%；人口以汉族为主，少数民族11个52人，人口自然增长率2.71‰。2010年，境域有13461户，总人口49465人，其中男性20607人，占41.79%；农业人口47005人，占97.4%。少数民族11个49人；人口自然增长率6.95‰。2015年，境域有11000户，总人口52288人，男性26905人，占51.46%；少数民族11个45人；人口自然增长率6.67‰。

经济发展

经济综述

民国时期，境域农民主要从事种田和编织篾席，经济不发达。中华人民共和国成立后，政府对农业、手工业实行社会主义改造，经济逐步发展。1995年，以香铺子为中心，确立香铺、横铺、酒铺3个经济聚集点，发展工业和商业，工农业总产值7253万元，其中农业总产值4002万元。2010年，农业引进高产优质水稻品种和先进生产技术，粮食总产3.56万吨。工业招商引资540万元，工农业总产值6.55亿元，其中农业总产值3.25亿元。2013年，扩大招商引资，发展蔬菜、水果、花卉等特色农业，特色产业总产值达亿元。2015年，工农业总产值8.33亿元，其中农业总产值2.2亿元。

种植业

20世纪50年代，种植单季稻，亩产200千克左右。1953年，湘乡首次种植双季稻成功。1954年后，种植双季稻逐渐在境域推广。1956年，新仓农业社种植双季稻123.47公顷，占该社水田面积的89%。1958年后，推行农业“八字宪法”，对“水、肥、土、种、密、保、工、管”片面理解，生产“瞎指挥”，粮食减产。1961年后，农业逐步复苏。1977年，推广种植杂交稻。20世纪80年代，普遍推广温室育秧技术，部分农田实行“稻稻油”“稻稻麦”三熟制。20世纪90年代开始，用机耕逐渐代替牛耕。1995年，种植水稻2542.73公顷，粮食总产3.3万吨。2000年，推广种植优质稻。2004年，政府实行“农机补贴”政策。至2007年，境域有小型拖拉机210台，耕种机372台，机滚船120台，联合收割机32台，机耕面积3750公顷。2010年，种植早稻2400公顷，中稻16公顷，晚稻2466公顷，粮食总产3.56万吨。另种红薯、玉米、蚕豆、花生、芝麻等1600多公顷。2013年，学习浏阳特色农业，发展优质水果、绿茶、油茶林、花卉、蚕桑、蔬菜、食用菌、药材及生态休闲9大产业，特色产业总产值1.2亿元。2014年，有杨梅、木耳、桃子、花卉、蔬菜、休闲等基地9个，农业合作社35个，种植大户31户，土地流转269公顷。2015年，种植早稻1920公顷，中稻354.4公顷，晚稻2040公顷，红薯420公顷，油菜586.6公顷，豆类80公顷，玉米866公顷，小麦163公顷，棉花186公顷，蔬菜1262公顷，瓜果8公顷，粮食总产量3.76万吨。有大中型拖拉机8台，小型拖拉机10台，耕种机1243台，机耕船192台，旋耕机33台，插秧机22台，联合收割机149台，机耕面积7010公顷。

养殖业

境域素有养猪、牛、羊、鸡、鸭、鱼的传统。民国时期，60%的农户养猪，种田农户一户养一头耕牛。中华人民共和国成立后，政府鼓励农户养猪。1955年，中共湘乡县委号召“一户一猪”。1957年，境域出栏生猪1.04万头，年末存栏生猪1.12万头。1958年，人民公社开始集体养猪，不许私人养猪，养殖业受挫。1961年，境域出栏生猪仅1616头，年末存栏生猪仅5507头。1973年，县委把发展集体养猪作为发展生猪生产的主攻方向，境域养猪生产得到发展。1977年，境域出栏生猪1.59万头，年末存栏生猪3.53万头。农村家庭联产承包责任制全面推行后，生猪生产由集体经营为主转为家庭自主经营，生猪生产发展迅速。1989年，境域出栏生猪4.75万头，年末存栏生猪2.9万头。1995年，境域出栏生猪5.65万头，年末存栏生猪9.75万头；养牛2181头、山羊658头、肉兔450只、禽14.55万羽；出水鲜鱼410吨。2000年，引导农民养菜牛、肉兔、山羊、鹿等，成立养猪合作社1个，发展养猪大户65户，养牛、养兔、养羊大户16户。境域出栏生猪6.89万头，年末存栏生猪11.96万头；养牛2200头、养禽15.74万羽、养羊750只、肉兔588只。双河、碧塘水库出水鲜鱼5万千克，产值70多万元。2015年，境域出栏生猪16.29万头，年末存栏生猪8.73万头；养家禽10.1万羽、养牛435头、养肉兔750只、养山羊3040只；出水鲜鱼4600吨；养蜜蜂37箱，产蜂蜜1308千克；养骡马20头。

林业

境域为中低山丘岗区，山地不少，但林地不多。民国时期，大部分林地归少数人所有。1951年，土地改革时，农民分到林地。1958年，林权收归公社集体所有。1978年，境域有公社林场3个，村办林场48个，林地面积860公顷。1981年，实行稳定山林权，划分自留山，确定林业生产责任制的“三定”政策，给社员颁发自留山使用证。1995年，境域有林地7834.3公顷，占山地面积的52%。1996年，造林210公顷，并进行封山育林和残林改造。1999年，成幼林抚育350公顷，低产林改造18公顷，封山育林5800公顷。2002年，启动退耕还林，至2005年的4年间，共退耕还林170.2公顷。2009年4月，启动集体林权制度改革，纳入林改面积8090公顷，至2010年11月，发证林地7361.73公顷，发证11623户，发证率91%。2015年，境域有林地8264.3公顷，森林覆盖率50.8%。

工业

清同治年间，境域萧家冲有编织凉席的匠人。民国年间，无田村民以编织凉席为业。中华人民共和国成立以后，篾席为萧家冲的传统产品。1987年，编席业得到发展。同时，还兴办服装、皮鞋、花岗岩加工等企业。1995年，全镇共有工业企业62家，其中规模较大、产值较高的有长虹服装厂、龙湖花岗岩厂、香铺玻璃厂、炉盆皮鞋厂、茶园饲料厂、城南建材厂等，从业人员3284人，工业总产值3251万元。2006年，招商引资640

万元，引进企业5家，湘桂竹制品厂、红翔摩托车保险杠厂投产。工业总产值2.1亿元。2010年，湘达电子厂、振兴制革厂、化梅贸易有限公司、鑫碧石材厂等规模企业落户境域，全镇有工业企业45家，工业总产值3.3亿元。2015年，全镇有工业企业35家，从业人员4885人，工业总产值6.13亿元。

商贸服务

清代和民国时期，境域有香铺子、芭蕉等小型集市，经营杂货、肉食、饮食、手工业品等。中华人民共和国成立以后，在乡政府驻地建供销社、肉食站，偏远村建代销店。香铺、鹿牯、茶佩、胡蓤、龙泉设圩场。1990年，有香铺、横铺2个集贸市场，酒铺、龙泉、土桥、鹿牯、胡蓤、茶佩6个圩场，个体商铺52家，社会消费品零售额3917.36万元。1995年，在镇区征地5500平方米，建临街门面55个，镇区工商企业、个体户82户，从业者1800人。2015年，境域有香铺、横铺、大丰三个集贸市场，有各类商铺139家，从业者3000人，圩场赶集日近4000人参与。当年社会消费品零售额7088万元。

财政金融

民国23年（1934），境域有景庆乡信用社。1954年，境域有保合、酒铺、峰城、同庆、东塘、鹿牯、新仑、上丰、横铺、水口、永福、茶佩、高枧、坳头、龙山、廻龙、胡蓤、广丰、井丰、梅桥、土桥21个乡信用社，65%的农户入社。1956年，21个乡信用社合并为酒铺、梅桥、东塘、横铺4个乡信用社。1961年，4个乡信用社更名为4个公社信用社。自后，信用社随着行政区域调整而时分时合。20世纪60年代，乡财政收入主要源于农业税。20世纪70年代开始，企业税收成为乡镇财政收入的重要来源。1995年，境域有农村信用社1家，年末各项存款余额6500万元，各项贷款余额9800万元。1996年，有农村合作基金会。1997年，中国人寿保险股份有限公司在境域设梅桥保险站。1999年，农村合作基金会撤销，其业务并入农村信用社。2000年，镇财政总收入821.5万元，总支出830万元。2003年，调减农业税，停征屠宰税。2005年，免征农业税。境域增设邮政储蓄所。2008年，镇财政总收入减少至28万元，总支出680万元。2010年以后，财政收入主要靠工商税。由于工商企业发展较快，财政收入逐步增加。2010年，财政总收入1485万元。2015年，境域有农村信用社、邮政储蓄所等金融机构3家，年末各项存款余额5亿元，贷款余额1.15亿元。财政总收入2128.45万元，总支出2025.41万元。

基础设施

交通运输

清代，境域有县城至南岳的大道过境。1959年，县政府在境域修建东山张江至横铺的公路，境域长18千米。1964年，修建横（铺）茶（佩）公路，全长5千米。1966年，修建泉（井坳）泥（滩）公路，长12千米。1972年，修建梅（桥）双（江）、梅（桥）龙（潭口）、水（潭）黄（荆坪）公路，共20千米。1995年，境域县、乡公路总长55千米，通村简易公路14条。每天有38班次客车从横铺、茶佩、龙泉、龙江、泥滩等村开往湘乡、湘潭、株洲、长沙、衡阳等地，日客流量1500人次。2000年，境域湘（乡）衡（山）公路分段硬化，同时拓宽、延伸通村公路。2005年起，对村道进行硬化，至2014年，14条通村公路全部硬化。2015年，境域有乡道以上公路7条，总长63.56千米，村道240.8千米。每天往返于湘乡、湘潭、株洲、长沙、衡阳等地的客车42个班次，日客流量达1680人次。10个村通公共交通。

邮电通信

民国时期，境域有邮路经过土桥、香铺、鹿牯庙、横铺等地，邮件由信差徒步传递，在横铺设信柜。1956年，在香铺子设邮电所，装电话交换机1部。酒铺、梅桥、东塘、横铺4个乡通电话。1962年，设梅桥邮电所，邮递步班改骑自行车。1973年，增设横铺邮电所。1985年，设梅桥邮电支局，下设19个委办点。是年，酒铺、横铺、梅桥3个乡装磁石交换机。1995年，开通移动电话。1997年，固定电话进入百姓家。开通互联网。2002年，有程控电话3259部。2006年，建移动通信基站2个。2008年，建通信基站5个，增固定电话1500门。2010年，新建2个通信基站，增固定电话1000台，程控电话发展到7081部。2015年，有邮电分局和1个邮政代办所。全镇移动电话2.6万部；28个村通宽带，用户1600户。

供电供水

境域居民历来饮用塘水或井水。20世纪70年代，东山区公所修建水池，架设水管，把后山山泉引入机关饮用，并向居民提供。不少有条件的农家亦采取这种办法，饮用山泉自流水。同期，境域开始供电，农家照明由油灯逐步被电灯取代。1979年，10个大队通电，2012户农户使用电灯照明。1980—1985年，投资400多万元，添置供电设施，拉长供电线路，实现村村通电，99%的农户使用电灯照明。2004—2008年，31个村开展农网改造，投入资金500多万元，安装变压器67台，整修和拉长线路140多千米。全镇年用电量25万千瓦时。2009年，30个村完成电网改造，47个村改造户表，新立电杆2800根，新架三相四线8千米，新增饮用山泉自流水9500户。2012年，投资530万元，在横铺龙湖村建设集中供水工程。2015年，横铺、龙湖饮用水工程建成使用，1.3万人饮用自来水，其他村全部饮用地下水。

水利建设

民国时期，境域农田靠水塘蓄水灌溉，共有水塘4597口，蓄水量811.8万立方米，可灌田1052.67公顷。1956年，境域建成保合水库，可蓄水24.9万立方米，可灌田60公顷；建成硖石水库，可蓄水35.8万立方米，可灌田43.3公顷；建成新仑水库，可蓄水19万立方米，可灌田74.67公顷。1957年，建成油铺、龙湖、永胜、合兴4个水库，共可蓄水925万立方米，可灌田355.93公顷。1960年，建成白洋水库，可蓄水284万立方米，可灌田178公顷。1965年，建成燕子水库，可蓄水54万立方米，可灌田102.6公顷。1967年，韶山灌区南干渠建成后，灌溉境域土桥、杨柳、泉井3村部分农田。1972年，建成王家冲水库，可蓄水11.9万立方米，可灌田14公顷。1974年，建成衡山、碧塘2个水库，共蓄水40.8万立方米，可灌田84公顷；修建白洋水库上峰村渠道，引水灌溉白洋、高长、横铺、水潭、龙福、上峰、富民等村田土；修通燕子、衡山水库配套渠道248千米。1975年，建成先锋水库，可蓄水15万立方米，可灌田44.66公顷。1980年，建成九家塘水库，可蓄水112万立方米，可灌田95公顷。1982年，综合治理淤塞严重的萧家河，修建拦河坝10座。2012—2013年，投入1100万元，对白洋、胭脂、九家冲等10座水库实施除险保安工程建设。2013年，投入1400万元，对萧家河进行规范性建设治理。2015年，境域有水库17座，其中小（一）型2座，小（二）型13座，等外水库2座，山塘4100口，有效灌溉面积2408公顷，占水田总面积的99.1%。

村镇建设

1995年，镇党委、政府制订镇区发展规划，确定镇区沿湘青公路两侧发展。2000年，征地18.95公顷，进行镇区基础设施建设，鼓励农民进镇区经商办企业。2008年，征地26.13公顷，新建卫生院、变电站、邮政所、电信所及部分商店、住宅。2009年，引导农户改水、改厕、改灶、改路、改栏。2010年，以上峰、龙湖两个示范村为重点，推进“五改连片”工程。2014年，土桥等28个村建立村级活动中心。2015年，建垃圾收集池70处，垃圾焚烧池400多个。集贸市场设80个垃圾桶。镇区建立12人的保洁队伍，各村配备3~5名保洁员。城镇化率18%。

社会事业

教育

清代，境域有私塾、蒙馆多家。民国时期，在土桥设立景庆乡中心国民小学，有乐山、渔溪2所私立小学。1956年，境域有小学11所，土桥完小附设初中班。1974年，有4所“五七”高中、5所初中、48所小学。1986年后，贯彻《义务教育法》，教育事业发展加快。1992年，有初中5所，学生1399人，教师126人；小学42所，学生6608人，教师235人。1997年，小学适龄儿童入学率99%，普及九年义务教育。1998年起，生源逐年减少，不断调整学校布局。2008年，有初中3所，学生1017人，小学11所，学生2505人，中小学教师402人。2015年，有初中3所（含九年制学校1所），学生808人；小学10所，学生2407人，中小学教师299人。学前班10个，幼儿园4所，适龄儿童入学率100%。

文化体育

1965年，境域有梅桥、酒铺、土桥、东塘、横铺5个公社文化站，每站配文化辅导员1名。1979年，保留梅桥、酒铺、横铺3个文化站。1982年，建成梅桥文化活动中心，有简易影剧院和图书室等活动设施，有7个电影放映队，7个中西乐队。2009年，成立镇有线电视管理站。2015年，境域有文化站1个，有线电视管理站1个，3个村通有线电视，25支中西乐队，6支舞狮队，7支腰鼓队，29处广场舞场地，13处体育活动场地，31个农家书屋，共藏书8万册。

医疗卫生

民国时期，境域医疗为个体行医，著名中医有孔冠时、吴伯坚、陈介华等。1951年，个体医师组建联合诊所。1958年，建红旗公社卫生院。1961年，有东山区卫生所。1969年，区卫生所与联合诊所合并为东山区卫生院（中心卫生院），1979年撤销。1986年，有梅桥、酒铺、横铺3个卫生院，共设病床26张，医卫人员45人。1995年，3乡卫生院合并为梅桥镇卫生院，各村建立卫生室和妇育保健室。2007年，镇卫生院扩建住院部。2013年，扩建综合大楼，配置医疗器械。2015年，镇卫生院设病床60张，有医护人员53人；有52个村卫生室，医务人员52人；另有个体医生5人，个体药店5家。

社会保障

民国时期，孤老残疾者，政府很少扶助，部分以乞讨为生。1961年，政府对孤老残幼实行保吃、保住、保穿、保医、保死后安葬（孤儿保教），简称“五保”。1984年，境域有梅桥、酒铺2个乡敬老院，入住“五保”老人10人。1989年，境域有2个敬老院，25名“五保”老人入院养老。1999年，有228名复员、退伍军人，24名在乡伤残军人以及“三属”人员享受优抚待遇，年发放优抚金 11.79 万元。2005 年，推行新型农村合作医疗制度，4.1 万人参加，参合率 90%。2006 年，启动城乡居民最低生活保障制度。2008 年，全镇有 1861 户 2053 人享受农村低保待遇。2010 年，有重点优抚对象 299 人，年发放优抚金 7.48 万元。2012 年，全镇 702 名“五保”人员全部按政策享受“五保”待遇，其中 50 人入住敬老院。2013 年，45185 人参加农村合作医疗保险，参合率 96.23%。19132 人参加社会养老保险，9054 人享受社会养老保险待遇。2015 年，2373 户 2614 人享受农村低保待遇，发放低保金 341.64 万元。88 户 93 人享受城市低保待遇，发放低保金 35.58 万元，8986 人享受养老保险待遇，发放养老金 840.8 万元，有重点优抚对象 388 人，发放优抚金 13.28 万元。“五保”老人 815 人，发放生活费 237.67 万元。

人民生活

民国时期，耕地大部分属地主所有，农民依靠佃田、手工劳动和出卖劳动力维持生活。1950 年，实行土地改革，耕者有其田，农民生活逐渐提高。1958 年，成立人民公社，开办公共食堂，人们生活教困难。1961 年，解散公共食堂，人民生活改善。1965 年，人均口粮 300 多千克。人均居住面积 20 平方米左右。中共十一届三中全会以后，农村实行联产承包责任制，农民温饱问题基本得到解决。部分农民修建楼房，购置摩托、电视机等高档商品。人均居住面积 30 平方米。1995 年，农民人均纯收入 1051 元，70% 的农户住上楼房。此后，农村剩余劳动力外出务工经商，农民收入不断增加。2005 年，输出劳力 1.1 万人，劳务收入 1 亿多元，农民人均纯收入 4010 元。2010 年，人均纯收入 5669 元。2012 年，8150 元。2015 年，人均纯收入 10220 元，人均居住面积 37 平方米，部分农民拥有小汽车、电脑。

特色地情

历史人物

王　鑫（1825—1857）　名开作，今梅桥镇杨柳村人。1851 年在县办团练保境。次年由巡抚张亮基檄调拱卫省城，由曾国藩统管镇压太平军。累军功加知县、直隶州知州衔。1854 年遭太平军痛击，被削直隶知州衔。随后镇压两广天地会起义及两广、湖南零散农民起义。1856 年升知府、道员。同年 10 月奉命援鄂，在崇阳、通城、蒲圻一带与太平军作战获胜，加按察使衔。次年援赣，攻取临江、水东、宁都、广昌、吉安、东安。著述有《练勇刍言》《尺一偶存》《练勇臆说》等。

虚　云（1840—1959）　法署幼游号虚云，俗姓萧，祖籍梅桥镇水潭村人，生于福建泉州。从小独爱佛经，清光绪十八年（1892），投福州涌泉寺，后辗转各地名寺学习，并遍拜各国名刹高僧，研讨佛学。1906 年清政府诏封“佛慈洪法大师”。民国时期先后向海内外各阶层信士劝募，修葺云南鸡足山道坊和昆明、广东六处寺院（塔）。1931 年任福建涌泉寺住持，重葺寺院并增建三庵，整理大批宋、明、清《藏经》。1934 年移锡韶关南华寺，翻新殿、堂、房、宇、庵、塔 243 座（处），新塑大小佛像 690 尊，改善六祖慧能传存真身和唐千佛袈裟等珍贵文物的保藏设施。1943 年，赴重庆主持息灾法会，超度抗日死难军民。1950 年 10 月声援抗美援朝，发起祝愿世界和平法会，建水陆道坊 49 天。1951 年 4 月，中央人民政府赠誉“中国佛教最杰出的高僧”。1953 年，当选中国佛教协会名誉会长，全国第一届政协委员。晚年，经多年化缘，修复被日军烧毁的千年古道坊江西云居山真如寺。

王诗正（1850—1893） 王鑫之子，特恩荫袭直隶州知州。左宗棠收复新疆时，总理甘肃粮台营务，因贡献授江苏即补道，加盐运使衔，晋二品顶戴。后为忌者所劾，被革职。清光绪十年（1884）11—12月，他奉左宗棠檄在福州统领恪靖军5营驻泉州蚶江一带待命，后分批齐集台湾彰化。光绪十一年（1885）正月，他与曹志忠各率3000多人，在基隆月眉山一带与法军血战近10天，此战为台湾抗法战争中，规模最大血战。战后中法和议成。清廷赏正五品顶戴。病故后，追赠内阁学士衔。

杨王鹏（1886—1919） 字子鬯，梅桥镇芭蕉村人。1907年投湖南新军第50标，因参加反清活动被开除。翌年入湖北新军第41标，组织军队同盟会、群治学社，创办《商务报》，再次被开除。武昌起义后参与焦达峰等策动湖南新军响应，任湖南省政府秘书。1912年加入同盟会。1913年赴日本，次年受孙中山派遣回国。1919年在长沙与湘军混成旅约定袭击将军府，失败被害。

谭道源（1886—1946） 字逸如，梅桥镇横铺村人。1906年加入同盟会。1915年襄组护国军讨伐袁世凯。后入湘军，升至师长。1925年参加国民党一大会议，赞同孙中山三大政策。翌年誓师北伐，任50师师长。奉蒋介石令对工农红军进行第一、二、五次"围剿"，损兵折将。后任22军军长。1935年晋升陆军中将，1937年授以第十军团军团长之职。属下两个师参加淞沪会战，所部官兵大部分牺牲。率军投入下邳战役，获胜。后陷入日军重围，侥幸脱险。后电请蒋介石辞去军职，改任湖南省政府委员、湘北行署主任。1946年病逝于长沙。

萧　三（1896—1983） 原名植藩，梅桥镇横铺村人。1918年参与创建新民学会。1921年赴法国勤工俭学，1922年加入法国共产党，同年转入中国共产党，翌年，与陈乔年首次把《国际歌》译成中文。1924年回国。参加上海第三次工人武装起义，1930年赴莫斯科任教，主编《世界革命文学》中文版，1939年回国，任延安鲁艺编辑部主任等职。中华人民共和国成立以后，历任文化部对外联络局局长、中国作协书记处书记、全国政协第五届常委等职。著有《毛泽东同志的青少年时代》《和平之路》《伏枥集》《萧三诗选》等，译有《列宁论文学与艺术》《前线》等。主编有《革命烈士诗抄》及续编。

唐槐秋（1898—1954） 梅桥镇胡薮村人。1911年赴日本求学，1916年毕业于东京成城中学。1919年辗转赴法国研习航空机械。1925年开始从事话剧运动。1926年在上海与田汉创办南国社。1933年成立中国旅行话剧团，自任导演先后在上海、北平、天津、南京、香港等地，公演《雷雨》《女店主》《委曲求全》等剧，无政府支持，支撑14年之久。抗日战争时期，由沦陷区组织演出进步剧目，在北平、上海两次被日军投入监狱，他坚贞不屈。中华人民共和国成立后，任中国戏剧研究所导演科科长等职，被中国戏剧界公认为"中国话剧事业的开拓者"。

民间艺术

梅桥夜唢呐 梅桥夜唢呐有100多年传承历史，常采用大吹小打的形式演奏，使用大小唢呐、花鼓大筒、中胡、笔杆、笛子和汉钞锣鼓等乐器。吹奏的乐曲大多为套曲，采用叫趟调的同宫异调变奏手法以及三合调、倒调、舍字犯调等多种独特手法，曲目变化万千，连奏不显重复。夜唢呐只在办丧事时通宵达旦吹奏，以热闹丧场为主；同时，体现孝家对亡者深切哀悼之情。2014年，梅桥夜唢呐入选湘潭市非物质文化遗产名录。

（撰稿：陈松柏）

中沙镇

红军高级将领黄公略故里。

区域概况

地理位置

中沙镇位于湘乡市城区西南端，东与栗山镇接壤，南靠双峰县井字镇，西与双峰县梓门桥镇为邻，北与虞唐镇交界。从双峰县境域人形山发源的中沙河流入中沙境域后与桂花河汇合，泥沙淤积成塅，名“中沙塅”。中沙镇以此得名。

建置沿革

清康熙三十五年（1696），境域分属湘乡县万全乡兴让八都。民国23年（1934），分属兴让乡和大麓乡。1950年，分属中沙、桂花、田心、万福、梅龙5乡。1956年，分属中沙乡、桂花乡。1958年，分属虞唐公社。1962年，从虞唐公社析出，分属中沙、大杉、公略（桂花）3公社。1984年，分属中沙乡、桂花乡（原大杉公社和中沙公社合并为中沙乡，桂花公社改为桂花乡）。1995年，中沙乡和桂花乡合并，为中沙镇。2015年，建置无变化。

区划面积

1995年，境域辖万福、主步、小洞、大杉、中心、茅畲、万宝、龙山、石塘、梅龙、道常、扶塘、云居、洞上、西冲、红荷、道坪、中沙、桂花、紫峰、道冲、虎山、朝阳、紫山、沧泉、梅口、田心27个行政村和1个居民委员会，共211个村民（居民）小组，总面积为68.5平方千米，耕地1245.73公顷，其中水田1085.26公顷，旱土160.47公顷；林地3900公顷。2014年，行政村撤并，主步和大杉合并为大杉村，中心、万宝、龙山合并为龙山村，梅龙、道常合并为梅龙村，扶塘、石塘合并为扶塘村，云居、洞上、西冲合并为西冲村，红荷、中沙合并为中沙村，桂花、梅口合并为桂花村，田心、小洞合并为田心村，道冲、虎山合并为虎山村，朝阳、紫山合并为公略村。其他5个行政村不变。2015年年末，辖15个行政村，1个居民委员会，211个村民（居民）小组。境域面积未变。由于建设用地增加，耕地面积减少至1149.72公顷，其中水田1015公顷，旱地134.72公顷。林地3993.4公顷。

自然环境

境域地形属丘陵山区，群山连绵险峻。荆紫峰为境域最高峰，海拔725.9米。海拔500米以上的还有梅龙山、大石岩、易家排、毛家坳、公略山、高紫山、人形山、朝阳峰。境域较大溪流有中沙河、桂花河，两溪相会后流入赤石水库。

境域属亚热带季风湿润气候区，四季分明。年平均气温 17 ℃，年降雨量 1300 多毫米。境域森林茂密，树木以南竹、杉、马尾松为主。野生动物多，有野猪、野兔、野鸡等。主要矿藏有矽石、滑石。土壤以红壤为主，含沙量大，肥力较低。主要自然灾害为山洪暴发造成水灾。

人口民族

1995 年，境域有 7349 户 25631 人，其中男性 13159 人，占总人口 51.34%；农业人口 25025 人，占 97.63%；以汉族为主，少数民族 110 人。人口自然增长率 2.13‰。2010 年，有 7379 户 26561 人，其中，男性 13919 人，占 52.4%；农业人口 25704 人，占 96.77%。少数民族 110 人。人口自然增长率为 8.93‰。2015 年，境域有 7365 户 26918 人，其中，男性 14159 人，占 52.6%。少数民族 119 人。人口自然增长率 4.57‰。

经济发展

经济综述

境域地处偏僻山区，以农业经济为主。民国时期，经济落后。中华人民共和国成立后，经济逐渐发展。农业以种植水稻为主。工业以传统造纸、竹木器制品为主。20 世纪 70 年代起，发展乡镇企业。1986 年，境域乡镇企业总产值 433.2 万元。1995 年，全镇工农业总产值 9323.92 万元，其中农业总产值 3043.92 万元。1996 年，镇党委、政府以山区经济综合开发为突破口，实施“科技兴农，科技兴镇”战略发展经济。2000 年，乡镇企业改制，发展民营经济，鼓励农民进镇经商。2009 年，工农业总产值 1.94 亿元，其中农业总产值 9548 万元。此后，不断调整产业结构，开展招商引资，利用境域丰富的森林资源，发展水果种植，生猪、山羊、肉牛和鸡鸭养殖及竹木制品生产等特色产业。2015 年，工农业总产值 6.35 亿元。其中农业总产值 1.6 亿元。

种植业

境域种植业以种植水稻为主，小麦、红薯、豆类为辅。历为耕田用牛，用人畜粪与草皮、山青沤制凼肥或直接施入耕地作基肥。1953 年前，均种一季稻，粮食亩产 150 千克左右。1954 年，试种双季稻，提倡合理密植，用划行器划好格子再插秧。1956 年起，全面推广种植双季稻，由传统育秧转湿润秧田育秧。1973 年，推广碳酸氢铵、氨水犁田深施技术，采用“稻—稻—冬闲”耕作式。1974 年，推广温室育秧、场地育秧、旱土育秧等技术。1976 年，试种杂交稻。1981 年，推广地膜覆盖育秧技术，晚稻用机滚船平整水田。1995 年，采用“稻—稻—绿（肥）”耕作方式。种植水稻 1782.67 公顷，其中杂交稻 910 公顷，粮食总产量 1.32 万吨。另种红薯 90.3 公顷、小麦 8.7 公顷、油菜 27.4 公顷。1999 年，推广盘育抛秧技术。2000 年起，推广种植优质稻。2004 年起，国家实施“农机补贴”政策，境域农民购买农业机械积极性提高。2007 年，机耕面积 1150 公顷，机耕逐步替代牛耕。2008 年，采用复合肥底肥 + 尿素施肥方式，加强以水土保持为重点的农田水利建设，扩大优质稻种植面积，推广抛秧技术。当年种植水稻 2293.3 公顷，粮食总产量 1.75 万吨。另种春秋玉米 120 公顷，红薯 53.3 公顷。2012 年，种植水稻 2079.73 公顷，粮食总产 1.8 万吨。2015 年，农业机械化程度提高，境域农民有中型拖拉机 4 部，小型拖拉机 25 部，耕种机 705 部，机滚船 76 部，旋耕机 6 部，插秧机 16 部，联合收割机 48 部。全镇机耕面积 3100 公顷。当年种植水稻 1150 公顷，其中优质稻 845 公顷。粮食总产量1.8万吨。另种玉米、红薯等杂粮150.5公顷。

养殖业

境域养殖业以养猪为主。民国时期，境域50% 的农户养猪，每户养 1~2 头。中华人民共和国成立初期，政府实施“私养公助”政策，扶助农民养猪。1957 年，境域中沙、桂花 2 乡共出栏生猪 4000 头，年末存栏生猪 5300 头。1958 年后，公社、大队集体养猪，饲养量和出栏量均减少。1961 年，中沙、大杉、桂花 3 个公社出栏生猪仅 380 头，存栏仅 1540 头。1962 年，贯彻县委“公私并举，私养为主”方针，养猪事业回升。1965 年，境域出栏生猪 2239 头，年末存栏生猪 4633 头。中共十一届三中全会后，养殖业发展很快。1989 年，出栏生猪 1.8 万头，年末存栏生猪 1.5 万头。1995 年，出栏生猪增至 2.5 万头，年末存栏生猪 1.65 万头。农户养殖牛、羊 450 头，网箱养鱼 58 口。1999 年，改良生猪品种，建生猪品种改良基地 3 处，出栏生猪 1.7 万头，养羊 1012 只，养肉牛 1448 头。2010 年，政府扶植科技养殖，加大生猪品种改良力度，与娄底种猪场、省原种场合作，引进长大杂种母猪 256 头，公猪 5 头，形成田心、中心两个村杂交猪生产基地。境域出栏生猪 4.6 万头。2015 年，境域生猪养殖专业户 65 户，养牛、养羊专业户 40 户。出栏生猪 5.88 万头，养牛、羊共 1650 头。

林业

境域属丘陵山区，林地多。民国时期，林地大部分归少数人所有。1951 年，土地改革时，农民分到林地。1962 年，山林所有权固定到生产队。1978 年，境域建 2 个公社林场，27 个大队林场。1981 年开展稳定山权林权，划定自留山，稳定林业生产责任制的“三定”工作，70% 的山地划给农民作自留山，并给社员发给自留山使用证。1986 年，中沙乡退伍军人熊惠生承包中沙、桂花、巴江 3 个乡的 200 多户 60 公顷荒山造林，组建 4 个林场。1987 年，实行自留山、责任山“两山并一山”为自留山。1995 年，境域有林地 3900 公顷，森林覆盖率 55%。1997 年，造林 20 公顷，成幼林抚育 450 公顷，竹林低改 20 公顷，封山育林 3500 公顷，发展经济林专业户 28 户。1999 年，造林 40 公顷，成幼林抚育 145 公顷，封山育林 2600 公顷，竹林低改 24 公顷，增加小水果基地 17 公顷。2000 年，境域有镇林场 10 个，村林场 36 个，共计林地 238.2 公顷。2002 年，启动退耕还林，至 2005 年的 4 年间，共退耕还林 123 公顷。2009 年，启动集体林权制度改革，至 2010 年 11 月，全镇确定林权 4087 公顷，比率 100%，发证面积 3739.4 公顷，发证 7015 户，发证率 91.5%。2013 年，开发小水果基地 13.3 公顷，竹林低改 150 公顷，建设公益林 442 公顷，建长江防护林 67 公顷，发展油茶林 127 公顷。2015 年，境域有镇办林场 5 个，村办林场 8 个，林地面积 200 公顷。造林 25.3 公顷，成幼林抚育 76.67 公顷。境域林地 3993.4 公顷，森林覆盖率 60%。

工业

民国时期，境域农民编制各种竹器出卖，作为家庭副业。1951 年，中沙、万里、桂花、梅龙成立 4 家土纸生产合作社。1953 年，胡云生互助组成立造纸、铁工、木工专业组。1954 年，道坪农业社建成两个纸槽。1957 年，道坪罗建崇以部分麦秆、笋壳掺入竹料造纸成功。1978 年，桂花公社开办鞭炮厂。1979 年，中沙公社在周家冲开采金矿，同年产金 179.14 克，后停办。1980 年，中沙茅畲针织厂投产。1986 年，中沙陀参（一种中药）厂投产。当年境域工业总产值 88.5 万元。1995 年，镇办工业企业 17 家，联合办工业企业 23 家，工业总产值 6280 万元。1999 年，乡镇企业改制，发展民营工业。2006 年，利用南竹资源，引进投资 15 万元的竹制品厂；利用解放军驻镇闲置营房投资 25 万元，建成年产 7.5 万千克食用菌公司。2015 年，境域有荆峰竹木加工、丽景石材、澳泉食品、繁盛五金机械、中沙提炼等工业企业 12 个，从业人员 330 人，工业总产值 4.75 亿元。

商贸服务

民国时期，境域中沙、大杉、桂花等处有经营南杂、伙铺、屠房、竹木制品的店铺。中华人民共和国成立后，在乡（公社）驻地建供销社，经营南杂百货、生产资料等。1986 年，境域有中沙、大杉、桂花 3 处集贸市场。1995 年，在中沙老街区新建农贸市场和商铺。1998 年，个体商铺发展到 1100 多家，社会消费品零售额为 3700 万元。2009 年，镇党委、政府投资 3 万元，扩建农贸市场。随后，加快小城镇建设步伐，加大集镇基础设施投入，鼓励农民进镇经商，商贸服务快速发展。2015 年，全镇有集贸市场 3 个，各类商铺 1500 多家，个体工商从业者 6000 余人。社会消费品零售总额 6213 万元。

财政金融

1954 年，境域有中沙、桂花、道坪、沧泉、公略、高紫、田心、大杉、主步、梅龙、西冲 11 个信用社。65% 的农户入社。1956 年，合并为中沙、桂花 2 个乡信用社。此后，信用社随行政体制变更而时分时合。1995 年，镇财政收入主要靠农业税和工商税，财政总收入 90 多万元。1996 年，成立农村合作基金会。1999 年，财政收入增至 126.9 万元，农村合作基金会撤销，其业务并入信用社。2003 年，增设邮政储蓄所，调减农业税，停征屠宰税。2005 年，免征农业税。2008 年，财政体制改革，镇财政总收入减少至 22 万元。2009 年后，财政收入主要靠工商税、交通运输业税等，由于民营经济发展，财政收入增加。2010 年，财政总收入 410 万元。其中国税 42.7 万元，地税 13 万元。2015 年，境域金融机构有农业银行、农村信用社、邮政储蓄营业点。金融机构年末各项存款余额 890 万元，各项贷款余额 906 万元。财政总收入 1371.62 万元，其中国税 86.8 万元，地税 62.5 万元。

基础设施

交通运输

民国时期，有县道从虞唐入境，经中沙、桂花去衡阳，境域长约 8 千米。民国 19 年（1930），中沙熊同先与虞唐周道济合买一辆汽车，在潭宝公路上运营。1958 年，建成虞（虞唐五里牌）桂（花）公路，境域长 13 千米。1986 年，建成桂（花）高（高亩冲）公路，长 7.7 千米。1997 年，投资 48 万元，将虞桂公路部分沙路改为水泥路。1998 年，投资 39.5 万元，维修村道 31 条，共 32.8 千米。1999 年，对虞桂公路全线进行配套改造，达四级公路标准。2003—2004 年，市公路局投资 524.32 万元，将虞桂公路全线改为水泥路面。2005 年，新修中（沙）大（杉）、西（冲）扶（塘）乡道，总长 14.9 千米，并对村道逐步硬化。2007 年，投资 445 万元，硬化村道 17.6 千米。2008 年，桂高公路通客运车，改变山区村民外出无车的历史。2015 年，境域有县道 1 条，乡道 3 条，总长 27.9 千米。村道 31 条，总长 94 千米。通村公路延伸至部分村民小组和农户，公路、村道硬化率 95%。

邮电通信

清代和民国时期，境域无邮路。1949 年，中沙设邮电代办所。1956 年，中沙乡、桂花乡用单线电话。1986 年，湘乡县城至中沙开通汽车邮路。1994 年，固定电话进入百姓家庭。1995 年，22 个村通邮路。1999 年，移动电话网络覆盖全境。2006 年，在境域建移动通信和联通基站。全镇有移动、联通用户3000多户，程控电话用户3900多户。2008年，程控电话连片入户。2015年，境域有邮政所1家，邮政代办点4个，移动通信站一个。固定电话2130部，移动电话5430部，互联网宽带发展到1750户，15个村通宽带，邮政、电信业务收入43万元。

供水供电

境域村民历来饮用山泉水和池塘水。1985年，虞唐35千伏变电站投运后，开始向中沙供电。1995年，27个村7315户通电。当年，投资33万元，整修高压线路720米。2006年，20个行政村进行农村电网改造。2008年，投资78.48万元，建成镇自来水厂，解决2300户村民安全饮水。2011年，投资200万元，建大杉水厂，解决3000人安全饮水问题。2013年，电网改造全覆盖，建成3.5万伏变电站。2015年，村民用电覆盖率98%，5个行政村4633户通自来水，安全饮用水率80%。

水利建设

中华人民共和国成立初期，境域农田靠雨水和山塘蓄水灌溉。境域共有山塘2211口，蓄水量393万立方米，可灌溉农田230.5公顷。1959年，修建境域第一座水库——高紫水库，蓄水量266万立方米，可灌溉田462公顷。1960年10月，建成花石水库，蓄水量29.8万立方米，可灌溉田54.67公顷；1973年，建成虎山水库，蓄水量9.3万立方米。1995—1996年，投资94万元，整修高紫、虎山水库，浅塘挖深385口，抢修险坝15座。1997年，建成梅龙水库，蓄水量16.9万立方米，可灌溉田230.5公顷。同时，发展机械提水灌田，配有电力抽水机8处，受益面积86公顷。2005—2008年，投资440万元，加固水库4座，建混凝土水渠1.2万米，改造整修山塘200多口。2009—2014年，投资900万元，增建水渠1.22万米，整修山塘239口，水渠疏通清淤13.2万米。2015年，境域有水库4座，山塘2000多口，小水渠14万多米，有效灌溉面积1125公顷。

村镇建设

1995年以前，境域有中沙、桂花等自然集镇。1995年并乡建镇后，镇党委、政府在中沙老街征地0.18公顷，扩建街道。同时，扩建桂花老街。1996年，农民在镇区商贸街建房经商办厂，新建楼房20栋。2012年，投资30万元，在境域建垃圾池600个，建焚烧垃圾池800个，配备垃圾桶1000个，建化粪池60个，并配备专职环保员对乡村主要道路清扫保洁。2013—2014年，投资1254万元，美化镇区，安装路灯，新建房屋107栋，建筑面积2万平方米。2015年，镇区总面积2.25平方千米，城镇化率22%。

社会事业

教育

清代，境域有私塾教学。民国38年（1949），境域有私塾学堂3所，有公办国民学校2所。1952年，有小学24所，学生2346人，教师112人。1987年后，贯彻《中华人民共和国义务教育法》，教育事业得到发展。1992年，境域有小学24所，学生2646人，教师101人。有初中3所，学生675人，教师58人。1997年，小学适龄儿童入学率100%，基本普及九年义务教育。2006年，有中学2所，学生1045人，教师102人；小学6所，学生1640人，教师96人。2012年，桂花中学、主步中学、中沙完小、公略完小、田心完小建成合格学校。2015年，有初中2所，学生637人（部分学生入外地学校就读），教师190人；小学4所，学生1388人，教师89人。小学升初中升学率99.8%。适龄儿童入学率100%。有幼儿园6所，在园幼儿120多人。

文化体育

民国时期和中华人民共和国成立初期，境域村民文体生活贫乏，只在节日期间才会玩狮、舞龙。村民庆婚治丧，偶尔有殷实人家请地方花鼓戏班唱坐堂戏或搭台演出。1965年,有中沙、大杉、公略（桂花）3个公社文化站，每站配兼职文化辅导员1人。1982年，有3个电影放映队，桂花放映队被评为湖南省电影系统先进放映队。1986年，建成中沙文化活动中心。1995年，建成万册图书馆，95%的村通有线广播。1996年，投资40万元，建成700多平方米的“公略文化大楼”。2000年，中沙镇文化站被省文化厅命名为湖南省“百强集镇文化站”。 2011年，有线电视用户达2430户，无线数字电视用户100多户。2015年，有文体站1个，龙灯队、腰鼓队、广场舞队等群众文化活动组织36个，农家书屋13家，藏书4万册，体育运动场地25个，15个行政村通有线电视，有线电视用户5420户。

医疗卫生

民国时期，境域医疗为个体行医，以中草药治病为主。中华人民共和国成立后，个体医生进入联合诊所。1961年,有中沙、大杉、公略（桂花）3个公社卫生院。1969年，实行合作医疗，各大队均建有卫生室，配“赤脚医生”1名，生产队有不脱产的卫生员1名。1978年,合作医疗解体。1989年，有中沙、桂花2个卫生院，设病床39张，医务人员31人。1995年，中沙、桂花2个卫生院合并为中沙镇中心卫生院。设病床25张，医务人员58人。2006年，建镇中心卫生院大楼，设病床60张，添置B超、心电图机等检验设备，有村卫生室19个，个体医疗点3处，共有医务人员82人。2015年，有镇中心卫生院1所，有19个村卫生室，个体医疗点5个，医务人员92人。

社会保障

民国时期，鳏寡孤独、残疾人生活艰苦，政府很少救助，多靠乞讨维持生活。1961年起，民政部门对丧失劳动能力者实行“五保”。1984年起，境域有桂花、中沙2个乡敬老院，入住“五保”老人12人。1995年，全镇供养“五保”老人124人，有1所敬老院。1999年，境域有复员、退伍军人127人，年发放优抚金3.04万元，在乡伤残军人13人，年发放优抚金1.3万元；军工烈属9人，发放优抚金1.05万元。2005年，推行新型农村合作医疗。2006年，镇敬老院建成省级标准敬老院，集中供养“五保”老人112人。19870人参加农村合作医疗，参合率80%。同年，启动贫困居民最低生活保障制度，有122户521人享受农村低保待遇。2008年，21924人参加农村合作医疗，参合率89%，839人享受农村低保待遇。2011年，推进城乡居民养老保险制度。2015年，境域21445人参加农村合作医疗，参合率85%，年发放医疗补助金21万元。境域“五保”老人403人，其中112人住敬老院集中供养，共发放生活费103.33万元。1418户1675人享受农村低保待遇，发低保金216.68万元；125户129人享受城市低保待遇，发低保金40.13万元。9979人参加社会养老保险，4535人领取养老保险金761.33万元。有重点优抚对象200人，发放优抚金1.6万元。

人民生活

中华人民共和国成立初期，境域山多田少，土壤贫瘠，单季稻产量不高，农民靠红薯等杂粮补充生计。农民住房多为茅草平房，低矮潮湿。衣着主要为自家织的土布衣裳。1957年，人均住房面积不足10平方米。中共十一届三中全会后，粮食产量提高，农民基本解决温饱问题。20世纪

黄公略故居

80 年代，部分家庭富裕起来，兴建楼房，添置电视机、电冰箱、洗衣机等家用电器。1986 年，人均住房面积 25 平方米。1995 年，镇内农民新建房屋 34461 平方米。人均住房面积 28 平方米。1997 年，全镇农民人均纯收入 825 元。2005 年，镇党委、政府发展民营经济，组织农村剩余劳动力外出务工经商，农民收人逐年提高。全镇人均纯收入 3030 元。人均住房面积 30 平方米。2010 年，人均纯收入增至 6016 元。2015 年，农民人均纯收入 6358 元,90% 的村民住进新建红砖楼房，人均住房面积 32 平方米；80% 村民家庭添置平板电视等家用电器和摩托车，25% 的村民家庭购买汽车。

特色地情

历史人物

黄公略（1898—1931） 原名汉魂，字家杞，湘乡市桂花高木冲（今属中沙镇）人。1915 年投入湘军。1922 年考入湖南陆军讲武堂第四班。1926 年随军北伐，年底考入黄埔军校高级教育班。1927 年参加广州起义。1928 年 7 月在平江嘉义率部起义，成立工农红军第五军，任军委委员兼第四团党代表，后任红五军副军长，红六军、红三军军长。参加一、二、三次反“围剿”战斗。在第一次反“围剿”中，率红三军击溃敌十八师 8000 余人，活捉敌总指挥张辉瓒。1931 年 9 月指挥部队转移时遭敌机袭击，腹部中弹牺牲。

风景名胜

黄公略故居 位于中沙镇桂花高木冲。故居北距湘乡市区 50 千米，南距曾国藩故居 30 千米。始建于清代,为黄公略祖父所建,是一栋土砖青瓦、木结构、湘中民居风格的平房，建筑面积 1200 平方米。原故居已毁。1987 年，省人民政府拨款，对故居进行复原修缮，杨尚昆题写“黄公略同志故居”匾额。故居内设黄公略生平业绩陈列室，当年对外开放。现为湖南省重点文物保护单位。

（撰稿：胡江银）

虞唐镇

区域概况

地理位置

虞唐镇位于湘乡市城区西南端，东与栗山镇相连，南与中沙镇接壤，西与双峰县毗邻，北与潭市镇交界。因境域有始建于唐开元年间的道观“虞唐观”，当地古街以“虞唐”为名，镇因古街得名。

建置沿革

清康熙三十五年（1696），境域分属湘乡县万全乡莲花6都、兴让8都和雍睦乡潭台10都。民国23年（1934），分属第二区虞唐乡和第五区潭台乡。1950年，分属第二区虞唐、郭门、赤石、界头4乡和第五区苏坡、洋潭2乡。1956年，分属虞唐乡、苏坡乡、潭市乡（洋潭部分）。1958年，分属虞唐公社和潭市公社（洋潭部分）。1962年，分属虞唐公社、赤石公社、苏坡公社、洋潭公社。1977年，洋潭公社并入苏坡公社，赤石公社并入虞唐公社。1984年，分属虞唐镇、苏坡乡。1995年，苏坡乡并入虞唐镇。至2015年，建置无变化。

区划面积

1995年，境域辖枫林、洗马、郭门、白鹭、复兴、杨占、岱头、尼山、梅下、赤石、方塘、卫星、永忠、罗宏、黄里、虞唐、苏坡、大青、胜天、金木、金峰、观贤、韶江、高维、洋潭、河家、厚长、厚河、熟潭、邓市、苏东、清水塘、五里牌、白石峰、水竹冲35个行政村和老街、新街2个居委会，316个村民（居民）小组。总面积94.6平方千米，耕地1638.86公顷，其中，水田1395.93公顷，旱地242.93公顷；林地3780公顷；可养水域70公顷。2014年，梅下、尼山2村合并为梅下村，清水塘、虞唐、杨占3村合并为虞唐村，永忠、卫星2村合并为永星村，方塘、赤石合并为赤石村，白鹭、复兴合并为复兴村，胜天、大青合并为大青村，金木、金峰、韶江3村合并为金韶村，观贤、水竹冲2村合并为礼睦村，高维、洋潭合并为洋潭村，河家、厚长、厚河3村合并为山河村，其他12个村不变。2015年，辖22个村、2个居民委员会，316个村民（居民）小组。总面积仍为94.6平方千米，耕地1490公顷，其中，水田1247.06公顷，旱地242.94公顷；林地4465公顷；可养水域68公顷。

自然环境

境域属侵蚀剥蚀地貌——低丘陵山地。海拔500米以上的高山有大旗山（567.3米）、刘家大山（539米）等。虞唐河从中沙镇入境，流入赤石水库后，流经赤石、永星、复兴、虞唐、郭门、洗马、胜天、白石峰8村，从苏东村出境，境域长约15千米。另有小溪从罗宏村戴家冲发源，至湧口与从双峰县域入境的小溪会合，流经五里牌、枫林、虞唐新街，流入虞唐河，全长约7千米。涟水从金韶村、礼睦村入境，邓市村出境，境域长5千米。境域属亚热带季风湿润气候区，四季分明。年平均气温17.1℃，年平均降雨量1300毫米。树木以灌木为主，有南竹、松、杉、油茶等树种。野生动物有野猪、灰兔、喜鹊、猫头鹰等。矿藏以石灰石藏量较丰富。土壤以红壤为主，土壤脊薄，宜种耐寒农林作物。有部分水稻土，分布在溪河沿岸，宜种植粮食作物。

人口民族

1995年年末，境域有10604户30886人，其中男性14951人，占48.4%；农业人口29290人，占94.8%；人口以汉族为主，少数民族34人。人口自然增长率14.18‰。2000年，第五次全国人口普查统计，有9338户30649人，其中男性15655人，占51.1%；农业人口29041人，占94.7%；少数民族17人。人口自然增长率6.3‰。2010年，第六次全国人口普查统计，境域有8886户31048人，其中男性15875人，占51.1%；农业人口29910人，占96.3%；少数民族26人。人口自然增长率6.12‰。2015年末，全镇有12081户36483人，其中男性18877人，占51.7%；少数民族52人。人口自然增长率6.34‰。

经济发展

经济综述

民国时期，虞唐街商贸较繁荣。境域经济以农业为主，种田养猪，耕作技术落后，经济不发达。中华人民共和国成立后，境域经济逐步活跃，农业以种植水稻、红薯及苎麻为主，工业以烧制石灰和编制竹器为主。1986年，工农业总产值1022.1万元，其中农业总产值为475万元。1995年，境域工农业总产值8200万元，其中农业总产值2336万元。1999年，乡镇企业改制，民营经济得到发展，工农业总产值2.1亿元，其中农业总产值8499万元。2012年后，镇党委、政府实施“工业兴镇、农业稳镇、城建强镇、文化活镇、旅游旺镇”的发展战略，招商引资，扩展民营经济。工农业总产值15.2亿元，其中农业总产值3.2亿元。2015年，工农业总产值22.97亿元。其中农业总产值3.07亿元。

种植业 境域种植业以种植水稻为主，以种植红薯、小麦及经济作物苎麻为辅。民国时期，耕田用牛，翻田用犁，挖土用锄，耕作技术落后。传统用人畜粪、草皮沤制凼肥或直接施入田里作基肥。1953年前，均种一季稻。1954年，试种双季稻，提倡水稻合理密植，推广插秧划行器，使其密植均匀。1956年，使用化肥硫酸铵作追肥，全面推广种植双季稻。1958年，政府强调深耕细耙，要求“泥烂如浆，水平如镜”，结果稻根不透气，造成粮食减产。20世纪60年代中期，苏坡一带实行水稻与棉花轮作，虽其地力提高，但因人多田少，仍以水稻、绿肥连作为主。1975年，试种杂交稻。1979年，推广机滚船平整水田。1981年，推广地膜覆盖育秧技术。1986年，试行晚稻免耕，后未得到推广。1987年，推广水稻耕作机，机耕逐渐代替牛耕。1995年，境域种植水稻2773.3公顷，粮食总产2.1万吨；另种植红薯143.87公顷、小麦152.73公顷，苎麻等7.5公顷。1997年，推广优质稻，栽培率88.3%。2004年，政府实行农机补贴政策，农民购买农业机械积极性提高。2007年，境域有手扶拖拉机84台，耕种机

1717台，机（耕）滚船820台，联合收割机26台，机耕面积2450公顷。种植水稻2749.3公顷，其中优质稻1686.7公顷，粮食总产2万吨。2010年，建立农民专业合作社7家，优质稻推广率92%。2015年，境域有大型拖拉机4台，手扶拖拉机22台，耕种机2111台，机（耕）滚船4623台，旋耕机6台，插秧机15台，联合收割机120台，机耕面积4820公顷，基本实现农业机械化。境域种植水稻2200公顷，其中种优质稻1637.87公顷，粮食总产2.22万吨。另种植油菜等作物533.3公顷。

养殖业

境域养殖业以养猪为主。民国时期，60%的农户养猪。中华人民共和国成立后，政府贯彻“私养公助”的养猪方针，帮助农民发展养猪。1957年，虞唐和苏坡2乡，共出栏生猪5800头，年末存栏生猪5810头。1958年起，人民公社建集体猪场，不许私人养猪，生猪出栏数和栏存数大幅下降。1962年，县委提出“公私并举，私养为主”方针，养猪业发展。1965年，境域虞唐、苏坡、赤石3个公社，共出栏生猪3828头，年末存栏生猪3611头。中共十一届三中全会后，政府鼓励农民养猪，积极发展集体养猪，养猪业得到发展。1989年，境域出栏生猪2.51万头，年末存栏生猪2.98万头。1995年，生猪养殖向专业化、规模化方向发展。境域出栏生猪6.01万头，年末存栏生猪3.08万头；出水水产品389.2吨。2015年，规模较大的养殖专业合作社有：岱头美阳生猪养殖专业合作社、金韶村谢九丰的金鑫猪场、金韶村王伏良的养鸡场、复兴村张清良的黄牛养牛场、赤石朱双林的双星养牛专业合作社、成立杰管理的赤石水库、邓志辉管理的峡山水库、王超管理的木皮潭水库等18户。境域出栏生猪6.97万头，年末存栏生猪6万头。养鸡、鸭15万羽，养牛1000头，养羊600头，出水水产品4000吨。

林业

1951年土地改革时，境域农民得到林地。1958年，虞唐公社办起赤石坝林场，面积1000公顷，此为湘乡第一个集体林场。1961年赤石坝林场解体。1962年，山林所有权固定到大队、生产队。1978年，境域有2个公社林场，34个大队林场。1981年，开展稳定山林权、划定自留山、确定林业生产责任制的“三定”工作，颁发社员自留山使用证。1995年，境域有林地3780公顷，森林覆盖率39.96%。1996年，人工造林104.93公顷，幼成林抚育307.13公顷，低产林改造226.93公顷。1998年，封山育林100公顷，幼成林抚育87公顷，建3个小水果基地。2000年，由于林场经营不善，境域林场减少至31个。2002年，境域林地4387.7公顷，森林覆盖率40.38%。是年，启动退耕还林工程，至2005年的4年间，共退耕还林158.9公顷。2009年，启动集体林权制度改革，至2010年11月，确定林权4399.2公顷，比率100%，发证3607.5公顷6834户，发证率82%。是年，境域有6个镇办林场，11个村办林场，林地总面积715.33公顷。2011年，江青云、王明裕成立2家农业科技开发公司，建油茶林示范基地150公顷。2015年，境域有镇办林场3个，林地133.3公顷。全镇有林地4465公顷，森林覆盖率43.9%。

工业

民国时期，境域农民烧制石灰用于农田和建筑，除供应本地外，远销滨湖一带。农民编制竹器，作为家庭副业。中华人民共和国成立初期，境域有酿酒和豆腐作坊。1953年，8个铁工组成虞唐铁业生产合作社，生产农机配件和铁锚。1955年，成立虞唐皮纸生产社。1976—1979年，境域先后办起湘乡电石厂、虞唐鞭炮厂、苏坡丝厂、清水塘塑料厂。1981年，苏坡丝厂生产的白厂丝获评“省优等产品”。1985年获农牧渔业部优质产品证书。1986年，境域有农机厂、水泥厂、鞭炮厂、竹器厂等工业企业29家，工业总产值547.1万元。1988年，苏坡丝厂被评为全国乡镇企业先进单位，厂长成忠众被评为省优秀农民企业家、省劳动模范。1996年，有镇办工业企业10家，村办集体工业企业25家，个体和联户办工业企业635家，职工总人数3339人，工业总产值1.76亿元。1999年，推行以产权为主的企业体制改革，民营工业得到发展。当年工业总产值1.25亿元。2006年，引进资金2100万元，引进韶江塑料制品厂、五里机砖厂、万发新型材料厂、苏坡添加剂厂等企业，全镇工业总产值1.47亿元。2010年，招商引资1.26亿元，投资规模500万元以上的工业企业有6家。全镇工业总产值3.78亿元。2015年，全镇各类工业企业15家，从业人员1017人，工业总产值19.9亿元。

商贸服务

清嘉庆年间，虞唐已形成乡村集市。民国时期，虞唐街有店铺48家.经营绸布、南货、药材、饮食、伙铺、豆腐、书店、印刷、理发、山货、瓷器、纸业、大米等。在虞唐街、赤石铺子、大洋潭、邓氏渡设圩场赶集，是苎麻、竹木、雨伞、土纸、大蒜、辣椒等农产品集散地。中华人民共和国成立后，县政府扶植集市贸易，虞唐圩场继续从事经营活动。1951年，县供销社在虞唐设供应站。1952年，建区供销社。1956年，虞唐圩场停止经营活动。1961年，区供销社在虞唐、苏坡设2个分销店，各大队有代销店。中共十一届三中全会后，发展个体商贸服务。1979年，在虞唐街兴建3217平方米的综合型市场。1986年，有百货、饮食、修理等店铺142家。集市贸易兴旺，每逢集期湘乡、双峰、湘潭三县附近地区前来赶集者约7000人，日成交额上万元。境域社会消费品零售总额210万元。1995年，有商业、饮食业、服务业网点86个，个体商铺发展到861家，从业人员1097人，社会消费品零售额550万元。2005年，建成停车、安居、商贸、休闲于一体的商贸中心——商海大市场。2012年，邓西华赴北京出席全国先进个体工商户表彰会。2015年，全镇有大型集贸市场2个，有赤石、洪家冲、石灰厂区、苏东乐嘉堂5个村级集市。各类商铺3020家，从业者4500人。圩场赶集日湘乡、双峰、湘潭3县邻近地区前来赶集的有近万人。社会消费品零售额1768万元。

财政金融

民国23年（1934），湘乡县建设委员会合作组在虞唐、赤石两地组建信用合作社。1951年，中国人民银行湘乡支行在境域设虞唐工作组。1952年，中国人民保险公司在境域设代理处。1954年，境域有虞唐、岱头、梅下、赤石、金木、洋桥、礼睦、厚河、苏坡、西陇、大青、郭门、枫林、罗宏、黄里、洋潭16个乡信用社，65%的农户入社。1955年，农业银行湘乡支行在境域设虞唐营业所。1956年，16个信用社合并为虞唐、苏坡2个乡信用社。自后，信用社随行政体制变更而时分时合。1995年，有虞唐、苏坡2个乡级信用社，全镇财政总收入264万元，其中农业税62.2万元，工商税60.46万元；财政总支出308万元。年末信用社各项存款余额1621万元，各项贷款余额815万元。1996年，成立农村合作基金会，1999年撤销，其业务并入信用社。2003年，虞唐邮政支局在境域开设邮政储蓄业务。同年，调减农业税，停征屠宰税。2005年，免征农业税。2008年，镇财政总收入减少至36万元，财政总支出694万元。2009年起，财政收入主要靠工商、交通、运输等税收。自后，随着镇域经济快速发展，镇财政收入逐年增加。2010年，镇财政总收入1596.1万元。2015年，境域有农业银行、农商银行及邮政储蓄3家金融机构，农商银行各项存款余额46亿元，各项贷款余额2.5亿元。镇财政总收入1737万元，财政总支出1664万元。

基础设施

交通运输

清代，境域有驿道和县大道过境，经涌口出境抵永丰入邵阳。民国16年(1927)，潭宝公路(今320国道)通车，境域长10千米。民国19年(1930)，境域五里牌周道济与一中沙人合伙购买以木炭为燃料的汽车一辆在潭宝路上营运，此为湘乡境域最早的私人汽车。民国23年(1934)，建县大道虞(唐)荷(叶)路，境域长5千米。民国时期，涟水为苏坡水运主航道，在河家埠设码头，沿河设邓氏渡、熟潭渡、河家埠渡、洋潭渡、木皮潭5处民渡。1958年，建虞(唐)桂(花)公路，境域长4千米。1959年，建韶(江)熟(潭)公路，长3.5千米。1964年，建金(木)苏(坡)公路，长3.4千米。1965年，建虞(唐)梅(下)公路，长5千米，建虞(唐)洋(潭)公路，长5.74千米。1966年，建虞(唐)邓(氏渡)公路，长7千米。1997年12月，境域涟水两岸19户村民集资15万元建邓氏渡浮桥。2005年，对境域公路进行改造，硬化公路27.5千米。2006年起，对村道进行硬化。2009年，新建灰(汤)虞(唐)公路，境域长5千米。至2014年的10年间，硬化村道177.1千米。2015年，境域有公路8条，总长40.4千米，9个村通公共交通。村道10条，总长177.1千米。

邮电通信

清代，境域有驿道邮差路线1条。道光十六年(1836)，虞唐设马递腰站。民国7年(1918)，湘乡邮局在虞唐设邮政代办所。潭宝公路建成后，有汽车邮路过境。民国21年(1932)，架通县城至虞唐电话线路，抗战时，遭日军破坏。民国38年(1949)，县城至虞唐线路恢复，在虞唐安装磁石交换机1部5门，邮政代办所恢复。1953年设虞唐邮电营业处，新装电话交换机。1956年营业处改为虞唐邮电支局。1958年，虞唐公社安装电话交换机。1986年，虞唐汽车站、苏坡、涌口、赤石、梅下、洋潭、河家、邓市等代销店设邮政代办点。1990年，虞唐邮电支局纵横制自动电话(200门)交换机开通。1993年，固定电话进入寻常百姓家。1995年，境域有邮电所1家，代办网点3个。1996年，开通移动电话。2001年，市电信局在虞唐设电信代办点。2006年，有移动发射基站3座，联通发射基站2座。2015年，有邮政所1家，邮政代办点8个，电信代办点4个，移动通信站1个。固定电话852部，移动电话2112部，8个村305户通宽带。

供水供电

境域人畜饮用水历来为山泉、井水、水塘蓄水和涟水、小溪供应。照明用桐油、煤油、松脂和竹篾。1959年，境域建成赤石电站，此系湘乡县农村第一个小水电站，配25千瓦发电机，架线3千米至虞唐公社，供公社机关和附近村民日常生活用电。1973年，建成洋潭电站。1978年，建成永忠电站。1990年，在杨占村建成35千伏变电站。1995年，100%的村通电。1997年，筹资在清水塘村新建自来水厂，镇区1万人用上安全自来水。2008年，对镇自来水厂进行扩建。同年农村电网改造32个村。2012年，洋潭电站投资498万元增效扩容改造，年发电量增至890万千瓦时。2013年，站长李建文获评全国五一劳动奖章、湖南省劳动模范。2015年，投资500万元在赤石水库新建镇第二自来水厂。全镇有7个村用上自来水，普及率 32%。

水利建设

民国时期，境域灌溉用水由水塘和涟水、虞唐河及小溪供应，有水塘 1139 口，蓄水量 277 万立方米，可灌田 198.3 公顷。较大的河坝有千斤坝、曾家坝和王土坝等。1954 年，在苏坡乡建邓泥塘水库，蓄水 8.6 万立方米，可灌田 33.3 公顷。1956 年，先后建郭门水库、方塘水库、峡山水库、金木水库、杉山水库，总蓄水量 157.8 万立方米，共可灌田 197.07 公顷。1957 年，在虞唐乡建戴家冲水库，可蓄水 50 万立方米，可灌田 74.67 公顷。在苏坡乡建大青水库，可蓄水 16 万立方米，可灌田 10 公顷。1959 年，在赤石建赤石河坝，形成赤石水库。1960 年，境域涟水河畔有筒车 7 架提水灌田。1966 年，韶山灌区主干渠流经苏坡，境域有大小支渠 13 条，总长 13.12 千米，苏坡受益面积 417 公顷。韶山灌区引水坝建成后，形成洋潭水库。1988 年，境域有电力抽水机埠 69 处，装机 72 台，可灌农田 501 公顷。2002 年，在梅下村新建冷水冲水库。2009 年，国家投资 1020 万元，对赤石水库进行除险保安。2012 年，投资 2750 万元对虞唐河进行整治。2013—2014 年，投资 560 万元，对 6 座水库进行除险保安；投资 4000 万元，整修防渗渠道 125 千米，整修山塘 1500 口。2015 年，境域有水库 11 座，山塘 1500 多口，水渠 150 千米，有效灌溉面积 1480 公顷。

村镇建设

清代，虞唐集镇为半边街，店铺约 20 余家。民国 16 年（1927）潭宝公路修建后，店铺逐渐向公路两边发展。1985 年末，镇区面积 0.24 平方千米。1995 年，镇党委、政府制订《镇区建设发展规划》，至 2005 年，镇区改建、新建主要街道 3.5 千米，在镇区虞唐街上铺设彩釉板人行道 1.6 千米，安装路灯 30 盏，街道两旁进行绿化。2006 年，征地 5.4 公顷，建设垃圾场，建沼气池 145 个。2010 年，投资 1800 多万元，在商海市场新建住房 134 套。2011 年起，在境域添置环境卫生设施，至 2014 年 4 年间，投资 100 多万元，建垃圾池 160 个，焚烧池 500 个，配 185 名保洁员，

韶山灌区引水坝（韶山银河）

对城乡主要道路进行清扫保洁。2015 年，镇区面积扩展到 2.5 平方千米，城镇化率 30%。

社会事业

教育

清光绪四年（1878 年）境域有成氏贻谋堂初等小学堂。光绪三十四年（1908），虞唐成氏归仁堂和贻谋堂两处私塾合并办仁谋初等小学堂。民国 32 年（1943），仁谋小学改为湖南私立仁谋初级中学。民国 38 年（1949），境域有莲虞乡第一中心国民小学，另有汝南、敦伦和涵养 3 所私立高小（完小）。仁谋初中附设高小。1952 年，境域有初级中学 1 所、小学 26 所，学生 3816 人，中小学教师 82 人。1953 年 11 月，仁谋初级中学改为湘乡县第五初级中学。1958 年，湘乡五中由苏坡河家埠迁虞唐封紫殿。1992 年，境域有高中 1 所，学生 361 人，教师 60 人；初中 4 所，学生 1260 人，教师 65 人；小学 26 所，学生 2048 人，教师 165 人。1997 年，小学适龄儿童入学率 100%，普及九年义务教育。2008 年，生源减少，调整学校布局，境域有初中 1 所，九年一贯制学校 3 所、小学 3 所，有初中生 449 人、小学生 1617 人、中小学教师 186 人。2011 年，镇中学、苏坡学校、赤石学校经湘潭市教委验收定为合格学校。2015 年，境域有初中 1 所、九年一贯制学校 3 所、小学 3 所，有初中生 422 人、小学生 1562 人，适龄儿童入学率 100%，中小学教师 168 人。有幼儿园 6 个，在园幼儿 180 多人。

文化体育

民国初期，境域有民众俱乐部、大道俱乐部，利用农闲开展娱乐、阅读书报等活动。民国 23 年（1934），虞唐文学研究社成立，设诗词、杂著、言语、骈体文、艺文 5 科。中华人民共和国成立后，群众文化活动活跃。1956 年，有 3 个乡和部分农业社安装广播喇叭。1958 年，在虞唐建广播放大站。1965 年，建虞唐、苏坡、赤石、洋潭 4 个公社文化站。1975 年冬，苏坡、洋潭、赤石 3 个公社成立社办电影放映队。1982 年，建成虞唐文化中心。省政府授予电影放映员谭立人“湖南省劳动模范”称号。1993 年，村通广播率 100%。1996 年，建成虞唐有线电视站，年末有线电视用户 348 户；镇文化站组建银河文学艺术社，有社员 280 多人。2003 年，国家激流回漩训练比赛基地落户韶山灌区洋潭引水坝。2003 年 10 月，虞唐镇被评为湖南省“亿万农民健身活动先进乡镇”。2004 年，被评为“全国亿万农民健身活动先进乡镇”。 2006 年，有腰鼓队、高跷队、西乐队等 25 支。2009 年，虞唐镇文联成立。2015 年，境域有文体站 1 个，有线电视管理站 1 个，群众文化活动组织 32 支，业余文化艺术、体育爱好者 950 人，22 个村通有线电视，农家书屋 35 个，共藏书 3 万册，文化体育活动场地 12 处。

医疗卫生

民国时期，境域医疗为个体行医，以中药治病为主。著名中医周啸川在虞唐开设恒春诊所。1951 年，县政府在虞唐建立第六区卫生所，负责辖区内卫生行政、医疗防疫工作。1957 年，个体医生组成联合诊所。1965 年，区卫生所与虞唐、苏坡 2 个公社联合医院合并，建虞唐中心卫生院。试行农村合作医疗，各大队建卫生室，配“赤脚医生”1~2 名，生产队配不脱产卫生员 1~2 名。1978 年，合作医疗解体，“赤脚医生”成个体医生行医。1986 年，境域有医院及卫生院各 1 个，医疗点 4 个，设病床 35 张，医护人员 45 人。1989 年，有中心卫生院 1 所，乡卫生院 2 所，共设病床 42 张，有医务、护理人员 66 人。2007

年，扩建中心卫生院住院大楼，配置先进医疗器械，改善医疗环境，村民“小病不出镇”。2015年，有中心卫生院1所，开设病床37张，医护人员40人，医疗点4个，村卫生室21个，个体诊所2个，个体药店10家。

社会保障

民国时期，境域鳏寡孤独及残疾人，政府很少扶助。1961年起，民政部门对孤老残幼实行“五保”。1984年，境域有敬老院2个，12个“五保”老人入住。1995年，境域供养“五保”老人137人。1999年，境域有复员、退伍军人172人，年发放优抚金4.68万元；有伤残军人10人，年发放优抚金5746元；有军烈属及因公牺牲人员家属11人，年发放优抚金1.26万元。2005年，推行新型农村合作医疗制度，境域18600人参加，参合率70%。镇政府投资39.5万元，将原苏坡乡政府办公楼改建成敬老院，当年“五保”老人50人入住。2006年，启动贫困居民最低生活保障制度，境域有318人享受农村低保待遇，年发放低保金16.68万元，有192人享受城镇低保待遇，年发放低保金21.24万元，全年给“五保”老人发放生活费21.16万元。2010年，境域有重点优抚对象282人，年发放优抚金7.05万元。2015年，境域28574人参加农村合作医疗，参合率87.8%，“五保”老人533人（其中47人入住敬老院集中供养），发生活费145.5万元。1441户1643人享受农村低保待遇，年发放低保金210.12万元；102户119人享受城镇低保待遇，年发放低保金29.83万元；13928人参加社会养老保险，6335人享受社会养老保险待遇，年发放养老金625.7万元。有重点优抚对象288人，年发放优抚金23.04万元。

人民生活

民国时期，境域土地为少数人占有，大多数农民租田种植粮食卖苦力维生。中华人民共和国成立后，实行土地改革，农民获得土地，但粮食产量不高，亩产仅150千克左右，吃饭问题未完全解决；住房普遍为平房，且多数为茅草房。1953年，开始种植双季稻，粮食产量增加，人民生活有所改善。1983年，粮食亩产400多千克，农民温饱问题基本解决。1986年，部分农民新建楼房，人均住房面积27平方米。农民开始购置电风扇、电视机、洗衣机、电冰箱等家用电器。青年人结婚彩礼由单车、手表、缝纫机“老三件”升级为电视机、摩托车、洗衣机“新三件”。1995年，农民人均纯收入948元。1996年后，农村家庭多建2~4层小楼房，彩电、移动电话、空调、电动车、汽车陆续进入寻常百姓家。2007年，人均纯收入5027元。2015年人均纯收入14340元，59%的农户入住新楼房，人均住房面积30平方米。

特色地情

历史人物

成舍我（1898—1991） 名勋，笔名舍我，白石峰村人。1921年北京大学毕业，曾任上海《民国日报》助编、副主编，北京《益世报》总编、主笔、采访主任。1924年，在北京创办《世界晚报》《世界日报》《世界画报》。1928年在南京创办《民生报》。1930年出国游历考察，回国后在上海创办《立报》，任总经理。1938年创办《香港立报》。曾任北平新闻专科学校校长、国民政府参政会参政员、立法院立法委员。1949年去香港，与王云五等创办《自由人》半周刊。1952年迁居台湾。1956年创办世界新闻职业学校，任校长。1967年当选为世界书局董事长。

龙在云（1905—1982） 厚长村人，1926年加入中国共产党。1927年，在湖南锡矿从事工人

虞唐高跷

运动，参加攻打长沙的武装斗争。1928 年考入北平军医学校，参加反帝大联盟。1935 年，在上海开办小药房，以药房经理职务作掩护，从事中共地下工作。1938 年到延安，先后任中央军委卫生学校和中国医科大学教授、中央军委卫生部材料科科长、材料厂厂长等职。解放战争期间任东北军区药科专门学校校长，沈阳药学院院长。中华人民共和国成立后，历任东北制药总厂厂长、轻工业部医药管理局副局长、化学工业部医药司副司长、司长，中国医药工业公司经理、国家医药管理总局顾问、第五届全国政协委员等职。

成思危（1935—2015） 湘乡苏坡（今虞唐镇）人。出生于北京，成舍我之子。历任化学工业部副部长，中国民主建国会第六届、七届、八届中央委员会主席，中华职业教育社第八届、九届理事会理事长，第九届、十届全国人民代表大会常务委员会副委员长。著名的经济学家，主要著作有：《中国经济改革与发展研究》《成思危论金融改革》《中国经济改革与发展研究》《成思危论风险投资》《美国金融危机：分析和启示》《改革是中国最大的红利》等。

风景名胜

韶山灌区引水坝 位于虞唐镇洋潭涟水河上，坝轴长 170 米，引水高程 66.6 米，坝高 14 米，坝顶架人行天桥，有泄洪闸 5 孔。大坝之上原悬挂时任国务院副总理陶铸写的“韶山灌区洋潭引水坝”9 字，后毁去。现“韶山银河”4 字系华国锋题。

湘中大地黄荆树 古树山牡荆位于赤石村，土名黄荆，属马鞭草科，树龄 700 年，树高 22 米，胸围 2.6 米，冠幅 600 平方米。2006 年湘乡市政府拨专款保护，视之为宝。

民俗风情

虞唐高跷 虞唐高跷历史悠久。相传明朝正德年间，明武宗朱厚照一行私访江南，春节期间途经湘乡虞唐，传授了高跷技艺，传承至今。虞唐高跷技艺之精、内容之趣，堪称一绝。别处一般只能踩 60 厘米高，而虞唐人能踩 3 米高。“八仙过海”节目有如神仙在天上飘逸。老艺人还能在高跷上舞龙灯、抬轿子、打大鼓。此地成年人、小孩都能踩高跷，多幼年学艺，由 30~60 厘米开始，随年龄的增长而不断踩高。每年正月初八起至正月十五日，虞唐人以高跷为主进行花灯比赛。每次比赛，既比技，又比智。每逢元宵，附近 10 千米内的人都来观灯，人山人海。（虞唐高跷 2016 年入选湘潭市非物质文化遗产保护名录，村民周景祥等为第四代传承人。）

（撰稿：邓红梅）

栗山镇

区域概况

地理位置

栗山镇地处湘乡市城区西部，东与山枣镇相邻，南与湘潭县石鼓镇接壤，西与虞唐镇毗邻，北以虞唐河为界，与虞唐、山枣镇相望。因过境域的古驿道上有小街栗山铺，镇依此而得名。

建置沿革

清康熙三十五年（1696），境域属湘乡县万全乡莲花六都。民国23年（1934），分属第二区莲花乡、虞唐乡（部分）、巴江乡。1950年，境域分属栗山、巴江2乡。1958年，属山枣公社。1962年，从山枣公社析出，分属栗山公社、巴江公社。1984年，分属栗山乡、巴江乡。1995年5月，栗山乡、巴江乡合并建栗山镇。至2015年，建置无变化。

区划面积

1995年，境域辖西山、相思、九峰、长冲、洪芙、峡上、峨眉、栗山、双江、大顺、金银、杨梅、粮桔、黄金、巴江、新合、永安、白竹、新丰、荆泉、大旗、石桥、两家塘、界头24个村和1个居委会，246个村民（居民）小组。面积67.2平方千米。耕地1483.67公顷，其中水田1375.53公顷，旱地108.14公顷；林地3343公顷；可养水域150公顷。2014年5月，行政村合并，峨眉、峡上、栗山合并为栗山村，双江、大顺合并为双江村，粮桔、黄金、西山合并为西山村，长冲、洪芙合并为洪芙村。金银、杨梅合并为杨梅村。其他12个村不变。2015年末，镇辖17个村，1个居委会，246个村民（居民）小组。境域总面积未变，耕地面积1361公顷，其中水田1263公顷，旱地98公顷；林地3897公顷；可养水域150公顷。

自然环境

境域地形为低山丘冈区，南高北低，自东南向西北走向。以320国道为界，东南为低山区，西北为丘冈。南面山脉起伏，有海拔400米以上的山峰10座，其中荆紫峰海拔725.9米，门扇山414米。境域属亚热带暖湿季风气候区，四季分明。年平均气温17.3 ℃，年平均降水量1338毫米。林木有杉树、松树、樟树、栗树、南竹等30多种。野生动物有鸟、蛇、兔、麂、青蛙、野猪等。矿藏少，大旗、石桥2村滑石储量约10万吨，相思村有少量矽石。境域南面为黄土表层，北面为沙泥土表层。水田为沙泥田和青夹泥田及鸭屎泥田。

人口民族

1995年，境域有8212户26847人，其中男性13922人，占51.86%；农业人口25543人，占95.1%；人口以汉族为主，少数民族26人。人口自然增长率16.06‰。2010年，境域有7166户27123人，其中男性14300人，占52.72%；农业人口26716人，占98.5%；少数民族42人。人口自然增长率7.10‰。2015年底，境域有7619户27939人，其中男性14528人，占52%；少数民族68人。人口自然增长率3.10‰。

经济发展

经济综述

民国时期，境域以农业经济为主。只有手工制伞业。中华人民共和国成立后，经济逐渐发展。20世纪70年代起，发展乡镇企业。1986年，境域乡镇企业产值910.7万元。1995年，镇党委、政府以经济建设为中心，加快经济社会发展。1996年，全镇工农业总产值1.42亿元，其中工业农业总产值6085万元。此后，逐年增加工业投入，扩大经营规模。2005年，乡镇企业改制，加快民营经济发展，全镇工农业总产值1.73亿元，其中农业总产值8005万元。2007年，调整产业结构，发展多元农业，推进特色产业发展，形成以制造、化工、造纸、农产品加工为主导的工业体系，工农业总产值2.42亿元，其中农业总产值9384万元。2010年，实施“工业大招商”战略，引进资金1420万元。工农业总产值4.78亿元，其中农业总产值2.41亿元。2015年，全镇工农业总产值9.12亿元，其中农业总产值2.83亿元。

种植业

境域种植业以种植水稻为主，以红薯、小麦、豆类为辅。历来用牛耕田，用人畜粪和草皮沤制凼肥作基肥。1953年前，稻田一季制。1954年，试种双季稻，实施“稻—稻—油”耕作式。1956年，开始施用化肥过磷酸钙，全面推广种植双季稻。1957年，由传统育秧转入湿润秧田育秧。1965年，开始用尿素和钙镁磷肥作追肥，栗山铺一带实行水稻和棉花轮作。1967年，开始以碳酸氢铵作追肥。1973年，推广碳酸氢铵、氨水犁田深施作基肥。1974年，推广温室育秧，试种杂交稻。1979年，推广机滚船平整水田。1986年，推广耕种机带犁带蒲滚，替代牛耕。1990年，推广杂交稻种植。1996年，全镇种植水稻2347.9公顷，其中杂交稻1249.6公顷，粮食总产1.77万吨。另种小麦62.8公顷，红薯57.47公顷，豆类52.53公顷，棉花9.13公顷，油菜8公顷。2004年，政府实行“农机补贴”政策，农业机械化水平提高。2007年，机耕面积1570公顷。2010年，由传统农业向现代农业转变，建设2处千亩高产优质稻示范片。全镇种植水稻2333.34公顷，其中优质稻800.67公顷。粮食总产量1.76万吨。另种油菜12公顷。境域有手扶拖拉机40台，耕种机610台，机耕（滚）船236台，插秧机6台，联合收割机41台，机耕面积6320公顷。2015年，境域有中型拖拉机2台，手扶拖拉机40台，耕种机921台，机耕（滚）船275台，旋耕机5台，插秧机23台，联合收割机68台，机耕面积6600公顷，基本实现农业机械化。全镇种植水稻2400公顷，粮食总产1.96万吨。另种植红薯、油菜、棉花等160公顷。

养殖业

境域养殖业以养殖生猪、鱼类为主。中华人民共和国成立后，政府贯彻“私养公助”养猪方针，养猪业得到发展。1957 年，境域巴江乡、西山乡共出栏生猪 3300 头，年末存栏生猪 4500 头。农业合作化时期，由农户散养。1958 年，公社集体养猪，养猪业受挫。1961 年，境域栗山、巴江 2 公社出栏生猪仅 338 头，年末存栏生猪仅 756 头。1962 年，县委提出“公私并举，私养为主”方针，鼓励农民养猪。1965 年，境域出栏生猪 3282 头，年末存栏生猪 3143 头。1977 年，境域出栏生猪 7900 头，年末存栏生猪 10748 头。1984 年，实行家庭联产承包责任制后，政府支持农民养猪，养殖业迅速发展。1995 年，境域出栏生猪 3.6 万头，年末存栏生猪 2.5 万头；养猪 50 头以上的专业户有 20 多户。养牛 6645 头，养禽 16.4 万羽，出水鲜鱼 60 吨。2001 年，发展草食动物养殖，建成洪芙、粮桔、大旗黑山羊养殖基地。2005 年，境域出栏生猪 4.75 万头，年末存栏生猪 1.6 万头，产鱼 460 吨。2007 年，新增养猪、养奶牛专业户 65 户。2009 年，兴旺养猪场彭枚成引进香猪品种。2010 年，有旺达等养猪专业合作社 6 家。2014 年，境域有年出栏万头生猪的专业户熊宋科，年出栏千头的有彭枚成、罗美华、张强林 3 户专业户，年出栏 300 头的有 12 户。2015 年，境域共出栏生猪 4.3 万头，存栏生猪 1.27 万头。养殖野鸡 2000 只、牛 2230 头、山羊 2214 头、禽 21 万羽，出水鲜鱼 800 吨。

林业

1950 年，土地改革后，山权林权归农民私有。1962 年，林权固定到大队、生产队。20 世纪 70 年代初，始建集体林场。1978 年，境域有公社林场 2 个，大队林场 22 个。1981 年，实行林业“三定”（稳定山林权、划定自留山、确定林业生产责任制，下同），给社员颁发自留山使用证。1987 年，实行责任山、自留山“两山并一山”为自留山。1995 年，境域有林地 3343.33 公顷，森林覆盖率 49.75%。1996 年，人工造林 133.3 公顷，幼林抚育 543 公顷，封山育林 2500 公顷。1999 年，成林抚育 235 公顷，低产林改造 14 公顷，封山育林 13 公顷。2000 年，由于林场经营不善，境域林场减少至 21 个。2002 年，退耕还林 64 公顷。 2003 年，退耕还林 46.6 公顷。2005 年，退耕还林 67.4 公顷，封山育林 13.3 公顷，境域林地 3654 公顷，森林覆盖率 54.5%。2009 年，启动集体林权制度改革，至 2010 年 11 月，境域确定林权 3712.93 公顷，比率 100%；发证 3234.6 公顷 5231 户，发证率 87.1%。2015 年，境域有镇林场 1 个，村林场 5 个。林地总面积 3897 公顷，森林覆盖率 58%。

工业

清代和民国时期，丰冲、新合、巴江等地制作油伞、斗笠的手工作坊兴盛，尤以丰冲斗笠著名。1973 年，巴江漂白粉厂投产，巴江造纸厂生产的 74 万根艾绒条出口。1979 年，境域有巴江、永安 2 个塑料厂，生产塑料管、打包带、编织袋等。1984 年，建新丰印刷厂，后更名为巴江印刷厂。1986 年，栗山福利厂投产，生产漂白粉与塑料。境域工业总产值 363.1 万元。1987 年，巴江毛巾厂投产。1995 年，有镇办工业企业 7 家，村办 4 家，个体 6 家，从业人员 500 多人。工业总产值 7120 万元。1996 年，工业总产值 8000 多万元。1999 年，顺发木业投产，年产值 800 万元。2005 年，招商引资 360 万元，引进耐火材料厂、骄阳冰厂、海龙米业等 7 家工业企业，工业总产值 9300 万元。2006 年，鑫沃制革厂投产，年产值 1000 万元。2007 年，工业企业 24 家，其中米业、木业、皮革、伞业规模工业 4 家，工业总产值 1.49 亿元。2008 年，欣欣食品厂投产，年产值 1800 万元。2011 年，福祥建材有限公司投产，年产标砖 4000 万块。2012 年，新合村成立洞山南竹种植加工合作社，200多户加工伞骨，年产300万把。2013年，泰福科技投产。2015年，全镇各类工业企业28家，从业人员520人，工业总产值6.29亿元。

商贸服务

清代、民国时期，境域商业集中的市场有西山塘、栗山铺、永安、丰冲4处，经营南杂、屠坊、伙铺、粮油食品、百货等。20世纪50年代末，在公社、大队驻地建供销社、食品站及代销点。1985年后，个体商贸服务日趋发展，农村市场日益活跃，1995年，建成西山、永安、大旗3个集贸市场，恢复新丰、荆泉、两家塘3处圩场。2000年，全镇个体工商户200多家。2013年，投资2000万元，征地2公顷，建成面积1.5万平方米，集商贸、餐饮、娱乐为一体的栗山商贸市场。2015年，全镇有各类商铺500多家，个体从业人员1120人。社会消费品零售额3.49亿元，其中集市商品成交额6000万元。

财政金融

1954年，境域有栗山、西山、洪桥、峡上、巴江、永安、界头、荆旗8个乡信用社。1958年，中国人民银行在境域设2个营业所。1984年，境域设24个信用站。1994年，有3个信用营业点。1995年，镇政府财源主要是农业税和营业税，财政总收入246万元。是年组建栗山信用联社。1997年，成立农村合作基金会。1999年，基金会撤销，其业务并入信用社，信用社在巴江设分社。2003年，调减农业税，停征屠宰税。2005年，免征农业税，财政收入减少。2008年，镇财政总收入140万元。其后，镇财源主要是工商税，因民营经济快速发展，财政收入逐年增加。2015年，境域有信用合作社1家，年末存款余额2.26亿元，贷款余额7452万元，财政总收入1833.05万元。

基础设施

交通运输

清代，境域有驿道和县大道过境，从山枣城江桥入境、经栗山铺、塔泥铺、瓦石桥到虞唐抵永丰。民国16年（1927），潭宝公路建成，境域长4千米。1958年，建山（山枣）沙（中沙）公路永安至丰冲段及西（西山塘）鳝（鳝鱼塘）公路。1975年，建西（西山塘）花（花石）公路。1978年，建山沙路丰冲至荆泉段。1989年，乌（乌龟山）鳝（鳝鱼塘）公路建成，过境西山塘、巴江入中沙。1995年，投资50多万元，拓宽乌鳝公路。2001年，全镇村村通公路。2005年起，对境域公路逐年进行硬化，当年，投资63万元，硬化公路3.4千米。2006年，硬化村道15.2千米。2007年，硬化公路19.48千米，拓宽改造23.4千米。2008—2014年，硬化改造公路127.94千米。2015年，境域有公路4条，总长42.5千米，8个村通公共交通，每天湘乡至虞唐过境公交车每8分钟1班，市、镇外过境班车15班，日客运量840多人次。有村道167.8千米。

邮电通信

清代，湘乡至宝庆府（邵阳）邮差路线在栗山铺设驿站。民国时期，在西山塘设邮政代办所。潭宝公路通车后，邮路由步行改为汽车。1950年，县邮政局在西山塘、栗山铺、巴江3处设邮政代办所，邮件由信差步行传递。1956年，西山乡、巴江乡通电话。1958年，邮差改骑自行车，每周投递2~3次，邮件送至村部。1976年，栗山、巴江装磁石电话交换机。1986年，增加湘乡至巴江邮路。1993年，固定电话进入百姓家。1995年，境域固定电话3600部，开通移动电话。2001 年，村村通电话，通邮路。2003 年，开通互联网。2015 年，全镇有移动、电信、联通基站 24 座，有家庭固定电话 900 部，移动电话 1.5 万部，17 个村通宽带，宽带用户 510 户。

供水供电 境域村民历来饮用塘水、井水，用桐油灯、煤油灯照明。1969 年，在洪芙村架设 80 千瓦变压器 1 台，解决洪芙机埠灌溉用电。1972 年，在双江村、金山村由韶山灌区配套抽水机埠架设变压器。1979 年，巴江建造纸厂架设变压器。1981 年，栗山、巴江 2 个公社全面架设低压照明线路，6224 户照明用电。其中有低压线路 103 千米，高压线路 32 千米，变压器 22 台。1995 年，对电压低的村进行增补线路和变压器，其中增加低压线路 50 千米、变压器 7 台，用电户 6949 户。同年，镇党委、政府筹建自来水厂，投资 78 万元从栗山水库引水，铺设管道 2600 米。1996 年 1 月水厂通水，解决镇区及西山村部分居民 3000 人的生活用水。2005 年，开始农网改造。全镇有高压线路 62 千米，低压线路 236 千米，用户 9736 户。2007 年，实施安全饮水工程，西山、黄金、栗山及栗山中学共 2000 多人饮用安全卫生水。2010 年，对山塘进行改造，4200 多人饮用安全卫生水。2014 年，投资 248 万元，对自来水厂进行升级改造，新增管道 4000 米，将自来水管延伸至洪芙村，解决 8000 人的生活用水。2015 年，全镇农网改造全部完成，其中有高压线路 107 千米，低压线路 533 千米，变压器 97 台，用户 10234 户。

水利建设

清代和民国时期，境域灌溉由山塘、井、小溪流供应。境域有山塘 2594 口，蓄水量 447.4 万立方米，可灌田 432 公顷。1955 年，建杉山水库，蓄水量 15.4 万立方米，可灌田 15 公顷。1956 年，建界头水库，蓄水量 2 万立方米，可灌田 16.67 公顷。1960 年，修建石泉水库，蓄水量 14 万立方米，可灌田 64 公顷。建大水塘水库，蓄水量 17 万立方米，可灌田 43 公顷。1966 年，建荆泉水库，蓄水量 101 万立方米，可灌田 148.6 公顷。建韶山灌区金山支渠 2.7 千米。1974 年，建青山水库（现栗山水库），蓄水量 176 万立方米，可灌田 180 公顷。1976 年，建洞山水库，蓄水量 106 万立方米，可灌田 98 公顷。1986 年，有电力提灌站 3 处，可灌田 166.65 公顷。1988 年，有电力抽水机埠 18 处，受益面积 390 公顷。2013 年，投资 810 万元分别对荆泉、栗山、洞山水库进行除险保安。2014 年，投资 300 万元对栗山水库提质改造。2015 年，境域有水库 7 座，山塘 2000 多口，水渠 52 千米，有效灌溉面积 1263 公顷，农田旱涝保收率 92%。

村镇建设

栗山镇政府办公地驻西山塘。民国时期，旧街沿山延伸。潭宝公路建成后，在公路两侧建房办店者逐年增多而形成新街。中华人民共和国成立后，街区为不定期集市，以后逢农历“二、五、八”日赶集。街区建设未形成规模。1995 年，镇区面积约 0.2 平方千米。1996 年，对西山塘街道进行改造。2000 年，鼓励村民进镇建房经商，镇区增加住户 80 户。2012 年，新建新丰、永安、西山 3 个垃圾填埋场，添置垃圾桶 4900 个，新建垃圾池 60 个，焚烧垃圾池 2620 个，化粪池 160 个，沼气池 38 个。2015 年，西山塘街向东西延伸达 200 米。栗山卫生院、派出所、交警四中队、邮政分局、农商银行、学区等单位驻西山塘街，镇区面积扩展到 0.4 平方千米。城镇化率 20%。

社会事业

教育

清代，境域以私塾教学为主。民国时期，私塾与公办学校并行。民国38年（1949），有巴江张祠的莲虞乡第三中心国民学校。1952年，教育事业在整顿中发展，境域有小学21所，学生3226人。1987年，贯彻实施国家《中华人民共和国义务教育法》，调整学校布局。1992年，有中学2所，学生856人，教师55人；小学21所，学生3217人，教师121人。1997年，小学适龄儿童入学率100%，99%的小学毕业生升入初中，基本普及九年义务教育。2008年，因生源减少，小学合并成8所，学生1408人。初中2所，学生554人，中小学教师共167人。2012年，投入706万元，对中、小学进行改造、添置教学设备。2015年，有初中2所，学生245人；小学6所，学生1258人；中小学教师共141人。

文化体育

民国时期，群众文化生活单一，境域仅栗山铺有木偶剧团，在境域内外演出。1965年，栗山、巴江2个公社建文化站，各配兼职文化辅导员1名。1974年，有2个电影放映队开始在农村放映8.75毫米电影。1982年，改为16毫米电影。1983年，相思村刘敦霞等人组建相思电影院。1996年，建有线电视站和栗山镇田园楹联学社。2000年，全镇有线广播入户率85%。2006年，架设有线电视光缆18千米。2013年，全镇有腰鼓队、中西乐队14支，全年免费放映电影96场，送戏下乡演出4场。2015年，全镇有文体活动广场3个；篮球架10套，乒乓球台20套；健身器材2套；有文化体育站，配备24名文体专干，文艺演出队6支，农家书屋24个，藏书4万余册；有线电视用户841户。

医疗卫生　民国时期，境域以个体行医、中药治疗为主，著名中医有陈忠强、吴克生等。中华人民共和国成立后，个体医生组成联合诊所。1961年，栗山、巴江2个公社组建卫生所。1969年，办农村合作医疗，每个大队配“赤脚医生”1名，生产队配卫生员1名。1970年，巴江卫生所改建为卫生院。1972年，栗山卫生所改建为卫生院。1980年，合作医疗解体，“赤脚医生”成个体医生行医。1989年，巴江、栗山卫生院共有病床10张。医卫人员27人。1996年，巴江、栗山卫生院合并为栗山镇卫生院，有医卫人员23名，设病床7张。1997—1999年，24个村先后设立村卫生室，配备28名乡村医师。2006年，卫生院开展定点医疗服务，在境域设医疗点24处。2007年，投资40万元对卫生院改造。2013年，新建栗山卫生院门诊部。2015年，全镇有卫生院1家，设病床35张，医疗服务点24处，医卫人员32人；个体诊所2个，个体药店2家，村卫生室24个。

社会保障

1961年，政府对完全丧失劳动能力、无依无靠的老弱病残鳏寡人员和未满16周岁的孤儿作“五保”。1984年，境域有栗山乡、巴江乡2所敬老院，15名“五保”老人入住。1995年，境域有“五保”老人216人。1999年，有复员退伍军人110人，年发放优抚金2.66万元；有伤残军人9人，年发放优抚金5706元；军工烈属7人，发放优抚金8052元。2005年，推行新型农村合作医疗制度。2006年，20814人参加农村合作医疗，参合率84%。启动贫困居民最低生活保障制度，享受农村低保1242人，年发放低保金74.5万元；享受城镇低保21人，年发放低保金3.78万元。投资60多万元，将原巴江乡政府改建成栗山敬老院。境域有“五保”老人286人，其中42人入住敬老院集中供养。2008年，22463人参加农村合作医疗，参合率92%；1546人享受农村低保，年发放低保金148.4万元。29人享受城镇低保待遇，年发放低保金5.2万元。2010年，有重点优抚对象（残疾人员、带病回乡人员、参战参核人员烈属)170人,年发放优抚金4.25万元。2011年，推进城乡居民养老保险，13940人参保，参保率90%。2014年,投资77.87万元对敬老院扩建改造，入住“五保”老人55人。2015年，23222人参加农村合作医疗，参合率95%。“五保”老人429人，年发放生活费118.61万元。1561户1764人享受农村低保待遇，年发放低保金334.39万元。128户133人享受城镇低保待遇，年发放低保金38.99万元。8219人参加社会养老保险，4992人领取养老保险金496.27万元。有重点优抚对象177人，年发放优抚金14.16万元。

人民生活

民国时期,民不聊生。中华人民共和国成立后，家住破旧茅房的农民得到固定住所，生活逐步改善。1982年后，实行“包产到户，包干到户”的家庭联产承包责任制，粮食产量增加59%。1986年，农民基本解决温饱问题。1996年，境域农民人均纯收入1200元，539户建新房1450间。人均居住面积25平方米。2000年，有113户新建住房1106间。2005年，农民人均纯收入3245元。2008年，农民人均纯收入4639.8元。2015年，农民人均纯收入11000元。98%的农户入住楼房，人均居住面积28平方米。30%的村民拥有摩托车或家庭小汽车。65%的村民使用移动电话。95%的家庭使用彩电，冰箱、洗衣机、空调等家用电器。

特色地情

风景名胜

九峰山 座落湘乡市城西南，距市区23千米。横跨栗山、虞唐2镇，海拔471米。山顶有何仙姑庙，庙建于何时，无从稽考。原为石墙铁瓦，庙中有庙。门联“仙有心而济世，姑无论其何人”流传甚广。2000年5月经湘乡市宗教局批准，设立“九峰山寺”宗教活动场所，由当地信士曾凤根等村民自愿捐款在原址建房6间，2012年筹资进行修缮，2014年竣工，4条盘山公路通往山顶。现成为村民和游客登山、健身、休闲之处。

（撰稿：颜文威）

山枣镇 >>

区域概况

地理位置

山枣镇位于湘乡市城区西南的涟水南岸，东隔涟水与昆仑桥街道连接，南与湘潭县石鼓镇相邻，北与泉塘镇、潭市镇隔涟水相望，西与虞唐镇、栗山镇毗邻。因境域有昔日盛产红枣的枣子坳，山麓有一自然村名“山枣”，镇名依此得名。

建置沿革

清康熙三十五年（1696），境域分属湘乡县万全乡莲花6都、兴仁7都和雍睦乡潭台10都。民国23年（1934），分属莲花乡、兴仁乡。1950年，分属城江、山田、长桥、低坪、窑台、莲花、盐井7乡。1956年，分属山枣乡、莲花乡、石狮乡。1958年，分属山枣公社、潭市公社。1962年，分属山枣公社、洪塘公社、莲花公社。1984年，分属山枣镇、洪塘乡、莲花乡。1995年4月，山枣镇、洪塘乡、莲花乡合并为山枣镇。至2015年建置未变。

区划面积

1995年，境域辖洙津、新飞、飞涟、厚峰、窑冲、万贯、龙泉、山枣、虎形、城江、城埠、水东、青顺、金华、盐井、板坨、莲峰、莲长、莲花、望岳、大山、九江、云山、大胜、新胜、高胜、蚕胜、双林、山田、洪山、洪塘、枫树、桥头、永兴、良山、低坪、新跃、保元、新塘仓、经正、白沙41个村、1个居民委员会，454个村民小组，总面积101.7平方千米，有耕地2893.14公顷，其中水田2624.93公顷，旱土268.21公顷；可养水域290公顷；林地3533.3公顷。2014年6月，行政村合并。山枣、虎形合并为山枣村，莲峰、莲长、望岳合并为莲望村，九江、云山合并为九云村，大胜、新胜、高胜、蚕胜合并为四胜村，新跃、保元合并为新元村，其他28个村不变。2015年，辖33个村，1个居民委员会，455个村民（居民）小组。境域总面积未变，耕地面积2689公顷，其中水田2506.07公顷，旱土182.93公顷；可养水域343公顷，林地3666.67公顷。

自然环境

境域地势南高北低，以320国道为分界线，北临涟水，多为低平的河套区，南部为丘陵地区，最高海拔515米，最低海拔42米，地质结构比较稳定。境域河道属湘江支流涟水水系及涟水支流城江河流域，涟水绕境18个村，长25千米，城江河内河道长13.5千米。境域属亚热带季风湿润气候区，四季分明，年平均降水量1290毫米，年平均气温18℃。林地较宽，树种以松、杉、南竹为主，野生动物以野猪、灰兔较多。土壤平原地区以水稻土为主，土壤肥沃，宜种农作物。主要自然灾害为水灾。山地以红壤为主，肥力低。主要矿藏有花岗岩、石英石等。

人口民族

1995年，境域有13941户46694人，其中男性24147人，占51.71%；农业人口45113人，占96.61%。人口以汉族为主，少数名族61人。人口自然增长率3.48‰。2000年，第五次人口普查登记，境域有12668户43042人，其中男性22082人，占51.3%；农业人口41484人，占96.38%；少数民族36人。人口自然增长率2.96‰。2010年第六次人口普查登记，境域有11984户39703人，其中男性20116人，占50.66%；农业人口38532人，占97.05%；少数民族61人。人口自然增长率10.58‰。2015年年末，全镇有12015户48079人，其中男性25005人，占52%；少数民族63人。人口自然增长率8.56‰。

经济发展

经济综述

清末和民国时期，境域经济以农业为主，手工业较发达，有纸伞、伞骨厂60多家。中华人民共和国成立后，经济逐渐发展。1988年，锻造、铸造工业成为境域支柱经济产业。1995年，镇党委、政府以上规模、上水平、上项目、增效益为发展思路，促进经济发展。境域工农业总产值1.71亿元，其中农业总产值8000万元。2005年，镇党委、政府实施“工业带动、项目兴镇”战略，境域有规模以上工业11家，工农业总产值3.28亿元，其中农业总产值7800万元。2015年，境域工农业总产值7.28亿元，其中农业总产值4.13亿元。

种植业

境域种植业以种植水稻为主，以种植红薯、

袁隆平院士在国家水稻丰产试验区——洙津村

小麦、棉花为辅。民国时期，耕田用牛，用人畜粪、草皮沤制凼肥。1953年前，水稻种植一熟制，稻谷收割后，小部分种绿肥，大部分生板田过冬或犁翻泡冬。1954年，试种双季稻，实行“稻—稻—绿（肥）”耕作式。1956年起，全面推广种植双季稻，开始使用化肥过磷酸钙、尿素、钙镁磷。1965年，山枣、洪塘一带实行水稻与棉花轮作。1973年，推广碳酸氢铵、氨水犁田深耕作基肥。1974年，推广温室育秧技术，试种杂交稻。1976年，大面积推广杂交水稻种植。1979年，推广机滚船平整水田。1995年，境域种植水稻4395.3公顷，普及杂交水稻，粮食总产3.57万吨。另种植小麦63公顷，棉花32.33公顷，蔬菜297.13公顷。“国家水稻工程”湘乡基地洙津村，双季稻面积63.93公顷，单产16155千克/公顷。另种红薯27.6公顷，豆类、花生、茶叶等32公顷。1996年起，推广优质稻。2000年，全镇种植水稻4332.73公顷，其中优质稻20公顷，粮食总产3.8万吨。种植小麦、豆类、薯类103.33公顷，种植棉花、油菜、蔬菜等作物297公顷。2004年，政府实行“农机补贴”政策，农民购买农机积极性提高。2009年，农业机械化水平提高，境域农民拥有中型拖拉机6台，手扶拖拉机103台，耕种机2037台，机耕船399台，旋耕机4台，插秧机142台，联合收割机72台，机耕面积6550公顷。耕田不用牛，基本实现农业机械化。2015年，种植水稻2645公顷，其中优质稻2021.22公顷，粮食总产4.25万吨，种植小麦、红薯、棉花、蔬菜等425公顷。

养殖业

境域养殖业以养猪、养鱼为主。民国时期，民间散养，农民靠卖猪换来生产生活用品。1951年，县政府贯彻“私养公助”的养猪方针，帮助农民发展养猪。1957年，境域共出栏生猪5300头，年末存栏生猪5200头。1958年，人民公社集体养猪，禁止社员私养，养猪数量减少。1961年，境域出栏生猪仅676头，年末存栏生猪仅1365头。1962年，实行“公私并举、私养为主”。1965年，境域出栏生猪5197头，年末存栏生猪4757头。1977年，解散集体猪场，养猪户占总农户95%，境域出栏生猪8461头，年末存栏生猪11967头。1982年，政府鼓励养猪致富。1995年，境域出栏生猪7.7万头，养牛1.3万头，禽类10.8万羽，水产养殖308.5公顷，水产品1017吨。2000年，镇党委、政府扶持科技养殖户，引导规模养殖，先后成立诚鑫农牧有限公司、江花渔业协会。2008年，境域出栏生猪10万头，水产品3200吨。2015年，境域有养殖生猪专业户52户，出栏生猪11.2万头，饲养家禽14.9万羽。水产养殖341公顷，水产品2200吨，鱼苗远销省内外，年产值4700万元，渔业总产值1.1亿元。

林业

1951年，土地改革时，境域农民分到林地，林权属私人所有。1958年，公社把林权收归集体。1962年，林权固定到大队、生产队。20世纪70年代初，始建集体林场。1978年，境域有公社林场3个、大队林场40个。1981年，实行林业“三定”（稳定山林权、划定社员自留山、确定林业生产责任制），颁发社员自留山使用证。1987年，实行自留山、责任山“两山并一山”为自留山。1995年，境域有林地3533.3公顷，森林覆盖率34.74%。1996年，人工造林103.43公顷，成幼林抚育110公顷，低产林改造3公顷。1999年，成幼林抚育125公顷，低产林改造3公顷，封山育林15公顷。2002年，荒山造林253.8公顷。同年启动退耕还林工程，至2006年的4年间，共退耕还林248.7公顷。2006年，因集体林场经营不善，境域林场减少至37个，办得较好的是厚丰村林场。2009年，启动集体林场制度改革，至2010年11月，境域确权 3295.53 公顷，确权率 100%；发证 6493 户，发证率 100%。2010 年年末，境域有镇办林场 3 个，村办林场 18 个，林场总林地 633.87 公顷。2015 年，境域有镇办林场 2 个，村办林场 9 个，林场总林地 330 公顷；全镇有林地 3666.67 公顷，森林覆盖率 36.05%。

工业

清道光二十三年（1843），山枣陈祥泰开设纸伞厂。民国时期，洙津渡一带烧青砖青瓦。民国 9 年（1920 年），莲花桥纸商杨尔康从邵阳请来技师，生产艺纸、广红五色彩纸。民国 16 年（1927），山枣、万贯亭有纸伞厂 60 家。民国 30 年（1941），李光培在莲花盐井开办“惠民公司”，开采膏盐，日产盐 150 千克。1952 年，乡政府组织 4 个纸伞生产合作社和 1 个伞骨合作社，年产纸伞 90 万把，畅销省内外，远销印度、南洋、东南亚等地 22 万把。1972 年，建成洪塘机械厂。1974 年，建成莲花蚕胜皮鞋厂。1977 年，山枣农机厂首产“湘农 –5 型”机滚船。1978 年，山枣农机厂制成“4R3216”型悬辊式雷蒙机。1986 年，洪塘群青厂投产。境域有轻工机械厂、石膏粉厂、预制件厂、粉笔厂等工业企业 30 家，工业总产值 1071 万元。1995 年，境域有工业企业 981 家，从业人员 7086 人，工业总产值 9103 万元。1998 年，开始乡镇企业改制。2005 年，乡镇企业改制全部完成。年末有山枣锻铸、金福木业、洪塘机械等 11 家民营规模工业企业，工业总产值 2.5 亿元。2006 年，实施“工业带动、项目兴镇”战略，有工业企业 30 家，工业总产值 3.1 亿元。2015 年，有石材、锻造、铸造、皮鞋、装饰板材、砖厂、塑料制品业、矿泉水厂等工业企业 58 家，从业人员 9870 人，工业总产值 3.15 亿元。

商贸服务

民国时期，山枣、万贯亭、洙津渡、莲花桥、两头塘等地，各有 3~10 户不等的店铺，经营伙铺、油盐、南杂、屠坊、纸伞、斗笠等，为境域小集镇。20 世纪 30 年代至 40 年代，山枣、万贯亭成为雨伞、伞骨专业产销市场。中华人民共和国成立后，在乡（公社）驻地建供销社，经营南杂、百货、生资等店铺，县商业机构在山枣设批发点，山枣和莲花桥设圩场。中共十一届三中全会后，个体商贸服务业得到发展。1986 年，境域有综合商场、餐饮、招待所等商贸服务单位 82 家，社会消费品零售总额达 627 万元，集市贸易成交额达 144 万元。1995 年，有山枣、莲花、洪塘 3 个集贸市场，商贸服务企业 643 个，其中镇办 1 个，联合体 642 个，从业人员 1110 人。2015 年年末，境域有商业网点 432 个，从业人员 809 人，社会消费品零售总额 1.02 亿元。城乡集贸市场 4 个，年成交额 1.1 亿元。

财政金融

民国 23 年（1934），莲花乡建立信用合作社。1951 年，中国人民银行湘乡支行在山枣设营业所。1952 年，山枣乡信用社、万贯信用社、白沙洲信用社相继成立。中国人民保险公司在山枣设代理处。1954 年，建立莲花乡、山枣乡、石狮乡信用社。自后，信用社随行政体制变更，时分时合。1958 年，中国人民银行在境域设 2 个营业所。1995 年，镇财政收入主要靠农业税和工商税，财政总收入 220 万元。有农村信用合作社 3 家。1996 年，成立农村合作基金会。1999 年，3 个信用社合并为 1 个镇信用社，另设 2 个分社，农村基金会撤销，其业务并入信用社。2002 年，新华人寿保险公司在山枣建保险站。2006 年，镇财政总收入 959 万元。2003 年，调减农业税，停征屠宰税。2005 年，免征农业税，镇财政收入减少。2008 年，镇财政收入 81 万元。2009 年后，财政收入主要有工商税、交通税、企业和个人所得税等，当年财政收入 962

万元，其中国税167万元，地税22万元。2015年，积极培植税源，强化收入征管，境域财政总收入2204.59万元。有金融机构1家，各类存款余额3亿元，各项贷款余额1.7亿元。

基础设施

交通运输

清代，境域有驿道过境至邵阳，有县大道过境抵永丰。清雍正初年（1723—1727），建洙津大桥，长166.8米。自此，湘乡至宝庆（邵阳）不再在此过渡。民国16年（1927），潭宝公路建成过境，境域长8.7千米。1958年，建成山（枣）花（湘潭花石）公路山枣至永安段，长8.12千米；建成山（枣）沙（中沙）公路，长15千米。1965年，山枣公社组织板车运输队。1968年，山枣公社从长沙买回1辆4吨解放牌汽车从事运输。1974年，建成（公桥）大（罗山）公路，长11.5千米。1975年，水东大队从长沙买回汽车1辆用于货运。1986年，建成乌（山枣乌龟山）鳝（双峰沙塘）公路。1995年，村村通公路、汽车。2005年起，对境域公路进行硬化。至2014年的10年间，共硬化公路228.66千米。2015年，境域有320国道和县乡级公路4条，总长48.32千米；有公共汽车线路1条停靠，境域运行里程8.7千米。全镇共有货运、客运车辆123台。有村道210.26千米。

邮电通信

清代，有驿道“邮差路线”过境。康熙三十年（1691），在洙津渡和城江铺设邮铺司。道光十六年（1836），在城江铺设腰站。民国时期，有汽车邮路1条过境，邮件可在山枣交接。1949年，在山枣、城江桥、洙津渡设邮政代办所。1956年，建山枣邮电所。并装电话交换机，莲花、山枣、石狮3乡通电话。1970年，洪塘、山枣、莲花3公社装磁石交换机。1986年，山枣乡政府新装交换机。1995年，村村通电话，村村通邮路，当年开通移动电话。2002年，开通程控电话2000门。2007年，程控电话开通2062门，移动电话2002部，宽带网60户。2015年，境域有邮电机构6家，移动通信基站7个，程控电话880门，移动电话28502部，33个村通宽带，宽带用户1234户。

供水供电

境域村民历来使用桐油、煤油灯照明，偏僻山区村民用竹篾片、松脂照明，饮用池塘水、井水、河水。1979年，洙津水电站建成发电，供山枣、莲花一带机关、村民用电。境域山枣窑冲茶场、电器厂、预制厂、轻机厂和洪塘群青厂、农机厂等自备发电机发电。1988年，境域山枣、洪塘两地安装变压器57台，容量4715千伏安。1995年，境域村、组全部通电。全年用电量295.6万千瓦时。2003年起，实施农村饮水安全工程，至2006年的4年间，累计解决17600人饮用水困难。2007年，建35千伏变电站1个，36个村完成农网改造。2010年，建110千伏（扩容）变电站1个。2012年，镇区建成自来水厂，日供水量1800立方米，供应用户580户。2015年，境域7个村1210户通自来水，用户通电率100%。

水利建设

清代、民国时期，境域灌溉用水主要靠池塘、小溪和涟水。1956年，在莲花乡建高胜水库，容量224万立方米，可灌田349.3公顷。1958年，在山枣建直冲水库，容量3.2万立方米，可灌田30公顷。1959年，建盐井水库，容量12万立方米，可灌田46.67公顷。1960年，境域涟水河畔有筒车21架，可灌田84公顷。1966年，韶山灌区主干渠流经洪塘、山枣11千米，有支渠15条，总长23.12千米，境域受益面积651公顷。1976年，在白沙、洪塘、洙津建防洪堤1.45万米。1986年，境域有山塘3344口，可蓄水826.7万立方米，可灌田357公顷。1988年，境域有抽水机埠81处，装机84台，受益面积1204公顷。2006年，改造大山塘72口，对直冲水库进行排险加固，硬化渠道8000米，改造抽水机埠1座。2015年，境域有大小水库3座，大小山塘3200口，河坝56座，提灌机埠94处，总装机1634千瓦；防洪排涝机埠2处，装机容量100千瓦；有效灌溉面积2678公顷，农田旱涝保收率94%。

村镇建设

民国时期，山枣老街建在湘潭通往宝庆（邵阳）的古驿道上，街道中铺石板，旁镶卵石，长约0.5千米。潭宝公路建成后，在公路两侧建房设店，形成新街。中华人民共和国成立初期，街道较繁荣。1958年，住户被迁移至农业生产队，老街房屋拆毁殆尽，新街也拆不少，街市几乎不存。20世纪80年代以后，在街区开坊设店逐渐增多，街道逐渐恢复往日的繁荣。1995年前，境域有山枣、莲花、洪塘3个自然集镇。山枣街长160米，为商业街。1995年，撤区并乡建镇后，加快镇区建设。2002年，在镇区建成商业街。2010年，建成建筑面积8200平方米的聚鑫大厦。2011年，改建信用社。2014年，建成建筑面积5200平方米的富兴名苑和建筑面积7260平方米的农村集中居住点。2015年末，镇区面积1.7平方千米；洪塘中心村面积1.1平方千米；莲花中心村面积0.6平方千米。镇域城镇化率25%。

社会事业

教育

清光绪八年（1882），刘锦棠发起，在城江桥刘氏祠堂设义学。光绪三十四年（1908），城江桥洞井塘刘氏纪纲办初等小学堂。民国时期，有公立中心国民学校1所。1952年，有小学31所，学生4334人，教师216人。1957年，创办山枣民办初中。1987年起，贯彻《中华人民共和国义务教育法》，调整学校布局。1992年，境域有初中3所，学生1044人，教师66人；有小学3所，学生5308人，教师203人。1997年，小学适龄儿童入学率100%，毕业生升学率99%，基本普及九年义务教育。1998年起，巩固“普九”成果。由于生源减少，陆续调整学校布局。2008年，有初中3所，学生838人；小学10所，学生2033人；中小学教师328人。2011年，有初中3所，学生1218人，教师165人；小学10所，学生2170人，教师177人；幼儿园14个，在园幼儿1572人；小学适龄儿童入学率100%，小升初升学率100%。2015年，有初中3所，学生464人；小学6所，学生1805人；中小学教师230人；幼儿园18个，在园幼儿250多人。

文化体育

1953年，境域洙津乡办业余剧团，免费为群众演出。1956年，盐井俱乐部被评为省群众文化先进集体。1965年，在山枣、莲花、洪塘3公社建文化站。1987年，境域有3个电影放映队。1989年，建山枣万册图书馆。2007年，全镇有线电视用户886户。2011年，有镇文化体育站1个，村级文化活动中心16处，体育场地11个。全年免费放映电影164场。2013年，全镇有农家书屋41个。龙泉村体育场投入使用，建成融文化娱乐、休闲健身为一体的山枣镇文体广场。文体站内有文化书屋、电子阅览室、展览室、乐器室，成为镇文化活动中心。山枣、龙泉等10多个村有广场舞队伍。全年为村民免费放映电影164场次。年末有有线电视用户1234户。2015年，山枣、枫树、莲长、蚕胜4个村创建为湘乡市文化活动“百佳村”，建设莲长、飞涟、城埠、高胜、水东5个村的农民体育健身场地；安装镇文体广场健身器材并投入使用；组织“欢乐潇湘”山枣专场，有500多人参加演出。19个村通有线电视。

医疗卫生

中华人民共和国成立前，境域个体行医，中药治病。1951年，在莲花桥建立第五区卫生所，负责卫生行政、医疗防疫工作。1959年，有山枣、湖山、莲花3个公社卫生院。1969年，推行合作医疗，大队建立卫生室，配“赤脚医生”1名。1978年，合作医疗解体，“赤脚医生”个体行医。1989年，有山枣、洪塘、莲花3个乡卫生院，共设病床22张，有卫技人员45人。2007年，山枣卫生院设病床20张，有医护人员38人。境域有个体药店20家。2011年，山枣卫生院设病床30张，医护人员30人；村级医疗室44个，从业人员44人。2015年，境域有卫生院1所，有医务人员51人。村卫生室35个，医务人员44人；个体药店33家。

社会保障

民国时期，政府对孤老残疾人员很少救助。1961年，民政部门对完全丧失劳动能力、无依无靠的鳏寡残疾人员及未满16周岁的孤儿实行“五保”。1984年，境域有山枣、莲花、洪塘3个乡敬老院，入住“五保”老人18人。1995年，境域分散供养“五保”老人217人。年发放“五保”生活费6.16万元。1999年，境域有复员、退伍军人186人，年发放优抚金5.23万元；有伤残军人13人，年发放优抚金11828元；有军工烈属6人，年发放优抚金6936元。2005年，推行新型农村合作医疗制度。2006年，境域15750人参加合作医疗，参合率为35%。同年启动贫困居民最低生活保障制度。1321人享受农村最低生活保障待遇，年发放低保金31.7万元。21人享受城镇最低生活保障待遇，年发放低保金3.5万元。2010年，境域有重点优抚对象313人，年发放优抚金7.82万元。2011年，境域有敬老院1家，集中供养“五保”老人50人，支付生活费45.5万元；分散供养“五保”户582人，年支付生活费148.6万元。1145户2001人享受农村最低生活保障待遇，年发放低保金218.4万元，48户57人享受城市最低生活保障待遇，年发放低保金28.4万元。42900人参加农村合作医疗，参合率为95.3%。27853人参加农村养老保险，参保率81.2%。1566人参加城镇基本养老保险。2015年，42011人参加农村合作医疗，参合率95%；“五保”老人651人，年发生活费142.12万元；1995户2390人享受农村低保待遇，年发放低保金305.14万元；129户149人享受城市低保待遇，年发放低保金49.86万元。18098人参加社会养老保险，为8632人发放养老保险金726.79万元。有重点优抚对象343人，年发放优抚金27.44万元。

人民生活

1950年，人均口粮不足200千克。农民住房普遍为茅草土坯房，只有少数“公屋”为瓦房。1954年，粮食产量增加，人民生活有所改善。1958—1976年，居民生活质量整体较低。部分缺乏青壮年劳力的家庭常年口粮不足。实行家庭联产承包责任制后，经济发展，人民生活不断改善。1995年，农民人均纯收入800元，农村剩余劳动力外出务工经商较为普遍，人均居住面积26平方米。2011年，农民人均纯收入8364元。人均居住面积30平方米。2015年，农民人均纯收入11760元，90%的农户住楼房，人均居住面积35平方米。每百户农户拥有摩托车40辆，汽车5辆，户均拥有移动电话2.23部。

特色地情

历史人物

冯子振（1253—1348） 字海粟，自号瀛州客、怪道道人，湘乡县山田（今湘乡县山枣镇洪塘山田村）人。自幼勤奋好学，肄业于涟滨书院。元大德二年（1298）进士及第，时年47岁，人谓“大器晚成”。朝廷重其才学，先召为集贤院学士、待制，继任承事郎，连任保宁（今四川境域）、彰德（今河南安阳）节度使。晚年归乡著述。世称其“博洽经史，于书无所不记”，文思敏捷。一生著述颇丰，传世有《局庸赋》《十八公赋》《华清古乐府》《海粟诗集》《海粟集缉存》等书文，以散曲最为著名，为元代散曲名家。

刘锦棠（1844—1894） 字毅斋，湘乡县山枣城江（今属山枣镇城江村）人。咸丰九年（1859），投叔父刘崧山老湘营，参与镇压太平军和捻军及回民起义，累升知府及巡守道。同治九年（1870）正月，其叔父刘崧山战死，他以三品章京接统军务，逼降马化龙部。同治十三年（1874）任西宁兵备道。光绪元年（1875）奉左宗棠命，总理行营营务。光绪二年（1876），率军讨伐阿古柏侵略军及白彦虎卖国集团，历数十战，于次年底收复新疆。光绪六年（1880）任督办新疆军政事务钦差大臣。光绪八年（1882），向清廷提出新疆建省具体方案。光绪十年（1884），甘肃新疆行省建立，首任巡抚。任上废除伯克制度，组设郡县行政机构，确立新赋税制度，巩固边防，卓有成效。光绪十五年（1889）加太子少保。光绪十六年（1890）晋加太保衔。光绪二十年（1894）晋爵一等男。甲午中日战争爆发，以宿将奉召赴京振军，忽中风逝世，谥襄勤。有《刘襄勤公奏稿》传世。

李卓然（1899—1989） 湘乡县洪塘乡（今属山枣镇新元村）人。1920年赴法国勤工俭学，1925年，赴苏联学习。1929年回国，先后任中华苏维埃共和国临时中央政府主席毛泽东办公室主任、红五军团政治委员等职，参加长征和遵义会议。1936年任西路军军政委员会常委兼政治部主任。抗日战争和解放战争时期，先后任西北局宣传部部长、西北军区政治部主任等职。中华人民共和国成立后先后任中共中央东北局常委兼宣传部部长、东北行政委员会副主席、中共中央宣

传部副部长兼马列学院院长等职。

刘涤源（1912—1997） 湘乡顺塘细冲咀（今山枣镇金华村）人。1939年武汉大学经济学系毕业，1942年获硕士学位。1944—1946年，赴美国哈佛大学留学。1947年回国后一直任武汉大学经济系教授。1952—1954年，兼任经济系主任。1978—1996年出版经济学著作7部，发表论文60多篇；1996年起主编国家教委重点科研项目《凯恩斯主义研究》12卷本巨型丛书。

丁秋生（1913—1995） 湘乡县莲花桥乡谢山堡（今山枣镇四胜村）人，1930年参加中国工农红军，1932年加入中国共产党。参加长征、抗日战争、解放战争。中华人民共和国成立后，任第五兵团兼浙江军区政治部主任、浙江军区副政委、华东军区干部部部长、海军北海舰队政委、南京高级步兵学校政委。1955年被授予中将军衔。

风景名胜

万福桥 位于城郊涟津渡，建于清雍正初年（1723—1727），全桥九拱十墩，用青石、麻石砌成，长166.8米，宽6.7米，高10.8米，桥身两边有压石护栏，建筑宏伟，旧时誉为“楚南大观”。现为湘乡市重点文物保护单位。

洙津渡槽 位于山枣镇洙津、飞涟村地段的涟水之上，是韶山灌区最宏伟的渡槽工程，全长534米，最大跨河拱梁达32米。“飞涟灌万顷”由谭震林命名，湘潭书法家陈石泉书写。近处有洙津渡电站，发电时尾水倾泻涟水，形成一道人工瀑布。

李卓然故居 位于湖南省湘乡市山枣镇新元村湾冲。故居始建于清末。1902年后，李卓然父亲对其进行多次改、扩建，土木结构、小青瓦屋面，是具有湘中农村风格的民宅。李卓然在这里度过了他的少年时代。故居内设李卓然生平业绩陈列和故居复原陈列。东侧为纪念园，园中央有青花水印石雕刻的李卓然夫妇像。2012年，故居进行修缮，现为湖南省文物保护单位。

（撰稿：陈湘超）

毛田镇 >>

湖南大型水库水府庙水库的门户。

区域概况

地理位置

毛田镇地处湘乡市西部，东与棋梓镇隔涟水河相望，南与双峰县接壤，西、北与娄底市娄星区相连。涟水自西北至东南环流而过。相传在涟水中游，原有一茅芦洲，明清时期开垦成农田，人们称其为“茅田”，后来“茅田”一词逐渐演变为“毛田”。1959 年，水府庙水库建成后，茅芦洲被淹，而“毛田”之名仍存，镇名由此而来。

建置沿革

清康熙三十五年（1696），境域属湘乡县常安乡胜岩 19 都。民国 23 年（1934），属湘乡县第八区胜岩、人和、明和、石龙 4 乡。民国 38 年（1949），属湘乡县胜岩乡。1950 年，属湘乡县明和、毛田、坪花、羊古、青山、白塘、石田、芬水 8 乡。1956 年，属湘乡县芬水、金花、毛田 3 乡。1958 年，属上游公社。1962 年，从上游公社析出，建天门、崇山、坪花、芬水、毛田 5 公社。1984 年，属毛田、崇山、坪花 3 乡。1995 年，毛田、崇山、坪花 3 乡合并为毛田乡。2007 年 3 月，撤销毛田乡建毛田镇，至 2015 年，建置无变化。

区划面积

1995 年，毛田乡辖万山、洲塘、霞落、勤家、石山、天门、薛市、红旗、坪上、铁山、芬水、草坪、东景、坪山、丰子、新立、谭家、谭山、花亭、托坪、榔树、齐心、羊古、长庆、蛇形、古塘、杨泉、全心、大新、大坡、石园、烟竹、杉山、芋塘、张泉、毛田、华塘、白杨、竹园、新华、金田、增加、崇山、清溪、跃南 45 个村，380 个村民小组，境域总面积 95.7 平方千米，耕地面积 2753 公顷，其中水田 1933.3 公顷，旱地 819.7 公顷；林地 3866.7 公顷；水域 4000 公顷。2007 年，撤乡建镇，并组建设立永嘉桥、新街 2 个居委会。2014 年，万山与洲塘，霞落、勤家与石山，天门与薛市，红旗、坪上与铁山，芬水与草坪，东景与坪山，丰子与新立，谭家与谭山，花亭与托坪，榔树与齐心，羊古与长庆，蛇形与古塘，杨泉与全心，大新与大坡，石园、烟竹与杉山，芋塘与张泉，毛田与华塘，分别合并为万洲、勤家、天门山、红旗、芬水、东坪、新丰、双潭、坪花、湘府、长羊、古坝、泉新、大兴、水府、双泉、毛田村，其余未调整的 8 个村建置保持不变。至此，境域辖 25 个村，2 个居委会，379 个村（居）民小组。2015 年，境域总面积仍为 95.7 平方千米，耕地2685.1公顷，其中水田1907.1公顷，旱地778公顷；林地4639.8公顷；水域3080公顷。

自然环境

境域地形为低山丘陵区，由坪花至天门一带的山脉属祁阳弧形构造的东北延伸部分。山脉在湘乡境域为中央支，属衡山北支主脉。天门山海拔457米，为境域内最高峰，还有狮子山、绿旗大山、烟土排等主要山峰。境域属亚热带季风湿润气候区，冬季寒冷干燥，夏季高温多雨，年均气温170℃，年降水量约为1300毫米，年均日照1800小时，年无霜期280天。涟水由竹园入境，流经崇山、万山入溪口。毛田河从大波入境，流经大新、跃南、金田注入涟水，总长12千米。另有小溪10余条。境域花亭、崇山一带深藏少量无烟煤，毛田、坪花一带有少量铁矿。野生动物有白鹭、野兔、野猪、野鸡、喜鹊等。植物有马尾松、杉、柏、樟、梓、枫、栗等20多种树种以及南竹等。

人口民族

1995年，辖区有11595户，总人口36709人。其中男性19042人，占总人口的51.87%；农业人口35429人，占96.51%；少数民族42人；人口自然增长率1.51‰。2000年，全国第五次人口普查统计，辖区有10330户，总人口31905人。其中男性16426人，占51.48%；农业人口30630人，占96%；少数民族63人；人口自然增长率7.15‰。2010年，全国第六次人口普查统计，全镇有9617户，总人口29382人。其中男性14902人，占50.72%；农业人口27831人，占94.72%；少数民族64人；人口自然增长率8.11‰。2015年，全镇有13684户，总人口38167人。其中男性19328人，占50.78%；少数民族63人；人口自然增长率1.63‰。

经济发展

经济综述

境域历来以农业经济为主。民国时期，生产工具简陋，生产方式落后，粮食亩产150千克左右。1949—1956年，基本实现农业和资本主义工商业的社会主义改造，农村经济逐步发展。中共十一届三中全会后，实行家庭联产承包责任制，发展乡镇企业。1996年，境域工农业总产值1.58亿元，其中农业总产值7545万元。2005年，乡镇企业改制，民营、个体及联营经济加快发展，境域工农业总产值2.16亿元，其中农业总产值8017万元。2010年，充分发挥水府库区的区位优势，规模化发展种植业和养殖业，经济发展提速，境域工农业生产总值3.5亿元，其中农业总产值0.7亿元。自后，不断调整产业结构，扩大库区特色，重视旅游产业发展，经济稳步提升。2015年，全镇工农业总产值6亿元，其中工业总产值4.7亿元，农业总产值1.3亿元。

种植业

境域历来以种植水稻为主，兼种红薯、小麦、豆类、花生等作物。1953年前，均种单季稻，粮食亩产135千克。1954年，试种双季稻成功，提倡合理密植。1956年起，推广双季稻，使用化肥硫酸铵。1957年起，由传统育秧转为湿润秧田育秧。1973年，采用“稻—稻—冬闲”耕作模式，推广碳酸氢铵或氨水犁田深施技术。1977年，推广温室育秧，试种杂交稻。1981年，推广地膜覆盖育秧，晚稻用机滚船平整水田。1995年，种植水稻2620公顷，其中杂交稻1100公顷，粮食总产1.95万吨。另种植红薯110公顷、玉米25公顷、小麦18公顷。1999年，推广盘育抛秧技术。

2000 年起，推广种植优质稻。2004 年起，国家实施农机购买补贴政策，农机种类、数量增速加快。2007 年，境域有手扶拖拉机 68 台，耕种机 188 台，机滚船 18 台，联合收割机 10 台，机耕面积 2450 公顷，机耕逐步代替牛耕。2008 年，采用复合肥底肥 + 尿素施肥方式，扩大优质稻种植面积和扩大抛秧范围。2009 年，成立毛田水稻种植专业合作社，19 个村 191 个村民小组的村民参加，种植水稻 689.4 公顷，是湘乡市唯一的水稻专业性示范合作社。2011 年，种植水稻 2536 公顷，粮食总产 2.88 万吨；种植玉米 533 公顷，油菜 610 公顷，麦、豆、薯 333 公顷。2015 年，境域有手扶拖拉机 56 台，耕种机 510 台，联合收割机 37 台，插秧机 4 台，机耕面积 3930 公顷。种植水稻 2460 公顷，粮食总产 2.92 万吨。种植玉米 480 公顷，油菜 570 公顷，麦、豆、薯 310 公顷，其中产玉米 1000 吨，产油菜籽 726 吨。

养殖业

境域养殖业以猪、牛、羊、家禽、鱼等为主。民国时期，养猪全为农民私养，每户养 1~2 头。1957 年，芬水、毛田、金花 3 乡出栏生猪 0.97 万头，年末存栏生猪 1.14 万头。1958 年，人民公社集体养猪，不许社员私养，甚至将社员私养的生猪平调为公社所有，养猪业倒退。1961 年，境域 5 个公社仅出栏生猪 931 头，年末存栏生猪 2386 头。1962 年，县委提出“公私并举、私养为主”的方针，农民重新起步养猪，当年，境域出栏生猪 6111 头，年末存栏生猪 4154 头。1972 年，境域 5 个公社出栏生猪 1854 头，年末存栏生猪 4154 头。中共十一届三中全会后，境域养猪由集体为主转为家庭为主。1980 年，境域出栏生猪 1.06 万头，年末存栏生猪 2.63 万头；饲养家禽 6.73 万羽；产鲜鱼 72.5 吨。1995 年，出栏生猪 2.5 万头，年末存栏生猪 1.6 万头；饲养家禽 7.2 万头羽；产鲜鱼 982 吨。2005 年，优化养殖业结构和品种，有专业养殖户 320 户。2007 年，引进美国斑点叉尾鮰、淡水白鲳、脆肉鲩、工程鲫等珍稀鱼种，年产鲜鱼 5000 吨。2011 年，出栏生猪 500 头以上的专业户 18 户；拦库养鱼面积 13 公顷以上的专业户 8 户，绿优土鸡养殖专业户 50 户；年出栏生猪 6.67 万头，产鲜鱼 4800 吨，出笼家禽 8.32 万羽。2015 年，出栏生猪 7.1 万头，年末存栏生猪 9.3 万头；产鲜鱼 5150 吨；出笼家禽 7.8 万羽。

林业

境域植被繁茂，主要有松、杉、柏、南竹，各种阔叶林分布广泛。1949 年前，境域林地归少数人所有。1951 年土地改革时，农民分到林地，林权归农民所有。1962 年，林权固定到生产队，归集体所有。1978 年，境域有公社林场 3 个，大队林场 45 个，培育杉木林 226.67 公顷。1981 年，实行林业“三定”（稳定山林权、划定社员自留山、确定林业生产责任制，下同）。林地作社员自留山，并发使用证。1987 年，实行自留山和责任山“两山并一山”为自留山。1995 年，境域有林地 3866.7 公顷，森林覆盖率 45.6%。2000 年，境域有镇林场 5 个，村林场 42 个。2002 年，启动退耕还林项目工程。至 2005 年，共退耕还林 491.3 公顷，新造林 61.9 公顷，长江防护林工程封山育林 66.7 公顷，抚育幼林 61.3 公顷，林木蓄积量 21 万立方米。2009 年，启动集体林权制度改革，纳入改革范围的林地 5002.6 公顷。至 2010 年，发证林地面积 4632 公顷，发证 10333 户，发证率 96.2%。2012 年，造林 6.7 公顷，补植补造 26.7 公顷，封山育林 20 公顷。2015 年，境域有镇林场 8 个，村林场 12 个，林场面积 309.3 公顷。全镇有林地 4639.8 公顷，森林覆盖率 55%。

工业

明清时期，境域有炼铁、石灰、陶器、茶叶

等厂或作坊。其中，斋婆塘石灰厂始创于1760年，历史悠久，最有名气。1958年，斋婆塘石灰厂，年产石灰5000吨；境域建有农机站、茶厂、砖瓦厂、陶器厂等社办企业。1986年，境域工业总产值203.93万元。1995年，境域有乡镇企业10家，年产值1000万元。2005年，境域有规模以上工业企业2家，年产值100万元以上的企业3家，以手工业为主的其他企业30家，从业人员共1300多人。2008年，境域年产值超1000万元的有水府实业有限责任公司、湘乡工业园埃普特公司；年产值超500万元的有雪梅米业有限责任公司、电杆厂；年产值超50万元的有毛田砖厂等3家；年产值超10万元以上的有10家。乡镇工业总产值4.3亿元。2011年，引进惠峰新型墙体有限公司和湘娄磊鑫石业有限公司。2015年，有先锋砖厂、福宇建材、惠峰环保砖厂、娄湘建材有限公司、雪梅米业有限公司等企业11家，工业总产值4.7亿元，从业人员共2100人。

商贸服务

明末清初，境域羊古为商业繁荣集市，为陶土、陶器、石灰、土红集散地。1930年，坪花、毛田一带生产红（毛）茶，芬水“怀仁堂”收购此类茶，经加工后运往上海，转销国外。中华人民共和国成立后，境域有毛田、崇山、坪花3个供销社，为群众供应生产生活物资。中共十一届三中全会后，个体私营户，成为商贸流通主体。2000年，境域有跃进桥、芬水坳、永嘉桥3个商贸群。各村有肉类、水果、蜜饯、服饰等流动摊点，社会消费品零售额3000万元。2006年，建成乡级商店1个，村级店8个。2015年，境域有永嘉桥、跃进桥2个农贸集市，3个商贸群，各类商铺门店400多家，个体工商从业者3000余人，社会商品零售总额达4950万元。

财政金融

1956年，境域有金花、崇山、毛田3个信用社，下辖24个信用站。1986年，境域有3个乡信用社，45个村信用站。1995年，乡政府财政主要来源是企业税收、农业税收，总收入20.3万元。1997年，在境域设立芬水邮政所，开办邮政储蓄业务。1999年,财政总收入56.2万元。坪花、崇山信用社并入毛田信用社。2003年起，财政体制改革,撤销村信用站。取消农林特产税、屠宰税，调低农业税。2005年,取消农业税,财政收入减少。2008年，财政总收入仅8万元。2009年后，贯彻“工业强市、商业富市”战略，财政收入逐年增加。2014年，加大招商引资力度，加快工业企业及个体私营经济发展，财政总收入1610.32万元；总支出1571.94万元。2015年，财政总收入2025.28万元，总支出1770.4万元，农村信用社、邮政储蓄金融单位年末存款余额2.37亿元，各项贷款余额5020万元。

基础设施

交通运输

民国时期，涟水为境域主要水运航道，在犁头嘴、跃进桥设有码头。县大道永（丰）壶（天）路过境,境域长7.5千米。1957年,湘黔铁路修通,棋梓桥设站。1958—1959年,建棋(棋梓桥)高(毛田高冲）公路，全长20.1千米。水府庙水库建成后，境域交通以水运为主。棋梓至毛田的机帆船，每天往返1次。1965年，坪测公路（坪花至双峰测水）通车，境域长3.5千米。1984年，建成棋梓轮渡。1990年,境域有崇（山）星（星）、蛇（形）天（门）、坪（花）榔（树）、芬（水）竹（园）4条乡道，总长17.9千米。其后，仁高、棋毛、跃新、跃霞、跃竹等公路相继修通。2005年，对棋（梓）毛（田）线11.9千米平整、拓宽。至2012年，境域县乡公路水泥硬化全覆盖。同时，硬化改造“无路村”村级主干道，村级道路通畅率达100%。2013年，新建跃进桥，启动6个村12千米村组道路硬化工程。2015年，境域有乡道以上公路80千米，村道206千米。有营运中巴车9辆，各类营运机动车100多辆，机帆船52艘。

邮电通信

1956年，境域羊古市设有邮电所。芬水、金花、毛田乡都通单线电话。1958年，因修建水府庙水库，羊古被淹，邮电所撤销。1962年，农村调整，设立崇山邮电所。1973年，增设芬水邮电所。1984年8月，棋梓轮渡建成通车后，崇山、芬水邮电所，由棋梓桥邮电支局托运邮件改为自行车投送邮件。1986年，毛田、崇山、坪花均装有电话交换机。2006年，新建移动通信基站3座，有程控电话6000门。2007年，移动、联通网络全覆盖，有移动电话5000部。2015年，境域设有电信、移动、联通公司的营业厅、站10家，15个村通宽带，全镇有固定电话1200部，有移动电话8060部。

供电供水

民国时期，境域乡民饮用塘水、泉水、井水、河水，用桐油灯、煤油灯照明。1959年，境域架设棋（梓桥）水（府庙）线6.9千米电力线路。1960年，由棋梓桥架线至仁安开关站，境域有仁（安）霞（落）线沿村供电。1978年，棋梓桥110千伏变电站扩建后，直供附近乡村。20世纪80年代，境域居民挖井，抽取地下水供家庭使用。2005年，农网改造，供电系统升级。2008年，集镇供水工程开工，次年实现供水，解决镇区居民3000人生活用水。2015年，投资380万元，建成跃进桥集中供水工程，年供水量28.75万立方米，解决13400人的饮用水；15个村通自来水，安全饮用水率82%；境域电力由35千伏棋（梓桥）毛（田）线转毛田变电站供电，共188台变压器，总额定容量为15150千伏安。

水利建设

1949年，在涟水河岸崇山乡崇山村段建有栗山坝，蓄引水20万立方米，可灌田36.7公顷。1955—1957年，修建胡家塘、薛市乡、月坝塘水库，库容54.6万立方米，可灌田92.67公顷。1958—1959年，建成水府庙水库，毛田、芬水、天门、崇山公社为水淹区，共淹没耕地1533.6公顷。1960年，毛田的士塘洲，崇山的仁安、石子塘、川石、兑坎畲5架筒车提水，可灌耕地14.67公顷。1973年，坪花的长冲建水轮泵站1个。其后大兴水利建设，至1976年，建成划船塘、前进、芦毛塘、胜虎山、腰塘5座小型水库，库容130.6万立方米，可灌田132.73公顷。1986年，有山塘3582口，水面317.41公顷，可灌田410公顷。1988年，有144处安装150台电力排灌机组，使998.3公顷耕地受益。2005—2007年，硬化水渠1.6万米，更换点击水泵60台套，更新水管1000余米。消除病险水库3座，整修骨干大山塘80口。2010—2013年，加固、清淤山塘200口，改造万山坝塘围垦大坝，改造机埠10处。2015年，投资500万元，建设大小水利工程196处。在大新等7个村投入900多万元，开展“小农水”连片示范片建设。是年年末，有小型水库6座，大小山塘3582口；333套抗旱排渍机埠，水管总长18835米；有效灌溉面积1560公顷。

村镇建设

1986年，毛田是毛田乡政府的所在地，设有卫生院、供销合作社、毛田小学，是不定期的农贸集市地。2007年2月，毛田撤乡建镇。2008年开始，在永嘉桥建设镇政府办公新址。2010年，镇城区建设用地面积0.68平方千米。2011年，投资60万元，建成200平方米的镇综合文化大楼；投资132.8万元，在镇城区2000米主干道两侧安装路灯83盏；投资300万元，开发崇山村高塘坳移民安置区，新建房屋17栋，3400平方米。2012年，对镇区街道进行绿化、修建垃圾池、铺设排污管网。2013年，在各村及沿街新增垃圾箱210个，焚烧桶430个，使用专车清运垃圾。投资2200万元，建设毛田镇中心农贸市场、丰子村农居点和崇山村移民安置区。2015年，镇区规划面积3.5平方千米；建成区面积3.2平方千米；25个村垃圾集中处理。城镇化率6%。

社会事业

教育

清代，境域有白鹭湾罗氏、羊古谢氏、跃南童氏、七星岭周氏、万山彭氏等族学。民国时期，有公立中心国民学校1所，私立高小1所。1939年，湘乡中学迁入天门罗氏宗祠，办学两年。中华人民共和国成立初期，政府开展扫盲教育，举办速成识字班。1950年，中心国民小学改为县立完全小学。1981年，境域有初中、小学37所，学生7680人，教职员工315人。学龄儿童入学率98%。1987年，贯彻《中华人民共和国义务教育法》，调整学校布局。1992年，境域有初中5所，学生1195人，教师102人；小学26所，学生3648人，教师159人。1997年，小学适龄儿童入学率100%，小学升初中升学率99%，基本普及九年义务教育。1998年起，巩固“普九”成果。2008年，再次调整学校布局，境域有初中3所，学生768人；小学10所，学生1685人；共有教师239人。2013年，投资180万元，把镇中心小学建成合格学校；投资60万元，新建公立幼儿园。2015年，境域有初中3所，学生453人；小学6所，学生1540人；共有教师110人；有幼儿园6所，入园幼儿243人。

文化体育

民国时期，境域在春节期间，有舞龙、舞狮、地花鼓等活动。1956年起，境域有农村俱乐部，组织农民在农闲季节开展文体活动。1965年，设立天门、崇山、坪花、芬水、毛田5个公社文化站，每站配兼职文化辅导员1人。1981年，在崇山建成文化中心，拥有820座影剧院1个和图书室、展览室、电视室、篮球场等文体设施，有6个电影放映队。1982年，建成毛田文化中心，有540座的影剧院1个，藏书2543册的图书室，85座的电视室和篮球场等设施，有1个业余剧团、7个电影放映队、3个中乐队。1986年，境域有3个乡广播站，广播喇叭入户率60%。1995年，3个乡广播站合并为毛田乡广播站。2000年后，广播逐渐被电视取代。2011年，建成面积200平方米的镇综合文化大楼，免费为村民开放。有无线数字电视用户185户。2014年，成立文学艺术界联合会，下设文学、书画、乒乓球、音乐等协会，并建有多功能健身活动中心、高标准篮球场。2015年，有中、西乐队30支，有广场舞团队18个，电影放映队1个，农家书屋45个，共藏书76500册。有线、无线电视用户8921户。

医疗卫生

民国时期，境域个体行医，私人开药店，医生用中草药为民治病。中华人民共和国成立后，个体医生建立联合诊所。1958年，建公社卫生院，联合诊所并入公社卫生院。1969年，办合作医疗，每大队配“赤脚医生”1名，生产队配不脱产卫生员1名。1983年，合作医疗解体，“赤脚医生”多转为个体行医。1986年，境域有毛田、坪花、崇山3个乡卫生院，共设病床19张，有医护人员38人。2005年，境域有中心卫生院1所，设病床25张，有医护人员34人。2013年，投资200万元，新建中心卫生院门诊大楼。2015年，全镇有中心卫生院1所，设病床26张，有医护人员37人，其中执业医师23人；有村卫生室31个，乡村医生32人，个体药店11家。

社会保障

1984年，境域有3个乡敬老院，入住“五保”老人32人。1995年，境域有“五保”老人423人，其中12人入敬老院集中供养。1999年，有伤残军人、复员退伍军人及烈属、因公牺牲和病故军人家属等优抚人员181人，发放优抚金4.9万元。2005年，推行新型农村合作医疗制度。2006年，有27232人参加新型农村合作医疗，参合率88%。同年启动城乡居民最低生活保障制度。2007年，境域有“五保”老人419人，全心村建“五保之家”，入住5人；有1019人享受农村低保待遇；329人享受城市低保待遇。共发低保金112万元。2010年，有残疾人员、带病回乡军人、参战参核人员、烈属、因公牺牲和病故军人家属等优抚对象251人，发放优抚金6.3万元。2012年，境域新型农村合作医疗参合率95%。2013年，推行城乡居民养老保险制度，90%的村民参加养老保险。2015年，全镇“五保”人员748人，发放生活费203.82万元；14095人参加城乡居民养老保险，缴费158.19万元，7298人领取养老保险金712.66万元；240人享受城市低保待遇，发放低保金68.32万元，2386人享受农村低保待遇，发放低保金313.36万元；35700人参加农村合作医疗，参合率94%。有残疾人员、带病回乡军人、参战参核人员、烈属、因公牺牲和病故军人家属等优抚对象281人，发放优抚金16.86万元。

人民生活

民国时期，粮食亩产不足200千克，百姓口粮严重不足，住的大多是茅草屋。中华人民共和国成立后，走集体化道路，人民生活有所提高。中共十一届三中全会后，实行家庭联产承包责任制，粮食产量上升，人民生活改善，温饱问题解决。1995年，境域人均纯收入790元，年末人均储蓄1028元；30%农户建新房，人均住房面积46平方米；部分家庭购置电视机、摩托车等大件。2000年起，农村家庭逐步建有2层楼房，人均住房面积51平方米，购置彩电、冰箱、洗衣机等家电，少数家庭购置汽车、电脑、空调。2005年，人均纯收入4128元，年末人均储蓄2100元。2015年，人均纯收入10945元，94%的农户入住新楼房，人均住房面积75平方米；85%的村民家庭添置平板电视、空调等家用电器和摩托车，15%的家庭购买汽车或农用运输车辆；年末人均储蓄12300元。

特色地情

风景名胜

惜字炉　位于毛田镇齐心村，形如宝塔。为前人焚烧废弃字纸之处。炉上碑文记载：惜字炉始建于清光绪二十二年（1896）冬。整个炉体用麻石砖砌成，三层六面，通高10米，中空至顶，顶端成葫芦状。第一层高3.8米，每面宽1.5米，南面有一炉口，为焚纸入口，炉口上方阴刻楷书“惜字炉”；第二层南面稍偏东有一石碑，记载捐款人、主修人名单及修建时间，六个面及每一层均有檐边翘角。整个炉体保存较为完好，是湘乡境域唯一尚存的惜字炉。2015年，确定为湘乡市级文物

保护单位。

刘氏宗祠 位于坪上村，始建于清同治七年（1868），是当地刘姓家族的家庙。砖木结构，外墙风格为马头墙、五凤墙，飞檐翘斗青瓦覆盖，内设戏楼、大堂、后堂、天井等。1942—1943年，湘乡中学（今湘乡市第一中学）曾迁此办学。20世纪40年代，湘乡第一任县委书记刘资生在此成立中共大丰支部，发展党员，组织地下活动。2015年，确定为湘乡市级文物保护单位。

深入园 位于毛田镇坪上村，是当地乡绅刘隆生于民国时期修建，占地5200平方米。旧宅原有门联“深造以道，入德之门”，横额“深入园”。主体建筑为一进四横，有房屋60间，悬山与歇山相结合屋顶。整座建筑是典型的清末民国庄园式建筑。2015年，确定为湘乡市级文物保护单位。

名优特产

水府火焙鱼 境域沿水府庙水库一带的农家四时都有火焙鱼，也有加工厂房。将水府庙水库所产小鱼去掉内脏，用锅子在火上焙干，冷却后以谷壳、花生壳、桔子皮、木屑等薰烘。这种鱼口感好，便于携带和贮藏。

（撰稿：彭明志）

棋梓镇>>

“全国十大畅销水泥名牌产品”——韶峰系列水泥产地，有著名的湖南水府旅游区。

区域概况

地理位置

棋梓镇位于湘乡市西部，东与潭市镇相连，东南与双峰县杏子铺镇接壤，西南和毛田镇隔涟水相望，西与娄底市娄星区交界，东北同翻江镇、西北同壶天镇毗邻。相传，境域古有一条东西通道，被宽17米的河隔断，行人非涉水不能过河。同治年间，有社会名流弈棋河边后捐款建桥，人们称之为棋子桥。地名套用桥名，“子”和“梓”同音，日久演绎为“棋梓桥”。镇故名“棋梓”。

建置沿革

清康熙三十五年（1696），境域属湘乡县常安乡珍珠17都。民国23年（1934），属湘乡县谷水镇、涟五乡、潭东乡。1950年，属湘乡县谷水镇和普罗、荷风、石磴、梅花、连山、余庄、南岸、薛市、洲塘9乡。1958年，属潭市公社。1962年，从潭市公社析出，属棋梓、杉山、谷水3公社。1984年，属棋梓镇、谷水乡。1995年，棋梓镇和谷水乡合并为棋梓镇。至2015年，建置无变化。

区划面积

1995年，棋梓镇辖谷水、向阳、大富、和平、梅花、连山、金龙、小罗、河洞、长元、黄岭、龙江、泽江、坪湖、坪塘、泥溪、杉山、明和、烟冲、余庄、新和、炉塘、南岸、喻坊、荷风、白云、峡山、杉坪、棋梓、普安、鹅石、蛇潭、银塘33个村和棋梓、洞嘉、万罗山、石磴4个居委会，386个村（居）民小组。境域总面积138.81平方千米，耕地1878.27公顷，林地6980.30公顷，水域1524.75公顷。2006年，撤销4个居民委员会，新建万罗山、洞嘉、韶峰三个社区。2008年，烟冲村与余庄村合并为余庄村。2014年，行政村合并，谷水、向阳与大富，和平与梅花，连山与金龙，小罗与河洞，长元与黄岭，龙江与泽江，坪湖、坪塘与泥溪，分别合并为谷水、梅花、连山、小罗、长岭、龙江、水府村。2015年，境域辖23个村，3个社区，425个村（居）民小组。总面积138.9平方千米，耕地1690公顷，林地6990公顷，水域1333公顷。

自然环境

境域属亚热带季风气候，以丘陵山地为主。山峰有插花山，海拔521米。年平均降雨量1312.8毫米，年均日照1800小时。日平均气温

16.99℃，年无霜期 282 天。主要矿藏有石灰石，储量 40 亿吨以上，白云石矿储量 3 亿吨以上。野生动物有白鹭、野猪、野兔、野鸡、乌鸦、喜鹊等。有马尾松、枫、樟、杉、柏等 20 多种树种以及南竹等。

人口民族

1995 年，辖区有 16243 户 52092 人。其中男性 27765 人，占 53.3%；农业人口 39078 人，占 75%；少数名族 76 人。人口自然增长率 17.14‰。2000 年，全国第五次人口普查，辖区有 12517 户 50846 人，其中男性 27028 人，占 53.16%；农业人口 36537 人，占 71.86 %；少数民族 121 人。人口自然增长率 8.05‰。2010 年，全国第六次人口普查，辖区有 15281 户 46006 人。其中男性 23319 人，占 50.69 %；农业人口 37655 人，占 81.85 %；少数民族 138 人。人口自然增长率 6.22‰。2015 年，辖区有 22178 户 55330 人，其中男性 29214 人，占 52.8 %；少数民族 146 人。人口自然增长率 5.76‰。

经济发展

经济综述

南宋时期，凭涟水水路运输的地理优势和大富兴盛的瓷器业，境域谷水镇商贾云集，经济繁荣。民国时期，战乱不断，工商凋零，经济萧条。中华人民共和国成立后至人民公社化前，经济发展。1964 年开始，在水府庙水库浅滩区围垦种田和低山开荒造田，增加近万亩水田，经济缓慢恢复。1975 年，境域湘乡水泥厂、白云石矿等国有企业陆续扩建，创办乡镇企业，经济缓慢发展。实行家庭联产承包责任制后，增产增收，农民温饱始得解决。1985 年，工农业生产总值 2.2 亿元，其中农业总产值 0.8 亿元。20 世纪 90 年代，乡镇企业快速发展，农民外出务工经商，农民非农收入连年增长。2000 年开始，开发水府旅游区、工业企业改制、调整农业产业结构，推进城镇化。2010 年，工农业生产总值 14.74 亿元，其中农业总产值 2.78 亿元。2015 年，工农业生产总值 34.04 亿元，其中农业总产值 4.77 亿元。

种植业

境域种植业以种植水稻、红薯为主，以蔬菜、玉米、花生、油菜、黄豆为辅。耕田历来用牛，挖土用锄，用人畜粪与草皮、山青沤制凼肥或直施作基肥。1953 年前，均为单季稻，稻谷收割后，水田为生板田过冬或犁翻泡冬，粮食亩产 160 千克左右。1954 年，始种双季稻，提倡合理密植。1956 年，推广双季稻，使用化肥硫酸铵。1957 年，采用湿润秧田育秧。1973 年，推广碳酸氢铵、氨水犁田深施技术。1977 年，推广温室育秧，试种杂交稻。1981 年，推广地膜覆盖育秧，晚稻免犁用机滚船将早稻禾蔸打烂、田泥打平插秧。1995 年，境域种植水稻 2839 公顷，粮食总产 2.1 万吨。推广大棚种植蔬菜 120 公顷，产蔬菜 1300 吨。2000 年起，推广种植优质稻。2004 年起，实施购买农机补贴政策。2007 年，机耕面积 1940 公顷，逐步用机耕替代牛耕。2010 年，推广复合肥底肥 + 尿素施肥方式，推广抛秧技术。种植水稻 2402 公顷，粮食总产 2.09 万吨；种植蔬菜 280 公顷，产蔬菜 4965 吨；种植棉花 13 公顷，产籽花 19.5 吨。2015 年，农用机械化程度提高，境域有大中型拖拉机 17 台，手扶拖拉机 61 台，耕种机 976 台，联合收割机 52 台，机耕面积 3600 公顷。种植水稻 1701 公顷，粮食总产 2.14 万吨；种植蔬菜 308 公顷，产蔬菜 6605 吨。

养殖业

境域养殖业以养猪和养鱼为主，其次是养鸡

养羊。1949年起，实行“私养公助”，农民养猪数量成倍增长。1957年，境域棋梓、羊古2乡和谷水镇共出栏生猪6300头，年末存栏生猪7700头。1958年，人民公社集体养猪，不许农民私养，养猪事业大挫。1961年，境域谷水、杉山、棋梓3公社共出栏生猪495头，年末存栏生猪2605头。1962年起，实行“公私并举，私养为主”，养猪事业回升。1972年，境域3个公社出栏生猪1.09万头，年末存栏生猪1.28万头。中共十一届三中全会后，生猪养殖由集体为主转入家庭为主，养猪业发展很快。1981年，境域出栏生猪1.45万头，年末存栏生猪1.84万头。1984年后，鼓励和扶持专业户养猪，改大小混养为批进批出，改青饲料为配合饲料，改熟食为生食，改传统猪种为杂交瘦肉型猪种。1994年开始，奖励农民利用水府庙水库网箱养鱼、网栏养鱼。1995年，出栏生猪3.8万头、出笼家禽4.62万羽。1996年，放养网箱6700口，网栏养鱼73处。2001年，出栏生猪4.63万头、出笼家禽10.15万羽。2005年，贯彻市政府《关于划定水府庙水库湘乡水域渔业养殖禁养区、限养区的通告》，拆除水府庙水库禁养区网箱1.05万口。出栏生猪6.79万头、山羊3800只，出笼家禽13.89万羽，产鲜鱼3470吨。2012年，拆除水府庙水库限养区网箱1950口。2015年，境域有畜禽养殖大户100户，其中养猪300头以上的12户。出栏生猪7.2万头，出笼家禽5万羽，产鱼7076吨。

林业

中华人民共和国成立前后，境域大多是马尾松为主的自然林。20世纪60年代中期，杉山公社向阳大队垦荒造地种植茶叶树64公顷，成为湖南省先进典型。境域推行封山育林，人工造林。有6个林场，120公顷杉木林全部成材。1978年，境域有公社林场2个，大队林场32个。1982年，实行林业“三定”，稳定山权林权，划定自留山，确定林业生产责任制。1984年，飞播造林1833.33公顷。1985年，造国外松林733公顷。2001年，划定公益林保护区3684.8公顷。2002—2005年，退耕还林542.6公顷，荒山造林310.54公顷，造油茶林80公顷。2009年，启动集体林权制度改革，纳入改革范围的林地6578.2公顷。2010年，发证林地面积6257.8公顷，发证户数9352户，发证率95.1%。2015年，造林80公顷，境域活立木蓄积24.74万立方米，有镇林场6个，村林场40个，林场共有林地428.27公顷。境域有林地6990公顷，森林覆盖率48.52%。

工业

南宋时期，境域有大富日用瓷器业，元初衰败。清光绪七年（1881），谷水建“水生泰”铸锅厂。民国8年（1919），在羊古市关圣殿侧开“协泰铁厂”。民国15年（1926），羊古市6口钒锅熬炼青钒，月产5吨。1953年，创办棋梓化工厂。1954年，建万罗金属木业社，后改为棋梓农机修配厂。1958—1965年，境域相继建成湘乡水泥厂、水府庙电站、湘钢白云石矿。1969—1970年，湘乡县建筑材料厂、广州铁路局水泥厂投产。1975年后，土石方工程公司、棋梓建筑工程公司、谷水建筑工程公司、湘乡送变电公司等一批乡镇企业建立。1985年，境域有工业企业180多家，从业人员7800人，工业总产值1.4亿元。2000年，金兔纺织有限公司投产，年产出口毛巾800万条。2005年，建成水泥厂投产。年末境域有各类工业企业658家，从业人员9619人，工业总产值5.59亿元。2010年，国有企业改制，除湘乡水泥厂、湘钢白云石矿外，其他改为民营。湘乡水泥厂更名为韶峰南方水泥有限公司。韶峰系列水泥多次被评为“全国用户最满意”产品、“全国十大畅销水泥名牌产品”和“湖南省著名商标”。其商标号水泥和特种水泥在中国港澳地区及东南亚各国有“中国皇牌”水泥之誉。2015 年，境域有工业企业 742 家，从业人员 12605 人，工业总产值 29.27 亿元。

商贸服务

清代，谷水镇为大米、小麦、花生、茶叶、菜籽、薄荷等农产品集散地，店铺形成商业街。清同治末年（1874），湖南食盐督销局在谷水设子销店。民国 2 年（1913）改为榷运局，年购销 1729 吨，占湘乡购销量的 41.18％。1949 年，在谷水镇设立国有贸易商店。1956 年末，有杉山街、谷水镇、石磴子街、棋梓桥街、八亩田街、普安堂街、炉塘街、喻坊街 8 条主要商业街，有商铺 530 多个。1958 年，因复修湘黔铁路，棋梓桥旧街拆除。其后，供销合作社在石磴子、棋梓桥、杉山、南岸等地设立分店 7 个。水府庙水库修建后，谷水镇全淹，大部分商人外迁。棋梓桥建立棋梓国营饭店、棋梓商场等大型商业场所。20 世纪 60 年代末，供销社在各大队设立代购代销点。1986 年，建棋梓桥农贸市场。1987 年，建棋梓火车站农贸市场。1994 年，境域有商业企业 321 家，从业人员 1900 人，社会消费品零售总额 2 亿元。1995 年，建棋梓大市场。2003 年，建韶峰大市场。4 家市场，占地 2.45 万平方米，商业门面 286 个，摊位 890 个。同年，步步高棋梓桥大型超市开业。2004 年，境域有商业企业 458 家，从业人员 2600 人，社会消费品零售总额 5.61 亿元。2010 年，天客棋梓桥大型超市开业。2011 年，投资 8400 万元的湘潭韶湖度假酒店在水府村建成营业。2013 年后，有中通、申通、圆通、韵达、百世汇通 5 家快递公司在棋梓镇分设棋梓分部，主要从事网购商品投递业务。2015 年，境域有商业企业 840 家，从业人员 2980 人，社会消费品零售总额 13.33 亿元。

财政金融

1950—1952 年，中国人民银行先后在谷水镇、羊古寺设立营业所。1954 年，建立信用合作社，各村设信用会计。1958 年起，工商银行、农业银行、建设银行先后入驻棋梓桥，开展存贷业务。1985 年，乡镇财政所成立。1986 年，中国人寿保险公司在棋梓桥设立保险站，尔后相继有平安、太平洋、泰康、新华、生命人寿、人民、中华大地保险公司在棋梓镇设立保险站，开展保险业务。1995 年，镇财政收入 694.29 万元，银行储蓄存款余额 2.7 亿元。2003 年，取消特产税、屠宰税，调减农业税。2005 年，取消农业税，财政收入减少，仅 1296 万元，财政支出 1470 万元，收缴各种保险费 8300 万元，年末银行储蓄存款余额 5.2 亿元，贷款余额 3.6 亿元。2010 年，镇财政收入 1922.63 万元，支出 2100 万元，收缴各种保险费 6700 万元，年末银行储蓄存款余额 6.4 亿元，贷款余额 4.6 亿元。2015 年，财政总收入 2531.09 万元，支出 2545.24 万元，收缴各种保险费 3.5 亿元，年末银行储蓄存款余额 8.5 亿元，贷款余额 6.4 亿元。

基础设施

交通运输

清同治年间，境域陆上形成东至湘乡县城，西至安化县城，北至宁乡县城 3 条宽 1 米左右的人行大道。20 吨以下帆船可从棋梓经涟水入湘江。民国 27 年（1938），湘黔铁路运营，域内建有八亩田站、谷水站；民国 28 年（1939），因抗日需要，拆除铁轨，停止运行。1958 年，修通翻江至谷水镇公路。1959 年，湘（乡）棋（梓）公路修通，境域 5 千米。1960 年，湘黔铁路修复运行，域内设普安堂、棋梓桥、胜昔桥 3 个站。1961 年年底，水府庙水库内开通机帆船棋梓至溪口、毛田两条航线，每天往返各一次。棋梓桥至南岸公路修通，经境域 8 千米。1964 年，炉塘至杉山公路修通，经境域 10 千米。1974 年始，修乡村公路。喻坊大队购置境域第一辆手扶拖拉机。1975 年，棋梓、谷水、杉山公社农机站购置手扶拖拉机、盘式拖拉机，棋梓公社购置解放牌货车 1 辆。1982 年，水府庙库区增加棋梓至杉山、犁头嘴两条航线，每天各往返一次。1984 年，建棋梓汽车轮渡和棋梓镇汽车队，有货车 9 辆。同年，湘乡水泥厂劳动服务公司购置大客车 1 辆，开辟从棋梓至长沙公路客运业务。1986 年，棋梓桥火车站每日有长沙至邵阳、长沙至大庸往返 4 个班次，年客运量 13 万人次，货运量 120 万吨。同年，建立棋梓汽车站，日班车 30 次。1992 年，修通棋梓至双峰县杏子铺公路。1995 年，修建湘乡至娄底高等级公路，境域内 20 千米。修通明和、烟冲、余庄等 12 个村公路。年末，全镇共有公路 133.65 千米，其中三等以上公路 51.19 千米，乡村公路 82.46 千米；有汽车 122 台，小型拖拉机 402 台。2003 年，上瑞高速公路潭邵段通车，棋梓设互通。2005 年，开始硬化乡村公路。2006 年，棋梓至毛田公路（双线）通车，境域内 2.1 千米。2013 年，修建棋梓大道。2015 年，全镇共有公路 366.99 千米，其中县级以上公路 65.19 千米，乡村公路 319.8 千米。乡村公路硬化 209.2 千米，硬化率 65.4％，村村通水泥路。

邮电通信

清光绪二十九年（1903），境域设谷水邮政代办支局。宣统三年（1911）改为二等邮务局，开办水上邮路，投递、中转邮件。民国 17 年（1928），架设湘乡经谷水至杨家滩（现涟源县内）电话线，谷水设磁石交换机 1 部 5 门。民国 19 年（1930），开通湘乡经谷水至新化、谷水至永丰的步班邮路。中华人民共和国成立前夕，谷水邮局是湘中邮路的中心局，邮件直达株洲、长沙。1961 年，湘乡县与棋梓公社、谷水公社、杉山公社机关之间双线通话。1978 年，棋梓公社、谷水公社机关配有电话交换机，利用广播线停播时通村电话，每村一部，村村通。1993 年，开通程控电话 100 门。1997 年，有固定电话 1560 门。2000 年，有固定电话 8200 门。2010 年，中国电信、中国联通在棋梓桥和杉山设立营业厅，办理互联网宽带业务。2015 年，境域有中国联通、电信、移动通信基站 15 个，移动通信信号全覆盖，有手机 4.5 万部；23 个村开通互联网宽带，用户 3500 户。

供电供水

境域村民历来饮用井水、塘水和河水。民国 28 年（1939），杨初武在谷水镇兴办小电厂，供照明用电，次年停办。民国 30 年（1941），谷水镇建木炭发电厂。1958 年，各企业开辟各自水源，形成独立供水系统。1959 年，架设 110 千伏湘棋线 31.68 千米，部分村民用上高压电。1962 年，棋梓桥合面街居民用水用电由湘乡水泥厂转供。1967 年，贺家冲 110 千伏开关站运行。1978 年，建立棋梓变电站，附近农村用电照明、生产。20 世纪 70 年代，有 26 个村用电。1980 年，棋梓公社、谷水公社建立农电站。1986 年，境域 33 个村全部通电。镇城区使用抽水机供水。1995 年，境域形成供电网，共有变压器 115 台，总容量 7345 千伏安，城乡居民用电 897.1 万千瓦时。2012 年，建日产 30 万吨的自来水厂。2014 年，铺设自来水厂主管网。2015 年，全镇共有高压输电线路 6 条，201.92 千米，变电站 1 个，变压器 241 个，总容量 34800 千伏安，低压线路 1734.52 千米；城乡居民用电 4330.68 万千瓦时；集中供水 9 处。

水利建设

清康熙十二年（1673），大富修建“大泉塘”蓄水池塘。道光五年（1825）后，陆续修筑少量池塘水坝。同治元年（1862），在岐潭河筑石填2座，灌田72公顷。1956年，境域修拦河塘水库、峡山大山塘水库。1958年，谷水士塘安装煤气抽水机一台，灌田73.33公顷。1959年，建成水府库水库。1960年，马咀山和双鱼塘各安装筒车一台，灌田7.33公顷。1971年，冷背底电力提灌站运行，灌田80公顷。修建金龙水库，蓄水量11万立方米，灌田11公顷。1972—1974年，境域共安装柴油抽水机62台，灌溉稻田197.07公顷；安装水轮泵7台，水力提灌12公顷。新建柘木塘、画岭、高车塘水库，蓄水量179万立方米，灌田122公顷。1984年，在水府庙水库共安装电力提灌机埠57处，抽水机61台，容量1940千瓦，24个村受益。1992年，建插花山水库。1995年，投资80万元，整修3口大山塘。2005—2014年，投资1832.5万元，整修大山塘231口，硬化渠道55.3千米，渠道清淤192千米，水库除险保安9处，更新机埠18处，修复水毁工程80处。2015年，镇内共有小（一）型水库2座、小（二）型水库7座，设计库容444.34万立方米，灌田226.06公顷。有山塘2672口、拦河坝79座；有固定电力灌溉泵站194座，总装机容量2735.5千瓦。主灌渠109处，116.09千米。设计自流灌溉899.1公顷，电力提灌555.8公顷。有固定电力排涝泵站19座，装机31台，总装机容量1038千瓦。有效灌溉面积1656公顷。

村镇建设

1985年，棋梓镇第一次编制《棋梓镇建设发展15年规划》。至2003年，建成大型市场4个。2006年，编制《棋梓镇2006—2020年总体规划》。2013年，投资72万元，建棋梓镇文化广场，占地2800平方米。改造街道600米，新增垃圾桶150个，更新路灯50盏，新铺和疏通地下排水管道1800米。在全镇设垃圾收集点200处，焚化炉1000个。添置洒水车1辆，压缩式垃圾车1辆。2015年，总投资7800万元，完成污水处理厂、街道亮化绿化、高速公路互通扩建、工矿棚户区改造等工程。城镇规划控制面积8.8平方千米，建成区6.5平方千米，城镇化率39.58%。

社会事业

教育

民国20年（1931），改旧学为新学，境域有公立中心完全小学1所（谷水），私办小学1所（华香）。民国29年（1940），在连山李氏宗祠和谷水起凤山各设中心国民学校1所，另有私立鹏程、嗣琛、蒋安雅完小3所。1958年，在谷水镇办湘乡县第八初级中学，同年迁址至八亩田。1965年，境域有初中1所、完小11所、初小25所。1969年，湘乡八中开办高中。1992年，境域有高中1所，学生352人，教师51人；初中4所，学生1696人，教师116人；小学23所，学生4769人，教师196人。1997年，基本普及九年义务教育。2008年，湘乡八中撤销。境域有初中2所，学生1231人，小学11所，学生3351人，共有教师363人。2015年，境域内有初中1所，学生518名；小学9所，学生2811人；共有教师268人。有幼儿园18所，入园幼儿1149人。

文化体育　民国时期，境域有连山农村俱乐部、民众俱乐部、农村青年俱乐部，村民利用农闲开展娱乐、阅读书报等活动。1932年，蒋少穆建石龙公益图书馆，部分图书向社会开放。其时主要有花灯、龙灯、灯会、庙会、踩高跷、划龙船等文化体育活动。棋梓桥万氏宗祠每年请新化“永和班”唱京戏，一次演出十天半月。中华人民共和国成立后，庙会文化活动日渐减少，扭秧歌、打腰鼓、节节鞭取而代之。1956年，在谷水建成湘乡县第一个农村有线广播放大站。1965年，建立棋梓、杉山、谷水3个公社文化站，每站配兼职文化辅导员1名。1982年，境域有3个电影放映队。1983年，棋梓电影院建成。1994年，建立棋梓电视差转台，差转和播送自办节目。1995年，建立棋梓有线电视站。2005年，村村通有线电视。2012年开始，每年举办一次农民运动会、一次书画展。2015年，境域有27个图书室，共藏书38万册；有民间艺术队18个，队员220人。通有线电视的村23个，用户5420户。

医疗卫生

民国时期，谷水镇有私人诊所福民诊所。1952年，在棋梓桥周氏祠堂设立湘乡第八区卫生所。20世纪60年代，先后建立湘乡水泥厂职工医院、棋梓区医院，棋梓、谷水、杉山3个公社卫生院。1969年，实行农村合作医疗，每个大队有“赤脚医生”1~2名，设有卫生室，配兼职卫生员1名；卫生院在普安堂、坪溪、南岸、余庄、杉山等地设立8个医疗点。1983年，农村合作医疗停止运行。1989年，棋梓区医院有病床57张，医卫工作人员42人。1995年，境域有国有医疗机构12家，医护人员185个，设病床281张。谷水乡卫生院和农村医疗点撤销。2007年，撤销棋梓镇卫生院、棋梓医院，新设立棋梓中心卫生院。2008年，棋梓中心卫生院对城乡居民提供健康档案建立与管理、健康教育、计划免疫等12项公共卫生服务。2012年，撤销湘乡水泥厂职工医院。2015年，棋梓中心卫生院设病床140张，医护人员130人，年门诊6.5万人次，住院6200人次。境域有乡村医生36人，村卫生室32个；有药店22家；个体诊所9家，从业人员15人。

社会保障

1984年，境域棋梓镇、谷水乡各有1所敬老院，集中供养“五保”老人13人。1999年，有复员退伍军人、伤残军人、烈属、因公牺牲和病故军人家属等优抚对象223人，发放优抚金8.2万元。2000年，投资90万元，新建建筑面积1736平方米的敬老院。2004年，扩大敬老院建筑面积1016平方米。2005年，推行新型农村合作医疗制度。2006年，推行城乡居民最低生活保障制度，150人享受最低生活保障待遇。2010年，34289人参加农村合作医疗，参合率74.53%。供养“五保”老人576人，其中集中供养47人，共支付生活费101.45万元。有复员退伍军人、伤残军人、烈属、因公牺牲和病故军人家属等优抚对象245人，发放优抚金6.12万元。2012年，4.8万人参加农村合作医疗，参合率95%。2015年，36320人参加农村合作医疗；16458人参加城乡居民养老保险，7343人享受养老保险待遇，领取养老金718.8万元；“五保”老人550人，其中集中供养42人，发放生活费145.93万元；2528人享受农村低保待遇，发放低保金333.24万元；924人享受城市低保待遇，发放低保金390.5万元。有伤残军人等优抚对象250人，发放优抚金15万元。

人民生活

民国时期，农民年平均口粮100千克左右，红薯、蚕豆、蔬菜是主食。住房多为土砖茅草屋，人均10平方米左右。穿着多为自纺自织自印染的土布衣服。中华人民共和国成立后至人民公社化前，人民生活有所改善。1958—1960年，办“公共食堂”，人民生活比较困难。1961年，解散公共食堂，分给农民自留地，允许种菜、养鸡、养猪，生活情况有所好转。1965年，棋梓公社人均纯收入35.67元，谷水公社人均纯收入45.3元。1975

年，农村人均住房 15 平方米左右。少数农户能购置单车、手表、收音机“三大件”。少数人穿着有“白竹布”“劳动卡”“灯芯绒”“的确良”“棉绸”等机制布料衣服。中共十一届三中全会以后，人民生活改善。1985 年，棋梓乡、谷水乡人均纯收入分别为 330 元、351.6 元；5％的农户购置黑白电视机，25％左右的农户购置收音机或收录机，人均住房 30 平方米。1995 年，农民人均纯收入 840 元。2001 年，农民人均纯收入 1134 元。2006 年，农民人均纯收入 4733 元，农村出现建房高潮，大多为两层以上的砖混结构楼房，人均住房面积 60 平方米。90％的户有彩电、摩托车。2015 年，农民人均纯收入 10900 元，人均住房面积 80 平方米。15％农户有小轿车。

特色地情

历史人物

蒋少穆（1852—1937） 又名蒋德钧，祖籍壶天镇杨树坡，谷水村双鱼塘人。1882 年任四川龙安知府。在任 11 年，劝农桑、修水利、励教育、肃奸宄、惩贪官。离任后当地绅民建蒋公德政坊，撰文勒石，记其德政。1893 年父丧回乡守制，参政湘乡，将四川治政办法用于家乡，湘乡获“小龙安”之誉。1897 年参与筹办时务学堂，与谭嗣同、梁启超等发行《湘报》，宣传“爱国之理”、变法维新。1903 年任湖南省矿务总公司南路总理，积

水府旅游区

极收回被帝国主义攫取的矿权。次年回县，倡导改书院为新式学堂，投身公益事业。1913 年，在乡经营矿务公司，并投资办学。常年为教育捐资捐物。临终前将所有藏书捐赠给建国中学。

风景名胜

湖南水府旅游区 1959 年 9 月，拦截涟水的水府庙水库建成，位于湘乡市、娄底市区、双峰县交界处，水库主体在湘乡毛田、棋梓镇内。2000 年，湘潭市开始建设水府旅游区，以水府庙水库为主体，规划面积 177.2 平方千米，水域面积 51 平方千米，水岸线长 431 千米，拥有 100 多个河湾，34 个岛屿。旅游区内有民俗文化村、风情园、温馨公园、鳄鱼岛、锁岛、神龙岛、恐怖城 7 大人文景观和大坝锁江、一撮毛、白鹭翔集、青龙奇洞、杉山石林、天门禅声等自然景观。融历史风情、水上运动、休闲度假为一体。2006 年，"水府醉月" 入选为"新潇湘八景"之一。2009 年，被列入省旅游产业"251"工程 20 个重点项目之一。2010 年被评为国家 AAA 级旅游区。2011 年被正式列入省"十二五"规划重点项目。

（撰稿：刘仁寿）

潭市镇>>

20世纪80年代是全国著名蛋品市场，潭市“蛋市”被收入《中国集市大观》一书；潭市镇素有“油海”之称，其油茶林面积占湘乡油茶林面积的一半。

区域概况

地理位置

潭市镇位于湘乡市城区西南部，东南部与山枣镇、虞唐镇隔涟水相望；西北部与泉塘镇、月山镇毗邻；西南部与棋梓镇相连。潭市最早称王家坪，下方回龙庙有一深潭，名龙瞌潭，潭附近水缓河深，便于来往船只停泊，小商贩聚此建房设店，荒坪变为小集镇，明崇祯年间（1628—1644），王家坪改名潭市。镇名依此而得。

建置沿革

清康熙三十五年（1696），境域属湘乡县雍睦乡潭台十都、白龙十一都。民国23年（1934），属潭台乡和白龙乡。1950年，属潭市、大坪、洋潭、苏坡、石坡、石塘、清风、安乐、新铺、安全10乡。1956年，属潭市、安乐、新铺、石狮4乡。1958年，属潭市公社和月山公社。1961年，属潭市、双江、洪塘、洋潭、普安5个公社。1984年，属潭市镇和新铺乡。1995年，新铺乡并入潭市镇。至2015年，建置无变化。

区划面积

1995年，潭市镇辖双江、锦桥、青陂、民主、秀丰、九仑、新坪、上新、潭市、高坡、长城、洞山、建新、跃进、石塘、南岭、大江口、桃坪、新铺、新民、清风、清和、砂塘、清泉、西田、西泉、黄泥、柏门、永明、新乐、榔石、潭台、鹤塘、大坪、高仑、小车、九雁、安乐、群益、白银、安全、清江、新天、新石、榨坪、一居委会、二居委会、三居委会，共计45个行政村，3个居委会，476个村（居）民小组。境域总面积127.8平方千米，耕地面积4285.34公顷，其中水田3544.67公顷，旱地740.67公顷；林地6547.93公顷；水域面积3753公顷。2014年，行政村合并，双江与锦桥、青陂与民主、秀丰与九仑、新坪与上新、潭市与高坡、长城与洞山、建新与跃进、石塘与南岭、大江口与桃坪、新铺与新民、清风与清和、砂塘与清泉分别合并为双江口、民主、九仑、新坪、潭市、长城、建新、石塘、大江口、新铺、清风、砂糖村，其他村未变。2015年，境域辖33个行政村、3个居委会、473个村（居）民小组，总面积仍为127.8平方千米，耕地面积3142公顷，其中水田2475.47公顷，旱地666.53公顷；林地6921.8公顷；水域3250公顷。

自然环境

境域地形为丘陵区，西南高，东北低。自西南向东南，山脉连绵起伏，石笏大山海拔503米，东傍涟水，北依石狮江，中有九雁溪流，水资源丰富。境域属亚热带季风湿润气候区，四季分明，年平均气温17.8℃，年平均降雨量1300毫米，年无霜期280天。树木以灌木为主，用材林以松、杉、南竹为主，经济林以油茶、油桐为主，兼有棕栗。野生动物种类繁多，主要有野猪、野兔、野鸡。风车桥一带含稀有铀矿，新乐一带有丰富的花岗岩，鹤塘村一带有油页岩，石油含量为3%~6%。境域土壤多为含铁铝成分较多的红壤，偏酸性，肥力较低。沿涟水河一带多为冲积性的小平原，土地肥沃，粘力较强，较平整。

人口民族

1995年，境域有15176户48867人，其中男性25445人，占52.07%；农业人口46223人，占94.59%；少数民族79人；人口自然增长率7.2‰。2000年，全国第五次人口普查，境域有13266户42882人，其中，男性22465人，占52.39%；农业人口40086人，占93.48%；少数民族79人；人口自然增长率6.25‰。2010年，全国第六次人口普查，境域有11529户40926人，其中男性21342人，占总人口的52.15%；农业人口37655人，占92%；少数民族27人；人口自然增长率10.07‰。2015年，境域有15893户48951人，其中男性25699人，占52.5%；少数民族32人；人口自然增长率10.47‰。

经济发展

经济综述

境域历来以农业经济为主。民国时期，生产方式落后，水稻亩产不足150千克。1949—1956年，农民分到了田地和房屋，国家对农业、资本主义工商业进行社会主义改造。中共十一届三中全会后，以经济建设为中心，乡镇企业迅速发展。1982年后，实行家庭联产承包责任制，农村经济逐步活跃。1995年，境域工农业总产值2.1亿元，其中工业总产值1.06亿元，农业总产值1.04亿元。2000年，镇、村对集体企业实行改制，民营经济得以发展，农村剩余劳动力外出打工经商，全镇工农业生产总值2.51亿元。2006年，实施“项目带动、产业兴镇、工业强镇”战略，招商引资950万元，工农业总产值3.2亿元。2013年，境域有骨干企业湘乡市卫民铸造有限公司、湖南省联大锰业有限公司、湖南省金豪鞋塑制造有限公司、湘乡市明洋耕种机有限公司、湘乡市冲浪米业有限公司，引领经济繁荣发展。2015年，境域工农业总产值8.6亿元，其中农业总产值3.78亿元。

种植业

境域种植业历来以水稻为主。民国时期至中华人民共和国成立初期，农民种单季稻，亩产不足200千克。1954年，试种双季稻，旱地多种植蔬菜、红薯、油菜等作物。1956年，推广双季稻，并开始使用化肥，亩产350千克。1977年，试种杂交稻，亩产500千克。1984年，推广杂交稻，亩产达700千克。1995年，种植双季稻3768公顷，粮食总产2.84万吨；利用旱土和高峭田栽种红薯120公顷、蔬菜380公顷。1996年，引进高产优质水稻品种，粮食总产3.2万吨，成建制法定面积亩产过吨粮。2000年起，推广发展优质稻，栽种“湘辐一号”优质红薯。2004年起，实施农机购买补贴政策，农业机械化进程加快。2005年，调整农业产业结构，发展高效特色农业，走精细化、集约化、产业化道路，粮食种植面积2565公顷，产量3.54万吨；油茶产量150吨，晒黄烟14吨。

2007年，境域有手扶拖拉机81台，耕种机655台，机滚船298台，联合收割机48台，机耕面积4800公顷。2010年，粮食种植面积3246公顷，总产3.85万吨。2015年，境域有大中型拖拉机12台，耕种机1603台，联合收割机193台，插秧机11台，机耕面积6400公顷。粮食作物种植面积3385公顷，其他作物392公顷，粮食总产3.94万吨。

养殖业

境域有养殖生猪及牛、羊、鸡、鸭等传统。民国时期，农户圈养生猪。一般每户每年出栏生猪1~2头。1957年，境域潭市、石狮、新铺、安乐4乡共出栏生猪1.72万头，年末存栏生猪1.79万头。1958年，人民公社集体养猪，私人养殖的生猪平调给集体猪场，养猪业受挫。1961年，境域潭市、普安、新铺、安乐4公社共出栏生猪2528头，年末存栏生猪3626头。1962年，县委提出“公私并举，私养为主”方针，农民重新起步养猪。1972年，出栏生猪2259头，年末存栏生猪5210头。中共十一届三中全会后，生猪生产由集体经营为主转入家庭经营为主。1980年，境域出栏生猪9800头。1985年，境域出栏生猪2.3万头。1995年，提倡多种经营，出栏生猪8.4万头；有养蚕基地两个；大坪村的松塘及九雁水库为专业养鱼塘，年出水鲜鱼450吨。2005年，镇政府扶植科技养殖户，引导农民走规模养殖、科学养殖之路。良种猪存栏9000头，出栏生猪10.1万头，饲养鸡、鸭等家禽52.8万羽，产蚕茧8吨。2014年，境域出栏生猪7.2万头，年末存栏生猪3.5万头；养羊1500头，养牛520头，养禽8.3万羽，出产水产品430吨。成立养猪协会。2015年，境域出栏生猪7.34万头，出笼家禽5.2万羽。

林业

民国时期，境域林地归少数人所有。1951年，土地改革时，农民分到山林，林权归私人所有。1962年，林权收归生产队，归集体所有。1978年，境域有公社林场2个，大队林场46个，林地面积1600公顷。1981年，实行林地“三定”，林地作社员自留地，并发使用证。1987年，实行自留山和责任山“两山并一山”为自留山。1995年，境域有林地面积6547公顷，生态公益林总面积2329公顷。森林覆盖率50.2%。2002年，扩大油茶基地，镇内油茶林3333.33公顷，占湘乡市油茶林面积的50%。同年起，实施退耕还林工程。至2005年4年间，退耕还林461公顷。当年，新造林190公顷，林木蓄积量180万立方米，产柑橘24.8吨，其他小水果36.7吨。2009年，推广油茶低效林改造技术，对油茶林权属进行普查，并定权发证。同年，启动集体林权制度改革，纳入改革范围的林地6815.3公顷，至2010年，发证林地面积6319.4公顷，发证户数11273户，发证率92.7%。2015年，境域有镇林场3个，村林场20个，林场林地面积1668公顷。全镇林地面积6921.8公顷，油茶基地普遍垦覆，森林覆盖率55%。

工业

清道光年间，境域有潭市锅厂，9座炉子，150名工人，产品远销东南亚。1952年，由周子荣等合股，创办潭市瓷厂。1954年，潭市街建立金属木业社。1972年，办潭市磷肥厂。1995年，境域有镇办集体企业6家，个体和合股企业18家。2005年，境域有铸造、特种合金材料等工业企业11家，工业总产值2亿元。2008年，引进湖南省联大锰业有限公司，有职工50人，年产值8000万元。2010年，创办湖南省强盛农业发展有限公司，有职工100人，以加工油料为主，年产值8000万元。同年，湘乡市明洋耕整机有限公司投产，有职工30人，年产值3000万元。2012年，湖南省荣和谷农业发展有限公司投产，有职工100人，年产值9000万元。2013年，境域有各类工业企业16家，工业总产值4.821亿元。2015年，湘乡市冲浪米业有限公司、湖南省欧斯特纺织品有限公司、湘乡市德鑫米业有限公司相继投产。年末，境域有工业企业17家，从业1050人，工业总产值4.82亿元。

商贸服务

清嘉庆年间（1796—1820），潭市形成农村市镇，以“三贩”（米贩、菜贩、柴贩）著称。民国时期，店铺有久康、众记、吉祥生、乾记、曾荣和、协泰兴、义兴和、星云福、泉源盛等，经营日用杂货、生产生活物资。1954年，党和政府对资本主义工商业进行社会主义改造，组建供销社、粮站、食品站、药材站、兽医站，市场实行统一管理。20世纪80年代中期，潭市蛋品市场闻名全国，蛋品日成交额超过10万元，一度号称“蛋市”，成为各类鲜蛋集散地。1988年，被国家工商行政管理局评为“全国文明集贸市场”。1995年，新街建成，境域有各类店铺800家，社会消费品零售额5800万元。2010年，新增商店200家，50平方米以上的超市有15家。2015年，境域有各类商铺1200家，个体工商从业者2578人，社会消费品零售总额2.67亿元。

财政金融

1954年，境域有潭市镇、大坪乡、石塘乡、洋潭乡、苏坡乡等信用社，有65.7%农户入社。1956年，境域有潭市、安乐、石狮、新铺4个乡信用社。1962年，境域有洋潭、双江、洪塘、洋潭、普安5个公社信用社。1979，农业银行湘乡县支行在潭市设立分理处。1995年，镇政府财源主要是农业税和企业税收，财政总收入373.3万元，其中预算收入168.93万元，预算外收入121.56万元，自筹资金收入83.81万元，财政总支出520万元。境域有信用社1家、农行营业所1家、邮政储蓄所1家，年末各项存款余额5000万元，各项贷款余额500万元。1997年，成立农村合作基金会，1999年撤销，其业务并入农村信用社。2002年，停止征收屠宰税，镇财政总收入772.6万元，财政总支出1100万元。2005年，取销农业税，镇财政总收入709.4万元，财政总支出1212万元。2009年，中国人寿保险公司在潭市镇扩建营销服务部。2013年，交通建设项目集中，镇办企业增加，财政总收入1649.8万元。信用社、农行营业所和邮政储蓄所年末存款余额4.4亿元，贷款余额0.62亿元；人寿保险保费收入2883万元，共理赔332.5万元。2015年，全镇财政总收入1940.43万元，财政总支出1801.09万元，人寿保险保费收入208万元。信用社、农行营业所、邮政储蓄所年末存款余额4.9亿元，贷款余额2.1亿元。

基础设施

交通运输

清代，涟水河为省内一条黄金水道，潭市王家坪码头是货物转换中心，每天进出码头的船上百条。境域，在石狮江、茶湾、邓氏渡设有码头。境域有驿道从安化至湘乡，并在潭市设有驿站。民国27年（1938），湘黔铁路过境潭市。1958年，修湘（乡）棋（梓）公路，境域12千米；新湘黔铁路通车。1960年，湘（乡）翻（江）公路建成过境。1975年，建成潭（市）洋（潭）公路，全长10千米；建成潭（市）月（山）公路，境域长11千米。2001年，由民间集资，在涟水上建成潭市大桥。2009年，灰（汤）虞（唐）公路过境，境域长15千米。2012年，在柏门村与永明村相邻地段建设沪昆高速公路出口，和灰（汤）虞（唐）公路及湘（乡）棋（梓）公路连接。2013年，全镇33个村，村村通公路。2015年，全镇有乡道以上公路70多千米、村道253.29千米，全部硬化。

邮电通信

清宣统二年（1910），潭市设立邮务局。民国17年（1928），县政府架通经潭市、谷水、娄底到杨家滩电话线路，为县内第一条干线。1949年9月，潭市邮局由湘乡邮局、电信局接管。1952年，潭市邮局改名为邮电营业处。1955年，潭市邮电营业处改名为潭市邮电支局。1986年，境域有潭市邮电支局。1995年，境域有邮电支局1个，邮政代办站15个。1999年，移动电话网络覆盖全境。2006年，移动用户3800户，有程控电话1600部。2008年，程控电话连片入户，用户2540户；移动电话1.15万部。2015年，辖区内有移动通信站8家，联通通信站2家，固定电话用户2413户，移动电话1.86万部；30个村通宽带，宽带入户748户。

供电供水

民国37年（1948），刘茂松在潭市办光明电厂，供小集镇潭市部分居民生活照明用电。1952年，黄克等4名转业军人，用转业费购买一台发电机，在舒家弄子办起光明电灯厂。1954年，又购进一台大型发电机，在井湾易文白家创办电灯公司。20世纪60年代末，潭市化工机械厂购进第一台变压器。1971年，化机厂支农，为鹤塘村安装农村第一台变压器。次年，成立农电站。1987年，在永明亭子仑建变电站，境域实现村村通电。1989年前，老百姓饮用井水、塘水、河溪水。1989年后，通过上级拨款和用户集资方式，在潭市街上建自来水厂，用户500户。2000年起，农电站改为供电所，开始改造农村电网。至2006年，全镇实现户户通电。2015年，全镇有变压器164台，村民用电覆盖率100%。投资2800万元，对原自来水厂进行提质升级。

水利建设

民国时期，在石狮江右干渠建有鸭公坝，可灌田40公顷。1956—1959年，新建天鹅、顺塘、潭市、石塘、滥塘、建新、沙坪水库，蓄水188.9万立方米，可灌田485.3公顷；境域有4376口山塘，蓄水712.2万立方米，可灌田460.8公顷。1960年，境域有筒车4架，可灌田21公顷。1969年，建韶山灌区洋潭支渠，长11.5千米，可灌田400公顷。20世纪70年代，建青皮洞、柏门、九雁、桐子仑、长岭水库，蓄水196万立方米，可灌田389.3公顷。建胜利坝、禄西坝，可灌田90公顷。1988年，境域有电力提灌站35处，装机37台，可灌田1052.6公顷。1995年，境域有小（一）型水库1座，小（二）型水库12座，4000口大山塘。2005年，加固整修2座小型水库，新修渠道2千米，硬化渠道12千米，整修山塘122处。2010年，投资220万元，整修大小水利工程546处，对柏门、长岭水库除险加固，建设高标准砼渠8.2千米，渠道清淤扫障123千米，加固、扩容1万立方米山塘75口。2015年，投入120万元，对韶山灌区洋潭支渠扫障清淤，对潭市水库除险加固，对20口山塘清淤，渠道硬化2.5千米。有效灌溉面积3068公顷。年末，有水库13座，山塘4000口，电力提灌站32处，水渠200千米。

村镇建设

潭市镇属百年老镇。潭市原是王氏家族聚居地，名王家坪。涟水在观音阁崖下转了一个大弯，转弯处有一潭，名龙瞌潭，便于船舶停靠。涟水航运发展，物资在此集散，街肆以“总”命名，建房设店增多，演变成小集镇。1981年，湖南省人民政府批准潭市为县辖建制镇。1985年，建成区占地 15.53 公顷，房屋总建筑面积 67661 平方米。随后，镇中心潭市街道 3 次拓宽。1997 年，潭市镇人民政府搬迁干塘坨，老四总街和汽车站地段得到发展。2003 年，开发潭市商业街，建农贸市场，将老街、新街连成一片。4 条主街临街面门面 1100 个，镇区总面积 0.64 平方千米，城镇化率 10%。2008 年，制定《潭市镇区 2008—2025 年总体发展规划》。2012 年，改善村镇卫生条件，有 580 户村民家建有沼气池，36 个行政村和 3 个居委会建有垃圾池。2013 年，在观音阁新建观音殿、圣帝殿和抗日阵亡英雄纪念碑；建大型文化广场一个。36 个行政村均建有村部和村级活动中心；群益村开发土地 0.8 公顷，建群益中心村，有商业门面 90 个。2015 年，城镇规划面积 7.4 平方千米，建成区面积 7.2 平方千米，城镇化率 17.6%。

抗日阵亡英雄纪念碑

社会事业

教育

清光绪三十二年（1873），邓彻僧出资与邓氏族上共同创办敦化学校，境域开启废科举、办新学先河。民国时期，境域有国民中心小学 1 所；高等小学堂有敦化、聚英、白龙、楚瑞、清风、白鹤观、敬爱小学。其后，乡有乡学，保有保学，族有族学，还有多家蒙馆和私塾。1952 年，境域有小学 34 所，学生 5296 人，教师 588 人。1958 年，潭市完小设初中班，1970 年，创办高中。1987 年，贯彻《中华人民共和国义务教育法》，调整学校布局。1992 年，境域有初中 7 所，学生 2305 人，小学 34 所，学生 5276 人，共有教师 670 人。1995 年，境域有潭市一中、二中、安乐中学、新铺中学 4 所，学生 3032 人，教师 308 人；小学 33 所，学生 5096 人，教师 645 人。镇农校 1 所，中心幼儿园 1 所，学前班 24 个。1997 年，基本普及九年义务教育。2008 年，境域有初中 2 所，学生 781 人；小学 11 所，学生 2237 人；共有教师 284 人。2015 年，全镇有初中 2 所，学生 357 人；小学 10 所，学生 1603 人；共有教师 221 人。适龄儿童入学率 100%，初中生毕业率 100%。

文化体育

1954 年，潭市文化站和俱乐部成立。1965 年，洋潭、潭市、普安、安乐、新铺5个公社成立文化站，每站配兼职文化辅导员1名。1982年，建成潭市文化中心，有645座的影剧院、3800册的图书馆、报刊阅览、电视室、篮球场等娱乐设施，有业余剧团、中西乐队等活动组织。1985年，潭市中学建苗苗文学社，业余文学爱好者创办“潮音阁”文学社。1996年，建成潭市有线电视站。2006年，成立潮音文学艺术社。2010年，成立潭市镇文学艺术界联合会，有会员182人。境域有中心文化广场1个，村级文化广场14个，图书馆、阅览室52个，体育运动场所15处；有龙灯队18支，狮灯队6支，电影放映队1个。2015年，境域铺设有线电视线路18.9千米，有线电视用户2000户；镇文化站1个，村级示范性文化活动室6个；业余剧团1个，舞蹈队31支。

医疗卫生

民国时期，境域个体行医以中医中药治疗为主，著名中医有胡登瀛。舒映山在潭市办西医馆。1951年，个体医生建联合诊所，在潭市建第七区卫生所，在新铺建第八区卫生所。1955年，联合诊所与潭市卫生院合并，后扩大为潭市联合医院，开设中、西医门诊。1959年，区卫生所与潭市联合医院合并，建潭市公社卫生院。1961年，境域有潭市、洋潭、普安、新铺4个公社卫生院。1965年，建潭市中心卫生院。1969年，办合作医疗，每个大队有“赤脚医生”1名。1975年，潭市医院与潭市卫生院合并，建潭市卫生院。1989年，境域有潭市镇和新铺乡卫生院，设病床39张，卫技人员59人。1995年，新铺乡卫生院并入潭市卫生院。2013年，潭市卫生院有干部职工50人，其中专业技术人员47人，中级职称5人，住院部设病床50张。2015年，境域除潭市卫生院外，有村级卫生室33个，乡村医生45人。

社会保障

1985年，潭市镇政府将原马鞍山林场场部改建为敬老院，50名“五保”老人入院养老。1995年，镇供养“五保”老人180人，其中50人入敬老院集中供养。1999年，有复员退伍军人、伤残军人、烈属、因公牺牲和病故军人家属等优抚对象216人，发放优抚金8.5万元。2003年，将原新铺乡政府改建为潭市镇敬老院，入住“五保”老人50人。2005年，推行新型农村合作医疗制度，3.15万人参加，参合率70%。2006年，推行城乡居民最低生活保障制度。享受农村低保待遇2145人，享受城市低保待遇248人。发放低保金101万元。有伤残军人、参战参核人员等优抚对象277人，发放优抚金6.9万元。2013年，有2.9万人次得到医疗补偿金203.8万元。同年，推行城乡居民养老保险制度，8167人享受社会养老保险，支付养老保险金850万元。2015年，全镇4.65万人参加农村合作医疗保险，参合率95%；供养“五保”老人576人，其中集中供养50人，共发放生活费162.53万元；3328人享受农村低保待遇，386人享受城市低保待遇，共发放低保金404.65万元；15188人参加城乡居民养老保险，个人缴费179.38万元，8459人享受养老保险待遇，发放养老金834.31万元。有伤残军人等优抚对象292人，发放优抚金17.5万元。

人民生活

中华人民共和国成立之初，年人均口粮不足250千克。1953年，走合作化道路，推行双季稻，粮食产量增加，人民生活水平提高。20世纪60年代中后期，划拨农户自留地，生活有所改善。70年代，推行“农业学大寨”，亩产粮食跨“纲要”，但大割“资本主义尾巴”，人民生活停滞不前，人均住房面积15平方米左右。80年代，农村实行联产承包责任制，农村基本解决温饱。80年代后期，富余劳动力外出务工经商，大部分家庭开始富裕起来，平房改楼房，摩托车、电视机、洗衣机3大件入驻农户，人均住房面积32平方米。1995年，农民人均纯收入860.5元，年末人均储蓄1235元。2010年，农民人均纯收入7092元，人均住房面积55平方米，年末人均储蓄3420元。2015年，农民人均纯收入10556元；95%的农户入住新楼房，人均住房面积75平方米；有11%的家庭购置汽车；年末人均储蓄5340元。

特色地情

历史人物

易　华（1294—1377）　潭市大坪人。出生书香门第，其曾祖父易炎正是元朝著名的理学家。易华年轻时崇文尚武，为人豪爽仗义。元末，易华在潭市揭竿起义反元，控制湘中七州县，被陈友谅授湖广参政，后归顺明朝。朱元璋为报复易华助过陈友谅，将湘乡赋税加三等，湘乡人民苦不堪言。易华与朝廷抗争不成，愤而起兵抗粮抗暴，朝廷多次派兵搜捕不获，留下"将军殿""马迹庙"的传说。为纪念易华，乡人在乌石峰上为其塑像，四时奉祀。2014年，易氏族人在潭市四总修建易太公纪念堂。

萧鸿钧（1867—1935）　又名存儒，潭市永明村人，清光绪二十二年（1897）中进士，曾任国史馆誊录，奉天宽甸，怀清知事。曾经为裁决奉天与朝鲜、日本的一桩公案作过重要贡献。因满清腐败，于光绪三十二年（1907）辞官留学日本，毕业于东京明治法政大学。在孙中山主持下加入同盟会。1935年病逝后，湖南省政府赠予瓷棺，蒋介石等民国军政要人有题词撰文悼念。

吴剑学（1883—1944）　字熙农，潭市茶湾人。25岁毕业于湖北武备学堂并派送日本学军事，加入同盟会。返国后谋随吴禄贞反清，未果。民国初年任湘军守备队司令，后率部参加反袁驱汤运动。民国12年（1923）任湘军中将军长，拥护孙中山。次年誓师北伐。因各派纷争，他沮丧交印寓居，先后拒绝阎锡山、孙传芳、蒋介石拉拢，民国24年（1935）返乡。民国33年（1944）日军占据湘乡并闯入他家，极力诱他出任伪职。他断然拒绝，遂被害。被国民政府追授上将衔，事迹宣付国史馆。

易本羲（1887—1911）　字羲谷，潭市双江村麻油坳人。1903年入湖南武备学堂，与黄兴同创华兴会，组织义勇军反清，遭官府通缉，出走武昌，参加桂林起义失败后避走香港，后赴日本入早稻田大学，加入同盟会。回国后与秋瑾办中国公学，后去南洋任教，在华侨中宣传革命。回国后在长沙筹备起义，于武昌起义前夕病亡，长沙曾举行公祭，葬于岳麓山。

风景名胜

潮音阁　原名浩然阁，又名观音阁，始建于宋元时期，位于潭市老街涟水河岸石崖之上，现存康熙二年（1663）修缮此阁时所立石碑。此建筑古色古香，石阶如梯，弯弯曲曲，拾级而上，放眼远眺，对河白沙洲与天一色，脚下涟水蜿蜒似玉带缭绕。因年久失修，原建筑已毁。2000年，当地村民筹资异地新建潮音阁，建有观音、圣帝二殿，成为水府旅游区人文景点之一。2013年，为纪念潭市保卫战，在观音阁建有抗日阵亡将士纪念碑。

名优特产

潭市茶油　潭市的西北、西南多山地，适合油茶生长。现存3333.33公顷油茶林，是山民们千百年来生计之源，年产茶油300多吨。由于这里的气候温和，土地湿润，土质富含多种矿物质，生态环境良好，构成茶油味美、色淳的特色，历久不衰。

潭市豆腐 潭市手工作坊式豆腐历史久远。民国时期，潭市短短一条街上有豆腐店数十家。潭市的水含有多种矿物质，手工制作程序特别，加上用料特别讲究，潭市的豆腐细嫩、松脆、鲜美、柔软、无渣、无烧味。传说明朝正德皇帝游历江南，曾到过潭市，在这里吃过潭市豆腐后赞不绝口，说“走遍天下路，潭市好豆腐”，于是潭市豆腐成为贡品。湘中有俚语“跳过虞唐捡豆腐”，说的是曾国藩父亲曾竹亭家里经常做佛事，曾打发家人来潭市街上曾氏本家开的“日升恒”豆腐铺捡豆腐。中华人民共和国成立初期，潭市豆腐制作工艺传到武汉。2014 年，潭市豆腐入选湘乡市非物质文化遗产名录。

（撰稿：张菊松）

泉塘镇 >>

区域概况

地理位置

泉塘镇位于湘乡市城区西郊，东靠新湘路、昆仑桥两个街道，南傍涟水与山枣镇隔河相望，西接潭市、月山两镇，北与育塅乡毗邻。清代，境域有一座潘姓庄园（今双鲤村王家屋场），树木茂盛，风景秀丽，屋右侧有一泉池，日可供水百吨，常年不竭，名曰“泉塘”，镇名由此而来。

建置沿革

清康熙三十五年（1696），境域属湘乡县雍睦乡悦来二坊和归德九都。民国23年（1934），境域属第一区的悦来乡和第五区的归德乡。1952年，分属第三区龙头岭、湖山、上湖、泥湾、双波坨、下湾、泉塘、新阳、新中、青山、桐瑞、南薮12乡和第七区锦屏、石狮2乡。1958年，属城郊人民公社。1962年，从城郊公社析出，建泉塘、湖山、双江3公社。1984年，属泉塘、湖山、双江3乡。1990年，泉塘乡改为镇。1995年，双江乡、湖山乡并入泉塘镇。至2015年，建置未变。

区划面积

1995年，泉塘镇辖白泉、繁育、泉塘、双鲤、山坳、南薮、花屋、鲜花、创塘、青山、前冲、同胜、德胜、骡塘、彪家、吾爱、西岭、林场、花吾、西台、军塘、托南、上湖、城涟、石屋、泥湾、双托、兴裕、新阳、新东、沙河、桐瑞、繁荣、湖山、桥湾、高梧、下湾、三角、龙岭、雄心、锦屏、梁家、东岭、新田、石狮江、托塘、汪家亭47个行政村和泉塘居委会，共566个村（居）民小组。境域总面积98.47平方千米，耕地3828公顷，其中水田2848公顷，旱土980公顷；林地3670公顷；水域1080公顷。2014年，行政村合并，白泉和繁育，泉塘、双鲤和山坳，南薮和花屋，鲜花和创塘，青山、前冲和同胜，德胜和骡塘，彪家和吾爱，西岭和林场，花吾和西台，军塘和托南，上湖和城涟，石屋和泥湾，双托和兴裕分别合并为繁育、泉塘、南薮、鲜花、青山、德胜、彪家、西岭、花西、军塘、上湖、泥湾、双托村。2015年，境域辖32个村、1个居委会，568个村（居）民小组，总面积仍为98.47平方千米，耕地2890公顷，其中水田1978公顷，旱土912公顷；林地3685公顷；水域面积950公顷。

自然环境

境域地貌为西北高、东南低，岭谷呈北向

南相隔排列。西北有境域最高山峰张家仑，海拔215.2米。最低处是涟水河畔的湖山塅和新田村。涟水河支流石狮江砂河和育泉河形成冲积小平原，是良好的农业区，山丘是条件优越的经济林木、作物种植基地。境域处亚热带季风湿润气候区，冬冷夏热，四季分明，年均气温16.5℃，无霜期长，光照充足，雨水较多，年降水量1400毫米。境域土壤分为水稻土、菜园土、红壤和紫色土4大类。境域石膏矿主要在石狮江一带，不具开采价值。有松、杉、柳、樟、枫、油茶20多种树木及南竹等。野生动物有野兔、野鸡、蛇、蛙等。

人口民族

1995年，境域有14684户49586人，其中男性25120人，占50.6%；农业人口47778人，占96.35%。少数民族21人。人口自然增长率21.53‰。2000年，境域有13825户45922人，其中男性23595人，占51.38%；农业人口43760人，占95.29%。少数民族46人。人口自然增长率4.33‰。2010年，境域有13107户42971人，其中男性21686人，占50.47%；农业人口41749人，占97.16%。少数民族26人。人口自然增长率5.7‰。2015年，境域有17826户52336人，其中男性26718人，占51.05%。少数民族28人。人口自然增长率6.31‰。

经济发展

经济综述

民国时期，境域经济以农业为主。中华人民共和国成立后，工商业经济逐步发展，农副产品可随时销往县城，县城的工业产品、生产生活物资随时流入。中共十一届三中全会后，实行家庭联产承包责任制，发展乡镇企业。1988年，乡镇集体企业实行以承包经营为主的改革，工业总产值450万元，农业总产值3400万元。1995年，镇办企业12家。工业总产值1.05亿元，农业总产值5234万元。2000年，乡镇企业改制，鼓励发展民营经济。2005年，工农业总产值2.7亿元。其后，不断调整产业结构，开展招商引资，发挥区位优势，经济发展速度加快。2010年，工农业总产值5.44亿元，其中农业总产值3.34亿元。2015年，进一步优化产业结构，加大招商引资力度，工农业总产值7.8亿元，其中农业总产值3.4亿元。

种植业

境域主要种植水稻，以及蔬菜、小麦、油菜、红薯等作物。民国时期至中华人民共和国成立初期，种一季稻为主，粮食亩产190千克。1954年，试种双季稻。旱地种植蔬菜、红薯、油菜等作物。1956年，推广双季稻，间作三熟制，采取温室育秧技术，粮食亩产400千克。1977年，试种杂交水稻，粮食亩产650千克。1984年，推广杂交水稻，粮食亩产742千克。1993年，境域被确定为国家商品粮生产基地、吨粮田生产基地和优质稻生产基地。1995年，粮食种植面积2208.2公顷，粮食总产3.31万吨。2004年起，实施农机购买补贴政策，农业机械化进程加快。2005年，推广新技术和优良新品种，种植优质稻2720.4公顷，粮食总产3.34万吨；种植优质玉米432公顷，麦类328公顷，油菜215公顷；以双鲤、繁育、泉塘村为中心，建立无公害蔬菜生产基地和大棚西瓜园22.67公顷。2015年，境域有大中型拖拉机28台，耕种机3084台，机滚船53台，联合收割机223台，插秧机68台，机耕面积7970公顷。种植水稻3700公顷，粮食总产4.31万吨；种植油菜、玉米、西瓜等作物800公顷，其中，玉米总产 373.8 吨。

养殖业

境域素有养殖生猪、牛、鸡、鸭的传统。民国时期，部分农户圈养生猪，山区少数农户养牛。中华人民共和国成立后，政府贯彻生猪“私养公助”方针，扶助农户养猪。1957 年，境域泉塘、下湾 2 个乡出栏生猪 7500 头，年末存栏生猪 1.17 万头。1958 年，人民公社集体养猪，不许社员私养，养猪事业倒退。1961 年，境域泉塘、湖山、双江 3 个公社出栏生猪仅 721 头。1962 年，实行“公私并举，私养为主”，养猪业回升。1971 年，境域可养水域面积 980 公顷。其中双波坨渔场水面 30 多公顷，年产鲜鱼 200 吨，是湘乡县最大的商品鱼基地。1972 年，境域出栏生猪 1.52 万头，年末存栏生猪 1.56 万头。中共十一届三中全会后，实行家庭联产承包责任制，生猪养殖由集体为主转入家庭为主，养猪业大发展。1989 年，境域出栏生猪 6.55 万头，年末存栏山枣镇 4.25 万头。自后，生猪养殖逐年发展。2005 年，以千山红良种养猪场为示范，进行生猪品种改良，发展规模养殖户，境域有 20 头以上养殖户 40 户，全镇饲养生猪 12.85 万头，出栏生猪 5.68 万头。部分养鱼池改孵化鱼苗池，所产鱼苗销往市内外。2015 年，引导养殖户规模化养殖，有存栏生猪 300 头以上的规模养殖户 28 户，全镇出栏生猪 16.25 万头；养殖水域 950 公顷，其中流转 64.67 公顷，全镇年产鲜鱼 1699.88 吨。

林业

中华人民共和国成立初期，境域有林地 2733 公顷，在土地改革中，山林归农民私人所有。1962 年，山林收归生产队，山林权归集体所有。1978 年，境域有一、二、三林场和梓树林场、桔园山林场、园艺场等，森林覆盖率 39%。1981 年，实行林业稳定山林权、划定社员自留山、确定林业生产责任制的“三定”方针，并给社员发使用证。1984 年，成立泉塘区林业站。1986 年，实行自留山和责任山“两山并一山”为自留山。1987—1992 年，境域造林 800 公顷，改造宜林荒山。1995 年，区林业站改为镇林业站，市林业局在梁家、沙河、德胜等村建设万亩时新新鲜水果样板工程。森林覆盖率 41%。2002 年，启动退耕还林项目工程。至 2005 年 4 年间，境域造林 400 公顷，退耕还林 384 公顷。2006 年，启动国家级生态公益林保护工程。2007 年，启动省级生态公益林保护工程。2008 年，湘潭市林业局在双托、下湾村交界处建成一个占地 5.3 公顷的林业简易机场，当年投入使用。同年，引进泉龙果业公司，建立特色水果红柚基地。2009 年，启动集体林权制度改革，纳入改革范围的林地 2673 公顷。2010 年，发证林地面积 2396 公顷，发证户数 6520 户，发证率 89.6%。2011 年，引进花卉苗木基地 2 个，种植油茶 333 公顷。2015 年，全镇有国家生态公益林 600 公顷，省级生态公益林 1600 公顷，森林覆盖率 55%。

工业

民国时期，境域有印染、纺织、糕点、油脂、铁器、木器等手工作坊。中华人民共和国成立后，政府对作坊和手工业者进行组织、引导，成立各类合作社 20 多个。20 世纪六七十年代，境域有泉塘区机械厂、泉塘公社青山农机厂、泉塘机械厂、石膏矿、湖山农机（铸造）厂、双江瓷厂等企业。双江八一砂场所产砂石，运销长沙、广州等地。1986 年，境域工业总产值 116.7 万元，工业企业 43 家，职工 2430 人。1995 年，境域有乡镇企业 18 家，村办企业 41 家，联合办企业 38 家，从业人员 3215 人，工业总产值 1.05 亿元。2005 年，实施“农业兴镇，工业强镇”发展战略，引进鸿瑞电器有限公司、东方威酒厂、湘乡振宇冶金材料公司、湘乡机械制造有限公司、湘乡市嘉联锌业有限公司等工业企业。2010年，新增双利冶金、涌鑫化工、正华助残、瑞祥工贸、湖山腾飞、泉龙果业6家企业，新增3000人就业，工业总产值2.1亿元。2015年，境域有工业企业78家，从业人员6100人，工业总产值4.4亿元。

商贸服务

明清和民国时期，涟水河畔石狮江码头，是谷米、棉花、豆类的重要集散市场。泉塘、桐瑞台、石狮江、下湾铺、三角塘等地有南杂、铁器等店铺。湘乡城区通往娄底、宝庆有一条古大道途经境域，沿途设旅社、客栈、饭庄、商店，经济活跃。中华人民共和国成立后，在乡、公社机关驻地均有肉食站、供销社、药店等，供应生产资料、生活用品，收购农副产品。1956年，境域有私营商户135户，从业人员187人。1988年，国家逐步放开市场，个体商贸发展，境域有商贸企业40家，商业服务网点50个，社会消费品零售总额4000万元。1993年，有商贸企业21家，从业人员232人；个体工商户482户，从业人员954人，社会消费品零售总额5502万元。1995—1997年，建成泉塘农民街和湖山、下湾、双江、骡塘农贸市场，振兴连锁超市进驻农民街。1998年起，境域公有商业、供销系统体制改革，置换商贸企业16家、职工324人。2015年，境域有餐饮、酒店、超市、金融、保险、数码电子、美发、娱乐、车辆及维修等各种企业及门店1884户，从业人员2534人，社会消费品零售总额2.13亿元。

财政金融

清代至民国，境域石狮江、泉塘、三角塘设有典当行、票号、钱庄。1952年，中国人民银行湘乡支行在境域泉塘设有营业所。1954年，境域有湖山、泥湾、双波坨、下湾、桐瑞、青山、南薮等乡信用社。1962年，境域有泉塘、湖山、双江3个公社信用社。1964年，农业银行县支行在境域设营业所。20世纪60年代，乡财政收入来自农业税，70年代增加企业税。1978年，财政收支由乡（公社）秘书和粮食委员兼管。1984年，湖山、双江、泉塘3个乡建立财政所。1986年，中国人民财产保险股份公司湘乡支公司在泉塘设立保险业务代理站。1995年，建立泉塘镇财政所，镇财政总收入182万元，财政总支出315万元。当年，开办石狮江邮政所储蓄业务。1996年，成立泉塘镇农村合作基金会。1998年，中国人寿保险公司湘乡支公司在泉塘镇设立保险站；按乡镇建制将原泉塘、湖山、双江3个信用社合并成泉塘镇信用社。1999年，农村合作基金会撤销，其业务并入信用合作社。2001年，石狮江邮政储蓄业务并入健康路邮政储蓄所。2002年，中国太平洋人寿保险股份有限公司营销服务部在泉塘镇设立保险代理站。2003年，调减农业税，停征屠宰税；开办泉塘邮政所储蓄业务。2005年，免征农业税，镇财政收入339.27万元，财政支出475.7万元；各金融机构存款余额7800元。2008年，镇财政收入357万元，财政支出1115万元。2015年，境域有金融机构（营业所）7家，其中保险3家，年末存款余额4.29亿元，贷款余额2.8亿元，保费收入8600万元；财政收入2505.79万元，财政支出2690.8万元。

基础设施

交通运输

清代起，境域水路有涟水航道，沿航道设有雁家洲、石狮江、朝人村、泥湾、恩子口、高梧（山枣）、樟树凼、桥湾8个码头。民国26年（1937）竣工的县大道县（城）杨（家滩）路经过三角塘、下湾、石狮江，境域长25千米。民国27年(1938)，湘黔铁路过境。1958年，修湘(乡)棋(梓)公路，境域8千米；修乡道泉(塘)桐(瑞)线和五(里桥)鹅(婆桥)线，长11.3千米。1960年，湘(乡)翻(江)公路修通过境，境域长5千米。1964年，修通乡道湖(山)高(吾)线，长3千米。1965年，韶山灌渠修建，上游拦河筑坝，涟水断航。1972年，修乡道鹅(婆桥)泥(湾)线、鹅(婆桥)火(石狮江火车站)线，长7千米。中共十一届三中全会后，全镇32个村，村村通公路。1982年，乡道湖山公路、双石公路、泉骡公路、泉双公路贯通全境东西南北。1995年，由铁道部投资，在双江火车站修建一条4千米长的铁路，通往青山、同胜村碴石场。2012年，过境的沪昆高速公路竣工通车，境域长11千米。2015年，境域湘黔铁路、沪昆高速、湘棋公路贯穿东西。境域公路总长约50千米，乡道200千米全部硬化。

邮电通信

民国时期，境域邮件直接由县局投递。1953年，设立泉塘区邮电局，有电话总机一台，与各社(乡)手摇电话联系，并办理邮政电报等业务。1956年，在境域增设石狮江邮电所。1962年，泉塘设邮电所。1963年，升格为泉塘邮电支局。1986年，境域有泉塘邮电支局。1995年，县邮电局在石狮江村设邮政代办所，开通模拟移动通信系统。1996年，开通全球通通信系统，拥有移动电话机135台，数字寻呼机415台，安装程控数字电话1300门。1999年，成立泉塘电信营业所。2013年，境域有泉塘邮政支局。2015年，全镇有移动、联通通信基站5座，邮政支局(所)2个，电信营业所5个，移动用户38000户。

供电供水

民国至中华人民共和国成立初期，境域无电供应，村民用桐油、煤油、蜡烛照明，以河水、塘水、井水为饮用水。1959年，湘乡城西兴建可心亭变电站，可供境域局部生产、生活用电。1970年，在电网供电不足时，公社机关自备小型发电机照明。1977年，铃子桥220千伏变电站建成投入运行，境域供电能力增强，覆盖面逐渐扩大。1995年，境域47个村，村村通电，农户通电率98%。2002年，投资400万元，在三角、下湾、龙岭等村安装自来水管，由洙津水厂供水。2009年，投资700万元，新建泉塘自来水厂，解决镇区近万人的饮水问题。2014年，投资500万元，建设安全饮用水工程，在龙岭、军塘等村铺设管道6200米，使湖山片9个村12000多人饮用安全卫生水；完成32个村的农网升级改造。2015年，全镇村民安全饮用水率95%；电力供应充足，入户率100%。

水利建设

民国时期，境域水田靠涟水河、石狮江和山塘蓄水灌溉。旱季，农民用水车从涟水河提水灌田。中华人民共和国成立后，政府组织群众兴修水利，修建水库。1960年，建成白水塘水库，可蓄水123万立方米，可灌田128.3公顷。在湖山公社境域安装筒车14架，可灌田98.67公顷。1966年，韶山灌区建成通水，境域有济善堂、湖山、察家坳、泉山等9条支渠，共36.74千米，37个村1975.3公顷农田受益。1969年，在涟水河岸修筑15千米防洪堤。1974—1979年，建成青山、百亩冲、彪家3座水库，可蓄水158.2万立方米，灌田297公顷。1980年，境域有山塘3305口，可蓄水941.9万立方米，可灌田157.47公顷。1988年，境域有电力提灌站104处，装机107台，受益面积1736.13公顷。2005年，清淤扩挖1万立方米山塘80口，加固3座水库，更新15处机埠，新修水渠1.5万米。2015年，投资1760万元，整修济善堂支渠6.5千米。境域有小型水库6座，山塘3308口，电力提灌108处，大小水渠55千米。有效灌溉面积2810公顷。

村镇建设

1995年，镇党委、政府启动农民街、工商小区建设。至1997年，新建房屋6万平方米，建商业门面200家。1998年，鼓励农民在镇区农民街工商小区建房经商办厂，新建楼房24栋。2013年，制定镇区发展规划，规划面积5平方千米，主街道长1千米。城乡环境同治，投入180万元，添置垃圾推车100部，新建垃圾池240个，配备焚烧桶1400个，聘请保洁员120人。2014年，对镇区基础设施进行扩容、改造提质，实施街道绿化亮化。2015年，投资5000万元的旺泉商贸城建成主体大楼2栋；投资3000万元的下湾新农资市场建设竣工。城镇化率23.9%。

社会事业

教育

清代，境域设有私塾。民国23年（1934），泉塘潘姓开办私立攸叙女校，初级职业部设缝纫、染织、刺绣3科。民国32年（1943），改为攸叙女子初级中学。中华人民共和国成立前，境域有湖山、泉塘两所公立小学。中华人民共和国成立后，有新阳、石狮江、下湾、湖山、泉塘5所公立完小，各村设有初小，有湖山、新泉、泉塘、双江、新阳5所初中。原攸叙女子初中与中华初中等3所初中合并为私立四联中学。1952年，四联中学改为湘乡第三初级中学。境域有小学34所，中学1所，学生5317人，教师816人。1987年起，贯彻《中华人民共和国义务教育法》，调整学校布局。1992年，境域有完全中学1所，学生657人；初中4所，学生1931人；小学34所，学生5617人；教师1020人。1997年，小学适龄儿童入学率100%，升学率99%，基本普及九年义务教育。2008年，有高中1所，初中4所，小学8所，学生6203人，教师554人。2015年，境域有高中1所，初中4所，小学8所，共有学生4617人，教师313人；幼儿园18所，幼师52人，入园幼儿420人。

文化体育

1965年，境域有泉塘、青山、湖山、双江4个公社文化站，每站配文化辅导员1人。1985年，建成湖山文化中心，有500座影剧院和图书室、电视室、篮球场、乒乓球室等文化活动设施，有业余剧团、电影放映队、中西乐队等文艺团体。2010年，建设镇文化综合大楼，内有多功能排练厅、信息共享室、教学室、图书室、乒乓球室，外有篮球场等娱乐健身场地。2012—2013年，举办“涟水放歌”中秋文艺晚会，组织村民参加市农民运动会、广场舞文艺比赛、歌唱比赛等大型文体活动。2015年，境域有大型文体活动广场1处，文广站1个，村级体育健身场地12处；有龙灯队、腰鼓队、民乐队、西洋鼓队、威风锣鼓队等20支文艺团体，共有队员2000余人。

医疗卫生

民国时期，境域中医郎中行医，以中草药治病为主。20世纪60年代，境域有青山、泉塘、湖山、双江4个公社卫生院和泉塘区中心医院。1969年，实行合作医疗，每个大队有1名“赤脚医生”。1995年，建立泉塘卫生院，设病床20张，有医护人员46人，年门诊量2万人次。2014年，新建住院综合楼，设置病床50张，有医护人员61人。2015年，境域有中心医院1所，有医护人员58人，有村卫生院47家，个体诊所11家，个体药店13家，共从业人员188人。

社会保障

1986年，境域有泉塘、湖山、双江3个乡敬老院，共入住“五保”老人 34 人，每个敬老院有 3~4 名工作人员。1995 年，建立中心敬老院，入住“五保”老人 52 人。1999 年，有复员退伍军人、伤残军人、烈属、因公牺牲和病故军人家属等优抚对象 282 人，发放优抚金 9.4 万元。2005 年，推行新型农村合作医疗制度，21941 人参加，参合率 70%。2006 年，推行城乡居民最低生活保障制度，1805 人享受农村低保待遇，发放低保金 154.87 万元；82 人享受城市低保待遇，发放低保金 16.8 万元。2010 年，有伤残军人，参战参核人员等优抚对象 309 人，发放优抚金 7.7 万元。2012 年，39560 人参加农村合作医疗，参合率 94%。2013 年，城乡居民养老保险参保率 88.3%。2015 年，全镇“五保”老人 504 人，其中 83 人入住敬老院，共发放生活费 141.75 万元；农村合作医疗参合率 95%；17670 人参加城乡居民养老保险，个人缴费 219.66 万元，8947 人享受养老保险待遇，发放养老金 893.03 万元；2235 人享受农村低保待遇，发放低保金 294.8 万元；144 人享受城市低保待遇，发放低保金 48.4 万元。有伤残军人等优抚对象 336 人，发放优抚金 20.2 万元。

人民生活

中华人民共和国成立初期，生产工具落后，靠天吃饭，稻谷产量低，饱腹用红薯等杂粮补充。住房多为茅草房。穿的大多是自家织的土布衣裳。中共十一届三中全会后，粮食产量大幅提高，农民基本解决温饱。20 世纪 80 年代，部分家庭开始兴建楼房，添置电视机、电冰箱、洗衣机等家用电器。1990 年，境域农民人均纯收入 797 元，人均住房面积 32 平方米。1995 年，新建楼房 40368 平方米。2000 年，农民人均纯收入 2660 元，人均住房面积 40 平方米。2005 年，镇党委、政府引导农民调整产业结构，加大招商引资力度，组织剩余劳动力外出经商务工，农民收入增幅大，农民人均纯收入 4385 元。2010 年，农民人均纯收入 6553 元。2015 年，农民人均纯收入 11545 元；92% 的村民住进新建楼房，人均住房面积 78 平方米；85% 的村民家庭添置平板电视等家用电器和摩托车，25% 的村民家庭拥有汽车。

特色地情

风景名胜

烈马寨 泉塘镇西北，横跨前冲、德胜村和育塅乡轧桥村的一座山峰，海拔 202 米。山顶有一口涓涓细流的清泉。传说是一位仙女偷骑一匹骏马下凡至此，仙女见山下有一碧池，便下山提水喂马。被玉帝发现，玉帝派天兵前来缉拿仙女和骏马。仙女被天兵捉拿而去，临走时把水倒在山顶，故山顶有一口清泉。而骏马死活不走，被天兵处死在山顶，故此山取名烈马寨。至今，山顶上这口清泉，即使久晴不雨也总是有涓涓细流滴浸。

锦屏寺石桥 位于泉塘镇锦屏村石狮江西干流上。清代至民国是沟通潭市、棋梓的交通要道，始建于清康熙年间，道光五年（1825），谭美赞、杨三维等维修并建“惠风亭”。桥长 36 米，宽 5.1 米，由五行花岗岩石砌成，并建有护栏，护栏上方有两只石雕水车，桥中间两边有石狮浮雕。桥为三拱二墩，有较高的分脊，全石料均由建桥处采集，河中还存有当时采集过的痕迹。该石桥现仍为当地重要交通设施。

（撰稿：王奇峰）

壶天镇>>

壶天镇的壶天村为湖南省历史文化名村。

区域概况

地理位置

壶天镇地处湘乡市西北部，东与翻江镇接壤，南与棋梓镇毗邻，西与娄底市娄星区交界，北与宁乡县为邻。因境域四面群山环抱，像茶壶，视野只有一小片天。古人云：壶天者壶中之天也。镇依地形得名。

建置沿革

清康熙三十五年（1696），境域属湘乡县常安乡壶天18都。民国23年（1934），境域属壶天、涧山、卢裕乡。1950年，属第八区的壶天、涧山、岩前、潭桥、石狮乡。1956年，属壶天、涧山乡。1958年，属钢铁公社。1962年，从钢铁公社析出，建壶天、涧山、合东、山坪、潭桥公社。1984年，属壶天、涧山乡。1990年，壶天乡改镇。1995年，壶天镇、涧山乡和岐山乡的小水村合并，仍为壶天镇。至2015年，建置无变化。

区划面积

1995年，壶天镇辖下目、马鞍石、双坪、堆子、杉冲、东塅、石燕、五一、小水、雄辉、新铺子、崇溪、石坪、托塘、涧山、藕塘、金桥、金泉、壶天、龙凼、大坪、新坡、岩前、岩龙、井湾、洪丰、石狮、树塘、中石、石春、南岳坪、潭溪、大金、壶中、同升、直东、横东、光辉、峡山口、光胜、湘溪、日新、岩江、合东、上新桥、石鼓、潭桥、牌子石、山坪、大塘50个行政村和壶天、北风铺2个居委会，508个村（居）民小组。境域总面积144.7平方千米，耕地面积2900公顷，其中水田2433.8公顷，旱土466.2公顷；林地4011公顷；水域863公顷。2014年，行政村合并，下目和马鞍石，双坪和堆子，杉冲和东塅，石燕、五一和小水，雄辉和新铺子，崇溪、石坪和托塘，涧山和藕塘，金桥和金泉，壶天和龙凼，大坪和新坡，岩前和岩龙，井湾和洪丰，石狮和树塘，中石和石春，南岳坪、潭溪和大金，壶中和同升，直东和横东，光辉和峡山口，光胜和湘溪分别合并为马鞍石、双坪、杉冲、五一、雄辉、崇溪、涧山、金桥、壶天、大坪、岩前、井湾、石狮、中石、南岳坪、壶中、直东、光辉、光胜村。2015年，境域辖28个村、2个居委会，498个村（居）民小组，总面积仍然是144.7平方千米，耕地面积2848公顷，其中水田2361.8公顷，旱土486.2公顷；林地4832.4公顷；水域794公顷。

自然环境

境域属丘陵山区，以喀斯特地形为主，石山

与溶蚀丘间地相嵌分布。溶洞较多，隐泉广布。地质结构复杂，岩石成分特殊。境域高山较多，海拔500米以上高山有翻山、佛祖山、莲花峰、三角寨、文公山等。有西阳河、潭溪河、余庄河流经境域。境域属亚热带季风湿润气候区，冬冷夏热，四季分明。年均气温17℃，年均降水量1300毫米，雨季相对集中，但光、热、水分布不均，年际差较大，霜雪、低温、冻害、旱、涝等自然灾害常有发生。境域有马尾松、杉、油茶、樟、梓、枫、栗等20多种树种及南竹等。野生动物有野猪、野鸡、青蛙、水鸭、蛇等10多种。石灰石、煤和矿泉水储量丰富。

人口民族

1995年，全镇有14608户47702人，其中男性24468人，占51.3%，农业人口46053人，占96.5%；少数民族37人；人口自然增长率3.32‰。2000年，第五次全国人口普查，全镇有12526户40796人，其中男性20890人，占51.2%；农业人口38159人，占95.2%；少数民族42人；人口自然增长率6.99‰。2010年，第六次全国人口普查，全镇有12376户44825人，其中男性22796人，占50.8%；农业人口42678人，占95.2%；少数民族29人；人口自然增长率9.77‰。2015年，全镇有15289户53654人，其中男性27524人，占51.3%；少数民族180人；人口自然增长率9.65‰。

经济发展

经济综述

明清时期，壶天集市繁荣。民国时期，战乱不断，工商凋零。中华人民共和国成立后，境域经济逐步发展。农业以种植水稻、蔬菜及其他经济作物为主。工业以挖煤、石料、木材加工等为主。中共十一届三中全会后，实行家庭联产承包责任制，乡镇企业得到发展。1995年，全镇工农业总产值6036.96万元，其中农业总产值2910万元。2002年，引导农民发展“种、养、加工”经济，全年工农业总产值2.076亿元，其中农业总产值8450万元。2015年，开展招商引资，引进资金1亿多元，全镇工农总业产值4.79亿元，其中农业总产值1.7亿元。

种植业

境域种植业以粮食作物为主。民国时期，耕作技术落后，亩产不足200千克。1954年，试种双季稻。1956年，推广双季稻。1967年，扩大双季稻种植面积，采取温室育秧等技术，亩产380千克。1977年，试种杂交稻。1984年，种植杂交水稻，亩产700千克。1995年，种植水稻2400公顷，粮食总产2.51万吨；种植红薯、花生400公顷，种植蔬菜17.8公顷。2004年，实施农机购买补贴政策，农业机械化进程加快。2005年，种植水稻1962公顷，其中种植优质稻880公顷，种植经济作物418.9公顷，粮食总产2.36万吨。2007年，境域有小型拖拉机40台，耕种机512台，机滚船800台，收割机42台，机耕面积3880公顷。2010年，开展集中育秧、机插秧、统防统治、粮食高产示范片建设及标准农田建设，农业生产效益提高。境域种植水稻1984公顷，其中推广种植优质稻面积667公顷，粮食总产2.53万吨；种植油菜486.67公顷。2015年，境域有大小拖拉机71台，耕种机1100台，机滚船377台，收割机130台，插秧机25台，机耕面积5340公顷。境域种植水稻1988公顷，推广一季油菜一季水稻生产模式，种植油菜800公顷，粮食总产2.85万吨。

养殖业

境域有养殖生猪及牛、羊、鸡、鸭等家禽的

传统。民国时期，农户圈养生猪。在山区，少数农户养牛、养羊。1957年，境域壶天、涧山2个乡，共出栏生猪6400头，年末存栏生猪8900头。1958年，人民公社集体养猪，社员养殖的生猪平调至公社猪场归集体所有，养猪业大挫。1961年，境域壶天、涧山、山坪、潭桥4个公社，出栏生猪仅2757头，年末存栏生猪3231头。1962年，实行"公私并举，私养为主"，养猪业回升。1972年，境域出栏生猪1.25万头，年末存栏生猪1.58万头。中共十一届三中全会后，养猪以家庭养殖为主，养猪大发展。1989年，境域出栏生猪3.6万头，年末存栏生猪3.72万头。1995年，境域出栏生猪6.8万头，年末存栏生猪3.8万头；养牛8580头；养禽25.7万羽；出水鲜鱼212吨。1996年，镇政府扶植科技养殖户，引导农民养牛、养山羊，成立养猪协会。金桥村一养猪专业户，有猪舍2000平方米，年养猪1700多头，出栏生猪1200多头。2010年，境域出栏生猪9.7万头，年末存栏生猪1.3万头，有100头以上的养殖大户52户；养牛4560头；养羊3011头；养禽13.7万羽。2015年，全镇出栏生猪8.4万头，年末存栏生猪4.5万头；养家禽13.8万羽；养牛2460头；养山羊2560只；出水鲜鱼270吨。

林业

境域属丘陵山区，林木丰富。民国时期，山林由少数人占有。1951年土地改革时，农民分到山林。1962年，林权收归生产队，归集体所有。1978年，境域有公社林场2个，大队林场49个。1981年，实行林业"三定"，给社员发自留山使用证。1987年，实行自留山和责任山"两山并一山"为自留山。1995年，境域有林地4811公顷，占山地面积的72.8%，森林覆盖率48.7%。2000年，有镇林场2个，村林场46个。2002年，启动退耕还林项目。2003年，建成小水果生产基地53.4公顷。至2005年的4年间，退耕还林735.7公顷。2009年起，发展小水果种植基地160公顷，油茶林基地66.67公顷，国外松基地333公顷；同年，启动集体林权制度改革，纳入改革范围的林地5024公顷。2010年，发证林地面积5204.2公顷，发证13083户，发证率100%。2012年，封山育林、植树造林和残林改造，退耕还林277.6公顷。2015年，境域有7个镇办林场，20个村办林场，林场合计面积848公顷。境域共有林地4832.4公顷，森林覆盖率54.5%。

工业

清道光十五年（1835），境域有农民在侧面虎、豹子坑辟窑挖煤。光绪三十年（1904），谷水蒋德钧在豹子坑开办南路煤矿公司，有矿工1200人，风车坳用土法炼煤焦。民国27年（1938），湘乡县政府在境域设恩口煤矿局，是湘乡官办煤矿之始。1953年，壶天供销社在境域开办石灰厂。1957年，县投资9260元，创办湘乡侧面虎煤矿。1961年，境域有省属恩口煤矿和湘潭地区属壶天煤矿。1986年，境域有工业企业24家，工业总产值455.6万元，从业人员3944人。1992年，豹子坑和新坡两煤矿投产。1994年，新坡村办胡家园矿，同升村办同升矿。1995年，境域有工业企业102家，工业总产值3126.96万元。2005年，新增工业企业4家。2007年，强化"兴工富镇"，工业企业121家，从业人员3690人，工业总产值8400万元。其中电力建设公司、路桥公司、建筑公司等企业跨省运作。2010年，有工业企业143家，工业总产值2.1亿元，从业人员5100人。2012年，湘乡五强液压件有限公司、湖南运通电力建设有限公司、湖南麒骏矿业有限公司等工业企业相继落户投产。2015年，境域有工业企业152家，工业总产值3.1亿元，从业人员6000人。

商贸服务

明永乐年间至民国初年，壶天为乡村集市。清末，壶天老街居民依托店铺经营饭庄、米店、南杂百货等，有店铺200多户，是小商品集散地。中华人民共和国成立后，境域陆续设有供销合作社、药店等，供应生产、生活资料和收购农副产品。1991年，湘乡市第一个乡级政府自筹资金建设的农贸市场—岐山农贸市场开业。1995年，境域有商业企业552家，从业人员743人；个体经商户1158户，从业人员1592人。2000年，镇政府根据“活边镇，富民众”的发展思路，建设壶天综合大市场。是年，有商业门面389个，日商品成交额20万元，年社会消费品零售总额5000万元。2005年，振兴连锁超市山坪店开业；新增个体户26家，商业企业8家；投资1300万元，新建壶天镇农贸大市场，有商业门面80套，年社会消费品零售总额1.2亿元。2015年，境域有各类商铺1400多家，个体工商从业者3172人。社会消费品零售总额2.68亿元。

财政金融

1995年，镇政府财源主要是农业税和企业税收，全镇财政收入151.24万元，其中农业税66.68万元，财政总支出210万元。2001年，财政总收入379.38万元，其中农业税92.04万元，财政总支出510万元。境域有农村信用合作社1家，银行营业所2家，邮政储蓄所1家，各金融机构年末各项存款余额1.8亿元，各项贷款余额6500万元。2005年，免征农业税，财政收入减少。2009年，财政收入120.19万元，其中国税102.37万元，地税17.83万元。2015年，境域工业企业增加，个体私营经济发展，财政收入1875.51万元，财政支出1786.21万元。壶天信用社分社、邮政储蓄所2家，年末存款余额5.5亿元，各项贷款余额2.1亿元。

基础设施

交通运输

民国23年(1934年),建成永(丰)壶(天)路。1957年，宁（乡）涟（源）公路建成，经壶天中石至狮托进入涟源,境域长13.17千米。建成桃(江)壶（天）公路，经涧山至壶天中石，与宁涟线相接。修建侧桥（侧面虎至桥头河）公路，境域长0.77千米。1958年，修建壶天老汽车站至石狮托段公路，长4.47千米；修建壶天中石至王家坳段公路，长8.05千米。1990年，有公路客运2班过境。2004年，洛湛铁路益（阳）娄（底）线湘乡境域（壶天）18千米建成通车。2005年，新增水泥硬化路面5千米。2009年，投资3000万元，启动S209壶天段（镇区2.4千米）二级公路标准建设。2010年，实现村村通水泥路。2011—2014年，启动长（沙）韶（山）娄（底）高速公路壶天段建设,境域长14千米。桃（林）中（石）线路基施工竣工；益娄高速壶天段（途径大塘、崇溪、涧山3个村）边沟放样和弃土场、搅拌场等设施建成。2015年，境域共有省道、县道36千米，镇道、村道300多千米，公路客运线9条，总长783千米。

邮电通信

民国19年（1930），架通县城到壶天经十字铺至乌雀仑15千米、壶天至杉木坳接宁乡同文街15千米两条电话线路。民国时期和中华人民共和国成立初期，境域邮件由谷水邮局信差步行投递。1954年，湘乡县邮电局在境域设壶天邮电所。1956年，壶天乡、涧山乡开通电话。1957年，开通县城至壶天汽车邮路。1965年，信差邮递员由步行改骑自行车投递。1986年，境域有5条投递路线，共196千米路程，邮电所设电话交换点。1990年，开通程控电话。1991年，开通移动电话。自后，固定电话、移动电话逐年增加。1998年，邮政、电信、移动分建3家通信站。2002年，实现村村通电话，境域有程控电话4200门，有移动电话1100部。2003年，开通互联网。2015年，境域有邮政所1家，移动通信站3家，有固定电话2300部，移动电话12763部，宽带用户1800户。

供电供水

境域村民历来饮用井水、河溪水和塘水。民国27年（1938），湘乡公办煤矿“恩口煤矿局”在境域设立，靠火力发电机组供电。1955—1958年，境域的豹子坑煤矿、侧面虎煤矿、白泥坳煤矿由自备火力发电机供电。1966年，潭桥公社在松山坝用水力发电机发电，后因水源、落差等问题而停办。1988年，翻江变电站建立，对境域涧山等乡供电。1995年，境域由恩口煤矿转供电，有用户12500户。1999年，投入300万元，对藕塘、牌子石、南岳、中石等10村进行农网改造，由壶天供电所供电，有用户13000户。2005年，投资170万元，修建壶天镇集中供水工程；投资150万元，修建大坪、日新、山坪等5处村级分散供水工程，供2000户用水。至2015年，共投资1900多万元，完成28个村的农网改造和变压器改造，年末农户用电率100%，农户安全饮用水率92%。

水利建设

清代、民国时期，境域农作物靠自然降水、山塘蓄水、小溪河水灌溉。1954年，建成第一座水库——彭婆冲水库，蓄水量8万立方米，可灌田30公顷。1956年，建成石塘水库，蓄水3.4万立方米，可灌田21.33公顷。此后，陆续修建一批中小型水库。1975年，修建合东水库。1995年，境域有中型水库1座，蓄水量2421万立方米，受益农田737.13公顷；有小（一）型水库2座，小（二）型水库10座，山塘3420口，岐潭河拦河坝2座。2008年，投入960万元，实施合东水库除险工程建设。2010年，维修山塘80口、渠道7千米，治理淤塞严重的岐潭河，全镇自流灌溉率74.6%。2015年，境域有中、小型水库13座，山塘3420口，河坝2座，渠道92千米，自流灌溉率80%。

村镇建设

1995年，镇政府制订镇区发展规划。1996—1999年，对基础设施进行扩容、改造、提质，实施绿化亮化美化工程。2000年，征地1.5公顷，建成内设80个门面、180套住房的综合大市场。镇区建立“四区四点”：以壶天老街、农民街为中心点的商贸区；派出所至合东水库为开发景点的旅游休闲区；六十桥至仙女坪为建设重点的办公住宅区；北风铺到水泥厂为落脚点的工业小区。2006年起，镇启动社会主义新农村建设。岩前村、树塘村为市级新农村建设示范点。2013年，镇党委、政府提出“活边贸、富民众、建新镇”的决策，投入城建、交通、电信等各项资金8000万元，新建有300多个门面店铺的农民新街。2015年，城镇规划面积465公顷，建成区面积459公顷，城镇化率10%。

社会事业

教育

民国时期，境域有公立国民小学1所，私立高小3所（明达、乐纯、世梅）。1992年，境域有小学24所，学生5752人，教职工397人；初中6所，学生2311人，教职工146人；高中1所，学生622人，教职工66人。1997年，全镇学龄儿童入学率 100%，小学升初中升学率 99.5%，基本普及九年义务教育。其后，生源减少，调整学校布局。2008 年，境域有高中 1 所，学生 124 人；初中 3 所，学生 736 人；小学 13 所，学生 2855 人；共有教师 283 人。2010 年，投资 325 万元，建设壶天镇中心学校教学楼、壶天中学食堂、装修潭桥学校等。2015 年，境域有初中 2 所，小学 12 所，学生 3292 人，教师 227 人。全面落实农村义务教育"两免一补"（对农村义务教育阶段贫困家庭学生免杂费、免书本费，补助寄宿生生活费）政策，九年制义务教育普及率 100%。幼儿园 12 所，幼师 39 人，入园幼儿 371 人。

文化体育

1958 年，境域有有线广播站 1 个。1986 年，设立镇文化站；村村通广播，喇叭入户率 60%。1994 年，建成壶天镇文化大楼，设有舞厅、图书馆等 10 多项文化娱乐活动场地。1995 年，壶天镇文化站被省文化厅命名为"百强集镇文化站"。建成湘乡市农村第一个有线电视站—壶天镇有线电视站。1999 年，新建、改建两个影剧院。2000 年底，有有线广播被电视取代。2005 年，有线电视光缆主线通全镇，开通 30 个村有线电视，有线电视用户 340 户。2010 年，壶天村被评为湖南省历史文化名村。2012 年，壶天火龙灯入选湖南省非物质文化遗产名录。2014 年，成立镇文联，有协会会员 98 人。2015 年，全镇有威风锣鼓队 38 个，军乐队 41 个，腰鼓队 42 个，西乐队 21 个，龙狮队 51 个，中乐队 39 个，花灯、排灯、狮灯队 48 个；《壶天文艺》出刊 4 期；村村有农家书屋、体育健身场地、广场舞场地。全镇有有线电视用户 6308 户，免费放映电影 200 多场。

医疗卫生

清代和民国时期，境域以个体行医和私人药店为主。中华人民共和国成立后，个体医生建立联合诊所。1965 年，境域有联合诊所 1 家。1969 年，推广合作医疗，大队有"赤脚医生"，生产队有不脱产卫生员。1975 年，壶天公社卫生院与合东公社卫生院合并组成壶天卫生院，有医务人员 23 人，下设 5 个医疗点。1978 年，合作医疗解体。大多数"赤脚医生"成乡村医生。联合诊所改为壶天公社卫生院。1995 年，撤区并乡后，壶天卫生院与涧山卫生院并行运行。2003 年，壶天卫生院与涧山卫生院合并为壶天卫生院，有医务人员 40 人，下设 9 个医疗点。2007 年，改扩建壶天卫生院。2008 年，壶天卫生院改名为壶天中心卫生院。2014 年，全镇开展重大传染病防控和农村妇女妇科病普查普治。中心卫生院和村卫生室全面实施基本药物制度。2015 年，壶天中心卫生院有医务人员 52 人，病床 70 张，年门诊量 4 万多人次，住院 3000 多人次，下设医疗点 5 个；村卫生室 38 个，有乡村医生 42 名。

社会保障

1984 年，壶天敬老院建成，22 名"五保"老人入院养老。1995 年，全镇供养"五保"老人 117 人，其中 20 人入住敬老院。1999 年，有复员退伍军人、伤残军人、烈属、因公牺牲、病故军人家属等优抚对象 166 人，发放优抚金 6.14 万元。2005 年，推行新型农村合作医疗制度。2006 年，23917 人参加合作医疗，参合率为 80%。启动城乡居民最低生活保障制度，286 人享受城镇居民最低生活保障待遇，2691 人享受农村居民最低生活保障待遇，共发放低保金 48 万元。2007 年，将壶天敬老院整体搬迁至改造后的原涧山乡政府旧址。2010 年，有城市低保 252 户 375 人，发放救助金 54.94 万元；有农村低保 143 户，发放救助金 13.13 万元；供养"五保"老人 77 人，10.4% 为集中供养；有伤残军人、参战参核人员等优抚对象 210 人，发放优抚金 5.25 万元。2011

年，启动新型农村社会养老保险制度。2015年，有“五保”老人854人,62人入住敬老院集中供养，共发放生活费232万元；43606人参加合作医疗，参合率95%；19114人参加城乡居民养老保险，8797人享受社会养老保险待遇，发放养老金66.6万元；355人享受城市低保待遇，2690人享受农村低保待遇，共发放低保金455.6万元；有伤残军人、参战参核人员等优抚对象237人，发放优抚金14.2万元。

人民生活

清末及民国时期，境域农村贫富差距悬殊，贫困者食不果腹，衣不遮身，一遇天灾，更难维生。中华人民共和国成立后，村民生活逐步改善。20世纪50年代，通过土地改革和农业社会主义改造，农民收入增加。“大跃进”时期，生产下降，收入减少。中共十一届三中全会后，发展多种经营，农民收入大幅度增加。1983年后，发展商品生产和乡镇企业，农民收入增长进一步加快，基本解决温饱问题。20世纪80年代后期，一部分家庭富裕起来，兴建楼房，购置电风扇、电视机、冰箱等家用电器。1995年，人均纯收入882元，人均住房面积48平方米。1997年，人均纯收入1050元，人均住房面积54平方米。2000年起，镇内居民生活显著提高。农村家庭多建有2~3层小楼房，摩托车、移动电话、空调、电脑、汽车陆续进入普通家庭。2015年，农民人均纯收入11480元，人均住房65平方米；每100户拥有汽车32辆。

特色地情

历史人物

蒋益澧（1825—1874） 字茗泉，壶天镇人。清咸丰初年投身湘勇镇压太平军，作战勇敢，升任知县；克复武汉，升知府。率军由湖南援广西，连连致胜，称名将，升道员。克柳州，升广西按

壶天老街

察使、布政使。转战浙江，连下6城，赏黄马褂。同治三年（1864），署理浙江巡抚，广兴裁税、减赋、兴学等善政，深得民心。同治五年（1866）升广东巡抚，热心洋务，主张造船、购炮御外侮。后卒于京。

风景名胜

壶天老街 位于壶天镇壶天村。宋庆历五年（1045），此处原有3株斗大枫树，枝繁叶茂，参天蔽日，人们称之为枫树坳，过往行人常在树下纳凉休憩。始居3户人家，后因过路客增多，便有人在此开设店铺。清同治年间，初具小镇雏形，改名为城江铺，晚清形成长街，街道似壶形，便改名为壶天街。至今有200多年历史，主体建筑保存较好。是湘乡市唯一保存较好的历史老街。2010年，壶天村因有老街及火龙灯等历史文化遗存被评为湖南省历史文化名村。

蒋氏宗祠 因有老街及火龙灯等历史文化遗存位于壶天镇山坪村杨树陂。清咸丰六年（1856），由蒋泽澐为首倡修。宗祠原由三进组成，后进已毁。它融合湘中传统古建筑和西洋建筑风格，反映近代中国民众对外来文化的吸收，整体建筑保存较好。2006—2008年进行维修。2015年列为湘乡市重点文物保护单位。

民俗风情

壶天火龙灯 壶天火龙灯于清光绪初年发源于壶天村，最初是民众为避免火灾而形成的民俗活动。火龙灯以竹、木、纸、布编织包裹、彩绘而成，内置灯。分火龙珠、火龙头、火龙身及龙尾四部分，龙身又分11节，单条龙总长约30多米，多条龙单线排列至少长达300米以上。单个龙头重达20余千克。舞动时共需240~280人。每年农历正月十二至十五日为舞火龙灯日。是时，全街动员，人山人海，除龙内置灯以外，舞动时辅以火流星、花灯、排灯、烟花、鞭炮、响铳、孔明灯，热闹非凡。舞龙分排街、出灯、扫墓、闹元宵、化龙（焚化龙头龙尾）几个程序。舞动范围为壶天村周边村落，并及娄底区域。2014年，壶天火龙灯入选湘潭市非物质文化遗产名录。

（撰稿：谢颖鑫）

翻江镇 >>

区域概况

地理位置

翻江镇地处湘乡市城区西北部，东与月山镇接壤，南连棋梓镇，西邻壶天镇和宁乡县青山桥镇，北与金薮乡毗邻。湘乡河流大都自西向东流，而这里的歧潭河、林章河和桃林河之河水汇合后自东向西流，故称翻江。镇名由此而得。

建置沿革

清康熙三十五年（1696），境域属湘乡县状元乡碧溪16都和常安乡珍涟17都。民国23年（1934），属第八区的淳仁、崟江、潭东、涟五4乡。1950年，属八区的翻江、碧高、林章、荣溪、歧头、乐坪、崟塘、东坪8乡。1956年，属翻江、大乐、歧山3乡。1958年，属超美公社。1962年，从超美公社析出，属壶天区的桃林、崟塘、歧山、林章、大乐公社。1984年，属壶天区的桃林、大乐、歧山乡。1995年，大乐、歧山（除小水村）、桃林3乡合并为翻江镇。至2015年，建置无变化。

区划面积

1995年，翻江镇辖中山、东坪、歧山、塘坪、横溪、瓦屋、园艺、园梁、石鹿、傅家、桂元、长岗、铁马、林章、枫山、八家桥、蒋家坳、大乐、武陵、吉长、吉洞、新雄、碧高、丁家、浏湾、黄塘、洪家冲、鸟冲、金菇、古塘、荣林、农林、七里冲、翻江、杨和、高坪、昌坪、高桥、陡岗、崟塘、桃林、茶杯、向东、南郑、云溪、洪门、侧山47个行政村和曾家山、杨家湾2个居民委员会，444个村民（居）民小组。境域总面积133.39平方千米，耕地面积2086公顷，其中水田1430公顷，旱土656公顷；林地7533公顷；水域852公顷。2014年，行政村合并，中山和东坪，歧山和塘坪，横溪和瓦屋，园艺和园梁，石鹿和傅家，桂元和长岗，铁马和林章，枫山和八家桥，蒋家坳、大乐和武陵，吉长和吉洞，新雄、碧高和丁家，浏湾和黄塘，洪家冲和鸟冲，金菇和古塘，荣林和农林，七里冲和翻江，杨和与高坪分别合并为中山、歧山、双溪、梁艺、石鹿、桂长、新林章、荷花桥、大乐、吉长、昌蒲塘、黄塘、红鸟、金菇、农林、翻江、杨和村；昌坪村撤销，其1、2、3组并入曾家山居委会，4、5组并入杨家湾居委会。2015年，境域辖27个村，2个居委会，445个村（居）民小组，总面积仍为133.39平方千米，耕地面积为1732公顷，其中水田1600公顷，旱地132公顷；林地8333公顷；水域825公顷。

自然环境

境域属湘中丘陵地带，山多田少。地势东高西低。主要山峰有褒忠山、九女峰、三角寨。最高峰褒忠山海拔 802 米，最低点翻江镇政府所在地海拔 56 米。境域地质结构比较稳定。河道属湘江支流涟水水系，大多河流由东南东北向西流入涟水，只有大乐以东的吉洞河水向东流入乌江，为乌江源头。境域土壤为水稻土、黄壤、红壤 3 大类，红壤偏酸性，肥力低，含砂量大，易发灾情。境域为亚热带季风湿润气候区，四季分明。年平均气温 16.2℃，年降水量 1345 毫米，常年主导风冬季为北风，夏季为东南风。境域以马尾松、杉树为主，经济林以油茶林为主。野生动物有 30 多种，其中野猪、猫头鹰、凫、鹰等为国家二级保护动物。

人口民族

1995 年，境域有 12650 户 40777 人。其中农业人口 39241 人，占 96.23%；男性 21317 人，占 52.28%；少数民族 12 人；人口自然增长率 13.12‰。2000 年，全国第五次人口普查统计，全镇有 10931 户 34423 人。其中农业人口 33030 人，占 96%；男性 17700 人，占 54.1%；少数民族 56 人；人口自然增长率 6.99‰。2010 年，全国第六次人口普查统计，全镇有 9525 户 32364 人。其中农业人口 30310 人，占 93.7%；男性 16493 人，占 50.96%；少数民族 49 人；人口自然增长率 10.01‰。2015 年，全镇有 11611 户 43146 人。男性 23233 人，占 53.85%；少数民族 87 人；人口自然增长率 7.26‰。

经济发展

经济综述

民国时期，境域经济主要是农业，粮食亩产 150 千克左右。中华人民共和国成立后，贯彻“以粮为纲，多种经营”的方针，农村经济逐步活跃。中共十一届三中全会后，以经济建设为中心，乡镇企业迅速发展。1982 年后，实行家庭联产承包责任制，农村经济得到发展。1995 年，全镇工农业总值 5960 万元，其中农业总产值 4260 万元。2000 年，农业向精细加工化、现代化方向转变，且加大劳务输出力度，工农业总产值 8500 万元，其中农业总产值 5400 万元，工业总产值 3100 万元。2010 年，调整农业产业结构，发展民营经济，引进外资，工农业总产值 1.72 亿元，其中农业总产值 1.3113 亿元。2015 年，进一步调整产业结构，加大招商引资力度，全镇工农业总产值 2.66 亿元，其中农业总产值 1.8 亿元。

种植业

境域历来以种植水稻为主，兼种红薯、小麦和玉米，经济作物有油菜、花生。民国期间到中华人民共和国成立初，均种一季稻，产量不高。1954 年，试种双季稻成功，后逐年扩大种植面积。1973 年，推广“稻稻油”“稻稻麦”三熟制，粮食亩产 450 千克。中共十一届三中全会后，推广杂交水稻，粮食亩产 780 千克。1995 年，种植杂交水稻 1430 公顷，粮食总产 2.15 万吨。2000 年，推广优质稻 53 公顷、两系杂交水稻 1638 公顷，粮食总产 2.5 万吨。种植油菜 53 公顷。2004 年，实施农机购买补贴政策，农业机械化进程加快。2010 年，种植水稻 1880 公顷，其中种植优质稻 1666 公顷，粮食总产 2.55 万吨。年末，境域有大中型拖拉机 6 台，耕种机 1451 台，机滚船 382 台，联合收割机 80 台，插秧机 2 台，机耕面积 4520 公顷。2015 年，稳定粮食生产，粮食种植面积 2123 公顷，其中种植高档优质稻 1813 公顷，粮食总产 2.87 万吨；种油菜 266 公顷，产籽 305 吨；种花生 480 公顷，产花生 725 吨；年末，境域有大中型拖拉机8台，耕种机1646台，机滚船18台，联合收割机83台，插秧机25台，机耕面积5320公顷。

养殖业

境域养殖业历来以养猪为主，兼养牛、羊、鸡、鸭、鱼等。民国时期，农户圈养生猪，一般一年出栏生猪1~2头，山区少数农户养牛、养羊。中华人民共和国成立后，养猪贯彻“私养公助”方针，政府扶助农户养猪。1957年，境域翻江、大乐、岐山3个乡，共出栏生猪8400头，年末存栏生猪1.16万头。1958年起，人民公社集体养猪，不许社员私养，养猪业大挫。1961年，境域桃林、大乐、岐山3个公社，出栏生猪1854头，年末存栏生猪2732头。1962年，实行“公私并举，私养为主”方针，养猪业回升。1977年，境域桃林、大乐、林章、岐山4个公社，出栏生猪1.44万头，年末存栏生猪1.93万头。中共十一届三中全会后，生猪养殖由集体为主转为家庭为主，养猪发展很快。1981年，境域出栏生猪1.76万头，年末存栏生猪2.23万头。1995年，境域有1529人从事养殖业，养殖生猪10.6万头，出栏生猪7.69万头；养牛2582头；养家禽32.51万羽；出水鲜鱼215吨。2000年，养殖业向专业化、规模化发展，共养殖生猪2.8万头，出栏生猪2.7万头；养牛4885头；养家禽42.78万羽；有黑山羊基地5个，养黑山羊1685只。境域水库、池塘承包给专业户，鲜鱼总产1462吨。2010年，300头以上的养猪场有12个，出栏生猪11.4万头；黑山羊基地新增3个，出栏黑山羊2085头；桃林水库出水鲜鱼12吨。2015年，养殖生猪8.4万头，出栏生猪5.5万头，有300头以上的养殖大户24户；出栏黑山羊2672头；饲养家禽36.51万羽；出水鲜鱼5400吨。

林业

1951年土地改革时，农民分到山林，林权归私人所有。1962年，山林收归生产队，林权归集体所有。1978年，境域有公社林场3个，大队林场48个，林场共有林地面积640公顷。1981年，推行稳定山林权，划定社员自留山，确定林业生产责任制的“三定”工作，给社员颁发自留山使用证。1987年，实行自留山和责任山“两山并一山”为自留山。1995年，境域全面封山育林，开发丘岗地。2000年，利用世界银行贷款，栽植油茶40公顷、板栗26公顷。当年，境域有镇办林场2个，村办林场46个。2002年，启动退耕还林项目工程，至2005年4年间，共退耕还林500.8公顷。2009年，启动集体林权制度改革，纳入改革范围的林地8020公顷。2010年，发证林地面积7565.4公顷，发证8587户，发证率100%；同年，栽植国外松46公顷，有镇林场8个，村林场28个，林场共有林地面积827公顷。2015年，境域林地8333公顷，以杉和马尾松树种为主；新造林40公顷，公益林2306公顷，林木覆盖率36.5%。活立木蓄积量26.27万立方米。

工业

清咸丰年间，境域大乐坪的芦竹子托开采铁矿。民国时期，大乐甘氏油笠销往省内外。1958年，建岐山铁厂，次年产生铁1405吨。1978年，桃林公社办鞭炮厂。1980年，岐山罐头厂建成投产，年创收5万元。1981年，大乐公社建编织厂。1995年，境域有乡镇企业13家，村办企业4家，个体企业108家，工业总产值1700万元。2000年，改善投资环境，引进外资270万元，新建乡镇企业1家。2010年，加大招商引资力度，引进8个外资项目，投资1400万元。农之源股份公司落户金菇村。全镇工业总产值4120万元。2015年，境域有波比木业、农之源生态基地、冰花米厂、神奇燃气厂、长岗和岐山制砖厂、翻江造纸厂、益新布鞋厂、翻江优质石灰厂等14家企业，有职工 2296 人，工业总产值 1.85 亿元。

商贸服务

清代，境域有高桥铺、颜家坪、大乐坪、菖蒲塘、歧头等集市，经营南杂百货、粮油食品、文具书籍、生产资料和伙铺，是宁乡米贩、谷水香客的必经之道和歇脚点。民国期间，增加峯塘、翻江、荣溪、枫山等商贸点。中华人民共和国成立后，在乡政府所在地翻江、峯塘、歧山、大乐、林章等地建供销社、食品站、粮油店。中共十一届三中全会后，个体商贸发展迅速。1980 年，建翻江集贸市场。1995 年，境域有个体商业门店 426 个，从业人员 920 人。2000 年，新增昌蒲塘等地商业门店 60 个；投资 47 万元，新建曾家山、杨家湾两个居委会农贸市场；年社会消费品零售总额 860 万元。2010 年，在镇区新建商业门面 120 多个，建成岐山集贸市场。2015 年，境域有翻江、岐山 2 个农贸市场，大乐坪、林章等 4 处村集市，有商业网点 356 个，从业 1425 人，社会消费品零售总额 1.5 亿元；集贸市场 8 个，年成交额 0.3 亿元。

财政金融

1952 年，人民银行湘乡支行在翻江设营业所。1956 年，湘乡县农村信用合作社在翻江、大乐、岐山设 3 个乡信用社。1964 年，中国农业银行在翻江设营业所。1988 年，翻江邮政储蓄所开办。1994 年，农村合作基金会成立。1995 年，财政收入 175.2 万元，其中农业税 78 万元，企业税 97.2 万元，财政总支出 308 万元。年末金融机构存款余额 1326 万元，贷款余额 905 万元。1998 年，中国人寿保险股份有限公司湘乡支公司在翻江镇设立保险站。1999 年，农村合作基金会撤销，其业务并入信用社。2000 年，财政总收入 673 万元，其中农业税 313 万元，企业税 360 万元，财政总支出 725 万元。金融机构存款余额 7125 万元，贷款余额 4632 万元。2002 年，镇内 3 个信用社合并，社址设桃林信用社。2015 年，财政总收入 2280.64 万元，总支出 1981.62 万元。信用社业务大增，年末存款余额 3 亿多元，贷款余额 8000 万元；农行营业所年末存款余额 1.4 亿元，贷款余额 8200 万元；邮政储蓄年末存款余额 1.004 亿元；保险保费额 305.6 万元。

基础设施

交通运输

民国期间，有县大道过境，经翻江、菖蒲塘、大乐坪入宁乡。1956 年，仁（厚）翻（江）公路建成，境域长 10 千米。1957 年，桃（林）壶（天）公路建成，境域长 5 千米。1958 年，潭（桥）歧（山）公路、恩（塘湾）翻（江）公路分别建成通车。1975 年，安（化）湘（乡）公路过境桃林、大乐、歧山，境域长 11 千米。2005 年，有客运班车从湘乡城区开往翻江、大乐、歧山、林章。2010 年，全镇 47 个村，有 46 个村通村公路硬化。2015 年，长韶娄高速公路通车横穿镇域。经境域的益娄高速公路和桃（林）中（壶天中石村）线开工建设，仁翻线菖蒲塘至翻江段全面改造，昌杉线竣工。境域每天有 20 个班次的客车往返翻江至湘乡市城区，有 12 个班次客车往返大乐、林章、歧山至湘乡市城区，有 4 个班次客车往返歧山至长沙。境域有乡道以上公路约 36 千米，村道 170 千米，已全部硬化。

邮电通信

1956 年，境域设邮电所，邮件由邮差步行投递；翻江、大乐、岐山 3 个乡政府都通电话，每个公社都能通邮。1963 年，翻江邮电所升格为邮电支局。1986 年，岐山乡装有电话交换机，境域桃林、大乐、岐山都通电话。1991 年，固定电话开始进入百姓家。1994 年，市邮电局自办汽车邮路过境。2000 年，境域程控电话 3000 门。2003 年，市邮政局在翻江设立邮政支局。2010 年，新建 3 座通信基站，有移动电话 8538 部。2015 年，境域通信基站 10 座，通宽带的村 6 个，通有线电话的村 27 个、居委会 2 个，有固定电话 1800 部、移动电话 15000 部，有邮政、电信所各 1 个，互联网用户 1828 户。

供电供水

境域村民历来饮用井水、河水和塘水。1958 年，中共湘乡县委发出通知，将原谷水电厂下放给超美（翻江）公社经营，部分村民用电照明和生产。1978 年，棋梓桥 110 千伏变电站扩建后，10 千伏出线发展为 7 条，直供附近厂矿单位及农村，并伸展至翻江。1986 年，投资 1821.15 万元，建成桃林、大乐、歧山 3 个农电站。1988 年年底，建成翻江 35 千伏变电站，境域有高压线路 82 千米，低压线路 839 千米，用户通电率 98.5%。2010 年，全镇“水、电、路、通信”四大工程总投入 926 万元，新建机井 15 口，建设人畜饮用水工程 6 处，解决 640 户 2564 人的饮用水问题。2012 年，投资 370 万元，铺设管道 15 千米，建成桃林引水工程，服务 10 个村，解决 1 万多人的饮用水问题。2015 年，投资 240 万元，建设吉洞饮水工程，铺设水管 8 千米，解决 3 个村 5000 人的饮用水问题。全镇安全饮用水率 78%。

水利建设

1954 年，境域修建第一座小型水库高冲水库。1960 年，建成桃林水库。其后，相继修建歧山、塘坪、铁马水库。1976 年，修建吉洞水库。1986 年，境域有山塘 2823 口，水面 234 公顷，可灌田 422 公顷。1995 年，境域有水库 15 座。其中中型水库 1 座，小㈠、小㈡型水库 14 座，可灌田 835 公顷。同年，投资 114.84 万元，冬修水利工程 451 处。2000 年，渠道清淤扫障 5000 米，清淤山塘 120 口；投资 30 万元，对吉洞和铁马水库进行保安除险。2010 年，维修山塘 85 口。2014 年，投资 300 万元，治理改造歧潭河，建设吉洞水库引水工程。2015 年，建设集中洪水扩网工程、桃林水库支渠改造工程、吉洞水库保安配套工程、园艺村灌溉渠道修建工程。年末，境域有中小型水库 15 座，山塘 2800 口，渠道 78 千米，自流灌溉面积 1400 公顷，占应灌溉面积的 87%。

村镇建设

1995 年，镇政府成立城镇管理办公室。在镇政府所在地征地 0.4 公顷用于镇区开发。2010 年，城镇规划区 5.1 平方千米，以翻江为中心，建设菖蒲塘、大乐坪、崟塘冲等小集镇。村民在镇区新建房屋 87 栋。新建生活垃圾填埋场 1 处；对曾家山居委会街道进行亮化。2015 年，建集中垃圾池 468 个，配置焚烧桶 2232 个，垃圾分类桶 3952 个。聘请镇、村保洁员 123 名。架设太阳能路灯 200 盏，电路路灯 300 盏，蒋家坳、碧高、七里等 21 个村级活动中心建成。城镇建成区 4.9 平方千米，总人口 4430 人。城镇化率 10%。

社会事业

教育

清代，境域有私塾教育。民国 3 年（1914）秋，颜新斋在大乐坪邓家祠堂坐馆教学。民国 23 年（1934），邓家祠堂学馆取名冠云学校。1949 年，中心国民教育学校在荣溪豹子坑设碧溪代用中心国民学校。1952 年，境域有小学 22 所，学生 4489 人。1955 年，冠云学校改名为大乐小学。1958 年，大乐小学附设初中班，改名为大乐附中。同年，建成菖蒲塘、林章、崟塘、歧山、桃林小学。

1968年，建成崟塘、陡岗、歧山、林章4所初中。1971年，大乐附中设高中班，改名为大乐中学。林章、歧山、崟塘办“五七”高中，村村办小学。1981年，调整学校布局，大乐高中停办。1987年，贯彻《中华人民共和国义务教育法》。1992年年末，境域有初中5所，学生1392人；小学22所，学生5489人；共有教师482人。1997年，学龄儿童入学率100%，小学升初中入学率97%，基本普及九年义务教育。2012年，境域有初中4所，学生910人；小学11所，学生3248人；共有教师235人；小学初中入学率100%。2015年，投资1200万元，建成8所合格学校。年末，有初中4所，学生810人，教师100人；小学7所，学生1860人，教师75人。有幼儿园12所，入园幼儿900人，幼师35人。

文化体育

1965年，境域有桃林、歧山、林章、大乐4个公社文化站，每站配文化辅导员1名。1976年，县花鼓戏剧团在大乐中学设文艺班，进行花鼓戏传统剧目教学。1982年，境域有4个电影放映队。1986年，有中秋、黄塘两个半职业性质的花鼓戏剧团，有偿为当地民众演出，闲时赴外地售票演出。1995年，文化站自筹资金5.6万元，建桃源舞厅、录像厅和图书馆。95%的村通有线广播。2005年，褒忠山文学社成立，翻江镇社员21人。2010年起，广场舞、老年健身操风靡全镇。同年，建成崟塘、大乐、桃林、吉长4个图书馆，藏书5万册。2011年7月，成立翻江镇文学艺术界联合会，自此后每年出版《翻江文苑》两期。2015年，全镇有文化站1个，各类文艺团体14个，演职人员170人，农家书屋27个，藏书12万册；6个村建健身场配置全民健身器材。学校体育场地5个，村级体育场地11个，经常参加锻炼人数6000多人。

医疗卫生

民国时期，境域个体行医，以中草药治病为主。中华人民共和国成立后，个体医生组建联合诊所。1951年，建立第十二区卫生室，负责辖区内卫生行政、医疗防疫工作。1959年，区卫生室撤销。1961年，有桃林、歧山、大乐、林章4个公社卫生院。1965年，建翻江中心医院。1969年，推行农村合作医疗，大队建卫生室，配“赤脚医生”1名，生产队有不脱产的卫生员1名。1979年，翻江中心医院改为壶天区医院。1987年，壶天区医院设病床32张，医护人员34人，配有X光机、A型超声诊断仪等设备。桃林、大乐、歧山3个乡卫生院，设病床16张，有医护人员37人。1995年，大乐、歧山、桃林3个卫生院合并为翻江镇中心卫生院，设病床28张，有医护人员60人。2010年，中心卫生院设病床35张，医护人员90人。2015年，境域有各类医疗机构35个，其中中心卫生院1所，合作医疗门诊统筹点34个，共设病床40张，有医护人员92人。

社会保障

1985年，境域有大乐、桃林、歧山3所敬老院，入住“五保”老人78人。1995年，3个敬老院合并成1个敬老院，入住“五保”老人60人。1999年，有复员退伍军人、伤残军人、烈属、因公牺牲和病故军人家属等优抚对象167人，发放优抚金5.68万元。2005年，推行新型农村合作医疗。2006年，34641人参加农村合作医疗，参合率93%。同年推行城乡居民最低生活保障制度。2010年，享受农村低保待遇的有130户540人、享受城镇低保待遇的有50人，共发放低保金44.25万元；有“五保”老人549个，发放生活费30万元。28400人参加农村合作医疗，参合率88%。有伤残军人、参战参核人员等优抚对象201人、发放优抚金5万元。2015年，15209人参加城乡居民养老保险，缴费 177.2 万元；7781 人享受养老保险待遇，发放养老保险金 762 万元。1966 人享受农村低保待遇，发放低保金 262 万元；373 人享受城市低保待遇，发放低保金 107 万元。有“五保”老人 583 人，发放生活费 163.2 万元。35346 人参加农村合作医疗，参保率 96%。有伤残军人、参战参核人员等优抚对象 211 人，发放优抚金 12.7 万元。

人民生活

中华人民共和国成立后，人民生活逐渐改善。“文化大革命”时期，人民生活水平停滞不前。中共十一届三中全会后，农村实行家庭联产承包责任制，经济不断发展，人民生活得到改善。1983 年，境域粮食增产，农民温饱问题基本解决，人均纯收入 458 元，人均住房面积 30 平方米。20 世纪 80 年代后期，一部分家庭走上富裕道路，楼上楼下，电灯电话，70 年代的结婚 3 大件（自行车、手表、缝纫机）升为电视、冰箱、洗衣机“新 3 件”，人均纯收入 690 元。20 世纪 90 年代，摩托车进入千家万户。1998 年，境域农民人均纯收入 6500 元，人均住房面积 38 平方米。2005 年，境域农民人均住房面积 45 平方米，人均纯收入 8750 元。2015 年，农民人均纯收入 11344 元，94% 农户入住新楼房，人均住房面积 67 平方米。每百户农民有摩托车 62 辆、小汽车 18.2 辆、彩电 90 台、移动电话 120 部、电风扇 400 台、空调 48 台、计算机 20 台。

特色地情

历史人物

彭　璜（1896—？）　字殷柏，湘乡县珍涟乡崟塘小坳（今翻江镇崟塘）人。新民学会会员，湖南学生会会长。“驱张”运动中赴上海，创办《天问》周刊，与陈独秀、毛泽东、李启汉等发起组织上海工读互助团。1920 年，与毛泽东、何叔衡发起成立湖南俄罗斯研究会，长沙共产主义小组成员之一。后因精神失常而失踪。中华人民共和国成立后，被追认为革命烈士。

陈子博（1892—1924）　湘乡县碧溪乡（今翻江镇枫山村）人。1919 年年底，与郭亮、谢觉哉、蔡畅等一道加入新民学会。是早期社会主义青年团团员。1922 年 5 月，出席青年团第一次全国代表大会。1923 年，因反对赵恒惕镇压工人运动，只身以炸弹投其包车，未中。他为躲避搜捕，在一民宅粪池中躲藏 3 天致中毒，医治无效去世。

风景名胜

观音洞　崟塘观音洞岩位于桃林水库上游的一座石山上。洞口高数丈、宽三丈，洞深无人得知。进入洞内百余米，有卡口仅容一人通过，数米后，又一宽敞溶洞，洞内石笋千奇百怪。据传，东汉末年，宁乡有一夫妇生一子，突发急病即将夭亡，观音大士在此路过，变成一老翁将其治好。问其姓名，答曰：崟塘流石音。遂飘然而去。为了感恩，此夫妇带着儿子四处寻访，寻至崟塘，经人指点，在观音岩天生石洞内找到了由岩浆凝成的栩栩如生的观音石像。于是在此兴建殿宇，在当地民众支持下，建成上下两殿，并塑造观音全身佛像，顶礼膜拜者络绎不绝。“文化大革命”中，殿宇佛像全毁。1986 年，民间人士修复上殿。2006 年，经湘乡宗教事务局批准，重建观音岩，塑观音像。

九女仙娘庙　九女仙山位于湘乡市翻江镇内，以其峰峦排列，风景秀丽，形似九女而得名。相传古代有姐妹九人来此修炼，济困扶危，治病救人，美名远扬，后皆成仙，人们为报其德，在山上建九女仙娘庙。该庙始建时间不详，曾于乾隆五十一年（1786）重修。数百年间，邑人求雨祈福，消灾避祸，春秋祭祀，香火不绝，“文化大革命”期间，古庙被毁。2015年，民间人士复修古庙。

三家寨 当地人称“寨子”。建于明末清初，在九女大山之磨石山半山腰处。背依巍峨挺拔的羚羊山，面对岗峦起伏的丘陵地区。寨内地势平坦，可容数万之众。寨周围磨石山、国群峰、成年山三峰高耸，形成3个入口，入口处均设寨子出入。墙体均用巨石砌成，高四五丈，长十五至二十丈不等，宽丈余，极其雄伟壮观。左寨由新雄村贺姓所砌，称贺家寨；右寨由吉洞村傅姓所砌，称傅家寨。正面寨由吉长村孙姓所砌，称孙家寨。寨寨固若金汤，关关万夫莫开。至今隐于林间，完好如初。

名优特产

壶塘木瓜饼 壶塘（壶塘、云林、农森等村）盛产木瓜。木瓜能平肝和胃，去湿舒筋，是一味药效较高的中药。取鲜瓜蒸熟，配以紫苏、甘草等制成木瓜饼或木瓜片，酸、甜、香，味道极佳。夏天肠胃饱胀、腹泻、头昏脑胀之时，吃上一二片，倍觉清凉舒爽，也是待客和馈赠佳品。

（撰稿：王义军）

月山镇>>

区域概况

地理位置

月山镇地处湘乡市腹部。西与翻江镇相邻，北与金薮、白田被大山相隔，东与育塅乡接壤，南与潭市镇毗邻。相传镇域集市地段有座山叫月光山，山下有一条小街，清朝以前取名月山湾，流传下来得镇名。

建置沿革

清康熙三十五年（1696），境域属湘乡县雍睦乡归厚十二都、白龙十一都、状元乡鹤山十五都。民国23年（1934），境域属湘乡县第四区归厚、中和、桃花3乡。1950年，境域属湘乡县第四区的月山、石柱、云南、枫山、鹤山、白石、石泉乡和第五区的褒麓乡。1956年，境域属湘乡县石柱、月山、新铺3乡。1958年，属月山人民公社。1962年，境域从月山公社析出，属新桥、石柱、马龙、月山、太平、新铺、安乐、轧桥8公社。1984年，境域属月山区的月山、石柱、太平、新铺、轧桥5乡。1995年，将月山、石柱、太平3乡合为月山镇。至2015年，建置无变化。

区划面积

1995年，月山镇辖羚羊、双龙、和冲、鹏山、红日、英石、青坪、石佛、新桥、红阳、云南、石乔市、横江、枫榆、褒忠、前进、褒坪、褒龙、南岳、田心、西林、金坪、黄土塝、江田、江东、洞口、寺前、月山、白峰、白鹤、红光、洪海、枫山、泰山、龙冲、马龙、栗子、洞竹、紫竹、山峰、金山、金坪、三湾、安冲、褒麓、白龙、群乐、水口、东风、楠木、石溪、云田、箭楼坪、石头铺、石矶、犁头桥、洞口坝、石柱58个行政村和柏树山、檀门口2个居委会，676个村（居）民小组。境域总面积149.7平方千米，耕地面积4480公顷，其中水田3178公顷，旱地1302公顷；林地面积6723公顷；水域面积967公顷。2014年，行政村合并，羚羊、双龙、和冲与鹏山，红日和英石，青坪和石佛，新桥和红阳，云南和石乔市，横江和枫榆，褒忠和前进，褒坪和褒龙，南岳和田心，西林和金坪分别合并两头塘、红日、青坪、新桥、云南、先锋、褒忠山、褒坪、田心、太平村。2015年，境域辖46个村、2个居民委员会，613个村（居）民小组。总面积仍为149.7平方千米，耕地面积3336公顷，其中水田2366.48公顷，旱土969.52公顷；林地6912.94公顷；水域947.75公顷。

自然环境

境域西高东低，高山环抱，如一个金盆，盆内小山起伏。西南有褒忠山，海拔 802 米；西北有羚羊山，海拔 628 米；北面有白鹤山，海拔 557 米；东面有石佛山，海拔 515 米。另外，还有仙女山、天福庵山、鹰坑老山，海拔分别为 548 米、523 米、748 米。境域处亚热带季风湿润气候区，四季分明，年平均气温 17℃左右，年降水量约 1400 毫米。常年主导风，夏为南风，冬为北风。春季为雨季，常有大风雷电相随。境域土壤为水稻土、红壤土、风化花岗岩土、紫色土 4 大类。树木以马尾松、杉、樟、枫、栗为主；野生动物有野猪、野兔、野鸡、蛇等 30 多种。

人口民族

1995 年，境域有 18951 户 66345 人，其中男性 34208 人，占 51.56%；农业人口 64422 人，占 97.1%；少数民族 32 人；人口自然增长率 1.73‰。2000 年，全国第五次人口普查统计，有 16847 户 54060 人，其中男性 27505 人，占 50.88%；农业人口 52240 人，占 96.63%；少数民族 49 人；人口自然增长率 6.89‰。2010 年，全国第六次人口普查统计，境域有 14677 户 46568 人，其中男性 23697 人，占 50.89%；农业人口 44747 人，占 96.09%；少数民族 26 人；人口自然增长率 9.1‰。2015 年，有 20437 户 69383 人，其中男性 36486 人，占 52.59%；少数民族 26 人；人口自然增长率 32.67‰。

经济发展

经济综述

境域经济以农业为主。中华人民共和国成立后，政府组织群众兴修农田水利，改进农田耕作技术；推行水稻新品种，粮食产量提高。1982 年，实行家庭联产承包责任制，人民的温饱问题得到解决。1986 年后，乡镇企业、商店门面实现承包经营，农村剩余劳动力向城市、沿海开发区转移，劳务输出收入成为重要经济来源，农村经济逐步活跃。1995 年，境域工农业生产总值 4277 万元，其中农业总产值 408 万元；劳务输出收入 1.2 亿元。2005 年，加大农业投入，境域工农业生产总值 2.92 亿元，其中农业总产值 2.1 亿元；劳务输出收入 1.5 亿元。2015 年，进一步调整农业产业结构，加大招商引资力度，发挥龙头企业的带动效应，工农业生产总值 4.1 亿元，其中农业总产值 1.3 亿元；劳务输出收入 2 亿元。

种植业

境域种植业以种植水稻为主，兼种红薯、玉米、马铃薯、花生、豆类等作物。民国时期，耕作技术落后，水稻亩产不足 200 千克。1954 年，试种双季稻。1956 年，推广双季稻，按需施用化肥，粮食产量大幅提高。1977 年，试种杂交稻。1995 年，种植水稻 3120 公顷，粮食总产 4.38 万吨；种植油菜 214 公顷，产油菜籽 130.8 吨。2000 年，推广优质稻种植，确定江田、新桥、红阳等 28 个村 2133 公顷水田为优质高产创建基地。2004 年，实施农机购买补贴政策。2009 年，境域有大中型拖拉机 2 台，耕种机 885 台，机滚船 900 台，联合收割机 104 台，机耕面积 7810 公顷。种植水稻 3170 公顷，其中优质稻 2000 公顷，粮食总产 4.73 万吨。2015 年，境域有大中型拖拉机 20 台，耕种机 1525 台，机滚船 12 台，联合收割机 146 台，机耕面积 7420 公顷。种植水稻 2995 公顷，粮食总产 4.286 万吨。

养殖业

境域养殖业以养猪为主，兼养牛、羊、家禽。中华人民共和国成立初期，各家各户养猪 1~2 头，种田户养耕牛1头，养鸡、鸭数量不一。1957年，境域养猪2.83万头，出栏生猪1.32万头，年末存栏生猪1.51万头。1958年，建人民公社，实施集体养猪，不许私人养猪，养猪业大挫。1961年，境域新桥、太平、马龙、月山、石柱5个公社，出栏生猪2717头，年末存栏生猪8385头。1962年，境域出栏生猪5380头，年末存栏生猪1.24万头。1965年，境域养猪3.82万头，出栏生猪1.98万头，年末存栏生猪1.84万头。1973年，根据国务院提出的“积极发展集体养猪，继续鼓励社员养猪”的方针，养猪事业继续发展。1977年，境域养猪8.2万头，出栏生猪3.72万头，年末存栏生猪4.48万头。中共十一届三中全会后，养猪事业进一步发展。1989年，境域太平、月山、石柱3个乡镇共出栏生猪5.84万头，年末存栏生猪4.18万头。1995年，境域出栏生猪9.85万头，年末存栏生猪6.18万头。2005年，散养生猪模式淡出市场，以规模化养殖为主，饲养生猪13万头，出栏生猪10.8万头。2015年，畜禽养殖大户15户，出栏生猪6.5万头，年末存栏生猪2.8万头；黑山羊养殖专业户28户，出栏羊2800只，存栏羊3200只；养牛专业户8户，出栏1500头，存栏2100头；存笼鸡、鸭、鹅17.1万羽；出水鲜鱼8500吨。

林业

民国时期，林地属少数人所有。中华人民共和国成立后，在土地改革中农民分到山林。从1958年开始，因森林权属几经变动，人民公社化时期，乱砍滥伐，林业毁损严重，森林覆盖率20%。1978年，境域有公社林场4个，大队林场57个，林场共有林地面积997公顷。1981年，实行林业“三定”（稳定山林权、划定社员自留山、确定林业生产责任制），给社员颁发自留山使用证。1987年，实行自留山和责任山“两山并一山”为自留山。1995年，境域有林地6506.9公顷。2002年，启动退耕还林项目工程。至2005年4年，退耕还林440公顷。采取封山育林、人工植树造林等一系列措施，全镇活立木蓄积34.8万立方米，森林覆盖率49%。2009年，启动集体林权制度改革，纳入改革范围的林地6898.5公顷。2010年，发证林地面积6681公顷，发证13999户，发证率96.8%。2015年，人工造林821公顷，开发油茶基地3个共80公顷，种植板栗、柑橘等果木53.4公顷。年末，有镇林场3个，村林场27个，林场共有林地面积1107.73公顷。境域有林地面积6912.94公顷，森林覆盖率52%。

工业

1964年，境域成立石柱建筑工程公司。其后，太平、月山、马龙相继成立建筑工程队。1966年，在月山镇英雄岭动工新建一砻（6吋胶棍）一机（广式二号）、年产5000吨的小型米厂，次年投产。1968年，新建铁业社，以加工农具为主，有铁匠15人。1978年，建立集体企业月山印刷厂、石柱磷肥厂、太平水玻璃厂。1986年，作为全县三大米厂之一的月山米厂，担负县内销外调、出口粮食加工任务。1993年，太平水玻璃厂转为湘乡皮革制品厂，生产皮革化工系列产品，有员工12人。1995年，境域有镇办企业16家、联合办企业20家、个体企业125家，工业总产值3869万元。1999年，乡镇企业改制，发展民营企业310家。2000年，洪海米业成为收购、加工、销售为一体的民营公司，拥有现代化加工生产线两条，年加工能力10万吨。犁头村投资2000万元，开办宝峰采石场，年生产50万立方米石片、碎石、道碴，获铁道部《道碴许可证》。2005年，有工业企业42家，工业总产值8153万元。2008年，创办民营春天木业，有职工40人，生产各种高、中档门窗、家具，成为湘潭市龙头企业和省林业综合企业。2010年，犁头村创办众力采石场。2012年，建立年加工大米

1万吨的湘乡市金华米业加工厂。2015年，境域有工业企业25家，其中规模以上工业企业3家；从业人员1662人，工业总产值2.8亿元。

商贸服务

清代至民国时期，境域月山湾商贾云集。中华人民共和国成立初，境域有商贸街7处：两头塘、马龙桥、石柱塘、新桥、黄土坳、石桥子、月山湾。前6处单面街；月山湾是合面街，是与谷水、潭市、壶天齐名的湘乡县城外4大集市之一。月山湾有店铺40家，经营屠宰、布庄、客栈、榨房、皮匠、银匠、铸造、裁缝、中药、染房、酒店等，也是稻谷的集散地。1953年，月山湾生意兴隆，有人曾在街两头大拱门上写着“湘乡县月山市”。1955年，公私合营，私营商店逐步关闭，由供销社统营，屠宰由食品站管理经营。中共十一届三中全会后，境域商贸服务发展提速。月山米粉加工销售占据长株潭20%的市场份额。1990年，境域有私营商店258家，从业人员510人，社会消费品零售总额7000万元。2012年，建立石柱、新桥、马龙、月山湾4个农贸市场。2015年，有个体工商户580户，大型超市、连锁店72家，从业人员3200人，社会消费品零售总额1.5亿元。

财政金融

1952年，中国人民银行湘乡支行在月山湾设立营业所。1954年，境域有马龙、太平、新桥农村信用合作社。1979年，中国人民银行湘乡支行将所属农村金融业务包括各区营业所的人员、资金、财产全部划归农业银行，湘乡县农业银行在月山组建营业所。1985年，境域月山、石柱、太平、新铺、轧桥5个乡设财政所。1986年，中国人民财产保险股份公司湘乡支公司在月山区设保险业务代理站。1995年，撤区并乡，月山镇财政所建立。同年，财政收入647.6万元，财政支出685.2万元。年末金融机构存款余额8000万元。1998年，中国人寿保险公司在月山镇建立保险站。2001—2003年，太平洋人寿、新华人寿保险在月山镇建立保险站，开展保险业务。期间，停征屠宰税，调减农业税，财政收入减少。2005年，取消农业税。2006年，财政总收入947万元。2008年，财政总收入829万元，财政总支出886万元。2015年，财政总收入2868.54万元，总支出2588.73万元。境域金融机构年末存款余额7.26亿元；各保险机构投保3万人份，共计保费8000万元。

基础设施

交通运输

清代和民国期间，境域月山湾有直通宁乡、长沙的驿道。中华人民共和国成立前后，境域有人行道与外界相通，运输货物主要以独轮或双轮人力车作工具，伴以人挑肩扛。1957年，省道S311线修通，由县城经月山达柘溪，境域长16.39千米，每日有2辆汽车班车经过。1959年，建成月（山）白（田）公路，境域长8.4千米；建成月（山）新（桥）公路，境域长3.2千米。1975年，双（江）石（柱）公路修通。1990年，湘运湘乡汽车站在境域新桥建成的汽车站竣工。1995年，全镇58个村，村村通公路。2010年，通村公路硬化180千米，硬化率90%。2013年，修建月山与潭市互通线连接线和灰（汤）虞（唐）线，境域长11.6千米。2015年，硬化村道27千米，实现村村通水泥公路。境域有公路30多千米，村道360千米，有营运班车30辆、各类运输车辆140多辆，壶天至湘乡市城的客运班车每半小时过境一趟。

邮电通信

民国时期，境域新桥、月山湾设有邮政信

箱，邮政信件靠邮差步行投递。1958年，设立月山公社邮电局，湘乡县城至月山开通汽车邮路。1963—1985年，境域设有月山邮电支局。1995年，境域58个村，村村通邮路；有7个村通固定电话。1998年，邮政、电信分营，月山设有邮政、电信营业所。次年，移动通信、联通通信入驻月山镇。2000年，境域移动通信用户7000户。2015年，境域有电信代办点5个，有30个村通宽带，用户1600户。境域有固定电话1200部，移动用户1.2万户。

供电供水

境域一直使用井水、河水、塘水作为饮用水。1969年，洪海、新桥村利用河水落差发电照明，但因水流量不足、落差低，不久被关闭。1977年，月山兴建35千伏变电站，1979年10月运行。1986年，境域大部分家庭用上电。1995年，全镇58个村通电。2005年，在金坪村新建110千伏输变电站，对镇区电网进行改造。2013年，改造4个村的农电网，增容、搬迁布点6个村。同时，实施新桥集中供水工程，铺设管网3000米，解决5000人的饮用水问题。2015年，全镇46个村农网改造及配电布点工程全部完工。年末，境域有供电线路10千伏135.3千米，低压线路1728.17千米，变压器188台，总容量20445千伏安；有自来水用户196户，其他家庭均使用钻井、手摇泵解决饮用水问题，安全饮水率82%。

水利建设

清同治年间，石狮江右干流有较大的河坝张公坝，用以灌溉农田。中华人民共和国成立后，政府组织民众大兴水利。1955—1956年，顺塘、万秀塘、昌家仑、群乐、万岁、双龙小型水库建成，共蓄水量152.4万立方米，可灌田287.8公顷。其后3年，中型水库红日水库，以及云田、雷公塘、南岳、石福、莲塘小型水库建成，共蓄水1439.5万立方米，可灌田2233公顷；在石柱修建向阳坝，蓄水18万立方米，可灌田102.7公顷；在洞口、陈家湾、十二亩、红星、云田湾安装水轮泵机组5台，可灌田26公顷。1981年，建成石头、皂角、姜子坝，蓄水4万立方米，可灌田230.6公顷。1986年，境域有山塘6250口，蓄水879.5万立方米，可灌田870.4公顷。1995年，境域有效灌溉面积3311公顷。2011—2014年，投资3400万元，加固前进等村的小型农田水利基础设施，对云田、群乐、双龙、莲塘、昌家仑、石福等水库进行除险保安，整修1300处其他水利工程。2015年，境域有中小型水库13座，山塘6248口，河坝5座，抽排水机埠5处，渠道120千米，有效灌溉面积3032公顷，占耕地面积的90.89%。

村镇建设

1989年，月山乡改为月山镇，镇政府设洪海屋场。1990年，镇政府搬迁新桥新建办公楼正式办公。1991年，在新桥、红阳两村交界处建成镇内第一条农民商业街。1995年，在月山湾建第二条农民商业街。2000年，在石柱建第三条农民商业街。2005年，在鸭婆山建成第四条农民商业街。同年，镇区硬化道路3.5千米、人行道2.1千米，建下水道800米，并对街道进行绿化美化。投资150万元建设村道畅通工程，硬化村道10千米，兴建第三代沼气池120个。2009年，抓好龙冲、泰山村“新农村建设示范村”，以及褒麓、石头铺村等10个帮扶村的建设，新建月山镇文化中心、供电大楼，计生服务大楼升级改造，完成23个村45.3千米村级公路建设。投资400万元的石柱、洪海、月山湾商住楼建成。2011年，农村环境连片整治，铺设排污管网2.4千米，建垃圾池26个，垃圾中转站1个，购人力垃圾车20部、箱式运输车2辆，建设家庭式污水处理系统单户243处、联户4处。2013年，全镇58个村纳入同治工作，投资200万元，建垃圾池120个，焚烧池1100个，垃圾收集桶8000个，并组建80人的保洁员队伍。2015年，城镇规划区593公顷，建成区面积490公顷，建成区总户数2401户，总人口6077人，城镇化率8.8%。

社会事业

教育

光绪三十四年（1908）办有初级小学。民国32年（1943），彭、谢两姓合办楚瑞小学，后改为楚瑞初级中学。民国38年（1949），境域有杨明（新桥）、新亚（船下桥陈家祠堂）、鹏山（两头塘龚姓祠堂）3所私立高小。1952年，境域有小学62所，学生7694人。1957年，月山创办民办初中。1958年，石柱完小附设初中班，后搬至新桥，改为湘乡六中。1992年，境域有高中1所，学生329人；初中4所，学生1418人；小学52所，学生1664人；教师415人。1997年，小学适龄儿童入学率100%，毕业升学率99%，基本普及九年义务制教育。1998—2007年，巩固“普九”成果，加大教育投入，调整学校布局。2008年，境域有初中4所，学生1295人；小学14所，3135人；教师398人。2015年，境域有初中3所，学生932人；小学12所，学生2095人；教师285人。适龄儿童入学率100%，毕业升学率99%。幼儿园、托儿所6处，入园儿童1048人。

文化体育

民国时期，褒忠村早屋坊有皮影戏剧团，在省内外演出。有黄土坳、清塘、新桥、月山湾、马龙桥5个花鼓戏剧团，每个剧团20~30人不等。1953年，月山湾剧团成立，为湘乡县第一个农村剧团，曾演出过《老赵开荒》《夫妻生产》和古装戏。“文化大革命”期间，自导自演“革命样板戏”，云山村（大队）演芭蕾舞《白毛女》，云南村演《智取威虎山》，石佛村演《红色娘子军》，青坪村演《红灯记》等，都是移植京剧以花鼓戏的形式演出。1995年后，成立红阳、石柱、月山湾、太平、鹏山、龙冲、新桥龙灯队，并附有腰鼓队、军鼓队、西乐队或中乐队。1997年，褒忠山电视转播台开通多路微波。1999年，镇设广播站，用户500户。2008年，建立篮球队；有半数的村建有篮球场。2010年，广场舞遍布乡村，镇区和黄土坳、新桥、石柱、月山、石矶5个中心村经常进行集体表演。2011年，全镇有农民健身工程点10处；有线电视用户2300户。投资50万元，建镇综合文化大楼和图书室，藏书5万册。投资150万元，建农家书屋58个，藏书46.25万册。同年，月山镇文联成立，设有书画、舞蹈、文学创作、表演艺术、民间艺术5个协会。褒忠文艺社每年出版3~4期《褒忠文艺》。2015年，全镇有各种群众文化活动组织45个；有线电视用户8800户；图书馆、书屋59个，藏书51.25万册；各种体育活动场地64处。

医疗卫生

清代和民国时期，境域村民看病请个体郎中，至私人药店买药。其中，地方名医贺宝臣行医不收费。中华人民共和国成立后，个体郎中组成联合诊所。1951年。第11区卫生所在洪海屋场成立。后改名月山区卫生所。1959年，月山卫生所并入月山公社卫生院。1961年，恢复月山区卫生所。1967年，月山医院在新桥村建成，设病床30张。1989年，境域有月山医院、月山区卫生所以及月山、轧桥、石柱、太平、新铺5个乡（镇）卫生院，共有病床56张，医卫人员80人。1995年，月山、轧桥等5个乡（镇）卫生院合并为月山镇卫生院。1996年，撤销月山医院、月山区卫生所，与月山镇卫生院合并成月山中心卫生院。并新建门诊、住院及办公大楼。投资 350 万元，配备心电图、A 型超声诊断仪、B 超等设备。2015 年，月山中心卫生院设病床 70 张，有医卫人员 52 人；全镇有村卫生室 53 个，乡村医师 54 人，个体药店 8 家，个体诊所 2 家。

社会保障

民国时期，“养儿防老，积谷防饥”，鳏寡孤独及残疾人，多靠乞讨为生。1958 年，境域有月山、新桥、石柱、轧桥、新铺、太平等公社办敬老院，入住老人 68 人。1961 年，实行“五保”政策。1984 年，境域有 5 所乡敬老院，入住“五保”老人 43 人。1995 年，境域有“五保”老人 845 人，其中 85 名“五保”老人入住 2 所敬老院。2004 年，杨家湾新建一处敬老院，常住“五保”老人 50 人。1999 年，有复员退伍军人、伤残军人、烈属、因公牺牲和病故军人家属等优抚对象 313 人，发放优抚金 11.5 万元。2005 年，推行新型农村合作医疗，38484 人参保。2006 年，39528 人参加新型农村合作医疗，参保率 61%。同年启动城乡居民最低生活保障制度。有 482 户、1220 人享受低保待遇，年发放低保金 30.6 万元；发放“五保”生活费 32 万元；发放临时救济和大病救助 11 万元。2010 年，有伤残军人、参战参核人员等优抚对象 324 人，发放优抚金 8.1 万元。2011 年，44425 人参加农村合作医疗，参合率 95.4%；启动城乡居民社会养老保险，参保率 85%，为首批年满 60 周岁者发放养老金 300 万元；2945 人享受农村低保待遇，104 人享受城市低保待遇，共发放低保金 52 万元。“五保”老人 687 人，按政策发足生活费 37.5 万元。2014 年，褒忠村、江田村新办两处民营养老院，泰山、龙冲、田心、石溪村建有“五保之家”。2015 年，有 68000 人参加合作医疗保险，参合率 98%；有“五保”老人 732 人，发放生活费 205 万元，其中集中供养 122 人；2955 人享受农村低保待遇、100 人享受城市低保待遇，共发放低保金 425.5 万元；23114 人参加城乡居民养老保险，12283 人享受养老保险待遇，发放养老金 1200 万元。当年，有伤残军人、参战参核人员等优抚对象 363 人，发放优抚金 21.78 万元。

人民生活

民国时期，老百姓穿的是粗大布衣；吃的是少量大米、大量红薯杂粮、蔬菜；住的大多是茅草房。中华人民共和国成立后，人民生活逐步好转。但因生产力落后，温饱问题没能得到解决，生产生活物资比较紧缺。中共十一届三中全会后，实行家庭联产承包责任制，群众的生产积极性调动起来，生活逐年好转。1985 年，境域农民人均纯收入 500 元，部分农民自己烧制红砖，把土砖茅草房改建成砖混结构小楼房。1995 年，境域人均纯收入 938 元，人均住房面积 28.93 平方米。剩余劳动力大量外出打工做生意，劳务收入成为重要经济来源。2005 年，人均纯收入 3306 元，人均住房面积 46.5 平方米。摩托车、电话机、手机逐步普及，空调、冰箱也进入各家各户，部分村民家庭拥有小汽车。2015 年，人均纯收入 13441 元，每 100 户有小汽车 25 辆，85% 的家庭拥有摩托车、彩电、冰箱、空调、洗衣机、太阳能热水器，15% 的农户在城市购置新的住房，外出旅游人数达 5000 人次。

特色地情

历史人物

谢国光（1880—1928） 字冠军，今湘乡市洪海村人。光绪二十二年（1896）投山海关武卫

褒忠山

楚军吴隆海部。宣统三年（1911），响应武昌首义及湖南反正，被委南武军分统。反袁驱汤胜利后，任湘军永属区司令。民国10年（1921）擢衡阳镇守使兼第三混成旅旅长，任援桂军总司令。民国12年（1923），任讨贼军湘南第一军军长，次年任建国军湘军第三军军长，并被广州革命政府委为广东禁烟督办、湘粤边防督办。1928年4月，病逝于上海。

彭位仁（1895—1990） 号诚一，今湘乡市月山镇白龙村人。先后就学于保定陆军军官学校、陆军大学、南京中央军校、中央训练团。1926年起，任国民革命军唐生智部营长、团长。1930年起，任国民革命军十六师师长、七十三军军长，二十九集团军副司令兼七十三军军长，第二十四集团军副总司令官、青年远征军编练总监部副监。抗日战争中，率部参加江西会战，第一、二次长沙会战，常德会战，并在湘乡顽强阻敌西犯，浴血奋战，多次立功受奖。1949年去台湾。1990年逝世于台北。

风景名胜

褒忠山 座落于月山、翻江、潭市、棋梓4镇之间，面积约200平方千米。最高峰为白云峰，海拔802米，为湘乡市域内最高峰。相传晋代邱氏二女，终身不嫁，于此山修道成仙，故取名“贞女山”。宋末，乡民刘叔荣起兵抗元，踞山不屈，最后兵绝粮断，坠岩牺牲。后人为纪念他，褒奖忠义，遂改名为“褒忠山”。此山峰峦叠嶂，修竹、山花、百鸟、飞瀑、溪流应有尽有，还有水杉、黑壳楠、润楠、红桐等珍贵树种，是一处得天独厚的天然植物园。现褒忠山顶建有微波站，一条盘山公路蜿蜒而上，沿途有20多处古迹景点。

（撰稿：李星庚）

金薮乡

区域概况

地理位置

金薮乡位于湘乡市西北部，东与白田镇毗邻，南与月山镇接壤，西南与翻江镇相连，北与宁乡县灰汤镇交界。据传，明末清初，曾任长沙知府的李守静告老还乡，修建家祠。当地文人为其取名金薮公祠，从此，金薮成为地名。

建置沿革

清康熙三十五年（1696），境域属湘乡县状元乡。民国23年（1934），属第四区鹤后乡。中华人民共和国成立后，境域属第四区的金薮、河山、永乐、耙石乡及第八区的红石乡。1956年，属红石乡、竹园乡。1958年，属卫星人民公社。1962年，从卫星公社析出，属金薮、花桥、河山、红石4个公社。1984年，属河山乡、金薮乡。1995年，金薮乡、河山乡合并为金薮乡。至2015年，建置无变化。

区划面积

1995年，金薮乡辖金薮、地南、永乐、扶康、花桥、独石、普石、竹园、龙门、白沙、丰山、荷塘、薮岭、耙石、辅正、珍珠、河山、东陵、八眼、江家、马坪、南星、长乐、麦子、属南、抱石、推子、红石、团山29个村，358个村民组。总面积104平方千米，耕地2231公顷，林地4321公顷。2014年，永乐村、地南村合并为永乐村，东陵村、珍珠村合并为东陵村，属南村、抱石村合并为属南村，普石村、薮岭村合并为普岭村，其他村不变。全乡共25个村，346个村民组。2015年，总面积104平方千米，耕地面积2138公顷，其中水田2005公顷，旱土133公顷，林地面积4481.69公顷，水域面积3126公顷。

自然环境

境域东南部属于山地，西北部为丘陵区，地势东南高，西北低。最高峰黑山仑，海拔508米。河流有乌江，从西面瓦子坪入境，蜿蜒向北流入宁乡。花桥河、金薮河发源于东南部山地，由南向北，汇入宁乡县灰汤河。境域属亚热带季风湿润气候区，四季分明。春季多雨，冬季少雨，年平均气温17℃左右，年平均降雨量1300毫米左右。土壤多为红壤土、砂性土。植被多为乔木和灌木混生，主要有松、杉、樟、梓、枫、泡桐、油茶、栗、桂、橘等树种及南竹等。野生动物种类繁多，鸟类有雉鸡、斑鸠、白鹭、黄莺、麻雀、绶带鸟、水鸡等；兽类有野兔、獾、黄鼠狼、豪猪等。境域矿藏少，南部山地有花岗岩。

人口民族

1995 年，境域有 11538 户 37870 人。其中男性 19595 人，占 51.74%；农业人口 36910 人，占 97.47%。人口自然增长率 4.24‰。2000 年，全国第五次人口普查统计，境域有 10389 户 33343 人，其中男性 17219 人，占 51.6%；农业人口 30630 人，占 91.8%；少数民族 43 人；人口自然增长率 6.46‰。2015 年年末，境域有 13702 户 39163 人，其中男性 20364 人，占 52%；人口以汉族为主，少数民族 47 人；人口自然增长率 3.45‰。

经济发展

经济综述

清代和民国时期，境域为小农经济，生产力低下，水稻亩产不超过 200 千克。中华人民共和国成立以后，境域经济逐步发展。1970 年，粮食亩产超过 400 千克。1982 年，农村实行家庭联产承包责任制，农民温饱问题逐步解决。20 世纪 80 年代，推广杂交水稻，发展养猪业，境域经济有所提升。1995 年，全乡工农业总产值 1.86 亿元，其中农业总产值 1.4 亿元。进入 21 世纪，积极调整农村产业结构，发展民营企业，引进外资。2007 年，全乡工农业总产值 2.6 亿元，其中农业总产值 1.84 亿元。2010 年，全乡工农业总产值 4.86 亿元，其中农业总产值 4.36 亿元。2015 年，全乡工农业总产值 9.2466 亿元，其中农业总产值 8.52 亿元。

种植业

境域种植业以种植水稻为主，辅以种植油菜、红薯、玉米及各种季节性蔬菜。中华人民共和国成立初，水稻种植沿袭用牛耕田，亩产约 200 千克。1954 年，试种双季稻成功。1956 年，逐步推广双季稻，开始使用化肥，粮食产量随之提高。1958 年后，因人为原因和自然灾害，致使粮食减产。1962 年起，农业生产形势逐步好转。1974 年，部分农田实行“稻稻油”“稻稻麦”三熟制。1977 年，试种杂交稻。1982 年，实行家庭联产承包责任制。1995 年，全乡种植水稻 2567 公顷，粮食总产 2.5 万吨。2000 年起，推广优质稻。2004 年，国家实施“农机补贴”政策，农机逐步增加。2007 年，境域有小型拖拉机 8 台，耕种机 1080 台，机滚船 340 台，联合收割机 48 台，机耕面积 3850 公顷。2015 年，境域有中小型拖拉机 12 台，耕种机 1759 台，机滚船 440 台，联合收割机 120 台，机耕面积 3900 公顷。种植水稻 2273.33 公顷，粮食总产 2.1 万吨；种植油菜 66.67 公顷，总产 820 吨；产红薯 1200 吨、蔬菜 6000 吨。

养殖业

境域养殖业以养猪为主，兼养牛、羊、家禽等。中华人民共和国成立初期，每家养 1~2 头猪，种田户养 1 头耕牛，养家禽的数量不一，有池塘的农户养点鱼。1957 年，境域养猪 1.25 万头，其中出栏生猪 0.62 万头，年末存栏生猪 0.63 万头。1958 年，人民公社实施集体养猪，不许私人养猪，养猪业严重受挫。1961 年，境域养猪 4625 头，其中出栏生猪 2058 头，年末存栏生猪 2567 头。1962 年，养猪业发展较快。1965 年，境域养猪 1.27 万头，出栏生猪 0.67 万头，年末存栏生猪 0.61 万头。1977 年，境域养猪 3.63 万头，其中出栏生猪 1.52 万头，年末存栏生猪 2.11 万头。中共十一届三中全会后，农村实行家庭联产承包责任制，养猪业发展增快。1989 年，境域养猪 5.61 万头，其中出栏生猪 3.04 万头，年末存栏生猪 2.57 万头。1995 年，境域有 8000 多户养猪，养母猪 3 万多头，出栏仔猪 50 多万头。2000 年后，养殖业向商品化、专业化发展，境域相继建立10多家猪牛羊养殖场，黑山羊、黄牛养殖形成规模。2006年，出栏生猪9.81万头。2015年，境域有规模养猪场5个，养牛场2个，养鸡场3个，养羊专业户5户，出栏生猪9.6万头，出栏牛、羊420多头，出笼家禽15万羽，出水鲜鱼55吨。

林业

境域属丘陵山区。1957年，有林地4274.67公顷。1958年“大炼钢铁”，森林遭受严重破坏。1972年，政府组织群众封山造林，造杉木林270多公顷。1978年，境域有公社林场2个，大队林场29个，林场育林面积389.33公顷。1981年，开展稳定山权林权、划定自留山、稳定林业生产责任制的工作，把70%的山地划给农民作自留山，其余山地实行专业承包。1995年，境域有林地4240公顷，森林覆盖率为58%。2002—2005年，退耕还林233.8公顷。2009年，启动集体林权制度改革，纳入改革范围的林地4481.8公顷。2010年，发证林地面积4087.3公顷，发证9820户，发证率91.2%。同时，扩大地方特色产业，引进外地公司入乡开发油茶。2015年，境域有油茶林720公顷，为湘潭地区最大的油茶基地；有林地4481.69公顷，森林覆盖率60%。

工业

民国时期，境域有酿酒、木器、铁器、竹器、榨油、染坊等手工作坊17家。1956年，境域建公私合营手工业生产合作社20余家，有从业人员300人。1976年，境域相继建立采砂厂、采石厂、制茶厂、线带厂、农机站等10多家企业，有从业人员1200人，年产值410万元。1980年，企业增加到15家，工业总产值3000万元。1995年，境域有乡办工业企业19家，个体和联户企业100多家，有职工2500人，工业总产值4600多万元。2008年前后，改革调整工业体制，企业数量减少。2015年，境域有各类工业企业27家，有从业人员3100人，工业总产值7267万元。

商贸服务

民国12年（1923），境域金薮、马坪、红石、江家坪成为农村乡铺子（商店），主要经营肉食、杂货、布匹、农具、家具等。中华人民共和国成立后，区、乡或人民公社党政机关驻地设有肉食站、供销社、粮油站和药店等，成为农村商业的中心市场，各村（大队）设有集体商业零售店或代销店。中共十一届三中全会后，个体商业迅速发展，逐步取代国营和集体商业。1984年，境域有个体工商户125户，经营日用百货、南杂食品以及修理、理发等，有从业人员600人。1995年，境域有定期圩场3处；个体工商户185家，从业人员830人。2014年，有金薮、马坪两个集贸市场，个体商店380家，从业人员1100余人。2015年，境域有集贸市场2个，有50平方米以上超市12家，有个体工商户400家，社会消费品零售总额7982万元。

财政金融

1954年，境域有河山、竹园、耙石、辅正、金薮等10个乡信用合作社，65.7%农户入社。1962年，境域有金薮、花桥、河山、红石4个公社信用社。20世纪60年代，乡财政收入主要来自农业税；70年代，增加企业税。1984年，河山、金薮2个乡建立财政所。财政总收入98万元，其中农业税占70%。1995年，河山、金薮财政所合并成金薮乡财政所。同年，乡财政总收入500万元，其中农业税320万元，企业税180万元。1996年，成立金薮乡农村合作基金会。1998年，中国人寿保险股份有限公司湘乡支公司在金薮乡设立农村保险站。1999年，河山、金薮信用社合并，组建金薮乡信用分社。同年，金薮乡农村合作基金会撤销，其业务并入金蕻乡信用社。2003年，调减农业税，停征屠宰税，乡财政收入减少。境域（金蕻）邮电支局和马坪邮电所开办储蓄业务。2005年，免征农业税，乡财政总收入450万元，财政支出483万元。2008年后，乡镇企业快速发展，税收收入逐步增加。2012年，乡财政总收入138.74万元，财政支出283.7万元。2015年，乡财政总收入1542万元，财政总支出1635万元。境域有农村信用合作分社1家，邮政储蓄所2家，金融单位年末存款余额4亿元，贷款余额8000万元。有保险机构1家，保费收入5800万元。

基础设施

交通运输

民国时期，境域有湘乡通往宁乡的人行道路，物资靠人挑肩扛、独轮车或两轮板车运输。20世纪50年代，乡村道路狭窄，均为土砂路。1958年，由沿线群众修建仁翻公路，起自仁厚恩塘湾，经金蕻、马坪、大乐，终点达翻江，境域长14千米。同年，修建雷（公塘）红（石嘴）乡道，长4千米。1961年，修建金（蕻）荷（塘）乡道，长3.1千米。1966年，修建马（坪）麦（子桥）乡道，长4千米。1968年，修建康（河山康家）东（陵观）乡道，长2.1千米。1975年，修建普（石）花（桥）乡道，长5.3千米。修建花（桥）谷（阳）乡道3.7千米。1985年，普花乡道扩建。1990年，境域有一条县（市）道，6条乡道，共长38.3千米。1999年，八眼村大寨桥建成，仁翻公路全线贯通，每天有班车往返于湘乡、湘潭、株洲、长沙等地。境域乡村公路，分段整修、拓宽、硬化、延伸，村村相连。2000年，通村道路硬化率86%。2009年，全乡通村公路132千米全部硬化。2011年，灰（汤）虞（唐）公路建成，境域北连宁乡，南通月山、潭市、虞唐。2014年，长韶娄高速公路建成通车，经过境域荷塘、辅正等10个村，长13千米。2015年，境域有2条高速公路过境，1条县市公路、6条乡道以及通村公路，总里程168千米，交通网络形成。

邮电通信

中华人民共和国成立后，湘乡邮局、电信局合并。1953年，湘乡邮电局接管乡村邮电，在境域设立仁厚邮电局。1958年，境域改设公社邮电局。1962年，公社邮电局改为邮电所。1963年，升格为邮电支局。1986年，境域增设马坪邮电所。支局和邮电所的邮件均交委办的汽车托运。县邮电局在支局设农村电话交换点，境域河山、金蕻乡通电话。1991年，境域开通程控电话。1999年，中国移动网络城乡无缝覆盖，电话装机120户。2005年，移动用户2000户。2015年，境域有金蕻邮电支局、马坪邮电所；有移动通信站2家；有固定电话1050部，移动电话1.2万部；25个村通宽带，有宽带网络用户1100户。

供电供水

境域居民历来饮用塘水、井水、溪水。家庭照明使用桐油、煤油或竹篾子、松明子。1977年，月山35千伏变电站建成，以此为电源转换中心形成配电网，向境域供电。2005年，13个村的农网改造全部完成。2010年，投入600万元在普石村建3.5千伏变电站，境域设金蕻、马坪两个供电站，居民生产生活用电基本解决。同年，投资200多万元，建设马坪饮水工程，解决7000人的安全饮水问题。2011年，有11个村自筹资金进行农网改造。2015年，全乡25个村农网改造完成，供电入户率90%。乡财政投入200多万元，建设地南水厂，解决金蕻街道近1万人的安全饮水问题。农户安全饮水率达99%。

水利建设

民国时期，境域只有小塘小坝，水害难以控制。中华人民共和国成立后，每年兴修水利，水利条件得以改变。1953—1956 年，境域建有甘草冲、峡子口等 5 座水库，蓄水量 1000 万立方米，可灌溉农田 340 公顷；有山塘 3565 口，水面 309.32 公顷，蓄水量 719.7 万立方米，可灌田 930 公顷。1996 年，境域拥有小（一）型、小（二）型水库 18 座，山塘 3500 口，其中蓄水超过 5 万立方米的山塘 15 口，拦河坝 51 座，机井 10 处，机电排灌站 15 处，自流灌溉面积占耕地面积 72%。2006 年，加固珍珠水库。2010 年，加固江家、河山、桃介冲水库。清淤山塘 43 口，整修山塘 82 口，整修渠道 10 千米。2015 年，境域有小水库 18 座，山塘 3503 口，可灌田 1573 公顷。

村镇建设

1995 年，金薮、河山 2 乡合并后，以原仁厚区机关驻地作为乡政府办公地点，对办公用房进行改造。2000 年，金薮、马坪村商业街及居民住宅初具规模。2007 年，突出地南示范村、金薮特色村、珍珠扶贫村的“三村”建设。2008 年，白沙、永乐、地南、江家等 6 家农家店加盟振兴连锁超市；金薮中学投资 100 万元，新建教学楼、食堂。2013 年，投资 16 万元完成乡镇区绿化，同时拆除马坪镇区乱搭乱建面积 500 平方米，普石村文化广场建成投入使用。2014 年，建成普岭、属南、团山、长乐 4 个村的农民健身工程。2015 年，金薮、马坪 2 处形成集镇中心。城镇规划区面积 261 公顷，建成区面积 121 公顷；建成区绿化面积 0.1 公顷。全乡 25 个村，都建有村部。全乡共建垃圾箱 220 个，焚烧桶 380 个，每个村都配备 2~3 名卫生保洁人员。

社会事业

教育

清代，境域有私塾蒙馆。民国元年（1912），河山萧氏在八眼塘创办辅汉初等小学。民国 38 年（1949），在金薮李祠创办鹤后乡代用中心国民学校。1950 年，境域有中心国民学校 1 所，国民学校 10 所，共有学生 1800 人，教师 42 人。1960 年，创办金薮初级中学。1969 年，创办花桥初级中学。1990 年，河山中心小学经湘潭市验收为合格中心小学。1992 年，境域有初中 2 所，学生 698 人，教师 51 人；小学 21 所，学生 4121 人，教师 155 人。1996 年，境域有金薮、石板塘、花桥初级中学 3 所，小学 12 所，幼儿园 2 个。2008 年，调整学校布局，有初中 3 所，学生 811 人；小学 11 所，学生 2228 人；中小学教师 265 人；有幼儿园 4 所；适龄儿童入学率 100%。2015 年，境域有初中 2 所，学生 377 人；小学 8 所，学生 1822 人；教师 176 人；有幼儿园 3 所。

文化体育

清代、民国期间，境域流行耍龙灯、舞狮活动。中华人民共和国成立后，民间文化活动活跃。1965 年，境域有金薮、河山、花桥、红石 4 个公社文化站，每站配文化辅导员 1 名。1979 年，境域有金薮、河山 2 个文化站。1996 年，有文体站 1 个，体育场所 3 处。2011 年，成立金薮文学艺术界联合会，下设 5 个协会和《金薮文艺》报刊编辑部。2015 年，境域有业余花鼓戏剧团 1 个，皮影戏剧团 3 个，龙灯、腰鼓、舞狮队 18 个，中西乐队 7 个，体育活动场所 12 处；电视机入户 8087 户；农家书屋 25 个，藏书 50 万册。

医疗卫生

民国时期，境域医疗为个体行医，有著名骨科医师李盈庭。中华人民共和国成立后，医疗事业逐步发展。1953年，境域成立联合诊所。1958年，成立公社卫生院。1962年，公社卫生院分为金薮、花桥、河山和红石4个卫生院。1984年，红石、河山卫生院合并为马坪卫生院，金薮、花桥卫生院合并为金薮卫生院，下设29个村卫生室。2000年，个体医师设立2家骨科医院。2015年，境域有乡卫生院1家、骨科医院2家，设病床62张，有医护人员26人；有村卫生室29家，医护人员31人。

社会保障

1996年，境域有敬老院1个，入住“五保”老人48人。1999年，有105名复员退伍军人，11名在乡伤残军人，11名烈属、因公牺牲和病故军人家属享受优抚待遇，发放优抚金52622元。2005年，推行新型农村合作医疗制度。2006年，有3.8万人参加合作医疗，参合率为95%。同年启动城乡居民最低生活保障制度。2012年，有“五保”老人543人，按政策享受“五保”待遇，发放生活费95万元。1647户2073人享受农村最低生活保障待遇，88户91人享受城市最低生活保障待遇，发放低保金91.3万元。2015年，32280人参加农村合作医疗，参合率95%；有“五保”老人472人，发生活费133.94万元；1632户1790人享受农村最低生活保障待遇，发低保金215.72万元；154户161人享受城市最低生活保障待遇，发低保金45.58万元；16110人参加农村社会养老保险，7870人年领取养老金773.43万元。有优抚对象192人，发放优抚金9.6万元。

人民生活

民国时期，土地占有不均，贫富悬殊，穷人口粮不足半年。中华人民共和国成立后，农民生活逐步改善。1956年，人均口粮250千克左右，住房面积约15平方米。1958年后，经济严重受挫，村民生活困难。1982年，推行家庭联产承包责任制后，农民生活水平提高。1984年，人均口粮400千克，人均纯收入266元，人均住房面积约20平方米。1995年，人均口粮500千克，人均纯收入600元。2005年，人均纯收入3735元。2010年，人均纯收入5632元，99%的农户建有楼房，普及彩电、冰箱等家用电器。2015年，人均纯收入8980元，人均住房面积37平方米。境域私人拥有汽车4100辆。

特色地情

历史人物

潘效苏（1839—1913）　原名潘重贤。鹤山十五都康泰山庄（现金薮乡八眼村）人。1866年从军，在戍边抗击沙俄入侵，平定新疆回、维之乱中，作战勇敢，屡立战功，因功而升迁，历任陕西抚施、澄城县知县、河洲知州、狄道州知州、新疆迪化直隶州知州、伊犁府知府、迪化府知府等。清光绪二十七年（1901）监临乡试，特授新疆布政使司，升任新疆巡抚，诰授光禄大夫。

宋鹤庚（1883—1952）　湘乡县鹤后乡李家湾（今金薮乡）人。1902年入湖南武备堂，1905年入日本士官学校，加入同盟会。1911年参加武昌起义，参加讨袁的护国战争和1917年的护法战争。先后任团长、旅长、师长，援鄂总指挥兼第一军司令，建国军北伐中央总指挥、国民政府参议院上将参议等职。1931年后闲居，研究佛学、习画。1952年被判处死刑，1970年认定错判，按起义投诚人员对待。

（撰稿：贺国平）

金石镇

区域概况

地理位置

金石镇位于湘乡市最北端。东与韶山市杨林乡接壤，南与湘乡市白田镇和韶山市大坪乡相连，西与宁乡县偕乐桥镇毗邻，北与宁乡县南田坪乡交界。相传，域内金石桥畔古有金鸡庙、铜古石（今存），故取地名为“金石”，沿袭至今，镇名由此而得。

建置沿革

清康熙三十五年（1696），境域属湘乡县状元乡弦歌14都。民国23年（1934），属第四区金石乡。1950年，属金石、大湖、团田、泉湖、太平、文星6乡。1958年，属红星人民公社。1961年，从红星公社析出，属金石、团田、龙潭、石坝4个公社。1984年，属金石乡和龙潭乡。1995年，金石乡、龙潭乡合并为金石镇。至2015年，建置无变化。

区划面积

1995年，金石镇辖舒塘、团田、龙潭、泉湖、大力、长宁、白果、双湖、万群、大湖、靳源、坪如、金石、金东、金西、金安、月形、石坝、文星、益民、太平、童家、东江、关王24个村，理佳、铁锣塘2个居委会，444个村民小组。境域总面积86.9平方千米。耕地面积2044.43公顷，其中水田1836公顷，旱土208.43公顷；林地面积4566.67公顷。2012年，舒塘、团田2个村划归韶山市杨林乡。2014年，龙潭、泉湖村合并为龙潭村，大力、长宁村合并成大长村，白果、双湖村合并成状元村。境域辖19个村和2个居委会，402个村民小组。2015年，建置未变，境域总面积81.2平方千米，耕地面积1873公顷，其中水田1686公顷，旱土187公顷；山地4777公顷。

自然环境

境域地形为丘陵，东有罗仙山，西有黄马山，北有卧龙山，地质结构比较稳定。靳源河为靳江发源地，流域面积19.6平方千米。龙石河和金石河共长26.6千米，均自东南向西，在石坝汇合注入乌江，流域面积55平方千米，占境域总面积的60%。境域属亚热带季风湿润气候区，四季分明。年平均气温为17℃左右，年平均降雨量为1300毫米。山地树木以灌木为主，乔木有松、杉、油茶、油桐、南竹等30多个品种。野生动物以野猪、野兔、野鸡居多。境域有锰、铁、煤、磷等多种矿藏。锰品位高、储量大。万群地段储量144.35万吨，靳源地段储量68.5万吨。土壤多为红壤，肥力偏低，含沙量大，如遇旱涝，易发灾情。1924—2015年，共发生较大自然灾害32次，特别严重的旱灾11次，洪灾6次。

人口民族

1995年，境域有10389户36167人。其中男性18508人，占51.17%；农业人口35342人，占97.72%；人口以汉族为主。全年人口自然增长率4.64‰。2010年，境域有10861户37361人。其中男性18805人，占50.33%；农业人口36407人，占97.45%。人口自然增长率6.25‰。2015年，境域有9100户32400人。其中男性16932人，占52.35%；农业人口32200人，占97%。人口以汉族为主，另有苗族、壮族、侗族、土家族等14个少数民族223人。人口自然增长率5.96‰。

经济发展

经济综述

民国时期，境域以小农经济为主，生产力低下，粮食亩产不超过200千克。中华人民共和国成立后，境域经济逐步发展，农业以种植水稻、蔬菜和经济作物为主，工商业以制造和销售木器、铁器、雨具为主。20世纪80年代，优质水稻普遍推广，企业项目更新增多，镇内经济提升。1995年，境域工农业总产值2.06亿元，其中农业总产值1.42亿元。2000年，积极发展民营经济，引入外资办厂。2011年，工农业总产值7.2亿元，其中农业总产值2.2亿元。2015年，全镇工农业总产值10.18亿元，其中农业总产值1.36亿元。

种植业

境域主要种植水稻，辅以种植油菜、红薯、玉米及蔬菜。中华人民共和国成立初期，沿用牛耕，施用家肥、土杂肥，种植一季稻。1956年，推广双季稻。20世纪60年代，开始使用化肥，70年代推广温室育秧。部分实行“稻—稻—油”“稻—稻—麦”三熟制耕作模式。1976年，推广杂交水稻。1981年，推广地膜覆盖育秧，晚稻用机滚船平整水田。1995年，粮食播种面积2100公顷，总产量1.9万吨。2004年起，国家实行农机补贴，境域农民购买农机积极性提高，机耕逐步取代牛耕。2007年，境域有耕种机1423台，机滚船898台，插秧机4台，联合收割机51台，机耕面积5210公顷。2010年，建设石坝、文星、益民3村连片水稻示范片37公顷。境域粮食播种面积2066公顷，粮食总产2.78万吨。油菜种植专业合作社扩大到100户。2014年，益民村建立丝瓜种植基地23公顷。2015年，境域有大中型拖拉机15台，耕种机1644台，机滚船942台，插秧机19台，联合收割机60台，机耕面积6230公顷。粮食播种面积1900公顷，粮食总产2.35万吨；种植油菜80公顷，总产150吨。

养殖业

境域，村民以养猪、牛、羊、鸡、鸭、鱼等作为常规副业生产。中华人民共和国成立前，农民自繁自养，销售卖钱贴补生活。1957年，境域金石、龙潭2个公社，出栏生猪2.53万头，年末存栏生猪1.48万头。1959年，境域公社建万猪场，村建千猪场，队建百猪场，不许社员私养，养猪业受挫。1961年，境域金石、龙潭、石坝、团田4个公社，仅出栏生猪969头，年末存栏生猪2853头。1962年，允许私养，养猪业回升。1972年，金石、龙潭、石坝、团田4个公社，出栏生猪2158头，年末存栏生猪4229头。中共十一届三中全会后，解散大批集体猪场，鼓励社员私人养猪。1980年，境域有9000多户养猪，仔猪销往全国各地。1989年，境域共出栏生猪2.38万头，年末存栏生猪2.26万头。2000年后，经济逐步转型，规模养殖场相继建成。2006年，转化生猪生产模式，有石坝、舒塘良种猪养殖基地。境域出栏生猪15.9万头，其中出栏中仔猪10万头。2007年，安泰牧业社出栏生猪780头，年末存栏生猪1000头；龙鑫养鹅业年产鹅1.1万羽。水库、池塘承包到户，平均亩产鲜鱼83千克。共出栏生猪13.2万头，出笼家禽3.8万羽，出水鲜鱼48吨。2015年，有专业养殖户16户，出栏生猪11.5万头，年末存栏生猪12.3万头；出栏黑山羊1800只，年末存栏黑山羊2600只；养殖家禽23.11万羽；出水鲜鱼62.8吨。

林业

民国时期，境域山林归少数人所有。土地改革时，农民分到山林。1962年，山林权收归生产队集体所有。1958年开始，因森林权属几经变动，乱砍滥伐，森林损毁严重。1972年，组织农民封山育林。兴建林场，造林300多公顷。1978年，境域有公社林场2个，大队林场25个，林场育林716.33公顷。1981年，开展稳定山权林权、划定自留山、确定林业生产责任制的林业“三定”工作。1987年，实行自留山和责任山“两山并一山”为自留山。1995年，境域有林地4566.67公顷。2002年，启动退耕还林工程。建油茶林基地3处70公顷；至2005年4年间，小水果基地38处195公顷，共退耕还林130.6公顷。2009年，启动集体林权制度改革，纳入改革范围的林地面积4777.4公顷。2010年，发证林地面积4068.7公顷，发证9561户，发证率85.2%。2011年，建成“农夫宝杨梅种植基地”“壹点园林基地”。2014年，登记100~800年以上树龄的古树22株。其中一株“状元故里古银杏”，树龄800多年。2015年，境域林地4685公顷，森林覆盖率54.3%。

工业

清代，境域陆续出现铁器、木器、竹器、纸伞、斗笠、油鞋、木屐、制鼓和染布等生产作坊。民国时期，有作坊17家。中华人民共和国成立初，有公私合营的手工业生产合作社20余家，从业人员300多人。1958年，创办金石捞布厂、大湖炼铁厂、狮子山煤矿，有职工1280人。1965年，靳源锰矿开采。1972年，万群锰矿开采，年产量5万吨。接着锰粉厂、石灰厂、红碎茶厂、线带厂、农机站等14个企业和13个建筑工程队相继成立。1980年，境域有企业31个，从业人员2100人，工业总产值3200万元。1995年，镇办工业企业21家，个体和联户企业110家，职工2980人，总产值6400万元。2010年，招商引资3820万元，引进湖南科源科技有限公司投资开发金石锰矿，新增规模工业企业1家，当年工业总产值2.82亿元。2015年，全镇各类企业共28家，从业人员3800人，工业产值8.82亿元。

商贸服务

明清时，境域石坝是湘乡到宁乡通道上的重要餐宿点。民国12年（1923），境域石坝、龙潭、团田、金石成为农村乡铺子（商店），经营杂货、百货、肉食、副食品、手工业制品等。民国24年（1935），金石桥建购销合作社。中华人民共和国成立后，在乡机关驻地建供销合作社及肉食店、粮油店等，成为农村中心市场。商贸主要属国营企业。1980年，农村集贸市场恢复，境域有集贸市场4个，个体商户85家，从业人员110人。1988年，集贸市场增加到6个，私营商户130多家。1995年，境域有集贸市场11个，圩场2个，个体商户230家，其中中小型超市12家，从业人员480人。继商品零售业发展后，餐饮服务业、金融业、通信业等快速兴起。2011年，共有商业网点500个，职工1100人。2015年，境域有集贸市场16个，圩场2个，有个体商户680余户，从业人员1280人。年社会消费品零售额1.54亿元。

财政金融

中华人民共和国成立后，乡镇财政收入主要靠农业税。20世纪80年代开始，陆续增加企业税。1995年，镇财政总收入460万元，其中农业税300万元，企业纳税160万元。境域有农村信用合作社1家，营业点4个，农村合作基金会2家。金融机构年末各项存款余额3000万元，各项贷款余额2000万元。1999年，农村合作基金会撤销，其业务并入农村信用社。2002年,财政总收入1143万元，其中农业税546万元，锰矿纳税400多万元。金融机构增加邮政储蓄。2003年，国家调减农业税、停征屠宰税，镇财政收入减少。2005年，免征农业税，财政收入466万元。2008年，财政收入仅89万元。此后，民营经济发展，财政收入逐年增加。2015年，财政总收入1757.33万元，总支出1513.93万元。境域有信用分社2个，邮政储蓄所1家。年末各项存款余额6亿元，各项贷款余额1亿元。

基础设施

交通运输

清代，境域有湘乡通往宁乡的人行道过境，物资靠人挑肩扛、独轮车或两轮板车运输。民国17年（1928），民间捐资修成高勘铺至湘潭坳的大道，连接通往银田、湘潭的线路。1958年，建龙廖公路，由龙潭至廖家塘，全长2.73千米；建白长公路，由白田经团田、金石、大湖至宁乡。1980年，境域有县、乡级公路49千米，村级公路46千米。1995年，实现村村通公路，境域有三级公路118千米。2008年，市镇公路硬化。之后，国家投资、村民集资普遍硬化路面。2013年，韶山外环线通车经过境域。2014年，长韶娄高速公路通车，境域长9千米。2015年，境域有市、镇级公路各3条，共长49千米。联村、通村公路42条，总长145千米，其中硬化91千米。共有货运、客运车辆300台，客运每日有20多个班次往返长沙、湘乡、韶山、宁乡等地。15个村通公共交通。

邮电通信

民国期间，境域有邮务所。中华人民共和国成立初，金石桥设邮政所，邮件由邮递员徒步传送。1958年，金石公社装手摇电话机1台，邮政所办理邮政、报刊发行及电报、电话业务。1997年，邮政、电信分设。2011年，邮政设5个代办点，邮政业务总量1000万元。电信服务点19个，有固定电话6000台，移动电话3.13万门。2015年,境域有电信服务网点24个,固定电话6800台，移动电话3.66万部，15个村通宽带，互联网用户246户，全年邮政、电信收入2000万元。

供水供电

境域居民一贯饮用塘水或井水，家庭照明使用竹篾子、桐油灯、煤油灯。20世纪70年代，农村开始供电。1975年，有13个村架通输电线路30千米。1980年，新增输电线路35千米，实现村村通电。1985年，有低压架空线路85千米，3785户用上电灯照明，入户率40%。1995年，投资1000万元，建设3.5万伏变电站，配备变压器65台，境域年用电量25万千瓦时。2002—2004年,24个村进行农网改造,新增变压器15台，输电线路增至130多千米，99%的农户实现电灯照明。2006年，实行改水、改灶、改厕，居民全部饮用井水或山泉水。2015年，建设金石、石坝集镇供水设施，全镇饮水安全率99%。

水利建设

民国时期，境域农田靠水塘河坝蓄水灌溉。1950年，境域有水塘3110口，水面257公顷，蓄水量490万立方米，可灌农田1028公顷。

1954年，境域建成铁山边水库，蓄水12.7万立方米，可灌田102公顷。1956年，境域修建金石、石塘子、黄土塘3座水库，蓄水105万立方米，可灌田423公顷。1974—1979年，建成舒塘、烟塘、彭南冲、文星、太平、石坝6座水库，总蓄水量348.4万立方米，灌田566.67公顷。1986年，境域有山塘3145口，水面面积257公顷，可蓄水491.5万立方米，可灌田1028公顷。1995年，境域有小㈠型水库2座，小㈡型水库8座，山塘2868口，拦河坝98处，机井6处，机电排灌站32处，自流灌溉面积占总面积的73.1%。1996年，投资150万元，整修加固龙石河堤岸。2000—2014年，投资240万元，整治小河小溪18条，总长112千米，加固98.5%的山塘。2015年，境域有水库10座，有山塘2853口，有排灌站30处，有效灌溉面积1839公顷。

村镇建设

1995年，镇政府制定镇区发展规划，提出“结合产业调整，因地制宜发展乡村集镇建设”方针。划定镇区面积1.2平方千米，镇区人口3500人。2001年，投资3000万元，建商业门面30个，镇区面积扩大到1.7平方千米。2008年，以金安村廖家塘为中心建设工业小区，镇区扩展到8平方千米，镇区人口1.2万人。2015年，镇区人口1940户1.5万人，城镇化率18.2%。19个村都建有村部，有的村建有老年活动中心。全镇共建垃圾收集池60多个，垃圾焚烧池300多个，各村都配备3~5名保洁员。

社会事业

教育

清代，境域为私塾教学。光绪三十二年（1906），张寅曦等创建弦歌蒙养学堂。民国27年（1938），龙潭有元仁小学，各保建保学。民国38年（1949），境域有弦歌乡中心国民学校。中华人民共和国成立后，取缔私塾，新办公有制小学4所。1963年，团田小学附设初中班。1964年，办农业中学。1968年，“五七”中学取代农业中学。1970年，建金石中学，有6个高中班，4个初中班，学生480人。1987年，境域小学和初中入学率98.8%，基本普及九年制义务教育。1992年，境域有金石、团田、龙潭、石坝4所初中，学生1197人，教师52人；有小学20所，学生3349人，教师152人。1996年，投资150万元，新建龙潭八一中学。2008年，境域有初中3所，学生848人，教师87人；小学7所，学生1397人，教师97人；幼儿园5所，在园幼儿680人，幼师25人。2014年，镇成立教育基金会，募集资金120万元。2015年，境域有初中2所，小学6所，学生1348人，共有教师142人；有幼儿园3所。小学适龄儿童入学率100%，小学升初中100%，初中毕业率99%。

文化体育

清代道光年间，民间人士创办弦歌文社，有社员70人，著有《弦歌耆旧集》存世。1965年，境域有金石、团田、龙潭、石坝4个公社文化站，每站配文化辅导员1名。1981年，建成龙潭文化中心，有740个座位的影剧院，藏书1500册的图书室，有3个业余剧团，6个电影放映队，10个中西乐队，县内外演出团体经常到龙潭演出。1986年，境域青艺花鼓戏剧团及70个皮影队、4个杂技队、1个木偶队，共有艺人239人，除在本地演出外，常去外地售票演出。2008年，境域有1个文化站、1个广播电视站，24处村级文化活动中心；有27个图书室，藏书2.4万册。2014年，成立金石镇文学艺术界联合会，有文学、音乐、美术、书法等文艺爱好者400多人。2015年，金石皮影戏被列为湘乡市级非物质文化遗产。境域有镇、村文化活动中心25处；图书馆、室28个，藏书3万册；乡土文艺人才800人。

医疗卫生

民国时期，境域行医均为私人诊所。中医骨伤治疗颇有名气。1952年，境域设卫生所。1958年，设立卫生院，有医、护人员10多人，病床6张。1969年，推行农村合作医疗，大队（村）配备赤脚医生。1984年，境域有金石、龙潭、团田、石坝4个卫生院。1995年，镇卫生院设金石桥，下辖医疗点12个，医务人员包括村卫生室医生、妇幼保健员和个体开业医生共112人，病床43张，个体药店16个。2007年，征地3400平方米，投资138万元，在龙潭新建镇卫生院，并添置彩超、全自动生化仪、X光机。2015年，镇卫生院有医务人员31人，病床22张，年门诊近万人次。另有村卫生室30处，中西药房32处，个体医师34人。

社会保障

中华人民共和国成立后，党和政府对老弱病残者给予关心和照顾。1954年，无劳动能力而又无人供养的人，依靠互助组、合作社集体帮助维持生活。1958年，境域有金石、龙潭、团田、文星、大湖5个敬老院，入住28人。1984年，有金石、龙潭2所敬老院，入住“五保”老人12人。1995年，有“五保”老人281人，每人每月发生活费30元。1999年，有152名复员退伍军人，18名在乡伤残军人，7名烈属、因公牺牲和病故军人家属享受优抚待遇，发放优抚金6.86万元。2006年，建金石敬老院，有33位“五保”老人入院养老。同年，推行新型合作医疗制度，全镇31000人参加合作医疗制，参合率87.3%。启动城乡居民最低生活保障制度，共扶持1326户1800人，发放低保金185万元。2011年，启动农村社会养老保险制度，参保人员21417人，参保率98%，享受养老保险待遇6341人，发放养老金418.5万元。2015年，敬老院集中供养“五保”老人28人，分散供养“五保”老人329人，发放生活费126万元；对复员退伍军人、在乡伤残军人、参战参核人员，以及烈属、因公牺牲和病故军人家属等优抚对象192人，发放优抚金9.6万元。有1350户1950人享受农村最低生活保障，59户61人享受城镇最低生活保障待遇，发放低保金202.5万元；6038人享受社会养老保险待遇，发放养老金434.7万元。

人民生活

民国时期，土地占有不均，贫富悬殊。村民多居茅草土屋，粮食不足，通常以红薯、蔬菜充饥。不少人出外逃荒、讨米。1956年，境域人均口粮200千克，人均居住面积约15平方米。1958—1960年，兴办公共食堂，村民生活贫困。1962年，国家实行“调整、巩固、充实、提高”方针，人民生活有所好转。“文化大革命”期间，农业停滞不前，人均年口粮不足200千克，年收入不足百元。农村实行家庭联产承包责任制后，人民生活水平提高。1984年，人均口粮400千克，人均纯收入260元。人均居住面积约30平方米。1995年，人均口粮超500千克，人均纯收入630元。全镇40%以上家庭以楼房取代土砖茅屋。人均居住面积约35平方米。2015年，全镇人均纯收入超过1万元，8800农户建有两至三层楼房，有私家小车3580辆。

特色地情

历史人物

王　容（1163—1206）　字南强，湘乡市金

石镇大湖村人。十五岁入岳麓书院，从学张栻。宋孝宗淳熙十四年（1187）参加丁未科殿试中状元，任议政大夫礼部侍郎。金兵南侵时，力主复仇驱除金兵，遭主和派忌恨弹劾，谪为绍兴签判。宋宁宗嘉泰元年（1201）复招回朝廷，任起居郎职，掌记朝典。宋开禧二年（1206）因内忧外患致心力交瘁而殁。

王季范（1884—1972） 原名邦模，教育家，湘乡县南薰乡（今金石镇长宁村）人。1911年湖南优级师范毕业，后历任湖南省立第一师范学校教师、长郡中学校长、育群中学（现长沙市八中）董事长。曾创办衡粹女子职业学校。在一师范执教时，对毛泽东的学业和革命活动尽力支持。中华人民共和国成立后，任中央人民政府政务院参事室内参事。第一、二、三届全国人民代表大会代表。1972年7月病逝于北京。

章集虚（1890—1952） 又名亮琛，童家村人。1906年入东山高小第四班学习。1915年春入保定军官学校学习。1926年在国民革命军任上校团长。大革命时期，叶剑英曾两次秘访他，毛泽东曾三次派人送信与之联系。1930年任国民革命军第六军少将处长。1934年起，先后任甘肃绥靖公署中将高参，西安行营中将高参。1935年在甘肃庆阳战役中，有意错乱轰炸，让红军顺利通过腊子口天险。1947年被蒋介石撤职，归居老家。1952年病逝。

风景名胜

状元塔 位于金石镇大湖村，始建于明末清初，是王氏族人借状元王容庇护所建镇村之宝。塔身为花岗岩砌成，原塔高17米，七层六面，塔三面有门洞，第二层门洞两侧有篆刻对联“山有七星联北斗，名高一甲起南强”，横批“湖山保障”。第三层两侧对联上方有石浮雕图案“渭水访贤”和“状元打马”。每层塔缘有翘角，塔为空心。民国七年（1918），第六、七层遭雷击而毁损。2014年重修状元塔，还其原貌。

赵公桥 位于金石镇大湖村，与状元塔相距约200米。以传说的赵公元帅起名，借其威武，辟邪、保风水之意。桥始建于清康熙年间。桥身三拱二墩，由花岗岩石砌成，长18.6米，宽3.75米。桥面正中铺宽0.46米、长0.65米的条石，条石两侧铺卵石。护栏由0.3米高的条石砌成，桥头护栏各有2只高0.85米、长0.35米的石狮。赵公桥东依罗仙寨，西朝黄马寨，南有狮子山，北为大卧龙，靳江水沿罗仙西麓流经桥下，构成一幅山村美景。

名优特产

石坝鼓 诞生于鼓乐乐器大繁荣的清末时期，主要用于花鼓戏、地花鼓、宗教、闹龙灯等各种欢乐喜庆、祭祀场合。石坝鼓分为大鼓、堂鼓、高音鼓、手鼓、班鼓5种，制作蕴含木艺、制皮、上漆、绘画等多项工艺，尤以鼓皮制作最为独到。其鼓皮精选优质牛皮，配以独创的药水和特殊手法进行泡制，经打磨、拉皮，使得鼓面紧绷，鼓声清脆悦耳。石坝鼓由纯手工制作，外观古朴、厚重，音色优美，穿透力强，不易受潮，不变音质，经久耐用。除省内销售外，还销往江西、湖北、广东、广西、内蒙古等地。石坝鼓的制作以丁德仁和谢光明为代表。2014年，列为湘乡市民间手工艺类非物质文化遗产名录。2015年，入选湘潭市非物质文化遗产名录。

（撰稿：章新民）

白田镇 >>

区域概况

地理位置

白田镇位于湘乡市东北部，北邻宁乡县，西连月山镇，南接育塅乡，东与韶山市大坪乡为邻。相传古时境域中心大塅中曾有一丘“白泥奇田”，简称白田，白田镇以地名取之。

建置沿革

清康熙三十五年（1696），境域属湘乡县状元乡南熏13都和凤音4都。民国23年（1934），属凤音、凤前、白田、马龙、太平、大孚、大江、神前8乡。1950年，境域属白田、石城、黄田、沙田、芋子、仁厚、长江、至公、桃丰9个乡。1956年，属白田乡、沙田乡、马龙乡、仁厚乡。1958年，属白田公社。1962年，属白田区的白田、沙田、仁厚、大坪和五星5个公社。1984年，属白田乡、沙田乡、仁厚乡。同年12月，白田乡改为白田镇。1995年，白田镇、沙田乡、仁厚乡合并为白田镇。至2015年，建置无变化。

区划面积

1995年，境域辖东宋、大禾、白田、长江、新苗、薰山、桥铺、五星、至公、荷花、大冲、自力、上麓、高冲、高丰、薰峰、石江、石门、中兴、三新、板塘、东茅、三迁、上扶、仁厚、桃丰、白石、集中、芋子、车田、从新、星辉、沙田、班桥34个村和粉壁滩、分路口2个居委会，602个村民小组。总面积105.73平方千米，耕地2487.67公顷，其中水田2165.8公顷，旱土321.87公顷；林地5037公顷。2014年6月，荷花并入大冲、集中并入芋子、薰峰并入上扶、三新并入仁厚、中兴并入东茅、石门并入石江，其他村不变。2015年，辖28个村，2个居委会，612个村民小组。面积105.73平方千米，耕地2077.7公顷，水田1777.8公顷，旱地300公顷；林地面积6311.56公顷。

自然环境

境域成土母质为花岗岩风化物，土壤酸碱度为二级酸性，土质疏松。地貌以低丘陵山地为主，地势自西南起伏向东北渐趋平缓。境域主要山峰有：天福庵，海拔523.4米；南薰山，海拔495.6米；上麓寨，海拔385.2米。境域属亚热带季风湿润气候区，四季分明。年平均气温17.5℃，年日照约1600小时，年均降水量约1350毫米；全年主导风向冬季为西北风，夏季为东南风。境域属湘江水系，有两条主要河流：白田河，系石狮江东干流支流，自薰山村入境，经新苗、白田、桥铺等村，至芋子村流入育塅乡，境域长13千米。仁厚河，系乌江支流，自石门村向阳山东入境，由西南向东折北，经石江、三迁、仁厚等村，至桃丰村大坝入宁乡县花果村，境域长 8.2 千米。矿产有钾长石、钨、锡、石灰石和花岗岩等。树木有马尾松、国外松、杉树等，野生动物有野猪、野兔、野鸡、斑鸠等。

人口民族

1995 年，境域有 13608 户 46314 人，其中男性 23829 人，占 51.45%；农业人口 44698 人，占 96.5%；人口以汉族为主，少数民族 37 人。人口自然增长率 –0.2‰。2000 年，全国第五次人口普查，境域有 12217 户 40564 人，其中男性 20424 人，占 54.2%；农业人口 38729 人，占 95.62%；少数民族 77 人。人口自然增长率 4.43‰。2015 年，境域有 13322 户 48510 人，男性 23829 人，占 51.37%；少数民族 41 人。人口自然增长率 7.63‰。

经济发展

经济综述

民国时期，境域经济贫困落后。中华人民共和国成立后，农业以种植水稻为主；工业以造水泥、制红砖为主，兼生产饲料、加工食品、制造雨具等。中共十一届三中全会后，实行家庭联产承包责任制，乡镇企业得到发展，经济逐步活跃。1990 年，境域工农业总产值 1.3 亿元，其中农业总产值 1.09 亿元。1995 年，全镇工农业总产值 2 亿元，其中农业总产值 1.68 亿元。2000 年，民营企业迅猛发展，工农业总产值 5.4 亿元，其中农业总产值 2.2 亿元。2006 年，引入外资，工农业总产值 5 亿元，其中农业总产值 1.6 亿元。2015 年，工农业总产值 12 亿元，其中农业总产值 2.5 亿元。

种植业

境域种植作物以水稻为主，兼种红薯、黄豆、棉花、油料等。中华人民共和国成立初期，水稻只种一季，耕作方式沿袭牛耕牛耙、沤凼积肥、插秧扮禾等模式，亩产 200 千克左右。1954 年，试种双季稻成功。1956 年，推广种植双季稻。1958 年，开始使用化肥以及蒲滚、打稻机等半机械化农具，粮食亩产 400 多千克。1974 年，推广温室育秧技术，部分农田实行“稻－稻－麦”“稻—稻—油”三熟制。1977 年，种植杂交水稻。1995 年，境域种植粮食作物 2463.6 公顷，粮食总产 3.05 万吨。2000 年起，推广种植优质稻。2001 年，推广水稻＋果蔬种植模式。2004 年，国家实行农机补贴政策，农民购买农机积极性提高。2005 年，粮食种植面积 4463.6 公顷，粮食总产 3.17 万吨。另种蔬菜、玉米、马铃薯 800 公顷。2007 年，境域有小型拖拉机 17 台，耕种机 1050 台，机滚船 470 台，联合收割机 47 台，机耕面积 4600 公顷。2009 年，种植优质稻 1396.33 公顷，优质率 32%。2015 年，境域有大中型拖拉机 5 台，小型拖拉机 19 台，耕种机 3295 台，机耕船 829 台，插秧机 10 台，联合收割机 131 台，机耕面积 6150 公顷，基本实现农业机械化。全镇种植水稻 2488.06 公顷，粮食总产 3.1 万吨，种植红薯、黄豆、棉花、油料作物 300 公顷。

养殖业

境域养殖以饲养生猪为主，兼养牛羊、家禽和鱼类。民国时期，农民私养生猪。中华人民共和国成立后，贯彻政府“私养公助”方针，帮助农民养猪。1957 年，境域出栏生猪 1.27 万头，年末存栏生猪 1.7 万头。1958 年，不许私人养猪，建集体养猪场 44 个。随后连续三年自然灾害，养殖量骤减。1962 年，境域出栏生猪 3401 头，年末存栏生猪8054头。1970年，鼓励社员养猪，养猪业逐年回升。1972年，境域白田、五星、仁厚3公社出栏生猪1.26万头，年末存栏生猪1.23万头。1974年，白田公社和沙田公社定为活大猪出口基地，发展改良杂交猪出口。1979年，白田公社进行“约克夏”种公猪配种试点。1981年，发展32个养蚕专业户，产蚕1210千克，收入3967.81元。1994年，发展网箱养鱼。1995年，全镇出栏生猪13.2万头；饲养家禽16.8万羽；产蜂蜜148千克。1996年，境域有200多家养猪专业户，有以养殖团鱼为主的特种水产养殖户20多家。1997—2002年，发展特色养殖，以三迁、东茅、石江、上扶村为中心发展饲养土鸡；以南薰山为中心发展养牛、养羊；以五星、桥铺村为中心发展奶牛、土鳖、水蛭。2009年，推行能繁母猪保险，入保母猪4800头。2015年，境域饲养生猪12.5万头，出栏生猪10.9万头；饲养家禽1.38万羽；养牛506头；养狗10360只；养山羊1747只；水产品总产238吨。

林业

民国时期，境域林地归少数人所有，植被多为自然生长。1951年土地改革时，农民分到山林，林权归农民所有。1962年，山林所有权固定到生产队，归集体所有。1964年，开始兴办集体林场。1978年，境域有公社林场3个，大队林场35个，林场林地面积397.07公顷。1981年，实行林业“三定”（稳定山林权、划分社员自留山，确定林业生产责任制），4085公顷林地作社员自留山，并发给使用证。集体统一经营和大户承包795公顷。1982年，有公社林场4个。1987年，实行自留山和责任山“两山并一山”为自留山。1989年，境域有镇属林场2个，村林场6个，全镇林地4600公顷，森林覆盖率45%。1995年，境域有林地6311.56公顷。1999年，封山育林3200公顷，成幼林抚育270公顷，低产林改造8公顷。2002年，启动退耕还林，至2005年，共退耕还林330.7公顷。2007年，有花卉种植专业户5户，建小水果基地8处，新增南竹、国外松、杉林等10.3公顷。2009年4月，启动集体林权制度改革，纳入林改面积4863.8公顷。至2010年11月，发证林地4519.85公顷，发证12302户，发证率92.93%。2015年，境域有镇林场6个，村林场18个，林地397.07公顷，森林覆盖率65%。

工业

民国时期，境域有私营青瓦窑及铁、木作坊，工业基础薄弱。中华人民共和国成立后，发展一些与农村生产、生活要求相适应的小厂家、小作坊。1975年，境域有副食品加工厂4家，小型饲料厂32家，农肥厂26家。1978年，新建水泥厂，年产423#水泥5万吨，产品销往深圳、广州、衡山等地。1983年，有社队工业企业23家，企业总收入130.73万元。1983—1986年，先后成立工程公司，建汽修厂、豆制品加工厂、水泥预制厂、灯泡厂、红碎茶厂等一批企业。仁厚红碎茶厂共出口红碎茶153吨。1995年，境域有工业企业823家，总产值3200万元。1998年，企业改革，拍卖水泥厂和农机厂，对沙田仪表厂、白田化工厂等实行租赁制。2002年，有竹木板加工厂3家，米酒、副食品加工等农户100家。2007—2008年，有金穗米业、东旺食品、仁厚制革厂、利华胶粘厂、保龄球厂、湘峰家具制造厂、湘轩食品厂等10多家工业企业，形成以向东桥为中心的工业园区。2011年，引进新湘大王食品、永鑫石材企业，全镇工业总产值1.6亿元。2015年，境域有10家工业企业，其中2000万元以上规模企业6家，工业总产值9.5亿元。

商贸服务

民国十二年（1923），境域有沙田街、分路口、长江桥、茶子坳、至公亭等农村乡铺子（商店）。20世纪50年代，沙田街设有贸易、百货、花纱布、盐业等国营商业批发网点，批零兼营。1958年，集市贸易中断。1961年，恢复集市贸易。1983年，小猪交易市场营业，年销售小猪8.5万头，成交额196万元。1984年，有56个经销店，44家屠坊，384个商业服务企业，社会消费品零售总额350万元。1985年，上市小猪18万头，成交额492万元。1986年，境域设工商所，有分路口和沙田街2处集贸市场，个体商户110家。1995年，有集贸市场3个，农产品市场、小猪贸易市场、建材交易市场各1个，赶集日平均5000人参加。2000年，投资120万元兴建白田商贸大楼，镇区个体工商户120家。2003年，投资2万元，扩建农贸市场，加设摊位240个。2005年，有分路口、沙田街、丰年堂、至公亭、倒祠湾、向东桥5个集贸市场，经商门面700多个。2015年，有536家商铺，从业人员1237人，社会消费品零售额1.1亿元。

财政金融

1954年，境域有仁厚、长江、板塘、上扶、石门、东茅、桃丰等9个乡信用社。1962年，境域有白田、沙田、仁厚、大坪、五星5个公社信用社。20世纪60年代，财政收入主要来自农业税；70年代增加企业税。1984年，中国农业银行湘乡县支行在白田建立营业所；同年，建立白田、沙田、仁厚3个财政所。1986年，境域有中国农业银行湘乡县支行基层营业所；中国人民财产保险股份有限公司在白田设立业务代理站。1988年，白田镇建有邮政储蓄所。1994年，镇税务所建立。1995年，白田镇、沙田乡、仁厚乡财政所合并成白田镇财政所。全镇财政总收入397万元，总支出397万元。1996年，成立白田镇农村合作基金会。1999年，仁厚、白田信用社合并为白田镇信用社。白田镇农村合作基金会撤销，其业务并入白田镇信用社。2003年，调减农业税，停征屠宰税。中国太平洋人寿保险股份有限公司在白田镇设立保险代理站。新华人寿保险股份有限公司在白田镇设立保险站。2005年，免征农业税，镇财政收入126万元，支出146万元。2009年，信用社年末存款余额2.15亿元。2015年，镇财政总收入2072.76万元，财政总支出1987.26万元。农业银行、信用社、邮政储蓄3家金融机构年末储蓄存款余额4.1亿元；3家保险机构保费收入1.93亿元。

基础设施

交通运输

民国时期，境域无公路。1958年，建白（田）停（钟桥）、白（田）偕（乐桥）、月（山）白（田）3条公路。20世纪70年代，镇内沙田街、仁厚设汽车客运代办站。1984年，有4条县道过境，共长10.2千米。1994年，境域开通客运班车，建成乡道沙（田）班（桥）线，长3.2千米，建成沙（田）白（石）线，长7千米。1995年，村组通公路，村路总里程189千米。1996—1998年，镇投资50万元，整修月白线等3条乡道，拓宽湘（乡）白（田）线、白停线，硬化沙田街分路口水泥路面1000米。2000年，全镇31个村通汽车。2007年，新建镇汽车客运站。2010年，镇投资200多万元，硬化村道6.1千米。2015年，境域主要公路有：湘白公路，境域长18.6千米；月（月山湾）白公路，境域长17.92千米；白停（停钟桥）公路，境域长3千米。途经镇境的公路还有湘（乡）宁（乡）公路、白（田）狗（狗家塘）公路、花（坪）灰（汤）公路、仁（厚）翻（江）公路、大（坪）丰（年堂）公路、南东公路（白田至丰年堂）、灰

（汤）虞（唐）公路。境域公路总长约110千米，村级公路总长233.4千米。

邮电通信

1956年，境域丰年堂设邮政所。1958年，境域建白田公社邮电局。1986年，白田和仁厚设县邮电局农村电话交换点。1995年，有8个村通程控电话，共装机134部。2002年，电信部门投入1000万元完善电信网络，安装电话400门。2003年，镇设邮电支局。2005年，邮政投递线路通达29个村，占85.3%。2006年，新建上麓、东茅两处移动通信基站。2007年，建成至公、中兴两座移动通信基站，镇信号覆盖率95%。2008年，建立农村移动代办网点，共有移动、联通通信基站10座，新增固定电话592台，有移动用户800多户，通信入户率95%。同年，全镇34个村都开通邮政投递线路。2015年，全镇有邮政网点1个，电信基站网点8个，19个村通宽带，邮政业务收入250万元，电信业务收入137.7万元。

供电供水

境域村民历来饮用塘水、井水；照明用桐油、煤油。1973年，有11个大队架通从韶山入境的输电线路共28千米。1979年，有9个大队通电，低压线路合格率80%。1980年，11个大队通高压电，2963户用电灯照明。1988年，用电覆盖全域。1989年，新建自来水井1口，安装配电变压器2台，电灯照明3591户。1990年，境域有低压架空线路143.8千米。1995年，全镇用电量26万千瓦时。2002年，政府投资600万元，建成3.5万伏白田变电站。2008年，全镇有配电变压器78台。供电线路5条，总长136.86千米。用户通电率100%。2004年，投资240万元，完成4个村农网改造，启动3个村低压整改，增加变压器19台。2005年，投资160万元，修建白田镇供水厂。2014年，投资680多万元，建设熏山、上麓2个村安全饮水单村工程和上扶、班桥村集中供水工程。2015年，6个村通自来水，全镇安全饮用水率92%。

水利建设

民国时期，境域水利设施少。1954年，建成皂水水库，可蓄水12.7万立方米，可灌田73.3公顷。1956—1958年，建成完小、桃丰、沙田、长江等4座水库，共可蓄水707.85万立方米，共可灌田1000多公顷。1959年4月，建成上扶水库，可蓄水320万立方米，可灌田367公顷。1960年，建成石门水库，可蓄水28.3万立方米，可灌田41.3公顷。1966年，长江水库扩容升为中型水库，可蓄水1170万立方米，修干渠6条，总长62.2千米，境域23个村受益，受益面积1237.4公顷。1973年，建成坳头水库，可蓄水10万立方米，可灌田16.67公顷。1978年，建成白石水库，可蓄水23万立方米，可灌田16公顷。1979年，建成高丰山水库，可蓄水36万立方米，可灌田57公顷。1995年，境域有4904口山塘，31处河坝，加上水库放水，自流灌溉面积2150公顷。1996—1998年，投入水利建设资金650万元，维修水利工程1160处。2003年，投资450万元，整修楠珠桥坝和向阳坝，对上扶、皂水等4座水库除险加固，整修长江水库左渠道五星地段4千米渠道。2011年，投资1050万元，对石门、高峰山水库除险加固，渠道清淤120千米，加固整修山塘45口。2015年，境域有中型水库1座，小㈠型水库1座，小㈡型水库8座；水塘4771口；渠道总长176千米；可灌溉农田2533.33公顷，旱涝保收1866.67公顷。

村镇建设

1995年，镇政府规划镇区面积1.5平方千米。投资16.53万元，新建商品住房9864平方米，新增临街门面75个。1996—1998年，镇列为湘潭市小城镇综合改革试点，投资98.7万元，在镇区安装路灯、街道绿化、新修下水道。2000年，硬化农民街和沙田街2250平方米路面。2008年，4个中心村新增太阳能路灯6盏。2009年，建设镇村生态能源工程，推进改水、改路、改厨、改厕、改栏的“五改”工作。2013年，投资100万元，完善环卫基础设施，新建垃圾焚烧池300个，添置垃圾桶4000个。2015年，镇区面积1.5平方千米，城镇化率13.2%。

社会事业

教育

民国时期，境域有南薰乡中心国民小学。有窦溪、金城2所私立小学。1951年，境域有小学14所，学生910人，教师35人。1956年，新苗完小附设初中班。1958年，新苗完小附中改称为湘乡第七初级中学，另有14所小学，共有学生1500人，教师48人。1969年，小学教育基本普及。1986年，境域有小学74所，初中12所，高中2所，在校学生17041人，教职工807人。1989年，有10个村办农校，9个村办幼儿园。1992年，境域有高中1所（湘乡七中），学生467人，教师51人；有初中4所，学生1452人，教师111人；有小学31所，学生4981人，教师214人。1995年，有高中1所，初中3所，小学30所，共有学生6403人，教师402人；适龄儿童入学率100%；基本普及九年义务教育。1998—2002年，投入300多万元，消除土砖结构校舍。2015年，镇内有初中3所、小学8所，共有学生1992人，教师200人。适龄儿童入学率100%。九年义务教育普及率100%。

文化体育

民国时期，仁厚、白田地区流行皮影戏。1965年，仁厚、白田2个公社建文化站。1981年，建成白田文化中心，有影剧院、图书室、游艺室等活动场地，有1个业余剧团，9个电影放映队。1983年，白田区中学成立青春文学社。1996年，建有线电视站。1998年，开通多路微波。2001年，有微波电视和有线电视用户600户。2004年，有8支腰鼓队。2007年，调整5537户卫星地面接收，新增有线电视用户100多户。2008年，有腰鼓队20多支，西洋乐队10多支，军鼓队1支，龙灯队2支，花灯队1支，狮灯队5支，皮影队1支，花鼓戏表演队5支。同年，镇政府投资10万元，新建白田镇文化大楼。2013年，全镇34个村都建有农家书屋。2015年，全镇共有文化活动室5个、体育健身场所11个、文艺团体15个。

医疗卫生

民国年间，境域著名中医有萧振帆及其门徒皮信涛、萧跃渊等行医。1957年，建立农村联合医院，有西医卫生所、中医联合诊所4家。1980年，境域有1个医院5个医疗点，医务人员29人，每个大队有“赤脚医生”。1986年，有医院1所，设病床40张，有医务人员26人；有卫生院6所，设病床185张，有医务人员93人。1988年始，推行“防保基金制”，建立妇幼防保试点。1995年，境域有1所市（县）级医院，3所乡级卫生院，设病床67张。1998年，发展农村一体化管理，建中心卫生院，下设11个医疗点，31个村设卫生室，有乡村医生36人，接生员34名。2004年，境域有药品经营单位78个，从业人员102人。2005年，扩建白田卫生院办公楼，完善医疗设备配置。2009年，新建白田中心卫生院住院大楼，改建镇计划生育服务所。2015年，镇中心卫生院有医务人员48人、设病床60张，有个体药店2家，有乡村医生58人。

社会保障

民国时期，境域鳏寡孤独及残疾人，社会救助很少，多靠乞讨为生。1954年，境域遇旱，受灾田地300多公顷，政府发放救济款2636元，信用社发放贷款28592元。1958年，境域有白田、沙田、五星、新苗等6所敬老院，入住老人28人。1969年，境域发生洪灾，政府发放救济款2万多元，救济村民482户。1984年，境域有白田、沙田、仁厚3所敬老院，入住23人。1999年，对复员退伍军人184人、在乡伤残军人9人、三属人员14人发放优抚金64272元。2005年，境域有“五保”户278户，全年发放生活费10多万元。2006年，推行新型农村合作医疗制度，参合率46.5%。启动城乡居民最低生活保障制度。同年，建白田镇敬老院，供养“五保”老人53人。2008年，境域有818户1446人享受农村低保待遇，45户52人享受城市低保待遇，共发放低保金108万元。2010年，有重点优抚对象181人，领取优抚金4.53万元。2011年，启动农村社会养老保险制度，参保人员21563人。2015年，镇内40153人参加农村合作医疗，参合率95%；给“五保”老人725人发放生活费152.63万元；给1766户2074人发放低保金36.42万元；给8797人发放养老保险金799.33万元。有重点优抚对象208人，发放优抚金16.64万元。

人民生活

民国时期，境域经济落后，人民生活困苦。中华人民共和国成立后，人民生活不断改善。1956年，境域人均口粮约250千克，人均居住面积约15平方米。1978年，人均口粮300千克，人均居住面积20平方米。1984年，人均口粮300千克以上，人均纯收入476元，新建楼房456栋，购买农用汽车6辆。1995年，人均口粮500千克，人均纯收入1650元，新购汽车21辆，新建楼房925栋。人均居住面积达30平方米。2005年，人均纯收入3345元，境域有小汽车20多辆，摩托车1300多辆。2015年，人均收入1.1万元，人均居住面积45平方米。

特色地情

历史人物

文小谢（1904—？） 女，湘乡沙田乡星辉村（今白田镇）人。中共党员，北伐军克复湘乡时，积极动员妇女支援前线。被选为县女界联合会会长。组织妇女开展妇女解放运动。1927年，当选为县农协执委。大革命失败后，辗转外地从事党的秘密活动。1928年，在长沙以开面粉店为掩护，从事党的联络活动。1932年，在上海从事党的秘密活动时，险遭围捕。1933年考入上海美术专科学校。1935年，在江西赣县女子师范任教。抗日战争时期，投笔从戎，与湘乡地下党保持联系，后因战乱，与家中失去联系。

萧杰五（1899—1985） 湘乡县茶子坳（今白田镇）人。1920年，赴法勤工俭学。1921年回国。1924年参加中国共产党。1927年第二次赴法，同年被派往莫斯科东方大学学习。1930年回国，在多所大学任教。抗日战争时期，曾任苏联红军援华抗日空军大队翻译。回国后，先后在湘乡中学、东山学校教授英文。1946年后，在湖南南岳省立高等商学院、湖南大学、武汉大学任职。致力于土地经济研究，是该学科的开拓者、奠基人。

风景名胜

桃花寺 位于白田镇三迁村和石江村交界地段。始建于南北朝梁时期（502—557）。明洪武年间（1368—1399）扩建为上下两殿，香火鼎盛。

清康熙年间（1662—1723）再经整修。1941年由宁乡东务山乡原湘军军长叶开鑫及地方善信修缮。后于“文化大革命”时期遭毁。2001年12月，欣远法师和当地信士刘梦航筹资于原址重建桃花寺，2004年9月竣工。

雷祖殿 位于白田镇薰山村南薰山。山顶北坡原有一座建于明朝末年的雷祖殿，因战火损毁，年久失修仅留一间石屋。2001年，全部倒塌。2002年，薰山村老石匠陈连方开始重建，经过13载建成。现今的雷祖殿立于山顶，前有南薰山门、雷祖殿、焚香塔、殿内有高约7米的弥勒佛像。整个建筑占地约200平方米，所有建筑全为花岗岩材质，耗用花岗岩上千吨。

（撰稿：彭濛萌）

育塅乡 >>

区域概况

地理位置

育塅乡位于湘乡市城区北郊，东与龙洞镇接壤，东南与湘乡市经济开发区毗邻，西南与泉塘镇相连，东北与白田镇为邻。相传，明代有人集资在境域田塅中购置“育婴田”，认哺孤儿，得名“大育”。咸丰八年（1858），有人在此塅中置田150亩作为育婴新堂的育婴田。清代、民国时期，以“大育”作为“都”“乡”名，遂一直沿用“育塅”地名。

建置沿革

清康熙三十五年（1696），境域属湘乡县常乐乡大育3都。民国23年（1934），境域属第一区大育乡和第四区凤音乡。1950年，属第一区扬名、大桥、上山、育塅4乡和第四区的轧桥乡。1956年，属石蹬乡。1958年，属城郊公社。1962年，从城郊公社析出，属泉塘区育塅公社、大桥公社和月山区轧桥公社。1980年，大桥公社更名为花坪公社。1984年2月，属育塅、花坪、轧桥3乡。1995年，育塅、花坪、轧桥3乡合并为育塅乡。至2015年，建置无变化。

区划面积

1995年，育塅乡辖小冲、虎冲、花坪、军山、山塘、水桥、东塘、东冲、横路、石泉、南山、水嘶、南坪、轧江、轧坪、石洞、安冲、双桥、直冲、田坪、育塅、中田、石吾、扬名、石蹬、泉龙、长仑、大桥、上山、仁美、松岳、轧桥、南冲、育桥、安乡35个村，432个村民小组。总面积86.12平方千米。耕地面积2152.53公顷，其中水田1949.1公顷，旱土203.4公顷；林地3853公顷；水域750公顷。2014年，行政村合并，小冲和虎冲合并为双冲，花坪和军山合并为花坪，山塘和水桥合并为山水，东塘和东冲合并为东塘，横路、石泉和南山合并为新横路，水嘶和南坪合并为水嘶，轧江和轧坪合并为石磊，石洞与安冲的金山冲、桐子坨、新屋等11个组合并为石冲村，双桥与安冲的铁家冲组合并为双桥村。年末，全乡辖26个村，424个村民小组。2015年，全乡总面积未变，耕地面积2050公顷，其中水田1908公顷，旱土142公顷；林地3850公顷；水域725公顷。

自然环境

境域属平原、低丘陵区。东南部偏低，东西部偏高。云盘寨，海拔248米，为最高峰。楠木寨，古名钧山，是历代兵家驻防保卫县城的重要关隘寨堡。育泉河两岸为小型平原。境域属涟水水系。

域内石狮江支流轧桥河、育泉河从北岸汇入涟水。轧桥河从石磊村入口，流经水嘶村，在安乡村流出。育泉河长14千米，发源于育塅大冲杨梅寨南部，沿途7条小溪汇入，由北向南流入涟水，流域面积54.2平方千米。境域处中亚热带季风湿润气候区。冬冷夏热，四季分明，无霜期长，光热充足，雨水较多。年平均气温为17.3℃，年降水量约为1312毫米。常年主导风冬季为北风，夏季为南风或偏南风。矿藏有石灰石、花岗岩、河砂和铁。树木有马尾松、杉、栗、杨等，野生动物有野猪、野鸡、麻雀、蛇、蛙等。

人口民族

1995年，境域有10745户37751人，其中男性19218人，占50.91%；农业人口36803人，占97.49%；少数民族26人；人口自然增长率2.87‰。2000年，全国第五次人口普查，境域有9688户32787人，其中男性16757人，占51.11%；农业人口31761人，占96.87%；少数民族42人；人口自然增长率5.17‰。2010年，全国第六次人口普查，境域有9853户30564人，其中男性15508人，占50.74%；农业人口29488人，占96.48%；少数民族37人；人口自然增长率8.66‰。2015年，境域有11697户39976人，其中男性20636人，占51.52%；少数民族40人；人口自然增长率8.2‰。

经济发展

经济综述

民国时期，境域以小农经济为主，生产力低下，农业种植水稻，亩产不到200千克。中华人民共和国成立后，境域以种植水稻、蔬菜、经济作物为主，辅以家庭副业和手工业。1982年，实行家庭联产承包责任制，农民的生产积极性调动起来，乡镇企业得到发展。1985年，境域工农业总产值5400万元，其中农业总产值4000万元。1995年，境域工农业总产值1.18亿元，其中农业总产值8500万元。2005年，调整产业结构，加大招商引资力度，工农业总产值3.29亿元，其中农业总产值2.18亿元。2012年，实施“工业带动，和谐兴乡”发展战略和“提升第一产业、发展第二产业、搞活第三产业”的产业发展思路，招商引资4300万元，工农业总产值5.37亿元，其中农业总产值2.5亿元。2015年，引进全市第一家上市企业北京嘉寓门窗幕墙有限公司。境域工农业总产值6.7亿元，其中农业总产值3.72亿元。

种植业

境域种植业历来以粮食作物种植为主。民国时期至中华人民共和国成立初期，农民种植单季稻，亩产不到200千克。1954年，试种双季稻。1956年，推广双季稻。1967年，扩大双季稻种植面积，间作三熟制，亩产300千克。1977年，试种杂交稻，亩产450千克。1984年，全面推广杂交稻，亩产710千克。1995年，粮食种植面积2276公顷，粮食总产3.38万吨。1998年，粮食种植面积2278公顷，晚稻生长期间雨水调匀，气候正常，产量超历史，粮食总产3.39万吨。2000年，推广抛秧和免耕技术，种植优质稻667公顷，粮食总产3.15万吨。2004年起，实施农机购买补贴政策。境域有耕种机1202台，机滚船609台，联合收割机106台，机耕面积6200公顷。2010年，扩大示范种植基地，粮食种植面积2504公顷，总产3.46万吨。2013年，推行集中育秧，在田坪、泉龙、大桥、扬名等8个村设立示范片，集中育秧1308公顷，粮食总产3.21万吨。在长仑村新建蔬菜基地，年产蔬菜10吨。千亩油菜基地落户长仑、松岳、双桥3村。2014年，获“全省先进种粮大户”称号的水嘶村村民李立平，在原有21.87公顷水稻的基础上扩大到32.67公顷，年产粮食425吨。2015年,境域有大中型拖拉机9台,耕种机1437台,机滚船18台,联合收割机174台,插秧机17台，机耕面积6800公顷。粮食种植面积2510公顷，集中育秧80公顷，修复重金属污染耕地114.67公顷，粮食总产3.41万吨。

养殖业

境域有养殖生猪的习惯。民国时期，农户圈养生猪，一般每户一年出栏1~2头。中华人民共和国成立后，贯彻政府“私养公助”的养猪方针，扶助农户养猪。1957年，境域（石磴乡）出栏生猪3500头，年末存栏生猪4400头。1958年后，实行人民公社集体养猪，不许私人养殖，养猪业倒退。1961年，境域育塅、花坪、轧桥3个公社，出栏生猪1098头，年末存栏生猪2135头。1962年，允许私养，养猪业回升。1977年，境域出栏生猪1794头，年末存栏生猪4211头。中共十一届三中全会后，转入以家庭养殖为主，政府鼓励农民养猪致富。1981年，境域出栏生猪1.84万头；年末存栏生猪1.09万头。1995年，境域养殖生猪10万头，出栏生猪6万头；养殖水面750公顷，出水鲜鱼1500吨。1998年，规模养殖迅速发展，有出栏100头以上500头以下的生猪养殖专业户2户、出栏500头以上的养殖专业户20户。扬名村村民胡新民的现代化养猪场，集饲料、加工、养殖于一体,年出栏生猪1000头。2000年,加大生猪品种改良力度。全年养殖生猪11万头，出栏生猪9万头；出水鲜鱼6.1吨。2005年，继续推进生猪品种改良，母猪换代150头，全年养殖生猪15.5万头，出栏生猪13.2万头。2010年，扩大养猪专业合作社，有年出栏生猪500头以上的大户100多户。2015年，养殖生猪8.6万头，出栏7.2万头；养鱼725公顷，出水鲜鱼2008吨。

林业

1978年，境域有公社林场3个，大队林场35个，林场共有林地面积580公顷。1995年，境域有国外松2066.7公顷，杉木林466.7公顷，林木抚育50公顷。2002年，启动退耕还林项目工程，森林覆盖率42.8%。至2005年，退耕还林145.3公顷，封山育林80公顷。2009年，启动集体林权制度改革，纳入改革范围的林地面积为3916.9公顷。2010年,发证林地面积3916.9公顷,发证6501户，发证率100%。年末，有乡林场3个，村林场50个，林场共有林地面积607公顷。2013年，油茶补植补造20公顷，国外松补植补造13.4公顷。2015年，全乡有林地3850.5公顷，森林覆盖率43.69%。

工业

清同治二年（1863），周岳山等人在花坪齐星岭、椰树咀一带开采铁矿，建土炉炼铁。民国年间，周京庚在轧桥大托里开设铸造厂，专产犁头犁铧，销往湘乡各地。1970年，境域有县钢铁厂。1980年,轧桥公社兴办铸造厂,生产犁头犁铧,年产20吨。1984年,育塅开关厂投产。1995年,投资630万元，兴办乡企业淘砂厂、纸袋厂、胶合板厂。境域有水泥厂、汽修厂、饮料厂、石灰窑、鞭炮厂、冶铁制造厂等14家企业,从业者3200人,工业总产值3333.8万元。1998年，建材工业股份公司生产的胶合板获省优产品。2005年，新增湘宁板业、万盛米业、侨泰食品农副产品加工企业，有从业人员3850人。工业总产值1.11亿元。2012年，招商引资4300万元，引进3个项目，从业人员4300人。全年工业总产值2.87亿元。2013年,新型ABS材料厂、龙城定点屠宰场、浩翔门业集团、绿源苗木公司、湖南双飞园林绿化有限公司等相继落户境域。2015年，引进北京嘉寓门窗幕墙有限公司。城郊水泥厂、胶合板厂产品被评为省优产品。全年工业总产值2.98亿元，从业人员4050人。

商贸服务

清代和民国时期，境域集镇有石蹬子、大桥和大育桥。中华人民共和国成立后，境域有石磴子、大桥、大育桥3处供销合作社，供应生产生活物资，收购农副产品。中共十一届三中全会后，私营商业得到发展。1984年，境域有个体商户120户，从业人员167人；从事纺织、理发、修理等手工服务业的人员有2028人。1995年，境域有商店250个，从业人员340人，年社会消费品零售总额3800多万元。2000年，引进资金100万元，在境域新建门店100余个，有泉龙山庄、育桥农家乐、四六饭店、院里香等17家农家乐和绿源苗木、湖南双飞园林绿化有限公司等企业，从业人员3000人。年社会消费品零售总额1.8亿元。2015年，境域有集贸市场3处，商店320家，服务型企业21家，从业人员3650人。社会消费品零售总额2.5亿元。

财政金融

1954年，境域有扬名、大桥、上山、育塅、轧桥5个乡信用合作社。1958年，人民银行在境域设立乡银行。1962年，境域有育塅、大桥、轧桥3个公社信用社。1995年，境域有育塅、花坪、轧桥3个信用社。乡财源主要是农业和企业税收，财政总收入250万元，财政总支出310万元。1998年，倒闭、停产4家企业，税收减少，财政收入156.7万元，支出156.8万元。2003—2005年，国家先后停征屠宰税、免征农业税，财政收入减少。2008年，财政总收入413万元，财政总支出502万元。2012年，招商引资，乡办企业增加，财政收入2000万元，财政总支出1870万元。2015年，财政收入1985.85万元，财政总支出1796.23万元；境域有农村信用合作社2家，邮政储蓄1家，年末储蓄存款余额1.28亿元。

基础设施

交通运输

民国时期，县道县弦路（县城至石坝）在育塅过境，境域长20千米。1956年，花（坪）灰（汤）、湘（石蹬）韶（荷叶塘）公路建成通车；安（化）湘（乡）公路开工建设，由县城通往花坪的12千米，于1957年竣工通车。1958年，境域建成陈（家湾）大（冲）、育（塅）泉（塘）2条乡道，共计11.3千米。1996年，投资20万元，对7.5千米湘（乡）壶（天）线进行改造。1998年，湘壶线砂路改油路，拓宽湘（乡）白（田）线，修复向东桥，新修村道10千米。2000年，灰（汤）花（坪）线砂路改油路。2001年，花坪至沙田7千米砂路改油路。2005年，境域村道硬化6千米；维修军山、小冲、虎冲等村村道20千米。2015年，乡村道路全部硬化，境域有公路约30千米，村道172.6千米，市城区的公交车直达花坪，有多趟从市城区开往月山、壶天、白田、马坪的过境班车。

邮电通信

1949年，轧桥设立邮政代办所。1956年，石蹬子设立邮电所，湘乡县邮政局自办汽车邮路过境。1997年，新建程控电话交换点1处，安装程控电话81门。1998年，新装程控电话200门。2000年，投入300万元，建成邮电支局交换点。电信光缆扩容，移动、联通公司新建2座通信基站，新增程控电话58门。2001年，开通程控电话7000门。2006年，境域有固定电话2079台，移动电话2100部。在双冲、石蹬、石冲村新建通信基站3座。2015年，移动、联通、电信信号全覆盖，全乡移动电话2.1万部；固定电话3000台；26个村通宽带，用户4000户。

供电供水

境域村民历来饮用塘水、井水。1977年，湘乡铃子桥220千伏变电站建成投运，境域开始用电照明和生活。1988年，境域有27台变压器，总容量1845千伏安，对境域供电。1995年，农户采取打机井的方式，建机井12口，34783人饮用清洁卫生水，占总人口94.64%；连片供水3处，自来水饮用率达41.61%。2000年，14个村进行电力线路整改。农网改造全面铺开。2001年，投资600万元，建设花坪变电站，对育塅、花坪、仁美、直冲村农网进行改造。2010年，启动“水、电、路、通信”四大工程，总投入600万元。2011年，全乡完成农网改造。2015年，投资618万元，建成育塅集中供水水厂，1.2万人饮用自来水，自来水饮用率70%，农户用电率100%。

水利建设

1954年，在扬名乡建成石坦塘水库，蓄水2.4万立方米，可灌田10公顷。1956年，建成庵冲水库，蓄水15.8万立方米，可灌田56公顷。1958—1960年，建成南海、石洞、青年、楠木水库，共蓄水66.1万立方米，可灌田162公顷。1966年，韶山灌区建成通水，境域有红仑支渠，长7.86千米，灌溉20公顷以下渠道7条，长4.36千米，受益3个村54公顷。1970—1975年，建成回水湾、南山、划船塘、南池塘、泉龙、大冲、胜虎山水库，共蓄水390.7万立方米，可灌田481公顷。同期，建成柴油机械提水31处，装机44台，共762.96千瓦，可灌田306公顷；育塅石吾塘水轮泵站，装机一台，灌田3.3公顷。1979年，建成小冲、滚碧塘、军山、大坝塘、长仑5座小型水库，共蓄水295.2万立方米，可灌田513公顷。1986年，域内有山塘2577口，蓄水量552.6万立方米，可灌田470.8公顷。1996年，流经境域的韶山灌渠灌田70.67公顷，长江水库渠道水灌田26.67公顷；有大小水利设施1320处，其中固定机埠37处，装机895千瓦；有大小山塘2546口。2005年，投资570万元，改造蓄水工程602处，增加蓄水量40万立方米。2015年，境域有小（一）型水库4座、小（二）型水库14座，拦河坝2座，蓄水量880万立方米；大小山塘2540口；抽水机埠480处，其中80千瓦的2处；大小渠道42千米。

村镇建设

清代和民国时期，境域有石磴子、大桥和大育桥3个集镇。1980年，3个集镇分别成为交通、物资流通并向附近农村辐射的多功能小型集镇中心。1996年，投资65万元，建乡财政所办公地。2006—2009年，实施“万村千乡”工程，仁美、安乡、轧江等17个村建19家村级店。2013年，投入资金135.5万元，建设26个环卫重点示范村；境域共建垃圾池183个，焚烧池880个。2015年，境域规划区面积0.92平方千米，建成区0.35平方千米，住户550户，2586人。城镇化率9%。

社会事业

教育

清代，境域设有私塾。民国末年，在大桥刘家祠堂设大育乡中心国民学校。1952年，境域有小学27所，学生4858人，教师404人。1987年，贯彻《中华人民共和国义务教育法》，调整学校布局。1992年，境域有初中3所，学生1354人；有小学27所，学生4558人；共有教师370人。

1996 年，整修育红小学、上山小学危房；建成合格学校 3 所。1997 年，适龄儿童入学率 100%，小学毕业生升初中升学率 99%，基本普及九年义务教育。2005 年，投资 66 万元，改造、维修学校 17 所。2008 年，境域有初中 3 所，学生 624 人；小学 9 所，学生 2223 人；共有教师 277 人。2009—2013 年，轧桥中学新建教学楼，育红、大桥学校建成合格学校。2015 年，境域有初中 3 所，学生 377 人；小学 7 所，学生 1999 人；共有教师 221 人；适龄儿童入学率 100%；有幼儿园 8 所，入园幼儿 223 人。

文化体育

1965 年，境域有育塅、大桥、轧桥 3 个公社文化站，并配有兼职文化辅导员。1982 年，有 3 个电影放映队。1983 年，建成花坪文化中心。1989 年，建成育塅万册图书馆。2001 年，有线电视进入农家。2006 年，发展有线电视用户 76 户。2010 年，成立育塅文学艺术界联合会。2012 年，全乡有农家书屋 35 家，无线数字电视用户 1860 户，34 个广播室，并建成 300 平方米的综合文化站。2015 年，境域村村有农家书屋、体育健身场地、广场舞场地；乡有文化站，村设文化协管员，负责文化体育活动的组织辅导等工作；有各种文艺队伍 40 支，3000 多人；有线电视入户 4300 户。

医疗卫生

民国时期，境域有个体行医，私人药店，主要采用中草药防病治病。中华人民共和国成立后，个体医生参加联合诊所。1965 年，有育塅、大桥、轧桥 3 个公社卫生院，联合诊所并入卫生院。1989 年，境域有 3 个卫生院，共设病床 22 张，有卫技人员 42 人。1995 年，3 个卫生院合并为育塅乡卫生院。2007 年，育塅乡中心卫生院配备 DR（医用数字直接成像系统）、彩超、全自动生化仪等高档医疗设备。2014 年，全乡开展重大传染病防控和农村妇女妇科病普查普治，中心卫生院和村卫生室全面实施基本药物制度改革。2015 年，乡卫生院门诊大楼建成投入使用，设病床 28 张，有医护人员 14 人。35 个村设卫生医务室，有个体医生 45 人，个体药店 8 家。

社会保障

1984 年，境域有 1 所乡敬老院，入住“五保”老人 12 人。1995 年，有“五保”老人 387 人，全部按政策供养。1999 年，有复员退伍军人、伤残军人、烈属、因公牺牲和病故军人家属等优抚对象 191 人，发放优抚金 6.4 万元。2005 年，推行新型农村合作医疗制度。2006 年，26800 人参加合作医疗，参合率 85%。同年启动城乡居民最低生活保障制度，106 人享受低保待遇。2010 年，新建敬老院。有伤残军人、参战参核人员等优抚对象 200 人，发放优抚金 5 万元。2012 年，投入 50 万元，改善敬老院设施。同年，全面铺开城乡居民社会养老保险工作，养老保险参保率 90%，到 2013 年，全乡有 12450 人参加养老保险，参保金额 151.8 万元。2015 年，境域有“五保”老人 420 人，发放生活费 118.46 万元；有 12297 人参加城乡居民社会养老保险，个人缴费 152.72 万元；7085 人享受养老保险待遇，发放养老金 693.6 万元；2213 人享受农村低保待遇，发放低保金 258.89 万元；187 人享受城市低保待遇，发放低保金 52.1 万元。38776 人参加新型农村合作医疗，参合率 98%。有伤残军人、参战参核人员等优抚对象 254 人，发放优抚金 15.2 万元。

人民生活

20 世纪 50 年代，生产力落后，靠天吃饭，稻谷产量不高，饱腹用红薯等杂粮补充。大多住茅草房，穿自家织的土布。“文化大革命”期间，人民生活水平停滞不前。中共十一届三中全会后，农村实行家庭联产承包责任制，经济不断发展，人民生活得到改善。1983 年，境域粮食增产，农民温饱问题基本解决，人均纯收入 452 元，人均住房面积 21 平方米。1995 年，境域人均纯收入 1610 元，人均住房面积 28.05 平方米。1997 年，人均纯收入 2280 元，新建红砖楼房 500 栋，有 5000 农户住进新楼房，占农户总人数的 50%，人均住房面积 34 平方米。农户新购汽车 200 辆，电话、摩托车、手机等现代交通通信工具进入各家各户。1998 年，湘潭市政府命名育塅乡为“小康乡”。2005 年，农民人均纯收入 3628 元，人均住房面积 43 平方米。2010 年，农民人均纯收入 6184 元。2015 年，农民人均纯收入 1.2 万元，人均住房面积 70 平方米。

特色地情

名优特产

蓑　衣　蓑衣用草或棕制成，为农民披在身上防雨用具，原是农家必备物品。专门编织蓑衣的人被称为“蓑衣匠”，境域“蓑衣匠”代表人物何云桂，其编织的蓑衣设计轻巧，防渗性强，深受广大群众的喜爱。1970 年后，因化纤等新防雨用具出现，从事编织技术的“蓑衣匠”逐渐改行，“蓑衣匠”濒临失传。蓑衣多被用来当成艺术品观赏。2014 年，育塅蓑衣技艺入选湘乡市非物质文化遗产名录。

（撰稿：刘意帆）

新湘路街道

区域概况

地位位置

新湘路街道位于湘乡市城区西北部，东南与望春门街道、昆仑桥街道毗邻，东北与育塅乡、东郊乡交界，西北与泉塘镇接壤。境域的东风广场至壕塘十字路口路段称为“新湘路”，新湘路街道以路定名。

建置沿革

清康熙三十五年（1696），境域属湘乡县宣化乡悦来二坊。民国23年（1934），属第一区湘涟镇。中华人民共和国成立后，属城关镇。1958年，属城郊人民公社。1962年，撤销城郊公社，仍属城关镇。1987年，从城关镇析出，建新湘路街道。至2015年，建置无变化。

区划面积

1987年，新湘路街道总面积10.2平方千米，有耕地232公顷，其中水田148.53公顷，旱土83.47公顷；可养殖水域3.42公顷。下辖白托、城西、梅坪、长桥和壕塘5个村，北正街和红仑2个居委会。2003年，梅坪、壕塘村改为社区。2010年，长桥村改为社区。新建湘铝居委会、新港社区。2015年，下辖白托、城西2个村和北正街、红仑、新港、壕塘、长桥、梅坪、湘铝7个社区，19个村民小组，164个居民小组。境域总面积不变，由于国家建设和工业园征地，耕地减少到71.8公顷。

自然环境

新湘路街道属丘岗向河谷平地过渡地带，地势西北高，东南低，境域溪流和城市排放水流均汇入涟水河。境域属亚热带季风湿润气候，四季分明、雨量充沛、雨热同季。年平均气温17.3℃，年均降雨量1312.8毫米。

人口民族

1987年，境域有22374人，其中男性11410人，占51%；非农人口17254人，占77.12%；人口自然增长率8.25‰。1995年，有9228户26615人。其中男性13847人，占52%；非农人口15684人，占58.93%。人口以汉族为主；人口自然增长率6.47‰。2010年，全国第六次人口普查，境域有13008户35127人。其中男性19685人，占49.58%；非农人口29086人，占60.46%；少数民族86人；人口自然增长率9.13‰。2015年，有16750户48200人。其中男性24100人，占50%；少数民族86人；人口自然增长率10.2‰。

经济发展

经济综述

1987年，境域工农业总产值1383.97万元，其中工业总产值685.97万元，农业总产值698万元。1995年，工业企业完善经营管理责任制，农村调整产业结构，工农业总产值2.19亿元，其中工业总产值2.12亿元，农业总产值724万元。2002年，引进资金4500万元，发展民营经济。2005年，工农业总产值9.127亿元，其中工业总产值8.88亿元，农业总产值2478万元。2010年起，建设建材、副食、水果等5个批发市场。2013年，70多家企业入红仑工业园落户。2015年，境域工农业总产值15.5亿元，其中农业总产值3100万元。

种植业

境域种植业以水稻为主，兼种蔬菜和其他经济作物。1987年，白托、城西、长桥、壕塘、梅坪5个村种植水稻148公顷，粮食总产1210吨。1990年，部分农田实行稻菜轮作制，每年种一季水稻一季蔬菜，提高经济效益。1995年后，建设用地逐年增加，耕地面积逐年减少。2008年，境域种植水稻105公顷，粮食总产1185吨。2015年，种植水稻46公顷，粮食总产467.5吨，种植油菜15公顷，蔬菜10.5公顷。

养殖业

1987年，境域有大小水塘30多口，可养殖水域3.42公顷。池塘养鱼由农户轮流承包，除了自给外有少量上市。1995年后，水域面积逐年减少。2005年，长桥村成立养猪协会，生猪饲养形成一定规模，全村出栏生猪2.6万头。2008年，境域出栏生猪2.72万头，存栏生猪1.3万头，出笼家禽1万羽。2010年，境域出栏生猪3.1万头，实现养猪收入51.2万元。2014年，境域仅有白托、城西2个村有可养水域1.5公顷。2015年，因红仑工业园征收土地，长桥村亦失去养猪条件。

工业

1958年，境域有国有大型企业湘乡铝厂，主要生产氟化盐等产品。1969年，有社会福利日用品厂。1972年，更名湘乡无线电厂。1987年，境域有市属集体企业湘乡棉织厂、湘乡制鞋厂、湘乡纸箱厂3家；有街道企业热工机器厂、新湘机械厂、新华化工厂、电线厂和龙城建筑工程公司5家。主要从事机械制造、机械加工、民用化工、棉布、制鞋、纸质包装及建筑服务等。有从业人员8000人。另有村办企业25家，从业人员500多人。2001年，湘乡铝厂改制，先成立湘铝有限责任公司，后重组成立湖南有色氟化盐有限公司。2002年，境域集体企业全部改制，企业资产向社会公开拍卖。2005年，湘乡红仑工业园组建。2007年起，70多家民营企业陆续落户园区，主要行业有机械制造、电子电器、皮革加工，食品加工，医疗器械等。2010年，境域共有工业企业20家，从业人员6500人，工业总产值16.05亿元。2015年，境域有工业企业22家，从业人员1876人，工业企业总产值30.79亿元。

商贸服务

清代，境域北正街静正街有经营南货、日杂店铺。民国时期，店铺及经营品种增加。中华人民共和国成立后，境域有百货、花纱布批发部；零售商贸服务业有：英姿百货店、文新饮食店、新湘饭店、红仑商店、东风商店、百货大楼。1987年，境域有供销社及医药、百货、南杂、肉食、粮油、理发、旅馆、搬运等门店12家。1988年后，商贸服务业得到发展，至2010年，境域先后建起建材大市场、金海烟酒副食南杂大市场、农贸市场、水果批发市场和伏虎井商业街，新增店面2400多个。2012年，境域有休闲、娱乐、美容、美发、汽车销售、医药等服务业34家。2015年，境域有商贸服务企业48家，个体商贸户350户，社会消费品零售总额5.54亿元。

财政金融

清咸丰年间，境域有钱庄，光绪二十八年（1902）倒闭。民国7年（1918），张敬尧开办裕湘银行，是年倒闭。民国32年（1943），中国农业银行湘潭办事处在平政桥设分理处，供应农民资金，促进农业生产。民国33年（1944），分理处撤销。中华人民共和国成立后，街道财政收入主要靠税收。1988—1994年，境域有工商银行网点2处，信用社1家。街道财政收入每年不足200万元。1995年，企业发展，税收增加。当年，街道财政总收入203.83万元。2006年，财政收入增加到304万元。2008年，财政总收入642万元，总支出885万元。2010年，民营企业迅猛发展，税收增加，当年财政总收入1242.56万元，财政总支出1177.68万元。2015年，境域有湘乡市农商银行、工商银行湘乡支行等6家银行及多家保险公司营业网点。当年，街道财政总收入1646.86万元，财政总支出1379.94万元。

基础设施

交通运输

民国16年（1927），潭宝公路建成，境域长1千米。1957年，安湘公路建成，过境1千米。1998年，建成娄湘公路，起自境域壕塘口，经可心亭、泉塘镇，止于娄底市，过境4千米。2002年，境域建湘乡大道，连接沪昆（潭邵）高速公路，全长2千米。2005年起，对村道进行硬化，至2014年的10年间，共硬化32.08千米。同年，湖南神龙丰物流有限公司进驻境域，年物流周转量1000万吨。2015年，境域有公路7千米，村道33千米，郊外2个村开通公共交通。

邮电通信

清光绪二十九年（1903），境域设立湘乡邮务局，开办邮政业务。宣统三年（1911），长沙电报局将电报线路延伸至湘乡。民国年间，邮务局改名邮政局。长沙电报局增设长沙至邵阳1对线路在湘乡进局，可通电报。中华人民共和国成立后，县政府接管邮政局。境域居民办理邮务直接到县邮局办理，邮件由局信差（邮递员）徒步传送。1953年和1958年，湖南省邮电局架设湘乡至涟源、邵阳电报线路。1958年，县城投递段由步行改为自行车，每日传送2次。是年，城关镇政府装手摇电话机1台。此后在企事业单位中逐步普及。1964年，省邮政局在湘乡局无线电收发信机，为备用无线电报线路。1990年，邮政、电信分设。1991年，手摇式电话改为自动电话。1995年，开通移动电话网。1998年，移动电话进入百姓家。2015年，境域有邮政快递网点2个，电信基站2处，固定电话3740部，移动电话11200部，宽带用户4700户。

供水供电

民国14年（1925）2月，湘乡新明电灯公司采用42马力柴油发电机发电，境域北正街少数商铺及居民开始用电照明。居民饮水，城内饮用地下井水或从涟水河挑水，郊区居民则饮用塘水和井水。中华人民共和国成立之初，供水供电没有解决。1966年，县政府成立县城供水筹建处，县财政拨款20万元，安装7千米的供水管道，在境域北正街等处建水站，从湖南铁合金厂购买粗制水向居民供水。1972年，供水筹建处在星星大队征地，建成2口大沉井和一个泵站，日供水量1100吨，境域居民饮用水问题基本解决。1987年，境域城乡居民生产生活普遍用电。1990年，开始集中式供水改水工作，至2006年改水工作全面完成。2009年，投资300万元，改造白托村自来水供水工程。2015年，境域所有居民和企事业单位全部用上自来水，郊区95%的村民用上自来水。

水利建设

1966年前，境域农田主要由池塘蓄水灌溉。1966年，韶山灌区北干渠修通通水，境域5个村受益。2006年，投资160万元，新建高标准水渠4.5千米。2007年，投资62万元，维修8口水塘。2010年，投资93万元，对8个蓄水功能较好的水塘和2千米小水渠进行维修加固。2015年，境域有大小水塘18口，高标准水渠6.5千米，5个村70多公顷耕地全部自流灌溉。

街区建设

明永乐年间（1403—1424），新湘路街道境域属县城一部分。其时县城街区初具规模。万历十八年（1590），始设东、南、西、北四门，境域内有北门、西门。清同治年间，境域有北门大街、丁家弄、插口弄、上路口、青云坊等街巷。民国时期，境域街巷布局未变。民国33年（1944），日本入侵县城，北门大街严重受损，县政府对北门大街进行整修，街中铺石板，两侧嵌卵石。街道不宽，不足5米。此时，西门、北门尚存。县城无系统排水设施，地面雨水和生活污水随自然地形流淌。北门口至镇湘楼有条排水沟，水排入涟水。其他巷弄两侧屋檐水由明沟排水，排水不畅。中华人民共和国成立后，陆续对街巷进行改造，增加排水设施和环卫设施。1954年后，新建公共厕所。20世纪50年代末，改造北正街，由石板卵石路面改为“四合土”（土、石、砂、灰）路面。1972年，投资3.32万元，改造解放路，由石板卵石路面改为混凝土路面。1980年，投资7.5万元，扩建北正街，长576米，宽由5米改为7.2米，由“四合土”路面改沥青路面。投资1.2万元，在北门口建垃圾转运场。1982年和1985年，共投资23.3万元，新辟新湘路，长1375米，宽26米，人行道10米，沥青路面。1985年，小街丁家弄、上路口共147米，改砂石路面为混凝土路面。1986年，在街旁置果皮箱和可移动垃圾桶。1989年，实行商店门前“三包”（包卫生、包绿化、包秩序）制度。公厕由旱厕改水厕。在新辟道路及改造旧街的同时，改造和新建排水沟渠。1995年，改造向红路。1996年起，新修桑梅路，在工贸新区建壕塘、梅坪、长桥居民安置区，房产商进驻建设居民小区。1998年，引进国家实用型专利“地理式无动力生活污水处理装置”，在工贸新区试点建设。1999年，广泛推广使用，新建的办公楼、宾馆、酒店、居民小区的生活污水得到初级净化处理。2003—2010年，村先后改为社区居民委员会后，每个社区居委会都设立办公室，建有图书室、老年活动室等。2015年，2个村、7个社区居委会都有行政办公用房。白托村建有办公大楼，集村务管理、图书阅览、文体活动于一体。境域有富康花园、蓉瑾家园、德泽小区、幸福小区、鼎龙家园等10多个居民小区。主要街巷有新湘路、向红路、桑梅路、解放路、车站路、壕塘路、东山北路、新梅路、梅苑路、梅康路、富梅路、长梅路、向阳路、大正街、北正街、梅湘街、长坪街、长富街、长桥街、新华街、梅福街、丁家弄、上路口等20多条，总长约20千米。

社会事业

教育

清乾隆十年（1746），知县张天如在北门药王庙设义学。民国时期，壕塘口有私立绳武小学。1952年，有北正街小学。1980年，有白圫、城西、梅坪、长桥、壕塘、红仑、朝阳小学和湘铝子校、茶场子校9所小学，学生4500人。1982年，境域有朝阳、城西、壕塘3所中学，学生830人，教师83人；小学5所，学生1110人，教师78人。1997年，小学适龄儿童入学率100%，基本普及九年义务教育。2000年，新建新湘中学，城西初中班并入。其后，生源减少，调整学校布局。2012年，境域有初中3所，学生830人；教师83人；小学5所，学生1110人，教师65人。2014年，投资200多万元，新建景云中学，取代新湘中学。湘乡二中高中部、湘乡市第一职业中专迁入境域。2015年，境域有高中（含职高）2所，学生2400人，初中1所，学生265人；小学2所，学生2318人；教师187人。适龄儿童入学率100%。幼儿园8所，入园幼儿250多人。

文化体育

民国31年（1942），白田人文玉峰在境域北正街开设大公书局，经营图书、文具等。1952年，县工商界聚股在北正街建人民剧场。1955年，艺群花鼓戏剧团（后为湘乡花鼓戏剧团）在北正街成立。1970年，湘乡新华书店迁入北正街东岳殿。1977年，在新湘路建有1295个座位的湘乡剧院。可接待湘乡市内外演出团体。1980年，境域建成2800平方米，可容纳观众2500人的湘乡体育馆。可接待国家、省、地区的重大比赛。1995年后，境域陆续新建一批群众文化体育活动设施。2010年，境域有350平方米的综合文体活动中心；7个社区有篮球场10个，乒乓球台20张。有篮球队5支及威风锣鼓队、龙狮队、腰鼓队、广场舞队、太极拳队等文体活动组织11个。有健身场馆10个，健身器材100多套。2012年，街道综合文化站被评为省三级文化站。2015年，境域有农家书屋和社区图书室15个，藏书2.1万册，新建5个“百佳文化活动室”。

医疗卫生

1958年，境域有湘乡铝厂职工医院。除给该厂职工治病外，还为附近村民看病。1995年，有湘乡铝厂职工医院和2个村级卫生室、4家个体诊所。1997年，建成社区卫生服务中心，由湘乡市中医院派出医护人员为社区居民提供预防、医疗、康复、卫生保健服务。其后，定期开展环境卫生检查，不定期的组织干部、居民进行体检。2015年，境域有湘乡铝厂职工医院，有村级卫生室2个，个体诊所4家，个体药店22家。湘铝职工医院和社区卫生服务中心共有病床124张、医务人员96人。

社会保障

1973年，原设在南正街的城关镇敬老院迁入境域大冲村。1984年，城关镇敬老院入住“五保”老人5人。1999年，境域有“五保”户老人11人，年发放生活费3.19万元；有复员退伍军人、伤残军人以及烈属、因公牺牲、病故军人家属等优抚对象124人，年发放优抚金4.7万元。2005年，推行合作医疗制度。2006年，5087人参加合作医疗，参合率98.2%。同年，启动城乡居民最低生活保障制度，713户1559人享受城市低保待遇，年发放低保金103万元，56户127人享受农村低保待遇，年发放低保金2.72万元。2008年开始，在境域建设长桥小区廉租房126套，德和小区廉租房272套，德馨小区廉租房658套。2012年，境域有残疾人员、带病回乡人员、参战参核人员、烈属及因公牺牲和病故军人家属31人，年发放优抚金7750元。至2014年，共有1100多无房家庭廉租房入住。2015年，境域4927人参加新型农村合作医疗，参合率96%；393人享受农村低保，年发放低保金37.43万元，1112人享受城市低保，年发放低保金308.82万元；2112人参加居民养老保险，缴纳保费33.82万元，832人享受社会养老保险待遇，年发放养老保险金84.22万元；有“五保”老人11人，年发放生活费3.19万元。有伤残军人、参战参核人员，烈属、因公牺牲和病故军人家属等优抚对象192人，年发放优抚金9.6万元。

人民生活

中华人民共和国成立初期，新湘路街道只北正街一带属城区，其他地域为农村，当时社会生产力落后，人民生活水平不高。1976年，境域农村人均纯收入510元，人均住房面积18.4平方米，城区人均纯收入750元，人均住房面积约15平方米。中共十一届三中全会后，发展城乡经济，居民收入增加。1995年，境域农村人均纯收入3150元，城镇人均纯收入5650元。2005年，境域农村人均纯收入5056元，城市居民人均可支配收入9115元。2015年，农村人均纯收入8500元，城镇居民人均可支配收入16000元。百户调查，拥有汽车9.3辆、液晶彩电89台、全自动洗衣机72台、双开门电冰箱24台、空调机98台。农村人均住房面积38.4平方米，城区居民人均住房面积32.5平方米。

特色地情

历史人物

许君武（1905—1988） 谱名昌武，字筠庐，湘乡县（今新湘路街道北正街）人。1923年北京中国大学毕业。先后任河北省政府秘书，平津卫戍司令部科长，天津《商报》总主笔。1931年赴英国留学，获伦敦大学文学硕士学位。回国后任浙江省政府秘书、行政院社会部专员兼部长办公室主任、《中央日报》等报主笔等职，并任复旦大学中国新闻专科学校教授。创办“真理新闻社”任社长。去台湾后任“清华大学”“东吴大学”等院校教授。1988年逝世于台北。著有《双青阁词文集》《兑亨籍诗词选》。

（撰稿：段超远）

望春门街道

区域概况

地理位置

望春门街道位处湘乡市城区东北部，东北与东郊乡接壤，西与昆仑桥、新湘路街道相邻，南临涟水与东山街道隔河相望。因境域曾建有古城门“望春门”，街道以此取名。

建置沿革

清康熙三十五年（1696），境域属湘乡县宣化乡迎恩一坊。民国23年（1934），属第一区湘涟镇。中华人民共和国成立后，属城关镇。1958年，属城郊公社。1962年，复属城关镇。1987年，从城关镇析出，建望春门街道。至2015年，建置无变化。

区划面积

1987年，望春门街道辖桑枣、金塘、城北、联盟、星星5个村和东风、务门前2个居委会，46个居民小组，72个村民小组。境域总面积7.8平方千米。耕地395.2公顷，其中水田247.8公顷，旱土147.3公顷。2002年，星星村改为云门寺社区。2010年，桑枣村改为桑枣社区。2015年，街道下辖3个村，4个社区，42个村民小组，110个居民小组。境域总面积不变，耕地面积由于国家建设征地减少到190公顷，其中水田182公顷，旱土8公顷。

自然环境

境域地形为丘陵河谷地带。北面及东北的金塘、城北村大部分为丘陵，其余均为平地。涟水自西向东流经境域，境域长2.5千米。境域属亚热带季风湿润气候区，四季分明。年日均最高气温21.5℃、最低气温14.5℃，年均日照1640小时，年均降雨量1312.8毫米。树木以乔木为主，有香樟、枫、槐、马尾松、杉、油茶、油桐、棕、竹等20多种。野生动物有野兔等10余种，城北村牛形山一带每年有数千只白鹭栖息。

人口民族

1995年，境域有13185户27256人，其中男性13933人，占51.23%；农业人口9238人，占33.89%。人口以汉族为主。人口自然增长率3.77‰。2000年，全国第五次人口普查，境域有10409户33185人，其中男性16488人，占49.6%；农业人口13244人，占39.9%。少数民族67人。人口自然增长率7.07‰。2010年，全国第六次人口普查，境域有15240户44453人，其中男性22021人，占49.53%；农业人口13834人，占31.12%。少数民族78人。人口自然增长率 6.68‰。2015 年，境域有 16968 户 38117 人，其中男性 19002 人，占 49.85%；少数民族 81 人。人口自然增长率 7.98‰。

经济发展

经济综述

境域自东汉建县以来，绝大部分时期为县治所在地，集市繁华，商贾云集。中华人民共和国成立后，经济恢复和发展较快。20 世纪 80 年代，饲料业、运输业、皮革业等发展迅速。1997 年，工农业总产值 11.2 亿元。2004 年，招商引资 1 亿元，其中 200 万元以上的项目 10 个。2005 年，工农业总产值 11.3 亿元，其中农业总产值 3038 万元。2015 年，境域有 9 家上规模的工业企业和 3 家大型超市，工农业总产值 50 亿元，其中农业总产值 9800 万元。

种植业

境域种植作物有水稻、蔬菜等。1988 年，种植水稻 180 公顷，粮食总产 2775.4 吨。1992 年起，由于国家建设征地，耕地逐年减少。1996 年，种植水稻 169 公顷，粮食总产 2575 吨。1996 年以后，金塘、城北部分村民组，转为蔬菜基地。2002 年，调整农村产业结构，境域 5 个村逐步向“一村一品”特色农业过渡。2004 年，联盟村成立花卉协会等专业经济合作组织，城北村、桑枣村 69 公顷耕地列为专业蔬菜基地。望春门街道被列为湖南省农业产业化专业单位。2006 年，种粮村试种新型优质杂交稻。2010 年，种植水稻 101 公顷，推广优质稻 61 公顷。2015 年，种植水稻 98 公顷，蔬菜 70 公顷，粮食总产 1470 吨。

养殖业

境域素有养殖生猪的习惯，养殖少量鸡鸭和鱼等。1987 年，出栏生猪 3.91 万头，存栏生猪 4.16 万头。1997 年，出栏生猪 2.65 万头，存栏生猪 1.67 万头。1998 年，兽医站对生猪实行防疫承包，严格控制生猪疫情。2004 年，免费注射猪瘟疫苗 2.36 万头次，免疫密度 90%，有效控制猪瘟的流行。同年，出栏生猪 1.87 万头，存栏生猪 2.57 万头。其中桑枣村养猪专业户王罗生，出栏生猪 712 头，存栏生猪 456 头。2015 年，境域有养殖大户 4 户，全街道出栏生猪 2.1 万头，存栏生猪 1.4 万头。

工业

1953 年，境域有湘乡县印刷厂。20 世纪 90 年代，境域发展皮革工业，产品有皮服、工业环保用品等。1996 年，制革、环保设备产品销往全国及东南亚、欧洲等地。1999 年，引进电工实业有限公司。2000 年，工业总产值 250 万元，实现利税 20 多万元。2004 年，工业固定资产投入 4200 万元，自营出口 500 万美元，工业总产值 9.2 亿元。2006 年，有制革企业 9 家，工业总产值 13.1 亿元。2015 年，境域有工业企业 58 家，上规模的 9 家，从业人员 5800 人，工业总产值 49 亿元。

商贸服务

清代康熙年间，境域商业繁荣。咸丰、同治年间，境域形成布、米、手工业品市场。民国期间，境域镇湘楼街有济康药店、爱华布店、锦纶绸庄等较大的店铺。中华人民共和国成立后，商贸服务业得到发展。20 世纪 80 年代，饲料生产、交通运输、商品销售日益兴盛，商贾云集，辐射湘潭、娄底、涟源等周边县市。1988 年，有国营、集体和个体工商户 411 家。1995 年，境域有个体工商户 1254 户。1997 年，有工商企业 238 家，个体工商户 1054 户。1999 年，境域建成东风市场，有摊位、门店 100 个。2004 年，新建三星级华泰宾馆。同年，由香港粤湘公司与泰鑫房产公司共同投资2亿元，新建云门寺商城。2006年，新建联盟农贸市场。2011年，新建东昇农贸市场。2015年，境域有商贸市场3个，住宿餐饮企业92家，从业人员8784人，社会消费品零售总额6亿元。

财政金融

清同治年间，境域有票号、钱庄。清宣统三年（1911），"富厚堂"曾在境域设和祥当铺，设金银、珠宝、古董、字画、衣服、被账、什物7类。后因火灾停业。民国年间，镇湘楼附近有中国银行。民国十二年（1932），县建设委员会在境域设立信用合作社。中华人民共和国成立后，境域有中国工商银行湘乡支行、中国银行湘乡支行、中国建设银行湘乡支行等金融机构。街道财政收入主要源于税收。1987年，街道财政收入96万元，其中农业税收5.09万元，工商税收91万元。中共十一届三中全会以后，经济快速发展，税收逐年增加。1992年，街道财政收入6481万元。2003年，调减农业税，停征屠宰税，街道财政收入减少。2005年，免征农业税，街道财政总收入801万元，财政总支出1039万元。2005年以后，民营企业崛起，税源增大，财政收入增加。2015年，境域有金融机构及其分理网点21家，街道财政总收入3191.4万元，总支出2924万元。

基础设施

交通运输

清代和民国时期，境域涟水航行木船，人们所需粮食、布匹、日用百货、南杂食品从涟水运入，沿河有朝真阁、镇湘楼码头。民国13年（1924），潭宝公路过境，总长约1千米。后在境域建汽车站。民国27年（1938），境域有湘黔铁路过境，长约1千米。同年，湘乡火车站建于桑枣村。抗日战争时期，因抗日需要，湘黔铁路被毁。1960年复修，在联盟村地域建火车站。1966年，因在涟水中游的洋潭修建引水坝，中下游流量减少，水运终止。1999年，投资200万元，新修公路4条，长7千米。1998年，整修公路14处，长8.56千米。2005年起，对村道进行硬化，当年硬化3.93千米。2006—2009年，硬化村道10.3千米。2012年12月26日，改扩建后的湘乡火车站正式投入营运，拥有四站台九股道，站房1.2万平方米、站台雨棚4.4万平方米，每日接发旅客列车21列。2013年5月，大将中路（X036）动工，12月26日通车，湘乡与韶山"红色旅游线"大将大道全线贯通。2014—2015年，拉通龙城大道西线、车站南路、夏梓桥路等。2015年，境域乡道以上公路总长约15千米，村道18.3千米。

邮电通信

清光绪二十九年（1903），湘乡县城设有邮务局。民国期间，境域邮件直接由县局信差投递。中华人民共和国成立后，县政府接管邮务局改名邮政局，境域邮件仍直接由县局传送。1956年开始，境域机关、事业单位开始安装手摇式电话机。1991年，固定电话进入百姓家庭。1995年，境域安装电话机9500多门，同年开通程控电话和移动电话。2001年，村村通电话，90%家庭通电话。2003年，开通互联网。2015年，境域有固定电话9800多门，移动电话1.1万部，3个村、4个社区全部通宽带，宽带用户985户。

供水供电

民国14年（1925），县城开办新明电灯公司，采用柴油发电机发电，境域部分商铺和居民开始用电照明。中华人民共和国成立之前，沿涟水河一带居民饮用河水或塘水，城区居民饮用挑卖的河水或井水。1966年，县成立城市供水筹建处，县财政拨款20万元，安装供水管道，建立县前街等水站，购买湖南铁合金厂粗制水卖给居民。1975年，请省地质局468钻探队在城区寻找水源，选定桑枣、星星2处作为建井地，建2口大沉井、2个泵房，于次年冬季开始供水。1982年，引韶山灌区北干渠渠水，兴建日产5000~8000吨的自来水厂，当年7月1日运行供水。1987年，境域居民生活生产普遍用电。1995年，95%的居民用上自来水。2007年，对农电网进行改造维护升级。2015年，机关、企事业单位及居民家庭用电率100%，城区及星星、桑枣、联盟3个村饮用自来水，其他村98%的村民饮用安全水。

水利建设

境域农田历来由池塘和引涟水灌溉。1966年，韶山灌渠建成，建雷公塘、城双支渠，5个村全部受益。1995年，改修水泥渠16处，长8150米，整修水塘3口，抽水机埠1处。1996年，投资130万元，修水泥渠、圳16.58千米，水利排灌畅通无阻。1998年，投资73.63万元，兴修水利工程103处，清淤扫障、防渗加固渠圳34.66千米，其中混凝土渠圳4.87千米。2002年，主要灌溉渠道全部硬化。2015年，有效灌溉面积190公顷。

街区建设

望春门街道境域属县城城关镇一部分。明永乐年间（1403—1424），县城街区初具规模。万历十八年（1590），始设东、南、西、北四门，境域内有东门（望春门）。清同治十三年（1874）刊《湘乡县志》载，境域有镇湘楼大街、庙前街、静正街、务门前街、夏梓桥街、县前街、德星街、河街及一元巷、华光巷、府官巷、灵官巷、郭老巷、草萝巷、张家古巷、兴仁巷、状元坊和司弄子等街巷。民国期间，县城布局为“三街、九巷、十八弄”，境域有县前街、大正街、洗马巷、府官巷、布正司巷、草萝巷、状元坊及华光殿弄、杨家弄、下杨家弄、文家弄、三圣庙弄、罗家弄等。街巷宽不足5米，狭处1米左右。民国17年（1928），县政府在云门寺侧建立中山公园，面积0.67公顷，内有中山堂、博爱亭、得月楼、荷花池等（1958年毁）。民国19（1930）年，在昭忠寺侧建森林公园，后更名为中正公园。民国33年（1944），将县正街改宽至4米，街中心铺麻石板，边嵌卵石。其他街巷为“四合土”（石、砂、灰、土）。1965年，投资5万元，改造大正街，路宽由5米扩为7.5米，石板、卵石路面改为沥青路面。1966—1969年，投资9.2万元，扩建、改造务门前街、县前街和状元坊，将石板、卵石路面改为沥青路面，全长共2564米。1971年，始建城区防洪堤，当年建成鸬鹚桥至桑枣段。1979年，新修东风路，从火车站至东风广场，长1240米，宽16米，油砂路面。1983—1984年，扩建、改造司弄子等3条弄，由砂石路改为混凝土地面，共长315米。1986年，扩建、改造草萝街等街巷。当年，对草萝街、状元坊下水沟进行改造。1989年，旱厕改水厕。1999年，在境域新建的办公楼、酒店、居民小区内推广“地理式无动力生活污水处理装置”。当年，扩建桑梅（桑枣至梅家坪）东路（320国道路段）。2001年起，将下河街改建为滨河路，沿线老房全部拆除，改造为成片住宅小区，将防洪堤改建为风光带。2004年，房产商陆续在境域建居民小区。2015年，云门寺、务门前等7个社区（村）办公室和活动场所均已建好。境域有锦绣裕华、滨江花园、天禧名都、滨江御苑、燕兴佳园、华龙嘉园等10多个居民小区，主要街巷有新建的东风路、车站路、惜时路、大将路、滨河路、马家坪路、拥军路、涟水路、新港街等；老街老巷保留大正街、夏梓桥街、务门前街、草萝街、县前街、状元坊、司弄子、公馆弄、罗家弄、兆家弄、文家弄、三圣亩弄等，总长约20千米。

社会事业

教育

清康熙二十二年（1684），知县王国梁在洗笔池侧创建东皋义学。雍正二年（1724），改为东皋书院。道光、咸丰年间遭洪水冲毁。咸丰十年（1860），曾国藩倡议改建于昭忠寺右侧。同治二年（1863）建成，曾国藩题写"东皋书院"门额。光绪三十年（1904），书院改为湘乡中学堂。民国9年（1920），湘乡驻省中学迁入东皋书院，与集祥镇高级小学初中班合并办理，改湘乡公学。民国16年（1927），东皋书院作为湘乡女子师范学校校址。民国17年（1928），湘乡公学和湘乡女子师范学校同时迁出。民国18年（1929），湘乡女子师范学校迁回东皋书院。民国22年（1933），湘乡女子师范学校改名为县立女子简易乡村师范学校。民国33年（1944），境域有敬恭小学。1953年，县立女子简易乡村师范学校改为中师，定名湘乡师范学校。敬恭小学为湘乡师范附属小学。1958年,湘乡师范迁往东郊叠麓冲。1987年，私立树人中学设立于境域。1992年，境域有星星、联盟2所初中，学生513人，教师54人；有小学5所，学生1134人，教师71人。1995年后，调整教育布局，撤销联盟中学、联盟小学和桑枣小学；投资160万元，将星星小学改建为望春小学。2012年，境域有初中2所，学生313人，教师51人；小学5所，学生1124人，教师71人。2015年，望春小学学生942人；东方红学校学生3516人。树人中学学生1026人。教师共380人。

文化体育

1954年，境域云门寺放映电影，凭票入场。1956年，新建湘乡电影院。1984年，县文化馆、图书馆迁入原星星小学旧址。1987年，境域有录像放映厅、电子游戏室等经营户5家。1990年，电影事业滑坡，湘乡电影院放映场次减少。2003年，电影放映终止。2015年，境域有市文化馆和图书馆。望春门街道有综合文化站,7个社区（村）都有文化室，共有16支文体团体，计600多人，境域有公园及健身广场5个。

医疗卫生

清代，境域务门前街设普济堂，药店中有坐堂医师。民国期间，流行个体行医。中华人民共和国成立后，境域先后设有城关卫生院、城关医院。1987年，城关医院升级为湘乡第二人民医院。同年，建社区中心卫生院。2012年，湘乡市妇幼保健院迁入。2015年，湘乡第二人民医院设病床550张，有医护人员400多人。湘乡市妇幼保健院设病床128张，有医护人员248人。另有个体诊所23家，有医护人员31人。

社会保障

民国期间，县政府在境域设育婴堂。20世纪50年代，政府对完全丧失劳动能力，无依无靠的鳏寡病残人员及未满16岁的孤儿实行""五保""。1988年，境域供养"五保"老人78人。1999年，有复员退伍军人，伤残军人，烈属、因公牺牲、病故军人家属等优抚对象128人，年发放优抚金6.07万元。2005年,启动新型农村合作医疗制度。2006年，启动城乡居民最低生活保障制度，年发放城乡居民低保、大病医疗救助，自然灾害救济、"五保"经费、优抚金、养老保险资金等共计178万元。2008年，3226人参加城镇居民医疗保险，参保率70%。是年，境域有78人享受城市低保待遇，年发放低保金16.69万元；有92人享受农村低保待遇，年发放低保金4.77万元。2015年，有"五保"老人23人，年发放生活费6.8万元。155户240人享受农村低保待遇，年发放低保金

31.3 万元；790 户 1305 人享受城市低保待遇，年发放低保金 355.13 万元；1200 人参加社会养老保险，822 人享受养老保险待遇，年发放养老金 54.19 万元；4500 人参加农村合作医疗，参合率 90%。同年有伤残军人、参战参核人员、烈属、因公牺牲和病故军人家属等优抚对象 78 人，年发放优抚金 3.9 万元。

人民生活 民国期间，境域城镇居民靠做点小买卖生意维生。城郊农民种田、种菜、养猪、养鱼维生，生活艰苦。中华人民共和国成立后，人民生活明显好转。20 世纪 50 年代，居民收入不多，口粮不足，街道住房矮小，农村多为茅房，人均住房面积不足 10 平方米。60~80 年代，随着经济的发展，收入不断增加，住房逐渐改善，茅房变瓦房，瓦房变红砖房，红砖房变楼房。1987 年，境域城镇居民人均可支配收入 1200 元，人均住房面积 20 平方米；农村人均纯收入 550 元，人均住房面积 32 平方米。1996 年，彩电、冰箱、洗衣机、摩托车、空调已进入普通家庭，部分家庭购买小汽车。2006 年，境域农民人均纯收入 5350 元，城镇居民人均可支配收入 10850 元。2007 年后，农村家庭多建 2~3 层楼房，城市家庭多数购有 2 室 1 厅以上套房。2015 年，境域居民人均纯收入 13646 元，人均住房面积城镇 35 平方米、农村 40 平方米。

特色地情

风景名胜

云门寺 位于东风路侧，始建于北宋皇祐二年(1050)。占地 0.67 公顷，主要建筑有前殿、中殿、大雄宝殿和观音阁。其中观音阁最为壮观。殿阁进深 35.4 米，通面宽 17.5 米，高约 15 米。三面

云门寺

以砖墙承荷，重檐歇山屋顶，屋角起翘。重檐之中，设一天窗，观赏者可站立前坪，通过天窗瞻仰佛面。阁内有佛龛，饰以朱漆的两只大木圆柱，上书金字楹联："蔼蔼慈门，何惭佛称慈父，众称慈母；汪汪生海，直配乾曰大生，坤曰广济。"阁内观音佛像，为泥塑木雕混合结构，全身贴金，高 11.4 米，为江南最高大的观音佛像。阁前两边走廊上，有祁阳石雕罗汉十八尊，每尊高 1.5 米，形态各异，刻画得栩栩如生。1959 年，湖南省人民委员会公布云门寺为省重点文物保护单位。

褚公祠 位于境域夏梓桥街后，滨临涟水。唐永徽六年（654），高宗立武昭仪为皇后，褚遂良极力反对，高宗震怒，将褚贬为潭州都督。褚巡视潭州各县时，不时到湘乡城东感应寺与方丈和尚私叙兴唐大业。寺左有清池，褚公常临池赋诗，洗笔于池。后人敬仰褚遂良的书法和为人，便在池旁建褚公祠。祠廊楹联云："洗墨有清池，碎金留逸少真传，如见群鸿戏海；疾风知劲草，还笏报交皇顾命，休云飞鸟依人。"几经沧桑，祠宇仅存前门和部分残壁，洗笔池已毁。2015 年，湘乡市政府进行复原修缮。

节孝坊 位于境域务门前社区夏梓桥路，清道光四年（1824），为表彰处士董绍洛之妻王氏、湘乡籍人士常德州武陵县教谕董帷之母忠孝节顺而建。董绍洛之妻王氏，嫁入董家第二年，婆婆去世，董绍洛之小弟出生才三个月，她四处求乳抚养。王氏 26 岁时，丈夫去世，她守节不改嫁，并劝儿弃孝效国。丈夫大弟夫妇相继去世，遗孤董策出生才几个月，王氏又把他抚养长大，为他娶妻。侄媳生子不久就去世，王氏又把侄孙抚养成人，还把年幼就失去父母的外甥留在家里抚养和教育。王氏家境不富，却乐于助人。儿子董帷中举人后，当时知县向清政府报请为王氏立牌坊表彰。所建牌坊高 2.7 米，宽 6.76 米，三门四柱，砖结构。坊额石刻"圣旨"二字，坊额下有石刻坊名：本邑已故处士董绍洛之妻王氏节孝坊。左右两门上方有石刻碑记。现保存完好，为湘乡市重点文物保护单位。

名优特产

烘　糕 清雍正元年（1723），定居湘乡的江西籍富商聂福元父子在县城镇湘楼开设天元斋南货斋馆，前店后坊，研制出湘乡烘糕。清咸丰时，曾国藩率湘军举事，曾以烘糕为军粮，战后呈皇帝与大臣品尝获赞，钦定为贡品。1932 年，烘糕曾送芝加哥博览会展出。烘糕以上等白米、白糖为原料，经浸米、磨粉、筛粉、拌糖、上匣、划片、烘焙等工序制成。象牙色、落口溶、火炙香，清纯爽口，营养丰富；因不含油盐，又系直接火烤而成，故卫生无菌，便于保存，既可作旅行干粮，又可作婴儿代乳食品，尤宜家庭备用，馈送亲友。1980 年获省优质产品证书。

（撰稿：丁　勋）

昆仑桥街道

区域概况

地理位置

昆仑桥街道地处湘乡市城区西南，东隔涟水与东山街道相望，南与山枣镇接壤，西与新湘路街道相接，北与望春门街道毗邻。因境域有著名文化遗址昆仑桥而得名。

建置沿革

清康熙三十五年（1696），境域属湘乡县宣化乡悦来二坊和迎恩一坊（部分）。民国23年（1934），属第一区悦来乡及湘涟镇（部分）。1950年，属城关镇。1958年，属城郊公社。1962年，从城郊公社析出，复属城关镇。1987年，从城关镇析出建昆仑桥街道。2015年，建置无变化。

区划面积

1987年，昆仑桥街道辖红星、铝南、五里、新坳、江岸、杨金6个行政村和昆仑桥、南正街2个居委会、192个村民（居民）小组。境域总面积10.74平方千米，耕地331.9公顷，其中水田282.1公顷，旱土49.8公顷；可养水域50公顷。2003年9月，成立南津路社区。2004年，建湘碱社区。2008年，接管二十三冶一公司和湖铁社区。2009年，红星村改为红星社区。2015年，辖5个行政村、5个社区，代管湖铁社区和湘碱社区，共270个村民（居民）小组。境域总面积未变。由于建设用地增加，耕地面积减少至180公顷，其中水田164.2公顷，旱土15.8公顷；可养水域30公顷。

自然环境

境域属平原地区，有少量低山。涟水由新坳村入境，沿境东流经境域约6千米，从昆仑桥社区出境。境域属亚热带季风湿润气候区，四季分明。年平均气温17.1℃，年平均降雨量1300毫米。境域野生动物少，树木以灌木为主，品种不多。土壤以水稻土和菜园土为主，土壤肥沃，适合农作物生长。

人口民族

1995年，境域有13883户32953人，其中男性19603人，占59.49%；农业人口11984人，占36.37%；人口以汉族为主，少数民族154人。人口自然增长率4.68‰。2000年，第五次全国人口普查统计，境域有12625户38131人。其中男性19124人，占50.15%；农业人口13795人，占36.18%；人口以汉族为主，少数民族147人。人口自然增长率3.9‰。2010年，第六次全国人口普查统计，境域有 14963 户 44836 人，其中男性 22063 人，占 49.21%；农业 18478 人，占 41.21%；少数民族 120 人。人口自然增长率 5.58‰。2015 年，境域有 17845 户 45837 人，其中男性 23331 人，占 50.9%，少数民族 121 人。人口自然增长率 7.59‰。

经济发展

经济综述

1987 年，境域工农业总产值 1319.49 万元，其中工业总产值 742.89 万元，农业总产值 576.6 万元。1995 年，街道办事处加快村级经济发展，实施湘乡市委、市政府“强工富市，工业带动”战略，经济得到发展。全年工农业总产值 4254 万元，其中农业总产值 736 万元。2006 年，实施“工业强办，开发活办”发展战略，强力集团、合力铁业、奔鑫贸易、化工冶金等成为境域骨干企业。工农业总产值 9.3 亿元，其中农业总产值 3378 万元。2011 年，全力开展招商引资，引进资金 5.2 亿元。工农业总产值 30.4 亿元，其中农业总产值 1.4 亿元。2015 年，以“做优工业，做活商业，做大城区，做实基础”为工作思路，经济得到长足发展。工农业总产值 71 亿元，其中农业总产值 2.1 亿元。

种植业

境域种植业历来以种植水稻、蔬菜为主。民国期间，用牛耕田，施用人畜粪。1953 年前，水稻种植一熟制。稻谷收割后，部分稻田种绿肥，大部分生板田过冬或犁翻泡冬。1954 年，试种双季稻，实行“稻—稻—绿（肥）”耕作方式。1987 年，种植水稻 530.9 公顷，粮食总产 3669.3 吨。1995 年，种植水稻 480.8 公顷，粮食总产 3617 吨。种植蔬菜等 50 公顷。1996 年起，推广优质稻，当年种植 35.8 公顷。2006 年，种植水稻 518 公顷，其中优质稻 307 公顷，全年粮食总产 3540 吨。种植蔬菜 40 公顷，种植花卉、蘑菇、草莓、天麻 7 公顷。当年向农户推广插秧机、联合收割机，投入春耕的耕种机 224 台。2015 年，种植水稻 240 公顷，粮食总产 2160 吨。种植有机蔬菜、草莓 20 公顷。

养殖业

境域养殖业历来以养猪、养鱼为主。1995 年，出栏生猪 2.14 万头，年末存栏生猪 1.67 万头；出水鲜鱼 39 吨。2006 年，建大型猪场 5 个，扶植 500 头以上规模猪场 1 个，全年出栏生猪 2.85 万头；出水鲜鱼 20 吨。2015 年，出栏生猪 3.1 万头，出水鲜鱼 21.8 吨。

工业

清光绪二十八年（1902），南正街辜松先等集股在境域开办织布机坊。民国时期，境域南正街有几家手工白铁小店，新坳三门滩有民间砖瓦窑。1953 年，境域有县糖果糕点厂。20 世纪 50—70 年代，境域有湖南省、湘潭地区兴办的湖南铁合金厂、湘乡铝厂、湘乡化工厂，有县属企业糖果糕点厂、机械厂、农机厂、酒厂、磷肥厂、细菌农药厂等，有村办工业企业红星电子设备厂等。1986 年，境域有省、地、县属工业企业 4 家。有街道工业企业 12 家、村办工业企业 174 家，街道、村办工业企业有职工 3217 人，工业总产值 1966.32 万元。 1995 年，境域工业总产值 3518 万元，新增杨金、江岸沙场、五里砖厂、红星万事达制革厂、湘乡第五制革厂、新坳骨粉厂、铝南饲料厂、昆居粉笔厂。2008 年，新增年产值 500 万元以上规模工业企业有景湘肥业、虎翼皮革、丰隆油脂、金星饲料、旭龙米业等。2011 年，引进工业企业 17 家，其中年产值 500 万元规模工业企业有意强彩印厂、农宝科技公司、鑫达机械制造公司、山金电力线路器材厂等。2015年，境域有集体、民营工业企业118家，其中规模工业企业18家，从业人员4000人，工业总产值68.9亿元。

商贸服务

民国时期，河边街、四牌楼有少量店铺。南正街历来为商贸街道，是县城四大街之一，经营杂货、油盐、烟酒、包点、小五金修理等。中华人民共和国成立后，商贸逐渐繁荣。1979年，在南正街新建壶天巷集贸市场，当年成交额300多万元。1987年，境域有国有、集体、个体商贸户281家，从业人员770人。1997年，新建南门大市场，建筑面积6200平方米，有32个面门，140个摊位，从业人员200多人，当年营业收入2000多万元。2002年，在南正街新建服饰大市场，营业面积1.1万平方米，有225个门面，从业人员520多人，当年营业收入2500多万元。2006年，新建广客隆贸易城，内有阳光海岸酒店、米萝咖啡馆、惠和美容美发馆等。2010年，在五里村新建湘中旧钢材大市场，有商业门面32个。2015年，境域有大市场4个，各类商户1023家，有从业人员3000人。社会消费品零售总额370万元。

财政金融

民国27年（1938），湖南省银行湘乡办事处，在境域直四牌楼成立，办理县城机关、团体和工商业的存款、放款业务，并办理汇兑和代理财政金库。民国31年（1942），中国银行长沙支行在境域南正街设办事处，办理存款、放款、汇款业务。民国33年（1944）撤销。中华人民共和国成立后，中国人民银行湘乡支行设境域直四牌楼。1987年，境域有建设银行湘乡支行、昆仑桥信用社。街道财政主要是工商税和农业税，总收入232万元，财政总支出230万元。1988年，中国银行湘乡支行设境域。1989年，昆仑桥信用社增设新坳储蓄所。1990年，建设银行湘乡支行迁出。1993年，市信用社在境域增设健康西路分社。1995年，街道财政总收入360多万元。1998年增设健康路邮政储蓄所。2001年，集体和民营经济快速发展，财政收入增加，全年财政总收入703.7万元。财政总支出259.58万元。2003年，调减农业税，停征屠宰税。2005年，免征农业税。2008年，财政收入减少，财政总收入416万元。2012年后，工业和商贸逐年发展，财政收入逐年增加。2015年，境域有农业银行湘乡支行、信用社、邮政储蓄等金融机构（营业网点）6家，全年财政总收入1400万元，财政总支出1251万元。

基础设施

交通运输

清代，有驿道和县大道过境。民国时期，境域涟水绕境约6千米，沿河有洙津渡、三门滩渡、杨洲渡、张江渡等渡口，有菜码头、宋家码头、葛家码头、谭家码头、镇湘楼码头，有木船航行，运入粮食、日用百货等生活资料。民国16年（1927），潭宝公路建成，过境约3千米。中华人民共和国成立后，政府对潭宝路（今320国道）进行多次拓宽、改修，路面硬化。1959年，修筑东山路，由壕塘口至东山大桥，长1224米。1967年，韶山灌区通水后，涟水水运中止。1995年，对东山路改造硬化。1996年起，对村道进行硬化，至2014年的10年间，共硬化村道27.76千米。2015年，境域有320国道过境，城区主干道总长约7千米，村道总长约28千米，硬化率100%。

邮电通信

民国时期至中华人民共和国成立初期，境域均无邮电服务网点。居民办理邮电业务，须去县邮电局，邮件由邮差步行传送。1958年，邮差（后称邮递员）由步行改骑自行车。1986年，城区每日投递一次，城郊每周3次，邮件送至村部。当年增加城区至县轻化厂和新坳两个邮段。城区部分企业事业单位安装手摇电话机。1990年，开通程控电话。1991年，固定电话进入寻常百姓家。1995年，城郊有5个村通电话、6个村有邮路和投递线路，同年开通移动电话。2003年，开通互联网。2005年，境域有固定电话4000多部，移动电话1万多部，宽带互联网3600多户。2015年，境域移动电话增至4.5万多部，固定电话减少至2000多部，互联网1万户。宽带覆盖全境。

供水供电

民国14年（1925）2月，万芷敬等在县城开办新明电灯公司，火力发电，境域部分商铺和居民开始用电照明。中华人民共和国成立前，沿河一带居民饮用涟水河水，部分居民购买挑卖的河水和井水饮用，城郊村民饮用塘水和井水。1966年，湘乡县供水筹建处在南正街等处建水站，从湖南铁合金厂水厂购买粗制水卖给居民。部分村民照明开始用电。1972年，城区居民由县自来水公司供应饮用水。1987年，境域居民生活生产普遍用电。1995年，红星、铝南两村和城区居民用上自来水。2000年，通电农户3679户。2007年，红星村启动农电整改，此后各村全面进行。2008—2014年，投资1890万元，启动安全饮用水工程，红星、铝南、杨金、五里4个村2100户1.5万多村民受益。2015年，居民安全饮用水率为98%，电网改造率100%。

水利建设

民国时期，境域农田灌溉用水靠降雨和小池塘蓄水。天旱之年，农民用水车从涟水提水灌溉。中华人民共和国成立后，逐步用机械提水。1967年，引韶山灌渠水灌溉。此后，除采用渠道水灌溉外，少数居民采用水泵提水灌溉。2005—2014年，先后投资600多万元，整修涟水河防洪堤，加固、硬化大山、石塘、五里、新坳等支渠，修建水渠2500多米，改造抽水机埠4处。2015年，境域有效灌溉面积180公顷，农田水旱无忧。

街区建设

昆仑桥街道境域属县城城关镇一部分。明永乐年间，县城街区初具规模。万历四十五年（1617），昆仑桥至县署后合面铺被大水冲毁。清同治年间，境域有南正街、河街、学门前街、仓门前街、庙前街、大胜街（三眼井）、直四牌楼、横四牌楼（南阳街）及壶天巷、显庙巷、颜家巷、叶家巷、水弄子、黄家祠弄子、介福祠弄、千佛寺弄、碧波亭弄、兆家弄、成家弄、孔家弄等街巷。民国时期，湘乡县城有“三街、九巷、十八弄”，境域有大正街、南正街、八角巷、壶天巷、回光巷、一元巷及颜家弄、黄家弄、千佛寺弄、介福祠弄、碧波亭弄、兆家弄、五显庙弄、插口弄、三眼井弄。1959年，投资1.5万元，整修南正街，街中铺麻石板，旁镶卵石。同年，投资10万元，新建东山路，自东山大桥至壕塘口，长1600米，宽12米，泥结碎石路面。1980—1986年，整修、扩建直四牌楼街、横四牌楼街、菜市场路、医院路、沿河路、三眼井巷、吉升门巷、壶天巷、叶家巷、水弄子、颜家弄等街巷，共长4804米。1990年，再次将1250米的南正街进行改造，宽由4米扩为6米，路面由石板卵石改为混凝土。1992—1994年，对横四牌楼、直四牌楼、三眼井巷进行拓宽改造。2001年起，将境域河边街改为滨河路，沿线旧房全部拆除改建为成片住宅小区。将防洪堤改为休闲风光带。2004年，滨河北路（昆仑桥至东山大桥）建成。2006年，各村推进“五改三建”（改厕、改水、改圈、改厨、改路和建园、建池、建家）工作。2012年，投资9600万元，对南正街进行

"旧城改造"。至2015年，境域陆续建成镇湘名苑、大桥花园、健康花园、城南公馆、芗泉佳园、三眼井和四牌楼等小区；城区道路拓宽、硬化，对健康路、东山路、滨河路进行绿化、亮化。社区和行政村均有办公用房，江岸村和杨金村相继建成村民活动中心。2015年，境域有东山路、滨河路、健康路、红星路、南津路、市场巷、壶天巷、芗泉弄、三眼井弄、吉升门弄、水弄子、南新弄、回光弄、枇杷弄、五显庙弄等20多条街巷，总长约15千米。

社会事业

教育科技

宋代，境域黄甲岭有官办义学。南宋嘉庆十七年（1224），知县徐质夫在昆仑桥畔建涟溪书室，后毁于兵。元大德元年（1297），县人欧阳斗南重建，改名涟溪书院。明嘉靖末年毁。清乾隆四年（1739），于旧署明伦堂复办。同年，县学宫迁黄甲岭。光绪三十年（1904），涟滨书院改为师范馆，同年，周远清在白托花瓦屋私宅创办周南女校，此为湘乡女校之始；刘祚乾、朱仁溥在学宫创建私立健存高等小学堂。民国38年（1949），境域有公立国民小学2所，私立高小4所、中学1所。1952年，境域有小学8所，学生2253人；中学3所（湘乡一中、二中、三中）。1957年，城关民办中学创建于境域。1981年，红星电子设备厂研发的双区电除尘器，获国家环保总局颁发的"全国环境保护证书"，获湘潭市重大科技成果奖。1983年，红星小学教师陈小放创建中华人民共和国成立后湘乡县第一个文学社——涟水河文学社。1989年，市机械厂开发的多层双列大布袋除尘器填补国内空白。1992年，境域有高中3所，学生1917人，初中2所，学生572人，教师386人；小学7所，学生1755人，教师105人。1997年，境域适龄儿童入学率100%，小学毕业生升学率99.5%，普及九年义务教育。1998年后，由于生源减少，调整学校布局。2008年，境域有高中3所，学生9375人，教师620人；初中3所，学生722人，教师48人；小学7所，学生2999人，教师130人。2015年，再次调整学校布局，境域有高中1所（湘乡市一中、三中合并，湘乡二中迁出），学生5080人；教师450人；初中2所，学生3827人，教师182人；小学5所，学生5179人，教师208人。民办幼儿园6所，在园幼儿200多人。

文化体育

境域历来有传统节日赛龙舟、舞狮、舞龙的习俗。1982年，建成龙城电影院。1986年，电视进入居民家。1987年，文化活动逐渐进入市场，境域有龙城舞厅、星座舞厅及旱冰场、录像放映室、书摊等。1991年，有线电视入户。2000年起，广场舞流行。2001年，网吧进入市场，境域有网吧13家。2006—2007年，境域新增有线电视用户280户。2015年，电视入户率100%。有个体书店4家，羽毛球馆1家，其他各类文化经营户45家。

医疗卫生

民国18年（1929），医师张子良在南正街建三民医院（西医），张鑫建三民诊所。民国21年（1932），熊筱蠢等在南正街创建再生医院（中医），王礼循创办大仁诊所。中华人民共和国成立后，私人医院、诊所停办。1955年，县卫生工作者协会在三眼井设中医门诊部，1958年改为湘乡县中医院。同年，县人民医院从草萝巷迁入境域。湘乡铝厂设职工医院。1959年，中国有色第三建设公司第一工程公司在境域设职工医院。1962年，湖南铁合金厂在境域设职工医院。1987年，境域内有湘乡人民医院、湘乡中医院2家县级医疗单位，共设病床401张，医务人员450多人。厂矿医院3家，设病床200多张。1989年，市人民医院建成门诊综合大楼和住院大楼。同年，在境域南正街设妇幼保健站，后更名妇幼保健院。2005年，3家市级医疗单位，共开设病床1100张。个体诊所和村卫生室22家，个体药店14家。2015年，妇幼保健院迁出，境域保留市级医疗单位2家。设病床1833张，有医务人员1571人。有个体诊所和村卫生室27个，共有医务人员30人；有个体药店17家。

社会保障

清末和民国时期，贫困者靠社会慈善团体给予施舍性救助。1961年起，对城郊孤老残幼实行“五保”。1987年，境域内由生产队供养的“五保”老人13人，口粮由生产队供给，生活费由中央财政转移支付。1999年，境域有复员退伍军人43人，发放优抚金1.42万元；有伤残军人52人，发放优抚金1.57万元；军烈属6人，发放优抚金7824元。2005年起，政府推行农村合作医疗制度。2006年，6388人参加农村合作医疗。同年启动贫困居民最低生活保障制度，有104户294人享受农村低保待遇，年发低保金5.2万元；1319户2673人享受城市低保待遇，年发低保金513万元；58人享受“五保”待遇。建立和完善灾害、社会救助体系，加强就业和再就业工作，安置下岗失业人员277人，城镇就业人员1448人，再就业人员380人。2008年，10297人参加农村合作医疗，参合率98%，19人得到大病救助资金3.28万元；有168户352人享受农村低保待遇，年发低保金16.8万元；1124户3854人享受城市低保待遇，年发低保金832万元．新增就业人员1244人，再就业355人。2010年，境域有重点优抚对象（残疾人员、带病回乡人员、参战参核人员、烈属、因公牺牲和病故军人家属）42人，发放优抚金1.05万元。2011年，推进城乡居民养老保险制度，6206人参保，参保率95%；10780人参加农村合作医疗，参合率100%。有248户457人农村低保对象，年发低保金38万元。有1026户1646人城市低保对象，年发低保金592万元。“五保”户30人，做到“应保尽保”。2015年，10187人参加新型农村合作医疗，参合率100%；“五保”老人25人，年发生活费6.92万元。468户569人享受农村低保待遇，年发低保费54.6万元；897户1384人享受城市低保待遇，年发低保费666.74万元；3870人参加社会养老保险，1863人领取养老保险金299.6万元。有重点优抚对象84人，年发放优抚金6.72万元。

人民生活

清末和民国时期，城区居民绝大多数靠出卖劳动力和摆摊设小店经营小本买卖维生。城郊农民靠种粮种菜养鱼度日，生活艰苦。1987年，境域农民人均纯收入490元，人均住房30平方米；城区居民人均可支配收入1220元。人均居住面积11平方米。1991年，国家多次提高农产品收购价格，农村劳动力外出打工，发展村级经济，城镇居民经营性收入不断增加。1995年，农民人均纯收入1650多元，城镇居民可支配收入达5700多元。城郊居民261户建起楼房，城区居民住房条件大为改善。原流行的自行车、手表、缝纫机“老三件”被电视机、摩托车、洗衣机“新三件”取代。2000年后，国家出台一系列支持农民增收政策，城区大力发展民营经济，居民收入连年增长。2006年，农民人均纯收入5273元，城区居民可支配收入10080元。90%的村民建新楼房，人均居住面积50多平方米。城区居民大多拥有3室2厅（或2室一厅）的套房，人均居住面积33.4平方米，住房私有率95%。彩电、移动电话、电脑、空调、自动洗衣机、冰箱、电动车、汽车已进入百姓家庭。2015 年，农民人均纯收入 9132 元，人均住房 50 平方米；城区居民可支配收入 26325 元，人均住房 35 平方米。境域居民拥有汽车 6000 多辆。

特色地情

历史人物

葛　谦（1885—1908）　湘乡县城关镇三门滩（今昆仑桥街道新坳村）人。光绪二十九年（1903）11 月初在上海谋刺前任广西巡抚王之春，月底再在武昌谋刺钦差大臣、兵部侍郎铁良，均未成功，不久结识黄兴。光绪三十二年（1906）加入同盟会，旅赴日本。次年返国，在广州、虎门等处组织同盟会。光绪三十四年（1908）与赵声等策动各防营起义，泄密被捕。11 月 23 日就义于珠江天字码头。

黄云桥（1903—1932）　湘乡县悦来乡人（今昆仑桥街道铝南村）。1923 年入湘军。1926 年秋，随彭德怀参加北伐战争，英勇作战。1928 年 7 月，参加平江起义，在起义中立功，加入中国共产党。后任红五军三大队区队长。1928 年 12 月，任红五军四纵队九大队队长。1930 年 6 月，任中国工农红军红八军四师三团团长，不久任四师师长。参加第二次、第三次反“围剿”，后任赣南独立师师长。1932 年，在配合红三军夺取赣州的战役中，不幸中弹牺牲。

罗健夫（1935—1982）　湘乡县城关镇南正

文庙

街人（今昆仑桥街道南正街社区）。1951 年参加中国人民解放军，1954 年转业。1956 年考入西北大学。1960 年毕业后留校任教。1965 年任陕西骊山微电子公司工程师，1972 年成功研制中国第一台图形发生器。1975 年成功研制Ⅱ型图形发生器。1978 年获全国科学大会奖。罗健夫忘我工作，多次放弃评聘高级职称和提干机会，颁发奖金分文不受。1981 年研制Ⅲ型图形发生器时身患淋巴癌,次年病逝于西安。1983 年国务院追授“全国劳动模范”称号。2009 年被评为 100 位新中国成立以来感动中国人物之一。

风景名胜

湘乡文庙　位于境域湘乡一中校园内，是湘乡最古老的宏伟建筑之一,始建于北宋,又称孔庙。原址在县西北、涟水东仙林冈（今东山街道境域）。乾隆四年（1739）移址黄甲岭新建。乾隆三十八年（1773）和嘉庆五年（1800）先后重修。同治三年（1864）撤旧更新。文庙系砖木结构，三进红墙黄瓦，前为棂星门，花岗石构。第一进为大成门，左右有钟鼓楼。第二进为大成殿，殿前有汉白玉古雕龙，殿内供养孔子塑像及四配浮雕像。殿前左右厢房，陈设十二哲阴刻像。第三进为崇圣殿。整个建筑系明清风格,重檐斗拱,红墙碧瓦,酷似天安门城楼。文庙现保存完好，为湖南省重点文物保护单位。

（撰稿：刘秋林）

东山街道

区域概况

地理位置

东山街道位于涟水河畔，背靠东台、塔子二山，西南与梅桥镇接壤，北临涟水，与昆仑桥、望春门街道隔河相望，东北与东郊乡毗邻，因境域东有东台山而得名。

建置沿革

清康熙三十五年（1696），境域属湘乡市宣化乡景庆三坊。民国23年（1934），属第二区景庆一、二、三乡。1950年，属第二区塔子乡、东岸乡。1956年，属东山乡。1958年，属东山公社。1984年，属东山区东山乡。1996年12月撤销东山乡建立东山街道。2015年，建置无变化。

区划面积

1997年，境域辖东山、新岸、东岸、东胜、东林、双泉、先进、双涟、张江、东台、塔子、城东12个行政村和起凤路、书院路、城南路3个居委会，98个村民（居民）小组。总面积29.6平方千米。有耕地1192.7公顷，其中水田973.87公顷，旱土218.83公顷；可养水面115.77公顷。2014年，先进与双涟两村合并。2015年，境域辖11行政村、3个社区、104个村民（居民）小组，总面积29.6平方千米。因东山新城建设用地逐年增加，境域耕地面积逐年减少。年末耕地面积888.68公顷，其中水田777.26公顷，旱土111.42公顷，可养水面43.6公顷。

自然环境

境域属平原地带，有东台山、塔子山等低山；涟水绕境而过，流径约5千米。境域属亚热带季风湿润气候区，四季分明。年平均气温17.1℃。年平均降水量1300毫米。土壤肥沃，以水稻土、菜园土为主，适合农作物生长。境域林木以松、杉、樟木等树种为主，野生动物以野兔较多。砂石矿为境域主要矿种。

人口民族

1996年，境域有4967户17009人，其中农业人口15981人，占93.96%；男性8583人，占50.46%；人口以汉族为主，少数民族6人，人口自然增长率5.57‰。2000年，第五次人口普查，有5065户18086人，其中农业人口15334人，占84.78%；男性9252人，占51.16%；少数民族19人。人口自然增长率2.71‰。2010年，第六次全国人口普查统计，有5825户22136人，其中农业人口18370人，占82.99%；男性11281人，占50.96%；少数民族28人，人口自然增长率8.66‰。2015年，境域有9489户32930人，男性16465人，占50%；少数民族34人。人口自然增长率11.55‰。

经济发展

经济综述

清代和民国时期，境域经济以农业为主，种田种菜、养猪养鱼是主业，经济落后。中华人民共和国成立后，于1951年，建东山集体农庄，仍无工业企业，1954年后，农业发展较快，工业逐渐发展。1986年，境域工农业总产值511.8万元。1997年，境域工农业总产值6.49亿元，其中农业总产值0.75亿元。1998年，稳定和完善家庭联产承包责任制，农业向精细型、集约型、加工化、现代化方向转变，农业总产值1.8亿元。2000年，调整农业产业结构，发展民营经济，工农业总产值7.91亿元。其中农业总产值9000多万元。2006年，加大招商引资力度，引进贝特尔塑胶有限公司等15家规模以上工业，实现工农业总产值9.49亿元。其中农业总产值8208.8万元。2014年，加快城乡一体化建设，开发特色农业和效益农业，攻坚企业生产，全年工农业总产值27.3亿元，其中农业总产值10.3亿元。2015年，建设东山新城，工业企业全部迁出，工农业总产值13.25亿元，其中农业总产值2.93亿元。

种植业

境域种植业以种植水稻、蔬菜为主。民国时期和中华人民共和国成立初期，为传统牛耕，用人粪畜粪和草皮沤制凼肥，或人畜粪直施入田做基肥，均种一季稻。水稻收割后大部分种绿肥或蔬菜。1954年，试种双季稻，以后逐年推广；中耕开始用硫酸铵作追肥，采用“稻—稻—绿（肥）”或“稻—稻—菜”耕作方式。1964年，境域种植作物1428.13公顷，粮食总产3135吨。1965年起，用尿素和过磷酸钙作追肥。1966年，东山公社购进工农7型拖拉机7台翻耕水田，拖拉机不适应耕作，仍沿袭牛耕。1981年，推广地膜覆盖育秧技术。1970年，境域种植粮食作物1483公顷，粮食总产4844.5吨。1979年，推广机滚船平整水田。1987年起，推广水田耕种机。1995年，境域有耕种机235台，拖拉机144台，机耕面积1700多公顷。1997年，种植水稻1156.7公顷，总产8962吨。种豆类作物5.3公顷，总产15.8吨。薯类作物30.1公顷，总产161吨。油料作物7.3公顷，总产8.8吨。种商品菜100公顷，产商品菜6000吨；种豆类5公顷，薯类31公顷，油料73公顷。1999年，推广盘育抛秧栽培技术。2003年，建设以城东村为中心的无公害蔬菜基地，以双全村为中心的天麻、茯苓、水果种植基地，年产天麻1000吨，茯苓1500吨，鲜菇700吨。2004年，政府实行“农机补贴”政策，农业机械化程度提高。2007年，机耕面积1700公顷。2015年，境域有中型拖拉机1台，小型拖拉机37台，耕种机482台，机耕船11台，旋耕机11台，插秧机2台，联合收割机48台，机耕面积2200公顷，种植水稻1102公顷，粮食总产8861吨。种植油菜400多公顷。

养殖业

境域养殖业以养猪、养鱼为主，兼养鸡、鸭。中华人民共和国成立前，大多数农户每户养猪1~2头。1957年，境域出栏生猪2100头，年末存栏生猪4900头。1958年后，禁止私人养猪，发展集体养猪，养猪业受挫。1961年，境域出栏生猪仅483头，年末存栏生猪仅544头。1962年，实行“公私并举，私养为主”，养猪业复甦。1965年，境域出栏生猪2796头，年末存栏生猪2712

头。1977年，境域出栏生猪4849头，年末存栏生猪5578头。中共十一届三中全会后，实行家庭联产承包责任制，养猪业发展很快。1989年，境域出栏生猪1.48万头，年末存栏生猪1.36万头。当年，境域水产养殖面积90公顷，年出产水产品155吨。2000年，境域出栏生猪9.2万头，出栏中仔猪0.3万头，年末存栏生猪6.5万头。养殖水面减少至89.66公顷,年产鲜鱼227.5吨。2006年，加快良种猪养殖基地建设，建成出栏可达千头的养猪场3座，扶持出栏百头以上生猪的农户50余户，全年出栏生猪9.8万头。2009年，境域出栏生猪5.8万头，年末存栏生猪4.5万头；出笼家禽8万羽，出栏黑山羊1200只，出水水产品7000吨。新岸村引进淡水龙虾养殖,养殖面积2.5公顷，每亩产值1.1万元。2015年，境域出栏生猪2.78万头,年末存栏生猪1.76万头；出笼家禽4.5万羽，存笼家禽33500羽；水产品总量1000吨。

林业

境域属平原地区，林地较少。1951年，土地改革时，农民分到林地。1959年，县人民委员会和东山公社联营建东山林场，辖东台山、塔子山及周围社队、社员林地共2100多公顷。后因资金缺乏，1961年初停办，保留原国有山地83公顷。1962年，山林所有权固定到生产队。县林业局在东台山和塔子山筹建国有林场，征收部分集体山地，面积扩大到380.33公顷。1973年4月，省林业厅批准建立国营湘乡东山林场。1978年，境域有国有林场1个，村办集体林场8个。1981年起，稳定山权林权，划定自留山，确定林业生产责任制，70%的山地划给村民作自留山，长期经营，并发给使用证。1986年，实行自留山、责任山“两山并一山”为自留山。1992年，东台山建成国家森林公园，林木茂盛。1997年，境域有林地1027公顷，森林覆盖率34.7%。1998年起，组织群众造林，抚育成林、幼林，改造低产林。至2000年的4年间，共造林26.6公顷，封山育林806.7公顷，抚育成林、幼林252公顷，改造低产林500公顷。2002年起，实施退耕还林工程。至2005年4年间，共退耕还林49.4公顷。2006年，境域有林地1182.3公顷，森林覆盖率39.94%。2009年，启动集体林权制度改革。至2010年11月，境域确权1104公顷，确权率100%；发证林地1066公顷，发证户1648户，发证率96.6%。2015年，境域有国营东山林场和6个村办林场。境域林地面积1037公顷，森林覆盖率35.03%。

工业

清朝和民国时期，张江一带烧制青砖青瓦。1954年，东山公社办起红砖厂、粉丝厂、瓷厂、农具厂，共有从业人员320人。1958年，建东山公社农机厂。1965年，县矿石公司迁往东山，在塔子山开采矽石矿。1966年，东山公社办矽石矿。1976年，湘乡啤酒厂建成投产。1985—1986年，东山硅铁矿、东山拉铸厂先后投产，张江、东冲、东岸、东塘4村办铸造厂，东山皮鞋厂投产。1986年，境域有工业企业7家，有职工1836人，工业总产值1004万元。1997年，乡镇企业进一步发展，境域内有工业企业43家，从业人员2997人。2003年，东山制革厂和永恒橡胶轮胎厂落户原东山拉铸厂。2006年，扩建霞光工业园，引进萌菌苑科技有限公司、三恒轮胎厂、湘佳纸制品厂、张江塑料厂、先进冶炼厂、长青木业等民营工业企业。2007年后，春天门业、农用三轮车厂、塑胶厂、建红面条厂等工业企业先后建成投产。2010年,全街道工业总产值6.95亿元。2015年，推进东山新城建设，工业企业逐步迁离，境域仅存工业企业9家，有从业人员800多人。工业总产值10.32亿元。

商贸服务

清代和民国期间，境域商贸为个体开办的小店，经营南杂食品。中华人民共和国成立后，在乡(公社)驻地建供销社。此后,商贸服务逐步发展。1997年，有商贸餐饮服务业270家，从业人员687人。1998年,投资30万元,建东山农贸市场。2009年，有明月山庄、山水人家等餐饮娱乐企业46家，每天可接纳客人4000人，年创收入3000万元。2012年，总投资4.5亿元，建设东山国际商业中心，其中投资2000万元，建成面积3000平米的东山国际商业中心菜市场。2012年，新建“家多旺”大型超市、新城酒店、玉泉山庄健身中心。2015年，境域有餐饮娱乐企业“农家乐”60多家，有各类商铺628家，从业人员3200多人。社会消费品零售总额1266万元。

财政金融

民国23年（1934），景庆乡建立信用合作社。1954年，境域建东台、东岸两个信用社。1958年，中国人民银行湘乡支行在境域设营业所。1964年，中国农业银行湘乡支行在境域设营业所。1986年，中国人民保险公司设“东山业务代理站”。1994年，建东山邮政储蓄所。1997年，街道财政总收入398万元，其中国税110万元，地税136万元；有农村信用社1家，农村合作基金会1家；年末各项存款余额4336.87万元，各项贷款余额2808.14万元。1999年，农村合作基金会撤销，其业务并入信用社。2000年，财政总收入597万元。2003年，停征集体企业所得税、屠宰税。2005年，免征农业税，财政收入减少。2008年，财政总收入141万元，财政总支出907万元。2009年后，财政收入主要靠工商税、房地产税、交通运输业税等。2010年，优化经济结构，综合实力提升，财政收入增加。全年财政总收入2722.5万元，其中国税206.8万元，地税235.7万元，财政总支出2600万元。2015年，境域有信用社（农商银行）2家，邮政储蓄所1家。财政总收入2724.7万元，财政总支出2520.7万元。信用社年末存款余额3.46亿元，贷款余额2.49亿元。

基础设施

交通运输

清末，有县大道过境，经梅桥入湘潭。民国时期，涟水为境域水运主航道，有生义和（今名三义河）、学门前和张公渡（今名张江）3处民间渡口。中华人民共和国成立后，陆路交通发展。1958年，湘（乡）青（湘潭县青山桥）公路建成过境，境域2千米。1966年9月，东山大桥建成通车。1990年，有乡道东（山）塔（子）线，全程4千米；东（山）（东）林线，全程2千米。2005年，硬化村道7.52千米。2006年，硬化村道15.1千米。2007年，东岸、东台、张江等村硬化村道9.22千米。2009年，湘乡二大桥和镇湘桥建成通车。2013年,易(湘潭易俗河)湘(乡)线拉通，韶山—东山—乌石红色旅游线路过境，境域长约5千米。2015年,境域有易湘公路过境，有大将南路、励志路、东山南路、人民路、起凤路、涟滨路6条主要公路干线，总长25千米。村道64.41千米，因东山新城建设，原东塔线、东林线及机耕道不存。

邮电通信

民国时期至中华人民共和国成立初期，境域无邮电服务网点，村民办理邮电业务，须去县邮电局，邮件由信差步行传送。1958年，信差（后改称邮递员）由步行改骑自行车。1986年，每周三次，邮件送至村部。1991年，固定电话进入百姓家。1995年，开通移动电话。1998年，成立东山邮政支局。境域有程控电话1082户，移动电话115部。2000年，程控电话增加至2780户，移动电话增加至1150部。2002年，开通互联网。2008年，建立移动基站5座，移动信号覆盖率达100%。2015年，境域有邮政所1家，固定电话1521户，移动电话16371部，互联网2534户，宽带覆盖全境。

供电供水

境域村民历来饮用井水、塘水、河水。1964年，县供电公司开始向境域公社机关、部分学校、企业和村民供电。此后，供电范围逐渐扩大。1999年，投资300万元，接通市自来水公司供应的自来水。2000年，自来水受益村2个。2006年，投资20万元为居民安装自来水，使自来水覆盖率达85%。2008—2015年，累计建高压线路70千米，低压线路430千米，安装漏电保护器205台。2015年，用户通电率100%。自来水覆盖率90%。

水利建设

中华人民共和国成立前至1958年，境域农田灌溉用水靠自然降水、池塘蓄水和涟水的河水。天旱之年，靠涟水河岸筒车打水、人力水车引水灌溉。1958年，建成东山水库，蓄水量39万立方米，可灌溉农田100公顷。1960年，建成东台水库，蓄水量140万立方米，可灌溉农田200公顷。1966年，韶山灌渠南干渠过境，境域有支渠2条，斗渠98条，总长57.85千米，受益面积821.13公顷。1976年，建涟水防洪堤1.4万米，使村民免受洪灾之苦。1988年，境域有电力抽水机埠14处，装机15台，受益面积150.67公顷。1995年，完成农田灌溉工程458处，建成水泥渠288条。2000年，投入资金91万元，建设高标准渠道4500米。2009—2014年，投入资金700多万元，整修渠道、防洪撇洪堤、水闸，硬化渠道15.5千米。2015年，境域有效灌溉面积607.2公顷。

街区建设

1995年，境域开展“改水、改厕”工作，90%村民饮用清洁卫生水。70%的农户厕所改为

东山新城

清洁卫生厕，无害厕所普及率40%。1996年，境域由东山乡改为东山街道，仍是乡村风貌。2004年，湘乡市委、市政府决定将境域建成东山新城，规划面积457平方千米。2006年前，境域无街道。2006年起，按湘乡市城市建设规划进行建设。同年，投资1.2亿元，征地40公顷，拆迁房屋98栋，拓宽和亮化东山南路。2007年，新岸村新建60个沼气池，年末境域有沼气池83个。街道办事处出台对积极改善家居环境的农户补助200元/户的奖励政策，境域400户进行家居环境改善。2009年，征地114公顷，拆迁房屋62栋。2011年，将东山南路、起凤路、书院路的环卫清扫及管理纳入全市城市主要街道统一管理中，配备专职城市环卫清扫人员20多名，添置各类环卫设施。2012年，征地73.3公顷，拆迁房屋212栋，安置住户105户。至2015年，东山新城建设共投资22亿元。建成的主要街道有励志大道、东山南路、起凤路、栖凤路、人民路、涟滨路、大将南路、育才路、成才路、书院路、惜才路、民主路、民生路、朝阳路、文华路等，形成三纵（大将南路、励志大道、东山南路）三横（人民路、起凤路、涟滨路）的街道布局，全长约24千米。建成的居民小区主要有南岸水乡、湘房世纪城、励志城邦、凯旋名都、东方巴黎、教师新村、新城明珠、文华苑等。

社会事业

教育

宋大中祥符二年（1009），始建学宫于县治西北（东岸坪）。宋建中靖国元年（1101），改建于涟水东仙林冈。清乾隆四年（1739），迁入县城南门黄甲岭。清光绪十六年（1890），刘锦棠等发起在莲花屋场建东山书院，光绪二十六年（1900）建成。光绪三十二年（1906）改为东山高等小学堂。民国29年（1940）改为私立东山初级中学。1952年，境域有小学12所，学生1954人。1987年起，贯彻《中华人民共和国义务教育法》，调整学校布局和规模。1992年，境域有完全中学（含高、初中）1所（东山学校），学生1160人，教师90人；初中2所，学生619人，教师55人；小学11所，学生1981人，教师79人。1997年，有高中1所，学生1600人，教师95人；有初中2所，学生4240人，小学10所，学生2195人，教师共429人，普及九年义务教育。2003—2007年，小学毕业率达100%，小学、初中入学率达100%。2015年，有普通高中1所（东山学校），学生3600余人，教师250人；有初中2所，其中私立中学1所，学生4492人，教师224人；小学6所，学生810人，教师91人。幼儿园18所，在园幼儿400多人。适龄儿童入学率100%。

文化体育

1956年，境域有9个村级俱乐部。1964年，建成东山公社有线广播站。1965年，建东山公社文化站，聘兼职文化辅导员1名。1975年，建16毫米电影放映队。1991年，有线电视入户。1996年，建成有线电视站。1997年，境域有图书室4个，藏书7600册。有卡拉OK厅、电子游戏室、桌球室等19个文化活动场地。有中西乐队、文艺演出队等19支。有9个篮球场、3个羽毛球场、10个篮球队。1998年，扩展有线电视和网络体系，新架主干线70千米，年末有线电视用户850户。2000年，投入30万元，架设光缆3700米，有线电视用户增至1420户。2001年，加大网络建设，投资90多万元，开通张江、塔子、东山、新岸、城东及东林、东山学校主支干线，架设主干线30千米，支干线120千米，有线电视入网农户1100户。2008年，开辟东山网站。2010年，新建农家书屋6家，建全民健身工程2处。2012年，举办东山街道第一届农民运动会，组队参加市第二届农民运动会，获团体总分第一名。2015年，境域有文化体育站1个，各类文体活动组织35个，业余文体爱好者500多人。有线电视入户率40%；有农家书屋13个，藏书2万多册；体育活动场地17个。

医疗卫生

民国时期，个体医生行医，以中药治病。中华人民共和国成立后，个体医生组建联合诊所。1961年，境域有联合诊所1所。1965年，改为东山公社卫生院。1986年，卫生院设病床5张，医护人员13人。有私人诊所1家。1995年，乡卫生院有职工27人，其中主治医师2人，医师5人，防疫、妇幼医师各1人。全乡有村卫生室12个，甲级村卫生室试点1个，乡村医生22人。2005年，建成民营东山医院，建筑面积1.5万平方米，设病床150张，有医护人员139人。2009年，东山卫生院整体转型为东山街道社区卫生服务中心。2012年，卫生服务中心建成，建筑面积1788平方米，设病床50张，有医护人员37人。2013年，东山医院创建二级综合医院。2015年，境域有医院1家，即民营东山医院，社区卫生服务中心1家，共设病床138张，医师59人，个体诊所3家，村（社区）卫生室13个；有个体药店5家。

社会保障

民国时期，政府很少救助境域鳏寡孤独及残疾人，多靠乞讨维生。在土地改革后，这部分人得到土地，他们靠田地收入及亲友相助维生。1961年以后，由所在生产队作"五保"供养。1984年，东山乡政府建1所敬老院，5名"五保"老人入住。1985年，乡政府清理社队集体资产时，给"五保"老人各提留1000元防老金。1995年，境域有"五保"户70人，每人每年补助400元。1999年，境域有复员退伍军人55人，年发放优抚金1.49万元；有伤残军人12人，年发放优抚金2万元；有军烈属和因公牺牲人员家属6人，年发放优抚金6876元。2005年，推行新型农村合作医疗制度。2006年，启动贫困居民最低生活保障制度。2007年，境域享受农村低保待遇291人，年发放低保金2.85万元；享受城镇低保待遇1060人，年发放低保金153.84万元。有"五保"户58人，年发放生活费4.79万元。1.56万人参加农村合作医疗，参合金额15.6万元，参合率100%。313人获医疗救助，救助金额为95.4万元。2010年，境域有农村低保对象458户750人，年发放低保金45.96万元；有城市低保对象127户178人，年发放低保金25.08万元。为农村优抚对象代交参加农村合作医疗费2300元。2011年，推进城乡居民养老保险制度，有5100人参保，领取保险金52万元。2015年，境域有16409人参加农村合作医疗，参合率为100%；有"五保"老人37人，年发生活费6.92万元。有599户706人享受农村低保待遇，年发低保金94.4万元；有80户112人享受城市低保待遇，年发低保金31.14万元；4785人参加社会养老保险，2942人领取养老保险金26.48万元。有重点优抚对象129人，年发放优抚金10.32万元。

人民生活

清末和民国时期，境域农民靠种粮种菜养猪养鱼为生，生活水平低下。中华人民共和国成立后，人民生活逐渐改善。十一届三中全会以后，推行家庭联产承包责任制，开展多种经营，个体经济发展，各种工矿企业入驻，农副业收入增加，人民生活水平迅速提高。1997年，农民人均纯收入2950元，179户建起楼房1707间，人均住房25平方米。2000年，人均纯收入3089元，人均住

东山书院（东山学校）

房面积30平方米。2008年人均纯收入突破5908元，2015年，人均纯收入14722.63元，人均住房面积45平方米。

特色地情

历史人物

张天翼（1906—1985） 中国现代著名作家。湘乡县泉井坳一字庠（今东山街道双泉村）人。1926年考入北京大学。同年加入中国共产党。1929年开始职业写作生涯，1931年加入“左联”。抗战爆发后，在长沙等地从事抗日救亡工作和文艺活动。中华人民共和国成立后，历任中央文学讲习所副主任、中国作协书记处书记、《人民文学》主编等职。代表作有《小林和大林》《华威先生》《鬼土日记》《宝葫芦的秘密》等。

风景名胜

东山书院 始建于光绪二十一年（1895），位于东台山下，是湘乡保存较好的清代建筑，占地面积1.5万平方米。光绪三十二年（1906），改为东山高等小学堂。毛泽东于1910年在此读书。陈赓、谭政、萧三、萧子升、易礼容、黄国璋、毛泽覃、杨幼麟等也曾先后就读于此。民国29年（1940），改为湖南私立东山初级中学。1951年，为湖南省立东山小学。1958年9月，毛泽东亲笔题写“东山学校”校名。书院内辟有陈赓、谭政生平业绩陈列室，毛泽东学习生活过的教室、自修室、寝室等均复原陈列。在书院外建有“毛泽东与东山学校”为主题的陈列馆。书院是全国文物保护单位，全国爱国主义教育基地，湖南红色旅游的重要景点，AAAA级旅游景区。

（撰稿：成三晖）

韶山市

概述

韶山位于湘潭西部，北、东临宁乡县，东南与湘潭县接界，南、西接湘乡市；因舜帝至此，命奏韶乐而得名。

明洪武十四年（1381），境域属湘潭县移风乡。清顺治九年（1652）起，属湘潭县七都。民国初年，属湘潭县西乡第二区。民国 21 年（1932）12 月，属湘潭县第九区。民国 24 年（1935），行政区划分成清溪、银田 2 个乡。民国 36 年（1947），清溪、银田合并为清田乡。境内经济以农业为主，水稻种植是主业。工业主要有银田镇的铸造、煤炭、石灰石；永义、韶山乡的铁业；清溪镇的榨油、酿酒业；如意镇的陶瓷业；杨林乡的土布。农业总产值 355 万元，工业总产值 10 万元，社会商品零售总额 50 万元。

1949 年 9 月，境域属湘潭县黄龙区。1950 年 1 月，属湘潭县第三区，辖 10 个乡。1952 年 5 月改属第四区，辖 17 乡 1 镇。1955 年 8 月 1 日，第四区以驻地命名，改称银田区。1956 年，撤区并乡，银田区撤，17 乡 1 镇合为杨林、韶山、永义亭、如意 4 乡，由县直辖。1957 年 12 月，如意并入韶山乡。

1958 年 9 月，杨林、韶山、永义亭 3 乡合为韶山人民公社，辖 12 个大队，104 个生产队。1961 年 5 月，湘潭县韶山区成立，辖韶山、永义、如意、银田、杨林 5 个公社，54 个大队，647 个生产队；农业总产值 474.4 万元，工业总产值 75 万元，财政收入 119 万元，社会商品零售总额 325 万元；全区面积 171.57 平方千米，人口 4.78 万人。

1966 年，湘潭县楠竹山公社凤家、茶园大队划入银田公社。1968 年 4 月，经省政府批准，湘乡县团田公社书堂大队车家、双合两个生产队划归杨林公社；12 月，韶山区升为省辖区；湘乡县大坪公社划归韶山区管辖。全区辖 6 乡 1 镇（大坪、韶山、如意、杨林、永义、银田乡，银田镇），63 个大队。面积 210.38 平方千米，人口 7.49 万人。全区抓住行政体制变动契机，大搞农田水利建设，推广新品种，改革耕作制度；利用外援资金，兴办全民、集体企业。1975 年，全区农业总产值 1417 万元，工业总产值 1294 万元，财政收入 907.49 万元，社会商品零售总额 2350 万元。

1981 年 2 月，韶山区复为湘潭县辖，银田镇从区内划出，全区设大坪、韶山、如意、杨林、永义、银田6个公社。1984年12月，韶山区升为县级区，银田镇划入。改公社、大队、生产队为乡、村、村民小组。全区辖6乡1镇（大坪、韶山、如意、杨林、永义、银田乡；银田镇），61个村、3个居委会。面积210.38平方千米，人口9.2万人。1985年，全区农业总产值3169万元，工业总产值4834万元，财政收入776.5万元，固定资产投资5750万元，社会商品零售总额4193万元。

1986年4月，增设清溪镇。1990年12月26日，撤销韶山区，设立韶山市（县级）。是年，全区农业总产值3541万元，工业总产值11580万元，财政收入1724.1万元，固定资产投资10355万元，社会商品零售总额7551万元。

1991年，韶山撤区建市，辖6乡2镇（大坪、韶山、如意、杨林、永义、银田乡；银田、清溪镇），61个村，6个居委会，1041个村民小组，28个居民小组。全市总面积210.38平方千米，人口9.8万人。是年起，全市贯彻市委“旅游带动，兴工强农”战略，依托革命纪念地和乡镇企业两大支柱，实施综合农业和市乡工业开发，经济持续发展，乡镇特色产业主要有银田乡的水泥、电杆、钢模业，如意乡的机电、陶瓷业，杨林乡的玻璃仪器业，大坪乡的水泥业等。1995年，全市国内生产总值48772万元，其中第一产业12492万元，第二产业20363万元，第三产业15917万元。财政收入2127万元，固定资产投资12051万元，社会商品零售总额16526万元。

1997年11月，撤销如意乡，设立如意镇。2001年10月，银田乡被并至银田镇。是年，全市坚持走“强工兴市，旅游活市，农业稳市”的发展思路，加大“三农”投入，继续大兴农业综合和旅游业开发，加快全民、集体企业改革和招商引资步伐，市域经济稳步发展，韶山、永义乡的肉食加工业，大坪乡的矿泉水业和韶山乡、清溪镇的旅游餐饮服务业等初步成为乡镇的支柱产业。2004年，全市国内生产总值102620万元，其中第一产业14532万元，第二产业36685万元，第三产业51403万元。财政收入5801万元，固定资产投资49100万元，社会商品零售总额33195万元。

2005年起，全市贯彻市委“旅游立市，工业强市，生态靓市”发展战略，投入20.1亿元，兴建工业园区，推进韶山“一号工程”（改扩建毛泽东铜像广场；新建毛泽东遗物馆和改造毛泽东纪念馆；修建韶山高速公路和韶山核心景区南、北绕行公路；在景区增设4个停车坪）、韶山“五个示范工程”（全国爱国主义教育基地、全面实现小康、现代化新农村、旅游产业发展、城乡人民率先致富）、“缅怀毛主席、共建新韶山项目”建设。2012年5月，湘乡市龙洞镇石坝、花桥、谷阳、韶东、韶西、新湖、城前7个村划归韶山市韶山乡；湘乡市金石镇团田、舒塘2个村划归韶山市杨林乡；12月，韶山乡花园、石忠、石山、朝阳4个村划归清溪镇。全市面积247.3平方千米，人口12.01万人。

2014年2月，全市开展行政村优化整合，70个行政村整合为61个。2015年，韶山市辖3个镇（银田、清溪、如意镇）、4个乡（大坪、韶山、杨林、永义乡）、61个村、5个居委会、1184个村民小组、28个居民小组。全市面积247.3平方千米，人口11.8万人；国内生产总值705209万元，其中第一产业60989万元，第二产业398564万元，第三产业245656万元；财政收入54809.5万元，固定资产投资875379万元，社会商品零售总额183620万元。

（撰稿：颜家友）

清溪镇

区域概况

地理位置

清溪镇位于韶山市中部，东接如意镇，西、南面与韶山乡接壤，北与杨林乡毗邻。因境域有清溪山而得名。

建置沿革

明清时期，为湘潭县上七都。民国24年（1935）前，境域为乡建制。民国36（1947）年，属湘潭县清田乡。1949年8月，属湘潭县黄龙区。1950年1月，属湘潭县第三区。1952年5月，属湘潭县第四区。1955年8月，属湘潭县银田区。1956年6月，属韶山乡。1986年4月，设立清溪镇。至2015年11月无变化。

区划面积

1986年，清溪镇辖清溪村和火车站、竹鸡塅、韶山冲居委会，57个村（居）民小组。全镇面积2.36平方千米，耕地面积85.42公顷，林地39.56公顷，水域13.3公顷。1997年，增设韶山路和迎宾路居民委员会。2007年，辖1个村、1个社区居委会、2个居民委员会、51个村（居）民小组。2012年7月，韶山乡花园、石忠、石山、朝阳4个村划归清溪镇管辖，镇区面积增加11.24平方千米，耕地面积增加225.44公顷。2015年，镇辖5个村、3个社区居民委员会、106个村（居）民小组，面积13.6平方千米，耕地面积310.86公顷，林地面积628公顷，水域42.5公顷。

自然环境

镇域属平原丘岗地区，韶河沿岸多为小型平原，地势低平，清溪山海拔212米，为境域最高峰，南江塅海拔96米，为最低点。镇域属亚热带季风湿润区，四季分明，冬冷夏热，暑热期长，严寒期短，年平均气温16.7℃，年平均降水量1458.7毫米，常年主导风为北风，夏季为偏南风，常年有强雷电气象，年均日照1501.5小时。境域多为红壤土、水稻土。沙质和黏土兼而有之。树木以灌木为主，有马尾松、杉、油茶、油桐、樟、棕、枫、冬青和南竹等40多种。野生动物有野猪、野兔、野鸡、黄鼠狼等30余种。境域矿藏少，仅花园等处有矽砂矿。韶河穿境而过，境域长3千米。其发源于韶山滴水洞和杨林罗仙寨的南、北，两源在如意双河口汇合后流入永义、银田乡（镇）。

人口民族

1986年，全镇1337户6317人，其中男性3221人，占51%；非农业人口5464人，占86.5%。人口自然增长率4.75‰。以汉族为主，占

99.11%，少数民族8个56人。2005年，有4800户10141人，其中男性5152人，占50.8%；非农业人口8652人，占85.31%。人口自然增长率4.7‰。2015年，全镇6516户31930人，其中男性16145人，占50.6%；非农人口21534人，占67.44%。人口自然增长率4.6‰。汉族人口占99.83%，少数民族8个（土家族、回族、满族、蒙古族、壮族、侗族、白族、苗族）54人。

经济发展

经济综述

民国期间，境域经济以农业为主，工业无基础，商贸服务滞后。中华人民共和国成立后，境域经济逐步发展。农业以种植水稻及蔬菜等为主，工业以制造木器、竹器、铁器及纺织、榨油为主。1986年建镇后，发展工业，新办印铁厂、服装厂、节能厂、机械厂4家企业。1987年，全镇实现工农业总产值210.29万元，其中工业总产值134.6万元，农业总产值75.69万元。1993年起，镇党委、政府实施"强工富民、重农安民、引商利民、兴镇益民"的发展战略，镇办和私营企业快速发展。1997年，工业加快体制改革，农业进行综合开发和产业结构调整，全镇工农业总产值首次突破2亿元，其中工业总产值20001万元，农业总产值800万元。2010年，镇党委、政府坚持"商贸兴镇、产业活镇"发展战略，引进民营资本1550万元，多家民营企业落户境域，全年实现工农业总产值27980万元，其中工业总产值26560万元，农业总产值1420万元。2015年，镇加大招商引资力度，引进资金2137万元，开发东方商务酒店、东方红汽贸城等项目，完成工农业总产值（含镇域内企业）178467万元，其中农业总产值2467万元。

种植业

明、清和民国时期，境域主要种植水稻等粮食作物，旱地一般种植蔬菜、红薯、西瓜、花生、棉花、麻类等经济作物。中华人民共和国成立后，政府鼓励农民种植水稻，亩产170千克。1954年，试种双季稻。1962年，改进耕作技术，粮食产量单产230多千克。1967年，扩大双季稻种植面积，间作三熟制，采用温室育秧技术；播种粮食面积138.13公顷，粮食总产量1474吨。1977年，试种杂交水稻，1980年亩产600千克。1982年后，实行家庭联产承包责任制，1987年亩产750千克，种植业产值35.4万元。1993年，大面积推广杂交水稻。1996年，加大农业投入，改造中、低产田，建设田园化工程和水利排灌设施，首次实现成建制亩产过吨粮。1997年，推广塑料软盘育秧抛栽技术。2000年，清溪村村民沈建国办起蘑菇、木耳、食用菌种植场，年纯收入2万多元。2004年，推广旱育无盘抛秧技术；大面积推广优质稻，韶河以南成为优质稻水稻种植基地。2005年，全镇粮食播种面积143.33公顷，总产1040吨；种植西瓜6.67公顷，亩产2750千克。2006年，开始推广撒播技术。2012年，种植业向规模化发展，种植50亩以上的有7户。2015年，全镇粮食播种面积291.47公顷，粮食总产量4309吨，种植业产值1150万元。

养殖业

民国时期，境域有养殖生猪、牛、羊、家禽和鱼类习惯。鸡鸭多自繁自养。少数农户散养耕牛和山羊等。养鱼靠自然孵化鱼苗，自生自长，产量低。中华人民共和国成立后，政府鼓励农民养猪、养鸡鸭。1951年，开始发展池塘养鱼。20世纪70年代，由生产队集体经营池塘，鲜鱼亩产25千克。1982年，池塘及其它水面推行承包经营。1986年，全镇养殖生猪1770头、其中出栏970头，养牛37头，养鸡鸭1335只，产鱼13900千克。养殖业总产值37.4万元。1993年，政府扶植养殖业，培养养猪专业户10户，养猪5600头，其中出栏2500头。2000年，建成清溪路以北的瘦肉型生猪养殖基地。清溪村农民李文中办起奶牛养殖场，年收入超过2万元。2002年，全镇有养猪专业户134户，养生猪13100头，出栏6548头。2004年，村民苏和冬养殖鳝鱼110箱，年收入5.5万元。清溪村成立养猪协会，有会员192户。2005年，清溪镇被湘潭市确定为无公害生猪生产示范基地。2015年,全镇养殖生猪35050头，其中出栏18700头，养家禽92100只，其中出笼46800只，产鱼210吨。养殖业产值1222万元。

林业

1949年前，林地归私人所有，多自生自繁，树种有松、杉、樟、枫等。1958年，林地收归公社所有。1963年，山林权固定在生产队。1971—1974年，垦荒造林5.67公顷,办起集体林场1个。1982年，确定山林权属，集体林场和私营林地得到发展与保护。1986年，全镇有林地39.56公顷。栽种风景树1200株，森林覆盖率30%，林业产值2.9万元。1988年后，镇党委、政府发动群众开展造林运动，至1994年，造林5.93公顷，开发优质水果林1.67公顷。2000年，培植幼林抚育面积1.33公顷。2002年起,逐年实施退耕还林,至2008年，退耕还林5.33公顷。2009年起，继续发动群众绿化造林，至2014年，造林9公顷，绿化村组道路8千米。2015年，全镇有林地628公顷，森林覆盖率46%，林业产值95万元。

工业

清末民初,境域有棉麻纺织、印染、缝纫、榨油、酿酒、砖瓦、木器等传统手工业。中华人民共和国成立后，政府着手恢复和发展工业生产。1951年，境域建窑生产石灰。1958年，开办矽砂矿，有职工200人，次年产矽砂4752吨，产值22.04万元。20世纪60年代至80年代初，境域相继有韶山像章厂、韶山副食品加工厂、韶山冷冻厂、韶山兽药厂等集体企业。1985年，境域办起制帽厂，有职工25人，年产值5万元。1986年，兴办印铁厂、机械厂、节能电器厂、服装厂等5家集体企业和1家个体私营企业，从业人员128人，工业总产值134.6万元。1991年，镇有11家集体和个体私营企业，工业总产值636万元，从业人员200多人。1992年，韶山三旺食品公司成立，成为韶山首家食品出口创汇型企业。1993年起，镇政府加大招商引资力度，镇办和私营企业快速发展，先后有港越食品、世源兽药、大北农动物药业、兴远铸造、睿达汽配、清溪机械、新韶光、远征钢模等一批民营企业落户投产。2000年，镇、村集体企业实行改制，民营经济得以发展。世源兽药厂、丰园工贸实业公司、港越大酒店、三旺食品有限公司发展壮大，成为骨干企业。全年实现工业总产值20568万元。2004年，镇域有各类企业47家，从业人员2300人。2005年，境域兴建市工业园区。2006年起，先后招商引资26490万元，引进三鑫现代电器等19个项目。至2015年，引进各类企业53家，工业总产值17.6亿元，从业人员3500多人。

商贸服务

民国时期，境域商品交易较为繁荣，集贸点有清溪乡公所、郭家亭、清溪寺、大塘湾等处，经营商品大都是杂货、肉食、粮油、手工业品、文具、生产资料等。中华人民共和国成立后，各大队均开设集体商业零售店或代销店。1951年12月，湖南首批涉外定点单位韶山招待所创建开业。1961年，寒石坪粮库首次用小型打米机加工大米，日加工大米2500千克。1968年，境域先后开设供销合作社、旅社、肉食站、粮油店、蔬菜店等生产生活供应网点。1986年，全镇有工商企业服务网点200多个，从业人员700多人，社会商品零售总额1957.3万元。1990—1995年，银峰、沁园春等宾馆先后建成开业。火车站、竹鸡塅、韶山冲农贸市场相继建成营业，有个体摊点、商户300多家，年销售收入6800万元。引进韶山仿古工艺有限公司。1995年末，商贸市场发展至5家，销售收入10500万元。1996年，镇政府和清溪居委会筹资1500万元，建成金海商业城，有个体私营户600多户，从业人员1300余人。其后又相继建成金润宾馆、德盛宾馆和水果糖酒副食品批发市场。韶山莲蓉食品有限公司引资886万元的设备，成为镇区第一家引进外资的企业。2001年，镇投资500万元在韶山北路改建水果批发市场，建筑面积8000平方米，年经营收入1000万以上。2006年后，先后引进金帝宾馆、黄程宾馆、国土宾馆、千金药业、天骄大酒店、环球学校、诚信家私、步步高、万凯源、新真喜食品、大热门超市等21家商贸企业。2015年，全镇有各类商贸旅游服务企业2000多家，从业人员4500余人，社会消费品零售总额48690万元。

财政金融

民国31年（1942），境域有信用合作社数家，多为地方豪绅、保长把持，农民甚少受益。中华人民共和国成立后，设有中国人民银行韶山分理处和农村信用合作社，办理存贷结算业务。1973年，中国人民银行韶山办事处成立。1979年12月，中国农业银行韶山区支行成立。1981年，中国人民银行韶山办事处、中国农业银行韶山区支行撤销；境域恢复保险业务。1984年11月，中国工商银行韶山区支行成立。1985年5月，中国农业银行韶山区支行恢复；10月，韶山区信用合作联社成立，隶属区农业银行。1986年建镇后，政府财源主要靠其管辖的企业和农业税收以及上级的有限拨付。1989年，中国人民银行韶山办事处恢复。1991年，设立邮政储蓄网点，邮政储蓄额607万元。镇财政收入42.23万元，其中工商税收33.88万元，财政支出39.69万元。1992年，韶山冲、竹鸡塅两大块税源复归韶山乡，镇财政收入减少。1993年，先后成立韶山市城市信用社、农村互助储金会。1994年3月，分设中国人民保险公司韶山市支公司和中国人寿保险公司韶山市支公司。1995年，农村合作基金会成立。年末，镇内有各类金融机构6家，各项存款余额41940万元，各项贷款余额29662万元。1996年，农村信用合作联合社与市农业银行脱钩，成为市内一级金融机构，归市人民银行监管。1997年，镇财政收入190.97万元，其中工商税收149.5万元，财政支出187.42万元。1999年，中华人民共和国国家金库韶山支库成立。农村互助储金会业务停办；农村合作基金会并入农村信用合作社。2000年12月，太平洋保险公司湘潭中心支公司韶山营业部成立。2002年，实行税费改革，取消“三提五统”（公积金、公益金、管理费；教育附加、计划生育、民兵训练、民政优抚、乡村道路建设费），调低农业税税率。2004年，免征小微店铺税费，取消农业特产税和农业税附加。2005年，取消农业税；财政收入521万元，其中工商税收414.40万元，财政总支出519.3万元；镇内有各类金融机构6家，各项存款余额100294万元，各项贷款余额26795万元；有保险机构4家，从业人员100多人，年交保险本金3237万元。2008年，韶山邮政银行成立。2009年2月，华融湘江银行成立；9月，韶山光大村镇银行成立。2010年，财政收入1081.4万元，其中工商税收748万元；财政支出688.2万元，主要为上解各税、农业、教育、行政管理费用等。2015年，全镇财政收入1698.18万元，其中工商税收1350万元，财政支出 1692.64 万元。镇内有各类金融机构 10 家，各项存款余额 559633 万元，各项贷款余额 284222 万元；有保险机构 6 家，从业人员 300 多人，年交保险本金 6500 万元。

基础设施

交通运输

民国时期，境域只有宽不过 2 米的鸦（湘潭县的鸦雀坪）瓦（杨林乡的瓦子坪）道、湘（湘乡）宁（宁乡）道纵横穿越，陆上运输靠肩挑手提、土车运送。1950 年，开始修建七里铺至韶山冲的公路，境域长 7 千米；1963 年，该公路改建拓宽至 7 米的四级公路，1965 年全线路面铺沥青。1967 年，韶山铁路、韶山火车站、韶山汽车站同时开工建设；12 月 28 日，与湘黔线相连的韶山铁路（起于清溪镇十竹塘）竣工通车。1971 年秋，韶山火车站竣工；12 月，韶山汽车站建成营运，并成立客运专业车队，时称省运输公司第一车队，拥有各类客车 53 辆，跨境至湘潭、长沙、常德、邵阳、娄底等 10 多个周边地县市。1987 年 11 月，韶山铁路货运站建成营业，货运年吞吐量 50 万吨。20 世纪 90 年代起，投资 2000 万元，修建车站路、英雄路等 9 条城区主干道。1992—1993 年，韶山汽车站改建，日均发车 285 次。1997 年，清溪村自筹 18 万元，投入工日 6000 多个，修建 2 千米余的清如路。2000 年，朝磨路竣工，迎宾路扩建。湘潭华达集团组建韶山第一支的士客运车队。2003 年，改造北环线成沥青路面。2004 年，对朝磨路和清如路进行硬化。2005—2010 年，对境域迎宾路、三角元路、健康路、枣园路、遵义路、英雄路、车站路、文化路、朝磨路、市府路、如意路、厦门大道、韶山大道、潭韶高速韶山互通路段进行提质改扩建。同时，硬化村道 30 余千米；农民自筹资金 20 万元对部分村道进行改建。2013 年，投资 4.8 亿的外环线建成通车，境域长 3.5 千米。村组道路硬化 56.4 千米。2015 年，境域有高速公路 1 条、省道 1 条、市（县）道 1 条、乡镇道 8 条、村组城区公路 48 条，总里程 338 千米。

邮电通信

民国 26 年（1937），有湘潭县政府直通境域的电话线路。民国 27 年（1938）8 月，郭家亭设邮政代办所。1958 年，郭家亭装有电话交换机。1969 年 7 月，省属韶山邮电局在境域建办公楼、配备干部职工 67 人，装有 500 门纵横制自动电话交换机 1 部，长途通信设备 1 套。1970 年，竹鸡塅增设邮电所。1989 年，境域装长途电话线路 26 条。1992 年，境域开通无线寻呼系统和 SL240 程控电话。1993 年，开通模拟 900MHZ 移动电话。1995 年 11 月，在天鹅山建成第一座移动通讯基站。1999 年，移动公司、联通公司相继进驻境域。2015 年，镇内有移动、联通、电信企业 3 家，各类通信基座 52 个，家庭固定电话 710 部，手机 1.3 万部。

供电供水

清代、民国时期，境域内居民照明多为煤油灯，饮水多为河水、池塘水、井水。1958 年，韶山招待所投资在韶河建造一个小型蓄水池，取韶河水源，解决部分接待用水。1959 年 2 月，青年水库建成，除灌溉外，还向城乡居民提供工业和生活用水。1960 年 3 月，湘潭县楠竹山至韶山董家冲 17.5 千米的 6 千伏高压线架通送电。1968 年，郭家亭、火车站等地的单位、居民开始供电照明。1970 年 1 月，在青年水库马颈坳新建水厂，向火车站、韶山冲周围单位和居民供水。1976 年，省政府投资，在如意镇球山村建成 2 口深水井及泵房，再向韶山冲、清溪镇、竹鸡塅等地的单位、居民供水。1989年，境域农村自来水用户242户，占总户数的56%。1990年，供电线路架设到村组、农家，实现户户通电。2003年，投资4480万元，建成竹鸡塅水厂。2006年起，镇启动社会主义新农村建设，农村电网得到提质改造，电网改造率99%。2010年，集中饮用水覆盖率100%。至2015年，全镇供电线路里程380多千米，用电普及率100%。

水利建设

中华人民共和国成立前，境域3千米小溪流经花园、石忠村至球山村流入韶河。1959年2月，韶山青年水库建成，库容430万立方米。1960年，青年水库左、右干渠建成。1967年3月，石山水库建成。1978年4月，花园水库建成，库容32.9万立方米。1982年后，塘坝随田承包至户。1989年后，国家、集体、农户共同筹资800多万元，至2014年，完成水利工程59处，修复韶河坝1座，整治山塘27口，新建高标准渠道3800米，53.33公顷农田得到自流灌溉。硬化渠道4000米，疏通渠道6000米，解决6个村民小组的水利渠道多年阻塞不畅的问题。2015年，境域有山塘、平塘330口，蓄水量为264万立方米；有水库3座，有效库容452万立方米。

村镇建设

民国时期，境域居民大都分散居住，驿道两侧，偶有群居，农舍多简陋，难见砖瓦房。中华人民共和国成立后，境域建设始有规划，1985年，有火车站、汽车站、各类文化场馆、餐饮服务场所、大专院校、金融保险、医疗卫生、购物商场、农贸市场等，各类服务网点210个，住宅面积7.13万平方米。1986年建镇后，对基础设施进行扩容提质改造，完善供水、排污和绿化亮化工程。1988年，镇投资14.35万元，新建、改建厕所12座。1992年起，以建新房、拆迁改造旧房为主，沿街老屋改造成以商铺为主的商业、文化、食宿综合大楼，镇中心新增人民银行、银峰宾馆、工贸市场等一批建筑，至1995年城镇区竣工房屋面积32.55万平方米。1996—2000年，先后建成金海商业城、德盛宾馆、国税大楼等，竣工面积24.54万平方米。2001年6月，投资2000万元

镇区新貌

的韶山污水处理厂建成，日处理污水6000立方米，为省内第一家县级污水处理厂。2005年城镇面积扩展到2平方千米，房屋面积54.88万平方米。2006年起，先后开发天鹅小区、阳光水岸、东润家园、日月新村CD区、隆盛商贸城；建设国土住宅、枣园住宅、工贸经济小区、市民广场、英雄商业广场等；对迎宾路、韶山大道等7条主干道进行提质改造。2008年，镇投资14.35万元，新建改建厕所12所，建标准垃圾池4个、沿街门店配套垃圾桶55个、封闭式垃圾箱2个。2009年，有320农户进行厕所改造，修建用户污水处理池360个、沼气池115个。2010年，投入120万元，对城区30多个住宅小区、3大市场、156条大街小巷、居民安置区的环境进行整治。2011—2015年，投资2.8亿元，提质改扩建新颜路、迎宾路等11条城区道路，开工并部分完成港越世纪城、富逸花园、丰菊嘉苑、天鹅盛园丽园、东方帝景、石山新农村示范小区、石忠片区安置房、云盛花园、新天时代佳园等小区建设，改扩建城区道路面积440平方米，新建住宅面积36万平方米。

社会事业

教育

清宣统三年（1911），清溪寺开办初等小学堂。民国元年（1912），彭石麟在花园冲创办彭氏闻道族校。民国15年（1926），王淑兰（毛泽民妻子）等人在郭氏墓庐老屋湾创办女子职业学校。民国27年（1938），湘潭县城区私立绮湘女子职业学校为躲避日军轰炸亦迁入郭氏墓庐。民国30年（1941），清溪设立中心学校，开设民教部，教农民识字、传播文化知识。民国32年（1943），庞敏权等在清溪乡老屋湾创办私立复兴初级中学。民国37年（1948），复兴初级中学在湖南中等学校成绩展览会获数学二等奖。1950年，清溪中心国民学校改称湘潭县第八完全小学。第九学区女子职业学校迁往清溪寺。1952年，韶山学校（原毛氏族校）由省政府拨款在毛泽东故居西侧400米的张家山修建新校舍。1965年，中共湖南省委韶山党校成立（1984年更名为中共湖南直属机关党校，2001年与省直机关培训中心合并，迁址长沙，韶山设分部）。1973年，车站学校在清溪谭家岭创办。1981年2月，省政府在辖内设立省政法干部学校（1984年5月改为省政法管理干部学院，1990年迁长沙）。同年，花园大队开办农民文化技术学校。1986年，境域有中学2所，小学1所，在校学生2100人，教职工155人。1991年，机关幼儿园开业。1995年，韶山实现教育“两基”（基本普及九年义务教育和基本扫除青壮年文盲）达标。1997年，韶山乡中学、车站学校和清溪小学均达到国家二类学校标准。1999年，章明飞扬电脑学校开办，成为市内第一所民办技术学校。2001年，车站学校改名为韶山市实验中学。2003年，清溪小学更名为镇泰小学。2004年，韶山实验中学和韶山镇泰小学改为国办民助体制。2015年，境域有中学2所，小学1所，在校学生3500余人，教职工256人；各类培训机构5所；公办和民办幼儿园6所，幼儿1300余人，幼师和行政后勤人员123人，适龄儿童入学率100%，初中生毕业合格率100%。

文化体育

清代，境域有花鼓戏、围鼓戏（清唱戏）、竹马灯、龙舞、狮舞等在民间演出。民国14年（1925），西二区上七都在郭家亭郭氏祠演出文明戏《农民苦》。民国16年（1927），上七都在板登岭召开万人大会后演出自编小戏《农民闹革命》《农民协会好》等。1964年，境域设有俱乐部，有业余文艺宣传队。1969 年 1 月，韶山新华书店在境域成立。1970 年，韶山像章厂组建电影放映队。1974 年 3 月，境域建立图书馆（1979 年建馆舍 1912 平方米）。1984 年 7 月，韶山影剧院峻工，有座位 1162 个。1987 年，镇团委举办首届田径运动会，设 10 个项目，55 名运动员参加。1988 年底，韶山广播电视大楼竣工；镇文化站成立，建立农村广播网。1990 年，第十一届亚运会“亚运之光”火炬接力活动在境域举行；镇内建有线电视台。1997 年，镇政府投资 40 多万元，先后完善村级图书馆、篮球场等建设。2008 年，镇内组建 150 人的腰鼓队、40 多人的小白鹭艺术中心和书画爱好者协会。2012 年，图书馆移址新建，面积 3000 平方米，藏书 6 万册。2015 年，镇内有文化站点 17 个，艺术团 2 个，中西乐队 8 支，腰鼓队 7 支，广场舞队 11 支，女子龙灯队 3 支，歌舞厅 13 家，诗词楹联、书画美术、音乐唢呐等文学艺术爱好者 100 多人，村镇图书室 8 个、书刊 2.7 万册，各类运动场所 9 个。

医疗卫生

民国 5 年（1916），花园冲中医郭伯勋编撰的《医学八字决》《医方集解补削》刊印。是时，境域医疗多为个体从业和一些土方“郎中”自采自制中草药行医看病。中华人民共和国成立初期，郭家亭设立联合诊所。1951 年，境域开始进行爱国卫生运动，普种牛痘苗。次年，推广新法接生和儿童健康检查，免费治疗患子宫脱垂和尿瘘病妇女。1958 年，对所有儿童接种卡介苗。1960 年，村建有卫生室，设有“赤脚医生”和接生员。1962 年，韶山中医院迁址竹鸡塅，矽砂矿成立医务室。1965 年，韶山学校设立医务室，配备专职校医。20 世纪 70 年代初，农村实行合作医疗制度（1982 年制度解体）。1978 年，对妇科病实行普查普治。1985 年起，境域婴幼儿全面进行计划免疫。1986 年，镇区内有各类医疗机构 7 家，病床 58 张，医务人员 70 多人。1992 年起，实行企业劳保医疗和机关公费医疗。1993 年，湘潭市韶山医院迁入境域，有病床 200 多张，医务人员 207 人。1994 年，首家牙科门诊所在镇内开业。市镇拨出专款进行农村“双改”（改厨、改厕）工作，建立镇、村两级卫生保健网络。1996 年，韶山医院评为二级甲等医院。2000 年，火车站和竹鸡塅两个社区均设立卫生服务中心。2001 年，韶山医院与韶山市中医院联合办院。2008—2011 年，韶山医院先后建成门诊大楼和住院部。2015 年，镇区内有各类医疗机构 27 家，病床 457 张，其中县级医院 1 家，医务人员 470 人，医药超市 20 家，个体诊所 16 家。

社会保障

民国 26 年（1937），境域经政府追认的抗日阵亡烈士受到抚恤。民国 29 年（1940），清溪乡成立优待出征抗敌军人家属分会，民国 35 年（1946）6 月，联合国善后救济总署拨来麦粉、小麦等粮食物资，救济长年受害灾民。中华人民共和国成立后，对无生活来源的鳏寡孤独、老弱病残者实行“五保”制度；对残疾人进行扶持，开办福利工厂助其就业；对国民党投诚人员、原湘中纠察队武装人员和精神病人发放救济费。20 世纪 60 年代后，对待业青年和回城知青进行培训安置；对回乡复员军人提供建房补助。1989 年，发放优抚救灾款 3716.70 元，扶持 20 户贫困户。1990 年、1991 年，境域先后遭受特大干旱，省市民政部门实施紧急救助。1992 年，开展农村社会养老保险业务；创办韶山光荣院，10 多名荣军老人入住。1997 年、1998 年，先后启动农村、城镇居民生活保障制度，首批农村居民 2 人、城镇居民 21 人，纳入最低生活保障制度。1999 年，市中心敬老院和社区服务中心综合楼建成开业。

2002年，职工大病医疗保险正式运行。2004年，新建中心敬老院办公楼和老年保健场所。2005年，城乡居民最低生活保障实行无名额限制，应保尽保。全镇农业人口参加新型农村合作医疗。启动农村大病救助制度，城镇居民医疗保险制度。2008年，对27名“五保”对象落实“应保尽保”政策，城镇区“五保”对象生活费每人每月提高到243元。是年起，给对参加对越自卫还击战的退伍军人和其他复退军人及军烈属，每年发放优待金，参战军人每人发1500元；其他复退军人，服役1年的每人120元、服役2年的240元，以此类推；军烈属每人5000元。同年，境域遭受特大冰灾，镇组织开展抢险救灾，发放救灾款9万多元。2013年，纳入社会养老保险的老年人2491个，发放养老金149万元，为43人发放大病救助资金5.59万元。2015年，全镇有“五保”对象25人，其中集中供养6人；农村低保109人，城镇低保540人；残疾人27人，其中重度残疾人5人，发放重残补助4400元；新型农村合作医疗保险参保续保9810人，补偿690人次85.2万元，城镇居民基本医疗保险参保续保17308人；新增城镇就业650人，失业再就业110人，农村新增转移就业141人。

人民生活

民国时期，境域大部分民众居住条件差，入不敷出，生活十分潦倒贫困。中华人民共和国成立后，农民收入不断增加，生活逐渐得到改善。中共十一届三中全会后，农村实行家庭联产承包责任制，农村经济步入发展快车道。1986年农民人平纯收入615元。城镇居民人均750元，人均储蓄余额350元。镇居民人均住房面积14.7平方米。镇内有电视机52台、自行车21辆、电风扇16台、钟表245只、缝纫机68台、沙发18把。1988年，农村部分农户使用彩电、冰箱、洗衣机。1992年，部分家庭建起楼房，开始使用自动电话、无线寻呼；农民人均收入909元，城镇居民人均1923元；农村居民人均住房面积28平方米，城镇居民人均18.5平方米。2000年，镇内居民生活显著提高，农村家庭大都建起2~3层楼房，城镇家庭多有3室2厅的套房，液晶电视、摩托车、移动电话、空调、电脑、全自动洗衣机、小汽车进入百姓家庭。2015年，农民人均纯收入11980元，城镇居民人均可支配收入24910元，人均储蓄余额2800元；有居民住宅5864栋（套），农村居民人均住房面积51平方米，城镇居民人均44平方米；洗衣机、彩电、冰箱入户率100%；空调4909台，热水器入户率60%；电脑1800台，入户率27.5%；手机1.85万部；摩托车6900辆；小汽车1629辆，占总户数25%。

特色地情

历史人物

郭咏泉（1889—1927） 1925年加入中国共产党，跟随毛泽东在韶山开展农民运动；1926年7月任中共湘潭地方执行委员会委员；1927年5月任湖南工农义勇军中路司令部司令；1975年5月病逝。1905年出生的庞叔侃，1925年6月加入中国共产党；1926年任中共湘潭（韶山）特别区委书记、特别区农民协会副委员长、湘潭县农协执委；1927年“马日事变”后，任湘南工农义勇军中路军参谋长兼韶山支队长，同年被捕就义。

庞柱中（1909—1967） 1944年9月加入中国共产党，后任中共韶山区委书记、潭湘宁边区县工委书记；中华人民共和国成立后，曾任湘乡县委副书记、书记，湘乡县县长，邵阳行署副专员；“文化大革命”中含冤去世。

彭铎（1913—1985） 1938 年毕业于南京中央大学文学院；先后任职于南京中央大学、湖南国立师范学院、西北师范学院；“文化大革命”中忍辱编写《汉语成语词典》；曾任中国语言学会理事、中国训诂学会常务理事、中国历史文献学会第一副会长、甘肃省语言学会会长，并被选为甘肃省政协常委；1985 年 2 月病逝。

风景名胜

清溪寺 位于马颈坳清溪山南麓，建于唐代。寺坐北朝南，砖木结构，建筑面积 3000 平方米。整座寺庙由四进和侧屋组成，建筑古朴雄伟。门额书：“清溪山法海寺”，寺门两侧有联云“清风如故、溪水钟灵”。寺庙第一进为戏楼，戏台前的大坪可容千余人。第二进为“关圣殿”，塑有关公像，殿房两旁各有两间寮房。第三进为佛殿，塑有释迦牟尼、弥勒佛、药师佛三尊佛像。左右两边的倒厅及通往四进的走廊上塑有十八罗汉，前檐悬有重达 1.5 吨的巨钟。第四进为观音殿，殿内有千手千眼观音菩萨。左右分列二十四位诸天菩萨。宣统三年（1911），在此办初级小学。民国 14 年（1925），毛泽东在寺内召开农运骨干积极分子会。12 月，湘潭特别区农民协会在此建立，民国 15 年（1926）初，成为中共湘潭特别区区委驻地。民国 16 年（1927），毛泽东在此召开农会骨干和农会会员座谈会，考察农民运动。1958 年，寺庙被毁。

毛泽东塑像 立于韶山火车站广场前的小山岗上。1967 年落成。塑像面朝东南，像高 6 米，台座高 6.26 米，共 12.26 米，寓意毛泽东诞生的月日。像为钢筋混凝土结构，表面仿花岗岩。毛泽东身着长衫，头部微微昂起，神采奕奕，左手叉腰，右手有力地推向前方，右脚迈出一步，表现毛泽东青年时代“指点江山、激扬文字”“欲与天公试比高”的气魄。塑像正前方台阶两边各有毛泽东诗词碑 3 块。像区占地 23345 平方米。山坡上，种植樟树、香枫、雪松、密橘和山茶等。

毛泽东塑像

韶山烈士陵园 坐落在清溪镇花园村天鹅山，面积 10.8 公顷，坐南朝北，与火车站毛泽东塑像遥相呼应。1993 年 12 月竣工。陵园主体有门楼、泪飞泉、国旗台、烈士塔、毛泽东六位亲人铜像，彭公达、林蔚、孙仁三位烈士石雕像、五杰亭等。1996 年，被国务院批准为“全国重点烈士纪念建筑物保护单位”，2005 年，被列为全省国防教育、爱国主义教育基地。

（撰稿：颜家友　肖桂良）

韶山烈士陵园六亲台

大坪乡 >>

区域概况

地理位置

大坪乡位于韶山市西部。东南与韶山乡接壤；西北与湘乡市白田镇、金石镇毗邻。因境域有大坪坳而得名。

建置沿革

清代、民国时期，境域属湘乡县凤音乡。中华人民共和国成立后，撤销凤音乡，改设石城乡，属湘乡县第四区。1957 年，并入沙田乡，改属湘乡县第九区。1958 年，沙田并入白田公社。1961 年，从白田公社析出，成立大坪公社。1968 年，划归地级韶山区。1981 年，改隶属湘潭县韶山区公所。1984 年更名为大坪乡，隶属县级韶山区。1991 年，隶属县级韶山市，至 2015 年 11 月无变化。

区划面积

1961 年，辖石扶、邹冲、新庄、联盟、湘韶、石城、石坝、石泉、大坪、韶峰、黄田、梅花 12 个大队，144 个生产队，面积 29.1 平方千米；耕地面积 783.7 公顷，林地 1610 公顷，水域 102 公顷。1966 年，石扶与邹冲合并为石扶大队；新庄与联盟合并为新联大队；湘韶与石城合并为湘韶大队；石坝与石泉合并为双石大队。1968 年，竹赞村并入大坪公社，面积 32.45 平方千米；耕地面积 822.1 公顷，林地 1750 公顷，水域 121.8 公顷。1976 年，双石更名为林家湾大队，石扶更名为韶新大队；辖竹赞、大坪、新联、湘韶、韶新、韶峰、黄田、梅花、林家湾 9 个大队，90 个生产队；1984 年，乡辖 9 个村，91 个村民小组。1991 年，全乡划为 197 个村民小组，面积 32.45 平方千米；耕地面积 841.5 公顷，林地 1800 公顷，水域 121.8 公顷。2013 年，竹赞村撤销并入大坪村。2015 年，辖大坪、新联、湘韶、韶新、韶峰、黄田、梅花、林家湾 8 个村，95 个村民小组；面积 32.45 平方千米，耕地面积 938.6 公顷，林地面积 1824 公顷，水域面积 121.8 公顷。

自然环境

境域山丘较多，韶峰（海拔 518 米）、云富托横亘东部，与滴水洞、韶山冲连为一体；中部有隆起的台地，西部较为平缓。北部以大坪坳为分水岭，降水流经大坪、团田村、湘乡金石入宁乡沩水汇聚沅江；南部溪流经新联、湘韶、梅花、林家湾等村，入石狮江支流，汇入涟水。境域土地大部分为红壤土，略带酸性；水田以黏性青泥为主。境域属亚热带东部季风气候区，热量丰富，光照充足，降水充沛，无霜期长，冬冷夏热，四季分明。年平均气温16.5℃，日照1700多小时，降水量1350毫米，无霜期274天。4—6月降水占全年雨量的45%。进入21世纪，暖冬现象明显，2014年冬，未见积雪、冰冻。韶新村的邹家冲一带盛产石灰石；大坪村龙潭托蕴藏优质矿泉水。境域树种有松、杉、梓、樟、枫、椿、油桐、油茶、南竹等；野生动物，主要有野兔、野猪、野鸡、野鸭、猫头鹰、黄鼠狼等。

人口民族

1968年，境域有2118户9533人，其中男性4894人，占51.34%，农业人口9123人，占95.7%，无少数民族人口。1980年，有3475户13658人，其中男性6910人，占51%，农业人口12870人，占95%，人口自然增长率6.2‰。1991年，有3391户13055人，其中男性7212人，占55%，农业人口12708人，占97.3%，人口自然增长率5.5‰，少数民族3个（苗族、满族、土家族）10人。2015年，有4324户14674人，其中男性7349人，占50.01%，农业人口13793人、占94%，人口自然增长率4.8‰，汉族人口占99.41%，少数民族3个（苗族、满族、土家族）31人。

经济发展

经济概述

民国时期，境域经济发展缓慢。中华人民共和国成立后，经济逐步发展，农业以种植水稻为主，产量低；工业以铁器、木器、竹器等为主，全系手工操作，生产效率不高；章公桥一带偶有谷米、土布等地方产品交易。1975年，境域农具厂、皮鞋厂、泡沫厂等社办企业先后建起，年产值650多万元。1992年，实行工农业生产并举，改变农业产业结构单一模式，特色种植和养殖基地涌现，完成工农业总产值2900万元，其中农业产值1439.2万元。1997年，乡党委、政府实行“强工富民，重农安民”的发展战略，经济总量和质量得到提升，实现工农业总产值9525万元，其中农业总产值3819万元。 2005年，完成工农业总产值2.01亿元。其中农业总产值7627.73万元。2015年，加大招商引资力度，继续深化各项改革，完成工农业总产值3.49亿元。其中农业总产值1.1亿元。

种植业

民国时期，境域主要种植水稻、蔬菜、小麦、红薯等作物。中华人民共和国成立后，政府鼓励农民试种双季稻和棉花、麻类等经济作物。1967年，扩大双季稻种植面积，间作三熟制，改进耕作技术，粮食亩产400千克。1977年，境域试种杂交水稻,扩大杂粮和经济作物的种植面积。当年，种植杂交水稻35.4公顷，小麦176.9公顷，种植油菜、芝麻等经济作物72.4公顷。粮食亩产690千克。1984年,境域粮食亩产790千克。1992年，全乡种植生姜、柑橘等经济作物47.3公顷，产值30.76万元。1996年，加大农业投入，改造中低产田，扩大早稻优质稻种植面积，首次亩产过吨粮。1997年，推广塑料软盘育秧抛栽技术。2000年，大面积推广发展优质稻。全乡粮食播种面积1910公顷，粮食总产量13530吨，种植业总产值730万元。2002年，种植业逐渐向规模化发展，种植100亩以上的有4户。2004年，推广旱育无盘抛秧技术。2006年，开始推广撒播、机插技术。2011年，国家对种地农民实行直补政策，境域在燃油、化肥、农药、良种、机械等方面共获直补200多万元。2015年，境域粮食播种面积1962公顷，粮食总产量13600吨，种植业产值3859.8

万元。

养殖业

1949年前，境域就有养殖生猪、牛羊、鸡鸭、鱼等畜禽水产习惯。养牛主要用于耕田，养殖其它则为贴补生活，且多系自繁自养、自生自长，产量不高，没有规模养殖。1957年，在“私养公助”政策的鼓励下，养殖生猪，户均2头。1958年，改“私养公助”为集体饲养，发展“万猪场”“千猪场”“百猪场”，因管理不善，连年亏损，致生猪发展缓慢。1962年，贯彻“公私并举”，鼓励私养政策，生猪饲养量逐年上升。1977年，饲养生猪，户均4.3头。1992年，出栏生猪1.68万头，养牛795头、家禽3.8万只，养殖水面88.1公顷，总产值646.29万元。1999年，出栏牲猪4.2万头，产值1365万元；出水鲜鱼150吨，产值93万元。2003年，黄田村成为湘潭市养猪万头示范村。2005年，养猪专业户139户，出栏生猪4万头；养羊专业户22户，出栏山羊600头；出水鲜鱼380吨；耕牛饲养，因农机的推广相应减少。2015年，出栏生猪6.4万头、牛164头、羊1128头、养殖鸡鸭7.2万只，出水鲜鱼520吨。养殖总产值6145.5万元。

林业

境域山地较多，林业资源丰富。1949年前，山地归私人所有，多自生自繁，少量山地成了荒地。1958年，山地收归公社所有，因“大炼钢铁”建“公共食堂”，境域所有古木、成材林被砍伐殆尽。1963年，山林权固定到生产队，保留社员房前屋后的部分风景林。1972年，以公社、大队为单位建立林场，境域建林场10个，开荒造林184.1公顷，分别种植马尾松、国外松、喜树、樟树等苗木。1982年，山权、林权重新确定，划分自留山，林场实行承包责任制，人工造林667公顷。1985年，开展封山育林，有林业面积1097公顷。1992年，实行退耕还林133.3公顷，种植果木47.2公顷，林地面积增至1356.8公顷。2005年，退耕还林24.5公顷，落实国家生态公益林1503.7公顷。2012年，成立森林防火大队，落实值班巡查制度。2015年，境域面积32.45平方千米，其中林地面积1824公顷，森林覆盖率56%。

工业

清末民初，只有几家砖瓦、竹木、铁器、纸伞等手工作坊；农家妇女大都会手工纺纱、缝制麻布衣服；部分家庭，能用土法熬制粮食酒；邹家冲石灰窑烧制的石灰，境域自给有余。中华人民共和国成立后，手工业发展到10多个行业，从业人员100多人。1956年，通过对个体手工业实行社会主义改造，建立铁业、木业、蔑业、缝纫等公私合营生产合作社12家，从业人员160多人。1975年，农具厂、农机站、石灰厂、建筑工程队、茶厂等社办企业先后建立，从业人员400多人，年产值600多万元，每年上交公社财政30多万元，企业积累36万多元。此后，办皮鞋厂、泡沫厂。1982年，社办企业年产值700多万元，从业人员510人。1986年，创办韶峰水泥厂，年产水泥4万吨，产值800多万元，创利税80多万元。1992年，有乡办企业10家，村办企业12家，个体企业110家，从业人员1713人；全乡工业总产值1460.8万元，上交税款66.82万元。1993年，滴水洞矿泉水厂建成，年产值500多万元，产品获1994年亚太地区食品博览会金奖。1998年，集体企业实行体制改革，乡农具厂、农机站等亏损企业被关闭。1999年，乡水泥厂、矿泉水厂、皮件厂、建筑公司、泡沫厂等骨干企业，均实现扭亏为盈。2005年起，境域引进深圳兴南电实业有限公司、皮件厂、韶山口口香槟榔厂、郭月明大型沙石厂、龙华食品厂等企业，投资6000多万元，年产值1.25亿元。2015年，有企业9家，工业总产值 2.39 亿元，从业人员 850 多人。

商贸服务

民国时期，境域的章公桥、石坝咀、水阁亭、颜家湾等处，分布着 10 余家经营谷米、肉类、医药和日用杂货的私营小店，另有货郎担送货上门。中华人民共和国成立后，粮、油、棉等农副产品实行统购统销，以供销合作社为主体，私营贸易受到限制。供销合作社在章公桥、章家祠、林家湾设 3 处供销点，在邹家冲、大坪坳、竹赞桥设置代销店。1978 年起，由公社投资，先后在章公桥地段建立供销社、肉食站、卫生院、生资门市部，在林家湾地段设立供销分社，实行国家、集体、个体商业并举的多种经营方式，逐步实行开放式经营。1992 年，乡供销社和农副产品公司实行利税包干，6 个门店实行集体承包。境域商业、饮食服务业 67 家，经营面积 5800 平方米，社会商品零售总额 300 多万元，共有从业人员 217 人。1999 年，乡供销社和农副产品公司，实行人员下岗分流，门店对外租赁招标。2000 年，由个体户集资，先后在章公桥、林家湾、陶家段建设集贸市场。2005 年，商贸流通网络不断健全，章公桥、林家湾、陶家塅逐步成为全乡繁华的 3 大贸易网点，经营面积扩展到 1.2 万多平方米，各类店铺 242 家，从业人员 715 人，社会商品零售额 7125 万元。同时，各私营小店遍布全乡，并在韶峰、新联、梅花地段形成赶集市场，基本满足居民的生活需求。2015 年，有从事各类商贸服务人员 1260 多人，社会商品零售额 1.2 亿元。

财政金融

民国时期，境域田赋属湘乡县管辖。中华人民共和国成立后，财政收支由乡秘书兼管。1961 年，财政金融隶属白田区工所管辖，财政由专人负责。1971 年，境域设置信用社和财税代办所。1975 年，农业税按计税产量的 12.64% 计征，全社征收稻谷 42.16 万千克，共计积累 36.84 万元。1986 年，乡财政收入 422.7 万元，其中税收 147 万元，财政支出 410 万元。信用社储蓄余额 18.2 万元。1995 年，乡成立农村合作基金会，融资 320 多万元，发出借款 210 多万元。1999 年，农村合作基金会撤销，由乡信用社接管。2000 年，完成财政收入 416 万元，其中税收 112 万元，财政支出 410 万元。2002 年，农村税费改革，调低农业税。2004 年，免征小微店铺税费、取消农业特产税和农业税附加；乡成立工商联合会，信用社存款比上年同期净增 300 万元。2011 年，完成财政收入 796.6 万元，其中税收 237 万元，财政支出 801 万元。2015 年，完成财政收入 867.4 万元，其中税收 68 万元，实现财政收支基本持平；大坪信用社改制为韶山市农商银行大坪支行，年末存款余额 2.13 亿元，各项贷款余额 1.2 亿元；同年设农业银行大坪代办点。境域保险种类有人寿、太平洋、新华等网点，各村设业务员，无专门固定机构。

基础设施

交通运输

民国时期，乡域偏僻，交通十分不便。虽有两条驿道，但宽不过 2 米，山道居多，崎岖不平，运输主要靠肩挑背负和人力车。1957 年，韶山冲至荷叶塘简易公路修通，全长 12.1 千米，途经韶新、湘韶、韶峰、黄田村。1959 年，黄田至颜家湾（韶峰）粮站路修通，全长 2 千米。1968 年，上韶山（湘韶）至竹赞桥（竹赞）的简易公路修通，长 6 千米。1977 年，修建章公桥经林家湾至白田丰年堂公路，长 5 千米；运输主要靠 8 台大型拖拉机和 80 多台小型拖拉机。1978 年，上韶山至竹赞桥，颜家湾至荷叶塘公路改建。1991 年，韶山冲至荷叶塘改沥青路面通班车；章公桥至丰年堂改水泥路面通车。1992 年，县乡公路 6 条，全长 45 千米，通村公路 9 条，全长 27 千米。2000 年，境域除县道外，各村机耕道 35 条，全长 43.5 千米，实现村村通公路。2005 年，国家和民间投资 614 万元，将章公桥至竹赞桥和韶山至荷叶塘公路改为水泥路面。2012 年，国家、集体、个人投资 800 多万元，硬化乡村公路 182 千米，入村组率 95%。2013 年，途经大坪地段，涉 6 个村、51 个村民组，长 11.03 千米的韶山核心景区外环公路建成通车。2015 年，有运输货车 86 辆、私家小轿车 412 辆；高等级县道 5 条，全长 45 千米，乡、村、组水泥路 200 多条，全长 450 千米。

邮电通信

民国时期，境域邮电通信十分不便。传寄邮件需步行数十里去湘乡县城或韶山清溪邮政代办所，或采用“驿站”形式，逐站代转。1950 年，白田丰年堂设邮政代办所，靠步行邮路投递境域；后白田区公所设邮局，改自行车邮路送达。1970 年，大坪至韶山的邮路改摩托车投送。1989 年，区电信局在乡、村开通自助电话交换机，结束人工电话历史。1991 年，乡设置邮政代办所，程控电话开通。1992 年，投资 78 万元，14 家行政、企事业单位均安装程控电话机。2000 年，邮政、电信分开，乡设邮政代办所；电话座机、移动手机逐步进入农家。2015 年，设邮政代办所 1 家；电信、联通、移动通讯代办点 15 家；家庭固定电话 56 台，电信、移动、联通手机 8500 多台；宽带电脑 856 户；邮政、联通、电信业务收入 475 万多元。

供水供电

中华人民共和国成立后，农村的饮水、照明问题一时难以解决，农民饮水用清水塘或井水；照明靠点桐油、茶油、菜油、煤油灯。1971 年起，部分农户在住房附近打深水井，居民饮用水得到改善；国家和集体投资各村安装变压器，村民逐步使用电灯照明。1980 年后，用电装机容量扩大，普遍解决了照明问题，同时还解决了农户家用电器和农业排灌、收割、加工等用电问题。1992 年，少数农户自发集资出力，埋管引水；全乡用电量 290 万千瓦。2000 年起，改厨、改厕、改水，得到政府支持，大坪村率先建设自来水供水设施。2014 年起，国家投资 300 多万元，村民自筹 200 多万元，先后在湘韶、黄田、韶峰、韶新等村建起深层地下水电排型自来水取水工程。至此，全乡大部分村民均能饮用安全、放心水。同时，国家先后投入资金 1500 多万元，改造电力线路 107 千米，加装变压器 30 台。至 2015 年，用电普及率 100%，居民安全饮水率 100%。

水利建设

1949 年前，境域防汛抗旱基础设施差。农业生产常年遭受旱涝之苦。中华人民共和国成立后，境域开展整修山塘、河坝，修建水库运动。1953 年，韶峰石子塘水库建成，73.3 公顷农田，1500 多人受益。1967 年冬，调动全社劳力，修建流经域内 8 千米的长江渠道，206.6 公顷农田受益。1968 年后，投资 80 多万元，投入 8 万多个工日，建成湘韶、韶新等 8 座水库，并完成各水库的配套工程建设。水库蓄水量 350 万立方米，有效灌溉面积 613.3 公顷。1980 年开始，先后投入 15 万多个工日，投入资金 300 多万元，整修山、平塘 323 处，水库灌溉设施 250 处。1992 年起，投资 200 多万元，整修水利工程 260 多处，其中改造水库设施 12 处，修建砼标准渠 17 条 11000 米，整修山、平塘 223 处。2005 年起，先后投入资金 4000 多万元，对国正坪水库、韶新等 9 座水库及排灌渠和 718 口山、平塘及石狮江地段、章公桥地段等30处堤坝实施改造。2015年，境域9处水库，蓄水量380万立方米；山、平塘水面77.5公顷，可蓄水214万立方米；河坝36处，可蓄水95万立方米；水域面积121.7公顷；自流灌溉和机埠提水灌溉98%，基本达到旱涝保收。

村镇建设

中华人民共和国成立初期，乡政府把发展生产，解决“衣食住”放在首位，村镇建设进展缓慢。1992年起，乡政府集资1300万元，在章公桥地段建设1000平方米集贸中心；在林家湾地段建设经贸开发走廊。2005年，韶峰、黄田的村民自筹资金800多万元，在两村交界的陶家塅地段建起占地1.4公顷的集贸中心。2006年后，先后投资200多万元，设置垃圾站、池、箱5000多处，聘请专职卫生保洁员58名。2009年，乡政府筹资300多万元，重建办公大楼。2011年起，黄田、韶峰、大坪、湘韶等村相继建成新办公楼；新联、韶新、梅花、林家湾等村村部修缮扩展。2015年，章公桥地段成为大坪乡政治、经济、文化、医卫、集贸中心；林家湾地段发展为农资、生资、南杂、百货、建材、休闲、饮食、银行于一体的市场；陶家塅地段建成一条长700余米经营百货、农资、医药、肉食、饮食等的小集镇。境域硬化的道路进村入户，黄田、大坪、梅花、林家湾、韶峰、湘韶等村筹资安装路灯。乡中心建成区面积0.5平方千米。大坪乡被评为“湖南省十佳美丽乡镇”。

社会事业

教育

民国时期，境域在章家祠、唐家坨等处办有10所国民初级小学和私塾。创办于20世纪40年代的“全城农业中学”（今黄田村内），有教职工10多名，学生100余名。中华人民共和国成立后，所有国民初级小学和私塾均被政府接管，此后，教育全面实施改革，同时，开办夜校，突出扫盲教育。1964年，大坪公社在章家祠创办农业中学，有教师4人，学生84人。1968年，农业中学并入黄田完小，更名为大坪中学；全社设学区，辖1所中学、10所小学。1972年，大坪中学迁至湘韶村竹山湾。1975年，公社创办“五七”高中，并在5个大队开办初中班。1979年，“五七”高中撤销。1995年，黄田小学与韶峰小学合并为全城学校；有中学1所、小学9所，教职员工131人，中小学生2478人，分为67个教学班；学生入学率90%，合格率85%。此后，调整学校布局，邹冲、韶新、新联、梅花等小学先后撤销合并。2005年，乡学区改称联校；全乡共有中小学校5所，教职员工145人，学生987人，分35个教学班；国家对学校实施“两基”达标验收，免除学费，实行九年义务教育；经省、市验收，大坪联校、全城学校入学率、达标率均为100%。2015年，全乡有九年一贯制学校1所，小学2所，幼儿园2所，在职教员58人，学生538人。开设26个教学班，其中6个初中班，182人；16个小学班，302人；4个幼儿班，54人。适龄儿童入学率、初中生毕业率均为100%。

文化体育

民国时期，有围鼓戏（清唱戏）、地花鼓（对子花鼓）、舞龙、舞狮等常在民间演出。中华人民共和国成立后，新增秧歌队，跳新舞、演新戏《白毛女》等。1964年，公社建立文化站，大队有业余文艺宣传队，公社放映员到大队放映电影。1985年后，乡政府投资70多万元，先后完善村级图书馆、篮球场等建设。2006年起，乡每年投入2万多元作为文化站的费用。2008年起，湘韶、梅花、新联等村先后建立狮子、龙灯、腰鼓等文艺队伍；广场舞逐步兴起。2014 年，乡设有线电视管理站。2015 年，有文化站 1 个，有线电视管理站 1 个，艺术团 2 个，中西乐队 5 支，腰鼓队 5 支，广场舞队 9 支，龙灯队 4 支，歌舞厅 4 家，网吧 3 家，村乡图书室 9 个、书刊 2 万册，农家书屋 18 个、书刊 1.5 万册，各类运动场所 12 个，文化广场 12 个，文学、诗词、音乐、美术、摄影等文学艺术爱好者 250 多人。

医疗卫生

清末民初，有几个民间医师上门治病或坐堂行医，主治常见小病。一般农户无钱看医，天花猖獗，夺走很多年轻生命。中华人民共和国成立后，乡政府组织除害灭病，开展爱国卫生运动，在章公桥设立医疗点，普种天花疫苗，推广新法接生，对妇科病免费治疗。1956 年，建立乡卫生院，有医务人员 6 名，病床 10 个。1969 年，各大队配有“赤脚医师”，设卫生室，社员可享受医疗优待。1974 年，大队合作医疗停办，由公社卫生院择优统一管理。1984 年，公社卫生院改称乡卫生院。1985 年，乡卫生院有医务人员 15 名；固定资产 8.7 万元，其中病床 12 张。1992 年，建立乡中心卫生院，9 个村分设卫生室，大坪中学配有兼职保健员。2005 年，卫生院增设祝赞、大坪、黄田、林家湾 4 个医疗点；基础疫苗注射实现全免费。2006 年，大坪卫生院投入 100 多万元，新建医疗综合大楼，更新医疗设备。2015 年，有卫生院 1 所、医药超市 4 家、个体诊所 9 家、病床 40 张、医卫从业人员 45 人。

社会保障

中华人民共和国成立后，各级政府关注民生，特别是对受灾群众和老弱病残群体及时给予救助安置。1954 年，境域遭遇水灾，部分房屋倒塌，政府发放寒衣、棉被 100 多件，下拨救济金 4000 多元，对遭灾农户给予妥善安置。1963 年，发生罕见水灾，倒塌房屋 20 多间，死伤 4 人。国家下拨木材 15 立方米，救济款 1 万多元救助灾民。1994 年，乡民政所成立。2000 年，实行农村社保，年满 60 岁的农民每年可领到养老金。2005 年，推行新型农村合作医疗制度，减轻农民看病的负担。2011 年，大坪乡新建 1 所敬老院，对 28 名“五保”老人实行集中供养。2012 年，发放“五保”户生活补贴 59 人 14 万元；发放低保金 442 人 101 万元；资助危房改造 95 户 80 万元。2015 年，“新农合”参保续保 13103 人，参合率 95%；为 50 人发放大病救助金 7.2 万元，为 1998 人发放特困补助金 279 万元；2820 人享受社会养老保障待遇，领养老金 204.7 万元。同年，被列为全省危房改造整体推进示范乡镇之一。

人民生活

1949 年前，生产力水平低，苛捐杂税繁多，农民苦不堪言。中华人民共和国成立后，地方政府领导农民，实行土地改革，创办互助组、低级社、高级社，开展水利建设，农民的衣、食、住条件有所好转。1958 年建立人民公社后，“五风”（共产风、浮夸风、干部特殊化风、强迫命令风、生产瞎指挥风）盛行，农民在较长时间内温饱问题仍未解决。进入 20 世纪 70 年代，部分农民将土砖茅屋改建为砖瓦平房、人平居住面积已扩展到 20 多平方米。1983 年，农民人平纯收入 358 元，1986 年 565 元。农民的温饱问题基本解决，彩电、冰箱、洗衣机逐渐进入普通家庭。1992 年，农民人平纯收入 669 元，年末储蓄人均 950 元，大部分农户改建红砖钢筋水泥结构的楼房，人平居住面积 40 多平方米，少数富裕农民开始使用自动电话、无线寻呼机和手提电话。进入 21 世纪后，地方政府组织农村剩余劳动力多门路发展经济和外出务工经商，农民生活显著改善。液晶电视、摩托车、移动电话、空调、电脑、全自动洗衣机、汽车等进入普通农民家庭，农民住房条件明显改善。2015年，农民人平纯收入11220元，年末储蓄总额人均3868元；有家用汽车498台、手机8500多台、宽带电脑890多台；电视入户率100%，其中有线电视入户1890户。全乡启动宜居示范工程，对大坪村和韶峰村、黄田村600多户农民住房进行装修改造，投入资金1000多万元。全乡农民的居住面积人均50多平方米。

特色地情

风景名胜

棠佳阁　又名唐家圫，位于大坪村大坪坳，初系唐姓房产，故名唐家圫。清道光中期，转卖给毛泽东外祖文家，文家将原茅屋拆除，重建数十间瓦屋，即今棠佳阁。棠佳阁系土木结构，砌工精致。长60米，宽30米，高8米；中间为正堂屋，两侧各有房屋10间。毛泽东1~7岁一直在此居住；1927年考察农民运动时，曾在此召开座谈会。1950年，毛岸英专程到此看望外祖家亲友。土改时期至1980年，一直有各级干部在此蹲点，胡乔木、周小舟、张平化、田家英等人到此做过社会调查。房屋均为毛泽东外祖后裔居住，1993年房屋因暴雨损坏，被陆续拆除，原址建起6栋二层楼房。2015年8月，韶山市与湖南中韶旅游发展有限公司签订合作协议，共同开发棠佳阁景区项目，拟恢复原貌。

“毛泽东小道”　又名“外婆路”。它是蜿蜒在韶峰龙头山和牛形山虎歇坪之间的一条山间小道。起点于滴水洞停车坪，出口大坪坳棠佳阁，全程8千米。小道两旁：山峰错落，峡谷幽深；林木茂密，鸟语花香；风景秀丽、赏心悦目。“毛泽东小道”是毛泽东从童年至少年去外婆家走得最多的一条山路，是湖南省旅游局推出的“爱国和励志”为主题的“毛泽东成长之路”旅游线路中重要景点之一。

石干娘　这是一块巨石的别称，又名“观音石”。巨石座落在棠佳阁1千米外龙潭圫里。石高9米，宽7米，上粗下细，酷似人形。相传，巨石专门镇压此地经常兴风作浪的一条孽龙，以保乡土风调雨顺。原巨石上建有“雨坛庙”，庙内常年香火不断。毛泽东的母亲文素勤，生育头两胎均不幸夭折，怕毛泽东同样根基不稳，便让他也拜这块巨石为“干娘”，取乳名为“石三伢子”，希望他顺利成人。毛泽东1959年回韶山，在宴请

棠佳阁旧貌

“毛泽东小道”

石干娘

乡亲们时还风趣地说："还有我的石干娘没来！"现今，巨石所在地已辟为韶山重要旅游纪念景点，来瞻仰参观者络绎不绝。

名优特产

滴水洞矿泉水 与滴水洞一山之隔的龙头山下，矿泉水资源丰富，水源井深276米，水层厚度80.3米，常年水温20.5℃，水质优良。1991年，由湘潭祥和实业有限公司投资开发。该产品经国家地矿部和卫生部检测为一种较珍贵的低钠偏硅酸、硒矿泉水，含有人体所需的10多种微量元素。"滴水洞牌矿泉水"被评为"1993年质量万里行信得过产品"，1994年获亚太国际博览会金奖，1995年获湖南、江苏消费者信得过产品奖等。至2015年，"滴水洞牌矿泉水"年均产销35万桶，产销率100%。

（撰稿：贺承旭　吴明辉）

如意镇>>

区域概况

地理位置

如意镇位于韶山市东北部。东北与宁乡县大屯营镇、花明楼镇接壤，东南与永义乡、清溪镇毗邻，西与杨林乡交界；因境域有如意亭而得名。

建置沿革

明洪武十四年（1381），境域属湘潭县移风乡。清顺治九年（1652），属湘潭县七都。民国初年，属湘潭县西乡第二区。民国21年（1932），属湘潭县第九区。民国36年（1947），属湘潭县清田乡。1949年8月，属湘潭县黄龙区。1950年1月属湘潭县第三区。1951年属湘潭县第四区。1957年12月，并入韶山乡，由湘潭县直辖。1958年9月，属韶山人民公社。1961年3月，从韶山人民公社析出，成立如意人民公社。1961年5月，如意公社隶属湘潭县韶山区。1968年12月，属湖南省韶山区（地区级）管辖。1981年2月，隶属湘潭县韶山区。1984年12月，改称如意乡，隶属湘潭市韶山区（县级）。1990年12月，隶属韶山市（县级）。1997年11月6日，经省政府批准，撤销如意乡，设立如意镇，至2015年11月无变化。

区划面积

1991年，辖如意、综合场、球山、石湖、厚新、厚罗、恒心、梅湖、杨荣、杨佳10个村、208个村民小组。全乡面积33.85平方千米，耕地面积958.6公顷，林地1319.3公顷，水域175.9公顷。1997年，镇增设如意亭居委会、4个居民小组。2014年3月，厚罗、厚新合并为厚罗村，梅湖、恒心合并为梅湖村，如意、综合场合并为如意村。2015年，镇辖厚罗、梅湖、如意、球山、石湖、杨荣、杨佳7个村和如意亭社区居委会，225个村民小组、4个居民小组。镇域面积33.85平方千米，耕地面积931.9公顷，林地1492公顷，水域175.9公顷。

自然环境

境域地形为低矮丘陵区，南北山峦连绵起伏：南有狮子山，海拔305米，为境域最高峰；北有平顶岭、烈马山、排子岭等山脉。杨荣村至石湖村、如意村、球山村，由西向东，分别有杨荣垌（冲积小平原称垌）、北岸垌、南江垌、如意垌、雷公垌、石湖垌，长5.4千米。韶河穿境而过，境域长7.5千米，该河发源于韶山滴水洞、杨林罗仙寨的南北两源在石湖村双河口汇合后流入永义乡境。属亚热带季风湿润区，四季分明。年平均气温16.9℃。年平均降水量1458.7毫米。狮子山北麓一带及杨荣、杨佳等地域有较丰富的地下水资源。境域沙质、粘质土壤和红壤兼而有之，以前者为主。树木以灌木为主，有马尾松、杉、油茶、油桐、樟、棕、枫、栗、冬青和南竹等40多种。野生动物有野猪、野兔、野鸡、黄鼠狼等30余种。境域矿藏少，仅如意、球山等处有石灰岩，厚罗、梅湖等处有陶土、矽砂。1840—2015年，发生自然灾害45次，其中特别严重的洪灾4次、旱灾3次、冰灾1次。

人口民族

1991年，境域有4015户14835人，其中男性7565人，占51%；农业人口14203人，占95.7%。人口自然增长率4.8‰。人口以汉族为主，占99.55%，少数民族4个68人。2015年，全镇有4133户15262人，其中男性7868人，占51.55%；农业人口14251人，占93.3%。人口自然增长率4.7‰。汉族人口占99.41%，少数民族5个91人。

经济发展

经济综述

民国时期，境域闭塞贫穷，工商凋零。中华人民共和国成立后，经济逐步发展，农业以种植水稻、蔬菜及经济作物为主。工业以制造瓷器、木器、竹器、铁器等为主。1982年，实现工农业总产值2269万元，其中工业总产值1499万元，农业总产值770万元。1988年，实现工农业总产值3271.2万元，其中农业总产值1220.2万元。1997年，镇党委、政府实施“强农富民，强工富镇”战略，经济总量和质量得到提升，全年实现工农业总产值18685万元，其中农业总产值1672万元。2000年，实现工农业总产值23822万元，其中农业总产值1822万元。2010年，镇政府加大招商引资力度，引进资金1800万元。扩大地方特色产业生产，如意电机系列产品、长久食品生产规模加大。扶持科技种养大户。完成工农业总产值60885万元，其中农业总产值7885万元。2015年，全镇经济稳定发展，完成工农业总产值101088万元，其中农业总产值9288万元。

种植业

明、清和民国时期，主要种植水稻等粮食作物。旱地一般种植蔬菜、棉花及麻类等经济作物。1954年，试种双季稻。1962年，人民公社实行“三级所有，队为基础”制度。改进耕作技术，粮食产量单产230千克。1967年，扩大双季稻种植面积，间作三熟制，采用温室育秧技术，播种粮食面积1833公顷，粮食总产量8325吨。1977年，试种杂交水稻，1980年亩产600千克。1982年，试行农业生产责任制。1988年，粮食亩产750千克，种植业总产值471万元。1993年，大面积推广杂交水稻。1996年，加大农业投入，改造中、低产田，建设田园化工程和水利排灌设施，首次实现成建制亩产过吨粮。1997年，推广塑料软盘育秧抛栽技术。2000年，大面积推广发展优质稻，全镇种植水稻1821公顷，粮食总产量12900吨，种植业总产值705万元。2002年，种植业逐渐向规模化发展，种植100亩以上的有3户。2004年，推广旱育无盘抛秧技术。2006年，开始推广撒播技术。2013年，5家农户创办韶山中森农业有限公司，在杨佳、杨荣村种植水稻133公顷，亩产均过吨粮。2015年，全镇粮食播种面积1823.3公顷，粮食总产量12306.6吨，种植业总产值3589.5万元。

养殖业

民国时期，境域素有养殖生猪、牛羊、家禽

和鱼类习惯。部分农户圈养生猪。鸡鸭多自繁自养。少数农户散养耕牛和山羊等。养鱼靠自然孵化鱼苗，自生自长，产量低。1951年，开始发展池塘养鱼。20世纪60年代，农村曾一度禁止家庭养殖。70年代，由生产队集体经营池塘，鲜鱼亩产23千克。1976年，有集体养猪、养鸡鸭场4个，存栏生猪760头、鸡鸭2800只。1982年，推行池塘及其他水面承包经营，鲜鱼亩产59千克。养殖业总产值350万元。1984年，随着农机不断发展，耕牛数量逐年减少。1989年，出现养羊专业户，养山羊320只。1997年，镇政府进一步扶持科技养殖大户，引导村民养殖生猪、黑山羊等，有养殖大户41户。2000年，养殖大户发展到52户，养殖业总产值1039万元。2013年，湖南正大畜禽有限公司先后在厚罗、梅湖村新建2个养猪场，2015年，养猪50250头，其中出栏21850头；养禽113250只，其中出笼55100只；养羊2780只，其中出栏1490只；产鱼425吨。养殖业总产值5298.5万元。

林业

1949年以前，林地归私人所有，多自生自繁，树种有松、杉、樟、枫等。1951年成立农林互助组、合作社。1958年，林地收归公社所有，有林地1319.3公顷。1963年，山林权固定在生产队，至1974年，垦荒造林107公顷，先后建立七一茶场、胜利橘园、排子岭水果生产基地；办起集体林场12个，种植杉、樟、国外松等。1982年，确定山林权属，集体林地和私营林地得到有效保护，森林覆盖率42%，林业总产值45万元。2000年，培植幼林抚育面积1.87公顷。林业总产值达340万元。2002年起，逐年实施退耕还林，至2004年退耕还林78公顷。2004年，换发全国统一的林权证，承包期至2050年。2015年，有林地1725.33公顷，占山地面积83%，其中乔木林794.67公顷、灌木林565.33公顷、竹山17.33公顷、油茶林80公顷、茶叶林34.67公顷、风景林233.33公顷、活立木蓄积量6.2万立方米，森林覆盖率提高到51%，林业总产值400万元。

工业

唐、宋、元三代，境域就有陶瓷、砖瓦的手工业生产。至清末、民国初，沿袭下来的有棉麻纺织、缝纫、榨油、陶瓷、砖瓦、竹木家具等传统手工业。1953年，手工业有8个行业。1956年，办木业、农具、陶瓷、砖瓦等集体企业，从业人员400多人。全乡工业生产总值3万元。1981年起，先后有如意电器厂、陶瓷厂、纸箱厂、建筑工程队等社（乡）、村办企业14家。1985年，完成工业总产值823.6万元，从业人员1100多人。1988年，工商企业实行承包经营为主的企业改制，26家乡、村办企业实行各种形式承包责任制，实现工业总产值2051万元。1991年，办饮料添加剂厂。1997年起，实施产权制度改革，集体企业先后转体为民营企业，企业经济得以发展，如意电机厂、陶瓷厂、添加剂厂发展，成为镇骨干企业。2003年，引进黄河工贸公司，以生产水泥、建材制品为主。2004年，如意电器厂由彭果山整体收购，更名为湘潭市如意电机有限公司；引进长久食品有限公司、长盛科技开发有限公司、红日建筑安装责任公司、冷冻食品厂、冷链物流厂等民营企业。2015年，全镇有规模民营企业9家，完成工业总产值91800万元，从业人员1300多人。

商贸服务

民国时期，如意亭是居民集中地，也是商贸繁荣集贸点。经营商品有日杂、肉食、百货布匹、粮油食品、农具家具、生产资料等。中华人民共和国成立后，在乡（公社）所在地设有肉食站、供销合作社、药店、粮油店等，成为境域中心市场。1980年，集贸点、商店逐渐向如意亭、石湖、梅湖、厚罗等地及韶（山）宁（乡）公路两侧发展。有私营经商户198家，从业人员265人。1988年，有乡、村办工商企业10家，商业服务网点21个，社会商品零售额5800万元。1992年，有全民、集体商业企业18家，中型市场2家，个体经商户280家，从业人员500多人。1997年，鼓励农民进镇经商，如意农贸市场改扩建至2000多平方米，梅湖、厚罗、石湖等地形成商贸集市。1998年，全民、集体企业先后实行体制改革，私营企业、个体经商户成为流通领域的主体。此后，镇内商贸流通网络不断健全与发展。2015年，全镇有各类商贸企业210家，各类大、中型市场4家，从业人员1500多人，社会消费品零售总额16230万元。

财政金融

清末至民国时期，商品交易以货币直接支付，资金融通靠民间借贷、典当等形式进行。1952年，乡设信用合作社，村设代办员1人。1968年，乡城财政收入190万元，其中税收收入170万元，主要为工商和农业税收。财政支出185万元，主要为支援农业、行政管理费。1971年，始设乡信用社。1981年，如意陶瓷厂、电器厂等企业投产，财政收入增至314万元。1995年，乡成立农村合作基金会。1997年，撤乡建镇，镇设财政所，财政收入400万元，其中农业税52.55万元、企业纳税80万元，财政支出390万元。镇设农村信用合作社。年末，有金融机构1家，各项存款余额2300万元，各项贷款余额1900万元。1999年，撤销农村合作基金会，其债权移交农村信用合作社。2002年，农村税费改革，取消“三提五统”（公积金、公益金、管理费；教育附加、计划生育、民兵训练、民政优抚、乡村道路建设费），调低农业税税率。2004年，免征小微店铺税费，取消农业特产税和农业税附加。引进长久有限公司等民营企业，财政税收进一步增加。是年，镇财政收入538.6万元，财政支出500万元。2005年，取消农业税。2015年，镇财政收入881万元，其中国税403.2万元、地税155.1万元，财政支出862.4万元；镇内有农商银行、农业银行营业点2家，各项存款余额17431万元，各项贷款余额12992万元。无保险机构。

基础设施

交通运输

清代，境域交通不便，运输靠肩挑背负，土车运送。民国时期修建的湘（乡）宁（乡）公路穿境而过，路宽不到2米；抗战时期，该路毁坏。1958年1月，湖南省道（湘（乡）宁（乡）公路）竹鸡塅经如意亭、观音湾进宁乡县路段修复通车，境域长10.2千米。1972年，新建成综石线，长1.2千米，宽4米。1978年，湘（乡）宁（乡）公路拓宽拉直，新建大冶桥，拓宽下营桥，重建担水桥和杉木坝桥，全线改砂石路面为沥青路面。1984年10月，新建成如浅线，长3.5千米，宽5.5米。1989年，湘（乡）宁（乡）公路再拓宽加固，改沥青路面为水泥路面，路宽12米。1991年，全乡有各种机动车辆270台，其中客运车（小车、面包车）18辆、货运车35辆、摩托车121辆、其它机动车96辆。1992年后，村道建设均由村组和办点单位适当资助自行修建。1994年8月，新建成梅厚线，与宁乡公路相接，境域长4.4千米，宽6.5米。1995年，实现村村通公路。1997年，建成如意收费站。1998年12月，新建成朝磨线，长10.5千米，宽5米。2000年，新建成清如线，长2.3千米，宽6米。全镇有各种机动车辆1356辆，其中客运车41辆、货运车55辆、摩托车1200

辆、其他机动车60辆。2014年，长（沙）韶（山）娄（底）高速公路穿境而过，境域长5.8千米。至2015年，境域有高速公路1条，湖南省道1条，市（县）道1条，乡镇道4条；村组公路35条。有各种机动车辆7165辆，其中客运车1310辆、货运车95辆、摩托车5680辆、其他机动车辆80辆。

邮电通信

民国时期，如意亭有收发邮件处1家，邮差1人。中华人民共和国成立后，乡（公社）驻地有邮电代办所1家，各类邮件由韶山邮电邮递员送到各村（大队）学校，学校再将邮件分发给收件人。1958年，设立如意亭邮电所，办理邮政、报刊发行、电话业务。1961年，公社设电话总机室，公社、大队安装有手摇电话机。1989年，区电信局在乡、村开通自动电话交换机，结束人工电话历史。1992年，开始安装家庭电话，当年安装126部。1998年，开通移动通信系统，有移动电话84台，数字寻呼机132台。2015年，有电信、电视塔8个，邮政所1家，移动通信站2家，联通通信站2家，中国电信站1家，家庭固定电话286部，手机1.2万部，电脑1033台，邮政电信业务收入1306.63万元。

供电供水

民国时期，居民照明多为煤油灯，饮水多为河水、池塘水、井水。1960年3月，湘潭县楠竹山至韶山董家冲17.5千米的6千伏高压线架通送电。1968年如意亭、梅湖等地部分单位、居民开始用电照明。1969年起，先后挖水井700多口，居民饮用水得到改善。1976年，由省政府投资，在球山建成2口深水井及泵房，向韶山冲、清溪镇、竹鸡塅、如意亭及泵房附近的单位、居民供水。1990年，供电线路架设到村组、农家，实现户户通电。2006年起，农村电网得到提质改造，电网改造率99%。2009年，以镇政府投资为主，村民自筹为辅，为球山、如意等村村民安装自来水管，1066户受益。2011年起，镇政府先后投资750万元，村民自筹540万元，在杨佳、杨荣、恒星、石湖等村打深井4口，2047户饮用该深井水。至2015年，全镇供电线路总里程300千米，用电普及率100%；居民安全饮水率100%。

水利建设

民国时期，境域韶河迂回曲折，连年泛滥成灾。有水塘600多口，蓄水能力差，无水库。1959年2月，韶山青年水库建成，灌溉面积622.3公顷。1966年，韶山灌区北干渠建成，厚罗、梅湖、石湖、如意等7个村修渠道80千米，暗渠三处、长1200米，渡槽3处、长400米，机埠28座，引灌区水灌溉农田。1971年起，先后建成中塘、一塘、斑竹、枫树冲、中泉塘等12座小㈡型水库，正常容量204万立方米，灌溉面积246.65公顷；改建韶河10.8千米，建拦河坝10座，桥梁28座，自灌面积467公顷。1991年起，水利建设以五塘（无塘新建、小塘扩大、浅塘挖深、淤塘淘空、危塘加固）建设和河坝、桥梁整修为主。至2000年，修整平塘、山塘661口、加固河坝12座，其中杨佳坝、牛车坝灌溉面积均在66公顷以上，年引水量245万立方米；拓宽、加固、新建桥梁8座，电灌工程28处，电灌机械31台、装机容量615千瓦。2010年起，先后投资6600万元，改造韶河和如意河（拓宽河道、护坡绿化）6千米，新建、改建拦河坝8座，加固水库6座，修整水塘276口，新建电灌工程2处。2015年，有山塘、平塘660口，蓄水量为528万立方米；有水库9座，有效库容184万立方米，灌溉农田400公顷。

村镇建设

民国时期，韶山如意亭居民集中，形成集市。街道两旁有多家商铺。中华人民共和国成立后，集镇以党政机关所在地为中心规划发展。1979年后，穿境而过的S208省道两旁逐渐建起二层的楼房建筑群，各类商铺遍布街巷。1997年11月，撤乡建镇，启动新镇区发展规划，总投资1.5亿元，至2002年初具规模，完成建筑面积10.5万平方米，新建、改建、扩建卫生院、农贸市场、电器厂、陶瓷厂等10多千米长的镇区道路，供电、供水、通讯、排污等基础设施基本完善。2006年起，镇启动社会主义新农村建设，重点改造农村水利、电力道路等基础设施和扩改建石湖、梅湖、厚罗等村级集市建设。行政村、社区都有办公用房和活动中心，村民小组有垃圾池，村组配有保洁员，村组道路均实现绿化。2009年，制订《如意镇区2010—2025年总体发展规划》，镇区面积定为2平方千米。至2015年的8年间，总投资2.82亿元，新建长久食品厂、冷冻食品厂、冷链物流厂、敬老院等，建筑面积5.2万平方米；对基础设施进行改造，实施镇区绿化、亮化工程。2015年，如意镇区南起山霞岭，北至如意粮站，主街道全长2.4千米，有三产业经营场所500多家。

社会事业

教育

清代境域教育为私塾教学。民国时期，有如意亭、学堂坪、石湖团、欧家祠堂、崔家冲等多处私塾。民国30年（1941），推行国民教育。民国31年（1942），在如意村山霞岭始办庞氏族校——复兴初级中学。中华人民共和国成立初，取缔私塾。1952年，有8所村办学校（均开设初中班），将复兴中学更名为湘潭县第二初级中学，每个学校办起农民夜校（重点扫盲）。1959年，湘潭县第二初级中学升为完全中学，石湖初小升为完小。1964年9月，在杨佳村北岸开办1所农业中学（如意中学）。1968年12月，湘潭县第二中学改称为韶山第二中学。1977年，如意中学扩建教学楼、宿舍楼、大礼堂，升为完全中学，在茶场、林场办起两个高中教学点。1979年，有韶山二中（全部高中）、如意中学（完全中学）、茶场、林场两处高中教学点，8所村校（学前班到初中）。有中学生1200余人，小学生2100余人、学前班310余人，入学率100%。1984年起，境域8所村办学校先后由平房建成楼房。1994年12月，省市基本扫除青少年文盲、基本普及九年制义务教育复查顺利通过。1999年，韶山第二中学更名为韶山市中等专业学校。2002年，先后撤销综合场、球山学校。2007年，全镇初中、小学实现两免一补（免学费、免教材费、困难补助）；2008年，撤销杨荣、杨佳、厚罗学校；浙江娃哈哈集团和镇政府投资293万元改造如意中心小学和如意中学，创省合格学校成功。2009年，湘潭盘龙集团投资100万元，新建如意中学教师宿舍楼和学校门楼。2010年，撤销石湖学校；香港梦飞集团投资503万元，建如意中心小学电脑教室、阅览室等设施。2013年，政府投资200万元，改造如意中学，创省现代信息技术教育试验学校成功。撤销各校学前班，开办4所幼儿园。2014年，撤销梅湖学校。2015年，有韶山市职业中专1所，如意中学、如意中心小学各1所，幼儿园3所，学生906人，教职工170人。适龄儿童入学率100%，初中生毕业合格率100%，职业高中毕业合格率98%。

文化体育

民国时期，有花鼓戏、围鼓戏（清唱戏）、皮影戏、地花鼓（对子花鼓）、竹马灯、龙舞、狮舞、蚌壳舞等常在民间演出。民间艺人汤贵云率领戏班赴湘乡、宁乡等地演出，为韶山境域在外地演出有影响的戏班。中华人民共和国成立后，新增演新戏《白毛女》、唱革命歌曲等。1964年，公社建立文化站、文化体育活动更加活跃。大队有业余文艺宣传队，公社有放映员到大队放映电影。1989年，如意乡被省政府授予“湖南省群众体育先进乡”称号。1997年，如意撤乡建镇，镇政府投资80多万元，先后完善村级图书室、篮球场等建设。2006年起，镇每年投入2万元作为文化站的费用。2012，年投资30万元新建文化站，建筑面积300平方米；“如意剪纸”获批湘潭市非物质文化遗产项目。杨佳村剪纸传承人罗秀英的作品“福寿双全连仙贵”参加日本国际民间剪纸艺术展。2014年，文化站获批国家三级文化站。2015年，镇内有文化站1个，艺术团2个，中西乐队18支，腰鼓队8支，广场舞队10支，女子龙灯队2支，歌舞厅3家，网吧1家，剪纸艺人15个，诗词楹联、音乐美术、书画唢呐等文学艺术爱好者150余人。村镇图书室11个，书刊3.6万册；农家书屋24个，书刊1.2万册。各类运动场所10个。

医疗卫生

民国时期，有个体中医4名，药铺3家。一般农户无钱看医，天花猖獗，难以医治。中华人民共和国成立后，普种天花疫苗，开展爱国卫生和消灭“四害”运动，疾病减少。1952年，如意亭有个体诊所1家。1956年，建立乡卫生院，推广新法接生和医药市场监管。1960年，村建有卫生室，设有赤脚医生和接生员。20世纪70年代，大队建立合作医疗站，实行农村合作医疗制度。1997年，有卫生院1所、病床18张、医生6人、药剂师2人、护士4人。2003年，个体医生苏球投资40万元，在如意亭办起私营骨伤科医院。2006年起，先后投资950万元，重建、扩建如意卫生院，建筑面积2880平方米；添置200max光机和B超机各1台、心电图机3台，三维牵引床和推拿按摩床各1张。2015年，有卫生院1所、私营骨伤科医院1所、医药超市5家、个体诊所11家，病床45张、医生10人、护士8人、药剂师4人。

社会保障

中华人民共和国成立后，政府对孤寡鳏独的老人和无劳动能力的残疾人实行“五保”制度。1963年、1967年，先后发生2次洪灾，县下拨救灾款及粮食、木材等物资救济灾民。1980年4月，境域遭大风袭击，损坏住房200多间，县调拨木材36立方米给灾民修房。1988年，如意敬老院在原恒心村建成，10名老人入住，集中供养。1997年、1998年，分别启动农村、城镇居民最低生活保障制度，首批农村居民11人、城镇居民24人纳入最低生活保障。2004年起，城镇区“五保”户一律享受低保待遇。2005年，参加新型农村合作医疗（简称“新农合”）人数11040人，参合率80%。启动农村大病救助制度，城镇居民医疗保险制度，当年救助农村大病对象4人4800元，城镇大病对象补助2人3500元。2006年，投资126.5万元，在石湖村新建镇敬老院，当年入住45人。2008年，镇对387名“五保”对象落实“应保尽保”政策，城镇区“五保”对象生活费每人每月提高到243元。是年起，给对越自卫反击战和其他复退军人及军烈属，按国家政策和标准，及时发放优待金，当年每人发1500元；其他复退军人，服役1年的每人120元、服役2年的240元，以此类推；军烈属每人5000元。同年境域遭受特大冰灾，倒塌房屋261间，死亡生猪1856头，山林、经济作物等全部受损，市、镇组织开展抢险救灾，发放救灾款68万元。2013年，纳入社会养老保险体系的老年人1287个，发放养老金77.22万元，为40人发放大病救助资金5.2万元。2015年，有“五保”供养对象87人，其中集中供养25人；农村低保416人、城镇低保278人；残疾人193人，其中重度残疾人38人，累计发放重残补助2.61万元；"新农保"参保续保13454人、参保率94.4%，城镇居民基本医疗保险参保续保1905人，"新农合"补偿883人次109万元。

人民生活

1949年前，战争和自然灾害频繁，苛捐杂税繁多，民众居住条件差，入不敷出。中华人民共和国成立后，人民政府使"耕者有其田，居者有其屋"。1957年，人均口粮184千克。部分无房、缺房户建起房子。1958年，居民生活质量整体较低，青年人结婚购置的单车、手表、收音机（三大件）属奢侈消费品。1971年，人均口粮277千克，人民吃饭问题初步解决。改革开放后，农村家庭实行联产承包责任制，人民生活改善，农村居民人平纯收入399元，城镇居民人平纯收入600元，人均储蓄余额150元，农村居民纷纷拆除破旧茅草房，新建砖瓦房。1986年，全乡有电视机501台、收录机116台、洗衣机74台、电冰箱4台，人平纯收入587元，人均储蓄余额350元。1988年，农村部分农户使用彩电。人们结婚购置的"三大件"变为彩电、冰箱、洗衣机。1992年，部分家庭建起楼房，开始使用自动电话、无线寻呼机和移动电话。农村居民人均住房面积27平方米，城镇居民人均17平方米。2000年起，居民生活显著提高，农村家庭大都建起2~3层楼房，城镇家庭多有3室2厅的套房，液晶电视、摩托车、移动电话、空调、电脑、全自动洗衣机、汽车进入百姓家庭。2015年，农民人均纯收入11945元，城镇居民人均24809元，人均储蓄余额2800元，有居民住宅楼3720栋，占总住户数的90%；农村居民人均住房面积52平方米，城镇居民人均43平方米；洗衣机、彩电、冰箱入户率100%；空调2687台；电脑1033台；手机12000部；摩托车5680辆；轿车1240辆，30%的住户拥有。

特色地情

风景名胜

狮子山　位于镇南部与永义乡交界处，此山形似休歇而卧的雌雄二狮，雄狮昂首，注视西南；

狮子山景观

雌狮静卧，窥视东北，两狮交尾，拥抱球山。山上有“四仙抬宝”“雄狮吞日”“金盆蓄水”“燕子古洞”等自然景观多处。雄狮脚下为平坦、开阔地，史称“庵坪里”，是古庵、古寺云集之处，山上及周边的“雨桐庙”“道心庵”“紫林庵”“地藏庵”等处的古迹尚存。1944年6月至1945年9月，侵华日军盘踞狮子山时，在山脊开凿战壕等工事，遗迹犹在。

球山温泉 位于球山村，以泉塘为中心，上起苏家，下至向家的地域内，不论严冬酷暑，天旱水涝，都有几百处温泉源源不断地涌出，常年水温28℃，热能资源丰富。泉塘、球山溪流及周边水域盛产鱼虾，味道鲜美，相传为“进贡”之礼品。

（撰稿：颜家友 谭春强）

韶山乡>>

一代伟人毛泽东诞生地。

区域概况

地理位置

韶山乡位于韶山市南部。东与永义乡交界，西与大坪乡相邻，南与湘乡市龙洞镇毗连，北和西北分别与清溪镇、杨林乡接壤。乡因境域有韶山而得名。

建置沿革

清代，境域属湘潭县上七都。民国初期，属湘潭县西乡第二区。民国21年（1932）12月，属湘潭县第九区，民国36年（1947），属湘潭县清田乡。1949年8月至年底，隶属湘潭县黄龙区。1950年6月，设立韶山乡，隶属湘潭县第三区。1951年5月，隶属湘潭县第四区。1955年8月，隶属银田区（原湘潭县第四区更名）。1956年6月，韶山、韶东、清溪3乡合并为韶山乡。1957年12月，韶山乡与如意乡合并为韶山乡。1958年9月，韶山、杨林、永义亭3个乡合并，成立韶山人民公社。1961年4月，韶山人民公社划分为5个公社，即韶山、杨林、如意、永义、银田，隶属韶山区管辖。1984年4月，韶山人民公社更名为韶山乡。1991年起，属韶山市管辖，至2015年无变化。

区划面积

1991年，辖韶山、韶源、韶北、铁皮、韶光、竹鸡、石忠、石山、花园、朝阳10个村，139个村民小组。面积37.65平方千米，其中耕地788.6公顷，（水田555.3公顷，旱土233.3公顷），林地1836.9公顷，水面110.4公顷。2012年5月，朝阳、花园、石山、石忠4个村划给清溪镇，湘乡市龙洞镇城前、新湖、韶东、韶西、石塘、谷阳、花桥7个村划入。2015年，辖13个村，173个村民小组。面积53.24平方千米，其中耕地1128公顷（水田783公顷，旱土345公顷），林地3133.33公顷，水面149.46公顷。

自然环境

地处丘陵区，西北高，东南低。西南有韶峰山地，主峰仙顶灵峰518.5米，是境域最高点。西北和北部有车罗埂、龙头山和黑石寨相连，形成半包围状。东南是山岗、田垅相间的低矮丘陵。土壤分为酸性红壤和砂质土壤。林地中，有古松33.33公顷，有800年以上树龄的古樟、500年以上树龄的古枫137株。还有银杏、花榈木、杜仲、楠木、水杉、山茶、皂角、榆木等珍稀古树。野生动物有野猪、獾兔、狐狸、麂、花面狸、野山羊等，自然植被属亚热带常绿阔叶林，主要是冬青科、山茶科、蔷薇科、云香科等。森林树种共 65 科 280 多种。境域属亚热带湿润气候区，四季分明，阳光充足，降水充沛。年降水量 1458.7 毫米左右，降水日 164 天左右。年均气温 16.9℃ ~19.2℃。常年主导风为西北风，夏季多东南风，有强雷电气象。

人口民族

1991 年，全乡 3418 户 14776 人，其中农业人口 14603 人，占 98.8%；男性 7461 人，占 50.5%，全年人口自然增长率 7.5‰。2005 年，全乡 4849 户 16011 人，其中农业人口 15938 人，占 99.5%；男性 7419 人，占 46.3%，人口自然增长率 4.9‰。2015 年，全乡 6327 户 19788 人，其中农业人口 18932 人，占 95.7%；男性 9871 人，占 49.9%；人口自然增长率 4.5‰。少数民族有土家族、苗族、满族共 17 人。

经济发展

经济综述

民国时期，除城前铺和花桥湾（新划入）有几家商铺和手工作坊外，域内工商业缺乏。中华人民共和国成立后，经济逐步发展。1985 年起，实施“农业稳乡、旅游兴乡、工业活乡”的发展战略，利用特殊的区位优势，不断调整、优化产业结构，加大改革创新力度，农业产业结构取得突破性的发展。全乡优质稻的种植面积在 95% 以上；特色农业、养殖业得到逐步发展。乡村企业和个体私营经济快速发展，第二产业产值超过第一产业。1991 年，有 14 家乡办企业、32 家村办企业、757 家个体私营户，完成工业总产值 4246.57 万元；农业总产值 1438.68 万元。1994 年率先跨入小康乡的行列。1995 年，抓科技兴农，新增村办企业 4 个；依法治村效果好，获“中国乡镇之星”称号。2005 年，农业总产值 7596 万元，工业总产值 73705 万元，被评为“全国小康建设明星乡镇”。此后，以全市“缅怀毛主席，共建新韶山”和纪念毛泽东诞辰 122 周年为契机，推进招商引资工作，促进经济长足发展。2015 年，全乡企业发展到 1068 家（其中集体企业 49 家），完成工业总产值 29.5 亿元。农业总产值 1.8 亿元。

种植业

境域主要种植水稻、油菜、蔬菜、红薯等作物。1952 年，开始推行水稻间作；次年起试种双季稻。1962 年，种植双季稻 388 公顷，进一步改进耕作技术，加强病虫防治，粮食单产提高到 348.5 千克。旱土栽种红薯 152 公顷，产量 136.8 吨。油菜 100 公顷，产籽量 53 吨。1967 年，全乡种植双季稻 555 公顷，且间作三熟制，采用温室育秧技术，粮食亩产 825 千克（早稻亩产 400 千克，晚稻亩产 425 千克）。1994 年，湖南省在境域建立优质水稻示范基地，经中国工程院院士袁隆平等专家考察，认定“两系法”杂交水稻生产居全国领先水平，实现“吨粮田”。全乡种植 555.33 公顷杂交稻，粮食总产量 8804.9 吨。旱土栽种红薯 50 公顷，产量 48 吨。油菜 25 公顷，产籽 13.2 吨。1997 年，全面推广杂交水稻，亩产 600 千克。此后，红薯、油菜种植面积逐年减少。2002 年，依托韶山人文景观和自然环境，开发集旅游、休闲、观光、购物于一体的旅游观光农业，建立以甜玉米、糯玉米和湘莲、小西瓜、太空蔬菜等农业示范园以及花卉大观园和猕猴桃试验基地。由于韶山重点工程建设征用水田 105 公顷，全乡种植面积减少，单季稻 150 公顷，双季稻 303 公顷，粮食总产量 8831 吨，经济作物 98.2 公顷。2010 年，韶山村被湖南园艺研究所确定为“湖南省猕猴桃重点示范基地”；建立优质水稻示范基地 450 公顷，全乡粮食总产量为8838吨，经济作物102.5公顷，农业总产值为6130万元。2015年，水稻种植面积765公顷，粮食总产量8854吨，经济作物178.3公顷，种植业总产值达6320万元。

养殖业

境域历来养殖猪、牛、鸡、鸭等畜禽。中华人民共和国成立初期，政府实行“私养公助”政策，农民养猪积极性高。繁养猪、鸡、鸭所产肉类和蛋品，实行自产自销。鱼类以自然繁殖为主，池塘水面利用率低。“大跃进”时期耕牛、生猪改为集体饲养，池塘归集体管理。公社办起“万头猪场”“万只鸡场”，大队均办起“百猪场”“千羊万兔场”。由于管理不善，无效益，后停办。1961年起，各生产队、大队都办有养猪场。实行联产承包责任制后，集体耕牛分到户，集体猪场解散，水库、山塘由农户承包放养，家庭种养积极性高涨。1985年，全乡喂养耕牛1600余头；出栏生猪1.3万头，存栏生猪1.15万头；出笼鸡鸭5.14万只，存笼鸡鸭3.5万只，禽蛋521.5千克；出产鲜鱼308吨。畜牧水产收入884.56万元。1998年后，全乡推广新技术，改土种猪为良种杂交猪，发展瘦肉型猪。2000年，出栏生猪100头以上的养殖专业户有85户。全乡年养殖生猪12850头。为解决生猪出售难问题，乡政府与韶山港越食品有限公司和三旺食品公司建立“公司＋农户”经营机制。2005年，出栏生猪3.6万头，存栏生猪2.39万头，出栏食用牛125头，存栏牛247头，喂养黑山羊986头，出笼鸡、鸭4.1万只。存笼鸡、鸭3.65万只，当年农民增收328万元。2013年，除常规养殖外，全乡有30户农民喂养山羊、兔子、蜜蜂，有黑山羊1410头，兔1万余只，蜂300箱。2015年，成立18个畜牧养殖合作社，规模养殖户156家。出栏生猪2.5万头，存栏3.2万头，黑山羊出栏1986头，存栏1510头；家禽出笼8.2万只，存笼5.65万只；禽蛋560千克；出产鲜鱼815.2吨；实现畜牧水产收入6835万元。

林业

中华人民共和国成立后，实行土地改革，山林到户，原“公山”划为国有。“大跃进”时期，农户山林归人民公社所有。由于大炼钢铁，大办公共食堂，乱砍乱伐，全乡除国有山林外，大多成为荒山秃岭。1962—1965年，山林统归生产队管理，社员保留房前屋后的风景林。境域社创办韶峰、竹林、枫梓山3个林场，荒山秃岭使用飞机播种，森林覆盖面积逐年提高。1982年，山权划分到户后，农村开始兴起房屋，森林资源有所下降。1986年起，贯彻区政府“三年消灭荒山，五年绿化韶山”的决定，全乡兴起植树造林、封山育林的高潮，造林800公顷。1990年，境域消灭荒山。2001年，全乡有林地面积1836.92公顷，森林覆盖率52%。2002年前后，开展退耕还林工作，全乡退耕还林面积32.56公顷。2005年，境域林地全部定为国家级生态公益林，全乡每年享受国家定额补偿金10万元。2015年，森林覆盖率51.2%。

工业

中华人民共和国成立初期，境域仅有几家石灰窑、瓦窑和铁铺，有泥木铁篾匠工等小手工业者。1953—1956年，通过对私营工商业实行社会主义改造，境域有公私合营的生产合作社15家，从业人员150余人，主要制造铁器、木器、蔑器，生产石灰和砖瓦。1963年，创建工程队，公社农机站。1978年，接管原区韶山像章厂，改名为韶山工艺品厂；相继创办制钉厂、汽修厂、矽砂矿、茶厂等16家乡办企业，从业人员617人。1980年，实现销售296万元，实现利润20.6万元。1991年，全乡企业803家，其中乡办企业14家、村办企业32家、个体、私营企业757家，从业人员

3521人，年总产值4246.57万元，获全省“百颗星乡镇”称号。此后，乡办企业实行股份制改造，或拍卖为民营企业。1994年，通过招商引资，引进面粉厂、轧钢厂、电器厂、打火机厂等。2000年，港越食品有限公司在收购轧钢厂、湘宁电器厂房屋的基础上，建成9200平方米的肉食加工厂。2003年，韶山丰圆工贸实业有限公司成立，成为一家集收藏、研究、开发、设计、雕塑、铸造、加工、销售为一体的综合性企业，铸造各种材质的毛泽东立体像等100多种产品。2003年，全乡工业企业发展到660家，从业人员3700人，完成产值83705万元。2005年起，对部分企业实行“关、停、并、转”，茶厂、面粉、电器、港越食品、打火机厂、建材等36家规模工业企业成为全乡支柱产业。韶山市工业园建立后，乡内部分工业规模企业进入园区。2015年，全乡工业企业258家，从业人员12835人，总产值16.6亿元，其中规模工业企业8家，创产值16.1亿元。

商贸服务

民国末期，城前铺舒家山、樟树井、花桥湾、湘西亭、龙家屋场均有商铺。1951年冬，在韶山冲建立乡肉食站和乡供销分社。20世纪70年代，各大队均设立商业代销点。1990年，在竹鸡塅建立农贸市场，有摊位100个，主要经营服装、鞋类、肉食、水产品及蔬菜等日常消费品。1993年，在韶山冲铜像广场附近建成纪念品市场，设门面和摊位200个。2003年，拆除纪念品市场，在张旭冲和细尖卜冲建起2个集贸市场。2012年，有饭店161个，商店（包括摊位）368户，其中有61家专销纪念品；有维修服务业经营点700多家；韶北村田海明在韶山冲创办“旭日堂”收藏馆，集收藏、研究、展览、经营毛泽东像章、铜像、图片、诗词、肖像艺术品为一体。2015年，有商贸、餐饮1015家（其中大超市2家、星级宾馆3家），从业人员8169人，社会消费品零售总额1.74亿元。

附：韶山乡旅游产业 1986年8月15日，省委作出“把韶山建设成既是革命纪念地又是风景优美的旅游区，促进韶山经济发展”的决定。9月1日，滴水洞对外开放。1991年，乡确定以旅游业为龙头，带动第三产业的经济发展思路。韶山工艺品厂继续生产毛泽东像章，生产印有“韶山纪念”字样的毛巾、挎包、手提包以及刻有韶山图案的木雕等纪念品，经营收入200多万元。1992年，韶山村投资260万元建起迎宾饭店、故园招待所、饮料厂、茶亭和大型停车场。1993年，为纪念毛泽东诞辰100周年，成立韶山金太阳有限责任公司，独家生产发行各类型号的毛泽东小型铜像，及各类型号的树脂像、石膏像，年营业收入150万元以上。韶山村与外地联营办起韶山钟表工艺厂，生产仿古纪念怀表和座钟，当年创产值500万元；全乡因旅游赢利56万元。1996年起，贯彻执行韶山市委、市政府“旅游活市”战略和“把旅游业建成支柱产业”的决定，旅游产品开发研究所开发出大、中、小号纯金、纯银毛泽东像章系列、东方红珍藏册、怀念毛泽东珍藏册等60余种旅游纪念产品，年营业收入80多万元。随着旅游产品开发及旅游业的兴起，2001年，韶山村有个体饭店100余家，摊点200多个，从业人员500余人。2005年起，随着全国掀起“红色旅游”新高潮，韶山举办“百万青少年韶山行”“百万共产党员韶山行”“全国红色旅游联谊会”等大型活动，接待游客305万人次，旅游收入39612万元，其中门票收入5133万元。2010年末，有宾馆、饭店、酒家、招待所210家，从业人员3150人。景区内有垂钓中心、游泳池及各类文化娱乐设施220多处，满足广大游客的不同需求。2015年，接待游客1314万人次，综合经营收入51.6亿元，其中门票收入4.43亿元。

财政金融

民国时期，境域无银行，商品交易以货币直接支付，资金融通靠民间借贷、典当等形式进行。1949年8月，中共韶山支部组织粮食、供销、信用三位一体的合作社，发展社员800人，筹集资金500银元，主要向贫困户放贷。1951年11月，韶山乡农村信用社营业，成为全县第一个农村信用合作社。其后，中国人民银行、农业银行、工商银行均在境域设立分理处。1952年起，以查田定产确定的常年产量为计税依据（一直沿袭到2004年），向农民征收农业税。1985年成立乡财政所。1990年，财政收入167.47万元，其中税收113.64万元，主要为工商和农业税收；财政支出149.84万元；储蓄存款余额7753万元，贷款余额6800万元。1992年开始，向农民征收教育附加费，收取村提留和乡统筹（俗称"三提五统"）。财政收入221.75万元。1995年4月，成立农村合作基金会，吸收股金285万元。1999年4月，整顿撤消农村合作基金会，其业务转入农村信用社。2002年，农村信用合作社进行体制改革，采取入股形式扩展业务，有3300户农户自愿入股，股金总额385万元。此后，2002年，农村税费改革，取消农林特产税和"三提五统"，调低农业税率。2005年，免除农业税，财政收入1226.2万元，财政支出1059.6万元。2014年，农村信用社升级为农商银行。2015年，实现税收781.8万元，财政收入2359.8万元，财政支出2359.8万元。有工商银行、农业银行等金融机构7个，年末存款余额1.15亿元，贷款余额8538万元；有中国人寿、泰康保险、太平洋保险3家保险公司，有保险业务代办员30人，参保人数4022人，年交保险本金2332019元，投保人数占全乡总人口的27%。

基础设施

交通

中华人民共和国成立前，境域交通闭塞。1950年3月，修建从七里铺至竹鸡塅的七韶公路，1951年，建成从竹鸡段至韶山冲的简易公路。1957年12月，修建韶山冲至荷叶塘沙石公路，境域通车里程12.06千米。1958年，修建雷公铺至毛泽东故居公路，全长7.7千米。1964年12月，修建青山坳至滴水洞沙石公路，全长2.5千米，次年全线路面铺沥青，成为境域第一条沥青路。1988年8月，滴水洞至陶金公路通车。1989年，湘宁线改建为沥青路面，境域全长1.9千米；改扩建经竹鸡塅、叉路口至毛泽东故居的南北环线公路，全长14.17千米。1990年，改建滴水洞环型路。1995年后，加强村道建设，修村道47条，160千米，实现各村道路通行汽车。2008年，完成南环线景观工程；打通5个隧道，修成1.4千米长的核心景区南绕行公路和4个停车坪，缓解了景区交通压力。2015年，乡内公路总长46.53千米，硬化村道185.8千米。市内公交车在境域设有11个停靠站点。

邮电通信

民国时期，境域仅有3处邮寄代办点，无电话线路。1950年，湘潭县邮电局在韶山冲引凤亭增设邮政代办所。1952年，架通银田寺至韶山冲的单线电路，引凤亭代办所改为湘潭县邮电支局，设有电话总机室，装有手摇电话机2部，办理邮政、报刊发行和电报电话业务；乡政府办公室安装手摇电话机1台。1956年，改架楠竹山至韶山冲双线电话线路一对，并在韶山冲装20门电话交换机1部，单机增至12部。乡政府及韶山村委各安装

1台手摇电话机。到1989年，境域共装长途电话线路12条，电话杆路15千米，实现村村通电话。1992年，光缆开通，乡内60%以上村民家安装程控固定电话。1996年，全市开展创建“电话村”电话乡（镇）活动，乡内实现电话户户通。2003年，开办邮政特快专递业务，境域韶山冲、竹鸡塅设有邮政支局，各村、厂矿、企事业单位均有邮递点，乡村通邮100%。2010年，湖南省移动通信公司韶山分公司、中国联通韶山分公司在境域均设有营业部。2015年，全乡电信、移动、联通等营业服务机构6家，通信基站15个，电话机3105部，宽带用户2500家，手机12650部。

供电供水

1957年，湖南省委在韶山冲招待所安装一台2.5千瓦110伏柴油交流发电机组发电，专供招待所照明。次年，在松山一号楼安装40千瓦发电机组1台，并安装灯具200多个。1959年，建设楠竹山至韶山冲董家村17.5千米6千伏配电线路，并在董家村安装320千伏安、100千伏安变压器2台，专供韶山宾馆及附近少数村民用电，此为境域电网输电的开始。至20世纪60年代，村民饮水主要是河塘水或浅井水。1970年起，政府动员农户挖水井，安上人力压水泵。1981年起，韶山电力局对输电线路进行重点改造。1990年年末，有35千伏输电线路4条，共47.37千米，全乡用电普及率75%。有水井632口。1991—1994年，因用电电压低，境域增加3台用户变压器。1995年末，经整改低压网络，消灭无电村、组、户，全乡村组通电率100%，农户用电率99.8%，农业人口年均用电量198千瓦时。1998—2000年，对境域电网进行全面改造，形成环网供电。2005年后，将深水井手压泵改为电泵抽水；农村居民用电单价由1998年的0.78元/千瓦时降到0.548元/千瓦时。2015年，有输电线路25条，301.5千米，农户用电普及率100%。乡投资1010.85万元安装自来水，韶山、韶源、竹鸡3个村共4500人受益。

水利建设

中华人民共和国成立前，境域水利设施少，仅有山塘、平塘656口，河坝47座，总蓄水量197.95万立方米，旱涝保收面积200余公顷，占耕地面积的32%。1950年冬，乡组织全乡3000多个劳动力兴修水利，共新建山塘2口，整修平塘、山塘300多口，坝32座。1952年，石子塘水库建成。1956年冬，修建滴水洞韶山水库。1958年冬，新建韶山青年水库，蓄水量430万立方米。1962—1970年，境域相继建起8座小型水库，总容量237万立方米；整修渠道138条，全长63.053千米。2003—2004年，投资765.97万元，对8座水库进行防洪保安，对156口山塘进行加固和扩容；对138条总长63千米的渠道进行标准化改造。2009年，投资3760万元，对境域水库进行一次防渗加固。2015年，境域有小型水库12座，总库容964.95万立方米，水库配套渠道75千米；山塘、山平塘1257口；河坝54处；提灌机埠36座，总装机容量895千瓦。全乡水库、山塘水可灌稻田955余公顷，实现旱涝保收。

村镇建设

中华人民共和国成立前，仅有散落在各山冲旮旯的低矮茅房及几座砖木结构的宗祠。1951年，毛泽东旧居正式对外开放。因接待需要在韶山冲建设韶山招待所。1952年，对毛泽东旧居进行一次加固性维修，基本恢复原貌。1961年3月，国务院公布毛泽东旧居为全国重点文物保护单位。1957年，兴建松山一号楼。1959年，中共湖南省委宣传部拨款20580元在南岸屋后修建一栋556平方米的青砖瓦平房，陈列毛泽东青少年时代和韶山人民革命斗争的文物、资料。1960—

1962 年，兴建滴水洞一号楼、二号楼、三号楼。1964 年，建成毛泽东旧居陈列馆。1966 年下半年，来韶山参观人数日均 1.3 万人，在竹鸡塅、韶山冲建接待站，设临时宿营棚、餐棚，建起韶山饭店和国营商店、韶山照像馆。1972 年，相继有韶山宾馆、车站一、二、三饭店建成，有床位 3394 个，有可供 15100 人同时就餐的餐厅，并增设冷饮项目。1987 年，修建通往虎歇坪游山道，在毛泽东祖父毛翼臣墓前修建虎亭；在龙头山麓建造八景亭及八景诗词碑廊。1992 年，国家投资 450 万元，兴建占地 5200 平方米毛泽东铜像广场。相继又投资建成毛泽东图书馆、毛泽东诗词碑林和韶山烈士陵园等永久性纪念工程。1995 年 12 月，投资 4000 万元、占地 18 公顷的韶山毛泽东纪念园建成开园。随着红色旅游的兴起，小城镇建设发展较快，有 25% 的农民进镇建房。2001 年起，竹鸡村集镇街道两侧相继建有五、六层的楼房建筑群，其中有港越大酒店、东方红大剧院、红色记忆城、非物质文化博览园、步步高超市、朝圣大酒店等。竹鸡集镇占地 100 余公顷，人口近 6000 人，成为韶山城区独特的繁华街市。2008 年，修建 5.1 千米长的韶山南环线绿化景观工程；建成毛泽东遗物馆。2012 年，在韶光村建起华润希望小镇，占地面积 3.98 平方千米；新建大型综合服务中心。2013 年，铁皮村征地 100 公顷，新建大型实景剧场——《中国出了个毛泽东》。2015 年，旅游景区基础设施建设日臻完善；各个村均建有村部办公楼和文体活动中心。

社会事业

教育

清代至民国时期，主要为私塾教育，有韶山南岸、关公桥、桥头湾、钟家湾、井湾里等私塾招收学生。民国 10 年（1921），毛简臣、毛麓钟等创立毛氏族校，私塾逐渐减少。民国 14 年（1925），毛泽东、毛福轩创办农民夜校 20 多所。中华人民共和国成立初期，各村利用当地祠堂办小学教育，同时开办夜校和冬校，对成人进行扫盲教育。1952 年，毛氏族校更名为韶山小学，开办“五年一贯制”试验班。3 月，国家拨款 12 亿元（旧币）新建韶山学校。毛泽东为韶山学校题写校名（1956 年归湘潭县管辖）。1953 年，创办韶北小学，作为湘潭县复式教学试点。1969 年，小学下放到生产大队管理，并在 10 所完全小学增办初中班，小学学制改为五年，中学学制改为四年。中共十一届三中全会后，教育领域开始拨乱反正，调整学校管理体制，重视教育教学。1983 年，小学恢复四二分段制。1984 年执行《全日制六年制中学教育计划》。1987 年，开始执行“两基”（基本扫除青壮年文盲，基本普及九年制义务教育）计划，普及九年制义务教育。1990 年，经调整撤并，全乡初级中学 2 所，小学 7 所，教师总数 114 人，其中中学教师 39 人，小学教师 75 人，中学 11 个班，学生 474 人，小学 50 个班，学生 1410 人。1992 年后，学校经过几次调整撤并。将毛家坳中学和朝阳中学合并为韶山乡中学，撤销韶源、韶北、铁皮小学，合并到韶山学校小学部。2000 年，除市辖韶山学校外，有初级中学 1 所，小学 9 所，教师 112 人，初中生 493 人，小学生 1256 人。2001 年，韶山学校小学部、初中部与高中部分离。2002 年，经省督导团检查验收，韶山学校确定为“湖南省重点中学”。2012 年 9 月，湘乡龙洞花桥中学、花桥小学和城前中学、城前小学划入。由香港华润集团投资的韶山华润学校竣工开学，招收小学和初中生。2014 年 2 月，韶山学校获评“全国希望快乐小学”。2015 年年末，全乡有小学2所，九年制学校3所，在职教师191人，中小学生2146人；幼儿园4所，在园幼儿418人，幼师48人。

文化

中华人民共和国成立前后，境域民间有龙灯、狮子灯、花鼓戏、皮影戏等文化艺术表演活动。1958年，公社创办《韶山报》，次年停刊。1964年，公社建立文化站，组建电影放映队，送戏上门。1998年，乡文化站创建万册图书馆，并设阅览室、文体室、室外健身房、球场。2000年，各村组建以中老年人为主的腰鼓队，既健身又丰富文化生活，为红白喜事和大型庆祝活动服务，其中的韶山、韶源、韶北、竹鸡4个村的腰鼓队著名；韶源村健身艺术团完成200多场商业演出，年均纯收入80万元；乡文化站被评为"全省百强文化站"。2002年，韶山村毛继如、毛爱霞的《韶山山歌》在省大剧院、国家大剧院、台北音乐厅演出。2003年12月23日，古典韶乐经国家20多名专家学者历时2年研究，在韶乐宫首演。2011年，韶山山歌被列入湖南省非物质文化遗产保护名录。2013年，在竹鸡村新建东方大剧院，有座位1280个，每天演出大型红色经典史诗情景歌剧《日出韶山》。在铁皮村新建舞台面积1.8万平方米，座位2800个的大型室外实景剧院，当年12月26日始，每晚演出《中国出了个毛泽东》。2015年，境域有图书、复印和文体用品经营户6家，从业人员210人，年营业额7500万元。有演出团体（不含市级）2个，演职员40人，年演出收入120万元。

医疗卫生

中华人民共和国成立初期，境域只有3个民间中医药师坐堂行医。1952年，成立联合诊所，设立妇产科，对患有子宫下垂和尿瘘病的妇女实行免费治疗，配备妇幼保健人员，治疗各种妇科疾病。1953年，成立伪劣药品检查小组，加强医疗卫生和药政管理。1965年，公社在竹鸡塅建起卫生院。1974年，各大队建立合作医疗站。卫生部门培训一批"赤脚医生"，村民实行免费治疗，做到"小病不出屋，大病进诊所"。1979年，国务院副总理陈慕华视察韶山公社卫生院后，该院医疗条件得到改善，并在火车站、韶山冲开设卫生院门诊部，共有病床50张，在编医护人员35人。1992年，乡卫生院改为市中医院。1994年，各村均建有卫生室。2012年10月，在华润小镇建立卫生院，占地6188平方米，建筑面积2449平方米，有医护人员25人，病床28张。2015年，全乡有13个村卫生室和16处医疗点；华润卫生院病床增加到32张，医护人员35人。

社会保障

1950—1956年，乡政府对烈、军属派工代耕或定期定量救济；对贫困户逐年拨款资助；对鳏寡孤独、老弱病残者实行"五保"制度。1958年9月，在新塘冲建"幸福院"，接收24位孤寡老人居住。1963年起，农村"五保户"均由生产大队和生产队解决基本口粮，给予适当资助或救济。1993年，在韶山冲兴建"韶山光荣院"，对全乡127名"五保户"老人实行集中供养，月发放生活费共3.5万元。1994年始，实行农村养老保险。1997年始，建立"最低生活保障"制度，月人均发放生活费120元。2005年，有482家低保户，591人，每人月均发放低保生活费199元。2006年，启动农村新型合作医疗制度，参与19301人，参保率98%。2010年，有8238人参加农村社会养老保险，男性满60周岁，女性年满50周岁，即可享受社会养老保险待遇，其中韶山村每人月发放生活费500余元。2013年，实行医疗救助103人次，金额86490元；临时救助突发事件或家庭困难159人，金额67830元，补助各类优抚对象243人，金额756039元，危房改造92户，补贴金额117.5万元。新建敬老院一座，占地7534平方米，建筑面积4517.26平方米，有床位120张。2015年,对全乡135名“五保”户，实行集中供养，月发放生活费5.3万元；全乡有低保户493户，608人，每人月均发放低保生活费205元；有1965人参加农村社会养老保险；新型农村合作医疗参加率98%，报销住院医药费12361人次，补偿金额64.6万余元。

人民生活

民国时期，境域农民大部分靠佃田或出卖劳动力为生,生活十分贫困。1950年,人均耕地0.06公顷，人均用粮258千克。此后，经土地改革和农业社会主义改造，农民生活逐步改善。1956年，人均用粮320千克。农民住房普遍为平房，其中多数为茅草房，少数为瓦房。1969年，人均纯收入69.3元，年末人均储蓄存款余额3元。中共十一届三中全会后，农村经济得到发展，1985年，人均粮食591千克，人均纯收入451.10元，人均存款89元。此后，少数家庭逐渐富裕起来。1991年后，随着韶山旅游业的兴起，全乡从事第三产业的人员大量增加，占全乡从业人员的47%，农民收入不断增长。人均住房面积43.6平方米。1995年，农民人均纯收入16570元，人均住房面积45.8平方米。2005年，有楼房2925栋，人均住房面积65.3平方米。162户购置货运汽车；189户购置客运汽车；141户购置家用小汽车；201户购置农业机械,其中10户购置联合收割机；3083户添置摩托车；3181户添置彩电,安上空调。2015年，农民人均纯收入16637元，年末储蓄人均5816元；人均住房面积66.8平方米。

特色地情

历史人物

毛泽东（1893—1976） 韶山乡韶山冲人。伟大的马克思列宁主义者，中国共产党、中国人民解放军和中华人民共和国的主要缔造者和领导者。1918年4月,与学友蔡和森等创立新民学会。7月，创办《湘江评论》。1921年7月，出席中共第一次全国代表大会。返湘后,筹建湖南党组织。1923年6月，在中共第三次全国代表大会上被选为中央执行委员会委员、中央局委员。次年5月兼任中共中央组织部部长。第一次国共合作时期，先后任中国国民党中央候补执行委员、中央宣传部代理部长。1927年8月7日，出席中共中央在汉口召开的紧急会议，被选为临时中央政治局候补委员。1930年9月，在中共六届三中全会上被补选为中共中央政治局候补委员。1934年1月，在中共六届五中全会上被选为中共中央政治局委员。1935年1月，出席中共中央政治局在贵州遵义召开的扩大会议，被选为政治局常委。1936年12月,任中央革命军事委员会主席。1943年3月，任中共中央政治局主席、中央书记处主席。1945年6月，在中共七届一中全会上，任中央委员会主席、中央政治局主席、中央书记处主席。1949年9月，当选为中华人民共和国中央人民政府主席。10月，当选为政协全国委员会主席。1954年9月,当选为中华人民共和国主席。1976年9月，因病于北京逝世。

毛泽东为革命牺牲的六位亲人 大弟毛泽民，1896年生，1922年加入中国共产党。1925年，在上海担任中共中央出版发行部经理。1931年7月，到达闽赣革命根据地，后任中华苏维埃国家银行行长。1938 年，先后任新疆财政厅副厅长、代理厅长、民政厅厅长。1943 年 9 月 27 日，被新疆军阀盛世才秘密杀害。

夫人杨开慧，1901 年生，长沙县清泰乡板仓村人。1913 年，随父亲杨昌济到长沙读书，与毛泽东相识。1920 年，与毛泽东结婚。1921 年，加入中国共产党。1925 年春，陪同毛泽东回韶山，开展农民运动。“八七”会议后，回板仓坚持秘密斗争。1930 年 11 月 14 日，被国民党反动派杀害于长沙浏阳门外识字岭。

二弟毛泽覃，1905 年生。1923 年 10 月加入中国共产党。1925 年 9 月，随毛泽东去广州工作。1927 年 4 月，离穗加入国民革命军，后参加南昌起义。1928 年 3 月中旬，带一个连到耒阳迎接朱德、陈毅部上井冈山。1934 年 10 月，主力红军长征后，他任中共中央苏区分局委员、红军独立师师长。1935 年 4 月 25 日，在江西瑞金红林区突围时中弹牺牲。

堂妹毛泽建，1905 年生，毛泽东父母的继女。1921 年，随毛泽东到长沙读书。1923 年加入中国共产党，入衡阳省立第三女子师范学校学习。1926 年夏，任中共衡山县委妇女运动委员。1927 年，回衡阳县开展农民运动。11 月，同县委书记陈芬（其丈夫）组建衡山工农游击队，任队长。后任中共耒阳县委妇运委员兼女界联合会负责人，农民游击队队长。1928 年 5 月被俘。次年牺牲于衡山县马王庙。

长子毛岸英，1922 年生。1936 年，被中共党组织送往苏联。1940 年，加入苏联共产主义青年团。后在舒亚军事学校、列宁军政学校、伏龙芝军事学院学习。1943 年 1 月，加入联共（布），参加抗击德国法西斯战争。1946 年回国。1950 年 10 月，随志愿军总部入朝鲜，任机要秘书。11 月 25 日，在敌机轰炸中中弹牺牲。

侄儿毛楚雄，毛泽覃之子，1927 年生于长沙，1937 年迁回韶山。1945 年 8 月，随八路军三五九旅南下支队北上。次年 6 月，随中原解放军突围中，化名李信生，随干部旅旅长张文津等赴西安与国民党方面谈判。10 月，在陕西宁陕县东江口镇遭胡宗南部软禁。1946 年 8 月被活埋于东江口城隍庙后。

其他革命英烈 韶山乡的革命英烈众多。毛新梅，1886 年出生。1923 年春去安源煤矿开展工人运动。1925 年回韶山开展农民运动；6 月加入中国共产党，是韶山最早的五个党员之一。1926 年 8 月，当选为县农协庶务部部长。1927 年 6 月 25 日，从湘潭回韶山传达上级党组织的紧急指示时被捕，次日被杀于湘乡砚池坪。李耿侯，1889 年出生。1925 年 2 月，他成为农运组织领导者之一。同年 6 月加入中国共产党。先后任中共湘潭（韶山）特别区组织委员、农民协会执行委员会和农民自卫军负责人。1927 年“马日事变”后，去常宁水口山参加工人武装起义，并随起义队伍上井冈山参加红军。1928 年，在井冈山一次战斗中牺牲。毛福轩，1897 年出生。1922 年冬到江西安源路矿从事工人运动，并加入中国共产党。1924 年年末，回韶山协助毛泽东开展农民运动。1925 年 6 月起，先后任中共韶山特别支部书记、湘潭县农协执委等职。1927 年中共中央“八七”会议后，被选为湖南省委委员。1929 年，化名毛恩灏，打入国民党江苏省金山县警察局，后任金山县警察局第三分局局长。1933 年，因叛徒出卖被捕，被杀害于南京雨花台。杨幼麟，1899 年出生。1925 年参加韶山雪耻会并加入中国共产党。“马日事变”前在韶山、湘乡等地从事农运和党建工作，“马日事变”后赴苏联学习。1929 年夏回国。1930 年起，先后任湖南省苏维埃政府副主席、湘鄂赣苏维埃政府执行委员、常委、军事部部长。1932 年调中央苏区工作。1935 年牺牲于江西瑞金。毛岱钧，1902 出生。1920 年到湖南陆军第一师当兵，后任排长。1926 年 6 月，编入国民革命军第八军第四师，北伐中，参加汀泗桥、贺胜桥、武胜关诸战役。1937 年 10 月，任预备第九师 33 团中校团副，12 月，因功擢升团长。1938 年 7 月，率部参加武汉保卫战，在江西九江前线阻击日军南下，9 月 2 日中弹牺牲。国民政府追授其为陆军少将。1990 年，湖南省人民政府追认其为革命烈士。谭天民，1907 出生。1925 年加入中国共产党。1926 年 1 月，受中共湖南区委员会派遣到湘乡开展农运工作，后任县农协执委会委员长。1927 年，到茶陵任中共茶陵特委书记，因叛徒告密被捕，被害。孙仁，1917 出生。1938 年 1 月加入中国共产党。抗日战争时期，任韶山区委书记、湘宁中心县委组织部部长。1942 年，任重庆市委书记等职。解放战争时期，任中共川东临时工委书记，兼任上川东地工委书记。1948 年，兼任西南民主联军川东游击纵队政委。1948 年 9 月，牺牲于四川武胜县。

风景名胜

韶峰景区 韶峰，又名仙顶灵山，海拔 518.9 米，为南岳第七十一峰。传说舜帝南巡至此，命奏韶乐，引来百凤和鸣；又传韶氏三女于此得道成仙。韶山八景集于韶峰及其周围，即韶峰耸翠、仙女茅庵、胭脂古井、塔岭晴霞、石屋清风、顿石成门、凤仪亭址、石壁流泉。韶峰以北石鼓峰下，有慈悦庵遗址，存一雄株古银杏；再往北，木梓山古木参天，溪水涓涓，林内葬毛氏四派祖毛震，山下建有毛震公祠。为毛泽东考察农民运动旧址，现为省级重点文物保护单位。

1992 年 4 月，在韶峰山麓兴建毛泽东诗词碑林，占地 2 万平方米，设计用 100 块汉白玉、大理石、花岗石或天然青石，分别镌刻毛泽东诗词 100 首。其中，有毛泽东手迹 66 件，其余 34 件系全国著名书法家代书。碑林以碑载诗词，与书法艺术融为一园，为“湖南省爱国主义教育基

韶峰

地”“湖南省最佳旅游目的地”“湖南省最佳旅游景点”。1993年3月，在诗词碑林右侧，兴建一条游览客运索道，由索道自下而上，“毛泽东诗词碑林”“石壁流泉”“飞来船（石）”“仙女茅庵”“狮象山”“金龟汲水”“眠牛卧春”“双龙戏水”等人文、自然景观尽入眼帘。

滴水洞景区 滴水洞位于韶源村，山谷幽深，松竹繁茂。洞谷口的韶山水库水清如镜，毛泽东于1959年、1966年两度在这里游泳。山谷内的一号楼为毛泽东1966年回韶山住过的地方。滴水洞南北两侧，龙头山、虎歇坪对峙而立，有毛泽东曾祖、祖父墓地。景区内建有八景亭、八景诗碑、虎亭和石虎。滴水洞一带还有观音石、石蛙观天、八仙吹箫、鹰嘴石等景点。

毛泽东故居景区 毛泽东故居位于韶山村土地冲上屋场，坐南朝北，为土木结构的“凹”字

形建筑。四周茂林修竹。附近有毛泽东父母和毛泽民夫人王淑兰等人的墓地。上屋场西的南岸，毛泽东少年时曾在这里读私塾；南岸西面的韶山嘴，又名小韶山，附近新塘山，曾出土东汉文物。小韶山南为张家山，山上有韶山学校，1959 年毛泽东曾到校视察。松山山麓建有韶山宾馆，毛泽东曾在松山一号楼居住，并赋《七律·到韶山》。松山对面为引凤山，原有引凤亭，其地建有毛泽东纪念馆；山北麓的毛氏宗祠为农民运动旧址，毛鉴公祠为毛泽东考察农民运动旧址。故居斜对面小山坡上，1995 年建有韶山毛泽东纪念园，占地 20 公顷。该园选择毛泽东革命生涯中最有代表性的地方仿真复制。景点有石头干娘、长沙清水塘、湖南一师井亭、武汉农民运动讲习所、南湖游船、井冈山茅坪八角楼、黄洋界纪念碑、瑞金沙洲坝水井、遵义会议会址、泸定桥、枣园窑洞、延安宝塔、西柏坡毛泽东故居、天安门国旗台等 15 个。景园主体建筑——韶山毛泽东纪念堂，是人们悼念毛泽东的场所。

毛泽东广场　广场位于韶山冲毛泽东纪念馆前。始建于 1993 年，是经中共中央批准兴建的湖南省纪念毛泽东 100 周年诞辰的主要纪念设施，原名为“毛泽东同志铜像广场”，2008 年扩建后命名为“毛泽东广场”，扩建后广场面积 10.28 万平方米。广场三面环绕 60 余株雪松；设 6 个花坛，栽植四季观赏花卉；广场地面铺设天然花岗岩，由 6000 平方米绿化道相映衬，雄伟宽广，庄严肃穆。广场中巍然耸立毛泽东铜像。铜像重 3.7 吨，像高 6 米，连基座高 10.1 米。主席面朝东北方，身着中山装，目光炯炯，正视前方，再现 1949 年毛泽东天安门开国大典风采。

（撰稿：刘建强）

永义乡

区域概况

地理位置

永义乡位于韶山市东南部，东与银田镇接壤，南与湘乡市大田、龙洞镇毗邻，西与韶山乡交界，北抵如意镇和宁乡县大屯营乡。因境域有古道驿站“永义亭”而得名。

建置沿革

明洪武十四年（1391），境域分属湘潭县移风乡和湘乡县常乐乡。清顺治十一年（1654），分属湘潭县七都和湘乡县二都。民国初年，分属湘潭县西二区（后更名为九区）和湘乡县二区。民国36年（1947），分属湘潭县清田乡和湘乡县西亭乡。中华人民共和国成立后，乡域属湘潭县黄龙区。1950年1月，属湘潭县第三区。1951年6月，属湘潭县第四区。1956年6月，建立永义亭乡，属湘潭县管辖。1958年9月撤永义亭乡，隶属韶山人民公社。1961年3月，从韶山公社析出，成立永义人民公社，属湘潭县韶山区。1984年3月，更名为永义乡。1991年起，属韶山市管辖。2015年11月，永义乡撤销，并入清溪镇。

区划面积

1961年3月，辖韶南、九江、高枫、永泉、狮山、白玉、东湖、长湖等8个生产大队，98个生产队。1967年，九江并入长湖。1984年，高枫更名为枫木。公社、大队、生产队分别改名为乡、村、组。1990年，辖韶南、永泉、狮山、白玉、东湖、长湖、枫木7个村104个村民小组。全乡土地总面积24平方千米，其中耕地733.3公顷，山地964.8公顷，水面233.3公顷。2014年，枫木、白玉合并为永义村。2015年，辖韶南、永泉、狮山、东湖、长湖、枫木6个村113个村民组。面积24平方千米，其中耕地567.5公顷，山地905.5公顷，水面146.86公顷。

自然环境

境域地处亚热带季风气候低丘陵区。西北多山，东南较平坦。狮子山海拔307米，为乡域最高点。麻拐桥海拔55.8米，为最低点。韶河自西向东穿过东湖、永义两村，境域全长4千米。气候四季分明，冬冷夏热。年平均气温16℃~17.3℃，年平均降雨量1430毫米。土壤以红壤为主，偏酸性，肥力较低。树木以乔木为主，有马尾松、杉木、樟树、枫树、桂花和楠竹等，灌木有油茶、绿茶、红杜鹃等。野生动物有野猪、野鸡、野兔及鸟、蛙、蛇类等20多种。境域矿藏有煤、石灰石、铁矿石和海泡石。自然灾害有水灾、旱灾、冰灾、病虫害等。

清道光二十七年（1347）起，共发生较大水灾19次，旱灾3次，冰灾12次，尤其以民国9年（1920）至民国10年（1922）冬春季连续冰冻57天，受灾最为严重。

人口民族

1964年，全乡有1676户7046人，其中男性3619人，占51.4%；农业人口6981人，占99.1%。1990年，有2746户10512人，其中男性5387人，占51.3%；农业人口9934人，占94.5%；有苗族、土家族2个少数民族14人；人口自然增长率10‰。2005年，有2746户10505人，其中男性5412人，占51.51%；农业人口10387人，占98.7%；有2个少数民族12人；人口自然增长率5.8‰。2015年，有2945户11312人，其中男性6041人，占53.41%；农业人口10936人，占96.7%；有2个少数民族12人；人口自然增长率4.2‰。

经济发展

经济综述

民国期间，境域经济以农业为主。中华人民共和国成立后，经济逐步发展。1958年9月起，实行"一大二公"的人民公社体制。1971年前后，兴办社队企业。1982年起，推行家庭联产承包责任制，农业生产快速发展。1990年，全乡农业总产值902万元，企业总产值595万元。1992年起，实施"强农富民、强工富乡"战略，鼓励个体私营经济发展。1998年开始，集体企业实行产权制度变革。2005年，全乡农业总产值5335万元，工业总产值4.5亿元，农民人均可支配收入3917元。2006—2014年，加大"三农"投入，建设和谐永义，借助韶山高新产业园区的发展，重点扶持一批骨干民营企业。2015年，实现农业总产值3.54亿元，工业总产值5.2亿元。

种植业

境域历年以种植水稻、红薯等粮食作物为主，兼种豆类、蔬菜等经济作物。1951年，粮食亩产187千克。1954年，开始种植双季稻。1963年，建立长湖、永泉、东湖大队茶场。1971年，全社粮食亩产首次过500千克。1977年起，推广杂交稻。1979年，全社8个茶场共种植青茶68.7公顷，产茶叶2.4万千克。1990年，粮食总产量7782吨，水田亩产812千克。1996年，粮食总产量9859吨，首次实现成建制亩产过吨粮。1997年，推广软盘育秧抛秧技术。1999年，推广培两优288两系杂交稻68.3公顷。2006年，白玉村种植咖啡13.33公顷，枫木村种植中药材8公顷。2007年起，引进浙江瓜农，年均种植大棚西瓜13.33公顷。2009年，开展耕地抛荒专项整治，全乡粮食种植面积1300公顷。2014年，实施集中育秧266.67公倾。2015年，全乡实现土地流转400余公顷，有水稻种植专业户13家。因耕地面积减少，全乡粮食总产量6844吨。

养殖业

民国期间，境域以猪、牛、鸡、鱼养殖为主。20世纪50年代，各高级社、大队兴办集体猪场，池塘归集体管理。1961年后，实行"公私并举、私养为主"的方针，公社、大队均办养猪场。1980年，出栏生猪3287头，存栏7243头，饲养耕牛396头，产鲜鱼19吨，出笼家禽23800只，存笼家禽12788只。1982年，集体猪场解散，农户养殖积极性高涨。1989年，出栏生猪12364头，存栏8008头，饲养耕牛237头，出笼家禽18500只，年底存笼19800只，产鲜鱼50吨。2000年后，引导农民成立养猪协会，推动养殖业快速发展。2001年，韶山市残联投入种羊139头，帮助境域17位残疾人发展养羊。2002年，湖南省军区原副政委黄祖示少将在长湖村美义亭建奶牛场，养奶牛100多头。

2004年，三旺实业有限公司投放良种母猪1000头，促进生猪养殖业发展。2005年，出栏生猪4.1万头，存栏生猪2万头，养羊1300只，水产品120吨。2015年，有养殖协会2个，规模养殖户11家。出栏生猪3.1万头，存栏1.6万头；牛76头；出笼家禽5.1万只，存笼家禽4.5万只；水产品450吨。

林业

清代、民国初年，境域狮子山、枫木冲等地树林茂密，古木参天，山中野兽成群。民国三十七年（1948），梽木山、麻雀岭等荒山面积266.67公顷，占山地面积的21%。中华人民共和国成立后，分山到户，发动群众植树造林，林业生产逐步发展。1956年，山地收归集体所有。1958年“大炼钢铁”，山中树木砍伐殆尽。1959年，境域荒山443公顷。1962年，山地固定为生产队管理使用，社员保留房前屋后的风景林。1964年，狮山大队创建狮子山林场，造杉木林18.67公顷。1974年，建立公社林场和7个大队林场。1976—1977年，开发麻雀岭，造梯田6.67公顷，后因缺水改种国外松。1982年，对山林实行定权发证，划分自留山。1983年，长湖村分户连片造林53.33公顷。1987年，建立乡林业站。此后，年均造林21.33公顷。1990年，全乡消灭荒山，森林覆盖率35.2%。2002年，白玉、永泉等五个村的697.73公顷山地划为国家生态林管理。2004年，退耕还林18.67公顷，全部种植油茶；永义、东湖两村茶场改种花卉苗木。2015年，有林场7个，林业大户3家，花卉苗木基地12个，面积330公顷；全乡森林覆盖率49%。

工业

民国期间，乡境有4家铁铺，1家染坊。1956年，各高级社办有小型企业。1957年，乡内铁、木、泥等合作组联合起来，成立乡联合工厂。1967年，公社办碾米、轧花、磨粉、榨油等综合加工厂和机砖厂，工业总产值2.1万元。1971年，社办永义造纸厂。1981年，有造纸厂、纸箱厂、木工厂等9家社办企业，工业总产值127万元。1990年，有乡、村及个体企业273家，工业总产值595万元。1997年开始，进一步鼓励和扶植个体经济发展，集体乡、村企业先后转体为私有民营企业。2002年后，实行招商引资，引进三旺实业有限公司、狮山黄酒厂、机砖厂等企业。2004年，海联钢厂产值过亿元，税收过400万元。2005年，全乡企业685家，从业人员2430人，创产值4.3亿元。2006年，韶城酒厂的国宾酒进入北京人民大会堂和中南海；三旺公司成为湖南省农业产业化龙头企业。2009年，三旺公司增资2652万元，新建熟食加工生产线。2015年，肉食加工、酿酒、电杆钢模制造等成为乡域的支柱产业；全乡工业企业8家，从业人员482人，创产值4.96亿元；其中规模企业3家，产值4.42亿元。

商贸服务

民国初期，境域商业以鳌石桥较为繁荣，有“冯祥泰”“罗天阁”“刘大裕”等商号。后逐渐转移到永义亭，有“明星”“远大”“又一新”等6家店铺，经营南杂、百货、布匹、中药和餐饮。1949年，全乡共有铺店38家，其中杂货屠坊22家，药店6家，饭铺2家，其他8家。1951年，湘潭县第四区供销合作社在清塘湾成立，并先后设立永义亭、东湖茶亭子、长湖豺狗冲、韶南湘西亭供销分店。1961年，建立永义供销合作社，永义亭设有生资、南杂、百货、布匹、五金门市部和肉食、粮油站。1981年后，个体商贸服务快速发展。1990年，有个体工商户94家，其中屠宰17家，批发零售58家，饮食服务14家，长途贩运5家。1995年，新建永义亭集市，有店铺13间。1997年，长湖、永义、狮山等5个村各设置一处露天贸易市场。此后，公有制商业企业转体为民有民营企业。2005年，有百货五金、饮食、服务等商业店铺87家，从业人员920人，商品零售总额600万元，上交税金18万元。2014年，新建永义亭集贸市场大楼，新增商铺42间。2015年，新建永义集镇农贸市场。有各类商贸店铺120家，从业人员500人，商品零售总额1050万元，上交税金50万元。

财政金融

民国35年（1946）7月，清溪乡合作社在永义亭成立，社员入股每股10元。1954年，境域各乡成立信用社，农民入股1918股，股金总额19546元。1961年，建立永义公社信用社；同年起，实施“收入上交，支出下拨，包干使用，结余归社”的区、社财政管理体制。1991年，各村建立“农村救灾扶贫互助储金会”（简称互储会）；同年起，乡镇实行“超收全留，短收自负，一定三年”的财税管理体制。1994年，乡财政收入118.55万元，其中工商税收6.88万元，农业税收20.85万元，财政支出118.12万元。同年，成立乡农村合作基金会（简称农金会），各村设立代办站。1997年，清理、撤销互储会。1999年，清理撤销农金会，其债权债务移交永义信用社。2005年，取消农业税。全乡完成财政收入458万元，其中税收388万元，财政支出458万元。2014年1月，永义信用社升级为韶山农村商业银行永义支行；是年，乡财政收入1057万元，其中税收462万元，财政支出1057万元。2015年，乡境有保险代办服务机构1家，有金融机构2家，存款余额18600万元，贷款余额15700万元。

基础设施

交通运输

明清时期，水路有云湖河，境域全长5千米，跨河有向家、鳌石、麻蝈3座桥，沿河有船户30余家，主要以水运为生。陆路有潭州至安化的驿道，路宽不过两米，境域设有驿站永义亭。1951年，建成七韶公路（湘潭七里铺至韶山冲），并在永义亭设立养路工班。1960年后，水路运输中止。1964年，七韶公路拓宽改直。1967年12月，通过境域的韶山铁路建成。1968—1989年，修建机耕路33条共72千米。1990年，拓宽6条机耕道为简易公路。1993年，拓宽省道S208（原七韶公路）线。1995年，改造县道永楠线。此后，改造永狮路、玉枫路，硬化省道至清塘湾、省道至泉思塘路段。2010年，韶山高速公路通车，在境域新田坳设有进出口。2013年，连接韶山高速公路的长韶娄高速公路建成通车；沪昆高铁韶山南站在境域韶南村建成。2015年，有村级以上道路13条，总长38.7千米，其中通行公共汽车的公路2条，里程12.7千米。

邮电通信

民国36年（1947），湘潭县在永义亭设立邮政代办所。1951年，湘潭县第四区在清塘湾区公所和乌石坝粮库各安装手摇电话机一部。1952年，邮政业务由供销社代办。1958年，设立永义亭邮电所。1961年，永义公社安装手摇电话机总机一台。1973年，改用自动电话，永义亭设立邮电代办所。1990年，长湖、东湖等4处设立邮政信箱；乡境有电话总机1台、电话机9部。2000年，通信光缆开通，乡内实现村村通电话。此后，韶山移动、韶山联通两家公司移动通信业务快速发展。2015年，全乡有邮政所1家，移动、联通、电信营业服务机构3家，设有通信基站4座。全乡有固定电话650部，有手机5400部。

供水供电

1965年，境域架设电线，抗旱使用电动机械，公社机关和部分农户使用电灯照明。次年，清塘湾碾米、轧花、磨粉均使用电动机械。1985年，农户用电普及率100%。1988年前后，动员农户打井750个，全乡50%的村民改饮用塘坝水为饮用井水。1995年，改水62处，全乡85%的农户饮用清洁水；架设0.526千米35千伏用户输电线，安装3150千伏安变压器一台，满足海联钢厂生产用电的需求。1999年开始，改造农村电网，更换用户电度表。2000年，从韶山苗圃接进水管，永泉村部分农户使用自来水。2003年，清塘湾安装深井抽水设备，供应三旺公司和政府机关用水。2004年，韶山竹鸡塅水厂建成后，韶南村农户使用自来水。2011年，东湖、长湖、狮山等村打深水井，供应村民饮用水。2015年，有输电10千伏供电线路2条30千米，低压线路127条，长度280千米；有变压器55个，容量6600千伏安。有自来水管网130千米，用户2590户。

水利建设

民国期间，农业依赖山塘河坝，抗旱能力差。1951年，修整山塘112口，水坝37座。1958—1960年，先后修建泉思塘、猫公塘、长湖塘等山塘和8处机埠，总动力349千瓦。1965年冬，修建韶山灌渠北干渠和境域的3条支渠，经两级提灌，全乡受益面积506.67公顷。1973年，修建韶河。1976年，修建旅公、毛冲、韶南3座小（二）型水库。1990年，全乡有水库3座，塘440口，水域面积232公顷，蓄水量512万立方米，排灌机械35台，动力905千瓦。1999年，投资20万元，对110口山塘清淤、外坡护砌，改造机埠2处，渠道22条，拦河坝3处。2003年，修建水利工程62处。2005年，投资30万元，维修毛中塘水库。2013年，整修骨干山塘18口，拓宽长湖河1100米。2015年，全乡有小（二）型水库2座，山塘422口，排灌机械10台，总动力300千瓦。

村镇建设

1995年，乡政府成立集市建设领导小组，制定永义亭集镇发展规划，投资100万元，建成2000多平方米的永义亭商贸大楼。1998年，建起永义加油站。2001年，将永义亭商贸铺面向东西延伸150米，乡中心建成区面积0.4平方千米。2009年，建设垃圾中转站2个，各村均建有垃圾池。2012年，永义亭集镇安装路灯，亮化道路600米。2013年，在原址新建乡政府办公大楼。2014年，投入120万元，建成东湖村村部，安装长湖、韶南、永泉村主干道路灯，完成永义村电气化示范村项目建设。2015年，投入3000万元，建成永义亭集贸市场商住两用大楼，建筑面积2万余平方米；乡中心建成区面积0.6平方千米。

社会事业

教育

清代及民国初期，境域以私塾启蒙教育为主。民国8年（1919），郑守章祠始办国民小学，开班2个。此后，各保、族有识之士，利用祠堂作校舍，相继开办保校和族校。民国35年（1946），有5所族校，均系初级小学，有10个班，学生300余人。民国37年（1948），何海清在清塘湾创办海清学校，开班4个，免费让贫困子弟入学。中华人民共和国成立后，学校教育得到发展。1950年，乡域有肖家湾等8所小学，开班20个，学生600余人。1956年，豺狗冲开设4个民办初中补习班。1957年前后，全乡全面开展扫盲。1958年5月，乡政府获“全省第一个无盲乡”奖牌。1958年10月，豺狗冲初中班搬迁清塘湾，更名为红专大学，设初中班6个，有学生600余人。1959年，红专大学更名永义中学，次年停办。1962年，在泉思塘开办高级小学。1967年，在上边滩建永义中学，开班4个，招收学生184人。1989年，全乡初中生入学率70%，毕业率99%。1998年，有初级中学1所，小学6所，教师120余人，在校学生1700余人，适龄儿童入学率100%，初中学生毕业率100%。2004—2005年，先后撤销永泉、狮山、玉峰小学和永义中学。2009年，完成希望小学合格学校建设。2015年，有2所小学，1所幼儿园，教师32人，学生253人，在园幼儿80人，保教人员12人。

文化体育

民国期间，每年端阳节和秋收后，由永义团公组织，各唱大戏一次；春节期间，有庙会龙灯队和河帮龙灯队沿户耍龙灯，另有小型团队唱沿门花鼓戏，耍竹马灯和狮子灯。中华人民共和国成立后，文体事业逐步发展。1951年，有4个文工团，其中《白毛女》《生死牌》《深仇似海》《双送粮》等节目，曾外出湘乡县、宁乡县等地演出。1964年，建立公社文化站。1965年，域内8个文工团进行文艺汇演，选拔《两亲家》《连桥会》等节目参加区文艺调演获得奖励。1967年，扩建公社文化站，安装广播放大器一台，8个大队850多户通有线广播。1972年，建立公社电影放映站，定期巡回放映电影。1991年，全乡有电视机1224台，有文化室7个。乡文化站恢复电影队，放电影21场。1995年，建立市内第一个乡级卫星电视地面接收站。1996年，乡广播站向市电台、报社投稿176篇。2004年，狮山、白玉两村分别组织腰鼓队，参加妇女共40人。2006年，建立乡有线电视管理站，部分农民能收看有线电视；狮山村成立女子龙灯队。2009年，新建2家农家书屋。2014年，乡文化站成为国家二级文化站，组织乡第一届广场舞比赛，承办“韶山好声音”永义专场。2015年，建成广播村村通工程。有龙灯队、军鼓队等文艺团体4个。有健身场所7处，健身器材36件。

医疗卫生

中华人民共和国成立前夕，有王野言、谢甲初等7位著名中医；有苏梓裕、李培芳等5家中药铺。1952年，乡域医生加入区卫生协会。1955年，组建联合诊所。1958年，永义、韶南、高枫、东湖大队设立卫生室，有医生8名，药剂师6人。1961年，公社设立卫生所。1966年，卫生所更名卫生院。1970年，全社实行合作医疗，共有“赤脚医生”12人，大队设立合作医疗室，有药材生产基地，社员看病、吃药不收钱。1982年，合作医疗制度解体。1984年，公社卫生院改名为乡卫生院。1991年，乡卫生院有门诊部3处，病床21张，医护人员11人。永泉、长湖、狮山等处有个体医生5名，并开设中药店。1994年8月，乡卫生院迁至永义亭省道旁。1995年，加强集镇卫生管理；各村建立卫生室，永泉、韶南等4个村卫生室被评为甲级村卫生室。2013年，乡卫生院建成住院大楼，设病床23张。2015年，有卫生院1家，村卫生室6家，中药店3家，个体医疗点3家，病床36张，医护人员25人。

社会保障

中华人民共和国成立后，国家对老弱病残等困难群众给予救助。1959—1960年，境域4个大队办起敬老院，收养老人近100名。1987年，乡建成敬老院。1990年，全乡有“五保”老人27名，其中11人入住敬老院；全年享受抚恤的7人，救济困难者22人。2005年，推行新型农村合作医疗制度。2006年，181户261人纳入农村低保，发放救济款1.8万元。2009年，8639人参加新型农村合作医疗，参合率95%；有224户299人享受农村最低生活保障待遇，领取低保资金21.87万元；投入4.5万元对乡敬老院进行维修，“五保”老人人均供养水平1200元/年。2012年，新型农村合作医疗参加率98%，城镇居民基本医疗保险参保率100%；对永泉村木屐、泉思塘、檀山湾3个组的失地农民纳入养老保险体系。2015年，农村低保72户333人，发放低保金84.52万元，新型农村合作医疗补偿医药费3859人次35.73万元。残疾人249人，特困家庭158户，发放救助金87万元。

人民生活

1950年，粮食亩产167千克，年人均口粮170千克。农民住房多为土砖茅草平房。1957年，人均口粮216千克。此后，大办公共食堂，大炼钢铁，粮食严重减产，人民生活水平大幅度下降。1961年，全乡人均口粮188千克，人均纯收入42元,人均储蓄0.4元。1962年起,生产逐渐发展，农民生活水平不断提高。1971年，粮食亩产过500千克，年人均口粮342千克，人均纯收入80元，基本解决温饱问题。手表、单车、缝纫机为农村青年结婚的“三大件”。1982年起，土地承包到户，允许农民从事工商业经营，农民生活不断改善。1983年，人均用粮614千克，温饱问题得到解决。1990年，农民纯收入人均615元，人均储蓄额378元；富裕起来的农户，开始修建楼房，购置电视机、电冰箱、洗衣机等家用电器及摩托车。1997年，50%的农户建有新楼房，农民人均纯收入2300元，生活实现基本小康。2006年，农民人均可支配收入4358元。小轿车开始进入农民家庭。2015年,农民人均纯收入14120元，人均储蓄额10000元；95%的农户入住新楼房，90%的农户有摩托车，25%的农户有汽车。

特色地情

历史人物

何海清（1875—1950） 永义乡白玉村人。清光绪二十年（1894），参加湘军。光绪三十年考入日本东京陆军士官学校炮科。次年秋，入同盟会。宣统二年（1910），入云南讲武堂学习。宣统三年，率部参加蔡锷在云南发动的反清起义。民国元年（1912），因作战有功，授陆军少将。民国5年（1916），随蔡锷征战四川各地，升陆军中将，出任陆军第六师第十一旅旅长。孙中山发动护法战争后，历任护法靖国军第一军右翼总司令、第八军第一师师长、滇黔川鄂豫靖国军前敌总指挥、云南第一卫戍区总司令等职。民国12年（1923），任滇南镇守使兼建国军第六军军长，升陆军上将。民国14年（1925）冬，解甲返乡。抗战时组织抗日自卫队，后创办学校。1950年在土地改革中，被殴打致死。1983年，被中共湘潭县委统战部确认为“辛亥革命人员”。

林　蔚（1898—1928） 永义乡长湖村人。民国八年（1919）赴法国勤工俭学。民国11年（1922）加入中国共产党。民国15年（1926）回国，任中共湖南区委秘书长兼军委书记。民国16（1927）年“马日事变”后，代理中共临时省委书记。后任改组后的中共湖南省委委员。民国17年（1928），任中共醴陵县委书记。在醴陵杨家嘴被国民党当局逮捕，在状元洲就义。境内有林蔚墓。

彭公达（1903—1928） 永义乡长湖村人。民国12年（1923），加入中国共产党。曾任中共湖南区委农民部部长。“马日事变”后，先后任中共湖南省委临时委员会委员、“湖南工农义勇军”中路军司令部总指挥、中共湖南省省委委员兼农民部部长。民国16年（1927），出席中共中央在汉口召开的紧急会议，当选为中共临时中央政治局候补委员，被任命为中共湖南省委书记。后改任中共湘西特委书记。民国17年（1928），被国民党当局逮捕，在长沙小吴门外就义。境内有彭公达墓。

（撰稿：谢自强　黄业成）

银田镇 >>

区域概况

地理位置

银田镇位于韶山市东部，东南靠雨湖区楠竹山镇，南连湘乡市龙洞乡，西接永义乡，北邻宁乡县大屯营乡。因有古刹银田寺而得名。

建置沿革

明洪武十四年（1381），分属湘潭县移风乡和湘乡县常乐乡。清顺治九年（1652），分属湘潭县下七都和湘乡县二都。民国初年，属湘潭县西乡第二区。民国21年（1932）12月，属湘潭县第九区银田乡。民国36年（1947），属湘潭县清田乡。中华人民共和国成立后，属湘潭县黄龙区。1950年1月，属湘潭县第三区。1952年5月，设立银田镇，隶属湘潭县第四区管辖。1956年6月，银田镇撤销，划入湘潭县永义亭乡。1958年9月，隶属韶山人民公社（以下简称公社）。1961年4月，从韶山人民公社析出，设立银田公社。1974年10月，复设银田镇，与银田公社分离。1982年5月，属湘潭县直管。1985年1月，复归韶山区管辖。2001年11月，银田镇和银田乡合并，设立新的银田镇，隶属韶山市，至2015年无变化。

区划面积

1974年年末，辖南村大队7个生产队和街道居委会。1978年11月，银田公社的青石大队划入。1981年年末，棉织厂、农机厂等企事业单位划归镇管辖，镇域扩大0.6平方千米。1982年，辖南村、青石2个大队，28个生产队，3个居委会，11个居民小组。镇域面积5.62平方千米，其中耕地199.66公顷，林地面积186.67公顷。2001年，辖南村、青石、茶园、凤家、三华、长田、南湖、锡丰、鳌石、北乇、槐星11个村，160个村民小组，3个居委会，9个居民小组。镇域面积29.77平方千米。其中耕地1060公顷，林地906公顷，水面241公顷。2014年3月，敖石、北托、槐星3个村合并为银田村，南湖、三华村合并为华南村。2015年，辖南村、青石、茶园、凤家、长田、华南、锡丰、银田8个行政村1个社区165个村居民小组。镇域面积29.77平方千米。其中耕地971公顷，林地976.7公顷，水面230.88公顷。

自然环境

镇北、南、西南山丘地势稍高，中部韶河两岸平坦开阔。最高点龙骨岭海拔158.2米，最低点六亩洲海拔48米。韶河（云湖河韶山市内部分）自西向东穿过敖石、夕丰、南村、凤家、青石等村，境域长5千米。镇域属亚热带湿润气候区，四季分明，冬冷夏热，暑热期长，严寒期短。年平均气温16.7℃，年平均降水1358毫米。风向具有明显的季风特征。春夏多偏南风，秋冬盛行偏北风。境域红壤土面积1631.1公顷，水稻土面积887.8公顷，分别占土地面积的54.8%和29.8%。树木以乔木、灌木为主，有杉、松、竹、樟等280多种，野生动物有鸟、蛙、蛇类和野兔、黄鼠狼等33个品种和青鱼、草鱼、鲤鱼、鲢鱼等31个鱼类品种。境域有烟煤、海泡石、石灰石等矿产，地下水资源丰富。自然灾害有洪涝、干旱、寒潮、冰冻、大风、病虫害和草害等。自有文字记载起至1972年，云湖河年年洪水泛滥，银田寺老街遭遇洪水灾害的年份十之有七。其中，民国13年（1924）6月16日，洪水冲垮沿河房屋，银田寺老街房屋只存团防局一栋。1973年4月22日，飓风袭击茶园、敖石等大队和银田寺老街，死2人，伤21人，倒塌房屋530间，损坏屋面632间，直接经济损失30多万元。

人口民族

1974年，全镇453户1819人。其中男881人，占48.4%；农业人口1620人，占89.05%，有3个少数民族6人。人口自然增长率23.26‰。1983年，全镇1498户6145人。其中男3053人，占49.7%；农业人口3480人，占56.6%，有4个少数民族7人。人口自然增长率12.52‰。2004年，全镇5880户19113人，其中男9598人，占50.2%；农业人口14745人，占77.1%。人口自然增长率2.6‰。2015年，全镇5885户17740人，其中男8907人，占50.2%；农业人口15101人，占85.1%；有9个少数民族25人；人口自然增长率2.1‰。

经济发展

经济综述

明清时代，银田寺借助云湖河水运，成为方圆20千米区域的工农业产品集散地和加工地。民国时期，境域农业以种植水稻、蔬菜及经济作物为主，工商业以生产销售棉麻织品、竹木家具、铁质农具、粮食、油脂等为主。毛泽东的父亲毛顺生曾在镇上开设“长庆和”粮栈。中华人民共和国成立后，境域农民和工商业者走上集体化道路，生产逐步发展。1970年后，随着一批国营、集体工业企业的建立，工商业进入兴旺发展时期。1974年，社镇企业收入169.78万元，农业收入191.46万元。1998年起，企业实行产权制度改革，乡镇村集体企业大多转体为民营企业。2005年，全镇完成农业总产值1.32亿元，企业总产值5.7亿元，财政收入330万元。2005年起，落实科学发展观，加大“三农”投入，扶优做强工业企业。2010年开始，实施“农业立镇、工业兴镇、商贸活镇”战略。2015年，全镇实现农业总产值5.2亿元，工业总产值16.3亿元。

种植业

境域主要种植水稻、红薯、蔬菜、大豆、茶叶等作物。1957年起，推广三熟制；田土实行集体所有与经营。1964年，粮食亩产235千克，乡镇粮食总产量3328吨。1968年后，南村大队6.7公顷水田改作蔬菜，形成蔬菜供应基地。1974年，粮食亩产过500千克。1977年起，推广杂交稻。1981年开始，田土实行集体所有，分户经营。1991年，银田乡调整水田26.67公顷，改种湘莲、玉米、西瓜等作物；乡镇粮食总产量7280吨。1996年，境域粮食成建制亩产过吨粮。1997年开始，推广软盘育秧、抛秧技术，化学除草技术和机械化收割。1999年起，土地承包期30年不变。2006年起，少数大田实行撒播种植；敖石、南村、青石、夕丰等村先后引进浙江瓜农，租赁水田种植大棚西瓜。2009年，北托村20公顷早稻杂交连片示范种植。2010年，韶山永红生态农业园种植蔬菜33.3公顷。2013年，韶山银田现代农业综合示范园租用水田53.3公顷，规模种植优质水稻。2015年，境域大田机械化收割率85%，耕地流转面积284公顷，规模种植户45家，种植业协会5个，全镇粮食总产量1.1万吨，大田亩产870千克。

养殖业

明清、民国时期，境域农户繁养鸡鸭，少数农户圈养生猪，所产肉类和蛋品，绝大部分用于出售。渔业以捕捞为主，池塘水面利用率低。1957年开始，池塘归集体管理，各高级社、各大队办起养猪场，发展集体养猪。1958年10月，银田大队在南村建起“万头猪场”养猪牛羊兔，但因管理不善和疾病流行而效益低下。1962年开始，生猪实行公私饲养并重，池塘集体放养。1974年，出栏生猪5064头，存栏672头，产鲜鱼31吨。1982年，集体猪场解散，水库、山塘由农户承包放养。生猪养殖推广瘦肉型良种猪。1991年，市外贸公司在马王岭建成出口猪场。1996年，投资60多万元，将易湧的七亩潭11.6公顷田开发成渔场，扶植村民发展养鱼业。1998年，湘潭市粮油机械研究所在境域建起韶山宏丰养殖场，年养生猪近万头。2002年，茶园村谭世罗办起养猪场，成为镇内唯一年产1000头猪的养殖大户；三华村被列为湘潭市无公害养猪示范基地。2004年，出栏生猪6.9万头，存栏2.2万头；家禽出笼12万只，存笼9.5万只，出栏黑山羊1000余头。2006年，国英食品有限公司投资500万元建立肉牛养殖基地。2015年，全镇畜牧养殖专业合作社12个，规模养殖户20家；出栏生猪6.2万头，存栏2.1万头；羊出栏1500头，存栏210头；家禽出笼6.5万只，存笼5.1万只，禽蛋460千克；出产鲜鱼等水产品210吨。

林业

民国时期，山地归私人所有，树木繁盛。中华人民共和国成立后，山地重新分配。1950年，农民龙树村采集马尾松种子650千克，次年育苗3.3公顷，出苗2亿多株，被评为湖南省劳动模范。1958年9月起，山地归公社所有。由于大炼钢铁，大办食堂，山中树木砍光。1962年起，山地固定为生产队管理使用，社员保留房前屋后的风景林。境域各大队办起林场、茶场，种植杉、樟、松等用材林和油茶、桃李等经济林。1982年，划分社员自留山，保留集体林场。此后农民建房进入高潮，社队林场和自留山树木一度砍伐现象严重。1986年起，采取以封为主、封造并举措施，严禁乱砍滥伐。1990年，境域消灭荒山。2001年起，北托成秋谷承包村上茶场、林场33.3公顷。2003年，全镇退耕还林120公顷，森林覆盖率30.33%。2006年，组织林政执法23次，发放生态公益林补助金、退耕还林补助金38.65万元。2010年，完成968公顷的林权改革工作，发放林权证2103本。2011年，润玉生态林业发展有限公司租赁长田村山地50公顷，种植苗木花卉。2015年，全镇镇村林场9个，花卉苗木基地5个，油茶林面积160公顷。森林覆盖率32.8%。

工业

明代，境域余家冲盛产石灰。清代，民国时期，境域有棉麻纺织、印染、缝纫、榨油、砖瓦、皮革、竹木家具等传统手工业和煤炭采掘、石灰和冶炼铸造业。1954年，银田寺居民集资办缝纫组和铁业社。1956 年，组建银田寺木业社。1958 年，开办印刷厂和韶山煤矿。1968 年起，境域先后创办湘潭地区韶山机械厂、湖南省韶山棉织厂、韶山区化肥厂、社办韶山水泥厂。1975 年，有工交建筑企业 27 个，从业人员 560 人，实现产值 162.2 万元，上交税金 3.82 万元。1978 年 12 月，韶山煤矿因穿水而停办。1980 年，韶山机械厂更名为韶山仪表厂，月产电度表 1 万多台。1982 年，建立韶山针织厂和银田镇针织厂，银田公社夕丰大队率先开办水泥电杆场。1986 年，韶山水泥厂扩建成年产 6.4 万吨的中型水泥厂，次年被湖南省乡镇企业局树立为全省乡镇企业先进典型。1994 年，有工交、建筑、运输企业 465 家，从业人员 3434 人，总产值 10634.8 万元，增加值 2492.8 万元。1997 年前后,境域水泥电杆场 50 家，电杆制造业成为支柱产业。1998 年始，境域国有、集体企业先后转体为民营企业。2005 年后，先后引进银鑫矿选、毛家食品等 6 家企业；环球铸造厂扩大生产规模，年产值过亿元，成为全市第一个工商税收超过 1000 万元的纳税大户。2015 年，有民营工交、建筑企业 98 家，从业人员 2350 人，形成以机械、铸造、矿选、建筑、肉食加工、油料压榨等多个行业的产业格局，有 7 家年产值过千万元的规模企业。全镇工交建筑总产值 12.2 亿元，其中规模工业总产值 3.6 亿元；规模工业增加值 1.6 亿元。

商贸服务

明代，境域因云湖河水路运输便利而形成小镇，为谷米、生猪等农副土产品集散地。民国末期，银田寺从事商贸、餐饮、服务的店铺 82 家，其中较大的商号有“标准”“摩登”“明大”“新昌”等。1951 年，银田寺设立供销合作社。1953 年，设立银田肉食站。1956 年，建立手工业服务社。1970 年后，银田寺老街的国有集体商业店铺迁至省道两旁。1971 年，增设生产资料农产品站。1981 年后，集体饭店停办，个体餐饮、服务业兴办。1990 年，新建农贸市场。1994 年，境域从事商贸、餐饮、服务业的企业 295 家，从业人员 534 人，商品零售总额 2002.67 万元。2000 年开始,进行产权制度改革。2003 年,新建银河商贸城；银田国药店、银田粮站进行转让与出卖。2004 年，有农贸市场 2 个，乡村定期集市点 4 处，全镇从事商贸、餐饮、服务业的店铺 387 家，从业人员 1253 人，商品零售总额 2.1 亿元。2005 年，银田供销社门市部变身个体企业,更名“大热门”超市。2011 年，改建原韶山玛钢厂厂房、原银田税务所办公楼，新增商业门面 20 多间。2014 年，新建成的农贸市场开业。2015 年,全镇从事商贸、餐饮、服务的店铺 420 家，从业人员 1600 人，商品零售额 2.7 亿元。

财政金融

清代和民国时期，境域无银行，资金融通靠民间借贷、典当等形式进行。民国 29 年（1940）7 月，湘潭县在银田寺设立田粮办事处，稽征农业税、地价税等。民国 31 年（1942）10 月，银田乡组建信用社，吸纳社会资金。中华人民共和国成立后，中国人民银行、中国农业银行相继在境域设立营业所。1950 年，开征工商业税。1955 年，银田寺设税务所，负责韶山片的税收征管工作。1961 年后，采取“收入上交，支出下拨，包干使用，结余归社”的办法，实行区、社财政管理体制。1974 年，社镇上交税金 10.18 万元，其中农业税 6.36 万元。1991 年，各村建立“农村救灾扶贫互助储金会”（简称互储会）。乡、镇实行“超收全留，短收自负，一定三年”的财税管理体制，境域财政收入 180.33 万元，财政支出 178.20 万元，税收 83.85 万元。1994 年银田乡、镇成立农村合作基金会（简称农金会），有代办站 11 个。1997

年，撤销互助储金会；银田镇信用社撤销，其业务并入银田寺信用社。1999年7月，撤销农村合作基金会。2002年，取消农林特产税和教育费附加，调低农业税税率。2004年，税收312.32万元。财政收入364.17万元，财政支出364.17万元。2005年，取消农业税。2014年1月，信用社升级为农商银行。2015年，完成工商税收986万元，财政收入2262万元，财政支出2262万元；镇内有金融机构4家,储蓄存款余额7.2亿元,贷款余额2.2亿元；境域3家银行和邮政储蓄所均代办保险业务。全镇有中保人寿、泰康、新华、太平洋等保险公司业务代办保险人员60人。农民家庭商业保险购买率30%，团体平安险投保率95%。

基础设施

交通运输

明清时期，境域银田寺、敖石桥借助云湖河，运输粮食、木柴、石灰等生活生产物资。民国时期，形成银田寺、敖石桥的船帮组织银庆堂和同庆堂，两堂共有木船近200条。云湖河两岸之间的来往，除张公桥、敖石桥外，有清光绪十一年（1885）修建的李家洲民渡亭，有渡船两只，牵绳扯渡。中华人民共和国成立前夕，境域东西向有鸦瓦大道，南北向有通宁乡和湘乡的大路，路宽不过两米，陆上运输全靠肩挑背负土车运。1950年，修成七韶（湘潭县七里铺至韶山冲）公路，建起银田汽车站。1960年起，境域陆路车辆运输取代水路运输。1968年，韶山铁路建成通车，在境域南村建立银田客运站，此后年均发送旅客1.5万多人次。1973年，改造后的韶河增加友谊桥、工农桥等6座桥梁，李家洲民船牵绳扯渡亦成为历史。1977年，改建银田寺公路桥。1993年，过境省道1823线（原七韶公路）由柏油路面改成水泥路面。2005年，增设银田至湘乡的客运线路；11个村主要砂石道路都能通行汽车。2007年，修建途经境域的潭韶高速公路。2009年末，铁路银田客运站停止使用。2011年，重建银田寺公路桥。2015年，投资4800万元，拓宽银田村6.8千米的环线道路，硬化村组道路143千米，镇区3.2千米省道铺设沥青炒砂。全镇村级以上道路22条78千米，其中通行公共汽车（通往湘乡、宁乡、湘潭、韶山）的公路4条，总里程28千米。全镇交通运输个体户80家，从业人员300人，年产值2100万元。

邮电通信

清宣统三年（1911），大清邮政湘潭支局在银田寺始设代办支局。民国3年（1914）代办支局改邮寄代办所。民国16年（1927）改邮政代办所。民国26年（1937），银田寺设有电话线路。1950年，架通银田寺至瓦子坪、韶山冲的电话线路。1955年，湘潭县城经银田寺至韶山冲的汽车邮路开通。1956年6月，银田寺邮政代办所改为邮电支局。1969年，乡镇安装自动电话交换机。1994年，镇内开通程控电话1024门。1996年,开通互联网。2000年,实现村村通电话。中国联通韶山分公司、中国移动韶山分公司分别在境域设立营业机构。2004年5月，镇开通小灵通市话。2013年,实现村村通宽带网。2015年,镇区内有电信、移动、联通等营业服务机构6家，有通信基站12个。全镇有电话1500部，宽带用户900家，手机8850部。

供电供水

民国时期，境域居民使用油脂灯照明，大多饮用河塘或浅井水。1959年，从楠竹山架设6千伏配电线路至八亩冲，专供银田煤矿用电。1964

年，从八亩冲架设电线4.7千米，解决境域抗旱用电；凤家、茶园、青石、南村部分农户和银田寺居民使用电灯照明。1970年，每个生产队建有水井，部分农户使用清洁水。1971年，韶山棉织厂建成深井水泵房，厂区和附近机关单位使用自来水。1983年，农户用电普及率100%。至1990年的5年间，建水井1250口，农户清洁水饮用率84%。1992年，银田水厂竣工，供应镇区和南村农户饮用水。1993年，从银田变电站架设2.2千米10千伏专线，供应韶山水泥厂生产用电。1995年，银田变电站改造，容量增至6300千伏安。1999年起，改造乡村电网。2004年，三华村在西凤井建水塔，供应全村饮水。2008年，槐星、南湖、长田、北圫等村分别打深水井，解决饮水问题。2009年，建设南湖110千伏变电站。2012年，投入800多万元，新辟深井一口，改造银田水厂，供水延伸至茶园、凤家等村。2015年，更新镇区水管网。年末，全镇有10千伏供电线路4条82千米，低压线路145条320千米，有63个变压器，容量7560千伏安。自来水管网200多千米，自来水入户率95%。

水利建设

1949年，建成敖石乌塘水库，灌田16公顷。其时，提灌机械为原始的手车和脚车，银田寺一带有多架筒车日夜提水。1952年，建立塘坝管理委员会，统筹修建管理。1958年，大队成立灌溉委员会，建立用水制度。1963年后，提水机械以柴油、电力抽水机为主。1966年春，韶山灌渠北干渠以及砂硝支渠、樟木山支渠建成。同年冬至1971年春，南村大队平整南村垅，实现水利自流化。1970年，扩建砂硝电灌站和石湾电灌站。1974年前后，改建境域云湖河。1988年5月，银田乡、镇恢复水电管理站。1996年冬，青石、敖石等村的中低产农田和土地得到连片治理。2001年后，投入资金2750万元，完成各类水利工程1500处。2010年，银田镇被评为湘潭市“水利建设十强乡镇”。2013年，投入3400万元，完成水利工程560处，修山塘90口。2014年，完成长田河的治理工程。2015年，有山塘571口，小型水库一座；电灌工程49处，装机容量1000千瓦，受益农田270公顷。

村镇建设

明清时代，云湖河水路运输成就银田寺集镇的繁荣。集镇由四亩街、河街、老岸街、半边街四条街道组成，街道为石板铺砌，屋面多为青瓦，房屋的间壁多为木架木板或篾织敷泥，沿河滩房屋多有“吊楼子”。民国时期，银田寺房屋200多间，有邮电、钱庄、学校、区乡公所，各类商铺80多家。中华人民共和国成立后，集镇建设得到重视。1951年起，银田寺老街先后设立供销社、肉食站、医院、邮政和银行等机构。1970年后，国有集体机构先后从狭窄的老街迁至省道两旁；各大队均建大队部办公楼和学校。1974—1976年，耗资27.88万元，建成镇政府办公楼、住宅楼和印刷厂房。1992年，新建工商银行银田办事处综合楼和银田酒楼。1996年后，建成银田乡农科教中心、银田工商所、银田寺邮电局等10多栋大楼。2000年5月，成立镇开发建设领导小组，设计镇总体规划。2005年，镇中心区建成区面积2平方千米。2006年，三华、南湖、南村3村被列为湘潭市建设社会主义新农村“百村示范工程”村。镇区主要路段设置路灯220盏。2012年，全镇开展环境卫生整治，发放610个分类垃圾桶，锡丰、三华两村成为市农村环境卫生整治示范村。2015年，全面启动特色小城镇建设，投资1069万元，完成银田寺老街114间房屋的改造。

社会事业

教育

清代，境域私塾设馆授徒。光绪二十九年（1903），黄农在黄氏祠创办初等小学堂。民国11年（1922），湘潭县在樟木山开办简易女子职业学校，开设缝纫、刺绣等课程。民国21年（1932），青石周家祠堂开办周氏族校；红庙内的团学与白庙银田乡中心学校合并。民国30年（1941），境域有完全小学1所，初级小学3所。1949年8月，银田中心学校改名银田完小。1958年，银田完小附设民办初中班。1969年起，各大队办小学。1970年，有初中1所，小学11所，中小学生1600人，教职工115人。1973年，韶山区第三中学在境域牛头山建成开学，招收高中学生。1976年起，境域各大队学校先后办初中班，并发动群众集资新建学校。银田镇学校先后开办初中班和高中班，在白庙内与银田公社中学并存。1978年始，境域分设镇学区和公社学区；镇、社高中班停办。1984年起，实行村办小学，乡镇办初中和1所中心小学的新体制。1991年，镇乡有学前班12个，学前幼儿420人；小学11所，学生1693人；中学2所，学生682人，中小学教师163人，幼师13人。1994年，银田乡、镇教育实现“两基”达标。1998年8月，韶山市第三中学并入韶山学校；银田乡、镇中学合并，迁入原第三中学；银田乡利用原中学校址开办高小。2000年8月，银田乡、镇学区合并，命名为银田学区。至2004年的4年间，先后撤掉三华、青石等7校。2005年9月，永义乡中学并入银田中学。2011年，新建长田小学。2015年，全镇有幼儿园4所，幼儿420人，幼师和保育员31人，小学2所，中学1所，中小学生727人，中小学教职工80人。全镇小学生入学率100%，初中生巩固率100%，毕业合格率98%。

科技

1964年，银田乡建立农技站，推广插秧机插秧。韶山棉织厂投产后，试制成功自动手帕印花机、打包机等10多种新机械。1979年，韶山棉织厂SDT-1型棉织电子提花机获省科技进步三等奖，“韶峰牌”7205提花枕巾被评为全国优秀产品，韶山农机修造厂生产的高强度螺丝在全国同行业评比中获第四名。1986年，韶山玛钢总厂可锻铸铁热处理新工艺获省科技进步三等奖。1993年，银田乡建立农科教中心。2000年，银田中学学生余婷的论文《细菌腐蚀法制叶脉标本》获湖南省第15届青少年科技创新二等奖；银田中学获湘潭市青少年科技活动组织奖。2001年，银田镇被评为湘潭市科普示范镇。2004年12月，韶银环保科技节能公司生产的韶银牌柴草气化炉获国家知识产权局专利证书。2010年，高翔重工生产的多功能搅拌型沥青路面养护车，获国家知识产权局专利证书。2014年，银田寺社区举办科普大讲堂10期，参加群众2000余人次，被评为湘潭市科普示范社区。2015年，全镇有沼气池600个，30%的农户使用太阳能热水器。

文化体育

清代，境域体育以民间武术为主。民国时期，境域银田寺有同庆堂、银庆堂等群众定期组织玩龙灯、划龙船、放彩灯、烧宝塔等活动，历年秋收后，由各商户筹资，在河州上搭台唱花鼓戏三天。民国21年（1932），银田寺放映无声电影。民国32年（1943）10月，银田乡在银田寺河州上举行学校文艺会演和学生运动会，竞赛项目有团体操、田径及篮球等。民国末年，桑树塘沈岳武练就“返还功”，成为省内武术名家。中华人民共和国成立后，保留民间文艺，推行新歌、新戏、新舞蹈。学校体育逐渐得到重视。1952年，镇建立文化站。1964年，银田公社建立文化站，南村等大队成立剧团。1966年起，划龙船活动因破“四旧”而停止。1969年，公社广播站建立，大队及居委会均建广播室。此后，户户装喇叭，广播收听率100%。1970年起，银田公社、韶山棉织厂、韶山煤矿等先后设有电影放映队（员），定期放映电影；各厂矿开展篮球、乒乓球、广播操等群众性体育活动。1979年，参加省文艺会演，银田镇赵秀英演唱的独角戏《骂鸡》获省创作二等奖，表演一等奖。1994年起，连续七年的元宵节期间，请外地专业剧团在白庙内演唱花鼓戏三天。1995年，乡镇小学建成110米、60米直跑道，乡中学建成400米环形跑道和田径运动场。1998年，乡、镇建成万册图书室；中小学图书室经省级验收合格。2000年，因电视普及率提高，乡、镇广播站停办。2005年，出生于青石村的残疾女青年熊敏在巴西举行的世界轮椅和残疾人运动会上，夺得100米、200米游泳冠军。2009年，送戏下乡6场次，送书下乡1470种1697册。2010年起，中小学每年举行一次田径运动会。2012年，白庙大雄宝殿竣工，举办庙会，唱花鼓戏三天。2014年，在世界残奥会上，槐星村出生的残疾女青年谭玉娇获女子组67.5千克级举重金牌，此为她第三次在全球赛事中夺冠。2015年，有农家书屋11个，中小学图书室3个，藏书6.3万册，图书、复印、摄影等文化服务经营店7家，从业人员16人，民间文艺团体2个，从业人员12人。有400米田径运动场1个，篮球场5个，居民健身广场3个。

医疗卫生

清代，民国时期，境域有少数中医开业或坐堂行医。民国31年（1942），湘潭县卫生院在银田寺开设卫生所。民国37年（1948），成之宜在银田寺开设西医诊所。1949年，境域有开业医师6人，中药店4家。1952年，银田寺成立联合诊所。1956年，成立公私合营国药总店。同年始，开展以除害灭病为中心，结合积肥，改善环境的群众性爱国卫生运动。1961年，联合诊所改为公社卫生院。1970年始，境域各厂矿均建医务室。大队推行合作医疗制度，自种中草药，赤脚医生免费为社员看病拿药。1971年，建立银田公社卫生院。1975年，建立镇卫生院。1982年，合作医疗制度解体。1994年，各村均建立卫生室，有卫生院2家，村厂矿卫生室13所，药房2所。2003年11月，银田乡卫生院并入镇卫生院。2010年，实现农户改厕400户。2015年，全镇卫生院1所，村卫生室11个，有个体医疗点（含牙科）5个，有药房5家，有医护人员55人；镇卫生院全年诊治患者8200人次。

社会保障

中华人民共和国成立后，对无生活来源的孤寡老人实行“五保”制度，对家庭特别困难的中小学生实行杂费减免，对遭受灾害的贫困家庭采取救济措施。1984年，银田乡在凤家贺公塘设立敬老院，接收8位“五保”老人。2004年，镇敬老院安置15个“五保”老人，对独立生活的58位“五保”老人发放抚养金45600元。2006年，推行新型农村合作医疗制度（以下简称新农合），农民参加率98%。至2012年的5年间，年均有432户845人享受城镇低保，389户455人享受农村低保，全镇发放救助款53.3万元，实施大病救助127人，临时救助927人次；发放补助资金202万元，完成危房改造209户。2013年，发放25位90岁以上老人高龄补贴3万元；敬老院集中居住“五保”老人46名。2015年，取消不合格低保户95人，新增低保户2人；共发放救助金110万元，给予医疗救助39人，临时救灾救济

210人次,扶助贫困学生20人,扶助残疾者78人;“新农合”参加率99%,“新农合”和城镇医保补偿住院医药费1100人次26.8万元。

人民生活

民国时期,境域工商业者家庭生活状况稍好,大部分农民靠佃田或出卖劳动力为生,生活十分贫困。中华人民共和国成立后,农民生活逐步改善。1974年,境域农民人均纯收入82.6元,人均用粮278千克。1975前后,部分农民改造住宅,变低矮的茅草屋为土砖青瓦房,青年男女婚嫁以缝纫机、单车、手表为必需品。1980年后,粮食产量大增,少数农民外出务工,部分家庭先富裕起来,建起红砖青瓦木门窗楼房,电视机、洗衣机、电冰箱等家用电器成为男女婚嫁的必需品。1984年,镇内农民人均用粮430千克,人均纯收入377元,人均储蓄90元。1996年,农民生活实现基本小康,摩托车成为主要的交通工具,新建楼房多装铝合金门窗。2004年,境域电视机用户100%,82%的农户拥有楼房,小轿车开始进入寻常百姓家。2005年起,加大农村改厕、改水、改路的力度,多数农户改传统的烧柴、烧煤为用电、用液化气或沼气,新建住宅多为水泥钢筋框架式楼房,安装不锈钢门窗。2015年,全镇农民人均收入18600元,人均储蓄9138元。61%的家庭安装空调,20%的家庭购置小汽车。

特色地情

历史人物

谭拔萃(?—1884) 字冠英,银田镇人。咸丰三年(1853),投湘军王鑫部镇压太平军。同治四年(1865),入山东、陕西攻打捻军和陕甘回民起义军,由哨长迭升副将衔参将、提督衔总兵、宁夏镇总兵等职。光绪二年(1876),率部参加左宗棠指挥的收复新疆战役,平定英、俄支持的阿古柏军入侵。光绪十年(1884)因伤病积发卒于军中,清廷以记名提督、加赏一等轻车都尉,给予褒奖。

谭　明(1895—1928) 银田镇青石村人。1925年,加入中国共产党。曾任中共湖南区委组织部部长兼秘书长、省委特派员。1928年12月,被国民党当局逮捕,就义于长沙浏阳门外。

风景名胜

银田寺(白庙) 银田寺座落在镇区中心。明天顺三年(1459)建,称静安寺。寺坐西北朝东南,砖木结构,分前栋、正殿和后栋。清道光年间,在寺前田中挖出一坛白银,故称银田寺。墙壁为白色,俗称白庙。寺内有一株高大的银杏

银田寺(白庙)旧貌

银田镇桥

韶山银河渡槽

树，胸径 1.37 米，树高 21.5 米，树龄至今约 700 年。民国 14 年（1925），毛泽东回韶山开展农民运动，曾在寺内召开秘密会议。此后，湘潭第一区农民协会和中共银田区委在寺内办公。民国 16 年（1927），毛泽东来银田考察农民运动，在寺内银杏树下演讲并在正殿内召开调查会。同年 4 月，第一区农协在此召开有 70 多个团体、3000 多人参加的反帝示威和公审大会，将团防局局长汤峻岩处决在银杏树下。中华人民共和国成立前后，银田寺为银田完小、银田镇学校校址，寺内菩萨在“大跃进”期间损毁。2005 年，学校从寺内迁出。2010 年，寺内正殿重建。2011 年，银田寺作为革命纪念景点和风景旅游景点，正式对外开放。

银田镇桥　银田镇桥跨云湖河（后名韶河），位于镇区中心。原名宁丁桥，明朝初年进士张嘉言捐资主修，故又名张公桥。清嘉庆、同治年间两次修缮。全部以花岗岩石砌成，为 2 墩 3 孔进水，宽 4.5 米，长 26.5 米，桥面两侧均有 1 米高的花岗岩石栏杆。紧靠石拱桥的下方河两岸，砌有石级码头。1925 年夏，韶山大旱，粮食严重减产。毛泽东领导中共地方组织发动群众在此开展平粜与禁运。1973 年 10 月，韶山区治理韶河，扩建张公桥，加长 1 孔，并更名为“银田镇桥”。银田镇桥总长 35 米，是韶山市内最长最宽的一座石拱桥。

“韶山银河”渡槽　“韶山银河”渡槽是韶山灌渠北干渠上重要的水利设施，1966 年春建成通水。渡槽系钢筋水泥浇筑，槽身由 13 对 4 米多高的八棱柱托起，内深 2.4 米，宽 3.8 米，槽身立有 8 对路灯，两边各浇筑 1.2 米宽的人行道和 1.1 米高的护栅栏。渡槽南起凤家村后塘，跨越韶河和省道 208 线，北抵樟木山，全长 246 米，气势恢宏。1977 年 11 月，应中共湖南省委请求，曾担任过韶山灌区工程指挥长的中共中央主席、中央军委主席、国务院总理华国锋为渡槽题写“韶山银河”。

（撰稿：谢自强）

杨林乡 >>

区域概况

地理位置

杨林乡地处韶山市西北部，东与如意镇接壤，西与湘乡市白田镇毗连，南与韶山乡相邻，北和宁乡县麻山交界。相传，明代有杨林庙，乡由此而得名。

建置沿革

唐天宝八年（749），境域属湘潭县。历宋、元、明、清无变更。民国元年（1912），属湘潭县西乡第二区。民国20年（1931）至民国35年（1946），属湘潭县第九区清溪乡。民国36年（1947），属湘潭县清田乡。1949年，属湘潭县黄龙区清田乡。1950年，属湘潭县第三区。1951年5月，改属湘潭县第四区，划为磨石、杨林、瓦坪三乡。1952年7月—1953年5月，划为云源、凤仪、白翎、西湖、杨林、石屏、联邑、棠溪八个小乡。1953年5月—1956年6月，境域设联邑、石屏、杨林、白翎、云源五乡。1956年6月，五乡合并为杨林乡。1958年9月，撤乡隶属韶山人民公社。1961年4月，成立杨林人民公社，属韶山区。1968年12月，属湖南省韶山区（地级）。1984年，改公社、大队、生产队为乡、村、组；属湘潭县韶山区。1991年，属湖南省韶山市（县级）。至2015年12月未变。

区划面积

1949年，境域面积50.02平方千米。1957年，辖瓦坪、石屏、白翎、云源、杨林5个大队。1968年12月，湘乡县双鹤、车家两个生产队划入，辖林业、联邑、瓦坪、新庄、纯和、石屏、良湖、杨林、善扶、白翎、磨石、凤形、云源13个大队，214个生产队，有耕地1017公顷。2005年，土地面积50.2平方千米，其中耕地1140公顷，水面142.6公顷，林地3060公顷。2012年5月，舒塘、团田两村从湘乡市金石镇划入。2014年8月，撤消林业村，其地域分划入联邑、杨林两村。2015年，辖新溪、联邑、瓦坪、石屏、纯和、良和、杨林、善扶、磨石、白翎、凤形、云源、舒塘、团田等14个村，252个村民小组。全乡面积62.28平方千米，其中耕地1419公顷，林地3223.6公顷，水面173.3公顷。

自然环境

境域属湘中丘陵地带，四周高，中间低，以平原岗地为主，东西略呈缺口，是一个独立性盆地。最高主峰黑石寨，海拔500.9米，最低点善扶村白龙潭，海拔95米。自西向东绵延5千米的石屏山与以宜家岭、罗仙寨为中心的山峦南北对峙，其间形成一个较大的瓦子坪平原地带。杨林河和云源河在矮桥嘴汇合后，向东流经如意镇入韶河。属亚热带季风气候，四季分明。年均气温 16.5℃，极端最高气温 40℃，极端最低气温 -10℃。年降水量 1350 毫米，降水日 140 多天。年均日照 1700 多小时，无霜期 274 天。常年主导风为北风，夏季为东南风，春夏有强雷电气象。境域土壤分为水稻土（黄、青）、红壤土、紫色土、麻砂土四类。水资源丰富，有杨林河、云源河，以及十多座水库和几百口山塘。森林资源有松、杉、梓、樟、枫、椿、竹、梧桐等，经济林有果木、油茶等。野生动物有野猪、野猫、豺狗、麂、山羊、狐狸、野兔等 20 多种。矿产资源有铁、磷铁、锰、石煤、白云石、石灰石等。旅游资源有黑石寨景区、罗仙寨、天子岭风景区及报恩寺、书堂等景点。

人口民族

1949 年，境域有 2150 户 9792 人，均为农业人口。1964 年，有 2210 户 12072 人。其中农业人口 10744 人，占 89%；男性 5694 人，占 53%。1990 年，有 2460 户 17362 人。其中农业人口 14692 人，占 84.6%；男性 9028 人，占 52%；人口自然增长率 11‰。2005 年，有 4561 户 17322 人，其中农业人口 16803 人，占 97%；男性 9940 人，占 57.4%；人口自然增长率 4.97‰。2015 年，有 5497 户 21032 人。其中农业人口 20179 人，占 96%，男性 10542 人，占 50.1%；人口自然增长率 4.93‰。少数民族共有 51 人，其中苗族 21 人，土家族 19 人，其余为回族、维吾尔族、彝族、畲族，分布在 7 个村。

经济发展

经济综述

民国期间，境域经济以农业为主，有个体手工业者从事铁、木、泥、纺、油榨等行业。中华人民共和国成立后，小手工业、社队集体企业和国有供销社等工商业不断发展。1958 年“大跃进”期间，盲目发展工业，开采煤矿、铁矿和大炼钢铁，致使矿产、森林资源受到严重破坏。1976 年，工农业总产值 240 万元。2005 年，调整产业结构，利用风景资源发展第三产业。2006 年，工农业总产值 30998 万元。2010 年，有民营企业 8 家。完成固定资产投资 4500 万元，招商引资 2500 万元，实现工商税收 200 万元。乡政府获第二次全国经济普查“先进集体”称号。2015 年，乡制订以现代农业为主体、以生态旅游和美丽乡村建设为两翼经济发展战略，打造“大美杨林、心的家园”，招商引资 6580 万元，建基地，引导企业提质和品牌包装。工农业总产值 4.15 亿元。

种植业

境域以水稻种植为主。1949 年前，水稻田只种单季稻，品种只有籼稻与糯谷，亩产 185 千克左右；旱地一般种植蔬菜、红薯、玉米、高粱及麻类作物。1951 年，境域蝗灾严重，区、乡组织群众杀虫救灾，其中瓦坪村成绩突出，被湘潭专区评为“剿蝗冠军”。1953 年开始，试种双季稻。1958 年，推广双季稻，晚稻多为“农垦 58”。种植面积 1000 公顷，粮食总产量 3000 吨，亩产 200 千克。1967 年起，扩大双季稻种植面积，采用合理密植、温室育秧、推广三熟制（稻、稻、麦）等技术，产量稳步提高。1976 年，粮食总产量 6500 吨，亩产 550 千克。1977 年，早、晚稻试行杂交水稻，平均亩产提高 50 千克。1994 年，推广双季杂交优质稻 838.6 公顷。粮食总产量 14231 吨。1996 年，种植面积 1400 公顷，粮食总产量 15202 吨，亩产 1005 千克。1998 年，杂优稻种植面积 95%。1999 年，推行水稻软盘育秧技术。2003 年,推广水稻杂交超级稻。2005 年，粮食种植面积 1400 公顷，粮食总产量 16000 吨。2014 年，乡政府按照“合作社+农户”的产业发展模式，推广特种中药材、花卉苗木和经济作物种植。2015 年,投资 1880 万元,完成团田、舒塘、石屏等 10 个村农业综合开发项目。全乡粮食种植面积 1373.3 公顷,（水稻 1027.8 公顷，红薯 200 公顷，玉米 33.3 公顷），总产量 21300 吨；加上蔬菜和经济作物，全年种植业产值 8500 万元。

养殖业

境域养殖以牛、羊、猪、鸡、鸭、鱼为主。1966 年开始,大力发展集体猪场,人平养猪 1.2 头。水库池塘养鱼由公社或生产队派专人负责，鲜鱼产量明显提高。1975 年，建杨林鹿场，常年养鹿 50 头，年产值 2600 余元。1981 年以后，杨林鹿场由林业村 3 个村民承包经营。1995 年，出栏生猪 5.5 万头，鸡 4.7 万只，鸭 1.3 万只，牛 150 头，羊 722 只。养殖业总产值 8792.3 万元。2000 年，出栏生猪 5.78 万头，鸡 5.1 万只，鸭 1.65 万只，牛 192 头，羊 821 只；存栏生猪 1.5 万头，鸡 1.8 万只，鸭 1.6 万只，牛 180 头，羊 920 头。生猪养殖大户有 40 家，养殖业总产值 9592.5 万元。2015 年，养殖户 1865 户，其中养殖大户 60 家，共出栏生猪 2.65 万头，存栏生猪 1.7 万头；出栏耕牛 340 头，存栏耕牛 206 头；出栏山羊 3800 头，存栏山羊 2740 头；出栏鸡 4.5 万只，存栏鸡 0.65 万只；出栏鸭 9 万只，存栏鸭 10 棚 8.02 万只；出栏梅花鹿 30 头，存栏梅花鹿 27 头；有养殖水面 52 公顷，出水鲜鱼 363.5 吨；养殖总产值 1.9 亿元。

林业

境域树种多为松、杉、枫、樟等。中华人民共和国成立以后，实行土地改革，林地重新分配，分户管理。1958 年 9 月，林地收归公社所有。1963 年起，山林管理权归属生产队，大力开展“植树造林”运动。1966 年至 1978 年，建公社林场 1 个，大队林场 13 个；引进国外松、插树、喜树等树种。1981 年起，全乡 2 个集体林场（面积 98 公顷）实行承包,其余山林分划到农户管理。1986 年，全乡林地面积 2787.2 公顷，其中用材林 1207.6 公顷,经济林 179 公顷,竹林 38.7 公顷。2004 年，统一换发林权证，延长承包期。2006 年，加强林业执法，发放退耕还林资金 31.35 万元,公益林资金 13.49 万元,补植苗木 133.3 公顷,造林 20.6 公顷。至 2015 年，荒山造林 100 公顷，幼林抚育 173 公顷，南竹低改 33 公顷。景区外环公路（韶团线）栽植桂花、红叶石楠等各类苗木 3 万余株，村级主干道植树绿化 21 千米。全乡森林覆盖率 47.1%。

工业

民国末年，境域瓦子坪、团田有织布、染布、酿酒、木器铁器、皮革等手工作坊。中华人民共和国成立后，小手工业不断发展。其中铁器打制店增加，铁匠增至 30 多人。1958 年，开办禾塘坳麻织厂，杨林泥木工联合工厂等。1970 年前后，各大队相继建起碾米厂。1981 年电器厂、玻璃厂、红砖厂三厂建成投产。其后又相继办起韶山胶木电器厂、杨林玻璃仪器厂、电池厂、活塞环厂、电镀厂和杨林工程公司等。1990 年，有规模工作企业 7 家,从业人员 320 人,工业总产值 190 万元。2005 年，乡胶木电器厂实行租赁承包经营。有企业(包括家庭经营户)480 家,总产值 21400 万元,其中规模工业企业 6 家，从业人员 350 人，创产值 11500 万元。2015 年，全乡有工业企业 300 家，总产值 12500 万元，其中乡有 8 家规模工业企业，从业人员 260 人，产值 8500 万元。

商贸服务

民国末期，境域有 20 余家店铺。瓦子坪集镇经营商杂布匹、烟酒副食品的商号有“际昌隆”“集贤”“湘源”“中西易”“日日新”“天仁和”等，兼营中草药的有“协顺和”与“新湘益”；有饭店旅社 10 多家。中华人民共和国成立后，先后集资办起瓦子坪、杨林庙、长塘湾、团田等供销合作社。1956 年，设团田、瓦子坪、杨林庙、白翎、云源 5 个供销社，有从业人员 60 余人。1985 年，杨林供销社在新溪村、磨石村、杨林村分设 3 个门市部，开辟杨林庙、瓦子坪两个集市贸易商场。1990 年，有商店 12 家，饭店 21 家。1998—2004 年，乡内粮食、供销系统实行体制改革，置换公有制商贸企业 13 家。2005 年，杨林供销社在新溪村、磨石村、杨林村设有门市部。境域有商贸企业 1 个，商店 105 个，饭店 15 家，从业人员 300 人；私营个体商业成了流通领域主体。2015 年，境域有各类商贸企业 210 家，从业人员 850 多人，主要从事餐饮、商贸、通信、服务、休闲、娱乐等行业。

财政金融

清代和民国时期，境域所征赋税，悉数上解。中华人民共和国成立后，财政收入主要是农业税及工商各税。1952 年，设信用合作社，兼管境域金融业务。1970 年，财政收入 23.2 万元（其中农业税 21 万元），财政支出 36.8 万元（超支 13.6 万元）。1971 年，设信用社代办点 14 个。1980 年，财政收入 55.8 万元，支出 62.4 万元。1988 年，有保险站 13 个。2005 年，免征农业税，完成工商税收 72 万元，财政收入 295.4 万元，支出 294.8 万元。2015 年，完成税收 111.39 万元，财政收入 629.84 万元，支出 629.84 万元；有农商银行 1 家，农业银行营业点 1 个，保险代办点 1 个。有存款余额 1.72 亿元，贷款余额 1.13 亿元。

基础设施

交通

民国期间，境域有鸦瓦（湘潭县鸦雀坪至杨林瓦子坪）砂石大道，呈东西向横穿全境，路宽不过两米。1958 年至 1959 年，修建韶团线（韶山至团田）、赤湘线（善扶至云源）两条砂石公路，长 17.7 千米。1968 年，将韶团线路面拓宽至 7 米，铺上柏油，全长 8.4 千米。1975 年，修建青供线（白翎村至杨林庙）砂石公路，路面宽 4 米，全长 3 千米。1978 年，赤湘线拓宽，成为善扶、良湖、白翎、凤形、云源等村的交通要道。至 1987 年，修机耕路 23 条，长 676 千米。1991 年，修筑白文线，起于白翎村，止于文家滩，全长 2.73 千米。1998 年，修建朝磨公路（自韶山乡朝阳村至杨林磨石村、白翎村），宽 5 米，全长 10.5 千米。2004 年，新修瓦新线（瓦子坪至新溪村），宽 4 米，全长 3.8 千米。2013 年 11 月，拓宽韶山市景区外环线杨林段（原韶团线）11.2 千米，铺上沥青炒沙。至 2015 年，乡域公路有四级县道 1 条，乡道 5 条（其中四级公路 3 条），全乡公路长 59.13 千米；村道硬化 111 千米，硬化率 90%。

供水供电

1969 年以前，乡域村民饮用水多为池塘水或河水，只有少数打挖公共用井；家用照明多为煤油灯，少数村民采用原始的松节照明法。1970 年，开通韶金供电线路（韶山至金石），境域禾塘坳至瓦子坪沿线开始供电。1970 年后，大挖“战备井”，实现每一屋场都有饮用水井。1998 年前后，农户打水井800口，井水饮用率100%。2014年，投资500万元，变压器增容14台。投资373万元，完成农村安全饮水工程。至2015年，全乡使用浅井水625个，其中泉水井420个，压水井191个；瓦坪、联邑、石屏、杨林、善扶、纯和、白翎、凤形等八村共修建14个自来水井，自来水入户率90%。有主要供电线路5条，电网改造率95%，农户用电普及率100%。

邮电通迅

民国6年（1917）7月，湘潭邮局在境域设瓦子坪信柜。民国16年（1927），瓦子坪信柜改为邮政代办所。民国29年（1940）7月，开通瓦子坪至石潭的直达步班邮路，全程97.7千米。1950年，湘潭邮电局架通瓦子坪至韶山乡和至银田寺的单线电路，全长20千米。1955年4月，辟瓦子坪至韶山冲邮路，为隔日班，全程70千米。1957年，增开乡政府至如意亭步班邮路，全程21.9千米，为隔日班。1958年，杨林庙安装电话交换机。1969年7月，公社装电话交换机。1971年1月，步班邮路改为摩托车邮路，全程83千米。1977年，摩托车邮路改为自行车邮路。1994年，境域有移动电话（俗称"大哥大"）用户3户。2000年，开通乡政府至市电信公司的6千米光缆，建成模块局，实现村村通电话。2003年，村村开通宽带业务。2005年，全乡每百人拥有固定电话17部。2015年，乡内有邮政代办所1家，邮政代办点15个；联通、移动电信营业机构3家，设通信基站8座，有固定电话970部，有手机1.14万部。

水利建设

1949年，境域有杨林河、云源河两条小溪河，山塘709口，蓄水量小，不能满足农田灌溉需要。1950年冬开始，境域农民响应政府号召整修塘坝。1959年春，建成红旗水库，可灌溉农田320公顷。至1990年，域内共修建水库17座，库容总量684.5万立方米，整修山塘、平塘831口，蓄水量2539万立方米。修建渠道63条，提灌机埠24处。2013年，完成联邑小溪河改直护砌工程；投资400多万元对5座小水库除险加固，修复水灾毁坏后工程35处。2014年，投资885万元，完成节水灌溉、高渠检修、山塘清淤；投资1185万元，对青沟、周湖、木兰等13座水库加固，完成各类水利工程620处。2015年，投资210万元，对石塘子、长冲塘、错塘坳水库除险加固及35口平塘清污，修高渠2000米，完成小农节水灌溉（33.3公顷）工程。有水库17座，山塘950口，渠道425条250千米，29处机台，装机容量240千瓦。

村镇建设

民国期间，境域只有团田、瓦子坪两小集镇。中华人民共和国成立后，乡村建设逐渐发展。1970年前后，各大队建立大队部办公楼。1990年，乡政府建大厦3栋，设立杨林庙、瓦子坪两个农贸市场。2006年起，启动新农村建设，以纯和村、白翎村为试点。2012年，设置200个垃圾池，各村配备2~3名专职保洁员，乡村卫生工作逐步制度化、规范化。2013年10月起，境域开展大力整治农村环境卫生，重点创办联邑、石屏两个环境卫生示范村。2014年，制定《村镇建设及宅基地规划管理实施细则》，加强村镇建设，重点进行村道硬化、土地整理、水利设施完善及建设舒塘、团田、云源、瓦坪等7个村部办公楼。至2015年，各村都有办公用房，共130间；村、组均建有垃圾清整池，村容环卫面貌明显改观；杨林庙、瓦子坪两集镇建成面积分别为0.12平方千米和0.16平方千米。

社会事业

教育

清末至民国初，乡学多为私塾。民国元年（1912），蒋氏创办听彝完全小学。民国 37 年（1948），境域有公立小学 8 所，私立小学 5 所。1950 年，蒋氏听彝完全小学收归公办，改称瓦坪完全小学。1951 年，境域学校由人民政府接管。各校开办农民扫盲夜学班。1956 年年底，小学发展到 10 所，瓦坪完全小学加设民办高小班。1958 年，贯彻“两条腿走路”的办学方针，瓦坪完全小学附设民办初中，“上游农业中学”应运而生。1969 年起，教育改革实行小学五年制，中学高、初中各 2 年制。小学下放到大队管理。境域 12 所小学，多数附设初中班。1975 年，公社创建“五七”中学和白关中学。有初中 21 个班，在校学生共 1036 人；高中 7 个班，在校学生 399 人。1976 年 3 月，“五七”中学加挂“五七”大学牌子（不久，“五七”大学牌子取消）。1991 年，有杨林、白关两所初级中学，在校学生 709 人，小学 11 所，在校学生 1607 人，中小学教师共 146 人，其中幼师 12 人。1998 年起，调整学校布局，先后有 5 所小学撤并。2003 年 12 月，获得江苏省姜堰市二建集团捐助，扩建乡中心学校——石屏学校（原瓦坪完全小学），校名更为“韶山市姜堰希望学校”。2005 年，有姜堰、白关、瓦坪、杨林 4 所中小学，共有中小学教师 73 名，中小学生 693 人。2015 年，有九年一贯制学校 2 所（团田学校、姜堰学校），小学 2 所（瓦坪学校、白关学校），在校中小学生 632 人；全乡中小学生入学率 100%，中学生毕业合格率 97%。有乡中心幼儿园和启智幼儿园，共有幼师 15 人，幼儿 257 人。

文化体育

民国期间，境域文艺活动主要是传统花鼓戏、山歌、剪纸、龙灯、狮舞等。蒋氏听彝完全小学曾举办过篮球比赛、跑步比赛等。1951 年，境域成立文工团，演出《刘胡兰》《小二黑结婚》等革命题材的新戏。1955 年冬，创办俱乐部，以石屏、纯和、瓦子坪三个村办得较好。1966 年元月，汤忠武在韶山灌区工地上创作的民歌《高山顶上修条河》被华国锋抄录，发表在《湖南文学》等刊物上。1968 年前后，各大队成立毛泽东思想文艺宣传队。1969 年，公社成立广播站。1983 年，境域成立 5 个杂技表演艺术团（即青年、新时代、红星、迎宾、芙蓉艺术团），表演范围扩展到宁乡、湘潭、湘乡等地，杨林被誉为“杂技之乡”。1989 年 9 月，曲艺戏剧表演家蒋文卿被授予“湖南省优秀民间艺人”称号。1998 年，杂技表演艺术家蒋昌立事迹被编入《湘潭艺术家大辞典》。2015 年，有高音喇叭 81 个，健身场所 14 处，器材 50 余件，龙灯歌舞队等文艺团体 3 个，文艺爱好者 145 人。

医疗卫生

民国末期，境域有几位郎中游医，老百姓缺医少药。中华人民共和国成立之初，设毛家湾、杨林庙两个诊所。1956 年，设乡卫生院，有医生、药剂员各一人，医疗器械奇缺。1963 年，扩建乡卫生院，医疗卫生队伍壮大。1968 年，杨林联合诊所开始配备医士。1969 年，杨林诊所开设三大常规化验（血、粪、尿），病床增至 30 张。1970 年 4 月，各大队创办农村合作医疗卫生室（站），全社共有“赤脚医生”26 名。1982 年，实行家庭联产承包责任制后，合作医疗制度解体。1989 年，乡卫生院分设云源、白翎、瓦坪、善扶四处医疗点，有医师 13 人，药剂员 10 人。1991 年，乡卫生院定为中心卫生院，有病床 13 张，医务人员 11 人。设云源、白翎、禾场坳、瓦坪、磨石、火车站6个医疗点。各村设卫生室，配有专职卫生员。2004年，撤销禾场坳、磨石医疗点，增设杨林医疗点。2015年，全乡有卫生院1家，村卫生室等医疗点14家，共有病床35张，医护人员45人。

社会保障

1950年2月，乡成立烈军属委员会，派工为烈军属代耕。1953年，乡烈军属委员会采用发工票、代耕与互助三种形式为烈军属耕种，并派工代耕为固定代耕。1954年，优待对象扩大到在乡伤残军人和带病回乡的复员军人。1963年起，由生产队、大队对孤寡老人和无劳动能力的残疾人实行“五保”制度（保吃、保穿、保住、保医、保葬）。1970年，兴办农村合作医疗，除人平从公积金、公益金中抽出2元作基金外，每人每年交1元至1.5元，平时实行看病免费。1980年，乡敬老院建成投入使用，常住敬老院35人。1998年水灾，全乡倒塌房屋2栋，受损40余间，350余人受灾，共发放帮扶、救灾款7.6万元。2006年，推行新型农村合作医疗制度，农民参合率90%。2008年，新建敬老院，占地0.8公顷，建筑面积1300平方米，有住房38间，供养42人；启动农村养老保险、农村低保和大病救助机制。2012年，新农村养老参保人数8312人，参保率93%，新农村合作医疗参合人员17815人，参合率92%。2015年，养老保险参保率96%，凡60岁以上村民每月发放55元以上的养老金；新农村合作医疗参合人率96.3%；“五保”98人，乡敬老院集中供养32人。有低保户558户，低保人员667人，优抚249人，发放低保、“五保”、优抚款180万元，救济款10万元；危房改造40多户。

人民生活

民国时期，境域农民“十户人家九户穷”“禾镰上壁冇饭呷”。中华人民共和国成立后，人民生活水平逐步提高。1949年，人均用粮247千克，1956年上升到320千克。1964年，人均用粮330千克。1978年，人均收入90.5元，新婚夫妇购置奢侈品中有“单车、手表、收音机”三大件的不到40%，人均住房面积25~30平方米。1986年起，楼房、庭院逐渐取代平房茅舍；冰箱、彩电、洗衣机、收录机等开始进入先富起来的农家。1988年，人均收入588元。1990年，全乡有汽车33辆、摩托车50辆、单车7130辆、三轮车7辆、电风扇4199台、电冰箱29台、电视机2468台、洗衣机157台、收录机1160台。乡内人民生活大幅度提高。人均住房面积50多平方米。2010年，人均可支配收入7400元。水泥大路通村通组，汽车进入普通农家；空调、彩电、冰箱、全自动洗衣机、移动电话等已普及。2015年，人均收入8850元。全乡80%的农户拥有楼房，13%的农户购买小汽车，平均每户拥有2部手机。

特色地情

历史人物

谭修升（1850—1919） 磨石村人。同治十二年（1873）投湘军左宗棠部，光绪二年（1876）随左宗棠入新疆，参加平定阿古柏军入侵、收复新疆战役，屡立军功，先后擢升守备、都司、游击、参将、协副将，授武威将军。民国初年，仍率军戍守阿克苏，授陆军中将衔。

钟志申（1893—1928） 良和村人，1925年加入中国共产党，任中共韶山总支委员会委员。1926年任中共湘潭县第一区部组织部部长。1928年因叛徒出卖被捕，3月，被杀害于长沙浏阳门外识字岭。

汤璪真（1898—1951） 云源村人。民国 4 年（1915）8 月，考入北京高等师范学校。毕业后执教于北京女子高等师范学校。1922 年去德国柏林大学及莱比锡大学主攻几何学。回国后先后在武昌大学、上海劳动大学、武汉大学、安徽大学、湖南大学、北京师范大学等任教。在首届中国数学会上被选为评议，在第二、三届中国数学会上当选理事。1951 年 10 月 9 日病故，毛泽东送花圈吊唁。

贺尔康（1905—1928） 杨林村人，1925 年加入中国共产党。7 月，回韶山协助毛泽东开展农民运动；参加广州农民运动讲习所学习。1927 年 6 月，领导农民在衡山石湾暴动。8 月，任中共湖南省委委员。1928 年 3 月初，被国民党当局逮捕。牺牲于长沙浏阳门。

彭绍辉（1906—1978） 纯和村人。民国十七年（1928）7 月，参加平江起义。9 月，加入中国共产党。第二次国内革命战争时期，先后任红五军第一师师长、兴国模范师师长、少共国际师师长、第三十军参谋长、第六军团参谋长。抗日战争期间，历任八路军一二〇师三五八旅旅长、抗日军政大学副校长等职。解放战争时期，历任吕梁军区代司令员、司令员、西北野战军第七纵队司令员、第七军军长。中华人民共和国成立后，历任西北军区副司令员兼参谋长、第一高级步兵学校校长、总参谋部训练总监部副部长、军事科学院副院长兼战术研究部部长、中国人民解放军副总参谋长等职务。1955 年，被授予上将军衔。

刘　鹏（1912—1986） 瓦坪村人。民国 15 年（1926）加入国民革命军，参加北伐战争。民国 19 年（1930），参加中国工农红军并加入中国共产党。参加五次反“围剿”、长征及吴起镇、直罗镇等战斗。先后在红二十二军、红四军、红一军团、援西军等处任职。抗日战争时期，任八路军总部通信科科长兼通信营营长、总部军工部副部长、部长兼军工厂厂长。解放战争时期，任华北军区司令部通信处副处长，京津卫戍区防空司令部办公室主任，一野六师参谋长等职。中华人民共和国成立后，任一野一兵团六师参谋长，安东防空部队第一副参谋长，中国人民解放军防空军第一军副军长，福州军区空军副司令员兼高炮指挥部司令员。1955 年，被授予少将军衔。

风景名胜

杨林庙　位于乡政府东北 200 多米的韶团公路旁，始建于明代，1946 年重修。该庙占地 4000 平方米。相传，唐代纯和村杨家山文状元杨文，石屏村空山武状元林尚，被奸臣所害。新皇帝登基后，平冤昭雪，封为“二圣”，批准在家乡立庙。杨文、林尚墓地，毁于 1968 年。

黑石寨景区　位于乡域西南部，主峰海拔 500.9 米，是境域最高点。该景区的主要景点有“四方滴翠”“鬼谷雄踪”“枫林远眺”“古寨峥嵘”“鹿鸣翠谷”“黑龙吐水”“石洞神泉”“翠竹仙台”“金盆漾月”“双鹤云栖”等。

报恩寺　位于云源村罗仙寨山东麓，建于唐初。相传唐初徐氏母子逃难到杨林乡云源村罗仙

黑石寨景区

峰下，栖身于一石洞。徐氏教子学文习武，忠心报国。唐高祖武德七年，突厥入侵，李世民出豳州道抵御突厥。徐氏命儿投军报国，屡建奇功。唐太宗李世民登基以后准其探母，谁知母已亡故。该子奏明唐太宗，唐太宗命长安“兴教寺”大和尚前来建佛寺，并御赐寺名“报恩寺”。寺中有《四恩总报》匾额（四恩为：天地恩、父母恩、佛祖恩、皇恩）。1976年，该寺砖瓦被拆去建学校。1982年起重建，经数年而成。

（撰稿：张在田　蒋昌鹏）

雨湖区

概述

雨湖区位于湖南省中部湘江之滨，湘潭市区西北部，地跨北纬27° 48′ 21.44″ ~27° 59′ 30.15″，东经112° 36′ 59.47″ ~112° 57′ 09.85″。东西隔湘江与岳塘区相望，东北角与九华示范区相邻，西从涟水出口上溯至新渡口与湘潭县河口镇以河为界，西北部楠竹山镇罗金塘村四周与湘潭县毗连，最南端犁头嘴处于涟水与湘江的交汇处。因境域有千年名胜“雨湖”而得名。107、320国道、上瑞高速公路、湘黔铁路在境域通过。境域座落湘潭火车站、长途汽车站、汽车西站、湘潭公交中心站、千吨级集装码头。区中心距长沙黄花机场69.2千米，距株州高铁西站17.7千米，距湘潭高铁北站12.5千米，水、陆、空交通十分便捷。

雨湖区地貌以平原为主，间有丘陵，地势为西北高，东南低，一般海拔40 ~ 65米之间，最高峰鹤岭海拔164米。鹤岭地区有丰富的矿产资源，长城乡地下蕴藏矽砂，楠竹山镇地下蕴藏煤矿资源。雨湖区属中亚热带季风气候区，雨量充沛；地下水较为丰富，湘江水、地下水是主要的水资源。境域有植物资源1000余种，大至可分为食用、医用、观赏和林木四类。林地面积占土地面积的10.65%，境域树种资源有41科192种，国家一级保护树种银杏、红豆杉2种。野生动物资源约300余种，其中陆生动物资源150种，水生动物资源180余种。

北宋时期，雨湖区境域属长沙郡，明朝属潭州府。清代属长沙府，民国3年（1914）属湘江道。民国时期，境域工业有鹤岭、冷水冲的锰矿业；城正街的玻璃制造、制伞；中山路的白铁制作、制酱；窑湾杨梅洲的造船业；姜畲、响塘的榨油、酿酒业等。农业以种植水稻为主，商贸主要集中在城正街、平政路、中山路、窑湾一带。药材、大米、绸布、酒酱、南货等交易较为活跃。

1950年7月，境域属县级湘潭市。1952年8月，以大同路（今建设北路）为界，分属南北两个区公所，属湘潭市（县级）。1958年5月，分属南、北区人民委员会。1960年4月，属河西人民公社，下设湘江、雨湖分社。1961年4月，湘江、雨湖分社改称湘江、雨湖人民公社。是年8月，撤销湘江、雨湖人民公社，成立湘江、雨湖区。1965年5月，湘江、雨湖两区合并为河西区。1972年，分属河西区、郊区河西片。1980年，河西区分设为湘江、雨湖两个区，均系省辖市的县级区。1988 年，境域分属雨湖区、湘江区、郊区管辖。雨湖区辖城正街、平政路、雨湖路、云塘、鹤岭 5 个街道，37 个居委会，1 个行政村，588 个居民小组,4 个村民小组；湘江区辖中山路、窑湾、广场、楠竹山、羊牯塘 5 个街道，33 个居委会、2 个行政村、542 个居民小组、5 个村民小组；郊区河西片辖长城、昭潭、先锋、护潭 4 个乡及先锋农场，38 个行政村，340 个村民小组。是年，境域地区生产总值 1.87 亿元。其中，第一产业 0.29 亿元，第二产业 1.22 亿元，第三产业 0.35 亿元。财政收入 1019.42 万元。

1992 年 6 月，湘潭市城区行政区划调整，湘江以西区域为新雨湖区。新雨湖区辖长城、先锋、昭潭、护潭 4 个乡，楠竹山、鹤岭、中山路、窑湾、广场、羊牯塘、雨湖路、城正街、平政路、云塘 10 个街道，37 个行政村，349 个村民小组，76 个居委会，1252 个居民小组。境域总面积 78.92 平方千米，总人口 29.68 万人。是年，雨湖区第一次党代会提出“以商贸为龙头，强商促工，加快区域经济发展”思路，经济建设加速发展。1993 年 8 月，楠竹山、鹤岭恢复镇建制，全区辖 4 乡 2 镇 8 街道。是年底，全区完成地区生产总值 5.48 亿元。其中，第一产业 1.05 亿元，第二产值 2 亿元，第三产值 2.43 亿元。财政收入 2574 万元。

1997 年，区委、区政府实施“市场带动，实业兴区”发展战略和“发展优质、高产、高效农业”思路，区属经济稳步增长。全区完成地区生产总值 8.03 亿元。其中，第一产业 1.67 亿元，第二产业 2.83 亿元，第三产业 3.53 亿元，财政收入 6368 万元。1999 年始，区域经济快速发展。2002 年，全区完成地区生产总值 13.94 亿元。其中，第一产业 1.37 亿元，第二产业 6.58 亿元，第三产业 5.99 亿元，财政收入 1.26 亿元。

2009 年 5 月，湘潭县响水乡成建制划归雨湖区，由九华经济开发区托管。境域总面积增至 211.89 平方千米，人口增至 44.28 万人。2010 年 8 月，湘潭县响塘乡、姜畲镇成建制划归雨湖区。雨湖区辖长城、昭潭、先锋、护潭、响塘、响水 6 乡，楠竹山、鹤岭、姜畲 3 镇，雨湖路、中山路、城正街、平政路、窑湾、羊牯塘、广场、云塘 8 街道，下设 149 个行政村，2017 个村民小组，57 个社区，1262 个居民小组。境域总面积增至 451.39 平方千米，人口增至 56.02 万人。2011 年，区委，区政府实施“强商兴工，富民强区”战略，积极应对城管体制、财政体制改革和区划调整等挑战，综合实力显著上升。是年，全区完成地区生产总值 102.53 亿元，其中，第一产业 10.34 亿元，第二产业 50.26 亿元，第三产业 41.93 亿元，财政收入迈上 10 亿元台阶。

2014 年 2 月，撤销昭潭、先锋、护潭 3 个乡，设立昭潭、先锋、万楼街道；撤销响塘乡，设立响塘镇。雨湖区辖昭潭、先锋、万楼、雨湖路、平政路、城正街、云塘、中山路、窑湾、广场、羊牯塘 11 街道，姜畲、楠竹山、鹤岭、响塘 4 镇，长城、响水 2 乡。2015 年 4 月，区委、区政府制定“强商兴工，城乡一体”战略，提出雨湖区发展“三年大变样”工作目标，区域经济发展速度明显加快。是年 12 月，雨湖区乡镇、行政村合并，鹤岭镇和响塘镇合并为鹤岭镇；137 个行政村合并为 84 个。至此，全区辖 2 乡 3 镇 11 街道，84 个行政村，1880 个村民小组，64 个社区，1225 个居民小组。境域总面积 451.39 万平方千米，其中，耕地面积 13394.23 公顷。人口 59.02 万人。地区生产总值 543.03 亿元，其中，第一产业 14.59 亿元，第二产业 303.84 亿元，第三产业 224.60 亿元，财政总收入 17.84 亿元。

（撰稿：李　萍）

长城乡 >>

区域概况

地理位置

长城乡位于雨湖区西南部，东与昭潭街道、窑湾街道毗邻，南临湘江、涟水，与岳塘区、湘潭县河口镇隔江相望，西与姜畬镇泉塘子管区相连，北与先锋街道、羊牯塘街道、响水乡、姜畬镇塔岭管区接壤。1952 年，境域长岭乡和古城乡合并时各取一字，称为长城乡，沿用至今。

建置沿革

清代，境域属湘潭县移风乡下五都。民国时期，属湘潭县姜畬区正心乡下五都一、二、三、四、五、六、七、八、九、十甲。1949 年 8 月，属湘潭县黄龙区。1950 年 7 月，分属先进、栗营、五源、古泉 4 乡，隶属湘潭县第四区。1951 年 5 月，分属长岭乡和古城乡，隶属第六区（第四区改）。1952 年 4 月，长岭乡和古城乡合并为长城乡。1956 年从姜畬区划入锋乐乡、白云乡。是年 8 月，河月、长城、白云、锋乐 4 个乡合并为长城乡。1959 年，属郊区人民公社长城大队。1960 年，属河西公社（前身为郊区公社）长城片，隶属湘潭市（县级）。1961 年，改称长城人民公社。1984 年，长城人民公社改为长城乡，属湘潭市郊区。1992 年 4 月，改属湘潭市雨湖区。至 2015 年，建置无变化。

区划面积

1961 年，长城公社辖金星、大湖、建城、河月、立云、白云、高坪、砂子、先锋、羊牯 10 个大队，境域总面积 29 平方千米。1963 年，所辖先锋大队划入先锋人民公社。1965 年，划出金星、大湖、建城大队归属昭潭公社，境域总面积减至 24 平方千米，辖犁头、新月、石基、工农、立云、繁荣、白云、高坪、和平、砂子、羊牯、红旗、上星、卫星、花园 15 个大队。1988 年，长城乡辖犁头、新月、石基、工农、立云、繁荣、白云、高坪、和平、砂子、洪桥、羊牯、红旗、上星、卫星、花园村 16 个行政村，156 个村民小组。总面积仍为 24 平方千米，有耕地 900 公顷，其中水田 846.67 公顷，旱地 53.33 公顷，水域 140 公顷。2007 年，乡辖 16 个行政村，171 个村民小组。2015 年，乡辖 16 个行政村，161 个村民小组。总面积因城市建设扩展征用土地，缩减为 20 平方千米。有耕地 720 公顷，其中水田 673.33 公顷，旱地 46.67 公顷，水域 146.33 公顷。

自然环境

境域属亚热带季风湿润气候区，四季分明。

年平均气温 17.2℃。年平均降雨 1361 毫米，年平均日照 1687 小时。冬、春两季多北风；夏、秋两季多南风。土壤分为潮土、水稻土、红壤土三大类，平原地带多为潮土、水稻土，丘陵地带多为水稻土、红壤土。境域花园、上新、卫星、羊牯、红旗、砂子村处于丘陵地带，其余 9 村地势平坦。境域矿藏少，仅花园村刘公塘和卫星村聚砂岭一带分布矽沙矿。湘江从境域东南流过，涟水自西向东从境域南流经 1.5 千米，在犁头嘴汇入湘江。境域常见本地树有樟、杉、枫木，珍贵树有银杏，引进树种有国外松、水杉等。竹类有斑竹、丛竹和南竹。1988 年至 2014 年的 6 年间，共发生自然灾害 30 多次，其中较大水灾 6 次，旱灾 4 次，冻害 3 次。

人口民族

1984 年，境域有居民 4302 户 17984 人，其中农业人口 17894 人，占 99.5%；男性 8772 人，占 48.78%，人口自然增长率 10.5‰。2007 年年末，有 5941 户 22791 人，其中，农业人口 22070 人，占 96.8%；男性 11316 人，占 49.65%，人口自然增长率 9.7‰。少数民族 18 人。2015 年年底，有居民 6215 户 25789 人，其中农业人口 24293 人，占 94.2%；男性 13012 人，占 50.4%，人口自然增长率 8.10‰。少数民族 62 人。

经济发展

经济综述

1980 年以前，境域以农业经济为主。1984 年，完成工农业总产值 1455.69 万元，其中农业总产值 827 万元。1988 年，全乡完成工农业总产值 4382.8 万元，其中农业总产值 2164 万元，工业总产值始超农业总产值。1992 年，按照区委、区政府“强商促工”经济发展战略，大力发展乡域经济，全乡完成工农业总产值 9492.6 万元，其中农业产值 2966.6 万元。2007 年，调整经济结构，加快项目建设；围绕农业增效、农民增收、农村稳定这条主线，加强“三农”工作；加快招商引资，扩大商业贸易。全乡完成工农业总产值 10.92 亿元，其中农业产值 3 亿元。2010 年，按照“强商、兴工、优农”发展思路，围绕“两点三线”（“两点”即砂子岭商业圈、义乌小商品城；“三线”即 320 国道、湘衡路和北二环线），加速推进新型工业化和新农村建设，大力发展商贸业。完成规模以上工业总产值 19.37 亿元，完成农业总产值 3.44 亿元。2015 年，依照区委、区政府“强商兴工，富民强区”的发展思路，实行“退一减二增三”产业结构调整，三次产业结构由 2010 年的 10.97 ：61.81 ：27.22 变为 10.29 ：44.66 ：45.05。全乡完成工农业总产值 25.52 亿元，其中农业总产值 4.78 亿元。

种植业

境域种植业以水稻种植为主，兼种蔬菜、红薯等农作物。1952 年试种双季稻，亩产量高于单季稻 40% 左右。1953 年以后，在平原地区逐步推广双季稻。1966 年，因韶山灌区建成通水，丘陵片水稻生产一季改双季。之后，双季改三熟（两季水稻和一季其他农作物），高秆改矮秆，增施化肥农药，特别是全面实行联产承包责任制后，激发农民的生产积极性，水稻产量逐年提高。1985 年，全乡平均亩产 808.5 千克。1988 年，大力推广杂交稻，水稻种植面积 1594 公顷（按早稻、晚稻两季计算，下同），平均亩产 858.7 千克，全乡稻谷总产量 5134.2 吨。1992 年，境域引进美国无架豇豆、泰国空心菜等新蔬菜品种试种。1998 年，调整农业产业结构，羊牯村被市里定为“吨粮田”转“万元亩”试点村。全村 52 公顷稻田，改种蔬菜37.33公顷，改种花卉苗木8公顷，低洼田改鱼池4.53公顷。稻田改种后，亩产值1.4万元。2003年，羊牯基地被省蔬菜办公室授予"无公害蔬菜基地"称号。2005年始，国家对农户种粮实行直接补贴，每亩补贴30元。2006年，加大力度调整农业产业结构，全乡新增蔬菜种植面积34公顷，水果种植面积20公顷，且品种由普通型向特色型转变，每亩产值6100元，比种植粮食经济效益增长10倍。2007年，境域水稻种植面积1430公顷。全乡大力推广杂交稻的新品种，早、晚稻新品种播种面积占总播种面积75%以上。用科学方法精耕细作，在种植面积相应缩减的情况下，粮食总产量增至8633吨，蔬菜上市32400吨。2015年，境域粮食播种面积1180公顷，其中优质稻播种面积885公顷，粮食总产量9090吨。着力发展生态休闲种植基地，蔬菜上市4万吨。

养殖业

境域历来有养殖猪、牛、羊、鱼等畜禽水产品的习惯。民国时期，农户圈养生猪，鸡、鸭，都是自繁自养。中华人民共和国成立后，鼓励农民养猪，养鸡鸭。1958年，在砂子岭修建"万头猪场"，收集农户生猪来场饲养，有猪舍21栋，养猪近万头。1959年，将陶公洗砚塘改建为"百亩渔场"，为市肉食水产公司管理，后谐音称"白马湖"。20世纪60年代至70年代初期，养鱼池塘由生产队集体经营，出水鲜鱼年亩产25千克上下。1976年，全乡集体养鸡鸭1200羽。1982年，养殖水面34公顷，长城渔场出水鲜鱼34万千克。20世纪80年代中期，家禽饲养向商品化、规模化方向发展，由农户传统的散养改为笼养、群养，普遍使用配合饲料，家禽生长快，效益增长；养鱼专业户出水鲜鱼亩产200千克左右。1991年，富德种公猪场落户繁荣村。1992年，引进三元杂交猪，优化饲料配方，生猪生产周期由6个月缩短到3~4个月，生猪出栏量增加1倍以上。此后，生猪饲养逐渐向规模化、标准化发展。2007年，生猪出栏24.09万头，家禽出笼48.5万羽，鲜鱼出水165万千克。2015年，发展生态养殖，全乡有生猪养殖户488户，其中年出栏1000头以上的养殖户2户，年出栏500~1000头的养殖户21户；有家禽养殖户608户。是年出栏生猪18.05万头，出笼家禽32.87万羽，出水鲜鱼97.8万千克。

工业

民国期间，境域有以竹木加工为主的个体手工业，手工业者在驿道和湘江、涟水沿岸码头及村民聚居地开设手工业作坊。中华人民共和国成立至20世纪50年代末期，境域散落几十家个体手工业户。1960年起，长城公社开始兴办社队企业。1965年，境域有长城建筑公司、长城建筑机械厂等企业，有集体所有制职工200多人，创年产值16.3万元。1976年始，在107国道沿线相继兴办或引进长城一、二鞋厂、长城泥木工程队、湘潭市互感器厂等10余家社队企业。1984年，乡、村企业增至38家，有职工2543人，年产值增加到647万元。1994年，新建前店后厂的"长城工业小区"。全乡有乡直企业24家，村办企业29家，从业人员1400多人，完成工业总产值7665万元。1998年，18家乡直集体所有制企业完成改制，全乡有乡直企业29家，村办企业29家，从业人员1568人，完成工业总产值1.46亿元。2000年起，先后创办湘潭市区规模最大的槟榔加工市场、青山桥皮鞋工业园。2007年，全乡完成工业总产值7.92亿元，其中规模以上工业总产值6.36亿元。2015年，培育壮大机电制造、农产品深加工、制鞋等三大特色支柱产业，全乡有规模以上企业18家，完成规模以上工业总产值20.74亿元。有规模以下企业53家，从业人员3281人。

商贸服务

民国时期，境域仅有几个小店铺，主要经营日常用品。1950年，在许家铺、砂子岭、羊牯塘等地设立供销合作社、肉食站、药店，供应生产、生活资料并收购农副产品。1957年，境域有公有制商店4家，职工14人；私营商店10户，从业人员13人。“文化大革命”期间，部分公有制商店设立代销点，方便村民购物。1978年，村民开始在107国道、320国道沿线及人口密集区开设各类商店、饭店，逐步形成集市。1988年，国家逐步放开市场，境域个体工商户增至376户，从业人员652人，集体商贸销售收入1140万元，个体商贸销售收入1030万元。1993年，个体工商户增至568户，从业人员1136人。1994年起，乡政府先后兴建砂子岭建材市场、糖酒副食品市场、砂子岭农贸市场。2000年始，加快现代物流业发展，金源仓储、民用旧货、广盛公五交化市场等相继启动运营。2002年，乡集体商业企业实行改制，私营个体商业成为商贸服务主体，个体工商户1031户，从业人员3537人。2007年，通过招商引资，境域拥有日用食杂、建材、农机、小商品等特色专业市场9个，建材仓储物流中心1个；在羊牯、红旗、犁头3个村建立农村超市，在交通便捷处开设墟场。是年，有个体工商户1463家，从业人员7696人，商业销售收入6860万元。实现社会商品零售总额4.55亿元。2010年7月，中南农机机电大市场开业。是年全乡实现社会消费品零售总额8.53亿元。2014年8月，农产品物流配送中心开业；10月，湘潭市义乌小商品城开业。2015年，以商贸、物流、旅游三大重点产业为龙头，大力推进信息、金融保险、房地产等商贸服务业的快速发展，依托义乌小商品城、农产品物流配送中心、中南农机机电大市场等专业市场，打造砂子岭商圈带。是年，境域有各类商贸企业280多个，从业人员4650人，实现社会消费品零售总额20.92亿元。

财政金融

1957年，境域设有长城信用社。1987年，长城乡财政收入164.67万元。有长城信用社及下辖的大堤分社、羊牯分社3个金融机构。1994年，

湘潭义乌小商品城（胡亿群 摄）

乡级财政收入 383.93 万元（主要由上级拨入），财政支出 380 万元。是年，长城信用社总社搬迁，另设和平分社，1995 年又设高坪分社。1997 年，组建长城乡农村合作基金会，实现融资 1248.94 万元。1998 年，乡财政收入 613 万元，（来源为上级拨款和税收分成，下同）财政支出 1247 万元。1999 年，农村合作基金会并入农村信用合作社。2006 年，免征农业税、停征屠宰税，两种税源消失，而工商税收增至 1318 万元，乡财政收入 307 万元，财政支出 300 万元。是年，实行非税收入改革。2012 年，长城信用社改为农村商业银行长城支行，原信用社下辖分社改为农村商业银行分理处。2015 年，乡财政收入 693 万元，财政支出 692 万元。是年，境域有农村商业银行长城支行、农村商业银行雨湖支行下辖的 3 个分理处 4 家金融机构，年末存款余额 9.56 亿元，贷款余额 6.63 亿元。

基础设施

交通运输

1928 年，全线通车的潭宝公路（今 320 国道）从境域经过，为狭窄的沙石路。1957 年，建成潭宝汽车站至花石的潭花公路，为通过境域的第一条县级公路。1958 年，建成伍家花园至湘潭县姜畲区黄子垄的伍黄公路，过境长 2.5 千米。1972 年 10 月，湘黔铁路建成通车，过境长约 4 千米。是年，伍黄公路改为宋家嘴至仙女公社的宋仙路。1980 年始，修建高羊路（高坪至羊牯塘），沟通 320 和 107 国道；潭邵公路由砂石路改为沥青路；扩建繁白路（经繁荣村、白云村）。1981 年，境域有 4 路（后改为 9 路）、6 路公交车通行。1992 年，潭邵路砂子岭至伍家花园路段拓宽，沥青路面改造为水泥路面。2003 年，北二环路一期工程通车（在境域长约 2 千米）。自此，湘衡路、潭邵路路段与北二环路西段成为境域主干道路。2004 年开始，将高羊路、宋仙路、高新路、石基垄路等改造为水泥路。2008 年，湘衡路、320 国道、北二环线贯穿境域，形成 320 国道—高羊路—湘衡路—繁白路的路网框架。2015 年，境域有潭邵路横贯东西、北二环路西段贯穿南北，高新路（高坪至新月）、繁白路、高羊路、宋仙路等连接各村及其他地区。潭邵路有通往板塘铺、湘潭大学、楠竹山、半边街、竹埠港、易俗河的 5、6、9、15、24、105、123 路公交车，北二环路有通往火车站、湘钢的 13、107 路公交车。湘衡路有岳塘区新城社区通往涟水桥的 3 路公交车、易俗河通往义乌小商品城的 123 路公交车。

邮电通信

民国 9 年（1920），境域羊牯塘设有邮件收发点，每隔 3 日发送 1 次。1955 年，境域设首家邮政所——伍家花园邮政所，负责邮政业务。1958 年，羊牯塘邮件收发点改设为邮政所。1959 年，长城大队（后改为公社）安装电话总机，下辖的 5 个中队均安装单机。1962 年，长城公社与各大队的电话网基本形成。20 世纪 80 年代初，少数农家开始使用固定电话。1988 年，邮政所开办邮政特快专递业务。是年，境域固定电话用户增至 300 多户。1995 年，固定电话用户 1620 户，少数工商企业人士使用模拟移动电话。1998 年，移动电话用户增至 400 多户。2005 年，境域有移动电话用户 4210 户，固定电话用户 3560 户。互联网在境域开通。2007 年起，湘潭电信、湘潭移动、湘潭联通在境域增设网点。2015 年，境域有移动电话用户 8810 户，固定电话用户 3760 户，互联网用户 2050 户，有伍家花园邮政所、湘潭大学邮政所经营邮政业务。

供电供水

20世纪60年代初，境域毗邻城区部分住户开始用电灯照明。70年代中期至末期，湘潭大学、市农科所以及相关企业邻近的农户装上电灯；湘潭大学建立水泵房，自行供水，并为周边卫星、红旗、羊牯等大队农户供水。1981年，有砂子、工农等6个大队的农户及立云等3个大队部分农户安装自来水。80年代中期，境域大多数农户告别油灯，装上电灯。80年代末期，湘潭原种场、湘潭农校为其周边的花园村部分农户供水。1997年后，连续几年加大电力能源建设投入，改造农村电网。2000年，境域供电线路总长390多千米。2002年，投资240多万元，整改农电线156千米，新增电力变压器45套（台）。2008—2011年，境域大多数村打深水井，为农户供应自来水。2015年，境域供电设施建设总投入128万元，供电线路总长483千米；供水设施建设总投入110余万元，自来水供水户数增至5800多户，安全饮水达标率100%。

水利建设

20世纪50年代中期，境域农田主要靠池塘水灌溉，靠近湘江的少量农田引河水灌溉。1959—1961年，建成石嘴垴至朱家托的电动排灌系统，修筑十万垄大堤，修建卫星水库，境域1000公顷农田受益。1962年，百年一遇水灾造成十万垄大堤溃堤，700公顷农田受灾，是年，遂加固十万垄大堤。1965—1971年，兴建唐兴桥排洪闸，修建韶山灌区长城境域内右干渠、左干渠及附属工程，与湘潭县泉塘子公社联合兴建全长7.5千米的撇洪渠——团结渠，修建长城一级撇洪渠，800公顷农田受益。1975—1979年，新修一、二、三支渠，建成长城二级撇洪渠，修建7千米长的犁头大堤，解决夏秋干旱难题，解除境域平原地带尤其是犁头大队农田水患。1995年，对沿江大堤实行加固，完成团结渠、丰产垅、宋樟线渠道以及丘陵地带各村40口山塘的维修改造等小型水利工程。2001年，投入110多万元，整修干渠1200多米，新建支渠308米。2007年，完成各类水利工程159处，护砌渠道5.2千米，维修抗旱机埠10台，整修山塘30口，渠道清淤82.5千米。2015年，境域有水库1座，塘坝540多口，渠道20千米，灌溉面积720公顷。是年，对12个村的池塘以及团结渠进行整修加固。

村镇建设

20世纪60年代中期，长城公社对长韶公路（今潭邵公路）砂子岭至宋家嘴段路旁100米以内民房进行改造。1969年，全公社所属大队、生产队均兴建大队部、生产队部。1984年，在320国道南侧砂子岭兴建一栋5层办公大楼，建筑面积3200平方米，乡政府驻地由原长城泥木队平房迁此办公。1996年以后，对境域湘衡路沿线基础设施进行扩容、改造、提质。2000年，羊牯村进入湘潭市第一批产业结构调整示范村行列。是年，开发金源小区，占地17.33公顷，总建筑面积30万平方米。在湘衡路西侧和平村地域开发新景西城上筑，占地4.53公顷，总建筑面积11万平方米。2001—2003年，争取市、区及有关部门资金投入，各村自筹部分资金，共170多万元，整修20千米村级道路，羊牯、新月、繁荣等村相继成为湘潭市新农村建设示范村。2004年，先后对花园、上新、卫星村土地进行平整，共投入资金300多万元，平整土地94公顷。2007年，全乡实施农村综合改造项目，配套改水、改灶、改厕、改栏的"四改"，全乡80%以上农户进行"四改"。2010年起，启动境域湘江流域1千米以内规模养殖退养工作，修复重金属污染耕地。2013年，全乡各村修建垃圾池，实行垃圾集中收集。2015年，对湘大新路沿线违规广告、残标进行重点整治，对

湘河寨大型沼气工程

义乌小商品城实行常态化环保管理，对河道保洁整治加强监管，并设立上新、白云、高坪、新月四个村为污染治理试点村，管控区面积180公顷。硬化道路80千米，完成100个村民小组道路建设，乡村公路通达率100%，改水改厕率100%。

社会事业

教育科技

民国时期，境域有曹家大屋、朱家托2所学堂，有一定经济能力家庭的孩子入此接受新式教育，还有部分儿童进私塾识字。中华人民共和国成立后，相继创办立云、花园等4所小学。1965年，创办长城中学，为境域第一所乡属中学。1975年，创办月塘中学。是年，全公社有2所初中，8所小学，有教师160多人，学生2300多人。20世纪80年代初，开办乡农校，为农民推广和普及科技文化知识。到1987年底，乡农校培训学员300多人，境域80%的文盲脱盲。1988年，全乡有长城、月塘2所初中，有新月、立云、花园等10所小学，有教师156人，学生4532人。是年，乡属长城建筑机械厂引进长沙建筑机械研究所技术，研发ZX50插入式振动器，广泛用于建筑施工。1989年，长城防爆电源厂与他人合作，研制出特殊型防爆电源装置，达到国内先进水平。1991年，全乡开始实施九年义务教育，适龄儿童入学率99.2%。1996年10月，为迎接省"两基"（基本普及九年义务教育，基本扫除青壮年文盲）达标验收，全乡投资200多万元，对中小学进行基础设施改造。1999年，蒙哥饲料有限公司研发优质三黄鸡规模化孵、养加工综合技术获得成功。2000年起，民办幼儿园兴起。2002年，全乡组织实施省、市科技计划项目4项，引进新产品6项，完成技改项目3项，创农业产值1.4亿元，被授予"省级星火科技示范乡"称号。2007年，月塘小学、犁头小学合并到月塘中学，成为九年一贯制实验学校。是年，境域有中学1所，九年一贯制学校1所，小学5所，教职工143人，学生1650人；幼儿园4所，教职工52人，入托幼儿438人。2008年，花园学校、羊古学校、上新学校合并到长城中学，成为九年一贯制学校。2015年，全乡有长城中学、月塘实验学校2所九年一贯制学校，立云中心学校1所小学，教师134人，学生1821人；有幼儿园12所，教职工152人，入园幼儿1166人。申报60名科技示范户列入基层农技推广项目。

文化体育

境域历来有舞龙灯、耍狮子一类传统文体活动，在节日期间自发进行。1976年，长城公社成立文化站。1988年，乡政府设广播室。1990年，境域架设闭路电视网络。1993年起，乡文化站组织村民开展元宵舞龙灯、端午赛龙舟、健美操比赛、自行车环城赛等文体活动。1994年，立云小学毕业、业余体校生周美红参加在土耳其举行的世界女子举重比赛，获冠军。1997年，境域有线电视基本普及。2000年6月，乡组织"长城号"龙舟队参加湖南省首届龙舟大赛湘潭赛区比赛，获一等奖。2006年，各村均建有健身场地，获评全国"亿万农民健身活动先进乡"称号。2007年后，以中老年妇女为主体的广场舞在大多数村流行。是年，境域广播电视（村村通）（户户通）工程基本完成。2015年，全乡有1个乡文化站，1个全民健身中心，1个文化广场，各村都设有图书室，乡、村两级共藏书10.8万册，新月、工农等5个村建有以党员教育为主要活动的文化室。

医疗卫生

中华人民共和国成立前，境域农民生病多由乡村中医郎中医治，无钱到城市医院治疗。20世纪50年代，开始出现中西医联合诊所。1968年，公社创办长城卫生院，提供中西结合医疗服务。70年代初，兴办农村合作医疗，培养一批"赤脚医生"，各大队均建立卫生室。1978年，体制变更，经费难以筹集，农村合作医疗逐步解体停办，仅剩乡卫生院及其门诊部。1988年，境域有乡卫生院1所，高坪、羊牯、花园3个门诊部，设床位26张，医务人员33人。2000年，有乡卫生院1所，基层门诊部2所，设床位31张，医务人员29人。2004年，新建长城卫生院，乡村医生依法办理执业注册手续，村卫生室重新设立。2005年，乡卫生院投资67万元，改造中心门诊部和两个基层门诊部，添置医疗设备。2007年，有1所乡卫生院，2所基层门诊部，设31张床位，医务人员28人；大部分村建立卫生室，村民小病不出乡。2015年，全乡有1所卫生院及其分院，设床位15张，有医务人员40人。有村卫生室14个，注册乡村医生14人。

社会保障

20世纪50年代初，国民经济困难，社会保障体制尚未建立，仅对生活特殊困难者，适时发放救济金和粮、棉之类物资。1956年，对丧失劳动能力且无依无靠的孤寡老人实行衣、食、住、医、葬的"五保"政策，共核定"五保"户43户45人，发放人均口粮折价20元。1983年，在花园村麻塘组创办乡敬老院，建筑面积1120平方米，入住老人9人。2005年，实施农村居民最低生活保障制度，核定低保对象190户202人，保障标准为每人30~67元/月。2006年，将农村"五保"户供养纳入农村最低生活保障，"五保"金每人200元/月。是年，乡敬老院提质改造，达到省级标准。2008年，遭遇冰灾，为受灾群众发放救灾款4.65万元，救济物资折款9.8万元。是年，农村新型合作医疗有18686人投保，覆盖率80%；实施大病救助、临时医疗救助制度，对符合条件的困难对象分别给予800~3000元、1000~5000元的救助金。2013年，乡敬老院再次提质改造。2015年年底，全乡有城市低保对象31户35人，月保障金13509元；农村低保对象467户651人，月保障金113538元；“五保”对象88人，月保障金36960元。2223人享受城乡居民养老保险，发放养老金227.4万元。有复退军人52人，其中参战退役人员21人，带病回乡对象21人，伤残军人4人，另有烈属1人，均按国家政策享受优抚待遇，发放优抚金10.8万元。有残疾人541人，其中重度残疾人116人，发放重度残疾人补助153120元；新型农村合作医疗参保率在98%以上，救助17138人次，发放救助金829.96万元。

人民生活

中华人民共和国成立前，境域大部分农民辛勤劳作也难得温饱。中华人民共和国成立后，境域人民生活逐渐改善。1984年，农民人均纯收入453元。20世纪80年代中期，农村致富途径逐步多样化，部分率先富裕起来的农户新建砖瓦结构楼房，陆续添置电视机、收音机、洗衣机、电冰箱等电器产品。1988年，农民人均纯收入731元；农户人均住房面积25平方米；村民结婚购置的“三大件”由自行车、手表、缝纫机变为彩电、冰箱、洗衣机。1994年，农民人均年纯收入1290元。是年，少数家庭开始使用自动电话、无线寻呼机、移动电话。2000年，农民人均纯收入5645元。2005年，农村家庭多建起2~3层小楼房，人均居住面积32.6平方米，居住条件进一步改善；液晶电视、摩托车、移动电话、空调、汽车逐步进入百姓家庭。2007年，农民人均纯收入8930元，生活逐步由温饱型向小康型过渡。2015年，深入推进劳务活乡战略，全年乡劳务输出8300人，实现劳务收入2.16亿元。农民人均纯收入24936元，人均居住面积47.5平方米，食品衣着消费比重缩小，教育文化娱乐消费比重增大，生活质量向优质健康方向全面提升。

特色地情

名优特产

砂子岭猪 系国内“华中两头乌”猪的主要类群，湖南四大名猪之一，原产于湘潭县砂子岭（今长城乡范围）一带而得名。为肉脂兼用型地方猪种，早熟易肥、骨细、瘦肉率较高、肉质细嫩，肉质中脂肪成分主要为不饱和脂肪酸，含有16种胺基酸。据湘潭出土的以砂子岭猪为原形的商代青铜猪尊推断，这一品种至少有4000多年家养历史。1954年，华中农业科学研究所会同省农业厅进行调查鉴定，确认该猪种为地方良种。1984年，砂子岭猪编入《湖南省家畜家禽品种志》。2006年，列入国保级家畜禽遗传资源保护品种名录。2010年，获得国家农产品地理标志认证［AGI00458］。

（撰稿：陈旭东）

砂子岭猪

响塘镇 >>

区域概况

地理位置

响塘镇地处湘潭市雨湖区北部，东与雨湖区鹤岭镇、响水乡接壤，西与长沙市宁乡县相邻，南与姜畲镇毗邻，北与长沙市岳麓区连接。相传清末民初一胡姓商人在此买田建房，屋前池塘不时发出当当响声，故取名响塘。

建置沿革

战国，境域属楚地。秦为临湘县地，隶长沙郡。三国，属湘西县。隋，属衡山县。唐，始属湘潭县。元朝属湘潭州。明、清，仍属湘潭县。1950年8月，成立响塘乡政府。1959年，设立响塘公社。1961年，撤销响塘公社，设立响塘区。境域属仙女、南谷公社。1984年2月，公社改为乡。1995年，撤区并乡，仙女、南谷、响塘3个乡合并为响塘乡。2010年10月，响塘乡由湘潭县成建制划归湘潭市雨湖区管辖。2014年12月15日，撤销响塘乡，设立响塘镇。2015年12月，响塘镇与鹤岭镇合并为鹤岭镇。

区划面积

1961年，响塘区辖6个公社，78个大队，1212个村民小组，境域面积286.6平方千米，耕地8014公顷，其中水田7288公顷，旱土726公顷。1995年，响塘乡辖响塘、荷花、农科、杨梅塘、长安、方竹寺、柴山、大屋、沙林、益草亭、匣锦、小泉、稠泉、金盆、双湖、南谷、易家、烧汤河、公和、云岫、水井、金湖塘、谷湖塘、方石、山界、陈蒲、小荆、燕山、白鹤、龟头、长龙、良山、栲木、百冲、石泉、日新、司马、侯田、尧家、虎形、仁兴41个村和1个村级镇——碑头镇（原名龟头市，因河中有巨石如龟而得名，后改“龟”为“碑”），685个村民小组。之后，杨梅塘村改为杨梅村，方竹寺村改为方竹村，益草亭村改为益草村，烧汤河村改为金侨村，金湖塘村改为金湖村，谷湖塘村改为谷湖村，陈蒲村改为陈卜村，龟头村改为碑头村，百冲村改为白冲村。2014年，大屋村和沙林村合并为新兴村。2015年，全镇有41个村，689个村民小组，1个龟头镇居委会，总面积149.5平方千米，其中耕地面积3559公顷，山林面积7133公顷，旱土407公顷。

自然环境

境域属丘陵盆地，山脉纵横、河川交错，整体南高北低，西南、西北多山，地势较高，最高点仙女山山峰海拔311米，最低点柴山水库，海拔38米。土壤分为潮土、水稻土、红壤土三大类，平原地带多为潮土、水稻土，丘陵地带多为水稻土、红壤土。地下锰矿石、石灰石丰富。境域属亚热带季风湿润气候，四季分明。年均气温17.5℃，年降水量1300毫米。春夏多东南风，盛夏多南风，秋冬多西北风。境域野生动物有蛇类、蛙类、鸟类、兔子、山羊、野猪等。野生植物以阔叶林为主，主要有樟树、枫树、罗木石楠、银杏、紫薇等，阔叶树种最丰富在仙女山，属原始次生林，有树种100多种。境域有韶山灌区右干渠和靳江河流经。

人口民族

1984年，境域常住人口15894户50148人，其中男性25565人，占50.98%，人口自然增长率7.5‰。1993年，境域常住人口16143户58971人，其中男性29977人，占50.83%；农业人口58047人，占98.43%；人口自然增长率7.8‰。2015年，常住人口17288户63907人，其中男性32990人，占51.6%，农业人口57869人，占90.55%；少数民族205人，占总人口的0.32%；人口自然增长率6.92‰。

经济发展

经济综述

境域历来以传统农业为主，20世纪70—80年代，境域工业支柱产业为采矿（锰砂、片石）和水泥。特别是中共十一届三中全会后，大力发展社队企业，实行家庭联产承包责任制。1993年，乡工农业总产值0.96亿元，其中农业总产值0.66亿元。之后，兴修水利，引进高产优质水稻品种和生产技术，大力发展乡镇企业，境域水泥、采矿行业获得较大发展。2003年，乡政府依托丰富的锰矿石、石灰石和林业资源，发展工业经济和新型农业。完成工农业总产值5.02亿元，其中农业总产值1.69亿元。2009年，全镇完成工农业总产值10.3亿元，其中农业总产值3亿元，招商引资3.14亿元。2011年，按照区委、区政府“强商兴工、城乡一体”战略部署，镇制定“主攻工业、提升农业、服务园区”发展思路，突出“强基础、调结构、惠民生”三大重点，打造经济繁荣、城乡统筹、宜居宜游、小康示范特色乡镇，农村经济快速发展。2015年，全镇完成规模以上工业总产值14.3亿元，农村经济总收入13.7亿元，农业生产增加值2.6亿元，逐步形成建材产业、锰产业、休闲旅游等主要产业。

种植业

境域以种植水稻、蔬菜为主。1951年，推广种植间作双季稻，种植业获得发展。1978年，双季稻播种面积稳定，大面积推广杂交水稻、地膜育秧、测土配方施肥，病虫综合防治，粮食生产出现增产高峰。1993年，境域粮食种植面积4575公顷，粮食总产量43491吨，亩均生产粮食631千克；种植经济作物172公顷，总产值192.5万元。2000年，推广优质稻，推广新品种水稻15种，杂交水稻实行抛秧，面积占50%以上；发展蔬菜种植，种植业获得较大发展。2009年，粮食种植面积3966公顷，总产量56667吨，培育侯田7公顷大棚蔬菜、南谷7公顷韭菜生产基地，利用金农红薯种植合作社，解决13公顷因地质灾害造成不能种植水稻荒闲田问题。2015年，粮食总产量稳定在5.5万吨，设立仙女尧家、司马、侯田为连片优质稻示范片，面积27公顷，超级稻示范面积80公顷；成立仙女、韶源蔬菜产销合作社，入社农户100户，新增蔬菜基地种植面积67公顷，各类合作社、协会7家，注册“雨芙”蔬菜品牌，形成特色规模农业。

养殖业

境域以猪、家禽养殖为主。中华人民共和国成立后，政府鼓励农家养猪，引进新猪种，加上土改后农家粮食和饲料增多，生猪养殖迅速恢复和发展。1978 年后，引进现代科学技术，开办饲料加工厂，推行“一贯育肥法”等措施，生猪养殖再次获得发展。1993 年，全镇养殖生猪 6.48 万头，其中出栏 3.92 万头，存栏 2.56 万头；养禽 4.2 万羽，其中出笼 2.8 万羽，存笼 1.4 万羽；出水鲜鱼 480 吨。之后，镇政府进行生猪品改，引导农民发展特色养殖。2003 年，存栏 200 头生猪的农户 12 家，出栏生猪 10.87 万头，其中瘦肉型猪占出栏猪总数的 30% 以上，良杂猪占总数 38% 以上；梅花鹿、南美螺等特种养殖获得发展。2015 年，培育 8 家规模养殖户，存栏生猪 4.25 万头，出栏生猪 12.5 万头，出笼家禽 22.4 万羽。

林业

境域林业资源丰富。中华人民共和国成立后，设林业管理站，设立国有林场和苗圃，建立社队林场，组织和领导采种、育苗、培育林木、森林保护。1960 年，境域有林地 7320 公顷，其中响塘、南谷、仙女 3 个林场面积 262.4 公顷。有护林员 10 人。1980 年，响塘区仙女公社确定为湘潭市 7 个公社杉木林用材林基地之一。1993 年，基本完成“消灭荒山”任务，全镇造林 70 公顷，完成中林复垦 21 公顷，幼林复垦 57 公顷，油茶复垦 15 公顷，境域森林覆盖率 46%，林业总产值 23.6 万元。1994 年后，加强林政管理，发动群众开展封山育林、植树造林和残林改造。2003 年，退耕还林 70 多公顷；荒山造林新增林地 30 多公顷；全镇森林覆盖率 47.3%，木材蓄积量 19.78 万立方米。2015 年，完成 173 公顷的中幼林抚育，森林覆盖率 48.6%。

工业

20 世纪 50 年代，境域工业有锰矿石开采、锰制品加工、水泥制造等行业。70 年代，仙女、响塘等公社开办矽砂矿。1975 年，响塘社办水泥厂投产，后发展为湘潭县最大的水泥厂。1980 年，响塘筹建社办小锰矿。1993 年，有乡镇、个体私营企业 50 家，完成工业总产值 1.008 亿元，实现利税 1562.4 万元。2003 年，完成工业总产值 6.79 亿元，其中规模企业 5 家，年总产值 5368 万元；民营经济发展迅速，有民营企业 324 家，就业人数 5030 人，完成工业产值 4.52 亿元，创造利润 611.2 万元，入库税金 294 万元。2015 年，全镇完成规模以上工业产值 14.35 亿元，固定资产投资 15.9 亿元，有工业企业 21 家，其中规模企业 10 家，基本形成以中材湘潭水泥有限公司、湖南新明工贸公司等为中心，以点带面覆盖全镇的产业集群。从业人员 11350 人。

商贸服务

明朝末年，靳江河畔碑头镇（原碑头市）形成集镇，各类商铺遍布街巷，是有名的繁荣古镇。清代，往来帆船装载着谷米、油料、湘莲等运往全国各地，带回来棉枯、菜枯、煤等商品，停靠河街面上百个铺面，一派繁忙景象。中华人民共和国成立后，镇（公社）驻地建立供销社、肉食站、粮油店等，成为农村中心市场。各村（大队）均开设有集体商业零售店或代销店。1978 年后，个体商贸服务业发展，农村市场日益活跃，逐步建立白鹤（原白合）、金侨（原烧汤河）、皇封寺 3 个集镇，以集镇建设带动服务业和市场的兴起。20 世纪 80 年代中期始，镇（乡）党委、政府筹资进行集镇基础设施建设，鼓励农民进镇经商。2015 年，境域有私营商业企业 32 家，个体工商户 450 余家，从业人员 1100 多人，有碑头千年古镇和南谷中心集镇等 8 个集贸市场，社会商品零售总额3500万元。

财政金融

1954年，境域成立响塘信用社，隶属于湘潭县农村信用合作联社。1993年，乡政府财政来源主要是农业税和企业税收等，共230余万元。信用社投放贷款978.68万元，其中农业贷款265万元，企业贷款713.68万元。农民储蓄余额1221万元。2003年，全乡财政收入751万元，财政支出746万元。2009年，财政收入2060万元，财政支出2048万元。2015年，财政收入4181.13万元，财政支出4180万元。财政收入主要来源是预算经费、税收分成、非税收入及上级补助资金。有响塘乡信用社及碑头分社、南谷分社、仙女分社，存款余额5亿元，贷款余额1.8亿元。

基础设施

交通运输

1968—1972年，境域建成黄峰寺到南谷的公路。1988年，有鹤冷线（鹤岭镇到南谷乡冷山冲）、道碑线（原南谷乡符家冲到南谷乡碑头市）、鹤善线（皇封寺到南谷乡煤炭咀）等县道。2010年，境域有省道2条，37.58千米；县道8条，45.20千米；乡道5条，14.58千米；村道192条；组道319条，238.57千米。2012年，修建谷湖大道（芳石村至大屋村）。2013年，修建石日白公路（白冲至姜畲）。2014年，修建山界大道（苏石村至山界村）。2015年，修建响农大道（杨梅村至金盘村）；大修陈益公路（陈小至南谷）。年末，境域主要交通干道形成"三纵三横"格局。长湘高速公路途经境域14.5千米，涉及10个村，沪昆高速铁路途径境域10.46千米，涉及6个村。境域有县际公交车116路经过，私营客运6家，日发客运汽车138班次，日均容量6800余人次。

邮电通信

民国时期，境域有邮件代办点1处。1959年，有邮政所1家。1960年后，公社办公楼通电话，1962年，各生产大队设手摇电话。1989年，境域开通程控电话。1998年，境域开通移动电话业务，有移动电话用户102户。2001年，有移动电话用户420多户。2005年，互联网进入境域。2008年，有互联网用户980户。2013年，固定电话用户4420户，普及率38%；有移动电话用户10647户，普及率92%；互联网用户2071户。2015年，境域有固定电话1277户，移动用户13865户，互联网用户2895户，电信基站20个，电信收入480万元；邮政便民服务站18个，邮政业务收入220万元。

供电供水

1975年，境域建成供电站。2008年，建成响塘自来水厂，有大型增压泵2台，供应286户用水，年供水10.95万立方米，后经过改建，供水规模进一步扩大，解决农村5万余人安全饮水问题。2011年4月，成立响塘中心供电所，改造农村电网2643千米。2015年，境域有10千伏线路21条，长185.7千米，变压器252台，总容量36000千伏安，其中专用变压器78台，公用变压器174台；有低压线路386.8千米，用电户21388户。

水利建设

境域靳江河流经8.5千米，灌溉面积12公顷，10个村受益。1956年，建成炉泉小型水库。1957年建成山界小型水库。1958年建成柴山、乌花小型水库。1959年，建成长塘小型水库。1965年7—9月，境域韶山灌渠右干渠全线陆续动工，1966年3月，渠道基本成型。右干渠贯穿响塘境域，灌溉面积908公顷，其中中型电力提灌站2处，灌溉面积868公顷，自流40公顷，提灌支渠7处，总长45千米，15个村受益。同年，建成尧家小型水库。1971年，建成郭家洞小型水库。1993年，冬修水利工程148处，完成土方工程12.5立方米，混凝土工程1.4万平方米。1998—2000年，投入230万元，改造杨梅灌渠，整修塔岭机埠、乌花小㈡型水库等。2015年，境域有7座小型水库。山坪塘3784口，抗旱机埠52处、58台，装机容量2450千瓦，排渍机1台30千瓦，基本满足境域灌溉需要。

村镇建设

中华人民共和国成立后，境域先后建成白鹤（原白合）、金侨（原烧汤河）、黄峰寺、南谷等集镇，20世纪70年代初，公社新建办公楼，占地面积0.63公顷。2006年起，启动社会主义农村建设，重点改造农村水利、电力、道路等基础设施，整治村容环境，金侨、虎形、良山、仁兴、尧家等村多次被评为市、区示范村。2014年，投入460万元，对镇办公楼进行全面改造。是年，全镇共有村部42处，建筑面积17550平方米。2015年，村镇建设总投入220万元。其中，投入170万元新建双湖、日新、水井3个村部，总面积2420平方米。是年末，累计投入资金1300万元，安装垃圾集装箱86个，三格化粪池1600个，垃圾焚烧池1000个，垃圾中转站2座，摇臂箱30个，摇臂车2台，清扫车1台，洒水车1台，建有花坛461个，绿化面积6270平方米。

社会事业

教育

明清时期，境域教育以私塾为主，所授均系儒家经典。民国时期，中小学渐有发展，教学内容以科学文化知识为主。中华人民共和国成立后，重视教育，办学规模逐渐增大。1956年，创办湘潭县第七中学（现更名为湘潭市第十八中学）。20世纪60年代初，成立响塘人民公社学区，后更名为响塘乡联校，管理教育教学工作。1965年，创办仙女中学。1966年，境域湘潭锰矿创办子弟中学。1974年，创办南谷中学和响塘中学（后并入湘锰中学）。到20世纪90年代末，全镇有40所中小学；村学村办，条件十分简陋。随着“普九”达标，学校布局调整，2001—2005年，境域有中学5所，小学21所。2008年，境域有中学3所、小学16所，教职工268人，学生4292人。2011年，响塘乡成建制划归雨湖区后，共有中学2所，小学15所，幼儿园10所，教职工205人，学生3280人，入园幼儿1320人。2015年，全镇有中学2所，小学12所，教学点2个，公办幼儿园1所，民办幼儿园8所，教师212人，学生2532人，入园幼儿1387人。校园总面积127621平方米，校舍建筑面积37631平方米，图书仪器各类设施设备功能室均达到省定二类标准，教师学历合格率98%以上。

文化体育

清中叶，境域有著名诗人、杂剧家张九钺，购得熙春门桃园为宅，著作等身。留下《紫砚山人诗集》26卷，文集12卷等大量作品。20世纪60年代，逢年过节，红白喜事，境域有民间花鼓戏、龙灯演出。70年代，有电影放映队3个，到各村轮流放映。1985年，乡文化站成立，有组织地引导村民开展文化体育活动。每年端午节，靳江河碑头段举办龙舟赛。文化体育事业逐步发展，境域有剪纸、皮影戏艺术传承人吴升平和人称“农民画家”的黄立勋等民间艺人。1998—2001年，境域有245户居民安装有线电视。2009年10月，

境域建成两个有线电视站。2015 年，全镇有文化站 1 个，广播电视站 2 个，村级文化活动中心 42 处；有农家书屋 41 个，藏书 6 万余册；有学校体育场 5 个，4 个村安装健身器材；有司马、荷花、金盆、双湖、柴山 5 个腰鼓队；有线电视用户 5034 户，入户率 43.6%。

医疗卫生

民国 31 年（1942），境域徐家湾设立卫生所。抗日战争胜利后，卫生所全部裁撤，湘潭县组织医疗队下农村巡回医疗。中华人民共和国成立后，医疗卫生事业逐步发展。1969 年，设立响塘区医院，1980 年撤销。至 1990 年，逐步建立完善乡卫生所、卫生院、村医务室三级卫生网络，有医疗点 41 个，医生 53 人，通过省初级卫生保健达标复检。2001 年，金侨置业集团投资 1.9 亿元，在金侨村创办金侨医院，将原烧汤河医院改为中医医院。2015 年，境域有民营医院（金侨医院）一家，被确定为全国中医特色专科建设项目，设床位 200 张，有卫技人员 180 余人，其中高级职称 4 人，中级职称 12 人；有镇属中心卫生院一家，村级卫生室 42 个，床位 208 张，专业卫生人员 171 人，其中执业医师 37 人，执业助理医师 48 人，注册护士 45 人；为 3.6 万人次建立居民健康档案。

社会保障

1998—2001 年，乡民政所共发放救灾救济款物（折价）7 万余元，救济 421 户特困户。2008 年，原卫生院改建成乡敬老院。完成 15 户民居危房改造，实现“五保户”、低保户应保尽保。2009 年，全面启动农村养老保险，参保 8000 多人。享受低保530户1363人，发放低保金71万多元。2012年,完成351户困难户危房改造工程，发放危房改造救助金411.3万元；享受低保908户1838人，发放低保金771万元；“五保”供养586人，每年人均保障金2520元。2015年，镇敬老院收养农村“五保”人员112人。全镇有城镇低保108户133人，发放低保金33627元，月人均253元；有农村低保789户1591人，发放低保金17.85万元，月人均112元；完成安居工程166户，援建补助资金159.3万元；医疗救助129人次，发放救助款18.3万元；救助农村孤儿12人，发放救助款5.76万元；参加新型农村养老保险22578人，参保率61%，“新农合”补偿3.5万人次1900万元，参合率96%。

人民生活

中华人民共和国成立前，境域居民生活水平低下，温饱成问题。20世纪60年代，农民建房多为土砖瓦屋和茅草屋，多无内外装修。70年代，农村建房多将茅屋改瓦屋，经济较活跃地区的农民多建红砖瓦屋，内粉白灰（石灰）。1990年，农民人均收入782元，农民储蓄余额940万元。1993年，人均收入1009元，储蓄余额1221万元，人均555元。1994年，全乡有新建楼房472栋，彩电、冰箱、空调等商品相继进入百姓家庭。1998—2001年，新建楼房1285栋，总建筑面积21.73万平方米。2001年，人均收入1480元，80%的农户住上小楼房，人均居住面积52平方米，电视机普及率98%，90%的农户饮用井水和自来水，户户通电、组组通路。2015年，境域农民人均纯收入13545元,人均居住面积60平方米，人民生活质量全面提升。

特色地情

历史人物

张九钺（1721—1803） 字度西，号紫岘，清朝湖广省湘潭县上五都龙安山之南塘人（今响塘镇易家村）。清代著名诗人、戏剧家，有《陶园文集》《诗集》《诗余》等大量著作存世。以张九钺为代表的湘潭张氏家族是清代湖湘文学的典型代表。张氏家族从清朝乾嘉年间开始，至道光张声玠一代，共历七世，绵延200余年，期间科第蝉联，文人辈出，先后出现文学家30多人，刊行作品集40余部。邓显鹤《沅湘耆旧集》云：“张氏盛时，门厅赫艳；人才之盛，甲于湖湘”。

徐业道（1895—1972） 字照人，号镇诞。南谷云岫村永家田人。1921年，在汉口创办《江声日刊》。1923年，投笔从戎，入国民革命军第二军,先后出任武汉、南昌卫戍司令部军法处处长。1948年4月，出任国防部首任中将军法局局长，在职期间参与办理日将冈村宁次审判工作与日本战犯遣返等案。1949年住香港。1950年去台湾。1972年6月在台北去世。

李惠英（1922—2004） 字难安，号秾矣，祖籍湘潭响塘镇。曾任海峡两岸交流会及海峡两岸关系研讨会会长、中华海外联谊会理事，被选入《国际杰出妇女领袖录》《世界杰出作家姓名录》《世界名人录》等。

风景名胜

仙女山 位于响塘镇尧家村，海拔311米，位列南岳第七十一峰（碧岫峰），树木葱茏、风光秀丽，与金霞山、隐山、昭山并称为湘潭四大名山。峰顶有古刹龙安寺，相传建于唐贞元初年（785），后重修于清乾隆四十五年（1780），依山而建，有

石磴道近千级，可逐级登峰，气势轩昂，至今保存完好。宋宝庆年间，有女食桃成道，祀于此，有“龙安仙亭”于峰顶，故又名仙女山。1966年，仙女峰建起林场，1988年，龙安寺重新修复。

石灵桥 位于响塘镇烧汤河村，横跨靳江河。始建于明末清初。桥长80米，宽10米，整桥皆以花岗岩石块砌成，气势雄伟。有桥洞5个，桥墩6个，底层纵石为36块，横石为8块，共288块。石灵桥集使用、艺术和审美价值于一身，是湘潭市区最大、保存最完好的五孔拱桥。2011年1月，湖南省人民政府将其列为省级文物保护单位。

（撰稿：黄 阳 方勇军）

楠竹山镇>>

2007年，被湖南省人民政府授予“湖南省级重点镇”称号，2015年被列入国家重点镇建设。

区域概况

地理位置

楠竹山镇位于湘潭市雨湖区西北部，跨云湖河两岸，居韶山铁路东侧，东与湘潭县云湖桥镇交界，南与湘潭县石潭镇接壤，西与湘乡市东郊乡交邻，北与韶山市银田镇依连。是不与雨湖区其他乡镇街道毗邻的一块“飞地”。因昔日遍山南竹，故名。

建置沿革

清末，境域属湘潭县七都。1933年，属湘潭县第九区云湖乡。1950年，属湘潭市第三区云湖乡。1953年，属湘潭县第五区。1954年，属湘潭县楠竹山乡。1955年1月，属湘潭县楠竹山区。1957年，属湘潭县楠竹山镇。1959年，改江南城市公社，划归湘潭市（县级）管辖。1965年复建镇。1980年4月，成立楠竹山街道，隶属湘江区。1992年8月，隶属新成立的雨湖区。1993年8月，恢复镇建置。至2015年，建置无变化。

区划面积

1959年，江南城市公社下设工业、矿山、农业3个分社。1985年，楠竹山街道辖联合、盛家山、云湖桥3个居委会和罗金塘1个村委会。1993年，楠竹山镇辖罗金塘村（行政村，下同）、爱国一村、爱国二村、爱国三村、爱国四村、爱国五村、新桥村、勤俭村、楠竹山村、丁字村、永丰村、盛家山、云湖桥、联合村13个居民委员会，有村民小组5个，居民小组3216个，总面积8.8平方千米。2003年，镇辖罗金塘村，爱国、楠竹、丁字、永丰、新桥、团结、云湖桥、盛家山、大屋湾9个社区居民委员会，有村民小组5个，居民小组3284个。2008年，镇辖罗金塘村和新桥社区、爱国社区、团结社区、楠竹社区、丁字社区、永丰社区6个社区居民委员会。2015年年末，镇辖罗金塘村和新桥、爱国、团结、楠竹、丁字、永丰6个社区居民委员会，5个村民小组，375个居民小组。总面积8.9平方千米，其中耕地18.16公顷。

自然环境

境域地形为东高西低、南北平缓的丘陵地带。云湖河从境域西部自北向南流入涟水，过境3千米。土壤以水稻土、红壤、菜园土为主。地下矿藏主要为优质烟煤，储量164.8万吨。境域属亚热带季风湿润气候区，四季分明，年平均气温

17.5℃。年均降水量约1470毫米，年均降水日数155天，年均日照晴天数182天。

人口民族

1957年，境域有居民8879户41874人。1988年，有居民1278户4428人（江南机器厂未计算在内），其中农业人口519人。1993年，境域有城镇居民10849户，村民201户，总人口27124人（江南机器厂计算在内，下同），男性13833人，占总人口51%；其中农业人口618人，占总人口2.27%。2003年，境域有城镇居民11712户，村民219户，总人口28876人。其中，农业人口703人，占总人口2.43%。人口自然增长率7.56‰。2015年年末，境域有城镇居民12622户，村民230户，总人口30856人，男性15953人，占人口51%。其中农业人口810人，占总人口2.62%。人口自然增长率–4.26‰。有苗族、土家族、藏族、回族、维吾尔族、满族、蒙古族、壮族、侗族、瑶族、白族11个少数民族158人，占总人口的0.51%。

经济发展

经济综述

中华人民共和国成立前，境域只有不成规模的竹木手工业。1952年，江南机器厂在境域筹建。1957年建镇时，除江南机器厂外，境域基本没有工业。1958年，镇组织居民成立缝纫社、皮鞋社、钟表修理店、理发店等，主要为江南机器厂职工家属服务；农业以种植水稻、蔬菜为主。1980年后，街道党委、办事处依托江南机器厂优势，大力发展制鞋、电力工程机械、塑料制品、印刷、淀粉加工等产业。1993年，镇属工业迅猛发展，有电力工程、机械制造、印刷、橡胶制品、制鞋、服装、轧钢、塑料制品、淀粉加工九大工业门类。2003年，全镇完成工农业总产值6108万元。2005年初，镇党委、政府确立以“工业立镇、市场兴镇、人才强镇”的经济发展思路，引进人才，引进企业，工商经济、农业经济长足发展。2007年，工农业总产值2.09亿元。2015年，全镇完成工农业总产值9.4亿元。

种植业

境域种植水稻、棉花、蔬菜历史悠久。1957年，境域以种植水稻、蔬菜为主，为江南机器厂提供生活供给保障。耕作方式是手工劳动为主，全靠人力、畜力（牛）、犁、耙、锄头、镰刀、水车等类应用手工农具。1982年后，电动排灌机械、化肥和植保技术应用开始推广。1993年，粮食种植面积10.72公顷，粮食产量104吨；蔬菜种植面积4.02公顷，蔬菜上市118吨。1998年，对农田和旱地进行改造，实现旱能灌、涝能排。粮食种植面积11.59公顷，粮食产量120吨，蔬菜种植面积6.57公顷，蔬菜上市194吨。2008年，投资200万元，新建葡萄、良种蔬菜、草莓种植基地，上市葡萄20吨，草莓10吨；粮食种植面积9.78公顷，粮食产量150吨；蔬菜种植面积8.30公顷，蔬菜上市244吨。2015年，境域水田13.80公顷，粮食产量218吨；旱地4.36公顷，蔬菜种植面积3.89公顷，蔬菜上市127吨。

养殖业

境域养殖以生猪、鲜鱼、鸡、鸭为主，为散户圈养。1990年以后，政府鼓励农民从事养殖业，养殖业得到发展。1993年，罗金塘村全面开展养殖技术普及推广。全镇出栏生猪690头，出水鲜鱼9.6吨。1998年，出栏生猪880头，鲜鱼上市11吨。2008年，镇政府与罗金塘村委会引导村民发展生态农业、推广生态养殖，由村民投资建立腾威养殖场，有专业养猪户5户，家禽养殖户

6户，奶牛养殖户8户。出栏生猪3300头，家禽0.35万羽，水产35吨。2015年，出栏生猪3600头，家禽0.35万羽。水域面积5.23公顷。出产水产品47吨。

林业

境域为平缓丘陵地带。1951年，仅有山林24.67公顷，归农民个体所有。主要林木有国外松、杉树、紫树、橘树。1963年，境域山林归生产队经营。1978年后，集体山林划为村民自留山。1985年，湘潭市树种调查，江南机器厂破石场有一棵200年的枫杨树，胸径97厘米，树高18米，为境域仅存的百年老树。2013年，完成村集体林权改革和杉木林改造；在公园、居民区、主次干道旁等空坪隙地，开展植树、花绿化活动。2015年，境域山林面积24.66公顷，新增道路绿化带面积1.2万平方米，小区绿化面积3000平方米，绿化覆盖率34.6%。

工业

1951年，国家开始在境域投资建设江南机器厂（其前身为"汉阳兵工厂"）。随着江南机器厂规模扩大，职工人数增加。至1964年，境域竹木手工业者不断增加。1965年，镇政府接收江南机器厂附属印刷厂、搬运队。1970年后，相继创办楠竹山服装厂、湘潭市橡胶皮鞋厂、楠竹山印刷厂、湘潭市电力工程机械厂、楠竹山木箱厂、无线电六厂（1980年划归市电子局）、楠竹山建筑工程队、湘潭市淀粉厂等8家镇村企业。形成以江南机器厂为辐射的楠竹山工业小区。1993年，成立楠竹山煤矿，属楠竹山镇罗金塘村集体企业。是年，有镇办企业9家，村办企业2家，全年完成工业产值228.26万元。1995年5月，成立湘潭市楠竹山机械制造行业商会；创办占地1.5平方千米的工业园区；年设计产量3万吨的楠竹山煤矿投产，年产值2400万元。1996年始，除湘潭市电力工程机械厂正常生产外，大部分镇属集体企业停产改制。此后，个体私营企业发展较快。2003年，全镇完成工业产值5820万元。2006年，境域新增湘潭恒欣实业有限公司、湘潭嘉顺机械制造有限公司、湘潭华盛桥隧钢构有限公司3家规模企业。2007年，按照区委、区政府"一园多区"的发展构想，成立楠竹山镇工业小区，小区面积1万平方米，入驻企业11家。2008年，境域有工业企业38家，其中规模企业4家，从业人员1450人，机械加工制造业成为支柱产业。2009年9月，楠竹山煤矿实施年产6万吨技术改造。2014年10月，楠竹山煤矿关闭。2015年，境域

江南工业集团有限公司

有工业企业58家，其中规模企业7家，从业人员1600人，完成工业总产值92亿元。

商贸服务

民国时期，境域只有零星小杂货铺，主要经营日用品。1952年，成立以服务江南机器厂为主的职工消费合作社，1953年更名为二八二工矿贸易商店，1961年更名为江南百货商店。1962年始，相继创办江南粮店、江南蔬菜店、豆腐店、肉食站、江南饭店、副食品店、江南药店、供销合作社、生资站、收购站等商业服务单位，并在境域中心逐渐形成江南集贸市场和周边农副产品集散地。1993年，境域有江南百货商店（后更名为江南百货大楼），有江南市场、丁字、桥头、罗金塘村口4个集贸市场。是年，有公有制商业企业12家，镇属集体商业企业2家，从业人员260人，个体工商户150余家，从业人员300人，社会消费品零售总额203.82万元。2003年后，境域公有制商业企业全部完成改制，个体私营商业成为流通领域主力军。2006年，湘潭步步高有限公司在境域投资3000万元设立步步高超市。2008年年末，个体工商户发展到300余家，从业人员700余人，社会消费品零售总额8283万元。2015年末，全镇有大型集贸市场1个，小型集贸市场3个，各类商业门店610家，从业人员2500人，社会消费品零售总额51157万元。

财政金融

1952年，中国人民银行湘潭中心支行在境域设立楠竹山分理处，以江南机器厂业务为主，辐射周边地区。1984年起，工商银行楠竹山支行、建设银行楠竹山支行、中国银行楠竹山支行先后成立。1993年，镇财政收入主要是上级财政拨付，农业税和企业税收分成、企业管理费。1994年，农业银行楠竹山支行成立。1996年，镇财政收入60万元，财政支出59.56万元。1997年，中国人寿股份有限公司湘潭分公司营业部在境域成立。楠竹山邮政支局设邮政储蓄所1家。1998年，镇财政收入90.3万元，财政支出89万元。2005年，中国人民财产保险公司江南服务部成立。2007年后，镇财政收入主要来源为上级拨款、税收分成。当年财政收入299万元，财政支出295万元。2013年，镇财政收入793万元（不含基金及项目资金），财政支出790万元。2015年，境域工商银行、建设银行、中国银行、农业银行存款余额19.1亿元，贷款余额3.74亿元。镇财政收入795万元，财政支出789万元。

基础设施

交通运输

1951年前，境域没有公路，仅有通行人力车的驿道。1952年，江南机器厂建成一条简易公路，从厂区到分路口，全长2.5千米。其后，先后在境域自建楠韶路（楠竹山—韶山公路）、楠湖路（楠竹山—云湖桥，距320国道4.5千米），分别与潭韶公路、长邵公路连贯相接，总长6.5千米。1974年，市内9路公交车终点站设在境域。2006年8月，潭邵高速公路楠竹山连接线云华路竣工通车，总投资1580万元，全长2.8千米。2010年10月，韶山高速公路楠竹山连接线敬贤路投入使用，全长3.6千米。2015年年底，境域有国道1条，过境2千米；乡道4条，总长10千米；村道5条，总长5千米。每日有公交、巴士、县际班车将境域与长株潭、韶山、湘乡、易俗河的交通贯通，日客流量3000余人次。

邮电通信

1951年，境域设立楠竹山邮电局，主要是信件投递。1952年，楠竹山邮电局扩大营业规模，经营电话、电报、报刊、信函等业务。江南机器厂设有内部专用电话机房，镇政府装有邮电局电话和江南内部电话。1991 年，境域开通程控电话。1995 年，楠竹山邮电局开通模拟移动通讯系统。1997 年，楠竹山邮电局更名为邮政支局，设电信楠竹山营业部 1 家。2004 年，楠竹山邮政局开办邮政特快专递业务。2005 年，互联网在境域普及。2015 年，境域有湘潭电信、湘潭移动、湘潭联通 3 家通信机构，4 个营业网点；有固定电话 1200 余部，移动电话 2 万余部，宽带用户 2000 余户；邮政电信经营收入 650 万元。

供电供水供气

1952 年前，境域居民使用油脂（大菜油）灯照明，生活用水大多取自山塘或自挖井。1952 年，由江南机器厂负责家属区和附近居民的供电供水。1995 年，成立江南动力工程公司，铺设 10 千伏电力线路，负责楠竹山镇生产和生活区域的供水和供电，居民用电普及率 100%。2008 年，生活区供电移交湘潭市电业局，居民用电用水实现"一户一表"。2009 年，建 110 千伏变电站，改造 10 千伏电力线路。2012 年，投资 200 万元，对盛家山安全饮水问题进行综合改造。2015 年，推动投资 9000 万元的管道天然气建设项目，完成境域 5 个村（社区）的管道铺设及相关设施建设。

水利建设

新桥河流经境域。1957 年，境域建成郭家大塘小型水库，修建排水泄洪沟渠 1500 米。1970 年，组织社员整修山塘 11 口。此后，由于排水泄洪沟渠失修，排灌能力下降，每年汛期存在洪涝灾害隐患。2008 年起，镇政府筹资 206 万元，投入金煤引水工程，修建泄洪渠 2400 米、防洪沟 700 米；修缮加固郭家大塘水库堤坝；对郭家大塘水库和 4 口山塘进行清淤。2015 年，镇政府投入 30 万元，对水库、四公司、大屋湾 3 条大型泄洪渠进行清淤护砌。是年，境域有水库 1 座；大型泄洪渠 3 条，渠长 4500 米；山塘 11 口，农田自流灌溉面积 98%。

村镇建设

1980 年，楠竹山街道办事处只有一栋建筑面积 230 平方米、两层砖木结构的办公用房。1993 年 8 月，镇政府制定镇区发展规划。2000 年后，境域投入 300 多万元，用于江南建工水泥厂停产关闭、江南机械厂巨型大烟窗拆除等环境治理工作；镇党委、政府相继投入 4140 万元，硬化路面 26 千米，在境域形成"三纵二横"的主次干道交通网络，实现"村村户户"通公路。2005 年，投资 211 万元，建设罗金塘村综合大楼（包括村部办公用房 400 平方米）。2007 年 4 月，省政府授予楠竹山镇"湖南省级重点镇"称号。是年 8 月，完成总投资 3000 万元的锦江华庭小区建设。2008 年，投资 3152 万元，用于廉租房建设，先后建成乐园新村和丁字家园，有效缓解楠竹山镇低收入家庭的住房困难问题。2010 年，投入 500 万元，购置一批环卫设施、设备，新建地埋式垃圾池 9 个、绿化带 1500 米。楠竹山桥头公园、社区小游园、江南水上乐园相继建成开放。是年，境域水、电、路等基础设施基本完善，省级重点镇达标验收合格；对楠韶路、楠通路、楠湖路、江南中路进行拓宽改造；新建 10 米宽步行街 600 多米；主次干道和通村公路及延伸到农户的道路全部硬化。2012 年，楠竹山镇被省政府列入省级第三轮示范镇建设名单。2013 年，投入 360 万元，完成新桥、永丰无办公用房社区建设。2015 年，镇辖 6 个社区、1 个村均有独立的办公服务用房。村（社区）办公服务用房总面积 5000 平方米。楠竹山镇列入国家重点镇建设，城镇化率 88%。

社会事业

教育

1950 年，境域有私塾学堂 1 所。1951 年，江南机器厂在境域创办江南小学，主要供江南机器厂职工子弟入学。1956 年，江南小学增办初中班。1965 年，改建为江南机器厂子弟中学。1970 年，江南机器厂子弟中学开办高中班。1975 年，罗金塘村在山坡上搭建 300 多平方米的简易平房作为村小学，供罗金塘村村民子女读书，有 50 多名学生和 4 名教师。1982 年，境域创办贵县初中。1987 年，湘潭市在境域贵县初中的基础上创办高中教育，更名为江南中学。1988 年，境域有中学和中等专业学校 2 所，小学 2 所，幼儿园 1 所；有教师 113 人，学生 3770 人（含江南机器厂职工子弟），入托幼儿 210 人。1996 年，镇政府筹资 98 万元，建起 1600 多平方米的楠竹山小学。楠竹山镇经省、市、区三级教育部门验收为“两基”教育达标先进单位，适龄儿童入学率 100%。2005 年 10 月，境域企业学校全部移交地方管理。是年，全镇有学校 5 所，幼儿园 2 所。其中，江南小学，占地面积 2 万平方米，建筑面积 6912 平方米；江南中学占地 3.6 万平方米。2007 年，境域有中小学各 1 所，教职工 152 人，学生 2045 人；有幼儿园 2 所，幼教职工 59 人，入园幼儿 321 人。2015 年，境域有中小学校 2 所，教职工 283 人，学生 2548 人；有幼儿园 3 所，教职工 69 人，入园幼儿 956 人。

文化体育

1951 年，新华书店湘潭支店设楠竹山门市部。1952 年始，境域每年都有村民在传统节日自发组织龙狮表演，江南机器厂每年举行职工文艺演出活动。1954 年，江南机器厂成立图书馆和电影放映队。1963 年，江南机器厂建成俱乐部剧场。1985 年，江南机器厂图书馆藏书 9.5 万册；江南机器厂建成全省厂矿企业中一流的体育馆 1 座；街道成立文化站。1988 年，境域架设闭路电视网络。1997 年，境域有线电视基本普及。2001 年，镇政府将江南机械厂移交的老年活动中心改建为镇文化活动中心，配备有图书室、活动室、健身房等。2003 年，镇文化站被省文化厅授予全省“百强文化站”称号。2005 年，投入 60 万元，新建文化体育项目——江南水上乐园。2007 年，境域完成广播电视（村村通）、（户户通）工程。2013 年，建成楠竹山群众文化广场和全民健身中心。2015 年，境域有文化场所 16 处，规模较大的有江南体育中心、江南俱乐部、江南体育馆、江南老年活动中心等；村、社区均有文化活动室、体育健身场所；镇文化站设 4 个图书室；境域有 6 支业余文艺演出队。电视入户 12852 户，有线入户率 100%。

医疗卫生

1952 年，境域只有个体诊所，用中草药医治一般常见病。1953 年，江南医院在境域创办。1974 年，镇卫生所成立。1993 年，镇卫生所升格为楠竹山镇卫生院，有医务人员 15 人，设床位 23 张。1997 年，镇卫生院新建门诊大楼，有医务人员 41 人，床位 32 张，下设村卫生室 1 个。2006 年，镇卫生院获“省百家诚信单位奖”。2009 年，投入 50 余万元，改善楠竹山镇卫生院医疗设备和条件，设床位 55 张，镇卫生院获湖南省工商界“十佳单位”、省“百家诚信单位”等称号。2014 年，江南医院划归雨湖区政府管辖。2015 年，投资 960 万元，新建楠竹山镇卫生院。是年，境域有江南医院、楠竹山镇卫生院，有个体诊所 7 家、个体药店 12 家。江南医院有医务人员 262 人，设床位300张，楠竹山镇卫生院，有医护人员49人，设床位50张。

社会保障

1950年，境域发动群众对孤寡老人开展互助。政府予以必要的救济，每人每月生活费5元。1956年，“五保户”每人每年供给稻谷250千克，生活费60元。1964年起，“五保户”每人每年供给稻谷300千克，食油3~4千克。1980年始，境域长期救济标准为每人每月13~15元。1990年，镇政府建敬老院1所，入住孤寡老人14人，其中供养“五保”老人1人。1995年，全年发放优抚救补款4165元，社会救济金2538元。2004年，全镇有城乡低保对象1351户2858人，发放低保金165586元。2007年，全镇有低保对象806户1513人，发放低保金170万元；实现再就业950人，失业人员就业率80%；参加合作医疗738人，参合率100%。2013年，全镇有城乡低保对象822户，发放低保金440万元，为困难对象发放物资8万余元，社会救助金12万余元，发放助学金3.9万元。新增就业2245人。农村合作医疗参保858人。2015年，罗金塘村供养“五保”老人2人。全镇有城乡低保对象801户，发放低保金456万元；参加社会养老保险459人，发放社保金额62060元；为优抚对象发放生活补助金15.48万元；廉租房实物配租13户，房屋补贴5户；参加“新农保”415人，“新农合”参保全覆盖，城镇居民医保参保3075人，农村合作医疗参保858人；新增就业1921人，失业人员再就业581人，就业困难对象再就业353人。

人民生活

1951年前，境域以农耕为主，生产力水平低下，大部分村民难以温饱。随着江南机器厂在境域创办，居民生活水平逐渐提高。20世纪80年代末，境域一般家庭都拥有自行车、手表、缝纫机。村民人均年收入645元，人均住房面积22.75平方米。城镇居民年人均可支配收入895元，人均住房面积10平方米。90年代末，185户农家都建起两层以上砖混结构的新楼房，9990户家庭拥有彩电、洗衣机、VCD；8500户家庭装有空调，6800户家庭拥有电脑。2000年，全镇95%的家庭拥有彩电、冰箱、洗衣机、DVD等高档家电，90%以上的家庭装有空调，80%以上的家庭拥有电脑。2015年，农村村民人均纯收入1.4万余元，人均住房面积59.85平方米；城镇居民人均可支配收入24842元；人均住房面积40.5平方米；98.5%的家庭拥有手机两部以上，90%的家庭拥有摩托车或电动车，20%的家庭拥有汽车。

（撰稿：李国安　卢昌盛）

鹤岭镇

有“中国锰都”和“百年锰都”之称。

区域概况

地理位置

鹤岭镇位于湘潭市雨湖区北部，东邻湘潭经济技术开发区，南连响水乡，西与响塘镇接壤，北与长沙市岳麓区坪塘街道毗邻，距市中心 13 千米。因其境域鹤峰山上常有白鹤(实为白鹭)栖息，镇故以鹤岭命名。

建置沿革

民国初年，境域属湘潭县上五都小十甲。1957 年，设立冷水冲镇，隶属湘潭县响塘人民公社。1960 年 4 月，属湘潭市锰矿城市人民公社。1964 年，锰矿城市人民公社撤销，成立鹤岭镇，直属湘潭市人民委员会。1980 年 7 月，撤销鹤岭镇，成立鹤岭街道办事处，划归雨湖区管辖。1993 年，恢复鹤岭镇建制。2015 年 12 月，鹤岭镇和响塘镇合并为新的鹤岭镇，镇机关驻原响塘镇政府，仍属雨湖区管辖。

区划面积

1964 年，鹤岭镇下辖果沙、红旗、跃进、冷水冲居委会和七亩丘大队（辖七亩丘、枣子塘、高家冲、鲤霞塘 4 个村民小组）。全镇面积 6.7 平方千米。1982 年 3 月，增设白冲居委会。1987 年 10 月，增设工农桥居委会。1989 年，撤销工农桥居委会。1994 年，增设八角亭居委会。2001 年，撤销八角亭居委会。2007 年，鹤岭镇辖跃进、果沙、白冲、红旗、冷水冲 5 个社区和七亩村。2008 年，白冲和冷水冲社区合并为白冲社区。全镇有 125 个居民（村民）小组。2015 年，辖跃进、果沙、白冲、红旗 4 个社区和七亩村，125 个居民（村民）小组。总面积 6.7 平方千米，其中，耕地面积 28.88 公顷。

自然环境

境域属平原低岗区，地势低平。中亚热带季风湿润区气候，气候温和，四季分明。年平均气温 16.7℃ ~17.4℃。极端最高气温 40℃，极端最低气温 –10℃。进入 21 世纪，暖冬现象明显。年降水量 1395.8 毫米。境域红壤和沙丘，黏质兼而有之，以前者为主。树种有杉、松、油桐和南竹等。野生动物主要有雉、麂、野兔，1958 年“大跃进”后曾一度绝迹。1980 年始，随着森林覆盖面增大，又时有出现。地下氧化锰和碳酸锰蕴藏丰富，总储量在 1000 万吨左右，是中国重要的锰矿基地，素有“中国锰都”和“百年锰都”之称。境域没有江河。七亩丘村有水面（山塘）3.13 公顷，基本满足农业灌溉需要。

人口民族

1987年，境域有4608户17428人，人口自然增长率4.41‰。1993年，境域有4926户。其中：城镇居民4713户，农村村民213户，总人口18963人。男性9726人，占51.29%。人口自然增长率5.43‰。2007年，境域有7701户。其中：城镇居民7473户，农村村民238户，总人口19399人。男性，10037人，占51.74%。人口自然增长率5.16‰。2010年第六次人口普查，有8108户22041人。有苗族、土家族等少数民族140人，占总人口的0.63%。2015年，境域有8178户。其中，城镇居民7882户，农村村民296户，总人口15911人。人口自然增长率为0.61‰。

经济发展

经济综述

清代以前，境域经济以粮食种植为主。民国初期，开始出现以锰矿开采为主的工业产业。1949年后，随着锰矿资源的开发，采矿、烧结、冶炼、制粉等多种锰加工业成为境域主要工业门类，服务业也随之发展。1988年，完成工农业总产值616.4万元。1993年，镇政府以发展街办企业和个体企业为目标，完成工农业总产值951.2万元。2007年，以发展规模经济为重点，加强企业管理，完成工农业总产值30046万元。2015年，以"服务园区、融入园区、主攻园区，努力打造园镇一体、融合发展的新鹤岭"为发展思路，招商引资289万元，农业固定资产投资456万元，完成地区生产总值5594.37万元，一、二、三产业比例为5 ∶ 70 ∶ 25。

种植业

境域只有一个农业村，主要种植水稻等粮食作物。旱地一般种植蔬菜、大豆、茶叶等作物。1949年后，政府鼓励农民种植水稻，以一季稻为主，间植双季稻，亩产不到200千克。中共十一届三中全会后，通过大搞农田基本建设、科学种田、推广良种，1987年，粮食亩产提高到882千克，蔬菜上市6000吨。1996年，20.3公顷水田推广杂交水稻，亩产1190千克，蔬菜上市713吨。2007年，实施"万元亩"工程建设，解决单纯种粮食而经济效益低的问题。2015年，全年粮食种植面积19.5公顷，产量290吨，蔬菜种植面积8.31公顷，蔬菜上市1300吨。

养殖业

民国时期，境域素有养殖生猪、牛羊、家禽和鲜鱼的习惯。鸡鸭多自繁自养，鱼苗自然孵化，产量较低。1958年"大跃进"至1976年"文化大革命"结束，耕牛、生猪改为集体饲养，池塘归集体管理。大队（村）办起"百头猪场"。由于高度集中，难于管理，虽已成规模但无效益，后停办。1982年后境域实行家庭联产承包责任制后，家禽由私人饲养，鱼塘由农户承包经营。1988年，出栏生猪1800头；上市鲜鱼5吨。1998年始，大力推广新技术，改土种猪为良种杂交猪，发展瘦肉型猪，经济效益持续提高，养殖户不断增加，规模逐年扩大。2007年，养殖生猪1230头，上市鲜鱼10吨，家禽出笼6000羽。2015年，村民养殖业向商品化、专业化发展，出栏生猪1100头，出笼家禽5400羽，上市鲜鱼120吨。

林业

1949年前，山地归私人所有，多自生自繁。1958—1960年"大跃进"时期，由于大炼钢铁，大办公共食堂，乱砍滥伐，成材林破坏殆尽。1963年，山林权固定在生产队，社员只留房前屋后的风景林。中共十一届三中全会后，逐年逐户下达绿化任务。1982年，山权、林权重新确定，划分自留山，至1989年年底，全镇森林覆盖率28.7%，主要树种有香樟、广玉兰、女贞等。其中湘潭锰矿累计绿化145.65万平方米，绿化覆盖率19.2%，连续5年被评为市、区绿化先进单位。1990年，组织400多人在七亩村开垦荒山造林。进入21世纪，由于湘潭锰矿破产倒闭，境域矿区盗采普遍，严重危害林业生态，市、区政府采取措施，着力整治。2013年，利用对原有矿山改造的优惠政策，争取国家7.7亿元棚户改造资金，开展山地护坡、植树造林、园林绿化，林业生态明显改善。2015年，境域有林地153公顷，森林覆盖率31.4%。

工业

清代，境域有零星手工业。民国2年（1913），裕甡锰矿开始创办，为湘潭锰矿前身，时为中国第一锰矿，获中国锰都称号。民国20年（1931），湘潭锰矿因“入不敷出，万难支持”而停办。民国26年（1937），湘潭锰矿股份有限公司成立，有职工40多人。是年公司采锰砂3873吨，出售1236吨。1950年4月，湘潭锰矿矿务局成立，有职工2737人，22个矿场。1965年，创办第一家镇办企业——鹤岭机电厂。之后，市原纸油毡厂、鹤岭饲料厂、鹤岭面条厂，鹤岭电器厂先后创办。1982年，全镇完成工业产值363.4万元。1993年，有镇办企业6家，从业人员180人，完成工业产值680万元。进入21世纪，湘潭锰矿破产，镇、居委会集体企业也先后倒闭，个体、民营工业经济发展较快。2003年，有企业30家，完成工业产值5530万元。2007年，境域有工业企业50家，从业人员4790人，完成工业产值2.95亿元。工业以冶金、化工、机械为主。其中规模最大的鑫湘锰业，工业产值1.25亿元。2015年，境域有工业企业68家，从业人员5514人，完成工业总产值35亿元。产业仍以冶金、化工、机械为主。

商贸服务

1949年，境域有小型集市贸易活动。1958年，随着湘潭锰矿建设和人口增加，各类附属于湘潭锰矿的商贸服务企业逐步建立起来。1986年12月，占地面积3200平方米，以农副产品为主的综合市场——鹤岭农贸市场建成开业。其中有工业品

鹤岭矿山公园

摊位101个。同期，国有商业企业——锰矿百货大楼开业。1989年起，境域逐步放开市场，个体私营经济较快发展。1993年，境域有个体工商户106户，从业人员450人，完成社会消费品零售总额252万元。1998年，境域有个体工商户112户，从业人员500人，完成社会消费品零售总额347万元。2007年，境域餐饮、住宿、休闲、娱乐等场所齐全，有个体经营户106户，商业网点79个，完成社会消费品零售总额5751万元。2011年，境域共有商业网点98个，从业人员1550人，社会消费品零售总额1.86亿元。2015年，境域有各类商铺880多家，个体工商业从业人员1639人，完成社会消费品零售总额3.3亿元。

财政金融

中华人民共和国成立后，财政收入主要是农业税和工商税。1955年，境域设农村信用合作社金融点。1981年，镇财政收入主要来源是税收超收分成和区政府拨款。至1987年的7年中，税收超收分成收入占镇财政收入60%以上。1992年始，向农民征收教育附加费，收取统筹和提留（俗称“三提五统”）。1998年，财政收入225万元。财政主要来源是区政府财政拨付、税收分成和企业管理费。2002年，农村税费改革，取消农林特产税和“三提五统”，调低农业税。是年，镇集体企业改制完毕，镇政府向企业收取管理费终结。2006年，取消农业税，全年财政收入248万元，主要来源为税收分成和上级拨款。2011年，由于区政府对乡镇街税收实施超收奖励政策。镇财政收入491万元。2015年，境域有建设银行、工商银行、农业银行、邮政储蓄银行等金融机构5家，年末存款余额10.48亿元，贷款余额7.72亿元。镇财政收入601.72万元，财政支出586.95万元，收入来源未变。

基础设施

交通运输

1954年4月，市2路公交车途经境域，从市车站路公共汽车中心站至湘潭锰矿办公楼。1957年3月，潭锰公路建成通车，长13千米，宽6~7米，从市建设北路北段至冷水冲，市中心到鹤龄及周边地区的公路干线，可连接320和107国道。是年，对破损面提质改造。1958年，湘潭猛矿连接湘黔铁路的湘猛专用铁路全线竣工通车。1960年7月，境域修成一条长15千米的铁路，连接京广线、湘黔线，建有一座支线车站。专用运送镇内的矿石、电解锰等产品和原材料。1997年2月，市20路公交车途经境域，从砂子岭至镇中心。2010年4月，湘潭县易俗河镇至响塘乡116路公交车开通，途经境域。2011—2015年，镇投资6000余万元，硬化乡村公路120千米，基本形成“四纵三横”的交通主干道网络；村级公路硬化率达90%。参与潭锰路拓宽改造项目，解决沿线10万群众出行难问题。2015年年末，境域主要道路有锰矿南路、锰城中路、锰城北路、鹤林路、锰城东路、青山路、大冲湾路、黄峰路、七亩路等10余条，总长17.5千米。公交线路有2路、116路、20路（鹤岭至砂子岭）3条。

邮电通信

1949年，境域有邮政代办所1处。中华人民共和国成立后，有邮电代办所1处。1964年，镇政府设电话总机室，大队安装手摇电话机。1989年，镇、村开通自动电话交换机。1990年，境域开始安装固定电话，当年安装94部。1998年，镇内开通移动通信，有移动电话115台。2015年，境域有邮政局1家，报纸杂志发行1.3万份。

电信企业1家，5个服务网点，固定电话普及率96%，移动电话户均2.4部，宽带入户率80%。电信年收入600万元。

供电供水供气

民国初期，境域居民使用油脂（大菜油）灯照明，大多数饮用山塘水或井水。1937年，境域湘潭锰矿开采，电力进入矿区。1951年，湘潭锰矿购进40马力旧柴油机和30千瓦发电机组一套；国庆前夕发电，开湘潭市河西地区自力发电先河。1986年，湘潭市合成化工厂的焦炉煤气作为气源的生产工程竣工；1988年1月向城市6000户居民供气。是年，设鹤岭（锰矿）变电站，改造110千伏电力线路，居户用电普及率99%。2007年，境域鑫湘锰业变电站实现110千伏变压供电。2005年，天然气进入百姓家。2008—2013年，境域企事业单位和居民分别由湘潭市电业局、市自来水公司（中环水务）统一供电、供水，8000多户居民实现“一户一表”。2014年，市政府将鹤岭地区供水项目列为重点民生工程之一，投资1.27亿元，从九华水厂取水，新建两座加压泵站，铺设9.4千米主供水管道；12月底项目竣工，从根本上解决鹤岭镇居民喝水难问题。2015年，境域改造农村电网26.43千米，新增变压器197台；实施鹤岭地区供水工程，解决困扰鹤岭地区居民数十年的饮水难题。居民户供电率100%，天然气入户率89%。

水利建设

中华人民共和国成立前，境域虽然有多处水塘，但受地理条件的限制，加之土地私有，大兴水利的条件不具备，故旱灾不断，农业丰产难以保证。1949年后，水利建设以整修和新修塘坝为主，塘坝数量逐年增加，至1958年，境域有塘坝20处。1964年，境域有水塘30处，水面3.13公顷。水田、菜地全靠池塘水灌溉。为保持蓄水量，大队（村）每年耗资4~5万元对水塘进行疏浚，基本保证农业灌溉需要。2001—2015年，全村集体、个人水利建设投入资金100多万元。

村镇建设

1964年4月，成立鹤岭镇时，由于湘潭锰矿座落在境域，肉食站、旅社、商店、学校、医院、电影院等一应俱全，集镇规模初具。2006年，启动新农村建设，鹤岭镇被市政府确定为“重点建设小城镇”。2013年，冷水冲、七亩村等2条乡道路和52条街巷全部硬化。2014年，七亩村兴建办公楼、村文化活动中心；便民商店开进跃进、红旗、白冲等村居民区。政府在居民区和村安装公共路灯215盏，修建排水沟5条14.5千米，修建水沟22条，共长13.2千米。2015年，完成424户棚户住户改。建成2个廉租小区，安置300余户；完成2个绿色示范小区改造工程。筹资780万元，完成农村安保工程38千米。投资1000余万元，新建一批环卫设施，添置一批环卫设备。拆除违法建筑400余处6.7万平方米。

社会事业

教育

明清时期，境域小学教育为蒙馆私塾。民国时期，学堂改称学校。中华人民共和国成立后，人民政府接管学校，取缔私塾。1957年9月，湘锰小学在境域创办。1968年，湘锰中学在境域创办，设立初、高中班。1975年，镇政府召集七亩大队、市磷肥厂、市原纸油毡厂等单位，集资在七亩大队建立鹤岭学校，有学生6个班，教师9人。1976年，鹤岭学校增设初中班。1987年，鹤岭学校有9个教学班，其中初中班3个，学生257人，有教职工221人。1988年，境域有中学2所，小学3所，幼儿园4所，学生1058人，教师115人；全年小学升学率100%，初中升学率78%。2007年，有中学1所，学生972人，教师74人；小学1所，学生1080人，教师59人；幼儿园5所。九年义务教育覆盖率100%。2015年，境域有中学1所、小学1所，在校学生1930人，教师150人。是年，筹资780万元，建成高标准的联村小学——长龙学校。九年义务教育普及率100%。

文化体育

中华人民共和国成立初期，境域有龙灯、狮子灯、花鼓戏、皮影戏等民间文艺作为春节、喜庆活动内容。1951年，湘潭锰矿在冷水冲建有515平方米的大礼堂，既是会场又是电影院。1954年，湘潭锰矿在冷水冲建356平方米的职工俱乐部。1975年，修建灯光球场。1979年，修建露天电影场，可容纳5000观众。1978年，湘潭锰矿建立有线电视台。1985年，湘潭锰矿在白冲新建建筑面积5832平方米的工人文化宫，内设影剧院、图书馆、乒乓球室、棋牌室、青少年宫等娱乐活动中心。1995年，红旗社区江敏代表湘潭市参加湖南省"红豆杯"小家庭文艺汇演，获二等奖。1997年，境域有线电视基本普及。1999年，湘猛中学学生江涛获"中日青少年书法大赛"金奖。2000年后，各社区（村）都组建文艺演出队伍，为红白喜事和大型活动服务。2001年，鹤岭镇被省文化厅授予"百优群众文化艺术镇"称号。2004年，镇全民健身活动受到省体育局表彰。2008年，境域有3个综合性体育场馆，4个群众健身场所。有民间吹打中西乐队8支，龙灯队2支，共有队员300人。2014年，镇成立书画爱好者协会，有会员238人。2015年，镇有文化站、图书室，每个社区（村）均建有文化室，实现全民健身场所在社区（村）全覆盖。

医疗卫生

1950年，湘潭锰矿职工医院建立，有医护人员6人。1960年6月，设立锰矿人民公社卫生院。1963年，更名为鹤岭镇卫生院；1980年8月，改为鹤岭街道卫生院，有病床303张，医护人员14人。1987年，湘潭锰矿职工医院建筑面积扩展到6000平方米，设有病床1403张，有职工195人。1988年，有个体医疗诊所8家，名中医有陈六云、杨正凡等。1996年，湘潭锰矿职工医院改称湘鹤医院。1995年9月，湘鹤医院被卫生部、联合国儿童基金会、世界卫生组织授予"爱婴医院"称号。2004年，湘鹤医院被列为省城镇职工基本医疗保险定点医疗机构。2007年，境域除湘鹤医院外，有卫生院1家，民营医疗诊所3家，民营药店7家。2011年，境域有镇卫生院1家，村级卫生室5家，私人诊所10余家；职工医院1家，有床位220张，固定资产总值2000万元。医护人员125名。2013年，湘鹤医院发展成为一家集医疗、护理、防疫、科研和教学于一体的综合性、非营利性医院，居民"小病不出鹤岭"。各社区（村）设有卫生室。2015年，境域有医院、卫生院、诊所20多家，共有病床230多张，有医护人员150多人，村镇合作医疗普及率100%。

社会保障

1952—1957年，对境域残、老、孤、寡人员供养，除政府发放一定的救济款外，主要靠亲友和群众互助解决。1958年始，开办敬老院，对丧失劳动能力无生活来源的自愿到敬老院的孤、残居民，实行社会供养。1965年，长期救济标准每人每月8元，救济人数12人。1975年，长期救济标准提高到每人每月10元，救济人数15人。20世纪80年代，救济标准增至每人每月15元。1998年，境域启动居民最低生活保障，享受最低生活保障19户29人，发放低保金27840

元。2003 年，享受城市最低生活保障金 817 户，每户每月低保金 156 元，发放低保金 15.29 万元。2005 年，享受农村最低生活保障金 19 人，每人每年享受最低生活保障金 672 元，发放低保金 12768 元。2011 年，享受城市最低生活保障金 1760 户 4229 人，发放低保金 38.62 万元。享受农村最低生活保障 21 户 29 人，每人每年 1260 元，发放低保金 26460 元。2013 年，镇内推行新型农村合作医疗制度，村民参加合作医疗率 100%。2015 年，镇对 1557 户 3306 名老人，发放养老金 927411 元。新增城镇就业 1728 人。城镇居民医保参保 2013 人，参保率 95%；新型农村合作医疗参保 699 人，参保率 100%。镇投资 20 万元，在白冲社区建成境域第一个日间老人照料中心。3301 人次获城镇最低生活保障，43 人次获农村最低生活保障，发放保障金 93.5 万元。向 67 名大病患者发放医疗救助资金 14.6 万元。至 2015 年的 5 年中，共发放城乡低保 8376.3 万元，各项救助 441.7 万元，优抚金 885.6 万元。投入 1240.9 万元，对 1061 户进行危房改造和特困户建房；投入 400 万元，对 35 户 D 级危房进行搬迁。培训下岗失业人员和农村人员及农村转移劳动力 7000 余人次，新增就业 9000 余人次。

人民生活

民国时期，境域百姓生活贫困，大多靠佃田或出卖劳动力为生，终年辛劳，不得一饱。中华人民共和国成立后，人民政府使“耕者有其田，居住有其屋”。经过土地改革，原来无房，少房的农民分到房屋，人民生活逐渐改善。1958—1960 年“大跃进”和“文化大革命”期间，生活物资凭证供应。中共十一届三中全会后，镇域经济发展步入快车道。1988 年，镇农民人均收入 1003 元。城镇居民人均住房面积 7.74 平方米。1998 年，镇农民人均纯收入 3680 元。2000 年始，镇内人民生活显著提高，农村家庭大都盖起 2~3 层楼房，城镇 80% 的家庭都有三室两厅的套房，液晶电视、摩托车、移动电话、空调、电脑、全自动洗衣机、小汽车进入百姓家庭。2015 年，全镇经济稳步发展，农民人均收入 11310 元，城镇居民可支配收入 13057 元，农村居民人均住房面积 61 平方米，城镇居民人均住房 26.2 平方米。电视综合覆盖率 100%，每百户家庭拥有汽车 6 辆。

（撰稿：陈光辉）

姜畲镇

镇内泉塘子为国家杂交水稻工程技术研究中心试验基地。

区域概况

地理位置

姜畲镇位于湘潭市雨湖区西北部，东与长城乡相连，南与湘潭县石潭镇、杨嘉桥镇隔涟水河相望，西与湘潭县云湖桥镇接壤，北与响塘镇毗邻。明成化《湘潭县志》将其列入湘潭七大镇之列。清光绪《湘潭县志》记载：姜畲，湘邑之大市也。……南方以烧田为畲，畲有赊音，转呼为车。有姜氏带领家眷，在此垦荒赊种繁衍生息而得名。

建置沿革

1949年，湘潭和平解放后，境域属姜畲区（后改为黄龙区）。1950年3月，属湘潭县三区；6月，原三区又划为三、四区，姜畲属第四区，并设立姜畲镇（区属）。1951年5月，属湘潭县六区。1955年下半年，六区更名为姜畲区。1956年6月，撤区并乡，姜畲镇改为县属镇。1958年，由七里铺乡、清泉乡、泉塘子乡、姜畲镇合并为金星人民公社。1961年8月，姜畲镇划为县属镇。1963年5月，姜畲镇改为区社属镇。1968年，城镇居民下放，姜畲镇改为社属镇，归姜畲人民公社管辖。1981年，姜畲镇改为县属镇。1985年，姜畲镇与姜畲乡合并，设立姜畲镇。1995年5月，属姜畲镇（由原姜畲镇、泉塘子乡、塔岭乡合并而成）。2010年9月，姜畲镇成建制由湘潭县划归湘潭市雨湖区管辖。至2015年，建制无变化。

区划面积

1995年，镇辖姜畲、工农、清泉、进军、石安、易家山、建中、河头、清联、玺陵、泉映、骑头湾、妙山、月映、大池、栗子塘、新坪、梅花、水库、源湘、清亭、泉塘子、尚泉、尚涟、棋盘、太交、白马、永兴、塔岭、粟塘、古新、西湖、黄石、马塘34个行政村，456个村民小组，2个居委会。总面积90.23平方千米，其中镇区中心面积0.78平方千米，耕地面积3242.1公顷，林地2770公顷，水域367公顷。2011年7月，姜畲新街、老街两个居委会合并组建1个社区，7个居民小组。2013年年末，清联和泉映村合并为联映村。2015年，镇区中心面积扩大至1.5平方千米。耕地面积3257公顷，其中水田3052公顷，旱土205公顷，林地2285.1公顷，水域400余公顷。是年末，行政村合并后，境域有15个村（清泉村、石龙村、新和村、大进村、联映村、易建河村、姜畲村、白鹭湖村、棋盘村、泉塘子村、青亭村、尚源新村、金马村、塔岭村、新城村），456 个村民小组，1 个社区（姜畲社区），7 个居民小组。

自然环境

境域地处牌湖甲丘岗向湘江河平原过渡地带，地势呈南北走势，北靠仙女山峰脉，有部分山岗丘地，宜植树造林，种植果木。南临涟水河，流向左岸，地势平坦，土地肥沃，适宜水稻和经济作物生长。境域属亚热带暖湿季风气候区，四季分明。历年日平均气温 17.5℃，无霜期年平均 272 天，极端最低气温 –8℃，极端最高气温 40.2℃，年平均降雨量 1329.1 毫米。境域属湘江支流涟水河水系，涟水自西向东流汇入湘江口，流经境域 10 个村，长 9 千米。境域地下有丰富的锰、煤、矽砂、石灰石、白云石等矿藏，植物有杉、松、樟、桂、油茶等乔灌树木品种，野生动物有野猪、山兔、雉、蛇等。

人口民族

1995 年，境域有 13997 户 52890 人。其中，农业人口 50111 人，占 94.7 %；男性 26977 人，占 51 %；人口自然增长率 8.0‰。2011 年，境域有 16824 户 52758 人，流动人口 2405 人。其中，农业人口 50120 人，占 95 %；男性 27570 人，占 52.26 %，苗族、瑶族、壮族、侗族、土家族、白族、黎族、回族、蒙古族等少数民族 50 人，占总人口的 0.09%。2015 年，境域有 17026 户 55899 人，流动人口 4068 人。其中，农业人口 52388 人，占 94 %；男性 28735 人，占 51 %；苗族、壮族、土家族、瑶族等少数民族人口 130 人，占总人口的 0.23%；人口自然增长率 6.91‰。

经济发展

经济综述

民国时期，境域经济以农耕自给为主，伴有小宗农副产品交易。中华人民共和国成立后，经济逐步发展，农业以种植水稻、蔬菜及经济作物为主。工商业以产销铁器、木器和农渔具为主。

姜畲镇棋盘村农博园

1982年，推行家庭联产承包责任制。1988年，工商企业实行以“承包责任制”为主的企业改革，境域县、区属企业、镇村办企业先后实行各种形式的承包责任制，实现工农业总产值3174万元。1995年，完成工农业总产值5.8亿元，其中农业总产值2.6亿元。1996年，镇政府实施“兴工强农”经济发展战略，农业成建制过吨粮。工业形成以玻璃、建材、铸造、电机加工为主导产业。其时，实行集体企业改制，发展民营经济。2006年，发展股份合作制企业25家，其中规模企业2家，私营企业1069家。实现工农业总产值8.84亿元，其中农业总产值4.34亿元。2010年，全镇有工业企业28家，实现工农业总产值16.50万元，其中农业总产值5.5亿元。2015年，完成农业生产增加值3.89亿元，规模以上工业总产值20.21亿元，固定资产投资11.66亿元。

种植业

境域以种植粮食作物为主，兼种蔬菜、棉花、红薯等作物。中华人民共和国成立后，政府鼓励农民种粮，以水稻一季稻为主，间作双季稻。旱地一般种植蔬菜、红薯、棉花和麻类等经济作物。1958年，人民公社成立后，实行“一大二公”所有制，农民积极性不高。家族联产承包责任制实施后，粮食产量逐步提高。1984年，粮食种植面积1583公顷，亩产409千克。至20世纪80年代末，改进耕作技术，加强病虫害防治，扩大双季稻种植面积，试种杂交水稻，间作三熟制，采用温室育秧等系列农业技术，粮食亩产800千克。1995年，继续扩大水稻种植面积，种植双季稻5471公顷，粮食总产4.16万吨；种植红薯、棉花等1032公顷；种植蔬菜270公顷。1996年，粮食总产量4.08万吨，全镇实现亩产过吨粮。2008年，泉塘子农技站被批准为国家杂交水稻工程技术研究中心试验基地，成为全省四个重点超级稻展示示范基地之一。主要试验示范杂交水稻从“三系”到“四系”再到“超级稻”项目，先后实现单级超级稻第一期700千克/亩，第二期800千克/亩高产目标，双季超级稻1200千克/亩和1300千克/亩高产目标。2000年起，推广种植优质稻、双季杂交稻和超级稻等，推广发展水稻旱育抛秧，大田免耕直播（撒播）技术等，粮食产量持续提高，农业效益不断增加。2015年，粮食种植面积5801公顷，其中优质稻1000公顷，粮食总产4.3万吨；建立蔬菜基地5个，栽种蔬菜1680公顷、红薯207公顷、油菜120公顷、湘莲20公顷。

养殖业

境域素有养殖生猪、牛羊、鸡鸭、鱼等畜禽水产品习惯。民国时期，农户以圈养生猪为主，鸡鸭多自繁自养，牛羊等少有农户养殖，养鱼则依靠自然繁殖鱼苗，产量低。中华人民共和国成立后，政府号召农民养猪、耕牛、鸡鸭，并要求上交定购任务。同时兴办集体养殖场。1985年，耕牛作价分归农户所有，鱼塘承包给农户养殖。20世纪80年代末—90年代初，境域出现猪、羊、鱼养殖专业户，生猪产品远销广州等地，姜畲镇成为湘潭县养殖大镇之一。1995年，全镇养殖生猪14.35万头，其中出栏9.3万头；养禽49万羽；出水鲜鱼505.7吨。此后，政府鼓励引导规模养殖，发展养牛、养羊、网箱养鱼等；发展特色养殖业，成立养殖业协会。2015年，全镇养殖生猪33.4万头，其中出栏22.8万头；养家禽51.8万羽；养牛500头；养羊3900头；出水鲜鱼2109吨。出栏300头以上生猪大户200户，组建养殖业协会（合作社）11个。

林业

境域属平原丘陵地，多有林地。中华人民共和国成立前，境域山林茂密，林地归私人所有，多自生自繁。树种有松、杉、樟、桂、油茶等。1951年，成立农林互助组、合作社。1958年，林地收归公社所有，由于“大炼钢铁”，树木基本被砍光。1963年，山林权固定在生产大队和生产队，始有集体林场建立。20世纪70年代始，坚持开荒造林，幼林抚育，林地面积逐渐扩大。1982年，进行山林定权发证，鼓励农户种植杉、樟、国外松、油茶、板栗等。1995年，境域有林地2270公顷，占山地面积95%，森林覆盖率34.2%，有集体林场3个。镇党委、政府发动群众开展封山育林、植树造林、残林改造，退耕还林，推广栽种油茶、国外松等新品种。2005年，换发全国统一林权证，承包期延至2052年。2015年，境域有林地2285.1公顷，森林覆盖率35.5%、绿化率43.4%。

工业

中华人民共和国成立前，境域工业以个别家庭手工业作坊为主，主要生产铁器、竹木制品、农具渔具等。20世纪60年代后，境域陆续建起沥青厂和湘潭县属玻璃厂、农机修造厂、矽沙矿等企业。70年代初，创办社队企业，有姜畲公社矽沙矿、泉塘子平瓦厂等集体企业。其后，乡镇、村办企业迅速发展。1995年，境域逐步形成玻璃、建材、铸造、机电加工为主的工业格局，有镇办企业28家、村办企业46家，个体和联户企业2061家，，从业人员4000余人。完成总产值3.2亿元，实现利税2861万元。1999年，境域有乡镇企业25家，其中玻璃企业9家，玻璃制品远销全国各地，成为境域主导产业；个体私营企业2893家，从业人员5000余人，实现工业产值7.37亿元。2010年，全镇有工业企业28家，实现工业总产值11亿元。其中，规模工业企业6家，完成产值4.1亿元，实现利税9843万元。2015年，全镇有工业企业47家，完成工业总产值18.98亿元。其中，规模工业企业7家，完成产值6.5亿元，实现利税1.87亿元。

商贸服务

明清时期，境域姜畲老街濒临涟水河边，人口相对密集，水陆交通便利，成为（湘）潭湘（乡）宁（乡）三县的米、棉、油、药材、枯饼等集散地，有“米市”之称。民国时期，设立姜畲老街墟场，经营商品有杂货肉食、百货布匹、粮油食品、手工业品、农具、渔具、文具书籍、生产资料等。中华人民共和国成立后，在乡（公社）驻地建供销社、肉食站、生资站、粮油店等，成为农村中心市场。各村（大队）均开设有集体商业零售店或代销店。1979 年后，个体商贸服务发展，农村市场日趋活跃。1995 年，镇内有姜畲老街、白围子岭、进军桥、清泉颜家屋场、棋盘、涟水桥、栗子塘、桥湾子、隧洞岭、永兴桥 10 余处墟场，个体商铺发展到 1000 余家，社会商品零售额 5000 多万元。2015 年，全镇有各类商铺 1500 多家，个体工商从业人员 4000 人。社会消费品零售总额 2.2 亿元，其中集市商品成交额 1.8 亿元。

财政金融

1986 年，镇政府使用资金主要靠县财政支付。是年，开办邮政储蓄业务；中国人寿保险公司姜畲区保险站成立。1995 年，镇政府财源主要是农业税和企业税收，财政收入 327.79 万元，财政支出 327 万元。境域有农村信用合作社分社 3 家(即姜畲、泉塘子、塔岭)、营业所 3 家（永兴、花园、源湘）；农村合作基金会 1 家、分会 2 家；农行姜畲营业所 1 家；邮政储蓄所 1 家。年末，各金融机构存款余额 8500 万元，贷款余额 2326 万元。1999 年，农村合作基金会并入农村信用合作社。2002 年，镇财政收入 358 万元，财政支出 350 万元。2003—2005 年，调减、免征农业税，停征屠宰税，财政收入有所减少。2010 年，镇区划调整到雨湖区后，上级财政转移支付逐年增加。2011 年，财政收入 1466.46 万元，财政支出 1465.46 万元，收入来源为税收分成和上级划拨的专项资金（下同）。农行姜畲营业所、邮政银行、农村信用社 3 家金融机构年末存款余额 51399.72 万元，贷款余额 25759.99 万元。2014 年，财政收入 2085.64 万元，财政支出 2084.6 万元。农村信用社、邮政银行、农行姜畲营业所 3 家金融机构年末存款余额 80285.15 万元，贷款余额 33444.28 万元；镇保险站各险种投保金额 960 万元，寿险赔付 48 万元,赔付率 30%；意外险赔付率 80%。2015 年，财政收入 2825 万元，财政支出 2720 万元。

基础设施

交通运输

中华人民共和国成立前夕，境域有铁路和湘潭至衡阳的公路（原 107 国道）、湘宝公路（今 320 国道）、涟水、姜畲老街码头，梅花渡口以及源湘码头，水道 18.9 千米。湘黔铁路穿越境域内 8 个村，全长 10.8 千米。1965 年，国道 107、320 境域路段用沥青铺成油路。修建涟水大桥连接潭衡路，境域全长 1 千米。20 世纪 70 年代初，修通市道姜（畲）道（林）线、宋（家嘴）仙（女山）线；修建乡道清（联）奇（头）公路、清（泉）工（农）公路、梅（花）栗（子塘）公路、黄（石）永（兴）公路。1990 年，铁路铺设双轨，更名为湘黔铁路复线。国道 320 拓宽取直降坡。1993 年，国道 320 路面实施水泥硬化。1999 年，境域沪昆高速开工建设，过境域 11.5 千米。2006 年，境域潭衡西高速开工建设，在白马设互通转盘与潭邵高速、长湘高速连接，在棋盘山建湘潭西收费站与 320 国道贯通连接，全长 11.2 千米。是年，硬化宋仙公路全程 6 千米。2008 年，硬化姜（畲）道（林）公路 6.11 千米。境域道路 453 千米，硬化 360 余千米。2009 年，姜畲新街大桥开工建设，2010 年竣工通车，新增姜畲至杨嘉桥的县道 1 条。取缔姜畲、梅花两个渡口。2015 年，省、市、县、乡道在镇域总长 155.16 千米，其中省道 4 条，

97.65 千米；县道 4 条，18.64 千米；乡道 13 条，38.87 千米。有通村公路 349 条，总长 297.81 千米。每天有市内 9 路公交车、道林和仙女的客车往返湘潭，客运量 5000 多人。

邮电通信

20 世纪 50 年代始，姜畲老街设有邮政所，代办邮政业务。60 年代，姜畲区邮电局成立，架设电话线，实现村村通广播电话。1990 年，姜畲镇、泉塘子乡、塔岭乡均有手摇电话。1991 年，开始安装程控电话。1995 年，境域有姜畲邮电支局和泉塘子、塔岭 2 个邮电代办所。1998 年，姜畲邮电支局一分为二，开展邮政、电信和邮政储蓄业务。2005 年，宽带互联网进入境域，机关、企事业单位率先开通网络，后逐步进入居民家庭。2015 年，境域有邮政支局 1 家，邮政代办所 2 家，移动通信站 1 家、联通服务站 1 家。有家庭固定电话 4000 余部，移动电话 1.5 万余部，宽带用户 3000 余户。邮政、电信、联通业务收入 700 万元。

供水供电

20 世纪 70 年代初，境域农村生产用电主要靠柴油机发电。至 80 年代末，农村生产生活用电普及。农村居民饮水主要在河渠塘坝、水井取水。部分家庭开始打挖机井，汲取地下水。1991 年，姜畲镇政府在姜畲村深塘与杨梅两组交界的山岭上建起自来水厂，水源取自清泉村泉坝湾地下阴河，设计日取水 1500 吨，安装电机 2 台 75 千瓦，供应驻镇企事业单位和城镇居民饮水。1999 年，国家投资开展第一轮农网电力增容、电力线路改造等。2015 年，境域供电设施建设总投资 4.58 亿元，供电线路里程总长 942.6 千米，日供电量 15.8 万千瓦时。水厂主管道铺设总长 35 千米，日供水量 1000 吨，供水户数 2000 多户，40 余家单位。村民安全饮水率 90% 以上。

水利建设

1954 年，修筑涟水河建中大堤。1958 年，境域建成唯一一座小(一)型水库跃进水库。1960 年，修建涟水河姜畲大堤。1965 年，修建韶山灌区右干渠。1973 年，修筑涟水河红心堤，大堤全长 18.9 千米，成立姜畲堤垸、建中堤垸（姜畲镇与云湖桥共用）、红心堤垸 3 个堤垸管理委员会，所辖堤垸经 8 个村，境域全长 21 千米。1975 年，修建红星、友谊、团结、幸福、胜利等 9 条大型撇洪渠，全长 29.67 千米，形成镇纵横交织水利体系。2011 年，3 个堤管会合署办公，设立姜畲大堤管理所，堤垸保护面积 1866.67 公顷。之后，开展水利冬春修工作，拓宽筹资筹劳方式，规划实施农村水利建设达标、小农水项目、国土整理项目、大堤维修加固、处险等工程。2015 年，境域有小㈠型水库 1 座，山塘 2524 口，总水域面积 391.47 公顷，抗旱机台 115 处，排渍机埠 7 处，总装机容量 3204 千瓦，自流灌溉面积 40%。

村镇建设

1985 年，镇仅辖姜畲老街和姜畲村。1986 年，镇政府征用土地 1 公顷，建成农民老街。1992 年，征用土地 2.5 公顷，建设农民新街。1995 年，泉塘子、塔岭两个乡并入姜畲镇。镇区中心面积 1.2 平方千米，城镇化率 23%。2002 年，建设新街农贸市场，占地 1466.67 平方米。1998 年起，实施农村人居饮水工程，总投资 902 万元，有 12 个村 1.1 万余人实现安全饮水。2003 年，征用土地 1.2 公顷，建设丁字街，同时启动白围子岭、进军桥、桥湾子、泉塘子街、棋盘山、永兴桥、源湘涟水大桥北等居住点开发建设，设置农村集市。2007 年，征用土地 1.5 公顷，开发建设 320 国道南边（信用社对面）临街门面 80 余个。2010—2014 年，33 个行政村和 1 个社区全部建有集体活动场所，占地面积在80~300平方米之间；在跃进水库建垃圾中转站1个，面积200平方米；分别在尚泉、梅花两村建有污水处理池。2015年，调整规划修编。小城镇区面积扩大至1.5平方千米，水电路等基础设施基本完善，城镇化率38%。

社会事业

教育

中华人民共和国成立前，境域皆为私塾教育。中华人民共和国成立后，所有私塾或私立学校改为公办。1958年7月，境域设立第一所县级中学——湘潭县三中。1962年8月，调整全日制公办小学布局。1969年，公办小学下放到大队，由贫下中农管理。实现“读高中不出区、读初中不出公社”，镇内相继建立姜畲镇一中、姜畲镇二中、泉塘子中学、塔岭中学。1995年，开始实施“两基”（基本普及九年义务教育，基本扫除青壮年文盲）达标工作。撤区并乡后，镇域内有县属高级中学1所，学生800余名，教职工53人；镇属中学4所（塔岭中学、泉塘子中学、姜畲一中、姜畲二中），小学32所，学生1.3万余人，教职工500余人。2010年，调整布局，撤并学校。境域有县属高级中学1所，学生1800人，教职工128人；镇属中学3所，小学13所，学生5000余人，教员工315人。2011年，湘潭县三中更名为湘潭市第17中学。2015年，境域有市属高级中学1所，学生1400人，教职工130人；镇属中小学校13所，学生3090人，教职工272人，其中泉塘子中学、姜畲一中、塔岭中学创市级示范中学；有公办幼儿园1所、私营幼儿园12所，入园幼儿920人。适龄儿童入学率100%，初中生毕业率100%。

文化体育

20世纪70年代，境域有姜畲镇、泉塘子、塔岭公社3个电影放映队，队员2~3人，每月轮流到各村放电影1~2场。有电影院2家（姜畲镇、泉塘子电影院），并邀请域外花鼓戏剧团、杂技团演出。1985年，镇成立文化站。20世纪90年代起，每年端午时节，涟水河有龙舟竞渡。1997年，建立镇有线电视站。2000年后，境域办起武术学校，兴起龙狮舞、广场舞，成立腰鼓队、军鼓队等。2012年，境域成立姜畲诗词楹联协会、姜畲文学联合会，有会员30余人。创办《清泉》杂志。有线电视入户5500家，入户率33%；有农家书屋34个，藏书20万册；有健身场所12处。2015年，镇有文化站1家、图书室1家、网吧10个、KTV歌厅10个；有腰鼓队10支，军鼓队3支，广场舞队伍30支。

医疗卫生

中华人民共和国成立前，境域医疗为个体从业，诊所只有寥寥几家。1951年，建立湘潭县六区卫生所，开展防疫治病。1968年，姜畲、泉塘子、塔岭3个公社都建立公社卫生院，1969年，各生产大队兴办农村合作医疗，由社员筹集基金，享受医疗优待，1980年停办。1984年，公社卫生院改为镇卫生院。1989年，境域建起湘潭县第四人民医院。1994年，扩建泉塘子卫生院综合大楼。1995年，设镇卫生所，下辖姜畲、泉塘子、塔岭卫生院，有医疗点（门诊部）5个，医务人员30余名，病床32张；有农村卫生室医生和妇幼保健员28人；有个体执业医生18人，个体药店12个。2003年，镇卫生所与湘潭县第四人民医院合并。2007年，改扩建湘潭县第四人民医院。2010年，湘潭县第四人民医院更名为姜畲镇中心卫生院。2015年，境域有卫生院1所，医疗点（门诊部）3个，村级卫生室33个，病床160张，医护人员 67 人；有 1 家私营骨科专科医院，有医护人员 40 余人、病床 80 余张。村民“小病不出镇”。

社会保障

中华人民共和国成立后，党和政府对老弱病残等困难群众给予救助安置。1985 年，姜畲、泉塘子、塔岭 3 所敬老院建成，有 60 余名“五保”老人入院养老。1995 年，撤区并镇后，设立镇民政所。有敬老院 3 个，集中供养“五保”老人 50 余人。2005 年，推行新型农村合作医疗制度。2006 年，参加合作医疗 34635 人，收缴基金 32 万元，参合率 92.55%；启动贫困居民最低生活保障金制度，有 127 人享受农村最低生活保障待遇，134 人享受城镇最低生活保障待遇。2009 年，享受农村社会养老保险待遇 8050 人，发放养老金 531.3 万元；为 28 人发放大病救助资金 7.5 万元。2011 年，新型农村养老保险参保 13841 人，享受 7732 人，发放养老金 510.3 万元。2012 年，投资 415 万元，将原塔岭乡政府机关改扩建成雨湖区乡镇示范型敬老院——姜畲镇中心敬老院。入院“五保”老人 50 名。2013 年，因建设潭衡西高速，将泉塘子敬老院并入姜畲、塔岭敬老院。2015 年，境域有 2 所敬老院，集中供养“五保”人员 71 名。全镇有 393 名“五保”老人，全部落实供养政策。46339 人参加农村合作医疗，征缴保费 347.3 万元，参合率 95%，0.58 万人次得到医疗补偿金 4.84 万元。2214 人享受农村最低生活保障待遇，发放低保资金 487.5 万元。8844 人享受社会养老保险待遇，发放养老金 605.6 万元。优抚对象 300 余人，发放优抚补助金 160 万元。

人民生活

中华人民共和国成立后，实施“耕者有其田，居者有其屋”政策，境域人民生活逐步改善。20 世纪 60 年代，村民主要靠种田、养猪为主，生活质量整体较低，年轻人结婚购置的单车、手表、收音机（“三大件”）属奢侈消费品。房屋大多为土砖茅草结构，人均不足 10 平方米，80 年代末 90 年代初，农村逐渐涌现出“万元户”，电视机、洗衣机、电冰箱、缝纫机、单车、录音机开始进入寻常百姓家。年轻人结婚购置的“三大件”变为彩电、冰箱、洗衣机，少数家庭开始使用自动电话、无线寻呼机和移动电话。多数农户建起砖木结构房屋，人均居住面积 26 平方米。1995 年，境域村民人均纯收入 1225 元。2000 年起，农村家庭多建起 2~3 层小楼房，人均居住面积 38 平方米，城镇家庭多有 3~4 居室套房或私房，液晶电视、摩托车、移动电话、空调、电脑、全自动洗衣机、汽车相继进入百姓家庭。2015 年，境域农民人均纯收入 15048 元，城镇居民人均可支配收入达 2 万余元，人均居住面积 40 平方米。

特色地情

历史人物

李腾芳（1572—1632） 字子实，号湘洲，塔岭乡高塘村人（今姜畲镇塔岭村人）。明万历二十年（1592）进士，选庶吉士。万历三十九年（1611）遭贬告病回籍，不忘国事，上书减轻地方赋税，支持县令包鸿逵兴利除弊，主修县志。万历四十七年（1619）升礼部右侍郎。不附阉党，被劾。崇祯元年（1628）官礼部尚书，守御京师，勤于国事。卒谥文庄。他治学于经史、天文、地理，皆有造诣，著有《岣嵝文集》《玉衡集》等存世。

杨　度（1875—1931） 湘潭县姜畲乡清联村石塘人。光绪二十年（1894），顺天府乡试举人。两次会试落第，还乡，师从王闿运，深受其帝王之术熏陶。光绪二十八年（1902），自费留日，与黄兴、杨毓麟创办《游学译编》。光绪三十三年

（1907），在东京创办《中国新报》，宣传君主立宪。光绪三十四年（1908），任四品京堂候补。后任宪政编查馆参议。宣统三年（1911），任“皇族内阁”统计局局长。民国元年（1912），联络孽大可等在北京成立“共和促进会”。民国4年（1915），任国史馆副馆长。支持袁世凯复辟帝制，与严复等人组织“筹安会”，鼓吹君主立宪。民国12年（1923），在沪加入国民党。民国18年（1929）加入中国共产党，从事中共秘密工作。民国20年（1931），在上海租界病逝。生平著作收入《杨度集》。

袁芳瑛（1814—1859） 字揭群，号漱六。姜畲骑头湾人。自幼酷爱读书。清道光二十三年（1843）成举人，二十五年（1845）中进士。任翰林院编修10余年。咸丰四年（1854），官至苏州知府。六年（1856），外任松江知府。他所藏宋本《汉书》和《后汉书》是世罕珍本，《汉书》宋元刊本多至10余种，《史记》明代以前藏本30余种。他所藏书加盖“古潭州袁卧，雪庐收藏”“雪庐精鉴”等印章，人称“卧雪庐藏书”。他与朱学勤〔仁和人（今杭州余杭区）〕及丁日昌（广东朱顺人）并称咸丰时三大藏书家。他精通版本学，又称为版本校勘大家。

（撰稿：刘长禄）

中山路街道 >>

区域概况

地理位置

中山路街道地处湘潭市雨湖区东南部，东起解放路，分别与平政路街道、雨湖路街道相邻，南临湘江，西南靠朝阳街，西与昭潭街道相邻，北以韶山西路为界与广场街道相邻。因纪念孙中山先生，将十二总至大码头主街道命名为中山路而得名。

建置沿革

唐天宝八年（749），境域属湘潭县。民国时期，属湘潭县壶山镇。1947 年 3 月，属湘潭县昭潭镇。1949 年 8 月，属湘潭县城关区。1950 年 7 月，属湘潭市（县级）中心区办事处。1951 年 12 月，属市内区公所。1952 年 8 月，属湘潭市南区。1960 年 4 月，属河西人民公社下辖湘江分社。1961 年 4 月，属湘江人民公社；11 月，属湘江区人民委员会。1962 年 6 月，设立中山路街道（由原第二、三、四管区合并而成）。1965 年 5 月，属河西区管辖。1980 年 7 月，属湘江区管辖。1992 年 7 月，属新雨湖区管辖。至 2015 年，建置无变化。

区划面积

1962 年，中山路街道辖朝阳街、换新街、自力街、兴建坪、大湖街、商业路 6 个居委会，面积 0.82 平方千米。1965 年，解放路街道并入中山路街道，辖朝阳街、换新街、自力街、兴建坪、大湖街、商业路、民主新村、大庆新村、绿化村 9 个居委会，面积 1.62 平方千米。1981 年 9 月，朝阳街西侧单位和居民划归窑湾街道管辖。1985 年，辖大码头、朝阳街、换新街、自力街、兴建坪、大湖街、商业路、民主新村、大庆新村、湘建村、绿化村、迎宾村 12 个居委会。1994 年 4 月，将原属昭潭乡广场村部分区域划入，成立坝子塘居委会。辖区面积 1.97 平方千米。2001 年 7 月，调整为大码头、鲁班殿、自力街、龙子巷、大湖街、罗祖殿、迎宾村、湘建村、坝子塘 9 个社区居委会，262 个居民小组。2009 年 7 月，昭潭乡一小块地域划入迎宾村社区。大湖街社区并入龙子巷社区，坝子塘社区并入湘建村社区，辖大码头、鲁班殿、自力街、龙子巷、罗祖殿、迎宾村、湘建村 7 个社区居委会，170 个居民小组。境域面积 1.98 平方千米。至 2015 年，区划面积未变。

自然环境

境域属由河流侵蚀及沉积作用而形成的江河平原，地面平坦开阔，坡度小于 3~5 度，海拔高度多在50米以下。土壤多为黄红色网纹状黏土。地处中亚热带季风湿润气候区，年平均气温16.7℃～17.2℃，年平均降雨量1389.4~1437.8毫米。气候四季分明，春湿多变，夏热多雨，秋干秋躁，冬冷雨少。境域属湘江水系，从大码头至十四总紧临湘江。地质属第四系和白垩系，有较丰富的地下水资源。

人口民族

1980年，境域有居民6298户26048人，其中男性13868人，占53.24%；人口出生率8.85‰。1988年，有居民10142户34018人，其中男性17829人，占52.41%；人口出生率6.17‰。2007年，境域有居民11235户36147人，其中男性18449人，占51.04%。人口出生率5.15‰。2015年，境域有居民11615户32881人，其中男性16195人，占49.25%。人口自然增长率3.79‰。少数民族16个285人，占总人口的0.87%。

经济发展

经济综述

明末至民国初期，境域经济以手工业和商贸服务业为主。十四总至十八总设有5个较大的水运码头，为两广和中原地区药材、大米等物资集散地。其时水运繁忙，带来手工业和商贸业繁荣。后因战乱，经济逐渐萧条。1951年后，政府保护和扶持私营工商业发展，出现水运、装卸、白铁、典当、绸布、百货、南货、饮食等行业。1964年始，街道办事处先后创办一批工业企业，街办经济快速发展。1998年，街道工商企业陆续改制，个体工商户增幅较大。2003年，街道公有制工商企业及驻街大多数市属公有制工商企业退出市场，民营工商企业有所发展。2006年，街道实施区委、区政府“强商兴工”发展战略。2015年，街道经济以民营经济为主，完成工业产值1450万元，实现社会商品零售总额3.49亿元。

工业

清同治九年（1870），浙江商人吴凤来在十六总后街乾元宫侧创办“恒泰酱园”，为境域现代工业之始。其生产的龙牌酱油，在1915年获巴拿马国际博览会金奖。1951年5月，湘潭工程公司（湖南省建筑第三工程公司前身）成立。1956年，吴恒泰酱园公私合营后更名为湘潭市第一制酱厂。1964年3月，街道创办中山五金筛网厂。1970年，街道有工业企业4家，职工262人，年产值72万。1981年，湘潭市第一制酱厂生产的龙牌酱油获国家银质奖。1982年，街道有街办、居委会办工业企业17家，职工608人，年产值188万元。1985年，中山路有市皮件一厂、市工业皮件厂、市制帽厂、市制鞋厂、市食品厂等市属轻工企业和个体白铁加工作坊云集。1989年，街办市童服厂生产的“金鸡食兜”布衫在全国轻工业产品展销会上获金奖。翌年，该厂获国家轻工业部授予的“全国开发儿童用品新产品先进企业”称号。1993年，境域有街办、居委会办工业企业18家，主要为电力、矿山电器、工矿弹簧、服装、眼镜、日用化工、炒货加工等门类，职工614人，年产值841万元。1997年，街属市变压器厂生产JS9系列节能变压器列入“九五”全国电网改造专用产品系列，产值突破1000万元，成为街道第一家产值过千万元规模企业。1998年，街属市眼镜厂、市弹簧厂改制为民营企业。2001年，市变压器厂实行产权制度改革，由区街集体所有制企业置换为民营企业，整体搬迁至高新区。2003年，街办、居委会办企业改制或破产安置完毕，民营企业迅速发展，年完成工业产值3500万元。2007年，街道有民营企业7家，职工254人，年产值742万元。2015年，街道有民营工业企业9家，职工108人，年产值1450万元。

商贸服务

民国时期，十六总仓门前乾元宫侧是传统的摊贩市场，十五总河街为鱼市。20世纪50年代前期，境域有万利绸庄、新中和布店、新泰裕南杂店、吴恒泰酱园、九如斋食品店、日日新百货店、洞庭春酒家、清芝斋化妆品店、彩霞布店等著名商铺店面。1956年，实行公私合营，私营商店转变成为公有制商店。1983年，市政府垫息贷款14万元，部分集体企业与个体户集资6.6万元，在十五总办起中山商场；市政府投资4.19万元，在十八总办起朝阳市场；投资2.76万元，在十五总办起兴仁巷市场。1985年，街道有商业企业2家；居委会有商业企业4家；驻街市属商业企业有永红百货店、旭日棉布店、中山路五交化商店、蔬菜肉食商场、糖烟酒副食品总店、荣湘副食品店、千里鞋店、和平百货店、妇女儿童用品商店、朝阳副食店等35家。1991年，湘潭市最大集贸市场——民主路综合集贸市场（前身为解放路菜肉商场）第二期改造扩建工程竣工，建筑面积由2000平方米扩建为7000平方米。1994年，境域有个体工商户1460户，社会商品零售总额1146万元。1995年，市南北特产食品公司职工王填投资5万元，租赁解放南路国营菜肉商场，开办“步步高量贩店”（后更名为步步高超市），为湘潭市首家超市。2004年，境域有个体工商户1739户，实现社会消费品零售总额4516万元。2006年，鲁班殿社区因有商业面积1.4万平方米，各类商业网点115处，服务功能较完备，获商务部“全国社区示范商业社区”称号。2009年，公有制宾馆、餐馆、商铺全部退出市场。2015年，境域有商铺1048家，有个体工商户2046户，规模较大宾馆6家，餐馆6家，农贸市场2家，超市5家，实现社会消费品零售总额3.49亿元。

财政金融

民国起，境域设有私人钱庄。民国24年（1935），有私人钱庄16家。1962年，中山路街道办事处设立财务室。街道收入主要来源为上级拨款、企业管理费。1988年，财政收入21.12万元，1990年，境域有3家银行。1994年，街道财政所成立，收入来源增加税收分成科目。1995年,街道财政收入48.51万元,财政支出48.5万元。1996年，中国人民财产保险股份有限公司湘潭市湘江支公司在解放南路开业。1998年，财税收入70万元，财政支出66.92万元。1999年，境域银行网点增至7家。2000年，街道不再收取企业管理费。2004年，街道财税收入133.98万元，财政支出133.97万元。2007年，财政收入170.59万元，财政支出170.59万元。2015年，太平洋财产保险雨湖营销部在迎宾东路开业。是年，境域有银行网点10处,金融机构存款余额15.7亿元，贷款余额11.3亿元。有保险机构2家。街道财政收入557.54万元，财政支出557.54万元。

基础设施

交通运输

民国时期，境域没有公交线路，仓门前有白公渡、大码头均有木船过湘江。怡和坪日清码头有日轮通长沙。十五总有轮船码头开长潭、湘潭城区至石潭轮船航线。1950年，人民政府修建建宁路（今解放路）。1954年10月，境域首条公交6路车开通，由十八总大码头至小东门。1955年12月，人民路全面竣工。1956年5月，市政府投资改造中山路，该路成为湘潭第一条柏油路。1958年，人民路、解放路铺上柏油。1963年，公交 3 路车开通，从砂子岭至昭山，途经人民路。20 世纪 60 年代末，大码头过江改手摇船为机帆船。1970 年 8 月起，公交 5 路车始发站中心站迁移至十八总，终点站为板塘铺。1973 年 11 月，河西防洪大堤开工兴建。1975 年，过境公交增至 4 条。1978 年 12 月，境域河西防洪大堤竣工（卵石泥面）。至 1985 年，境域建有十四总码头、十五总码头、客运 1 号码头、客运 2 号码头、仓门前码头等 8 个。1992 年 12 月，大湖路竣工通车。1995 年，公交 15 路车开通，砂子岭至半边街，途经中山路、解放南路。1996 年 11 月，河西大堤石嘴垴至大步桥段改造工程竣工，成为集防洪、交通、游览于一体的综合性沿江大堤（水泥路面）。2002 年 7 月，韶山海关驻湘潭港监管点在十四总湘潭港码头成立。2006 年，公交 25 路车开通，为江麓广场至江麓广场环线，途经解放路。2008 年，公交 29 路车开通，砂子岭至九华，途经韶山西路、大湖路、民主路。2014 年 8 月，境域大码头轮渡撤销。2015 年，过境公交线路有 11 条。境域主干道有中山路、解放路、大湖路、韶山路、民主路、迎宾东路 6 条；次干道有朝阳街、大湖街 2 条。

邮电通信

清光绪二十五年（1899），湘潭县邮局创建于十四总正街。民国 10 年（1921），邮局设十五总正街。民国 11 年（1922），邮局设信柜于见龙街（今龙子巷社区）、南岳行宫（十六总），设信筒于大码头。民国 20 年（1931），在中山路设信柜，在十四总坡子上、十五总后街、十六总后街、十七总鄢家巷口设铸铁邮筒。中华人民共和国成立后，在中山路设有邮电所。20 世纪 60 年代末，中山路邮电所撤销。70 年代，安装固定电话的单位逐渐增多。1993 年，境域部分居民家庭开始安装程控电话。90 年代后期，境域开通移动电话。2002 年，互联网进入境域。2005 年，各主要街道开始出现“便利邮局”，为居民代收水费、电费、气费、话费，有的还收寄包裹。2015 年，境域 98% 的居民使用手机，70% 的家庭拥有电脑，固定电话机逐渐减少。

供电供水供气

1912 年，境域居民用油灯作路灯，每晚由更夫点灯。1928 年，路灯开始采用电力照明。居民普遍挑湘江河水作饮用水。中华人民共和国成立后，主要街道、路口电力照明增多，商业用电增加。1959 年，境域第一条单线枝状输水管道送水至解放路、中山路、人民路，全长 7.68 千米，管径 280 毫米，输配水能力为 5000 吨 / 日。1960 年，境域居民告别油灯，开始用电灯照明；市自来水公司供水，居民集中区开始设有供水点。1963 年，民主路铺设直径 300 毫米管道，输配水能力增至 1 万吨 / 日，并分别与中山路、雨湖路连成环状。1988 年，部分居民开始使用煤气。自来水管全部安装至居民家，分户装水表。2000 年，境域路灯多由白炽灯改为高压汞灯。2005 年 8 月起，部分居民家庭开始使用天然气。2009 年，凡具备装天然气条件的居民楼均装上天然气。2015 年，境域历年供水设施建设总投入 505.06 万元，供水居民 11610 户；供电设施建设累计投入 718.23 万元，供电线路总长 17.55 千米；天然气设施建设累计总投资 5 亿元，天然气工业、商业用户 1.5 万余家，90% 居民户用上天然气。

街区建设

民国时期，境域为湘潭县城区主要街道，由麻石铺就，商铺房屋普遍为 1~2 层。下水道大都为明沟，少数暗沟的排水设施均系瓦管。中华人民共和国成立后，五里牌处设有粪厂（今民主路雨湖区环卫所设施队处）。1954 年起，市政部门开始对排水设施进行新建和改造，逐渐将明沟改为暗沟，瓦管改为水泥管。1965 年 9—10 月，市投资改造小街小巷，麻石路全部翻修一新。1992年，五里牌粪厂关闭；公厕以水冲式为主。市环卫部门在大湖路、十七总人民路各建垃圾中转站一座。2000年，筹资15万元，修通二医院侧的200余米道路,修建橘园路400米下水道。2004年，改造硬化小街小巷道路12条，面积8000平方米，新安装下水管1000米。2006年，改造小街小巷9条6875平方米，2007年，对鲁班殿、罗祖殿、自力街、迎宾村4个社区的6个地段进行地面提质改造。筹资20余万，对兴仁巷铺设下水管，硬化路面，安装路灯。2008年，投入40万元，疏通排污管道12万米，清理窨井70座，化粪池12个，新安装路灯34盏。2012年，疏通下水道45处，更换井盖板85处，小街小巷增添果皮箱100个。对20多条小巷进行硬化改造。2015年，境域有命名小巷34条，无名小巷11条；有公厕28座，路灯257盏，垃圾中转站2个；排水设施完备。

社会事业

教育

清朝末年（1911），海会寺开办初级小学，为境域开办现代学堂之始。民国元年（1912），私立金庭简易小学创办，第一任校长韩先觉；1927年该校增办高小班。1930年春，由毛泽东、黄笃杰等7人发起创办的新群学校（始建于1921年），由十四总莲花街吉安宾馆迁至见龙街莼香园（市二中今址）。1933年，新群学校开办附属幼儿园。1937年，新群学校增办初中。同年12月，唐山交通大学部分师生辗转搬迁至湘潭的湘乡会馆（今钱家巷24号处），并改名为国立交通大学唐山工程学院（今西南交通大学前身）。茅以升任代理院长。此为湘潭境域开办现代高等教育之始。1940年，金庭学校办2个民校班。1948年，新群学校高中部迁回莼香园。1951年1月，市政府将私立化民、弘道两校并入新群学校，组建湘潭市立中学，有初中11个班，学生437人，教职工38人；翌年增办高中。是年夏，金庭学校由市政府接管，改名为湘潭市私立金庭完全小学。1955年，湘潭市立中学更名为湘潭市第二中学。1957年9月，新办五爱、翊文（年末更名为湘江一中）民办初级中学。1959年，金庭小学改为公办。是年6月，市人事局在鸡公嘴创办市直属机关幼儿园。1963年，市城建局在鸡公嘴开办湘潭市城建工读中学，湘江一中更名为湘潭市燃化子弟中学。1964年，市教育局在人民路新工里创办人民路学校。民办五爱初级中学改为公办，更名为市第十一中学。1985年，境域有中小学6所，学生5656人，教职工382人。1997年，人民路学校更名为白石学校。2003年，境域有中小学3所，学生6536，教职工2498人。是年，白石小学并入金庭学校，学校校园面积增至1.77万平方米，建筑面积增至1.34万平方米；2004年,金庭学校校长肖云辉（女）获“徐特立教育奖”。2015年,境域有幼儿园6所，入园幼儿1189人，幼师155人。有金庭小学1所，学生3546人，教职工144人。中学有市二中、市十一中2所，学生3190人，教职工364人。

文化体育

清末，在建福寺（福建会馆，今街道办事处）出土商代大青铜铙一件（存省博物馆）为湘潭市区唯一出土的商代文物。1950年，中山路剧院定名为“人民剧院”，时有外地京剧团来演出。1965年，街道成立“中山业余文工团”，利用鲁班殿作演出场地。1972年，境域湘潭地区建筑工程公司（湖南省第三建筑工程公司前身）建成露天灯光篮球场，每周举行职工篮球比赛。1978

年3月，人民电影院建成，放映厅设座位1050个。1985年，中山路街道文化站成立。1986年3月，中山路街道文化站图书馆建立，藏书3000册。1997年，境域有线电视基本普及。2004年11月12日，齐白石纪念馆新馆在大湖南路开馆；在白石广场举办首届中国（湘潭）齐白石国际文化艺术节开幕式。2005年，群艺影剧院建成，设座位425个。大码头居委会居民陈建文出资成立湘潭市首家龙舟协会。2006年，自力街聋哑人刘毅参加第四届全国特奥运动会，获足球项团体目金牌，被中国残联、国家体育总局授予“全国优秀特奥运动员”称号。2009年，境域有营业性网吧10个，电脑1241台。2015年，境域有营业性网吧6家，电脑685台。剧院1家。街道与社区均设有图书室，共藏书2万余册。有湘潭市二中沙土足球场（1992年建）1个和塑胶400米跑道标准田径场1个。

医疗卫生

1951年，湘潭工程公司在境域鸡公嘴建立公司卫生所；名中医朱卓夫在中山路设所应诊。1953年始，境域对2~6个月和6~12岁儿童实行种牛痘预防天花病。1954年，境域中学成立保健委员会，设立医务室。1955年，推广新法接生率70%。1957年，益民诊所与中医联合诊所合并成立湘潭市联合中医医院（市中医医院前身）。1977年，中山路街道合作医疗站更名为中山路街道卫生所（后又更名为中山路卫生院）。李冠群在中山路住所开设皮肤科诊所。1985年，境域各种疫苗接种率97.2%。中山路卫生院有医士3名，年医治病人1.8万人次。市中医医院有职工248人，其中医务人员192人；全年治疗17.56万人次。2003年，境域有公立医院4所，医务人员532人；私人诊所10所，从业44人。2005年，境域有民营诊所13所，从业人员73人；民营药店3家，从业人员10人。中山路街道社区卫生服务中心全年门诊2.4万人次。2015年，境域有民营诊所31家，从业人员120人，其中规模最大的为爱民医院，职工13人，床位20张；有民营药店12家，从业人员44人；有市二医院（1951年12月建院，前身为意大利教会博济医院）、市中医医院、省建三公司职工医院（1970年建院）、中山路街道社区卫生服务中心等公立医院4所，医务人员899人。

社会保障

中华人民共和国成立后，每年入冬，对少数缺衣被者，上级民政部门筹备棉服、棉被等物资发放。1952年起，对贫困户不定期发放救济金。1954年起，对贫困居民的医药费实行临时补助。1964年，享受医药补助13人，补助金额289元。1989年，社会救济32户34人，发放救济金1.35万元。1998年起，实行最低生活保障制度（简称“低保”），做到“应保尽保”。有低保对象143户261人，月发低保金1.3万余元。特别照顾45名孤寡老人和残疾人，月发保障金4690元。2004年，有低保对象118户2468人，月发保障金12.52万元。2006年起，实行城市居民合作医疗制度。是年11月起，低保标准增至180元/月。2008年起，实行居民购买医疗保险制度。2010年，低保标准增至220元/月。有低保对象1571户2913人，月发保障金64.69万元。2011年7月起，街道居民可以购买个人养老保险。2012年，低保标准增至380元/月。2013年，低保标准增至420元/月。2015年，有低保对象1294户2092人，月发保障金64.30万元。购买医疗保险居民7286人，购买养老保险居民193人。有优抚对象45人，发放优抚金22.52万元。

人民生活

20世纪50年代中期起，境域实行粮食按人定量供应政策。1959—1961 年，粮、油、肉、香干等生活物资紧缺，定量且凭票供应。手表、单车、收音机为“三大件”。到 80 年代末，各种票证基本取消，粮食销售放开，真正解决温饱问题。人均住房面积 15 平方米。彩电、冰箱、洗衣机成为新“三大件”。1994 年，境域居民人均可支配收入为 3184 元，人均居住面积 20.5 平方米。1999 年后，手机、空调、摩托车成为新“三大件”。2000 年后，住房制度改革，逐步取消福利住房，城镇住房进入商品化。部分条件较好的居民购买商品房。2004 年起，企业退休职工每年增加 10% 养老金。居民人均可支配收入 8742 元。2006 年，液晶电视、电脑进入百姓家庭。2009 年，使用手机逐渐增多，小轿车开始进入百姓家庭。2015 年，中山路街道居民人均可支配收入 28780 元，人均居住面积 40.1 平方米。

特色地情

风景名胜

鲁班殿 位于十六总自力街兴建坪 131 号。始建于明末，民国元年（1912）被焚。民国 4 年（1915），由泥木工人集资重建，是泥木工匠集会、祭祖、议事、看戏等活动的场所。鲁班殿系木结构穿斗式框架建筑，总长 40 米，宽 20 米，建筑面积 800 平方米，坐北朝南，前为戏台，中为过殿，后为正殿。正殿为上下两层，殿内鲁班像高大雄伟。整个建筑殿宇高峻，殿门交耸，雕梁画

鲁班殿

龙牌酱油

栋，特别是牌楼式殿门高耸墙壁上首泥塑浮雕“湘潭城全景图”，工艺精湛，气韵生动。1982年9月，市政府将其定为市级重点文物保护单位。2002年，省政府将其定为省级文物保护单位。2004年，市政府投资近百万元，修建鲁班文化广场。2008年，雨湖区政府对鲁班殿进行大修，重塑鲁班像，新立钟、鼓、鼎、香案等。

海会寺 位于雨湖区大湖街侧，始建于元代，明末予以扩建，开山祖师为璞忠禅师。原有下院道凤庵、觉林寺。20世纪30年代，在寺僧灵悟法师住持期间，进行全面修缮，灵悟、祗修等诸大德皆于此开坛传授大戒，著名爱国诗僧释敬安一度挂褡此寺。1962年，该寺被定为省级重点寺院。1978年后，先后分别重建天王殿、大雄宝殿、客堂与斋堂、观音殿、藏经楼、海会寺山门。现海会寺占地面积3088平方米，建筑面积4760平方米。山门正面“海会古寺”为赵朴初手迹，后殿为药师殿。右侧前为客堂，后为斋堂。左侧为观音殿，殿内两边有沿壁楼道共三层。殿内有观音菩萨塑像。

天主教堂 为同治元年（1862）“湘潭教案”发生于此。是湖南近代史上最早的一次教案。

名优特产

龙牌酱油 清乾隆初年（1740），龚庆祥始开酱园。道光三十年（1850），吴元泰、吴恒泰等专业酱园采用传统天然晒露发酵工艺酿造，产品保持着湘潭独特的“三绝”（色、香、味）风味。龙牌酱油公司成立后，先后开发出龙牌系列强化酱油、草菇老抽、红烧酱油、蒸鱼鼓油等10余种高档酱油调味品，富含18种氨基酸，260余种香气成分。清代著名诗人及书法家何绍基以“三餐人永寿，一滴味无穷”赞叹龙牌酱油。1915年，获“巴拿马万国博览会”金奖。从此名噪江南，成为地方名特产的代名词。1981年、1985年、1990年三次蝉联国家酱油最高荣誉银质奖。1988年，获首届中国食品博览会金奖。1994年，获第五届亚洲及太平洋国际贸易会银奖。2010年，再次被商务部认定为“中华老字号”；被国家工商总局评为“中国驰名商标”。

（撰稿：朱先湘）

广场街道

区域概况

地理位置

广场街道位于雨湖区西北部，东与云塘街道相邻，南与中山路街道、昭潭街道相接，西与长城乡、窑湾街道交界，北与先锋街道毗邻。另有“飞地”（由广场街道管辖，但不与广场街道其他地域相连）高岭社区在长城乡和先锋街道境域。因中华人民共和国成立初期，此地曾有南起老布市（杉树巷北侧），北至原市委（广云路），东起建设北路（原称大同北路地段），西至解放北路，可容纳10多万人集会的“人民广场”而得名（广场于20世纪60年代三年困难时期退还农民而废止）。

建置沿革

清，境域属湘潭县上四都。1947年，属湘潭县昭潭镇；1949年，属湘潭县城关区；1952年，属湘潭市南区。1962年，设立广场街道，隶属湘江区人民委员会。1965年5月，隶属河西区。1980年7月，隶属湘江区。1992年6月，隶属雨湖区。2015年末，街道建置无变化。

区划面积

1962年，广场街道辖中心、红旗、和平3个居民委员会。1969年12月，增设新建和韶山路两个居民委员会。1988年，辖和平、高岭、金塘、韶山路（红旗居民委员会并入）、广新、南盘岭6个居民委员会，有居民小组136个。1991年，增设西塘居民委员会；撤销广新居民委员会，按地域位置分别与和平、西塘两个居民委员会合并。2001年6月，辖高岭、金塘、南盘岭、和平、韶山路、西塘6个社区居民委员会。另与江麓机械集团有限公司双重管理中心、福利、建设3个社区居民委员会。2009年8月，撤销西塘社区居民委员会，按地域位置分别并入南盘岭社区和江麓集团有限公司中心社区。调整后，辖和平、南盘岭、韶山路、高岭、金塘、中心、福利、建设（含与江麓集团有限公司双重管理的3个社区）8个社区居民委员会，总面积6.2平方千米。至2015年年末，区划面积无变化。

自然环境

境域地势北高南低，略有起伏。海拔最高点65米。土壤多为红土、菜园土。无地表河流和矿产资源，地质结构主要由红岩、石灰岩、变质岩组成。地形呈棱形多边形状，属亚热带季风性湿润气候区，四季分明，冷暖起伏较大。光能资源较为丰富。年平均气温16.7℃~17.4℃，年平均日照时数1640~1700小时。年降雨量

1200~1500毫米，季节分布不均，年际变化大，雨多集中在4—6月，降雨量为580~670毫米，约占全年降雨量的46%。年平均无霜日275~280天。由于地势较高且离湘江较远，历年未发生水灾。境域常见树种有樟、杉、枫、梧桐、银杏等。其中樟树1棵，树龄88年；香樟3棵，最大树龄158年。

人口民族

1988年，境域有居民4438户14503人，其中男性7454人，占51.4%，人口自然增长率10.58‰。1995年，有居民6065户19345人，其中男性10252人，占50.3%，人口自然增长率5.42‰。2010年全国第六次人口普查统计，总人口36509人，其中男性18413人，占50.4%。人口自然增长率8.5‰。2015年年末，境域有居民10541户，39433人，其中男性19808人，占50.2%，常住人口33813人，流动人口5620人。有满、苗、回、侗、壮、瑶、土家、维吾尔等少数民族732人，占总人口的1.85%。人口自然增长率1.61‰。

经济发展

经济综述

20世纪50年代，境域居民多以种菜、养猪作为主要收入来源。从事作坊式铁作、碾米、印染、绣品、制豆、制酱、制烟、竹木制品等小手工业。1962年街道办事处成立后，第一产业逐渐退出，第二、三产业发展加快。1972年后，街道先后组建劳动管理服务站、泥木队、搬运队、破铁组等劳务输出单位，从事劳务输出。1985年，境域有街办工商企业7家，居委会办工商企业3家，从业人员221人。1988年，工商企业实行以承包经营责任制为主的企业改革。实现工业总产值85万元，实现社会消费品零售总额165万元。1993年，实施强商促工，工商互补，完成工业总产值284.5万元，社会消费品零售总额4587万元。2008年，街道抢抓机遇，完成工业总产值29249万元，实现社会消费品零售总额8091万元，固定资产投资6788万元，高新技术产值11753万元。2013年，实行“工业强街，商业兴街，做大做强”，完成规模以上工业总产值101656万元，实现社会消费品零售总额46795万元。2015年，以做精工业，做强房产开发业，盘活闲置资产为举措，全面推进街域经济发展。完成规模以上工业总产值184626万元，实现社会消费品零售总额6.13亿元。

工业

1950年，先后创办市塑料一厂、市食品机械总厂等20多家市属工业企业。1958年5月，国营江麓机械厂在境域建厂。对外称湖南水力发电设备厂（其首台产品在水府庙电站使用）。1985—1992年，街道先后创办企业7家，居委会办企业3家，共有从业人员221名。1993年，街委企业强化内部改革，实行不同形式承包责任制，引进专业技术人员6名，开发新产品25个。1994—1996年，相继创办街办挂靠企业5个，上交街道管理费12.5万元。2000年，街道工业总产值突破4000万元大关。2007年，因规模以上工业企业改制和关闭，10家街委企业相继破产。街道利用企业转型和政策优势，引进民营工业企业促使其上档升级，扭转街道工业经济下滑态势。精正设备、丹化农资、永恒重工、鑫源自控、峰达冶金等一批规模以上民营工业企业快速发展。2008年，实现工业总产值29249万元，工业增加值8600万元，实现高新技术产值1.18亿元。2015年，境域规模以上民营工业企业10家，从业人员

江麓机电集团有限公司

2500人，实现规模以上工业总产值18.46亿元，其中高新技术产值6.7亿元。

商贸服务

1958年，江麓机械厂由湖北汉阳兵工厂搬迁至境域，商贸业随之兴起。1962年，境域有国营、集体商贸企业15个，商业职工1089人。1978年后，境域先后创办国有、全民、集体所有制商贸企业125家，有商业职工5162人，个体商贸户1954人，年销售总额855万元。主要商贸企业有江麓百货商店、江麓肉食店、江麓饮食店、豆制品经营部、江麓豆作厂、广场蔬菜店、广场粮油食杂店、江麓农贸市场、建设北路农贸市场、江麓商业一条街。1986年，街道成立劳动服务公司，自办商业服务企业10个，有挂靠企业5家，从业人员332人，销售收入512.88万元，利润34.56万元。2000年，境域超市、连锁店、专卖店、个体私营商业网点迅速发展，有商业企业和网点52个，从业人员398人，实现社会消费品零售总额110万元。2003年，个体私营商业取代国营、集体商业，市场品位、结构和布局日趋合理。2008年，饮食服务业、烟酒槟榔专卖、服装鞋帽专卖、水果蔬菜专卖、肉食专卖、茶酒楼、洗浴健身、网吧、各类修配、KTV歌厅等休闲娱乐场所在境域得到发展，有商业企业和网点87个，从业人员549人，实现社会消费品零售总额1.2亿元。2015年年末，境域有商贸企业和零售店741个，从业人员2388人，实现社会消费品零售总额6.13亿元。

财政金融

20世纪60年代，街道成立初，无财政办事机构，由区财政部门代管。1972年，街道财政收入6.04万元，支出6.04万元，收入以上级拨款为主，有少量其他收入（管理费），设有财会室专人管理。1988 年，街道成立财政所，财政收入 8.9 万元，支出 8.9 万元。1995 年，街道财政主要来源是上级拨款、税收分成、收取企业管理费（体制改革前）、社区上交（资产提留）、门面租金等。1998 年，街道财政收入 30.43 万元。2000—2005 年，街委企业改革改制结束，企业上缴逐渐减少直至终结，街道财政走入低谷。2007 年，新的财政政策出台后，街道财政收入得以较快增长。街道财政收入 195.86 万元，支出 185.72 万元。2010 年年末，街道财政收入 248.7 万元，支出 243.18 万元。2015 年年末，街道财政收入 607.95 万元，财政支出 607.95 万元。中国银行、工商银行、建设银行、华融湘江银行、民生银行、邮政储蓄银行、农商银行在辖内设有 10 个网点，存款余额 220.86 亿元，贷款余额 162.25 亿元。

基础设施

交通运输

1957 年前，境域道路均为砂土质的人行便道。1958 年，解放北路建成，连通韶山西路和江麓机械厂。1959 年，广云路建成，长 1469 米，连通建设北路和解放北路。1960 年，湘黔铁路自东向西穿行境域，过境长 2 千米。1964 年，建成城区东西主干道，连通解放路和砂子岭，为 107、320 国道城区段。1966 年，新建高岭路，连通江麓子弟学校和湘潭市第一技校。1968 年，东西主干道更名为韶山路。1972 年，建成南盘岭路，连通韶山路。1980 年，韶山路更名为韶山西路。1983 年，修建马坡里路，连通解放北路。1984 年，修建广技路，连通江麓广场和铁路技校。1985 年，新建的建设北路竣工通车，该路长 820 米，宽 40 米。1986 年，公交 10 路车开通，二桥北至电大，途经先锋乡；新建陵园路，连通建设北路和烈士陵园。2003 年，北二环路建成通车，连通莲城大桥和潭邵路（现为 320 国道城区段）。2005 年，公交 14 路车开通，中心站至科大，途经二纺厂、桃源路口等。2006 年，公交 25 路车开通，为江麓广场环线，途经广云路。2009 年，提质改造金塘社区纺织路、友谊路，全长 1500 米。2010 年，提质改造金塘社区高岭路，全长 1000 米；提质改造和平社区马坡里路，全长 1500 米。2011 年，提质改造马家岭路、马坡里路、苏家塘路、何家湾路、幸福路、江麓小东门路等 8000 米。2012 年 9 月，建设北路延长线竣工通车，与金塘湾、潭锰路、北二环路交汇。2015 年，境域主要道路形成“三横三纵”（三横：北二环路、广技路——广云路、韶山西路；三纵：建设北路、高岭路——解放北路、南岭北路）网格布局。有纺织路、马家岭西路、平安路、二轻专工路、西塘冲巷、何家湾巷、苏家塘巷、广韶巷、广新巷等街巷与“三横三纵”主道相连。境域公交车通车里程 6.4 千米，市内公交始发线路有 25 路，经由线路有 10、14、17、105、107、115、117、118 路等。

邮电通信

1931 年，境域设有邮筒和信柜。1950 年，境域机关企事业单位均装有手摇电话。1987 年，程控电话在境域开通。20 世纪 90 年代初，程控电话进入普通居民家庭。2005 年，境域主要街道出现“便利邮局”。2007 年，境域家庭固定电话基本普及，有移动电话 3588 部。2015 年，邮政、电信、移动在辖区内设营业网点 14 个，有固定电话 3804 户，移动电话 27266 户，邮政电信业务收入 3.25 亿元。

供电供水供气

中华人民共和国成立前，境域居民照明用煤油灯，饮水则是塘水、井水。1962 年，供电所为各居民区安装、增添照明路灯。1965 年，与江麓机械厂协商，利用该厂生活用水机井自备水源解决江麓机械厂附近大部分居民饮用水问题。1968 年，与市政部门协商，解决部分零散居民住户生活用水问题。1970 年，对老旧舍区下水管进行更新改造。1975 年，与电力部门协同江麓机械厂，对境域电网进行更新改造，扭转限电、停电、用电紧张局面。1987 年，与市煤气公司和江麓机械厂协商，对供气设备设施和管道进行更新改造，确保居民使用管道煤气。2005 年，天然气接入湘潭并与煤气管网并网置换，辖区内不再使用煤气。2015 年，境域自来水管网长 20.82 千米，供水设施建设累计投入 3856 万元，有供水户数 14607 户。供电设施建设累计投入 1398.38 万元，供电线路总长 32.41 千米。天然气设施建设累计总投资 475 万元，有供气户数 14607 户。

街区建设

1962 年，街道办事处成立，此后逐年对境域树木进行栽培、补植。1973 年起，经与相关单位协商，先后解决街道机关、和平、南盘岭、金塘、高岭、韶山路等居委会办公用房，共计 5000 平方米。1988 年起，街道对环境卫生、食品卫生等进行整治。2001 年，与江麓机械厂协商，解决福利、中心、建设 3 个社区居委会办公用房，尔后进行提质改造，总面积 1380 平方米，其中，福利社区 400 平方米，中心社区 400 平方米，建设社区 580 平方米。2009 年，在境域进行绿化补植。2012 年，硬化小街小巷路面 3500 米，改造下水道 6 处 300 米。2013 年，硬化小街小巷路面 1 条 500 米，安装路灯 12 盏。至 2015 年 5 年中，街道和社区对办公场地和设施进行提质改造，总投资 1426.09 万元，建筑面积 6709.9 平方米。

社会事业

教育

中华人民共和国成立前，境域教育靠私塾。1950 年，广场学校、南盘岭小学在境域创办。1960 年 9 月，境域江麓机械厂创办子弟中学。1972 年夏，境域湘潭专署直属完小改为市第十三中学。1974 年 12 月，江麓机械厂职工大学在境域创办。1979 年 9 月，湖南广播电视大学湘潭分校创办。1983 年，市第十三中学更名为市第一职业中学，以职业技术教育为主。1985 年 9 月，湖南煤炭工业学校大专班创办。1999 年，市第一技工学校晋升为国家高级技工学校。2000 年，境域有学校 9 所，学生 8108 人，教职工 954 人。2001 年，煤炭工业学校并入湘潭大学，组建湘潭大学职业技术学院。2005 年，江麓子弟中学移交雨湖区政府管理，更名为江麓学校。2009 年，市第一技工学校与市第二技工学校合并，成立市技师学院。2010 年，境域有各类院（学）院 12 所，学生 11458 人，教职工 1142 人。2011 年，南盘岭小学并入雨湖韶西逸夫小学，成为韶西逸夫小学北校区。至 2015 年的 10 年中，境域历年教育设施建设投入 21090 万元。年末，境域有各类院（学）校 11 所，学生 10289 人，教职工 1183 人。适龄儿童入学率 100%。

文化体育

1963 年，江麓机械厂投资 4.5 万元，在境域新建田径场，面积 9876 平方米，座位 500 个。1965 年，江麓机械厂在境域成立电影放映队。1974 年，江麓机械厂成立业余体校。1980 年，江麓机械厂修建足球场。1989年，街道成立文化站。1997年，境域有线电视基本普及。1998—2002年，街道组织参与江麓广场、白石广场举行的大型广场文化活动。2005年，街道组织培训文艺宣传队，深入社区开展文艺活动。2007年，街道派出文艺宣传队参加“活力雨湖”群众文化系列活动。居民自发组织的以中老年妇女为主体的广场舞流行。2010年，街道建立文化活动室9个（街道机关1个，社区8个）。各社区腰鼓队、龙灯队参加白石广场庆元宵文艺演出和省运会开幕式。2012年，境域有广播电视站1处，各类图书室5个，藏书5000余册，85.5%的社区安装健身器材。截至2015年底，街属文体设施建设总投入353.3万元，有文体站点9个；境域有体育场所49个，民间文艺体育团体34个，民间文艺体育兴趣爱好者1335人。

医疗卫生

中华人民共和国成立初期，境域仅1家私立诊所。居民缺医少药的现象较为严重。不久，江麓机械厂医务室（江麓机械厂职工医院前身）创办，有医务人员2名。1959年，市精神病医院在境域金塘湾创办（前身为湘潭专区精神病疗养院）。1962年，江麓机械厂职工医院改称江麓职工医院，有医务人员69人。1974年，市精神病医院更名为湘潭地区精神病医院；1984年，又更名为市精神病医院。2000年，境域有医院、卫生所和个体医疗点13个，医务人员319名，床位1048张。2002年，街道在江麓职工医院挂牌成立广场街道社区卫生服务中心，为社区居民提供医疗、预防、保健、康复、健康教育、计划生育技术指导“六位一体”全方位服务。2004年，市精神病医院由民政部门划归市卫生局主管，更名为市第五人民医院。2005年，江麓职工医院改制后更名为江麓医院。2010年，境域有全民、集体和个体医院（卫生所）15个，医务人员648人，床位1453张。2012年，江麓医院移交雨湖区政府管理。2015年末，境域有医疗卫生院（所）16个，医务人员688名，医床位1674张，个体药店16个，个体医生51名。

社会保障

1962年，街道组织驻街单位对遇天灾人祸的农民和居民进行救济。1968年，对境域农民和居民中孤、老、残、幼、病者定期发放救济粮款。1971年，对失业人员和无业贫民进行以工代赈，生产自救。1984年，安排12名残疾人就业。1988年，提高孤、老、残居民的救助标准，年人均生活费405元。1991年，对特困对象，每人每月补助50~80元；对残疾人、孤儿每人每月补助20~50元；对复退军人每人每月补助20~30元。1996年，将长期患病、重症病的特困户、残疾人、孤儿的对象纳入最低生活保障范围。2007年，低保标准由1997年的120元/月提高到180元/月。2011年，境域有低保户1416户2864人次，发放救济金604797元；大病救助36户，发放救助金102500元；临时救助26户，发放救济金4.9万元；发放金叶慈善医疗救助卡45人，金额4.5万元；发放参战退役人员及“三属”（指革命烈士、因公牺牲军人、病故军人的家属）人员45人次，定补金152748元；重点优抚对象补助8100元；发放退役军人生活补助41400元；发放参战退役人员医疗卡45人。补贴廉租户100户，发放补贴金129816元。2015年，辖区有低保户937户1587人，发放低保金479278元/月。临时大病救助40户84500元。享受廉租房租金补贴161户18364元。

人民生活

1961年前，境域尚属城郊，居民多为农户，除部分房屋和寺庙是砖瓦结构外，绝大部分是茅棚草舍，住所矮小、狭窄，不少居民和村民三代同室。1966年始，旧有茅屋改造成土木结构瓦房，三四成农户新建住宅。1978年后，随着城市建设步伐加快，境域农民逐步转为城市居民。居民收入呈现多样化，工资性、财产性和转移性收入增加。1996年，境域居民人均收入4478元，人均居住面积14.2平方米。2000年，开始实行住房制度改革，人均居住面积逐年增加。2008年，居民人均居住面积23.25平方米，年人均收入15546元。2015年，居民年人均可支配收入17892元，其中工资性收入16640元，占总收入的93%。人均居住面积29.59平方米。彩电、冰箱、洗衣机、电脑等基本普及，手机持有者86.8%，每百户居民拥有汽车17.8辆、摩托车26.8辆。

（撰稿：王荣林）

昭潭街道>>

区域概况

地理位置

昭潭街道地处湘潭市雨湖区中部，东邻中山路街道，南接窑湾街道，西连长城乡，北临先锋乡。据史书《湘中记》《寰宇记》《异苑》记载，昭山下昭潭、潭水如墨、深不可测，自古以来遐迩闻名，故以“昭潭”命街道名。

建置沿革

后汉时期，境域属临湘县。三国时期，属湘西县。两晋、南北时期，属湘西县。隋朝时期，属衡山县。唐朝时期，属长沙县。唐天宝八年始，属湘潭县境。明朝时期，属湘潭县移风乡下五都。民国21年（1932），属湘潭县九区正心乡。民国33年（1944），湘潭沦陷，属涟北行署。抗战胜利后，属湘潭县姜畲乡。1949年8月，属湘潭县城关区，1950年7月，属湘潭市（县级）。1962年，属郊区。1963年9月，昭潭渔业人民公社成立。1965年8月，成立昭潭人民公社。1984年，更名为昭潭乡。2014年末，更名为昭潭街道。2015年，建置无变化。

区划面积

1965年8月，昭潭公社辖广场、大湖、金星和建城4个大队，28个生产队。总面积2.19平方千米。1978年，将4个大队划为一、二、三、四、五、六、七7个大队，21个作业组。1979年，将一、二大队合并，重新设置为一、二、三、四、五、六6个大队。1980年，辖广场、楷树园、高标巷、许家铺、烟竹冲、建城6个大队，40个生产队。是年，先锋人民公社所属中心、建新2个大队划入。1992年，辖广场、楷树园、许家铺、烟竹、高标、建城6个村民委员会，36个村民小组。2009年，新增富民城、宝丰街2个居民委员会。2015年年末，区划无变化。境域总面积2.5平方千米。

自然环境

境域地处丘陵、平原地区，属亚热带季风气候区，四季气候分明。春季，阴雨天多，气温低，温差大；夏季，多阵雨，温湿度高，天气炎热；秋季，气温由高到低，时冷时热；冬季，雨量少，寒冷，干燥。年平均温度在18℃上下，以1月、2月最低；7月、8月最高。境域土地较少，以菜园土为主。无河流经过，南部多湖泊、湿地，以地表水为主。无储量丰富矿产。

人口民族

1965年，境域有1592户4784人。其中男性2066人，人口自然增长率19.23‰。1977年，境域有2090户6250人，人口自然增长率

15.45‰。1984年，境域有2113户6291人。其中男性3529人。人口自然增长率11.98‰。1992年，境域有1957户6357人；成建制转户后，无农业人口。其中男性2879人。人口自然增长率7.38‰。2010年，辖区有7966户23224人，其中户籍人口16090人，少数民族人口80人，占总人口的0.34%。人口自然增长率5.16‰。2015年，境域有8486户29634人。其中男性12823人，户籍人口18694人；少数民族人口72人，占总人口的0.24%。人口自然增长率11.79‰。

经济发展

经济综述

1965年，境域经济以种植蔬菜、养猪、养鱼为主。1970年，发展社队集体企业，产品有铸管、塑料、橡胶、井盖板、猪棕等门类。1984年，兴办乡村企业，完善农村家庭联产承包责任制，乡办企业27家，村办企业1家，个体企业159家。完成工农业总产值1483.2万元，农业总收入268万元。1992年，完成工农业总产值7000万元，其中企业收入4576万元。1994年，乡政府依托区位优势，投资建设湘潭首家大型建筑装修材料批发市场。1995年，乡政府向各村拨付50万元启动资金，发展集体经济。全年完成国民生产总值3.17亿元，其中企业总产值3.1亿元，农业总产值665万元。1996年始，境域商贸业、房产建筑业得到快速发展。2000年，招商引资2000万元，完成社会总产值9.83亿元，房地产建筑业总产值8101万元。基本形成以专业市场为主导，城镇化程度高，商业经济较为活跃的典型“城中乡”。2015年，规模以上工业总产值1.19亿元；固定资产投资1.98亿元；实现到位内资1.88亿元。

种植业

清嘉庆年间（1817），境域菜农在楷树园至高标巷开辟两大片菜地。高标巷的热水白菜、热水萝卜菜负有盛名。20世纪50年代，以种植粮食和蔬菜为主。1965年，辖内有耕地100公顷，菜地62.8公顷。1972年，进行基本农田建设，将大湖、广场、金星3个大队1100块零星菜地，平整改造为200多块、成行成线大田园。1973年，公社新建1所蔬菜科研站；投资16万元，盖1栋2000平方米大棚温室。1979年后，由于社队企业发展，耕地被占用，逐渐减少。1980年，全乡耕地58.07公顷，菜地48.67公顷，上市蔬菜427.97万千克。1988年末，因耕地进一步减少，境域有集中连片蔬菜基地24.97公顷，上市蔬菜300万千克。2000年，境域因项目建设征用土地，已无集中成片耕地，仅有零散耕地6.67公顷。至2015年，境域种植业基本退出。

养殖业

生猪养殖是辖区优势项目。砂子岭为远近闻名仔猪交易地，交易长盛不衰。1973年，在“以私养为主、公私并举”养猪方针引导下，投资建设6栋猪舍，面积2000多平方米。1978年冬，投资11万元，将老汽车站附近5.33公顷低洼坑地（黄泥湖、大湖）改造成渔场，成立昭潭渔场，水面扩大至8.2公顷，开始渔业养殖；在渔场过水渠上建1栋100米长猪场。1980年，推广饲养二元杂交猪和瘦肉型生猪。有规模猪场6个，出栏生猪7317头。上市鲜鱼4.09万千克。1981年，郊区水产科在黄泥湖投放80平方米网箱，放养罗非鱼。1984年，林场猪场主办良种养殖场，年出栏生猪5000头。1988年，出栏生猪17908头。随后，由于土地征用，猪场减少，私养户逐渐退出，生猪出栏数量逐年递减。全乡93口鱼塘养殖，22.16公顷水面，上市鲜鱼9.27万千克。1991

年，乡政府投资昭潭渔场，上市鲜鱼 12.7 万千克。1994 年，全乡水塘 11.73 公顷，年出产鱼类 26.4 万千克。随着建设项目征用，水面逐渐减少。1996 年，上市鲜鱼 8.6 万千克。1999 年，昭潭渔场猪场、昭潭林场猪场先后被征用，完全退出集体养猪时代。2005 年，政府提出“城中村”退出养殖，生猪养殖户进一步减少。2014 年，执行省政府《湘江两岸养殖污染防治工作实施方案》，全面禁止湘江流域养猪，关闭 1 户年存栏 300 头、出栏生猪 500 头的养殖户。境域存栏 50 头以上，出栏 100 头以上养殖户仅 3 户。是年，昭潭渔场水面全部被征用，退出大规模渔业养殖。2015 年，随着环境变化，水塘逐渐废弃，不再为渔业生产所用。

林业

20 世纪 60 年代，境域无成片林，基本为荒山。1973 年，昭潭公社响应号召，垦荒造林，将砂子岭附近的“鬼岭子”近 6.67 公顷山地开荒种植果木，并成立昭潭林场进行管理。1975 年 7 月，长城公社林场划给昭潭公社管辖，林场面积扩大至 19.33 公顷，其中山地 10.67 公顷，橘园 8.53 公顷，产柑橘近 9.6 万千克。1991 年，橘园上市柑橘 21 万千克，创柑橘历史纪录。2000 年，因城市项目建设，全部征用昭潭林场土地。至 2015 年，境域已无成片林地。

工业

20 世纪 60 年代，境域先后创办广场机电厂、昭潭农机厂、赤锋铸造厂、猪鬃厂等企业，有从业人员 200 余人。1979 年，创办各类企业 19 家，从业人员增至 1347 人，完成社办工业总产值 645 万元。1984 年，乡办企业 27 家，村办企业 1 家，涉及机电、化工、轻工、建筑材料、食品、修理服务等行业，主要产品有下水管、井盖板、柴油机、硝酸铝、硝酸钡、橡胶鞋底、粉丝、酱油、

金都大市场（胡亿群 摄）

湘潭建筑装饰材料市场（胡亿群 摄）

猪鬃制品、蓄电池、安全帽、预制构件、印制品等20余种,完成工业总产值1215.2万元。1989年,乡政府在工业企业中实行风险抵押承包。至1994年上半年，大多数企业出现亏损，出现关停产状况。1996年，乡政府对猪鬃厂、塑料厂、铸管厂、工程公司4家乡办企业进行股份制试点。1999年，8家工业企业进行股份制改造。2000年，完成工业总产值3.02亿元。2002年，乡、村工业企业全部改制，集体企业不复存在。2006年起，先后引进新立矿山、天人谷业、金饭碗、龙牌酱油等规模民营工业企业作为辖内工业主导。2015年，境域有规模工业企业3家，从业人员673人，完成工业总产值11.89亿元。

商贸服务

1958年，公社成立之初，仅几家手工作坊，以生产豆腐、手工缝纫为主。1979年，公社开始兴建昭潭饭店，为境域第一家集体商业。1981年5月，昭潭饭店对外营业。占地5200平方米，分住宿、餐厅、商场、会场四大部分，设床位320个。1984年，境域有个体户159家，从业人员333人，主要经营饮食、食品、蔬菜、烟酒、果品、服装、图书等。个体商业主要集中在砂子岭、南盘岭一带。1991年，投资200万元，兴建湘潭市第一家仿古茶楼鹤鸣楼和第一家米市。投资85万元，建设第一条乡办商业街大西门市场。1993年，乡政府投资110多万元，企业、村、个人投资200多万元，在大西门市场兴办“湘潭市大西门物资调剂拍卖市场”。1995年，投资800多万元，先后在韶山西路、大湖路、宝庆路、迎宾路、南岭路兴建建筑装饰材料市场、糖酒副食批发市场。新增临街商业门面370个，经营面积1.5万余平方米。对晨辉工程公司综合大楼、韶山西路商贸群楼、超速大厦、望湖楼等一批商贸基地进行改造，新增370个临街门面，1.5万余平方米。1996年，昭潭饭店改制为民营企业金鑫宾馆。1997 年，先后建成金都大市场、市建筑装饰材料市场、市糖酒副食品批发市场、湘潭旧货市场、蔬菜批发市场、汽车配件市场、水果市场、槟榔市场等多家专业市场，形成建筑材料、糖酒批发、蔬菜批发、家具服装、汽车配件、电器灯具等多种产品市场群，有从业人员 2 万余人。2000 年，完成社会消费品零售总额 6 亿元。2005 年 5 月，金都大市场续建第三层家俱市场，经营摊位增至 1000 余个。2015 年，境域有专业批发市场 3 家，从业人员 8107 人；农贸市场 2 家，经营户 203 户，从业人员 514 人；个体户 963 家，从业人员 3857 人；家庭小旅馆 242 家，从业人员 1089 人。完成社会消费品零售总额 28.37 亿元。

财政金融

1966 年，境域成立昭潭信用社。1984 年，昭潭信用社储蓄存款总额 268 万元。1992 年，乡财政主要来源是农业税和企业税，财政收入 252.41 万元，财政支出 254.13 万元。1994 年，成立昭潭乡农村合作基金会，增设营业网点 2 个。1995 年，工商银行雨湖支行迁入境域办公，金融网点增至 8 个。财政收入 606 万元。财政收入来源为税收分成和上级拨款（下同）。1997 年，农业银行河西支行搬入境域，增加网点 2 个。1999 年，农业发展银行湘潭市支行迁入，境域金融网点增至 12 个。2000 年，财政收入 1614 万元，财政支出 1608 万元。2003—2005 年，调减、免征农业税，停征屠宰税，财政收入略有减少。2005 年，乡财政收入 1417 万元，财政支出 1419 万元。2006 年，中华联合财产保险股份有限公司雨湖区支公司落户昭潭，开展保险业务。2015 年，境域有中华联合财险保险公司 1 家；有农业发展银行湘潭分行 1 家；有市农村商业银行、工商银行、农业银行 3 个支行 12 个营业网点；从业人员 300 余人。年末，金额机构存款余额 29.55 亿元，贷款金额 19.85 亿元。财政收入 1102 万元，财政支出 1110 万元。

基础设施

交通运输

清代，石牛铺西驿道经过境域。1928 年，潭宝路自窑湾潭宝汽车站始发，过境域。1965 年，市政府新修韶山西路，经境域楷树园至长城乡砂子岭，过境 2 千米。1987 年，境域有简易公路 6 条，长 9 千米，平均每平方千米有路 4.13 千米。1992 年，对宝庆路（砂子岭至唐兴桥）进行提质改造，改造后，长 1423 米，宽 33 米；将十万垅左撇洪渠明渠改造成暗涵。其后，相继整修和改造宝庆路、迎宾西路、迎宾东路、南岭南路、宝丰街、立竹路、万宝路、金砂路等 10 多条道路，基本形成路网结构。1996 年 6 月，湘潭汽车西站在境域建成运营，开通湘乡、韶山、长沙、株州 4 条线路。2003 年，增开宁乡市际班线，开通湘潭县农村客运线路。2015 年，汽车西站形成从境域覆盖所有湘潭县乡镇和湘乡、韶山 86 条农村客运线路以及长沙、株州、宁乡等市际班线，200 多台车进行营运，日均发送旅客 4500~5000 人。市内 3、5、6、9、15、17、101、102、109 路等公交线路途经境域。

邮电通信

清朝，境域石牛铺设有递铺，用于传递官府文书。清光绪二十五年（1899），清政府在湘潭始设支局，时湘潭至长沙、宝庆（今邵阳）、衡州（今衡阳）3 条邮路中，湘潭至宝庆邮路过境。民国 17 年（1928）3 月，该邮路开通汽车投递。1951 年后，配有乡邮员，负责乡、村、农户邮件投邮、寄出。1965 年，昭潭公社安装磁石电话机 1 台。

1982年，改造昭潭公社总机1台，单机12台，新架水泥电杆，改造从公社到大队线路。1987年，陆续安装自动电话。1991年，境域程控电话开通。2005年，境域电话户户通。2015年，家庭固定电话基本被移动电话替代，宽带网络普及率90%以上，有手机5948部。

供电供水

20世纪60年代始，开始进行农电输送。1965年，成立昭潭人民公社，设立昭潭农电站，负责辖区农电输送和电网改造。村民供水基本靠打井供水。1970年，广场、大湖、金星、建城大队均由电网输送，部分农户装上电灯。至70年代末，广场、楷树园、高标巷、许家铺、烟竹冲、建城大队，40个村民小组2100户农户全部通电。随着家用电器、农业机械普遍进入农户，农业用电逐年上升。1986年，高标村筹资42万元，修建50吨容量水塔一座；1987年，水塔陆续向高标村及周边的村民提供自来水。至1993年，水塔供水5000余人。1994年始，村民开始连接城市自来水管网。1996年，实行城乡同电同价。1998年，投资2700万元，在商贸特区金砂路建设一座容量5万千伏安的110千伏变电站。是年起，国家加大电力能源建设投入，大力改造农村电网。2000年，农村供电体制改革，撤销乡农电站，农电管理划归长城供电营业所。2015年，境域供水基本由城市供水管网代替，仅存150户村民仍使用村水塔供水。

水利建设

中华人民共和国成立前，塘坝为境域农田水利主要灌溉设施之一。1973年，境域有塘坝80处，蓄水量18.79万立方米。1981年，进行大规模农田基本建设，对黄泥湖等多口塘坝进行升级改造。境域内塘坝61处，蓄水量19.06万立方米。1987年，对辖内2条1200米水渠进行清淤，并投资12万元，护砌1条500米水渠。是年，有塘坝50处，蓄水量15.29万立方米。1994年，广场村投资30万元，疏通、改造广场渠道。1995年起，商贸特区开发建设迎宾路、韶富路等道路，将原有水渠进行改造覆盖，成为城市下水管网一部分。至2015年，因土地征用，境域已无农田水利设施，仅留少数水沟渠作排水用。

街区建设

1977年，公社实行村庄化建设，总投资175万元，村庄化面积2.5万平方米。至1982年，有205户入住村庄化新居。1983年，启动第一次土地征拆，由江麓机械厂征收广场大队兴无生产队全部土地2.14公顷，兴无生产队和麓园饭店51户188人户籍转入广场派出所。1992年，昭潭乡政府筹资350万元，将韶山西路侧南盘岭至砂子岭临街旧门面进行全面改造，新建1条长750米、面积9000平方米商业街。是年，湘潭市成立经济开发区，规划境域用地33公顷。1993年，市经济开发区（后为商贸特区）在昭潭乡征收土地8.33公顷，拆除房屋9栋，面积1500平方米，完成4个村征用转户。1994年，广场村在广场渠道上建起40余间商品住房；许家铺村投资20万元，利用路边水塘兴建门面10个。1996年，许家铺村、烟竹村搬进集办公和门面于一体的新办公大楼。1997年，区旧城改造办开发付家塘地带及湘潭旧货市场、迎宾东路、迎宾西路、宝庆路加油站等建设用地征用拆迁，拆除临街商业门面31个，房屋1.1万余平方米。1998年始，先后启动金砂、立竹小区等14个住宅建设项目，总投资超过10亿元。至20世纪90年代末，境域逐步变为“城中乡”。2015年，境域南岭南路、白石古莲城、丹桂华庭二期等项目在建设中。有人力垃圾清运车20台，设置垃圾箱（桶）400个，村村配有清扫员。

社会事业

教育科技

境域小学教育始于早期私人祠堂办学。1949年8月，湘潭县人民政府派员接管公立小学加以恢复、改造，命名誓红学校。1950年，新办广场学校。1963年，誓红学校小学升格为完小，更名为许家铺初级小学。1966年，新建金星小学。1975年，昭潭农机厂技术革新，研制人工降雨机、A 365型青饲料切碎机等项目。1976年，广场大队一心生产队自育成产量稳定、抗病、耐热、耐旱能力较强的辣椒新品种，定名“广中椒”，全郊区逐步推广种植。1977年，昭潭蔬菜科技站试行蔬菜杂交制种和杂优一代利用获得成功。1978年，昭潭农机厂生产的50–32型全射流自吸式喷灌机受到省科学大会嘉奖。1980年，境域有小学3所，教师54人，学生1032人。1981年，投资36万元，新建昭潭幼儿园，总面积3600平方米，入园幼儿42名。1992年，乡政府制定企业更新改造和新产品开发计划，筹集资金210万元，用于企业更新改造和新产品开发。新产品开发增创收入1290万元。1993年，投资200万元，扩建广场中心小学，新建3000平方米教学楼。1996年，投资100多万元，扩建广场小学和许家铺学校。新建韶西逸夫学校，占地面积9666.5平方米，建筑面积5786平方米。全乡有教师64人，学生1616人；有幼儿园教职工24名，入园幼儿180名。2000年，金星小学撤销，师生分流至广场中心完小和许家铺完小。2003年，昭潭幼儿园因土地征收撤销。是年，加大企业技术改造投入和新产品研发，完成技术改造投入2050万元。晨辉化建研制具有国际先进水平的ABS合金管材管件，在第二届中国高新技术成果交易会上签订1300万元的ABS产品合同。昭潭化工厂开发D–650聚铣胺树脂，填补国内空白。印刷厂购买高分子聚合物产品专利，用于生产KDL高分子复合材料。2009年，广场学校并入风车坪学校。2013年，许家铺学校并入金庭学校。2015年，境域有民办幼儿园8家，入园幼儿500名，教职工54名；有小学1所（韶西逸夫小学），学生1724名，教师86人。

文化体育

1983年，境域农村文化活动以村民自发组织为主，主要有舞龙、舞狮、唱花鼓戏、放电影等。1985年，成立昭潭乡业余篮球队。1988年，创建乡机关图书馆，藏书近万册，发放借书证近1000个。1995年，辖内6个行政村都有文化活动室，面积80~100平方米。其中，烟竹村、楷树园村、许家铺村文化活动室的电视、投影音像等设备齐全。金源小区建起近100平方米室内文化活动室和乒乓球室。1997年，境域有线电视基本普及。1998年，昭潭乡文化站被省文化厅授予“百强文化站”称号。2000年，境域阳光山庄住宅小区内建有篮球场、网球场。2002年起，各社区、村先后办起农家书屋。2004年，境域定期举行龙狮闹元宵活动。楷树园村有歌舞队，烟竹村、许家铺村、金源小区各有歌舞、腰鼓、军鼓队。2010年，广场村开办第一家绿色网吧。2015年，境域各村“农家书屋”藏书均达1000册以上。

医疗卫生

清末，境域只有少数中医和草药郎中在民间治病。1969年，昭潭公社卫生院创办。1984年，公社卫生院改为乡卫生院，有病床13张，医务人员20人。各村均设有卫生室，共有“赤脚医生”6人，新法接生员3人。1986年8月，昭潭乡卫生院划归郊区人民医院，设病床40张，有医护人员55人。2004年9月，治疗颈肩腰腿痛专科医院——

民康医院落户境域。医院门诊、住院病房3800平方米，设病床92张，有医护人员65人。2007年，商贸特区社区卫生服务中心更名为昭潭社区卫生服务中心。下设高标、烟竹、楷树园3个村卫生室。有病床10张，工作人员26人，业务用房650平方米，承担境域3.2万居民基本医疗和12项基本公共卫生服务。2015年，境域有民营医院3家，从业人员278人；有个体诊所22家，从业人员115人；有个体药店7家，从业人员68人。

社会保障

中华人民共和国成立后，每遇较大自然灾害，及时拨发救济款和物资帮助灾民。1957—1975年，对丧失劳动能力而又无依无靠的老人，在衣、食、住、医、葬方面实行“五保”政策，由生产队供给粮食250~325千克，月生活费5~10元不等。1977年3月，实行社办合作医疗，成立社队联合医疗管理委员会，凡属公社社员均享受合作医疗待遇。1978年起，公社参照国家有关规定，试行农民退休制。凡男年满60周岁，女年满50周岁，经评议审核，符合条件的办理退休手续。一般每月13.8元，连续担任3年以上生产队长另加职务补助每月4元。退休人员医疗费用全免，去世后火化者补安葬费50元。至1980年，有104人办理正式退休手续。其后，合作医疗逐步解体，农民退休停止办理。1993年8月，全乡实施《关于村民养老补贴的实施办法》，对符合条件参加过集体生产劳动，男年满55周岁，女年满50周岁的村民，按季度发放养老补贴。1994年，首次发放养老补贴金22.9万元。1996年，对补贴方案进行修改，补贴标准提高。1998年7月，启动城市居民最低生活保障制度。是年，有6户11人首批享受最低生活保障，发放救助金8820元。1999年，最低生活保障对象每月增发补助金30%，有低保对象604户1162人，发放救助金130.81万元。2005年，启动实物配租住房政策和城乡医疗救助，3户低收入户分配到廉租住房。2006年，全面启动农村合作医疗，建立村民健康档案1975户5854人。2007年始，先后启动临时医疗救助、城镇居民医疗保险、失业保险、重特大疾病救助、失地农民养老保险、小集体养老保险等社会保障。首批联防队员13人参加失业保险；3735人申报失地农民养老保险；168人申报小集体养老保险。2015年，境域低保对象457户785人，发放救助金284万元；大病医疗救助47人，发放救助金18万元；临时医疗救助12人，发放救助金5.4万元；重特大疾病救助9人，发放救助金5.83万元；4814人参加农村合作医疗保险；637人享受失地农民养老保险待遇；127人享受小集体养老保险待遇。街道本级发放养老补贴652人，补助金92万元。

人民生活

民国时期，境域民众大部分居住条件差，生活十分困难。中华人民共和国成立后，境域经过土改和农业社会主义改造，发展集体事业，农民收入不断增加。20世纪80年代，电视、冰箱、洗衣机等家用电器和摩托车等交通工具进入普通居民家中。1985年，村民家中开始使用彩电，部分家庭安装固定电话。1992年，村民生活逐步提高，多建2~3层楼房，人均居住面积35平方米，人均纯收入2650元，彩电、冰箱、洗衣机普及率95%以上，家庭小旅馆逐渐成为村民主要收入来源，年人均纯收入1080元。2000年后，空调、电脑、移动电话等得到普及，汽车逐渐成为代步工具。2015年，境域居民人均可支配收入19866元，人均居住面积52平方米，家庭空调、电脑、移动电话普及率99%，家用汽车每百户15辆。

（撰稿：王　雅）

窑湾街道 >>

街道处“千里湘江第一湾”，新建有“窑湾历史文化街区”。

区域概况

地理位置

窑湾街道位于湘潭市雨湖区西南部，拥江中陆地杨梅洲，东与中山路街道相邻，南临湘江，西与长城乡相邻，北靠昭潭街道。窑湾古为制瓦做砖烧窑地，且处湘江港湾，相传窑湾由此得名。

建置沿革

晋代在今壶山侧建石头寺，其地处于石嘴垴大石旁，便称石湾。宋代称唐兴湾。元代起称锦湾。清中期，河滩潮泥烧砖瓦，遂称窑湾。清，境域属湘潭县上四都。1947年，属湘潭县昭潭镇。1949年，属湘潭县城关区。1952年，属湘潭市南区。1962年，窑湾街道办事处成立。1969年，窑湾街道办事处改称窑湾街道革命委员会。1980年，恢复窑湾街道办事处，隶属湘潭市河西区。

杨梅洲远眺（胡亿群 摄）

1986年，隶属新成立的湘潭市湘江区管辖。1992年6月，隶属湘潭市雨湖区管辖。2015年，街道建置无变化。

区划面积

1988年，辖唐兴寺、正福街、文运街、砂子岭、窑湾、立新、水来坪、杨梅洲、梅州村9个居委会。总面积2.73平方千米。2001年，辖砂子岭、唐兴街、窑湾、正福、文运、杨梅洲6个社区居委会。总面积3.25平方千米。2009年，由6个社区合并为4个社区，分别为唐兴寺（正福街、文运街、唐兴寺合并）、窑湾、杨梅洲、砂子岭社区居委会。是年，因划入阳光山庄、龙凤佳园、曙光佳园、金马公寓、军干所、西城上筑、金源小区、沁园小区等8个居民小区，境域面积增至4.2平方千米。其中，耕地面积24.54公顷。至2015年，区划面积无变化。

自然环境

境域地貌为河流侵蚀及沉积作用而形成的江河平原滩涂地，海拔高度多在50米以下。土壤多为黄红色网纹状黏土。属中亚热带季风湿润气候区，年均气温16.7℃~17.2℃。年降雨量1389.4~1437.8毫米。年均日照时数1650~1720小时。冬春两季多北风，夏秋两季多南风。年均无霜日270~280天。气候特征四季分明。境域属湘江水系，有较丰富地下水资源，无储量丰富矿产。

人口民族

1988年，辖内有居（村）民7223户13142人，其中男性6703人，占51%。人口自然增长率2.8‰。1996年，总人口13710人，人口自然增长率5.9‰。2001年，有居（村）民5062户13570人，其中男性6989人，占51.5%，人口自然增长率4.9‰。2015年，有居（村）民5015户14513人，其中男性7394人，占50.9%。人口自然增长率6.93‰。境域人口以汉族为主，有少量回族等少数民族。

经济发展

经济综述

明清起，境域水运发达，为木材、粮食集散地，并有铁作、印染、绣品、制酱、豆作、碾米等作坊式手工业和食品制作加工。随后，餐饮、南杂、钟表、缝纫、理发等服务业兴起。20世纪70年代，境域10多家企业多为集体或国有企业。1988年，工商企业实行以“承包经营”为主的企业改革。完成工业总产值507万元。1992年，新雨湖区成立后，突出发展非公有制企业。1995年，实行风险抵押经营责任制，同时对街委企业实行租赁经营，扩大对外招商引资力度，促进经济健康稳步增长。1999年，有街委企业10家，完成工业总产值2023万元，实现社会消费品零售总额3012万元。2005年，街道围绕“夯实基础，内引外联”的思路发展经济，二、三产业成为街道经济两大支柱。2008年，完成规模以上工业总产值5571万元，完成固定资产投资4876万元，引资3000万元，实现社会消费品零售总额5400万元。2012年起，坚持“文化带动、旅游兴街、产业富民”的发展思路，提升老城区形象、推动项目建设。完成规模以上工业总产值4亿元，完成固定资产投资30188万元。2015年，完成规模以上工业总产值55592万元，完成社会消费品零售总额4亿元，完成固定资产投资8.5亿元。

工业

晋朝陶侃在石头寺设帐指挥驻兵作战时，在杨梅洲造兵船。南宋时开始造商船。明朝时杨梅洲造船业较为发达。1853年，湘军曾国藩办团练，在杨梅洲办船厂，制造非机动船。民国时期，钧兴铁工厂造省内首台蒸汽机；杨福盛船厂造首艘小火轮。中华人民共和国成立后，造船工人组织生产合作社。1958 年，湖南省航运局接收船社改为造船厂。1964 年，与市船舶厂合并，改为湖南省湘潭船舶厂。1988 年，境域有 56 家企业，其中街办企业 37 家，居委会办企业 19 家，从业人员 358 人，完成工业产值 251.09 万元。1991 年，新增企业 3 家。18 家工业企业中，有 17 家盈利，1 家因材料无计划被迫停产。1993 年，街道完成工业总产值 805 万元。1998 年,境域有 68 家企业，完成工业总产值 1793.47 万元。电器电瓷厂实行改制。2000 年，境域有 36 家民营企业，从业人员 129 人。2007 年，有民营企业 28 家企业，从业人员 107 人,完成工业总产值 3527 万元。是年，引进内资 1800 万元。2015 年，辖内有民营企业 60 家，从业人员 487 人，完成工业总产值 55592 万元。其中规模以上工业总产值 4.9 亿元，工业增加值实现 15% 的增幅。

商贸服务

明清两代，境域商业发达，水运交通方便，有“小南京”美称。主要商品有粗布、竹、木等简易制品，药材、棉花、玉米、食盐、粮食、肉类、禽类等，是湘潭古城商品的集散地。中华人民共和国成立后，境域商贸业发达，基本满足市民吃、穿、用等生活日用品。1978—1984 年，形成以国有企业为主业，门类齐全的批发零售商业群体。1985 年，境域有工商企业 215 家，职工 6542 人，个体商业企业 128 家，2854 人。1988 年，境域有 40 多个商业门店，主要经营饮食、服装、旅游、烟酒、日杂、食品等商品，实现社会消费品零售总额 270 万元。1993 年，商贸服务门店增至 110 多个。完成社会消费品零售总额 420 万元。1998 年，境域商业网点发展迅速，有超市、餐饮、专卖店 314 家，实现社会消费品零售总额 905 万元。2007 年，招商引资力度加大，引进商业项目 8 个，总投资 6000 万元。街道实现社会消费品零售总额 3527 万元。2009 年，特色饮食兴起，窑湾“河鱼一条街”有店家 20 余家，上缴税收 250 多万元。2011 年，窑湾仿古休闲旅游度假区及古街商务旅游项目建设启动，该项目被列入湖南省旅游集体招商项目。是年，实现社会消费品零售总额 15934 万元。2015 年，境域有工商企业 1514 家，从业人员 5254 人。实现社会消费品零售总额 4 亿元。

财政

清咸丰元年（1851），曾国藩家管账人王瓛臣在境域由义巷开办义源当铺。1984 年，区政府对街道办事处采取“定收定支，收入按政策上交，基数按比例返还，超额分成，支出定额包干，节余留用，超支自理”的办法管理财政。财政收入以上级拨款、自筹及预算外收入、税收为主要来源。是年，街道财政收入 8.09 万元，支出 8.09 万元。1988 年，街道财政收入 23.1 万元，支出 23.1 万元。1994 年，街道成立财政所，财政收入主要来源是上级拨款、税收征管、企业管理费、上级专项资金等。1998 年，境域工商税收增加，街道财政收入 64.9 万元，支出 64.9 万元。主要来源为税收分成。2007 年，街道财政收入 159 万元。支出 159 万元。2015 年，街道财政收入 293.87 万元，支出 293.87 万元。

基础设施

交通运输

民国 16 年（1927），湘潭至宝庆（今邵阳市）公路建成通车至境域。潭宝汽车站在境域建成，为国内第一个砖和钢筋砼结构的现代化汽车站。2002 年，窑湾连接杨梅洲的杨梅洲大桥建成通车，桥长1800米，宽27米，结束杨梅洲靠轮渡往返市区的历史。是年，境域18路公交车（火车站至新月村）开通。2004年12月25日，由于十万垅、新月大堤道路坑洼不平，18路公交车停开。2013年8月，政府投资280多万元，对新月大堤改造修建，道路进行硬化。2014年1月8日，18公交车恢复通车，由火车站至湘河寨，设21个站点。2015年，境域有新马路、沿江西路、唐兴街、正福街、文运街、中山路、人民路、朝阳街、宝太路、易家湖路、潭邵路、砂子岭路主要路段。有5路、15路、21路、103路、104路、24路、29路、115路、123路等公交车线路经过。

供电供水

民国以前，境域居民照明用桐油灯、菜油灯，饮用河水。民国7年（1918），毕业于日本医科学校的长沙人黄雁九集资成立湘潭大明电灯股份公司，设厂于十八总由义巷燕窝里。次年安装发电机和蒸汽机一套发电，城区开始用上电灯。1950年后，境域逐步普及电灯和自来水。2000年，对境域5个居委会居民家庭实现自来水增压，改变其居民用直流水的历史。2002年，杨梅洲居民饮水问题由祥鹏造船厂用水塔解决；2014年，市自来水公司在杨梅洲安装管道，居民全部改用自来水。2015年，境域用水用电由市电业局和市自来水公司统一供应。境域历年供水设施建设总投入205.02万元，供水居民户数5015户；供电设施建设累计投入318.25万元，供电线路总长18.55千米。

街区建设

中华人民共和国成立前，窑湾古街因常遭洪水浸泡，缺少整治，破旧不堪。1950年以后，因窑湾地势低洼，常年发生水灾，街区建设受到影响。1954年，街道对因洪水倒塌和冲走的54栋房屋进行重建和整修。1973年，结合整修防洪堤，对唐兴桥至砂子岭一带街道进行整修。1992年，投资114万元，整修杨梅洲水上公园8处游乐设施。1993年，全面整修石嘴垴小游园。至1996年，境域6所旱厕改为水冲式公厕。2000年，对市万利砂石公司在街道设关建卡进行清理整治，使街道运行畅通。至2007年，区先后投资180万元，对境域12条小街小巷提质改造，全部改为水泥路面，总长5000米，面积2600平方米；街巷绿化600平方米。2013年，窑湾历史文化街区保护和整治项目建设正式启动。该项目占地15.7万平方米，计划总投资13.57亿元。2015年，窑湾文化旅游街区一期项目完成128户房产签约工作，其中78户签约腾房。二期项目涉及总建筑面积18605.82平方米，完成拆迁面积14000余平方米。拆除违章建筑13861.43平方米。是年，境域有垃圾围子35个，垃圾桶156个，人力清运车23辆。

教育

民国16年（1927），境域创办湘潭县第三小学（唐兴寺小学前身）。同期，窑湾有私立锦扬小学（后称窑湾小学）、昭潭镇十八保校。1952年，设立窑湾学校。1957年8月，设立月塘完小；1963年9月，月塘完小改为初中。1972年2月，月塘初中改为市第九中学。1972年9月，湖南省船舶厂设立子弟学校（杨梅洲学校）。1988年，境域有中学1所（市九中），教职工97人，学生1033人；有小学3所，教师154人，学生1926人；有幼儿园1所，入园幼儿49人。1999年，窑湾学校合并到唐兴寺学校，适龄儿童入学率100%。2001年，省船厂子弟学校与企业拨离，归属雨湖区教育局。2004年，杨梅洲学校停办，并入唐兴寺学校。2007年，市九中合并到湘潭市工业贸易职业技术学校。是年，境域有小学1所，教职工38人，学生433人；有幼儿园3所，入园幼儿113人。2015年，唐兴寺小学合并到金庭小学分校（原市九中校区内），境域不再有学校，只有5所幼儿园。

文化体育

窑湾古街于秦代立壶山港，历经1700余年沧桑巨变，文化底蕴深厚。该地保存和原有的主要历史人文景观主要有壶山港、陶侃墓庐、唐兴桥、秋瑾故居、望衡亭等，人文荟萃，历史悠久。清代起，境域每年春节至元宵节，湘江沿岸码头都舞狮、玩龙灯；端午节举行龙舟赛，杀猪宰羊，仪式隆重。1950年，成立群众性文艺宣传队和业余花鼓戏宣传队。逢年过节进行演出。1975年，街道建立文化站，1981年，修建新马路文化活动室，面积80平方米。是年，杨梅洲、立新、水来坪、正福街4个社区的居委会设立文化室。寒、暑假期间，组织少年儿童举办故事会、游艺会、棋类、美术书法比赛等。1982年，窑湾街道文化站图书室藏书3000册，该室组织少年儿童开展图书阅览活动，被评为湖南省红领巾读书读报先进单位。1990年，街道筹资1.13万元，成立砂子岭老人协会，组织合唱队。1997年，境域有线电视基本普及。2004年，街道成立宣传文化站。2010年，境域设图书室3个，阅览室2个，活动室8个。2013年，投资近10万元，完善各社区体育锻炼设备设施。2015年，街道有文化站1家，社区文化室4家，体育健身场所12处，民间文艺体育团体15个，民间文艺体育兴趣爱好者5000余人，文化体育设施建设总投入180余万元。

医疗卫生

1949年前，境域居民由民间医生看病。治病以中医中药诊治。1953年，居委会配有卫生员（防疫员），实行传染病防疫报告制度。1955年，将疫情旬报改为疫情卡片，对传染病患者家庭进行访视和消毒处理。1959年，各居委会设立医疗预防点，开展钩虫病普查、普治工作。1962年，对“四病”（钩虫病、血吸虫病、丝虫病、麻风病）实行复查。1972年，对疟疾病人进行休止期抗复发治疗。1988年，窑湾卫生院成立，设床位5张，有医护人员7人。1996年11月，在文运街召开全市健康教育现场会。2006年，境域成立合作医疗管理委员会。2007年，境域卫生院设床位8张，医护人员12人，另有民营医院、诊所3家。2013年，杨梅洲成立卫生服务中心，解决杨梅洲居民看病难问题。2015年，境域有街道卫生院1家，社区卫生服务中心1家，民营医院、诊所3家，共有医护人员180人，设床位97张。

社会保障

20世纪50年代，湘潭市南区组织贫困群众及灾民开展以工代赈，生产自救，互帮互助；对丧失劳动能力的孤、老、残、幼、病居民定期发放救济款。60年代，对“五保户”实行社会供养。1981年，协同驻街单位安排8名残疾人就业。1987年，提高孤、老、残居民供养标准，人均生活费每年403元。1991年，实行对复退军人生活补助，每人每月20~30元不等；对残疾人、孤儿每月补助20~50元不等。1998年，启动城市最低生活保障，对231户及时发放社会救济和优抚费，发放最低生活保障费1.6万元。3月，发生洪灾，灾后为受灾户赈灾5118元。2002年，境域有低保对象1036户2766人，月发放保障金11万多元。2003—2004年，享受最低生活保障的居民1062户2326人，月保障金12.92万元，安置就业2641人。2007年，新增医保参保人数118人，有1169人享受城镇医保补助；新增养老保险人数165人。为低保对象1190户2457人发放低保金352.6万元。2015年，全街有低保对象860户1456人，发放低保金922.20万元；发放慈善医保“金叶卡”35张17500元；为16名80~90岁低保老人发放生活补贴8000元；救助大病对象14人次3.5万元；救助重特大疾病2人次13118

元；为精神、智力、重度残疾人居家托养服务15人；为69名重度残疾人发放特殊生活补助24840元。居民基本医疗保险参保9682人。有优抚对象24人，发放优抚金4.35万元。

人民生活

1949年前，境域社会生产力低，战争、洪水等自然灾害频发，居民生活贫苦。1950—1974年，窑湾居民享受政府定量计划供应粮食、布匹指标。中共十一届三中全会以后，收音机、电视机、洗衣机、电冰箱等家电陆续进入居民家庭。1980年，居民人均储蓄4800多元。1985年，居民家庭人均工资收入580多元；人均消费猪肉18千克、食物油6千克。1988年，居民可支配收入895元，人均住房7.74平方米。1997年，居民人均可支配收入5465元。人均住房18.5平方米。电话、冰箱、彩电、洗衣机普及居民家庭。2015年，居民人均可支配收入29237元，人均消费支出20733元，人均住房面积35平方米。居民食品消费支出占消费总支出的31.2%（恩格尔系数）。居民人均存款3.7万多元。

特色地情

洪水灾害

窑湾街道是老街区，地势低洼，又处在“千里湘江第一湾”之处，常年被洪水袭击。1950年，湘江汛期水位超过38米，窑湾被淹。1954年，连续3次洪峰，窑湾地区受灾严重，倒塌和冲走房屋58栋，淹没5171户。1956年、1964年、1968年、1976年均遭受特大洪灾，湘江最高水位都在39.41米以上，境域损失严重。1989年7月，湘江水位39.46米，窑湾5个居委会被淹，受灾居民1125户5565人，水灾损失3万元。1992年，湘江发洪水两次，水位分别为39.76米和40.35米，洪灾损失12万元。1994年，湘潭发生中华人民共和国成立以来最大的洪灾，窑湾遭到4次洪水袭击，前后历时40天，最高水位42.3米，有4个社区7588户5532人受灾。2002年，遭受7次洪水袭击，4次给居民造成较大损失。2006年，受台风“碧利斯”影响，湘江水位41.5米，洪水淹没唐兴街、窑湾、杨梅洲4个社区，有1646户4619人受灾，受灾面积1.55平方千米。2007年，湘江最大洪峰抵达，窑湾老街被淹，受灾居民2100户5500多人。2008—2015年，湘江防洪堤发挥作用，窑湾未发生洪灾。

风景名胜

义源当 位于湘潭市雨湖区十八总由义巷，是辛亥革命著名烈士秋瑾故居。秋瑾祖籍浙江绍兴，清光绪二十一年（1895）随父秋寿南到湖南湘乡。清光绪二十二年（1896），与王廷钧结婚，王家在湘潭十八总由义巷内开义源当，秋瑾居义源当后院。义源当内有房屋10间400多平方米，为砖木结构。民国33年（1944），房屋被日机炸毁，现仅存房屋3间。1982年，该处被定为市级文物保护单位。

望衡亭 位于窑湾石嘴垴，因晴日可望南岳衡山而得名。相传此地曾有陶侃钓鱼台。唐朝时

望衡亭（胡亿群 摄）

在此建黄叶亭。到民国初年，此处一片废墟。民国21年（1932），望衡亭重建，亭分三层，为花岗石结构。民国32年（1943），建造湘潭县望衡亭碑并作碑记，对望衡亭当时的结构和景致详细描述。第三层刊有“石嘴垴碑记”和“望衡亭记”石碑，亭柱上现存对联一副“地维天柱此孤石，岳色江声萃一亭”。1983年，望衡亭被定为市级重点文物保护单位。1984年，望衡亭由市政府拨款重修。

陶侃墓 位于十八总陶公山，是纪念长沙郡公陶侃而建的衣冠冢。陶侃字四行，江西浔阳人，曾驻节湘潭，于晋成帝咸和七年（322）丧葬长沙，湘潭百姓为纪念其政绩而建陶侃墓。墓为三合土封固，长3.7米，宽1.85米，高2米，墓碑上镌刻有“晋都督陶恒公墓”“民国十年重修”等字。陶侃衣冠冢建于何时不可考，1958年9月墓庐被拆。1982年9月，市政府将其定为市级重点文物保护单位。1983—1985年，对陶侃墓进行多次维修。

何腾蛟墓 位于十八总陶公山。何腾蛟，字云从，贵州黎平人，明崇祯十七年（1644）任兵部侍郎。都督湖广、四川、云南、贵州、广西军务。清顺治六年（1649），何腾蛟入潭督师抗清，兵败被俘不屈就义于流水沟，葬于陶公山，追赠中湘王，溢文烈。何腾蛟墓用三合土封固，墓长3.8米，宽2.25米，高2米，墓左有墓庐，墓前有花岗石碑，墓刻“明阁学何忠诚公墓”。1958年，何腾蛟墓围墙、石栏、墓庐均被拆毁。1982年9月，此处被市政府定为市级重点文物保护单位。

唐兴桥 位于十八总沿江西路陶公山右下，因邻近唐兴寺而得名，清初修建。唐兴桥系单孔石拱桥，净跨12米，宽6米，桥身和桥面为麻石砌成，两旁的麻石望柱（34柱）上雕有狮、兔、猴等兽，部分石栏上刻有禁止推车、禁止摊担、禁止灰屑、禁止粪船、禁止吊船等字样。由于地处交通要道，历年多次进行维修。1950年9月，唐兴桥由市人民委员会组织维修。1982年9月，唐兴桥被市政府定为市级文物保护单位。1983年，唐兴桥得到加固和大规模维修。

潭宝公路汽车站 位于窑湾（湘江西路134号）。始建于1925年，建成于1927年。占地0.66公顷，由时任湖南省公路局总工程师周凤九设计。车站设有站房车房、转车坪、停车坪、汽油室等。车站形状呈现磨盘式，雄伟壮观，时属中国第一

陶侃墓

唐兴桥（胡亿群 摄）

潭宝汽车站（胡亿群 摄）

个砖和钢筋砼结构汽车站。1933年4月30日，车站因汽油室起火而被焚。是年7月，该站在原基础上修复，并加两层，合为四层，出站房与街道设立交桥。此立交桥是中国最早公路立交桥之一。中华人民共和国成立后，潭宝汽车站更名为湘潭西站，后于1964年停运。2006年6月30日，被湖南省人民政府批准为省级文物保护单位。

唐兴寺 原名石头寺，位于湘潭市雨湖区十八总黄土山，又名壶山或陶公山，初建于晋，陶侃曾驻军于此。唐名僧智妍开讲于此，寺旁建有智妍墓塔，故又名石塔寺。唐永徽六年（665），唐大臣、大书法家褚遂良被贬为潭州都督，亲笔题写“大唐兴寺”石额，故更名为唐兴寺。元朝末年，寺被毁。明正统元年（1436），寺僧宗洪复建，其后多次毁而复修。唐兴寺山门在寺东经纪桥侧，门内有钟鼓楼，前殿供弥勒佛，正殿供释迦牟尼佛、药师佛等，后殿供奉千手观音佛，殿后有一院落，原有水阁、凉亭，寺右山坡极乐庵侧有石级，旧名“八十三梯”，其东侧为寺僧埋骨建塔之所。抗日战争时期，被日军轰炸毁坏。“文化大革命”时期，菩萨、香炉等被砸毁。20世纪80年代，大兴宝殿被拆。今唐兴寺已荡然无存，仅存“大唐兴寺”石刻，原址已建唐兴寺学校。

（撰稿：章　礼　王荣林）

云塘街道

20世纪90年代中南地区第一大布市所在地。

区域概况

地理位置

云塘街道位于湘潭市雨湖区东北部，东与城正街道相邻；南以韶山路与雨湖路街道为界；西与广场街道相接；北与护潭乡毗邻。云塘街道因和平公园东侧一水塘曾有云鹤飞来塘中而得名。

建置沿革

民国初年（1911），境域属湘潭县第一区，又称城区。民国36年（1947）属湘潭县昭潭镇。1956年，属湘潭市人民委员会郊区办事处。1958年，属郊区人民公社。1961年，属郊区护潭人民公社。1981年8月，护潭人民公社的东风、云塘、跃进3个大队成建制划入市区，成立云塘副食品生产办公室，隶属雨湖区管辖。1985年，撤销云塘副食品生产办公室，设云塘街道。至2015年，建置无变化。

区划面积

1985年，街道辖公园、杉树巷、万人新村、调塘、火车站、繁城、雪园7个居委会，118个居民小组。境域总面积3.6平方千米，其中水面0.17平方千米。2001年6月，将广场街道所辖杉树巷以北，广新巷以南，韶山西路以东，广云路以西和建设北路以北，广云路以东，江麓广场以南至铁路以西划入云塘街道管辖，成立东环社区居民委员会。2015年年末，街道辖杉树巷、公园、万人新村、调塘、火车站、杨家湾、繁城、雪园8个社区居委会，211个居民小组，境域总面积仍为3.6平方千米。

自然环境

境域属平原地貌，平均海拔40米，位于中亚热带季风湿润气候，受季风影响，雨水多，空气湿度大，夏季气温高，年平均气温16.7℃~17.2℃。年降雨量1350毫米，日照时数1624~1700小时。无霜期290天，土地以红壤为主，地表水资源丰富，适合农作物生长。

人口民族

1988年，街道有10348户38081人。其中男性19498人，占51.20%。人口自然增长率10.58‰。2007年，街道有居民14580户49088人。其中男性24583人，占50.08%，人口自然增长率6.19‰。2015年，街道有居民14782户49913人。其中男性25018人，占

50.06%，人口自然增长率1.73‰，有土家、苗、回、满、维吾尔等少数民族2346人，占总人口的4.7%。

经济发展

经济综述

民国时期，境域以农业为主，兼有小手工业和商业，经济萧条，发展缓慢。中华人民共和国成立后，境域实行土地改革，发展互助组，成立高级社、人民公社，兴修水利，农业生产逐年发展；同时通过对手工业和个体工商业的改造，生产力水平不断提高。1981年，东风、云塘、跃进3个大队转为城市区，以种植蔬菜，为城市服务和发展工业、商贸服务业为主。随着城市的发展，境域土地不断被征用，失地农民随土地征用进入工商企业成为职工。1988年，街道完成工业产值910万元，完成社会消费品零售总额520万元。1993年，街道以市场为导向，工商并举，完成工业产值2750万元，完成社会消费品零售总额3100万元。2000年始，街道集体企业逐步改制，实行承包、租赁经营。2007年，境域仅存民营工业企业1家。2015年，民营经济得到较快发展，完成工业产值3.5亿元；社会消费品零售总额8.84亿元。

种植业

中华人民共和国成立之初，境域以种水稻为主。1981年，东风、跃进、云塘3个大队转为城区之后，以种植蔬菜为主，服务城市供应。种植面积57公顷，种植蔬菜品种主要为瓜果、豆类、绿叶蔬菜30个以上。年均亩产1500千克，年上市蔬菜127.5万千克。1985年起，街道不再下达蔬菜种植计划，将菜地全部分到户，人均约0.02公顷。2007年，种植蔬菜20公顷，亩均产值6000元。此后，随着城市发展，土地不断被征用，种植面积减少，青年和壮年劳动力安置到企业就业，种植业从业人员减少，蔬菜上市量大幅下降。部分居民自给自足之后多余蔬菜送集贸市场或摆摊设点销售。到2015年年底，境域原3个大队的土地，除和平公园规划区内不足6.5公顷的鱼塘外，土地全部征用完毕，蔬菜种植终结。

养殖业

境域养殖以养猪、养鱼、养鸡为主。养猪品种主要砂子岭良种猪。1981年，境域3个集体经济管理委员会将3个养猪场租给居民从事生猪养殖，年出栏生猪约1500头。1985年，政府禁止城区养猪，境域猪场因城市建设需要被征收，规模养猪终结。云塘赵（北）塘一度成为渔场。其时，绝大多数居民仍有家庭养鸡习惯，但没有形成规模。2015年，境域无规模养殖业。

工业

中华人民共和国成立初期，境域无工业企业，仅有3家集体性质的农具加工厂，服务农业生产需要。1981年，农具加工厂分别改造成市环保设备厂、东风减速器厂和兴华机械厂。1985年，街道工业总产值480万元，年利润17万元。1986年起，街道投入资金920万元，创办云塘制钉厂、印刷厂、美华涂料厂、跃进服装厂、东风服装厂等工业企业10家，有从业人员417人。1988年，街道完成工业总产值910万元。1990年，街道工业总产值2140万元，利润29万元。1994年，街道扩大工业规模，服装加工业增加花色品种。工业总产值4800万元，利润51万元。1996年起，因设备技术落后，产品单一，缺乏经营管理，街道企业开始走入困境。1998年，街道工业总产值1900万元。2000年，街道企业开始改制，环保设备厂以500万元的价格产权转让；制钉厂、美华涂料厂对外出租；其他企业因城市建设需要而拆除。2003年，街道企业减至8家，从业人员327人，完成工业产值1380万元。2004年，兴华机械厂因土地征用而解散。2007年，街道有民营工业企业1家，工业产值27万元。2015年，境域有47家民营工业企业，从业人员2000多人。完成工业产值3.5亿元。

商贸服务

民国期间，境域商业较为繁荣。1956年，工商业实行社会主义改造后，国有商业的针棉、五金交电、百货日杂、烟酒副食等网点遍布境域。1986年9月，市政府无偿提供建设北路改道后的一段废弃道路作场地，拨款6万元，雨湖区政府拨款8万元，雨湖工商分局筹资65万元，建成新的大布市——建设北路商场，以主营布匹、面料、棉布为主。1987年起，街道在韶山中路创办东风大酒家、云塘商场、云塘饭店、东风停车服务中心等商贸服务企业，有从业人员107人。东风大酒家为湘潭市最大的集餐饮、住宿、娱乐于一体的服务性集体企业，主楼10层，副楼5层，建筑面积5000平方米。1988年，湘潭商业大厦在韶山中路建成营业。街道有商贸企业10家，从业人员508人，社会消费品零售总额540万元。1991年，建设北路商场（布市），进行扩建、改建，周边8家单位也竞相开发门面、摊位，经营布匹的商户发展到1900多户，有从业人员2000多人，年成交额1.52亿元。1993年，街道有商贸企业15家，从业人员579人。实现社会消费品零售总额3100万元。1997年，建设北路布市成为中南地区第一大布市，建筑面积2.3万多平方米，有门面（摊位）近2000个，个体经营户1635户，从业人员3500多人，年销售额突破10亿元。2000年，街道商贸企业减至8家，从业人员327人，实现社会消费品零售总额2100万元。2003年，湘潭商业大厦破产关闭。2004年，街道商贸企业开始改制，东风大酒店等4家规模商贸企业经营场地整体出租。境域有心连心超市和红叶、志诚等宾馆14家，有集贸市场4个，个体工商户2981户，临街门面2008个，从业人员1万多人。2007年，湘潭布市因消防设施存在严重安全隐患，市政府指令其整体搬迁。搬迁后，布市一分为三（三大桥市场、宝塔路盘龙商业街、株易路口长株潭大市场）。2015年，境域有心连心百货、永元商贸、华鹏、绿丰农场等521家商贸服务企业。实现社会消费品零售总额8.84亿元。

财政金融

1981年8月前，境域财政收入主要来源于农业税、屠宰税和企业税收。1981年9月—1985年，云塘副食品生产办公室（代行街道办事处职能）财政开支来源于区财政拨款和集体经济管理委员会上交的管理费。1986年，工商银行、建设银行分别在境域设立支行。1988年，街道财政收入28万元，支出26.5万元。1994年，街道财政收入325.14万元，支出310.29万元。财政收入主要来源为税收分成、企业管理费和区财政下拨的经费。2004年，境域个体、私营经济快速发展，税收增加。又因企业相继改制，街道向企业收取管理费成为历史。财政收入333.05万元，支出329.5万元。2007年，街道财政收入419.8万元，支出418.4万元。2015年，街道财政收入790.20万元，支出745.68万元。境域有建设银行、农业银行、工商银行、中国银行等金融机构和网点8家，年末存款余额41亿元，年末贷款余额36亿元。

基础设施

交通运输

民国28年（1939），湘黔铁路通车，境域设湘潭火车站（即今货站）。其时，境域所有街巷都是破烂不堪的碎卵石和凹凸不平的麻石街面。1958年，火车站改建为新火车站，占地2万平方米。1962年，修建车站路（火车站至基建营路口）。1969年，车站路提质为水泥路。1981—1987年，通过政府补助、单位集资、群众赞助的办法，境域10多条大街小巷先后改造为水泥路面。1986年，火车站至下摄司1路公交车开通，途经境域车站路（贵阳路）。2000年，再次硬化车站路。2001年，境域修通广云路并通公交车。2005年，雪园村至阳塘的19路公交车开通，途经杨家湾、基建营。2012年，火车站再次改建，由五等站晋升为二等站，设5个站台，13股车道，有84趟（次）列车经过。2013年，车站路改造为沥青路面。2015年，火车站前坪有1路、17路、19路、22路、23路、106路公交车始发站。

邮电通信

清至民国，境域主要靠邮递员送信传递邮件。1958年，邮件运送投递由肩挑背负改为摩托车或自行车。机关和企事业单位使用手摇式电话。1956年11月，火车站邮电所设立。1959年，郊区政府机关院内，建起第一个总机房，安装一部50门的磁式交换机，直接通河西地区各片及大队。1967年10月，设立火车站邮电所。1974年，境域自动电话开通，固定电话增至400多部。1989年，开设无线寻呼业务，用户500户。1991年起，国际长途直拨开通，固定电话始入家庭。是年，境域有37人购买模拟移动电话。2001年，境域安装家庭固定电话6320余部；有移动电话2989余部。2015年，境域有固定电话1010户，移动电话14100部，部分家庭人手1部；有互联网用户6000户，邮政电信网点9个。

供电供水

1957年，境域居民照明为煤油灯。1958年，东风、跃进、云塘3个大队村民开始电灯照明。20世纪60年代中期，农民生活用水主要靠池塘和地下水。1981年，境域3个转为城区的大队居民，家庭供电率100%，均由市电业局统一供电。1982年，市一水厂扩建，沿韶山西路到汽车站敷设直径800毫米的输水管2310米，连接直径600毫米管道至车站路，全管横贯东西，每日输水能力5万吨，境域大多数居民用上自来水。1993年，街道居民全部用上自来水。2007年始，街道居民用水用电试行“一户一表”。2015年，境域居民用水用电，户表率100%。

街区建设

1981—1984年，境域调塘、雪园、杨家湾等社区道路全部整修。1986年起，街道重点建设居委会办公用房。1985年，街道建成一栋五层综合办公楼，建筑面积2000平方米。1988年，街道8个居委会有1800平方米的办公用房，每个居委会平均办公用房200多平方米。开发建成67栋居民住宅。2001年至2014年10月，街道离城区最远的繁城社区和雪园社区开发成居民小区。2014年，境域设垃圾回收桶1120个，垃圾回收站2个，垃圾围子67个。香樟园南、北两个大型居民小区相继建成。境域共建成居民楼161栋。2015年，提质改造雪园社区雪园新村、繁城社区原制革厂宿舍、调塘社区茶叶土产宿舍、火车站社区粮油宿舍、杨家湾社区车站路280号、车站路282号、车站路杨家湾6栋，硬化草塘村5号、广云路507号的出行道路，安装路灯151盏。完成17家饭店清洁能源改造,投入资金150余万元,拆除违章建筑18141.21平方米。

社会事业

教育

1902年，境域创办湘潭县学堂。1955年，湘潭县学堂更名为湘潭市第一中学。1957年，市第四中学在境域创办。1985年，境域有市一中和市四中2所中学，云塘和调塘学校2所小学，有教职工304人，学生4659人；有幼儿园1所，入园幼儿59人。1988年，境域有中学2所，小学2所，幼儿园1所，共有教职工304人，学生4159人，入园幼儿51人。1990年，境域有4所学校，有教职工312人，学生4223人。2007年，境域有中学2所，教职工267人，学生3040人；小学2所,教师86人,学生1551人；幼儿园10所，幼教职工82人，入园幼儿1660人。九年制义务教育普及率100%。2015年，境域4所（市一中、市四中和云塘、调塘学校）学校有教职工354人，学生4569人；有幼儿园12所,入园幼儿1360人。适龄儿童入学率100%。

文化体育

中华人民共和国成立之前，境域有云居寺、会馆、戏园等。1984年，成立民办公助的文化站，设有图书室、文娱室、棋类、书法、美术、乐器等。1988年，境域架设闭路电视网络，传输节目7套，有用户2530户。1992年6月，闭路电视网络升级为有线电视网络，有用户6800户。2000年，街道有文化站1个，图书馆1个，藏书1.1万册。各社区均有秧歌队、腰鼓队。有广场舞活动场所6处。2003年，有线电视入户率100%。2006年，国家体育总局授予街道“全民健身周活动”先进单位。2007年，街道图书室藏书1.5万多册。街道文化建设投入17.3万元。2015年，街道图书

湘潭市第一中学

室藏书 1.8 万多册；有室内健身馆 1 个，面积 110 平方米，健身器材 12 件。8 个社区均设有文化活动中心。有广场舞活动场所 19 处。

医疗卫生

清朝至民国，境域只有民间中医或私人诊所。1968 年，境域湘潭柴油机厂设立医务室，有医务人员 3 人。1983 年，医务室升级为湘潭柴油机厂职工医院，总面积 1500 平方米，有医务人员 30 多人，病床 110 张。1985 年，街道在调塘路设立卫生院。2006 年，街道卫生院搬迁到韶山中路福康巷居民密集区，更名为“云塘街道医疗卫生服务中心”。是年，境域湘潭柴油机厂改制，职工医院改为社区医疗卫生服务中心，2 所医疗卫生服务中心占地面积 6200 平方米，设病床 72 张，有执业医师 17 名，护士、护师 21 名。2007 年，境域有医疗卫生服务中心 2 个，民营医院和诊所 16 家，民营药店 31 家。2015 年底，境域有医疗机构 50 多家，有医务人员 150 多人。

社会保障

清朝至民国，境域居民群众生活艰难，无社会保障。中华人民共和国成立后，境域机关、企事业单位人员享受公费医疗和退休金。20 世纪 60 年代起，境域鳏寡孤独老人和残疾人由生产队“五保”供养。1996 年，境域启动区街企业职工养老保险，有 231 人参保。1998 年，启动城市最低生活保障，街道首批享受低保的 17 户 24 人，年发低保金 20340 元。2001 年，有低保户 78 户 140 人，发放低保金 7.68 万元。2003 年，街道成立社会保障服务站。境域有低保户 1015 户 2761 人，年发放低保金 139.69 万元。2007 年 10 月，城镇居民医疗保险启动。城区居民子女每年缴纳 70 元（个人 30 元，地方政府 40 元）；非从业居民 240 元（个人 180 元，地方政府 60 元）；老年人 240 人（个人 100 元，地方政府 140 元）。是年，境域有低保户 1208 户 2400 人，发放低保金 285.12 万元；5381 人享受城镇医保补助 39.95 万元。2015 年，境域有低保户 1012 户 1678 人（其中残疾人 209 户），发放低保金 411.18 万元。有 252 人享受廉租房。有 52 人获大病救助，救助金 13 万元。居民享受职工医疗保险或参加城市居民合作医疗者 100％，医疗保险实现街道全覆盖。

人民生活

清朝至民国，境域居民受战乱和自然灾害影响，大多生活贫困。中华人民共和国成立后，境域居民走农业合作化道路，收入不断增加，生活逐步改善。1981 年，境域 3 个转城村居民住房条件改善，但仍有 30% 的居民住土砖茅草房。1985 年，境域居民人均可支配收入 1900 元，人均住房面积 10 平方米。1991 年，街道居民生活进一步改善，人均可支配收入 4700 元，人均住房面积 18 平方米。大部分家庭有电风扇、洗衣机、冰箱等家用电器。随着征地拆迁，境域 3000 户居民家庭搬迁至新住宅楼。2010 年，街道居民人均可支配收入 1.8 万元，人均住房面积 27 平方米。部分家庭拥有小汽车。2015 年，街道居民人均可支配收入 2.8 万元。离退休工人的退休金连续 11 年提高，人均月离退休金 2300 元。有居民住宅 12398（套），占总住户 97%。人均住房面积 39 平方米。近 3000 户家庭拥有小汽车。

特色地情

风景名胜

云居寺　位于雨湖区广云路银家围子 10 号。1943 年，湘潭净洁法师自费购置土地 0.67 公顷建寺，取名云居精舍。1978 年，改名云居寺。现

云居寺"千手观音"

有寺院占地面积0.34公顷，大小建筑6栋，建筑面积5000平方米，内有大雄宝殿、天王殿观音阁。每日有信众进香，香火旺盛。

湘黔铁路湘潭站 1938年建，为中西合璧式的青砖建筑。是湘黔铁路第一站，也是湖南境内保存完整的最早的火车站，墙上的《国民公约》为一珍贵的抗日史料，为湖南仅存。

（撰稿：朱祖权）

雨湖路街道

区域概况

地理位置

雨湖路街道位于湘潭市雨湖区中部。东与城正街街道相邻；南以雨湖公园为界，与平政路街道相接；西以解放路为界，与中山路街道毗邻；北以韶山中路、韶山西路、建城路为界，与云塘街道相连。地形呈长方形，最长距离 2.3 千米，最宽距离 0.6 千米。雨湖路街道因邻近名胜“雨湖”而得名。

建置沿革

清，属湘潭县上四都。民国，属湘潭县城区。1949 年 9 月，属湘潭县城关区。1952 年，属湘潭市北区。1960 年，改为行政管区，属河西区人民公社。1962 年，撤销管区建制，改设民主路、贵阳路街道，属雨湖区。1963 年 1 月，民主路与贵阳路两个街道合并为雨湖路街道，属雨湖区。1965 年 5 月，属河西区。1980 年，属雨湖区。至 2015 年，街道建置无变化。

区划面积

1963 年 1 月，境域设风车坪、民主路、古梁巷、解放路、新梁街、上河街、火车站、贵阳路、雨湖路、工人新村 10 个居民委员会，总面积 0.93 平方千米。1965 年，增设大同路居民委员会。1970 年 12 月，改设红升巷、解放路、雨湖路、民主路、东风、工人新村、和平桥、车站路、火车站 9 个居民委员会。1980 年 7 月，改设民主路、车站路、古梁巷、解放路、工人新村、和平桥、风车坪等 8 个居民委员会。1984 年 12 月，将杉树巷（风车坪部分）、火车站、万人新村（车站路部分）3 个居民委员会、41 个居民小组，划归新组建的云塘街道办事处管辖。1987 年，辖和平桥、工人新村、雨湖路、古梁巷、解放路、车站路、风车坪、民主路 8 个居委会，面积 0.86 平方千米。1991 年 1 月，和平桥居民委员会划分为和平桥、和平新村两个居民委员会。1995 年，和平桥居民委员会的蔚霞新村居民小组移交城正街街道繁城西村居民委员会管辖。2001 年 6 月，成立和平桥（和平桥与和平新村合并）、建成路、工人、雨湖路、古梁巷、民主路、风车坪、解放路、车站路 9 个社区居民委员会。2009 年 8 月，调整为古梁巷社区（解放路并入古梁巷）、风车坪社区（民主路与风车坪合并）、和平桥社区（建城路与和平桥合并）、工人社区、雨湖路社区、车站路社区 6 个社区居民委员会。2015 年，街道行政区划无变化，境域总面积仍为 0.93 平方千米。

自然环境

境域地势较为平坦，无水域、山地、丘陵、耕地、菜地、低洼地等。坡地从湖头岭西至马家嘴一线最高。由于受湘江谷地常年冲击的石砾、沙粒、黏土等碎屑物沉积而成狭窄平地。境域属亚热带季风性湿润气候，年平均气温15.5℃~16.5℃，年降雨量1350~1500毫米，年日照1627~1700小时。雨多集中在4—6月。无霜期283天，除史上较大的季节气温突变外（如2008年1—2月的冰雪天气），全年基本上无霜冻危害。境域常见的珍贵树种有樟、枫、梧桐、银杏等。

人口民族

1987年，境域有8324户28041人。1995年，有9384户37648人。其中，男性19524人，占51.85%；人口自然增长率8.98‰。2010年，全国第六次人口普查统计，总人口39745人。其中，男性20621人，占51.88%；人口自然增长率8.79‰。2015年年末，有9678户41000人。其中男性20792人，占50.7%；人口自然增长率2.57‰。有蒙、满、回、苗、瑶、土家、朝鲜、维吾尔、侗等少数民族287人，占总人口0.7%。

经济发展

经济综述

民国前，境域以手工业经济为主。1949年后，境域主要发展商贸经济，手工业经济比重很小。1958年，境域制伞、制革、机床类等加工企业过渡为国营企业，商贸集体经济得到发展。1963—1965年，为解决待业人员就业困难，街道先后创办电控厂等工业企业。1971—1978年，街办、委办经济发展较快，工厂增至9个。1981年，全街完成工业产值298万元，实现社会消费品零售总额415万元。1988年，境域通过推行“承包经营”，二、三产业得到协调发展。完成工业总产值700.1万元，实现社会消费品零售总额858万元。1993年，街道一、二、三产业结构为6∶1∶3，其中三产业产值超过5000万元。1996年，创新经营机制和管理模式，扩大对外招商引资力度，国民生产总值28.96亿元。2009年，街道提出“项目强街、商业富街、服务兴街”的发展思路，大力发展个体私营经济，完成工业总产值1520万元，实现社会消费品零售总额3.49亿元，完成固定资产投资3.89亿元，引进资金9400万元，完成高新技术产值850万元。2012年，政府鼓励和引导个体私营经济发展，社会消费品零售总额增至8.04亿元。2015年，民营经济持续发展，固定资产投资7.14亿元，完成工业总产值5.89亿元，社会消费品零售总额11.91亿元。

工业

清至民国时期，境域有碾米、印染等手工作坊。著名的“民生工厂”在和平路南口附近。1958年，有铸造、铁业、机床、针线、麻袋、牙刷制造、制革、制伞等企业。1963—1977年，街道先后创办弹簧厂、轻化工厂、电控厂、矿山电器厂、机电厂、印刷厂、塑料厂、日用化工厂、软轴机具厂等机械、化工、电器类工业企业。1978年，有街办工业企业6家，委办工业企业3家，主要从事软轴机具、矿山电器、液压机械、工矿弹簧、日用化工、电力电器、工艺美术、橡胶制品等生产。1982年，区街工业企业在杨家湾一带聚集发展，形成杨家湾工业区。1988年，在区街工业中，市矿山电器厂、市软轴机具厂工业产值分别过100万元大关。1989年，创办市液压元件厂。街道完成工业总产值1014万元，成为区内和湘潭市首家工业产值超1000万元的街道。1992年，深化街道企业内部改革，引进专业技术人员，开发新产品，完成工业总产值1600万元，实现利润140万元，经济效益居全市街道之首。1993年，完成工业总产值2396.1万元，实现利润225.09万元。1996—1997年，创办市电力电器厂等12家工业企业。2003年，街道完成工业总产值5141.5万元。2007年，街道规模以上工业企业陆续改制或关闭，工业总产值下降。完成工业总产值2279万元。2015年底，境域有各种所有制工业企业68家，从业人员3245人，工业总产值5.89亿元。

商贸服务

1938年，境域解放南路58号的“福兴园”（现福星楼）大酒店创建，成为湘潭餐饮业名店。1949年后，饮食、旅社、日用百货、食品等商贸服务业逐渐发展。1971年，位于建设北路的湘潭百货大楼开业，为全市最大的百货商场。1978年后，境域有湘潭商场、轻工大楼、金三角大楼、粮油贸易大厦、君子莲饭店等国有、集体商贸企业154个，商业职工1021人，个体商业户5894人。有6家大型物资、粮油批发公司，12家大型商场旅店，5家大型集贸市场。1980年，街道先后创办商业服务企业12个、挂靠企业16个，从业人员667人，销售收入758.66万元，利润58.46万元。1988年，有商业企业9个，年销售额129.16万元，利润2.41万元，各项劳务产值19.4万元，利润0.36万元。2001年，境域个体私营企业商业网点、超市、连锁店、专卖店迅速发展。2002年，街道个体私营商业取代国有、集体商业，市场结构和布局不断改善。2003年后，步步高、大洋百货、中华影业、国美电器等一批知名企业相继进驻。有商贸企业和个体私营商业网店205家，从业人员1522人，完成社会消费品零售总额9255万元。2015年底，境域有商贸服务企业及零售点1295个，从业人员5894人，实现社会消费品零售总额11.91亿元。

财政金融

1980年以前，街道财政实行向区报账制。1981年始，开征税收后，街道财政的来源由上级拨款、税收分成、收取企业管理费三部分构成，并与区政府每年签订“收支上交”合同，年终奖罚兑现。1985年10月，中国银行湘潭市支行、中国工商银行湘潭市支行分别在境域设储蓄所。1987年，建设银行湘潭县支行在和平桥设储蓄所。1996年，街道设立财政所。财政收入86.89万元，财政支出67.28万元。2000年，街委企业改革改制基本结束，企业上交管理费不复存在，街道财政走入低谷。2003年，新的财政政策出台后，街道财政逐步理顺完善，财政收入较快回升。财政收入494万元，财政支出489.5万元。2008年，街道使用非税收入票据入账，做到“收支两条线”规范化管理。2010年，街道财政收入495.97万元，财政支出478.36万元。2015年，街道财政收入499.18万元，支出474.85万元。建设银行、交通银行、工商银行、中国银行、邮政储蓄银行、华融湘江银行、农业银行、招商银行等金融机构在境域有25个营业网点，年末存款余额478.68亿元，贷款余额335.06亿元。

基础设施

交通运输

清光绪三十年（1904），境域始有人力车通行，时称“东洋车”。光绪三十五年（1909），境域先后建立至通、致运、利湘、鼎新4家人力车行。民国28年（1939），境域始有自行车出租，有快快车行，时人称其为“线车”。1949年前，城区公共交通客运基本靠人抬轿、人力拉和蓄力运输。1950年，贵阳路（后改车站路）竣工通车。1953年，大同路（南起湘潭一大桥，北抵调塘）竣工，长3064米，宽24~42米，人行道宽13.5米。1961年，改称建设北路，始铺沥青；10月1日，湘潭大桥通车，东西全线贯通，从此结束境域往返湘江两岸靠船摆渡的历史。是湘江上首座城市公路桥。1983年，韶山中路竣工通车。1988年，位于境域韶山中路与建设北路交汇处的湘潭长途汽车站建成运营，成为湘潭市首家一级客运汽车站，建有车库20个，车站面积21800平方米。2015年，境域有雨湖路、建设北路、东站路、和平路4条主干道，全长10千米。有小街小巷21条，全长6900米。境域有湖南省交通运输公司湘潭分公司、湘潭汽车站、湘潭市公共汽车公司，班车通往省内外各地。市内公交始发线路有9、14、28路，经由线路有1、2、3、5、6、10、11、21、22、23、24、105、106、107、108、115、117、118路。

邮电通信

清光绪二十五年（1899），大清邮政在境域设立湘潭邮政局。清光绪三十一年，湘潭首创市内人工电话。宣统二年（1910），在城区设立邮筒。民国2年（1913），改用磁石式100门交换机，发展城区电话，架通湘潭至长沙的长途电话。1951年，境域成立湘潭邮电局，设有电话、电报和邮寄信件、包裹等业务。1974年，市电信大楼在建设北路建成，大楼内有可容纳100人的可视电话会议厅。1983年，境域湘潭市邮电局为市民提供公共电话服务，办理大宗信件、包裹邮寄业务，为市民设立寄信固定邮筒。1990年，境域有模拟移动电话216部，固定电话358部。1998年起，境域电信与邮政分别设立服务网点，市民安装家庭电话和购买移动电话、BP机的逐年增加。2000年，境域有移动电话8809部，固定电话7941部。2015年，湘潭邮政、湘潭电信、湘潭移动在境域有营业网点8家。境域有固定电话5266部，移动电话14396部，互联网用户1.2万户，邮政电信业务12.36亿元。

供电供水供气

民国21年（1932）前，城区街道、铺面多以菜油、桐油、煤油灯照明，主要街口设有路灯。1958年，市自来水公司在境域成立，1959年开始向居民供水。第一条单线枝状输水管道送水至解放路、大同北路（现建设北路）、雨湖路、贵阳路（现车站路）及城正街，全长9.62千米，管径280毫米，输配水能力5000吨/日。1960年，境域居民告别油灯，开始用电灯照明。1963年，铺设民主路直径300毫米管道与平政路200毫米管道，输配水能力增至1万吨/日，并分别与中山路、雨湖路连成环状。1966年，铺设车站路直径250毫米的配水管。1970年后，辖内逐步解决停电、停水及限电、限水问题。1982年，结合一水厂的扩建，沿韶山西路到汽车站敷设直径800毫米的输水管2310米，续接直径600毫米至车站路，全管横贯东西，输水能力5万吨/日。1983年，增建煤气分厂，作为全市气源基地之一；1984年11月动工；1987年底焦炉改造完成；1988年春向市人大机关大院居民和市人民政府机关食堂供气。1990年后，境域重点加大电力能源建设投入，不断更新设备设施。2000—2015年，境域供水设施建设累计总投入543.08万元；供电设施建设累计投入768.23万元；天然气设施建设累计总投资6亿元。2015年，境域供水户数11541户，供电线路总长18.58千米，天然气工业、商业用户2000余家，居民用户8000户。

街区建设

1950年始，按照城市建设的规划要求，街道加强所辖社区居委会的办公场地建设和街道机关建设，加强排水管道疏通和环境卫生整治，提高城市绿化率。1981 年起，启动对雨湖街等 21 条小街小巷的提质改造。1985 年，与市城建等部门协商，解决和平桥居委会办公用房 105.66 平方米。1988 年，采取政府出资、单位集资、企业赞助的办法，对全街道范围内小街小巷进行改造，基本实现水泥路面化。1990 年，与市规划等部门协商，解决和平新村居委会办公用房 121.45 平方米。1993 年起，发动驻街单位和房地产开发商共同参与小街小巷维护。1996 年，与市国土等部门协商，解决车站路居委会办公用房 134.43 平方米。1997 年，与市房地等部门协商，解决工人新村居委会办公用房 124.85 平方米。1998 年，为古梁巷、解放路居委会建成办公用房 22.5 平方米。1999 年，从街道职工建房面积中调剂解决雨湖路居委会办公用房 94.85 平方米。2010 年，对古梁巷等 20 多条小街小巷硬化。2005 年，政府投资 942 万元，建成全长 1746 米的沿江东路截污干管。2009 年起，连续 3 年对新调整的 6 个社区居委会办公场地进行整合、扩建、增容、装修和更新提质改造。2014 年，街道和居委会办公用房及其设施建设总投资 510.93 万元，建筑面积 2354.66 平方米。改造辖区两个排水系统，即第一排水系统，范围包括解放路、民主路、雨湖路、建设北路（雨湖路口至民主路口）、建设巷、立新巷以及雨湖内截流管等 18 条街巷，总长 9624.68 米，下水井 366 个；第二排水系统，包括车站路一部分（工矿药厂至和平路）、和平路、韶山西路及韶山中路一部分，管总长 4966.5 米，下水井 175 个。2015 年，境域有公厕 18 座，垃圾围子 42 个，垃圾桶 179 个，摇臂箱 82 个。

和平小学

社会事业

教育科技

清末，美国长老会在王家菜园创办益智中学。民国期间，学堂一律改称学校。1920年，湘潭县学堂在雨湖边陶公祠办女生部和师范班。民国31年(1942)，市和平小学建校于雨湖路，占地面积1.1万平方米。民国37年(1948)8月，由美国基督教长老会创办于常德市的广德高级护士职业学校迁至境域湘潭惠景医院。1949年后，境域教育事业逐渐发展起来。1950年，合并组成雨湖党校，同时创办风车坪学校。1956年，湘潭市第一幼儿园在文化街创办。1958年，湘潭医院幼儿园创立。1978年，市教师进修学校创办。1981年，雨湖路街道幼儿园创建（位于风车坪59号，园地面积1200平方米，建筑面积1000平方米）。1985年，市教师进修学校更名为湘潭市教育学院。1987年11月，街办企业市矿山电器厂生产的高压真空接触器，通过省级技术鉴定。1988年，境域有大中专院校、小学5所，幼儿园1所，教职工217人，学生2714人，入园幼儿681人。是年，街办企业雨湖机电厂研制的DIMFBI-60隔爆电磁铁和DI23D-63D隔爆电磁阀通过省级鉴定，填补国内空白。1989年，街办市矿山电器厂研制的热固性塑料封装成型互感器获全国新产品技术博览会金奖。1993年，境域率先在市启动计算机职业教育，建立湘潭金贝帆教育集团。2003年，花地幼儿园（民营）成立，入园幼儿120人。同年，湘潭卫生学校与湘潭职业技术学院合并为湘潭职业技术学院医学院分院。2005年，雨湖学校与风车坪学校合并。2015年，境域有湘潭教育学院、湘潭职业技术学院医学院分院、和平小学、风车坪小学等大中专、中小学4所，学生8050人，教职工1128人；有幼儿园2所，幼教职工35人，入园幼儿269人。

文化体育

清乾隆四十八年（1788），民间人士在雨湖畔烟柳堤北马家嘴的斗姥阁始建花鼓戏班。1949年9月，由长沙专署始办的市新华书店落户境域大同北路（今建设北路）。1950年，市政府大礼堂在境域落成，有座位1456个。除召开大型会议外，还经常向外公开放映电影和演出各类戏剧、歌舞等。1955年5月，市图书馆迁入大同北路弥陀寺新建馆舍。1959年，红月亮电影院在烟柳堤凤竹庵岭下创办。同年，境域普建文化室和居民俱乐部。"文化大革命"期间，群众文化生活比较单调，境域流行唱红色歌曲、看样板戏。1984年，街道设立文化站，市少儿图书馆在境域创办。1987年，街道有9个居委会文化室。1988年，境域架设闭路电视网络。1999年，湘潭市第一家书城——莲城购书中心在境域车站路落户；2010年，莲城购书中心整体搬迁，部分书商迁入金湘潭商业广场负一楼，名为金湘潭书城。2015年，境域有街道文体站1个，图书室1个；社区文化活动室6个，体育健身场所13处，民间文艺体育团体8个；有市少儿图书馆1家，藏书20万册，市新华书店1家，书城1家，"左岸"等电影院5家，网吧、歌厅、电子游戏厅30家。

医疗卫生

清光绪三十三年（1907），美国基督教长老会将观湘门所办诊所迁入雨湖公园北侧，创建成湘潭医院(现市中心医院)，有20张病床，1个手术室。民国20年（1931）改名惠景医院。1949—1950年，境域医疗卫生条件简陋，每万人不到一张病床，全市最好的惠景医院，也只有简易手术床和普通显微镜，根本不能满足社会需要。1952年2

月，惠景医院更名为湘潭人民医院。是年11月，在私营“王氏牙科诊所”基础上组建市牙科联合诊所。1958年7月，雨湖区人民医院在境域成立，时称北区医院。1962年11月，从北区医院析出部分人员、设备，建立贵阳路诊所；1971年11月，贵阳路诊所改名为雨湖路街道卫生院。1976年，市牙科联合诊所改名为口腔医院。1978年，境域有4所医院（卫生院），医护人员889人，床位508张。1983年，湘潭人民医院更名为湘潭医院。1990年，湘潭地区人民医院更名为湘潭市中心医院。2000年，境域有全民、集体和个体性质的医疗机构8家，医护人员1998人，病床1865张。2001年，雨湖路街道卫生院更名为雨湖路街道社区卫生服务中心，有医护人员18名。2007年10月1日，湘潭慈爱医院在境域创办，建筑面积900多平方米，23张床位，有职工30余人。此外，境域还有市法检医院；个体诊所11家，有医护人员48人，其中医生18人，病床52张。2015年，境域有各类医疗机构17家，医护人员2897人，病床2415张。其中，市中心医院有临床专科36个，医技专科25个，专职医卫人员1358人，其中高级职称技术人员182人，病床2000张。

社会保障

1953年后，遇到天灾人祸时，困难户由所在单位照顾和救济。对全家无人就业以及丧失劳动能力的孤、老、残、幼、病者，定期发放救济粮款。1971年，街道、居民会兴办福利事业，组织安排残疾人生产自救。1981—1987年，安排21名残疾人到雨湖日用化工厂就业。同时提高孤、老、残居民的补助标准，年人均生活费403元。对退伍军人予以妥善安置。1988—1991年，复员退伍军人每人每月补助20~30元；残疾人、孤儿每人每月补助15~45元；特困对象每人每月补助10~80元。1997年始，将长期患病的特困户、残疾人、孤儿的补助对象纳入最低生活保障范围。2004—2007年，低保标准由1997年的120元/月提高到180元/月。2009年，街道临时救助158户，解决资金66400元；大病医疗救助15人45000元；临时性救助8人20500元；对88户困难家庭发放住房补贴8800元；帮助69户低收入家庭和低保户申请廉租房；为29名参战人员办理优抚对象生活补助费。2010年，享受城市低保945户1890人，月发放低保金462617元；大病医疗救助65人292500元；临时救助14户22900元；发放优抚225906元；对48户困难家庭发放住房补贴11.52万元。2015年，境域参加养老保险8456人，城镇居民合作医疗参合率100%。街道有低保对象719户1327人，人均救助313元/月，发放低保金498.42万元；发放大病救助、临时救助105户34.35万元；有61户住进廉租房。

人民生活

1949年前，境域居民民生活大多困顿。中华人民共和国成立后，随着国民经济的恢复，城市居民生活逐步改善。1952年，职工年均工资440元；1957年，职工年均工资575元。中共十一届三中全会后，党和政府采取一系列增加职工收入政策和措施，城市居民收入成倍增加。1988年，职工年均工资上升到1986元，境域居民人均住房面积10.8平方米。据百户城市居民家庭调查，95%的住户拥有独用自来水，70%的住户拥有独用卫生设备，30%的住户拥有公用卫生设施，95%的住户拥有独用厨房，工资性收入成倍增加。1995年，境域居民年人均可支配收入4252元，人均居住面积13.8平方米。2000年后，开始实行住房制度改革，逐步取消福利住房，人均居住面积逐年提高。2007年，人均居住面积增至22.05平方米，居民年人均可支配收入增长为

14532元。2015年,居民人均可支配收入27985元,人均居住面积达41平方米。每百户拥有汽车18.7辆、摩托车26.2辆,彩电、冰箱、洗衣机、电脑等普及居民客户,移动电话普及率85.9%。

特色地情

历史人物

沈　醉（1914—1996） 字叔逸,生于风车坪沈家大屋（今雨湖路街道）。1932年加入“复兴社”（1938年改为“军统”）,深得戴笠信任。历任军统上海站少校行动组长、军统局总务处少将处长等职。1947年起任国防部保密局云南站站长、云南专员公署主任、中将游击司令等职。1949年12月被起义的云南省主席卢汉扣押,协助卢汉逮捕昆明大多数特务,后被当成战犯关押。1960年获特赦,任全国政协文史资料委员会专员。1980年其身份由战犯改为起义将领。1981年任全国政协委员。著有《我这三十年》等多部作品及《解放前夕军统在云南的活动》《我所知道的戴笠》等单篇。

（撰稿：王荣林）

城正街街道

湘潭商贸和历史文化重要发祥地，有千年名街之称。

区域概况

地理位置

城正街街道地处湘潭市雨湖区东部，东接万楼街道，南滨湘江，西南与平政路街道毗邻，西北与雨湖路街道接壤，北与云塘街道相连。另辖“飞地”石马地区（现称桃园路社区，位于响水乡与万楼街道之间）。街道以境域横贯东西的城正街而命名。

建置沿革

五代至北宋，湘潭县治迁此。元设总，为一至八总所在地。明万历四年（1576）筑城后，城内称宣化街，总改设坊。清代，属半都。民国建立后，属湘潭县第一区。民国27年（1938），直属县府。1949年8月湘潭和平解放后，属湘潭县城关区。1950年9月，属湘潭市（县级）。1962年6月，分属三义井与学坪两个办事处。1963年6月，三义井、学坪合并为城正街街道，属雨湖区。1968年10月，改为红卫街街道，属河西区。1981年4月，恢复城正街街道，属雨湖区管辖。至2015年，建置无变化。

区划面积

1963年6月，辖小东门、联盟村、雨湖街、瞻岳门、大埠桥、通济门、洗脚桥、城正街、观湘门、跃进、新建、湘济街12个居民委员会，总面积1.277平方千米。1965年，调整为三义井、瞻岳门、通济门、洗脚桥、观湘门、跃进、二湖头岭（1981年划归云塘街道）7个居民委员会。1978年，跃进居委会分为泗洲庵和板石巷（后和泗洲庵合并为泗洲庵社区）两个居委会。1979年，成立矿院居民委员会。1990年，矿院居民委员会更名为桃园路居民委员会。1995年，成立繁城西村居民委员会。1996年12月，繁城西村居民委员会更名为熙春路居民委员会。2001年10月，辖通济门、瞻岳门、观湘门、洗脚桥、三义井、泗洲庵、熙春路、桃园路8个社区。2009年8月，通济门社区撤销，分别并入瞻岳门和观湘门社区。2015年，街道辖瞻岳门、观湘门、洗脚桥、三义井、泗洲庵、熙春路、桃园路7个社区，总面积3.8平方千米。

自然环境

境域南滨湘江，大部分属小平原，海拔在40~50米之间。地表为长年冲击的石砾、砂粒、黏土。石马地区为第四世纪红砂岩红土。地处亚热带季风性湿润气候区，四季分明。历年平均气温 16.5℃~17.5℃，最高 40.4℃（1963 年 8 月），最低 −15℃（1962 年 2 月），年降水量 1350~1500 毫米，无霜期 283 天，年平均日照时数 1624~1700 小时。湘江自大埠桥由西向东进入境域，至小东门铁路桥止，流经境域 2 千米。

人口民族

1980 年，境域有 5377 户 22274 人。其中，男性 12249 人，占总人口的 55%。2010 年，第六次全国人口普查统计，境域常住人口 61639 人。其中，户籍人口 43215 人；常住非农业人口 46968 人；有土家族、苗族、壮族、维吾尔族、满族等少数民族人口 1777 人，占总人口的 2.9%。人口自然增长率 6.43‰。2015 年，辖区常住人口 59763 人。其中：户籍人口 44195 人；常住非农业人口 47594 人；少数民族 1673 人，占总人口的 2.8%。人口自然增长率 5.26‰。

经济发展

经济综述

明清时期，境域为湘潭县政治经济中心、两广和中原地区货物集散地，商贸业盛极一时，并带动水运、装卸、搬运、钱庄、典当、饮食、服务等行业的兴起和发展。光绪三十一年（1905），境域茶叶出口贸易特盛，“五六十日而贸易额千万”；玻璃、化工、纺织等民族工业开始起步发展。抗日战争期间，沿海地区一些工厂、商店向境域疏散，市场出现短暂繁荣。中华人民共和国成立后，境域私营工商企业公私合营。1958 年，响应党和国家全民办工业号召，先后开办几家小型街道企业，街属经济从此起步。1970 年始，街道重点发展地域经济，解决劳动力就业。1988 年，街道完成工业总产值 512.3 万元，完成商业服务业收入 43.12 万元。1998 年，街道完成工业总产值 4035.5 万元，实现社会消费品零售总额 1823 万元。2011 年，根据区委、区政府“强商兴工，富民强区”总体布署，街道大力发展第三产业，实行城区经济转型。2015 年，完成规模以上工业总产值 1.31 亿元，实现社会商品零售总额 1.28 亿元。

工业

宋代，境域有酿酒、制伞、铁作等手工作坊。清光绪二十四年（1898），张本奎、肖仲祁等在境域创办湖南化学制造公司，土法提炼樟脑，为湖南化学工业萌芽。清代著名武侠小说家向恺然祖父在喇叭街开设伞厂“向泰隆”。民国 11 年（1922）6 月，中华玻璃厂在民治街西禅寺侧创办，主要生产明瓦（玻璃瓦）及日用玻璃器皿。民国 24 年（1935），境域制伞厂多达 28 家，最盛时，制伞工人有 380 人，年产纸伞 83300 把，其中苏恒太、陈昌春、左祥和三家作坊较大。中华人民共和国成立后，境域手工业和私营工商业得以恢复发展。1950 年 4 月，湘潭县人民印刷厂在城正街建成。1956 年后，境域先后创办市针织厂、市伞厂、城正街豆作厂、市冶金化工厂、市毛巾厂、市造船厂、市福利综合厂、县湘绣厂等全民或集体所有制企业。街道直属工业企业有草包、烘炉、工艺美术等小型工厂。1963 年，设立街道服务站，专为企业开具加工和劳务发票。1965—1968 年，先后创办红卫丝网、红卫翻砂、红卫冷作、红卫小五金、红卫木纱、红卫制绳、红卫螺丝等厂。1981 年，境域有街办和居委会办企业 11 家，职工 561 人，实现工业总产值 206.94 万元。1987 年，玻璃机电厂（红卫五金厂）生产的专利产品——玻璃陶瓷钻孔机，在 62 届广交会上与外商签订供货合同 1000 台，创汇 10 万美元，填补街道出口创汇空白。1994—1996 年，境域有 19 家企业采用承包经营、公有私营、租赁经营等新机制。2005—2007年，境域先后引进万利隆食品有限公司、惠天然化工有限公司、永强工贸有限公司、电烤炉厂、凤凰编织厂、阳光服装厂等非公有制企业。市印刷二厂、食品饮料设备厂、橡胶制品厂破产。2015年，境域有印刷、金属制品、服装加工、塑料编织、食品加工等企业20余家，职工542人，实现工业总产值1.31亿元。

商贸服务

南宋起，湘潭县治迁入，境域商贸业逐渐繁荣。明代，境域成为湘江流域重要商埠，粤、桂、滇、黔等省货物多集散于此。清乾隆、嘉庆年间，山西、山东、河南、陕西、甘肃（简称北五省）、江苏、江西、福建、广东、广西、湖北、安徽等省及本省长、衡、永、郴等地商人，结帮来境域经商，行业有钱庄、金号、汇票、当铺、斋馆、百货、翡翠珠宝、药材、烟草、绸布、海味、酒酱、槟榔等。光绪三十一年（1905），境域辟为“寄港地”，外国商品随之输入。民国时期，自三义井至文庙成为商铺密集地段，其中具有经营特色的名老招牌有太真芝（药店）、大利生（南货食品）、新多福（酱菜）、毛福昌号（米店）等。20世纪60—70年代，境域国营和集体商业单位有：城正街粮店、雨湖粮店、红卫煤店、永红煤店、小东门肉食站、城正街肉食水产店、城正街蔬菜食品店、大利生副食品店、北区百货商店、城正街日杂综合商店、营养饮食店、红卫药店、迎新照像馆、美华理发店等。1988年，商业服务单位有卫东南杂店、板石巷副食品店、枫叶商店、城正街单车修理店、城正街刻字店、城正街钟表修理店、三义井理发店、瞻岳门综合店、莲城装饰服务部、城正街工业经理部等13家，从业人员285人，销售收入124.79万元。1993年，有个体工商户412户，从业人员706人，从事商贸服务业的单位309家，从业人员7323人。2003年起，先后有心连心、步步高、湘潭联通、涌鑫石油、新奥燃气加油站等商贸服务企业进驻；熙春路品牌美食一条街逐步形成，有融城大酒店、谭记跳跳蛙、湘西部落、玉楼春等特色餐饮店62家，年营业额1780万元。2015年，境域有商业网点896家，从业人员4361人，社会商品零售总额1.28亿元。

财政金融

民国13年（1924），境域民治街（今城正街）开办周义记钱庄。1949年，中国人民银行在城正街设立办事处。1963年1月，街道设服务站管理街道财政。1976年4月，设立街道财会室，直接向所属街办企业收取管理费。1979年起，农业银行、人民银行、工商银行、建设银行等几家银行先后在境域设立湘潭县支行或储蓄所。1994年，街道财政所成立，开始协助税务机关加强税收征管，享受税收分成政策。1995年，街道财政收入53.68万元，财政支出52万元。2000年，街属企业改制进入扫尾阶段，企业上交管理费终结。2015年，财政收入508.22万元（主要来自区财政预算内拨款和税收分成以及上级相关部门的下拨经费），财政支出508.22万元。境域有农业银行、中国银行、民生银行、中信银行等金融机构4家，5个营业点，年末存款余额47410万元，贷款余额2614万元。另有玉福、韶峰资产管理，汇丰民间借贷等公司从事金融活动。

基础设施

交通运输

境域南临湘江，北靠燮家湖，两水相夹，明清时期就有文星、观湘、油榨坊、萃湘义渡、通济等水运码头，出城有5条驿道连接外地。瞻岳门内设有总驿铺（今芙蓉里）。人们出行除水路外，全靠步行、坐轿、人力车、畜力车等。光绪三十一年（1905），萍潭铁路建成通车。是年，因长沙开埠，商品流向改变，境域码头因主要集散湘江上游各地物资，水运逐渐衰落。1950 年，主要街道有城正街、观湘门直街、通济门直街、环城路。1954 年 10 月，连接城正街至十八总的 6 路公交车投入运营。1965 年，城正街麻石路面改为石灰、炉渣、碎石三合土路面。1987 年，境域有 23 条街巷，总长 3794 米，面积 9131 平方米，路面全部水泥硬化。是年，境域有建材码头、通门济码头、观湘门码头。1989 年，境域从事装卸、运输的单位有市汽运公司大埠桥处、水运公司沙石处、街道劳动服务公司参运队。有货运汽车 38 辆，胶轮板车 100 余部，从业人员 873 人。2001 年 4 月，全长 1354.56 米，投资 1.97 亿的湘潭三大桥和与之相连的韶山东路同时建成通车，结束境域湘江两岸靠轮船摆渡的历史。2003 年，连接韶山东路与熙春路的泗洲路修通。2006 年 12 月，投资5700万元,长1181.5米的熙春路延长线建成。是年，连接韶山东路与熙春路延长线之间的柏荫路一段通车。2013 年 6 月，投资 1.4 亿元，全长 600.8 米的熙春路至沿江东路段的柏荫路建成通车；9 月，熙春路通往沿江东路的泗洲南路通车，长 584 米，投资 850 万元。2015 年年底，境域有始发 6 路、108 路和 19 路公交车线路 3 条，途经线路 12 条。至此，老城区外围道路由滨江风光带、沿江东路、雨湖路、和平路、熙春路、三大桥匝道环绕，中间由泗洲路、柏荫路连通，总里程 7.3 千米。

邮电通信

清光绪二十三年（1897），湘潭县始设电报局于泗洲庵巷内黎氏祠堂。民国 3 年（1914），境域首次安装 100 门磁石电话交换机，办理城区电话业务。民国 30 年（1941）9 月，增设民治路（今城正街）邮政支局。抗战胜利后，文星门恒泰南货号设邮票代售处。1950 年，民治路邮政支局改为城正街邮电所。1958 年，湘潭县邮电局在城正街设立。1974 年，境域自动电话开通，有固定电话 200 余部。1989 年，开设无线寻呼（BP 机）业务。1993 年，境域有模拟移动电话 18 台，无线寻呼机 1280 台，固定电话 690 台。1995 年，模拟移动电话被数字移动电话取代。1999 年 7 月，中国联通湘潭分公司在泗洲路成立。2003 年，开设小灵通业务，铁通在境域开通互联网业务。2005 年，联通在境域开通互联网业务。2015 年，湘潭电信、湘潭移动、湘潭联通在境域设营业代办网点 8 个，建有通信基站 16 个；邮政设便利邮局 3 个。境域有固定电话 3114 户，移动电话用户 24912 户，互联网用户 6384 户。

供电供水供气

民国 21 年（1932）前，境域街道铺面、居民家庭均用油灯照明。民治街主要街口设有路灯，每晚由更夫点灯照明。1932 年，开始设电力照明路灯。到 1949 年，路灯仍稀少，居民用电极少，也无公用供水设施，除少量水井外，绝大多数居民直接从湘江挑水饮用。中华人民共和国成立后，主要街道路灯增多，工业用电增多。1959 年，城正街铺设一条管径 280 毫米单线枝状输水管。1964 年后，三义井、泗洲庵巷中段、刘烈士祠对面、喇叭街口建 4 个公共供水点，居民购票取水。20 世纪 60 年代后期，境域居民开始告别油灯，先后用上电灯。1971 年，沿江东路、泗洲路输水管路建成，引水进户。1985 年，河东至小东门铺设一条直径 700 毫米、长 720 米的过江管道，境域供水紧张局面得以缓解。1988 年，市、区投资 180 万元，铺设河东板塘铺三水厂至河西观湘门全长 2460 米过江管网，实现河东、河西供水管道连网。城正街一带居民不再缺水。1994年，境域韶山东路建设时，供水管网扩大至直径800毫米。1995年，市自来水公司逐步实现单户装表。1999年，国家投资对输电线路进行改造，解决电压不稳问题。2001年，居民供水推行“一户一表”，有供水户7028户。部分小区居民用上管道煤气。2005年，煤气管道改为输送天然气。2015年，境域有繁宫、繁河、繁三、繁东4条10千伏高压输电线路经过，线路总长14.43千米。有供水户10336户，70%以上的居民家庭用上燃气类清洁能源。

街区建设

东汉年间，境域有人依江建屋，形成街道雏形。湘潭县治迁此后，街市随之兴起。明万历二年（1574），知县吴仲奉命筑城，周长1332丈，高1丈8尺，垛口2600个，设6门，南观湘、东文星、西南通济、东北熙春、北拱极、西瞻岳，门各建楼。清乾隆二十五年（1760），知县秦荣请得帑金二万四千，将土城改建砖城，临水处作护城石堤。嘉庆、咸丰年间，城墙多次培固。民国28年（1939），城墙被拆除，其址辟为环城马路。横贯东西的城正街全长1540米（清称宣化街，民国时期改称民治街）。民国时期，境域没有垃圾处理场地，排水靠明沟和麻石下的暗沟、瓦管收集雨水，污水经大埠桥排入湘江。1949年后，政府配备清洁工清扫主要街道，公厕配有掏粪工人。1969年，观湘门码头设立垃圾中转站。1967年，街道办事处在基督教堂旁边自建房屋办公。1987年，境域排水管总长5665.98米，有下水井233个。1991年，政府投资23万元，将观湘门垃圾转运站建成机械化集装箱式转运站。1992—1996年，市、区两级旧城改造办投资3780万元，先后对境域7.94万平方米范围进行旧城改造，拆除危旧房屋1.65万平方米；投资7250万元，搬迁境域堤外所有居民，将堤身用钢筋混凝土加宽、加高，建成集防洪与休闲于一体的沿江风光带；公厕全部完成水冲式改造。1994年，街道办事处迁至原区城建局办公楼，两层共430平方米。1996年底，街道投资21万元，将办公楼加高至四层，面积增至718平方米。2005年，投资942万元，建成1746米的沿江东路截污干管。2001年，大同花苑建成。2007年，新景家园建成。2009年，香樟园南苑小区建成。2014年，投资5亿元的滨江风光带一标段一期小东门至观湘门段建成。2015年，境域有公厕23座，垃圾转运摇臂箱13个，垃圾收集池23个。主要街巷每间隔30~50米设有一个分类垃圾箱。公共绿化面积19.5万平方米，社区综合服务用房4956平方米。

社会事业

教育

南宋绍兴年间（1131），湘潭县学学宫（即文庙）建成于境域东文星门侧。明正德十一年（1516）迁今址。清康熙五十九年（1720）建义学。乾隆八年（1743），扩建为昭潭书院。光绪二十八年（1902），昭潭书院改为高等小学堂。光绪三十一年（1905），留学日本回国的龚述恂为首兴办龚氏女校，校址设境域龚氏祠。民国年间，湘潭中学女生部、湘潭简易师范和新湘中学、弘道中学设于境域。1954年，私立学校合并改造完成。境域公立小学有小东门学校、颜子庙小学、板石巷小学、文西街学校等5所。1958年9月，境域创办湘潭师范专科学校。1974年，湖南税务学校（中专）入驻石码村。1978年4月，煤炭工业部湘潭煤炭学校入驻石码村。1981年，湘潭煤炭学校更名为湘潭矿业学院。1984年5月，湘潭师范专科学

湖南科技大学

校改为湘潭师范学院。1988 年，境域有湘潭矿业学院、湘潭师范学院高校 2 所；有中学和中等专科学校 5 所；有小学 6 所；有幼儿园 8 所。1994 年，湘潭师范学院搬迁至石码村。1997 年，湘潭矿业学院更名为湘潭工学院。2003 年 11 月，湘潭工学院与湘潭师范学院合并，组成湖南科技大学。2015 年，境域有湖南科技大学 1 所，教职工 3500 人，学生 33000 人；有九年制义务教育学校 1 所，教职工 51 人，小学生 447 人，初中生 27 人；有曙光学校、桃园路学校、熙春路逸夫学校 3 所小学，教职工 132 人，学生 2645 人，适龄儿童入学率 100%；有幼儿园 5 所，幼师 87 人，入园幼儿 789 人。

文化体育

民国 2 年（1913），湘潭县在境域宣化街（今城正街）设图书馆。在梧桐别墅设“民报社”，出版《湘潭民报》。中华人民共和国成立后，境域春节舞龙和耍狮、端午龙舟竞赛、习武等文体活动流行。1952 年，人民文化馆在境域成立（1953 年改为湘潭县文化馆）。1958 年，湘潭县花鼓戏剧团在境域成立。1963 年，湘潭县新华书店成立。1975 年，街道建立民办公助文化站。1980 年，湘潭县电影公司在境域成立，并建成百花影剧院。1983 年，街道成立地中春文化服务部，利用防空洞地下室放映录像。是年，街道文化站被评为湘潭市先进文化站。境域文化单位有湘潭县文化馆、县图书馆、县电影公司、县新华书店、县花鼓戏剧团；县百花影剧院可容纳观众 1250 人。1985 年，境域湘潭矿业学院图书馆藏书 20 万册，湘潭师范学院藏书 35 万册。1988 年，境域架设闭路电视网络。1992 年，境域湖南科技大学建成 400 米塑胶田径场。1993 年，境域有录像厅 5 家，电游室 3 家，台球室 23 家，图书室 6 家。1997 年，境域有线电视基本普及。2000 年，湖南科技大学体育馆建成。2005 年，境域腰鼓、扇子舞、军鼓等健身活动流行，最多时有 10 支队伍，300 余人。2015 年，境域有各类图书馆、室 56 个，藏书 412 万余册；有音乐、美术、书法、摄影、及文学业余创作人员 121 人，有群众健身组织 10 余个。100% 的社区有健身场地及器材。

医疗卫生

明代，境域医疗为个体、民间游医以传统中

医行医治病。光绪二十六年（1900），美国基督传教士林戈（中文名林霄志）等在观湘门开办西医药房诊所（湘潭市中心医院前身，后迁至雨湖路街道境域）。民国28年（1939），湘潭县卫生院在境域创办。民国35年（1946），湘潭天主堂博济医院在沿江东路创办。1949年8月，人民政府接管县卫生院。1951年12月，政府接管博济医院并更名为“湘潭市立医院”（后迁入中山路街道境域）。1952年7月，县卫生院更名为“湘潭县人民医院”（后迁入湘潭县治易俗河镇）。1958年，境域4个居委会设保健站；1970年，保健站改名红卫街卫生所；1981年，红卫街卫生所改名为城正街道卫生院。1998年10月，街道办事处社区服务中心与市卫生防疫站联合成立医疗保健中心，成为湘潭市首家开展医疗保健的服务点。2002年，市疾病预防控制中心在境域组建。2004年12月，街道卫生院自主研发的治疗高血压药物“压可平”获国家专利（专利号ZL 991153170）。2005年，街道卫生院更名为城正街道社区卫生服务中心。2015年，境域有湘潭县人民医院（2011年在湘潭县县城建成新院，老院仍在营业）、湘潭市疾病预防控制中心、城正街道社区卫生服务中心；有私人诊所13家，药店15家；有医务人员245人，病床227张。

社会保障

中华人民共和国成立后，市民政部门对居民中全家无人就业以及丧失劳动能力的孤、老、残、幼定期发放救济粮款；对遇到天灾人祸而生活困难的发放临时救济。1964年，街道发放救济金10884元。1970年，救济125人，发放救济金15196元。1988年，救济217人，发放救济金37767元。1995年，发救济金26935.4元，救济47人。1996年，启动职工养老保险，街道镀锌铁丝厂和印刷二厂145名职工参加。1998年，启动城市居民最低生活保障。有低保对象103户266人，发放低保金12.96万元。2003年8月，街道社会保障服务站成立。年内有低保对象1135户2987人，发低保金192.84万元。2006年8月，5200人参加城镇居民基本医疗保险，参合率85%。2011年，街道24户生活困难的无房户住进新建的廉租房。2012年，街、委办企业108名职工补交养老金后，领到退休费。有31户分到廉租房。2013年，有48名职工补办养老手续并领到退休费。2015年，街道有低保对象1172户1929人，发低保金710.6万元；参加居民基本医疗保险参合率98%；大病救助31人，发放救助金10250元；解决廉租房72套。

人民生活

1953年起，境域居民生活主要物资逐步实行计划供应，人均住房面积4~5平方米。1985年，居民人均可支配收入1189元，人均住房面积6.6平方米。1993年,居民人均可支配收入3492.6元，每百户有冰箱59台、洗衣机79台、录放像机6台、热水器21台。2000年，居民人均可支配收入8985元，人均居住面积13.2平方米。2015年，居民人均可支配收入22043元，人均住房面积32.6平方米。每百户有空调135台，汽车24辆，移动电话272部，电脑95台。

特色地情

历史人物

黎烈文（1904—1972） 世居湘潭县城内泗洲庵（今泗洲路）。中学毕业后去上海，在商务印书馆担任誊写和校对工作，后在厦门大学和上海编译所工作。1926年去日本，次年转法国留学，获文学硕士学位回国。1932年任《申报》副编辑，因砭时弊而被迫辞职，后与鲁迅等创《译文》杂志。1936年主编《中流》。抗战胜利后去台湾，历任《新生报》副社长，台湾省训练团教官，台湾大学教授。1972年病逝于台北。著有《舟中》《西洋文学史》《法国文学史》《崇高的女性》等。

黄友葵（1908—1990） 出生于境域洗脚桥（今城正街22号），是中国最早的抒情女高音歌唱家之一，也是中国现代声乐教育的开拓者之一。1920—1926年，就读于长沙福湘女中。1933年，从美国阿拉巴马州女子大学毕业后，先后任教于荷属爪哇岛布利达中华女中及国内东吴大学、昆明国立艺术专科学校、重庆国立音乐学院、南京中山大学、金陵女子大学、南京师范学院、南京戏剧学院、南京艺术学院等院校，被国内音乐界誉为“一代良师”“艺教楷模”“声坛奇葩”，被国内外音乐界誉为“中国第一女高音”。

吕　骥（1909—2002） 生于湘潭市雨湖区沿江东路224号。1930年，入上海音乐专科学校学习。1932年，在上海加入中国左翼戏剧家联盟。1935年，加入中国共产党。1937年，赴延安参加筹建鲁艺，先后任鲁艺音乐系主任兼教务主任、副院长。1939年，组织民间音乐研究会。1945年，任东北鲁艺院长。中华人民共和国成立后，历任中国音乐学院副院长，中国音协主席。是第一、二、三届全国人大代表，第五、第六届全国人大常委。创作的歌曲主要有《中华民族不会忘》《自由神》《抗大校歌》《开荒》，大合唱《凤凰涅槃》。编有《吕骥文选》《吕骥歌曲选》。

风景名胜

文　庙 位于城正街西头入口处，始建于南宋绍兴元年（1131），原址小东门，元至正十四年（1354）毁于兵祸。明洪武二年（1369）重修。明正德十一年（1516）迁建于现址，为祭祀孔子之专门场所。庙宇为封闭式院落结构，由奎星门、泮池、牌楼、大成门、亚圣殿、钟鼓亭等

文庙

组成，明末再度毁于战火。清顺治九年（1652）重建。乾隆十九年（1754），知县吕正音增建大成殿，耗银三千两。自清嘉庆至民国先后多次修缮。1965—1975年，从奎星门至大成门外部分建筑拆除。1983年，再次修葺。现为湖南科技大学（原湘潭师范学院）继续教育学院。2012年，被湖南省政府确立为省级文物保护单位。

抗日阵亡将士纪念碑

抗日阵亡将士纪念碑　位于沿江东路北侧学坪。始建于民国27年（1938），抗日战争胜利后重修。碑高9米，成方锤形。四面均镌有“抗日阵亡将士纪念碑”九个大字，底下石座雕栏显得庄严肃穆。该碑“文化大革命”中被毁。1985年抗日战争胜利40周年时，人民政府拨款修复，现为湖南省文物保护单位。

（撰稿：刘立泉）

平政路街道>>

区域概况

地理位置

平政路街道位于湘潭市雨湖区东南部，东以大埠桥喇叭街为界，与城正街道相连；南临湘江，与岳塘区宝塔街道隔江相望；西至解放南路，与中山路街道相邻；北止雨湖公园，与雨湖路街道相接。古代因境域雨湖与湘江通航，为方便通行，在九总大埠之处建造一座石板桥，因桥西有“平政庵”遂名平政桥（又称大埠桥），街道因桥得名。

建置沿革

唐宋以来，境域属湘潭县。清代设都、甲管理时为城厢之地。民国3年（1914），改属湘江道。民国21年（1932）撤道，属雨湖镇。民国36年（1947），属昭潭镇。1949年，属城关区（县级湘潭市的前身）。1950年，分属城内（九总至十总）、中心（十一总至十三总）两个办事处。1960年4月，隶属雨湖区人民委员会。1962年6月，设立平政路街道。1969年9月，“文化大革命”中更名为兴无路街道。1981年4月，兴无路街道复名为平政路街道，属雨湖区。至2015年，建置无变化。

区划面积

1962年，平政路街道辖九总、十总、十二总、护国寺、万寿宫、关圣殿6个居委会。1963年1月，由雨湖路街道划入和平桥居委会，共7个居委会。1970年11月，撤销和平桥居委会。1981—1988年，街道辖大埠桥、护国寺、上河街、万寿宫、寿佛殿、关圣殿、南步街、新梁街8个居委会，面积0.63平方千米。1988年开始，街道代管湘潭县域的王家山煤矿、列家桥煤矿、峡山口的红旗钢铁厂3个工矿区。2000年，大埠桥和护国寺、南步街和万寿宫、上河街和新梁街合并，调整为大埠桥、南步街、寿佛殿、关圣殿、新梁街5个社区，88个居民小组。2009年，大埠桥和南步街合并，寿佛殿与关圣殿合并，再次调整为大埠桥、关圣殿、新梁街3个社区，居民小组110个。2015年，街道区划无变化。总面积2.1平方千米，其中水域面积30公顷。

自然环境

境域由河街、正街、后街组成，西高东低，地势高差较小。地层表面为第四纪红色黏土和冲积层，砾石和红砂岩随处可见，红色土壤塑性指数平均值20.7，属硬塑性状态土壤。湘江在境域南边流过，水量丰富，年平均流量648.7亿立方米，警戒水位38米，最高水位41.26米，最低水位29.70米。境域属中亚热带季风气候。暑期长，寒冷期短，夏季平均气温28.1℃，冬季平均气温6.6℃。冬季多为偏北风，夏季盛行偏南风，四季分明。年降水量1300毫米。年日照时数1624~1700小时。主要植物有人工栽种的樟树、法国梧桐、红桎木、罗汉松、柳树、夹竹桃等树种，街道绿化面积38公顷。

人口民族

1966年年末，境域有居民2371户9118人，其中男性4892人，占531.66%。全年人口出生率11.12‰。1987年，有居民3585户9927人，其中男性5175人，占52.14%。全年人口自然增长率9.27‰。2007年，有居民4700户13100人，其中男性6616人，占51%；流动人口998人，占7%，全年人口自然增长率5.16‰。2015年，境域有居民5307户14063人，其中男性6103人，占50.5%。流动人口1344人，占11%，全年人口自然增长率3.22‰。有蒙、满、回、苗、瑶、土家、朝鲜、维吾尔、侗等少数民族35人，占总人数的0.3%。

经济发展

经济综述

明清两朝，境域修筑码头16个，水运繁荣，商贾云集，是湘潭"药都""米都"的重要街坊。鸦片战争以后，境域有"小西湖"之称的雨湖处于湘江大弯曲处，沙少、水深且避风，被洋人辟为"寄港地"。中华人民共和国成立初，境域经济萧条，只有一些生产落后的手工业作坊和个体手工业散户。1951年4月，码头收归国有，人民政府保护和发展私营工商业，扶持发展手工业，建立国有商店。1962年，成立劳动服务站，组织无业人员从事泥木、搬运、装卸等工作。1968年，街委有企业4个，完成工商销售总额14.8万元。1978年，兴办工商企业14个，实现工商销售总额446万元。1988年，境域兴办工商企业32个，完成工业产值654万元，实现社会消费品零售总额320万元。1996年，街道13家企业采用承包经营、公有私营、租赁经营等新机制。1998年，发展私营经济，兴办49个工商企业，完成工业产值3981万元，实现社会消费品零售总额682万元。2007年，街委企业因关闭和改制已不复存在，个体私营经济继续发展，完成工业产值1000万元，社会消费品零售总额3800万元。2015年，境域个体私营经济491家，完成社会消费品零售总额2.3亿元。

水利

清代及以前，境域湘江段因码头分割没有统一的防洪堤和水利设施。民国期间，曾多年用泥土修筑防洪堤后又被洪水冲垮。境域北面是集雨成湖的雨湖，总面积21公顷。其中水面12公顷，有十年九灾之说。1950年后，政府组织劳力多次疏浚雨湖，在雨湖流往湘江的九总建有排渍站，待湘江涨水与雨湖持平时，启动排渍功能向江里排渍，防止内涝，并在九总防洪堤外建有市水文站提供水情信息。1973年8月，境域河西大堤动工，1978年大堤建成，起于石嘴垴，止于湘江铁桥，全长4.696千米，堤顶设计高42米，比历史上最高洪水位高0.13米，彻底解决境域居民遭受洪涝灾害问题。1996年6月，湘江水位41.97米，河西大堤安然无损。是年11月30日，沿江防洪堤硬化竣工通车。2009年，市政府投资2100万元，将流入雨湖的下水道全部改道，污水不再排湖内。2015年4月，境域大埠桥涵闸工程被列为雨湖区重点防洪抢险工程。历时5个月，投资600万元的排涝防洪涵洞、涵闸等工程全部竣工。

工业

宋代，境域有木工、农具、雨具、棉织手工作坊。清代，正街小巷前店后厂的作坊遍布，生产剪刀、菜刀、秤、雨伞、油鞋、木屐、棉布等手工业产品。1903年，禹之谟在江西会馆创立“湘利黔织布厂”生产毛巾，因质优价廉畅销各地。1950年，境域有人在九总注资1100元（新币）兴办造船厂等多家企业，从业人员1500余人。1962年，贯彻河西区“全党办工业，群众办工业”的指示，因陋就简，就地取材，兴办工业企业。1964年，街道创办电器元件厂（后更名华光电器厂）。1969年，居委会先后创办平政塑料美术厂和平政塑料铸造厂。1978年，兴办金属制品厂、五金厂、铜铝翻砂厂、印刷厂等20多家企业。1981年，居委会办企业雨湖瓷厂、纸袋厂、丹粉厂被区政府收为区直属企业。完成工业产值128万元，利润11.3万元。1988年，街委有企业18家，职工600余人，工业总产值654.1万元。1996年，街道企业实行承包、租赁、目标管理等多种经营形式。1998年，完成工业总产值3981万元。2003年，全街工业企业仅3家，完成工业总产值3928万元。2007年，街道集体企业经改制不复存在。境域民营企业完成工业产值1000万元。2015年，境域无工业企业。

商贸服务

南宋起，境域商业逐渐繁荣。自明末始，湘西、湘南所产药材来境域集散。清起，陇、川、滇、黔、粤、桂等省药材来境域销售，遂使湘潭赢得“药都”之称。清康熙年间，境域商贾云集，临江遍建通商码头，船桅如林，药材、粮食、棉花等买卖兴隆。乾隆四年（1739），十一、十二总药材行业有390家，从业人员500余人，是全国四大“药都”之一。而药材行聚集于平政路，街边常为药材堆积，一片“药香”。1905年，随着“洋船码头”开埠，洋货从十三总输入湘潭市场，药材、莲棕、石膏、草席行以及油盐、土果、广杂、鱼虾、烟丝、瓷器、竹末、纸张等行店20类100多家。民国32年（1943），药材行增至33家，从业人员1800余人。轮船客运码头设于十三总，围绕它而开放的各业店铺，鳞次栉比，十分红火。其时，商人依原籍分为江西、江苏、浙江、广东、福建、北五省行帮。官商勾结，各帮又依各自垄断的行业分别组织行帮建会管、公所。江西会馆万寿宫、北五省会馆关圣殿为境域闻名的华丽建筑。境域华北春饮食店、东升饺饵店、回民饮食店、维生米粉店、九总槟榔店，均有“百年老店”之称。1958年，湘潭饭店在解放南路32号建成营业，是湘潭市最大的饭店，有库位6373号。1970年，境域有大桥粮店、平政路蔬菜店、十三总蔬菜食品店、平政路肉食水产店、建设百货店、市纺织品大楼、大桥副食品店、华北春餐饮食品、湘潭饭店、大桥日杂店、九总日杂店、市瓷器店、启封药剂行、群需药店等。1981年，由区政府引导开发大同西路布匹、服装、工艺品市场，设88个摊点于车道两边，从业人员100多人，年营业额100万元。1982年，青联五交化商店创办，有职工11人，实现社会消费品零售总额58万元。1987年，街道兴办商业企业13个，有职工111人，年销售营业额282.26万元，实现利润3.25万元。另有劳务产值28.4万元，劳务利润1.72万元。2007年始，国有、集体所有制企业因改制不复存在，私营企业逐渐增多。2015年，境域有商铺（店）491个，规模较大的有罗源、大同世界、聚富大厦、八仙桥、新梁街5个市场，安置就业人员2850人，实现社会商品零售总额2.3亿元。

财政金融

清同治三年（1864），湘军将领郭松林在境域九总附近经营典当业，盛极一时。1905年，境域十一总建有太古洋行，十二总建有怡和洋行，十三总建有美孚洋行。民国期间，境域有典当行、票号、钱庄经营。1949年，境域十一总设有人民银行办事处。1950—1960年，街道办事处作为派出机构向区政府实行报账制。1962年，街道成立劳动服务站，兴办工商企业，随着税收的增加，街道财政收入相应增加。主要来源于上级拨款和企业管理费。1988年，街道财政收入36万元，支出34.98万元。1992年，境域中国农业银行罗源支行成立。1993年，街道财政收入42万元，支出40.17万元。1996年，街道设立财政所。2000年，由于区政府实行税收目标管理、超额有奖，街道财政收入52万元，支出49.89万元。2007年，街道财政收入160万元，支出159.11万元。2010年，境域华融湘江银行振湘支行开业。2015年，境域有金融网点3处，各金融机构存款余额11.5亿元，贷款余额为10.3亿元。街道财政收入335万元，支出331.54万元。

基础设施

交通运输

自南宋始，境域街道有河街、正街、后街3条。明至清中期，分总铺设花岗岩（麻石）路面。清光绪年间，大街小巷完成铺设，每总都有高墙隔开。清前，境域货运以水路为主，陆路为辅。交通工具水路以木船、陆路以人力车为主。临江有胜利码头、新生码头、盐店码头、农民码头、永州码头、护园寺码头、朱家码头、熊家码头、十三总航运码头、十四总码头10处，年吞吐货物200多万吨。民国27年（1938）11月，长沙“文夕大火”后，省商业重心移至湘潭，境域进出货物大增，湘江日进出港船只1750艘。1950年，经民主改革，境域码头、船舶、渡口等水上交通运输迎来新发展。6月，在十三总码头左首河边设立五人组成的“国营湖南省轮船运输公司湘潭办事处”。1951年9月，境域设置航运管理站和码头管理站。1952年11月，成立“湖南省交通厅内河航运管理站”。是年，湘潭城区道路建宁路（今解放南路）、大同路、雨湖路（解放南路至大埠桥）建成通车。1956年3月，境域“航运办事处搬运站”成立，实现装卸运输的站、搬合一，接受公私合营。1958年1月，航运办事处及水路运输中的运政、航政、港埠、运输等统一管理，政企合一。是年，十二总至十三总中山路段改造为全市第一条沥青路面。1959年，湘江公路大桥在十二总开工建设，1961年建成通车。107国道经境域湖园路。1964年，平政路由花岗岩石板路面改造为沥青路面。1986年，市内公交车5路、6路分别途经境域湘潭饭店和八仙桥。1992年，航运总公司投资285万元，在十四总河岸建成千吨级货运码头。1996年11月30日，沿江中路建设完成。2004年，私营航运企业“湘平高速航运有限公司”开始运营，年货运量147万吨。2015年，境域湘潭航运总公司破产改制。5路、6路、105路等9条公交线路公交车过境。

邮电通信

清末，大清邮政曾在境域设有湘潭邮政局，取代过去驿道传递官府文书。辛亥革命后，大清邮政改为中华邮政。民国10年（1921），境域关圣殿设邮政支局，经营邮政、电信业务。1949年，中华人民共和国成立后，境域机关、企事业单位装有手摇电话机。1987年，市电信局开通电话交换机，结束人工电话历史。1988年，开始安装家庭电话，当年安装36部。1995年，境域有固定电话1751部、移动电话457部。2007年，家庭固定电话基本普及，有移动电话2292部。2015年，境域有邮政代办所3家，邮政、电信业务收入24万元；有家庭固定电话582部，移动电话6182部，宽带用户 3247 户。

供电供水供气

清代以前，境域居民照明靠松节、油灯、蜡烛，生产和生活用水靠人力取湘江和雨湖水。民国末期，建有发电厂。因生产落后，经济萧条，其时民间流传着“马路不平、电灯不明、工商凋零、乞丐成群”的歌谣。中华人民共和国成立初，绝大多数居民从湘江挑水，少数劳力卖水（挑河水卖）。1958 年，市成立自来水公司；1959 年开始向居民供水。1963 年，敷设直径 200 毫米管道，输配水能力增至 1 万吨 / 日。1988 年，境域使用市一水厂自来水。国家加大电网投入，将 35 千伏电网改造成 110 千伏电网，居民 100% 的使用电灯照明。此后，市一水厂扩容，境域居民自来水供应得到根本保障。1998 年，境域部分居民使用罐装液化气。2001 年，90% 居民使用管道天然气。2015 年末，境域 5307 户居民和驻街企事业单位及私营企业均使用马家岭供电所的电力的市自来水公司一水厂的自来水。

街区建设

自明末始，境域沿江遍建通商码头，房屋傍江而建，东建“大埠桥”。主要街道平政路横贯东西，全长 1606 米，宽 23~27 米，为花岗岩路面。中华人民共和国成立后，政府配备专业队伍，承担主要道路清扫，小街小巷清扫则由民办清扫员负责。1962 年 6 月，街道办事处在平政路 425 号公有用房办公。各居民委员会成立时的办公用房均系房地部门提供。1976 年，大埠桥居委会办公用房改建为一栋建筑面积 800 平方米综合用房。1980 年，街道在十一总（市临丰学校斜对面）自建一栋 5 层综合楼，建筑面积 1000 平方米，1~3 层为办公用房。1992 年，完成平政路街道旧城改造 301、302、501 地块拆迁任务，拆迁面积 1.6 万平方米，安置楼开工面积 5.6 万平方米。1995 年，南步街居委会改建成两层的办公用房一栋，150 平方米。境域 8 座公厕全部完成水冲式改造。1996 年，沿江大道建成，双向通车。1999 年，新梁街居委会办公用房翻改为两层，建筑面积 80 平方米。2005 年，沿江东路 1800 米长的截污干管工程完工，大埠桥从此不再向湘江排放污水。2006 年，平政路路面由原 5~8 米宽扩为 8~15 米，柏油路改为水泥路面；对航运码头、新梁街、马家巷、上河街、八仙桥、南步街小巷翻新。2013 年开始，对小街小巷进行提质改造，当年改造古双巷、望湖楼入口两条街巷。2015 年，为背街小巷安装路灯 15 盏；三湘大厦排水排污系统和天井地面整体翻新重建。滨江楼公租房处墙整体翻新；马家巷公租房重新规划和建设；玉春巷铺设柏油路面；拆除违章建筑 46 处 2624 平方米。是年，境域有公厕 11 座；垃圾收集地 15 个；主要街、路、巷平均每隔 50 米一个分类垃圾箱。

社会事业

教育科技

清代，境域有私塾教育 5 处。民国 13 年（1924），境域办有湖湘小学。民国 15 年（1926），江西临丰药帮创办临丰学校；在豫章会馆有豫章小学，在书院巷（今博物馆宿舍处）有自得女校。民国 32 年（1943），增办高小，成为有 12 个班的完全小学。1950 年增至 17 个班，有教职工 38 人，学生 800 余人。1973 年，在境域原江西会馆成立市第十六中学。1993 年 11 月，街属市卷闸门厂铝型材技术改造项目通过市经委等部门验收；市中南自动化仪表厂的仪表、电焊机厂的焊机、医疗器械厂的产品均获部优，康乐竹制品厂的专利产品“地球牌”竹地板在新加坡国际博览会上获

"金狮奖"。2005 年，获湘潭市首批"社会科学普及示范社区"匾牌。在关圣殿广场建成科普广场，街道和社区分别建有科普阅览室。1987 年，永光电器厂发明的 AB 型活动输液架，被评为湘潭市科技星火奖项目。2007 年，境域有小学 1 所，教职工 31 人，学生 403 人；初中 1 所，教职工 98 人，学生 1130 人；幼儿园 2 所，幼教职工 29 人，入托幼儿 90 人。2015 年，境域临丰小学有教师 28 人，学生 427 人；市第十六中学有教师 94 人，学生 1092 人；有童之梦、阳光贝贝、翰林国学、小剑桥 4 所民办幼稚园，有幼师 70 人，入园幼儿 576 人。

文化体育

民国起，境域自发组织花鼓戏、湘剧、皮影、木偶剧目演出。有龙舟竞渡、正月十五耍龙灯、舞狮等文体活动。1919 年，受五四运动影响，境域十二总岭南馆（广东会馆）演出《青岛风云》《亡国鉴》等新话剧，传播爱国反帝思想。1949—1954 年，市图书馆、市群众艺术馆、群力花鼓剧团、市工人文化宫等先后在境域设立。1958 年，北区文化馆在八仙桥成立。1959 年，雨湖剧院在境域落成，建筑面积 1770 平方米，1036 个座位。1973 年，市体育馆在境域建成，可容纳 4000 人。1984 年，市博物馆在关圣殿内设立，占地面积 4352 平方米，建筑面积 2131 平方米。是年，街道建立文化站。1997 年，境域有线电视基本普及。2002 年，湘园路市歌舞剧团、市花鼓戏剧团、市湘剧团合并组建为湘潭市艺术剧院。2005 年，境域市体育馆建羽毛球培训中心。2015 年，街道和社区共有文化站、文化体育活动室 9 处。到市图书馆阅览图书的读者 21 万人次。入市体育馆锻炼健身的有 6 万人次。到市博物馆和后浪艺术空间（私营文化企业）参观文物古迹和欣赏艺术的观众 7 万人次。

医疗卫生

1949 年前，境域仅有私人诊所。1970 年，平政路卫生院成立，有医务人员 5 人，病床 2 张。1990 年，街道办事处获卫生部"全国卫生先进单位"。1991 年，街道办事处获全国爱卫会颁发的"全国文明卫生单位"称号。1994 年，街道成为市精神病防治试点单位，成立治疗站。2007 年，境域有医疗机构 3 个，病床 20 张，医务人员 40 人。2015 年，境域有社区服务中心 1 家，诊所 5 家，医务人员 30 人，病床 26 张，药品批发公司 1 家，药店 5 家。

社会保障

民国时期，战乱不止，境域百姓生活没有保障。中华人民共和国成立后，对居民因生病、天灾人祸造成生活困难的，由个人申请，逐级审查批准，发放临时救济。1988 年，境域有救济对象 38 人，发放社会救济款 15 万元。有优抚对象 32 名，发放优待金 2.8 万元。1997 年，启动城市居民最低生活保障制度，境域有低保对象 187 人，发放低保金 1.5 万元。2007 年，境域各居委会促进城镇新增就业 1105 人，帮助 345 人再就业，帮助 81 人就业。境域申报养老保险补贴 455 人，城镇居民基本医疗保险参保 3208 人，参保率 95%。为 943 户 1815 人发放低保金 247.9 万元。2015 年，街道有低保对象 646 户 1041 人，发放低保金 370.79 万元。受理住房救助 60 户，分配公共租赁住房 26 套。大病救助 24 户，发放救助金 65500 元。救助重特大疾病 6 户，发放救助金 40493 元。帮助 324 人失业人员再就业，帮助 255 人就业困难人员再就业。

人民生活

清光绪时期，境域"湘民沿河居住，操船为业"。1950 年，政府领导人民发展生产，改善物质和文化生活。居民有国家供应的定量商品粮。1959—

1961年，三年困难时期，居民供应的商品粮中搭配一定比例杂粮。中共十一届三中全会后，境域改革开放，经济逐步繁荣，居民生活得到逐步改善。1988年，城镇居民人均收入895元，人均住房面积7.74平方米。彩电、冰箱、洗衣机开始进入百姓家庭。1995年，境域居民人均可支配收入2563元，人均住房面积19.76平方米。2007年，居民人均可支配收入12826元，人均住房面积21.43平方米。2015年，街道坚持“强商兴工、富民强区”发展思路，居民生活质量稳步提高。人均可支配收入27820元，人均住房面积26.16平方米，每百户有摩托车31辆、汽车12辆。

特色地情

风景名胜

关圣殿　始建于明朝万历年间，座落于境域十一总平政路，座北朝南偏东，为北五省（山东、山西、陕西、河南、甘肃）旅潭商民祭祀关羽所建，亦为会馆。经多次扩建与修葺，逐步形成前、中、后三殿，总面积4000多平方米。主殿春秋阁为重檐歇山顶，殿前汉白玉透雕蟠龙石柱尤为精美。是典型的南方会馆代表性建筑，是研究地方民俗、明清商业形态、会馆文化、移民经济史的重要史料。2013年，被公布为全国重点文物保护单位。

雨湖公园　公园建于1954年，占地面积21公顷，其中水面12公顷，由“七星”“八仙”两桥分隔成上、中、下三湖。雨湖由来已久，《潭城史迹》云：“相传约六百年前，明吉王三世偕徐妃至此，途中遇雨，见雨滴残荷，千万珠跳，感景而命名。另说，雨湖地势低洼，积雨成湖，故名雨湖。”2006—2009年，市政府先后投资改造公园：疏浚下湖、拆除围墙、修复和改建旧时八景。至2010年，公园主要景点有：“双壁无瑕”“长堤烟柳”“熬山夕照”“岸花怀古”“雨湖春记”以及湖园广场、听涛广场、菊花广场；有工艺精美的“湘潭古城图”“积雨成湖”“湖光如画”“画意诗情”等石雕。

（撰稿：侯锡华）

万楼街道

名楼万楼所在地，明代李腾芳《万楼记》有“万，数之大者，邑从此而大也”，今人有“万楼兴，湘潭兴”之说。

区域概况

地理位置

万楼街道（原护潭乡）位于湘潭市雨湖区东北部，东临湘江，与岳塘区隔江相望，南与云塘街道、城正街道相接；西与先锋街道毗邻；北与九华示范区响水乡接壤。因境域有湘潭名胜“万楼”，故以万楼命名。

建置沿革

隋，境域属湘西县。唐，属长沙县。唐天宝八年（749）属湘潭县。宋、元、明、清，历代沿袭。民国时期，属湘潭县黄龙乡十二、十三、十四和十五保。1949 年，境域分属湘潭县桐梓乡、云湖乡、双合乡和先进乡。1956 年 4 月，属湘潭县护潭乡。1958 年秋，为郊区人民公社护潭大队。1960 年，属河西公社。1961 年 5 月，属护潭人民公社。1984 年 4 月撤社设乡，属护潭乡，隶属湘潭市郊区。1992 年 4 月，隶属新成立的雨湖区。2014 年 12 月，护潭乡改为万楼街道。至 2015 年，建置未变。

区划面积

1958 年，护潭大队辖星火、东风、云塘、金塘、广场 5 个中队。1960 年，河西公社辖星火、护潭、跃进、东风、云塘、金塘、广场 7 个大队。1961 年，护潭公社辖中心、建新、广场、桐梓、金塘、红星、富强、繁荣、东风、云塘、跃进、星火、新竹 13 个大队，面积 22 平方千米。1963—1965 年，划出金塘、桐梓、中心、建新大队归属先锋公社，广场大队归属昭潭公社，辖湘江、悦星（后改为永红）、富强、繁城、红星、东风、云塘、跃进 8 个大队。1975 年秋，从湘江大队中分建渔业大队。1978 年，辖东风、云塘、跃进、湘江、永红、富强、红星、繁城 8 个大队，设 68 个生产队，面积 13 平方千米。1981 年 8 月，东风、云塘、跃进大队划入湘潭市雨湖区，面积缩减为 11.2 平方千米。1984 年，辖湘竹、渔业、文昌、悦星、永红、富强、红星、繁城 8 个行政村，设 88 个村民小组。是年开始，市政府陆续在境域征用土地。1998 年，原繁城村立新组、福新组、建设一、二、三组居民组成繁城西村居委会。2000 年，繁城西村居委会与繁城村合并，居委会撤销。2007 年，辖湘竹、渔业、文昌、悦星、永红、富强、红星、繁城 8 个行政村，设村民小组 94 个，面积 10.57 平方千米。2015 年年底，辖湘竹、渔业、文昌、悦星、永红、富强、红星、繁城8个行政村，94个村民小组。境域总面积9.94平方千米，其中，耕地286公顷，水域面积169公顷。

自然环境

境域地形属丘陵地带中河流冲积的小平原，地势平坦，最高点二湖头岭海拔61.7米，最低点竹埠港对岸海拔30.7米，地势由西南向东北从高到低逐渐倾斜。土壤多由河流冲积物形成，土层深厚肥沃疏松，利于水稻和经济作物种植。境域属湘江水系，湘江由南而北，河道经境域全长4.9千米。境域属亚热带季风湿润气候区，年均日照1705小时，日均气温17℃~18℃，平均相对湿度48%。常年降雨量1500毫米。年均无霜日275~285天。常见树种有香樟、杉木、枫木、楠木等，珍贵树种有银杏等，森林植被以人工林为主。境域存在不同程度的自然灾害。至2015年的47年间，共发生大的水灾11次，旱灾7次，冻害5次。

人口民族

1978年，境域有4865户19410人，其中农业人口18302人，占94.4%。1988年，境域有4228户14670人，其中农业人口14271人，占97.28%。2000年开始，境域城镇居民人口增多。2007年，境域有5172户15781人，其中农业人口11500人，占72，9%；男性7973人，占50.52%，人口自然增长率10.3‰。2015年，境域有7625户20195人，其中农业人口14830人，占73.4%；其中男性9181人，占45.46%，人口自然增长率6.91‰。少数民族人口71人，占总人口的0.35%。

经济发展

经济综述

境域长期以农业经济为主。1976年，农牧渔业及企业总收入656.5万元，公共积累388万元。1983年，境域社队企业改革，实行厂长、经理承包责任制，固定工资改为浮动工资或计件工资。职工由政府安排改为招考择优录用。1984年，境域农业进一步完善联产责任制。经过改革，境域农工商业得到发展。1988年，完成工农业总产值5138万元。1992年，新雨湖区成立，强商促工，发展经济，经济开始快速、持续、健康发展。1998年，完成工农业总产值6.28亿元。农民人均纯收入3600元，被湘潭市政府授予“小康乡”称号。2007年起，第一、二、三产业所占比重由原先的三、二、一变为二、三、一。2015年，依照区委、区政府“强商兴工，富民强区”的发展思路，街道实行“退一减二增三”产业结构调整，完成规模以上工业总产值23.34亿元，完成农业总产值1.07亿元。

种植业

20世纪50年代，境域以种植粮食作物为主，兼种蔬菜和其他经济作物。20世纪60年代初，为保障湘潭城市居民生活需求，改以蔬菜栽培为主，兼种粮食作物和其他经济作物。1966年，水稻生产一季改双季。1973年，红星大队水稻亩产700千克以上，摘掉历年吃统销粮的帽子。1988年，境域生产蔬菜13120吨，生产稻谷1722吨，成为城区居民蔬菜供应主要生产基地之一。1993年，全乡蔬菜上市17337吨，稻谷总产1537吨。2000年，湘竹村成为大棚蔬菜种植示范基地。全乡蔬菜上市34000吨，稻谷总产2204吨。2002年，湘竹村引进推广农业新技术10多项、新品种20多个，推广大棚蔬菜种植500多棚，上市蔬菜9750吨。2003年开始，全乡全面调整农业产业结构，至2006年，全乡蔬菜种植面积发展到340公顷，确定湘竹村434个塑料大棚蔬菜，湘竹、文昌、悦星40公顷丝瓜和富强、红星、永红

53.33公顷水藕三个商品蔬菜基地，并成为省级无公害蔬菜基地,注册和推出“文昌阁”牌无公害蔬菜。基地生产的白毛肉丝瓜、西芹、细香葱、大蒜、红菜苔等畅销省内外。2007年,稻谷总产量2823吨；产蔬菜31050吨。2015年，境域种植面积因城市建设发展减少，但由于科技兴农，产量上升，蔬菜上市25175吨，稻谷总产量2826吨。

养殖业

中华人民共和国成立前，境域农村分户养殖，规模小，效益低。集体经济时期，养殖业有所发展。1971年，护潭公社出栏生猪0.96万头，出水鲜鱼83.5吨，出笼家禽0.07万羽。1975年秋，从湘江大队中分建渔业大队，专门从事鱼苗养殖、鱼类捕捞。1978年，渔业大队改为以鱼苗养殖为主。1984年，护潭乡出栏生猪3.2万头，出水鲜鱼193吨，出笼家禽2.62万羽。1992年，引进三元杂交猪，优化饲料配方，生猪生产周期由6个月缩短到3~4个月，养猪效益大增。1993年，全乡出栏生猪4万头，出水鲜鱼245吨，出笼家禽6.3万羽。2003年，发展生态农业，倡导健康养殖，养殖增长从数量型向质量效益型转变。全乡出栏生猪5.6万头，出水鲜鱼342吨，出笼家禽18.5万羽。此后，生猪饲养进一步向规模化、标准化发展。2015年，为保护湘江水源，文昌、湘竹村有3家养猪大户退出养殖业，鱼类捕捞也因保护水产资源而有所控制，部分捕鱼专业户上岸种田种菜。是年，共出栏生猪6.7万头，出水鲜鱼210吨，出笼家禽12.8万羽。

工业

民国期间，境域农民农闲从事以竹木加工为主的个体手工业。中华人民共和国成立后，发展竹木加工与烧制砖瓦并举的工副业生产。1963年，公社创建护潭泥木队，有职工200人。1966年，兴办农机厂,创产值29.64万元。1973—1978年，先后办起工农化肥厂、皮件厂、草席厂、市二袜厂等企业。1978年，全社有15家社队企业，从业职工1312人，创工业产值640万元。1984年，集体企业增加到69家，职工2575人，年产值突破千万元大关，为湖南省4个企业总收入超千万元的乡镇之一。1989年，产值、收入超过50万元的有二针织厂等6个乡直属企业，产值、收入超过百万元的村有富强村、红星村、繁城村。1995年，市第一造纸厂引进新型日用纸生产线；繁城锅炉控制设备厂引进日本20吨油炉控制柜；乡财政投资20万元将原农机厂改办炼钢厂，完成产值600万元。1998年，完成工业产值3.81亿元。1999—2001年,引进企业10家。2007年,引进14家企业，其中有琪力建材有限公司等5家产值500万元以上的规模企业。2010年，境域共有工业企业164家，以机械制造及零部件加工、混凝土制品及化工原料为主，完成工业产值20.6亿元。2015年，境域有工业企业38家,其中规模以上工业企业14家，完成规模以上工业增加值5.65亿元。

商贸服务

清代至民国时期，境域主要有瞻岳门、熙春门、金塘湾等处开设的店铺，经营肉食粮油、百货布匹、农具、家具、生产资料等。20世纪50年代初，境域出现供销社，供应生产、生活资料，收购农副产品。1961年起，在公社（乡）驻地建供销社，在人口密集地设行业专营基层店，供应计划肉食、粮油，兼供应南杂百货。各大队也开设代销点，提供日常生活用品。1982年，境域个体商贸始现，农村市场逐渐活跃，护潭供销社及所辖的二湖头岭、星火等基层社店，继续供应生产资料和生活资料。1988年，实现社会消费品零售总额1785万元。1989年，全乡有个体工商户198个，从业人员456人，商业销售收入842万元。1992年，个体商贸业加快发展，有个体经商户 340 多户，从业人员 770 余人，商业销售收入 2200 万元。一些原集体所有制社店逐步采用承包经营。1998 年，商品零售业、餐饮服务业、通信业等行业快速发展，有各类商铺 655 家，个体工商从业者 1860 人，实现社会商品零售总额 5580 万元。1999 年开始，个体经商户在湘柴菜市场、石码头、湘竹村村部旁等地经营，扩大贸易范围。2003 年始，境域国有、集体所有制商贸企业不复存在，相继出现和盛娱乐及南国雨林等文化休闲场所、洞庭春等餐饮名店（2005 年，从中山路搬迁至此）、金海水果市场 (2005 年，从南岭南路搬迁而来）、三大桥布市 (2007 年，由建设北路分迁至此）等批发零售市场，并在繁城路建立农贸市场。2014 年，华银国际大酒店在护潭广场旁建成营业。2015 年，境域有个体工商户 817 户，从业人员 1415 人,实现社会消费品零售总额5.59 亿元。

财政金融

20 世纪 50 年代初，境域设护潭信用社经营金融业务。1988 年，有护潭信用社及下辖的繁城分社、火车站分社等 8 个金融机构。是年，乡财政收入 114 万元，财政支出 112 万元。1995 年，享受区政府税收分成政策（以后此政策沿袭），乡财政收入上升到 559 万元，财政支出 556 万元。1997 年，组建护潭乡农村合作基金会，融资 1000 万元。1999 年，农村合作基金会清盘整顿，遗留问题由农村信用合作社解决。2001 年，乡财政收入 1096.58 万元，财政支出 10056 万元。2003 年开始，虽免征农业税、停征屠宰税，但企业税收有所增加。财政收入 1400 万元，财政支出 1394 万元。2007 年,完成财政收入 1702.44 万元，财政支出 1690 万元。2012 年，护潭信用社改为农村商业银行万楼支行，下辖的繁城、三桥、小东门 3 个分社改为分理处，其余 4 个分社改为农村商业银行九华支行下辖的分理处。2015 年，街道完成本级财政收入 865.74 万元，财政支出 860 万元。境域 8 个金融机构存款余额 16.4 亿元，贷款余额 14.1 亿元。

基础设施

交通运输

1936 年，湘黔铁路湘潭铁桥开建。1938 年铁桥完成桥墩，从小东门起通车至蓝田，是境内有铁路之始。中华人民共和国成立初期，境域城郊有雪家湖路、羊悦来路、泗洲路、沿江东路等麻石路或沙石路，总长 10 千米，境域乡村道路多为砂石路面或土坯路面。50 年代末，新修贵阳路（今车站路）从境西南经过。1961 年，湘潭一大桥建成，市区第一条公交线 1 路车在贵阳路通行。1962 年起，湘黔铁路自东向西穿行境域，过境长 2.6 千米。1972 年 1 月始，与湘潭县和平公社合修经富强大队至和平公社的争光路，1973 年春季建成。1984 年，繁城大队泗洲路和环城路建成，还修建 46 条机耕道和老屋路、潭九路、专砂路等简易公路，全长 52 千米。1986 年开始，将雪家湖路（今繁城路）、羊悦来路等陆续改为水泥路。2000 年，基建营至湘潭三大桥的韶山东路全线贯通，为全长 2574 米、路幅宽 50 米的 6 车道水泥混凝土路，过境长 1950 米。2001 年后，新修泗洲路、柏荫路，为境域重要的城区次干道。2003 年，北二环路一期工程（东段）通车，为宽 43 米的双向 6 车道水泥混凝土路，境域长 1 千米。自此，韶山东路与北二环路东段成为境域城区主干道。2007 年，渔业村、文昌村等 6 个村修建通村、通组水泥路 5.1 千米。2011 年，50 米宽双向 6 车道的护潭东路自东向西穿行湘竹、永红、富强村。2015 年，境域形成“三纵（步步高路、潭九路、柏荫路）四横（北二环路、护潭东路、韶山东路、繁城路）”的路网框架，南有韶山东路、北有北二环路东段横亘东西，繁城路、西昌门路、老屋路等连接各行政村，农村道路硬化率90%。有通往湘潭大学、阳塘、板塘铺、市政府、九华、株洲、竹埠港、易俗河等地的13、17、19、24、25、28、29、104、105、107、116、127路以及九华1、2、3路公交车。

邮电通信

民国至20世纪50年代初，境域邮政事务由乡邮员承担。1987年以前，境域无专设邮电所，村民邮政业务到火车站等市内邮政所办理，电信业务则到市邮电局办理。1988年，湘潭市固定电话设备扩容，境域固定电话用户增至200多户。1991年，雨湖区程控电话驳接开通，境域固定电话增至440多部。1992年，境域开始出现模拟移动电话。1994年，邮政所设特快邮件收寄柜台。1998年，湘潭移动、湘潭联通、湘潭电信先后在境域设营业网点，移动电话用户增至900多户。2000年后，境域居民普遍使用移动电话，电信部门IP互联网也在境域开始营运。2005年，境域有移动电话用户3240部，固定电话4130部，互联网用户400户。2007年，湘潭电信、湘潭移动、湘潭联通在境域增设网点，移动电话用户增至6680户，固定电话增长趋缓，仅有4370户。2015年，境域有移动电话10050户，家庭固定电话4460户，互联网用户2490户，邮政、电信业务收入900多万元。

供电供水供气

20世纪50年代末，境域毗邻城区的跃进大队农户开始用电灯照明。1960年，靠近城区的繁城、富强等大队农户装上电灯。1961年起，开始对各大队进行农电输送和改造。60年代中期，云塘、东风、跃进、湘江4个大队农户用上自来水。70年代中期，富强、永红、繁城3个大队农户家庭安装自来水。至1981年，共投资52万元，安装农电线路，所属8个大队全部通电，绝大多数农户告别油灯，装上电灯。1984年，红星村打深水井，该村自来水自供自给。1997年起，国家连续几年加大电力能源建设投入，大力改造农村电网，1999年全乡供电线路总长235千米。2007年，农电网改造1100米，进户线改造219户。2015年，供电设施建设总投入106万元，供电线路总长308千米；电网改造率100%。供水设施建设总投入70余万元，供水户数6300多户，安全饮水率90%，住户气化率95%。仍有湘竹等3个远离市区的村1300来户打井取生活用水。

水利建设

中华人民共和国成立前，境域由于地势低洼，基本没有排涝设施，遇多雨季节农田遭淹，遇久旱年岁则靠人力车水。轻则减产，重则颗粒无收。1951—1954年，先后修建天星、文星防洪堤。20世纪60年代，对天星堤加高、加宽、加固；修建一级撇洪渠、二级撇洪渠。20世纪70至80年代，完善配套撇洪排渍附属工程45处，修建多处机耕桥、渠下涵。1994年起，乡政府组织民众历经3年，将境域4.9千米堤面加宽4米，加高1.5~2.7米。1998年，天星大堤成功抵御百年一遇的特大洪灾。2007年，投入资金350万元，劳动工日9.8万个，完成大小水利工程126余处，搬砌土石方13.7万立方米，渠道清淤67千米，渠道防渗护砌9千米，整修山（平）塘15口。2015年，境域有堤防4.96千米、水渠7.8千米，并对原有水利设施进行增补、维修。

街区建设

1974年，东风大队在郊区政府附近兴建全郊区第一栋两层楼的农民村庄。1982年7月，在公社制袜厂剩余隙地兴建公社办公楼，1983年10

月完工，公社管委会迁入新址办公。1999 年起，韶山东路动工，该路所处繁城村顺势进行城中村改造，原先零星散户平房逐步变为住宅区、商场、宾馆等，护潭乡城镇化进程加快。2003 年，市政府在湘竹村新建河西污水处理厂。2007 年，“五改一整治”（改电、改栏、改厕、改水、改灶和整治农村环境）工作成效显著：改栏 93 户，改厕 56 户，改水 293 户，改灶 178 户，新建垃圾池 18 个，新建沼气池 56 个。推进社会主义新农村建设，红星村被评为市级示范村。2008 年，启动万楼核心景区征拆，在悦星、永红村兴建万楼拆迁户安置区。2013 年，万楼在境域原址重建竣工。2014 年，永红村投资 360 万元，在步步高大道旁建成新村部，为三层框架式楼房，面积 980 平方米；繁城村投资 550 万元，与开发商在韶山东路合建 15 层写字楼，村部拥有第三层，房屋面积 1300 平方米。2015 年，万楼街道全面推进项目建设，观湘路、熙春北路、火车站北片区等项目均启动。城区面积 3.5 平方千米，城镇化率 30%。

社会事业

教育科技

1944 年，境域周告成兄妹在文昌阁办族学和私塾。中华人民共和国成立初期，当地政府先后在境域创办羊悦来（1962 年更名为人民学校）、茅塘（后更名为富强学校）、调塘、广场（1963 年划入昭潭公社）、湘江等小学。1964 年秋，兴办护潭农业中学，1970 年该校改为护潭中学。1982 年，永红大队种粮专业户张正洪，用科学种田，亩产过吨粮。1983 年 5 月，成立护潭公社科学技术协会。1984 年，乡政府办起“农民文化科学技术学校”，培训青年农民。1988 年，乡有护潭中学 1 所，有湘江、人民等小学 5 所，有中小学教师 121 人，学生 1939 人。其时，护潭中学在全郊区中学中办学一流，教育质量领先。1989 年，境域有 8 所幼儿园，10 名幼师，入园幼儿 150 多名。1991 年，繁城村民主组村民陈术生采用地膜覆盖、小拱棚种植、遮阳网移栽新技术，蔬菜生产上市早，被评为省、市科技示范户。1992 年，乡农办引进美国无架豇豆、泰国空心菜等新蔬菜品种，试种成功。1994 年 3 月起，着手对乡村学校改造、重建。1995 年，境域的市精益电器厂生产的 XSK8 系列塑壳式配电箱在“'95 中国国际新技术新产品博览会暨 '95 湖南省新技术新产品交易会”中，获科技创新金奖。至 1996 年 3 年中，乡、村两级投资 690 多万元，对湘江、富强、人民 3 所小学的校舍进行改造，重建富强、湘江小学两栋教学楼，重新装修护潭中学教学大楼。全乡基本普及九年义务教育，基本扫除青壮年文盲，达到省验收标准。1998 年，全乡有护潭 1 所中学，繁城、人民等小学 5 所，有教师 185 人，学生 2136 人。2000 年，繁城学校并入熙春路学校。乡政府把建设千栋大棚特早熟白毛肉丝瓜生产基地作为“科技兴农”的重大项目，亩产提高到 3500~4000 千克，亩产值提高到 7500~8000 元，基地吸引以色列蔬菜专家前来考察。市政府授予护潭乡“科教兴农先进乡镇”称号。2007 年，全乡建立起乡、村、组、户四级科教网络，有 8 个农业科技咨询服务点，7 个科技示范村。2011 年，全乡有各类科技人才 280 人。境域湖南凌天科技有限公司与中南大学联合成立的湖南省地源热泵工程技术研究中心，省科技厅认定为省级工程技术研究中心，公司进入 2011 年中国科技创新型中小企业 100 强。2015 年，境域有幼儿园 4 所，幼师 42 人，入园幼儿 346 人。有护潭 1 所中学，调塘、人民、富强 3 所小学，有教师 90 人，学生 921 人。

学龄儿童入学率、小升初升学率、九年义务教育覆盖率均为100%。

文化体育

1955年以前，境域文体活动主要是武术、划龙舟、耍狮子、舞龙灯、扭扁担、跳绳、踢毽子等。1972年，护潭公社举行五年一届的群众体育运动会。1973年，护潭公社湘江大队集资制造郊区农民第一条传统龙舟。1975年，市体委在护潭公社红星大队办体育活动试点，举办太极拳学习班，同时组织学生武术队、农民业余篮球队，开展田径、篮球、举重、扭扁担及民兵武装越野等竞赛活动。1976年，巫家拳第五代门徒罗再德（护潭公社人），首次代表湘潭市参加湖南省农民武术表演赛。是年，护潭公社文昌阁龙船在湘江河域远近闻名，曾代表湘潭市参加湖南省龙舟大赛；公社选为出席湖南省群众体育先代会代表。1988年，护潭乡设广播室。1997年，境域有线电视基本普及。1998年，乡文化站设有舞厅、录像厅、万册图书室各1个，有电影队2支，文艺宣传队10支，婚丧服务队3支，铜管乐队1支，被省文化厅授予"百强乡镇文化站"称号。2003年，境域广播电视基本达到"村村通""户户通"要求。2004年6月，省体育局向繁城村捐赠价值6万元的全民健身工程器材。2011年，富强村获省级全民健身优秀辅导站称号。2015年，街道有文化站1个，村级文化活动中心8处，配备全民健身设施器械场地25个。富强村建有2000平方米的大型文化娱乐中心；护潭中学有400米室外环形运动场。街道有图书室1个、村级农家书屋8个，共藏书2.03万册；有民间文艺团体5个，音乐、美术、书法、摄影、文学、体育爱好者2650人。至是年，共举办三届全乡农民运动会。

医疗卫生

中华人民共和国成立初期，境域基本上由乡间中医郎中行医。1953年，境域只有一个80平方米的护潭诊所，有6名医务人员。1958年，护潭公社卫生院成立，有医务人员11名，卫生院面积200平方米。1968年，公社各大队办起合作医疗，有29名"赤脚医生"，5名接生员。1978年，农村合作医疗逐步解体，大队卫生室不复存在。1984年，乡卫生院有20名医务人员，16张病床。2000年，乡政府推行乡、村卫生一体化，实行分级管理。全乡有卫生院1所，配备8名医务人员，设病床10张；8个行政村设立6个卫生室，以预防保健为重点，负责本村的公共卫生、防疫、灭鼠、妇幼、保健、改水改厕、村民病史调查等工作。2007年，境域有卫生院1家，医护人员8人，每万人拥有病床8.3张；有村卫生室6个，执业医生6名。2015年，境域有街道、村两级医疗卫生机构9个，门诊部8个，专业医护人员26名，每万人拥有病床8.5张。

社会保障

1950年，人民政府发动群众对境域孤寡老人开展互助和救济。1956年开始，由生产队对孤寡老人采用"五保"方式供养。每人每年可得稻谷250千克，生活费60元。1964年始，每人每年供给稻谷300千克，食油3~4千克，部分生产队还供给棉花。1975年，东风、跃进两个大队对参入互助组的农民实行退休。1988年，乡办1所敬老院，收养6名孤寡老人。1992年，成立残疾人联合会，开办社会福利工厂，帮助17名残疾人就业。新建一座敬老院，供养12名孤寡老人。2002年，全乡有353人享受城市低保，发放低保金5.63万元。2007年，全乡享受城市低保765人，发放低保金11.79万元；享受农村低保276人，发放低保金1.21万元；大病救助16人，发放救助金3.7万元，解决残疾人临时救助金2.28万元。2008年，推行新农村合作医疗制度，全乡参加新型农村合

历史上的万楼

2013 年建成的万楼（胡亿群 摄）

作医疗 1880 人。2015 年，街道将 4 名“五保”老人安置到先锋敬老院集中供养，其余 9 名给予相应生活补助分散供养。265 人享受城乡居民社会养老保险，月发放养老金 1.99 万元；421 人享受城市低保，月发放低保金 12.89 万元；279 人享受农村低保，月发放低保金 4.54 万元；15160 人参加新型农村合作医疗，1276 人享受城市居民医保。

人民生活

1950 年，境域农民年人均口粮不足 250 千克，住房普遍是平房、茅草房，少数为瓦房。1952 年，粮食增产，生活有所好转。1984 年，村民人均口粮 394 千克、人均纯收入 620 元。1989 年，全乡村民人均纯收入 825 元，人均存款 83 元。人均居住面积 35 平方米，80% 的农户新建砖瓦结构的楼房，大部分村民购置录音机、洗衣机、组合家具、电视机。此后，村民从单一的农副业生产转向劳务输出、经商、房产出租等，收入逐年增加。1995 年，村民人均纯收入增至 2420 元。2000 年，村民生活显著提高，农户多有 3~4 居室的住房，人均居住面积 41 平方米，移动电话、全自动洗衣机、空调、摩托车为多数村民家庭拥有。2007 年，村民人均纯收入提高到 9800 元，基本达到小康。2015 年，境域居民人均可支配收入 19650 元，人均居住面积 55 平方米，98% 的村民入住新楼房，每百户有汽车 21 辆。

特色地情

风景名胜

万　楼　亦名文昌阁，位于万楼街道文昌村宋家桥侧，东临湘江。始建于明万历四十三年（1615），由时任湘潭县令包鸿逵主修，李腾芳为其取名万楼，寓意“万，乃数之大者，邑从此而大”，并撰有《万楼记》。楼高 4 丈，为 3 层木质结构，立于高 3 丈的石台之上，轩窗四启，室呈八角，铁马鸣凤，画栋雕梁，美不胜收，有“楼踞潭州第一雄”之誉。古代湘潭文人墨客及外地迁客骚人常聚于此，登楼观景吟诗作赋。清雍正十年（1732），朝廷规定各县通祀“文昌神”，故万楼易名为“文昌阁”。湘潭诗人张灿题有“湘水回澜”四字，刻石匾于门首，设文昌帝君神像于楼。建楼 400 年间，万楼先后五次重修。1944 年，湘潭沦陷，万楼遭严重破坏。20 世纪 50 年代，万楼主体建筑因长期失修倒塌，木质结构一并因生产队煮牛药失火烧毁。2009 年，万楼第六次重建，至 2013 年竣工。万楼主体和万楼广场共耗资 1.9 亿元。重建的万楼总高 63.48 米，其中主楼高 52.58 米，采用内九层、外五层的水泥钢筋结构，寓意“九五至尊”。

（撰稿：陈旭东）

先锋街道

区域概况

地理位置

先锋街道位于湘潭市雨湖区西北部。东与万楼街道接界，南连广场街道、昭潭街道，西接长城乡，紧连湘潭大学，北靠先锋工业园，与湘潭经开区接壤。因境域有一山峦名仙锋曾有一道观，而谐音，先锋乡、先锋街道遂得名。

建置沿革

清光绪时期，境域属湘潭县移风乡下五都、下二都。民国 11 年（1922），属湘潭县九区黄龙乡、正心乡。民国 36 年（1947），属湘潭县姜畲乡、黄龙区。1952 年 5 月，属北区护潭乡、长城乡。1963 年，护潭公社划出金塘、桐梓、中心、建新大队，长城公社划出先锋大队，成立先锋公社、先锋农场，两块牌子一套人马，隶属湘潭市郊区。1980 年，撤销先锋公社，所辖桐梓、金塘 2 个大队划入护潭公社管辖，中心、建新大队划入昭潭公社，先锋村划入长城公社所辖。1983 年，成立先锋乡人民政府，属郊区管辖。1992 年，隶属新成立的雨湖区。2014 年，先锋乡改为先锋街道办事处，属雨湖区，至 2015 年无变化。

区划面积

1963 年，先锋公社辖金塘、桐梓、中心、建新、先锋 5 个大队和先锋农场，总面积 8.9 平方千米，其中农场 2 平方千米。耕地面积 234 公顷，其中水田 192.1 公顷；山地面积 121 公顷。1970 年，先锋农场从先锋公社析出，由郊区直接管辖。公社辖金塘、桐梓、中心、建新、先锋 5 个村，63 个村民小组，总面积 6.9 平方千米，其中耕地面积 224.74 公顷。1976 年，为安置下乡知青，经郊区政府批准，先锋公社划出新星组及周围 33.33 公顷荒山，创办先锋综合农场。1983—2013 年，境域耕地面积减少 22.5%，林地面积减少 21.8%，水面减少 35%。2015 年，街道辖金塘、中心、桐梓、先锋、建新 5 个村、58 个村民小组和 1 个综合农场。总面积 6.9 平方千米，其中耕地面积 160.9 公顷。

自然环境

境域地貌主要为丘陵、山地、平原、水域四个类型。丘陵地在海拔 92 米以上，主要分布在先锋村、先锋综合农场、桐梓村、建新村，金塘村、中心村为平岗交错的地势。平原主要分布在境域渠、坝河岸，原第四纪松散堆积物所组成。境域土壤有水稻土、红壤土、紫色土三类。部分田地比较低洼，经过多年围垦成为种粮、种菜的沃土。气候属亚热带季风气候，四季分明。春季多阴雨，夏季炎热，秋凉，冬寒。年平均气温在17℃~18℃。年降水量1360毫米。常年冬季多刮西北风，夏季为东南风。

人口民族

1963年，先锋公社有987户4493人，全是汉族；每平方千米504.8人，人口自然增长率10.12‰。1970年，先锋公社有1484户7056人。其中男性3126人，占44.3%；农业人口6472人，占91.72%。1977年，境域有1848户7395人，人口自然增长率10.88‰。2007年，全乡有3507户10890人，其中，农业人口9306人，占85.45%。2010年，第六次全国人口普查统计，全乡3233户9861人，人口自然增长率8.64‰。每平方千米1429人。2015年，先锋街道有3436户10481人，其中男性5258人，占50.1%；人口自然增长率4.22‰。

经济发展

经济综述

1949年前，境域经济以种植水稻、蔬菜及小面积经济作物为主，辅以手工业、商贸业。1982—1985年，境域农业经济以粮食种植为主。食品、机械等工业经济逐步发展。1988年始，境域以粮食生产为重点，积极发展乡镇工业，全乡实现工农业总产值1593万元。1993年，全乡重点发展乡办、村办、民营企业，实现工农业总产值6417万元。1998年，鼓励发展个体私营经济，提升企业管理水平，全乡完成工农业总产值8913万元。2000年，乡办、村办企业先后改制，民营经济成为主角，同时扩大外引内联，合资开发机电新产品。2007年，以市场为导向，发展规模经营，完成工农业总产值7.54亿元。2015年，境域增加固定资产投资20.97亿元，实现规模以上企业总产值34.77亿元。

种植业

1949—1962年，境域以种植水稻、蔬菜为主，辅以种植红薯、土豆、玉米等作物。1963年，粮食每亩单产240千克。1965—1970年，实行高秆改矮的水稻品种改良，扩大双季稻种植面积，年粮食种植总面积92.1公顷，总产552.6吨，亩产400千克。1972年，试种杂交水稻，粮食亩产提高到663.5千克，部分稻田亩产过“双纲”（800千克）。1982年，境域粮食亩产687千克。1986—1987年，先锋乡被市、区农业部门确定为吨粮田开发示范基地，获市、区吨粮田开发一、二等奖。1994年，普及推广优质杂交稻种植，种植面积104.40公顷，粮食总产1265吨，蔬菜总产8700吨。2006年，开始推广撒播技术，农民从国家获得农业补贴。2015年，境域种粮面积104.40公顷，总产1282吨，蔬菜总产1.435万吨。

养殖业

境域素有饲养猪、牛、羊、鸡、鸭、鱼等习惯。中华人民共和国成立后，政府鼓励农户发展养殖生产。20世纪50年代起，普遍推行集体养猪、养鸡鸭、养鱼，由集体派出专人饲养。1963年，境域出栏肥猪3800头，出笼鸡鸭7500羽。1970年起，除私养之外，还采取公有私养和兴办集体养猪场、养鸡鸭场，养殖业向规模化、标准化发展。1998年，出栏生猪57600头，出笼家禽38700羽，出水鲜鱼125吨。2007年，出栏生猪6.2万头，出笼家禽8.5万羽，鲜鱼上市220吨。年出栏生猪300~500头的5户，年出栏生猪1000头以上的2户，年出笼家禽1.5万~3万羽的7户。2015年，境域有生猪养殖户160户，出栏生猪7.7万头。其中户养1000头生猪的2户。鲜鱼放养面积52.3公顷，出水鲜鱼256吨。出笼家禽 13.95 万羽。

林业

清朝至民国，境域有林地面积 123.7 公顷，有松、杉、樟等多种树木。1952—1962 年，境域林地主要归私人管护。1963 年，设立农林科技推广站。1983 年，根据省、市、区有关林业管理文件精神，稳定山林权属，划定自留山，发放林权证 88 个，涉及林地 45 公顷。2010 年，全乡换发全国统一的林权证，林场山地承包期至 2053 年。2015 年，境域因被国家征用部分山林地兴办企业和进行基础设施建设，仅有林地面积 43.46 公顷，比 1949 年减少 80.24 公顷，森林覆盖率 6.3%。

工业

清至民国，境域有零星手工业。1949—1969 年，境域无工业企业。1970 年，先锋公社开始创办工业企业。1971—1980 年，投资 460.85 万元，新建变压器厂、灯具厂、泥木队、缝纫机厂、农机厂、机电修造厂、塑料厂、炉具厂等 22 家社办企业。各村（场）先后创办农机厂、鞋厂、铸造厂等企业。有从业人员 859 人，固定资产 168 万元。1982 年，公社有企业 35 家，涉及机械制造、铸造、建材、材料加工、食品机械、电机维修、建筑等行业，有从业人员 1565 人，总收入 157 万元。1988 年，境域有工业企业 70 家，完成工业总产值 943 万元。1993 年，乡村工业企业在改革中加快发展，实现工业总产值 2437 万元。2000 年，乡、村企业先后实行改制，大力发展民营企业。2003 年，境域有私营、股份企业 90 家，从业人员 3677 人，完成工业总产值 2.2 亿元。2015 年，境域有机械制造、铸造、建材、建筑等类企业 104 家，从业人员 3857 人，完成规模以上工业产值 34.77 亿元。

商贸服务

清代至民国，境域有土烟、中药、蔬菜等小商贸。1949 年年初，境域设有医药、日用、豆制品、肉食等商贸服务点。1963 年，境域市、区直驻点商贸店有 7 家，私营商贸行业有 17 家，共有从业人员 127 人。1986 年，公社投资 30 多万元，在金塘湾地段公路左侧新建商业门面 12 个。1989 年，国家政策逐步放开市场，境域个体商贸业得到发展。有市、区、乡办商业企业 32 家，商业服务网点 19 家。1994 年，有商业企业 36 家。其中市、区驻点商业企业 15 家，乡属商贸企业 21 家，个

天新生态园

体经商户78户，从业人员495人。1995年，建新村投资70万元，在南盘岭路两边新建14个商业门面。1996年，境域兴建美容、美发、日杂、餐饮、超市等商业门面21850平方米，服务行业得到发展。1997年，乡政府投资32万元，建设板加工市场，设摊位28个。1998年，全乡实现社会商品零售总额580万元。1999—2003年，境域供销、商贸业实行经营体制改革，大力发展个体私营商贸服务业。2003年，全乡实现社会商品零售总额1700万元。2005年底，商贸行业改革基本结束，私营个体商贸业成为流通领域主体，流通网络不断发展和健全。全乡实现社会商品零售总额1.26亿元。2015年，境域有机械、饮食、烟酒、服装、日杂等商贸企业258家，从业人员479人，实现社会消费品零售额4.03亿元。

财政金融

1962年前，先锋公社未设财政机构。1963年，公社设立粮油经营管理站，财政事务由经营管理站代管。经费来源一靠税收、二靠区财税管理站"定额拨款"，采取报账方法核算，财政收入9.85万元。是年，中国人民银行湘潭支行拨款2万元在境域金塘大队租赁两间30多平方米的房屋开办金融业务。1966年3月，金融业务点搬迁，租赁农户房屋办公。1980年，中国人民银行湘潭支行金融点撤销，设立先锋乡信用社。1981年，信用社存款18万元，贷款5.5万元。是年4月，先锋信用社搬迁到马坡岭（现江麓菜场对面）租赁先锋卫生院开展金融业务。1984年8月，乡政府设立财政所。1986年，境域相继设有市建设银行、工商银行、中国人民银行营业点。1988年，乡财政收入138.65万元，财政支出137.3万元。1992年，先锋信用社设立3个分社。1995年，乡财政收入146.05万元，财政总支出145.68万元。2002年，农业税费改革，取消农林特产税和"三提五统"，调低农业税率。2004年，政府出台免征小商店铺税费政策。财政收入385.21万元，财政支出385.04万元。2006年，全面取消农业税。先锋信用社征购先锋卫生院建办公场地，总投资135万元。2007年，乡财政收入481.33万元，财政支出481.14万元。2013年，撤销先锋信用社，设立市农村商业银行先锋分理处。2015年，街道财政收入838.31万元，财政支出838.29万元。境域有建设银行、工商银行、中国银行、农村商业银行营业网点7个，年末存款余额1.4亿元，贷款余款9000万元。

基础设施

交通运输

1953年，境域修建连接建设北路，经金塘湾、桐梓湾、鸭婆垅至湘潭锰矿的潭锰路，长6千米。1972年10月，湘黔铁路竣工通车，过境5千米，有支线通往锰矿、江麓。1975年11月，公社修建通往各大队的公路，麓先路至先锋岭，长1.5千米，宽3米；桐先路至先锋岭，长6.4千米，宽3米。1996年，市政府、湘潭大学投资在先锋村地段修建湘大新路，长3千米，宽4米。1997—2007年，境域修建简易路（机耕道）砼硬化45条，总长36.2千米，总投资883.3万元。2015年，境域有320国道、湘大新路、北二环路、潭锰路、南岭南路、高岭路6条主干道，总里程45千米。有市内公交2路、6路、10路、17路、116路、117路、118路途经境域，形成便利交通路网。

邮电通信

1956年后，境域江麓广场设有邮政所1家，有电话总机室，办理邮政、报刊发行、电报、电话业务。1965年，公社安装手摇电话1台。1980

年始,公社设有电话总机室,与各村(场)开通电话。1987年,乡政府机关使用自动电话交换机,结束人工电话历史。1992—1995年,境域实现市、区电话联网,开通模拟移动通信系统。1998年,邮政与电信分开,境域设有邮政所1处,代办所3处,电信企业1家,服务网点4家,有固定电话用户1810户,移动电话用户1000户,互联网用户500户。2015年,境域有邮政、电信企业各1家,代办所5处,服务网点6个。中国联通湘潭分公司在境域新建办公大楼并搬迁至此营业。境域有固定电话用户3100户,移动电话用户8600户,互联网用户2600户。

供电供水

20世纪50年代,境域农户均采用煤油灯照明,生活用水为井水及塘坝自然水。20世纪60年代初,境域靠近城区的中心、建新大队部分农户开始用电灯照明。1962年始,对各大队进行农电输送和改造。60年代中期,中心、建新、金塘3个大队农户家庭安装自来水。至1980年,所属5个大队全部通电、通自来水。1985年,安装农用供电线路47.5千米,境域农户全部用上电和自来水。1997年始,国家加大电力能源建设投入,逐步进行农村电网改造。至2007年,农电网线路改造30.8千米,总投资8500万元。2015年,电网改造率100%,农户安全饮水率100%。

水利建设

1957年,境域建成先锋水库,坝高7米,总库容20.2万立方米,灌溉面积15.41公顷。1973年,有塘坝183处,蓄水量103.42万立方米。1982年,有塘坝75处,蓄水量102.59立方米。1987年,境域开始大规模农田水利建设,国家和集体相继投资137.8万元,修建金塘湾、鸭婆咀、蔡家坝大型抽水机埠,打地下水井,新开水圳、先锋左干渠等水利工程500处,建提灌固定机埠11处,总装机372.5千瓦,灌溉面积105.33公顷。2005—2007年,重点整修渠坝、圳(金塘调塘支渠、桐子二四港、蔡家坝、肖家桥水圳、先锋左干渠、建新村新开排水渠40米,中心黄家大塘、先锋泥巴塘水库)79处。2014年,全乡建设水利工程5处,总投资101.5万元,投入劳动工日1356个。2015年,先锋村投资160多万元,对左干渠全线清淤护砌;对金塘村一级撇洪渠、建新村的中心支渠麻元组段渠道全面清淤;对桐梓村一级撇洪渠鸭婆嘴段险工险段修复。

街区建设

民国时期,境域有金塘湾小集镇。1955年,金塘湾集镇初具规模,马路两旁有门面、店铺经营。1963年,新建人民公社办公楼。1994年,投资80万元,在乡政府院内左侧新建乡财政所大楼并对原办公房屋整体维修。2008年,乡投入110万元,新建政务服务大厅,建筑面积595.7平方米。是年,先锋乡中心村获得全国文明村镇、省级生态村称号。2014年,乡村建设得到发展,农村道路硬化率95%以上,村(场)都建有办公用房。2015年,加大精美乡村建设力度,先后整治高岭路、湘大新路、麓先路等路段,规范门店经营,清理环境卫生;投入8万余元,添置环卫设施。

社会事业

教育

民国时期,境域有桐梓乡第三保联校、湘潭县十四保联校等3所初级小学,有教师7名,学生100多人。1949年,桐梓乡第三保联校改名桐梓湾小学,湘潭县十四保联校改名高碑岭小学,戴氏发科私立小学改为普渡庵小学。1966年,建立先锋学区,有小学5所,教职工23人,学生

400人。1987年，执行“两基”计划，普及九年制义务教育，并按照《国家体育锻炼标准》教学，全乡学生体育达标率79.8%。1994年，投资130多万元，为永红学校建设一栋4层的综合教学楼和一栋6层12套间教师宿舍。2002年，桐梓乡小学撤并到金桥小学。2007年，先锋中学撤消，在原址建雨湖区青少年校外活动中心；中心小学并入江麓小学。2010年，金桥学校因北二环路延长线建设征地被拆除，部分学生并入江麓小学，部分并入调塘小学。2015年，境域有小学1所（先锋学校），学生249人，教师15人。雨湖区教育局筹资1亿多元，在金塘村地段征地33416.7平方米，新建建元学校。

文化体育

1955年前，境域群众文化体育活动主要是武术、划龙舟、耍狮子、舞龙灯、唱花鼓戏等。1965年，乡成立文化站，配有1名半脱产文化辅导员。中共十一届三中全会后，乡成立电影放映队，下村（组）巡回放映。1993年，境域有线电视网络开通，电视逐渐普及。1997年，有线电视网络改造升级，居民可收看节目30多个。进入21世纪，群众文体活动更加活跃。2002年，中心村率先组织一支25人的腰鼓、龙狮队伍。2004年，桐梓村成立秧歌、腰鼓、广场舞文艺队，有队员30人，先后赴长沙、江苏泰仓等地演出。2015年，乡设有线电视管理站1个、文化站1个，有龙灯、腰鼓、广场舞蹈队等9支，参加活动人数愈3000人。电视入户率100%，电影实行不定期下村放映，实现村村建有文化广场；有农家书屋5个，藏书6万余册，各村均有体育活动场所。

医疗卫生

清末至民国时期，境域只有私人郎中出诊、开药。1960—1968年，境域有民间医生5人行医。1969年2月，先锋公社在金塘湾设立先锋卫生院，管理辖区内医药事业。1970—1973年，公社各大队相继设立合作医疗，有卫生员21人（“赤脚医生”12人，新法接生员9人），设有床位12张。1974—1978年，开展妇科病普查、普治。1984年4月，先锋公社卫生院改为先锋乡卫生院，由区卫生局管理。1986年3月，乡卫生院由区卫生局主管改为由乡政府主管，担负乡级卫生行政管理、防病、治病、计划生育技术指导等职能。1994年3月，乡卫生院投资46.8万元，在金塘村地段新建一栋150平方米的卫生院门诊大楼，设有床位10张，医师13人，并在马坡岭（现江麓菜场对面）设有门诊部。1996年，开展对婴幼儿接种卡介苗等4种疫苗服务工作。2002年3月，撤销金塘地段卫生院，搬迁至马坡岭，并投资15万元，将原有门诊部进行改造。2004年，乡卫生院在二环北路桐梓村地段征地新建200平方米门诊部。2009年，征地0.2公顷，新建卫生院1300平方米门诊大楼。2015年，街道卫生院有医师13人，设床位10张。有村级卫生室5家，医务人员12人，床位15张。境域有医药门店3家，私人诊所4家。

社会保障

清末至民国时期，境域民众生活无社会保障，特困民众靠亲戚朋友接济帮助。1949年后，陆续建立“五保”户制度，集体资助孤独老年人和孤儿。1987年，暴雨成灾，乡、村组织村民以工代赈。1992年，境域建成乡敬老院5所，集体供养“五保”老人37人。1995年，成立乡民政所。1998年，启动城市居民最低生活保障制度。由于企业体制改革和征地拆迁，境域待业人员增多。乡成立劳动就业保障站，统筹城乡就业。1999年，乡安排下岗人员267人。2005年，境域“五保户”一律享受低保待遇。2008年，“五保户”每人每月30~67元。是年，启动新型农村合作医疗和农村大病救助制度。参与“新农合”8038人，“新农合”覆盖率80%；落实低保对象108户206人，人均每月享受低保金69元。2010年，乡投资288万元，将敬老院改扩建为一栋生活设施配套的三层楼房，入住47人，其中“五保”对象9人。2015年，境域集中供养“五保”对象9人，供养标准每人每月840元，分散供养对象9人，供养标准每人每月420元。有城市低保户127户196人，月发低保金63154元；有农村低保户128户230人，月发低保金36872元；大病救助27人，救助金94560元；享受医疗救助29人，发放慈善医疗卡45张，解决困难助学金28户；购买养老保险2600人，有960人领取养老金，共发放各项民政资金194500元。

人民生活

1949年前，境域农民生活普遍贫困。1950—1970年，将单季稻改为双季稻，人民生活有所改善。1971年，境域村民人均口粮150千克，人均纯收入120元。房屋均为土木结构，人均住房面积10平方米。中共十一届三中全会后，境域人民生活水平逐年提高。年轻人结婚购置缝纫机、自行车、收音机、手表“四大件”。1982年，境域推行家庭联产承包责任制，农村经济增长更快。1984年，村民人均纯收入500多元。1987年，对境域100户村民摸底调查统计：有汽车的2户、冰箱5户、洗衣机9户、电视机25户、收音机36户、自行车15户、摩托车8户，人均年纯收入600多元，个人储蓄余额30万~50万元的2户。1988年，境域村民人均纯收入701元。部分村民居住土砖、青瓦旧式平房、人均居住面积22.75平方米。1992年起，村民自建楼房增多，至1997年年末，2246户村民自建楼房，总面积52.18万平方米，村民人均居住面积32.15平方米。1998年起，摩托车、空调、电脑、冰箱、全自动洗衣机等进入寻常百姓家庭。2015年，境域居民人均可支配收入17420元，人均住房面积38.7平方米，部分家庭拥有小汽车和别墅。

特色地情

风景名胜

先锋庙　先锋庙始建于唐朝开元年间（713—741），历代皆有修缮，为千年古观。民国23年（1934），庙宇由黄峰寺迁至先锋街道西部海拔92米的西风岭上（后称先锋岭），距离湘潭市中心8千米。1958年被毁。2000年秋，四方民众捐款、赠物，重建先锋庙，庙占地面积3200平方米。2014年，庙内驻6僧，常日供奉香火。

（撰稿：卢国林）

羊牯塘街道

区域概况

地理位置

羊牯塘街道位于湘潭市雨湖区西部，东与雨湖区先锋乡、长城乡相接；南靠320国道，与长城乡毗邻；西与姜畲镇为邻；北与长城乡、响塘乡、姜畲镇接壤。因地处自古通往宝庆府（今邵阳）的交通咽喉羊牯塘驿站，街道依地而名。

建置沿革

清代，境域属湘潭县移风乡下五都。民国时期，境域属湘潭县移风乡下五都。中华人民共和国成立初期，境域属湘潭县第六区管辖。1959年，属湘潭市郊区人民公社长城大队。1961年，改属长城人民公社。1984年，撤社设乡时属长城乡。1985年9月，境域划入湘江区，设置羊牯塘街道。1992年6月，隶属新成立的雨湖区。至2015年，建置无变化。

区划面积

1985年9月，街道辖花园、羊牯塘2个居民委员会和湘潭大学1个家属委员会，面积2.68平方千米。1988年，增设红旗居委会。2000年7月，撤销红旗居委会，将花园、羊牯塘居委会改为社区。是年，辖花园、羊牯塘2个社区居委会和湘潭大学1个家属委员会。境域分为东西两块，东块从北到南为湘潭大学家属委员会、羊牯塘社区，西块为花园社区，中间隔长城乡卫星、花园村。面积仍为2.68平方千米。2009年，将湘潭大学家属委员会划入羊牯塘社区。2015年，辖花园、羊牯塘2个社区居委会。由于湘潭大学校园面积扩大等原因，辖区面积增至5.89平方千米。

自然环境

境域地势西北高东南低，地貌类型多样，丘陵、平原俱备，西北多为丘陵，东南以平原为主。地质结构主要由变质岩、红岩、石灰岩组成，地质稳定。境域地处亚热带季风湿润气候区，盛夏秋天干旱，冬春易受寒潮和大风侵袭。年平均日照1690小时。年平均气温17.2℃。年平均降水量1400毫米。冬春两季多北风，夏秋两季多南风。年平均无霜日275天。常见树种有樟、杉、枫，珍贵树有银杏等。森林植被以人工林为主，树种类型多样，本地树有杉木、樟木、楠木等；引进树种有湿地松、国外松、水杉等。境域未发现矿产和野生动物资源。

人口民族

1985年年末，境域有居民1520户11369人。1988年，境域有居民1524户10932人（含学生集体户，下同），其中居民户5314人，学生集体户5618人。1990年，总人口增至13156人。2007年，有居民1586户11434人，其中男性6197人，占54.2%。人口自然增长率4.89‰。2015年年底，境域有居民15571户20079人，其中男性10983人，占54.7%。全年人口自然增长率2.45‰。少数民族120人。占总人口0.6%。

经济发展

经济综述

1985年，街道成立后，主要职能是为湘潭大学等18家企事业单位职工及其家属服务，街道企业少且规模小，也无耕地从事农业生产。1992年，街道党委、办事处确立“以发展街道工业企业为主，城建开发和商贸为辅，强商促工”的发展思路，推动街道经济发展。2002年，以湘潭大学为依托，加快协调服务，扶植民营企业，经济开始跨越式发展。2007年，完成工业总产值2511万元。2008年起，以技术创新为重点调整经济结构，加大第三产业发展幅度和进度，加快新型工业化步伐，促使经济总量和质量双重提升。2015年，街道实施区委、区政府“强商兴工，富民强区”发展思路，完成规模以上工业增加值5.35亿元。

工业

20世纪70年代，境域有蓄电池厂。1985年，国有企业湘潭市肉联厂在境域建成投产。1988年，街道有集体企业5个（挂靠企业），从业人员180多人，主要生产肉类制品、药品和塑料制品，完成工业总产值52.2万元。1989年湘潭市制药三厂在境域建成投产。1992年，街道有湘潭市城西电控厂、正和米厂等6家企业（挂靠企业），从业人员150多人，完成工业总产值84.5万元。1997年，山东金锣肉食制品有限公司购并市肉联厂，创建湘潭金锣食品有限公司。是年，街道有工业企业14家（挂靠企业），完成工业总产值800万元。1999年，实行企业改制，多数企业改为私营企业。湘潭市丹祥化工电子有限公司在境域建立，是全国硝酸钾生产大型基地之一。2001年，境域市肉食制品有限公司、市制药三厂分别改为湘潭金锣食品有限公司、湖南绅泰春药业有限公司。其中，金锣公司是湘潭最大肉制品加工企业。是年，完成工业总产值3亿元。市塑料八厂、市蓄电池厂等集体企业先后破产。2007年，引进湖南至诚涂料有限公司等4家资金在1000万元以上企业。有城西标准件厂、长城互感器厂等11家非公有制企业，完成工业总产值2511万元。2015年，境域有湘潭金锣公司、湖南绅泰春药业有限公司、湘潭至诚涂料有限公司等3家规模工业企业，从业人员320余人，完成规模工业增加值5.35亿元。

商贸服务

民国时期，境域仅有2个小店铺，主要经营日常生活用品。1950年，境域设有长城供销合作社，供应生产、生活资料。1978年，农民开始沿320国道开设各类商店、饭店。1985年，有长城供销社所辖的羊牯、花园两个基层社店。1988年，有商业服务网点10多个，商业销售收入13.06万元。1989年，街道下属商业单位仅有3家（挂靠），职工12人，年商业销售收入19.85万元。1992年，境域有个体经商户70多户，从业人员100余人。1998年，湘潭大学对境域经济的辐射带动作用凸显，有各类商铺132家，个体工商从业者286人，完成商业销售收入223.4万元。20世纪90年代末起，个体工商业者在伍家花园、聚沙岭两处每月定日开设墟场。2002年，境域个体私营商业基本取代国有、集体商业，实现商业销售收入1623.1万元。是年起，三益葡萄园、老铁生态农庄先后在伍家花园附近兴办。2007年，有个体工商户184家，从业人员395人，实现商业销售收入3428万元。2014年10月，由浙江华川实业集团为投资主体的义乌小商品城一期工程正式开业，工程总规划用地90公顷，总投资60亿元。2015年，境域有商贸企业6家，从业人员350余人；各类商铺220家，提供餐饮、旅社、娱乐休闲等服务，有个体工商从业者496人，商业销售收入2.47亿元。完成社会消费品零售额2.47亿元。

财政金融

1985年，街道财政收入2.56万元，来源以上级拨款为主。境域设有长城信用社羊牯塘分社、工商银行湘潭大学支行2家金融机构，存款余额2.46亿元，贷款余额1.52亿元。1992年，财政收入8.43万元，财政支出8.43万元。1994年，设立街道财政所，享受税收分成政策，完成财政收入24.15万元，收支相抵。2000年，建设银行在湘潭大学设立支行。2005年，长城信用社在湘潭大学设立湘大分社。2007年，完成财政收入58.6万元，财政支出58.6万元。2012年，长城信用社羊牯塘分社、湘大分社分别改为农村商业银行羊牯塘分理处、湘潭大学分理处。2015年，街道财政收入308万元，财政支出308万元。境域有农村商业银行羊牯塘分理处和湘大分理处、工商银行湘大支行、建设银行湘大支行、邮政银行湘大储蓄所5家金融机构，存款余额16.24亿元，贷款余额9.12亿元。

基础设施

交通运输

1928年，湘潭至宝庆（今邵阳）的潭宝公路从境域经过，为砂石路。1958年，县级伍黄公路建成通车（为砂石路，后改名为宋仙路），过境长1千米。20世纪70年代初，境域仍只有一条省道潭邵公路（今320国道，过境2.5千米），仍为砂石路。1976年，潭邵公路改为沥青路面。1972年10月，湘黔铁路建成通车，过境长约2千米。境域乡村道路为砂石路面或土坯路面，出行不便，承载能力差。1992年，湘潭公路总段投资400万元，将潭邵路砂子岭至伍家花园路段拓宽，沥青路面改为水泥混凝土路面。2003年，北二环路一期工程通车，宽43米，双向6车道，境域长2千米。2006年始，投资51.5万元，新修、改造乡村道路，将宋仙路、洪桥一二组路和洪桥三四组路改造为水泥路。2015年，境域有潭邵路横贯东西，北二环路西段贯穿南北；有县级公路（宋仙路）1条，境域长1千米；有乡级公路2条，总长3千米。有6、9、13、15、17、24、105、107、123等公交线路经过。

邮电通信

1960年，伍家花园邮政所设立，负责境域邮政业务。1985年，境域设有伍家花园邮电所和湘潭大学邮电所，负责邮政和电信业务，电话、电报业务由市邮电局经营。其时，除单位外，居民家庭鲜有固定电话。1988年，境域固定电话用户增至200多户。1992年，境域开始出现移动电话，但用户极少。1994年，花园、湘潭大学邮政所设特快邮件收寄柜台。1995年，湘潭大学校区安装IC卡公用电话亭。1998年，湘潭联通、湘潭电信先后在湘潭大学设营业网点，有移动电话用户400余户。2000年后，境域市民普遍使用移动电话。2007年，移动电话用户增至3345户。2015年，境域有移动电话用户12450户，固定电话用户1465户。

供电供水供气

20世纪50年代末至70年代中期，境域湘潭地区农科所、湘潭地区农学院、湖南省煤田勘探六队等单位开始用电。1974 年，湘潭大学恢复办学，供电所为湘大校区、农科所全面供电，也为与湘潭大学、农科所毗邻的少数居民户提供生活用电。湘潭大学在长城公社立云大队域内（320 国道边）挖掘深井，自备供水。20 世纪 80 年代初至 90 年代初，境域绝大多数居民户借湘潭大学、市蓄电池厂、煤田勘探六队等单位用电之便，开始使用生活用电；湘潭大学、市蓄电池厂等单位为附近居民供水，市原种场、湘潭农校为周边部分居民户采用"一户一表"方式供水。1999—2003 年，全面启动城乡电网建设与改造，架设 110 千伏线路，境域居民户更新入户线。2004 年，市水厂将管道铺设至境域湘潭肉联厂、湘潭大学等单位沿线，为单位及住户供水。2015 年，境域供电率、供水率 100%。电网改造率 100%，安全饮水率 100%，住户燃气使用率 98%。

街区建设

1985 年，区政府购买湘潭大学校办房屋作为街道办事处办公场地，面积 820 平方米。1992 年，潭邵路城区段基本建设加强，街道的服务设施也逐步完善。2000 年前后，市农科所、原种场为单位职工建造新楼房。2001 年，街道按市政府"一化三清"（城市绿化，清理整顿违法建设用地、违法违章建筑和房地产开发市场）部署，整治市容卫生，开展绿化活动，辖区绿化 10 万平方米以上。2003 年，湘潭大学教师公寓开建并逐步投入使用。2004—2006 年，境域金锣公司、蓄电池厂等单位改造厂房，新建居民楼。2008 年，对境域 320 国道排水管网进行扩容改造；为湘大老路和宋仙路安装路灯。2012 年，扩建羊牯塘社区居委会办公场所。2014 年，搬迁花园社区居委会办公场地，新增办公用房 800 多平方米。2015 年，提质改造湘蓄村小区路面及下水道，为湘大老路沿线更新路灯，并对农伍路口路面进行修缮。对 320 国道羊牯塘马路菜市场实行长效管理。至年底，街道和居委会办公用房及其设施建设总投资 424.56 万元，建筑面积 1920 平方米。境域城区面积 5.89 平方千米，城镇化率 100%。小街小巷路面全部硬化。

社会事业

教育

民国时期，境域少数有一定经济能力家庭的孩子到曹家大屋、朱家托接受新式教育，其余儿童只能进当地私塾识字或无钱上学。20 世纪 50 年代后，境域先后创办花园、上新小学和长城中学。1958 年，湘潭大学创办（1959 年下马停办）。1974 年，省革委会批准湘潭大学另行选址恢复办学，1978 年，国务院批准湘潭大学为综合性全国重点大学。1985 年，境域大中专学校有湘潭大学，湘潭农校、湘潭市第二技校；中学有长城中学和湘潭大学子弟学校中学部；小学有羊古学校和湘潭大学子弟学校小学部。2007 年，湘潭大学子弟学校剥离属雨湖区。境域有 2 个民营幼儿园，入托幼儿 100 多人。2008 年，花园、羊古、上新 3 所小学合并到长城中学，长城中学成为九年一贯制学校。2010 年，湘潭大学子弟学校撤销高中，改为九年一贯制学校。2015 年，境域有湘潭大学 1 所高等院校，有专任教师 1452 人，另有外聘教师 573 人，有各类全日制在校学生 36800 多人；湘潭生物机电学校（原湘潭农校）1 所中等专业学校；湘潭大学子弟学校和长城中学 2 所九年一贯制学校，35 个班，教师 118 人，学生 1326 人；有幼儿园 5 所，幼教职工 105 人，入园幼儿 956 人。

湘潭大学

文化体育

境域历来有舞龙灯、耍狮子的传统习俗，多在春节、元宵节期间由民间自发举办。1981 年，境域湘潭大学图书馆建成，面积 7204 平方米。1984 年，湘潭大学建成田径场和体育馆。1985 年，湘潭大学图书馆藏书 58 万册，为湘潭市最大的图书馆。1989 年，境域架设闭路电视网络，街道成立文化站，3 个居委会及家属委员会文化室活动经常，有基本经费保障。1994 年，湘潭大学电影放映队参加“百部爱国主义影片展映活动”，为学生和境域居民放映大量爱国主义影片。1997 年，境域有线电视基本普及。2003 年，湘潭大学新建现代化体育馆 1 座。2004 年，湘潭大学图书馆改扩工程竣工。2005 年始，街道组织，培训 3 支文艺宣传队伍，走村串户，开展活动。2015 年，街道有文化站（室）3 个，图书室 2 个，共藏书 2 万册；组建民间文艺体育团体 2 个，有民间文艺体育兴趣爱好者 50 余人，3 个室外健身路径，1 个健身广场，提质改造 1 个室外篮球场。

医疗卫生

1985 年，境域有长城卫生院羊牯分院和湘潭大学医院，共有医护人员 25 人，病床 22 张。1996 年开始，长城卫生院羊牯分院为居民提供医疗服务。2005 年，湘潭大学医院羊牯塘街道社区卫生服务中心挂牌成立，向境区居民提供基本医疗、预防、保健、康复、健康教育、技术生育技术指导“六位一体”的综合性服务，网络覆盖率 100%。2006 年，经维修改造，街道社区卫生服务中心达到省级基本标准，并定期开展义诊、宣讲卫生知识、培训急救医疗人员、建立个人健康档案活动。2015 年，境域湘潭大学医院（包括羊牯塘街道社区卫生服务中心）有医务人员 28 人，设病床 55 张；长城卫生院羊牯分院有医务人员 10 人，设病床 6 张；6 家民营诊所有医务人员 20 人，设病床 10 张。

社会保障

20 世纪 50 年代初，社会保障体制尚未建立，对于生活特殊困难者，政府适时发放救济金和粮、棉之类物资。1956 年，对丧失劳动能力而且无依无靠的孤寡老人，实行保障其衣、食、住、医、葬的“五保”政策。1985 年，街道对少数城镇困难家庭实行经济补助，每户年补助 180 元左右，对孤寡残疾类弱势群体的大病、丧事实行一定额度的困难补助。1997 年，对城镇困难家庭实行低保，给 96 户 262 人发放低保费，每人每月最低生活保障费 156 元，月发放保障总额 2.46 万元。2007 年，进一步规范低保操作程序，境域享受城市低保待遇的有 137 户 333 人，每人每月最低生活保障费 220 元，每月低保费总额 3.27 万元。全面落实原有城镇集体企业职工中养老保险待遇，有 70 人纳入社会养老保险体系，征缴养老保险金 51 万元，发放养老金 37.2 万元。建立以大病统筹为主，兼顾特殊病种门诊的城镇居民基本医疗保险制度。参加城镇居民医疗保险 694 人，参保率 95%；全年补偿医疗费用 125 人次 126.4 万元。2015 年，境域有低保户 107 户 200 人，发放低保救助金 6 万元。大病救助 4 人 9500 元。城镇居民基本医疗保险 958 人参保续保，参保率 100%。城市居民 465 人享受社会养老保险待遇，领取养老金 125.68 万元。安排失业人员再就业 85 人。24 人享受失业保险待遇，发放失业保险金 9.24 万元。有优抚对象 19 人，发放优抚金 4.53 万元。

人民生活

20 世纪 80 年代前，境域居民住房为土木结构，人均面积 10 平方米。1985 年，境域城镇居民人均可支配收入 880 元，其主要来源是工资性收入和经营性收入。部分家庭有收音机、洗衣机，少数家庭购置电视机、电冰箱。1988 年，居民家庭结婚购置的“三大件”由原先的自行车、手表、缝纫机变为电视机、冰箱、洗衣机。大多数城镇居民住单位福利房，人均住房面积 10 平方米。1995 年，城镇居民人均可支配收入增至 4010 元，人均居住面积增至 13 平方米。2000 年后，住房制度改革，取消福利分房，城镇住房商品化，部分经济状况好的居民购买商品房，人均居住面积又有提高。2005 年，境域居民生活显著提高，居民多有 3~4 居室的套房或私房，人均住房面积 38 平方米。移动电话、全自动洗衣机、空调、电脑、摩托车乃至汽车进入居民家庭。2007 年，城市居民人均可支配收入提高到 1.4 万元左右。2015 年，境域城镇居民人均可支配收入增至 1.65 万元，人均居住面积 28.5 平方米。居民消费结构也发生重大变化，食品消费比例逐年下降，医疗保健消费和教育文化消费比例逐步提升。每百户拥有小汽车 30 辆，摩托车 80 辆。

（撰稿：陈旭东）

岳塘区

概述

岳塘区位于湘潭市东北部，北邻长沙市天心区暮云镇和雨花区石门镇；东北、东南分别与株洲市石峰区白马垅街道、霞湾街道相邻；南与湘潭县天易示范区、易俗河镇、河口镇隔湘江相望；西同雨湖区和湘潭经开区一江之隔。辖湘潭市湘江以东全部城区，面积206平方千米（包括湘潭高新区和昭山示范区），其中耕地2951.7公顷。

境域属亚热带季风性湿润气候，四季分明，年平均气温16.7℃，年平均降水量1327毫米。境内有植物资源1000多种，动物资源360余种。矿产资源相对贫乏，仅膏盐矿、石灰石、黏土开采量较大。著名风景名胜有昭山、法华山、仰天湖、东风水库、红旗水库等。区域交通发达。京广铁路、湘黔铁路和京广、沪昆两条铁路客运专线纵横贯穿全境；京广澳高速、沪昆高速和107、320国道均贯穿境内、交汇互通。湘江环绕境东、南、西三面，长沙水利枢纽工程建成后，可常年通航千吨级以上船舶，上溯潇湘，下入洞庭。区中心距黄花国际机场67千米。

岳塘历史悠久。商周时期，境域为荆楚地。秦统一后境域属临湘县，隶属长沙郡。西汉，仍属临湘县，隶属长沙国。东汉属长沙郡。唐宋时期，境属湘潭县。明万历、天启年间，下摄司设置巡检司管理税收和社会治安，境域商业繁荣。清，实行保甲制，易家湾、荷塘、滴水埠一带属湘潭县三都七甲、八甲；板塘铺、马家河一带属湘潭县三都九甲、十甲；建设路、东坪、下摄司、岳塘一带属湘潭县十二都九甲、十甲。境域农耕发达、赋税充盈。民国3年（1914），境域属湘江道。民国22年（1933），甲改为乡，建设路口、东坪、下摄司、岳塘一带属霞城乡，其余各地均属昭阳乡。民国36年（1947），昭阳乡划入株洲乡。乡下设保，昭山、易家湾一带为二十七、二十八保，荷塘、滴水埠一带为三十保，马家河一带为三十一、三十二保，板塘铺、宝塔岭一带为三十三保。霞城乡划入易俗河乡，建设路口、东坪、岳塘、下摄司、霞城一带为易俗河乡二十、二十二保。

1949年8月，湘潭和平解放，行政区划调整。境域东坪、下摄司半边街和板塘铺等几处城市人口较集中地段划属湘潭县城关区，霞城、岳塘一带属湘潭县五区，其余属湘潭县一区。1950年7月，设立湘潭市，境域城区部分划入市区，隶属河东办事处。1951年，河东办事处改河东区公所，其余大部分农村仍属湘潭县一区和五区。1954年始，市区分次拓展，属县的乡村分批从县域划入城区。此后，乡村设置几经调整变动，至1956年，经过撤区并乡后，境内分设昭山、竹埠、板塘、西塘、霞城5乡，隶属新成立的湘潭市郊区办事处；易家湾、五里堆为市属镇；东坪划归河西湘江区。1958年，撤销郊区和易家湾镇、五里堆镇，建立城乡合一、政社合一的郊区人民公社，并以原乡为单位设分社。1960年10月，郊区人民公社一分为二，境域全部（包括东坪）为河东人民公社，分社体制不变。同时建立河东区，区即公社，两块牌子一套人马。1961年，调整设立易家湾、板塘、霞城、岳塘4个公社和五里堆镇。1961年8月，4个公社又改称湘钢分社、电机分社、湘纺分社、易家湾分社，实行以厂带社管理体制，并以原下摄司工业区为基础，建立岳塘区，由市直接管理。下设岳塘、中洲路、半边街、三株岭、泉心塘、板摄路、泗神庙7个街道办事处。1962年，增设东坪办事处，撤销板摄路、三株岭办事处。同年，河东人民公社解体，郊区恢复。五里堆、易家湾两镇升格为市属镇，东坪划入河西湘江区。1964—1975年，郊区办事处在河东先后设立霞城、宝塔、板塘、荷塘、昭山5个公社和红旗综合农场、红卫湖农场（仰天湖农场）。1980年7月，撤销五里堆镇、易家湾镇建制，并以两镇为基础，加上从原岳塘区调整的建设路街道，建立板塘区，东坪重新划归岳塘区。板塘区辖易家湾、滴水埠、马家河、社建村、五里堆、建设路6个街道办事处。同年，岳塘区增设书院路街道办事处。

1984年，恢复乡建制，撤销人民公社并按原公社所辖范围建立昭山、荷塘、板塘、宝塔、霞城5个乡。其间，驻区各大中型国有企业设立家属委员会，协同城区各街道办事处共同对厂区家属（居民）进行管理。

1992年6月，经省政府批准，以湘江以东的原岳塘区、板塘区和郊区所辖的5乡2场建立新岳塘区，下辖乡场、街道体制不变。同年，湘潭高新技术产业开发区和昭山旅游商贸开发区经省政府批准在境域设立，湘潭高新区由市政府直接管理。1993年，经省民政厅批准，霞城乡葩金村和新造村划入宝塔乡，改称宝塔街道，属湘潭高新技术产业开发区管辖。是年，实现地区生产总值6.57亿元，财政收入3071万元。其中工业总产值5.04亿元，农业总产值8238万元，商贸服务业产值7112万元，分别占地区生产总值的76.7%、12.5%、10.8%。一、二、三产业比重为12.5 ∶ 76.7 ∶ 10.8。

1998年，经省政府批准，撤销易家湾街道和仰天湖农场，从昭山乡划入金兰村、红旗村，从荷塘乡划入新南村，设立易家湾镇；撤销马家河街道，从板塘乡划入云河、建设、法华、月华、集体、象形、国强、新华8个村和向阳农场，合并成立双马镇。次年，在双马镇范围设立占地4.8平方千米的双马工业园区。至此，岳塘区形成2乡、2镇10个街道办事处（包括宝塔街道）和昭山开发区、双马工业园、红旗农场3个经济单位的行政格局。2000年，全区地区生产总值增至34.01亿元，财政总收入增至7062万元，分别是1993年的5.2倍和2.3倍。其中工业总产值27.49亿元，农业总产值2.28亿元，商贸服务业产值4.24亿元，一、二、三产业比重调整为6.7 ∶ 80.8 ∶ 12.5。2003年，昭山开发区升级为以市为主领导管理，行政职能仍归属岳塘区。

2007年12月，长（沙）、株（洲）、（湘）潭城市群经国家发改委批准为全国资源节约型和环境友好型社会（“两型社会”）建设综合配套改革试验区，岳塘区处于综合配套改革试验区的中心位置。2010年，昭山开发区作为长株潭城市群核心区率先启动建设，改为由市直接管理的昭山示范区，昭山乡、易家湾镇68平方千米范围划归其托管。是年，全区实现地区生产总值71.78亿元，其中农业总产值5.14亿元，工业总产值46.49亿元，商贸服务业产值20.15亿元，三次产业比重调整为7.2∶64.8∶28，财政收入6.09亿元。2011年，为拓展湘潭高新区发展空间，板塘乡和双马镇（包括双马工业园）38平方千米范围划归其托管，宝塔街道（除凳桥和长塘两村外）复归岳塘区管辖。2012年，岳塘区抓住竹埠港地区退二进三的历史机遇，在荷塘物流园基础上，组建以聚集发展第三产业为主的岳塘经济技术开发区。

2015年，岳塘区除直接管辖的荷塘乡和滴水埠、社建村、五里堆、建设路、东坪、书院路、中洲路、岳塘、下摄司、宝塔、红旗、霞城12个街道以及岳塘经开区外，行政区域内还有高新区托管的双马街道、板塘街道和昭山示范区托管的易家湾镇、昭山乡，全域2乡1镇14个街道办事处，辖社区69个、行政村58个（其中高新区辖行政村20个、社区4个，昭山示范区辖行政村17个、社区4个）（附表）。区域常住总人口46.78万人，户籍人口35.03万人。其中城镇人口44.75万人，占总人口的95.7%；农业人口2.03万人，占总人口的4.3%。城镇化率95.7%。至2015年，全区人口自然增长率控制在4.5‰以内。男女性别比年均值103∶100。是年，岳塘区地区生产总值500.4亿元，其中一产业增加值6.4亿元，二产业增加值304.2亿元，三产业增加值189.8亿元，三次产业比重为1.3∶60.8∶37.9。人均GDP97267元。其中高新技术产业产值196.5亿元，占GDP比重39.3%。全区完成固定资产投资254.1亿元，财政收入68.98亿元，其中税收收入51.7亿元。城镇居民人均可支配收入29381元，农村居民人均纯收入24518元，基本医疗覆盖率82.8%，基本养老补贴覆盖率95.1%，小康实现程度88.3%。

（撰稿：刘明高）

荷塘乡

区域概况

地理位置

荷塘乡位于岳塘区中北部，北接易家湾镇，东临株洲市石峰区，南邻高新区板塘街道，西临湘江。荷塘仙岭主峰耸立中心，岭下有草荷塘、中荷塘，荷塘由此得名。境域竹埠港是省内重要化工工业基地。

建置沿革

晚清，境域属湘潭县三都上七甲、上八甲。民国时期，属湘潭县昭阳乡二十八保、二十九保、三十保及三十一保。1950 年，境域分属湘潭县一区蒿塘乡和湘潭市河东区滴水乡。1953 年，属河东乡。1956 年，隶属湘潭市郊区。1958 年，属郊区人民公社河东分社，代管星火人民公社（原仰天湖农场一带）。1962 年 5 月，成立荷塘人民公社。1984 年社改乡，改称湘潭市郊区荷塘乡。1992 年 8 月，改属湘潭市岳塘区管辖。2013 年，市政府批准在境域设置湘潭岳塘经开区。经开区负责境域的招商引资和经济开发建设项目，荷塘乡负责境域行政和社会事务管理，两块牌子，两套人马，分工负责，共同开发、建设、管理。2015 年 12 月，荷塘乡与滴水埠街道成建制合并，改称荷塘街道。

区划面积

1962 年，荷塘公社辖清水、五爱、滴水、双埠、易家、竹埠、正江、群力、金湖、荷塘、青山、指方、新南、付家、盘金、集中 16 个大队，241 个生产队。1966 年，划出盘金、集中 2 个大队和正江的 4 个生产队、新南的 1 个生产队，组建红卫湖农场（又称红卫大队）。1975 年，付家大队改称综合农场，辖 13 个大队 1 个综合农场。1984 年，荷塘公社改称荷塘乡，设五爱、滴水、双埠、竹埠、易家坪、正江、群力、金湖、荷塘、指方、青山、清水、新南 13 个村和 1 个综合农场，辖 165 个村民小组。面积 43.8 平方千米，其中耕地面积 1060 公顷，林地 1437 公顷。1998 年，新南村划归易家湾镇，全乡辖 12 个村、1 个综合农场，设 188 个村民小组。2015 年，辖五爱、滴水、双埠、竹埠、易家坪、正江、群力、金湖、荷塘、指方、青山、清水 12 个村和综合农场，193 个村民小组，面积 40.85 平方千米，其中耕地 675.5 公顷，山地 1271 公顷，水面 163 公顷。

自然环境

全乡地势东高西低。以 107 国道为界，路西地势平坦，路东丘陵起伏。东部有荷塘仙岭、青山、汪家大岭等，海拔120~170米。全乡地处亚热带季风湿润气候区，四季分明，年均气温16.5℃~17.5℃，年均降水1350~1450毫米。境域土壤以红壤为主，水稻土、潮土主要分布于湘江沿岸和山谷地带，宜于耕种。现有森林植被以人工林为主，松、杉、樟树栽植较为普遍，油茶、茶叶、果木是主要经济林木；野生动物有野猪、野兔、蛙、蛇、雉等100余种。

人口民族

1956年，荷塘乡人口10767人。1964年，荷塘公社人口11189人，其中男性5764人，占51%。1984年，全乡4116户17226人，其中男性8559人，占49.6%。1990年，荷塘乡有5540户，人口19334人，其中农业人口18908人，占98%。男性10440人，占54%。人口自然增长率9.31‰。2010年，第六次全国人口普查统计，全乡总计4870户，人口19733人。其中农业人口18577人，占94%。男性9719人，占49%。人口自然增长率3.27‰。2015年，全乡有5622户、19897人，其中农业人口18512人，占93%。男性10013人，占50.3%。有少数民族2户5人，均为土家族。人口自然增长率3.47‰。

经济发展

经济综述

20世纪70年代，境域以农业为主，水稻种植和生猪养殖是传统农业产业。20世纪80年代，乡村工业开始起步，形成以建材、建安行业为主的团山铺社队企业中心区。1984年，乡村企业全面实行“一包四改”（一人牵头承包，改干部任免、改工人身份、改工资制度、改经营方式），工业产值和企业效益得到双提升。1990年，巩固企业内部管理，提高企业市场竞争力，发展农村商业服务业。实现地区生产总值4100万元，三次产业比重为32 ：47 ：21。2008年，按照“一园（荷塘食品工业园）两线（107国道和东二环沿线）三基地（正江无公害种植基地、金阳集约加工基地和红旗水库体闲旅游产业基地）”的发展思路，调整经济发展布局，完成地区生产总值26.9亿元，其中农业总产值1.54亿元，工业总产值22.6亿元，商贸业产值2.76亿元，三次产业比重为6 ：84 ：10。伟鸿食品、昭山冶金化、荷塘电磁线成为三家亿元企业。2010年，围绕“一园（荷塘物流园）一城（滨江新城）一绿心（荷塘青山自然保护区）”，全乡经济向工业、商贸业为主转变，实现地区生产总值75亿元，其中农业产值1.7亿元，工业产值40.6亿元，商贸服务产业值32.7万元，三次产业比重为3 ：54 ：43。2013年1月，乡域经济发展思路调整为“一区（岳塘经开区）一绿心”，以发展商贸流通业为主导的商贸服务业为主。2015年，全乡实现地区生产总值14.6亿元（不含岳塘经开区），其中农业总产值3亿元，工业总产值7.4亿元，商贸业总产值4.2亿元，三次产业比重为20 ：50 ：30。完成固定资产投资16.2亿元。现代商贸物流业成为荷塘新经济增长点。

种植业

境域种植业以水稻为主。20世纪60年代前，水稻为一季，亩产200~250千克。1966年起，单季稻改为双季稻，亩产400千克左右。1983年，推广杂交稻种植，平均亩产751千克，全社粮食播种面积914公顷，粮食总产量10296吨。1986年，育秧全面实现地膜覆盖，全乡粮食种植面积1648公顷，粮食总产量12360吨。1990年，粮食种植面积1671公顷，70%面积采用塑料软盘抛秧新技术，粮食总产量13553.9吨。2000年，全乡农业以“万元亩”建设为重点，调整农业产业结构，涌现出许家垄无公害蔬菜基地、滴水草莓基地，竹埠、群力的香瓜基地等一批产业化典型。全乡稻田改制 82.5 公顷，粮食种植面积 1506 公顷，撒播占总面积 60% 以上，机耕面积 90% 以上，全乡粮食总产量 11039 吨，“万元亩”工程初见成效。2004 年，正江无公害蔬菜基地面积 43.3 公顷，香瓜种植 19 公顷，全乡种植业向“两高一优”（高产、高效、优质）方向发展。2008 年，通过整治农田抛荒，落实各项惠农政策，全乡粮食播种面积 1138 公顷、粮食总产量 12246 吨，超级杂交稻成为粮食增产的主力。全乡种植蔬菜 52.4 公顷，产菜 7419 吨。2014 年，全乡粮食播种面积 705 公顷，机插面 40%，机收面积 90%。双季稻面积减少，一季稻面积增加，总产粮食 7626 吨；种植蔬菜 96 公顷，产菜 10773.6 吨。其中，正江蔬菜基地种植面积 67 公顷，通过市认定无公害蔬菜基地面积 43 公顷，蔬菜总产量 6000 吨。三益、老战友 27 公顷葡萄基地，亩平收入均突破万元。2015 年，沿湘江一带列入竹埠港“退二进三”重金属污染治理范围，启动耕地重金属污染治理修复及农作物种植结构调整试点，正江、群力、竹埠、金湖、清水 5 村土地治理面积共 148.5 公顷，其中达标区 53 公顷。当年全乡粮食播种面积 690 公顷，粮食总产量 7563 吨。

养殖业

生猪和家禽是境域农民的主要养殖项目。20 世纪 70 年代，强调集体养猪，声势大，但年出栏平均不过 6000 头。80 年代后，家庭生猪养殖发展加快。1984 年，出栏生猪 1.1 万头；水产养殖面积 153 公顷，出水鲜鱼 157 吨。是年，湘潭外贸种猪场（后改为正大良种猪场）进驻境域五爱村，为当地提供二元母猪种苗 600 余头，带动全乡生猪品种改良。1990 年，饲养生猪 3.6 万头，其中出栏 2.18 万头。水产养殖面积 166 公顷，出水鲜鱼 277 吨。2000 年，境域生猪规模养殖户迅速增加，年出栏生猪 100 头以上的养殖大户有 50 余家，品种以瘦肉型、二元杂交猪为主。2001 年，荷塘联校引进湘闽鸭业公司，在五爱村建立孵化场和养殖场，年产番鸭苗 200 万只，带动 500 多户农民养殖番鸭。2004 年，清水村成立生猪养殖协会，五爱村、金湖村成立番鸭养殖协会，有养殖协会会员 775 户。2006 年，湘闽鸭业公司销售鸭苗 300 万只，产值 3000 多万元，创利税 200 多万元。2008 年，出栏生猪 6 万头，出笼家禽 52 万只，水产品上市 456 吨。2009 年，湘华生态农场采取“公司 + 农户”的模式，养殖蛋鸡 14.8 万只，带动农民养殖“固始鸡”“芦花鸡”“绿壳乌鸡”，全乡发展专业养殖户 85 户，带动就业 220 多人，帮助农户创收 357 万元。2012 年，湘闽鸭业更名为湘翼鸭业，除养殖种鸭、孵化鸭苗外，还投资 2000 余万元加工鸭制品供应市场。2015 年，因岳塘经开区建设、东二环道路修建，全乡养殖基地缩减。是年，市政府为保护湘江水质，禁止湘江沿岸 1 千米范围搞规模养殖。境域除湘华生态农场外，其余规模养殖基本关停。出栏生猪不足 3 万头，出笼家禽 30 万只，水产品产量 450 吨。

林业

1966 年，荷塘公社 2 万余亩荒山全部垦复，栽种杉树、檫树和湿地松等用材林和油茶、茶叶、青皮竹等经济林。1970 年，青山村建立青山茶场，15 公顷茶园产茶 2.5 吨。1975 年，山林普查，境域有林地面积 753 公顷，其中用材林 492 公顷、经济林 139 公顷、风景林 107 公顷。1984 年，为加强护林育林，设立综合农场和前进林场两个乡属林场和 6 个大队林场，对不便于集体经营的林地则划给村民分户经营。其时，全乡有林地 952 公顷，其中用材林 510 公顷、风景林 165 公顷，率先在全市消灭荒山。全乡林木蓄积量 2.3

万立方米，年间伐林木收入80多万元，村民改造住房用材基本实现自给。2003年，实施退耕还林工程，综合农场、清水、易家坪3个村共退耕6.4公顷，政府发放退耕农户生活补助2.12万元。2009年，开展林权制度改革，采取“分股不分山，分利不分林”的方式明确产权，将原由集体经营的山林确权到村，原由个人经营的风景林确权到户。2010年，全乡勘界确权林地2024宗、1139公顷，发放林权证1892本。其中村集体经营90宗1061公顷；退耕地4宗0.4公顷；农户自留山1930宗78公顷。2015年，全乡拥有林地1193公顷，其中生态公益林48公顷。

工业

20世纪60年代，境域竹埠港一带被辟为湘潭化工工业基地，市电化厂等10余家市属化工企业先后在境域建厂生产。70年代初开始，人民公社因地制宜，开办红砖厂、农机厂等小型企业4家，有季节性工人80余人。农机厂从一台红炉（打铁炉）起家，加工铁制农具、进行农机维修，时有工人10余人，1972年创工业产值8万余元，获纯利润1000余元。1975年，公社先后办起泥木修建队、送变电安装队、瓷厂、蓄电池厂、电机砖厂等企业37家，形成以建材、建安为主的团山铺工业中心区，主要工业产品有车用铅酸蓄电池、建筑用污水铸管、红砖、釉面砖和化工原料等。1981年，江滨机器厂落户境域，成为境域最大的国营工业企业。1984年，有企业43家，职工1300余人，工业产值816万元，企业利润81万元。荷塘蓄电池厂生产的汽车用铅酸电瓶质量达到部优标准，实现出口创汇。1993年，全乡乡村工业总产值过亿元。2000年，乡政府对企业以买断、股份合作、租赁等多种形式进行改制，集体企业全部转化为民营企业。2003年，在滴水埠开辟占地17公顷的金阳工业园区，聚集上规模的二次创业民营企业18家，当年实现工业产值1.26亿元，形成规模效应。2009年，在团山铺设立荷塘工业小区，引进电磁线、伟鸿食品、步步高物流、飞山奇建材等一批上规模企业落户，引进资金1.9亿元，其中外资350万美元。当年，全乡拥有各类企业92家，其中规模企业20家，实现工业总产值24.6亿元、工业增加值6.2亿元；实现企业收入27亿元，利润总额3650万元，伟鸿食品、昭山冶金化、电磁线厂3家成为亿元企业。2013年，全乡规模以上企业21家，实现规模工业总产值31亿元，其中伟鸿食品公司产值12亿元。2014年，市委、市政府决定建立岳塘经开区，集中发展以现代物流业为主的商贸物流产业，同时对竹埠港化工区28家化工企业实行全面关停、“退二进三”。2015年，全乡规模企业7家，完成工业总产值7.4亿元。

商贸服务

20世纪40年代，境域只有滴水埠、竹埠港、团山铺、蒿塘铺四地各有几家个体商户。滴水埠因膏盐矿发达，商业较为集中。1954年，政府引导开办荷塘供销合作社，始有集体商业。1970年，一批国营化工企业陆续落户竹埠港，国有商业也随之在境域开办。1980年，有4家国有商店、3家供销社购销店，在各村有供销社分设的代销店12家。中共十一届三中全会后，以个体工商户为主的农村商贸服务业迅速发展。1986年，全乡有个体商户374户，从业人员536人，经营收入300.7万元。1990年，有个体工商户475户，从业人员1282人，经营收入1000万元，荷塘供销社易家坪分社成为全乡农业生产资料的购销中心。1993年，乡政府组织建设江滨荷塘农贸市场和竹埠港农贸市场，建成商业门面62个，组建商贸企业18家，形成团山铺和竹埠港两处集中商贸区。1997年，乡政府与湘潭石油公司联合，在竹埠港兴建石油中转码头，成为全乡首家上规模商贸流通企业。2000 年，清水村引进忠林花卉山庄，为境域第一个农业旅游项目。2009 年，指方村引进湘潭盘龙现代农业示范园（盘龙大观园），项目规划占地 700 公顷，总投资 20 亿元。2014 年，步步高生鲜物流（云通物流）、中部国际机械物流、玮鸿冷链物流、金阳农产品商贸城、正方体医药物流、中国（中部）岳塘国际商贸城等现代商贸物流企业相继落户境域，荷塘成为湘潭市商贸服务业、现代物流业的中心区，三产业从业人员超 4000 人，商贸服务业产值超过 65 亿元，其中物流业产值 43 亿元（含岳塘经开区）。2015 年，盘龙农业示范园改称盘龙大观园，成为 AAAA 级旅游景区，指方村进入省级特色旅游名村行列。年末，有各类商贸服务企业 127 家，从业人员 4000 多人，商贸服务业收入 4.2 亿元。

财政金融

1955 年，荷塘信用合作社以农民集资入股的方式组建，为境域主要金融机构。1984 年，信用社有流动资金 49 万元，年末储蓄存款余额 188 万元。1990 年，全乡税收 107.58 万元，其中工商税收 89.2 万元，农业税收 18.0 万元（包括农业特产税和屠宰税）；财政收入 56 万元，主要来源于税收分成和企业利润上缴，乡财政支出 55.8 万元，主要用于行政支出和农田基本建设。是年，信用合作社发放贷款 1231 万元，收回贷款 1359 万元，居民储蓄存款余额 432 万元。1994 年，成立荷塘乡农村合作基金会。但因经营管理不善，大量贷款无法收回，4 年后，基金会亏损 90 余万元，按上级要求清盘关停，全部亏损由政府出资清算偿还。2003 年，国家调整农业税率，停征屠宰税。2005 年，国家取消农业税，为农民减负 20 万元；政府实行农业直补，全乡农民补贴 140 多万元。2010 年，全乡财政收入 6000 万元。主要来源于税收分成、项目工作经费及上级的转移支付。财政支出 5995.65 万元，除上解国、地两税外，主要投向农田水利建设和公共服务设施建设。2012 年，全乡全面实行村账乡代理制度，村级财务得到进一步规范。2014 年，岳塘经开区成立金库，域内税收全部进入经开区金库。2015 年，全乡财政收入 7200 万元，支出 6780 万元。区政府转移支付是乡财政主要来源，支出基本按预算执行，财政管理进一步规范。

基础设施

交通运输

清代，有湘潭通往善化（长沙）的驿道途经境域团山铺、许家垅。民国 11 年（1922），长潭公路建成通车，为宽 9 米的砂石路面，途经境域朱家嘴、许家垅、团山铺。1959 年，长潭路按二级公路改造拓宽拉直。1964 年，全线改成柏油路面，成为 107 国道的一段，南北贯穿境域，为境域交通主干线。湘江绕境西经过，岸线长 6.5 千米，有滴水埠、竹埠港两处水运码头。20 世纪 70 至 80 年代，公社汇同驻地企业单位，以 107 国道为主轴，先后修建团竹路、滴马路、荷青路、红新路、竹王路 5 条乡级干道（县道）和 15 条机耕道（村道），共 60 余千米，向东西辐射，延伸至各村和村民组。1990 年，境域有各类汽车 76 台，大小拖拉机 223 台，为全市乡村交通运输发达地区之一。1995 年，国家投资修建长潭高速公路通过境域。1999 年，国家投资建设上瑞高速公路（潭邵高速），并在群力村月亮湾设出入口。2005 年，荷塘乡纳入湘潭市农村公路通畅工程，相继完成滴马路、荷青路、团竹路、指方路、正群路、正江大道 6 条主干道总长 35 千米的硬化，并实现村村通水泥路，80% 的村民组和农户汽车可以到家。2006 年，湘江沿江风光带昭山至四桥段建成，沿湘江一线村组的交通落后状况得到改善。2010 年，芙蓉大道（原 107 国道湘潭段）拓改工程竣工，板塘七号路、板塘六号路、上瑞高速公路连接线、东二环（东段）等 4 条长 15 千米的市区骨干道路相继修建通车，全乡大交通格局基本形成。2012 年，长株潭城际铁路湘潭段开工建设，境域线长 3.2 千米，在五爱村设荷塘站。2015 年，有县以上等级干线公路 5 条，长 18.7 千米，乡村公路 22 条，长 161 千米。9 条公路通行公交车，调整后的城市公交有 3、8、31、102、115 路 5 条行经境域。

邮电通信

20 世纪 70 年代，境域竹埠港设有邮政代办所，邮件信函都由板塘邮电支局邮递员人工投递。当时各村只有 1 台磁石电话机，由公社总机中转到郊区各公社大队。20 世纪 80 年代末，开始使用程控电话。20 世纪 90 年代中期，程控电话向村组延伸，全乡有固定电话用户 2000 户。其间，电信、移动、联通、铁通几家公司，先后在境域架设通信基站 21 处，部分村民开始使用无线通信工具，“大哥大”使用户 200 户。1998 年，模拟通信升级数字通信，并实现网络全境覆盖。2000 年，有固定电话用户 2100 多户，手机用户 4000 余户。是年，电信公司在五爱村增设营业厅。2015 年，邮政在金湖·群力农居点设立代办机构。是年，有 3000 户家庭实现宽带联网，有手机近万台，固定电话用户 1000 余户，快递业务在乡内开始兴起。

供水供电

1978 年，公社设立农电管理站，对全乡农电线路和用电设施实行统一管理和收费，部分农民生产生活开始用电。生活用水仍以从山塘、水库取水为主。1984 年，全乡 14 个村全部通电，用电农户 1946 户，除边远山区，70% 农户用电照明，50% 村组用电抽水、打稻。1990 年，农户普遍采用打井取地下水作饮用水，滴水、五爱等村部分靠近厂矿农户率先用上自来水，饮用塘坝水的仍有 10% 左右的人口。1998 年，进行第一轮农村电网改造，全乡更换改造农电线路 87.45 千米，新建线路 51.67 千米，新增低压变电器 23 台 3750 千瓦，青山、指方等边远农户全部通电，用电户 100%。2006 年，全乡所有电力设施全部移交电力部门直接管理，实现城乡同网同价，由电力部门统一维护管理，按月抄表收费。2007 年，群力村采用打井方式完成 141 户安全饮水改造，滴水、双埠安置小区 90 户居民使用统一安装自来水。2010 年，实行第二轮农电改造，全乡新建、改造电力线路 95 千米，新增、扩容变压器 61 台 7600 千伏。2012 年，易家坪、双埠、竹埠 3 个村全部改用自来水，5000 余人使用受化工区污染饮水的问题彻底解决。2015 年，工农业生产和居民生活用电充足，30% 的村民用上自来水，100% 的村民实现饮水安全。

水利建设

境域属湘江水系，湘江岸线全长 6.5 千米。农业灌溉以山塘、水库为主。沿河群力村、正江村一带靠抽湘江水灌溉，由于地势低洼，洪涝灾害常有发生。1958 年，公社集中劳力修筑 6.5 千米长低标准湘江大堤，修建竹埠港排灌机埠和红旗水库。1970 年，公社组织农田基本建设，扩建滴水机埠、新建正江横堤机埠和氮水渠道（俗称“氮水圳”）等配套工程，同时对 107 国道沿线耕地进行规划整理，弯坝改直坝，小坵并大坵，全社 20 公顷以上的成片农田基本实现田园化，可以自流灌溉。1976 年，修建向红水库、清水水库、关山水库，整修塘坝 300 余处，增加蓄水能力 30 万立方米；开挖水渠 46 条，全长 21 千米，境域所有耕地基本实现旱涝保收。1983 年、1995 年，全乡两次整修加固湘江防洪大堤。2006年，投入资金491万元，完成水利工程154处，整修骨干山塘、水库25处，高标准渠道37条13千米，机埠3处，红河渠闸门3处。2007年，投入资金108万元，新增抗旱机井4口，更新改造排灌机械12台245千瓦。是年，湘江沿江风光带正江段动工建设，群力村安全饮水工程全面完成。2008年，投入资金308万元，完成水库配套渠道建设2.3千米，骨干山塘整修18处。2009年，进行红旗水库除险加固，扩建指方村坝冲水库。2012年，投入资金474万元，完成水利工程135处。2015年，投入资金320万元，完成骨干山塘整修10处，渠道护砌2.4千米，整修机埠2处，其中指方渠首次采用生态护砌400余米，全乡既有耕地全部实现排灌配套。

村镇建设

1975年，公社以团山铺1.5平方千米范围为中心建设乡村工业集中区。1990年，全乡推广使用沼气200余户。2000年，乡机关移址新建，各村先后建起办公用房和公共服务用房。2006年，全乡先后有荷塘、青山、指方、正江、竹埠、综合农场、清水等12个村纳入社会主义新农村建设规划。按照“生产发展、生活宽裕、乡风文明、村容整洁、管理民主”方针进行。2008年，区爱卫办在综合农场试点推广三格无害化粪池，改建180户。次年，又在青山、指方、荷塘等村建成三格无害化粪池600余户。2009年，建设金湖·群力拆迁居民安置区，一期建设6层楼梯房17栋304套，安置拆迁户1100人。2011年，区农办在指方村实施农村清洁工程项目。2012年，全乡基本完成改厕改水任务，青山村获评省级新农村建设示范村。2013年，全面启动农村环境综合整治，采用“户集、村收、乡集中处理”的方式，统一垃圾清运，同时开展家庭环境卫生评比，促进农村环境明显改观，指方村获评省级新农村建设示范村。是年，清水安置区建成6层楼梯房4栋计110套、2.4万平方米，安置拆迁户80户282人。2014年8月，滴水安置区开工建设，金湖·群力农居点二期建成21层电梯房2栋，建筑面积21448平方米，入驻223户。清水村获省级“美丽乡村建设示范村”称号。2015年，全乡普遍设有垃圾站（池、箱），配备常年清扫员101人。乡机关搬迁至团山铺新址，各村都有办公场地。全乡安装太阳能热水器400台，太阳能路灯497盏，乡机关主楼及青山村、正江村、荷塘村村部建成太阳能屋顶光伏发电站。

社会事业

教育

民国时期，境域有保校4所、族校2所，在校学生400人左右，贫苦农民中没有一个初中毕业生。1950年，人民政府接管学校，在全乡开办小学6所。1958年，有小学8所。1964年，公社投入30多万元，除巩固原8所小学外，开办农业中学，中学生上学难的问题得到解决。1985年，有中小学11所，在校小学生3130人，初中生478人，教师148名，其中社队老师24人，校舍1.3万多平方米。1990年，有中学1所，小学10所，14个幼儿班，57个小学班，12个中学班，在校学生3427人，教师151人。是年，全乡新建教学楼6栋、教师宿舍楼1栋，基本消灭学校危房，荷塘乡被评为郊区尊师重教乡。是年，乡政府成立农科教中心和扫盲领导小组，全乡扫盲率98%；荷塘中学教学质量过硬远近闻名。1996年，筹集资金289.9万元，征地4.12公顷，建设教学用房，修筑跑道等设施，购买图书，添置各类教学仪器设备，通过省教育“两基”达标验收。2000年，学龄儿童逐年减少，荷塘小学、金湖小学相继撤销，团山学校、清水学校因重点项目建设征拆。2012年，相继对滴水、青山、正江、竹埠4所小学和滴水公办幼儿园进行合格学校改造。2015年，有1所中学（荷塘中学）、5所小学（滴水小学中心学校、竹埠小学、清水小学、正江小学、青山小学），在校中小学生1200余人，教职工65名。学龄儿童入学率100%，九年制义务教育普及率100%。

文化体育

清嘉庆年初，福建连城人巫必达来到境域荷塘村班茅塘定居，向冯姓族人传授南少林拳术流传至今，即闻名湖南的巫家拳。易家坪村的传统“火龙”传承百年，每年元宵活跃于乡间农户，别具特色。1971年，荷塘公社成立广播站，实现队队通广播。1978年，公社办起文化站，有电影机一部，图书室有藏书800余册。1983年，公社建起可容纳800余人的大礼堂。2009年12月，乡政府投资新建乡图书馆，配备1万余册图书和电子读物，阅览室、文体活动室、室外篮球场、乒乓球台、健身器材等一应俱全。是年，全乡各村场设立图书室、阅览室15个、文化广场12处，成立腰鼓队、龙狮队等群众文艺队伍28支，有成员500余人。2012年，在岳塘区第六届运动会上，荷塘乡组队获团体总分第一名，易家坪传统“火龙”，成功申报湘潭市非物质文化遗产。全乡巫家拳习武人数300余人。2015年，全乡有图书室、阅览室13个，藏书3.2万册，有文化体育活动场所11处，有腰鼓队、龙狮队共17支，成员400人。

医疗卫生

1971年，公社在荷塘林场设立卫生院，各大队设置医疗点，培训赤脚医生16名，实行常见疾病免费治疗。1984年，乡卫生院有医务人员32名，设病床18张。除院本部外，在滴水、竹埠、十里冲分设三个门诊部，方便群众看病治疗。1995年，各村相继建立村级卫生室，实行农村新型合作医疗体制。2008年，区、乡共同投入98万元对卫生院进行升级改造，招聘专业技术人员，强化内部管理，完善服务设施，全乡医疗综合服务能力提高。2013年9月，乡卫生院因金阳商贸城项目建设被征拆，选址金湖村淞湖塘新建。新院占地0.2公顷，建筑面积3390平方米，2014年12月开业。卫生院设全科门诊、中医科、疼痛专科、妇幼保健科、公卫办以及检验、彩超、心电图等科室，增添牙科综合治疗仪、全自动生化分析仪、心电监护仪、视力筛查仪、500毫安X光机、彩超机、黄疸测试仪、多普勒仪等检测设备和牵引床、熏蒸机等设备，设有病床60张。2015年，境域有乡卫生院1所，设病床60张，有医护人员36人，村卫生室12家，设病床8张，有乡村医生18人。在乡卫生院的指导扶植下，双埠、正江、青山、清水、群力5个村级卫生室完成标准化建设，全乡医疗服务水平提升，村民一般疾病可在乡内得到治疗。

社会保障

20世纪70年代，公社对“五保”户采取由大队统筹每年解决基本口粮225~250千克，其他民政救助基本没有。1981年，全公社“五保”对象均由各大队统筹供应基本口粮（稻谷）250千克，乡民政部门每人每月发放生活补助费5元。1984年，乡补助标准提高到每人每月8元，各村（场）每年发给粮食补贴400~500元。1985年，滴水、五爱两村建立敬老院，对12位“五保”老人实行集中供养。是年起，乡政府对全乡39名基层老党员、老干部每人每月始发退休生活补助10~18元。1999年，城市居民最低生活保障开始实行。有4户11人城市居民享受城市低保，发放最低生活保障金1.52万元。2006年，开始实行农村村民最低生活保障和新型农村合作医疗，全乡农村合作医疗参合 12269 人、参合率 75%；确定农村最低生活保障人数 331 人，发放低保金 19.8 万元。2008 年，失地农民社会养老保障制度开始实行，解决 200 余名失地农民养老问题。2015 年，有城市低保 31 户 61 人，农村低保 572 户 1137 人。农村低保月人均 193 元，城市低保月人均 302 元。发放社会保障救助金 410 万元。全乡民政优抚对象 31 人，年发放优待抚恤金 27.3 万元。发放自然灾害救助款 20 万元。新型农村合作医疗参合 17236 人，参合率 100%，失地农民养老保险人数 3270 人，全乡“五保户”全部实行集中供养。医疗救助（包括住院救助、重特大疾病医疗救助、门诊救助）、自然灾害救助、临时困难救助、金秋助学、困难党员帮扶、高龄老人生活津贴等救助制度普遍实施，全乡社会保障实现全覆盖。

人民生活

20 世纪 60 年代，社员吃大集体食堂，住的是土坯茅草房，物质条件匮乏，生活水平很低。1962 年，中共中央发布“农村工作 60 条”，公共食堂解散，允许农民开垦自留地种植蔬菜和红薯、豆类，农民年人均收入 100 元左右，生活有所改善，但至 1980 年仍未达到温饱水平。1982 年后，农村实行家庭联产承包责任制，农民收入来源拓宽，解决温饱问题，生活开始改善。1984 年，人均纯收入 350 元，人均存款 88 元，生活逐步好转。1990 年，全乡新建砖木结构楼房 987 栋 12.86 万平方米，户均住房面积 150 平方米以上，人均收入 644 元。大部分村民用上彩电、洗衣机、组合家具。1995 年，全乡共建新房 1150 栋，人均住房面积超 30 平方米，年人均纯收入 1201 元。2005 年，农民人平纯收入 6180 元。2010 年，全乡劳力输出 6900 人次，实现劳务收入 9100 余万元；三产业服务收入成为农民家庭收入的主要来源。2013 年，政府实施精准扶贫行动，通过两年努力，全乡 925 户 2225 人全部实现脱贫。2015 年，全乡人平纯收入 27200 元，人均居住面积超 50 平方米。电脑、小汽车、高档家电进入百姓家庭，居民生活实现全面小康。

（撰稿：黄长根）

霞城街道

区域概况

地理位置

霞城街道位于岳塘区西南部，北与东坪街道毗连，东与宝塔街道和双马街道相接，湘江绕境西、南两面。湘钢、湘机、华菱线缆等多家大中型企业坐落境域，是典型的城乡结合部位。因境域有建于清同治年间的霞城书院，故乡（街道）一直以“霞城”命名。

建置沿革

民国期间，境域属湘潭县易俗河乡（曾称霞城乡）所辖十八保、十九保和二十保。1950 年，乡境分设三星、长岭、阳塘、长塘、万古 5 乡，隶属湘潭县第五区。1954 年后，境域分两次划入湘潭市区，调整合并后改称霞城乡。1958 年，人民公社时，称湘潭市郊区人民公社霞城大队。1960 年冬，实行以厂带社，境域分属郊区人民公社电机分社和湘钢分社。1961 年 6 月，成立霞城人民公社，隶属湘潭市郊区。1984 年，成立霞城乡，仍隶属郊区。1992 年，霞城乡划归岳塘区。2014 年，霞城乡改称霞城街道，至 2015 年建置无变化。

区划面积

1961 年 6 月，霞城人民公社成立时，下设福星、宝塔、龙塘、欖桥、万福、和平、长塘、霞城、阳塘、五星、葩金、大星、联合、云丰、岳塘、合星、下摄司 17 个大队，面积 22 平方千米。1963 年冬，划出长塘、龙塘、福星、宝塔、云峰 5 个大队设立宝塔公社，保留万福、顺江、和平、联合、五星、下摄司、岳塘、葩金、新造、霞城、阳塘、茶元、欖桥 13 个大队，面积 17 平方千米。1974 年秋，茶元、欖桥两个大队及顺江大队的油池、李沙、中塘 3 个生产队划归宝塔公社，乡域面积再次缩小。1981 年，划出万福大队归属东坪办事处。其时，境域面积 12 平方千米，其中耕地 858.5 公顷。1984 年，公社改称乡，设顺江、和平、联合、五星、岳塘、下摄司、霞城、阳塘、葩金、新造 10 个行政村，129 个村民小组。霞城综合农场由湘潭市弹簧厂实行以厂带场。1992 年，新造、葩金两村划归湘潭高新区，全乡面积 10 平方千米，其中耕地 573 公顷。2009 年，恢复霞城农场，霞城乡下辖顺江、和平、联合、五星、岳塘、下摄司、霞城、阳塘 8 个行政村和霞城农场，设 103 个村民小组。2014 年，霞城乡改称霞城街道，下辖村、组不变。2015 年，街域面积 8 平方千米，保有耕地面积 103.3 公顷。

自然环境

境域属湘江水系，地势总体较为平坦，沿江为冲积平原，海拔35~45米。土壤主要为红壤和潮土，土质呈弱酸性，pH值在5.5~6.5之间，土地肥沃，适宜农耕。全境属亚热带季风湿润气候区，四季分明。年平均气温16.5℃~17.5℃，年平均相对湿度81%，年均降雨量1350~1450毫米。夏季雨水相对集中，常发生内涝灾害，秋冬季常受旱灾威胁，年平均日照时数1559~1611小时，无霜日300天左右。境域少有森林资源，野生动物稀少。

人口民族

1981年，公社有4840户17376人。其中男性8129人，占46.8%。有少数民族8人，均为苗族。人口自然增长率5.7‰。2010年，全乡有6368户18033人。其中男性8580人，占47.6%；农业人口占96.5%，人口自然增长率4.8‰。2015年，全乡有7448户19935人。其中，农业人口14632人，占73.40%；男性8568人，占42.98%。有少数民族12人，全部是苗族。人口自然增长率4.5‰。

经济发展

经济综述

1961年，霞城公社成立，社队集体经济开始起步发展，从单一的传统种植、养殖业向农、牧、副、渔，工、商、运、建、服全面发展。1970年，实现年工业和商贸产值480万元，占地区生产总值的20%左右。1983年，通过推行联产承包责任制，全乡实现农业总产值300万元，工业总产值2350万元。1989年，全乡完成地区生产总值7585.5万元，其中农业产值1126.3万元，工业产值3537万元，商贸服务业产值2914.2万元，分别占地区生产总值的15%、44%和41%，商贸服务业发展速度超过工业发展速度。1991年，成立工业公司、农业公司，商业公司，改革乡村集体企业管理体制，实行经济责任总承包，改革管理体制，改革人事任免制度，改革财务制度，改革生产技术，促进集体企业加快发展。是年，全乡完成地区生产总值1.35亿元，其中乡镇企业总产值1.01亿元，省政府授予霞城乡“乡镇企业总产值超亿元先进单位”称号。2000年，全乡完成地区生产总值14.7亿元，三次产业比重为3.3∶45∶51.7，商贸服务业首次超过工业。2008年，乡域企业通过改革改制后，活力增强，规模企业增加；农业以“万元亩”为目标，开始向产业化发展，大量农村劳动力转向三产服务业。是年，全乡实现地区生产总值26.61亿元，其中农业、工业、商贸服务业产值分别占4.4%、46.6%、49%。2010年，乡党委、政府按照“重点发展三产业，协调服务二产业，转型提升一产业”的发展思路，打造经济强乡、城郊富乡、文明新乡。全乡完成地区生产总值18.6亿元，其中农业、工业、商贸服务业产值分别占2.2%、43.5%、54.3%。2015年，全街地区生产总值21.94亿元，其中农业产值5263万元，工业产值7.81亿元，商贸服务业13.6亿元，三次产业比重分别为2.4%、35.6%、62%，初步实现农村经济向城市经济的转型升级。

种植业

境域种植业以水稻、蔬菜为主。位于境域东部的阳塘明清时盛产湘莲，品质优良，三粒一寸，称之“寸三莲”，历为湘潭之“贡品”。1967年，水稻种植以一季稻居多，平均亩产250千克左右。1968年，普及双季稻种植，推广良种农垦58，粮食亩产过400千克。1981年，推广杂交水稻栽培，粮食亩产600千克。1986年，全乡种植水稻216公顷，粮食总产量2010吨；种植蔬菜342

公顷，总产13715吨，全乡种植业收入292万元，占农业总产值的58%。1993年，进行农业产业结构调整，水稻种植面积减至172公顷，粮食总产量1750吨，实现亩产过“吨粮”。蔬菜种植面积增加，实行大棚、地膜、遮阳网和保护地栽培等耕作技术，增加复种指数，提早上市季节。全乡蔬菜种植285公顷，上市蔬菜13291吨。1996年，为加快农业产业化发展进程，政府倡导土地流转。2000年，全乡种菜580公顷，上市蔬菜22030吨。下摄司村的千亩韭菜基地，采用“围蔸培灰”技术，实现亩均产值过万元。全乡种植水稻210公顷，粮食总产量2050吨。是年，全乡实现种植业产值2083万元，占农业产值的45%。2001年后，因国家建设征用，全乡耕地面积逐年减少，至2008年，全乡保留耕地210公顷，种植业产值3522万元，占农业总产值的29%。2015年，全乡保留稻田20公顷，菜地83.3公顷，粮食总产量302吨，蔬菜上市3800吨，种植业产值1263万元，在全乡农业产值中占比24%。

养殖业

境域养殖业主要以生猪和鲜鱼为主，其次是家禽饲养。20世纪50年代，农户分户饲养生猪，年户均出栏2~4头，产出很低。人民公社时期，大搞生猪集体饲养，皆因管理不善，死亡率高而得不偿失。70年代后，市场饲料供应量增加，农户分户养猪才较快发展，年出栏10头以上的大户逐年增加。1975年，全公社出栏生猪10087万头。下摄司、岳塘、和平3个大队利用低洼菜地改建鱼塘15口，新增养殖水面11.3公顷。是年，产鲜鱼15吨。1983年，全乡出栏生猪1.31万头；鲜鱼养殖水面67.8公顷，出水鲜鱼63.8吨，养殖业产值420万元，占农业产值的37%。是年，黄庚仁等200余户村民饲养长毛兔，出售乳兔1.64万只，生产兔毛0.44吨。1985年，郊区在下摄司村征地1.34公顷，投资80余万元；建成养鱼工厂，利用湘潭电厂发电循环水养殖罗非鱼330余万尾。1986年，出栏生猪2.24万头，出笼家禽0.55万只，鲜鱼放养水面63公顷，出水鲜鱼200.9吨，养殖业产值607万元，占农业产值的42%。1993年，推进农业产业结构调整，发展养殖大户。1994年，阳塘村特种养殖户周良，投入资金40余万元，建成1800平方米综合养殖场，饲养种鸽1500对、种兔200只，良凤花鸡2万只，年产值40万元，纯收入12万元。带动境域11户养殖户饲养良凤花鸡。2008年，出栏生猪6.87万头，出水鲜鱼295吨，出笼家禽15.28万只，养殖业产值2331.6万元，占农业产值的61%。2010年，为保护湘江水质，政府控制湘江沿线搞生猪规模养殖，养殖大户陆续转型其他产业，生猪出栏锐减。是年，因湘钢等6大建设项目在境域征地建设，大部分养殖水面被征用，养鱼不再成为产业。2015年，出栏生猪1.81万头，出笼家禽2.12万只，出水鲜鱼25吨，养殖业产值1873万元，占农业产值比重26%。

工业

湘潭钢铁公司1958年落户境域，是湘潭市最大的国有企业。1963年7月，公社组建泥木修建队，承接驻地工矿企业的小型建筑和土建工程业务。经3年发展，泥木修建队发展为可承建2层以下、面积2000平方米以内的建筑工程队。1972年，公社开办农机修造厂，主要承接湘潭电机厂的配套零件。1976年，郊区将钵子窑下放给霞城公社，更名霞城陶瓷厂，主要生产日用陶器。1978年，霞城农机厂承接湘钢钢锭模加工业务，年产值100万元。1979年，设立霞城电解铜厂，承接湘潭电缆厂废铜加工业务，当年加工电解铜194吨，产值110.3万元，利润14.6万元。1980年，新办湘绣厂和福利工厂（霞城印刷厂）。1985

年，有乡村企业23家，管理人员165人，从业职工1276人，各种机械设备212台（套），实现工业产值1633.1万元，利润130.28万元。是年，湘潭市弹簧厂生产的50吨机车弹簧符合铁道部标准，被铁道部定点为铁道部系统外唯一的配套件生产单位。霞城电工厂生产的漆包线经上海电缆研究所鉴定为合格产品，当年投产，当年受益。1992年，有乡村集体企业62家，企业从业人员2108人，完成乡镇企业总产值1.01亿元，实现利润135.28万元，上缴税金35.89万元。1998年，对乡办企业进行全面改革，乡村集体企业全部转体为民营企业。2000年，有企业24家，企业从业人员2568人，完成工业产值6.6亿元。霞城电工有限公司成为湖南省电磁线系列重点专业企业，获国家知识产权局认可发明专利和实用新型专利10项。2008年，完成工业产值12.39亿元，销售收入11.28亿元，实现利税737万元。湘潭市弹簧厂有限公司成为铁道部定点生产K系列弹簧厂家，完成工业产值3876万元，实现利税200万元。2015年，全街道有规模企业5家，从业人员384人，完成工业总产值7.81亿元，利润2759万元，上交税金1129万元。

商贸服务

20世纪70年代，境域商业服务业以国营和集体商店为主。霞城供销社在境域开设有三株岭商店、五分店、岳塘商店，是农村居民购物主要去处。1981年，以个体工商户为主的商贸业迅速兴起。1983年，全乡有个体工商户351家，从业人员558人，商贸业产值82万元。1986年，全乡有个体工商户488户，从业人员1522人，商贸业产值1427.9万元。1992年，有个体工商户599户，从业人员1276人，完成商贸服务业产值5575万元。1995年，有个体工商户604户，从业人员2800人，完成商贸服务业产值7354万元，开始向规模经营发展。2001年，有从事贸易服务规模企业31个，个体工商户864户，从业人员2629人，完成商贸服务业产值5.21亿元。2008年，商贸服务业形成以交通运输、商贸、服务、住宿、餐饮、文化娱乐为主的服务业体系，从业人员4867人，商贸服务业产值13.03亿元，占全乡社会总产值比重49.1%，超过工业产值。2015年，街道帮助、引导金顺物流、金航港务、日出东方、顺江餐具等服务项目做大做强，有商贸服务规模企业37家，个体工商户947户，第三产业从业人员5000余人，商贸服务业产值超过15亿元。商贸服务成为乡域经济的主导产业和地方财政主要来源。

财政金融

1961年，人民公社成立时，公社和大队集体财政收入很少。进入20世纪70年代，由于乡村企业的发展，集体财政收入状况逐年好转。1972年，霞城信用社成立。当年发放农业贷款9.26万元，企业贷款24.61万元。1983年，霞城信用社发放农业贷款37.5万元，企业贷款110万元。1989年，全乡财政收入46.32万元，实现财政收支平衡，略有结余。1993年，全乡财政收入251.13万元。1994年，霞城乡农村合作基金会成立，至1997年，融资255.92万元，吸收股金168万元，发放借款377.4万元，1999年4月，根据上级精神，清理整顿，终止运营。2002年，全乡企业改制后，企业对乡财政不再上交利润，乡财政收入来源除上级转移支付外，来源于企业缴纳的税收分成。由于企业规模扩大，税收增加，乡财政收入仍实现逐年增长。2008年，全乡财政收入898万元，成为全市经济实力较强乡镇之一。2015年，全街财政收入1158.86万元，支出980.76万元。其中，投入民生的资金占财政支出的60%以上。境域有各类金融机构网点11处，霞城信用社改称湘潭农商银行霞城支行，年末居民储蓄存款余额 21 亿元，贷款余额 7.3 亿元。

基础设施

交通运输

境域铁牛埠码头是下摄司至湘潭县易俗河的传统水上通道。民国年间，潭衡公路经由境内，有轮渡汽车沟通湘江两岸公路。1958 年，湘潭钢铁厂为扩大生产和原材料运输需要，投资 40 万元，将铁牛埠改造为专用货运码头，年吞吐量 30 万吨。1967 年，码头移交市港务部门，由市水运公司、湘航公司和湘钢三家共同使用，年货物吞吐量 40 万吨。1975—1978 年，公社组织修建和平至联合、下摄司至五星、霞城至阳塘 3 条村级道路，总长 8 千米，解决部分村民农资运输和出行难的问题。以后逐年投入资金，延长线路，改善路况，形成乡村道路网。至 1985 年，全乡各村实现道路互通。2005 年，通村道路全部砼硬化，全乡各村民小组全部公路相通，80% 的农户可汽车到家。2009 年，联合村投资 300 余万元，建高标准柏油路 2 千米。2012 年，顺江村投资 100 余万元，修建 1.5 千米顺江大道。均实现路灯、给排水、绿化全面配套。2015 年，全乡有村级干道 45 千米，与纵横交错的城市干道连接，实现户户通。城市公交线路 1、8、10、19、23、106、107、108、118 等线路途经境域。

邮电通信

1970 年，境域无邮电服务网点，村民办理邮电业务，须去下摄司邮电支局，普通邮件由邮递员骑自行车投递送至各大队。1972 年，每个大队装有一台手摇电话机，通话经公社总机中转。1988 年，自动电话开通，境域机关企事业单位共安装 160 台。1995 年，移动电话开始在村民中使用，全乡家庭用户 300 户。2002 年，农户普遍安装固定电话，有用户 3000 户左右。2010 年，互联网宽带进入乡村，约 300 户村民家庭使用电脑互联网。2015 年，有固定电话 2448 部，移动电话 14896 部，互联网宽带用户 1500 余户，邮政电信业务机构 18 处。

供水供电

20 世纪 60 年代，境域村民都以塘水和自然井水作为饮用水。1965 年，湘潭电业局在境域架设万伏高压线路 5 千米，安装变压器 3 台，解决下摄司、五星、联合、和平、万福、顺江 5 个大队农田抗旱、排渍问题，同时解决 300 余户村民生活照明用电。1970 年，岳塘大队约半数村民开始饮用湘钢、湘机转供的自来水。1979 年，全省农电整改在霞城乡试点，全乡 100% 农户实现用电照明。1981 年，各村在电力部门支持下，延伸电力线路，扩大用电容量，灌溉、排渍和收割稻谷全部实现用电。1982 年，全乡 40% 的村民饮用自来水，60% 的村民改用井水，各户自建水塔实现家庭饮用水自流。1985 年，乡农电站成立。各村选派电工自管村内低压电器并代收电费交乡农电站。1993 年，农村电网改造升级，乡农电站撤销，供电由电力部门统一管理，实现城乡同网同价，农村用电质量提升。2000 年，成立霞城供电营业所，全乡居民用电改由电力部门的专管员按月抄表收费。2007 年，户用计量全部改为智能电表、电脑控制，各用电户到电费收缴点自动缴费。2015 年，境域饮用自来水 6524 户，饮用井水 924 户，安全饮用水率 100%，用电入户率 100%。

水利建设

1970 年，公社在郊区的统一部署下，在湘钢、湘机、湘缆的帮助下，集中劳力修建湘江大堤。

历时3个月，投工180多万个，完成土方180多万立方米，大堤防洪标准20年一遇。1972年，修建板摄灌区，境域灌溉主渠全长5.12千米，灌溉面积480公顷。是年，社山港310千瓦的排渍机建成投入使用，解决霞城、阳塘和板塘新华大队一带147公顷低洼地渍水灾害威胁。1976年，公社组织修建全长1.67千米的爱劳渠，建设下摄司闸门，排渍设施进一步完善。1983—1986年，政府投资482万元，对河东大堤堤外护坡762米，堤内砌挡土墙2293米，增设排灌站点21处，整修排灌渠道14.55千米，全乡耕地基本实现旱涝保收。1989年，投资20.5万元，投工2.3万个，完善水利工程15处。1996—2002年，在市水利部门的统一组织下，分三次对湘江大堤社山港堤段、铁牛埠至东坪烧窑港堤段和老电厂堤段进行加高、培宽，投入资金1300余万元，动用土方46万立方米，护砌3.8万立方米，全长11千米的湘江大堤堤身高程43米，堤宽9.5米，实现50年一遇的防洪标准。2003年，投资180万元，新建皮擢口提水机埠，铺设输水管道3.12千米，阳塘、霞城两村50公顷耕地的干旱威胁得以解除。2008年，组织整修阳塘、铁牛埠、东风港、麻元4处排灌机埠，全乡抗旱排渍能力提升。2015年，街道组织新修水渠1.28千米，整修水渠3.2千米，清淤渠道0.4千米，整修山塘2处。至年末，境域有高标准湘江沿河大堤11千米,配套渠系6条，渠长6.94千米。设有5座动力排灌机埠，装机总动力1880千瓦；有小塘小坝43处，库容量300万立方米，机井8处。全部耕地实现排灌自流，旱涝保收。

街区建设

1961年，霞城人民公社成立时，公社机关驻地设在和平村爱庐。各大队办公是利用接收地主的老房屋，场地狭小简陋。1975年，阳塘大队投资10万元建成240平方米的大队部，开全郊大队自建办公用房之首。1979年，公社办公地点移至书院路。1985—1990年，全乡有和平、顺江、五星、下摄司4村建成新村部办公室，面积1800平方米。1992年12月，乡政府机关搬迁至牡丹路18号，机关大院面积3.2公顷，办公和辅助用房面积2937.6平方米。1998年，岳塘村建成2000平方米的村部。2003年，霞城村建成1050平方米的村部。2005—2009年，由于城市建设加快，被征地拆迁的村民不再分散建房，而采用集中建设安置区的方式向新农村发展，境域霞城村、阳塘村、下摄司村、联合村、顺江村分别建成农民安置小区6处，共计80栋27.8万平方米，安置村民2522户7566人。2010年，联合村建成1600平方米的村部。2013年，各村均聘请专职保洁人员，实行垃圾统一收集处理。2014年，全乡投入资金23.5万元，整治村道7条，种植绿化树木2850株，安装太阳能路灯127盏。2015年，街道和各村行政管理机构健全，办公场地充裕，村民活动中心、政务服务大厅和“三会一室”全部配套齐全，办公实现电脑网络化。

社会事业

教育

1978年，全社有红霞、岳塘、和平3所完全小学，在校学生800余人，教师20名。霞城中学有学生273人，教职员工18人。1981年，霞城中学有学生462人。1983年，学龄儿童增加，全公社村村办有小学，有学生1844人，教师52人；霞城中学有在校学生420人，教师31人。1988年，全乡办有10所幼儿园，入园儿童498人；有中小学12所，教师93人，在校学生1660

人。1994 年，霞城中学撤销，改为岳塘区教师进修学院。1996 年，全乡实现教育“两基”达标验收，学龄儿童入学率 100%。2000 年，由于生源减少，境域小学合并为红霞、岳塘、下摄司、五星、联合、和平 6 所，共有在校学生 1200 多人，教师 67 人。2012 年，撤销岳塘、下摄司、五星、联合 4 所小学，保留红霞、和平两所学校。乡财政投资 90 万元，改建两校校舍，扩大运动场地，添置教学设备和图书仪器，两校均达到合格学校建设标准。2015 年，境域有红霞、和平两所小学，有教师 52 人、学生 749 人，学龄儿童入学率均保持 100%。有华雅、新苗等 5 所幼儿园，入园儿童 410 名，幼师 17 人。

文化体育

1969 年，霞城公社成立广播站，实现全公社有线广播户户通，除定时转播市、区新闻外，还有公社的自办节目。1986 年，霞城乡文化站成立，文化站设立图书馆和文体活动中心。1989 年春节，乡政府组织开展舞龙舞狮竞赛，全乡 9 支队伍参加。1990 年，五星、和平、顺江、下摄司、联合 5 村组织龙舟 5 条，参加湘潭市端午龙舟大赛。1998 年，霞城村建成藏书 2000 余册的图书室 1 家。2005 年，下摄司村、顺江村两条龙舟参加岳阳国际龙舟赛。是年，全乡各村全部建立文体活动室，有文体器材 44 件（套），藏书 21000 册。全乡组建文艺体育团队 11 个，有成员 262 人。2010—2013 年，乡组队参加市、区举办的运动会、文艺会演、书画比赛、演讲比赛。2015 年，境域有文体活动场所 11 处，图书室 9 个，藏书 3.4 万册。有业余文化体育队伍 19 支，成员 300 余人。各村广场文化活动活跃，文体活动成为农民生活的新常态。

医疗卫生

20 世纪 70 年代，境域有湘潭市工人医院（今市第一人民医院）和湘钢职工医院。公社在各大队建立农村合作医疗，13 个大队都有“赤脚医生”，为农民诊治一般疾病。1976 年，公社开设卫生院，有医务人员 32 人，设病床 16 张。1983 年，公社卫生院新建霞城、岳塘、下摄司 3 个门诊部，共接诊病人 8.31 万人次，各类预防接种 2.52 万人次，儿童体检 7364 人次。1986 年，霞城卫生院移交郊区，改称郊区人民医院。2000 年，郊区人民医院更名为湘潭中西结合医院。2007 年，湘潭市中西结合医院挂牌霞城乡卫生服务中心，承担全乡预防保健任务。2009 年，全乡投入资金 20 余万元，用于甲型 H1N1 流感防疫工作，组织 8~14 岁儿童免费接种麻疹疫苗。2015 年，街道卫生服务中心设全科诊室 4 个，有医卫人员 47 人，设病床 41 床。境域 20 余家私人诊所，有医卫人员 45 人，设床位 45 张。

社会保障

1983 年，公社对 64 名现役军人、141 名复员退伍军人、2 名革命烈士家属、2 名起义投诚人员、11 名社会定期救助对象、53 名“五保户”、98 名残疾人，都根据政策给予生活救助和困难补助，年社会救助金额 7.8 万元。1985 年，乡政府投资 22.5 万元，各村、企业及个人捐赠 13.5 万元，建成霞城敬老院，当年有 23 位“五保”老人入住，是湘潭市第一家乡办农村敬老院。1988 年，全乡对 25 名现役军人、15 名复员军人、139 名退伍军人，都由民政部门每月发放优抚金 8~35 元。对 36 名“五保户”、108 名残疾人全部纳入困难救助。1998 年始，对农村特困居民 12 人发放最低生活保障，每人每月 54 元，年发放金额 0.72 万元。2007 年，对全乡男性年满 60 周岁，女性年满 55 周岁的失地农民开始实行养老保障，16 周岁以上的失地农民全部参加社会养老保险，参保率 100%。2009 年，全乡实行新农村合作医疗，参加人数15157人；有160名农民享受社会保障待遇，2760人实现转移就业。2010年，有412人参加城镇居民基本医疗保险，缴纳保险金额2.12万元，1.67万人参保新型农村合作医疗，缴费32.5万元，1996人次获住院补偿136.4万元。对314户、589人发放城乡居民最低生活保障77.11万元；临时困难救济56户，发放救济金3.25万元。全乡24名“五保”老人，人均供养每年4000元。援建无房特困户建房4户，援助金额2.4万元；发放各种优抚费4.29万元。2015年，全乡享受最低生活保障265户529人。发放最低生活保障金190.81万元，其中发放城市低保48.33万元，农村低保142.48万元。1.59万人参保农村合作医疗，参合率100%；发放住院医疗补助160.6万元，申请市区大病医疗救助51户，申领低保户门诊医疗卡77张，医疗救助金额20.1万元。对14名“五保”对象年发放生活费6.24万元。对28名民政优抚对象发放定补优待抚恤金25.37万元。新增农村劳动力转移就业330人。

人民生活

1983年，全社农民人均纯收入427元，大部分居住在土筑平房，人均面积10平方米左右。1986年，村民人均纯收入568元，自行车、电视机、缝纫机进入农户家庭。村民住房逐步改造为红砖平房，人均住房面积20平方米左右，生活条件有所改善。1994年，村民人均纯收入1048元，摩托车、彩色电视、冰箱、洗衣机进入农户家庭，村民住房开始改造为二层以上砖混结构楼房，部分村民实现居住与生产用房分离。2003年，村民人均可支配收入4445元，人平住房面积35平方米左右，彩电、移动电话、空调在农户家庭普及。2010年，农民三产收入增加，村民人均可支配收入12511元。2015年，村民人均可支配收入22300元，人均住房45平方米左右，村民有小汽车2500余辆。

（撰稿：崔树清）

宝塔街道>>

湘潭著名建筑高峰塔及霞城书院遗址所在地。

区域概况

地理位置

宝塔街道位于湘潭市河东城市中心区。东至吉安路，与高新区双马街道相邻；南临芙蓉路，与霞城街道相连；西至建设中路和南路，与建设路街道、书院路街道、岳塘街道相接；北临湘江。街道以境域内建于明代万历年间的七层宝塔而命名。

建置沿革

民国期间，属湘潭县霞城乡（曾称易俗河乡）十六保、十七保、二十保和三十三保。中华人民共和国成立后，属湘潭县第五区易俗河乡。1953—1956 年，全境分期划入湘潭市区，分属长塘乡和金塘乡。1958 年，人民公社时期，境域分属郊区人民公社湘钢公社、电机分社和湘纺分社。1962 年，统一划归霞城人民公社。1963 年，从霞城公社析出，单独成立宝塔人民公社并设立宝塔农场（红旗农场前身），公社与农场两块牌子一套人马。1970 年 9 月，宝塔农场从宝塔公社划出并更名为红旗农场。1984 年 4 月，宝塔公社改称宝塔乡。1992 年，宝塔乡划入新成立的岳塘区。同年 8 月，宝塔乡划入新成立的湘潭高新技术产业开发区，由市政府计划单列直管。1993 年 7 月，撤销宝塔乡，设立宝塔街道。2010 年 9 月，根据市委、市政府关于调整高新区发展空间的决定，宝塔街道仍划归岳塘区，至 2015 年无变化。

区划面积

1963 年，宝塔公社成立时，辖福星、宝塔、龙塘、云峰、长塘、新建、云盘、五里 8 个村。面积 18.5 平方千米。其中有水田 243 公顷，旱土 132.5 公顷，林地 277 公顷，水面 78.5 公顷。1970 年，划出宝塔、龙塘、新建 3 个村设立红旗农场，公社面积 14.3 平方千米。1984 年，公社改乡，下辖云峰、福星、江边、云盘、长塘、凳桥、茶园 7 个村和东湖渔场，下有村民小组 81 个。1992 年，从霞城乡划入葩金村和新造村归宝塔乡管辖，乡域面积扩至 17.3 平方千米。1993 年，宝塔乡改称宝塔街道，并设立宝塔农工商总公司，下辖云盘、云峰、茶园、凳桥、长塘、江边、福星、葩金、新造 9 个村和东湖渔场，有 94 个村民小组。2004 年，宝塔农工商总公司撤销，街道加挂高新区社会事业局牌子，负责管理辖区内的各项社会事务。2008 年，街道辖葩金企业集团和凳桥、新造、江边、福星、茶园、云盘、云峰、长塘、东湖9个行政村和葩金、云峰、长塘、新塘里、东湖路、湖湘、云盘、吉安路8个社区。2010年9月，宝塔街道仍划属岳塘区，其中新造村、茶园村、凳桥村、新塘里社区、吉安路社区划入高新区双马街道。街道辖葩金企业集团股份有限公司、云峰、云盘、长塘、福星、江边、东湖6个村和云峰、云盘、长塘、福星、湖湘、东湖路、葩金7个社区，设村民小组74个、居民小组84个。街道面积30.81平方千米，至2015年无变化。

自然环境

境域属亚热带季风湿润气候区，四季分明，光热充沛。全年平均气温16.5℃~17.5℃；年均降水1350~1450毫米，雨量相对集中在5—6月。全境属湘江水系，地表水经自然水坝和人工排灌渠系排入湘江。在沿江形成较为平坦而又宽窄不一的冲积平川，土质肥沃，适宜农作物生长；其余大部分海拔高度均在40~60米之间，土壤主要为红壤，地质坚实，适宜城市建设。自然植被和野生动物由于城区发展消失殆尽。

人口民族

1963年，全社有2172户8708人，其中农业人口8276人，占95%。男性4223人，占48.5%。1984年，全乡有2672户10333人，其中农业人口9901人，占95%。男性4954人，占48%。人口自然增长率6.1‰。1993年，全街道有3774户11943人，其中农业人口10614人，占88%。男性6043人，占50.6%。有少数民族177人，占1.5%。人口自然增长率4.8‰。2000年，全国第五次人口普查统计，全街道9427户29911人，其中农业人口2005人，占6.7%。男性15224人，占51%。人口自然增长率4.6‰。2015年，全街道27778户88445人，其中男性46405人，占52%。农业人口7377人，占8.3%。有土家族、苗族、回族等少数民族412人，占人口的0.5%。全年人口自然增长率4.3‰。

经济发展

经济综述

20世纪70年代，境域以农耕经济为主，水稻种植和生猪养殖是主导产业。1973年，全社工农业总产值133.51万元，其中农业产值112.51万元，占84.27%。1982年，农村经济开始向农、林、牧、副、渔、工、商、运、建、服全面发展，全社实现地区生产总值750万元，其中农业产值277万元，工业产值403万元，商业销售额收入70万元，一、二、三产业比例为37∶54∶9。1992年，宝塔乡按照区委、区政府提出“工业强区、农业富区、商业活区、文明新区”的发展战略，突出抓工业经济发展，全乡地区生产总值1.074亿元。农业产值、工业产值、商贸服务总产值分别占比6.3%、83.7%、10%，乡村企业为全乡经济的主体。2008年，市政建设中心东移，宝塔街道成为高新区经济发展的重点区域，商贸服务经济比重逐年增加，农业生产比重逐年减少。当年街道地区生产总值9.62亿元，其中农业产值、工业产值、商贸服务业产值分别占比1.2%、38.8%、60%，商业服务业成为街道经济的主体。2015年，在区委、区政府“优先发展三产业，转型提升二产业，统筹发展一产业，进军全省五强，实现城乡一体”的发展思路指引下，辖区固定资产投资超过17亿元，新增纳税10万元以上的工商企业502家，街道地区生产总值12亿元，其中工业产值4.5亿元，占比37.5%，商贸服务业产值7.5亿元，占比62.5%。

种植业

境域种植作物主要是水稻。20世纪50年代，只种一季稻，亩产200~230千克左右。1964年，境域双季稻试种成功，亩产350~400千克。其时，境域旱土经济作物西瓜、花生、烟叶也具有一定规模。20世纪70年代，双季稻在全公社普遍推广。1973年，全乡水稻种植面积414.43公顷，粮食总产量4344.2吨，种植业产值82.54万元。1983年，杂交稻开始在境域推广种植。全社水稻种植面积241.2公顷，粮食总产量2358.64吨。种植业产值108.6万元。1993年，辖区保留耕地174.3公顷。水稻种植采用薄膜育秧、软盘抛秧等新耕作技术，粮食总产量2196.16吨，实现亩产过吨粮，全乡种植业产值277.46万元。因城市建设征用，旱土经济作物种植退出。1995年，湘潭市城市中心东移后，全境耕地锐减。2010年，全街道保留耕地不足20公顷，种植业退出。

养殖业

境域养殖以生猪和鱼为主。1973年，全公社出栏生猪2984头，出水鲜鱼1.83吨，养殖业产值29.97万元。1977年，湘潭市在境域建设东湖渔场，增加养殖水面18公顷，出水鲜鱼31吨。1983年，全乡出栏生猪4080头，出水鲜鱼45吨，养殖业产值68.4万元。1993年，境域规模养殖迅速发展，年养猪50头以上的大户有80多户，全街道出栏生猪1.12万头，出水鲜鱼48吨，养殖业产值395.84万元。2013年，东湖渔场被工程学院征收，其他养殖水面也因城市建设征用先后消失，全境渔业生产退出。2014年，根据市委、市政府治理湘江污染的决定，境域养殖大户一律停止养猪，加上居民因居住环境变化，大部分搬入居民小区集中居住，辖区养殖业退出。

工业

1973年，公社按“三就四为”方针（就地取材，就地生产，就地销售，为大工业服务，为城市服务，为农业生产服务，为人民生活服务），办起矽砂矿、预制场、红砖厂3家小型企业，工业总产值21万元。1982年，公社有矽砂矿、油膏厂、机电厂、预制场、农药化工厂、工程队等16家企业，其中社办企业7家，企业职工522人，工业总产值403.11万元，销售收入405.61万元。1993年，宝塔乡有油膏厂、汽修厂、化工厂、机电厂、预制场、农机站、基建队等35家企业，其中乡办企业15家，职工890人，实现工业总产值8967.9万元，销售收入8529.47万元。1998年，集体企业转体改制，发展为一批新生民营企业，街道工业总产值2.07亿元，产品销售收入2.78亿元，实现利润1494万元。2004年，市行政中心东移境域后，街道工业经济进入新的转型发展期，企业总数增加、规模扩大、产品科技含量提升，经济总量和质量提高。2008年，街道实现工业总产值3.73亿元，实现利润1520万元。2015年，街道有规模工业企业8家，从业人员1072人，工业总产值4.5亿元。

商贸服务

1958年，宝塔供销合作社在境域设2个营业点，以经营生活物资和农资为主。1972年后，市属一些企事业单位陆续落户境域，建设油料、生资、金属等仓储6处。1980年，公社开办有宝塔饭店、云盘综合商店等3家集体商业企业。各大队均设有代购代销店，由宝塔供销社统一归口管理，并负责对农户供应生产、生活资料和收购农副产品。1984年，葩金大队在建设南路建设葩金影剧院，率先在全市农村创办文化设施。此后，随着农村商业经营放开，境域个体工商户增多。1988年，全乡有个体工商户439户，从业人员900多人，以从事餐饮、南杂、食品、服装为主，年商贸服务业收入672万元。随着城镇化的推进，域内商贸服务业经营范围逐年扩大，商务会所、宾馆酒店、农贸市场先后兴起。1993年，街道商贸服务业销售收入1066.24万元。1995年，投入184.68

万元，建成福星集贸市场。1999年，长塘村投资3000万元，建成面积5000平方米的芙蓉农贸市场，为河东地区最大的农贸市场，市场年销售额突破2亿元。2008年,全街道商贸服务业产值5.77亿元，成为街道经济的主体。2015年，有大型商场、集贸市场7家，星级酒店2家，餐饮、金融、房产、汽车、数码电子、休闲娱乐等行业的公司、店铺4642家，其中纳税10万元以上的商贸服务企业502家，全街商贸服务业产值7.5亿元，社会消费品零售总额36亿元。

财政金融

1984年，宝塔信用合作社在境域有营业网点3个，年末储蓄存款余额127.58万元。是年，宝塔乡财税所成立。1989年，信用社增设营业网点1处，当年发放支农信贷325万元。全乡财政收入107.7万元，主要来源于企业利润上交。财政支出98.46万元，主要用于农田水利建设。1994年，街道实现财政收入387.53万元，其中预算内收入162.37万元，预算外收入10.82万元，自筹收入214.34万元。财政支出290.29万元，主要用于文教卫生事业、农田基本建设和机关行政事业费用等支出。2004年，街道本级财政收入664万元，主要来源于土地收益；财政支出632万元，除偿还原宝塔化工厂历年贷款389万元外，主要用于社会事业支出和基本建设。2009年，街道实现财政收入3569万元，主要来源于上级拨款和预算外收入；财政支出3394万元，主要用于行政运转和城市管理。2010年11月，宝塔信用社更名为湘潭农村商业银行宝塔支行，设营业网点7个，年末储蓄存款余额4.2亿元。2012年，街道实现财政收入1278.6万元，主要来源于一般预算收入和补助收入。财政支出1299.7万元，主要用于行政运转和民生投入。2015年，境域有中信、招商、光大、浦发、华融湘江、建设银行、工商银行、中国银行、农业银行等金融机构12家，设置金融网点共36处，16家区域性金融机构总部进驻福星金融商务区。全街实现财政收入5769万元，财政支出2465.3万元。

基础设施

交通运输

境域东湖路是老长潭公路的一段，民国11年（1922）通车。从板塘铺晏家塘入境，沿湘江东岸直达盐码头，境域全长4.3千米。1954年，市政府建设湘潭火车东站至易家嘴的板摄路（今吉安路）并连接书院路，境域长4.5千米。1960年，省政府投资拓宽拉直长潭路，改道由板塘铺直达建设路口，途经境域长度3.8千米。1963年，市政投资修建板（板塘铺）五（五里堆）路，全长2.5千米，全在境域之内。1976—1980年，公社投资修建措法路（措树冲至法庵寺）和黑金路（黑冲至金塘），全长5.3千米。1980年，修通（黑冲至金塘）2.1千米。各大队因陋就简修建机耕道8条，长6.52千米，与境域众多厂矿道路构成通达各村组的交通网络。其时，全社有拖拉机42台，汽车9台，由乡农机站统一管理。2008年，境域由市政投资新修和拓宽改造的道路有河东大道、吉安路（107国道）、晓塘路、双拥路等13条，境域全长12.3千米。2010年，市政投资拓宽改造和新建市政道路有霞光路、湖湘路等8条，全长19.2千米，境域成为全市道路最稠密的街区之一。2013—2015年，街道投入580万元，对火炬路、宏发路和各社区的小街小巷共14条6.8千米道路统一进行提质改造，实现街区道路全部硬化、绿化、亮化、美化，通达畅行。年末，境域有城市主干道6条，长10.8千米，通行公交线路

13 条；街巷小区道路 28 条，长 61.7 千米。

邮电通信

20 世纪 60 年代，境域没有邮政机构，单位、个人邮件信函靠板塘邮电支局的邮递员步行投递。有条件的大队、企事业单位安装磁石电话，由公社总机转拨。1988 年，境域程控电话开通。1993 年，电话全部改为市内程控电话，个别家庭始有安装。是年，“大哥大”移动电话和无线传呼（扩机）开始使用，全乡有用户 128 户。1995 年，电信向农村延伸，固定电话进入寻常百姓家，全乡有 1627 户安装固定电话。1998 年，模拟通讯升级为光波数字通讯，并实现网络全覆盖，境域有固定电话 2800 部，移动电话 4685 部。2005 年，全街道有固定电话用户 3650 户。12900 户家庭主要成员都有手机。电信、邮政、移动、联通、铁通在域内共设 9 个网点。2015 年，境域有固定电话 4980 部，移动电话 21800 多部，有 8000 余户家庭拥有电脑并实现宽带联网。

供水供电

20 世纪 60 至 70 年代，境域大部分农民用塘坝水、照煤油灯，只有靠近厂矿附近的少数农户才饮用自来水，用电照明。1980 年，公社成立农电站，供电线路向农村延伸，农副产品加工、打稻始用电力，农户 90% 实现用电照明。半数农户饮用水改成自挖水井，安装手摇泵吸水，半数农户家庭安装自来水。1998 年，乡农电站撤销，成立宝塔电管站，城乡用电由市电力部门统一管理。同年，街道进行第一期农电改造，共改造农电线路 4.2 千米，新安装变压器 12 台，新增功率 1500 千伏，境域居民 100% 用电照明，98.9% 的居民饮用自来水。2000 年，进行第二期农电改造，全街道共新增、扩容变压器 48 台 6100 千伏，更新供电线路 32.5 千米。居民电费改由供电部门统一收取，实行城乡同网同价，智能化管理。居民 100% 饮用自来水，实现饮水安全。2015 年，境域居民 100% 用电照明，100% 使用自来水。

水利建设

境域属湘江水系，湘江岸线全长 3 千米。全境塘坝甚少，水利条件较差，干旱水灾连年发生。1958 年，公社组织整修塘坝 92 处，农业小水利条件初步改善。1966 年，公社组织劳力 400 余人修建胜利灌区，引湘纺废水解决云峰、凳桥、长塘、茶园 4 个大队 50 余公顷农田的灌溉水源。1973 年，组织修建湘江大堤谭家湖段，并安装 2 台 310 千瓦电动排渍机。1975 年，公社集中劳力千余人，投资 40 余万元，修建湘江防洪大堤木鱼湖段，福星、江边两村沿江 60 余公顷稻田洪灾问题得到治理。1983 年，全乡修整塘坝 60 余处，整修灌溉渠道 1400 米，95% 以上的农田实现旱涝保收。1995 年，在水利部门的统一指挥下，对湘江防洪大堤进行加高加固，实现大堤防洪标准 50 年一遇。2011 年，湘江防洪景观道路工程竣工，建成一道新的城市景观。2015 年，境域小型水利工程大部分因城市建设拆除消亡，被新建设的城区给排水管网取代。

街区建设

20 世纪 70 年代，境域工矿企业分散，未形成城市格局。1990 年，湘潭市第六次城市建设总体规划确定市政中心东移，区域城市建设步伐加快。1992 年，湘潭高新区在境域成立，街道作为高新区建设发展的中心区域，城市基础设施和住房建设加快。2006 年，街道投资 1.3 亿元，建成葩金、云峰、长塘、云盘 4 个社区（村）安置区，共计 39 栋 864 套 12.66 万平方米。2008 年，街道启动“村”改“居”工程，云盘、云峰、长塘、福星、江边、东湖 6 个村（居委会），投入 5.8 亿元，建安置楼 173 栋 3782 套，55 万平方米，共安置拆迁村（居）民 1.5 万余人。2014 年，街道实施社区建设三年规划，便民服务平台全面建设，云盘、长塘、云峰、东湖路、湖湘、葩金6个社区均建成一站式服务大厅。社区功能进一步完善配套，全部达到示范性社区要求。2015年，云盘和长塘社区成功创建为省级“和谐社区”。

社会事业

教育

清同治十二年（1873），境域凳桥村设立霞城书院，为当时湘潭三大书院之一。光绪二十七年（1901），书院改为学堂。中华人民共和国成立后，书院辟为小学，称霞城学校。1963年，境域有小学2所，教职工18人，设教学班14个，在校学生579人，校舍面积672平方米。1975年，有长塘、茶园、五里、铁桥、宝塔、福星6所小学和宝塔中学（初中）1所，教职员工90人，教学班42个，在校学生2161人。1978年8月，撤茶园学校，合并到长塘、霞城学校。1988年，有5所小学和1所中学（宝塔中学），教职工95人，教学班44个，在校学生1702人，校舍面积8250平方米。其时，长塘、云峰、云盘、福星、茶园等8个村办起幼儿园，共有入园幼儿317人。1996年，街道投入资金663.49万元，用于修建校舍，改善办学条件，街道6所小学、1所中学经省、市验收，全部实现教育“两基”达标。2006年，为适用高新区整体开发建设规划，五里、铁桥、宝塔、长塘、凳桥5所小学和宝塔中学全部撤销，新建占地6.5公顷、总建筑面积3.05万平方米的火炬学校。2010年，火炬学校有教学班29个，在校学生1075人，教师77人，成为湘潭市河东城区最大的义务教育学校。2015年，有幼儿园13个，入园儿童485人，幼师61人，学前三年幼儿入园率90%以上。火炬学校有教学班32个，在校学生1570名，教师84名，被省教育厅命名为科技创新教育特色学校。街道适龄儿童入学率和义务教育普及率均达100%。

文化体育

1968年，公社建立文化站，配备1名半脱产的文化辅导员，组织开展文艺汇演、书画笔会、运动会等活动，被郊区确定为重点文化站。20世纪70年代，公社有线广播、喇叭入户率95%，是郊区有线广播办得最好的公社。1983年，公社建立图书室，有藏书5800册。1988—1991年，宝塔乡先后成立业余文化协会、民族乐器演奏队、文化宣传队、交谊舞训练班等文化团体，有成员200人。1993年，街道办事处成立后，各村（社区）先后组建腰鼓队、秧歌队、龙灯狮子队8支，每年组织2~3次大型活动。2002年，街道组织篮球比赛、拔河比赛、广场舞比赛，各村（社区）组队参赛，参与人数2000余人次。2011年，街道举办庆祝建党90周年征文大赛和书画作品展，参展作品153件。2013—2015年，街道投入856万元在各居民小区设立文化广场，安装健身器材53件，建起10个篮球场和羽毛球场，开辟绿色网吧4家。至年末，境域有文体活动队伍17支，成员500余人；图书室、文化室12处，文体活动场地12处。

医疗卫生

1963年，宝塔公社设立卫生所，有医务人员6人，其中医师3人，医护员3人，没设病床。1974年，卫生所更名为卫生院，有医务人员14人，其中医师6人，医护员8人，设10张病床。1991年，宝塔卫生院新建120平方米的门诊部，为全乡婴幼儿免费接种卡介苗等3种疫苗，对全乡免疫工作实行建卡登记。其时，境域有私人诊所2所，中西药房3家。2006年6月，卫生院转体改制为街道社区卫生服务中心。2010年6月，新建占地1500平方米、建筑面积2500平方米的街道社区卫生服务中心投入使用，为辖区居民提供预防、医疗、保健、康复教育、计划生育技术服务指导“六位一体”的卫生服务。2011年，宝塔卫生服务中心创建为省级示范社区卫生服务中心。2012年，升级为国家级示范社区卫生服务中心。2015年,街道卫生服务中心有医务人员60人，病床30张。有私人诊所5处，医师7人，设病床11张。有个体中、西药店12家。

社会保障

1980年,公社全面推行“五保户”供养制度，每人每年由生产队供给粮食200~250千克，公社每月发放生活费5~10元不等。1985年，宝塔乡设立敬老院，有“五保”老人8人入住。1991年，全乡支付优抚、救济等民政事业费11.28万元。1997年，街道实施城市最低生活保障制度，确定生活费基本标准为人均每月120元，未达到这个标准的，补差到120元。是年，境域城市最低生活保障对象有3户6人，发放保障金5760元。1999年，城镇居民最低生活保障标准由每月120元/人增至156元/人，街道7户15人，共发放最低生活保障金2.8万元。2004年，街道有城市居民最低生活保障对象141户342人，发放低保金24.86万元；发放困难优抚对象救济、优抚金37.9万元。全年安置就业1880人。2008年，城市低保标准改为220元/人、160元/人、100元/人三个等次，全街道有1441户2999人享受低保，发放低保金279.2万元。农村低保对象按每月100元/人、60元/人、40元/人三个标准发放，有644户1205人享受农村最低保障待遇，发放低保金46.45万元。为46名贫困大病患者发放大病救助11万元；为203名医疗救助对象，发放医疗救助卡4.77万元。是年，街道与市六医院（医疗救助定点医院）签订医疗救助合同，安排贫困患者52人到医院接受治疗。2015年，街道对1173户2307人发放低保金235.7万元；对214人次发放临时医疗救助、重大疾病救助、临时社会救助等47.6万元；对131人次发放重度残疾人生活补贴、护理补贴8.3万元。对38名民政优抚对象发放定额民政补助4.65万元，基本实现“应保尽保”，大病、困难援助全覆盖。长塘社区被评为“全国基层低保规范化建设典型单位”，云盘社区创建为“国家级综合减灾示范社区”。

人民生活

20世纪60—70年代，境域居民以农耕为主，收入微薄，年人均不足100元，人均居住面积15平方米，且以低矮的土筑平房为多。1982年后，农村实行联产承包责任制，农村经济开始突破传统的单一农业经济，向工业、商贸多种经济成分变化，农民收入逐年提升。1984年，全乡人均纯收入725.8元，人均存款285.5元。全乡新建楼房842栋，户均住房面积130平方米以上。1995年，随着高新区的开发建设，村、居民就业人数增多，收入增加，生活水平改善，居民年人均纯收入4580元，大部分村民用上彩电、冰箱、洗衣机等高档商品。2005年，街道居民人均纯收入13260元，有300多户家庭住房改建成别墅、小洋楼,户均居住面积在150平方米以上。2015年，街道居民人均纯收入28540元，液晶电视、移动电话、空调、电脑、全自动洗衣机、小汽车等进入百姓家庭，农村居民生活实现市民化，基本达到富裕水平。

特色地情

历史人物

周金声（1832—1902） 清道光十二年

（1832）生于湖南湘阴。12 岁随父来湘潭，定居湘潭长岭（今宝塔街道长塘社区）。年迄弱冠，参加曾国藩所组织的湘军，镇压太平天国起义。清光绪元年（1875），随刘锦棠部入疆作战，平定阿古柏入侵有功，晋升提督衔。朝廷赏赐白银 2000 两，周以其购置岳塘（今湘钢俱乐部地段）和霞城书院附近的杨家老屋、四方冲等处田产。光绪十年（1884），左宗棠以钦差大臣督办福建军务，周金声随其左右。后由左宗棠保荐，出任湖北提督。光绪二十八年（1902）病逝，葬于杨家老屋后山（今宝塔街道长塘社区）。

周瑞龙（1841—1914）　字奉廷，宝塔街道葩金村人。清同治元年（1862）投笔从戎，入淮军郭松林部，因镇压太平军有"功"被升为参将、副将、行辕中军兼理营务。光绪十三年（1887），授湖南镇筸镇总兵，驻守凤凰苗疆长城。次年署湖南提督，后仍任镇筸镇总兵。指挥清军镇压湘西苗汉农民起义，被授建威将军。清宣统三年（1911）10 月，武昌起义后，周瑞龙将兵权交付同盟会会员田应全，率部起义，凤凰光复。湖南都督谭延闿任命周瑞龙为总兵兼辰沅兵备道，不久推选为湘西军政分府都督。民国元年（1912），临时大总统孙中山发布命令，授周瑞龙陆军中将，并授三等文虎勋章。民国 2 年（1913），周瑞龙告老回湘潭原籍。民国 3 年（1914）殁于葩金。

周　瓒（1875—1942）　周瑞龙之子。以父荫外委通判，因功保升直隶州知州。清宣统元年（1909）以后，在湖北等地任职。辛亥革命时，在湖北参加起义。辛亥革命后被委派湘西策动起义。到湘西后，利用其父影响，率部分镇筸镇兵返凤凰支持起义。凤凰光复后，任湘西招抚使，统领湖南西路水陆诸军。民国元年（1912），孙中山下令授予陆军中将，并授三等文虎勋章。随后任湖南绥靖镇（今花垣县）总兵。民国 5 年（1916）授陆军府将军。后调任河南豫北游击司令、总统府军事顾问官、军事委员会特派员等职。

风景名胜

霞城书院遗址　位于宝塔街道凳桥村，今湘潭二大桥北引桥东侧，是清代湘潭三大书院（另外两个为昭潭书院、龙潭书院）之一。书院始建于清同治十二年（1873），傍山而建，坐北朝南，总建筑面积 2836.48 平方米。清光绪时期，学生所学之书除《四书》《五经》，时称圣门四科：德行、言语、政事、文学外，又按学生的不同特点因材施教，兼修其他功课。清光绪二十七年（1901）清朝废除科举制度，书院改为学堂。此后书院一直辟为小学至中华人民共和国成立后。民国 16 年（1927）2 月，湘潭县南一区在书院前坪举行盛况空前的北伐胜利庆贺大会。民国 27 年（1938）11 月，长沙"文夕"大火次日，周恩来、叶剑英来到湘潭，住宿书院，与郭沫若、田汉、冯乃超、洪深等一起开会，分析形势，研究抗日对策。1987 年，书院厅堂成危房，学校搬迁，交凳桥村

高峰塔（胡亿群　摄）

管理，后陆续拆除。2008年，延伸修建书院东路，遗迹全部拆毁，现仅存台阶依稀可见。

高峰塔 位于宝塔街道江边村的宝塔岭上。原塔始建于明万历四十二年（1614），由当时湘潭县人、工部郎中张嘉言首倡捐资，在县令包鸿逵主持下修建。1614年2月动工，翌年9月完工，费银1800两，琢石3万尺，用砖40万块。高峰塔是湘潭古城的文化象征。古塔雄伟壮丽，高30余米，七层八角，青砖结构，塔底层用红砂石垒砌而成，有大门可入塔内，门额镌刻“屹镇重离”四字。每层有佛角，甬道曲折，盘旋而上，可直达最顶层。站在宝塔顶层，可一览湘潭全城景色。在风和日丽的时候，北可望岳麓山，南可见南岳。每年的中秋佳节，游宝塔成为湘潭人的习俗。中华人民共和国成立后，高峰塔被列为重点文物得到保护。“文化大革命”期间，高峰塔拆砖建人防工事而被毁。1993年，经市政府同意，由高新技术开发区农工商开发总公司（宝塔办事处）牵头，重建宝塔。新塔高36.5米，七层八角琉璃顶，钢筋混凝土结构，青砖外墙，造型典雅壮丽。阶梯由塔内环塔而上至顶层。塔内陈列吟咏宝塔的古今诗词和名家书画。

（撰稿：莫 杨）

红旗街道（红旗农场）

区域概况

地理位置

红旗街道（原红旗综合农场）坐落于湘潭市湘江东岸宝塔岭、盘龙岭一带，处宝塔街道范围中。东邻宝塔街道云盘村，南接宝塔街道云峰村，西抵宝塔街道福星村和东湖渔场，北与宝塔街道江边村接壤。街道沿用1970年建立的红旗农场而命名。

建置沿革

民国时期，境域属湘潭县霞城乡（曾称易俗河乡）。1950年，境域划属湘潭县第五区易俗河乡。1953—1955年间，境域分次划入湘潭市区，分属金塘乡、山西乡。1960年属郊区人民公社湘钢分社，1962年属霞城公社。1963年属宝塔公社，同年，农场创建，始称宝塔农场，与宝塔公社两块牌子，一套人马。1970年9月，农场从宝塔公社划出，归郊区直接管辖，更名为湘潭市红旗综合农场。1992年7月，农场划归岳塘区。1997年，农场改革管理体制，成立湖南红旗企业集团有限公司，与农场政企分开，实行“两块牌子、一套人马”。2000年11月，红旗集团成为独立的法人企业，农场则履行一级政府职能，负责行政管理。2002年7月，红旗农场与红旗集团彻底分离。2010年4月，红旗农场改制工作启动，在对农场剩余集体资产进行处置的同时，筹备组建红旗街道。2014年5月，红旗街道成立。

区划面积

1965年，农场设新屋、新建、宝塔、盘龙4个工区。1976年，宝塔公社大坡大队划入农场，增设大坡工区，其时，农场面积4平方千米。1985年6月，农场设新屋、新建、宝塔、盘龙、大坡5个农业工区，12个工业企业，6个商业网点。全场有山地（果林地）310公顷，耕地173公顷，养殖水面12公顷。1986年5月，农场被认定为“中型企业”，转型按企业模式管理运作。2002年，下属机构调整为农业、罐头厂、化工厂、二开关厂、涂料厂5个管理区。2006年，再次调整为农业管区、涂料原粉管区、淀粉管区和中心管区。2008年，4个管区合并为一管区和二管区，管理模式接近社区。2010年，撤销管区，组建宝塔、盘龙、红旗、阳光4个社区。至2015年无变化。

自然环境

区域属亚热带季风湿润气候区，日照充足，四季分明。全年平均温度15℃左右，年平均降水1350~1450毫米，年均日照1550~1610小时，雨量相对集中在3—6月。辖区地势偏高，海拔平均在70米左右，为丘陵地貌。境域土质以弱酸性黄土为主，宜于经济作物和水稻生长。随着城镇建设发展，辖区全部变成城市中心区，原有地形地貌现全部改变，野生动植物基本消失。

人口民族

1963年，全场486户2332人。其中农业人口2235人，占95.84%；男性1137人，占48.75%。1985年，全场650户3208人。其中农业人口3074人，占95.82%；男性1572人，占49%。人口自然增长率3.7‰。2009年，全场7326户29530人。2012年，农场8000户30408人。其中，农业人口3971人，占12.79%；男性15511人，占51%。人口自然增长率5.1‰。2015年，街道10081户38912人。其中，农业人口1958人，占5.03%；男性20019人，占51.44%。人口自然增长率5.45‰。有少数民族9个，241人，占人口的0.62%。

经济发展

经济综述

1963年，红旗农场创建伊始，坚持“自力更生，艰苦奋斗，以农为主，农工商结合”的发展方针，致力扩大城市待业青年安置，发展经济，办出特色。20世纪70年代，知识青年上山开荒种植蜜桔等果木200余公顷。在市政府支持下，开办小型企业5家，以企业收益弥补农业，扩大再生产。1980年，全场实现地区生产总值2450万元。成为“全国农业学大寨先进单位”。1989年，全场地区生产总值3750万元，农场实现基本自给。进入20世纪90年代，由于管理体制和管理方式制约，农场经济发展步伐滞缓。为扭转农场严重亏损的经济困境，1996年10月，新一届农场领导班子将农场经济定位以发展商贸流通、休闲旅游业为主，采取因企施策、一场多制的灵活方式进行改革。1999年，农场采取以地招商的方式，新建红旗综合大楼、商业一条街和红旗商贸城。2001年，第三产业比重增加。2002年，实现社会总产值5.58亿元，农业生产基本退出。2005年，全场占地区生产总值的40%。2008年，农场地区生产总值16.5亿元，是2002年的3倍。2012年，街道实现地区生产总值36.79亿元。2015年，驻街工业企业保留1家，三产服务业网点2200多家，实现地区生产总值33.1亿元，三产成为街道的主导产业。

种植业

农场范围多为丘岗山地，少有农田。中华人民共和国成立前至20世纪50年代，当地农民以种植水稻和红薯、花生、烟叶为主，所产小籽花生市内有名。1963—1970年，1000多名城市知识青年先后来到农场开垦荒山，栽种桃、梨、橘、茶140公顷。1972—1978年，桃、梨分批淘汰，更新为蜜橘基地。1984年，农场按全国小水果生产基地定型，有蜜橘105公顷，茶园7.5公顷，稻田24公顷，商品菜地11公顷，其他经济作物14公顷，蜜桔年产量2200吨。1988年，红旗茶厂的“湘波绿”绿茶被评为“省农博会优质奖”。1989年，全场柑橘总产量1820吨，名列全市榜首。1990年，由于雨雪冰冻恶劣气候，橘树大部分被冻死，此后，种植业规模缩减。1999年起，湘潭市城市中心东移，农场范围逐渐变成城区，种植面积逐年缩减，至2010年，耕地、果园基本消失，种植业退出经营。2015年，辖区内无种植业。

养殖业

20世纪70年代前，当地农民的养殖业主要是养猪和家禽。1971年，农场办有良种猪繁殖场，饲养“约克夏”、二元杂交良种母猪620头。

1985年，投资4.2万元，将3.5公顷低洼田改成鱼塘养鱼。1989年，出水鲜鱼3200千克，养殖场出栏生猪5500头。1997年，全场出水鲜鱼7.5万千克，出栏生猪10250头，其中中仔猪出口250头。1999年，鱼塘、猪场全部被征拆，农场养殖业终止。2015年，辖区内无养殖业。

工业

1965年，农场开办化工厂。1966年，开办矿石粉厂，当年农场工业总产值86万元。20世纪70年代，农场企业发展加快，先后开办涂料原粉厂、机电厂、罐头厂、电修厂、油膏厂、减水剂厂、包装厂、粉丝厂、制酱厂等，从业人员1000人。主要工业产品有食品、建材和纸质包装等。1980年,农场工业总产值576万元。1984年，全场有工业企业16家，职工2206人，工业企业固定资产1200余万元,生产机电配件、建筑材料、食品、纸质包装等50多种产品。其中桔片罐头获省、市优质产品，油膏、减水剂获省建材局优质产品称号，电缆故障探测仪获机械工业部三等奖。1985年，农场投资663万元，新建肉食制品开发中心，生产的10种肉制品参加省、市食品展销会，其中“大培根儿童保健肠”获“芙蓉”奖和省轻工业厅“四新”产品奖。1989年，全场实现工业总产值2430.12万元，企业总收入2364.89万元。1995年，潭建客车厂生产“潭建”牌客车，填补湘潭市产品空白。1998年，农场采取因企施策、一场多制的灵活方式，对26家企业进行改制改革，引进规模企业5家。2002年，全场实现工业总产值3.16亿元，实现利税4600万元。2004年，住友彩印、双马电气、远山牛奶、伟鸿肉食、小龙王槟榔加工厂等规模企业按城市发展规划要求先后搬离境域，潭建减水剂厂、宝塔矿石粉厂、美华调味品厂等企业因征用拆迁停产，农场工业减少。2008年，科通电器设备公司搬迁入境，矿用电控设备获国家专利3项，产品远销全国7省市。农场规模工业企业3家，总产值1.29亿元。2015年，境域仅保留有科通电器一家规模企业，主要生产矿山电器，当年工业产值2400万元。

商贸服务

20世纪70年代，农场有6家商店，从业人员58人。1989年，农场成立商业服务公司，统一管理农场商贸企业，全场商贸业收入超过200万元。1997年，农场决定利用地域优势，在107国道两旁以发展商贸服务业为重点，加快第三产业的发展。占地20公顷，投资2.2亿元，营业面积21.9万平方米的红旗商贸城于2000年1月1日开业，当年市场成交额9.8亿元。2002年，占地13公顷，投资5.6亿元的五星级园林酒店盘龙山庄大酒店建成开业。2008年，农场三产单位发展到613家，三产业产值13.18亿元，占地区生产总值的81%。实现农场经济的转型升级。2009年，农场着手打造红旗商业圈，推进“一区”（福星中路金融商务区）“一带”（河东大道商业带）建设。通过以地招商，以优良服务和社区环境吸引投资，至2014年，形成红旗商贸城建材批发市场、盘龙、中天、建鑫家居广场、盘龙布市等大型专业市场，引进恒天金星大酒店、红月亮大酒店、美味鱼头酒店、老铁腊味店、射埠水鱼馆、金园1号中西餐厅、琅岛连锁店、盘龙名府大酒店、东方海岸KTV、翰仔足浴城等一批具有规模特色的餐饮娱乐服务机构。2015年，投资5.5亿元的福星国际金融中心竣工投入运营，天伦商务中心开门营业。区域商贸服务业网点2200余处，商贸服务业产值突破28亿元。

财政金融

20世纪70年代，境域仅有宝塔信用社1家金融机构，设网点1处。农场财政主要是靠自身工业企业利润支撑。1984年，全场工业企业上交利税225万元，1997年增至618万元。2000年，农场企业利税额4032万元，当地入库税收812万元。新增农业银行1家金融机构。2010—2014年，先后有华融湘江银行、中国银行、建设银行、工商银行、兴业银行、交通银行、农村商业银行等7家金融机构进驻。2015年，7家金融机构吸收居民储蓄存款余额31.5亿元，贷款余额26.37亿元。街道实现财税收入3620万元，主要来源于上级转移支付；财政支出3470万元，主要用于社区建设和民生投入。

基础设施

交通运输

1961年，长潭公路（又称107国道，1995年改称河东大道）改道途经境域，成为农场交通出入的主动脉。20世纪70年代，农场以河东大道为骨架，自力更生修建1.4千米长的红旗大道和长12千米的区间大道，各工厂、生产基地与河东大道连接相通，工区、企业都可汽车出入，奠定了农场的交通基础。1984年，农场汽车队有汽车15辆、手扶拖拉机28台，主要服务农场自身工农业生产需要。1999年，农场改制，汽车队撤销。2000年，农场在政府支持下，对红旗大道和域内6条全长14千米的主要道路全部进行整修、硬化和排水配套。2004年双拥路建成通车，2008年福星东路修通，2012年宝塔北路竣工，街区交通条件大为改善。2015年，有城市主干道6条，长11.7千米，次干道和街巷17条，长32.4千米。城市公交线路调整后，5、7、8、26、31、105、115等多条公交线路经行境域。

邮电通信

20世纪60—70年代，无邮电服务网点，居民办理邮电业务，需到板塘邮电支局，邮件由邮电员骑自行车投送。1980年，驻地企业事业单位均安装有磁石电话机，经由邮电局总机转拨，农场电话总机直拨郊区总机，通信不便。1988年，程控电话开通，电话开始进入居民家庭。1993年，邮政和电信分开，设有邮政电信机构2家。1995年，手机在居民中开始使用。2000年，有固定电话用户3000多户，手机用户5000多户。邮政投递改为骑摩托车一日一送。2010年，有邮电网点4家，固定电话5000多部，手机用户增至2万多户，宽带互联网用户4000多户。2015年，固定电话用户约3000户，移动电话3.5万多户，互联网用户1万多户。

供电供水

1960—1970年，农场初建时期，基本建设投入较大。农场架设万伏以下供电线路17.6千米，为境域职工和居民生产、生活提供基本条件，生活照明基本全部用电。农场设有水电班，负责全场水、电安装及维修。职工及居民家庭生活用水主要来源于木鱼湖，靠从木鱼湖抽水到各山头的水塔，再自流入各户使用。1979年，大部分企业改接市自来水公司自来水，居民饮用水也同时改为饮用自来水。1984年，农场架设高低压输电线路6690米，设大小配电间9个，总容量2700千伏，并配有发电机4台，以备停电时企业生产急需。1999年，在居住小区建设的同时，农场内部水网逐步由中环水务公司接收改造，纳入城区供水管网，居民直接向自来水公司交费用水。2013年，红旗电管站撤销，居民用电直接由市电管部门管理收费。2015年，居民生产生活100%使用电力，100%用上自来水，安全饮水率100%。

水利建设

农场地势偏高，农林业生产用水主要从木鱼

湖抽水上山灌溉。20 世纪 70 年代末到 90 年代初，农场先后投入近 500 万元修建蓄水池 10 个，储水容量 2500 立方米。安装输水管道和修建浇灌渠道长 9000 余米，各山头桔园、茶园渠道相连、水管相通、实现自流灌溉。2000 年后，大部分水利设施因城市建设拆除不复存在。

街区建设

20 世纪 60 年代，农场职工自己动手在盘龙岭建有场部办公楼、职工宿舍、食堂和幼儿园、学校，共计建筑面积 8000 余平方米，为知青落户安家、组织生产提供基本条件。1973—1978 年，市政府按农场接收知识青年人数分批拨付安置经费 600 余万元，农场以此作为发展基金，逐步完善基础设施条件。1980 年，全场基本实现办公、生产、生活设施完善配套。1988 年，市政府明确红旗农场为中型企业，农场公共设施和公益事业建设，由农场统一规划实施。1998 年，农场发展重心移向河东大道两侧，以商贸业为主发展经济，建成红旗商贸城等一批大型商业服务企业。2000 年，五星级宾馆盘龙山庄大酒店建成营业，场部在河东大道新建办公楼 4500 平方米。电调大楼、市交通指挥中心、华融湘江银行和一批住宅小区相继建成，境域实现由生产型向消费型转变。2011 年 10 月，按照样板社区创建要求，农场将工区和部分企业老旧场地进行改造，为各社区提供办公和公益活动场所，各社区政务服务大厅面积均超过 160 平方米。2015 年，驻地居民大多入住居民小区。

社会事业

教育

农场组建之前，境域没有学校。1973 年，农场办有幼儿园、托儿所 3 个，配备幼师和保教人员 6 名，入园入托儿童 76 人。1976 年，农场自建子弟小学，配备教师 8 人，开设 4 个班级，有学生 176 名。1980 年，湘潭纺织专科学校入驻域内，有学生 2000 余人。1985 年，农场投资 30 万元，扩建子弟学校校舍 1000 平方米。有学生 330 人，

湖南工程学院

教师15人，学龄儿童入学率100%。1994年，农场投资35万元，修整学校房屋、增加体育设施和图书、仪器，红旗小学成为岳塘区第一所“两基”达标合格学校。2008年，湘潭纺织专科学校与湘潭电机专科学校合并，组成湖南工程学院，在木鱼湖进行扩建。2012年，学院有46个本科专业，全日制在校学生20744人，在职教师职工2000多人。2015年，境域有幼儿园3家、小学1所，有教师40名。入园幼儿500多名，幼儿入园率90%。红旗小学开设8个教学班，学生400人，学龄儿童入学率和九年制义务教育合格率均100%。湖南工程学院发展成为一所以工为主，工、管、文、理、经多学科的、具有研究生招生资格的本科院校，有90个本科专业，在校本科生、研究生3.5万人，在职教师3300人。

文化体育

1980年，农场建立文化站。新建的露天电影院有座位987个，每周放映电影2场。图书室有图书2000余册。1997年，农场投入20多万元，开通闭路电视。是年，农场以企业为单位组织职工运动会，设比赛项目6项，22家企业150多名职工参加。2012年，街道建立文化活动中心，设置乒乓球室、健身房、电子阅览室、棋牌室、图书阅览室、绿色网吧等，免费向职工开放。2015年，有室外、室内健身活动场地30多处。各社区共有广场舞队、门球队、柔力球队、太极拳队、腰鼓队、合唱队等各类文体团队10多支，举办春节文化惠民活动、“欢乐潇湘、幸福湘潭”大型群众文艺汇演、“周周乐”广场文化活动、“庆重阳”文艺汇演、全民健身日广场舞比赛等10余场文化体育活动，参加人数2万余人次。在区第六届运动会上，街道50多名运动员获团体二等奖。

医疗卫生

20世纪60年代前，境域无正规医疗机构，仅有2名民间中医师看病开处方，买药要到2.5千米以外的板塘铺或东坪镇。1962年，湖南省总工会在境域设立湘潭职工疗养院，有病床108张，医务人员65名。1973年，农场内有3个医务室，配备医务人员7人。农场职工享受公费医疗待遇，家属药费可报销50%。1993年，因农场经济效益下滑，公费医疗待遇取消，医务室保留1家，实行对职工免费看病，按成本药价收费。2002年，农场医务室撤销，湘潭职工疗养院下放湘潭市民政局主管，成为湘潭市优抚、社会救助定点医院。2005年，职工疗养院更名为湘潭市第六人民医院。2012年，六医院在扩大对社会医疗服务同时，还担负街道卫生服务中心职能。2013年4月，阳光社区卫生服务站成立，配备1名医生和2名护士，全天候为辖区居民服务。2015年，市六医院开设床位600张，有医护人员400余人。医院开放式养老康复中心为“部省共建”国家级养老示范项目。是年，境域设有民营诊所12家，医药零售点15处。

社会保障

1976年，农场对11位“五保户”实行定额生活补贴，每人每月发生活费25元。1983年，农场对符合条件退休的21名农场职工，落实政策规定，按月发给退休金。1989年，全场110名退休职工享受退休工资待遇。1999年，农场开始实施城市最低生活保障制度，当年有41名低保对象，支付低保金3.5万元。2003年9月，成立再就业服务中心，为1244名失业人员建立档案。2004年年底，农场完成原农场职工社会养老保险参保工作，为职工代投社保资金2495.28万元，参保1447人，参保率96%。支付一次性安置费444.44万元，解除399名职工与农场的劳动关系。2006年10月，有1993人参加城乡医疗保险。2008年，1577人参加城镇居民医保，农场补贴职工医保参保金4.08万元；为32名下岗失业人员落实养老保险补贴8.27万元。2014年，新增就业846人，失业人员再就业490人，就业困难对象再就业267人；新增城镇居民医保200多人。2015年，全街有低保户249户，464人，发放低保金187.19万元；实行临时医疗救助43人47次，发放救助金10.98万元；29户困难家庭住进廉租房。

人民生活

20世纪50—60年代，当地农民以种植水稻和养猪谋生，年人均收入180元左右，基本生活困难。农场组建后，当地农民成为农场职工，收入逐年提高。1984年，全场职工年人均纯收入840元，摩托车和电视机开始进入职工家庭。1989年，职工年人均纯收入1240元，大部分职工家庭添置彩色电视机、电冰箱和组合家具等家电家具。2000年后，农场职工就业多元化，收入大幅度增加，居住大多由“筒子楼”搬进住宅小区或自己新建的住宅，人均居住面积30平方米左右，年人均收入2万元以上。2015年，街道居民年人均收入4万余元，90%职工拥有私房，40%左右家庭拥有私家小汽车。

（撰稿：戴佩群　供图：潭志）

滴水埠街道 >>

滴水埠膏盐矿遗址所在地。

区域概况

地理位置

滴水埠街道位于岳塘区中部，东与板塘街道相连，南与社建村街道毗连，西至湘江，北与荷塘乡接壤。滴水埠原是湘江边的一处渡口，江岸有一段崖石伸向江中，岩石上藤萝垂蔓，常年滴水，故名滴水埠，街道以此命名。

建置沿革

1965年前，境域属荷塘人民公社范围。随着竹埠港化工区建设发展和江滨机器厂迁入扩建，城市居民增加。1975年，滴水埠一带城市居民集中区属原五里堆镇，竹埠港一带城市居民集中区属易家湾镇所辖。1980年，板塘区成立，五里堆镇、易家湾镇撤销，划出原五里堆镇的滴水埠、向阳村2个居委会和易家湾镇的竹埠港居民委员会，成立滴水埠街道。1992年6月，街道划归岳塘区。2015年12月，撤销滴水埠街道，并入荷塘街道。

区划面积

1980年街道成立时，辖滴水、向阳村、竹埠港、永安4个居民委员会和江滨机器厂家属委员会，辖20个居民小组，面积3平方千米。2002年底，改居委会为社区。永安居委会和江滨机器厂家属委员会合并为江滨社区；滴水居委会更名为电化社区；竹埠居委会更名为新桥社区；向阳居委会更名为向阳社区。2009年9月，新组建成立新城社区。2015年，街道辖向阳、江滨、电化、新桥、新城5个社区，设95个居民小组，区域面积4.3平方千米。

自然环境

辖区地貌大部分为丘陵岗地，土质60%以上为红壤，沿湘江一带有部分潮土和淹育性水稻土，土质均呈弱酸性。境域地势较高，海拔在50~70米之间，洪涝灾害较少。气候属中亚热带季风湿润气候，四季分明。夏季炎热干燥，冬季寒冷少雨，无霜期长，适宜农作物生长。

人口民族

1992年，辖区人口5710户14306人。其中男性7817人，占54.6%；少数民族20人；人口自然增长率4.2‰。2000年，人口6020户15078人。其中男性7895人，占52.4%；少数民族25人；人口自然增长率4.4‰。2010年，人口6642户15859人。其中男性8117人，占51.2%；少数民族18人；人口自然增长率4.3‰。2015年，人口6626户15803人。其中男性8217人，占52%；

少数民族 28 人；人口自然增长率 4.9‰。

经济发展

经济综述

街道成立之初，经济发展以抓工业为主。街道依托驻街大中型企业的扶植、帮助及其产品的扩散、延伸，新办小工业企业和商贸服务业。1986 年，街道工商企业总产值 18 万元。随着市场经济崛起，街道企业逐年增加。经济状况逐步好转。1992 年，街道工商业总产值 337.6 万元。1994 年，在区委、政府提出大力发展区街集体企业、个体私营企业和外向型经济的“三轮驱动”发展战略的指导下，街道工业进入快速发展阶段。2000 年，街道工商业总产值发展到 2978 万元。2005 年，为促进民营企业转型升级，境域设立金阳工业园，18 家规模民营企业入驻，街道实现工商业总产值 8709 万元，是 2000 年的 2.9 倍。2008 年,街道工商业总产值 17095 万元。2011 年，为推进资源节约型和环境友好型社会建设，辖区列入湘江重金属污染治理重点区域。2014 年 9 月，28 家化工企业全部关停、搬迁，街道经济逐步向以现代物流为主的三产服务业转型，江滨市场等规模型商业服务业先后建起。2015 年，街道完成工商企业总产值 6000 万元（不含江滨机器厂），实现向三产服务业为主的转型升级。

工业

民国 2 年（1913），第一家膏盐矿公司——唯一石膏矿公司在境域龚家浸成立。到民国 31 年（1942），膏盐矿发展到 30 余家，员工 2000 余人，成为当时湘潭较大的工业集中区。1947—1948 年，由于石膏矿资源枯竭和海盐内销，境域石膏开采逐渐停止，矿山陆续关闭。20 世纪 60—70 年代，市政府确定滴水埠为湘潭市化工生产基地，市电化厂等多家化工企业陆续创办。20 世纪 80 年代初，街道开始发展街、委（居委会）工业，石膏粉厂、塑料绳厂、木工厂、铸造厂相继开办投产。街道利用地处化工区的优势，先后引进摩尔化公司、保温防腐公司、江源钢材厂等多家民营企业。1986 年，街道有工业企业 4 家，从业工人 113 人，工业产值 16 万元。是年，江滨机器厂入驻境域，成为境域最大国有企业。1992 年，街道在区委、区政府大力发展乡街集体企业、个体私营企业和外向型经济发展思路指导下，突出抓工业经济发展，街道工业进入快速发展阶段。2000 年，街工业企业增至 25 家，实现工业产值 2873 万元，是 1986 年的 180 倍。2002 年，引进湖南金环颜料有限公司。2005 年，金阳工业园区在域内建立，吸纳 18 家民营企业入驻，其中中德电器等 8 家企业具备一定规模。2007 年，引进“湘整”整流器有限责任公司。2008 年，驻街工业企业 58 个，其中国有企业 5 家，民营企业 53 家，从业人员 2432 人。17 家规模民营企业实现工业总产值 6400 万元，利润 263.90 万元。2011 年，境域列入湘江重金属污染治理重点区域，全部化工企业一律“退二进三”。2014 年 9 月，市电化厂等 28 家化工企业全面关停或搬迁，街道工业总产值比上年下降 65.35%。2015 年，街道工业企业保留 22 家,职工 500 余人。完成工业总产值 2000 万元，比 2008 年下降 64%，实现利润 80 万元（不含江滨机器厂）。

商贸服务

1944 年前，境域的滴水埠因膏盐矿开采，商贸服务业相对集中,商业一度繁荣。膏盐矿关闭后，这里商业随之萧条,从 20 世纪 50 年代到 70 年代，有 2 家供销合作社分店，电化厂开办工人消费合作社，仅对本厂职工供应生活物资。1986 年，街道和居委会办有商业服务企业 6 家，从业人员 30 余人，商贸服务业产值 2 万元。随着改革开放，个体工商户逐年增加，街道商贸服务业逐渐繁荣。到 1992 年，商贸服务企业增至 47 个，从业人员 160 人，商贸服务业产值 121.6 万，比 1986 年增长 60 倍。2005 年，街道商贸服务企业 141 个，从业人员 400 人，产值 315 万元。是年，建成江滨和竹埠港两处农贸市场，其设施简陋，经营规模不大。2008 年，境域商贸服务企业增至 175 个，从业人员 600 人，商贸服务业产值增至 695 万。2015 年，新增亿联投资等多家服务企业。街道引进投资 600 万元，对江滨农贸市场进行改造升级。改造后，市场经营面积 2619.6 平方米，设门面和摊位 166 个，从业人员 300 多人。是年，街域商贸服务企业 197 个，个体经营户 340 余户，商业服务业从业人员增至 800 余人，商业服务业产值 4000 多万元，实现社会消费品零售额 1.24 亿元。

财政金融

1982 年，街道财政收入 4.5 万元，主要来自上级财政拨款和自办企业的利润上交。1986 年，财政收入 6 万元，财政支出 6 万多元，收不敷出。为增加经济实力，街道积极引进工业企业外，还根据自身条件，创办投资小、见效快、便利居民的社区服务实体，拓宽收入渠道。1992 年，财政收入 20 万元，基本实现收支平衡。2008 年，财政收入 245.3 万元，财政支出 230 万元，财政状况基本好转。是年，荷塘信用社在境域增设板竹路营业所，工商银行竹埠港分理处开业。2015 年，财政收入 430 万元，收入来源主要为上级财政转移支付；财政支出 420 万元。居民银行储蓄存款余额过 5 亿元，贷款余额 7.5 亿元。

基础设施

交通运输

湘江绕境西经过，岸线长 2.5 千米，民国期间就设有滴水埠和竹埠港两处码头，在膏盐矿兴旺时期客货运输繁忙，有轮船停靠，上溯湘潭、株洲，下达长沙。20 世纪 60 年代，长潭公路（107 国道）改道通车，道路贯穿境域中，长 1.3 千米，为境域主要交通动脉。20 世纪 70 年代，境域陆续建成板竹路、阳雀路、中试路、煤炭仓库路、汽修路等区间道路，总长度 10 千米。滴水埠、竹埠街两处老街区也扩容延伸。2009 年，区建设局拨款 10 万余元，对板竹路进行整修。2010 年，政府投资 400 万元，硬化境域道路 5 条，长 8 千米。政府投资 150 多万元，将长 4.2 千米的板竹路改为柏油路面。2011 年，对汽修路、中国虎路、瑞泰路、阳雀路等 5 条小街小巷和色织小区进行提质改造，实现境域所有道路畅通平整。2012 年，新修的板七路和沿江风光带通车，与芙蓉大道（107 国道）、板竹路等城区路网连通，和各厂区道路连接，构成区域便捷的交通网络。2015 年，有城市主干道 3 条，长 5.7 千米，小街小巷 11 条，长 14.3 千米。调整后的市内公交有 3、5、101、102、103、115、31 路等在境域通行。

邮电通信

1898 年，长潭长途电报线从滴水埠过江，现仍 存“水线楼”。20 世纪 70 年代，境域无邮电营业网点。邮件由邮递员二日一次步行传送。居民办理邮电业务，需去板塘铺邮局。1985 年，邮政投递由步行改骑自行车，一日一送。1986 年，设滴水埠和竹埠港 2 个邮电代办所。40 余家企、事业单位安装磁石电话机，由邮电所总机转接。

1990 年，市区自动电话开通。居民家庭有 800 户使用程控电话。2002 年，无线通信（手机）进入居民家庭，固定电话用户减少。2005 年，有固定电话 5000 多部，移动电话 8000 多部，并由数字机向智能机发展。2010 年，宽带互联网进入居民家庭。2015 年，有固定电话用户 3000 多户、移动电话用户 2 万多户，互联网用户 6000 户左右。

供水供电

1982 年，境域企业职工宿舍和家属区生活照明使用电力，大部分居民家庭使用煤油灯照明。部分居民家庭使用由市三水厂供应的自来水，大部分居民饮用井水或河水。1986 年，在驻地企业帮助下，架设通往竹埠港和滴水埠两地居民集中区低压供电线路 2.1 千米，由各驻地企业转供居民生活用电。但因电力负荷不足，经常发生停电。2000 年，城区供水管网由市三水厂联通，居民普遍饮用自来水，安全饮用水率 100%。居民用电由电力部门接管，架设 5.7 千米的居民供电专线，增装变压器 3 台，扩容 1500 千瓦，实行分户装表计费，居民全部实现用电照明，安全用电 100%。2015 年，江滨对家属区实行自来水一户一表改造，电力部门将全部用户电表改造为智能电表，自动计费，居民用水用电进一步升级规范。

街区建设

20 世纪 70—80 年代，境域厂矿居民区生活设施不配套，道路状况差。街道无办公用房，靠租用场地办公。1990 年，各驻地企业为改善职工居住环境，投入大量资金进行职工住房改造，电化厂率先在板竹路口建成职工住宅 4 栋 1.5 万平方米。1995 年，江滨机器厂在板塘五一村征地 8.5 公顷，建成居民小区 4.5 万平方米。街道在板竹路新建办公场地 450 平方米，4 个居委会都在驻地单位支持下，解决了办公用房。2005 年，街道采取“上面奖一点、驻街单位捐一点、街道投入一点和居民群众资助一点”的方式，在各社区建起健身广场、社区服务站、市民学校。2008 年，江滨社区黄石其在自己的家庭打造精致的园林艺术小品，同时向邻里传授绿化知识，带动邻居共同参与小区绿化美化，在全市“节能减排家庭行动”中，获市“绿色家庭”称号。2013 年，街道投入 60 余万元，硬化整流器宿舍区路面 1300 平方米，绿化、美化小区居民活动场地 4100 平方米，改造下水道 1185 米。是年，街道办事处从板竹路搬迁至汽修厂家属区，并设立 150 平方米的政务大厅。2014 年，街道组织人力，拆除主次干道两边违规户外广告 147 块；投入 100 余万元，将向阳村 8 号小游园道路硬化，更新路灯，增加老年活动设施。2015 年，通过开展共建活动，各社区均建有 300 平方米以上的办公场地和 100 平方米以上的政务服务大厅，实现电脑联网办公。

社会事业

教育科技

1963 年，湘潭市第十中学在境域创办。1982 年，第十中学开设高中班，成为一所完全中学。同年，江滨子弟学校（原矿山机械厂子弟学校）开办。1986 年，有江滨幼儿园一所，入园儿童 140 人；江滨小学一所，学生 200 名，教师 35 名；中学 1 所，学生 300 人，教师 40 名。市十中定为全国飞行学员培训基地。1992 年，境域幼儿园入园儿童 138 名，在校小学生 1326 人，适龄儿童入学率 100%。2000 年，新增幼儿园 3 所，小学 1 所，在校学生 1246 名。市十中作为全国飞行学员培训基地，15 年间共向部队输送飞行学员 78 名。是年，街道开展“科技宣传周”和“全国科普日”活动，向居民宣传日常生活常识。2005

年，有幼儿园3家，入园儿童155人；中小学各1所，在校学生1200人，教师147人，学龄儿童入学率100%。2010年，有幼儿园2所。其中江滨幼儿园入园儿童150人，幼师20人；红月亮幼儿园入园儿童123人，幼师14人。有中小学2所，在校学生696名，教师52名。2015年，新城社区开展“科普知识进楼栋”活动，设置科普宣传橱窗8个，组织科普讲座4场，建成市级科普示范社区。是年，境域有幼儿园3所，入园幼儿137名；有中小学2所，在校学生651名，教师51人。

文化体育

20世纪70至80年代，境域有厂矿办文化室（电影院）2处，体育运动场地3处，街道文化体育活动主要依靠驻街企业组织开展。江滨、电化等国有大型企业都自建有文化宫、图书馆和体育场，每周放映电影和开展业余体育活动。1992年，江滨在厂外家属区建成面积4000平方米的旱冰场。2005年，街道开展“六进社区”活动，组织书画笔会、登山比赛、羽毛球比赛等群众文体活动10余次，参与人数1000余人次。2013年，街道举办“欢乐潇湘、幸福湘潭”大型群众文艺汇演和“平安创建”暨“周周乐”活动。2014年，街道在江滨文化广场举办“情系农民工文艺送春风”花鼓戏专场，并组织“龙腾狮跃闹元宵”、广场舞、太极拳、全民健身挑战日等活动，居民文体体育活动实现多样化、经常化。2015年，有文化体育活动场所4处，有各类文体活动队伍9支，成员200余人。全市首家固定公益电影院在中央一品小区投入使用，每周三和周六晚上为居民免费放映电影，每场观众都在300人以上。

医疗卫生

20世纪60至70年代，境域滴水埠、竹埠港各设有荷塘卫生院下的一个门诊部，有执业医生3人。家住罗家塘的民间外科医生郭二郎中，善诊疮疖，远近患者慕名而来。1972年，电化厂等3家驻地国营企业设立医务室，除接诊厂内职工家属外，也接诊当地居民。1980年，有江滨职工医院。1986年，江滨职工医院设床位40张，有医务人员52人。至2008年，病床增至46张，医务人员增至60名。是年，境域有个体诊所6家，中西药店4家。2009年6月，江滨医院改制为社区卫生服务中心，实现医疗和卫生服务一体。2015年，有社区卫生服务中心1所，设床位48张，医务人员60名，有诊所10家，药店3个。

社会保障

1982年，街道在区民政部门支持下，对境域生活贫困对象开始实行定额救助，年支付救助金1.5万元。以后逐年提高救助标准，1995年支付民政救助款3.7万元。1997年，最低生活保障政策开始实行，当年606人享受低保待遇，发放低保金20万元。2000年，有最低生活保障对象959人，发放低保金32.1万元。2005年，全街有最低生活保障对象589人，发放低保金35.9万元。2008年，有低保户459户1010人，发放低保金187.2万元。当年起，实施城乡大病医疗救助9户19人，救助金额2.6万元。2012年，始行城市居民合作医疗，当年有86人次享受医疗补助29.7万元。2015年，街道享受低保对象384户677人，年发放低保金260万元；受理居民医保510人，居民养老保险76人，医疗救助144人次，支付金额112.93万元。新增城镇就业1352人。

人民生活

20世纪50至70年代，境域居民以农耕生活为主，年人均收入不超过180元。1975年后，一批化工企业陆续在境域落户，工人增加，居民收入来源改变。1980 年，居民主要靠工资收入生活，年人均收入不足 1000 元。大部分居住在由企业分配的福利房，人均住房面积不足 10 平方米。1995 年，境域从事三产服务业人员增加。除工资收入外，财产性收入和三产业收入来源渠道拓宽，年人均收入 6000 元。人均消费支出上升至 4850 元，其中医疗保健消费和教育消费上升尤为明显。人均住房面积增至 17 平方米，但仍多为居住在拥挤的单元住宅。2010 年，居民年人均收入 14000 元；食品、衣着消费明显提升，并由数量型向质量型转变。医疗保健消费比重上升至 7.5%。由于受教育意识上升和教育产业化影响，教育文化消费比重升至 8.5%。半数居民住进设施完善的居民小区，人均住房面积 25 平方米以上。2015 年，居民年人均收入 3 万元，支出结构发生变化，恩格尔系数 35% 左右；衣着消费比重降至 9%；医疗保健消费比重上升至 17%；教育文化消费比重增至 10.6%。人均住房面积 32 平方米。

特色地情

滴水埠膏盐矿遗址 滴水埠膏盐矿主体位于境域。民国 2 年（1913），唯一膏盐公司率先在境域下龚家浸（唯一岭上）开采石膏并熬制食盐。此后众多膏盐公司相继在这里设立，鼎盛时有 31 家，矿工 2000 余人。年膏盐产量最高达到 2 万吨。民国 17 年（1928），大革命失败后，一些共产党员受命从农村来到矿区，继续进行地下活动。民国 28 年（1939），在此建立第一个中共矿山支部。民国 33 年（1944）7 月，中共湘潭县工委在此宣传抗日救亡主张，进行抗日斗争，发展共产党组织。到民国 34 年（1945），膏盐矿的共产党员发展到 30 余人，抗日自卫队 100 余人。抗日战争胜利后，沿海食盐恢复内销，当地膏盐资源逐渐枯竭，价格高昂无市场竞争力，膏盐矿逐渐停产解散，矿洞填埋废弃，滴水埠膏盐矿停止生产。

（撰稿：程　瑜）

社建村街道 >>

境域曾有湖南最大的纺织企业——湘潭纺织印染厂，有“十里纺城”之称。

区域概况

地理位置

社建村街道位于板塘铺湘纺厂区，处岳塘区中部。西临湘江、北邻荷塘街道、东与湘潭高新区板塘街道接壤，南与五里堆街道相连。街道以辖区内最大的居民聚居村社建村命名。

建置沿革

解放前，境域属湘潭县昭阳乡。中华人民共和国成立时，属湘潭县一区板塘乡。1950 年划入市区，属河东办事处。1956 年，隶属原五里堆镇。1958—1961 年，属郊区人民公社河东分社。1962 年，复属五里堆镇。1980 年，板塘区成立，7 月建立社建村街道，以湘纺家属办管理为主。1985 年，改属板塘区人民政府为主管理。1992 年 6 月，街道改属岳塘区，管辖范围不变，至 2015 年建置无变化。

区划面积

1980 年，街道设新建村、迎建村、文建村、文革村、社建村 5 个居委会，设居民小组 27 个，面积 2 平方千米。同年 11 月，调整划分为社建村、新建村、球坪村、文建村、学坪村、迎建村、安乐村 7 个居委会，居民小组不变。1981 年 2 月，迎建村居委会更名为学卫村居委会。1984 年，增设河边村居委会。2001 年 7 月，8 个居委会调整合并为文建、球坪、学卫、新建、安乐等 5 个居委会，设 36 个居民小组。2005 年 9 月，居委会改称为社区。2009 年 11 月，文建社区更名为纺城社区，球坪社区与学卫社区合并为学卫社区。2015 年，街道有纺城、学卫、新建、安乐 4 个社区居委会，设居民小组 216 个。辖区面积 2 平方千米。

自然环境

境域属亚热带季风湿润性气候区，夏秋炎热干旱，冬春寒冷少雨。年平均气温 16.5℃ ~17.5℃，年平均日照 1550~1600 小时；年平均降水量 1350~1450 毫米，但季节分布不均。辖区内地势较为平坦，平均海拔高度在 58~63 米之间。土壤主要为红壤和堆积土。湘江绕境西全长 1.5 千米，为境域工业和居民生活提供充足的水资源。境北的冯家浸和龚家浸是自然形成的低洼地带，地势落差大，土质松疏，由于自然雨水和城市生活污水的长期冲刷，加上排水功能不畅，是地质灾害隐患多发地段。由于工矿居民区集中，自然植被少，野生动物有蛇、蛙、鸟等 20 余种。

人口民族

1980 年，辖区有 6587 户 13854 人。其中男性 6646 人，占 47.97%。少数民族 7 个，38 人，占 0.27%。人口自然增长率 5.5‰。2000 年，第五次全国人口普查统计，辖区有 8526 户 16138 人。其中男性 7594 人，占 47.06%。少数民族 9 个，51 人，占 0.32%。人口自然增长率 4.4‰。2010 年，第六次全国人口普查统计，辖区有 8923 户 20392 人。其中男性 9758 人，占 47.85%。少数民族 10 个，63 人，占 0.31%。人口自然增长率 4.3‰。2015 年，有 9114 户 19198 人。其中男性 9360 人，占 48.72%。少数民族 10 个 68 人，占 0.35%。人口自然增长率 3.2‰。

经济发展

经济综述

中华人民共和国成立时，境域居民以农耕为主，另种植花生、烟草等经济作物。1954 年，上海两家公私合营纺织印染企业迁入湘潭，共同组建湘潭纺织厂（以下简称“湘纺”）建厂后，因土地征占，农业生产逐渐消失，工商业迅速发展。1980 年，街道刚成立之时，行政运转经费主要靠湘纺资助支撑。为壮大自有经济实力，街道积极开办工商企业创收。1986 年，实现工商企业总产值 13.8 万元，企业上交利润 1.5 万元，街道始有自身的财政收入来源。1992 年，街道以湘纺为依托，开发纺织业副产品和发展商贸服务业，为湘纺配套服务，实现工商企业总产值 48.94 万元，上交利润 5 万元，街道经济来源扩大。2000 年，街道实现工商企业总产值 440.6 万元，街道自主经济实力增强。2002 年，街道与建筑企业联合参与房产开发，经济状况有所好转。2005 年，街道以引导民营经济发展壮大为重点，促进经济升级。实现工商企业总产值 2072.1 万元，企业上交利润 22.5 万元。2011 年，商贸服务企业增至 14 家，第三产业成为街道经济的主体，街道经济进一步活跃。2015 年，街道实现工商企业总产值 960 万元（不包括东信公司），商贸服务业产值占工商企业总产值比重 74%。完成固定资产投资 4 亿元，街道经济步入快速发展新时期。

工业

中华人民共和国成立前，境域没有工业企业。20 世纪 50 年代，国家投资在境域建设湘潭纺织厂，有职工 2000 多人，10 万纱锭和 400 台织机，是省内最大的纺织企业。20 世纪 70 年代，湘潭

湘潭纺织印染厂

湘潭纺织印染厂片梭织布车间

纺织印染厂、湖南玻璃厂、湘潭纺织机械厂等6家国有企业聚驻境域，成为湖南的纺织工业基地，有“十里纺城”之称。1982年，街道在驻地企业的支持下，因陋就简，发展街道工业。1986年，街道创办中兴高压电机修配厂，有从业人员13人，创工业产值8.9万元。1992年，街道有工业企业5家，从业人员26人，实现工业总产值43.26万元。1996年，街道创办矿石粉厂，但由于经营不善，仅仅生产一批产品就关门停业。当年街道有工业企业6家，从业人员39人，实现工业总产值153万元。2000年，所有街委办企业全部改制转体为民营企业，并陆续外迁。2006年，湘潭纺织印染厂、湖南玻璃厂等相继破产，原湘纺资产整体拍卖给湖南东信集团，更名为东信棉业公司。2015年，有东信棉业公司一家大型纺织企业，从业人员2300余人，年产布匹1.4亿米，产值3.7亿元。利智服装厂有从业人员36人，工业产值320万元。

商贸服务

20世纪50年代，围绕服务湘纺居民生活，境域商贸服务业兴起，逐渐形成纱厂正街和纱厂横街，各类商贸服务业门店陆续设立。湘纺贸易公司随湘纺的新建落户境域，是街区最大的商业企业。至20世纪70年代，粮店、煤栈、肉食水产店、蔬菜公司、饮食店等一应俱全，板塘供销商场等相继落户境域，商业始成规模，时有各类商店37家，从业人员250人。1980年，随着改革开放，境域个体商户逐渐增加。街道为发展集体经济，相继开办青年商店、新建商店、文建商店、繁荣餐饮店、安乐小吃部、富强修理店6家集体商铺，1986年，境域有各类商贸企业117家，从业人员429人，年销售收入1025.85万元。1996年，国有、集体商业企业逐步退出经营，个体私营商业得到发展，到2010年，有临街店铺503家，从业人员2246人，经营范围包括南杂、日杂、五金、百货、电器、餐饮、服装、通讯、医药、娱乐等。2015年，占地2000平方米的锦湘农产品市场投入使用，市场设有门面31个，台面摊位77个和自产自销区，从业人员262人，年销售收入7200多万元。是年，域内商业服务网点663家，从业人员1800多人，商贸服务业总收入超1.3亿元，居民社会消费品零售额2.3亿元。

财政金融

1954年，境域有工商银行板塘支行一家金融机构。1976年，板塘信用社迁驻纱厂正街，板塘城市信用社开业，境域金融机构3家。1980年，工商银行、建设银行在境域设立支行，主要服务驻地企业。当年街道财政收入2.22万元，行政经费主要依靠湘纺资助支持。1987年，新增板塘邮政储蓄所金融网点1处。1992年，街道财政收入8.11万元，勉强维持行政运作。1996年，由于街道投资办企业失利，财政严重亏空。此后，街道企业减少，财政收入下降，一度处于艰难运转的困境。2000年，街道财政收入23.32万元。2005年，街道全力支持促进三产业发展，税收分成增加，当年街道财政收入77.63万元。2010年，有工商银行、建设银行、农业银行、邮储银行等金融营业网点共5家；居民储蓄存款余额超过20亿元，贷款余额16.3亿元。2015年，区财政对街道实行新的财税体制，街道制定创收奖励办法，当年实现税收分成200多万元，街道财政总收入486万元。

基础设施

交通运输

1922年，最早建成的长潭公路在境域通过。20世纪50年代，湘纺建成厂区道路2.8千米，连接生产区和家属区。60年代，湘纺始成规模后，建成大片家属区，同时修建社建路、银海路、学卫路“三纵”和体育路、育新路、创业路“三横”，长8.5千米，基本形成区间路网。70年代，政府牵头修通纱厂正街0.3千米与改道后的长潭路（107国道）连接形成新的对外交通通道。其间，开通5、7、8路公交车。湘纺汽车队是境域的主要运输单位，承担湘纺产成品、原材料运输任务。1980年，车队有货车32辆、客车12辆。1996年，湘纺破产改制，运输业务缩减，汽车队与湘纺剥离，改制为股份制的民营纺城运输公司，承接社会运输业务。2011—2013年，辖区全部道路重新提质改造，铺柏油硬化，完善行人道、路灯、排水、绿化配套，并打通创业路，东与芙蓉大道相接，西连沿江风光带，形成域内环线。新增24、115路等公交线路驶经境域。2015年，纺城运输公司保留客车4辆，参股大型货运重卡8台，年运输收入125.2万元。3、5、7、8、24、31、101、105、115等城区公交线路经行境域，交通便利。

邮电通信

1954年，境域设有板塘邮电支局，负责整个板塘地区的邮电通信业务。除电话、电报外，各类邮件、报刊由邮局每日投递上门。驻街企事业单位安装使用磁石电话机，经由邮电局总机转接。湘纺作为大型企业，内部有自己的通信系统。1988年，市内程控电话开通，电话改为自动拨号。1992年，板塘邮电支局搬迁到火车东站，并在板马路设立营业所。1994年，邮政、电信分家，板马路营业所改为电信支局。是年，家庭住宅电话发展迅速，全街有2000户家庭安装。1996年，无线电话业务开通，手机用户逐渐增加；邮政在湘纺宿舍区（今新纺家园）设立分投点，居民报刊信函投递更加方便。2005年，有固定电话4000多部，移动电话7000多部，宽带互联网开始进入居民家庭。2015年，有固定电话2000多部、移动电话15000多部，宽带互联网用户8000多户。

供水供电供气

1954年，湘纺落户境域后，大部分居民开始饮用自来水，用电照明。水电都由湘纺机动水电分厂供应，享受职工家属优惠价待遇。2008年，湘纺改制后，实行水电改造，用电改由市供电部门供应，按表计费；用水改由市三水厂供应，全部实行一户一表，分户计费。2010年，全境安全饮用水率100%，用电由照明扩大到生活的全部。2012年后，街道范围全部完成煤改气工程，8000余户居民家庭使用天然气清洁能源。至2015年无变化。

街区建设

1954年，湘纺建成全市当时高标准的文化宫和图书馆，板塘铺居民始有文化娱乐场所。安乐村是湘纺建成的第一个家属区，32栋三层住宅，面积3万平方米。20世纪60年代，湘纺工人增加，扩建新建村、球坪村、自建村3个家属区，占地20余公顷，建四层住宅74栋。配套商业服务设施于道路两厢。20世纪80年代，湘纺对家属区进行房屋环境改造，全部改建为6层单元住宅，并实现给排水、道路、绿化、路灯全面配套。各居委会办公用房都由原湘纺无偿提供，但场地狭小，办公条件有限。2002年，在驻街企业的支持下，安乐社区首先建成办公楼180平方米。2003年，新建、文建、学卫3个社区新建办公楼相继投入使用，面积均在200平方米以上，总投入35.8万元。2004年，5个社区全部达到市级示范社区的标准。2011年12月，街道投入15万元，建成政务服务中心120平方米，设置8个服务窗口，方便群众办事。2013年，学卫社区学卫村4栋D级危房由市城乡建设集团负责拆除重建，32

层的高层住宅成为街道住宅区的新地标，185户居民搬迁入住。2015年，街道组织资金30万元，对各居民小区公益设施改造升级、完善配套，200多栋居民楼实现规范整洁，设施完备，绿化面积均在35%以上。

社会事业

教育科技

中华人民共和国成立前，境域没有学校。1954年，湘纺开办幼儿园和子弟小学，时有入园儿童76人，小学生103名，配备教师7人。1972年，湘纺子弟中学开办，时有学生184名，教师12名。1980年，湘纺幼儿园有入园幼儿250名，幼师30余人。湘纺子弟小学有学生769人，教职工86人。1982年，湘纺中学有学生884人，教职工119人。1992年，湘纺幼儿园有入园儿童187名，幼师26名；湘纺小学有学生705人，教职工94人；湘纺中学有学生827人，教职工121人。1998年，湘纺小学由岳塘区教育局接管。湘纺中学由湘潭市教育局接管，撤销高中部。湘纺幼儿园由北京金鹰集团接收，改称天天向上幼稚园，接纳入园儿童210名，有幼师28人。2000年，湘纺小学有学生1272人，教职工103名；湘纺中学有学生412人，教职工74人。2001年，街道开展“科普进社区”活动，举办科学、健康知识讲座，被省科协授予科普文明社区称号。2007年，街道采取多种形式开展科普教育，参与居民3000人次以上，街道被省科技厅命名为“全省科普示范基地”。2015年，有幼儿园3所，入园儿童400名，幼师57人；湘纺小学在校学生2045人，教职工123人；湘纺中学在校学生622人，教职工51人。

文化体育

1954年，湘纺工人文化宫建成并对职工开放，可容纳1400余人。1975年，湘纺体育馆建成投入使用。2000年，街道组建岳塘区第一个社区艺术团体——银海艺术团，有成员60余人。2003年，韵琴舞蹈艺术团、板塘歌友会等6个民间艺术团体相继组建。2003年，球坪社区在东信公司支持下，建成5000平方米的高标准游泳池和设备齐全的露天体育广场。2008年，银海艺术团发展成拥有腰鼓队、军乐队、龙狮队等100余人的队伍。韵琴舞蹈艺术团、板塘歌友会等民间艺术团体社会活动活跃。2010年1月，社建村街道文学艺术界联合会成立，文联刊物《社建文化》同时创刊。2013年10月，政府投资100余万元，对银海广场进行提质改造，修缮面积8000平方米，更名“社建乐园”。同年，街道在轻机北区花园、学卫体育广场、银海花园A区、湖玻小区各安装健身器材13件；在安乐社区建设文化活动室1个；投资26万元，在原湘纺工人文化宫正门上方设置35平方米的户外彩色电子屏，定时播放新闻和教育宣传影片。是年，湘纺体育馆移交给岳塘区，改建成集健身、娱乐、休闲功能于一体的岳塘区全民健身中心。2015年，有全天对外免费开放的公园1处，篮球场4个，门球场3个，中老年活动室6个，社区绿色网吧4家，各个小区内均有1个以上健身活动场所。

医疗卫生

中华人民共和国成立前，境域没有医疗卫生机构。1955年，湘纺建立职工医院，主要服务对象为湘纺职工和家属。医院科室配备齐全，有医务人员46人，设病床50张。1986年，医院设病床92张，有医务人员66人。1992年，医院设病床107张，有医务人员35人。2005年，湘纺资产剥离，职工医院解体，部分下岗医务人员自发组织成立尔康医院，设病床80张，医务人员31人，为二级综合医院。其时，境域还有中西医个体诊所3家，药店6家，从业人员11人。2010年，境域尔康医院有病床120张，设诊疗科室8个，有医务人员41人，居民一般疾病均可接诊治疗。另有个体诊所5家、药店6家，从业人员22人。2015年，尔康医院有病床183张，医务人员47人，并挂牌为社区卫生服务中心。是年，境域有中西医个体诊所7家，药店12家，从业人员25人。

社会保障

20世纪50—70年代，境域9户贫困家庭和2名孤儿均由五里堆镇进行定额救助，一般困难家庭由所在企业给予年终定额补助。1980年，街道成立时，社会救助投入很少，对困难家庭的救助主要依靠所在工作单位的职工福利。1997年，有低保户12户17人，年发放最低生活保障金1.27万元。2005年，有低保户160户294人，发放最低生活保障金32.84万元，安置下岗困难人员2464人。2008年，有低保户291户521人，年发放低保金76.89万元。为16户低收入家庭申请临时救助1.86万元。是年，街道启动居民医疗保险，当年有895人参保。2009年，新增就业2816人，其中下岗失业人员再就业1498人，困难对象就业486人。当年有低保户458户894人，年发放低保金137.88万元；临时救助16户，28人，发放困难救助金1.96万元；申报廉租房实物配租87户，廉租住房租金补贴40户。2015年，全街低保户639户1110人，发放低保金377万元；廉租房分配入住95户；医疗救助85人。临时救助4户、重特大救助4户，共发放救助金2.45万元。各类民政优抚对象49人，发放定额补助44.7万元，其中现役军人7人，发放优待金28.8万元。向55名特困居民发放帮扶专项资金14.42万元，发放租房补助89.7万元。居民医疗保险实现100%全覆盖。

人民生活

20世纪60年代，辖区居民主要靠工资收入，年人均收入不足400元；住房大多数是低矮的平房，人均居住面积9平方米。20世纪70年代，随着湘纺的发展，职工家属区逐渐改成住宅楼，居民工资收入增至年人均800元左右。住房条件得到改善，人均居住面积9~11平方米。1985年，居民年人均收入1286元，人均居住面积14平方米，70%以上的居民家庭添置有自行车、手表、缝纫机。1992年，居民年人均收入2632元，人均居住面积达18平方米，居民普遍用上电视机、摩托车、洗衣机。2005年，街道居民从事三产服务业人数增加，年人均收入11250元。居住条件得到改善，半数以上居民住进设施配套的小区，人均居住面积25平方米以上。2010年，居民年人均收入15700元，40%的居民家庭拥有2套以上的住宅，人均居住面积30平方米。2015年，街道居民年人均收入25624元，人均居住面积35平方米左右，20%的家庭拥有小汽车。

（撰稿：李红沛）

五里堆街道

区域概况

地理位置

五里堆街道位于岳塘区中部，东至火车东站与板塘街道接壤，南至双拥路口与宝塔街道相接，北至纱厂正街与社建村街道相邻，西至湘江。旧有“五里一个堆，十里一个埠”之说，这里与原湘潭县政府中心距离五里，故名五里堆。

建置沿革

中华人民共和国成立前夕，境域属湘潭县二区昭阳乡。中华人民共和国成立后，属湘潭县一区板塘乡。1953 年，湘潭纺织厂建厂，境域人口逐渐聚集，开始形成城区，遂划入湘潭市河东区。1956 年，设立五里堆镇，属湘潭市直管。1958 年人民公社时，属郊区人民公社河东分社，后又称湘纺分社。1962 年，恢复五里堆镇建制，街区称五里堆 1、2 居委会。1980 年 7 月，板塘区成立，以原五里堆镇 1、2 居委会为主体，划入板塘铺居委会和湘耐居委会，组建五里堆街道办事处。1992 年 8 月，板塘区撤销，街道划入岳塘区。至 2015 年建置无变化。

区划面积

1980 年，街道辖板塘铺、轻机村、纱厂街、五里堆、金耐村 5 个居委会，121 个居民小组，面积 2.1 平方千米。1992 年 8 月，调整为板塘铺、轻机村、东风村、纱厂街、五里堆、宝塔岭、金耐村、文建塘、晏家塘 9 个居委会，134 个居民小组，面积 2.6 平方千米。1995 年，增设毛纺新村居委会。2001 年，10 个居委会调整为板塘、东风、纱厂街、五里堆、金耐、晏家塘、文建 7 个社区居委会，设居民小组 150 个。2009 年，7 个社区合并为金耐、板塘、纱厂街、五里堆 4 个社区，设 94 个居民小组，面积 3 平方千米。2012 年，岳塘区调整插花地带的街属管理，明确吉安路以东至规划中的霞光东路以西属五里堆街道，区域面积扩大 0.5 平方千米，所辖社区、居民小组不变。至 2015 年无变化。

自然环境

境域处亚热带季风湿润气候区，四季分明，年均气温 16.5~17.5℃，年均降水 1350~1450 毫米。原有地形主要是低矮丘岗，海拔在 48~61 米。湘江沿岸由于雨水冲刷，沟谷河川交错，地势高差较大。土壤主要为红壤。由于城市开发建设，工厂居民区密布，原有自然地貌基本改变，野生动、植物稀少。

人口民族

1980 年，街道成立时，境域有居民 3243 户 13026 人，其中男性 5624 人，占 51%。1992 年，街道有 4697 户 18790 人。其中男性 9579 人，占 50.98%。少数民族 3 人。人口自然增长率 3.93‰。2000 年，第五次全国人口普查统计，辖区 5369 户，总人口 21479 人。其中男性 10965 人，占 51.05%。少数民族 6 人。人口自然增长率 4.15‰。2010 年，第六次全国人口普查统计，境域居民 6114 户 20057 人。其中男性 10043 人，占 50.07%。少数民族 14 人。人口自然增长率 4.52‰。2015 年，辖区 4512 户 17972 人。其中男性 9096 人，占 50.61%。少数民族 14 人。人口自然增长率 4.03‰。

经济发展

经济综述

20 世纪 50 年代前，境域大部分农村以农耕为主。1954 年，邻近境域的湘纺建厂后，受之影响，境域居民聚集，逐渐形成街区，商贸业兴起。20 世纪 60 年代，五里堆镇先后办起一批工业企业和商店，安置居民就业，发展地方经济。1980 年，街道成立时，依托驻街企业，积极创办经济实体。1986 年，街道有工商企业 11 家，工商业总产值 85 万元。20 世纪 90 年代，街道落实区委、区政府加快发展区街工业的决定，引进新产品、新技术，开办新企业，提升街道经济实力。1992 年，街道工商业总产值 334.5 万元。1996 年，工商业总产值 652.83 万元，自有经济实力增强，街道经济初具规模。2000 年，街道实现工商业总产值 3015 万元。2005 年，街居集体企业全部转体改制为民营。2008 年，实现工商业总产值 4.16 亿元。2010 年，湘潭市启动云盘集约用地示范项目，辖区内规模企业全部搬迁，街道经济规模缩小，经济转型以第三产业为主。2015 年，全街商贸服务业收入 3.5 亿多元，成为街区的主导产业和经济支柱。

工业

20 世纪 60 年代，五里堆镇因陋就简开办化工厂，5 名女工利用湘纺的废料下脚棉生产羧甲基纤维素，填补国内一项化工空白。当时街道还办有灯泡厂、制绳厂等企业 4 家，从业人员 48 人，年工业产值 44 万元。1986 年，街道有工业企业 14 家，从业人员 90 余人，年工业产值 82 万余元，销售收入 79 万余元。1992 年，新办釉料厂等工业企业 2 家，工业产值增至 200 万元。2000 年，街道工业企业增至 25 家，从业人员 400 人，实现工业产值 1837 万元。2009 年，辖区集体企业改制，民营企业发展，当年产值过 500 万元的民营企业有兴煌钢丝有限公司、东辉包装钢带有限公司、华笑家纺印染有限公司、山里来绿色食品有限公司、沃森电气科技有限公司 5 家，企业职工 1200 余人，实现工业产值 1.87 亿元，其中规模工业产值 1.56 亿元。2010 年，由于云盘集约用地示范区建设项目征地拆迁，境域规模企业全部迁出，工业生产萎缩。2015 年，境域仅保留永诚汽修厂、德燊交通配件厂 2 家工业企业，从业人员 28 人，年工业产值 574.5 万元。

商贸服务

民国初期，境域的板塘铺形成马匹交易市场，有店铺 30 余家，尤以客栈、伙铺、铁器、竹篾品销售。民国 27 年（1938），湘黔铁路通车，在板塘铺设站后，5 家货栈在板塘铺设立，运输业兴旺。铁桥架通前，五里堆成为新集市，铁路过驳均在此。1954 年，湘纺建厂，由于人流密集，开始形成纱厂直街，50 余户居民弃农从商，沿街开办商贸服务小店40余家。20世纪60—70年代，随着境域人口增加，街区由直街扩大到横街、正街，市属各行业局先后在这里开设煤店、粮店、肉食水产店、蔬菜店等，板塘百货大楼、板塘供销社中心商场等一批规模商业陆续落户境域，纱厂街成为板塘地区的商业中心区。1980年，街道办有饮食店、南杂店等服务点5家，安置待业青年17人，实现商业销售收入3万元。1986年，街道有商业网点17个，从业人员32人，当年实现商业销售收入36万元。1988—1990年，境域个体商户增加，板塘百货大楼、板塘农贸市场、板塘布市、华村商业城等商业网点陆续建成投入使用，境域商业始向繁华。2000年,有商业网点448个，从业人员2150人，实现商业服务业产值1178万元。2005年，有商业服务网点720个，从业人员2190人，销售收入1.34亿元。2008年，有三产业网点838家，从业人员4000余人，实现商贸服务业产值2.29亿元。2015年，街道个体经营户增至995家。板塘布市、多伦步步高、华盛商贸城、卡罗街区、雅美酒店、华泽酒店、红福楼酒家、滨江一号KTV等陆续建成开业。从业人员超过5000人，商贸服务业产值3.5亿元，社会消费品零售总额6亿多元。

财政金融

1954年，中国工商银行板塘支行落户境域。1964年，板塘信用社落户境域。1980年，板塘信用社年末居民储蓄存款余额37万元。1986年，板塘城市信用社（商业银行前身）在境域创办，年末吸纳居民储蓄存款余额150余万元。1992—1995年，先后有中国银行、农业银行，农村信用合作社、湘潭商业银行4家金融机构进入境域，年末居民储蓄存款余额超过1.8亿元。2000年，街道实现财政收入46.7万元,财政支出45.9万元，基本维持行政运转。2008年，随着市场经济的转型升级，域内金融活跃。商业银行改为华融湘江银行、增设网点1处，交通银行落户境域，境域金融网点11家。是年，街道财政收入213.66万元，主要来源当地工商企业的税收分成；财政支出210.5万元，主要用于行政支出和街区环境改造。2015年，财政收入317万元，主要来源于上级的转移支付；财政支出315万元，主要用于社区环境升级改造和民生投入。是年，境域11家金融机构共实现居民储蓄存款余额97亿元，贷款余额122亿元。

基础设施

交通运输

民国10年（1921），长潭公路建成，境域长1.5千米，有客车经停。五里堆码头有过江渡船，直达小东门，客流集中。公路、铁路、水路交集，形成货物转运中心点。民国27年（1938），湘黔铁路修建，境域线路长2千米，并设有板塘铺车站，办理客货运输业务。20世纪50年代末60年代初，境域相继修建纱厂横街、直街、正街、东站路、板马路（至轻机厂段）、晏家塘路等城区道路，总长3.1千米，初奠城区框架。1964年，市交通运输局在境域设有汽车运输公司第六运输处（简称六运处），有大中型货运车辆40余台，承担驻地企业和火车东站的货运业务，年运输收入在100万元左右。1964年，市内十八总往返板塘铺的5路公交车开通。20世纪70年代，湘黔铁路改建复线，板塘铺车站改称湘潭火车东站，成为湘黔铁路株洲至怀化段的大型货物编组站，日均编解列车350节以上，年货物吞吐量850万吨。1988年，河东砂子岭往返易家湾的3路公交车开通，途经境域。7、8两路公交车由境域始发，分别开往马家河和竹埠港。境域成为板塘铺地区的交通中心。2000—2005年，境域新修湘耐路、摇钱路、东站路等区域次干道2.6千米。2014年，市政府重新修建板五路和支线道路3.2千米。2015年，长株潭城际铁路修建，并在境域设有板塘站，街区在长株潭的中心区位更加突出。改造升级后的市内公交有3、5、7、8、105、115、31路在境域经停。

邮电通信

20世纪70年代前，境域无邮电服务网点，居民通信主要以信函为主，由邮递员步行投递至各居委会。机关企业事业单位安装磁石电话机，经邮局总机转接。1986年，市内开通程控电话，时有用户120户，磁石电话逐渐淘汰。1992年，程控电话开始进入居民家庭，境域有居民用户500户。同年，始有模拟移动电话，有居民用户56人。1998年，电信、移动、联通相继在境域设立营业网点，数字移动电话开始在居民中使用，时有居民用户1200户。2002年，境域开通互联网，多为机关企事业单位使用，居民用户41户。2010年，4家通信机构在境域设置经营网点9家，移动电话由数字机向智能机升级，境域居民用户超过2000户，40%的家庭购买电脑，互联网用户在4000户左右。2015年，有固定电话用户2000户左右，移动电话用户8000余户，互联网用户3000余户。

供水供电供气

1955年，境域纱厂街部分居民使用湘纺转供电力照明，大部分使用煤油灯照明。生活用水全部饮用塘坝水，街区离水源较远，用水量较大的商铺雇人挑水。1962年，五里堆镇成立后，协同市供电部门架设供电线路1.2千米，安装380千伏变压器1台，街区装上路灯，境域居民全部用电照明。1963年，湘纺无偿为境域街区铺设供水管线1.8千米，街区居民开始饮用由湘纺转供的自来水，居住偏远的居民仍饮用塘坝水，少数居民自行打井饮用井水。20世纪70年代，街区居民增加，电力负荷紧张，停电现象常有发生。1982年，市三水厂在境域建成投产，街区原供水管网并入城区供水管网，境域居民全部饮用自来水。2000年，供电部门对境域供电线路改造升级，居民用电状况好转，用电量急剧增加，安全用电100%。2004年，中环水务调整优化供水管网，实行一户一表改造，居民饮用水质量提升，100%饮用安全自来水。是年，市政在境域进行“煤改气”改造，80%的居民由烧煤或煤气改为烧天然气。2015年，供电部门免费更换全部用户电表，实现居民用电遥控计费。

街区建设

1954年，随着湘纺开工建设，当地居民在北起冯家浸、南至晏家塘的长潭路沿线搭建房屋，形成纱厂直街街区。20世纪60—70年代，纱厂横街、纱厂正街和市三医院口至省轻机厂段先后形成新街区。1980年，板卫巷拉通，与老板塘铺相接，境域街区成为一体。1985—1995年，板塘布市场、中南商贸、中国银行等陆续办起，境域始有现代城市气息。各居委会在驻地单位支持下，均建起面积150~250平方米的简易办公用房。2005年，街道投入86万元提升各社区服务功能，7个社区先后创建为市级达标社区。2010—2014年，多伦国际、芙蓉世纪城等高层住宅小区相继建起，街区面貌有了新的改观。2015年，五里堆社区、板塘社区新建办公用房、活动场地各400平方米，社区服务功能完善配套。

社会事业

教育

中华人民共和国成立前，境域无学校。1958年，开设铁桥学校，只有小学1~4年级。1972年，学校搬迁至纱厂街，改称五里堆小学，有学生300余名，教师10人。1982年，省市教育部门拨专款45万元，在板摄路口建设市特殊教育学校（原名湘潭市聋哑学校），当年招收学生19人，为湘潭市唯一的残疾儿童教育学校。1984年，五里堆小学改称育才学校，有学生350人，教师17名。1996年，市区教育部门投资300万元，在板塘村征地0.5公顷，新建育才学校校区，1998年学校搬迁毛正坝新址，时有学生400余人，教师30余名。是年，境域开设幼儿园2所，入园儿童56人，幼师7人。2006年，特殊教育学校扩建，校园占地1.67公顷，校舍面积6511平方米，有学生95人，教职工51人。2015年，育才学校在校学生1300余名，成为省、市窗口示范学校，辖区学龄儿童入学率和九年制义务教育普及率连续15年保持100%。特殊教育学校有学生113名，教师57名。是年，境域有幼儿园3所，入园儿童134名，幼师15人。

文化体育

20世纪80年代前，境域没有文化体育设施，居民文体活动都要到湘纺文化宫和体育馆。1986年，街道成立文化站，建文化馆于纱厂街农贸市场内，配备文化专干1名。文化站有歌舞厅、录相厅。1988年，境域开设皇后歌舞厅、录像放映厅、书摊等20多家。1991年，1800余户居民由所在单位统一安装闭路电视。2001年，各社区先后组建文艺宣传、狮龙队等5支。2010年，在区和街道举办的“欢乐潇湘、幸福湘潭”大型文艺演出活动和“周周乐”广场文化活动中，金耐军鼓队、板塘花鼓戏队、纱厂街扇子舞队获优秀奖。2015年，岳塘区文体活动中心落户境域，开办少儿舞蹈、绘画、跆拳道等常年培训班。各社区建有体育健身、文化娱乐广场8处，共计3500余平方米。各社区的文化活动室和图书室，各类文化娱乐设施齐备，图书室藏书均在2000册以上。

医疗卫生

1958年，市第三人民医院建院境域，成为板塘地区的唯一市级医疗机构。1975年，板塘公社卫生院移址境域，设病床30张，有医务人员22人。1992年，板塘卫生院撤销，医务人员分散，部分个体执业行医。2001年，市第三人民医院新建门诊大楼，扩大住院部，时有医卫人员201人，设病床220张。境域另有个体诊所5家，医务人员11人。2010年，市三医院新建住院大楼4000平方米，增加病床150张，医务人员300人。2015年，市三人民医院有医卫人员337人，病床501张。另有个体诊所7家，医务人员15人；个体药店12家。

社会保障

街道成立时，财力薄弱，对居民社会保障支出极少，民政救助支出年均3万~5万元左右。困难家庭主要依靠所在企业单位的工会帮扶。1990年，区民政部门对境域7名“五保户”实行集中供养，人均月供生活费80元，对5名军烈属和13户特困家庭，年终分别发放定额补助400~500元。1997年，启动城市居民最低生活保障制度，首批496名居民纳入最低生活保障，当年发放低保金92.8万元。2006年，街道688户2994人参加城区合作医疗。2007年，城区合作医疗改为城镇居民基本医疗保险，提高医疗报销比例，居民参保率在50%以上。2011年，城镇居民医保参保人数12890人。有799户、1535名城市低保对象，年发放低保金357.8万元。街道为患有特殊疾病的63人发放“五位一体”医疗门诊救助卡1.86万元；大病医疗救助对象203人、救助金额78万余元；临时救助11人、救助金额2.21万元。当年城镇新增就业人员1416人。2015年，街道有低保对象578户998人，年发放低保金362.4万元。优抚对象27人，年发放定额补助16.8万元。城镇医疗保险参保13207人。城镇新增就业1574人，下岗失业人员再就业813人，困难就业人员再就业324人。

人民生活

20世纪60—70年代，境域居民主要靠工资收入，人均年收入在400元左右。1986年，居民年人均可支配收入835元，以工资收入为主，经营性收入为辅。人均居住面积9.23平方米，大多是一层平房。1996年，工人工资增加，个体私营经济得到发展，居民经营性收入提高，居民年人均收入4850元。人均居住面积增至19平方米。进入21世纪，居民就业面扩大，收入水平提高，经营性收入和财产性收入增长。2006年，居民年人均收入11640元，大多数家庭拥有三室二厅或二室一厅的住房，人均居住面积28平方米。2015年，居民年人均可支配收入25053元，人均住房面积34平方米。彩电、自动洗衣机、空调、冰箱等普及百姓家庭，部分家庭购置小汽车。

（撰稿：潘美霖）

建设路街道>>

区域概况

地理位置

建设路街道位于湘潭市河东建设路口，东临红旗和宝塔街道，西邻书院路和东坪街道，南接霞城街道和湘潭高新区，北靠湘江。街道以交通要道建设路口而命名。

建置沿革

解放前，境域属湘潭县霞城乡（曾称易俗河乡）。中华人民共和国成立时，属湘潭县第五区晓塘乡。1951 年 9 月，划入湘潭市区，属河东区金塘乡。1961 年，改属霞城公社葩金大队和福星大队。1975 年，属岳塘区岳塘街道，称长潭路居委会。1976 年，街区从岳塘街道析出，设建设路街道。1980 年，街道划归板塘区，1992 年属新岳塘区，至 2015 年建置无变化。

区划面积

1976 年，街道辖建设路、曙光、迎红 3 个居委会，60 个居民小组，面积 2.7 平方千米。1980 年，增设大桥、深塘、霞光村居委会，有居民小组 132 个。1994 年，霞光村居委会分为霞光、芙蓉、五物 3 个居委会。2001 年，调整居委会建制，改称建设路、曙光、迎红、大桥、深塘、霞光、芙蓉 7 个社区。2009 年，迎红社区划入红旗街道，大桥和深塘社区合并为大桥社区，建设路、曙光、霞光、芙蓉 4 个社区不变，设 145 个居民小组，面积 4.5 平方千米，至 2015 年无变化。

自然环境

境域东高西低，东部为低矮丘岗，西部濒临湘江为冲积河川平地，海拔高度在 38~56 米之间。土壤主要为红壤，地质坚实。境域属中亚热带季风湿润气候，四季分明，热量丰富，雨量充沛，春温多雨，夏秋多旱，严寒期短，暑热期长。年均温度 17℃，年均降雨量 1500 毫米左右。自然植被因城市建设基本消失，野生动物少见。

人口民族

1982 年，辖区有居民 1847 户 12720 人。其中男性 6517 人，占 51%；农业人口 3237 人，占 25%。1986 年，辖区居民 4288 户 15632 人。其中男性 8124 人，占 52%；农业人口 278 人，占 1.8%。人口自然增长率 3.95‰。由于城市化进程加快，街域扩大，人口迅速增加。2000 年，境域有居民 7576 户 23838 人。其中男性 12258 人，占 51.4%；全部为非农业人口。有少数民族 14 个，408 人。人口自然增长率 3.37‰。随着区域三产服务业发展，至 2015 年，街道有居民 9768 户 31164 人。其中男性 15600 人，占 51.%；全部为城镇居民。有少数民族 16 个，412 人。人口自然增长率 3.65‰。

经济发展

经济综述

20 世纪 70 年代前，境域还是农村，以农业种养经济为主。1970 年，随着 107 国道和建设南路修建，一批工商企业陆续落户街区，工业、商贸经济兴起。街道成立时，为发展街委经济，街道依托驻街企业开办工商企业 6 家。1986 年，企业总产值 35 万元，创利税收入 2.6 万元，街道自有经济起步。进入 20 世纪 90 年代，街道引进新产品新技术开办新企业，提升街道经济实力。1995 年，工商企业发展到 150 余家（包括个体工商户），工商企业收入 647 万元，实现利税 165 万多元，自有经济实力增强，街道经济初具规模。2000 年开始，驻街国有集体企业先后破产改制，陆续迁出境域。街道经济转型以第三产业为主，商业服务业发展，规模商贸服务业增加，房地产业成为境域新的产业。2015 年，建设路口核心商圈基本形成，全街商贸服务企业发展到 700 多家，年商贸服务业收入 3.8 亿多元，商贸服务成为街道的主导产业和经济支柱。

工业

从 20 世纪 70 年代始，由于境域交通条件优越，先后有湘潭煤机厂、湘潭轴承厂、湘潭市锅炉厂、湘潭市粉末冶金厂、湘潭市粮油机械厂、湘潭市塑料三厂、湘潭市塑料四厂、湘潭市塑料九厂等 45 家国有企业落户境域，共有职工 6000 人。街道为发展地方经济，以国有工业企业为依托，依靠其产品扩散，因陋就简，新办小型企业 4 家，从业人员 37 人，年工业产值 16 万元。1986 年，街道办有钉子厂、滚子加工厂、五金修理厂等 13 家工业企业，有从业人员 110 人，实现工业总产值 35 万元，销售收入 59 万元。1992 年，街道新办防护用品厂，生产“浸塑防护手套”填补省内空白。深塘发隆食品厂加工生产的肠衣远销香港、澳门等地。是年，街委企业发展到 52 家，实现工业总产值 237 万元，销售收入 248 万元。2000 年，街道通过招商引资，引进白鹭化工厂、力腾包装厂、同宏电子、福星轧钢厂、湘潭通用电气设备厂等 6 家工业企业，实现工业产值 845 万元，利税 98 万多元。2005 年，驻街国有企业通过转体改制，先后退出工业生产。厂区由房地产开发商作房产开发。街道企业通过改革改制全部转体为个体民营并陆续迁出境域。2009 年，街道仅保留民营工业企业 3 家，职工 64 人，工业总产值 1100 万元。房地产开发企业发展到 4 家，当年建筑业产值 1.1 亿元。2010 年，根据湘潭城市建设总体规划要求，驻街工业企业全部搬离境域，街道制造类工业消失，房地产开发企业增至 6 家，高峰时有建筑工人 1500 余人，建筑业产值增至 3.2 亿元。2015 年，有房地产开发企业 4 家，建筑队伍 1000 余人，实现建筑产值 4.8 亿元，完成固定资产投资 4.32 亿元。

商贸服务

20 世纪 70 年代，建设中路、南路逐渐建成，随着工业企业迁入境域，人口增加，临路商铺开始建起，岚园宾馆成为境域最大服务项目。其时，有各类商店 40 余家，从业人员 200 余人。1980 年，按照服务驻地单位和服务居民生活的原则，街道先后办起饮食店、理发店、文化书店、南杂店等商贸服务企业 7 家，安置待业青年 21 人，实现商贸服务业收入 18 万元。1986 年，有商业服务网

步步高购物广场

点113个，从业人员586人，当年实现商业销售收入1033万元。大道商店是街道创办的最大综合商业网点，有从业人员27人，安置待业青年10人，实现销售收入12万元。1993年，拓展临街门面，商业服务网点迅速增至248家，从业人员增至1328人。商业销售收入4370万元，创利税38万多元。中国银行投资建设30层高的阿波罗商城开门营业。2008年，辖区内服务网点增加768个，从业人员4280人，销售收入18630万元，华隆步步高是境域最大的生活服务超市，年销售收入过亿元。2015年，境域超市和各类服务网点785家，三产从业人员超过5000人，社会消费品零售总额6亿多元。建设路口成为繁荣的商贸集中区，五星级华天大酒店成为境域最大酒店。

财政金融

1972年，霞城信用社在葩金大队设立储蓄所。1975年，建设银行在岚园大酒店设立储蓄所。当时街道财力薄弱、行政开支全靠上级拨款。进入20世纪80年代，随着境域工商业的发展，先后有中国工商银行、岳塘宝塔信用社、邮政银行储蓄所、中国银行4家金融机构进入，境域6处金融网点，年末居民储蓄存款余额过亿元。1994年，街道成立财政所，实现财政收入125万元，街道经济实力增强，民生投入相应增加。2008年，随着市场经济的转型升级，财政金融活跃，湘潭农商银行、光大银行先后入驻，有金融网点 8 家，城镇居民储蓄存款余额 12 亿元。街道财政收入 267.2 万元，主要来源当地工商企业的税收分成；财政支出 236.4 万元，主要用于改善街道民生环境。2015 年，财政收入 835.35 万元，主要来源于上级的转移支付；财政支出 829.67 万元，主要用于社区环境升级改造和民生生活。8家金融单位，年末居民储蓄存款余额过 30 亿元。

基础设施

交通运输

1921 年，长潭公路通车，湘潭站设在盐码头（今一大桥东引桥处）。20 世纪 50 年代，境域交通闭塞，水陆交通不便。1961 年，湘潭大桥建成，建设中路通车，建设路口成为河东地区进入市区的交通要道。1964 年，火车站至下摄司的 1 路公交车和十八总开往板塘铺的 5 路公交车开通，为境域居民出行提供了方便。20 世纪 80 年代，市政府投资在境域新修建设南路 2.8 千米，连接下摄司工业区，建设路口交通枢纽形成。相继又有 3、7、8、10 路等公交线路途经境域。2000 年，市政投资新修宝塔路 1.2 千米。2005 年，新修霞光中路、福星东路等城区干道 3.5 千米，形成街区四通八达的交通网络。2014 年，市政在境域拓宽改造东湖路、宝塔路、福星中路等 7 条干道和街区全长 4.6 千米的 6 条小街小巷，境域大街小巷全部硬化、绿化，给排水、路灯通信设施配套齐全。2015 年，调整后公交线路有 1、3、5、7、8、10、15、19、23、25、31、105、106、115、117、118 路 18 条线路贯穿境域。

邮电通信

20 世纪 70 年代，辖区内无邮政网点，信函报刊由邮递员骑自行车投送到大队和机关单位。20 余家企事业单位安装有磁石电话机，按隶属关系设总机转接。20 世纪 80 年代末，开通程控电话。1990 年，中国电信股份公司湘潭分公司、中国移动湘潭分公司和中国邮政在境域设服务网点 4 家，信函报刊由邮政投递员骑摩托车每日投递到户。1995 年，电话普遍进入百姓家庭。其时，有固定电话 2500 多部，移动电话用户 5000 多户。2005 年，移动电话用户有 3 万多户，互联网由机关单位向居民家庭发展。2015 年，有邮政网点 3 家，联通、移动、电信营业网点 5 家。移动电话用户 22000 多户，宽带互联网家庭用户 4500 多户，固定电话用户保留 1800 户。

供水供电供气

自 20 世纪 70 年代初境域有工矿企业落户始，部分居民开始使用电力照明，饮用湘潭二水厂供应的自来水。部分散住居民和农村仍使用煤油灯，饮用塘坝水。随着境域工业发展，驻地人口增加，生产生活供电、供水紧张。1985 年，市一、二、三水厂供水管网连通，境域供水状况好转，街道居民全部改饮用自来水。市煤气公司在境域大平街南建设 500 立方米煤气柜，在一桥铺设过江煤气管道，市合成化工厂生产的煤气与湘钢的高炉煤气管网连通，部分居民开始使用煤气代替煤炭作为生活燃料。1995 年，市供电公司先后新建野鸭坡和霞城变电站，改造街区供电线路，境域供电容量扩大，企业生产和居民生活用电基本得到保证。2001 年，城市电网改造升级，生产生活用电更加充足。2004 年，中环水务有限公司在境域成立，居民生活用水改为供水公司分户装表收费。居民生活用电全部由企业转供改为供电部门直供，分户装表计费。2008 年，境域进行煤改气工程，大部分居民用上天然气。至 2015 年，全境卫生安全饮用水率 100%。居民生活基本实现电气化。

街区建设

1970年前，境域还未形成街区。自长潭路、建设中路、建设南路、岚园路相继修建后，建设路口成为城市主干道交汇点，交通优势凸显，街区逐渐形成。1978年，霞光小区动工建设，至1985年，共建居民住宅47栋，800余户居民入住，成为当时全市最大的居民小区。1986年，市自来水公司15层高的潭水大厦落成。1993年，轴承厂、煤机厂家属区平房全部改为6层单元住宅。中国银行投资建设的阿波罗商城高30层，成为境域地标性建筑。1998—2005年，政府投资对城市主干道进行拓宽，扩建非机动车道和行人道并全面绿化美化，街区环境明显改观。10年间，各社区相继投入资金250余万元，建设社区办公用房和社区服务用房3700余平方米，街道和社区实现办公和公共服务全部达标。2015年，街道投入75万元，整治沿街门店，拆除违法户外广告招牌4100平方米，拆除违法建筑7950平方米。街道投入资金322万元，在公共区域安装监控摄像头895个。投入资金30万元，整治街道环境，小区绿化2万平方米。霞光社区被评为“全国文化先进社区”称号。

社会事业

教育

1965年，湘潭钢铁技术学校在境域创办。1972年，在宝塔岭湘潭师范新建未使用的大楼内创办湘潭市十二中学。1975—1978年，湘潭基础大学后更名为湖南省纺织专科学校、湘潭农业机电学校、湘潭市职工大学先后落户境域。20世纪80年代，街道人口增加，为解决学龄儿童就近入学，市、区教育主管部门相继在境域新办建设路小学、大桥小学，同时企业自办有五物子弟学校、轴承厂子弟学校、煤机厂子弟学校，共有在校学生5680多人，教师750人。2000年，湘潭轴承厂、湖南省煤机厂、五物3所子弟小学先后移交岳塘区教育局，并撤销合并到建设路小学。保留建设路小学1所、市级十二中学1所，有在校学生3000多人，教师230人。有幼儿园6所，入园儿童970人，幼师120人。2001年，市职工大学合并到湘潭职业技术学院，湖南省纺织专科学校与湘潭机电专科学校合并为湖南工程学院。2006年，湖南理工职业技术学院设立。2007年，湘潭农业机电学校并入湘潭生物科技学校。2015年，境域有湘钢技工学校、湖南理工职业技术学院2所大专院校，有在校学生2300余名，教师168名。有市属湘潭第十二中学1所，在校学生985人，教师94人。有区属建设路小学1所，在校学生956人，教师20人。有幼儿园3所，入园儿童358人，教师52人。中、小学生入学率和九年义务教育普及率100%。

文化体育

20世纪60—70年代，街道文化体育活动开展很少。1983年，街道成立文化站。至1988年，街道文化站每年组织街道居民和驻街单位，开展庆“五一”“十一”和春节联欢等文体活动。1995年，有歌舞厅、录像厅、桌球室、书店、音像店等32家。2000年，霞光村居委会成立文艺宣传队和老年门球队，文体活动活跃。2010年，有图书室、乒乓球室、文化室、网吧、健身活动室等38家。街道定期举办社区文化艺术节、周周乐歌舞晚会、诗词比赛、老年人趣味运动会等文化体育运动。2015年，有文体活动室4处，群众文化广场、健身活动场地6处，图书室4个，共有藏书2.2万册。芙蓉社区广场舞队获湖南省首届大众广场舞比赛冠军。

医疗卫生

20世纪60年代，境域无医疗卫生机构。1975年，3家驻街企业设立医务室，有医生7人。1978年，市妇幼保健院迁入境域东湖路，设病床343张，医务人员326人。驻街7家企业设有医务室，为职工和家属诊疗一般疾病。2000年，单位医务室因企业改制撤销，驻街私人诊所增至16家，中西医药店6家。2009年，建设路街道与东坪街道在市中西结合医院联合组建街道卫生服务中心，担负为境域居民进行基本公共卫生服务职能。2010年，市妇幼保健院有床位316张，医务人员320多人。2014年，湘潭市妇幼保健院升格为三甲医院，设病床400余张，有医务人员500人。2015年，有市妇幼保健院1家大型三甲医院，16家私人诊所和中西药店，医务人员600人。

社会保障

20世纪70年代，街道财力薄弱，社会救助面不宽。街道只能配合区民政部门对军烈属、残疾人、“五保”户实行有限的定额救助，特殊困难家庭主要依靠其所在企业帮扶。其时，街道有3人享受“三属”优抚待遇，有15名复员退伍军人享受双定（定期、定量）补助。1997年，街道建立社会保障体系，对困难群体进行重点帮扶。有最低生活保障对象126户，发放最低生活费7万多元。2008年，辖区下岗失业人群增加，生活困难救助面扩大。街道有低保户533户1040人，发放低保金174万元。是年，始行城镇居民合作医疗，全街有3086人参合，缴费24万元。2010年，有低保522户971人，发放低保金196.4万元。对35户特困家庭实行租房补贴，发放补贴款4.86万元；解决低保户廉租住房44户；为190名特殊困难人员争取各类临时救助14.98万元。街道新增就业2301人，城镇下岗失业人员再就业1115人，就业困难对象再就业464人。2015年，境域享受最低生活保障对象410户687人，发放低保金218万元；享受临时医疗救助17户，救助金4.15万元；重特大救助3人,救助金1.8万元；支付自然灾害救助资金8万元。受理廉租房申报22户，获批17户。城镇新增就业1784人，其中下岗失业人员再就业998人。城镇居民基本医疗保险覆盖率100%，基本养老服务覆盖率90%。

人民生活

20世纪50—60年代，居民以农耕生活为主。20世纪70年代后，工矿居民逐年增加，企事业职工和家属成为境域居民的主体，收入来源转向以工资收入为主，年人均在400~500元左右。20世纪80年代，居民年人均收入800元左右，人均住房面积不足12平方米，部分家庭有自行车和缝纫机。1990年，居民年均可支配收入5800元，大部分单位新建职工住宅，居民人均房屋面积18平方米，部分家庭添置电视机、电冰箱、洗衣机和组合式家具，生活有所提高。2000年，居民中自谋职业和外出打工人数增加，居民人均收入16850元，人均消费支出13468元，其中旅游娱乐、教育文化消费支出增长较快。大多数居民住进设施完善的小区，人均面积25平方米以上。一般家庭拥有摩托车、彩色电视机和空调。2015年，居民人均可支配收入24680元，人均消费支出18548元左右。人均住房面积32平方米以上。小汽车、电脑、液晶彩色电视、高档家具等普遍进入百姓家庭。衣物、教育、医疗、旅游和文化娱乐消费等支出占比明显上升；食品消费占比明显下降，恩格尔系数32%。

（撰稿：朱小玲　谭献德）

东坪街道 >>

区域概况

地理位置

东坪街道地处岳塘区西南端，东与岳塘街道、建设路街道相邻，南与霞城乡毗连，北和宝塔街道插花相接，西濒湘江，与雨湖区窑湾街道隔江相望。境域为湘潭的老城区，独处河东滨江河川，故名东坪，街道亦以东坪为名。

建置沿革

东坪是以湘江水运而形成老商埠。民国22年（1933）境域即为湘潭县城区四镇之一，称东坪镇。民国36年（1947），属湘潭县易俗河乡。民国38（1949）8月，属湘潭县城关区，称十六居委会。1951年，划入湘潭市区，属南区管辖（原湘江区的前身）。1960年，南区撤销，境域划归河西人民公社湘江分社。1962年6月，成立东坪镇，属湘江区。同年11月，调整属岳塘区，改称东坪街道，12月复属湘江区管辖。1965年5月，湘江区与雨湖区合并成立河西区，街道隶属河西区。1970年，改称东红街道，1973年复称东坪街道。1980年，街道划属原岳塘区。1992年，改属新岳塘区管辖，至2015年建置无变化。

区划面积

1962年，东坪镇成立时，辖板子厂、横街、石巷子、太平街、三角坪5个居民委员会，21个居民小组。1970年，调整为培红、三角坪、横街、育红、大桥5个居委会，居民小组不变。1980年，街道辖太平街、板子厂、横街、石巷子、三角坪5个居委会，23个居民小组。街区面积1.8平方千米。1981年9月，霞城乡万福大队划属东坪街道，增加万福居委会，增设居民小组7个，街区面积扩至2.8平方千米。2001年，居委会改称社区，太平街居委会并入横街社区，板子厂居委会并入万福社区。2009年，撤销石巷子居委会。至2015年，街道辖三角坪、横街、万福3个社区，设居民小组47个，街区面积3.2平方千米。

自然环境

街道境域属湘江冲积平原，地势平坦低洼，土壤大部分为肥沃的冲积土，适宜农作物种植。气候属亚热带季风湿润气候区，夏秋炎热干燥，冬春寒冷少雨，且受寒潮和大风侵袭频繁，年平均气温16.5℃~17.5℃。年平均降雨量1350~1450毫米，年均日照1650~1750小时，年均湿度81%，无霜期长，降雪日少。由于城市开发建设，自然植被和野生动物稀少。

人口民族

1962年，东坪镇人口4000人。1992年，街道共2512户6347人，其中男性3364人，占53%。农业人口1422人，占22.5%。1998年，街道有2736户7354人。其中男性3824人，占52%；农业人口1936人，占26%。人口自然增长率6.8‰。2010年，街道户数3868户，人口12633人。其中男性6476人，占51%。人口自然增长率5.4‰。2015年，街道4057户11719人。其中男性6093人，占52%。全部为城市人口。居民以汉族为主，有回族、土家族、苗族、瑶族4个少数民族20人。由于迁出人口较多，人口自然增长率-2.05‰。

经济发展

经济综述

明清时期，境域是河东居民过江进城必经之境，以码头聚集客货人流，形成集镇，商业繁荣。民国11年（1922），长潭公路建成通车。民国15年（1936），（湘）潭衡（阳）公路以东坪为起点修建，东坪始成为湘潭河东交通中心，人口剧增，商贸服务经济发展。抗日战争期间，这里是国民革命军二〇〇师的驻地，办有被服厂等一批军需企业。至20世纪60年代前，街区仍然是湘潭商贸业比较集中发达的地方。1961年，湘江一大桥建成通车后，东坪水陆交通中心功能消失，商业功能随之退化。以冶炼和食品加工业为主的工业逐渐成为经济主体。80年代，街道集体企业发展较快，万福大队蔬菜种植和生猪养殖具有一定规模。90年代中期，街属集体企业陆续关停，万福种养殖规模逐年缩减，街道经济衰退。1998年，岳塘实施“工业强区，开放活区、三产富区、科技兴区”发展战略，街道重点发展民营企业。2000年，街道地区生产总值425万元，实现利税139.59万元。2010年，街道地区生产总值9.3亿元，唐臣粮油和存瑞皮革服装2家企业占总产值的98%。完成固定资产投资1.44亿元，实现利润1478万元。2013年，完成地区生产总值2.13亿元，因2家主要工业企业生产衰退，街道经济总量下降。商贸服务业成为街区经济的主要业态。2015年，天元置业、宜华房地产开发公司进驻境域，街区完成固定资产投资1.72亿元，实现地区生产总值4.67亿元，其中建筑业产值3.49亿元，商业服务业产值1.18亿元。

种植业

境域种植业集中在万福社区。20世纪60年代，万福大队主要种植水稻，时有耕地8.4公顷，年产粮30吨。20世纪70年代，稻田改种蔬菜，时有菜地7.8公顷，是湘潭市区的蔬菜供应基地之一。1986年，上市蔬菜711吨，产值38.23万元。1995年，上市蔬菜755吨。2000年，上市蔬菜800吨，产值75.3万元。2005年，上市蔬菜550吨，产值74万元。2008年，上市蔬菜575吨，产值90.9万元。此后因城市建设发展，万福蔬菜种植面积逐年减少，至2010年，菜地征用开发殆尽，蔬菜种植基本退出。

养殖业

境域养殖业集中在万福社区。主要是养猪和养鱼。20世纪70年代，万福大队有养殖水面7公顷，年产鲜鱼27吨。1986年，万福村出栏生猪2438头，产值22.67万元；出水鲜鱼38吨，产值3.1万元。1995年，万福村出栏生猪4300头，出水鲜鱼44吨。2000年，万福社区出栏生猪2300头，产值129万元；出水鲜鱼25吨，产值15万元。2005年，万福社区出栏生猪2820头，产值225.6万元；出水鲜鱼18吨，产值14.4万元。2008年，万福社区出栏生猪840头，产值134.3万元；出水鲜鱼9吨，产值9万元。此后，万福社区养殖业因对湘江造成污染和国家建设征用，生产场地缩减，养殖产量逐年减少。2014年，为根治湘江污染源，境域生猪养殖全部退出，鱼塘悉数征用开发房地产，万福社区的养殖业自此终结。

工业

清末民初，留学日本的梁焕奎在长沙成立华昌炼锑公司，在东坪建炼锑工业基地，委托连襟谭长生管理，有人字炼砂炉20座，反射提纯炉19座，反射烘砂炉15座，专利生产10年，为东坪冶炼工业最盛时期。也为东坪冶炼业前身。抗日战争时期，境域开办被服（军服）厂，时有工人120余人。中华人民共和国成立前，有4户较大私营企业，开设粮食加工厂和食品作坊，时有工人80余人。1972年，湘潭市冶炼厂落户境域，主要生产铸铁管，有工人80余人。1980年，先后办起纸袋厂、胶木原件厂、机电铸造厂、麻袋厂等一批小型企业。1986年，有工业企业11家，其中街办企业8家，职工86人，工业产值119万元。1992年，工业企业增至15家，其中街办企业8家，职工130余人，工业产值217万元，市场竞争力弱，20世纪90年代中期陆续关停。2000年，工业企业4家，工业总产值1425万元。存瑞皮革制品厂生产的皮衣出口东欧，创汇80万美元。2005年，街道工业总产值2480万元，其中存瑞皮革出口创汇286.9万美元。2007年，除存瑞服装和东坪印刷厂仍继续生产以外，其余企业全部改制为民营企业。2008年，唐臣粮油实业有限公司在境域建成投产，成为全区最大的粮油加工企业。存瑞皮革公司扩大经营，成为区内外贸骨干企业。两家企业产值共3.89亿元，占街道工业总产值的98%。2009年，街道有骨干企业6家，其中宜华房地产开发公司是境域最大的建筑企业。唐臣粮油实业有限公司被命名为省级农业产业化、林业产业化龙头企业。街道工业总产值4.1亿元，固定资产投资7520万元，实现利润687万元。2010年，街道骨干企业8家，企业职工173人，工业总产值9.3亿元，完成固定资产投资1.44亿元，实现利润1478万元。2015年，湘潭中心大厦项目启动建设，完成固定资产投资9.4亿元。存瑞皮革受到国际经济环境影响，处于停产状态。唐臣粮油因市场竞争激烈，生产下降。是年，境域有宜华、天元2家较大房地产开发企业，常年在岗职工400人，实现以建筑业为主的工业产值3.19亿元。

商贸服务

清代，东坪因交通优势人流稠密，商铺集中。也是湘潭捆排业中心，上游放来木排均经此改扎为大排，以便过湖入江。民国11年（1922），长潭公路通车后，这里饭铺、客栈、南杂、修理等商铺增至30余家，从业人员200余人。潭宝公路通车后，大码头成为两条公路交接的轮渡码头，太平街成为木材交易中心。20世纪50年代，辖区内商业发达，各类民生服务商业一应俱全，有各类商铺80余家，年商业销售收入150余万元。1961年，湘潭大桥建成通车后，地域交通优势丧失，商铺歇业或外迁，商业逐步没落。1975年，仅保留市属的5家商铺，年销售收入不足10万元。1980年，有4家商业网点，从业人员17人，商品销售收入6万元，利润0.12万元。中共十一届三中全会后，经济政策放开，个体工商业恢复。1983年，商贸服务业开始复苏，个体工商户增加。1985年，有商业服务网点47家，从业人员183人。销售收入136.18万元，实现利润1.89万元。1993年，湘潭市工商局投资452万元，建成面积

8000多平方米的建设路集贸市场，设门面205间，摊位266个，从业人员1600余人，商贸服务业产值692.2万元。同年，华隆大厦（百货）营业。2006年4月，步步高投资集团与胜利电影院共同投资8000多万元，建成面积2.1万平方米的集商业、餐饮、文化娱乐一体的胜利文化商业广场，建设路口形成繁华商业圈，街道商贸服务网点超600家，从业人员3500人，商贸服务业产值1182.5万元。2010年，街道商业服务网点870个，从业人员超4000人，商贸服务业产值2430万元。2015年，街道商贸服务网点有1022家，从业人员5200余人，商贸服务业产值6500万元，成为街域经济的主体。

财政金融

1974年，霞城信用社在境域设立东坪分社。1980年，工商银行东坪分理处设立。1986年，街道财政收入6.31万元，收入来源主要是上级财政拨款。1992年，街道财政收入12.35万元。1994年，成立街道财政所，财政收入主要来源为差额预算拨款及税收分成。是年，工商银行增设建设路和福星路2个储蓄所，霞城信用社增设和平储蓄所。2000年，街道财政收入30.12万元。随着建设路口商圈的发展，商业银行进驻街区，邮政储蓄银行在境域设立邮政储蓄所，建设银行在岚园路设立支行。2005年，街道财政收入75.39万元，是2000年的2.5倍。2009年，财政收入变更为全额预算拨款加税收分成的形式。2011年，街道财政收入803.84万元，华融湘江银行岚园分理处设立。2014年，街道实现财政收入446.9万元。2015年，境域有华融湘江银行岚园支行、工商银行福星路支行、湘潭邮政储蓄银行建设路支行、湘潭农村商业银行霞城支行4家金融机构，年末居民储蓄存款余额超过18亿元，货款余额16.5亿元。

基础设施

交通运输

明清时期，东坪设有过江码头，是湘潭境域居民过江进入湘潭城区的重要通道。民国11年（1922），省内首条公路长潭公路修建通车，境域段长1.5千米，民国20年（1931），潭衡公路修建，境域长0.8千米，东坪成为两条公路的交汇点。汽车渡口交通繁忙，日过渡汽车200辆以上。1954年，从东坪至十八总开通过江客运轮渡，成为境域居民去河西的必乘交通工具，年客运量15万人次以上。1961年，湘潭一大桥建成通车后，汽车码头废弃，行人渡口取缔，东坪交通优势丧失。1964年，1、5路公交车开通，成为境域居民出行的主要交通工具。1985年，有汽车站路、横街、扁担街、树荣街、石巷子5条主要道路，长4.7千米，均为泥结石路面。1986—1992年，三角坪片区开发建设为城区，市政投资新修建设中路、东湖西路、福星西路、东泗路等主要城区干道，总长3.5千米。2001年，新修连接建设路口和东泗路的岚园路0.8千米，成为境域主要商业街区。2005—2008年，街道先后对万福路等7条总长5千米的小街小巷进行整修和提质改造。至2015年，境域10条街道和16条小巷路面全部硬化、绿化、亮化，有12条公交线路经行境域，其中31路、12路、7路公交车均以东坪为起点通往市区各地，居民出行便利。

邮电通信

20世纪60年代，境域设邮电营业所一处，但只开办邮政业务。邮件由邮递员骑自行车投递。在汽车渡口设有一个邮筒，供居民寄发信件，每日取件一次。1986年，建设路邮政所建成并投入使用，开通邮政和电信业务。1988 年，境域始有自动电话，磁石电话改为程控拨号，时有用户 40 户。1992 年，开通移动电话业务，但信道狭窄，通话率低，域内居民持有量在 120 台左右。2000 年，河东邮政分局在境域成立，增设岚园路邮政网点；居民程控电话拥有量 1200 台左右。2003 年 6 月，河东邮政分局撤销，成立城东邮政分局。2008 年，境域有移动电话用户 6000 户左右，移动互联网用户 200 户，固定电话用户减少。2013—2014 年，邮政在万福社区、横街社区先后开设代办点。2015 年，全域移动电话用户达 9000 多户，1600 户家庭开通互联网业务，固定电话用户减至 3000 户左右。

供电供水

民国 28 年（1939），境域横街、树荣街、石巷子的部分居民开始用电力照明。1963 年，三角坪一带居民改用电照明，但居民饮用水源主要是湘江河水，部分大户自掘水井，饮用井水。20 世纪 70 年代，居民多以井水为生活用水。20 世纪 80 年代中期开始，万福社区架设农电专线，开始用电照明；横街、三角坪社区的居民改饮用自来水，万福社区居民仍多饮井水。1986 年，万福社区皂角树 36 号至鲤鱼洲居民改用农电，其余全部由城网供电。1987 年，万福社区居民改饮自来水。1996 年，供电部门对境域供电网络进行升级改造，居民用电状况改善。2008 年，东泗路变压器升级为 575 千伏，2011 年，东湖西路变压器升级为 575 千伏，居民生活用电得到保证。2015 年，4057 户居民使用自来水，安全饮用水率 100%，用电户 4057 户，100% 用电照明生活，年户均用电量超过 500 千瓦时。

水利建设

境域濒临湘江，江岸线长约 2 千米，湘江大堤没修建前常受洪灾危害。1975 年，湘江防洪大堤修建，但因设防标准低，排渍设施不完善，暴雨时常遭渍水危害，水患没有根本解除。20 世纪 80 年代，新修建南阳渠 1.1 千米，渍水灾害有所缓解。1998 年，湘江防洪大堤按百年一遇防洪标准加高加固，增设 400 千瓦排渍机 1 台，湘江水患基本解除。2002 年，国家投资 8802 万元，进行烧窑港卡口拓宽工程，拆迁境域 7 家企业和居民住宅 26 栋，外运污泥废渣 115 万立方米，回填土方 28.5 万立方米，捣钢筋混凝土 1500 立方米，新建大堤 570 米。2005 年，为彻底解决湘江东坪段河道狭窄问题，政府投入工程费用 4757 万元（其中征拆资金 3310 万元），再次完善烧窑港拓卡工程。征用土地 3.47 公顷，拆迁房屋 224 户 3.23 万平方米，共开挖土方 9.5 万立方米，填筑土方 31.88 万立方米，浆砌石 6165 立方米，浇捣混凝土及钢筋混凝土 997 立方米，制作防渗墙 4000 平方米，修筑泥结石路面 1.01 万平方米，草皮护坡 9195.43 平方米。新修大堤 790 米，加高培厚老堤 400 米，拓宽河面 70 米，并新建 4×220 千瓦工农排渍泵站，湘江水患和渍水危害得到根除。2010 年 11 月，项目总投资 7757.1 万元的湘江防洪景观带和东坪湿地公园（东坪烧窑港河滩段）动工建设，2012 年 6 月竣工并对市民开放。至 2015 年，境域再无水患威胁，昔日水患成灾的荒野河滩成为市民休闲娱乐好去处。

街区建设

1982 年，为举办湖南省第六届运动会，湘潭市投资 3000 万元在境域三角坪修建体育中心，同时修建建设中路和福星西路，三角坪片区开发建设启动，街区面貌开始发生改变。1986 年，岚园宾馆、省粮食技工学校、市精细化工厂等多家单位和企业先后落户三角坪，新街区初步形成城区规模。2008 年，为迎接第十一届省运会在湘潭召开，市政府拆除市体育中心原主场馆，重新建设能容纳5万人的新场馆。同时，增建游泳馆和其他体育设施，共耗资2亿元。湖南省烟草公司湘潭分公司、湘潭市环保局等单位先后落户境域，三角坪成为商业中心区。2009年，各社区在政府支持下，先后建起办公场地、综合服务窗口和居民文体活动中心。三角坪社区办公用房面积1300平方米，横街、万福社区办公场地均超过1200平方米。2009—2012年，街道获全省和谐社区建设示范街道。2013年，街道通过国家民政部的创建全国和谐社区示范街道评审。2015年，由湘潭天元置业和心连心集团共同投资的湘潭中心在岚园宾馆原址开建，成为湘潭城市建设的新地标。

社会事业

教育

1949年，境域有东坪镇国民中心小学和板子厂小学2所学校，共有学生100人，校舍面积1000平方米。1954年，东坪国民中心小学停办，板子厂小学改为东坪学校，规模扩大到6个教学班，9名老师，有学生200余人。1964年，万福大队开设万福学校，只设小学1~4年级班，实行复式教学。1971年，东坪学校、万福学校均开设初中班，2年后因缺乏师资而停办。1977年，万福小学有5个班，学生154人，教职员工7人。1979年，省粮食技校（简称粮校）落户三角坪，校园面积2公顷，有学生200余名，教职员工50人。1986年，民办幼教在境域发展，蓝星等4所幼儿园开班，入园儿童103名，有幼师10多人。1987年，中国烟草总公司湘潭中等专业学校落户三角坪，有学生100余名，教职员工20人。是年，湘潭市青少年宫建成，有专职教职工15人，以开展青少年活动、培训青少年艺术专长为主开展专业特长培训。1998年，万福小学因生源不足，撤销并入东坪学校。2005年，街道有幼儿园2所，入园儿童256名，幼教员工20人。2007年，东坪学校撤销，粮食技校更名为湖南省经济贸易高级技工学校。2015年，街道有幼儿园5所，入园儿童594名,幼教员工40多人。东坪学校撤销后，境域适龄儿童全部就读于附近建设路小学和大桥学校，初中生就读于市第三中学，学龄儿童入学率和九年制义务教育普及率均保持100%。粮校有学生3000人，教职员工130人；烟校改为烟草行业职工技术培训机构，有学员200人，教职员工123人。

文化体育

1954年，境域有民间舞狮队1支，春节期间活跃于街巷。1972年，街道成立业余文艺宣传队，自编自演《批判天才论》等10余个节目，对居民进行政治宣传。1973年，建立文化室，有藏书1600余册，报纸杂志14种，100余名青年积极分子成为活动骨干。1974年，街道开展“大讲革命故事活动”。街道组建少年文艺宣传队进行文艺宣传。1978年，湘潭胜利电影院落户域区岚园路，设大小放映厅3个，可同时容纳1500余名观众。1982年，湘潭市体育中心建成并对外开放，占地2公顷，主场馆可容纳2万人，成为全市体育活动中心，多项省、市重大体育赛事在这里举行。2006年，胜利影院升级改造，分设6个放映厅，设1800个座位，年放映电影超200场次。2008年，体育中心改为体育公园，除重新建设可容纳5万人的主场馆外，还配套游泳馆、羽毛球馆、足球场、网球场及娱乐休闲设施，并全面开放，第十一届省全运会在此举行。2015年，有社区文艺队伍5支，文体站1个，社区文化活动室3个，社区图书室藏书超万册。街道举办元宵龙狮会、欢乐潇湘、幸福湘潭、周周乐文艺演出4场，参加群众1万

余人次。是年，全街新建2个居民健身广场，居民健身锻炼方便。

医疗卫生

20世纪70年代前，境域有2家药店和1家西医诊所，有医务人员2人。1976年，岳塘区医院在东坪设门诊部，设病床2张，有4名医护人员。1986年，有4家诊所，设病床5张，医护人员7名。1992年，有诊所6家，设病床10张，13名医护人员。2000年，诊所增至9家，病床增至20张，医务人员16名。2006年，岳塘区中西结合医院改造为东坪建设路街道社区卫生服务中心，设病床100张，有医务人员117人。医院的颈肩腰椎疼痛专科为中医特色重点专科门诊。2011年，湖南爱尔眼科湘潭分院落户街道，每年坚持免费为全市白内障患者手术100例。2015年，街道有医院、诊所共10家，设病床171张，有医护人员269名，居民一般疾病可就近得到治疗。

社会保障

20世纪60—80年代，街道财力薄弱，民政救助主要依靠上级民政拨款，对五保户、烈军属、复退军人、特殊困难家庭实行定额补助，年支付救助金额5万元左右。1997年11月，低保救助制度开始在街道实施。是年，街道有186人享受最低生活保障待遇，当年领取最低生活保障金1.31万元。2000年，街道享受低保311人，年领取低保金20.65万元，有120人参加社会养老保险。2005年，有1387人享受低保，领取低保金119.71万元，有1980人参加社会养老保险，有2016人参加城镇居民医疗保险。同年，开始实行城市居民合作医疗，有参合居民857人。2008年，全街道1523人享受低保，年领取低保金231.61万元；城镇居民合作医疗参保率95%以上，步入全省先进行列。2015年，有城市低保户698户1254人，年发放低保救助金505.95万元；医疗救助529人次，发放各类医疗救助金112.45万元；发放困难家庭救助金157人次，77.52万元；对53名优抚对象发放优抚金50.754万元。是年，街道新增城镇就业1000人，为363户危房户（无房户）申请解决廉租房。

人民生活

20世纪60—70年代，境域居民生活水平低，年人均收入不足400元，大部分居住木质排架屋，人均居住面积不足10平方米。此后，随着境域工商业发展，就业人数增加，生活逐渐改善。20世纪80年代，街道居民收入主要来源于工资性收入，年人均收入480元左右，半数居民生活仍然困难。20世纪90年代，企业破产改制，境域低收入人员增多，年人均仍在2000元以下。2000年，地方经济较快发展，街道本地就业和外出务工者逐年增加，居民收入逐年增长。2010年，居民年人均收入18040元，人均消费支出为15805元。2015年，居民年人均收入27068元，居民人均消费支出22952元，实现整体脱贫。居民储蓄存款增加，居住条件改善，木质排架屋全部拆除，改造为砖木、砖混结构二层楼房，半数居民住进环境较好的住宅小区，人均居住面积25平方米以上。彩电、空调、洗衣机、手机普遍使用，3000余户家庭拥有摩托车、电动车，约400户家庭拥有小汽车。

特色地情

历史事件

火烧洋油池　民国16年（1927）初，在北伐战争节节胜利、湖南农民运动高潮的推动下，湘潭人民在中共湘潭城区特别支部的领导和中共湘潭执行委员会书记杨昭植的直接指挥下，反帝锋芒直指干扰中国内政、阻挠北伐的英帝国主义。1月16日，湘潭各界群众近万人在县城学坪举行规模空前的示威活动。会后在河西怡和坪焚烧鸦片200余箱和洋货千余件，在境域的下太平街河滩上将煤油用竹筒引入池塘内，共焚烧英商亚细亚福记煤油公司煤油2800余桶。焚烧洋油行动打击了帝国主义经济侵略中国的气焰，受到人民群众热烈拥护。

风景名胜

荫梓屋场　万福社区板子厂的荫梓屋场为中共湘潭城区直属支部旧址，始建于清代光绪年间，为二进三开间的砖木结构住房。民国34年（1945）10月，中共湖南省工委委员刘鼎来到荫梓屋场，吸收李孝先、李克孝兄妹为党员，在此建立党小组。民国35年（1946）2月，中共湘潭城区直属支部在这此建立，李孝先任支部书记。此后，荫梓屋场成为湘潭地下党从事革命活动的策源地。民国38年（1949）4月，李克孝任中共湘潭县工委书记，以教师身份为掩护从事党的工作，为地下党组织收藏枪支，策划湘潭迎接解放。荫梓屋场成为湘潭县工委机关、地下党负责人集会和秘密活动场所。1995年，李氏后人将原房屋拆除改建。

（撰稿：刘咏梅　供图：潭志）

书院路街道>>

区域概况

地理位置

书院路街道位于湘潭市河东建设南路与芙蓉路交汇地段，东与高新区相接，西与岳塘街道相邻，南与中洲路街道接壤，北与宝塔街道毗邻。华菱线缆公司是境域最大的国有企业。境域之东的易家嘴下有久负盛名的霞城书院，从岳塘路口至易家嘴东西横贯的城区主干道命名为书院路，是境域的主要交通干线，街道以道路而命名。

建置沿革

清代，境属湘潭县十二都九甲。民国时期，境属湘潭县霞城乡（曾称易俗河乡）。1950年，境域属湘潭县五区晓塘乡。1954年，境域分两次划属湘潭市区，属金塘乡。1958年9月，属郊区人民公社河东分社。1962年后，属郊区霞城人民公社。1976年，境域分次划入岳塘区下摄司街道，农村仍属郊区霞城公社。1985年12月，成立书院路街道，属岳塘区。1992年6月，改属新岳塘区，原属霞城乡的城郊地段逐渐发展为城区，相继划入街道管辖。2012年，金迪、省高压送变电公司、牡丹服装厂一带划入街道，形成现有格局。至2015年建置无变化。

区划面积

1985年，街道辖向家塘、跃进村、晓塘村、飞机坪、斑竹塘、新塘和书院路7个居委会，193个居民小组，面积2平方千米。1992年4月，新增天鹤新村一、二、三家属委员会45个居民小组，辖区面积扩大到3.2平方千米。1996年，增设晓塘二居委会、斑竹塘二居委会，面积增加0.3平方千米。2001年，12个居委会调整为天鹤、斑竹塘、牡丹、新塘、晓塘、书院路、飞机坪、跃进、向家塘9个社区居委会，302个居民小组。2009年8月，调整合并为向家塘、飞机坪、书院路、新塘、晓塘、牡丹、斑竹塘、天鹤8个社区，366个居民小组。至2015年区划无改变。

自然环境

境域地质稳定，地势平坦。处亚热带季风湿润气候区，四季分明，热量丰富，雨水充沛。年平均气温16.5℃~17.5℃，年平均降水1350~1450毫米，年平均日照1550~1610小时左右，无霜期300天以上。土壤主要为红壤，结构坚实，承载力强，适宜工程建设。因人口稠密，自然地貌改变，野生动植物稀少。

人口民族

1986年，街道有4035户18029人，其

中男性10234人，占57%，以汉族为主，人口自然增长率4.1‰。1993年，境域人口增长加快，有6825户25156人。人口自然增长率5.6‰。2000年，第五次全国人口普查统计，境域有8650户27593人。其中男性15211人，占55%。人口自然增长率4.9‰。2010年，第六次全国人口普查统计，境域有10948户38191人。2015年年末，境域有15975户49144人，其中男性25662人，占52%。有苗、侗、土家、满、维吾尔、白等12个少数民族352人，人口自然增长率4.25‰。

经济发展

经济综述

20世纪50—60年代，境域大部分是农村，经济以农业为主。1970年，建设南路修建后，一批工矿企事业单位陆续迁入落户，街区商贸服务逐渐发展，并占区域经济主导地位。1988年，街道集中精力抓自有经济发展，创办、引进工商企业12家，实现工商企业总产值325.81万元，其中商贸服务业产值占54%。1995年，街道对集体工商企业全面推行风险承包责任制，街道工商企业总数（包括私营工商业）87家，工商业总产值1339.57万元。其中工业产值占42%，三产业产值占58%。2000年，驻街国有企业先后转体改制，街道集体企业通过改制改革，全部转体为民营企业。街道引进30余家工商企业落户境域，其中商贸服务企业22家，占新增企业的70%。完成工商业总产值2710万元，其中工业产值占28%，商贸服务业产值占72%，商贸服务业成为街道经济的主体。2010年，街区房地产开发、商贸物流、餐饮住宿、娱乐服务蓬勃发展。当年实现工商业总产值5078万元，其中工业产值占36%，商贸服务业产值占64%。规模商贸服务企业22家，占全部商贸服务业收入比重的80%。2015年，街道有工商企业单位223家，工商企业

湘潭电缆厂

总产值 3.39 亿元，其中商贸服务业占 94%，工业产值占 6%。

工业

街道有较好工业发展基础，湘潭电缆厂是 1954 年最早迁入境域的大型国有企业。20 世纪 60 至 70 年代，湘潭化纤厂、湖南省建筑第三公司等省市大企业进驻境域，为街道工业发展提供机遇。街道依托国有企业的产品扩散，为其服务配套，发展街道居委会集体企业。1986 年，街道自办企业有百合饮料厂一家，从业人员 12 人，工业总产值 50.5 万元。1992 年，街道各类工业企业发展到 7 家，实现工业产值 287.5 万元。其中，岳塘联合饲料厂是最大的街办企业，有职工 43 人，生产生猪配混饲料，当年工业总产值 168.7 万元。1995 年，街道和居委会所属集体企业因资金和技术方面的原因相继停产，岳塘联合饲料厂产值下降。街道通过引进技术、资金和管理人才，新办工业企业 2 家，开发新产品 2 个，完成工业总产值 592 万元。2000 年，湘潭市中频电炉公司、金湘建材有限公司相继落户街道。岳塘联合饲料厂改办拉丝厂，楚天电焊条新生产线试产成功，小屋酒籂酒厂建成第二条生产线，全街道工业总产值 810 万元。2005 年，街道 14 家工业企业实现工业总产值 859 万元。2010 年，根据湘潭市建设总体规划要求，街道工业企业陆续搬离。房地产开发成为街道新兴产业，工业总产值 1878.1 万元，主要是建筑业产值。2015 年，有房地产开发项目 8 个，完成社会固定资产投资 4.2 亿元，实现工业总产值 8431 万元。

商贸服务

20 世纪 70 年代，由于工业企业陆续迁入，街区居民逐年增加，促进境域商贸服务业逐步发展，城区主干道两侧陆续建起各类商业服务项目 30 余家。街道以便民服务为宗旨，开设南杂、饮食、修理等小商店 4 家，有从业人员 12 人。1986 年，开办各类服务网点 7 家，从业人员 47 人，商贸业收入 275.71 万元。1992 年，个体商户发展加快，商贸网点增至 80 余家，从业人员 267 人，商贸业产值 470.87 万元。2005 年，商贸企业发展到 410 个，友华家电、华银视听歌城等大型商贸企业陆续进驻，从业人员 1210 人，商贸业产值 950 万元。2012 年，市政府投资 4500 万元建成晓塘路农贸市场，市场占地 0.8 公顷，设门面 75 个、摊位 130 个，年购销总额 1.5 亿元。2015 年，有各类商贸服务网点 838 家，从业人员 6000 人，商业服务业产值 2.06 亿元，社会消费品零售总额超过 5.8 亿元。

财政金融

1980 年，工商银行岳塘支行落户境域建设南路。1985 年，街道成立时，财政资金主要靠上级拨付，支出主要是保行政运转。1986 年，湘潭商业银行岳塘支行设立，居民年末储蓄存款余额不足 150 万元。当年，街道财政收入 11.74 万元，基本维持街道机关行政运转。1996 年，财政收入 27.4 万元，除上级行政拨款外，街道企业利润上交是主要收入来源。财政支出 29.8 万元，主要用于环境卫生及民生投入。2008 年，房地产开发项目陆续进驻境域，建筑税分成收入成为街道财政的主要支柱。财政收入 174 万元，财政支出 168.7 万元，主要用于民生投入和公益事业建设，收支平衡略有结余。是年，街区金融服务网点 8 个，居民年末储蓄存款余额 3.4 亿元。2010 年，街道财政改革支付体制，各项专项经费增加，财政收入 247 万元。2015 年，财政收入 591 万元，财政支出 574 万元，主要用于民生改善和环境的综合整治。是年，街区金融网点增至 11 个，居民年末储蓄存款余额超过 7 亿元。

基础设施

交通

民国 27 年（1938），国民政府在境域飞机坪社区征地 152 公顷，建设飞机场，土方基本平整，因侵华日军进逼，飞机场建设停止，1954 年湘潭电缆厂迁址建厂，从岳塘路口修建简易公路 1.2 千米进入厂区，境域始有公路。20 世纪 60 年代，政府投资在境域修建书院路，长 1.3 千米。70 年代，市政府投资修建建设南路 1.8 千米。20 世纪 80 年代，市政投资对域内的建设南路和书院路进行拓宽改造，同时新修电工路，街区向下摄司方向通道打开，始有经建设南路的 1、10 两路公交车通行。1993 年，市政对建设南路、书院西路进行整修。2000 年，新修次干道天鹤路，长 320 米，宽 6 米，8、10、23 路等 6 条公交线路经行境域。2008 年，市政投资新修长 925 米、宽 5 米的牡丹路和长 790 米、宽 7.3 米的晓塘路西段，对向家塘路和斑竹巷全长 2.5 千米路面进行硬化和绿化设施配套，境域居民出行方便。2012 年，新修 1.2 千米长的霞光东路和 1.4 千米长的晓塘路，区域交通更加方便。2015 年，城市公交改革后，穿行境域的城市公交线路有 1、8、10、19、23、105、107、115、117 路等 11 条。

邮电通信

1980 年，境域设书院路邮电所，邮政业务主要有信函、包件、汇兑，电信业务只经营电话。1986 年，有 40 多家企事业单位、机关装有固定电话。1992 年，程控数字电话开通，电话进入百姓家庭，200 余户居民家庭安装固定电话，100 余人使用无线寻呼。1995 年，固定电话用户增加到 7000 余户，手机用户增至 5000 余户，无线寻呼停止使用。2000 年，移动电话发展迅速，用户约 1 万户。2002 年，开通互联网，有 2000 余户家庭使用宽带。2015 年，有邮政电信营业网点和代办点共 13 家，手机用户 2 万户左右，互联网用户增至 8000 户左右，保留固定电话用户 4000 户，网上购物和快递业务以一种新邮政业态快速发展。

供水供电

自 1954 年湘潭电缆厂落户境域始，部分居民生活始用电力和自来水，但大多数农村居民仍使用煤油灯照明，饮用塘坝水。1986 年街道成立，境域居民生产生活普遍用电，大部分居民饮用自来水，少数居民饮用井水。1992 年，随着境域工业企业增加，居住人口增多，一度出现电力紧缺，停电现象时有发生。1995 年，市供电部门分批改造街区供电线路，扩建霞城变电站，增加供电容量。2000 年，中环水务接管城区供水，对居民区分批进行一户一表供水管线改造。供电部门为适应城市居民小区管理，在境域增设变压器 17 台，扩容 5700 千伏，并实行分户安装智能电表分户计量收费，居民用电得到充分保证。2015 年，境域居民生活 100% 用电，饮用水安全率 100%。

街区建设

20 世纪 70 年代，境域逐渐形成街区。1985 年，书院路街道设立时，各居委会均无办公场地，靠租借房屋办公。1995 年，街道建立“门前三包”责任制，加强城市管理，环境得到改善。2001 年，湘潭市建材厂、湖南工程学院南院区、区教育局等单位分别为驻地社区无偿提供办公用房和服务用房。湖南工程学院、飞鸽药业、省液压件厂、省建筑学校等单位投入 500 多万元用于居民区基础设施建设，街道争取政府投入 200 余万元，书院路、斑竹塘、飞机坪、牡丹 4 个社区建成办公用房 1300 余平方米。2004 年，跃进、向家塘、新塘、飞机坪、牡丹5个社区在驻地企业支持帮助下，各自建成居民文体活动休闲娱乐场所，公益环境得到改善。2014年，街道在电工北路设置长160米创建卫生街道宣传文化墙。2015年，鑫源花苑、国富新城、华雅、春满江南、东方锦泰、湘江花园等小区相继建成，老旧小区通过提质改造，绿化、亮化、体育健身路径全部完善配套，居民区面貌明显改善。

社会事业

教育

中华人民共和国成立前，境域仅有私塾1所，没有正规学校。1954年，湘潭电机厂开办湘潭电校（电机高等专科学校前身），面向社会招收高小毕业以上文化青年，为工厂培育技术工人。1965年，湖南省建筑学校落户境域，招收具有初中毕业以上文化青年，培育建筑技术骨干。1970年，湘缆子弟小学和湘缆幼儿园创办，1976年开设湘缆子弟中学。1985年，湘缆幼儿园有入园儿童300人，幼师10人。湘缆小学、湘缆中学有学生1450人，教师116人。湖南省建筑学校、湘潭机电高等专科学校共有在校学生4500人。1992年，台胞林周毅女士在天鹤村开办慈光幼稚园，新增入园儿童200名。湘缆小学、湘缆中学时有在校学生1520人，教师117人。1994年，林周毅在慈光幼稚园的基础上创办慈光实验小学，招收入学新生100名。2000年，湘潭机电高等专科学校与湖南纺织高等专科学校合并组建成湖南工程学院，升级为本科高校，境域为该校南校区。2002年，湘缆小学移交给岳塘区教育局管理，更名为友谊学校，有学生1435人，教师107人。湘缆中学停办，学生分别转入附近湘潭市三中和湘钢、湘机中学入学。2003年，湖南省建筑学校与湖南省建材工业学校合并组建湖南城建职业技术学院，升级为专科高校，境域为南校区。2008年，境域幼儿园入园儿童306人；中小学在校学生1336人，教师102人。适龄儿童入学率和九年义务教育普及率100%。2015年，境域有湖南工程学院（南院）、湖南城建职业技术学院（南院）2所大专院校，在校大学生8768人，教师315人。有友谊学校、慈光实验小学2所小学，在校学生824人，教师104人。有慈光、春满江南、华雅·艾斯堡、琴韵、彩霞、蓝海、霞城、小福娃8所幼儿园，入园幼儿共836人。

文化体育

1986年，境域湘缆、风动、化纤等企业都设有俱乐部和图书馆，各学校均有运动场和图书室，街区文化体育活动均以企业单位为主组织职工文化体育活动。1990年，街道配备文化专干，指导居委会开展群众文体活动。居民依托大型企业提供的场地，在居委会组织下，每年进行新春联谊和文体竞技比赛。2000年，境域居民广场文化活动渐成风气，广场舞成为社区居民每天活动常态。2005年，街道在各社区建立文化广场，安装体育健身器材。各社区文艺宣传队下设腰鼓分队、秧歌分队、太极分队、门球分队、舞蹈分队、合唱分队、小品分队，有队员800余人。每天有居民进行篮球、羽毛球、乒乓球、太极拳、太极剑、健身操、跑步等体育锻炼。2008年，有社区文体活动室9个、户外活动场地5处，有腰鼓队4支、老年门球队5支、业余京剧团1个、合唱队3个、舞蹈队5个，有骨干队员545人。社区市民学校全天开放，不定期开展科普知识、医疗卫生、消防等专题讲座。2013—2014年，街道建起354平方米的文体活动站，新增5个社区文化室，在6个社区配备高标准健身器材各一套。开展各类文化体育活动86场次。2015年，在市区举办的“欢乐潇湘 幸福湘潭”“周周乐”等大型文艺活动中，街道有4支代表队获得优胜奖。

医疗卫生

1958年，湘潭市第一人民医院从河西小东门搬迁境域，初名“湘潭市工人医院”，建成面积2000平方米的门诊部，有医卫人员36人。1978年，电缆厂职工医院开办，主要服务于企业职工和家属。风动、化纤等企业设有卫生所，医治厂内职工一般疾病。1986年，境域湘潭市第一人民医院为二级甲等医院，有医卫人员228人，开设临床科室11个，设病床323张。电缆厂职工医院有医卫人员92人，设床位60张。2000年，企业改制后，湘缆职工医院和各企业医务室相继撤销。在新的医疗卫生体制引导下，开设私人诊所15家，零售药店7家。2006年，湘缆职工医院转型为书院路街道社区卫生服务中心。2008年，湘潭市第一人民医院扩大规模，设临床科室18个、医技科室30个，病床558张，有医卫人员591人。街道社区卫生服务中心有医卫人员52人，设床位42张。2009年，市第一人民医院21层的肿瘤防治大楼投入使用，成为湘潭河东地区医疗条件最好的医院，升级为三甲综合医院。2011年，街道社区卫生服务中心新建1100平方米公共卫生大楼，设13个科室、50张病床，卫技人员30人。2015年，境域共有医疗卫生机构34家，设病床1887张，医卫人员1380人。其中市第一人民医院开设37个临床科室、9个医技科室，有病床1600张，拥有省市级重点专科16个，职工1326人，其中高级职称177人、博士8人、硕士126人，成为一所集医疗、教学、科研、预防、保健于一体的大型三甲综合性医院。街道社区卫生服务中心设病床53张，有医卫人员32人，为居民提供基本医疗、预防、保健、康复、健康教育、计划生育技术指导“六位一体”的综合性服务。有私人诊所和药店30余家，病床41张，医卫人员44人。

社会保障

1986年，街道成立之初，财力十分薄弱，只能配合区民政部门对特殊困难居民实施有限的社会救助，27名军烈属、“五保户”、复退军人享受定额补助，年支付3万元左右。1998年，境域民政救助对象43人，支付各项救助金共计8.3万元。是年，街道始行最低生活保障，441人享受低保，发放最低生活保障金62.5万元。2000年，有952人享受低保待遇，年领取低保金121.23万元。2004年，有低保户918户，2102人，年领取低保金148.08万元。安置就业5001人。2008年，低保人数1910人，年领取低保金272.67万元。安置下岗失业人员5273人，其中新增就业2700人。2009年，城镇居民医疗保险参保4115人，占应参保人数的65%。2010年，有低保户905户1890人，年领取低保金264.29万元。安置下岗失业人员5549人。2011年，有低保户913户，1822人，年领取低保金429.88万元。城镇新增就业2046人，其中下岗失业人员再就业1084人。2013年，建成居家养老日间照料中心和慈善超市，开展社会救助。2015年，有低保户624户，1080人，年领取低保金405.6万元。有优抚对象44人，年发放各种定额补助34.7万元。新增就业1820人，失业人员再就业1017人，登记失业率控制在4.03%以内。

人民生活

20世纪60—70年代，境域居民大部分属农村，居住土筑平房，靠生产队集体劳动按工分获得粮食维持生活。年人均口粮225千克左右，年人均收入120元左右。企业单位的职工家属居住在单位分配的筒子楼，人均居住面积10平方米，年人均收入 400 元左右。1986 年，境域居民生活有好转，年人均收入 890 元，主要来源于工资性收入。大部分居住单位分配的福利房，人均居住面积 12.73 平方米。结婚普遍购置电视机、单车、洗衣机“三大件”。1995 年，随着改革开放深化和经济发展，居民收入多元化，经营性收入增加，年人均收入 4976 元，人均居住面积 18 平方米。2000 年，住房商品化，生活条件较好的居民购买商品房，改善居住条件。2008 年，居民年均收入 9700 元，人均居住面积 23.65 平方米。移动电话、液晶彩电、空调、全自动洗衣机、冰箱、电动车进入普通百姓家庭。2015 年，居民年人均收入 25000 元，人均住房面积 33 平方米左右，2000 多户家庭拥有小汽车，居民生活普遍超过小康水平。

（撰稿：王　乐）

中洲路街道

区域概况

地理位置

中洲路街道位于岳塘区南部，东与书院路街道相邻，南与下摄司街道相接，西与岳塘街道和霞城乡相连，北与书院路街道和霞城乡接壤。湘潭电机厂是境域最大的国有企业。街道以境域的主要道路中洲路命名。

建置沿革

清代，境属湘潭县十二都八甲。民国时期，属湘潭县霞城乡（曾称易俗河乡）。1949 年，属湘潭县城关区，称十八居委会。1950 年，划入湘潭市区，属河东工业区，称下摄司居委会。1954 年，分为解放村居委会和南国村居委会。1958 年，属湘潭市郊区人民公社河东分社，1961 年改属电机分社。1962 年 6 月，岳塘区成立，设立中洲路街道。1971 年 6 月，湘潭电机厂成立家属办，街道属岳塘区政府和电机厂家属办双重领导，以电机厂家属办管理为主。1976 年 12 月，改由岳塘区为主管理。1992 年，新岳塘区成立，街道归属新岳塘区，至 2015 年建置无变化。

区划面积

1962 年，街道成立时，辖解放一村、二村、三村、四村、自建村、工人村、建设村 7 个居委会，有居民小组 47 个。1963 年，新增二食堂、南国村 2 个居委会，面积约 2 平方千米。1992 年，街道辖解放一村、二村、三村、四村、五村、自建村、栗塘村、南国村、中洲村、工人村、建设村、禾花一村、二村共 13 个居委会，有居民小组 97 个，辖区面积扩大近一倍。2001 年，调整为栗塘、电中、中洲、建设、自建、九洲、长城、运河、鸦雀塘、禾花塘、广胜 11 个社区居委会，设居民小组 161 个，面积约 4 平方千米。2009 年，11 个社区居委会合并为九洲、运河、栗塘、自建、长城、鸦雀塘、禾花塘社区 7 个社区，设 358 个居民小组，面积约 4.1 平方千米，至 2015 年无变化。

自然环境

境域地势平坦。土壤主要为红壤和冲积土，地质坚实，适合工矿区建设。气候属亚热带季风湿润气候区，夏秋炎热，冬春寒冷。严寒期短，年平均气温 16.5℃ ~17.5℃；年均降水 1350~1450 毫米。因城市建设，自然植被消失，野生动物稀少。

人口民族

1977 年，境域有 5213 户 23847 人。其中男

性 12957 人，占 54%。人口以汉族为主，有少数民族 6 个 53 人，占人口的 0.2%。人口自然增长率 5.88‰。1990 年，有 8743 户 30705 人。其中男性 15695 人，占 51%。有土家族、回族、满族等少数民族 8 个 132 人，占人口的 0.43%。人口自然增长率 4.27‰。2000 年，人口 11913 户 33067 人。其中，男性 16706 人，占 50.5%。有少数民族 10 个 138 人，占人口的 0.42%。人口自然增长率 3.68‰。2015 年，人口 18244 户 36991 人。其中男性 18250 人，占 49.3%。有少数民族 14 个 89 人，占人口的 0.24%。人口自然增长率 3.7‰。

经济发展

经济综述

自民国 25 年（1936）国民政府资源委员会中央电工器材厂落户境域后，境域工商业逐渐发展，取代传统农业成为湘潭市内的工业集中区。1953 年，中央电工器材厂改称湘潭电机厂，并快速扩大，境域成为规模工业区。商业逐渐繁荣，工商经济逐步取代农业经济。1972 年，街道创办小工业和商贸服务业。1986 年，有 3 家工业企业和 5 家商业网点，年工商业总产值 74.82 万元。1990 年，街道集体经济逐渐向好。1992 年，有直管工商企业 14 家，居委会和私营企业 22 家，实现工商业总产值 261.8 万元，是 1986 年的 3.5 倍。1998 年，大力发展区、街集体企业、个体私营企业和外向型经济。2000 年，有集体企业 5 家，居委会和私营企业 33 家，实现工商业总产值 1989 万元，工业产值占 41%，商贸服务业占 59%，商贸服务业产值超过工业产值。2005 年，街道有规模企业 1 家，小微企业 35 家，服务业 160 家。工商业总产值 4900 万元，商贸服务业成为街道经济的主体。2008 年，街道重点扶植个体经营户、私营企业加快发展，实现工商业总产值 5044 万元。2015 年，街道工商业总产值 1.01 亿元，其中工

湘潭电机厂

业产值占22%，第三产业产值占78%。

工业

民国25年（1936），国民政府资源委员会确定在境域建立工业区，设立中央电工器材厂。1953年，更名为湘潭电机厂，并进行大规模扩建，成为国家机械工业部管理的大型国有企业。同年，设立湘潭电线厂（湘潭电缆厂前身），为电机厂配套生产原材料，有产业工人2000人。1980年，街道围绕湘潭电机厂及其附属厂产品配套服务开始创办集体工业企业，中洲无线电厂投产，产值6.6万元，利润1.2万元。1984年，油漆厂、木材加工厂投产。1986年，有3家工业企业，从业人员23人。工业总产值36.42万元，销售收入32.76万元，创利润1.27万元。1989年，机电配件厂投产。1992年，有5家工业企业，从业人员51人，工业总产值169.5万元，销售收入102.9万元，上缴税金17.61万元，利润12.29万元。1993年，街道成立通海经济发展总公司，实行集团化管理，促进经济发展提速。1997年，街道工业企业16家，从业人员288人，工业总产值811.39万元，销售收入776.17万元，利润7.05万元。1999年，湘机受市场经济冲击，工业生产不景气，街道企业处于停产和亏本状态，企业从业人员保留26人，工业总产值422.26万元，销售收入412.6万元，利润4.1万元。为摆脱经济困境，街道对企业实行全面改制，采取出让拍卖、转体民营等方式盘活资产。2008年，有8家民营企业，从业人员280人，工业总产值1202万元，利润52万元。2015年末，有民营企业9家，从业人员450人。工业总产值2300万元，利润118万元。

商贸服务

自中央电工器材厂在境域建厂起，商贸业随之在长潭路沿线和职工居住区发展。私营商业门店有40余家，涵盖南货、百货、日杂、五金、饮食、客栈多种门类，从业人员300余人。20世纪50—60年代，市各行业局先后在境域开设服务居民生活的商业机构、门店20余家，服务门类基本齐全，年商贸业收入100万元左右。1980年，政府经济政策放开，个体商贸服务业逐渐发展。1986年，有集体商业企业5家，从业人员32人。个体工商户100家，从业人员200人，商贸服务业收入238.4万元。1994年，湘电集团投资1400万元建成九州农贸市场，集农副产品、小百货、超市、布市、娱乐、服饰、鞋类经营为一体，设有300多个商业门面和200余个摊位，成为境域人流量最大的综合性集贸市场，年营业额1000万元左右。2000年，境域国有、集体商贸服务业相继退出经营，个体商贸服务业逐渐发展大上规模。有各类商业网点200余个，从业人员800人，商贸服务业产值超4000万元。2006年11月，盛世峨嵋市场建成开业，200余商户入场经营。2011年，有各类商业网点679个，从业人员7129人，九洲市场和盛世峨嵋市场实现农超对接，商贸服务业产值1.18亿元，社会商品零售额超过2.3亿元。2015年,有各类商业网点1132个，从业人员11886人，商贸服务业产值1.78亿元，社会商品零售额超过3.63亿元。

财政金融

20世纪50年代，境域设有中国工商银行下摄司支行，服务对象主要是下摄司地区的工商企业。1975年，设立建设银行下摄司支行，主要管理湘钢、电机等国有大型企业的基建资金账户。1976年，街道自有财力薄弱，主要靠上级预算拨款和电机厂资助维持街道行政运转。1986年，街道财政收入7万元，年财政支出9.6万元，收不敷出，经济运行困难。1992年，街道财政收入增至17.61万元，除上级财政拨款外，还来自街办企业盈利上缴。财政支出16.3万元，主要用于街道、居委会的行政支出，收支基本平衡。1994年，新增建行九州市场储蓄网点。当年街道工商税收133.4万元，财政收入39.4万元，财政支出38万元。2000年，街道完成税收169.16万元，财政收入43.6万元，财政支出43万元，除用于街道行政开支外，还投入部分资金扩大街办企业。2008年，街道采取向上级争取项目和盘活街道资产方式，实现税收675万元，财政收入227.5万元；当年财政支出219.4万元，社会事业支出成为资金的主要支出流向。2015年，街道财政来源主要是上级财政的转移支付，财政收入926.5万元，财政支出867.8万，主要用于工资开支、工作经费支出以及惠民项目建设。当年境域有建设银行、工商银行、中国银行等9个金融网点，居民储蓄存款年末余额超10亿元，年末贷款余额超亿元（未计大中型国有企业）。

基础设施

交通运输

民国36年（1947），从东坪到下摄司的潭下路（潭衡公路湘潭市区路，今岳塘路）3.7千米建成通车，境域始通公路。1951—1955年，电机厂投资30万元，修建厂区至家属区南国村、解放村的道路2.7千米。1962年，市区河西大码头至下摄司的1路车开行。1970年，湘钢投资40万元，修建全长2.3千米的峨嵋路。1972年，市政府投资修建中洲路，连接潭下路和峨眉路，区域基本框架定型。1986年，有下摄司路、峨嵋路、铁牛路、中洲路、电工路、南国路6条城区道路，总长5.5千米。有燕雀巷、三株岭路、一完小通道、鸦雀塘路等小街小巷10条，长3.5千米。1993年，新修胜利路，全长800米。2003年，街道多方争取资金，对主次干道和小街小巷进行提质改造，铺设混凝土或沥青路面，配套路灯绿化，公交线路增加8路、10路经停境域。2006年，对中洲路进行提质改造。2010年，禾花塘社区道路改为沥青路面。2011年，运河路、长城路、南国路提质改造。2012年，南国西路、下后街、燕雀巷道路改造为沥青路面。2013年，对栗塘社区31栋前坪道路和南国村、铁牛埠社区路段进行提质改造。2014年，对电中路、峨嵋路人行道、湘机中学至西临村道路、无线电五厂宿舍前道路和鸦雀塘社区贵都公寓进出口道路进行提质改造。2015年，境域城区主要道路和小街小巷11条，均改造为混凝土或沥青路面，绝大部分实现排水、绿化、路灯配套。有1、8、10、12、15、16路和高新1、2路专线共10余条公交线路在境域经停或始发。

邮电通信

1954年，境域设立下摄司邮电支局，办理邮件、信函、汇兑、电话、电报业务，邮件由邮递员步行传送到各单位。驻街企事业单位使用手摇磁石电话，由邮局总机拨接，湘潭电机厂有内部通信网络。1995年，电话进入居民家庭，有居民用户150户。1998年，邮政电信分家，下摄司邮电支局改为电信公司，并单独设立邮政分公司。是年，境域开通自动电话，驻地单位普遍安装，用户增至2500余户。2000年，手机在居民中普及，境域有用户4000余户。固定电话减少，信函、电报很少使用。2008年，开通互联网，居民家庭用户1000余户。2015年，有固定电话用户7000余户、移动电话用户1.8万余户，互联网用户8000余户。

供水供电供气

民国27年（1938），国民政府资源委员会在下摄司建设湘江电厂，1000千瓦机组未试机即因日军进犯湖南而拆迁。民国35年（1946），部分居民始用电力照明。居民生活用水以饮用井水和塘坝水为主。1958年，湘潭市二水厂在下摄司袁家祠堂修建，境域居民部分改饮自来水，部分饮用井水。是时，居民普遍使用生活用电，但因电量不足、电压不稳而经常停电。居民使用水电都由电机厂统一管理，收费低廉。2000年，中环水务接管城区供水，居民全部饮用安全自来水。各居民区由所属单位出资，改用湘钢高炉煤气。市供电部门接管居民生活用电，实行电网改造升级，电容量增加，电压稳定，居民照明生活用电成倍增加，收费相应提高。2001年，湘机变电站投入运行，架设霞机1线和霞机2线两条110千伏供电线路，长1.64千米，境域（除湘机外）的工商企业和居民生活用电全部接入城网。2010年，自来水改为一户一表，分户计费。居民生活用电也与湘机剥离，由供电部门统一改造为分户装表计费，规范管理，安全用电率100%。2015年，居民全部改用天然气，安全饮用水率100%。

街区建设

中华人民共和国成立前，境域仅有一条潭衡公路，半边街有50栋参差不齐的低矮商铺。1954年，电机厂建起解放村、南国村两个职工住宅区，占地约10公顷，都是砖瓦平房，每户使用面积约40平方米左右。街道成立时，靠借用电机厂房屋办公。20世纪70年代始，街区从半边街向岳塘延伸连接，建起一批4层以上临街建筑，始有街区雏形。1981年，街道在解放村中洲路建办公用房300平方米。电机厂新建禾花村职工住宅28栋。2000—2002年，湘潭电机厂筹集资金2亿元，对所辖职工住宅进行大规模改扩建，拆除全部平房，建设6层居民住宅100万平方米，3000余户居民住进住宅小区。街道多渠道筹集资金，改善社区办公条件。2003年，街道筹资20万元，新建电中、建设、长城3个社区办公用房800平方米。2004年，投入80万元扩建九洲、中洲路等7个社区办公用房1800平方米，11个社区办公条件全面改善。湘电集团投入近亿元资金，对职工居住小区进行道路维修和下水道改造，配套绿化和公益设施，60%以上的居民居住小区化。2006—2009年，街道在湘电集团北门外建起900平方米社区服务中心和7个社区政务服务大厅。2015年，街道开展环境卫生集中整治和街巷提质改造，所有街巷整修一新，下水、绿化、路灯配套，实行小区化管理，居民生活环境改善。

社会事业

教育

20世纪50年代，境域湘机创办职工幼儿园1所，有入园儿童180人，幼师19人。市办下摄司一完小和湘机子弟小学相继开办，时有在校学生1000余人，在职教师63人。1963年，湘机子弟中学和湘机技工学校开办。1968年，湘机中学有初中班12个，学生近700人，教师36人，时称“红电中”。1984年，增设高中班。1997年，湘机子弟中学由市教育部门接管，被列为省重点中学，设44个班级，在校学生2231人，教职工195人。湘机子弟小学由岳塘区教育局接管，改称湘机小学。湘机职工幼儿园交由社会办园，改称九洲幼儿园。2000年，有九州、苗苗2所幼儿园，入园儿童240人，幼师26人。有下摄司一完小、湘机小学2所小学，在校学生2750人，教职工180人。湘机中学升格为省示范性高中，有在校学生1025人，教职工124人。湘潭电机厂技工学校改称湘潭电气职业技术学院，在校学生2800人，教职工195人。2015年，有朵俊湘机、苗苗、慧聪、一完小4所幼儿园，入园儿童850人，幼师120人。有湘机小学、下摄司一完小2所小学，在校学生2151人，教职工116人。湘机中学在校学生2300人，教职工180人。湘潭电气职业技术学院升格为大专，在校学生5000人，教职工260人。

文化体育

1953年，湘机建成面积2500平方米的体育场和拥有800座位的电机厂文化宫，是全市最早的职工文化体育活动场地。20世纪50至60年代，湘机每年举行职工运动会和多场文艺演出，文化宫每周放映电影工场，是境域居民的主要文体活动场所。1985—1995年，电机厂组织龙狮队每年春节期间都活跃于街道居民区。1999年，街道采取组织骨干队伍，加强场地建设，开展社区体育竞赛等措施，建设室内外健身场所30多处，组建文化体育活动队伍30余支。开展象棋、扑克、广播操等比赛，街道被评为“全国体育先进单位”。2002年6月，运河社区成立26人的腰鼓队，此后各社区纷纷效仿，腰鼓队、门球队、龙狮队、广场舞队等文艺队伍先后在各社区组建，参加文体活动人数5000人以上。2010—2014年，街道组队参加市、区“欢乐潇湘 幸福湘潭”大型文艺汇演、“龙灯狮鼓闹元宵”等活动。2015年，拥有14处较大室外文体活动场地，安装体育健身器材65套（件）；8个球场和1个电影院，8个文娱活动室、8所市民学校，8个图书室共有藏书15000余册；腰鼓队、广场舞队、龙狮队等业余文艺队伍30余支，文体骨干成员2000余人。

医疗卫生

1954年，湘潭电机厂设立职工医院，有医卫人员58人，设病床100张。1965年，岳塘区在境域设立卫生院，有医卫人员49人，设病床10张。是年，湘潭电机厂职工医院有医卫人员181人，设床位214张。1992年，岳塘区卫生院投资110万元，在原址新建面积1250平方米的医疗综合大楼，设置11个科室，医务人员增至53人，设病床25床。1996年，岳塘卫生院更名为岳塘区人民医院。2000年，境域开设6家私人诊所，增加病床18张，医务人员33人。2001年10月，湘潭电机厂职工医院更名为湘潭力源医院。2005年12月，力源医院与美国升妮莱福国际保健品服务有限公司合资成立“湘潭爱心友好医院”，为全省第一家中美合资综合性医疗机构。2006年8月，中洲路街道卫生服务中心在岳塘区人民医院挂牌成立，医院有医卫人员127人，设床位114张。其中街道卫生服务中心业务用房2023平方米，有职工23名，执业医生11名，注册护士5名。2012年，中洲路街道卫生服务中心更名为下摄司街道卫生服务中心。2014年，湘潭爱心友好医院由大森林制药公司注资办院，有医卫人员64人，设床位265张。2015年，境域有医院3家、个体诊所12家，共设床位300余张，医务人员422人。

社会保障

1978年，街道成立时，因经济来源不足，社会保障功能低弱，社会救助主要依靠驻地企业工会组织，仅只能配合区民政部门对五保户、烈军属和少数特殊困难人员每年进行有限的定额救助。年支付社会救助金3万元左右。1997年，街道开始实施低保救助政策，有低保户15户23人，发放低保金1.5万元。1998年，18户26人享受城市居民低保，发放低保金6万余元。2000年，享受低保的对象2244人，支付低保金118.4万元。2002年，享受低保的对象1996人，支付低保金163.06万元；是年，街道新增就业人员1558人。2005年，有低保对象3063人，发放低保金289.4万元。新增就业人员1541人，下岗再就业841人。2008年，有低保对象5699人，年发放低保金469.7万元。新增就业人员2077人，下岗再就业 1137 人。当年，始行城区居民医保，参保对象 5034 人，参保金额 42.9 万元。2011 年，全街低保对象 2384 人，发放低保金 645 万元。城市医疗救助政策开始实施，救助 2384 人，支付救助金 31 万元。新增就业人员 2042 人。2015 年，有低保对象 1417 人，年发放低保金 470 万元。有民政优抚对象 29 人，年发放定额救助金 21.4 万元。城镇居民医疗参保 9815 人，参保金额 147 万元；发放医疗救助 257 人次，救助金额 79 万元。新增就业 1821 人，下岗再就业 1002 人。

人民生活

中华人民共和国成立前，中央电工器材厂一般工人每月发银元 2 元或薪米 4 斗，养家糊口困难。经商居民一般只能保本经营，维持基本生计。20 世纪 60 年代，居民生活主要靠工资收入，年人均收入不足 1000 元。居住在企业提供的平房宿舍，人均居住面积 10 平方米左右。1985 年，湘潭电机厂建起职工福利房，大批平房改造为楼房，居民人均面积 18 平方米左右。1995 年，一批新的住宅小区陆续在境域建起，部分居民购买新房，搬迁新居，人均住房面积增至 25 平方米左右。居民年人均收入增至 1 万元左右。除工资性收入外，大多数居民家庭财产性收入和经营性收入占到总收入的 30% 以上。居住消费成为生活支出外的最大项，但年有节余。摩托车、彩电等家用电器进入居民家庭。2010 年，居民年人均收入增至 15600 元，住房消费增加，食品、衣着消费由数量型向质量型转变，医疗保健消费支出比重明显增加，住房、教育、文化消费成为部分居民家庭的主要经济负担。2015 年，街道居民年均收入 2.7 万元，居住、生活条件普遍改善，人均居住面积 35 平方米，大部分家庭有数万元以上积蓄。800 多户居民家庭有小汽车。

（撰稿：刘　庆）

岳塘街道

区域概况

地理位置

岳塘街道位于岳塘区西南，东与建设路街道相接、西与霞城街道相邻、南与下摄司街道接壤、北与东坪街道毗邻。境域原有20公顷水面的岳塘，岳塘为历史地名，街名以地名定。

建置沿革

民国时期，境域属湘潭县五区霞城乡（曾称易俗河乡）。1951年划属湘潭市河东区，是下摄司工业区的一部分。1958年，属郊区人民公社湘钢分社。1960年4月，湘潭市撤销下摄司工业区，建立岳塘区，并以境域为主体设立岳塘街道。1972年12月，岳塘街道由湘钢接管，属湘钢家属办领导。1976年12月，街道复由岳塘区归口领导，湘钢家属办配合管理。1992年，新岳塘区成立，街道直属岳塘区，至2015年建置无变化。

区划面积

1960年，街道管辖东坪、金耐、泉心塘、泗神庙、新二村、新四村、岳塘、铁牛埠8个管区（即居民委员会），辖居民小组385个，面积6平方千米。1963年1月，板摄路沿线划入岳塘街道，范围扩大1平方千米。1976年12月，因单独设立东坪街道，铁牛埠划属下摄司街道，岳塘街道面积缩减1.5平方千米。管区改为板摄路、新一、新二、新三、泉心塘、寸木塘、纯冲塘、岳塘街、瓦窑塘、新四一、新四二、长潭路、立新13个居委会，有居民小组403个。1981年3月，板摄路沿线划属五里堆街道，立新居委会划属书院路街道，同时增设泗神庙居委会和菊花塘居委会，区域面积基本维持未变。2001年，调整居委会建制，设立铁牛埠、三株岭、泉心塘、寸木塘、纯冲塘、岳塘街、葩塘、瓦窑塘、木屐塘、菊花塘、长潭路、大板房、园南村、泗神庙14个社区（居委会），有居民小组422个。2009年9月，14个社区调整为莲城、菊花塘、泗神庙、大板房、木屐塘、瓦窑塘、岳塘岭、纯冲塘、三株岭社区9个社区，下设居民小组399个，至2015年区划无变化。

自然环境

境域属亚热带季风湿润气候区，四季分明，日照充足，降雨充沛。年平均气温15.5℃~16.5℃，年平均降雨量1350~1450毫米，年均降雪量小于10毫米，年平均相对湿度81%左右。区域风向具有明显季风型，冬季多北风、夏秋多南风，一般风力2~3级。土壤以红壤为主，地质稳定。由于城市工矿建设，范围内居民楼密布、道路纵横，少有野生动物生存。

人口民族

1980 年，境域有居民 9685 户 30450 人，其中男性 16304 人，占 52%。1990 年，户数 14504 户，人口 36700 人。其中男性 19708 人，占 53.7%。人口自然增长率 7.38‰。2000 年，街道有 16083 户 40689 人。其中男性 21769 人，占 53.5%。人口自然增长率 5.56‰。2010 年，街道有 17409 户 43871 人。其中男性 23470 人，占 53.5%。人口自然增长率 4.79‰。2015 年，有 18416 户 46019 人。其中男性 24666 人，占 53.6%。人口自然增长率 5.2‰。少数民族 9 个 152 人，其中满族 59 人，回族 23 人，瑶族 26 人，壮族 6 人，苗族 13 人，土家族 14 人，蒙古族 3 人，朝鲜族 4 人，侗族 4 人。

经济发展

经济综述

1958 年前，境域属农村，以传统水稻种植和生猪养殖为经济主体。1958 年，湘潭钢铁公司（以下简称“湘钢”）在境域开始建设，农业经济向工业经济转型，商贸服务业逐渐形成，在岳塘路口至泗神庙沿潭衡公路一线逐渐形成街区。1972 年，街道以湘钢为依托，开办小型工业企业。以企业利润支撑街道、居委会运转。1980 年，街道有工商企业 58 家，完成工商业总产值 74 万元。1985 年，境域民营工业企业和个体工商户快速增加，商业和服务业发展较快。1990 年，街道有工商企业 186 家，完成工商业总产值 489 万元。1999 年，街道工业企业受到市场经济冲击，产值下降。通过改制和转让拍卖等措施，陆续转体为民营企业。2000 年，街道把经济发展重点转向商业服务业，启动莲城步行街等商业项目建设。当年工商企业总产值 2626 万元，其中商贸服务业产值占 60%，超过工业产值。2010 年，街道工商企业总产值 1.03 亿元，商业服务业产值占 70%，成为街道主导产业。2015 年，街道工商企业总产值 1.19 亿元，商贸服务业产值占 82%。

工业

1958 年，湖南省政府征用霞城乡土地 1500 公顷，建设年产 60 万吨规模的中型钢铁企业——湘潭钢铁公司。初期设有炼铁、炼钢、焦化、轧钢、线材等 7 个分厂，有工人 3000 多人。1960 年街道成立后，围绕湘钢建设，先后开办翻砂厂、

湘潭钢铁公司生产区俯瞰

机械厂和建筑队。1965年，街道有集体企业6家，工人118人，实现工业产值37万元。1975年，街道工业企业增至9家，有工人224人，年工业产值130万元。1986年，街道有电机修理厂、木工厂、建筑队3家企业，有职工140余人，年产值175万元，利润13.8万元。1995年，街道工业企业6家，从业人员200余人，工业总产值415万元。1999年，街道企业实行转体改制后，工业发展提速。2000年，街道工业企业增至11家，从业人员400人，工业产值1063万元，是1992年的12.8倍，产品主要有钢粒和炉料。2008年，街道有工业企业10家，从业人员400人，工业产值5766万元。2010年，部分企业因产销不对路而关停，保留企业4家，从业人员200余人，工业产值3238万元，同比下降39%。2015年，街道保留工业企业3家，华中冶金炉料有限公司是唯一的规模企业，主要生产炉料和冶金石灰，从业人员83人，工业产值3405万元。

商贸服务

20世纪50年代初，境域除泗神庙有2家从事日用杂货经营的小个体商户外，没有商贸企业，居民生活所需必须到下摄司半边街或东坪镇购买。1958年，霞城供销社在岳塘路口开设分店和饮食店。20世纪60年代，湘钢建厂后，境域居民增加，生活需求扩大，市属各行业局在潭下路岳塘路口至泗神庙一线和新修建的交通要道边设立各类商贸服务网点30余家，向居民供应粮油、煤炭、蔬菜等，街道和居委会也因陋就简开设集体商贸服务网点12处，以南杂、百货、日杂、生资、餐饮为主。1970年，商贸服务业从业人员130余人，实现商贸服务收入200余万元。1986年，占地1600平方米的稻香村农贸市场建成投入使用，市场设固定摊位78个，流动摊点150个。是年，街道商贸服务业产值392万元。1995年，境域商贸服务业单位增至270余户，商贸服务业收入560万元。1999年，集体商业服务业通过改制，全部转体为个体经营，境域有商贸服务业网点530个，服务门类齐全，涵盖生产、生活、服务各业，商贸服务业产值1280万元。2008年，莲城步行街一期开街营业，街道商贸服务业网点增至1050个，产值6762万元。2010年，莲城步行街二期和霞光西路沿线200多家门店投入营业，境域商贸服务业网点增至1163个，其中大型超市和规模商铺18家，商贸服务业产值6957万元。2015年，街道商贸服务业网点1285个，商贸服务业产值8534万元，社会消费品零售总额3.5亿元。

财政金融

1965年，工商银行在岳塘路口设立支行，主要服务湘钢和周边企业。霞城信用社在峨嵋路开办储蓄所，经营居民存贷款业务。当时，街道没有财政，办事处行政开支靠上级拨付的预算经费维持运转。1980年，街道实行单独财政管理，除上级预算拨付行政经费外，湘钢资助和街道企业利润上交是主要来源，年街道财政收入平均10万元。1986年，街道财政收入17.24万元，主要来源于区政府行政拨款和企业利润上交。此后，街道自身经济收入逐年增加。1995年，街道财政收入49.91万元。建设银行、中国银行在境域增设金融网点2处，年末居民储蓄存款余额3061万元。2000年，财政收入55.47万元。湘潭市商业银行进驻境域，驻街金融网点增至8个，年末居民储蓄存款余额1.2亿元。2008年，区对街道转移支付增加，街道财政收入298.04万元，其中上级财政拨款228万元，街道其他收入70万元。财政支出296万元。2015年，有工行、农行、建行、中行、农商行和华融湘江6家金融机构，设网点15个，居民储蓄存款余额突破10亿元。街道财政收入575万元，其中上级财政拨款396万元，其他收入 179 万元；支出 554 万元。

基础设施

交通运输

民国 20 年（1931），国民政府修建从东坪到下摄司的潭下路（潭衡路湘潭市区段），境域全长约 2 千米，是街区东西向主要通道。1958 年，书院路、峨嵋路、铁牛路先后动工建设，境域长度约 6 千米，连通各驻街企业和居住小区。沿路店铺林立，楼群密布，形成岳塘区工业经济和商住中心。十八总开往下摄司 1 路公交车当年开通。1970—1980 年，境域新修三株岭路等连通居民小区道路 6 条，总长 3.1 千米。1985—1990 年，湘钢投入资金近亿元，对各职工居民区道路全部水泥硬化，改造下水、安装路灯。2005 年 11 月，由湘钢汽车队改制成立的洪盛物流有限公司，拥有各种车辆 314 台，担负湘钢 10% 左右的原材料，产成品运输任务，是区内大型物流企业之一。2010 年，上级投资 150 万元，对峨嵋路、潭下路、铁牛路进行提质改造，改变路面坑洼不平、交通不畅状况。2008 年，政府投资在境域修通全长 2.6 千米连接潭下路和建设南路的霞光西路和芙蓉西路，形成区域大交通的路网格局，新增 11、102、117 路公交线路 3 条。2012 年，政府投资 37 万元整修背街小巷 26 条，计长 6.7 千米。2014—2015 年，先后对 33 条 9.65 千米背街小巷实行绿化和环卫设施配套，安装路灯 37 盏，居民出行条件得到改善。经行境域的公交线路有 1、11、12、102、117 路等 11 条，居民出行方便。

邮电通信

1960 年，邮政在岳塘岭设邮政所一处，信函报刊都由邮递员步行投递，开设长途电话通信业务。驻地机关厂矿（湘钢外）当时都装有磁石电话，通过邮局总机转接。1985 年始，境域开通数字拨号电话，在机关企事业单位使用。1998 年，邮政、电信分设，移动、联通、铁通 3 家通信企业进驻街区设点，程控电话进入居民家庭，时有家庭用户 4320 户。2000 年，固定电话用户发展到 7720 户，移动电话开始在居民中使用，用户超过 1.2 万户。2015 年，有邮政网点 4 处，有固定电话 3256 台，移动电话 21470 台，互联网用户 1 万户。居民通信联络基本不再使用书信往来。

供水供电供气

1958 年前，境域居民使用煤油灯照明，饮用塘坝水。湘钢建厂后，电力线路、自来水进入境域，大部分居民开始采用电力照明，饮用自来水。水电基本都由湘钢转供，收费低廉。因供电设施简陋，电量供应不足，经常发生停电。因水压过低，在用水高峰时也经常停水，离工厂较远的散住居民靠饮用井水。1990 年，境域用电家庭 98%，饮用自来水家庭 93%。2008 年，湘钢扩建 220 千伏变电站 2 个，110 千伏变电站 1 个；架设万伏高压线路 2 条，长 5.3 千米，380 伏供电线路 4 条，长 8.7 千米。居民用电户 100%。通过城区电网改造，供电设施升级，居民用电改由市电力部门管理收费，居民用电量成倍增加。自来水通过管网联通改造后，由中环水务统一分户装表计费，安全饮用水率 99.7%，夏季用水高峰期居民饮水不再困难。2015 年，通电家庭 100%，饮用自来水家庭 100%，80% 的家庭用上天然气。

街区建设

20 世纪 50 年代，境域还是农村，农户居住分散。1958 年，湘钢落户境域后，先后修建钢城路、峨嵋路等厂区道路 20 余千米，建设新一村、新二村、菊花塘等职工住宅区 5 处，城区成雏形。1975 年后，湘钢工人增加，又扩建泉心塘、纯冲塘、新三村、新四村等居民区，并修建街巷连通道路 18 千米，以岳塘为中心的商住区基本形成。湘钢对各家属区每年花费大量资金，统筹解决供电、供水、排水和道路等设施配套。1985—1990 年，湘钢耗资 3 亿元，对各居民小区进行住房改造，所有筒子楼和 4 层以下的简易住房全部改造为 6 层以上的单元住宅，将住宅区主次道路全部硬化、绿化，统一规划供排水系统，煤气全部到户。其时，街道办事处驻潭下路岳塘路口，场地狭小拥挤，办公条件简陋。各居委会由驻街企业（主要是湘钢）提供 30 平方米左右的办公场地，公共活动场所主要利用湘钢的场地。2000 年后，各居民区全部实现小区化管理。各社区办公场地 100 平方米左右。2004 年，街道和各社区在湘钢支持下，增加办公用房 2600 平方米；建设公共服务场所 12 处，面积 3100 平方米。2012 年，街道办事处迁址湘钢北卫门，办公场地扩大，设立 120 平方米的政务服务大厅方便群众办事。2014 年，湘钢社会职能全部脱钩，各居民小区交由街道，实行社会化管理。2015 年，各社区办公用房增至 200 平方米以上，都建起社区政务服务中心，居民办事和公共活动空间扩大。

社会事业

教育

1955 年，市第三中学在境域三角坪设立，当年招收初中新生 200 名。1958 年，湘钢建厂后，工人和职工家属逐年增加。为解决子女入学问题，从 20 世纪 60 年代初开始至 70 年代中旬，先后开设幼儿园 4 所，子弟小学 4 所，子弟中学 2 所，职工技术学校 1 所。1980 年，有幼儿园 4 所，入园幼儿 260 人，有湘钢一校、二校、三校，湘钢一中、二中和湘潭市三中 6 所学校。有在校学生 3280 人，教师 183 人。1986 年，有幼儿园 5 所，入园儿童 1577 人。有湘钢一校、二校、三校等 6 所中小学，在校学生 5128 人，教师 279 人。2000 年，幼儿园增至 10 所，入园儿童 2110 人；9 所中小学在校学生 5746 人，教师 465 人。2008 年，学龄儿童减少，保留 6 所幼儿园，入园儿童 1211 人；6 所中小学，在校学生 13786 人，教师 586 人。湘钢一中班级和学生大量增加，成为市内名校。2015 年，街道有幼儿园 6 所，入园儿童 1069 人；6 所中小学校在校学生 12583 人，教师 569 人。其中湘钢一中为湖南省示范性高级中学,具备北京大学“中学校长实名推荐制”资格，在校学生 4500 余人，教师 220 多名。湘潭市三中开设 47 个教学班，在校学生 2800 人，教职员工 170 人。

文化体育

1955 年，湘潭市三中的体育运动场是境域最早的体育活动场地。1960 年，湘钢工人俱乐部建成投入使用，主体按苏式风格，成为岳塘地标性建筑。20 世纪 70 至 80 年代，湘钢各中小学均配套建有体育活动场所。20 世纪 90 年代，湘钢经常开展职工篮球赛和联欢舞会，每周放映电影，组织文艺演出和职工体育竞赛活动。2000 年 10 月，占地 3000 平方米的湘钢体育场正式投入使用。街道依托湘钢的体育场地和文化设施，每年组织开展文化体育活动 1~2 次。2002 年，街道举办“七一”文艺晚会，2000 多名群众自发参加。2007 年，各社区先后组建起 9 支文艺队伍，群众文化娱乐活动渐成风气。2011 年，街道组团参加岳塘区第五届运动会。2014 年，街道代表队参加岳塘区“龙狮腰鼓闹元宵”活动。2015 年，境域除有湘钢文化宫 1 处大型文化活动场所和湘钢体育馆、湘钢一中体育馆 2 处体育运动场地外，还有健身房 2 处、体育活动场地 11 个、篮球场 4 个、足球场4个、小型健身娱乐场地12处,安装健骑机、漫步机、肩部活动器、转腰器等健身器材124件。

医疗卫生

1962年,境域有湘钢职工医院。1976年,有霞城乡卫生院和湘钢职工医院两所医疗机构,140张病床,医务人员323人。1988年,霞城卫生院为郊区人民政府接收,更名为郊区人民医院。2000年,郊区人民医院改为湘潭市中西结合医院,由岳塘区管理,湘钢职工医院规模扩大,病床增至500张,医务人员433人。2008年,两家医院设病床560张,有医务人员537人。2014年,湘钢职工医院升格为"三甲"医院,在河东地区与湘潭市第一人民医院齐名。此外,还有个体诊所、药房21家,居民看病就医方便。2015年,有医院2家,民营医疗机构4处,私人诊所6处,中西药店18家,设病床610张,医务人员546名。是年,湘钢职工医院与湘潭市中心医院联合,改称湘潭市中心医院南院区。

社会保障

20世纪70至80年代,因为区、街财政困难,民政资金投入甚少,居民社会保障层次较低,对困难家庭救助主要依靠所在企业的工会帮扶。1997年,城市居民最低生活保障制度开始实施,有低保居民12户27人,年发放低保金4.7万元。2005年,有1066人享受低保,年发放低保金106.8万元。2008年,有584户1100人享受低保待遇,年发放低保金147.78万元。3470人实现就业,就业安置率93%。是年,街道组织居民参加医疗保险,投保8521人,就医358人,补助医疗费用130.3万元。2015年,享受最低生活保障待遇722户1170人,发放低保金455.9万元。医保参保13521人,就医3019人次,享受医疗救助95.54万元。通过统筹城乡就业,新增城镇就业1814人,下岗失业人员再就业960人,困难就业人员再就业411人。年内,为72位患有重大疾病及家庭困难对象申办门诊医疗救助卡,为21人次急需住院的低保户办理住院医疗救助手续,为40户低保及低收入家庭解决住院、临时医疗救助和重特大疾病救助、临时生活救助计10.46万元,对35名享受定额补助的民政优抚对象发放民政优抚金24.4万元,实现应保尽保。

人民生活

20世纪50年代,当地农民以种田、养猪为生,年收入不足100元。湘钢征地建厂后,农民逐渐转变为工人和经商市民,工资收入成为生活主要来源,年人均收入400元左右。70年代,街道居民年均工资收入570元,人均住房面积8平方米,大部分住在湘钢家属区的简易筒子楼。1986年,居民年人均收入920元。人均住房面积9.8平方米。1990年后,居民收入向多元化发展,工资性收入增加。1996年,街道居民年人均收入5224元。由于医疗服务价格上涨和部分居民脱离单位失去公费医疗,医疗保健消费和文化教育消费占比上升。人均住房面积14平方米,多为居住拥挤的单元住宅。2008年,居民人均年收入15365元,年均消费支出10387元,其中食品消费绝对数明显上升,医疗保健消费和教育文化消费增长较快。人均住房面积23平方米。2012年,居民人均收入26697元。消费支出结构明显改变,食品和衣着消费下降。因职工医保和城市居民合作医疗实施,医疗保健消费比重降至7.9%。教育文化消费比重升至17%。人均住房面积增至28.5平方米。2015年,居民年人均收入34424元,衣着消费占生活消费比重8%,医疗保健消费比重占8.2%,教育文化消费占17.6%。大多数居民住进环境较好的住宅小区,人均住房面积35平方米,部分居民家庭购买小汽车。

(撰稿:欧阳帅　供图:潭志)

下摄司街道

区域概况

地理位置

下摄司街道地处岳塘区最南端，北接湘电集团厂区，南临湘江，东与霞城街道毗邻，西至湘潭钢铁公司水泥厂，是湘潭电机厂、湘潭发电厂（原厂）、湘潭电线电缆厂等企业的职工家属聚居区。明朝万历年间，这里水运发达，商铺众多，朝廷在此设有“巡检司”，对过往商船和驻地行商进行管理和收税，简称“下摄司”。街道依地名称。

建置沿革

民国时期，境域隶属湘潭县霞城乡（曾称易俗河乡）。1949 年，划入湘潭县城关区，称第十八居委会。1950 年改属湘潭市，隶属河东工业区，称下摄司居委会，为下摄司工业区的核心部分。1960 年属郊区人民公社河东分社，仍称下摄司居委会。1962 年,岳塘区成立,设立半边街街道。1964 年改称下摄司街道。1992 年，街道改属新岳塘区管理，至 2015 年无变化。

区划面积

1962 年，境域辖下摄司、半边街、迎建村、和平村、东园村 5 个居委会，有居民小组 28 个，面积 1.8 平方千米。1972 年，湘潭电缆厂和湘潭电厂分别成立家属委员会，迎建村、东园村分别由两厂家属委员会主管领导，街道配合管理。1980 年，迎建、东园两居委会复由街道主管，新组建和平村居委会，面积扩大 0.5 平方千米。1991 年，地处易俗河的湘潭市化工厂、液压件厂、离心机厂分别成立家属委员会划入街道，增加 8 个居民小组。2001 年，9 个居委会整合为下摄司、半边街、迎建、东园、橘子园 5 个社区，居民小组 47 个。2010 年，铁牛埠社区由岳塘街道划入下摄司街道。2012 年，境域设半边街、迎东、铁牛埠、桔子园 4 个社区，下有居民小组 96 个，面积 2.9 平方千米，至 2015 年区划未变动。

自然环境

境域大部分为河川冲积平原，土壤以冲积土为主。气候四季分明，热量丰富，雨水集中。年平均气温 16.5℃~17.5℃，年平均降雨 1350~1550 毫米，年均湿度 80%~85%。夏季多南风，气候炎热干燥；冬春季多北风，气候潮湿寒冷。年均无霜期 300 天左右，降雪日 3~5 天。由于工业发展，厂房和居民区密布，原有地貌已根本改变，少有自然林木和野生动物。

人口民族

1985年，街道人口2564户9538人。其中男性5008人，占52.5%。2000年，人口3454户12362人。其中男性6366人，占51.5%。2010年，户数4334户，总人口11203人，其中男性5682人，占50.7%；有少数民族4个，19人；人口自然增长率4.01‰。2015年，户数6415户，人口13496人。其中男性6774人，占50.2%；少数民族4个，21人。人口自然增长率4.26‰。

经济发展

经济综述 民国时期，境域居民大部分经商维生，部分种菜，农商经济较发达。1951—1958年，大部分青壮年居民分别招工进入湘机、湘缆、电厂当产业工人，工业经济逐渐成为境域主要经济成分。1962年街道成立时，没有自办集体工商企业，除上级每年拨付的行政经费外，没有其他经济来源。20世纪80年代，街道在驻地企业支持帮助下，因陋就简开办小型加工企业和小商店，以其收益弥补街道资金的缺口。1986年，街道有集体工商企业20余家，工商业总产值71万元。1992年，街道工业企业规模扩大，个体工商户发展，商贸服务网点增加，集体工商企业总数110余家，工商业总产值214万元，是1986年的3倍。1996年，街办企业由于管理体制不顺，经济效益低微，陆续改制，停办或承包给个体经营。2000年，街道实现工商企业总产值480万元。2008年，街道有工商企业单位300余家，工业总产值5255万元，是2000年的11倍，商贸服务业超过工业，成为街道集体经济的主体。2015年，街道工商企业总产值8001万元，商业服务产值所占比重在70%以上。

工业

下摄司是湘潭市最早的工业区之一。民国25年（1936），国民政府资源委员会筹备在境域建湘江电厂，以为电工器材厂配套供应电力。因日军进犯湖南，未试机即拆迁。1946年，湘江电厂重建，改称下摄司发电所。1948年3月正式发电，改称下摄司发电厂。1959年，扩建后的下摄司电厂更名为湘潭电厂。经过几十年发展，电厂由建厂时的装机2000千瓦发展到15万千瓦，并带动周边湘潭市电机厂、湘潭市微型水泵厂等4家市属企业落户。20世纪80年代，街道在湘潭发电厂的支持下，先后办起中小规模的企业10家，其中规模较大的有交通电器厂、电机修造厂、阳塘木工厂等，工人200余人。1986年，湘潭发电厂为扩大产能，整体搬出境域。是年，街道工业企业11家，产值45万元，上交税收3.8万元。1992年，街道企业规模扩大，工业总产值302万元，销售收入261万元。1996年，街道企业相继倒闭。经过破产改制，形成一批新的民营企业：调速电机厂改制为皇爷槟榔厂，木工厂改制为恒力机电厂，交通电器厂改制为南湖电器厂，工矿配件厂改制为存瑞服装皮革制品有限公司，岩棉制品厂改制为湖工科程机电科技有限公司和丰一机电科技有限公司。各民营企业充分发挥"小、精、快"的优势，成为街道经济发展主力军。2000年，5家企业共有工人180余人，实现工业总产值1242万元，皇爷槟榔和存瑞皮革成为规模企业。2008年，有工业企业4家，生产工人130人，实现工业产值2425万元。2015年，因场地狭小不利企业改造发展，民营企业陆续迁出，保留科程机电和南湖电器2家小型企业，生产工人27人，工业产值547万元。

商贸服务

民国时期，半边街形成商铺集中区，有各类大小商铺30余家，以食杂、日杂居多。中华人民共和国成立后，政府各行业主管部门先后在街区办起各类国营商店17家，商业门类齐全，市场购销繁荣。20世纪80年代初，街道和下属居委会围绕服务当地居民生活，开办下摄司废品店、劳动服务站、半边街饮食店、京花鞭炮店等商业服务实体。1986年，街道、居委会有各类集体商业企业13家，商业服务业从业人员50余人，销售收入26万元。1996年，在发展个体私营经济的政策鼓励下，街办集体商业、服务企业相继停办或者承包给个体户经营。境域个体商户有147家，从业人员400余人，实现商业服务业收入859万元。2011年，新增规模以上服务企业3家，完成商业服务业产值2830万元，实现社会消费品零售额4200万元，同比增长80.33%。2015年，境域有各类商业门店247家，从业人员1000余人，商业服务业产值5100万元，社会消费品零售额1.85亿元。

财政金融

1955年，工商银行在半边街设立储蓄所，主要服务湘潭发电厂和境域工商企业，居民很少办理金融业务。1962年，街道成立时，行政经费全部由上级拨付。1970年，街道财政收入不足7万元，居民年末储蓄存款余额5万元左右。1986年，街道财政收入增至24万元，集体企业利润上交是收入的主要来源。1992年，区财政拨付增至16万元，街道其他收入19万元，合计财政收入45万元，街道行政运转基本维持。2000年，企业利润上交32.5万元，财政收入59万元，财政支出62.79万元，仍有缺口。是年，农行半边街储蓄所开业，2家金融机构居民年末存款余额超过400万元。2009年，财政收入119.49万元，财政支出115.34万元，除行政开支外，主要用于民生投入和困难居民帮扶。2011年，财政收入302.13万元，上级转移支付是收入的主要来源。财政支出301.8万元，主要用于民生投入和社区公益事业建设。是年，半边街邮政储蓄银行营业，3家金融机构居民储蓄存款年末余额突破5000万元。2015年，财政收入363.31万元，财政支出498.89万元，3家金融机构居民年末储蓄存款余额1.1亿元。

基础设施

交通运输 民国20年(1931)，(湘)潭衡(阳)公路通车，汽车在境域经半边街过渡湘江到易俗河，半边街成为通往衡阳的必经之地，交通繁忙。其时，铁牛埠设有客货码头，货运码头主要服务电机、电厂，客运渡船方便下摄司至易俗河的居民往来。1954年，随着过往人流增长，铁牛埠过江渡船改为渡轮。为满足驻地企业运输需要，市运输公司在境域设有下摄司汽车运输队，主要为电厂和电机厂运输原料和产品。1961年，湘潭一大桥建成通车，下摄司汽车渡轮取消。1962年，从市区十八总开往下摄司的1路公共汽车开行，易俗河居民来往湘潭多由铁牛埠过渡。1993年，湘潭二大桥建成后，境域失去交通优势，客货运输逐渐衰退，在铁牛埠过河的人减少、过江轮渡撤销，码头交湘钢作专用货运码头。下摄司汽车运输队撤销。1995年，为解决老工业区居民出行难，政府先后修建解放路、南国路、电工路等城市干道5条，长7.3千米，并陆续开通多条公交线路，方便居民出行。1997年，政府投资对境域11条总长6.7千米的小街小巷全部整修拉通，形成交通网络。2000年，境域所有道路全部摊铺柏油、嵌装行人道、完善绿化，城区环境提升。2012年，街道投入20余万元，对半边街进行改造、铺设下水、硬化路面，同时将电厂通道、电工南路、南国路拓宽，形成区域交通圈。2015年，投入40万元，对通往各居民区的小街小巷全部翻新整修，绿化美化。半边街路口成为1、8、15、19、106、107路公交线路的发车点。

邮电通信

1972年，境域开设半边街邮电所，开通电报、电话业务，书信报刊由邮递员徒步投递。其时境域机关企业装有磁石电话机，通过邮局拨接。大型企业设有自己的总机与邮电联通。1988年，磁石电话改为程控电话。1992年，电话进入居民家庭，时居民家庭安装100台左右，并始有无线寻呼。2000年，境域居民安装自动电话2000余台，持有手机9000余部。2005年，境域始有宽带互联网，部分居民开始使用电脑。2015年，有固定电话用户800户，移动电话用户2万余户，互联网用户5000余户。

供水供电

民国25年(1936)，湘江电厂开始在境域建厂。正式投产后，临街商铺和部分居民开始用电照明，成为湘潭市区最早用电居民区之一。饮用水大多是湘江河水或井水。1954年，用电户普及到境域整个居民区，生活饮用水也逐步改为饮用企业转供的自来水。20世纪60年代，各厂矿家属区照明用电都由所属企业供给，饮水也由各企业铺设专用水管供应，对职工家庭实行优惠，居民水电基本都属福利型。1995年后，居民用电增加，电力部门进行用电改造，接收全部供电线路和设施，并实施改造升级、增容扩容，按市区居民用电标准管理收费。自来水管线全部移交中环水务公司，并实行“一户一表”制改造，按季交费。2015年，居民用电照明100%，饮用安全自来水100%。

街区建设

民国时期，境域只有半边街一条不足千米的老街区。1954年，湘潭电线厂建设迎建村居民住宅，湘潭发电厂建成半边街职工家属区。1962年街道成立时，办公用房由房产部门无偿提供。1973年，政府投资对半边街道路进行改造，安装路灯，铺设下水。街道办公旧房拆除后，租用民房办公。1990年，市政投资在境域相继修通电工路、胜利路、南园路，电厂投入资金改建半边街小区，并进行绿化和区间道路配套，街区环境得到改善。2000年，街道办事处搬迁至半边街口，办公环境改善。2007—2010年，各社区服务中心相继建立，方便居民办事。2012年8月，街道建成面积300平方米的服务大厅，开设6个窗口，集中办理民生服务项目。2015年，街道办事处搬

湘潭电厂全貌

迁至原电厂招待所，各项公共服务功能全部完善配套。

社会事业

教育

中华人民共和国成立前，境域半边街后办有国民学校一所，开设小学4个年级，学生120余人，教师5人。1950年，学校由人民政府接管，改名工农小学。1954年，境域有湘电幼儿园1所，入园幼儿约80人，幼师11人。1955年，工农小学改称下摄司一完小，时有在校学生350人，教师34人。随着企业发展，境域居民增加，学龄儿童增加。1972年，政府在境域开设下摄司二完小，湘机开设子弟中学。其时，境域有幼儿园2所，入园儿童183人，幼师33人；小学3所，在校学生1350人，教师46人；中学1所，在校学生510人，教师30人。1986年，增设民办幼儿园1所，3所幼儿园共有入园儿童162人，幼师20余人。是年，电厂开办子弟学校，下摄司二完小扩大改为岳塘中学，4所中、小学校共有在校学生1500人，教师46人。1998年，电厂子弟学校撤销。2000年，岳塘中学撤销。2008年4月，华龙教育集团投资100万余元将原电厂子弟学校改办华龙幼稚园。2015年，该园入园儿童400余人，教职员工40人，是下摄司地区规模最大、设施最齐、条件最好的学前教育场所。是年，电机厂幼儿园撤销，新增民办幼儿园2个，入园幼儿78人，幼师11人；下摄司小学有在校学生820人，教师42人。

文化体育

20世纪50—60年代，境域职工文化体育活动活跃，电厂文化宫、图书馆和体育场，每周免费放映电影，举办职工体育竞赛和文艺晚会。70—80年代，街道文化体育活动仍主要依靠驻地企业组织开展。1992—2000年，街道每年春节组织龙狮队，到驻地厂矿单位联谊，慰问军烈属。2008年，街道依托湘潭电机、湘潭电厂等企业，建立市民学校6所，下设文化活动室6个，图书室6家，藏书均在1000册以上。全街组建文艺宣传队8支，老年文艺队1支，老年健身操队2支，业余篮球队7支。2014年9月，街道在湘潭电厂老年活动中心的基础上，投入18万余元，建成“下摄司街道综合文化站”。投入10余万元，在原湘潭电厂俱乐部前坪安装文体器材，将其改造为文化广场。当年，街道举办“周周乐”大型群众广场文化活动。2015年，有群众文体活动场地5处，共800平方米，有体育健身器材28套（件），文艺队伍6支。街道文化站获国家级文化站称号。

医疗卫生

1954年，电厂职工医院成立，主要为本厂职工和家属免费医疗。1970年，小电机、微型水泵厂等3家企业设立医务室，共有病床123张，医务人员63人。1990年，医卫管理体制放开，开设私人诊所1家、药房1家。2000年，电厂职工医院和小电机厂、微电机厂等企业医疗机构随企业改制撤销，新设民营诊所7家、药店4家，有病床10张，医务人员16人。2006年，街道卫生服务中心在电厂职工医院成立，配备医务人员5人，设病床10张。2011年，辖区内有医疗机构8家，医务人员35人，设病床39张，诊疗1.2万人次。2015年6月，湘潭电厂引进益寿堂医药有限公司，投资400余万元，将2000平方米的原电厂办公楼改建为保健康复中心，有服务团队成员32人，其中执业医卫人员5人，设置106张床位，为岳塘区第一家规范化养老康复中心。53位老人长期在中心入住。是年，境域街道卫生服务中心设置医疗诊室4个，配备执行医生6人，设病床18张，另有民营诊所7家，病床10张，医卫人员20人。

社会保障

20世纪60—70年代，街道对境域的五保户、军烈属、困难户依靠区民政部门的定额补助进行有限的救助帮扶。20世纪80年代，区民政救助标准提高，企业扶贫帮困力度加大，街道对特殊困难群体民政救助每年支付均在3~5万元左右。1998年，境域始行城市居民最低生活保障制度，有低保对象205户449人，年发放低保金24.75万元。2003年，有下岗失业人员1797人，当年再就业1120人。2006年，境域始行城区居民合作医疗，政府资助2056人参加医疗保险，719人个人缴费进入城区合作医疗。2008年，有低保户870户1993人，年发放低保金318.88万元，基本实现应保尽保。当年再就业2151人。2015年，新增城镇居民医疗保险参保217人，新增灵活就业人员医疗保险65人，补办医疗卡128人。有低保户664户1281人，年发放低保资金430.6万元。有各类民政优抚对象44人，发放定额优抚金39.2万元。为55户因患病生活困难者申请临时医疗救助12.9万元；为35户家庭申请廉租住房实物配租，4户申请廉租住房租赁补贴。城镇新增就业1513人。

人民生活

境域居民大部分是湘机、电厂和湘缆等企业的职工和家属。中华人民共和国成立之前，中央电工器材厂和电厂工人每人每月薪金2元或发米4斗。1951年，工人工资收入增加，有了固定收入，商铺生意也逐年好转，收入增加。1958年，人均年收入400元左右。20世纪70年代，工人工资增加，年人均收入增至700元左右。1984年，人均收入600元左右。居住在由企业分配的福利房，人均居住面积10平方米。20世纪90年代初，湘潭电缆厂破产，大部分职工下岗待业，居民生活困难。通过广开就业门路，发展第三产业和扩大社会救助等措施，部分居民生活得到基本稳定，年人均收入增至1800元左右。2000年，居民居住条件改善，人均居住面积20平方米左右。收入水平提高，年人均收入12200元。2015年，由于就业人数增加，工资收入增长，经营性收入和财产性收入增加，居民年人均收入27219元，人均居住面积30平方米以上。天然气、有线电视、宽带网络进入每家每户，约15%的家庭有小汽车。

特色地情

历史人物

周　道（1919—2013）女，原名周莲英，岳塘区下摄司半边街人。1937年，到长沙八路军办事处担负机要工作。1938年，到延安参加八路军，分到延安抗日军政大学学习。同年6月，加入中国共产党。1939年7月，随延安抗大总校到前方晋东南办分校。1942年后，先后在八路军总部警卫团政治处、太行第三、六分区和太行地委机关工作。解放战争时期，任61军妇女队长兼教导员。中华人民共和国成立后，先后担任四川省川北军区政治部组织科干事、西南公安部队干部军衔科、抚保科科长。1955年，转业到四川省人民银行工作，并选为机关党委书记、四川省委机关直属党委纪委委员。1975年，调任新疆自治区妇联党组书记兼副主任，同年被选为全国妇联第五届执行委员。1980年调江苏省任省妇联顾问（副省级）。1982年离休。2013年1月病逝于北京。

（撰稿：李建儒）

湘潭高新技术产业开发区

概述

湘潭高新技术产业开发区地处湘潭市城区东南部。东与株洲市荷塘区相接，南隔湘江与湘潭县相望，西、北面被岳塘区夹裹。1992 年 3 月，中共湘潭市委、市政府拟定“以高新产业为先导，在河东再造一个湘潭新城”的规划。6 月，经省政府同意，湘潭高新技术产业开发区设立，定位为湘潭市改革开放实验区。下辖宝塔街道办事处 10 个村（场），首期规划开发面积 25 平方千米，行政管辖面积 38.1 平方千米，总人口 11751 人。

建区之初，湘潭高新区确定“拓展框架，主攻产业，招商筹资，建设新区”的工作思路，把发展重点放在基础设施建设、拓展城市框架上，以吉安路以西、建设南路以东、长潭公路（河东大道）以南、书院路以北 8 平方千米的山岗、丘陵为起步区，先后新修芙蓉路、丝绸（双拥）南路、宝塔中路、建校路（莱茵路），改造硬化东湖路、福星路，拓宽改造吉安路、书院路，并完成主干道水管铺设。1997 年起，根据市委、市政府“东建西改，市政中心东移”决策，先后完成区内河东大道、宝塔北路、丝绸（双拥）中路、丝绸（双拥）北路及配套设施的建设。同时，还结合高新技术产业的定位，先后成立湘潭国家高新技术创业服务中心，发挥科技孵化器的作用，创办湘潭高新科技工业园，以园区为载体促进生产要素的聚集和优化配置；启动国家级、省级火炬计划，率先在全省高新开发区中设立高新技术扶持基金。

2000 年，科技部授牌高新区成立国家新材料成果转化及产业示范基地，新材料基地开始建设。2001 年，入区企业 124 家，实现高新技术工业总产值 17.9 亿元，完成技工贸总收入 17.4 亿元，实现财政收入 4770 万元。2002 年，高新区立足“以商招商，招商引业，打造精品园区，发展支柱产业”，着力打造精品园区，发展特色产业。设立“高新区新材料工业园”、湘潭（德国）工业园（湘潭高新科技工业园升级版），并重点建设工业园区道路、供水排水管网，开展电网改造和天然气管道铺设。2004 年起，连续举办三届中德（湘潭）企业投资与贸易合作大会，实行定位招商。2006 年，湘潭（德国）工业园入园企业达 22 家，形成以机电制造、环保为特色的企业群。新材料工业园聚集企业 26 家，基本形成高效电池材料、精细化工材料、新型金属材料 3 个主导产业。园区逐步成为高新区新的经济增长点。为给高新企业提供智力支持，先后创办湘潭大学科技园、湘潭留学人员创业园、湘潭国家火炬创新创业园。2007 年，美国财富 500 强铁姆肯轴承公司投资的铁姆肯湘电（湖南）轴承有限公司，湖南天利恩泽太阳能科技有限公司等 7 家投资强度大、科技含量高的光伏产业项目相继落户高新区。支柱产业的骨干企业对高新区经济引领作用日益明显。2008 年，入区企业总数 771 家，规模以上企业达 55 家，产值过亿元企业 15 家，实现规模以上工业总产值 40.1 亿元，高新技术产业产值 94.1 亿元，固定资产投资 14.5 亿元，财政收入 2.2 亿元。

2009 年 3 月，经国务院批准升级为国家级高新区。2010 年，湘潭市委、市政府下达《关于调整湘潭高新区发展空间的决定》，宝塔街道办事处划归岳塘区管辖，岳塘区板塘乡、双马镇划入高新区，管辖范围调整为 45.8 平方千米，共计 3 个社区居委会 32 个居民小组，16 个行政村 158 个村民小组，总人口 2.4 万人。是年起，高新区提出在 2015 年实现千亿园区的发展目标，确定实施创新发展的思路。全面启动东方红南广场科技孵化城建设，完善该区域水、电、路、通信等基础设施建设。先后修建迅达大道、霞光东路、书院东路、沿江风光带和月华路、青年路、东二环、板马路、楚天南路、万达西路、象形路等园区、村主干道路。与湖南华菱集团实行全面战略合作，推动产业发展和高新区特色园区建设；加快新能源战略性新兴产业项目引进，培育湘电风能、大唐发电、湘电重装、迅达科技、新新线缆等重点产业；新材料工业园启动“退二进三”工作；引进东方金谷产业城，万达集团开发建设湘潭高新万达广场；成立湖南省首家园区与政府共建院士专家工作站。

2015 年，辖区面积为 46.79 平方千米，下辖双马、板塘两个街道，5 个社区居委会 62 个居民小组，19 个行政村 192 个村民小组，总人口 3.92 万人。企业总数 1137 家。全年实现技工贸总收入 1065 亿元，工业总产值 830 亿元，规模以上工业总产值 575 亿元，固定资产投资 322 亿元，财政收入 22.4 亿元。到位外资 2.25 亿美元，到位内资 77 亿元。主要形成以湘电风能、铁姆肯轴承等为代表的新能源装备制造产业，以湖南胜利钢管、湘钢钢丝绳等为代表的精品钢材深加工产业，以迅达集团、崇德科技、海诺电梯等为代表的机电一体化产业。有 1 个院士工作站、3 家国家级企业技术中心、18 家省级企业技术及工程技术研究中心、3 个博士后工作站（流动站），集聚 60 多位科技领军人才，16 项国家“863”计划、国家火炬计划项目，95 项国家创新基金项目，拥有 2600 多种高新技术产品。成功获批国家创新型特色园区、湖南省新能源装备特色产业园、湖南省精品钢材及精深加工特色产业园、全省首批“大众创业、万众创新”试点单位等 7 项国省荣誉。

（撰稿：庞新明）

板塘街道

区域概况

地理位置

板塘街道位于湘潭城区东北城乡结合部，北邻岳塘区荷塘乡；东、南接双马街道；西与岳塘区宝塔街道搭界，西北紧靠湘江。因境域有一大池塘叫板塘，街道因此得名。

建置沿革

1947年，境域属湘潭县株洲乡三十三保。1950年9月，成立板塘乡，隶属湘潭市城区河东办事处。1956年9月，成立湘潭市人民委员会郊区办事处，板塘乡隶属郊区办事处。1958年9月，郊区办事处撤销，成立“政社合一，工农商学兵五位一体”的湘潭市郊区人民公社，境域属郊区人民公社板塘片。1961年2月，恢复湘潭市人民委员会郊区办事处，设板塘人民公社。1983年6月，撤销人民公社，成立板塘乡人民政府。1992年，湘潭市城区区划调整，原郊区河东部分并入岳塘区，板塘乡改属岳塘区管辖。2010年9月，划归湘潭高新技术开发区托管。2012年9月，撤销板塘乡建制，设立板塘街道。至2015年年底，建置无变化。

区划面积

1956年，板塘乡辖建设、云和、法华、月华、集体、农联、幸福、板塘、西塘、新华、国强11个农业生产合作社。1958年，11个生产合作社改大队。1961年，板塘人民公社所辖大队区划调整，板塘大队拆分为新农、五一、光华、板塘大队，西塘大队拆分为摇钱、西塘大队，新华大队拆分为向家、新华大队，国强大队拆分为新强、湘江、东风大队，建设、云和、法华、月华、集体、农联、幸福7个大队未调整，共辖18个大队。1965年，新华、国强大队恢复拆分前建制。1979年从新华、国强大队划出7个生产队，成立向阳林场水稻工区。1980年，地名普查时幸福大队更名为象形大队。1983年，大队改行政村，全乡共有15个村一个总场（水稻工区），173个村民小组。总面积39.89平方千米，有耕地面积1084.7公顷，林地1010.4公顷，养殖水面148.9公顷。1998年，划出建设、云和、法华、月华、集体、新华、象形、国强、向阳农场（水稻工区）归属双马镇，范围缩小三分之二，面积缩减至16.7平方千米，有耕地面积304公顷，林地178公顷，养殖水面221公顷。2015年末，辖五一、板塘、摇钱、西塘、农联、新农、光华7个行政村67个村民小组，总面积16.7平方千米，有耕地面积259.4公顷，林地 134.6 公顷，养殖水面 53.92 公顷。

自然环境

境域属湘中丘陵，地势西高东低，北南两分水，最高点西塘村茶园组海拔 86.9 米，最低点板塘村龚家浸海拔 44.1 米，高差 42.8 米。多为岗地，大多在海拔 100 米以下。位于板塘村的龚家浸、冯家浸高差大，多受洪水冲刷，山洪暴雨和山体滑坡地质灾害频繁。全境属湘江水系，有框扶塘水系，廖家坝、堆子塘水系，分别在六亩垅水坝和光家坝汇合经荷塘乡流入湘江。境域属亚热带季风湿润气候区，四季分明，春秋气候温和，夏季炎热，多东南风，雨水多集中在 3 月至 6 月上旬，冬季干燥较寒冷，多偏北风。年平均气温 17℃左右，年均降雨量 1360 毫米，年降雪日数一般 6~10 天，降雪量 20 毫米左右。土质为四纪红土红壤，大部分为酸性黄土，适宜于水稻和其他农作物生长；主要矿产资源为黏土。野生植物资源有 200 余种，比较常见的有樟树、银杏、杉树、枫香、梨树、南竹、桂花、杨树、垂柳、山槐、油桐、重阳木、马尾松等。野生动物资源有 100 余种，比较常见的有野兔、野猪、黄鼠狼、白鹭、鹰、斑鸠、蛇、蜥蜴、鱼、虾等。

人口民族

1961 年，公社有 3451 户 13896 人，其中农业人口 13819 人，男性 7013 人，散居少数民族 15 人。1986 年，乡有 4876 户 19652 人，其中农业人口 19268 人，男性 10221 人，散居少数民族 31 人，占总人口的 0.16%。人口自然增长率 11.52‰。1998 年，全乡有 2387 户 8909 人，其中农业人口 8698 人，男性 4678 人，少散居数民族 38 人，占总人口的 0.42%；人口自然增长率 4.49‰。2008 年，乡有 3125 户 8906 人，人口自然增长率 6.45‰。2015 年，街道有 2638 户 9190 人，其中农业人口 8563 人，男性 4699 人，散居少数民族 68 人，占总人口的 0.73%，有壮族、瑶族、苗族、土家族、蒙古族；人口自然增长率 6.1‰。

经济发展

经济综述

1958 年，实行人民公社化，农业经济处于主导地位。20 世纪 60 年代中期后，公社及各大队创办社办企业、队办企业，工业经济逐步发展。1986 年，全乡国民生产总值 3597.54 万元。随着全面落实家庭联产承包责任制，农业剩余劳动力增多，加之近郊交通发达，个体、联户工商业快速发展。1992 年，全乡国民生产总值 1.89 亿元。1993 年后，农业抓高效农业生产；企业集中精力抓停产启动和技改，上新项目，发展股份制企业、私营企业、个体、联户体企业。2000 年，全乡国民生产总值 5.04 亿元。2001 年后，农业调整产业结构，工业加大招商引资力度，引进新的工业项目。2005 年，全乡国民生产总值 10 亿元，其中工业总产值占 70.4%。2008 年，全乡国民生产总值 20.2 亿元。2010 年后，围绕“经济强乡、文明新乡、和谐家乡”的发展目标，按照高新区打造“千亿园区”的要求，抓项目建设。2015 年，完成技工贸总收入 44 亿元，其中工业总产值占 80%。

种植业

1949 年，境域水田种植一季中稻，年均亩产不到 150 千克，旱土以种植花生、茶叶、西瓜、柑橘、红薯、大豆等为主，少量蔬菜种植主要用于自食。1950 年后，政府引导民众，疏植改密植，一季稻改双季稻，高秆改矮秆。1971 年，粮食播种面积 895.5 公顷，粮食总产量 6739 吨，水稻亩产平均过 500 千克。1976 年，境域首次试种籼型杂交水稻，亩产比常规稻高50千克以上，杂交稻种植得到进一步推广。实行家庭联产承包责任制后，机械化程度逐步提高，农药化肥施用，农业生产发展更快。1983年，粮食播种面积840.7公顷，粮食总产量8714吨，水稻亩产平均达691千克。商品蔬菜种植逐步发展，有20个专业生产队，菜地面积43公顷，年产蔬菜2950吨。1986年，境域是湘潭市郊区农业大乡，粮食总产约占市郊区的七分之一。1992年，全乡粮食播种面积1531.5公顷，粮食总产量9529.55吨，蔬菜种植176.5公顷，蔬菜总产量6228吨。1993年，农业产业结构调整，实行水稻与蔬菜套种，稻田套种改制71公顷。蔬菜生产改过去专业菜地为主向稻菜兼种，种植面积有所扩大，上市品种数量剧增，单蔬菜项年收入达到437.8万元。1994年，全乡形成国强西瓜、辣椒、蔬菜种植，法华茶叶，新农小水果，西塘、向阳农场花生、西瓜，月华优质稻，法华、新华、集体杂交稻等多个种植基地。2000年，全乡粮食播种面积336公顷，粮食总产量2733.6吨，蔬菜种植63公顷，总产量4600吨。2008年，全乡粮食播种面积486.6公顷，粮食总产量3450吨，蔬菜种植217公顷，产量6580吨。蔬菜生产占农业总产值的16%。因城市扩大，各种建设用地增加，征用地增多，粮食种植面积逐年减少。2011年，全乡耕地面积只有210公顷。2015年，粮食播种面积140公顷，粮食总产量1897吨，蔬菜种植面积119公顷，蔬菜总产量3608吨。

养殖业

20世纪50年代，境域猪、牛、羊、鱼、鸡、鸭的养殖方式有农户家庭散养和集体集中养殖，出现“万头猪场”、生产队养鸡场、棚鸭养殖等，但由于人均口粮不足，饲料更为缺乏，养殖效益不佳。1961年，全公社出栏生猪684头，上市鲜鱼2.7吨。1982年，全公社出栏生猪6734头，上市鲜鱼26.6吨。家庭联产承包责任制调动农民的生产积极性，养殖业快速发展。1993年，养殖业向多元化发展，全乡出现生猪、甲鱼、牛蛙、金鱼等各类养殖户123户，形成光华东塘特种水产养殖，光华、新农、五一肉鸡生产等多个专业基地，并开始向“一村一品”的方向发展。2000年，全乡以金鱼养殖为龙头发展特色农业，金鱼养殖年产值100万元。2002年，全乡养殖业形成以摇钱生猪协会、金鱼养殖协会、梅花鹿养殖协会为主的新格局。摇钱生猪养殖合作社有会员615户，采用“加工企业+协会+基地+农户”的模式，以伟鸿肉食和德佳牧业为依托，为农户牵线搭桥，提供饲料和生产技术，产品由伟鸿收购，饲养、管理、销售“一条龙”服务。是年，全乡养殖业收入2750万元，首次超过种植业收入，成为农业经济主体。2005年，金鱼养殖协会有养殖户116户，养殖面积6.5万平方米，主要品种有金鱼、锦鲤、热带鱼等近40个品种，年产值600万元。新农的赞塔王肉牛、梅花鹿养殖基地，年出栏肉牛150头，波尔山羊120只，养殖梅花鹿270多头。是年，全乡生猪出栏4.8万头，鲜鱼上市240吨，出笼家禽8.5万羽，养殖业占农业总产值的70%。随着城市化加快，工业项目征地拆迁的推进，特种养殖等其他养殖业逐渐衰落。2015年，全街道出栏生猪2.7万头，上市鲜鱼130吨，家禽5.7万羽，养殖业产值占农业总产值62.5%。

林业

1950年起，乡里采取乡民房前屋后造林、集体荒山造林、重点区域建立林场等方式，加快造林绿化步伐。1984年，成林造林面积达652.6公顷。1986年，全乡有山林面积1020公顷，绿化率21.7%，基本消灭荒山。此后，林业工作重点转向基地项目造林和封山育林，基地项目造林在上级林业部门的支持下分步实施。2002年，实现退耕还林 26.7 公顷。是年，全乡有山林面积 358.7 公顷，绿化率 21.5%。2003 年，湘潭月意生态园林有限公司在境域光华村成立，其苗木花卉生产基地集苗木花卉、盆景、销售及绿化工程于一体，占地面积 5.4 公顷，年产值 500 万元，年创利税 130 万元。2004 年，加快推进林权林地登记换发证工作。2010 年，林改面积 111.8 公顷，林权发证率 100%。随着城市化的加快，征地拆迁的推进，2015 年，全街道仅剩有山林面积 134.6 公顷，绿化率 8.4%。

工业

民国时期，境域有开源、同德安、永安等 10 余家小型膏盐矿公司，主要制作石膏粉和烧制生石灰。中华人民共和国成立后，对小型膏盐矿公司进行整合改造。1961 年，只有 1 家社办企业石灰厂。1964 年后，陆续兴办土建队、农机厂、板塘织布厂（后改名湘潭市第四织布厂）、冷作厂、水泥厂等企业。1983 年，乡办企业有石灰厂、织布厂、水泥厂、棉织厂、冷作厂、建筑队、土建队、预制场、农机厂，有职工近 1700 人，工业总产值 998 万元。1988 年，湘潭市第四织布厂有织布机 248 台，职工 650 人，主要生产纯棉、绦棉布，总产量 569.4 万米，总产值 1139 万元，生产的 28 哔叽被评为省优产品。五一村创办的五一电线厂产值过千万元。是年，有纺织、机电电器、交通运输、印刷包装、食品加工、建筑建材等企业共 594 个（乡办企业 15 个，村办企业 46 个，个体、联户工业 533 个），职工人数 4083 人，工业总产值突破 5000 万元。1991 年，全乡工业总产值过亿元，为全省首批 10 个“亿元乡”之一。1992 年，全乡有企业 649 家，其中乡直企业 17 家。1993 年，全乡工业总产值实现 2.34 亿元，是湘潭市工业总产值首家过两亿元乡。五一电线厂、市四织布厂被评为省明星企业。五一、板塘、新华、西塘各村工业总产值都过 1000 万元，为市区企业发展模范村。1998 年，工业总产值 29895 万元，其中个体、联户工业总产值过亿元。2000 年，集体工业企业相继倒闭破产，通过改革改制转换企业经营机制，转向民营企业；同时通过招商引资和鼓励私营企业发展，壮大一批新生企业。2005 年底，全乡集体企业基本完成改制。全乡有企业 427 个，从业人数 3922 人，工业总产值 71208 万元。2006 年，新增旺湘纺织有限公司、万金纺织有限公司，形成以通和、万金、旺湘、建丰等为主的纺织企业群，以和顺石油、大汉、三和等为主的物流企业群，以飞博塑胶、湘一新建材、光华空心砖厂等为主的环保建材企业群，同时还引进鑫宝炉具、伟达生物、腾宇衡器、华强电器、金源汽修、朱氏门业、金革家具等一批新企业。全乡基本形成“三业”（纺织业、加工制造业、物流业）发展格局。2008 年，全乡共有企业 441 个，从业人员 4556 人，工业总产值 15.4 亿元。2010 年，新增九州包装、金石炉料、摇钱生猪加工等一批规模企业。是年，有规模以上骨干企业 12 家，完成规模工业总产值 12.5 亿元。2012 年，完成工业总产值 23.61 亿元，规模以上工业完成总产值 21.53 亿元，完成工业固定资产投资 6.01 亿元。2014 年，清退 4 家高污染、高耗能、低产出企业，其中有 1 家砖厂、1 家预制场。2015 年，全街道有企业 33 家，从业人员 3000 人，工业总产值 40 亿元，其中，规模以上骨干企业 10 家，规模以上工业总产值 36 亿元，形成纺织、兽药、饲料生产、建筑业为主体的工业格局。

商贸服务

1957 年，板塘乡供销合作社成立，收购农副产品、供应农业生产资料，凭证供应生活资料；乡、村办有少量的集体商业，主要经营旅社、餐饮、南杂百货等。1979 年，供销社有职工 127 人，开办商店6个、代购代销店10个。20世纪80年代，个体商户迅速发展，主要从事饮食、服务业。1986年，有商贸服务业网点406个，从业人数998人，产业收入636.67万元。随着市场经济快速发展，1998年，商贸服务业网点增加到1569个，产业产值13885万元。由于行政区划调整，地域析出三分之二，2000年，商贸服务业网点只有518个，从业人数1292人。随着湘潭市行政中心东移，城区东扩，商贸企业不断壮大，个体服务商业整合。2001年，金马竹木交易市场建成营业，招商28户；完成金马食杂果品市场第一期工程建设。2005年，新鑫房产公司、潭兴房产公司、华宇物流公司、三和医药物流有限公司等企业在域内落户。是年，商贸服务业网点371个，从业人数2281人，产业产值24520万元。2008年，商贸服务业网点365个，从业人数2230人，产业产值39801万元。2010年，建立"家电下乡"销售网点3家、"万村千乡工程"网点3家。境域有现代服务业企业7家，其中生产性服务企业4家，生活性服务企业3家。是年，商贸服务业共实现产值4.5亿元。2014年，社会消费品零售总额1.3亿元，商贸服务产业产值2.8亿元。2015年，有商贸服务网点7个，其中加油站1个，50平方米以上的超市1个，住宿餐饮企业6个，服务企业12个；商贸服务业从业人员1259人，商贸服务业产值2.2亿元。

财政金融

1952年，境域成立信用组，1953年发展为板塘信用分社，发放支农贷款。信用社建成后，按照制定的《信用社组织章程》发动社员集资入股，从事存款放贷业务。1972年，信用社社员入社股金10368元。1986年，乡级财政收入30.02万元，主要是岳塘区级财政下拨经费与农业税收入。1988年，信用社社员入社股金97403元，存款余额778万元，贷款余额496万元。1992年，乡级财政收入79.87万元。1993年，成立岳塘信用联社板塘分社，主要业务为发放乡镇企业贷款。1998年，乡级财政收入187.65万元，信用社划入双马镇，境域再无金融机构。随着工业的发展，土地征拆工作的加大，土地返还工作经费增加，2005年，乡级财政收入224.51万元。2008年，乡级财政收入521.81万元。2011年，完成本级财政收入1360.34万元。2015年，街道财政收入2455.59万元。

基础设施

交通运输

1922年，长沙至湘潭的军路（后称长潭公路）修成通车，从境域穿过。1949年，依然仅有此沙石公路通长沙；湘黔铁路过境3千米，火车只能开到五里堆止，无桥过河；湘江水道无人疏浚，枯水季节往上不能通轮船。1953年，过境的湘黔铁路修复并分支出通向湘潭市区大厂矿的线路。1958年，修建的板马公路（板塘铺至马家河）贯通乡境。长潭公路按二级公路要求改建。1972年，湘江建成沿江公路，长5.3千米。1983年，有车辆运输中队14家。1987年，全乡有公路主干线6条，简易公路13条，公路总长51千米，所有村都可以通汽车。1998—2001年，共完成道路、交通维修建设15千米(包括村级道路)。2003年，开始实施"通达工程"，提质改造路况差的村道。2005年，投资90余万元修建摇钱路、育新路、农联村干道共9.1千米；投资40多万元，启动青年路硬化工程；完成水泥路硬化6.2千米，砂石路改造6.8千米。2006年，村级道路建设投入350余万元，完成水泥路硬化17.35千米，改造砂石路1千米。2007年，投入资金398.2万元，硬化乡村道路19.3千米，改造砂石路8.2千米，形成“四线”（板马路、湘黔铁路、107国道和长潭高速公路连接线）开发建设格局。2008年，光华村农村客运站通过验收。2013年，双马1号路、霞光东路、楚天北路、双马五号路二标等道路竣工通车。投入80万元，在村内主要道路新装太阳能路灯。2014年，启动东站南路、经一支路建设。对摇钱社区筹备组洪路组火车东站货场道路、板塘村湖塘组道路、农联村东升组道路、摇钱社区筹备组粮库跨铁路桥等道路进行维修改造，共硬化道路2.2千米。2015年年底，全乡共有道路51条总长80.7千米，其中城市主次干道2条，县道以上1条3.7千米，乡道1条2.6千米，村道49条74.4千米。

邮政电信

清代，邮驿在境域设有铺递。1958年，板塘片安装电话总机1台，所属大队安装单机电话11部。1987年，乡和村开始陆续安装自动电话。1998—2001年，依托市区电信网络建设密集的优势，移动手机进入平常百姓家。2002年，有移动通信基站2座，有移动电话3879部。2015年，境域无邮政设施，有移动通信基站2座，移动电话6788部。

供水供电

20世纪70年代，从附近厂矿接电用于抗旱照明。1983年，全乡50%的农户安上电灯。1987年，境域生活、照明用电覆盖率96%。1998—2001年，架设、改造农村电网线路30千米。2007年，投资49万元，实施摇泉村人畜安全饮水工程，解决1000多人的饮水安全问题。2014年，对农联村立新等组电网老化问题进行升级改造，改造农网100余户，新装路灯60盏。2015年，有80千伏及以上变电所1座，主变压器30台，高压输电线路20千米；共有农村分散管道供水工程1665处，实际供水7020人。

水利建设

中华人民共和国成立后，农业水利建设以修复、整修和新修塘坝为主。20世纪50年代，新建农联村观音水库和幸福村幸福水库2座小㈡型水库。60年代，利用湘潭纱厂排放的废水兴建污水灌渠（胜利灌渠），利用湘钢循环水兴建板摄灌渠，引湘江水修建狮形山灌渠，三大灌渠共可保灌溉稻田334公顷。70年代，修建10余千米的沿河大堤，减少湘江洪水的威胁；在严家港、向家坝、社山港等处安装大型排渍机，总功率775千瓦，减轻渍水的危害。这些水利设施，基本排除旱、涝灾的威胁，旱涝保收面积达91%。1985年，引湘江水建成牛形山灌渠。1987年，全乡有小㈡型水库2座；引灌渠道26条43千米；电力提灌固定机埠36处37台，总功率1096千瓦，机埠灌溉面积1504公顷。另有塘坝925处。90年代起，进行“五塘”（漏塘防渗、小塘扩大、浅塘挖深、危塘加固、无塘新建）建设、高标准山塘和渠系配套建设。1998—2001年完成水利工程建设170处，投资137万元，投劳28万个工日，完成土石方24.3万立方米。2002年，全乡有小㈡型水库1座即观音水库（幸福水库于1998年划入双马镇）；灌渠3条，总长18.4千米；电力提灌固定机埠1处2台，总功率100千瓦。2004—2006年，共完成水利建设119处，投资239.2万元，投工、投劳14.2万个，完成土石方15.2万立方米。2013年，建设农联村东升组3千米高标准渠道。2014年，完成观音水库除险加固。2015年，境域有小㈡型水库1座，供水量24.8万立方米，设计灌溉面积66.7公顷；共有塘坝127处，总容量93.14万立方米，灌溉面积104公顷；唯一一处电力提灌机埠有电机2台，总功率100千瓦，后因灌溉渠道基本被征收拆除而停止使用。

征地拆迁

1994年，因湘潭新电厂、长塘高速连接线建设，境域启动征地拆迁工作。2000年，因双马工业园建设，对西塘村征地拆迁。2009年，开展控违拆违，全年共拆除违章建筑近6000平方米。2010年，完成东二环项目征地拆迁，征收土地17.24公顷，拆迁房屋52栋；完成板塘大道回报用地31.7公顷；湖南融城养老中心项目征占地13.4公顷。2011年，板塘乡共实施征拆项目15个，腾地近200公顷。2012年，共有21个征拆项目，完成11个项目征拆任务，全年征收土地219.4公顷，拆迁房屋432栋。连续组织18次大规模拆违行动，共拆除新建违法建筑48栋（处）、8651平方米。2014年，街道征拆项目20个，签订房屋拆迁协议142栋，拆除房屋面积共计74257.3平方米，完成征地92.4公顷；共拆除新增违法建筑48处，面积14271平方米。2015年，街道共实施征拆项目17个，其中：新启动项目2个，老项目15个，共拆迁企业2家、房屋30栋，面积共计14565.69平方米，征收土地14.1公顷。至2015年的6年间，共征收土地657.4公顷，土地征收金额5.8亿元。

社会事业

教育

1961年，境域有小学12所，在校学生3513人，教职工110人。1965年，成立板塘公社中学。1970年，创办工农业学校一所，培养公社急需人才。1983年，有中学1所，小学14所，职校1所，教职工179名，在校学生3448人。1986年，全乡有中学1所、小学13所，在校学生2571人，教职员工158人。工农学校珠心算教育获省、市教学改革先进。1992—1995年，学生生源减少，为整合教育资源，先后撤销光华学校、集体学校、象形学校，云河学校并入建设学校，新建高才学校。全乡投资469.3万元，改造中小学校舍和添置教学设施，学校办学条件提升，通过普及九年制义务教育验收。1998年，划出9个村到双马镇，乡范围缩小，全乡保留小学4所、幼儿园2所，有在校学生1080人，教师58人。板塘中学地处集体村，划入双马镇，改名双马中学，境域无中学。2005年，全乡保留工农和西塘两所完小，有在校学生468人，教师32人；幼儿园1所，入园儿童40人。2009年，新建新农、西塘两个农村现代远程教育站点，全乡共安装远程教育设备8套。2010年，对工农和西塘两所学校投入改造经费65万元；对全乡2所小学和1所幼儿园开展校园安全检查及周边环境整治。2011年年末，境域有小学2所，在校生405人，专任教师26人，小学适龄儿童入学率100%，小升初升学率100%，九年义务教育覆盖率100%；幼儿园1所，在园幼儿188人，专任教师11人。2015年，全乡有小学2所，在校学生242人，教职员工14人。

文化体育

境域传统体育有武术、划龙舟、耍狮子、扭扁担等。1956年，农业合作化后，群众还开展篮球、乒乓球、羽毛球、田径等现代体育活动。20世纪70年代，普及入户小喇叭，成立公社放映队到各大队巡回放映电影。1983年，乡有文化站1个，图书室3个，拥有图书3750册，有放映队、广播站，广播覆盖率达到总户数的85%。1984年，板塘乡被评为湖南省农村体育工作先进单位。1985年，建立乡文化中心。90年代初，由于电视的普及，农村广播与电影事业基本中断。1998年起，兴建村文化室，建成的摇钱村文化活动室设施完善，功能齐全，室内面积60多平方米。1999—2005年，板塘乡的趣味文体比赛成为每年定期举办的传统群众文化活动。2006年，乡有文化站1个，图书室1个，藏书3000册。2010年，组织选送2名残疾运动员，参加省运会，夺得5枚金牌、1枚银牌，2枚团体金牌。农家书屋新建4家，乡镇文化站建设通过验收。2011年年末，有线电视入户2068户，入户率73%。有文化艺术团体1个，会员40人；文化专业户1个；文化站1个，建筑面积130平方米；公共图书馆8个，建筑面积500平方米，藏书5000册，乡建档案室1个，建筑面积70平方米，地方特色的民间艺术有龙灯、狮子、腰鼓。2013年，完善文化广场和体育健身设施各1处。2015年，街道有文化站1个，图书室1个，拥有图书5000册，群众文化团体6个，会员130人。宽带发展到1016户，有线电视用户2197户。

医疗卫生

1961年，成立板塘公社卫生院，有医疗机构1所，医务人员18人。1969年，开始培训农村“赤脚医生”，有农村合作医疗站11个，“赤脚医生”11人，接生员8人。1983年，乡卫生院设两个门诊部，共有医务人员39名，33张病床，配有X光机等设备；有16个村合作医疗站，共有“赤脚医生”22名，接生员15名。1986年，全乡有乡卫生院等医疗机构8家，设床位35张，医务人员46人，完成诊疗量6000余人次。1998年，全乡有卫生院和村卫生室9所，医务人员21人，病床23张。2009年，白内障复明手术送检24人，完成手术4例。2010年，妇女病普查普治全面铺开，全年共完成1002人普查；贫困残疾儿童进行抢救性康复治疗1人。2011年，全乡共有医疗机构10家，医务人员42人，病床37张，其中乡卫生院，有病床20张，医护人员33人。完成诊疗量9500人次。2012年，板塘乡卫生院整体搬迁到双马街道，改名高新区医院。2015年，全街道共有医疗机构6家，医务人员24人，病床20张，完成诊疗量7000人次。加入新型农村合作医疗共8664人，参合率97.18%。

社会保障

20世纪60年代，公社对受灾民众给予及时救助。1979年，公社决定每年拿出12000元对全公社“五保户”进行定额补贴，逐月发放到人，并筹建敬老院，将全乡“五保户”集中供养。1982年起，对符合条件的退休乡村集体干部每月定额发放补助费。1987年，乡政府对各类人员的优抚社会救济人数达320人，共计59499元。1997年，实施城市最低生活保障制度，对城镇贫困家庭按每人每月补差61元的标准发给最低生活保障费。1998年，实施农村最低生活保障制度，对农村困难户按每人每月补差20元的标准发给最低生活保障费。2002年，城镇居民最低生活保障费月标准从120元提高到156元。2005年，按年收入人均在1000元以下的标准调整农村最低生活保障线，每人每月人均补差32元。2008年，全面启动农村新型合作医疗，全乡2163农户8551人参加新型农村合作医疗，参合率98.5%。全乡有城市低保56户115人，年发放低保费14.69万元；有农村低保户144户294人，年发放低保费19.38万元，实现应保尽保。2010年，发放临时救助、大病救助、助学救助等136户230人次，救助金17万元。慰问各类特困人群124人次，金额4万多元。全乡有农村低保户200户399人，发放低保金30.6万元；有城市低保户53户97人，发放低保金20.4万元。2011年，投入近40万元，对乡敬老院进行提质改造；全街道失地农民569人全部按政策进入社会养老保障体系。2013年，失地农民养老保障人员有1681人。2015年，有城市低保 33 户 53 人次，发放保障金 21.79 万元，月人均救助 302.9 元；有农村低保 103 户 166 人次，发放保障金 43.26 万元，月人均救助 190.52 元；五保户分散供养标准达到年 5040 元，集中供养 12 名五保户，共发放五保户生活费补助 6.29 万元。

人民生活

民国时期，境域农民绝大多数无土地，主要靠做长工打短工、捕鱼捞虾、挑脚、抬轿维生。历有“禾镰上壁无饭吃”“费力不赚钱”的说法，过着糠菜半年粮的生活。1950 年，农民在土地改革中分得土地和一部分其他生产资料。1956 年，经济制度由个体所有走向集体所有，农民收入有所增加。穿着方面变化显著，丝绸、学生蓝、咔叽布、绒衣、毛线衣逐渐普及。1983 年后，农村实行家庭联产承包责任制，农民收入大幅度增加。自行车、缝纫机、手表流行。1986 年，全乡人均可支配收入 395 元。1988 年，人均可支配收入 551 元，村民新建、改建砖混结构的楼房有 399 户，人均住房面积达 16 平方米，绝大多数村民家有黑白电视机，少数添置录音机、组合家具、电冰箱等高档商品，文化娱乐有极大地改善与提高。1992 年，人均可支配收入 668 元。1998 年，人均可支配收入 1348 元。2005 年，人均可支配收入 6824 元。部分农户建起 3~4 层钢筋砼结构的小楼，人均住房面积 30 余平方米，居住条件进一步改善。摩托车、洗衣机、移动电话、彩色电视机进入平常百姓家。农民衣着消费占生活消费比值加大。2011 年，全乡人均可支配收入 10700 元。2015 年，全街道人均可支配收入 1.98 万元。农民普遍建有数层的小洋房，人均住房面积 45 平方米以上，部分农民购买私家汽车，空调、冰箱、家用电脑普及，农民教育文化娱乐消费比值增长快。

（撰稿：朱建钢）

双马街道

区域概况

地理位置

双马街道地处湘潭市城区东大门，北邻湘潭市岳塘区荷塘乡；东接株洲市荷花区霞湾街道；南与株洲市天元区马家河镇和湘潭县易俗河镇隔湘江相望；西与岳塘区霞城乡和高新区板塘街道相邻。辖内“马家河”与株洲市“马家河”隔江相望，人称“双马”，故名。

建置沿革

1947年，境域属湘潭县株洲乡三十三保。1950年，属湘潭市城区河东办事处板塘乡。1961年属板塘人民公社。1980年底，境域成立马家河街道，属板塘区管辖。1992年，改属岳塘区管辖。1998年2月，岳塘区撤销马家河街道，从板塘乡划出建设、云和、法华、月华、集体、象形、国强、新华、向阳农场9个村（场），合并组建双马镇。2010年10月，双马镇（含双马工业园）成建制从岳塘区划归湘潭高新技术开发区托管。2012年11月，双马镇撤镇改设为双马街道。至2015年，建置没有变化。

区划面积

1980年，境域成立马家河街道，下辖仅有马家河居委会。1981年，接管市郊区板塘乡建设村建仓组、云和村所辖非农户及马家河渔业组渔民户成立建仓居委会。1983年，火车站、市七中、市社会福利院、省金属仓库、101等单位组建新站居委会并入。是年底，下辖马家河、建仓、新站3个居委会，面积1.7平方千米。1998年，新成立的双马镇下辖马家河、建仓、新站3个居民委员会24个居民小组，9个村（场）103个村民小组，总面积24.5平方千米，有耕地面积582公顷，林地733.4公顷，养殖水面93.12公顷。2001年，社区居委会调整，新站居委会更名为新站社区居委会；马家河居委会与建仓居委会合并，设立马家河社区居委会；以新电厂和长潭高速公路建设征地转户农民为主体组建新电社区居委会。2008年，下辖马家河、新站、新电3个社区居委会32居民小组，9个村91个村民小组。有耕地面积553.33公顷，林地420公顷，养殖水面51.33公顷。2012年，从岳塘区宝塔街道划入新塘里、吉安路2个社区和新造、櫻桥、茶园3个村，双马街道面积增加到31.4平方千米。2015年年底，辖新站、马家河、新电、新塘里、吉安路5个社区居委会62个居民小组和建设、云和、法华、月华、集体、国强、新华、向阳（农场）、欖桥、茶园、新造、象形12个村（场）125个村民小组，总面积31.4平方千米，耕地面积432.6公顷，林地904公顷，养殖水面138.3公顷。

自然环境

境域东北高西南低，地势向西南倾斜，地形以丘陵岗地与沿江小型平原为主。东、南面临湘江，由于湘江水流的冲积作用，沿江形成较为平坦而又宽窄不一的小型冲积平原；丘陵平岗地遍布，除部分海拔不超过60米的岗地，大部分为平川、平岗交错；最高点为法华村境域的法华山，海拔299.1米，为湘潭市区最高峰。境域处亚热带季风湿润气候区，四季分明，热量丰富，雨水集中。年平均气温16.7℃~17.2℃，年平均日照时数在1558.7~1610.9小时；平均年降雨量1389.4~1437.8毫米；冬春两季多北风，夏秋两季多南风，平均风速2~3级；平均无霜日269~281天，总降雪量一般在10~12毫米；全境属于湘江水系，没有其他自然河流。树木以灌木为主，有马尾松、杉、油茶、樟、槐、棕、枫、梨和毛、南竹等30多种。野生动物有野兔、野猪、刺猬、黄鼠狼、穿山甲、蛇等100余种。土壤为红壤、潮土、淹育性水稻土、紫色土。月华、象形有铅锌矿、硫铁矿、石煤矿分布，但储量小，不具备开采价值，马家河有石灰石矿，年开采量5万~20万吨。

人口民族

1980年，境域有常住人口1500余人，主要是聚居于马家河的市石灰厂、市水泥厂、市电石厂职工。随着建仓、新站居委会的建立，非农户与渔民户的纳入，1983年，人口数增加到3013人。1998年，双马镇有人口1.59万人，其中，城镇人口3339人，男性8200人，散居少数民族38人，人口自然增长率7.1‰。2005年，总人口1.76万人，其中，城镇人口4165人，男性8907人；散居少数民族59人，人口自然增长率6.3‰。2010年，第六次人口普查，境域有人口20566人。2015年，总人口29961人，其中，城镇人口14172人，男性15986人，散居少数民族86人，有瑶族、土家族、苗族、回族等，人口自然增长率5.6‰。

经济发展

经济综述

1980年，境域经济主要以街办企业和挂靠企业为主，规模小，经济效益低。1998年，双马镇确定“以引资促开发，以开发促建镇，以建镇促发展”经济工作思路，沿长潭高速公路马家河连接线打造工业园区。工业产值864万元；农业总产值3145万元；商贸服务业发展较快，产值6800万元。 2000年，大力引进工业项目，招商引资15326万元，境域工业经济迅速壮大。2005年，工业总产值3.86亿元；农业产值7844万元；商贸服务业产值2.15亿元。2008年，工业总产值5.53亿元，工业经济在GDP中占据绝对优势。在大力发展工业经济的同时，注重农业、商贸服务业发展。2011年，农业总产值回升到1.52亿元。双马镇改为街道后，由于固定资产投资的带动，新型工业化的推动，镇域经济加快发展，特别是工业经济发展一年一个台阶，农业弱化。2015年，工业总产值81亿元，农业产值仅2835万元，商贸服务业产值3.12亿元。

种植业

境域主要种植水稻及蔬菜、红薯、小麦、玉米、大豆、荞麦、油菜、花生、芝麻等作物。20世纪50年代初，水稻种植推广双季稻，粮食产量增加，1957年亩产281千克。60年代实行高秆改矮秆的水稻品种改良。70年代中期，新华、国强部分生产队组成向阳林场水稻工区，将连片九岭十三坡的荒山开垦改造成梯土76.2公顷，栽种柑橘2.5万株。80年代，随着湘潭城市人口增加，城郊蔬菜基地扩大，地处湘江边的国强、新华村凭借土地疏松肥沃优势，农户将稻田改种蔬菜，主要品种有湘潭矮脚白菜、迟辣椒、乳茄等。1988年，以杂交水稻种植为主，粮食种植面积726公顷，粮食总产量5905吨，实现亩产过500千克。由于城区人口的增长，蔬菜需求量大，蔬菜种植面积增加。2005年，粮食播种面积953.33公顷，产粮7583吨；上市蔬菜2300吨。2006年，五鼎农庄在月华村租用土地13.33公顷，建蔬菜大棚260个，种植无公害蔬菜。2007年，碧源春农业科技公司兼并五鼎农庄，扩大月华大棚蔬菜种植，建大棚210个，大棚蔬菜产量达到3200吨，蔬菜总产值过600万元。2008年，杂交水稻种植面积占70%，超级稻占20%，粮食种植面积840公顷，产粮6499吨；稻田改种蔬菜面积达93.3公顷，上市蔬菜6400吨。随着城市不断扩展，项目建设的兴起，耕地面积逐年减少。2011年，粮食种植面积507公顷；粮食总产7605吨；蔬菜总产8000吨。2014年粮食播种面积454公顷。2015年，规模种植户增加，科技兴农，以种植为主的农业合作社进入，带动农业的发展。是年，粮食播种面积371.8公顷；粮食总产5577吨；蔬菜总产12000吨。

养殖业

境域居民主要饲养生猪、牛、羊、鸡、鸭、鱼等品种。20世纪80年代，生猪饲养成为农户家庭收入的主要经济来源之一。但饲料单一，以熟食为主，花工多，出栏低，有“年猪月菜”之称。鸡鸭家庭散养，鱼池塘放养。饲养的牛主要是役用耕牛，并由生产队所有转为个体或联户所有。90年代，农村生猪养殖推行“五改”技术（改饲料、改猪栏、改品种、改育肥、改免疫程序），发展养猪专业户和重点户，涌现一批重点养殖专业户。云和、法华等村出现养殖黑山羊专业户20余家。1998年，生猪出栏1.94万头，鲜鱼上市400吨，出笼家禽3.61万羽。进入21世纪，新华、马家河、法华3个养殖协会先后成立，采用自繁自育及人工授精、统一防疫、协调销售等运作方式，生猪养殖快速发展。2005年，出栏生猪4.8万头。2008年，生猪出栏突破8万头，鲜鱼上市350.5吨，家禽出笼15.6万羽。碧源春农业科技公司、金三角垂钓休闲农庄、法华山庄等一批现代农业生产模式出现。2011年，随着项目征拆推进，城市化进程加快，规模养殖户减少。生猪出栏5.5万头，鲜鱼上市500吨，家禽出笼13万羽。2015年，生猪出栏6.2万头，鲜鱼上市600吨，家禽出笼15万羽。

林业

中华人民共和国成立后，定期组织开展植树造林活动，特别是1975年以后，进行大规模、高标准造林运动，主要种植杉、国外松、油茶、茶叶、枳壳、香樟树等，云和村在大山的环山水平梯土开展壕沟造林，法华村经营的法华林场营造以杉木为主的林木。1986年，境域基本消灭荒山，有林地面积878公顷，森林覆盖率32%。1998年，多山地的云河、建设、法华、月华4村有林地面积380公顷，林木蓄积量1.2万立方米。2006年，向阳花卉苗木公司落户国强村，采用租赁的形式租用集体山地16公顷，种植桂花、罗汉松、枸杞、杜鹃、花石榴及名贵的树桩、盆景等品种。至2008年的3年中，共投入资金2000余万元，种植各种苗木30余万株，盆景500余盆，名贵大树近300株。2011年，境域有林面积733.4公顷，森林覆盖率23.3%。此后，随着项目建设的推进，低矮山丘林地逐年被征占，林地面积有所减少。2015年，境域有林面积708.4公顷，森林覆盖率22.48%。

工业

清末、民国时期，马家河为湘潭县石灰石生产和经营要地之一，年产石灰石最多时约2万吨。产品少量就地销售，大部分运往洞庭湖区农用。20世纪80年代，境域有图书设备厂、合成化工厂、潭东纸制品厂等街办企业和省金属仓库、市水泥厂、市建材化工厂、市电石厂等省、市企业。1996年，街办企业和挂靠企业发展到14家，工业总产值371万元。1998年，成立双马镇，马家河街道办事处移交所有经管企业。全镇有镇村工业企业21家，从业人员715人，产值864万元。镇党委、政府规划建立双马工业小区，引进规模工业企业，两年内有迅达集团、楚天钢制品厂、兆丰食品包装、中山集团等12家民营企业落户。开发利用土地10.7公顷，引资6050万元。2000年，全镇工业总产值2.43亿元。2001年后，先后引进双马世纪、中石化、板建建材、广源汽车修理、星塔石材、鑫隆机械等企业。2005年，全镇工业企业发展到81家（包括双马工业园内企业），从业人员1820人，工业总产值3.86亿元。2009年后，大力推进新型工业化建设，重点突出发展新型环保建材和循环经济产业项目，泰山石膏、双马世纪新材料公司、板建建材等规模企业按进行产业升级，降低生产能耗，提高企业竞争力。科达电工、双马科技等科技型企业进行“双高”（高新技术企业、高新技术产品）认证和专利申请，科技成果得到转化。2010年，全年工业总产值14.64亿元，其中规模以上工业总产值8.48亿元。2013年起，建立政企合作平台，两年内共清退高能耗、高污染、低产出企业12家。2015年，有工业企业60家，从业人员2564人，工业总产值81亿元，其中，规模以上企业14家，总产值61.8亿元，高新技术产值7.46亿元，初步形成以先进机电制造业、新型建筑材料业为主，兼容生物医药业、现代物流业的产业格局。

商贸服务

20世纪30年代，马家河临湘江有一条360余户的小街，其中经营南杂、副食、肉铺、饭铺、茶馆、碓坊、染坊、铁铺、篾铺、油鞋、木屐的共50余家，特别是手工木屐比较有名，远销外地。80年代，板塘供销社在境域设有马家河店销售百货，国营马家河肉食购销站销售肉食水产品。90

湖南双马电器有限公司

年代初，建有马家河简易集贸市场。1998年，全镇共有商贸服务网点134个，从业人员410人，商贸服务业产值6800万元。2000年，马家河黑山羊餐饮业成为省内知名的特色餐饮。全镇商贸服务业产值1.87亿元。2003年，出现多家集休闲、垂钓、餐饮、娱乐为一体的休闲农业和农家乐，以金三角垂钓中心、法华山庄最负盛名。2005年，镇政府投资100多万元，在月华村兴建竹木交易大市场，68户经营户入驻。2008年，个体商业发展到200余家，全镇商贸服务业服务网点298个，从业人员3540人，产业产值3.7亿元。2012年，争取市劳动局支持，投资60万元，建立总面积240平方米的“一站式”服务大厅；开发法华山森林公园；加快发展以马家河黑山羊为特色菜的餐饮业。2014年，开展经济普查摸底，17个村（场）社区有近2000家个体经营户、市场2个，50平米以上超市4个，住宿餐饮企业2家。是年，全街道服务网点2000余个，从业人员7600人，社会消费品零售总额13.9亿元。2015年，商贸服务业服务网点1451个，从业人员6751人，商贸服务业产值3.12亿元。

财政金融

1998年，镇财政收入79.2万元，其中农业税42.8万元，其余为岳塘区级财政下拨款。2003年起，工业经济发展，税源增加，但因调减、免征农业税，停征屠宰税，农业税收减少。2005年，镇财政收入364万元。2010年，岳塘信用联社板塘信用社双马分社设立，在象形村、马家河社区设2个营业点，有员工12人，2012年更名为湘潭市农村商业银行双马分理处（支行），有2个服务网点，共16个员工。随着工业产值倍增，下拨经费增加，2015年，镇财政收入2610.27万元；有金融单位1家，从业人员16人，年末存款余额5亿元，贷款余额2.4亿元。

基础设施

交通运输

湘江历来“帆樯林立，转运无穷”。清末、民国时期，境域马家河为湘潭港口停靠要地，水运发达。由于民生凋敝，以及外地物资中转途径变动等原因，至民国末期，水运衰退。1966年，板塘铺通往马家河的板马路竣工，全长6620米，宽6米。1967年，由十八总开往马家河的7路公共汽车线路通车。“农业学大寨”运动中，各大队修通简易机耕路。1982年，马家河至滴水埠的滴马路、马家河至霞湾的马霞路建成通车。1984年，马家河渡口至对岸株洲县马家河，客运路线长800米，有轮船1艘，趸船2艘。1987年，在马家河建有企业专用码头，市运公司马家河水运处，有船只20艘，吨位为1005吨，328匹马力，总运量为36878吨。1996年，长潭高速公路马家河连接线建成通车，贯穿全境，全长6.792千米，宽30米，总投资3.7亿元。2006年，投资450万元，总长19.5千米的10条村级道路通畅。2007年，投资24万元，总长20.04千米的7条村级道路通畅。2008年，完成通达工程15千米、通畅工程2.5千米，实现乡村水泥道路“村村通”；个体运输户210户，仅跑客运的小车就有100多台。2011年后，在高新区整体规划下，先后完成东二环、迅达大道及青年路、霞光东路等主干道建设及马霞道路、月华村等村级道路的硬化工程。2015年，境域共有道路108条，总长57.6千米，其中，县乡道以上5条31千米，村道103条26.6千米；京珠高速、沪昆铁路穿越境域，东二环、迅达大道及青年路、霞光东路等城市主次干道构成密集便捷的交通网络；有市内公交线路3条（7、

8、16路公交线路），跨市公交线路1条（104路湘潭至株洲）。

邮电通信

民国时期，湘潭县邮政局在马家河设有邮政信柜。1955年，湘潭市邮电局板塘铺邮电支局在马家河设邮电所。1962年，湘潭河东电讯网基本形成，电话线路架设到马家河，境域各大队部都接通手摇电话。1987年，有马家河邮电所和1个乡邮段，负责境域的邮政和电信各项业务，主要有电话安装，函件、汇兑和报刊发行等业务。1998年起，邮政、电信分营，联通、移动公司在境域设营业网点，建通讯基站，开通程控电话886部，移动电话298部。2008年，境域有马家河邮政营业所，家庭固定电话516部，移动电话9882部。2015年，境域有邮政营业所1家、移动联通公司建的移动通信基站8处，移动电话21982部。

供水供电

1959年3月，马家河35千伏变电站建成通电，生产生活均有电力供应。但遇到电力负荷紧张时，仍会限电停电。马家河街装有汞灯照明。境域居民主要饮用井水和未净化的河水，1982年，马家河社区居民开始饮用自来水。1998年，双马工业园架通2.7千米长1万伏主供电线，4.85千米长主供水管道。1999年，增铺一条长6.8千米的直径200毫米的主供水管道。2005年，投资320多万元，解决象形、国强两村6个组116户村民的自来水饮用；投资30万元，开钻深层地下水，解决云和村桔子、月形2个组74户村民饮水难问题。2007年，在国强村、向阳农场、云和村各增设一台200千伏安变压器，在新华、国强、月华等村新架设供电线路共12.7千米。2008年，投资300万元解决象形村、新电社区1300多人饮水安全。2009年，完成农网改造6千米，新增变压器3台。2011年，完成2处学校饮水安全建设，解决1300人饮水不安全问题，农村饮水安全工程全部完成。2015年，境域有35千伏安变电站3座，3条输电线路长147千米，变压器48台。自来水厂1家，主供水管4条67千米，全街道95%的农户用上自来水。

水利建设

民国时期，境域马家河、新华、国强等村濒临湘江，涝年水灾，旱年旱灾。中华人民共和国成立后，水利设施建设得到加强。1958年，在马家河轮渡码头下首新建40千瓦抽水机台。20世纪70年代，修建上起云和村半边山，下至建设村狮形山的沿河大堤，长2千米，抵御湘江水灾；建成狮形山灌渠和板摄灌渠（利用湘钢循环水），使象形、建设、集体、新华、国强等村农田得以灌溉。80年代，建成牛形山灌渠，使云和、法华等村农田受益，灌溉面积133.4公顷。1995—1997年，境域各村先后对水面、渠坝进行一次大的维修加固，月华等村对水面3.4公顷以上的大塘通过加固防漏，蓄水量增加三分之一，每一大塘浇灌面积6.7公顷以上。法华村地势最高处的谢家组新建两口山塘，改善4.2公顷天水田的灌溉状况。1998年，全镇有铁锚水库、幸福水库2座小㈡型水库；有各种山塘399口；有灌渠3条，总长4500米；有提水机埠3台167千瓦。2003年，筹资365.6万元，完成土石18万立方米，整改山塘、水库48处，建设高标准渠道37条，更新和改造机埠7处，并完成建设大堤、建设渔塘、铁锚水库、云河子堤等四处水利工程改造。2005年，投资185万元，完成水利工程71处，移动土石15.4万立方米，投入劳动工日5.9万个。2008年，投资160万元，修整水塘、渠坝70处。2012年，对防汛重点部位云和子堤进行改造，在堤低洼处修筑300米防洪墙，提升防洪能力。2013年，修缮骨干山塘6口，水渠5900米。因开发建设征地拆迁，幸福水库被征用，狮形山灌渠断流。2014年，街道自筹资金60多万元，争取市区两级奖励扶持资金34万元，完成云和、月华、建设、法华、集体5个村14口骨干山塘的修缮和4000余米高标准渠道建设工作。2015年，境域有小㈡型水库1座，各种山塘401口，灌渠2条，长3700米，有提水机埠2台135千瓦。

征地拆迁

双马镇成立之初，省政府要求将双马镇建成长、株、潭三市卫星城镇，市政府要求将双马镇建为城市的一部分。1998年，镇党委、政府确定以新电厂加油站至向阳农场杉树山的高速公路连接线两侧，约5平方千米的范围规划建设双马工业园。至1999年，共开发利用土地39.4公顷，土地转让金800多万元。2000年，双马工业园被整体纳入湘潭市75平方千米城市整体规划范围。2002年，拉通双马工业园内象形村鸽子组至国强村古路组、五方组道路，开发利用沿线土地66.7公顷。2003年，引进湘垣建材厂、金三角垂钓休闲山庄等13家企业项目，开发利用土地15.4公顷。2004年3月，因大唐发电有限公司二期工程建设，征用云和、建设、法华、国强等村土地约36.7公顷，用于管线和煤炭处理。2005年3月，因省重点工程——湘云500千伏高压线路工程，征用双马镇象形、集体、建设、云和、法华等村土地约0.4公顷；6—9月，因中油金鸿天然气长输管道线工程项目，在法华、月华、建设、国强、象形等村占用土地约10公顷，建设入湘天然气管线。2006年引进塔星石材、鑫隆机械等9个企业项目，开发土地27公顷。2007年，引进绿园墙体材料有限公司等8个项目，征用土地13.4公顷。2009年，福田农用车尾箱项目的主体厂房建成，占地4公顷。2011年，胜利钢管项目落户双马镇国强村，占地54公顷，拆迁房屋200栋。2012年，项目建设加快推进，有青年路、滨江风光带等39个在建项目，拆除房屋566栋，征地261公顷。将新造村208套安置房分配给被征地农民。2013年，有28个项目征拆，全年征收房屋274栋，拆除房屋270栋，征地204公顷。对征地农民四个安置区的安置房实行抽签分房1058套，安置3260余人。2014年，共拆除房屋262栋，征地195.6公顷，抽签分房408套，共安置1040人，签订货币安置补偿协议6户，安置19人。至2015年的17年间，双马街道（镇）共征用土地1000公顷，土地征收金额10亿元；建安置小区7个，安置失地农民2000户。

社会事业

教育

民国时期，小学教育除私塾外，马家河有文家学堂1所。1950年，根据“村学村办，乡学乡办”要求，境域建设、集体、云和等村办起小学。20世纪60年代，境域大队都办有小学。70年代小学相继附设初中班，中学点大量涌现，随后解散。1998年，有学校7所，其中中学1所，完全小学2所，村小4所，共有在校学生1422人，教师103人。2001年，投资50余万元，兴建镇联校办公楼和教师宿舍，维修镇中心完小围墙。2005年，全镇有幼儿园5家，入园儿童352人。为整合优化教育资源，相继撤销5所小学，改双马中学为九年一贯制学校，双马中学建成湘潭市农村中学第一条塑胶跑道。集体学校更名高才学校，增设小学高年级。国强学校恢复庭香学校校名。是年，全镇有学校3所，在校学生1418人，在职教师105名。2006—2007年，共筹资170万元，建设双马中学食堂住宿综合楼，改建卫生厕所。2008 年，全镇有幼儿园 4 所，入园儿童 320 人；3 所学校有在校学生 1328 人，教师 90 人。2013 年，境域有幼儿园 5 所，入园儿童 400 余人，3 所中小学校有在校学生 1000 余人，教师 156 人。2015 年，境域有幼儿园 5 所，入园儿童 620 余人，3 所中小学校有在校学生 850 余人，教师 78 人。

文化体育

民国时期，马家河关帝庙庙会演出湘剧，民间艺人组织花鼓戏班，受雇于婚丧喜庆之家，以地台形式表演花鼓戏曲。群众性体育运动，武术巫家拳、划龙舟较流行。1984 年，市水泥厂俱乐部建成，占地面积 495 平方米，可容纳 799 人。2000 年，成立镇文化站电影放映队，采取“政府补贴，个人经营，市场运作，保本微利”的方式，在每个村巡回放映。新电社区被评为湘潭市级“全民健身工程示范点”。国强村被评为“国家农村体育健身工程点”。2006 年，云和村投资 20 万元开通有线电视户户通。2010 年，新建农家书屋 8 个。2013 年，建成马家河、新塘里城乡社区文化活动室。2014 年，建成象形村、国强村城乡社区文化室 2 个、乡镇广场体育健身设施 2 处、乡镇文化广场设施 1 处和各类文化体育设施 60 处。2015 年，境域有文化站 1 家，村（社区）文化室（包括农家书屋）15 家，共藏书 5 万册；体育器材（街道 13 个行政单位）27 套。

医疗卫生

民国时期，医疗方式主要是民间中医与草药郎中行医，马家河有私营中草药店两家。1953 年，成立马家河联合诊所。人民公社化后，各大队相应建立卫生所，配备卫生员。1969 年，在农村开始建立合作医疗制度，大队建立卫生室，“赤脚医生”行医。1978 年后，农村合作医疗逐步解体，村级医疗卫生工作由乡村医生承包。1998 年，境域有板塘卫生院马家河诊所和企业单位医务室等 5 家医疗单位，共有医务人员 12 人，设病床 8 张，年诊疗量 3000 人次。2002 年，对 0~7 儿童进行预防接种，对 200 多名儿童进行健康检查。2005 年，镇卫生防疫保健组成立，8 村 1 场建立 10 个卫生室。2008 年，有各级各类医疗卫生单位 13 家，共设病床 40 张，医务人员 19 人，年诊疗量 5000 人次。2010 年，免费为农村已婚妇女妇科病普查 1600 人。2012 年，板塘卫生院整体搬迁至双马街道象形村，更名为高新区医院。2013 年，新建 1 所卫生院、12 个村级卫生室。2014 年，对 5163 名已婚育龄妇女进行妇科病普查普治及防癌筛查。2015 年，有各级各类医疗卫生单位 9 家，共设病床 48 张，医务人员 77 人，年诊疗量 14024 人次。

社会保障

民国时期，境域沿湘江两岸，水旱灾害频繁，官府救济杯水车薪。每逢灾害之年，灾民背井离乡，外出逃荒。中华人民共和国成立后，如遇有较大的自然灾害，政府及时拨发救济款和物资。1957 年，开始“五保”老人评定工作，对丧失劳动能力而又无依无靠的老人，实行生产队集体供养。20 世纪 80 年代，兴办敬老院，对“五保”老人实行敬老院集中供养与由村组分散供养相结合。1986 起，境域开始实行对主要劳动力长期患病的特困户、残疾人、孤儿等实行定期定量补助，标准 15~45 元不等。1997 年，实行城镇居民最低生活保障。1998 年，实行农村居民最低生活保障。“双定”补助对象逐步纳入城乡最低生活保障范围。2001 年，建立敬老院。2002 年，“五保”老人供养全部纳入乡级财政预算。审核落实低保对象 170 户，428 人，年发放低保金 22 万元。2005 年，新增低保对象 52 户 127 人，全年共发放低保资金 60 万元。是年，开展新型城乡合作医疗，全镇农村参合人数 11533 人，参合率 100%，社区参合人数1039人，参合率52.9%。2008年，法华村创办村级“五保之家”；全镇有1597名城乡居民享受最低生活保障，年支付低保金126万元。10243名城乡居民参加城乡合作医疗保障体系，年支出医疗救助20.48万元。2011年，城乡低保覆盖范围扩大，全年共发放农村最低生活保障金112.48万元，城市最低生活保障金351.83万元。启动“金秋助学”、困难帮扶等民生工程，成立双马街道镇“爱心帮扶基金”，全年为13名救助对象发放救助金28.29万元。2013年，发放农村低保金127.41万元，城市低保金368.23万元；全市首家公助民营社区居家养老中心落户吉安路社区；发放“五保户”生活费6.6万元；3809人参加被征地农民养老保险；新型农村合作医疗参合人数1.41万人，筹集新农合经费79.88万元，参合率100%。2015年，共发放257户439人农村最低生活保障金138.8万元，472户683人城市最低生活保障金267.4万元；慰问低保户、困难群众、优抚对象等331户，发放慰问金10.6万元；发放救济帮扶资金11.64万元。

人民生活

民国时期，境域大部分人终年过着半饥半饱的生活。中华人民共和国成立之初，农民分得土地和一部分生产资料，生活逐步改善。1979年，农民集体分配年人均收入130元，年人均口粮337千克，人均住房面积10余平方米，少数人添置自行车、手表、收音机、缝纫机等。1983年后，农村实行联产承包责任制，农民温饱问题基本解决，收入增加。1987年，人均收入760元。一部分农户建起2至3层的砖木结构新房，人均住房28平方米。有稳定工资收入或成功的个体商业经营者的生活较为宽裕，不少人购买彩色电视机、电冰箱。1991年后，境域一些农民个体经商，不少青壮年农民到城市或沿海发达地区务工，农民收入大幅提高。1998年，农民人均可支配收入2400元。2005年，农民人均可支配收入5652元，部分农户建起3~4层钢筋砼结构的小楼，人均住房面积25平方米。2008年，法华村陈家组24户，购买小车的有8户。2011年，农民人均可支配收入14672元。2015年，农民人均可支配收入2.2万元，绝大多数农户建起庭院式的洋房，人均住房面积40余平方米，宽屏彩色电视机、大容量电冰箱、移动电话、洗衣机、照相机、摩托车在农村基本普及，部分农民还拥有私家小轿车；城市居民年人均收入5万元，大部分自购商品房，摄像机、家用电脑、家用汽车等高中档耐用品进入大部分城市居民家庭，人均住房38平方米。

特色地情

风景名胜

法华山　又名苍雪峰。坐落于双马街道北部法华村境域，海拔299.1米。明洪武时建有法华寺，寺联云“苍雪耸奇峰，灵显中湘，脉来衡岳三千里；法华留古迹，名昭南海，泽被潭州百万家”。山由此易名。法华山逐步被打造成旅游度假休闲场所，植被丰富，郁郁葱葱。1995年，经湘潭市地名委员会批准，将法华林场更名为“湘潭市法华农民公园”。2007年，当地村民办起法华山庄，有垂钓、休闲、餐饮、娱乐等项目。

名优特产

马家河黑山羊肉　马家河附近农民有饲养黑山羊的习惯，且数量较大，当地农民自养自宰。其肉味美鲜嫩，无污染，吸引长株潭不少消费者，形成颇具地方特色的一道地方名菜“马家河黑山羊肉”。

（撰稿：郭　佳）

湘潭经济技术开发区

概述

湘潭经济技术开发区位于湘潭市北部、湘江西岸。东与湘潭市岳塘区昭山示范区隔江相望；南接雨湖区万楼街道、先锋街道；西邻雨湖区姜畬镇；北界长沙市岳麓区。

2003年10月，中共湘潭市委、市人民政府决定成立九华经济区。11月6日正式挂牌，由湘潭市、湘潭县两级共同管辖。2004年3月5日，九华汽车生产基地正式开工建设，拉开九华项目建设序幕。11月九华经济区划归湘潭市直管，12月九华项目建设协调委员会成立。年内，园区4条主干道开工建设。浙江万向集团等7家企业签约入园。2005年，引进浙江吉利控股集团建设“吉利金刚”汽车生产基地；高科技机电工业园18家企业同时入园；河西中心港建成，投入使用；华菱湘钢集团线棒材深加工项目（后更名中冶京诚湘重有限公司）签约入园。

2006年年初，区党工委提出“工业为根本、项目为生命、服务无止境、客商是帝王”的发展理念，对园区工业、农业和商贸业进行统筹规划。9月，设立湘潭（台湾）工业园。12月，第一辆“吉利金刚”汽车在九华生产基地下线，该车因外型时尚，性能好，价格实惠，发动机具有国际一流水平，深受消费者喜爱。是年，江麓机械集团年产30万台CVT轿车自变箱项目签约入园。全年园区完成固定资产投资11.62亿元，完成工业总产值2亿元，其中规模工业增加值6300万元，实现财政收入580万元。2008年12月28日，市委、市政府批准设立九华示范区，为长株潭城市群资源节约型和环境友好型社会建设综合配套改革试验区。园区开发建成面积12.1平方千米，入园企业108家，其中建成投产企业62家。全年完成固定资产投资22亿元，完成工业总产值32.5亿元，其中规模工业增加值10.62亿元，实现财政收入2.56亿元。居民人均可支配收入14802元。

2009年7月，经湖南省人民政府批准，将响水乡从湘潭县划出，归属湘潭市雨湖区，由九华示范区托管。是年，以商贸服务为主的三产业产值7.8亿元。2010年3月，区党工委编制《九华示范区总体规划》，提出“用五年时间将园区建成千亿元园区，进入全省园区建设第一方阵”的奋斗目标。是年，入园企业154家。全年完成技工贸收入180.1亿元，其中工业总产值161.3亿元，规模工业增加值51.7亿元，实现财政收入7亿元。

2011年9月25日，经国务院批准，湘潭九华示范区升级并更名为国家级湘潭经济技术开发区。2012年5月，经省人民政府批准，市人民政府决定在园区设置雨湖区和平街道，由湘潭经济技术开发区托管。年内，园区开发建成面积16.5平方千米，有入园企业230家，其中建成投产企业138家，完成固定资产投资201.45亿元，完成技工贸收入710亿元，其中工业总产值406亿元，规模工业增加值107.78亿元，实现财政收入18.8亿元。居民人均可支配收入16450元。2013年9月9日，经国务院批准，在企业集群区域设立3.12平方千米的湘潭综合保税区。全年园区完成固定资产投资292.2亿元，完成技工贸总收入1053.2亿元，提前两年实现千亿元园区目标，成为全省第四家千亿元园区，其中工业总产值590.6亿元，规模工业增加值235.9亿元，实现财政收入23.2亿元。是年，园区年产值过亿元企业44家，吉利汽车部件有限公司创产值100亿元，成为园区首个、全省第18家百亿元企业。2014年，区党工委提出“转型发展、高端发展、创新发展”工作思路，将发展列为第一要务，付诸实施。全年完成技工贸总收入1401.6亿元，其中工业总产值850.4亿元，规模工业增加值150亿元，实现财政收入26.9亿元。是年，泰富重工制造有限公司创产值100亿元，成为园区第二个年产值过百亿元企业。

2015年，园区完成固定资产投资360.5亿元，完成技工贸收入1420亿元，其中工业总产值860亿元，工业增加值166.9亿元，实现财政收入32.03亿元。湘潭综合保税区封关运营，有院士工作站两家，入园企业312家，建成投产企业217家，其中世界500强企业9家，高科技企业29家，形成以湖南吉利汽车部件有限公司的汽车制造业、泰富重工制造有限公司的先进装备制造业和以蓝思科技股份有限公司、湖南兴业太阳能科技有限公司为骨干的电子信息业三大主导产业，全年创总产值551.3亿元。至2015年的10年中，吉利汽车累计完成整车产销14.26万辆，以市场占有率32%位居自居品牌细分市场第一。是年，园区总面积138.3平方千米，人口13.8万人。开发建成面积31.8平方千米，形成“四纵四横”路网，通车里程200多千米。居民人均可支配收入27803元。

（撰稿：陈里梅）

九华湖公园（钟泉摄）

响水乡

区域概况

地理位置

响水乡位于湘潭市中部偏北。东北与长沙市天心区隔湘江相望；东和南与和平街道、万楼街道相依；西南与先锋街道相连；西与姜畲镇、鹤岭镇接壤；北与长沙市岳麓区交界。因流经境域的水口山小溪中有一座挡水坝，坝下有潭，山洪跌入时声若雷鸣，人称响水坝，乡依地名。

建置沿革

明朝初年，境域属湘潭县二十五都。明洪武十四年（1381），属光泽乡安仁里。清代，分属县二都、上四都。民国初年，属湘潭县北乡北一区。民国21年（1932），属湘潭县十区黄龙乡、九华乡。民国27年（1938），属黄龙乡。民国33年（1944），隶涟北行署。民国34年（1945），属黄龙乡。1949年8月，属黄龙区。1950年，属县二区。1953年5月，属黄龙区。1956年6月，分属响水乡、九华乡。1957年11月，从响水乡划出1个村与响塘乡划出2个村，增设冷水冲镇。1958年9月，属先锋人民公社。1959年3月，先锋人民公社改称响塘人民公社。1961年5月，分属响水、九华人民公社，隶响塘区。同年9月，从响水、九华人民公社析出7个大队，增设和平人民公社。1984年，响水、九华人民公社均改称乡。1995年4月，响水乡、九华乡与和平乡合并为响水乡。2009年7月，全乡成建制从湘潭县划属湘潭市雨湖区，由九华示范区托管。2012年5月，析出12个村设置和平街道。至2015年末，建置无变化。

区划面积

1995年，响水乡辖鹤岭、毛家、沙塘、映山、桐塘、黄龙、朝龙、郑家、响水、狮山、星沙、红星、雅艾、公塘、棠华、青竹、民乐、大新、石码、和平、金井、银盖、乐塘、九华、拾亩、塘高、红砂、富家、仁伦、石连、湘江、昭潭、冯家、郭家、桃李、兴隆36个行政村和1个渔业村，528个村民小组。总面积138.18平方千米，有耕地面积3874公顷，其中水田3519.8公顷，旱土354.2公顷；山地面积8569.3公顷；水域面积374.7公顷。2012年5月29日，析出九华、桃李、昭潭、郭家、和平、银盖、民乐、乐塘、金井、石码、大新和渔业村，设置和平街道，析出面积60.55平方千米。2015年，乡辖25个村346个村民小组。总面积77.63平方千米，有耕地面积1884.97公顷，其中水田1733.7公顷，旱土151.27公顷；山地面积

5091.03 公顷；水域面积 287 公顷。

自然环境

境域属湘中丘陵区，以丘陵为主，平原、岗地为辅。地势为东南略低、西北略高。黄龙村黄龙山海拔 182 米，为乡内最高点。黄家湾下港水、王家坝水直汇湘江。境域属亚热带东部季风湿润气候区，四季分明，日照充足，雨量丰沛。年平均气温 17.2℃，最高气温 40.5℃，最低气温 –4.7℃，无霜期为 314 天左右。年均日照 1765 小时。年均降雨量 1320 毫米。山林以灌木为主，主要树种有国外松、马尾松、枫、樟、梓、檫、杉和油茶等 31 种。野生动物主要有蛇、蛙、鼠、雀、山鸡、野兔、黄鼬等 25 种。土壤以红色黏土为主，河流冲积物次之。已知矿藏有鹤岭一带中型锰矿床，黄龙村碳酸盐岩（石灰石）矿点。境域东傍湘江，西处丘陵、岗地,洪涝灾害和干旱多发,从 1840 年至 2015 年，共发生各类自然灾害 64 次，其中比较严重的洪涝 9 次、旱灾 7 次。

人口民族

1995 年，全乡有 17218 户 61710 人，其中男性 31102 人，占 50.4%。有农业人口 58796 人，占总人口的 95.3%。全年人口自然增长率 1.67‰。散居回、满、壮、侗、苗和土家族等 9 个少数民族 89 人，占总人口的 0.14%。2009 年，全乡有 17684 户 66598 人。2012 年，析置和平街道后，减少 8962 户 26948 人。2015 年年末，全乡有 11811 户 41570 人，其中男性 20823 人，占 50.09 %。有农业人口 39129 人，占总人口的 94.12%。全年人口自然增长率 1.89‰。散居回、满、壮、侗和土家族等 8 个少数民族 79 人，占总人口的 0.19%。

经济发展

经济综述

清代、民国时期，境域经济以农业为主，辅以少量的掘矿工业和手工业。中华人民共和国成立初期，仍以农业为基础。20 世纪 60 年代，发展一批农业企业。70 年代，充分利用区位优势和矿产资源优势，发展社、队企业。1983 年后，全面落实农业生产责任制，农、林、牧、副、渔全面发展，乡、村、个体、联户企业并上。1995 年，深化企业改革，建设小康乡村，是年实现亩产过吨粮。全乡完成工农业总产值 5.25 亿元，其中农业总产值 1.64 亿元。2000 年，全乡完成工业总产值 5.11 亿元。2003 年，乡村集体企业完成改制，民营经济快速发展。全乡完成工农业总产值 8.66 亿元。同时，配合新成立的九华经济区建设，做好相关村、组和村民征地拆迁安置的协调工作。2009 年，乡党委、政府以园区发展为中心，采取“抓服务、强基础、转作风、促稳定”系列措施。全乡实现工农业总产值 7.74 亿元，其中工业总产值 6.6 亿元、农业总产值 1.14 亿元。2013 年，乡政府启动响水乡生态保育区项目建设，制定中长期建设发展规划，成立土地信托公司，建立土地流转制度，开展招商引资、选资活动，促进乡镇经济持续发展。2015 年，全乡完成工农业总产值 6.24 亿元，其中农业总产值 1.23 亿元。

种植业

清代、民国时期，境域以种植水稻为主，旱土栽培蔬菜、花生和烟叶等，矮蔸白菜、小籽花生、黄龙烟叶在湘潭市场享有一定声誉，但由于生产力低下，农作物产量和产值较低。20 世纪 50—60 年代，为提高粮食产量，先后推广水稻种子穗选、粒选，试行间作双季稻，改单季稻为双季连作。70 年代，改一年两熟制为一年三熟制，粮食亩产上升至 418 千克，实现跨《纲要》目标。1978 年，开始推广杂交稻，粮食亩产量超过 600 千克。同时，利用山岗坡地、旱土发展多种经济作物，建成湘潭市蔬菜度淡（季）基地 65.3 公顷，实现农业生产增产增效。1995 年，全乡落实水稻播种面积 6055 公顷，总产粮食 4.65 万吨，首次实现亩产过吨粮的目标；发展蔬菜基地 166.7 公顷；实行稻菜连作 200 公顷；种花生 135 公顷、西瓜 120 公顷。2000 年，乡政府实施国家持续发展高效农业示范项目，建成粮食高产示范生产基地（优质水稻丰产片）3 个，以红菜苔、矮莼白菜、凉薯为主的商品蔬菜基地 2 个、杂交玉米基地 1 个和优质水果圃 1 个。全乡种植双季稻 5764 公顷，总产粮食 3.82 万吨；种植红菜苔 650 公顷，产品进入长株潭市场；种植杂交玉米 90 公顷，总产 517.5 吨，经济效益比种水稻高 1.2 倍。2004 年，全乡种植优质稻 3153.6 公顷，占粮食播种总面积的 53%。青竹村优质稻占水稻总面积的 90%，并与粮食加工企业签订优价收购合同。2009 年，全乡种植水稻 3499 公顷，总产稻谷 3.54 万吨；种植大棚西瓜 54 公顷、草莓 34 公顷、马铃薯 36 公顷、红菜苔 650 公顷。2015 年，依法流转土地 20.5 公顷，建立 16 家农民专业合作社。对重金属污染管控区 213 公顷土壤进行综合修复治理，并对黄龙、朝龙、郑家、响水 4 个村 286.8 公顷水田免费进行深翻耕。11 个村围绕农业增效、农民增收的工作思路，发展特色种植业，形成“一村一品”“联村一品”和“一村多品”的格局。全乡落实粮食播种面积 3133 公顷，其中优质稻 1871 公顷，总产粮食 2.38 万吨；建成红菜苔、大棚西瓜、杂交玉米、马铃薯、草莓和冬季免耕油菜生产基地 14 个，面积 806 公顷。

养殖业

清代、民国时期，境域以养猪、鸡为主，养牛、鱼为辅。1949 年，养猪 4.2 万头，养鸡 13.8 万羽，养牛 564 头，出水鲜鱼 310 吨。20 世纪 80 年代，实施湖南省“农业丰收计划”和湘潭市“星火计划”，有 50 多户养殖菜牛、山羊、肉兔和湘黄鸡。1995 年，全乡饲养生猪 15.9 万头，其中出栏 11.4 万头；养牛 1280 头；养羊 3780 只；养鸡 42.8 万羽，其中出笼 27.4 万羽；出水（含在湘江捕捞）鲜鱼 1204 吨。2000 年，养猪 18.64 万头，其中出栏 14.23 万头；饲养家禽 65.5 万羽。2002 年，青竹村在全县率先成立生猪产业协会，与相关企业签订合同，为会员统一提供技术培训、采购（猪种、饲料）、防疫、销售（中猪、肥猪）、结算和贷款“一条龙”服务，并吸引周边 10 个村 45 个小组 500 多户养猪户入会，年内养猪 8 万多头。2004 年，雅艾村组建生猪产业合作社，吸纳 466 户养猪户入社，共养猪 5 万多头，其中远销东莞市 1 万多头，成为直供东莞市安全生猪养殖基地；青竹村生猪产业协会获省人民政府授予的“十佳农民专业协会”称号。2006 年，全乡饲养生猪 24.8 万头，其中出栏 16.2 万头。青竹村生猪产业协会采用“公司 + 协会 + 农户”的运作方式，全年出栏生猪 5.8 万头，被省委书记杨正午誉为“青竹模式”。2009 年，乡内发展存栏猪 50 头以上的养殖户 460 户；生猪良种扩繁场 6 家、生猪养殖协会（合作社）8 家。全乡养殖生猪 18.68 万头，其中出栏 15.9 万头。2015 年，全乡饲养生猪 11.39 万头，其中出栏 8.9 万头；养牛 297 头；养羊 2044 只；养鸡 11.08 万羽，其中出笼 8.5 万羽；出水鲜鱼 1200 多吨。

林业

清代、民国时期，境域林业以灌木为主，民宅旁植有少量的经济林、用材林。1949 年，境域森林覆盖率仅为28.6%。中华人民共和国成立后，组织群众植树造林、"四旁"（宅旁、村旁、路旁、水旁）绿化。1961年，建成境域第一个集体林场——黄龙林场。1964年，建成九华公社林场和4个大队林场。1981年，乡、村集体林场进行改制，改由村民分户经营。1988年，乡内建成225公顷油茶林基地和478公顷国外松基地，全乡有林地3965.7公顷。1990年，基本"消灭"宜林荒山。青竹村开发丘岗地，营造奈李林67公顷。1995年，继续封山育林、退耕还林，重点发展果木林，累计完成退耕还林152公顷，营造长江防护林86.7公顷，建成青竹、雅艾村为主的小水果基地4个，总面积135公顷。乡内有林地6201公顷，占山地总面积的64.8%，森林覆盖率上升至40.2%。2009年，随着九华经济区的征用开发，境域林地减少至3986.7公顷。2012年，划出林地678.7公顷。2015年，对毛家村23.3公顷油茶基地进行补植，补苗5000余株。同时，加强林业栽培管护，建设17千米森林防火带。全乡有林地2369.5公顷，森林覆盖率30.5%。有4个林产品生产基地，林业年收入307.6万元。

工业

民国35年（1946），黄龙乡两头塘办起湘潭县内第一个红砖厂，年烧红砖60多万块。1964年，响水公社综合加工厂建成投产，为境域第一个社办集体工业企业。1966年，响水公社综合加工厂翻砂队开采锰矿石，加工成锰粉销湘潭锰矿。1972—1974年，境域兴办小锰矿、油膏厂、铸造厂、化工厂和建筑施工队等社队集体企业26个。响水乡福利化工厂生产的G04-2醇酸磁漆获评省社队企业优等产品。1995年，乡内有乡办集体企业12家，村办集体企业16家，个体、联户企业615家，形成锰品、油膏两大支柱产业。全年完成工业总产值3.61亿元，实现税利864万元。2003年，乡村集体企业完成改制。改制后的华意锰制品厂通过招商融资扩产，成为日产电解金属锰15吨、创年总产值2100万元、实现利税164万元的规模企业。2009年，全乡完成工业总产值6.6亿元，其中规模企业工业总产值3.39亿元，实现利税1270万元。2012年，依据政策关闭12家小锰矿和锰粉厂。2015年，全乡有各类企业178家，实现企业总产值8.5亿元，其中规模工业企业4家，创工业总产值5.01亿元，实现利税3200万元。

商贸服务

清代、民国时期，境域由于靠近湘潭县，未形成集市、墟场。20世纪50年代，沙塘、毛集井、板石港等地散驻供销社（商店）、肉食站、粮油供应点、药店等单位。60年代，有23个大队开办代购代销店（点），供应日用百货、糖酒副食和少量化肥、农药。80年代，个体商贸服务业迅速发展，逐渐形成毛集井、板石港、月塘等新的小集市和墟场。1995年，乡域内有集贸市场2个，个体店铺200多家，社会商品零售额2450万元，其中集市商品成交额1380万元。2009年，全乡社会商品零售额1.12亿元，其中集市商品成交额8700万元。2012年，建成雅艾、星沙等14家集餐饮、娱乐、钓鱼、观光于一体的"农家乐"。2015年，全乡有墟场3个，各类店铺220家，个体工商从业者1200多人，社会商品零售额6700万元，其中集市商品成交额2800万元。

财政金融

1956年，组建响水、九华乡农村信用合作社。1984年，湘潭县人民保险公司设立响水、九华乡保险站。1994年，县邮政局设立响水乡邮政储蓄所。撤销响水、九华乡保险站。1995年，乡级财政总收入773.6万元，其中农业税费362.3万元、企业税金411.3万元。有农村信用合作社2

家和村级代办站25个，中国工商银行储蓄代办所1家，邮政储蓄所1家。年末各项存款余额8820万元，各项贷款余额5436万元。保险部门收取保费42.4万元，理赔金额28.84万元，赔付率为68%。2003年起，依据国家哺农惠民政策，调减、免征农林特产税、生猪屠宰税。九华经济区多项重点工程项目建设加快，土地资源税金、企业税金和上级下拨经费增加，乡级财政收入不减反增，2006年达2168.1万元。2007年，试行政策性农业保险，有26个村2704.5公顷水稻纳入保险范围，参保率66%，赔付率69.6%。2009年，乡级财政总收入1342.9万元。金融机构年末各项存款余额1.68亿元，各项贷款余额1.349亿元。2015年，国家支农惠民政策补贴资金和九华经济区扶持失地农民资金增加，乡级财政总收入4180.54万元，总支出4150.54万元。年末，境域有金融机构3家，各项存款余额2.85亿元，各项贷款余额2.62亿元。保险部门在承办水稻种植保险业务的基础上，又承办285位老年人的居家养老服务保险业务，共收取保费395万元，赔付153万元，赔付率38.73%。

基础设施

交通运输

清代，境域有1条从县城经响水坝、鹤岭入长沙的驿道（称西北三路）。湘江岸边有渡口码头2处，货物以湘江航运为主。1957年，由湘潭锰矿投资修建的湘潭至鹤岭（湘潭锰矿）公路（称潭锰公路）建成通车，为境域首条公路，境域长6.7千米。1960年，湘潭锰矿专用货运铁路竣工通车，境域长8.2千米。1963年，市城市公交公司开通湘潭市区至湘潭锰矿的2路公交车。1964年，修筑响水坝至洲上（响水公社驻地）简易公路（称响洲公路），长1.8千米。1995年，境域有1条厂矿铁路和1条厂矿公路（实际为社会性公路）通过；乡级公路1条，长1.8千米；通村公路24条，总长87.4千米。1998年，湘潭至九华公路从张家冲延伸至富家村，改称石（油库）富（家）公路。1999年，延伸响洲公路至九华村与湘望公路（湘潭至望城县坪塘镇）连接。2000年，整修、拓宽并延伸通村、联村公路4条，并分期硬化。2002年12月，（湘）潭邵（阳）高速公路建成通车，途经境域6个村19个村民小组，境域长14.78千米。同年，湘潭市北二环公路建成通车，途经乡域1个村6个村民小组，境域长2.3千米。2012年12月，长沙至湘潭西线高速公路建成通车，途经乡域5个村24个村民小组，境域长7.391千米。2013年，沪昆高速客运铁路建成通车，途经乡域11个村46个村民小组，境域长12.55千米。同时，国家投资7000多万元，对潭锰公路进行提质改造。2015年，境域有1条高速铁路、1条普通（厂矿）铁路（已停用）、2条高速公路和2条市（区）、乡主干道通过；有通村、联村公路23条，总长68.7千米，其中已硬化37千米。每日有过境停靠的公交车、客班车100多个班次往返于湘潭、长沙、宁乡和易俗河等地，日客流量1000多人次，高峰期达到3000多人次。有货车320辆，年货运量120万吨。

邮电通信

1951年，境域始设响塘邮政营业处，办理信件、包裹投递和电报接发业务。1955年，响塘邮政营业处升格为邮电支局，并增设响水、九华邮政代办所（站）。1995年，境域有邮电支局1个和3个邮政（代办）所及12个村代办站。全乡拥有固定电话2384部。1996年，开通县、乡机关传真信息网，安装程控电话169部，实现长途电话、城市电话和农村电话联网直拨。1998 年，增设响塘电信支局。在普及发展家庭固定电话的同时，发展 BP 无线寻呼机、移动电话业务。至年末，全乡有移动电话、BP 无线寻呼机 1862 部。2015 年，境域有邮政支局 1 家，邮政代办所 1 家，电信支局 1 家。全乡有家庭固定电话 5420 部，移动电话 3.12 万部，宽带用户 3920 户。全年邮政、电信业务收入 763.4 万元。

供水供电

民国 21 年（1932），私营湘潭大明电灯股份有限公司扩大供电范围，境域少数农户开始接电装灯替代传统煤油灯照明。中华人民共和国成立后，部分机关单位和农民接通湘潭市区直供湘潭锰矿矿区的自来水饮用。1967 年，冷水冲 35 千伏变电站建成，境域机关单位及部分企业、农户接电照明。1969 年，黄狮冲 220 千伏变电站建成，为湖南省境域首座 220 千伏变电站。九华、响水公社和部分大队陆续架线通电。20 世纪 70 年代初期，村民开始改变传统饮用塘水、坝水、江水的习惯，在自家掘井取用地下水。1985 年，冷水冲变电站废弃，黄龙村毛集井新建 35 千伏变电站。1998 年，乡政府投资 45 万元，建设洲上（乡政府驻地）自来水工程，解决乡机关和乡中学及邻近村民共 2000 多人的安全饮水问题。1999 年，启动村级电网改造工程建设，年内有 2 个村改造农电网。2009 年，郑家村建成 500 千伏变电站。2013 年，雅艾村新建一座 50 万伏变电站，主供湘潭经济技术开发区电源。2014 年，实施鹤岭供水扩建工程项目，由湘潭经济技术开发区投资 2500 万元，铺设输水管道 5.4 千米，解决沙塘、映山等 5 个村 12 个村民小组和 2 个机关单位共 2100 余人的安全饮水问题。黄狮冲变电站废弃，在响水坝新建 220 千伏变电站。2015 年，境域有 3 座变电站，供电线路 240 千米。全乡累计投资 1600 多万元，完成 8 个村的电网改造。年用电量 1900 万千瓦时。1.58 万人饮用自来水，其余农家饮用地下（井）水。

水利建设

清代、民国时期，境域无大、中型蓄水工程，以平塘、山塘蓄水，山溪内筑坝挡水和在湘江沿岸用筒车提水灌田，抗旱能力低。20 世纪 50—60 年代，县、乡（公社）动员群众整修山塘水坝，整修、加固湘江防洪大堤 18.38 千米，先后在湘江岸边建成板石港、渣埠港、莲花港、半边山等 5 处排灌机埠。1967 年，在朝龙大队后背塘建成 1 座电力提灌站，提取韶山灌区右干渠尾水，并开挖全长 13.05 千米的前进支渠和建成 6 座二级电动提灌机埠，解决境域 1120 公顷农田的灌溉问题。20 世纪 70 年代，又先后修建莲花、争光、昭潭 3 条撇洪渠，水利条件得到改善。1995 年，境域有县属韶山灌区右干渠后背塘电力提灌站 1 处，乡属电动排灌机埠 5 座，撇洪渠 4 条，水塘 2437 口，有效灌溉面积占水田总面积的 82.6%。2009 年，全乡投入 585.3 万元，治理和整修莲花堤、湘江堤、郭家堤等 25 处水毁隐患工程，更新改造电力排灌机埠 4 处，整修平塘、山塘 49 口，渠道清污扫障 50 千米。同时，在配合九华经济区开发建设的征地拆迁过程中，尽量维护原有水系，保留或恢复排灌工程设施，使未征用农田灌溉、排渍少受影响。2015 年，境域有韶山灌区右干渠提灌站 1 处，电力排灌机埠 4 处，撇洪渠 3 条，水塘 1417 口，水坝 12 处，有效灌溉面积占水田总面积的 89.5%。

村镇建设

20 世纪 50 年代，乡利用公产房或新建简易房作为办公场所，没有编制建设发展规划。村部一般设在本地学校内，或在村干部家进行“流动办公”。1962 年，响水公社在星沙大队洲上新建一栋两层楼房的办公用房；九华公社利用兴隆大队板石港一栋公产房办公。20世纪80年代，在新建校舍、改造教学危房时，部分村在校园内设办公场所。1995年，乡政府机关驻原响塘区公所内，因邻近湘潭锰矿，亦未制订乡村建设发展规划。进入21世纪后，结合新农村建设，9个示范村编制村级建设发展规划，建设高标准村部（活动中心），并逐步形成本地新的商居中心。2007年，乡政府制定《响水乡小城镇总体发展规划》，分三片构建农业区、工业区、商贸区格局。2012年，九华经济区投资1000万余元，在杉山安置区建成乡政务中心，占地23343平方米，建筑面积16150平方米，与和平街道办事处同楼分层办公。2013年，开展农村卫生环境整治工作，投入资金350万元，改造农户厕所500个，新建垃圾池750个。聘请110名村级保洁员（清扫员），初步形成生活垃圾“户分类、村收集、乡处理”的运作模式。毛家村被评为省级爱国卫生先进村；鹤岭、响水村被评为市级爱国卫生先进村；黄龙、郑家村被评为市级农村生活垃圾整治示范村。2015年，继续开展农业村卫生环境综合治理工作。全乡25个村均建成村级活动中心（村部），总投入1400万元，总建筑面积2.68万平方米，城镇化率20.2%。

社会事业

教育

清代，境域教育为私塾教学，有蒙馆（家庭初级私塾）5处，经馆（族办高级私塾）3处。清光绪三十二年（1906），创办官办黄龙高等小学堂。清宣统三年（1911），境域有小学堂4所，私塾9处。民国时期，有乡国民中心小学1所，保国民小学8所，私塾4处。1954年，取消私塾，创办完全小学2所、村小学15所。1961年，响水坝完全小学附设初中班。1965年，建成3所初级中学。同时创办农业中学1所，培育农业科技人员。1980年，基本扫除青壮年文盲工作达标。1995年，境域有普通初级中学2所、农校1所、初级小学25所、学前班4个。有中小学生8500多人，中小学教师384人。适龄儿童入学率100%，初中生毕业率96.5%。1997年，基本普及九年制义务教育工作达标。2009年，撤并4所小学。境域有初级中学2所，小学14所，学前班12个，幼儿园7所。有中小学生5842人，中小学教师349人。2015年，境域有初级中学2所，小学10所，学前班10个，幼儿园3所。有学生5498人，教师352人。适龄幼儿入园率74.3%，适龄儿童入学率100%，初中生毕业率95.4%。

文化体育

清末、民国时期，境域有业余剧团1个、皮影戏班2个，狮灯队3支、龙舟队2支。黄玉奇皮影戏班比较有名，一年演出近百场。中华人民共和国成立初期，有6个演出队、秧歌队和3支狮灯队、2支龙舟队，每年文化、体育活动达200多场次。1958年，先锋人民公社率先在湘潭县建成第一个公社广播站，播放时事新闻和花鼓戏选段。1964年，成立响水、九华公社文化站，组织开展文艺演出、电影巡回放映和征文比赛等活动。1970年，成立响水、九华公社广播站，每日播音3次，并增播自办乡土节目。1981年，在九华公社桂花大队（今响水乡富家村）出土一尊青铜豕尊，为商代晚期文物。1995年，乡内有文化站1个，业余剧团3个，文学艺术爱好者100多人；有广播电视站1个，电视机入户1.23万户，其中彩色电视机5400多部；有篮球、乒乓球、羽毛球和龙舟、狮灯等运动队6支，体育活动场所17处。

1999年，乡有线电视站（台）成立，年内发展有线电视用户300多户。2009年，有腰鼓队9支，中西乐队12支，电视机入户1.56万户，其中有线电视实现“村村通”，用户5100户；村级农家书屋22个,藏书8.5万册。各类体育运动队11个，运动场所21处。2011年，投入30万元，将原响塘区税务所改造成乡文化综合大楼（艺术中心），电视、图书、棋牌和健身活动全天开放，并定期放映电影和表演文艺节目。2014年，乡文化站被省文化厅评为省一级文化站。2015年，乡内有宣传文化站1个，有线电视站（台）1个，业余剧团5个，中西乐队7支，腰（军）鼓队8支，广场舞蹈队18支；文艺爱好者200多人；电视机入户1.18万户，其中有线电视用户10285户；网吧17个；农家书屋20个，藏书11万余册；有各类体育业余运动队5支，运动场地4处。

医疗卫生

清末、民国时期，境域由个体医生执业行医，比较有名的有张剑红、徐庆东、周映棠等中医师。1951年，设立县二区卫生所，为境域首个医疗行政管理机构，个体医生自愿组建响水、九华联合诊所。1958年，撤销联合诊所组建先锋公社卫生院。1961年，先锋公社卫生院改称响塘区卫生院。1967年，组建响水、九华公社卫生院。1969年，兴办25个大队合作医疗室。1980年，响水公社卫生院自制5种中成药，对治疗妇女阴道滴虫炎、宫颈炎有一定疗效。1984年，响水、九华公社卫生院改称乡卫生院。1995年，乡内有乡中心卫生院和1所卫生分院，下设医疗点（门诊部）9个，有医务人员32名,病床12张；有村卫生室20个，农村医生和妇幼保健员42人；个体医生13人，个体药店4个。年内，投入28万元，改造乡中心卫生院，添置一批医疗设备，扩建职工宿舍80平方米，年接诊3000多人次，医疗收入48.5万元。2009年，乡内有卫生院2所，医疗点9个，村级卫生室25个，有病床18张，年接诊2.6万人次。2015年，乡内有卫生院1所、医疗点2个，医务人员26名，病床10张；村卫生室25个，农村医生和妇幼保健员28人。有个体医生13人；个体药店2个。年接诊1万多人次。年内建立3.4万名居民健康档案，对4836名65岁以上的老年人进行身体健康检查。

社会保障

清代、民国时期，村民有互助互济的传统。民间组织义仓（积谷仓）、敬老慈善堂，在灾荒之年出谷施衣，赈济灾民。中华人民共和国成立初期，对老、弱、病、残者和遭受天灾人祸的困难家庭，给予经济救助，并落实31名伤残军人、烈属等的优待优抚政策。1956年，全面推行“五保”供养制度，对乡内52名生活无依靠的鳏、寡、残者和孤儿给予定量的粮食、生活费补助。1984年，建成响水、九华乡敬老院，集中供养“五保”老人31人。1986年，响水乡福利化工厂优先安排9名残疾人和贫困户劳动力进厂做工。1995年，全乡97名“五保”对象全部落实供养政策，其中入住乡敬老院集中供养34人。2005年，推行农村新型合作医疗制度，有3.87万人参加，参合率70.1%。2006年，推行农村居民最低生活保障制度，有98户302人领取生活保障金30万元。投入400多万元，新建中心敬老院，占地面积0.71公顷，建筑面积2850平方米，集中供养“五保”老人43人。2009年，全乡542名“五保”对象全部落实供养政策，其中在乡中心敬老院集中供养35人；有420户989人和158户316人分别享受农村、城镇居民最低生活保障待遇，共领取保障金140万元；解决7户灾民建房款11.5万元；大病救助86人次，领取救助金13.24万元；免费为11例白内障眼疾患者实施复明手术。同时，启动社会养老保险制度，年内有1368名60岁以上老年人领取养老金1.32万元。2012年，新增廉租房19户；实施大病医疗救助65人次，救助资金8.74万元；为6户困难户解决建房资金14万元，发放30户危房户改建、新建住房补助资金134.4万元。2015年，全部落实186名伤残军人、退伍军人、现役义务兵和烈属的优待优抚政策。163名"五保"对象全部得到供养，其中在中心敬老院集中供养34人。确认农村"低保"对象424户880人，领取生活保障金345万元；确认城镇"低保"对象83户157人，领取生活保障金48.59万元。有2960名老年人领取养老保障金293.52万元。4.16万人参加新型合作医疗，参合率100%，其中有1.75万人次享受门诊、住院治疗补偿金2635.2万元。发放62人城乡医疗救助资金13.25万元。10人享受重、特大病救助资金4.65万元；发放救灾、救济资金13.35万元。

人民生活

清代、民国时期，境域地势低洼，常受湘江洪灾侵袭，人民生活水平低下。1949年，人均口粮284千克。中华人民共和国成立后，发展商品蔬菜，兴办小锰矿、小油膏厂，居民生活水平有所提高。1995年，全乡农民人均可支配收入2263元，人均储蓄1408元，村民人均居住面积24.4平方米，农房由土砖青瓦房逐步改建为红砖瓦房、两层式楼房。全乡有小轿车28辆、摩托车1580辆。狮山村人均可支配收入3900元，99.7%的农家新住楼房，绝大多数家庭有电视机、存款，使用沼气、液化气，安装程控电话的农户占农户总数的三分之一，在县内率先跨入"小康"村行列。2009年，乡党委、政府引导村民特别是失地农民办企业、开商店，同时组织劳务输出，农民收入不断增加。全乡农民人均可支配收入5232元，人均储蓄8780元。2015年，村民人均可支配收入10468元，人均储蓄5.28万元，98%的农家住楼房，人均居住面积46.8平方米。每百户有摩托车92辆、汽车28辆。

特色地情

历史事件

锰矿工人大罢工 民国13年（1924）4月19日，裕甡锰矿有限公司炭塘子土车子工会（又名白泉工会）向资方提出统一使用收砂用秤、提高运输力资、承认工会有代表工人之权等要求，遭资方拒绝。21日，工会发动3400名矿工举行罢工。5月28日，矿主串通长潭军警偷袭工人集会场所，逮捕工会负责人，被工人拼力救出，罢工被迫暂停，工会被解散。民国14年（1925），在省工团联合会总干事郭亮领导下，重新组建工会。工会又组织2000多名工人举行第二次罢工。坚持20多天，迫使资方接受工人部分要求。中国工人运动领袖邓中夏在《中国职工运动简史》中称此次罢工为"鹤岭风暴"。

风景名胜

黄龙山 位于响水乡黄龙村毛集井西北，山围长20余千米，为县治主要山脉，距湘潭市区8千米。主峰黄龙峰，海拔182米。因东汉湘南侯黄龙葬此，故名。隋时，山顶建黄龙庙一座。山下有黄龙寺、黄龙祠，均供奉黄龙像。宋时，山右建真觉寺，亦名钟觉寺。清末，庙、寺、祠陆续损毁。1993年10月，经湘潭县人民政府批准，当地民众捐款募资在天子坡建宗教活动场所万仙殿。该殿坐北朝南，主体有前、后二进，建筑总面积284平方米。在万仙殿相对不远处建两层戏楼一座。

出土文物

商代青铜豕尊 1981年，出土于九华公社桂花大队（现响水乡富家村）船形山“金盆养鲤”下首处，为商代华冠凤立纽盖鳞甲夔纹青铜豕尊。尊高40厘米，长72厘米，重19.75千克，为带野性家养公猪形铸器。尊身豕两眼锐利，两耳招风，嘴长齿尖，鬃毛直竖，四肢刚健，臀腹滚圆，头部阴刻兽面纹，腹、背为鳞甲纹，四肢和臀部饰夔纹，前后肘部有四个管状穿孔；尊盖孔呈椭圆形，上立华冠凤鸟；腹空。经专家考证，此为距今约3100年前商代晚期的祭祀酒器，容积13升，为湖南商周青铜器代表作之一。豕尊由湖南省博物馆珍藏，巡展于世界多国。

名优特产

“湘九红”红菜薹 1985年，境域建成市政府城郊度淡（季）蔬菜基地，传统产品红菜薹因种植在富含硒成分的红壤土中，脆中带甜，无需喷洒农药除虫，被列为优先重点发展的蔬菜品种，年内种植200公顷。1996年，全乡种植红菜薹超过667公顷，总产4万吨，总产值2500多万元。青竹村生产的红菜薹首次打入深圳、广州市场，比在本地市场增加利润1倍多。2002年，青竹村红菜薹注册“湘九红”商标，直销深圳市场1万多吨。2004年，“湘九红”牌红菜薹通过国家农业部无公害农产品质量认证，被湖南省蔬菜管理办公室评为“放心菜”。年内，有8个村建立红菜薹生产基地，种植面积1000多公顷，总产红菜薹8万多吨，创产值4500万元，亩均收入3000元。2009年，部分生产基地被陆续征用，全乡种植红菜薹仅500多公顷。2010年，全乡种植红菜薹200多公顷，创总产值1600多万元。

民俗风情

盂兰会放河焰 明清时期，境域沿湘江一带有盂兰会放河焰的习俗。每年农历七月十五日，黄龙寺、九华庵、三角寺的佛、道教徒，来到湘江岸边做法事，焚香秉烛，焚烧纸钱和袈（纸衣），洒水饭、水酒。其时，鼓乐大作，铳炮齐鸣。从酉时（下午五时）开始，在湘江内放河灯。河灯是用黄、白两种纸糊在竹骨架上做成的小纸船，上面燃点清（茶）油灯或蜡烛。入夜，从鹞子岩至昭潭都有放焰者，河灯漂流至昭潭大都沉入水底。放灯人以此超度亡灵，寄托哀思，祈求保佑家庭和睦平安、人丁兴旺。此习俗一直延续到民国时期。

（撰稿：宾国安 杨泽艳）

和平街道

区域概况

地理位置

和平街道位于湘潭市中部偏北、湘江下游西岸。东北与长沙县隔湘江相望；东与岳塘区隔湘江相邻且有湘潭四大桥相通；南与雨湖区万楼街道、先锋街道接壤；西、北与响水乡相依。境域内湘江边有一片洼地，昔为县衙练兵跑马场所，人称河坪，后衍化为和平，街道依地名。

建置沿革

明朝初年，境域属湘潭县二十五都。明洪武十四年（1381），属光泽乡安仁里。清代，分属县二都、上四都。民国初年，属县北乡北一区。民国21年（1932），属县十区。民国23年（1934），属县十区九华乡。民国27年（1938），属黄龙乡。民国33年（1944），属涟北行署。民国34年（1945），属黄龙乡。1949年8月，属黄龙区。1950年，属县二区。1956年6月，分属响水乡、九华乡。1958年9月，属先锋公社。1959年3月，属响塘公社。1961年5月，分属响水公社、九华公社，隶属响塘区。同年9月，从响水、九华公社析出7个生产大队设置和平公社。1984年，和平、九华公社改称乡，隶属响塘区。1995年，和平、九华乡并入响水乡。2009年7月，成建制从湘潭县析出，归属雨湖区，由九华示范区托管。2012年5月，从响水乡析出，成立和平街道，至2015年，建置无变化。

区划面积

1961年5月，从响水公社、九华公社析出石码、和平、金井、银盖、乐塘、民乐、大新7个大队，成立和平公社，总面积24.09平方千米。2012年5月29日，成立和平街道，辖杉山、合山、红旗、吉利4个社区居委会和九华、和平、金井、银盖、大新、石码、桃李、民乐、乐塘、昭潭11个行政村及渔业村。总面积60.67平方千米，耕地面积1340.9公顷，其中水田1224.4公顷，旱土116.5公顷；山地面积162公顷；水域面积201公顷。2013年6月，成立船形山社区；8月，成立将军渡社区。2015年，街道辖6个社区，12个村，18个村（居）民小组。总面积60.67平方千米。耕地面积227公顷，其中水田125公顷，旱土102公顷；山地面积83公顷；水域面积98公顷。

自然环境

境域属湘中丘陵区，属构造剥蚀岗地地貌，地势北高南低，西、北部为丘陵地带，植被丰富；东南部地势比较平缓，多为农田，形成面向湘江的开阔空间。竹埠港水、渣埠港水、板石港水3条直汇湘江，其中竹埠港、板石港水中下游已渠化。土壤以红色黏土为主、河流冲积物为次。境域属亚热带季风温润气候区，四季分明，冬冷夏热，春夏多雨，秋冬干旱。年平均气温17.5℃；年均降水量1200毫米；年平均风速2.4米/秒；全年无霜期345天；年平均日照时数1262.9小时。山林以灌木为主，主要树种有杉、松、檫、樟、桂、柑橘等29种。野生动物有蛙、蛇、鼠、雀等18种。沿湘江一带有制陶黏土中型矿床；九华硅石（铸型矽砂）小型矿床。境域旱、涝灾害频发，从1840年至2015年，共发生各类自然灾害86次，其中比较严重的洪涝21次，旱灾14次。

人口民族

1961年，境域有7846户19758人，其中男性9974人，占50.5%，全年人口自然增长率1.75‰。2012年，境域有8962户26948人，其中男性14682人，占49.5%。农业人口28137人，占总人口的94.9%。全年人口自然增长率1.95‰。有回、苗等6个少数民族53人。另有非户籍暂居人口75052人，占总人口的0.19%。2015年，境域有12613户34740人，其中男性17332人，占49.9%。农业人口33005人，占95%。散居回、苗、土家、侗、白、彝6个少数民族52人，占总人口的0.15%。全年人口自然增长率为1.98‰。另有非户籍暂居人口6169人。

经济发展

经济综述

清代、民国时期，境域经济以农业为主，渔业、手工业为辅。1949年，工农业总产值12.46万元。20世纪50年代，仍以农业为基础。60年代，建成一批农业企业，70年代，发展一批社队企业，经济有所发展。1988年，完成工业总产值383.5万元，农业总产值331.6万元。1991年，乡办、村办企业11家。全年完成工农业总产值3226万元。1994年，工农业总产值3164万元。2009年，按照九华示范区的统一部署，本地工业企业全部停办。2012年，和平街道党工委确立“一切为服务九华示范区开发建设，助力打造九华魅力新城”的工作思路，重点抓好群众征拆安置、入园企业的协调服务工作。利用有限土地，引导群众从事种植业、养殖业和林业生产。2015年，完成农业总产值780万元。

种植业

清代、民国时期，境域以农业为主，主产水稻。旱土种植红薯、小麦、花生、荞麦及时令菜蔬。矮蔸白菜、小籽花生为地方特产。20世纪50—60年代，改革水田耕作制度，改水稻间作、连作，粮食亩产248千克。1972年，落实水稻种植面积1681.46公顷，产粮1.24万吨，平均亩产409千克，超过跨《纲要》目标。1978年，开始推广杂交稻，亩产600千克。1995年，落实水稻播种面积2197.6公顷，产粮1.68万吨，首次实现法定面积过吨粮的目标。从2004年起，九华经济区不断扩大开发面积，种植业逐年减少。2012年，有水田201.67公顷，产粮2904吨。2015年，种植水稻125公顷，产粮1406.5吨。

养殖业

清代、民国时期，境域以养猪、鸡为主，沿湘江一带有100多人常年从事湘江捕鱼，形成独特的渔业村，年捕捞鲜鱼500多吨。1962年，养生猪572头，耕牛221头，羊196头，出水鲜鱼40.1吨。20世纪80年代中期，实施湖南省“农业丰收计划”和“星火计划”,56户农户养殖菜牛、山羊、肉兔和湘黄鸡，获利60多万元。42户农户实施“城郊菜牛育肥技术推广项目”，养殖菜牛380头，获省“农业丰收计划”三等奖。1994年，出栏生猪1.29万头，养牛154头、羊3876只、家禽4.2万羽，出水鲜鱼1640吨。2012年，未征收的农户继续保持养殖传统，全年养生猪6970头，养羊2490只，养鸡9840羽，出水鲜鱼785吨。2015年，养生猪3945头，养羊1074只，养鸡7620羽，出水鲜鱼260吨。

林业

清代、民国时期，境域山地以灌木为主。林木主要种植于居民房前屋后，成片林木少。1949年，森林覆盖率27%。1964年，和平公社建成26.7公顷的苗圃，为本地造林提供苗木。1985年，湘潭县九华苗圃落户九华村丛竹子坡，培植松、杉、油菜和花卉，销县内外各地。1994年，先后建成89.6公顷油茶经济林基地和国外松基地，宜林荒山全部绿化，森林覆盖率45%。2009年，由于九华经济区不断征用山地，山林面积减少至672公顷。2015年，只有林地157公顷，林木有杉、松、油茶、果木、灌木和南竹。村民对林地管理有所放松，扩栽、补种等工作近于停止，森林覆盖率和绿地覆盖率41.9%。

工业

唐咸通年间（860—874），境域湘江沿岸郭家村一带，泥瓦匠人以立窑烧制砂（瓦）罐。清同治年间（1862—1874），罐子窑烧制皇瓦（琉璃瓦），供京庭、州府修建楼阁及地方修建庙宇。窑底还烧制出民用的方形和长条形青砖。清宣统三年（1911），九华罐子窑烧制陶器100多窑，创产值20万银元。1951年，湘潭县手工业联社将60多个烧陶匠人组建九华陶器制作社，1955年划属县办，更名为湘潭县陶器厂。1961年，金井大队建成一家小型红砖厂，年产值3万~5万元，1967年该厂因红砖销路不畅而停办。1974年，建成10个社队企业，创工业产值23.48万元。1994年，有乡办集体企业5家，村办集体企业6家，个体、联户企业176家，年工业总产值2022万元。1995年，境域有乡镇工业企业9家，从业人员154人，完成工业总产值2430万元。2001年，乡村集体企业全部改制。年内引进3家民营企业。2003年，湘潭县兴湘机械制造有限公司生产的QTV20-18型砌块成型机，在北京举行“中国企业家论坛”产品质量评比中获“中国名优产品”证书，公司总经理廖光裕获评“中国优秀企业家”称号。该企业完成年工业总产值620万元，实现利税21.2万元。是年，辖区完成工业总产值2136.8万元。2009年，本土工业企业全部停办或搬迁。

商贸服务

清代、民国时期，境域无集市、墟场。中华人民共和国成立后，九华庵陆续设供销社、肉食粮油供应站、饮食店、药店等商贸单位。1961年，11个大队建成代销点。1983年起，个体商贸企业迅速发展，年商贸收入800万元以上。1995年，筹资600多万元，在湘潭矿业学院与湘潭师范学院之间建成石码亚华高校商贸服务区，建筑面积2800平方米，年社会商品零售额2000万元。2009年，随着九华经济区流动人口增加，以商贸服务为主的三产业占比快速提升。红星美凯龙、索菲特大酒店等项目建成营运；国际五星级酒店喜来登签约入驻步步高·新天地；汽车4S店、家电、建材、服饰、餐饮和农贸集市300多家，形成门类齐全的商贸服务圈。2013年，建立华拓数码、中国网库等项目，促进服务业的快速发展。2015年，境域商贸服务业产值551.3亿元。

财政金融

1961年10月，建立和平、九华公社农村信用合作社。1984年，建立和平乡、九华乡保险站。

2003年，建设银行随着园区发展进入。2008年，工商银行、中国银行、农业银行在九华大楼和各社区及高等院校设有营业网点。2012年，和平街道所需行政经费和服务性项目建设经费均由湘潭经济技术开发区财政全额拨付，当年拨款765万元。2013年，拨款1746.43万元。2014年，拨款2340.27万元。2015年，拨款2404.25万元。是年，境域有7家金融机构，年末各项存款余额4.8亿元，各项贷款余额3.9亿元。保险部门收取保费830万元，赔付542万元，赔付率67.5%。

基础设施

交通运输

清代，境域有1条从湘潭县城出发，经湾桥、樟树岭、炭塘子入长沙的驿路，称为北路驿道。湘江沿岸有渡口2处。民国时期，开通的湘潭至长沙客轮，在鹞子岩设停靠点，人、货出入靠湘江水运。1971年，修通石码头至张家冲公路，连接湘潭石油库公路，称湘九公路，长8.86千米。1995年，境域有1条县级公路经过，8条通村公路长25.6千米。1999年，延伸响水坝至洲上公路与湘九公路连接。2000年起，整修、拓宽通村、联村公路，年内整修村道2条，硬化3.2千米。是年，湘潭市北二环公路建成通车，途经境域2个村民小组，6个村民小组，境域长2.78千米。2002年12月，潭邵高速公路建成通车，途经境域3个村11个村民小组，境域长5.6千米，并在乐塘村设互通口。2004年，园区主干道风光大道、江南大道、宝马路、纬一路开工建设。同时，建成河西中心港，设3个千吨级泊位，设计能力为年吞吐量110万吨。2007年2月，长沙至湘潭西线高速公路建成通车，途经境域4个村12个村民小组，境域长4千米。同年5月，湘潭市公共汽车公司开通市中心站至九华的28路公交车。年内，建成千吨级港口华源港。2011年，园区开通1、2、3、5路共4条免费公交线路。2013年，沪昆高速客运铁路建成通车，途经境域1个村9个村民小组，境域长2.48千米，并在境域设湘潭北站。2015年，湘江风光带九华段建成通车。至年末，境域有高速公路2条，高等级公路1条，高速铁路1条经过，有九华大道、江南大道、响水大道、科大路、白石路、吉利路、九昭路、学府路，形成“四纵四横”高标准路网，境域通车里程200多千米。有千吨级港口2个。通村、联村公路8条，长21.25千米。开通市公交客运线路6条，园区内免费公交车线路4条，日客运量3000人次以上。

邮电通信

20世纪50年代初，境域未设邮政通信机构。乡民要到10多千米外的响塘邮政营业处（邮政支局）或往湘潭市区邮政局寄发信函、包裹和拍发电报。1955年，九华乡始设邮政代办所。1961年，增设和平公社邮政代办所，并在11个大队设邮政代办站。是年，机关单位和企业安装磁石电话42部。1984年，自动电话进农家，年内新增248部。1995年，境域有11个村级邮政代办站。自动电话发展到862部。1996年，开始使用程控电话，年内安装110部。1998年，发展BP无线电话寻呼机120台，新增模拟移动电话27部。进入21世纪后，入驻九华经济区企业增多，邮政通信业务量骤增。2009年，设立九华电信支局。年内，移动电话增至1.25万部，首次突破万部大关。2011年，设立九华吉利邮政支局。2015年，境域有邮政支局1家、邮政代办站（点）8个。电信支局1家，电话代办点12家。村（居）民（不含非户籍流动人员）拥有固定电话4682部、移动电话2.14万部，宽带用户5490户。全年邮政、电信业务收入326.2万元。

供电供水

1967年，冷水冲建成35千伏变电站，主供韶山灌渠前进支渠各提灌机埠用电，沿线农户开始用电照明。1969年，黄狮冲220千伏变电站建成，部分大队架线通电，农户用电率30%。1974年起，农户开始打井饮用地下水，到1978年，90%农户饮用地下水。1987年8月，和平乡谢家湾新建35千伏变电站。1988年，实现用电“户户通”目标。2001年，谢家湾35千伏变电站升压改造为110千伏变电站，新架高压线5.33千米。2007年，开始对境域电网进行分期改造。2013年11月，湘潭国中水务有限公司九华自来水厂建成通水，日供水能力5万吨。2015年，境域有自来水厂1家，日供水3万吨，居（村）民全部饮用自来水。累计投资1.45亿元，对45千米供电线路进行改造。

水利建设

清代、民国时期，境域丘陵地带灌溉靠山塘、平塘蓄水；湘江一线靠筒车、水车灌溉、排渍，农业收成不稳定。1956年，整修湘江防洪大堤18.38千米，建成争光渠。1958年，修建双庆渠、丰收渠。1966年3月，韶山灌渠右干渠前进支渠修至境域，为高位田提供水源。20世纪70年代，相继修建丰收渠，天星泵站、双庆渠和平泵站，争光渠提闸排出口、郭家湖一号和二号泵站、罐子窑泵站等。1985年，对郭家渠、莲花渠、湘江渠排放口进行整修提质。1998—1999年，争取国家和省水利部门投资980万元，进行湘江昭潭堤扩口工程建设，新修防洪大堤2.29千米，大堤增高至黄海高程40米，拓宽河床140米，将湘江昭潭段水面由370米拓宽至510米，平均可降低水位0.23米。2003年，以40米黄海高程为界线，域内水系承接8个高排区、3个低排区。高排区的雨水直接排入湘江，低排区雨水则通过排渍泵站排入湘江。2009年，投资600万元，对莲花堤、湘江堤、郭家堤的水毁工程进行修整，渠道清淤扫障50千米。投资1400万元，改造争光渠，汇水面积由原来的18平方千米增加到约29平方千米，雨水直排湘江，防洪能力由20年一遇提升到100年一遇；废除丰收渠，提质改造双庆渠，对双庆渠部分渠段截弯取直，汇水面积增至8.70平方千米，原丰收渠雨水汇入双庆渠。2014年，在双庆渠下游九华湖公园建成2.7公顷调蓄

街道新貌（钟　泉　摄）

水面。莲花渠改造提质后，汇水面积14.5平方千米。2015年，集交通、防洪、观光为一体的湘江风光带九华段建成，抗洪能力达到百年一遇标准。至年末，境域有湘江防洪大堤1条，长10.65千米；前进支渠1条，长4.6千米；排灌机埠2处；撇洪渠3条；水塘10口。各类水利设施安全运转，有效灌溉、排渍面积占总水田面积98%。

街区建设

1961年，新设置的和平公社利用石码大队李家湾1处公房作为办公场所。大队一般设在本地小学内，或是在大队干部家"流动办公"。20世纪80年代，在进行新建或改造校舍（危房）时，部分村在校园内另辟办公室。进入21世纪后，结合新农村建设，高标准建设村部。2012年，湘潭经济技术开发区投资1000万余元，在杉山安置区建成占地23343平方米、建筑面积16150平方米的政务中心，拨予街道和响水乡政府共同使用。同时拨款80万元，支持村、社区建设新的办公场所。2014年，九华污水处理厂建成，并投入使用。至2015年底，6个社区、12个村都建成村、社区活动中心。湘潭经济技术开发区按工业区、生活区、商贸区统一规划，有序推进建设。

征拆安置

湘潭经济技术开发区征地拆迁工作于2003年12月25日启动。前期以集中建房安置和自建房相结合的方式安置拆迁户。2004年，征地1779公顷，拆迁房屋257栋，涉及281户858人。建安置住房20栋，建筑面积5万平方米。至2010年7月，先后建成红旗、杉山、合山、吉利4个安置区，共安置失地农民11502人。2011年起，开始执行货币安置政策，征地拆迁进入快速发展期，当年征地1508公顷，随后连续三年征地都突破1000公顷。其间，与10家房产开发企业签订供房协议，有4009户农户认订，其中3212户在2013年入住。兑付购房补贴12.1亿元。至2015年底，园区征拆土地5915.5公顷，涉及31个村343个村民小组13220户37428人，其中"两型"安置3428户10152人；货币安置9792户27276人。至此，征拆农户全部得到安置。

社会事业

教育

清代，境域内以私塾教育为主。清宣统三年（1911），境域有小学堂1所、私塾3处。民国时期，有保小学2所、私塾2处。1957年，境域有完全小学2所，村小学6所。1980年，石码小学增设初中部，更名石码学校。是年，有教职员工167人，在校学生1419人。同年，基本扫除青壮年文盲工作达标。1995年，境域有中学1所，小学9所，学前班3个。有中小学教师263人，在校学生2986人，适龄儿童入学率100%，初中生毕业率97.8%。1997年，基本普及九年制义务教育。2008年，湖南软件职业学院入驻境域。2010年，境域有大学1所、大专1所、初中1所，小学6所，学前班6个，幼儿园5所。中小学教师243人，在校学生2769人。2012年，湖南吉利汽车职业技术学院创办，培养汽车高技能人才。期间，撤销村小学6所。2013年，湘潭经济技术开发区拨款4.5亿元，将和平中学改建为九华一中，占地9.98公顷，建筑面积8万平方米。2014年，九华一中改造并更名为北大培文九华实验中学。2015年，境域有2所高等院校、1所中学、4所小学和15所幼儿园。辖区中小学生实行12年制免费教育。北大培文九华实验中学有在校学生1327人，教师103人；4所小学有学生2546人，教师128

名；公办幼儿园1所，入托幼儿360人；民办幼儿园14所，入托幼儿2600人。适龄儿童入学率100%，初中生毕业率97.8%，幼儿入托率98%。

文化体育

民国时期，境域有业余剧团1个、皮影戏班1个、民间吹打乐队3个、狮灯队2支、龙舟队2支。1964年，成立和平公社文化站，经常组织业余文艺宣传队演出，电影放映队每月下大队放映1~2场电影。1970年，建立公社广播站，实现广播“队队通”。1994年，境域有文化站1个，业余剧团3个，文学艺术爱好者300多人。有广播电视站1个，有电视机用户3072户。有龙舟、狮灯队2支。有固定体育场所7处。2013年，成立街道文化站，设文化专干6人。建农家书屋8个，藏书8万多册。九华湖德文化公园开园，成为居民文化、教育、体育锻炼及休闲的场所。2015年，境域有文化站1个，军鼓队6支，腰鼓队4支，舞蹈队3支，经络操队1支，龙舟队1支。有文艺爱好者3000余人；有线电视用户13401户。有各类体育场所21处。

医疗卫生

清末、民国时期，境域有3家中医坐堂，出诊为乡民看病治病。张剑虹骨伤科闻名。1951年，4名个体医生组建九华联合诊所。1967年，成立和平公社卫生院。1969年，兴办11个大队合作医疗室。1984年，和平公社卫生院改称乡卫生院。1995年，境域有1个卫生院，下设2个医疗点，有医务人员12个；有村卫生室11个，农村医生和妇幼保健人员18人；个体医生2人；个体药店1个。2012年，和平卫生院更名和平街道卫生服务中心。2013年，惠民医院和湘华医院2家民营医院落户境域。2015年，和平街道卫生服务中心有医务人员24人，病床14张；有民营医院2家，从业医生29人；有村卫生室、个体医疗点14家，医生和妇幼保健人员18人。

社会保障

清朝、民国时期，民众素有互助互爱传统。民间组织的义仓（积谷仓）、敬老慈善堂在灾荒之年赈济灾民，救助困难对象。20世纪50年代，党和政府对特殊困难家庭人员予以救济救助，并落实21名伤残退伍军人、烈属的优待优抚政策。1956年，推行“五保”供养制度，对16户19名生活无依靠的鳏、寡、残者给予适量的粮食补助，并对21名身体有残疾障碍者实施救助。1984年，建成和平乡敬老院，集中供养五保老人16名。2003年起，湘潭经济技术开发区对境域“五保户”、烈军属、伤残人员、失学儿童、困难群体逐步建立和完善社会救助为主的社会保障体系。2005年，推行农村新型合作医疗制度，有1380人参保。2006年，推行农村居民最低生活保障制度，有1321人领取生活保障金28.62万元。参加新型农村合作医疗16480人。2009年起，推行城市居民医保制度，年内有18670人参保。同时启动社会养老保险制度，有2580名60周岁的老年人领取养老金6.19万元。2014年，湘潭经济技术开发区一次性拨款2.7亿元，为1.1万名自建房和“两型”安置居民购买社会养老保险，实现被拆迁居民参加企业职工养老保险全覆盖；对就医群众全面实行村卫生室基本药物制度，基本药物销售执行零利率。2015年，落实86名伤残军人、退伍军人、现役义务兵和烈属的优待优抚待遇。全部落实供养改革政策，辖区有“五保户”8人，集中供养2人，实行居家养老62人。有城市低保对象6户11人，发放生活保障金24672元；有农村低保对象23户41人，发放生活保障金13982元。有4950名老人月领取养老金495万元。6.3万人参加合作医疗，参合率100%，其中455人次享受门诊、住院治疗费补助金1740万元。为街道困难群体拨付专项资金5.63万元。

人民生活

清代、民国时期，境域乡民生活贫苦，靠种田和湘江捕鱼为生，收入甚微。1949年，人均口粮284千克。1961年，人均口粮307千克。1965年，人均口粮480千克，基本解决吃饭问题。1986年，人均可支配收入974元，人均存款480元。1994年，农民人均可支配收入2263元，人均存款1408元，98%以上家庭有电视机，40%的农户使用沼气、液化气，90%以上农民住楼房。进入21世纪后，因征地拆迁的居民增多，经济收入大幅增长，被集中安置的农民住房人均居住面积80平方米以上，每家住户拥有2个以上商用门面；自建安置住户人均居住面积48平方米以上。2011年，实行货币安置后，拆迁户自购住房人均居住面积45平方米。2015年，城镇居民人均可支配收入2.78万元，村民年均可支配收入2.34万元，80%以上家庭拥有小汽车。

特色地情

历史人物

朱德裳（1874—1936） 湘潭县九华乡罐子窑（今和平街道郭家村）人。清光绪二十四年（1898），在长沙参加提倡维新变法的南学会。光绪26年（1937），和康有为、唐才常等人创立自立会，主张剪辫、易服、（女人）放脚，倡行新政、办新学。光绪二十九年（1903），考入县学并经省考选送官费留日，习警政。在东京期间，参加同盟会，所著《中国魂》一书成为宣传民主革命思想的通俗读物。光绪三十二年（1906），主办湖南警政学堂。同年，调京师，历任外城警所佥事（主官）、右分厅厅丞、民政部郎中等职。清宣统二年（1910年），调任民政部佥事。民国元年（1912），改任交通部佥事。民国6年（1917），被罢职。民国9年（1920），回湘潭老家，主编《续湘军志》。卒于湘潭县城陶园。有墓在罐子窑，为市级文物保护单位。

历史事件

彭德华（怀）渡口脱险 民国10年（1921），驻军在湖南华容县的湘军代理连长彭德华（彭德怀原名）指派“救贫会”秘密处死恶霸区盛钦后，被下令缉拿。在押往督军府途中，彭德华寻机脱逃至湘潭易家湾，决定改道渡过湘江。船夫罗六十爹与他素不相识，听明原委，不惧风险将彭送到湘江对岸九华乡昭潭渡，助其脱险。2013年，湘潭经济技术开发区将当年彭德华（怀）脱险的昭潭渡命名为“将军渡”。

风景名胜

九华庵 位于九华村龙家湾。始建于明武宗正德九年（1514），供奉“华山圣母”神像一尊，原系道教徒为亡者超度灵魂的小庵。经历朝改建、扩建，逐渐形成湘潭境域著名的佛、道、儒三教共存的宗教场所。清末民初时期，庵堂占地0.67公顷。主体建筑为青砖、木料、琉璃瓦结构，雕梁画栋、古香古色，一共有三进，大小房间50多间。第一进名“观音阁”，大殿内供奉千手千眼观音菩萨神像。第二进名“圣母殿”，大堂上供奉华山圣母神像，为庵内最初的建筑。第三进名“崇善堂”，亦名“敬化慈善堂”，凡遇灾年，广施公益，救济贫困。庵内香火一年四季不断，尤以二月十九、六月十九、九月十九前后为盛。大型醮会一年内有数次，尤以农历七月十五日盂兰会为盛，则由道士主持法事，念经3~7天。20世纪60年代，庵堂陆续被供销社、肉食站、粮库占用。1975年，房屋被鉴定为危房，占用单位搬出。2004年，因修筑长沙至湘潭西线高速公路，庵房被拆除，土地被征用。

（撰稿：陈里梅　石　铎）

湘潭昭山示范区

概述

湘潭昭山示范区位于湘潭市东北部，东接株洲市石峰区；南靠岳塘区；西临湘江，与湘潭经济技术开发区相望；北接长沙天心区。因境内有昭山而得名，其前身为昭山商贸旅游开发区，后改称湘潭昭山示范区。

1992年6月，湖南省人民政府批准成立昭山商贸旅游开发区，由湘潭市政府直接领导管理，辖昭山乡红旗村、金南村部分组。9月，下放岳塘区管理，更名为昭山旅游经贸开发区。10月，成立湘潭昭山旅游经贸开发总公司，负责管理开发区的工商旅游企业，与昭山旅游经贸开发区管理委员会合署办公，系两块牌子，一套人马。1993年3月，昭山旅游经贸开发区升级为省级开发区。2004年，昭山旅游经贸开发区由市区两级共同领导，以市领导为主，地方行政职能归属岳塘区。

2009年6月，湘潭市委、市政府下发《关于印发〈长株潭城市群资源节约型和环境友好型社会建设综合配套改革试验区湘潭九华昭山天易示范区改革与发展总体方案〉的通知》，成立湘潭昭山示范区，取代湘潭昭山旅游经贸开发区，保留昭山旅游经贸开发总公司，作为下属基层单位。6月8日挂牌，由市政府管辖，托管岳塘区昭山乡、易家湾镇两个乡镇，并管辖昭山风景名胜区管理处、昭山旅游经贸开发总公司。辖区内有20个行政村、4个社区、184个村民小组、58个居民小组。常住人口5万余人，其中农业人口2.03万人，城镇人口1.75万人，流动人口2万余人。总面积6800公顷，其中林地3434.1公顷，森林覆盖率50.53%。全区禁止开发区3623公顷，占用地50.58%；限制开发区2175公顷，占30.58%；控制开发区1351公顷，占18.84%。功能定位为"生态休闲度假中心、长株潭城市的公共客厅、低碳经济示范区"，产业定位为生态旅游、文化创意、高端商务、健康养生等现代服务业，着力打造"生态绿谷，创意之都"。提出以"两型"社会建设为中心，以转变发展方式为主题，以重大项目建设为支撑。是年，完成固定资产投资13.1亿元，技工贸总收入34.3亿元，全区财政总收入1.2亿元。共有入园企业120家。城镇居民可支配收入1.68万元，农村居民可支配收入0.95万元。2011年9月，由中国建筑第五工程局有限公司计划投资200亿元的昭山中建健康养生示范城项目正式开工。

2012年，《长株潭城市群两型社会示范区湘潭易家湾昭山片区规划（2011—2030）》获省政府批复。同年，由江苏国信集团投资100亿元的昭山晴岚项目开工，昭山两型产业发展中心项目奠基开工。提出坚持高端规划引领、战略项目带动、基础设施先行、公共配套同步。全年完成固定资产投资43亿元，技工贸总收入65亿元，财政总收入3.5亿元。入园企业168家。2014年，昭山景区创建为国家AAAA级旅游景区。全年财政总收入突破5亿元。

2015年5月，省政府批准设立湘潭昭山省级森林公园。12月，撤销易家湾镇、昭山乡，合并成立昭山镇，辖11个村、4个居委会、184个村民小组、58个居民小组。全年新建骨干路网32.74千米。完成固定资产投资105.5亿元，财政总收入5.6亿元，技工贸总收入150亿元，社会消费品零售额20485万元。入园企业262家，规模工业企业12家，规模以上服务业12家。城镇居民可支配收入3.1万元，农村居民可支配收入2.6万元。建成区面积5平方千米。

（撰稿：戴　群）

昭山乡

区域概况

地理位置

昭山乡位于湘潭市东北部，处长沙、株洲、湘潭三市交界处，北接长沙天心区，东邻株洲市石峰区，南接易家湾镇，西靠湘江，与湘潭经济技术开发区隔江相望。相传春秋时期，周昭王率兵攻打楚国被湘江所阻，楚人用胶粘的船载他们渡江，船至江心，胶化，船沉，周昭王殁于湘江，江边的山因此得名昭山，乡因山名。

建置沿革

明初，境域属湘潭县八都。明洪武十四年（1381），属县八都忠臣乡。清代，属县三都。民国初年，属县东乡东二区。民国21年（1932），属县二区昭阳乡。民国27年（1938），属昭阳乡。民国33年（1944），属河东行署。民国34年（1945），属昭阳乡。民国36年（1947），属株洲乡。1949年，属株洲区。1950年，属湘潭县第一区。1953年5月，属昭山区昭山、巡骑、黄茅、白马乡。1956年6月，从湘潭县析出，属湘潭市管辖。1958年，隶属河东人民公社易家湾分社。1962年，成立昭山人民公社，隶属湘潭市郊区。1983年，改名昭山乡。1992年，隶属岳塘区。2009年，属昭山示范区和岳塘区共管，以昭山示范区管为主。2015年12月，撤销易家湾镇、昭山乡，合并成立昭山镇。

区划面积

1962年，境域总面积47.2平方千米，辖玉屏、金屏、团山、幸福、新农、金星、白合、高峰、马鞍、立新、黄茅、楠木、石金、昭山、新民、金南、红旗17个行政村，155个村民小组。耕地面积930公顷，山地面积2563公顷，水域面积1227公顷。1992年11月，红旗村新塘、凤形、雪山、井坡组，金南村群力、排山组划入昭山旅游经贸开发区。全乡总面积45.17平方千米，耕地面积878.6公顷，山地面积2477公顷，水域面积1161.4公顷。1997年12月，红旗村、金南村整体划入易家湾镇，全乡缩减为15个行政村，140个村民小组。2015年12月，全乡总面积41.13平方千米，耕地面积776.6公顷，山地面积2305公顷，水域面积1032公顷。

自然环境

境域地形为东北高西南低，丘陵山区地貌，地势高差较大，东北部玉屏峰最高海拔262米，西南最低处海拔29.6米。属亚热带季风湿润气候，四季分明，春多阴雨，气温低，湿度大；夏多阵雨，气温高，天气炎热；秋季气温由高到低，时凉时热，少雨高温；冬季少雨，寒冷干燥。年平均气温16.7℃。年降雨量1200~1400毫米，秋冬季多西北风，春夏季多东南风，并伴有强雷电气象。境域土壤以砂性红壤为主，部分为水稻土、紫色土和潮土，土质呈弱酸性，pH值在5.5~7.5之间。境域多山，有“七山二水一分田”之称，森林覆盖率68％。野生植物有1400余种，大致可分为食用、药用、观赏和林木四类，品种有樟、杉、松、竹、果、菌、中草药、花卉等。野生动物有龟、蛇、鸟、蛙、蝶、野猪、野兔、鱼、虾等约280余种。境域矿藏少，仅有石灰石矿石及少量陶土矿。

人口民族

1992年年末，境域有4586户16187人，其中男性8376人，占51.7%；农业人口15908人，占98.28%，人口自然增长率5.7‰。2000年年末，境域内有3874户13618人，其中男性7035人，占51.66%；农业人口12786人，占93.89%，人口自然增长率2.69‰。2015年年末，全乡常住人口13947人，其中男性7306人，占52.4%；农业人口13102人，占93.9％。7个少数民族92人，占总人口的0.65％。人口自然增长率0.9‰。

经济发展

经济综述

民国以前，以自给自足农耕经济为主，兼有少量手工作坊及商贩门店。农民以种植粮食作物及饲养畜禽谋生。1949年后，农业、工业、商业、服务业等逐步完善。中共十一届三中全会后，乡镇企业发展迅速，一大批骨干企业发展壮大。1992年，全乡有14家乡办企业，32家村企业，社会总产值5809.5万元。1999年，乡党委、政府提出“积极发展城郊型农业，大力推进农业产业化，加快‘万元亩’建设，扶植发展第三产业”的发展思路，逐步形成生猪养殖、花卉苗木、个体工商服务业等三大支柱产业。2000年，全乡社会总产值增至1.26亿元。2008年，全乡实现社会总产值12.65亿元。2015年，全乡实现社会总产值10.5亿元。

种植业

境域以种植水稻、蔬菜和花卉苗木为主。1952年，引进种植优良稻种“珍珠矮”，并试种双季稻，亩均增产150~160千克。1955年，全面推广双季稻，并推行早稻蓝脚早、红脚早、南特早、江南1224，中稻万利粘、白脚万利粘、晚稻红米冬粘、浙场9号等优良品种，采用合理深耕密植，合式秧田，盐水浸种，合理灌溉施肥等技术。1975年，推广杂交水稻良种，并采用温室育秧、地膜育秧和直播等先进技术，平均亩产420千克。1982年后，实行家庭联产承包责任制，粮食产量大幅提高，平均亩产713千克，部分实现“吨粮田”。1992年，全乡粮食总产8857吨，推广杂交水稻，双季亩产均超过750千克，旱粮作物有红薯、马玲薯、玉米和豆类等。蔬菜种植面积117.3公顷，其中专业菜地36.4公顷，总产蔬菜8573吨。同年，学习浏阳柏加经验，种植花卉苗木，并在全乡推广，逐步成为主导产业，2005年被省授予“花卉苗木产业之乡”，种植面积344公顷，年销售收入4690万元。2008年，引进碧源春无公害蔬菜基地和石金村蔬菜基地，新建大棚220余个，采用双膜全自动滴灌栽培技术。西芹、西兰花、大白菜、紫包菜等10个蔬菜品种获得农业部绿色食品认证。2015年，粮食播种面积420公顷，总产4977吨；蔬菜播种面积126公顷，总产9776吨。经济作物主要有柑橘、西瓜、油菜、花生等，种植面积21.7公顷，产值120余万元。

养殖业

境域以养猪、鱼、黑山羊、鸡、鸭为主。1992年，引进瘦肉型能繁母猪98头，逐步发展成为生猪主要品种，出栏24796头，存栏32460头。养殖水面1281.6公顷，出水鲜鱼192吨，出栏黑山羊475头，出笼家禽7.5万羽，产蛋86吨。2015年，出栏生猪4.82万头，出水鲜鱼285吨，出栏黑山羊526头，出笼家禽11.2万羽，产蛋112吨。

林业

1956年，境域有林地5031公顷。1959年，全民"大炼钢铁"，砍伐林木土法炼钢，森林资源严重破坏，造成大量荒山。1972年，开始大面积人工造林和封山育林，实行"荒山造林，谁造谁有"等政策，调动广大群众积极性，至1992年，全乡人工造林1100公顷，其中油茶林80公顷，国外松94公顷，果木经济林52公顷；封山育林2040公顷，基本改造完荒山。各村都成立林场，建立护林专业队伍。1998年，境域林地4860公顷，其中生态公益林1400公顷，活立木蓄积11.3万立方米；有乡林场1个，村集体林场17个。2008年，启动退耕还林，至2013年共退耕还林21.6公顷。2015年，全乡有林地4066公顷，乡林场1个，村集体林场15个，累计人工造林1720公顷，成为长株潭城市群的"绿心"和"天然氧吧"。主要乔木树种有马尾松、杉、香樟、枫香、梓、湿地松6种。主要经济林树种有油茶、柑橘、板栗、柚、桃、梨6种。

工业

中华人民共和国成立初期，境域有生产铁器、木器、纸伞和酿酒、榨油、大米加工等一批手工作坊，无大型工业企业。1953年，湖南省农药厂、湖南省农资公司易家湾仓库、湖南省建材公司318库、民航油库、沥青站等一批国有中小型企业相继落户昭山，带动乡镇企业迅速发展。1995年，乡办企业14家，昭山农药厂获省明星企业、化工部先进企业称号；生产的"昭山"牌农药获省优质产品；昭山骨粉厂生产的骨粉、骨粒产品远销日本，成为出口创汇企业。同年，村办集体企业51家，从业人员2760人，工业总产值4362万元。2000年，境域有工业企业116家，从业人员3207人。2005年，筹建昭山工业园，搬迁、引进企业9家，至2008年，园区年工业总产值9000余万元。2009年，随着昭山示范区成立，产业定位为商贸旅游、文化创意、高端商务、健康养生等现代服务业，一大批工业企业征、迁、关、停，至2015年，全乡保留工业企业23家，年产值2.6亿元。

商贸服务

中华人民共和国成立初期，境域有南杂、餐馆、生活日用品手工作坊等小型家庭式商贸服务业。1952年，逐步成立供销合作社、粮店、肉食站、蔬菜店、医药店、饭店、豆腐店、酱厂等商贸服务机构和门店。1989年，兴建昭山北大门市场，设门店83个，摊位300多个，主要进行农副产品交易，兼营服装、日杂、五金、餐饮、南杂等。1998年，扩建昭山北大门市场二期，次年投入使用。2000年，乡内有各类商贸服务经营户379家，从业人员2140人，社会商品零售总额12760万元。餐饮、金融保险、日杂、五金电器、农资农贸、美容美发、休闲保健、摩贸汽修等百业兴旺，基本满足当地居民的生产、生活需求。2015年，乡内有各类商贸企业459家，从业人员2460人，社会商品零售总额7.69亿元。

财政金融

中华人民共和国成立初期，财政来源主要靠上级拨款和社办企业利润上交，财力薄弱。1971年，设立信用站，各大队（村）设代办员，开始办理小额金融存储、贷款、兑付业务。1982 年，全社财政收入 23.6 万元，仅够勉强维持日常开支。1983 年，成立昭山信用合作社，下设 5 个分社，办理存储、贷款、兑付业务。同年，中国建设银行、中国工商银行相继在昭山设立分理处，办理存贷款及兑付业务。1983 年，乡财政来源主要是上级财政预算拨款、乡财政自筹收入和税收分成收入，自筹收入主要是乡镇企业上交管理费、农业税等，财力逐年增强。1995 年，全乡财政收入 148 万元，昭山信用社存款余额 2800 余万元，贷款余额 2600 余万元。1998 年，易家湾邮电支局设邮政储蓄点，办理邮政储蓄业务。2013 年，昭山信用合作社改称“湖南省农村商业银行湘潭支行昭山分理处”。2015 年，全乡财政收入 11522 万元，主要是上级财政预算拨款、乡财政自筹收入和税收分成收入。境域有建设银行、工商银行、农村商业银行、邮政储蓄银行等金融网点 13 个，保险机构网点 5 个。

基础设施

交通运输

清乾隆年间，有一条驿道过境，驿站设昭山村昭霞铺，另有湘江易家湾航运码头，四季通航。宣统三年（1911），修筑粤汉铁路（京广铁路），境域长 8 千米。民国 10 年（1921），修筑长潭军路（107 国道），境域长 4 千米。1959 年，修筑 320 国道，境域长 3.8 千米。2001 年，修建县级公路昭跳路，从 107 国道三一八路口至跳马乡，长 6.5 千米。2003—2005 年，陆续修建乡级公路铁铺坳至玉屏村公路、马鞍村至茶园村公路、黄茅村至新农村公路、楠木村至石金村公路、玉屏村至石燕湖公路，县乡级公路里程 34 千米。2005 年，修建京珠高速公路，境域长 11.9 千米。2006 年起，开始新农村建设，至 2010 年，共修建通村公路 120 余千米，形成覆盖全乡的公路网。2011 年，境域规划修建高等级城市主干道 42 千米，至 2015 年，完成通车 28 千米。有通省内长途客运、101 路公交通长沙、102 路公交通株洲、市内公交有 31 路、102 路、115 路。

邮电通信

1950 年，设易家湾邮政所，负责书信投递。1956 年，易家湾邮政所设有电话总机室，办理邮递、报刊发行、电报电话业务。1973 年，昭山公社机关内装有手摇式电话机一台，各大队及公社直属企业装有分机。1980 年，设易家湾邮电支局。1989 年，开通自动电话交换机。1995 年，开通模拟移动通讯系统，放号移动电话 26 台，寻呼机（BP 机）200 多台，安装程控电话 400 余门。2015 年，移动通讯及程控电话全面普及，有移动电话 15000 余部，程控电话 4200 余门。

供水供电

20 世纪 70 年代初以前，使用煤油灯、青油灯照明，饮用塘、坝、井水。1976 年，开始架设高低压供电线路，至 1979 年，实现村村通电，居民开始使用电灯照明。同期，农村居民出现“打井热”，饮用手摇泵式井水，部分厂矿企业周边居民使用自来水。1982 年，基本实现户户使用电灯照明，饮用地下井水。1998 年，投资 1800 余万元，进行农电网改造，高低压老化线路全部更换，27 台变压器增容，满足当地居民及厂矿企事业单位用电之需。2005 年，昭山安置区铺设供水管道，居民使用市三水厂自来水。2015 年，全乡拥有 63 台变压器，容量 13230 千伏安，高压线路 24.8 千米，低压线路 132.6 千米，全年用电量 11680 万千瓦时。有 2680 户 8040 人使用地下井水，1800 余户 6300 余人使用自来水。

水利建设

境域水利以山塘自然蓄积为主，无河流、湖泊灌溉，有山塘526口，渠道总里程132千米。1958年，建小㈠型东风水库1座，库容160万立方米；修建左、右干渠两条，长3400米，灌溉面积144公顷。1963年，修建朝阳桥排渍站，安装排渍机埠2台，防汛泄洪闸门2张。2006年，投资8500万元，修建湘江防洪景观大道工程，培宽加高湘江防洪大堤1.25千米，新修大堤1.34千米，新建涵闸1个，改建涵闸2个，新建电排站1个，安装排渍机6台，总装机容量3360千瓦。至2015年，全乡拥有小㈠型水库1座，小型水库2座，山塘472口，水坝47座，渠道总里程117千米。

村镇建设

1989年，征用昭山村刘家、大塘组土地1.2公顷，兴建昭山北大门市场。1998年，扩征昭山村刘家、大塘两组土地0.7公顷，兴建昭山北大门市场二期。2003年，昭山大道、昭山景观大道、昭山安置区开工建设，征用昭山村昭霞、中联、昭兴、昭联等组土地11.2公顷，拆迁房屋83栋。2006年，全面加快新农村建设，全乡安装太阳能路灯970余盏，建设垃圾中转站9个，垃圾池3800余个，设乡级环卫队1支，村级环卫队15支，环卫工人72名，形成“户分类，村收集，乡外运”的工作模式。同年，兴建昭山安置区，建筑面积1.2万平方米，安置拆迁户76户。2008年起，境域相继落户开发项目14个，共征用土地576.07公顷，拆迁房屋872栋。2009年，征用昭山、新民两村土地78公顷，兴建昭山安置区。2011年，兴建金山绿心国际安置区，一期工程建成面积13万平方米，安置住户840户。2013年，在立新村开发“美丽乡村”项目，至2015年改造民居42户，部分开放对外营业，接待游客。安置区建成面积12万平方米，安置拆迁户1462户。

社会事业

教育

民国时期，境域有4所私塾蒙馆，招收启蒙学生100余名，少数人能接受低级启蒙教育。中华人民共和国成立后，国家重视教育，办学规模逐步扩大，1957年，开始创办村级小学，至1963年，共创办村级小学15所，在校学生702名。1965年，创办昭山农业中学（后改称昭山一中）。1974年，创办昭山二中。适龄少年、儿童都能进入学校读书，九年义务教育得到普及。1995年，全乡有中学2所，小学13所，教职工216名，在校学生1726人，幼儿园17所，幼师19人，入园幼儿391名。1997年，随着适龄入学儿童逐年减少，开始学校撤并。1998年，撤销昭山二中。2014年，撤销昭山一中。2015年，境域有小学3所，教职工34名，在校学生239人。幼儿园4所，幼师15名，入园幼儿192名。

文化体育

1973年，成立昭山公社电影放映队，有专职放映员2名，定期到各大队巡回放映电影。1979年，成立乡文化站，各大队均有鼓乐队、龙灯狮子队、文艺宣传队。2001年，昭山村成立首支西乐队，后发展到3支，并掀起跳广场舞热，昭山村、新民村组建腰鼓队。2015年，全乡有线电视入户4300余户，入户率98%；有农家书屋15个，共藏书4万余册；有中西乐队21支，业余楹联书法协会1个，广场舞队和腰鼓队17支，体育运动健身场所22处。

医疗卫生

中华人民共和国成立初，境域医疗以个体中

医郎中为主，有少量中药铺。1951 年，老中医联合成立昭山卫生所。1958 年，成立昭山卫生院，有医务人员 13 人，病床 9 张，下设 5 个门诊部。1968 年，试办农村合作医疗，次年全面普及，共有农村合作医疗点 17 个，由社员集资，享受医疗优待，1980 年停办。1989 年，昭山卫生院投资 40 余万元，扩建门诊综合楼，总建筑面积 1800 平方米，病床增至 12 床，有医护人员 26 名。1995 年，兴建昭山卫生院住院部，总投资 82 万元，病床增至 26 床，有医护人员 32 名。2011 年，境域兴建村卫生室，至 2015 年，有 12 个村成立村卫生室，村民治病做到“小病不出村”。年末，境域有各类医疗机构 13 个，有医护人员 58 名，病床 62 张；个体医疗诊所 23 个，从业人员 42 人；药店 3 个，从业人员 15 人。

社会保障

中华人民共和国成立后，由生产队对孤寡鳏独老人实行“五保”，政府给予每月一定的生活补助费。1985 年，设立敬老院，有床位 40 余张、公共食堂等，所有“五保”老人集中供养。2008 年，投资 120 余万元，新建乡敬老院，“五保”老人居住及生活条件得到改善。2005 年，推广新型农村合作医疗制度，参加新型农村合作医疗人数 1.3 万余人，参合率 98%；全面启动贫困人群最低生活保障制度，全乡有 504 名困难群众享受农村最低生活保障，11 名享受城镇最低生活保障，年发放最低生活保障金 216 万元。2009 年，大量征用农民土地，失地农民增多，为解决失地农民后顾之忧，建立失地农民社会养老体系。至 2015 年，全乡享受社会养老保险 4895 人，1399 名老年人领取社会养老保险金，年发放社会养老保险金 1420 万元。年末，有敬老院一所，供养“五保”老人 26 名，农村居民参加合作医疗 12865 人，参合率 98%，享受农村最低生活保障 562 名，享受城镇最低生活保障 42 名，年发放最低生活保障金 247 万元。

人民生活

1950 年，农民住房为土木平房，多数为茅草房，少数为砖瓦平房。1953 年，人民生活有所改善，农民开始兴建土木瓦房。1959 年，开始大办公共食堂，农民生产积极性低落，加之自然灾害影响，粮食产量大幅下降，农民生活艰难。1962 年，实行人民公社、大队、生产队三级核算，农民生产积极性有所上涨，商品短缺，消费品全部凭计划供应，住房大多为砖瓦或土木平房，高档消费品是自行车、手表、缝纫机，生活水平较低。实行家庭联产承包责任制后，农民生产积极性空前高涨，加上推广杂交水稻，产量大幅提高，农民除解决温饱外，还有少量粮食出售。家庭副业、养殖业也迅速发展，商品充足，一部分人先富起来，兴建楼房，购置电风扇、电视机、电冰箱、洗衣机、摩托车等高档消费品。1995 年，农民人均纯收入 1320 元，人均储蓄 1860 元，70% 的农户兴建楼房，家用电器得到普及。百户拥有摩托车 28 辆，小汽车 3.8 辆。2015 年，农民人均可支配收入 20574 元，90% 以上的农户兴建楼房，人均住房面积 45.2 平方米，人均储蓄存款 4.75 万元，百户拥有小汽车 26 辆。

特色地情

历史人物

刘　锜（1098—1162）　字信叔，德顺军（今宁夏隆德北）人，官至太尉，是宋代与岳飞齐名的著名抗金将领。绍兴十年（1140），任东京副留守，率王彦旧部八字军在顺昌（今安徽阜阳）以两万兵力大破金兀术主力十万之众，名振华夏。不久受秦桧排挤，被贬潭州，在昭山西麓昭山湾

昭山

筑室隐居，以山野村夫寿终，故居毁于宋淳熙年间，仅存莲池，清乾隆年间改建为宋家祠堂。

宋英仲（1894—1955） 昭山乡玉屏村金坑冲人。民国5年（1916）6月至民国26年（1937）5月，先后任湖南督军署办事员、护法军总部副官、武汉北伐军总部副官队长、南京军事参议院参议。当选为国民大会代表。抗日战争时，在第七十军李觉军部任师长和副军长，参加淞沪抗战、南浔抗战、上高战役。后任长沙警备司令部参谋长。1950年5月至1951年2月，先后任长沙警备司令高参和湖南省军区高参。此后，任湖南省人民政府参事，政协湖南省第一届委员会常委。

风景名胜

昭　山　昭山主峰海拔185米，临湘江而立。南眺衡岳，北望洞庭，是长、株、潭三市水陆交通的咽喉。昭山风景秀丽，每雨后新晴或旭日破晓，万丈霞光绚染雨气氤氲，气象万千。此为古“潇湘八景”之“山市晴岚”。昭山前有一条用花岗岩铺成的蹬道，始修于清康熙至嘉庆年间。古道长1600多米，共1900余级，沿蹬道上至山顶，便到昭阳古寺。寺院中有三古：古碑、古寺、古树。寺始建于唐代，宋时称昭阳殿，清乾隆二十三年（1758）重修，内设玉皇阁、关圣殿、玄帝宫、观音堂等，历代都有僧人住持，香火兴旺。1917年9月，毛泽东、张昆弟等曾夜宿于此，长谈救国理想。今山腰建有伟人亭。

观音庙　20世纪90年代，超尘法师募资修建，位于昭山笔架峰山腰，内设天王殿、地藏殿、圣帝殿、观音殿、大雄宝殿及偏殿，总建筑面积4200余平方米，供奉观音、释迦牟尼、圣帝等众佛像，有尼姑及信徒10余名长期居住，一年四季游人甚众，香火不绝。

龙　洞　昭山南麓湘江岸边有一天然岩洞，人称“龙洞”。秋冬水落，洞口露出，可进洞探看。深不可测，系红砂岩溶洞，洞口仅容一人侧身进入，洞内豁然开朗，大洞套小洞，有48张门之说。洞中幽深曲折，形似迷宫，冬暖夏凉。内有暗河、泉水，现尚未开发对外开放。

（撰稿：陈贵武）

易家湾镇

区域概况

地理位置

易家湾镇处于湘潭市东北边，北与长沙暮云镇、湘潭昭山乡交界，西临湘江，南接荷塘乡，东邻株洲市石峰区，因地处易家湾（地名）而得名。

建置沿革

民国期间，境域属湘潭县易家湾镇。1950年，设立易家湾镇，隶属湘潭县第一区。1958年，并入昭山人民公社，设立易家湾分社。1960年，更名为易家湾镇人民公社。1963年，恢复易家湾镇，隶属湘潭市。1969年，设立易家湾镇，隶属湘潭市。1980年，撤销易家湾镇，成立易家湾街道，隶属板塘区人民政府。1998年2月，撤销易家湾街道，恢复建立易家湾镇。2009年，属昭山示范区和岳塘区共管，以昭山示范区管为主。2015年12月，撤销易家湾镇，与昭山乡合并成立昭山镇。

区划面积

1998年，镇域面积20.6平方千米，下辖新南、新湖、金南、红旗、蒿塘5个村和双塘、建陶、窑洲、直街、大塘、路口、中心7个居委会，44个村民小组，104个居民小组。2000年，撤销直街、窑洲2个社区，合并成立窑洲社区，中心居委会并入路口社区。2009年，撤销双塘、建陶社区，合并成立双建社区。至2015年年底，辖新南、新湖、金南、红旗、蒿塘5个村和大塘、窑洲、路口、双建4个居委会。有耕地323.6公顷，淡水养殖水面77.2公顷，山林536.5公顷，镇域面积无变化。

自然环境

境域地形为东北高西南低。地势高差较大，东北多山体，西南临水，境域最高峰为昭山，海拔185米，境域最低处为仰天湖，海拔仅4.8米。镇域属于亚热带气候，气候变化较为平稳，年平均气温22℃，极端最高气温39℃，极端最低气温－4℃（2008年1—2月）。因易家湾镇的特殊地理位置，有丰富的鱼虾水产资料，年无霜期平均300天。镇域内有比较丰富的白石泥资源。

人口民族

1998年，境域有4245户1.77万人，其中城镇人口1.2万人，占67.8%；男性8859人，占50.8%；人口自然增长率2.7‰。2000年，由于长株潭大市场的开发建设，外来人口涌入，落户1324户，新增人口5296人，总人口2.30万人。2015年，境域有5569户2.32万人，其中城镇人口1.73万人，占74.6%；男性1.21万人，占52.1%，农村人口0.59万人；人口自然增长率2.6‰。

经济发展

经济综述

1980年后，境域依托湖南农药厂等大型国有企业和区内丰富的河沙优势，大力发展集体经济。全面落实家庭联产承包责任制后，农民产粮积极性大大提高，农林牧副渔得到全面发展。1998年，镇辖手工作坊、商业门面合并，境域经济呈现出繁荣景象，工农业总产值4805.8万元。2000年后，由于境域内开发建设加快，农田面积持续减少，农业产值下降。2000年，境域长株潭摩托车大市场、百货市场、农贸大市场大等商业场所、门面初具规模，商贾云集。是年，政府按照“规划建镇、生态立镇、项目强镇、三产活镇”的总体思路，走以休闲、度假、旅游为龙头，以工贸业为基础的“都市后花园”之路，经济快速发展。2015年，全镇生产总值38.6亿元。

种植业

1949年前，境域以种植水稻为主。1956年，农民开始种植双季稻，但由于耕作技术低，粮食产量较低。1979年，引进杂交水稻，粮食产量稳步提升。1998年，农业生产主要以种植水稻和莲藕为主，粮食播种面积323.6公顷，产粮380.7吨，年产莲藕2300吨。2000年，实行退耕还湖工程，水稻种植减少200余公顷。2015年，治理重金属田地13.3公顷。种植水稻115.47公顷，产粮160吨，淡水鱼养殖面积76.13公顷，出水鲜鱼60吨。

养殖业

境域以养殖生猪、淡水鱼为主，20世纪六七十年代，村民散养为主，没有形成规模。1998年，蒿塘村生猪、种猪养殖大户带动全镇养殖业发展。其中，年出栏1000头以上的5户，500头以上的7户。全镇年出栏生猪5.3万头，活鱼养殖面积200公顷，年出水鲜鱼1200吨。1999年，政府引进罗氏沼虾、大闸蟹养殖，但未形成规模经济效应。2000年，全镇倡导饲养乳鸽、三黄鸡等，共养殖家禽14万羽。养殖规模200头以上的生猪养殖户26户，年养3万余头，出栏2.8万头。2011年，中建五局开发仰天湖，兴建健康养生城，水面养殖面积减少133.4公顷。2012年，因土地征用，生猪饲养户减少，全镇养殖200头以上的生猪养殖户12户，养猪2.6万头，出栏生猪2万头，存栏生猪0.6万头。2015年，境域规模养殖业被严格控制，家庭饲养户减少，100头以上规模养殖户剩6户，出栏生猪0.8万头，存栏生猪0.4万头。

林业

1998年，镇内山林总面积357公顷，其中油茶林80公顷，竹林面积54公顷，由农户自主分散经营，森林覆盖率42%。常见的树种有海桐、夹竹桃、山茶、雪松等，经济树种有油茶、柑橘、板栗等。2008年后，镇党委、政府大力开展封山育林、植树造林行动。2009年，各村都成立森林防火义务巡防队，建立森林防火应急机制，并购置森林防火设备。2015年，镇内山林面积373公顷，森林覆盖率52%。有花卉苗木53.33公顷。

工业

境域窑洲烧制砖瓦始于南宋时期。明末清初有几家砖窑。清中后期，有“十大窑厂”。清光绪年间，境域手工业发达。民国35年（1946），邓汉东、吴汉清分别建砖瓦窑、窑厂各一座。中华人民共和国成立后，先后成立窑业手工业合作社、易家湾机瓦厂。1995年，境域有南天电器塑料厂、易家湾窑洲砖瓦厂、第二电器厂、金阳商场等5家小型企业，工业总产值445万元；仰天湖农场有机电厂、砖瓦厂、造纸厂、采石场、皮革制品厂、五金电器厂 6 家集体企业，工业总产值 512 万元。从业人员 378 人。1998 年，原 11 家企业整合成南天电器塑料厂、易家湾砖瓦厂、窑洲砖瓦厂、湘洲管件厂、鸿发管件厂、新南化工厂 6 家企业。是年，先后引进巨牛衡器、天渲彩印、塑尔养塑胶有限公司等多家企业，工业总产值 542 万元。2000 年，对镇属企业进行改制，民营经济得以发展，巨牛衡器、新南化工厂、湘洲管件厂发展壮大，成为镇骨干企业。2005 年，全镇工业企业发展到 11 家，从业人员 763 人，实现工业总产值 27345 万元。2008 年，引进骨干企业 4 家，工业企业增加到 15 家，从业人员 500 余人，工业总产值 33609 万元。2013 年底，关停新南化工厂、易家湾砖瓦厂等 4 家企业。2015 年，有工业企业 8 家，从业人员 436 人，工业总产值 12.95 亿元。

商贸服务

清代，由于水陆十分方便，易家湾直街成为南北方商品的集散地。中华人民共和国成立后，对辖区内的小商品作坊进行公私合营，成立直街制品厂（零售供应豆腐）、肉食站，辖区内物品供应大有改善。1995 年，境域有服务型企业 19 家，仰天湖农场有汽车修理、餐饮等服务行业 26 家，有从业人员 460 人，实现收入 433 万元。2000 年，境域建立长株潭摩托车大市场、摩托车配件大市场、农贸大市场、陶瓷城、新世纪家具城、加佳福超市等，建筑面积 60 余万平方米，商业门面 2800 余个，个体工商户 2000 余家。是年，建陶陶瓷城集市、路口社区 2 个集市相继开集，社会商品年零售额 1.2 亿元。2015 年，有商贸服务门店 947 个，从业人员 2432 人。社会商品零售额 3.1 亿元，其中集市成交 1.1 亿元。

财政金融

1950 年，境域只有一个信用代办点。1992 年，中国建设银行、工商银行、农业银行、信用合作社、邮电银行相继落户境域。1998 年，财政收入 546 万元，财政主要来源靠上级拨款，街道、农场范围内企业上缴管理费及税收分成收入、税收收入等。自筹收入主要是乡镇企业上交管理费、农业税等。2004 年，免征农业税，停征屠宰税，财政收入逐年减少。2015 年，境域有建设银行、湖南省农村商业银行湘潭支行昭山分理处、农业银行昭山支行、华融湘江银行昭山支行 8 家银行网点，镇财政收入 2147.3 万元。

基础设施

交通运输

清朝，境域有湘潭至长沙的驿道东北二路，湘潭的交通驿站称昭峡铺驻直街木公岭。另设有湘江易家湾水运码头、直街码头、昭霞铺码头，四季通航。清末，轮船通航，设有趸船码头。民国 2 年（1913）至民国 10 年（1921），修筑湘潭至长沙的长潭军路，为湖南省内第一条正规公路。在境内有汽车站。1980 年，扩建为长湘公路。京广线在易家湾设有货运站，是湘潭境内第一个火车站。年吞吐量 600 万吨。2006 年，镇党委、政府大力推进基础设施建设。2008 年，芙蓉大道竣工通车，境域长 4 千米。2009 年，长株潭三市互通公交，车站设株易路口，101 路由长沙市汽车南站始发至株易路口，102 路由株易路口始发至株洲市红旗广场，103 路由昭山始发至湘潭市广盛公，115 路由暮云始发至湘潭砂子岭，日客运量达万人次。2009 年起，开始大规模基础设施建设，至 2013 年，建有镇级公路 4 条，总长 48 千米，村级公路 6 条，总长 32 千米。2015 年，境域有公路 6 条，总长 48 千米，昭山路、蒿塘路、白鹤路、金南路等道路实现通车。

邮电通信

1949年前，通信十分落后，主要靠人工传递信息。1950年，设有邮电所，接发电报。1970年，镇机关内有磁石电话一台，各居委会、镇属各企业安装分机。1980年，设立易家湾邮电支局。1989年，开通电话自动交换机。1994年，开通模拟移动电话自动漫游联网。随着移动电话、程控电话的全面普及，各村、社区都安装固定电话、电脑。2015年，境域电话及移动电话普及率98%。

水利建设

清代，境域仰天湖及窑洲均为河滩地带，湘江洪水经常泛滥。20世纪60年代，开始举全镇之力进行围湖造田，兴修水利。1978年，修建王家晒撇洪渠、军民团结渠，全长14千米。2006年，修建湘江防洪景观带，境域长3.74千米。2008年，新建排渍机埠2个，防汛泄洪闸门2张。2015年末，全镇拥有山塘110多口，水坝8座，渠道总里程20千米，有效灌溉面积2公顷。

村镇建设

1998年，开始制定镇区发展规划。2000年，潭邵高速公路湘潭段开工建设，征用土地37.5公顷，拆迁房屋48栋。仰天湖退耕还湖工程启动，租用土地200公顷。芙蓉大道动工修建，拆迁房屋42栋，征用土地14公顷。2009年，安装太阳能路灯400余盏，建设垃圾中转站12个，设镇村环卫队1支，环卫工人84人，形成“户分类，镇外运”的模式。2012年，昭祥安置区开始建设，建筑面积56万平方米，安置人口近5000人，临街门面120个。中建健康养生城落户境域，征地200公顷。是年，推进“美丽乡村”建设，易家湾镇红旗村成为首期试点之一。2013年，建立“两型”公寓，建筑面积2万多平米，临街门面348个。2015年，推进双建、大塘、窑洲棚户区改造，境域城镇化率70%。总投资340万元，建村、社区活动中心9个，总面积3000余平方米。

社会事业

教育

1998年，易家湾街道辖区有湖南省建材学校、市第十中学、市第六中学，在校学生6000多人，教职员工690名。仰天湖农场有天湖中学、蒿塘小学、新湖小学、新南小学，有学生1300余名，教师67人。1999年，撤销天湖中学，市第十中学由市教育局直管，第六中学改为民办学校。2000年，撤销蒿塘小学、新南小学和红卫湖中学，建立易家湾镇中心学校。2012年，大力改善办学条件，南天、新湖、昭山3所学校全部创建成省级合格学校，其中南天、新湖为市级两型示范学校。2013年，投资1.5亿元，新建昭山和平小学，占地5.71公顷，总建筑面积46936.8平方米；投资5000万元，建设诺贝尔幼儿园，占地面积约1.2公顷，总建筑面积11198平方米。2015年末，易家湾镇有2所九年制学校、2所完全小学、7所幼儿园，在校小学生1455名，中学生455名，教师186人；幼儿入园929名，幼儿教职工134人。

文化体育

1998年，境域有文化站、广播站各1个。2010年，创办《易家湾绿心》杂志，共出刊48期；至2015年，镇域内有设备齐全的文化站、有线电视站、图书馆，有群众业余剧团2个，中西乐队4支，龙灯队3支，腰鼓队5支，广场舞队6个，农家书屋7个，各类体育运动健身场所12处。

医疗卫生

民国31年（1942），设立易家湾镇卫生所。

1951年，成立易家湾联合诊所，有执业医师2名、护工2名，无住院床位。1970年，建立仰天湖卫生院，有医生6名，护工8人，病床18张。1998年，易家湾卫生室由市卫生局收回，仍留有3名医师、4名护士，临时床位12张。2006年，仰天湖卫生院更名为易家湾镇卫生院，由政府投入，在株易路口修建1341平方米的门诊、住院部，有床位32张，年均收治病人伤员1.3万余人。2015年，境域有村、社区卫生室、个体诊所42家，从业人员137人。

社会保障

1996年，启动城镇居民最低生活保障，187人纳入低保。1998年，全镇低保人数483名，发放低保费8.9万元。2015年，镇域有城镇低保686人，农村低保122人，发放低保金308560元。是年，新增城镇就业404人，农村劳动力转移就业103人，失地农民3947人纳入社会养老保险。有4996人参加农村合作医疗，参保金额99920元；有1222人参加城镇医疗保险，参保金额18.33万元，实现医疗保险全覆盖。投入1.39万元，扶助6名60岁以上失独老人，救治、救助2名贫困重性精神病患者。

人民生活

1949年前，境域居民生活十分贫困，因主粮不足，只能购买红薯、蚕豆等杂粮充饥。1950年，农民人均口粮仍不足250千克，农村住房大多数为茅草房，只有少数瓦房。1953年，推行双季稻，粮食增产，居民生活有所改善。1983年，农村实行联产承包责任制，粮食产量提高，基本解决温饱问题。1998年，大部分农民搬进楼房，人均可支配收入14343元。2012年，随着仰天湖生态养生城的开发建设，被征地农民全部进入社会保障体系，居民生活水平大幅提高。2015年，易家湾镇城镇居民可支配收入23848元，农村居民可支配收入21794元，人均居住面积42平方米，家家户户家用电器一应俱全。

特色地情

风景名胜

凤形山 位于株易路口。山中有防空隧道贯穿山体，山北侧有龙骨坡。1940年10月11日，中共党员彭金华（彭德怀弟弟）、郭曦、曾纯熙、刘辑瑞、何庆余、彭仲珊和坚持抗日救国的乡长杨芝华、楚保文被国民党当局杀害在龙骨坡。

名优特产

窑洲青砖青瓦 窑洲位于易家湾老街与仰天湖之间。湘江水的涨落让窑洲潮泥沉积，粉细粘稠，泥质特好，是制砖和做瓦的优质原料。窑洲依湘江水运，为城市供货提供便利。窑洲烧制砖瓦始于南宋时期。明末清初有汤益盛等几家砖窑。清中后期，胡子沛、罗光喜等10人先后在窑洲新建砖瓦窑，成为窑洲窑业史上有名的“十大窑厂”。民国35年（1946），由邓汉东等12人新建砖瓦窑一座，时称“十二旭”；吴汉清也兴办有窑厂。此时，窑洲上烟囱林立，烧窑业极具规模。中华人民共和国成立后，先后成立窑业工会、窑业手工业合作社、易家湾机瓦厂。20世纪90年代，窑洲一带大部分人靠烧窑养家，1万片青瓦卖1200元。21世纪后，随着新型建材的使用，传统砖瓦销售萎缩，窑洲保留的10多座古窑不少荒废倒塌，古砖窑所剩无几。

（撰稿：文正秋）

附录一

为颁发“调整区乡行政区划办法”及“各县区乡镇数及干部分配表”的命令

湖南省人民政府1952年12月20日〔52〕民行字第00792-4732号

奉中央及中南军政委员会分配我省950个区、16000个乡的指示，特制定“调整区乡行政区划办法”及“各县区乡镇数及干部分配表”各1份，随文颁发，希遵照执行。

附：调整区乡行政区划办法

一、划区乡标准：基本上根据人口、面积以及历史习惯、自然条件等为标准。一般规定，每区人口1万人至5万人，面积600至1200平方华里，每区管辖16至25个乡。平原地区每乡人口3000人至4000人左右，丘陵地区每乡人口2000人至3000人，山地平均1000人左右。各地应参酌自然环境及人口分散和集中的情况，具体进行区划；山地须照顾面积，平原照顾人口稠密程度。

二、调整区乡行政区划，以便利人民管理政权和便于发展生产、繁荣经济为目的，在重新划分当中，必须做好调查研究，防止草率从事，使区乡行区划较长期性的固定。凡少数民族居住地区，尽量避免分割，以免影响将来建立民族区域性自治或民族民主联合政府。为便利少数民族的经济文化建设，可根据其自然分布情况，在少数民族区域内，得划入一部分汉族居住区及城镇。

三、为加强集镇的管理与领导起见，由各县根据具体情况需要（照顾政治、经济及治安情况），设立区级镇或乡级镇。县府所在地是政治、经济、文化建设中心，必须进一步加强领导，以便于发展。因此，县府所在地不论区级镇或乡级镇，均应由县府直接领导。

四、集镇员额编制，均包括在分配各专县的区乡员额总数内，自行调剂，不另追加。

五、调整乡级行政区划应结合各项中心工作进行，各省在明年3月底以前全部完成，并总结上报。调整后应即召开乡人民代表大会或人民代表会议代行乡人民大会职权，选出正副乡长和乡政府委员会。

湖南省各县所辖区、乡、镇数及干部分配表

表1　　　　单位：个、人

县别	区数	乡镇数			乡镇干部数		
		乡数	镇数	合计	乡干	镇干	合计
总　计	950	15,321	323	15,644	45,963	2,039	48,000
湘南区	256	4,100	46	4,146	12,300	312	12,612
衡　阳	17	255	2	257	765	12	777
衡　南	14	205	3	208	615	18	633
耒　阳	13	196	3	199	588	24	612
祁　阳	11	190	5	195	570	39	609
祁　东	12	199	2	201	597	17	614
衡　山	15	230	2	232	690	12	702
常　宁	11	173	2	175	519	16	535
零　陵	14	240	2	242	720	12	732
道　县	11	176	2	178	528	18	546
宁　远	11	213	2	215	639	12	651
桂　阳	12	180	1	181	540	11	551
安　仁	8	110	1	111	330	6	336
东　安	10	155	4	159	465	24	489
江　华	10	170	1	171	510	8	518
新　田	5	87	1	88	261	6	267
郴　县	10	155	1	156	465	5	470
宜　章	8	145	1	146	435	6	441
永　兴	8	135	1	136	405	6	411
汝　城	9	139	1	140	417	6	423
酃　县	7	142	1	143	426	6	432
永　明	7	92	2	94	276	12	288
资　兴	8	139	1	140	417	6	423
临　武	6	95	1	96	285	6	291
桂　东	6	95	1	96	285	6	291
蓝　山	7	100	1	101	300	6	306
嘉　禾	6	84	2	86	252	12	264
湘潭专区	188	2,991	89	3,080	8,973	518	9,491
湘　潭	24	373	20	393	1,120	90	1,210
长　沙	16	254	4	258	761	21	782

续表 1

县别	区数	乡镇数			乡镇干部数		
		乡数	镇数	合计	乡干	镇干	合计
湘 阴	19	309	10	319	926	60	986
平 江	15	306	5	311	919	33	952
浏 阳	22	318	12	330	955	50	1,005
醴 陵	16	245	6	251	734	51	785
宁 乡	19	310	4	314	931	27	958
望 城	12	179	7	186	536	45	581
岳 阳	16	245	5	250	734	57	791
攸 县	10	163	4	167	490	24	514
临 湘	9	114	9	123	342	42	384
茶 陵	10	175	3	178	525	18	543
常德专区	167	2,651	100	2,751	7,953	564	8,517
常 德	17	227	10	237	681	20	701
澧 县	17	245	16	261	735	114	849
桃 源	18	291	6	297	873	55	928
益 阳	12	199	6	205	597	18	615
南 县	7	103	6	109	309	31	340
华 容	9	115	8	123	345	46	391
石 门	14	281	4	285	843	22	865
慈 利	15	309	5	314	927	26	953
桃 江	10	162	5	167	486	33	519
安 化	15	219	9	228	657	39	696
汉 寿	11	171	7	178	513	28	541
沅 江	9	117	6	123	351	45	396
安 乡	6	90	4	94	270	34	304
临 澧	7	122	8	130	366	53	419
邵阳专区	158	2,623	36	2,659	7,869	294	8,163
邵 东	17	266	4	270	798	32	830
新 化	21	370	7	377	1,110	59	1,169
隆 回	15	262	4	266	786	31	817
双 峰	14	215	2	217	645	13	658
涟 源	17	309	4	313	927	35	962
湘 乡	15	227	3	230	681	23	704
邵 阳	12	220	3	223	660	31	691
新 邵	12	193	2	195	579	12	591
洞 口	9	161	4	165	483	34	517

续表 1

县别	区数	乡镇数			乡镇干部数		
		乡数	镇数	合计	乡干	镇干	合计
武冈	12	178		178	534		534
新宁	9	132	2	134	396	18	414
城步	5	90	1	91	270	6	276
湘西苗族自治区	74	1,216	25	1,241	3,648	186	3,834
永顺	11	185	3	188	555	15	570
龙山	12	190	4	194	570	33	603
大庸	7	99	3	102	297	12	309
桑植	8	142	1	143	426	9	435
凤凰	8	142	4	146	426	24	450
泸溪	6	97	2	99	291	24	315
保靖	6	116	1	117	348	12	360
永绥	6	93	2	95	279	21	300
乾城	5	78	3	81	234	24	258
古丈	5	74	2	76	222	12	234
黔阳专区	107	1,740	27	1,767	5,220	163	5,383
沅陵	19	330	2	332	990	12	1,002
溆浦	14	227	4	231	681	24	705
黔阳	9	146	5	151	438	31	469
芷江	7	126	1	127	378	6	384
会同	8	121	1	122	363	6	369
麻阳	6	107	4	111	321	24	345
辰溪	8	126	5	131	378	30	408
绥宁	10	164	2	166	492	12	504
靖县	6	88		88	264		264
晃县	7	103	1	104	309	6	315
通道	6	98		98	294		294
怀化	7	104	2	106	312	12	324

说明：为加强小城镇的组织，决定经中南分配湖南省 950 个区、16000 个乡的编制中，依照小城镇数与全省乡数按 2.3% 的比例，扣除 356 个乡的编制员额，作为加强全省小城镇之组织编制（区级镇的编制均包括在区数内）此系全省财经会议的决定。（编者按：个别县所辖区乡镇数字现已略有调整，但全省总数字未变）

（摘自湖南省人民政府办公厅编《湖南法令录编（1949—1953 年）上册》第 137~143 页）

为统一规定区乡名称衔牌、印信的通知

湖南省人民政府1953年3月27日府财民行字第1361-1944号

一、奉中南行政委员会〔53〕会厅民字0714号函：尚有不少地区的区乡名称印信，多数不符合规定。为贯彻中央四级政权制，与适应召开普选的各级人民代表大会的需要应作统一规定。

二、我省区乡名称印信，亦不一致。此次调整区乡行政区划后，均应予更正，以求划一。兹依中南指示，做如下规定：

1. 区非一级政权，一律称“区公所”，并以数字排列，称为“某某县人民政府第×区公所”，其他信字样与上同。

2. 乡系基层政权，应称“某某县第×区某某乡人民政府”；印信为“某某县第×区某某乡人民政府。”

3. 区乡印信均为木质、宋体字，边长六公分，边宽六公厘。

4. 区乡衔牌字样与名称同。均用白漆底，黑色正楷字。牌长5市尺半，宽7市寸半。

5. 区乡印信衔牌均由县统一制发。印信刊制费在各县行政机关经费项下的办公费内支报；衔牌用费由县垫付，制妥后由各区乡公杂费内支报归垫。

6. 镇的名称印信衔牌，除区级镇另行通知外，乡级镇与乡同。

7. 凡关于少数民族地区的自治区组织，其相等于专署、县、区、乡等各级的政权机构。应统一作为一级政权，各级政权的负责人应统称为主席，不称县长、区长或乡长，其名称则另作规定。

（摘自湖南省人民政府办公厅编《湖南法令录编（1949—1953年）上册》第144~146页）

关于市、镇组织问题的通知

湖南省人民政府1953年5月7日府民行创字第1864-3236号

本省市、镇的组织，各地情况极不一致。全国普选工作即将开始，为了做好准备，特对市、镇组织问题作如下规定，希即遵照，并将执行情况上报。

一、市辖区分为市区、郊区。市区是市的一级基层政权机构，称（某某市某某区人民政府）。市区以下的居民委员会或类似此种组织均不作一级政权。郊区是市人民政府的派出机构，称（某某市人民政府某某区公所），不作为一级政权。郊区以下的乡为一级政权。如郊区设有居民委员会的地区，为方便

于行政领导和选举工作，应即划归市区管辖。至目前尚未设区的市均暂不设立。

二、镇为一级基层政权，镇以下之街道不为一级政权组织。因此，镇的管辖范围，不应包括郊区乡。至镇内街道组织在中央未规定前，为求划一，暂称为居民委员会。

（摘自湖南省人民政府办公厅编《湖南法令录编（1949—1953 年）上册》第 133 页）。

关于少数民族地区的区乡名称及自治区各县府印信规定的公函

湖南省人民政府 1953 年 7 月 15 日府办秘字第 2478-365 号

一、关于少数民族地区的区、乡名称奉中南行政委员会抄 1953 年 6 月 3 日会厅民（4）字第 118 号致广东省人民政府的复函："1. 少数民族地区的"乡""村"名称，应依据群众习惯，如连南称"乡""村"为"排""冲"，即称为"排""冲"，其乡一级政府不必加以"乡"的字样，以示尊重兄弟民族的习惯。内蒙古自治区的"专""县"称"盟""旗"，即是如此。2. 实行区域自治的县以下区，其区名可以数字排列。但实行区域自治的县以下的区一级或实行区域自治的区以下乡一级，如另有一个民族实行区域自治，则"区""乡"名称，可由民族名称冠以地名。3. 关于县民族民主联合政府下的区一级自治区或区民族民主联合政府下的乡一级自治区，其区、乡名称，由民族名称冠以地名（"如某某县（地方）某某族自治区人民政府"或"某某县某某区某某（地方）某某族自治区人民政府"）而不冠以"区""乡"字样。"

二、关于湘西苗族自治区各县人民政府所属机关的印信，应否冠以"湘西苗族自治区"字样问题，经本府向中南行政委员会请示，兹奉 1953 年 7 月 9 日〔53〕会厅族（2）字第 2696 号复函："1. 自治区各县及县属机关的印信，均应冠以"某某（地方）某族自治区"字样，例如"湘西苗族自治区永绥县人民政府印"；"湘西苗族自治区永绥县人民政府公安局印"；"湘西苗族自治区永绥县人民政府监察委员会印"。其他类推。2. 对自治区所属的人民法院（法庭）及人民检察署的印信，乃冠以"某某（地方）自治区的字样"，但在县以下，无需再冠"人民政府"四字，例如"湘西苗族自治区永绥县人民法院（法庭）印"，人民检察署印信亦同上例。本府 1953 年 5 月 20 日府办秘字第 2025-283 号复泸溪县人民政府函："县属机关的印文……不必再冠"湘西苗族自治区"字样"一项应予改正。

三、以上二项希即知照。并希转知有关各地。

（摘自湖南省人民政府办公厅编《湖南法令录编（1949—1953 年）上册》第 256~257 页）

关于水上建政问题给湘南行署的批复

湖南省人民政府1953年10月15日府民行字第3085-5266号

一、水上区人民政府为一级政权。下设船民委员会不为一级政权。

二、设在各县港口的船民行政组织：

1. 凡当地设有镇的地区，设船民委员会归镇人民政府领导。因镇属基层一级政权，下面的船民委员会，应相当于镇下居民委员会，不算一级政权；

2. 凡当地没有设镇的港口，则设水上乡人民政府，冠以地名，如某某地水上乡人民政府，归当地区公所监督指导，同乡级政权。

三、船民人数较少的地区，可暂设船民小组，归当地乡人民政府领导。

附：湖南省人民政府湘南行署水上建政方案摘要

我区民船民主改革运动已经基本结束，为了巩固运动成果，加强人民民主专政，发展水上运输，促进城乡贸易并统一领导起见，实有建立水上基层行政机构的必要。在上级尚无此项编制预算之前，我署根据实际情况，规定以下各项：

一、建政原则：在船业人口集中的港口及码头，建立船民行政机构。凡分散在农村的短水船其船只和船民人数不多，又多数兼营陆上农业的，这样的码头，暂不建立船民委员会。该码头之船民，可直接归所在地（陆上）乡或镇人民政府管理。

二、衡阳市设水上区人民政府，为一级政权，下设船民委员会，不为一级政权。各县港口的船民行政组织，凡当地设有镇的地区，设船民委员会，相当于镇下的居民委员会，不为一级政权。凡当地没有镇的地区，设水上乡人民政府，冠以地名，如某某地水上乡人民政府，归区公所监督指导，同乡级政权。以上区长、乡长、船委会主任，暂可由水上公安、联运社、航管处等组织中较强的干部兼任。民船业务由航管处领导。

（摘自湖南省人民政府办公厅编《湖南法令录编（1949—1953年）上册》第133~135页）

中共湖南省委 湖南省人民政府
关于实行政社分开、建立乡政府的通知

（湘发〔1984〕5号）

各地（州）、市、县委，各行政公署，自治州、市、县人民政府，省直机关各单位：

改变农村人民公社政社合一的体制，实行政社分开、建立乡政府、是当前农村一项重大改革。去年在浏阳和全省各县普遍试点的实践证明，实行这一改革，对于改变党不管党、政不管政和政企不分的状况，加强党的领导和基层政权工作，促进农村经济 的发展，加速四化建设的进程，具有重大的意义。为了切实把这 项工作抓好，现根据中央一九八三年三十五号和一九八四年一号 文件精神及各地试点经验，提出如下意见：

一、有领导有步骤地搞好政社分开、建立乡政府的工作。实行政社分开、建立乡政府，关系到广大人民群众的切身利益，涉及到广大基层干部的进退去留，是全省人民政治经济生活中的一件大事，一定要采取积极稳妥的步骤有领导地进行。要广泛进行宣传教育，自上而下，向干部、党员和群众讲明政社分开、建立乡政府的重大意义及其做法要求，做到家喻户晓。确定乡和村的规模时，要坚持党的群众路线，考虑群众的生产、生活条件和历史习惯，尊重广大群众的意愿，便于群众行使民主权利。要组织力量，考察干部，为配备乡的党政领导班子准备好人选。要贯彻精简的原则，乡一级不能增加国家行政编制；村一级的不脱产干部也要坚决实行精简，努力减轻群众负担。要把改革与生产紧密结合起来，坚持一手抓改革，一手抓生产，做到改革、生产两不误。浏阳县在开始进行这项工作时宣布四个不变：即社队规模不变，干部性质不变，公共财物所有权不变，生产资料公有制和联产承包责任制不变。实践证明，这样做有利于干部群众思想的安定和社会秩序的稳定，各地可以参照执行。

二、乡和村的规模。我省人民公社的规模一般不大，经过二十多年来的建设，大体已成为当地政治、经济、文化的中心。因此，在这次改革中，原则上实行以社建乡，以大队建村，以生产队或联队建立村民小组，一般不要改变现有行政区划。个别确实需要调整公社规模的，要经过干部群众充分酝酿，在认识一致、条件具备时，再呈报省人民政府批准。

原有的民族公社，在政社分开时，应改为民族乡。新建民族 乡的，必须符合国务院国发〔1983〕201号文件精神，并呈报省人 民政府批准。

有些公社所在地设有公社一级镇的，可以采取乡镇合一，乡改为镇，由镇管村，以利于农村经济文化事业的发展。条件具备需新建镇的，应按规定呈报省人民政府批准。

三、乡、村的党政组织和职能。乡建立乡党委、乡人民政府。村设党支部和村民委员会。

乡党委是党在农村的基层党委，实行对政权组织、经济组织和群众团体统一领导。它的主要任务是：宣传和贯彻执行党的路线、方针、政策，带领全乡人民努力完成政治、经济任务，保证“两个文明”建设的顺利进行；认真抓好党的思想建设和组织建设，充分发挥党组织的战斗堡垒作用和党员的先锋模范作用；坚持四项基本原则，加强思想政治工作，把党风和社会风气搞好；充分发挥政权组织、经济组织和群众团体的职能作用，协调党政企各方面的工作。

乡人民政府是国家基层政权组织。它的主要任务是：按照《中华人民共和国地方各级人民代表大会和地方各级人民政府组织法》的规定行使职权，接受乡人民代表大会的监督，定期向乡人民代表大会报告工作，领导本乡的经济、文化和各项社会建设，做好公安、民政、司法、科技普及、文教卫生、计划生育和计划统计工作。当前，要在抓好经济工作的同时，教育农民正确处理好国家、集体和个人利益的关系，妥善安排上交提留；要认真抓好社会治安、打击刑事犯罪和经济犯罪活动，发动群众制订乡规民约，以"五讲四美三热爱"为内容，把文明村（镇）的建设广泛开展起来，促进社会治安和社会风气的根本好转。

村党支部是党在农村的基层组织，是组织教育党员和团结带领群众进行农业现代化建设的战斗堡垒。村民委员会是基层群众自治性组织，设主任和生产、治安保卫、民政调解、公共卫生（包括计划生育）等委员，主要任务是办理本村的公共事务和公益事业。协助乡人民政府搞好本村的行政工作和生产建设工作。

四、切实配好乡级党政领导班子。调整配好乡一级领导班子，是搞好农村体制改革的关键。要坚持按照精干的原则和革命化、年轻化、知识化、专业化的方针，选拔一批年龄在三十岁左右，文化在高中以上（包括自学达到高中以上文化程度的），具有组织领导才能的优秀年轻干部进入领导班子，同时要注意留下一些身体条件较好，有一定的文化专长和工作经验的老同志，以利于新老合作交替，保持工作的连续性，顺利地开创工作新局面。

乡党委设委员五至七人，其中书记一人，副书记一至二人，组织委员、纪检委员、宣传统战委员、武装委员各一人。乡设共青团书记、妇联主任。乡政府一般应设乡长一人，副乡长一至二人。其他人员的分工，各地可以根据已经确定的公社编制总额和实际工作需要，因地制宜，统筹安排。乡一般可设秘书、生产助理、民政、司法、财粮、计划统计、计划生育、文教、科技等职，编制不够的可以兼任。司法编制可以单列。乡政府还可以设置精干的企业管理办公室或农工商联合公司，由一名副乡长负责领导，管理全乡的乡村企业和各项经济工作，人员可从乡村企业经费开支。乡人民武装部先按公社现在的实有人数配备。在配备班子时，在乡党委正副书记和正副乡长中必须各配一名具有高中以上文化的干部。分管经济工作的必须具有一定生产业务知识。各县可以从县级机关选调一些具有高中以上文化程度的年轻优秀干部到乡工作，以利于改善乡一级领导班子的结构。要注意选拔妇女干部。民族乡要注意选拔少数民族干部。按照中央文件要求，乡的干部配备要力求精干，不得超过现在公社的总编制。乡干部要能上能下，能官能民，当选就任职，落选就回到生产中去。现有的脱产干部，包括在集体经济单位的干部，一切待遇不变。每乡（镇）可以从农村选拔一、二名具有高中以上文化、年龄三十岁左右的优秀人员到乡（镇）工作。新选上来的乡干部，任职期间，经济上给以适当补贴，担任乡级主要领导职务的，每月补助四十五元，一般工作人员，每月四十元，由省财政和地、市、州、县财政对半负担。

配备乡的领导班子，一定要认真进行考察，严格把好政治关、年龄关、文化关，严防"三种人"和反对十一届三中全会以来党的路线方针政策以及有各种严重违法乱纪行为的人进入领导班子。要通过乡人民代表大会，选举产生乡长、副乡长。乡党委应按照党章规定召开党员大会或乡党员代表大会选举产生。乡党政领导班子成员，要按照有关规定进行审批。村民委员会的主任、委员和村民小组长，通过群众直接选举产生。

为了加强对城镇工作的领导，各县城关镇的镇委书记，一般应由县委副书记或县委常委担任，以利于加强对城镇的统一规划、建设和管理。

实行政社分开以后，有一批干部的工作将有所变动，要视其所长，作出妥善安排，使他们有机会为建设社会主义新农村继续做出贡献。对于退出领导班子而又不到退休年龄的公社正副书记和公社管委会正副主任，可以安排为乡协理员。

五、建立乡财税所。随着乡政府的建立，应当建立乡一级财政和相应的预决算制度，明确收入来源和开支范围。乡建立财税所，所长可以由乡财粮专干兼任，另增配一至二名事业编制。有关具体事项按财政部规定办理。乡财税所的主要任务是：负责对上级下拨的农业、文教卫生等事业费和行政经费的管理使用；按政策规定做好农村各项税收和地方收入的征收管理，并按规定提取分成；具体贯彻农业税的减免政策；筹集分配使用好乡的公共事业经费；检查监督各部门执行财经纪律的情况，严禁巧立名目、乱搞摊派而增加集体企业和群众的负担。

六、改革经济体制。经济体制的改革，应按照中央有关指示精神认真实行。现有社队企业要抓紧整顿，建立和完善责任制，改善经营，加强民主管理，采用适用技术，提高经济效益，促其健康发展。供销社的体制改革要深入进行下去，真正办成农民群众集体所有的合作商业，逐步扩大经营范围和服务领域，办成供销、加工、贮藏、运输、技术等综合服务中心。信用社要进行改革，真正办成群众性的合作金融组织，在遵守国家金融政策和接受农业银行的领导、监督下独立自主地开展存贷业务。农业技术推广、林业、畜牧兽医、农业机械、经营管理等基层事业单位，都应进一步提高服务质量。要逐步建立起比较完备的商品生产服务体系，促进农村商品生产的发展。

政社分开以后，农村经济组织应根据生产发展的需要在群众自愿的基础上设置，形式与规模可以多种多样，不要自上而下强制推行某一种模式。为了完善统一经营和分散经营相结合的体制，一般应设置以土地公有为基础的地区性合作经济组织。这种组织，可以叫农业合作社、经济联合社或群众选定的其他名称，一般可以村（大队或联队）为范围设置，其领导机构可以同村民委员会分立，也可以一套班子两块牌子。以村（大队）为范围设置的，原生产队的资产不得平调，债权、债务要妥善处理。

原公社一级已经形成经济实体的，应充分发挥其经济组织的作用；公社经济力量薄弱的，可以根据具体情况和群众意愿，建立不同形式的经济联合组织或协调服务组织；这些组织对地区性合作经济组织和其他专业合作经济组织，是平等互利或协调指导的关系，不再是行政隶属和逐级过渡的关系。

七、政社分开，势必涉及许多经济问题。因此，在改革中要约法几章，严守纪律，严防公共财物的损失，任何个人都不得以任何借口损公肥私，违者要立即追究，严肃查处。

八、政社分开工作，全省原计划在今年春插之后和双抢之后，分两批搞完。由于县级机构改革进展顺利，有些地区要求提早进行这一工作，以便争取今年工作的主动。省委、省政府赞成这个想法，各地可以从自己的实际出发，因地制宜地进行安排。

为了切实做好这项工作，各级党委和政府必须加强领导，有关部门要定期进行研究，日常工作由民政部门负责。各地可以组织工作组下去具体帮助，并同换届选举工作结合进行，两块牌子，一套人马，以便于把各方面的力量组织起来，协同一致地做好工作。

中共湖南省委
湖南省人民政府
一九八四年二月八日

（摘自《湖南省志第四卷政务志民政（1840—1990年）》第593~599页）

中共湖南省委 湖南省人民政府
关于开展乡镇区划调整改革工作的意见

（湘发〔2015〕15号）

为深入贯彻落实党的十八大和十八届三中、四中全会以及省委十届九次全会精神，加快推进农村改革，增强乡镇经济发展活力，促进城乡一体化发展，省委、省人民政府决定在全省开展新一轮乡镇区划调整改革。根据我省实际，现提出如下意见：

一、开展乡镇区划调整改革的重大意义

乡镇区划调整改革是事关基层政权建设和农村经济社会发展的重大改革。经过前两轮乡镇区划调整改革，全省乡镇数量有所减少，但乡镇规模小、数量多、布局散的问题仍然突出，乡镇区域平均面积和平均人口均低于全国平均水平。随着经济社会的发展，目前我省乡镇规模、布局与改革发展新要求不相适应，增加了运行成本，稀释了公共投入，削弱了综合实力，导致部分乡镇集聚力和辐射力不强，产业结构雷同，资源浪费严重，成为制约我省城乡发展一体化的障碍。通过行政区划调整，实行乡镇区域重组，撤并规模小、经济实力弱、基础设施差的乡镇，有利于整合乡镇区域发展资源，拓展和优化发展空间，解放和发展农村生产力，促进现代农业发展，加快全面小康建设进程；有利于破解制约城乡发展一体化的障碍，加快推进新型工业化、新型城镇化、农业现代化和信息化，形成城乡一体的新型工农城乡关系；有利于深化农村改革，加快构建适应现代发展要求、切合湖南实际的乡镇管理体制机制，提升工作效率，增强乡镇经济发展动力与活力；有利于完善农村社会治理体制机制，巩固党的执政基础，提高依法治理水平；有利于推动公共服务向农村基层延伸，增强公共服务供给能力。

二、指导思想和基本原则

（一）指导思想。深入贯彻落实党的十八大、十八届三中、四中全会精神和习近平总书记系列重要讲话精神，围绕构建适应城乡发展一体化要求的现代乡镇行政管理体制和社会治理体系这一目标，着力优化结构布局，着力全面深化改革，着力提升公共服务能力，积极推进乡镇区划调整改革，促进全省乡镇布局更加合理、结构更加优化、发展更加科学、运行更加高效、服务更加优质。

（二）基本原则

1. 因地制宜、科学规划。紧密结合我省新型城镇化规划，充分考虑当地自然地理条件、经济社会发展水平、行政管理以及民族宗教、民俗文化、历史沿革和群众生产生活习惯等综合因素，按照平原湖区、丘陵区、半山半丘区、山区不同类型，科学确定乡镇规模和布局，对部分高寒山区等特殊地理条件的乡镇和民族乡不搞“一刀切”。

2. 促进发展、服务群众。把促进要素资源整合、促进发展和服务群众作为乡镇区划调整改革的首要因素，把乡镇区划调整改革与推进新型城镇化、促进城乡发展一体化、发展现代农业结合起来，着力做大做强县市人民政府驻地镇，强化其综合承载力和辐射带动力，做到既有利于优化资源配置、促进乡镇经济发展，又便于有效管理、提升公共服务能力。

3. 理顺关系、转变职能。在乡镇区划调整改革的同时，积极稳妥地做好乡镇机构改革工作，进一步理顺县市区、乡镇两级人民政府管理体制，坚持重心下移、强基固本，理顺经济发展、社会事业、公共服务、社会治理、公共基础设施运行管理等方面的体制机制，精简机构、降低成本、激发活力、提升效能。

4. 依法有序、稳步推进。坚持依法依规、有序推进，严格遵守区划调整、财政税收、国土资源、组织人事等方面的法律法规。坚持公平、公正、公开，尊重群众意愿，尊重合理利益诉求。

三、组织领导和保障措施

（一）加强组织领导。本轮乡镇区划调整改革在省委、省人民政府的统一领导下，由省乡镇区划调整改革领导小组（以下简称领导小组）负责，领导小组由孙金龙任组长，郭开朗、陈肇雄、许又声、黄关春、戴道晋、蔡振红任副组长。领导小组办公室设在省民政厅，具体牵头组织对湖南省乡镇区划调整改革工作方案的实施。各级党委、政府要充分认识乡镇区划调整改革的必要性和重要性，把思想行动统一到省委、省人民政府的决策部署上来，把乡镇区划调整改革作为一项打基础、利长远的重大基础性改革来抓，确保改革顺利组织实施。各市州、县市区党政主要负责人是本地区乡镇区划调整改革的第一责任人，要切实履行好第一责任人职责。各地要组建强有力的工作班子，从组织、机构编制、民政、发改、财政等党政综合部门抽调精干力量，负责组织实施和协调落实工作。对于工作难度大的县市区，可由省、市州派出工作组指导帮助工作。

（二）科学制定方案。乡镇区划调整改革工作方案由县市区人民政府负责制定；村调整撤并方案由乡镇人民政府提出，经村民会议讨论同意后确定。在拟订方案时，要深入调查研究，充分论证，上下沟通，广泛听取干部群众意见，形成共识。方案制定后必须严格依法按程序报批，乡镇区划调整改革工作方案经市州人民政府审核后，报省人民政府审批；村调整撤并方案由县市区人民政府审批。

（三）严格落实责任。实行分级负责，省委、省人民政府负责乡镇区划调整改革的顶层设计、统筹协调和规划管理；市州党委、政府为责任主体，负责乡镇区划调整改革的部署落实；县市区党委、政府为实施主体，负责辖区内乡镇区划调整改革的具体组织实施。省、市、县有关部门按照责任分工，抓好相关配套政策的制定实施、对口指导工作；加强协作配合，合力推进改革，形成部门配合、上下联动的工作格局。省委、省人民政府将定期或不定期对各地乡镇区划调整改革工作情况进行督查督办，对落实不到位的严格追究责任。

（四）严明纪律要求。严格政治纪律，严禁干扰乡镇区划调整改革工作，对各类扰乱改革工作的谣言和行为要严肃查处，依法依纪追究责任。对改革中出现的问题，要及时研究解决，重大问题及时向上级请示报告。严格组织人事纪律，严禁突击提拔干部、突击进人；严禁擅离职守、失职渎职；严格财经纪律，加强资金管理，严防国有资产流失，严禁借机突击花钱、转移财物，严查侵占、挥霍国家和集体资产等违法违规行为；严格廉政纪律，遵守廉政准则，严禁以权谋私，一经发现，严肃处理。

（五）营造良好氛围。各级党委、政府和有关部门要做好实施乡镇区划调整改革的宣传动员和舆论引导工作，积极向干部群众宣讲乡镇区划调整改革的重大意义、目标要求和相关政策，消除干部群众思想顾虑，引导干部群众积极主动参与和配合改革。凡涉及干部群众重大利益的，要充分听取干部群众意见，取得干部群众的理解支持，在全社会形成主动支持改革、积极投身改革的良好氛围。

附件：1. 湖南省乡镇区划调整改革工作方案

2. 湖南省乡镇区划调整改革配套政策与措施

3. 湖南省乡镇合并工作任务指标分解表

4. 湖南省建制村合并工作任务指标分解表

附件 1：

湖南省乡镇区划调整改革工作方案

按照省委、省人民政府的工作部署和《中共湖南省委办公厅关于印发〈中共湖南省委全面深化改革领导小组 2014 年工作要点及责任分工〉的通知》（湘办发〔2014〕13 号）要求，结合我省实际，制定本方案。

一、目标任务及时间安排

（一）目标任务。此次乡镇区划调整改革工作，按照优化结构、合理布局、规模适度、有利发展的要求，合理确定乡镇和村的规模。全省目标任务为合并乡镇 500 个以上，减幅约 25％；合并建制村 16000 个以上，减幅约 39％。合并乡镇目标任务省直接测算到县市区，合并建制村目标任务省测算到市州，再由市州测算到县市区。

根据我省地形地貌，分四个类型确定乡镇类别，全省平均每个乡镇预期规模为人口 3.8 万人、面积 160 平方千米，其中，平原湖区（A 类）乡镇人口 5.5 万 ~ 7.5 万人、面积 130 平方千米左右；丘陵区（B 类）乡镇人口 4.5 万 ~ 5.5 万人、面积 150 平方千米左右；半山半丘区（C 类）乡镇人口 3.5 万 ~ 4.5 万人、面积 160 平方千米左右；山区（D 类）乡镇人口 2 万 ~ 3.5 万人、面积 180 平方千米左右。

重点调大调强县市人民政府驻地镇。县级市城区人口应达到 15 万人以上，所辖区域面积，山区不低于 300 平方千米，丘陵区不低于 250 平方千米，平原湖区不低于 200 平方千米，未达标的，撤销城郊乡镇并将其行政区域并入城区；除总人口低于 30 万人的人口较少县外，县级人民政府驻地镇应达到 10 万人以上，所辖区域面积，山区不低于 250 平方千米，丘陵区不低于 200 平方千米，平原湖区不低于 150 平方千米，未达标的，撤销周边乡镇并将其行政区域并入县城镇；中心镇人口应多于同类乡镇的平均人口数，未达标的，撤并周边乡镇。现有乡镇规模超过上述标准的不得划小规模。

全省平均每个建制村人口预期规模为 2500 人，其中，平原湖区建制村人口 2500 ~ 3500 人；丘陵区建制村人口 2000 ~ 3000 人；半山半丘区建制村人口 1500 ~ 2500 人；山区建制村人口 1000 ~ 2000 人。

（二）时限要求。乡镇区划调整改革工作不搞试点，合并乡镇工作 2015 年下半年启动，2016 年春节前基本完成；合并建制村工作可以与合并乡镇工作同步推进，也可与第十次村民委员会换届工作基本同步，2016 年底前完成，2017 年上半年选举产生新一届村委会。

二、制定切实可行的工作方案并依法报批

各市州、县市区应在深入调研的基础上，集思广益，反复论证，制定切实可行的乡镇区划调整改革工作方案。要从实际出发，因地制宜，充分考虑自然条件、历史沿革、风俗习惯和群众意愿等因素，科学合理确定乡镇、建制村的规模。总的原则是平原湖区乡镇、村人口多一些，山区乡镇、村人口少一些；山区乡镇、村区域面积大一点，平原湖区乡镇、村区域面积小一点。重点是要合并人口在 10000 人以下的小微乡镇和人口不足 5000 人的民族乡，以及人口在 1000 人以下的建制村，但不搞“一刀切”。各县市区在确保完成并乡镇合村任务的前提下，辖区内乡镇、村规模宜大则大、宜小则小，允许灵活对待。

并乡镇合村原则上要求成建制合并，但也可以根据山系、水系、交通条件拆分合并，具体合并方式由县市区人民政府确定。合并方式必须有利于乡镇人民政府加强社会管理，有利于方便群众办事。

结合乡镇合并工作，将县城镇与周边乡镇合并，扩大县城规模，加快推进县城城镇化建设。按照《湖南省推进新型城镇化实施纲要（2014—2020 年）》和《湖南省“十二五”新型城镇化发展规划》的要求，选择城市化程度高、经济发展快、经济规模大的县城镇改设为街道体制。每个街道以人口 5 万 ~ 10 万人，面积 30 ~ 50 平方千米设置。

省直各相关部门根据本部门工作职责，分别出台并乡镇合村配套政策措施，并积极做好职责内各项工作。各地要将省里的配套政策措施纳入并乡镇合村方案设置范围，认真抓好落实，确保并乡镇合村方案周密全面。

涉及民族乡的合并，各市州、县市区民族工作部门要牵头组织相关部门充分听取当地少数民族群众的意见，认真做好说明解释工作，使合并乡镇方案得到少数民族群众的充分理解和支持。有条件的地方，尽量将区划相连的民族乡合并继续保留民族乡，将 1 个或 2 个民族乡合并到一般乡镇，组建新的民族乡。

依法依规按程序报批。各地乡镇合并方案确定后，要按照《国务院关于行政区划管理的规定》，坚持一县一报，逐级申报，依法依规完成申报审批程序。民族乡的合并，要事先征求各级民族工作部门的意见。合村工作要按照《中华人民共和国村民委员会组织法》的有关规定和流程进行，先由乡、民族乡、镇人民政府提出本辖区内的具体合村方案，经村民会议讨论同意，报县市区人民政府批准。

三、切实解决好并乡镇合村工作中的具体问题

（一）关于乡镇建制。合并后新设乡镇行政区划建制按以下原则确定：镇与镇合并继续设镇；乡与镇合并可以设镇；乡与乡合并继续设乡，符合设镇条件的可以设镇。民族乡与一般乡镇合并时，按省民宗委指导意见，少数民族人口达到一定标准可以继续设立少数民族乡。

（二）关于乡镇人民政府和村委会驻地。合并后新设立的乡镇人民政府驻地选择，由县市区人民政府制定方案，报省人民政府审批，遵照中央关于禁止新建楼堂馆所的相关规定，不新建乡镇治所。村委会驻地选择，由乡镇人民政府制定方案，报县市区人民政府确定。

乡镇人民政府和村委会驻地应选择已成为或可以发展成为本区域内经济、政治、文化中心的位置，且地理位置尽量靠近辖区中心。乡镇人民政府驻地变动，要继续全面保护好辖区内古镇、古村落等历史文化遗产。要避开洪涝、缺水、滑坡等自然灾害易发地段，并与交通、水利等重大基础设施规划相衔接。

对合并后的乡镇人民政府原驻地，仍然要加强国土规划、集镇规划，加强集镇建设，完善便民服务功能，继续发挥其在新型城镇化建设中的积极作用。并乡镇合村后，为方便群众办事，各地可从实际出发，在被合并乡镇人民政府原驻地设置片区便民服务中心，作为服务群众办事的窗口；被合并建制村原村部可设置便民服务点；片区便民服务中心和便民服务点的存续时限由各地根据需要自行决定。

探索新型农村社区建设。乡镇合并后，在原乡镇人民政府驻地村开展新型农村社区建设试点，逐步建立产业发展、设施完善、服务均等、管理民主的新型农村社区。并村后，可在条件成熟的中心村或大村开展新型农村社区建设试点。开展新型农村社区建设试点，实行一村一社区，不得将一个村划分若干社区。

（三）关于新设乡镇和建制村名称确定。尽可能以原有乡镇和建制村名称中的一个作为合并后新乡镇和建制村的名称。新设乡镇政区名称的命名，要尊重历史、传承文化、突出特色，反映辖区内干部群众的美好愿望和良好追求。要广泛征求当地干部群众意见，意见一时难以统一的，由县市区人民政府确定备选方案，由市州区划地名主管部门组织专家进行论证确定，仍然存在较大意见分歧的，由省区划地名主管部门组织专家论证确定。命名的相关材料与并乡镇方案申报材料一并逐级上报省人民政府审批。

部分县市区沿用的“城关镇”，名称不规范，是通用名称，没有突出当地文化特色，不符合国务院《地名管理条例》的规定。此次合并乡镇工作中如涉及城关镇的合并，应一并进行更名。建制村的命名由乡、民族乡、镇人民政府提出意见，在广泛听取干部群众意见的基础上，连同并村方案报县市区人民政府审批。

（四）关于特殊形态政区代管乡镇的合并工作。特殊形态的政区，一般指不是一级行政区划建制，但承担部分政府职能的各类管理区和产业园区。对这些机构代管的乡镇、村进行并乡镇合村时，按以下原则和流程进行操作：

各类管理区和产业园区代管的乡镇一并纳入此轮并乡镇合村范围。产业园的规划面积，不能因乡镇区划调整随意变动扩大。各类管理区、产业园区乡镇区划调整改革工作在其所在地县市区人民政府的指导下进行，并以所在地县市区人民政府的名义依法依规完成申报流程。所在地县市区人民政府应支持管理区、产业园区开展乡镇、村合并工作。

仍未按照省委、省人民政府《关于国有大中型农场体制改革的意见》（湘发〔2000〕4号）文件改革到位的农、林、渔场，此次改革应将其行政管理职能剥离，将其行政管理职能和行政区划就近并入相邻乡镇，实现政事分开、政企分开。

（五）关于并乡镇合村债权债务和资产处置。各县市区在制定并乡镇合村工作方案时，要充分调研，拟定本辖区撤并乡镇、村债权债务、资产处置有关政策。调整合并后，被合并乡镇和建制村的资产和债权债务在清理核实后原则上一并纳入新设立的乡镇和建制村统一管理。乡镇资产和债权债务的处置根据《湖南省乡镇财政管理条例》的有关规定执行。

（六）关于乡镇区划调整改革后行政区划图的制作。并乡镇合村工作完成后，各市州、县市区必须编制规范化的行政区划图，宣传和巩固行政区划调整的成果。各级民政部门是行政区划图审查批准的主管部门，各级行政区划图的图稿未经民政部门审查批准，不得付印。

为保持行政区划矢量数据的完整和准确，避免发生界线纠纷，市州、县市区行政区划图统一由省民政厅监制，由省国土资源厅提供基础地理数据，由有资质的单位制作。有关行政区划图的内容，按照国家关于编绘行政区划地图的有关规定办理。

此轮并乡镇合村不涉及县级行政区域界线的变动，不需重新勘测县级界线，但部分界线上的界桩坐落地乡镇、村的名称有变动。省民政厅将汇总并修定界桩标注情况向社会发布，涉及的县市区要共同重新明确界桩所在地乡镇人民政府及村的管界责任。

附件 2

湖南省乡镇区划调整改革配套政策与措施

一、合并乡镇机构编制和人员安置

（一）合并乡镇机构设置。在乡镇党政机构不超过 4 个、事业站所不超过 6 个的限额内，根据合并乡镇的类型和规模，确定党政机构设置形式和数额，一般可设置党政综合办公室、经济发展办公室、社会事务办公室等 3 ~ 4 个。

对卫生和计生、社会管理综合治理、民政、就业和社会保障、水利、林业、农业技术推广、动植物疫病防控、农产品质量监管、农村经营管理、文化、国土资源管理、城乡规划建设、安全生产监管、食品药品安全监管等工作应予以加强，不能削弱。对此类工作，可单独设置党政机构或事业站所；未单设的，必须明确其职责由谁承担。确因工作需要，党政机构和事业站所可加挂牌子，但每个乡镇加挂牌子的总数一般不超过 3 个。乡镇计划生育技术服务机构与乡镇卫生院妇幼保健职能整合，在乡镇卫生院加挂“妇幼保健计划生育服务站”牌子，接受县级卫生计生行政部门和乡镇人民政府双重管理。乡镇设立人民武装部，依法履行国防动员、民兵训练、预备役管理等职能。实行县乡共管的事业站所，凡使用乡镇事业编制的，都要计入事业站所设置限额内；使用县市区事业编制的，可不计入。

（二）规范合并乡镇领导职数配备。乡镇领导职数的配备一般包含党委书记、乡镇长、党委副书记、纪委书记、党委委员、副乡镇长、人大主席、武装部部长等。合并乡镇重新明确类别的，其领导职数核定原则上仍按照《中共湖南省委办公厅湖南省人民政府办公厅转发省委组织部等四部门〈关于全面推进乡镇机构改革的实施意见〉的通知》（湘办发〔2010〕36 号）的有关规定执行，其中一、二类乡镇不超过 9 名，三、四类乡镇不超过 7 名。在法律和有关政策规定允许的范围内，适当扩大乡镇党政领导班子成员交叉任职。人大、政协联络、武装部有关工作负责人员的配备，须在规定的乡镇领导职数范围统筹考虑。

乡镇合并后因职数减少不能继续担任乡镇领导职务的干部，应结合政府机构改革和乡镇区划调整改革统筹安排，在领导职数内安排确有困难的，允许在5年过渡期内暂时超职数配备领导干部。各地要以县市区为单位，制定消化超职数配备乡镇领导干部总计划及年度计划，确保如期完成消超任务。对未按计划完成消超任务的县市区，原则上不得新提拔乡镇领导干部。

（三）人员编制和干部职工安置。此次合并乡镇，省里不就乡镇行政、事业编制提出统一精简要求，各地要按标准核定合并乡镇机关站所的人员编制，超出标准的人员编制实行“出一减一”，今后核减的编制，省里暂不统一收回。各地要严格执行《中华人民共和国公务员法》和《党政领导干部选拔任用工作条例》有关规定，根据工作需要，尊重干部意愿，可采取就地安排任职、交流使用、职数限额内改任非领导职务、晋升职级退出现任职务、提前退休等途径，妥善做好合并乡镇领导班子成员和干部职工安排。鼓励干部到村、社区担任“第一书记”。

（四）规范派驻乡镇机构。县市区人民法院、公安、司法、地税、国土资源、市场监管等职能部门，可根据实际工作需要，在乡镇设置派驻人民法庭、公安派出所、司法所、税务所、国土所、市场监管所等，并尽可能实行区域设置。除此以外，市州、县市区其他职能部门原则上不得在乡镇新设立派驻机构。除国家和省有明确规定的以外，派驻乡镇的机构，其党的组织关系实行属地管理，人事任免等重要事项必须按有关规定征求当地党委意见。

（五）创新公共服务方式。大力推行为民服务全程代理制，在乡镇设立便民服务中心，负责本辖区内行政审批及其他事项的为民全程代理服务，从乡镇相关部门抽调人员合署办公，不新增机构、编制和人员，实现“一个中心”对外、“一个窗口”受理、“一条龙”服务；村和社区设立便民服务站，由村干部兼任代办员，不另新聘人员。对区划调整后形成的较大乡镇，可按照扩权强镇的有关要求，赋予乡镇更大的经济社会管理权限，完善乡镇人民政府功能，促进乡镇人民政府能力建设。支持区划调整后的特色乡镇建设。

二、调整完善并乡镇合村财政奖补政策。落实全省乡镇区划调整改革工作要求，调整完善乡镇及村合并的相关财政政策。各级财政应继续加大对乡镇的资金支持力度，对调整合并乡镇的财政补助资金原则上三年内不减少，统一安排到新组建的乡镇。今后在拨付一般性转移支付和专项转移支付时，要以乡镇区域面积、人口规模、地理条件、经济状况等因素为依据，建立科学精细的财政资金分配模型。

本次改革，按照“明确目标、统一标准、激励改革、公平公正、奖补结合”的原则，以乡镇、村区划调整改革目标数为标尺，统一衡量各地本轮及以往乡镇、村区划调整成效，既对本轮精简乡镇、村给予奖励，又对过去精简乡镇、村工作做得好的地方给予适当补助。

（一）确定改革目标。以省委、省人民政府分类确定的新一轮改革后保留乡镇数作为目标乡镇数。

（二）明确奖补范围。县市区在新一轮改革截止时达到省定目标乡镇数，纳入奖补范围。即为确保按时按量完成本轮改革任务，只有在规定的时限内全面完成合并任务的县市区，方可给予奖补。

（三）确定奖补标准线。按照新一轮改革后各县市区目标乡镇数和全省乡镇平均25%的减幅，测算出今年改革前各县市区按全省平均水平应配置的乡镇个数，作为奖补标准线。

（四）奖补基数。以各县市区奖补标准线（即改革前按全省平均水平应配置乡镇数）与改革后实有乡镇数的差额作为奖补标准乡镇数，按每少一个乡镇奖励 50 万元的标准安排基数奖补。

（五）特殊政策。新一轮改革中，县市区实际合并乡镇数多于其奖补标准乡镇数的，多出的乡镇由省财政按每个 50 万元的标准给予一次性奖励。因为这部分新合并的乡镇属于还过去改革滞后的历史欠账，不应进基数奖补。对此次改革前已享受并乡镇合村财政基数奖补的不重复奖补。

（六）建制村合并奖补政策。全省建制村合并相关财政奖补政策按照乡镇合并方法调整完善。奖补标准为每合并 1 个建制村，奖补 4 万元。

（七）财政奖补用途。考虑到并乡镇合村后，乡镇、村服务半径扩大，财政奖补主要用于改善和提升乡镇、村公共服务能力，同时可以用于化解乡镇、村历史债务。

三、乡村道路建设和电力农网改造。落实全省乡镇区划调整改革工作要求，加快完善乡镇、村基础设施条件，重点加快合并后的乡镇、村的交通网络、电力网络体系建设，统筹推进新农村建设和小城镇发展，为广大农民群众生产生活提供便利。

（一）关于道路建设。目前，“十二五”农村公路建设是以乡镇、建制村为基础进行规划的。乡镇和建制村合并后按以下方案实施：按照合并前的乡镇、建制村为单位，完成“十二五”农村公路建设任务，确保有条件的原建制村 100％通沥青（水泥）路。优先规划建设新组建乡镇、村与被合并乡镇、村之间的连通道路。对于合并后达到一定规模的乡镇，优先规划高等级公路连接政府驻地。进一步完善农村公路路网结构，逐步解决合并村断头路问题，提高重要线路的技术等级，完善安保设施，不断增强农村公路服务农村经济社会发展的能力。今后乡镇、村公路建设，原则上不以乡镇、村的个数为基础，重点考虑人口、地域面积和地形地貌等因素。

（二）关于农网改造。我省新一轮农网改造实行“一省两贷”，由国网湖南省公司和湖南郴电国际发展股份有限公司作为承贷主体。乡镇及建制村合并后，省发改委要衔接国网湖南省公司和湖南郴电国际发展股份有限公司，在加强农网建设方面提出如下实施意见：对乡镇和建制村合并后存在配电网薄弱、变压器不足等问题的地区，加大农网投资力度。重点支持低压配电网建设。加大 35 千伏及以下农网工程投资力度。加大未改村改造力度。到 2017 年年底，力争国家电网、郴电国际供电范围内村网改造率达 100％。针对全省未改村数量大、配电网薄弱等问题，结合全省乡镇区划调整改革工作，把地处偏远、居民较少的未改村统一纳入改造范围，基本解决无电人口问题。

四、乡镇和建制村卫生计生服务机构设置。为落实全省乡镇区划调整改革工作要求，坚持便民利民，促进农村卫生计生事业发展，各地要因地制宜、分类指导，合理调整设置乡镇、村卫生计生服务机构，优化配置农村医疗卫生和计划生育服务资源，努力提高出生人口素质和人民健康水平。

（一）乡镇卫生计生服务机构。1. 原则上每个建制乡镇设置一所政府举办的乡镇卫生院。同时，按照国家卫生计生委、中央编办印发的《关于优化整合妇幼保健和计划生育技术服务资源的指导意见》（国卫妇幼发〔2013〕44 号），整合乡镇计划生育技术服务机构与乡镇卫生院妇幼保健职能，在乡镇卫生院加挂“妇幼保健计划生育服务站”牌子。

2. 因乡镇合并造成当地居民就医不便的地区，县级卫生计生部门可根据当地区域医疗卫生机构设置规划，以居民需求为导向，保留已合并乡镇的卫生院，以独立法人、独立核算的非建制乡镇卫生院存在；或将其改为建制乡镇卫生院的分院，在人、财、物等方面由建制乡镇卫生院统一管理，并逐级上报至省卫生计生委审核备案。已合并乡镇的计划生育服务所按同样模式统筹处理，在非建制乡镇卫生院或建制乡镇卫生院的分院可以加挂妇幼保健计划生育服务机构牌子。

3. 乡镇合并后，对居民就医和妇幼健康服务影响不大，且多数居民有合并意愿的原建制乡镇卫生院和原建制乡镇计划生育服务所，须与现建制乡镇卫生院（妇幼保健计划生育服务站）进行资源整合，取消原建制乡镇卫生院和原建制乡镇计划生育服务所，或依法处置资产后就地转为其他非政府举办的医疗卫生机构。

4. 乡镇合并后保留的建制乡镇卫生院分院或非建制乡镇卫生院及其加挂的妇幼保健计划生育服务机构在国家卫生各项政策如基础建设、人力配置、购买服务等方面享受建制乡镇卫生院同等待遇。在加强建制乡镇卫生院建设的同时，继续对建制乡镇卫生分院和非建制乡镇卫生院及其加挂的妇幼保健计划生育服务机构给予支持，确保其均衡发展，让农村居民享受公平、可及的卫生计生服务。

5. 合并乡镇卫生计生服务机构资产及债务处置。调整合并后的原建制乡镇卫生计生服务机构，其资产属国有资产，继续用于卫生计生事业；确需置换或转让的，必须在确保国有资产不流失和等量补偿的前提下，按财政部关于行政事业单位国有资产管理的有关规定办理。卫生计生服务管理机构接受社会捐赠的资产，在处置前应当事先征求捐赠人的意愿。各地应严格按照《湖南省人民政府办公厅关于转发省发改委等部门〈关于清理化解基层医疗卫生机构债务实施方案〉的通知》（湘政办发〔2011〕77 号）要求，将认定的债务从基层医疗卫生机构剥离至县市区人民政府。

（二）村卫生室

1. 建制村调整后，县级卫生计生部门应根据当地区域医疗卫生机构设置规划，综合考虑服务人口、居民需求以及地理条件等因素，合理规划卫生室设置。

2. 原则上每个建制村设置 1 所村卫生室（即建制村卫生室），承担辖区内农村居民基本公共卫生服务和基本医疗服务。

3. 建制村合并后，对面积大、人口多且与邻近村卫生室相距较远的村，可酌情保留原建制村卫生室，以现建制村卫生室医疗服务点的形式存在（即一村多室），纳入乡村卫生服务一体化管理。

4. 乡镇卫生院所在地的建制村原则上不设村卫生室，由乡镇卫生院或其下设网点履行建制村卫生室职能。

（三）村计划生育服务室

按照“存量共享，增量共建”的原则，保留现有村计划生育服务室，具备条件的与村卫生室合并共用，计划生育服务室应与村卫生室共建共用。

五、调整农村义务教育学校布局。根据全省乡镇区划调整改革工作要求，科学规划农村义务教育学校布局，规范义务教育工作，切实保障适龄少年儿童受教育权益。

（一）学校布局原则

1. 合理设置，动态平衡。按标准科学合理设置全省乡镇区划调整改革涉及的义务教育学校，保持现有学校的相对稳定，尽量不改变现有学校总体布局，同时依据生源变化等需要适时新建、合并和恢复学校（教学点），做到动态平衡。

2. 分项考量，综合评定。新建、撤并或恢复农村义务教育学校要从人口变化、环境交通、群众承受能力等方面分别进行分析研究，综合各方面情况后做出决定。

3. 坚持标准，规范程序。新建、撤并或恢复农村义务教育学校要执行有关标准、规划和要求，按规定程序操作。

4. 市县为主，及时报备。县市区人民政府依据有关法律法规和要求自主确定农村义务教育学校的新建、撤并和恢复；市州人民政府指导县市区布局调整，受省人民政府委托，审批所辖县市区撤并和恢复学校，并报省教育行政部门备案。

（二）布局标准

1. 关于学校设置。原则上现有乡镇设置的初中应当保留，人口相对集中的村寨设置小学或教学点。小学和教学点的设置由县市区人民政府确定。

2. 关于就学方式与学校服务半径。农村小学 1 至 3 年级学生原则上不寄宿，就近走读上学；小学高年级学生以走读为主，确有需要的可以寄宿；初中学生根据实际可以走读或寄宿。

3. 根据不同年龄段学生的体力特征、道路条件、自然环境等因素，合理确定学校服务半径，尽量缩短学生上下学路途时间。以走读方式就学，则学校服务半径为农村小学 2.5 千米，初中 3 千米，保障学生每天上学单程步行时间一般不超过 40 分钟。

（三）关于学校撤并与恢复

确因资源减少需要撤并学校，学校服务半径超过上述条款规定要求，且多数居民有撤并意愿的，当地政府应在落实以下基本保障的前提下，方可按湘教函〔2013〕252 号文件规定的程序撤并：

1. 提供规范的寄宿条件，特别是住宿、就餐、如厕、生活用水等条件，满足寄宿学生基本生活需求；

2. 提供规范的校车或具备规范的农村客运服务；

3. 并入学校不会形成超大规模或“大班额”问题。

（四）撤并学校资产处置

调整后不再承担教学任务的非私立学校，其校产属公有教育资源，由县市区人民政府统筹管理，只能继续用于教育；确需置换或转让的，必须在保证公有教育资源不流失和等量补偿的前提下，按财政部关于行政事业单位国有资产管理的有关规定办理，学校接受的捐赠财产处置，必须事先征求捐赠人意愿，对于青少年发展基金会等机构捐建的希望小学等教育资源必须审慎研究处理，且必须征得相关机构的同意。撤点后的学校校园校舍应优先用于发展学前教育。

说明：附件 3、附件 4 未录

2016年6月12日湖南省建制村合并统计表

表2　　　　单位：个

市州名称	原有建制村数	合并任务数	完成合并任务村数	合并后村数	超额数	减幅
长沙市	1203	410	418	785	8	35%
株洲市	1561	501	541	1020	40	35%
湘潭市	1513	500	719	794	219	48%
衡阳市	4886	2286	2574	2312	288	53%
邵阳市	5510	2119	2275	3235	156	41%
岳阳市	3097	1686	1700	1397	14	55%
常德市	3353	1722	1746	1607	24	52%
益阳市	1886	705	716	1170	11	38%
郴州市	2937	859	870	2067	11	30%
永州市	5060	2004	2119	2941	115	42%
怀化市	3854	1134	1389	2465	255	36%
娄底市	3260	1292	1414	1846	122	43%
张家界市	1514	548	642	872	94	42%
湘西土家族苗族自治州	1961	303	319	1642	16	16%
合 计	41595	16069	17442	24153	1373	42%

（摘自《湖南省乡镇区划调整改革工作简报》第105期）

1949—2016年湖南省行政区划和村（居）、小组统计表

表3　　单位：个

年份	地级					县级						县辖区	乡级					村级			组级		
	专区地区	自治州	地级市	其他	合计	县	自治县	县级市	市辖区	其他	合计		镇	乡公社	民族乡民族公社	街道	合计	村、大队	居委会	合计	组、生产队	居民组	合计
1949	7直属专区3专区		1	1行政区	12	77		1	8		86	263	104	1681乡			1785						
1950	同上		1	同上	13	77		6	13		86	595	126	8287乡		26	8439						
1951	同上		2	同上	13	78		7	11	1（特区）1（工矿特区）	98	710	146	10306乡		36	10488						
1952	4专区	1自治区	2	同上	7	86		7	5		98	965	209	19478乡	7（民族乡）	56	19750						
1953	同上		1	同上	7	86		8	6		100	942	263	15602乡	9（民族乡）	54	15874						
1954	6专区	同上	1		8	85	1	8	6		100	941	270	15318乡	12（民族乡）	54	15654						
1955	同上	1	1		8	84	2	8	6		100		246	15333乡	12（民族乡）	71	15662						
1956	同上		2		9	82	4	7	5		98		179	2957乡	9（民族乡）	57	3202						
1957	同上	1	2		9	82	4	7	5		98		205	2971乡	3（民族乡）	48	3227						
1958	同上	1	2		9	82	4	8	5		99		94	1183公社	1（民族公社）	47	1325	11592			10500		
1959	同上	1	2		9	74	4	8	4		90		110	1157公社	1（民族公社）	42	1410	18152			154800		
1960	同上	1	2		9	74	4	8	5	1（管理局）	92	29	99	1263公社		90	1452	16895			109200		
1961	同上	1	2		9	81	4	14	5	同上	100	432	158	3480公社		88	3726	49479			458200		

续表 3

年份	地级					县级						县辖区	乡级					村级			组级		
	专区地区	自治州	地级市	其他	合计	县	自治县	县级市	市辖区	其他	合计		镇	乡公社	民族乡民族公社	街道	合计	村、大队	居委会	合计	组、生产队	居民组	合计
1962	8 专区	1	2		11	81	4	8	6	同上	100	426	160	3545 公社		76	3781	49985			457600		
1963	同上	1	2		11	82	4	5	6		97	435	171	3549 公社		72	3792	50423			480100		
1964	9 专区	1	2		12	82	4	5	6	1(管理局)	98	469	173	3532 公社		72	3777	49752			473500		
1965	同上	1	2		12	83	4	5	6	同上	99	458	175	3461 公社		70	3706	48081			451900		
1966	同上	1	2		12	84	4	5	7	同上	101	461	182	3351 公社		69	3602	45704			416700		
1967	同上	1	2		12	84	4	5	7	同上	101	454	175	3318 公社		69	3562	45637			410400		
1968	9 地区	1	2	1 区	13	84	4	5	7	同上	101	400	157	3182 公社		79	3418	45271			406400		
1969	同上	1	2	同上	13	85	4	6	7		102	432	162	3272 公社		73	3507	45171			392900		
1970	同上	1	2	同上	13	85	4	6	10		105	445	158	3315 公社		82	3555	45137			391200		
1971	同上	1	2	同上	13	85	4	6	10		105	433	157	3316 公社		82	3555	45412			392600		
1972	同上	1	2	同上	13	85	4	6	10		105	446	158	3317 公社		80	3555	45941			397300		
1973	同上	1	2	同上	13	85	4	6	10		105	446	161	3318 公社		81	3560	45981			402200		
1974	9	1	2	1 区	13	85	4	6	9		104	465	161	3319 公社		78	3480	46302			405100		
1975	9	1	2	1 区	13	85	4	7	9		105	444	162	3324 公社		87	3573	46711			406400		
1976	9	1	2	1 区	13	85	4	7	9		105	444	165	3324 公社		92	3581	48326			420900		
1977	10	1	3	1 区	15	86	4	7	13		110	444	163	3336 公社		94	3583	47690			411700		

续表 3

年份	地级					县级						县辖区	乡级					村级			组级		
	专区地区	自治州	地级市	其他	合计	县	自治县	县级市	市辖区	其他	合计		镇	乡公社	民族乡民族公社	街道	合计	村、大队	居委会	合计	组、生产队	居民组	合计
1978	10	1	3	1区	15	86	4	7	13		110	439	154	3295公社		95	3544	47120			409900		
1979	10	1	3	1区	15	86	4	10	13		113	440	148	3297公社		103	3548	46378			420100		
1980	10	1	5	1区	17	86	4	9	22		121	442	155	3321公社		118	3594	46651			454400		
1981	10	1	5		16	85	4	9	22		120	442	185	3331公社		124	3640	47103			510700		
1982	10	1	5		16	83	4	11	22		120	444	196	8乡3308公社	24民族公社	132	3668	47234			515200		
1983	8	1	6		15	84	4	10	22		120	449	230	234乡3082公社	同上	132	3702	45266			485800		
1984	8	1	6		15	82	4	12	27		125	443	513	3014乡	74民族乡	145	3746	47920			467500		
1985	8	1	6		15	80	4	14	27		125	441	544	2935乡	74民族乡	154	3707	47899			495400		
1986	6	1	6		13	77	5	16	27		125	434	581	2858乡	83民族乡	153	3675	47954	3034	50988	496200		
1987	6	1	6		13	74	6	18	26		124	433	585	2813乡	84民族乡	160	3642	48117			496800		
1988	5	1	8		14	71	7	17	30		125	427	596	2812乡	71民族乡	170	3649	48360			498800		
1989	5	1	8		14	71	7	17	30		125	411	621	2722乡	79民族乡	170	3592	47534	3320	50854	500100		
1990	5	1	8		14	71	7	18	29		125	397	630	2719乡	82民族乡	171	3602	47601	3507	51108			
1991	5	1	8		14	71	7	18	29		125	397	641	2705乡	86民族乡	171	3603	47536	3694	51230			
1992	5	1	8		14	70	7	19	26		122	397	658	2689乡	86民族乡	172	3605	47470	4070	51540			
1993	5	1	8		14	69	7	20	26		122	388	733	2606乡	88民族乡	173	3600	47291	4282				

续表 3

年份	地级					县级						县辖区	乡级					村级			组级		
	专区地区	自治州	地级市	其他	合计	县	自治县	县级市	市辖区	其他	合计		镇	乡公社	民族乡民族公社	街道	合计	村、大队	居委会	合计	组、生产队	居民组	合计
1994	3	1	11		15	66	7	19	30		122	381	769	2562 乡	88 民族乡	183	3596						
1995	2	1	11		14	66	7	17	32		122	40	903	1401 乡	84 民族乡	189	2577	46804	4684	51488			
1996	2	1	11		14	65	7	18	32		122	19	950	1280 乡	86 民族乡	191	2507	46973	4808	51777			
1997	1	1	12		14	65	7	17	33		122	19	980	1240 乡	93 民族乡	206	2519	46894	4970	51864	458500	38388	496888
1998	1	1	12		14	65	7	17	33		122	14	1002	1257 乡	99 民族乡	203	2561	47550	5043	52593	479597	44720	524317
1999		1	13		14	65	7	16	34		122	14	1023	1237 乡	99 民族乡	208	2567	47516	5093	52609	479795	45273	525068
2000		1	13		14	65	7	16	34		122	8	1055	1212 乡	98 民族乡	210	2575	47525	5160	52685	475112	45753	520865
2001		1	13		14	65	7	16	34		122	8	1087	1177 乡	98 民族乡	214	2576	47604	4946	52550	463472	44516	507988
2002		1	13		14	65	7	16	34		122	8	1097	1159 乡	98 民族乡	221	2575	47284	3815	51099	457711	42583	500294
2003		1	13		14	65	7	16	34		122	8	1098	1158 乡	98 民族乡	225	2579	46554	4714	51268	448850	41791	490641
2004		1	13		14	65	7	16	34		122	8	1089	1146 乡	98 民族乡	226	2568	45632	4577	50209	483510	46615	530125
2005		1	13		14	65	7	16	34		122		1098	990 乡	97 民族乡	233	2409	43572	4617	48189	446565	42494	489059
2006		1	13		14	65	7	16	34		122		1091	988 乡	97 民族乡	230	2406	44270	4500	48770	366108	33699	399807
2007		1	13		14	65	7	16	34		122		1095	974 乡	97 民族乡	237	2403	44203	4533	48736	437790	40106	477896
2008		1	13		14	65	7	16	34		122		1101	966 乡	97 民族乡	241	2405	43550	4508	48058	451132	45676	496808
2009		1	13		14	65	7	16	34		122		1106	959 乡	97 民族乡	247	2409	42928	4526	47454	442927	47558	490485

续表 3

年份	地级					县级						县辖区	乡级					村级			组级		
	专区地区	自治州	地级市	其他	合计	县	自治县	县级市	市辖区	其他	合计		镇	乡公社	民族乡民族公社	街道	合计	村、大队	居委会	合计	组、生产队	居民组	合计
2010		1	13		14	65	7	16	34		122		1106	955 乡	97 民族乡	258	2419	42863	4555	47418	443333	48155	491488
2011		1	13		14	64	7	16	35		122		1121	941	97 民族乡	267	2426	42539	4700	47238	441566	50809	492375
2012		1	13		14	64	7	16	35		122		1131	952 乡	97 民族乡	305	2485						
2013		1	13		14	64	7	16	35		122		1138	828 乡	97 民族乡	344	2407	41922	4966	46888	432161	54682	486843
2014		1	13		14	64	7	16	35		122		1153	805 乡	97 民族乡	359	2414	41420			432161		
2015		1	13		14	64	7	16	35		122		1119	334	83 民族乡	375	1911	41595			432161		
2016		1	13		14	64	7	16	35		122		1128	325	83 民族乡	393	1929	24153			432161		

说明：

1. 关于资料来源的说明

1950—2010 年、2013 年行政区划数据摘自 2014 年行政区划简册；2011 年、2012 年、2014 年、2015 年摘自《湖南统计年鉴》等资料。

农村基层组织 1949—1989 年摘自《湖南资料手册》；1949 年 8 至次年 10 月，共建立农会 9000 多个。1950 年 10 月至次年 4 月完成第一批土改，共建乡 5470 个。1951 年 6—9 月完成第二批土改，共建乡 2208 个，年底建互助组 1000 余个，其中常互助组 200 余个。上年至 1952 年 4 月完成第三批土改，共建乡 4892 个，年底有互助组 192429 个，其中常年互助组 19556 个。上年 12 月至 1953 年 3 月完成第四批土改，共建乡 58 个，年底有互助组 247697 个，其中常年互助组 40791 个，试办初级社 57 个。1954 年有互助组 615437 个，其中常年互助组 221791 个，是年春办初级社 405 个。1955 年有互助组 570311 个，其中常年互助组 275396 个；秋有初级社 13126 个，秋后新建 22900 个。1956 年有常年互助组 16955 个，至 5 月有初级社 87114 个，高级社 4426 个；秋原有 9.1 万个初级社并社转高级农业生产合作社 46305 个。1957 年调整后有高级社 53375 个。1958 年高级社全部并组人民公社 1123 个，实行政社合一，年底有公社 1184 个。

1958—1989 年大队、生产队数据摘自《湖南资料手册》，1990—2011 年、2013 年摘自《中国民政统计年鉴》，2015 年村数为省民政厅统计数，2016 年 6 月村数为合并村数。1989—2011 年、2013 年居委会、居民组数据摘录于《中国民政统计年鉴》。

2. 关于表格数据的说明

村、组级存在个别年份统计数据缺失。

3. 关于居委会、社区居委会的说明

根据中共中央办公厅、国务院办公厅《关于转发〈民政部关于在全国推进社区建设的意见〉的通知》（中办发〔2000〕23 号）文件，2000 年湖南省开始试点审批（或更名）社区居民委员会（社区居委会）。嗣后在各地逐步施行社区居委会名称。据湖南省民政厅 2017 年 12 月 31 日统计，全省原居民委员会均统一名称为社区居民委员会

湖南省国家级、省级历史文化名镇、名村名录

（一）国家级历史文化名镇、名村

1. 中国历史文化名镇7个：龙山县里耶镇、长沙市望城区靖港镇、永顺县芙蓉镇、绥宁县寨市镇、泸溪县浦市镇、洞口县高沙镇、花垣县边城镇。

2. 中国历史文化名村15个：岳阳县张谷英镇张谷英村、江永县夏层铺镇上甘棠村、会同县高椅乡高椅村、永州市零陵区富家桥镇干岩头村、双牌县理家坪乡坦田村、祁阳县潘市镇龙溪村、永兴县高亭乡板梁村、辰溪县上蒲溪瑶族乡五宝田村、永顺县灵溪镇老司城村、通道侗族自治县双江镇芋头村、通道侗族自治县坪坦乡坪坦村、绥宁县黄桑坪苗族乡上堡村、绥宁县关峡苗族乡大园村、江永县兰溪瑶族乡兰溪村、龙山县苗儿滩镇捞车村。

（二）湖南省级历史文化名镇、名村

1. 湖南省历史文化名镇14个：临湘市聂市镇，汨罗市长乐镇，绥宁县李熙桥镇，隆回县司门前镇，隆回县滩头镇，涟源市杨市镇，双峰县荷叶镇，麻阳县锦和镇，东安县芦洪市镇，耒阳市新市镇，衡阳市南岳区南岳镇，株洲县朱亭镇，长沙市望城区铜官镇，浏阳市文家市镇。

2. 湖南省历史名村54个：湘潭湘乡壶天村，永州新田黑砠岭村，永州新田谈文溪村，永州双牌访尧村，永州双牌大河江村，永州蓝山滨溪村，永州蓝山虎溪村，永州江华宝镜村，永州道县楼田村，邵阳武冈浪石村，邵阳洞口宝瑶村，邵阳城步大寨村，邵阳隆回崇木凼村，湘西保靖夯沙村，湘西凤凰早岗村，湘西凤凰老洞村，湘西凤凰拉毫村，湘西凤凰舒家塘村，湘西龙山街上村，湘西永顺双凤村，吉首市小溪村，吉首市中黄村，吉首泸溪岩门村，娄底涟源三甲古村落群，娄底双峰枫树山村，娄底双峰香花村，娄底新化楼下村，娄底新化正龙村，怀化新晃四路村，怀化麻阳豪侠坪村，怀化溆浦阳雀坡村，怀化溆浦乌峰村，怀化中方荆坪村，怀化中方黄溪村，怀化靖州地笋村，怀化辰溪龚家湾村，怀化沅陵明中村，郴州苏仙区坳上村，郴州北湖区陂副村，郴州北湖区村头村，郴州汝城石泉村，郴州汝城土桥村，郴州汝城先锋村，郴州汝城沙洲村，郴州汝城外沙村，郴州汝城金山村，郴州宜章腊元村，郴州宜章黄家塝村，郴州桂阳阳山村，郴州临武上乔村，衡阳常宁中田村，株洲醴陵沩山村，株洲炎陵中村村，长沙浏阳新开村。

（由湖南省住房建设厅提供资料）

附录二

关于湘乡市撤区并乡行政区划调整的通知

（潭政函〔1995〕28号）

各县、市、区人民政府，市直机关各单位：

接省民政厅《关于湘乡市撤区并乡行政区划调整的批复》（湘民行发〔1995〕42号），省人民政府同意湘乡市的撤区并乡方案，现通知如下：

一、撤销东山、东郊、泉塘、虞塘、谷水、月山、壶天、白田8个区公所。

二、保留东山乡和望春门、新湘路、昆仑桥3个街道办事处的行政区划不变。

三、将其余45个乡镇合并为18个乡镇，即：

1. 将梅桥镇、横铺乡、酒铺乡合并为梅桥镇。梅桥镇下设1个居委会、48个村委会，辖132.9平方千米、4.99万人。镇人民政府驻梅桥。

2. 将棋梓镇、谷水乡合并为棋梓镇。棋梓镇下设6个居委会、33个村委会，辖128.6平方千米，5.32万人。镇人民政府驻棋梓桥。

3. 将山枣镇、洪塘乡、莲花乡合并为山枣镇。山枣镇下设1个居委会、41个村委会，辖101.7平方千米，4.54万人。镇人民政府驻月塘圫。

4. 将栗山镇、巴江乡合并为栗山镇。栗山镇下设1个居委会、24个村委会，辖67.3平方千米，2.60万人。镇人民政府驻西山塘。

5. 将泉塘镇、湖山乡、双江乡合并为泉塘镇。泉塘镇下设1个居委会、47个村委会，辖98.7平方千米，5.10万人。镇人民政府驻繁育。

6. 将虞塘镇、苏坡乡合并为虞塘镇。虞塘镇下设2个居委会、35个村委会，辖89.3平方千米，3.71万人。镇人民政府驻枫紫殿。

7. 将中沙镇、桂花乡合并为中沙镇。中沙镇下设1个居委会、27个村委会，辖63.9平方千米，2.51万人。镇人民政府驻石虎庙。

8. 将月山镇、太平乡、石柱乡合并为月山镇。月山镇下设2个居委会、58个村委会，辖146.5平方千米，

6.67 万人。镇人民政府驻新桥。

9. 将潭市镇、新铺乡合并为潭市镇。潭市镇下设 3 个居委会、45 个村委会，辖 127.8 平方千米，4.83 万人。镇人民政府驻潭市。

10. 将壶天镇、涧山乡并与岐山乡的小水村合并为壶 天镇。壶天镇下设 2 个居委会，50 个村委会，辖 144.7 平方千米，4.73 万人。镇人民政府驻北风铺。

11. 将翻江镇、大乐乡、岐山乡（析出小水村）合并为翻江镇。翻江镇下设 2 个居委会、47 个村委会，辖 124.1 平方千米，4.22 万人。镇人民政府驻翻江。

12. 将金石镇、龙潭乡合并为金石镇。金石镇下设 1 个居委会、24 个村委会，辖 88.9 平方千米，3.54 万人。镇人民政府驻打石圫。

13. 将白田镇、仁厚乡、沙田乡合并为白田镇。白田镇下设 2 个居委会、34 个村委会，辖 103.2 平方千米，4.76 万人。镇人民政府驻白田湾。

14. 将龙洞乡、大田乡合并为龙洞乡。龙洞乡下设 29 个村委会，辖 103.8 平方千米，3.95 万人。乡人民政府驻鲤鱼塘。

15. 将东郊乡、新研乡、横洲乡合并为东郊乡。东郊乡下设 34 个村委会，辖 89.7 平方千米，5.51 万人。乡人民政府驻小塘寺。

16. 将毛田乡、崇山乡、坪花乡合并为毛田乡。毛田乡下设 45 个村委会，辖 95.1 平方千米，3.53 万人。乡人民政府驻永嘉桥。

17. 将育塅乡、花坪乡、轧桥乡合并为育塅乡。育塅乡下设 35 个村委会，辖 86.8 平方千米，3.71 万人。乡人民政府驻仑上湾。

18. 将金薮乡、河山乡合并为金薮乡。金薮乡下设 29 个村委会，辖 100.4 平方千米，3.71 万人。乡人民政府驻金薮。

调整后，湘乡市辖 13 个镇、6 个乡、3 个街道办事处，总面积 2011 平方千米，总人口 88.38 万人。市人民政府驻地不变。新建乡镇的居委会、村委会设置状况，待湘乡市人民政府确定后，报市民政局汇总并省民政厅备案。

湘乡市人民政府应立即委托民政部门编辑出版新的行政区划图、健全行政区划档案，责成各乡镇设置好乡镇地名碑。

湘潭市人民政府

1995 年 4 月 22 日

关于湘潭县撤区并乡行政区划调整的通知

（潭政函〔1995〕29号）

各县、市、区人民政府，市直机关各单位：

接省民政厅《关于湘潭县撤区并乡行政区划调整的批复》（湘民行发〔1995〕41号），省人民政府同意湘潭县撤区并乡行政区划调整的方案。现通知如下：

一、撤销响塘、石潭、河口、射埠、花石、姜畲、青山桥、中路铺、易俗河9个区公所。

二、保留易俗河镇的行政区划不变。

三、将其余64个乡镇合并为21个乡镇，即：

1. 将姜畲镇、塔岭乡、泉塘子乡合并为姜畲镇。姜畲镇下设2个居委会，34个村委会，辖89.96平方千米。5.39万人。镇人民政府驻姜畲。

2. 将云湖桥镇、烟山乡、良湖乡、楠竹山乡合并为云湖桥镇。云湖桥镇下设2个居委会、46个村委会，辖129. 85平方千米，6.11万人。镇人民政府驻云湖桥。

3. 将河口镇、双板桥乡、古塘桥乡合并为河口镇。河口镇下设1个居委会、35个村委会，辖93.87平方千米，4.34万人。镇人民政府驻河口。

4. 将杨嘉桥镇、雁坪乡、荆洲乡、峡山口乡合并为杨嘉桥镇。杨嘉桥镇下设2个居委会、4 1个村委会，辖115.55平方千米，6.25万人。镇人民政府驻杨嘉桥。

5. 将石潭镇、白托乡、古城乡、列家桥乡合并为石潭镇。石潭镇下设4个居委会、43个村委会，辖123.87平方千米，6.81万人。镇人民政府驻石潭。

6. 将射埠镇、土桥乡、继述桥乡、方上桥乡合并为射埠镇。射埠镇下设2个居委会、50个村委会，辖170.94平方千米，6.26万人。镇人民政府驻射埠。

7. 将花石镇、石坝乡、盐埠乡合并为花石镇。花石镇下设2个居委会、31个村委会，辖134.68平方千米，5.28万人。镇人民政府驻花石。

8. 将石鼓镇、歇马乡、明道乡合并为石鼓镇。石鼓镇下设1个居委会、34个村委会，辖96.04平方千米，4.83万人。镇人民政府驻石鼓。

9. 将青山桥镇、晓南乡、霞岭乡合并为青山桥镇。青山桥镇下设1个居委会、40个村委会，辖101.48平方千米，4.57万人。镇人民政府驻青山桥。

10. 将中路铺镇、柱塘铺乡、荷塘乡、石潭坝乡合并为中路铺镇。中路铺镇下设1个居委会，39个村委会，辖182.3平方千米，5.84万人。镇人民政府驻中路铺。

11. 将茶恩寺镇、花桥乡合并为茶恩寺镇。茶恩寺镇下设1个居委会、31个村委会，辖137.12平方千米，4.47万人。镇人民政府驻茶恩寺。

12. 将谭家山镇、长岭铺乡合并为谭家山镇。谭家山镇下设5个居委会、28个村委会，辖100.42

平方千米，4.84 万人。镇人民政府驻长岭铺。

13. 将梅林桥镇、麦子石乡、郭家桥乡、白云乡合并为梅林桥镇。梅林桥镇下设 1 个居委会、38 个村委会，辖 138.4 平方千米，4.87 万人。镇人民政府驻梅林桥。

14. 将响塘乡、仙女乡、南谷乡合并为响塘乡。响塘乡下设 1 个居委会，41 个村委会，辖 149.8 平方千米，5.93 万人。乡人民政府驻响塘。

15. 将响水乡、和平乡、九华乡合并为响水乡。响水乡下设 3 6 个村委会，辖 138.1 平方千米，5.99 万人。乡人民政府驻响水。

16. 将乌石乡、景泉乡合并为乌石乡。乌石乡下设 30 个村委会，辖 97.33 平方千米，4.18 万人。乡人民政府驻乌石。

17. 将锦石乡、碧泉乡合并为锦石乡。锦石乡下设 23 个村委会，辖 56.71 平方千米，3.49 万人。乡人民政府驻锦石。

18. 将龙口乡、日华乡合并为龙口乡。龙口乡下设 20 个村委会，辖 59.96 平方千米，3.O 万人。乡人民政府驻龙口。

19. 将排头乡、留田乡、严冲乡、黄荆坪镇合并为排头乡。排头乡下设 42 个村委会，辖 130.47 平方千米，6.75 万人。乡人民政府驻排头。

20. 将分水乡、环山乡、较场乡合并为分水乡。分水乡下设 32 个村委会，辖 91.73 平方千米，4.22 万人。乡人民政府驻分水。

21. 将白石铺乡、马家堰乡合并为白石乡。白石乡下设 26 个村委会，辖 100.33 平方千米，3.98 万人。乡人民政府驻白石铺。

调整后，湘潭县辖 14 个镇、8 个乡，总面积 2512 平方千米，总人口 112.4 万人。县人民政府驻地不变。新建乡镇的居委会、村委会设置状况，待县政府确定后，报市民政局汇总并报省民政厅备案。

湘潭县人民政府应立即委托民政部门编辑出版新的行政区划图、健全行政区划档案，责成各乡镇设置好乡镇地名碑。

湘潭市人民政府

1995 年 4 月 22 日

湘潭市人民政府关于湘潭县乡镇区划调整的通知

（潭政发〔2015〕16号）

各县市区人民政府，湘潭高新区、经开区和昭山示范区管委会，市直机关各单位，市属和驻市各企事业单位，各人民团体：

经省人民政府批准和《湖南省民政厅关于同意湘潭县乡镇区划调整方案的批复》（湘民行发〔2015〕46号），现就湘潭县乡镇区划调整的有关事项通知如下：

一、同意湘潭县乡镇区划调整方案，将龙口乡、花石镇成建制合并设立花石镇，并将排头乡的桐梓、红卫、中加3个建制村成建制划归新设立的花石镇管辖；将梅林桥镇、易俗河镇成建制合并设立易俗河镇。

二、上述行政区划调整后，花石镇辖花石社区居民委员会，团建、兴云、九如、金宝、潲江、泥湾、龙口、董家坪、潭溪、紫桥、长寿、琵琶、日华、大江、金子、见楼、百和、天石、马垅、棋岭、超上、芙蓉、河头、金莲、七星、前进、罗汉、双溪、长岭、永仁、润塘、涓江、盐浮、盐埠、东晓、金塘、金丰、赵家营、天马、铜锣、兴合、水南、石坝、紫荆、中心、北斗、桐梓、红卫、中加49个建制村，总面积201.25平方千米，总人口9.01万人，镇人民政府驻花石（原花石镇人民政府驻地）；排头乡辖排头、藕塘、扶冲、同心、回龙、月塘、延化、毫光、兴阳、留田、合兴、南桥、上南、湘南、鳌洲、松梓、严冲、龙潭、雪佳、严塘、船形、苍冲、仁陂、辰山、紫山、星星、霞山、指南、双泉、黄荆、安全、东山、长山、红祺、先劲、合荣36个建制村，总面积123.80平方千米，总人口5.81万人，乡人民政府驻排头（原排头乡人民政府驻地）；易俗河镇辖黄竹、高桥、京广、谷丰、洪塘、梅林、谷塘、荷佳、万利、联云、安云、竹山、金盆洲、梅市、石梅、千江、石壁、杨柳、合龙、凫塘、鹧鸪、郭家轿、城塘、王家冲、新虎、新湖、新长、新堤、飞龙桥、划香、宝塔、友谊、白云、踏龙、山塘、烟塘、青光、八角、赤湖、金霞、上马、水竹、银塘、河洲、赋江、樟树、京竹、青狮、杉荫、杨溪50个建制村，城塘、砚井、牛头岭、百花、赵家洲、凤形山、富豪阁、吴家巷、云龙、瓦屋湾、晓木塘、大湖塘、花果山13个社区居民委员会，总面积212.19平方千米，总人口23.32万人，镇人民政府驻雪松路（原易俗河镇人民政府驻地）。

三、同意保持谭家山、中路铺、白石、茶恩寺、河口、射埠、青山桥、石鼓、云湖桥、乌石、石潭、杨嘉桥12个镇，以及分水、锦石2个乡的行政区划、政府驻地不变。

四、上述行政区划调整后，湘潭县辖易俗河、谭家山、中路铺、白石、茶恩寺、河口、射埠、花石、青山桥、石鼓、云湖桥、乌石、石潭、杨嘉桥14个镇，分水、锦石、排头3个乡。总面积2132.80平方千米，总人口98.93万人。县人民政府驻地不变（易俗河镇大鹏中路518号）。

五、上述行政区划调整后，湘潭县人民政府和市直机关有关单位要认真做好行政区划调整后的机构设置、人员安排、资产处置、债权债务转移等相关工作，切实维护社会和谐稳定，营造良好发展环境。

湘潭市人民政府

2015年11月27日

湘潭市人民政府关于雨湖区乡镇区划调整的通知

（潭政发〔2015〕17号）

各县市区人民政府，湘潭高新区、经开区和昭山示范区管委会，市直机关各单位，市属和驻市各企事业单位，各人民团体：

经省人民政府批准和《湖南省民政厅关于同意湘潭市雨湖区乡镇区划调整方案的批复》（湘民行发〔2015〕44号），现就雨湖区乡镇区划调整的有关事项通知如下：

一、同意雨湖区乡镇区划调整方案，将响塘镇、鹤岭镇成建制合并设立鹤岭镇。

二、上述行政区划调整后，鹤岭镇辖卑头镇、果沙、红旗、白冲、跃进5个社区居民委员会，燕山、新兴、荷花、方竹、益草、金湖、白鹤、山界、匣锦、良山、侯田、公和、云岫、司马、稠泉、柴山、谷湖、水井、长安、芳石、双湖、金盘、白冲、尧家、陈蒲、小荆、碑头、响塘、农科、杨梅、益佳、长龙、金侨、虎形、仁兴、南谷、栲木、日新、石泉、小泉、七亩41个建制村，总面积156.2平方千米，总人口8.29万人，镇人民政府驻黄丰寺（原响塘镇人民政府驻地）。

三、同意保持楠竹山镇、姜畲镇、长城乡、响水乡的行政区划和政府驻地不变。

四、上述行政区划调整后，雨湖区辖鹤岭、楠竹山、姜畲3个镇，长城、响水2个乡，雨湖路、城正街、平政路、云塘、广场、中山路、窑湾、羊牯塘、先锋、万楼、昭潭、和平12个街道。总面积451.39平方千米，总人口59.02万人。区人民政府驻地不变（雨湖路292号）。

五、上述行政区划调整后，雨湖区人民政府和市直机关有关单位要认真做好行政区划调整后的机构设置、人员安排、资产处置、债权债务转移等相关工作，切实维护社会和谐稳定，营造良好发展环境。

湘潭市人民政府

2015年11月27日

湘潭市人民政府关于韶山市乡镇区划调整的通知

（潭政发〔2015〕18号）

各县市区人民政府，湘潭高新区、经开区和昭山示范区管委会，市直机关各单位，市属和驻市各企事业单位，各人民团体：

经省人民政府批准和《湖南省民政厅关于同意韶山市乡镇区划调整方案的批复》（湘民行发〔2015〕24号），现就韶山市乡镇区划调整的有关事项通知如下：

一、同意韶山市乡镇区划调整方案，将清溪镇、如意镇、永义乡成建制合并设立清溪镇；将韶山乡、大坪乡成建制合并设立韶山乡。

二、上述行政区划调整后，清溪镇辖火车站、韶山冲、竹鸡、如意亭4个社区居民委员会，清溪、朝阳、石山、石忠、花园、杨佳、杨荣、球山、如意、梅湖、厚罗、石湖、韶南、永泉、永义、狮山、长湖、东湖18个建制村，总面积71.16平方千米，总人口4.85万人，镇人民政府驻迎宾路27号（原清溪镇人民政府驻地）；韶山乡辖韶山、韶源、韶北、铁皮、竹鸡、韶光、韶东、韶西、新湖、城前、谷阳、石塘、花桥、湘韶、韶新、黄田、韶峰、梅花、林家湾、大坪、新联21个建制村，总面积85.2平方千米，总人口3.44万人，乡人民政府驻竹鸡（原韶山乡人民政府驻地）。

三、同意保持银田镇和杨林乡的行政区划和政府驻地不变。

四、上述行政区划调整后，韶山市辖清溪、银田2个镇，韶山、杨林2个乡。总面积247.33平方千米，总人口11.91万人。市人民政府驻地不变（清溪镇英雄路25号）。

五、上述行政区划调整后，韶山市人民政府和市直机关有关单位要认真做好行政区划调整后的机构设置、人员安排、资产处置、债权债务转移等相关工作，切实维护社会和谐稳定，营造良好发展环境。

湘潭市人民政府

2015年11月27日

湘潭市人民政府关于岳塘区乡镇区划调整的通知

（潭政发〔2015〕19号）

各县市区人民政府，湘潭高新区、经开区和昭山示范区管委会，市直机关各单位，市属和驻市各企事业单位，各人民团体：

经省人民政府批准和《湖南省民政厅关于同意湘潭市岳塘区乡镇区划调整方案的批复》（湘民行发〔2015〕45号），现就岳塘区乡镇区划调整的有关事项通知如下：

一、同意岳塘区乡镇区划调整方案，将荷塘乡、滴水埠街道成建制合并设立荷塘街道；将昭山乡、易家湾镇成建制合并设立昭山镇。

二、上述行政区划调整后，荷塘街道辖电化、江滨、向阳、新桥、新城5个社区居民委员会，指方、双埠、青山、易家坪、金湖、滴水、荷塘、清水、综合农场、正江、群力、五爱、竹埠13个建制村，总面积45.1平方千米、总人口3.5万人，办事处驻芙蓉大道（原荷塘乡人民政府驻地）；昭山镇辖双建、大塘、窑洲、路口4个社区居民委员会，玉屏、金屏、团山、幸福、新农、高峰、白鹤、金星、马鞍、立新、黄茅、楠木、石金、新民、昭山、新湖、新南、蒿塘、红旗、金南20个建制村，总面积65.5平方千米，总人口3.13万人，镇人民政府驻芙蓉大道（原易家湾镇人民政府驻地）。

三、同意保持五里堆、社建村、建设路、东坪、岳塘、书院路、中洲路、下摄司、霞城、红旗、宝塔、板塘、双马 13 个街道的管辖范围和办事处驻地不变。

四、上述行政区划调整后，岳塘区辖昭山镇，五里堆、社建村、建设路、东坪、岳塘、书院路、中洲路、下摄司、霞城、红旗、宝塔、板塘、双马、荷塘 14 个街道。总面积 206.4 平方千米，总人口 34.97 万人。区人民政府驻地不变（板塘大道 81 号）

五、上述行政区划调整后，岳塘区人民政府和市直机关有关单位要认真做好行政区划调整后的机构设置、人员安排、资产处置、债权债务转移等相关工作，切实维护社会和谐稳定，营造良好发展环境。

湘潭市人民政府

2015 年 11 月 27 日

湘潭市非物质文化遗产名录

（截至2016年）

国家级

第一批国家级非物质文化遗产保护名录

（2008年6月）

传统音乐：唢呐艺术（石鼓·青山唢呐）（湘潭县）

省 级

第一批省级非物质文化遗产保护名录

（2006年6月）

传统音乐：唢呐艺术（石鼓·青山唢呐）（湘潭县）

第三批省级非物质文化遗产保护名录

（2011年7月）

传统戏剧：长沙花鼓戏（湘潭特色）（雨湖区）

民间音乐：韶山山歌（韶山市）

第四批省级非物质文化遗产保护名录

（2016年11月）

1. 传统体育：巫家拳（雨湖区）
2. 民　俗：槟榔习俗（雨湖区）
3. 传统技艺：剧装戏具制作技艺（纸影戏影偶制作技艺）（雨湖区）
4. 传统技艺：毛氏菜制作技艺（韶山市）
5. 传统技艺：民族乐器制作技艺（湘乡石坝鼓传统制作技艺）（湘乡市）
6. 传统技艺：制伞技艺（石鼓油纸（布）伞制作工艺）（湘潭县）
7. 传统技艺：张新发槟榔制作技艺（岳塘区）
8. 传统舞蹈：龙舞（湘潭火龙）（岳塘区）

市 级

湘潭第一批市级非物质文化遗产保护名录

（2007年12月）

1. 民族语言：湘乡方言（湘乡市）
2. 民间音乐：韶山山歌（韶山市）
3. 民　俗：槟榔习俗（雨湖区）

4. 传统戏剧：石鼓木偶戏（湘潭县）

5. 传统美术：响塘剪纸（雨湖区）

6. 传统美术：彩纸折叠艺术（岳塘区）

湘潭第二批市级非物质文化遗产保护名录

（2010年8月）

1. 传统技艺：湘潭龙牌酱油（原生态）（雨湖区）

2. 传统体育：巫家拳（雨湖区）

3. 传统戏剧：长沙花鼓戏（湘潭特色）（雨湖区）

4. 传统技艺：灯芯糕（岳塘区）

5. 民　俗：湘潭火龙灯（湘乡市、岳塘区）

6. 传统技艺：民族乐器制作技艺（湘乡石坝鼓传统制作技艺）（湘乡市）

7. 民间杂技：杨林杂技（韶山市）

8. 民间文学：韶山传说（韶山市）

9. 传统技艺：制伞技艺（石鼓油纸（布）伞制作工艺）（湘潭县）

10. 传统美术：湘潭剪纸（湘潭县剪纸、韶山如意镇剪纸）（湘潭县、韶山市）

湘潭第三批市级非物质文化遗产保护名录

（2014年11月）

1. 传统技艺：毛氏菜制作技艺（韶山市）

2. 传统戏剧：韶山皮影戏（韶山市）

3. 传统技艺：韶山民间小窑酿酒工艺（韶山市）

4. 传统舞蹈：湘潭虾舞（雨湖区）

5. 传统音乐：梅桥夜唢呐（湘乡市）

6. 传统技艺：张新发槟榔制作技艺（岳塘区）

湘潭第四批市级非物质文化遗产保护名录

（2016年11月）

1. 传统技艺：韶山民间地缸酿米酒工艺（韶山市）

2. 传统技艺：湘潭白石铁笔精雕（湘潭县）

3. 传统医药：杨氏正骨术（雨湖区）

4. 传统技艺：湘乡烘糕（湘乡市）

5. 传统技艺：水府火焙鱼（湘乡市）

6. 传统技艺：湘乡蛋糕（湘乡市）

7. 传统技艺：篾席编制（湘乡市）

8. 传统技艺：育塅蓑衣手工编织（湘乡市）

9. 传统杂技：虞唐高跷（湘乡市）

后记一

为贯彻落实国务院《地方志工作条例》《湖南省实施〈地方志工作条例〉办法》，全面、系统、客观地反映和记述湖南乡镇（街道）自然、政治、经济、文化、社会的历史与现状，特别是改革开放30多年来全省各乡镇（街道）经济建设和社会发展的历史变迁，湖南省地方志编纂委员会决定编修《湖南乡镇简志》系列丛书。

《湖南乡镇简志》编修工作，于2014年5月全省市州志办主任会议上正式提出并作出相关部署，不久即印发《湖南乡镇简志》编纂方案（讨论稿）。8月，组织召开《湖南乡镇简志》工作研讨会。11月，召开《湖南乡镇简志》试写稿评议会，同时下发《湖南乡镇简志》编纂方案（修订稿）。12月，全省第七次地方志工作会议期间，再次组织各市州志办主任及方志科科长围绕《湖南乡镇简志》编修进行深层次研讨。2015年1月12日，湖南省地方志编纂委员会正式下发《关于做好〈湖南乡镇简志〉编纂工作的通知》，《湖南乡镇简志》编纂工作从试写、研讨转入全面启动。总体工作部署是：2015年组织发动、全面铺开；2016—2018年，各市州分卷陆续完成编纂、出版任务。

我们的设想是，编纂一套全面、简要、概略地记述和反映全省2000多个乡镇（街道）自然和社会、历史与现状大致概貌的分卷丛书。我们期待，它能够成为各级领导的案头书，成为相关工作者的工具书，成为更多社会读者的普及阅读书，真正让广大的读者留得住乡愁，记得住乡思；并试图把乡镇简志编纂作为推动全省乡镇志编修工作的契机，在乡镇简志基础上，逐步引导，广泛推开乡镇志及特色村志编修。同时，我们还期待，通过编修乡镇简志等志书，集合省、市、县三级志办力量，在一段时期内逐步推出呈系列的方志、地情文化产品，更好地资政，更好地服务于社会各界。

《湖南乡镇简志》体例采用纲目体，以纲统目、纲举目张、横排竖写，适当加强综合性记述。之所以确定为简志，一则取志的严谨、客观、严肃及权威性，二是以简志之简则可在编纂体例、形式、内容等方面灵活把握。确切地说，它不是传统意义上一方之志，而是全省所有乡镇（街道）“简志”的汇集。各个乡镇之“简志”篇幅虽短，但毕竟是志，其基本写法仍然遵循志书基本编纂原则。《湖南乡镇简志》各乡镇（街道）均设板块和栏目两个层次，篇目基本模式为：五大板块及分类栏目，篇首可设“地域名片”。五大板块为主体内容，其板块设置及下设栏目分别为：1. 区域概况（位置面积、建置沿革、行政区划、自然环境、人口民族等）；2. 经济发展（经济综述、农业、工业、商贸服务业、其他产业、经济开发区等）；3.

基础设施（交通运输、邮政通信、供电供水、水利建设、村镇建设等）；4. 社会事业（教育科技、文化体育、医疗卫生、社会保障等）；5. 特色地情（历史人文、名优特产、风景名胜、民俗风情等）。五大板块为必设类目，各板块下根据各地客观地情合理设置分类栏目，有则设，特则设，无则不设，也可增设。地域名片须是极具代表性的地域“品牌”，开门见山亮出“名片”，不展开记述。有则设，无则不设。

《湖南乡镇简志》编纂工作部署后，得到了全省各市州的大力支持，14 个市州均及时启动各分卷编修工作，且都进展顺利，各分卷陆续付梓出版，可喜可贺。方志出版社高度重视《湖南乡镇简志》（共 14 卷）出版工作，分别指定专人沟通联络，初审、复审、终审层层把关，全面提升了志书质量。在此，对各市州地方志编委会对乡镇简志编修工作的鼎力支持和配合，对全省各市州、各县市区、各乡镇（街道）有关负责人的积极参与，对方志出版社编辑、编审倾注的心血，一并致以诚挚的谢意！本志总述及附录一由《湖南省志（综合本）》民政篇编纂委员会办公室副主任、《中国灾害志》编纂专家李振炎多方搜集资料并撰稿，特致谢意！

编修《湖南乡镇简志》，工程浩大，涉及面宽，工作繁杂，参与者众，资料征集难度大，尽管我们倾尽心血，付诸极大努力，疏漏、差错仍在所难免，恳请读者谅解并不吝指正。

《湖南乡镇简志》总编室

2017 年 3 月

后记二

根据湖南省地方志编纂委员会的统一部署，2014年下半年，湘潭市启动全市乡镇简志编修工作。2015年2月16日，市人民政府办公室印发《〈湖南乡镇（街道）简志·湘潭市卷〉编纂方案》，成立以时任市委常委、常务副市长谈文胜为主任，市党史地方志办主任易小兰为常务副主任，5个县（市、区）分管地方志工作的副县（市、区）长、3个园区分管办公室的副主任为副主任的编纂委员会。3月18日，召开全市乡镇简志编修工作大会，全面部署乡镇简志编纂工作。谈文胜出席会议并讲话。同时，举办乡镇简志培训班，印发《易俗河镇简志》《石鼓镇简志》作为撰稿范本，并由市党史地方志办副主任陈育松就乡镇街道简志编修工作中应该注意的几个问题进行培训。

从2015年第二季度起，各县（市、区）、园区相继展开乡镇简志编修工作。各地分别制定本区域乡镇简志编纂方案，召开编修工作动员大会，遴选编修人员，举办业务培训班；各乡镇（街道）都明确一人从事乡镇（街道）简志编修工作，陆续完成资料收集、志稿撰写及多次修改工作；各县（市、区）史志办、园区分别确定一名主编，聘请3～5名熟悉修志业务的人员，采取“一人包几个乡镇（街道）”的办法，对乡镇（街道）上交的志稿进行修改、完善，经县（市、区）、园区主编统稿后，形成乡镇简志初稿。10月起，市党史地方志办组成乡镇简志编修业务指导组，分别对5个县（市、区）和3个园区的乡镇简志编修工作进行指导。每次指导前，先将各单位提交的初稿进行仔细审读，找出存在的问题，再到现场“对症下药”，逐个乡镇（街道）、逐个条目进行剖析，指出需要修改和补充的内容。至2016年第一季度，5个县（市、区）和3个园区陆续完成本单位的志稿修改工作，形成乡镇简志评审稿。从2016年5月起，市党史地方志办采取“成熟一个分卷评审一个分卷”的办法，分别对5个县（市、区）和3个园区的乡镇简志分卷进行评审。5个县（市、区）的乡镇简志评审，由市党史地方志办组织5个县（市、区）史志办的主任和乡镇简志主编进行；3个园区的乡镇简志评审由市党史地方志办组织3个园区的分管领导和编撰人员进行。每次评审前，先提前一个月组织参评人员认真审读志稿，详细写出书面评审意见，再到各评审单位召开评审会进行评议。至2016年12月上旬，分别完成对5个县（市、区）和3个园区的乡镇简志稿的评审工作。评审会后，各单位认真吸收评审会的意见，查漏补缺，在对志稿进行修改完善后，形成乡镇简志验收稿。2016年10月—2017年4月，市党史地方志办对照各单位的评审意见，逐个完成5个县（市、区）和3个园区的乡镇简志稿验收工作。

2017 年 5 月 4 日，湘潭市人民政府办公室印发《〈湖南乡镇（街道）简志·湘潭市卷〉总纂方案》，成立由市委常委、常务副市长杨广任总纂，市党史地方志办党组书记、主任易小兰任常务副总纂，党组成员、副主任黄小平、周果，副县级纪检员常华任副总纂的总纂领导小组。7—10 月，市党史地方志办成立总纂室。以 4 个分纂组为单元，完成 92 篇志稿的分纂工作。其中，易小兰、张跃安负责总述、湘潭县，黄小平、蒋子君负责湘乡市、湘潭高新区，周果、胡亿群负责雨湖区、湘潭经开区、昭山示范区，常华、彭送来负责韶山市、岳塘区。分纂完成后，由张跃安按“一支笔”的要求，完成整个志稿的统稿工作。唐徽、蒋爱兰、肖韧、谭平、冯拥、刘静文、丁文静、刘晓坚对志稿进行了专门校对，至此，形成《湖南乡镇（街道）简志·湘潭市卷》省级评审稿。

2017 年 11 月 28 日，《湖南乡镇简志·湘潭市卷》省级评审会在湘潭市华银国际大酒店举行，省地方志编纂委员会党组书记易介南，党组成员、副主任邓建平，湘潭市委常委、常务副市长杨广出席评审会议。省地方志编纂委员会市县志工作指导处，长沙市、株洲市、衡阳市、娄底市地方志办公室的领导和专家，5 个县（市、区）和 3 个园区分管乡镇简志编修工作的领导，市党史地方志办及 5 个县（市、区）史志办的主任和乡镇简志主编 50 余人，对《湖南乡镇简志·湘潭市卷》进行了全面质量审核并发表评审意见。会后，根据评审意见，市党史地方志办公室对志稿进行了修改和补充，于 2018 年 8 月形成评审稿修改稿，上报省地方志编纂委员会审定验收。9 月，对照终审意见，对志稿进行再次修改，并送方志出版社。至此，《湖南乡镇简志·湘潭市卷》经 4 年多，三易其稿，最终成卷。

《湖南乡镇简志·湘潭市卷》全面、系统、客观反映了湘潭市各乡镇（街道）的自然、历史与现状。志书条目完备，各乡镇（街道）志稿均按“五大板块”设置，各板块下必设条目一应俱全，严格遵循了“横不缺项”的原则；对个别乡镇（街道）境域的独有事业，增设了条目。志书地方特色突出，深度挖掘了各乡镇（街道）的特色产品、历史人物、地方名胜，搜寻了各乡镇（街道）在历史长河中的亮点；有的在篇首设置“地域名片”，将境域最闪亮的光点先展示在读者面前，为整篇志稿“画龙点睛”。志书资料详实，绝大部分条目注重追溯史实，完整反映一项事业的发展变迁，选取的时间节点均衡、合理，点面结合，脉络清晰。

《〈湖南乡镇简志〉编纂方案》的下限为 2013 年 12 月底，2014 年至 2015 年全省开展乡镇区划调整改革，撤并了部分乡镇，为完整记录区划情况，保存好乡镇历史，《湖南乡镇简志·湘潭市卷》的下限延续至 2015 年年底的新一轮区划调整前。

《湖南乡镇简志·湘潭市卷》是集体智慧的结晶。市、县、乡三级党委、政府和园区管委会高度重视，为编修工作创造了良好的条件。市、五个县（市、区）党史地方志办全力协调，精心组织编修工作。全体编撰人员不辞辛苦，加班加点，数易其稿。市、县档案馆为查档提供了便利。湖南省地方编纂委员会党组书记、副主任易介南，副主任邓建平亲自参加评审工作，市县志工作指导处处长隆清华，副处长杨帆、李章进以及阳雍悦等领导和专家多次进行业务指导。方志出版社认真审查把关，确保了志书的质量。在此，一并致谢。

由于是首次编修乡镇简志，因其时间跨度大，乡镇区划历经多次调整，部分乡镇存档资料不全，加之编撰人员水平参差不齐，书中难免有遗漏、错误之处，恳请读者批评指正。

湘潭市人民政府地方志办公室

2018 年 9 月